Der österreichische
Hausjurist

§

Prof. Dr. Robert Rimpel

DER ÖSTERREICHISCHE HAUS-JURIST

In einer Neubearbeitung von
Dr. Werner Olscher

Stand: Juli 1984

A&A

Die in diesem Buch verwendeten Namen stehen in keinerlei Zusammenhang mit wirklich existierenden Personen; die Beispiele sind frei gestaltet.

ISBN 3-85012-153-4

Aufbau und Gliederung des vorliegenden Werkes erfolgt in Anlehnung
an Rutkowsky-Repschläger, Der Hausjurist.

Einbandgestaltung: Herbert Imser

Satzherstellung + Seitenmontage: Die Setzerei Ges.m.b.H., Salzburg

Druck und buchbinderische Verarbeitung: Ueberreuter, Wien
Printed in Austria

Inhaltsverzeichnis

Vorwort

Der „Österreichische Hausjurist", der bisher fünf Auflagen erzielt hat, geht vom bekannten Rechtsgrundsatz aus: Unwissenheit schützt nicht vor Strafe. Die Menschen müssen daher wissend werden. Das Recht ist für alle da und muß für alle zugänglich sein. Professor Robert Rimpel wollte nicht viele kleine Hausjuristen heranziehen, sondern möglichst viele Unwissende zu Wissenden machen, sie vor den Gefahren jeglicher Rechtsverstrickung bewahren.

Die vor Ihnen liegende neue Auflage des „Österreichischen Hausjuristen" wird diesem Grundsatz in allen Kapiteln und Rechtsbeispielen gerecht. Ich habe – aufbauend auf der Idee und am Werk Professor Rimpels – die Probleme des Alltags zusammengefaßt, die täglich jedermann widerfahren können. Dabei wurden neue Gesetze und Novellierungen bereits bestehender Gesetze berücksichtigt. Die auftretenden Rechtsprobleme werden in diesem Buch am Leben des Karl Jedermann erläutert und in einer Sprache geschildert, die allgemein verständlich ist. Dort, wo es notwendig ist, werden Paragraphen wörtlich zitiert.

Um das Bild Professor Rimpels, dessen Ideen und Wirken für uns noch lange vorbildlich sein werden, abzurunden, wollen wir noch einmal die wichtigsten Abschnitte seines bewegten Lebens skizzieren, aus dem er viel zu früh abberufen wurde.

Er wurde am 14. Mai 1920 in Wien als Sohn einer Beamtenfamilie geboren. 1938 maturierte er mit Auszeichnung.

Nach dem Kriegsdienst, den er mit schweren Gesundheitsschäden überstand, studierte er an der Universität Wien, wo er 1947 den Doktorgrad der Rechtswissenschaft und 1952 das Doktorat für Staatswissenschaften erlangte.

Während seiner anschließenden Lehrtätigkeit an der Hochschule Wien studierte er Zeitungswissenschaften und Kunstgeschichte. 1957 wurde er an der Wiener Universität zum Doktor der Philosophie promoviert. Daneben leistete er eine intensive Assistententätigkeit an zwei Lehrkanzeln der Wiener Universität. Ab 1956 war er hauptberuflich in der Kammer für Arbeiter und Angestellte für Wien als Leitender Sekretär tätig, nahm jedoch als Werksstudent das Studium der Wirtschaftswissenschaften an der Universität Innsbruck auf, wo er 1966 das vierte Doktorat erlangte. Zuletzt studierte er Wirtschaftspädagogik und schloß dieses Studium 1974 mit dem Magistergrad ab.

Neben seiner wissenschaftlichen Tätigkeit war Professor Rimpel als Vortragender in vielen Volkshochschulen und anderen Erwachsenenbildungseinrichtungen tätig. Er wirkte auch als Gastvortragender an einer Reihe von Universitäten des In- und Auslandes, unter anderem in Wien, Salzburg, Prag und Budapest. Zweimal wurde er für umfangreiche wissenschaftliche Publikationen mit dem Preis der Theodor-Körner-Stiftung ausgezeichnet. Anfang 1971 wurde ihm für sein Wirken als Publizist und Volksbildner vom Bundespräsidenten der Berufstitel Professor verliehen. Ende desselben Jahres erhielt er von der Kammer für Arbeiter und Angestellte Wien die Silbermedaille für 35 Jahre im Dienste für die Volkswirtschaft verliehen. Ende 1973 wurde Professor Rimpel für seine bedeutenden didaktischen Arbeiten der Förderungspreis für Erwachsenenbildung des Bundesministeriums für Unterricht und Kunst zuerkannt.

Prof. Mag. Dr. mult. Robert Rimpel war trotz allem ein Mann, der lieber im Hintergrund stand. Er war ein hilfsbereiter Mensch und Freund. Daß er auch ein großer Stilist war, beweisen unter anderem seine in Erinnerung gebliebenen treffsicheren Formulierungen. Es ist kein Zufall, daß er bis zu seinem Tode Präsident und wissenschaftlicher Leiter des „Klubs Österreichischer Literaturfreunde und Autoren" war.

Professor Rimpel lebt weiter unter uns, obwohl er zu früh all jene, für die er selbstlos und unermüdlich tätig war, verlassen mußte. Die Neuausgabe des „Österreichischen Hausjurist", die bekannteste Publikation dieses großen Mannes, soll an ihn gebührend erinnern. Ich habe das von ihm begonnene Werk bearbeitet, es allen Erfordernissen und dem neuesten Stand der Gesetzgebung angepaßt. Im Sinne des Autors soll es einem breiten Leserkreis dienlich sein und vielen Menschen den Dienst erweisen, den ihm Professor Robert Rimpel zugedacht hat: Es soll den Zugang zum Recht erleichtern und die Rechtssicherheit des einzelnen vergrößern.

Werner Olscher

Karl Jedermann als Privatmann

Karl Jedermann ist einer von uns, und seine Welt ist jene, in der auch wir leben. Eben hat Karl Jedermann das 19. Lebensjahr vollendet; er steht auch nicht unter verlängerter Minderjährigkeit und ist demnach voll geschäftsfähig. Im Rahmen des Erlaubten kann er nun sein Dasein selbständig gestalten. Wir wollen ihn dabei ein wenig beobachten und seine Begleiter im staatsbürgerlichen Dasein abgeben. Die üblichen Lebensereignisse werden dabei eintreten und rechtlich betrachtet werden. Karl Jedermann wird Rechtshandlungen setzen, Verträge schließen, viele erlaubte, aber auch manchmal unerlaubte Handlungen begehen. Er besinnt sich auf seine staatsbürgerlichen Rechte und Pflichten, hat einen Beruf als Selbständiger oder abhängiger Dienstnehmer auszuüben und kann ein Vermögen erwerben. Karl Jedermann wird sich verloben, verheiraten und möglicherweise scheiden lassen; er wird Kinder haben und um deren Erziehung besorgt sein. Schließlich muß Karl Jedermann sterben, und sein Nachlaß wird auf die Erben übergehen.

Der Wohnsitz

Karl Jedermann schafft sich einen selbständigen Lebenskreis und wählt zunächst seinen eigenen Aufenthalt. Als ehelich geborenes Kind hat Karl Jedermann den Wohnsitz mit seinen Eltern geteilt. Nunmehr begründet er seinen eigenen Wohnsitz dadurch, daß er sich an einem frei gewählten Ort niederläßt, und zwar in der erweislichen Absicht, dort ständig zu verbleiben.

Der Ort, an dem sich eine Person tatsächlich befindet, ist bloß ihr **Aufenthalt;** dagegen bildet der ständige Mittelpunkt der Lebenstätigkeit (Ort der wirtschaftlichen Verflechtung) ihren **Wohnsitz;** dieser wird auch „Niederlassung" genannt. Juristische Personen (z. B. Vereine) haben zwar keinen Wohnsitz, wohl aber einen **Sitz.**

Im allgemeinen kann man den Wohnsitz frei wählen, das heißt sich dort niederlassen, wo man will. Es gibt jedoch auch **gesetzliche Wohnsitze.**

Ein minderjähriges Kind teilt den Wohnsitz seines gesetzlichen Vertreters, also im Regelfall den seiner Eltern; haben die Eltern keinen gemeinsamen Wohnsitz, so teilt es den Wohnsitz des Elternteiles, in dessen Haushalt es lebt.

Karl Jedermann macht also einen bestimmten Ort zum Mittelpunkt seines beruflichen und persönlichen Lebens. Wer dauernd umherzieht, hat keinen Wohnsitz. Andererseits lassen sich mehrere Wohnsitze dadurch begründen, daß man an mehreren Orten annähernd gleich stark beruflich tätig ist.

Kosten eines doppelten Haushalts werden in der Regel steuerlich nicht abzugsfähig sein. Nur wenn ein doppelter Haushalt durch die Berufsausübung bedingt ist, werden die diesbezüglichen Aufwendungen als Werbungskosten oder Betriebsausgaben anerkannt. In allen übrigen Fällen werden die Kosten eines doppelten Haushalts lediglich dann als außergewöhnliche Belastungen (§ 34 EStG) vom Finanzamt berücksichtigt, wenn sie dem Steuerpflichtigen zwangsläufig erwachsen.

Der Wohnsitz ist begründet, sobald Karl Jedermann Wohnräume gemietet hat oder in ein eigenes Haus gezogen ist. Die Pflicht zur polizeilichen Anmeldung ist zwar eine Folge davon, jedoch für die Wirksamkeit der Wohnsitzbegründung ohne Bedeutung.

Das Meldewesen wird durch das Meldegesetz 1972, BGBl Nr. 30/1973, geregelt. Seine wesentlichen Bestimmungen besagen folgendes:

1. Die Meldepflicht trifft in erster Linie Unterkunftnehmer, für Minderjährige deren Erziehungsberechtigte. Der Inhaber eines Beherbergungsbetriebes oder dessen Beauftragter ist für die ordnungsgemäße Vornahme der Eintragungen im Gästebuch verantwortlich.

2. Meldepflichtig ist, wer in einer Wohnung oder in einem Beherbergungsbetrieb Unterkunft nimmt oder eine solche Unterkunft aufgibt.

3. Ausgenommen von der Meldepflicht sind Personen, denen in einer Wohnung nicht länger als 3 Tage Unterkunft gewährt wird, die in einer Wohnung nicht länger als 3 Wochen unentgeltlich Unterkunft erhalten, sofern sie anderswo gemeldet sind, Pfleglinge einer Krankenanstalt, Angehörige des Bundesheeres und der Wachkörper – sofern sie anderswo gemeldet sind – und die Personen, die aufgrund einer Entscheidung oder Verfügung eines Gerichtes oder einer Verwaltungsbehörde in Gewahrsam gehalten werden.

Meldezettel

Bitte die Erläuterungen auf der Rückseite beachten!

Unterkunft: ______ Haus-Nr. ____, ____ Stiege, ____ Stock, Tür ____
(Straße, Gasse, Platz)

______
(Postleitzahl, Ortsgemeinde, Politischer Bezirk)

Angemeldet am
(Amtsstampiglie, Unterschrift)

Muster

______
(Familienname [in Blockschrift])

______
(bei Frauen auch Mädchenname)

______
(Vorname[n]) (Staatsangehörigkeit)

______
(Geburtsdatum, Geburtsort, Polit. Bezirk [Staat, falls Geburtsort nicht in Österreich])

Abgemeldet am
(Amtsstampiglie, Unterschrift)

Raum für behördliche Eintragungen

Ist obige Unterkunft der ordentliche Wohnsitz?

Zutreffendes ankreuzen!

JA ☐ In diesem Fall Angabe des **früheren** ordentlichen Wohnsitzes:

NEIN ☐ In diesem Fall Angabe des **gegenwärtigen** ordentlichen Wohnsitzes:

______ Haus-Nr. ____, ____ Stiege, ____ Stock, Tür ____
(Straße, Gasse, Platz)

______
(Postleitzahl, Ortsgemeinde, Polit. Bezirk)

Verzogen nach:

______
(Ortsgemeinde, Polit. Bezirk)

______
(Unterschrift d. Unterkunftgebers)

______
(Unterschrift d. Meldepflichtigen)

4. In Beherbergungsbetrieben erfolgt die Anmeldung im Gästebuch. Meldeauskünfte sind auf Verlangen zu erteilen.

5. Meldebehörden sind die Bürgermeister und in Orten, für die Bundespolizeibehörden bestehen, diese.

Bei Verstößen gegen die Meldepflicht, die eine Verwaltungsübertretung darstellen, drohen Geldstrafen.

In ganz besonderen Fällen liegt aber keine Verwaltungsübertretung, sondern sogar strafrechtliche Täuschung vor.

Auf Verlangen der Meldebehörde, von Sicherheitsorganen oder des Inhabers des Beherbergungsbetriebes oder dessen Beauftragten hat der Meldepflichtige seine Identität und die Richtigkeit der zur Erfüllung der Meldepflicht erforderlichen Meldedaten durch Vorlage geeigneter Urkunden nachzuweisen.

Als solche geeignete Urkunden kommen in Betracht: ein amtlicher Lichtbildausweis (z. B. blauer Personalausweis, rosa Führerschein), weiters Urkunden, die die Richtigkeit der am Meldezettel gemachten Angaben bestätigen und allgemein besonders verwahrt werden (z. B. Geburtsurkunde, Diplom oder Promotionsurkunde). Der Reisepaß wird bei Inländern wie bei Ausländern zum Nachweis ausreichen.

Für jede anzumeldende Person sind grundsätzlich drei, soweit es sich jedoch um eine Person handelt, die der besonderen Meldepflicht als Fremder unterliegt, vier Meldezettel vorzulegen. Die Meldebehörde kann nach Maßgabe verwaltungstechnischer Erfordernisse durch Verordnung die Vorlage weiterer Meldezettel bis zu einem Höchstausmaß von insgesamt fünf Stück vorschreiben.

Wehrpflichtige Personen haben bei jeder Anmeldung für eine Unterkunftsdauer über zwei Monate ein zusätzliches Meldezettelformular auszufüllen (§ 16 Abs. 1 WehrG).

Wir gehen davon aus, daß Karl Jedermann seinen Wohnsitz dadurch begründet, daß er sich eine Wohnung als Hauptmieter mietet. Worin die juristische Bedeutung einer solchen Stellung liegt, wird aber erst klar, wenn wir uns die dafür maßgebende Vertragstype anschauen.

Der Bestandvertrag

Unter dem weiten Begriff Bestandvertrag faßt unser ABGB (§ 1090) solche Verträge zusammen, durch die jemandem der „Gebrauch einer unverbrauchbaren Sache auf eine gewisse Zeit gegen einen bestimmten Preis" überlassen wird. Im wesentlichen sind dies die Miet- und Pachtverträge. Immer handelt es sich dabei um **entgeltliche Gebrauchsüberlassung** von Sachen.

Miete und Pacht

Von einem **Mietvertrag** spricht man, wenn sich die in Bestand gegebene Sache **ohne weitere Bearbeitung gebrauchen** läßt (z. B. Wohnung). Dagegen liegt ein **Pachtvertrag** vor, wenn die Bestandsache nur **durch Fleiß und Mühe benützt** werden kann (z. B. Feld). Diese vom Gesetz gezogene Unterscheidung ist zwar für die Praxis außerordentlich wichtig, aber keineswegs klar.

Man wird darum bei der Abgrenzung zwischen Miete und Pacht folgendes zu beachten haben:

1. Im **allgemeinen**

Miete ist Überlassung des Gebrauches; Pacht ist Überlassung des Fruchtgenusses.

2. Bei den **gewerblichen Unternehmungen**

Für den Ertrag entscheidet bei Miete die persönliche Arbeit des Bestandnehmers, bei Pacht kommt es auf die vorhandenen Betriebsmittel an; bei Miete besteht keine Betriebspflicht, wohl aber bei Pacht.

3. Nach **wirtschaftlichem** Zweck

Miete dient bloß der Konsumtion; Pacht dagegen der Produktion.

Werden Geschäftsräume, Gastlokale, eine Ordination oder Praxis gemietet oder gepachtet? Es kommt darauf an: Sind die Räume für ihren Zweck eingerichtet, soll ein Geschäfts- (Gast-)betrieb, eine Praxis fortgeführt werden, so wird eine zur Fruchttragung (Produktion) geeignete und bestimmte Sache überlassen; es liegt also Pacht vor. Offenbar ist das Unternehmen, die Praxis der Gegenstand, den der Bestandgeber zur Gänze oder von dem er wesentliche Unterlagen überläßt. Die Auferlegung einer **Betriebspflicht** spricht jedenfalls für **Pacht!** Sind Miet- und Pachtgegenstände in Bestand gegeben, wird die Beschaffenheit der **Hauptsache** entscheiden: ein Einfamilienhaus **mietet** man samt Garten, einen Bauernhof **pachtet** man samt Wohnräumen. Die Unterscheidung Miete/Pacht ist bedeutsam, weil die Gefahrtragung, die Kündigungsfristen und der Bestandschutz verschieden geordnet sind.

Abschluß von Bestandverträgen

Miet- und Pachtverträge sind äußerst wichtig. Bei Miete von Wohnungen und Geschäftsräumen kommt dem Mietrechtsgesetz (MRG) vom 12. Nov. 1981, das das Mietengesetz von 1922 ablöste, überragende Bedeutung zu (vgl. S. 23 ff). Beim Abschluß eines Mietvertrages wird besonders auf folgende Punkte zu achten sein:

1. Größe des gemieteten Objektes und genaue Beschreibung seiner Lage;
2. Benützung des Mietgegenstandes durch den Mieter: Art und Dauer;
3. Benützungsentgelt, Höhe und Zeitpunkt der jeweiligen Zahlungen;
4. Instandhaltung des Mietgegenstandes durch den Mieter;
5. Rückgabe des Mietgegenstandes an den Vermieter.

Der Bestandvertrag kommt schon mit der **Willenseinigung** der Parteien zustande und wird nicht erst durch Übergabe der Sache perfekt. Dennoch ist nach der Theorie der Mehrstufigkeit des Mietverhältnisses die Rechtslage vor und nach **Übergabe** des Bestandobjektes zu unterscheiden. Der Abschluß des Bestandvertrages ist formfrei, auch bei den auf längere Zeit abgeschlossenen Bestandverträgen über unbewegliches Gut. Doch ist der schriftliche Abschluß von Mietverträgen auf längere Zeit üblich und bei Pachtverträgen wohl die Regel.

Wohnungsmiete

Karl Jedermann verwendet viel Zeit zur Wohnungssuche und findet endlich ein geeignetes Objekt, allerdings in einer wenig freundlichen Gasse. Der Hauseigentümer Großhaupt geht nach einigem Zögern auf Karl Jedermanns Vorschlag ein und überläßt diesem die gewünschten Wohnräume. Der Mietvertrag zwischen Großhaupt und Karl Jedermann muß nicht schriftlich abgeschlossen werden. Dies kann auch mündlich geschehen. Doch wird es sich empfehlen, den wesentlichen Inhalt der getroffenen mündlichen Vereinbarung wenigstens in einem Gedächtnisprotokoll festzuhalten. Die Abmachung kann aber auch durch **Brief und Gegenbrief** sehr einfach abkorrespondiert werden. In diesem Falle empfiehlt es sich, eine Kopie des eigenen Schreibens und das Antwortschreiben gut aufzubewahren.

Bei der Annahme eines **schriftlichen** Abschlusses würde ein aufzusetzender Hauptmietvertrag etwa wie nebenstehend wiedergegeben aussehen.

Karl Jedermann besteht auf Punkt 8 des Vertrages, obwohl eine für ihn günstige oberstgerichtliche Rechtsprechung existiert, die den Stand der Technik berücksichtigt. Der OGH entschied nämlich,

MIETVERTRAG

Abgeschlossen am 20. Juli ....

zwischen Herrn Franz Großhaupt, Wien . . ., Trübgasse 2, im folgenden „Vermieter" genannt, und

Herrn Karl Jedermann, Wien, im folgenden „Mieter" genannt.

Franz Großhaupt vermietet und Karl Jedermann mietet
ab 1. August .... im Hause Wien . . , Trübgasse Nr. 10,
die Wohnung Tür Nr. 5, bestehend aus:
1 Zimmer, 1 Küche, Vorzimmer, Bad

unter folgenden Vertragsbedingungen:

1. Das Mietverhältnis wird auf unbestimmte Zeit geschlossen und ist beiderseits unter Einhaltung der gesetzlichen Kündigungsfristen zu den entsprechenden Kündigungsterminen kündbar.
2. Als Entgelt verpflichtet sich der Mieter, jeweils am 1. eines jeden Monats, im vorhinein, einen Betrag von S 2.000,— zu bezahlen.
3. Der Mieter verpflichtet sich, den Mietgegenstand nur als Wohnung zu benützen.
4. Der Mieter bestätigt, den Mietgegenstand in gutem Zustand übernommen zu haben, und verpflichtet sich, ihn auf eigene Kosten in gutem Zustande zu erhalten sowie allfällige Beschädigungen jeweils über Aufforderung des Vermieters unverzüglich zu beheben.
5. Die Untervermietung oder Überlassung jeder anderen Art an dritte Personen, sei sie entgeltlich oder unentgeltlich, ist nicht gestattet.
6. Änderungen am Mietgegenstand bedürfen der schriftlichen Zustimmung des Vermieters.
7. Der Mieter verpflichtet sich, die Hausordnung einzuhalten, die einen Bestandteil dieses Vertrages bildet.
8. Der Vermieter hat die Errichtung einer Dachfernsehantenne und deren kostenlose Benützung zu gestatten.
9. Die Kosten der Errichtung und einer allfälligen Vergebührung dieses Mietvertrages trägt der Mieter.

Als Vermieter:	Als Mieter:
Franz Großhaupt	Karl Jedermann

daß der Hauseigentümer die Anbringung einer **Fernsehantenne** (auch wenn die Dachhaut durchstoßen wird) dulden muß und dafür vom Mieter **keine wie immer auch geartete Entschädigung** verlangen darf. Bestandverträge sind grundsätzlich mit 1% der entsprechenden Bemessungsgrundlage zu vergebühren.

Hinsichtlich der Vergebührung von Bestandverträgen ist derzeit nach folgender Aufstellung vorzugehen:

Vertragsdauer:	*Bemessungsgrundlage:*
unbestimmte Zeit	*3faches Jahresentgelt*
bestimmte Zeit	*Summe aller Jahresentgelte, höchstens 25 Jahresentgelte*
bestimmte Zeit mit Verlängerungsmöglichkeit auf bestimmte Zeit	*Entgelte für beide bestimmte Zeiträume*
bestimmte Zeit mit Verlängerungsmöglichkeit auf unbestimmte Zeit	*3faches Jahresentgelt bzw. das höhere Entgelt für die bestimmte Zeit*
bestimmte Zeit mit Verlängerungsmöglichkeit auf eine unbestimmte Anzahl bestimmter Zeiträume	*Entgelt für bestimmte Zeit und 3faches Jahresentgelt*
bestimmte Zeit mit Vorbehalt früherer Aufkündigung	*Entgelt für bestimmte Zeit ohne Bedachtnahme auf den Vorbehalt*
auf Lebenszeit eines Vertragspartners	*Entgelt für die Lebenszeit, berechnet gemäß § 16 Bewertungsgesetz*

Bestimmte Dauer liegt trotz ihrer Vereinbarung nicht vor, wenn der Vertrag vor Ablauf der bestimmten Vertragsdauer oder aufgrund einer schrankenlosen, nach freiem Belieben auszuübenden und nicht auf einzelne im Vertrag ausdrücklich bezeichnete Fälle beschränkten Kündigungsmöglichkeit von jedem oder auch nur von einem der Vertragsteile aufgelöst werden kann.

Die Gebührenpflicht ist auch dann gegeben, wenn der Vertrag durch Austausch von Briefen oder durch sonstige schriftliche Mitteilungen zustande gekommen ist.

Die unterlassene Vergebührung eines Vertrages beeinträchtigt zwar nicht seine Gültigkeit, führt aber allenfalls zur späteren Vorschreibung einer Strafgebühr, die höchstens das Dreifache der nicht entrichteten Gebühr betragen darf.

Die festen Gebühren sind ohne Rücksicht auf die Höhe des Betrages stets in Stempelmarken zu entrichten. Hiebei müssen die Stempelmarken auf der Urkunde angebracht und mit der ersten Zeile des Textes überschrieben werden.

Die Hundertsatzgebühren bis zu einem Betrage von S 100,– sind ebenfalls in Stempelmarken zu entrichten.

Übersteigt – wie in unserem Fall – die Hundertsatzgebühr den Betrag von S 100,–, dann ist die Urkunde binnen acht Tagen nach Unterzeichnung durch die Vertragsteile dem zuständigen Finanz-

amt für Gebühren und Verkehrssteuern (Wien, Graz, Linz, Klagenfurt, Salzburg, Innsbruck, Feldkirch) mittels beglaubigter Abschrift anzuzeigen. Die Höhe der Gebühr wird dann vom Finanzamt im Bescheidwege bekanntgegeben.

Bestandverträge, bei denen das Jahresentgelt S 1.000,– nicht übersteigt, sind gebührenfrei.

Mieterschutz

Maßgebend für den zum Teil schon während des Ersten Weltkrieges eingeführten Mieterschutz ist jetzt das Mietrechtsgesetz vom 12. Nov. 1981, BGBl Nr. 520/1981, in Kraft seit 1. 1. 1982. Dieses Gesetz erfaßt grundsätzlich alle Wohnungsmietverträge (gänzlich ausgenommen sind vor allem: Dienst-, Natural-, Werkswohnungen; Mietverträge, die durch Ablauf der Zeit ohne Kündigung erlöschen, sofern die ursprüngliche oder verlängerte vertragsmäßige Dauer kürzer als ein halbes Jahr war; Heime; teilweise ausgenommen sind Mietgegenstände in Gebäuden, die von einer gemeinnützigen Bauvereinigung errichtet worden sind und im Eigentum einer gemeinnützigen Bau- oder Verwaltungsvereinigung stehen).

Auch nach dem neuen Mietrechtsgesetz wird der **Gegenstand des Mieterschutzes** in der Hauptsache durch zwei Gruppen von Bestimmungen gebildet:

1. Der Mietzins ist der freien Vereinbarung entzogen, also: **gesetzliche Mietzinsbildung** (zu dieser Gruppe von Wohnungen gehören **nicht:** Mietgegenstände, die in Gebäuden gelegen sind, die **ohne** Zuhilfenahme öffentlicher Mittel aufgrund einer nach dem 30. Juni 1953 erteilten Baubewilligung neu errichtet worden sind. Auf Wohnungen in einem Wohnhaus mit nicht mehr als zwei selbständigen Wohnungen sind die Zinsbeschränkungen des Mietrechtsgesetzes ebenfalls nicht anwendbar. Schließlich kann der Mietzins auch für die Miete von im Wohnungseigentum stehenden Mietgegenständen frei vereinbart werden, sofern der Mietgegenstand in einem Gebäude gelegen ist, das aufgrund einer nach dem 8. Mai 1945 erteilten Baubewilligung neu errichtet worden ist; daneben sind noch einzelne andere Mietgegenstände ausgenommen (vgl. § 16 MRG).

2. Das Recht der Kündigung ist für den Vermieter auf wichtige im Gesetz angeführte Gründe beschränkt, also: **gesetzlicher Kündigungsschutz.**

Besonders die Bestimmungen der zweiten Gruppe sind von großer praktischer Bedeutung. Der gesetzliche Kündigungsschutz erfaßt alle Wohnungen, auf die das Mietrechtsgesetz anwendbar ist (vgl. oben).

Gerichtliche und außergerichtliche Kündigung

Wir müssen uns da zuerst einmal das Wesen der **Aufkündigung** überhaupt klarmachen. Wenn kein bestimmter Endtermin vereinbart wurde, ist zur Auflösung des Vertrages eine Aufkündigung erforderlich. Wenn ein Endtermin vereinbart wurde, ist keine Kündigung nötig, es kann nach Vertragsende sogleich Räumung begehrt werden. Falls nun eine Aufkündigung gefordert wird, hat sie nach den bestehenden Vorschriften (der ZPO) **gerichtlich** oder **außergerichtlich** zu erfolgen.

Die Aufkündigung oder kurz **Kündigung** ist eine einseitige empfangsbedürftige Willenserklärung und muß dem Gegner zukommen. Dabei sind Kündigungs**termin** und Kündigungs**frist** zu unterscheiden. Unter Termin hat man immer einen Zeitpunkt, unter Frist einen Zeitraum zu verstehen. Die Kündigung ist im allgemeinen während der Vertragsdauer **jederzeit** zulässig; doch kann der Kündigungstermin in den örtlichen Miet- und Ausziehordnungen oder durch Ortsgebrauch an bestimmte Tage des Jahres gebunden sein. Die Länge der Kündigungsfrist richtet sich in erster Linie nach der **Vereinbarung.** Im Falle eines besonderen Übereinkommens der Vertragsteile über die Frist zur Aufkündigung und Zurückstellung des Bestandgegenstandes darf sie nur in diesem Zeitraum erfolgen. Also immer zuerst im Vertragstext nachlesen! Sind keine besonderen Vorschriften erlassen, beträgt die Kündigungsfrist für die Miete **beweglicher** Sachen **24 Stunden** (§ 1116 ABGB). Bei **unbeweglichen** Sachen (wie z. B. Wohnungen) kommt es darauf an, welche Mietzinsperiode vereinbart ist. Mietverträge über Wohnungen oder Wohnräume sind zum letzten Tag eines Monats derart aufzukündigen, daß die Aufkündigung dem Gegner der aufkündigenden Partei, wenn der Zins in monatlichen oder kürzeren Abständen zu bezahlen ist, spätestens **einen Monat,** wenn der Zins in längeren Abständen zu bezahlen ist, spätestens **drei Monate** vor dem Kündigungstermin zugestellt wird (BGBl Nr. 257/1957; Änderung der Termine und Fristen aus dem Bestandvertrag).

Worin liegt die rechtliche Bedeutung einer Kündigungsfrist?

Die Aufkündigung soll die Beendigung des Bestandverhältnisses herbeiführen und dem Kündigungsgegner eine bestimmte Zeitspanne einräumen, innerhalb derer er für seine durch das Bestandverhältnis befriedigten Bedürfnisse anderweitig vorsorgen kann.

Nach Beendigung des Bestandverhältnisses ist das Bestandobjekt geräumt zu übergeben. Die Räumungsfristen waren bisher in den Ausziehordnungen vielfach gebietsweise verschieden geregelt. An die Stelle dieser Sonderregelungen tritt nun grundsätzlich eine **14tägige Räumungsfrist.** Das gilt sowohl, wenn die Räumungsverpflichtung durch Urteil, als auch, wenn das Bestandverhältnis durch gerichtliche oder außergerichtliche Kündigung endet.

Die Möglichkeit einer **Verlängerung** der Räumungsfrist (nach § 34 MRG) wird dadurch nicht berührt.

Mangels einer abweichenden vertraglichen Regelung gelten nach dem Kündigungsfristengesetz folgende Kündigungsfristen und -Termine:

Objekt	Kündigungsfrist	Kündigungstermin
Wohnungsmieten		
a) bei monatlicher Zinszahlung	1 Monat	letzter Tag eines Monats
b) bei längerer Zinszahlung	3 Monate	letzter Tag eines Monats
Geschäftsraummieten	3 Monate	31. III., 30. VI., 30. IX., 31. XII.
landwirtschaftliche und gärtnerische Pachtungen	6 Monate	31. III., 30. XI.

Die Räumungsfrist beträgt in allen Fällen 14 Tage nach Ablauf der Bestandsdauer.

Mietverträge, die dem **Mietrechtsgesetz** unterliegen, können **nur gerichtlich** gekündigt werden (§ 33 MRG). Wir wollen annehmen, daß die von Karl Jedermann in Bestand genommene Wohnung Mieterschutz genießt. Er braucht deshalb eine außergerichtliche Kündigung des Franz Großhaupt nicht zur Kenntnis zu nehmen. Der Gedanke des Mieterschutzes verlangt, daß Wohnungen nur aus ganz bestimmten Gründen gekündigt werden dürfen und daß solche Kündigungen nur gerichtlich erfolgen können. Wenn also der Hauseigentümer zuerst mündlich erklärt, daß er die Wohnung selbst benötigt, und sie dann mit eingeschriebenem Brief aufkündigt, wobei Kündigungsfrist und Kündigungstermin genau eingehalten wurden, erreicht er damit nichts. Eine private mündliche oder schriftliche Kündigung kann bei

Wohnungen, die Mieterschutz genießen, keinen Erfolg bringen.

Falsch wäre es aber zu glauben, daß jede Kündigung gerichtlich zu erfolgen hätte! Es könnte doch ohne weiteres sein, daß sowohl Franz Großhaupt als auch Karl Jedermann mit der Auflösung des Mietvertrages **einverstanden** sind. Die Absicht des Mietrechtsgesetzes geht nur dahin, den Mieter gegen eine einseitige, willkürliche Auflösung des Mietverhältnisses durch den Vermieter zu schützen.

Ein Übereinkommen, z. B. daß Karl Jedermann seine bisherige Wohnung dem Franz Großhaupt geräumt zu übergeben habe, weil dieser ihm eine andere zur Verfügung stellt oder weil Karl Jedermann selbst eine hellere, ihm besser zusagende Wohnung gefunden hat, macht eine gerichtliche Aufkündigung völlig entbehrlich.

Es muß also nicht unter allen Umständen eine gerichtliche Kündigung erfolgen. Angesichts der großen Zahl mieterschutzfreier Räume hat die Frage der außergerichtlichen Aufkündigung aber ebenfalls Bedeutung. Aus diesem Grunde wollen wir uns sowohl die Erfordernisse der gerichtlichen als auch die der außergerichtlichen Kündigungen genauer ansehen.

Der Inhalt einer außergerichtlichen Aufkündigung besteht aus den gleichen Angaben, die nach § 562 ZPO die gerichtliche Kündigung zu enthalten hat. Was sind aber die gesetzlichen Erfordernisse der **gerichtlichen** Aufkündigung?

Die gerichtliche Kündigung (vgl. Seite 26) enthält:

1. die Bezeichnung des Bestandgegenstandes;
2. die Angabe des Zeitpunktes, in welchem der Vertrag enden soll;
3. den Antrag, dem Gegner aufzutragen, entweder den Bestandgegenstand zur bestimmten Zeit bei sonstiger Exekution zu übergeben oder zu übernehmen oder gegen die Aufkündigung seine Einwendungen bei Gericht anzubringen. Zur Anbringung der Einwendung ist, falls die Aufkündigungsfrist wenigstens 14 Tage beträgt, eine Frist von acht Tagen, sonst eine Frist von drei Tagen zu bestimmen.

Das Schriftstück, das bei der **außergerichtlichen** Aufkündigung dem Gegner zugestellt wird, geht von einer Privatperson aus und nicht vom Gericht. Es ist nicht in die Form eines Auftrages gekleidet, sondern enthält lediglich **Mitteilungen.** Leider ist es wenig bekannt, daß die außergerichtliche Kündigung trotz ihres nichtamtlichen Charakters schwerwiegende Folgen haben kann.

Verhalten gegen die Kündigung

Bei der Erhebung von Einwendungen gegen eine gerichtliche Aufkündigung müssen sämtliche Einwendungen auf einmal geltend gemacht werden. Im Lauf des Verfahrens könnten keine neuen Einwendungen vorgebracht werden. Deshalb genügt es nicht, daß der gerichtlich Gekündigte während der Einwendungsfrist dem Gericht schriftlich mitteilt, „ich erhebe Einwendungen"; er muß sämtliche Einwendungen konkret aufführen. Da die Kündigung ein Formalakt ist, achte man darauf, ob sie nicht Formfehler bezüglich Kündigungstermin, Kündigungsfrist, Räumungstermin, Bestandobjekt usw. enthält. Auch eine Einwendung gegen einen solchen Formfehler würde zur sofortigen Aufhebung der Kündigung führen. Später könnte sie aber nicht mehr geltend gemacht werden. Läßt der gerichtlich Aufgekündigte die Frist zur Erhebung von Einwendungen verstreichen, so entsteht ein Exekutionstitel, der ihn zur Räumung des Mietobjektes verpflichtet (vgl. Seite 26). Deshalb gebe man die Aufkündigung keinesfalls aus der Hand und wenn doch, nur, nachdem alle Einwendungen dem Gericht fristgerecht bekanntgegeben wurden.

Bei allen Eingaben ist nachstehende Geschäftszahl anzugeben
Geschäftszahl K ....

Raum zum Aufkleben der Gerichtskostenmarken

Gerichtliche Aufkündigung

An das Bezirksgericht
in ....
(jenes Bezirksgericht anführen, in dessen Sprengel der Bestandgegenstand liegt)

Kündigende Partei: Franz Großhaupt, Pensionist, Wien, Trübgasse 2
(Name, Beschäftigung, Wohnort)

durch: ....

Vollmacht vom .... beigelegt, ausgewiesen zu ....

Gekündigte Partei: Karl Jedermann, Angestellter, Wien, Trübgasse 10
(Name, Beschäftigung, Wohnort)

Ich kündige der Gegenseite die .... im Hause in Wien, Trübgasse 10

gegen 8- – 14tägige – einmonatige – viertel- – halbjährige Kündigung

gemietete – innegehabte – Wohnung Nr. 5 Geschäftslokalitäten Nr. ....

bestehend aus Zimmer, Küche und Nebenräumen (Vorzimmer, Bad)

für den 31. Mai . . . gerichtlich auf und beantrage

der Gegenseite aufzutragen, den oben angeführten Bestandgegenstand zur angeführten Zeit um 12 Uhr mittags bei Exekution zu übergeben – zu übernehmen – oder gegen die Aufkündigung Einwendungen anzubringen.

Gründe: Als Kündigungsgrund wird Eigenbedarf geltend gemacht. Ich bin Eigentümer des Hauses Wien, Trübgasse Nr. 10. Der Kündigungsgegner bewohnt dort die Wohnung Nr. 5. Beweis: Mietvertrag vom 20. Juli . . . Mir selbst und meiner Familie steht derzeit nur ein Zimmer und ein Kabinett in Wien, Trübgasse 2, zur Verfügung. Meine Gattin ist herzleidend und meine 20jährige Tochter, die derzeit das Kabinett bewohnt, steht unmittelbar vor der Eheschließung mit einem mittellosen Wissenschaftler. Beweis: Amalia Großhaupt (Gattin) und Gigi Großhaupt (Tochter) als Zeugen, ärztliches Zeugnis, Parteienvernehmung. Ich benötige die aufgekündigte Wohnung dringend für meine Tochter Gigi Großhaupt.

Unterschrift der kündigenden Partei:

Franz Großhaupt

Beschluß des Gerichtes:

Dem Kündigungsgegner wird aufgetragen, dieser Aufkündigung bei Exekution rechtzeitig Folge zu leisten oder gegen die Aufkündigung seine Einwendungen anzubringen. Wenn die Aufkündigungsfrist wenigstens 14 Tage beträgt, sind die Einwendungen längstens binnen 8 Tagen, wenn die Aufkündigungsfrist weniger als 14 Tage beträgt, längstens 3 Tage nach Zustellung dieses Beschlusses mündlich oder schriftlich bei diesem Gericht anzubringen. Nach Ablauf dieser Frist angebrachte Einwendungen werden von Amts wegen zurückgewiesen.

Dieser Beschluß ist auch gegen die aufkündigende Partei vollstreckbar.

Zur Nachricht: Der Kündigende hat für das Gericht und für jeden Kündigungsgrund je ein Formular, zu seiner Benachrichtigung eine Rubrik oder ein Kündigungsformular auszufüllen und bei Gericht zu überreichen. Die für das Gericht und für jeden Kündigungsgegner bestimmten Formulare sind zu stempeln. Das für den Kündigenden bestimmte Formular oder die Rubrik ist stempelfrei.

Wenn der Kündigende weder am Ort noch im Sprengel des zuständigen Bezirksgerichtes wohnt, hat er einen daselbst wohnenden Zustellungsbevollmächtigten zu stellen und dessen Namen und Wohnort in der Aufkündigung anzugeben.

Die Beibringung einer Vollmacht für den Zustellungsbevollmächtigten ist nicht erforderlich. Es genügt, wenn er in der vom Aufkündigenden selbst unterschriebenen Kündigung namhaft gemacht wird.

Die außergerichtliche Kündigung wird bei Unterlassung der Einwendungen zu einem sehr **gefährlichen** Instrument.

Sie kann ein privater Exekutionstitel werden, ohne daß es einer gerichtlichen Entscheidung oder gar eines Prozesses bedarf. Das ist eine Besonderheit, die wir in unserem Prozeßsystem sonst nirgends finden. Nur bei der außergerichtlichen Aufkündigung wird dem Kündigenden die Macht eingeräumt, in eigener Sache einen Exekutionstitel zu schaffen und sich dadurch mit obrigkeitlichen Befugnissen auszustatten. Doch müssen die Formerfordernisse streng eingehalten sein.

Wann wird delogiert? Ein Präsidialerlaß des Bundesministeriums für Justiz empfiehlt den Exekutionsgerichten von zwangsweisen Räumungen (Delogierungen) in der **kalten Jahreszeit** abzusehen, wenn die Gefahr von **Obdachlosigkeit** droht. – Im übrigen wird eine Räumung nur dann vollzogen, wenn der betreibende Gläubiger die zur Öffnung der Räumlichkeiten und zur Wegschaffung der zu entfernenden beweglichen Sachen erforderlichen Arbeitskräfte und Beförderungsmittel bereitstellt (Ergänzung der EO durch BGBl Nr. 158/1956).

Gesetzliche Kündigungsgründe

Franz Großhaupt hat es nicht so leicht, seiner Tochter zusätzlichen Wohnraum zu verschaffen. Er kann Karl Jedermann nicht dazu bewegen, das Mietverhältnis einvernehmlich aufzulösen. Eine außergerichtliche Kündigung ist ihm verwehrt (Mieterschutz!). Er muß beim örtlich zuständigen Bezirksgericht eine Kündigung einbringen und einen vom Gesetz **zugelassenen Kündigungsgrund** genau bezeichnen. Wenn Karl Jedermann Einwendungen erhebt, muß ein Bestandprozeß durchgeführt werden.

Die gerichtliche Kündigung ist bei Mieten von Wohnungen und Geschäftsräumen nach **§ 30 MRG** dem Vermieter nur aus **wichtigen** Gründen gestattet. Das Gesetz zählt eine Reihe von Tatbeständen auf, die als solche Gründe zu gelten haben. Liegt einer dieser (mit Ziffern bezeichneten) Tatbestände vor, so ist seine Wichtigkeit im Einzelfall nicht mehr zu prüfen.

Die folgende Aufzählung ist eine **beispielsweise:**

Wenn der Mieter trotz Mahnung mit der Bezahlung des Mietzinses im Rückstand ist (Ziff. 1); wenn der Mieter durch sein rücksichtsloses, anstößiges oder sonst grob ungehöriges Verhalten den Mitbewohnern das Zusammenleben verleidet (Ziff. 3); wenn der Mieter vom Mietgegenstand einen erheblichen nachteiligen Gebrauch macht (Ziff. 3); wenn der Vermieter die gemieteten Wohnräume für sich selbst oder für Verwandte in absteigender Linie dringend benötigt und ihm oder der Person, für die der Mietgegenstand benötigt wird, aus der Aufrechterhaltung des Mietvertrages ein unverhältnismäßig größerer Nachteil erwüchse als dem Mieter aus der Kündigung (Interessenabwägung nach Ziff. 8) usw.

Auf den zuletzt genannten Kündigungsgrund der Ziffer 8 des § 30 MRG bezieht sich Franz Großhaupt (vgl. Seite 26). Es kann aber auch aus **anderen** als den in insgesamt 16 Ziffern angeführten Gründen vom Vermieter gesetzlich gekündigt werden. Also z. B., wenn Großhaupt sonst an einem wichtigen Interesse Schaden litte und insofern ein „wichtiger Grund" gegeben wäre. Demnach ist hier besondere Vorsicht am Platz! Man hüte sich als Mieter, dem Hauseigentümer (Hausverwalter) einen „wichtigen Grund" zu liefern; denn dieser Grund kann – selbst wenn er nicht im Mietrechtsgesetz verzeichnet steht – zum Verlust des Wohnrechtes führen.

Was ist, wenn es zu einer erheblichen **Belästigung** des Vermieters oder der Mitmieter durch den Mieter kommt? So z. B. durch häufiges ruhestörendes Verhalten, durch Klavierspielen, Koloratursingen oder nächtliches Feiern? Es wird auf die Umstände des Falles ankommen. Tag für Tag vorgenommenes stundenlanges Üben auf lauten Instrumenten könnte sehr leicht einen Kündigungsgrund bilden.

Besondere Bedeutung kommt der **Hausordnung** zu. Ihr Inhalt muß den Mietern zugänglich gemacht werden. Es genügt **Kenntnismöglichkeit** der verschiedenen Punkte einer Hausordnung, während Kenntnisnahme nicht gefordert wird. Die in der Praxis sehr detaillierten Punkte einer Hausordnung entsprechen einesteils den bestehenden Gesundheits- und Baupolizeivorschriften, andernteils betreffen sie Maßregeln für die Aufrechterhaltung der Ordnung, Ruhe, Sicherheit und Reinlichkeit im Hause, die die Grundlage eines angenehmen Wohnverhältnisses bilden.

Für den Umfang des Mietrechtes ist zunächst der Inhalt des (formfreien) Vertrages maßgebend; als solcher erscheint jedoch auch die Hausordnung, wenn sie dem Mieter bei Vertragsabschluß vorgelegt worden ist oder er es schuldhaft verabsäumt hat, sich über ihren genauen Inhalt zu unterrichten.

Da sie somit **Vertragsbestandteil** ist, kann sie später vom Vermieter nicht einseitig zum Nachteil des Mieters abgeändert werden. Überdies unterliegen die Bestimmungen der Hausordnung der **richterlichen Überprüfung** darauf, ob sie nicht wegen Verstoßes gegen die guten Sitten der Unwirksamkeit verfallen. Ein solcher Verstoß ist dann anzunehmen, wenn der Mieter ungebührlich beschränkt wird, ohne daß ein schutzwertes Interesse des Vermieters an solcher Beschränkung erkennbar ist (z. B. wird das absolute Verbot der Hausordnung, Tiere in den Wohnungen zu halten, nicht die Verwendung eines Blindenhundes durch einen kriegsblinden Mieter hindern).

Umgekehrt kann ein durch die Hausordnung **ausdrücklich gewährleistetes Recht** nicht eingeschränkt werden. Sieht z. B. die betreffende Hausordnung vor, daß von 7 bis 11 Uhr geklopft werden darf, kann eben in dieser Zeit der Mieter Teppiche, Polstermöbel, Mäntel u. dgl. ausklopfen, selbst wenn dadurch schlafende Nachbarn gestört werden.

Der Hauseigentümer bzw. die Hausverwaltung beauftragt den **Hausbesorger,** für die Einhaltung der Hausordnung zu sorgen.

Nach dem **Hausbesorgergesetz** 1969 (das bereits mehrfach abgeändert wurde, zuletzt durch BGBl. Nr. 81/1983) hat der Hausbesorger die Pflicht, das Interesse des Hauseigentümers bezüglich des seiner Obhut anvertrauten Hauses mit Umsicht, Sorgfalt und Redlichkeit wahrzunehmen. Ihm obliegt die Sorge für die regelmäßige Reinigung der gesamten zum Hause gehörigen Räume, für die Beleuchtung des Hauses, die Wartung der Wasserleitung, das Zusperren und Öffnen des Haustores, die Reinigung der Gehsteige und deren Bestreuung bei Glatteis.

Der Hausbesorger erhält für die ihm obliegenden Dienstleistungen ein angemessenes Entgelt.

Gesetzliche Mietzinsbildung

Wie schon erwähnt (vgl. S. 23), ist die gesetzlich vorgeschriebene Bildung des Mietzinses einer der beiden Grundgedanken des Mieterschutzes.

Woraus setzt sich der Mietzins zusammen? Aus

1. dem Hauptmietzins;
2. dem auf den Mietgegenstand entfallenden Anteil an den Betriebskosten und den von der Liegenschaft zu entrichtenden laufenden Abgaben;
3. dem auf den Mietgegenstand entfallenden Anteil für allfällige besondere Aufwendungen;
4. dem angemessenen Entgelt für mitvermietete Einrichtungsgegenstände oder sonstige Leistungen, die der Vermieter über die Überlassung des Mietgegenstandes hinaus erbringt.

Unterliegt der Mietgegenstand den Beschränkungen über die Höhe des Mietzinses, darf die Vereinbarung zwischen Mieter und Vermieter für eine in Hauptmiete gemietete Wohnung folgende Beträge je Quadratmeter der Nutzfläche und Monat nicht übersteigen:

1. Ausstattungskategorie A (Wohnung, deren Nutzfläche mindestens 30 m², höchstens 90 m², beträgt, die entsprechenden Nebenräume mit einer zeitgemäßen Ausstattung [Küche, Vorraum, Klosett, Bad], Zentralheizung oder gleichwertiger Etagenheizung und Warmwasseraufbereitung vorhanden sind): S 24,40;

2. Ausstattungskategorie B (hier muß neben Zimmer, Küche, WC nur eine zeitgemäße Bademöglichkeit vorhanden sein, Nutzfläche nicht mehr als 130 m²): S 18,30;

3. Ausstattungskategorie C (wenigstens Wasserleitung und WC innerhalb der Wohnung): S 12,20;

4. Ausstattungskategorie D, „Substandard" (wenn entweder keine Wassertleitung oder kein WC innerhalb der Wohnung vorhanden ist): S 6,10.

Pacht und Wertsicherung

Inzwischen macht Karl Jedermann Ausflüge in die Umgebung der Stadt und entdeckt eines Tages ein kleines Gartengrundstück mit schön blühenden Blumen. Er trifft auch dessen Eigentümer, Zyprian Knaster, und verhandelt mit ihm über eine eventuelle Verpachtung des Gartens. Jedermann möchte auf diese Weise einen Ausgleich für seine Stadtwohnung in der wenig freundlichen Gasse schaffen und will sich vor allem zum Wochenende an den Blumen erfreuen und mit Gärtnerarbeit befassen. Knaster wäre auch bereit, das Gartengrundstück zu verpachten, bei der Besprechung des Pachtzinses sagt er aber: „Ich will nicht viel, das aber will ich sicher haben. Ich verlange als Pachtzins einen Betrag, mit dem ich mir pro Monat zwanzig Packerl Pfeifentabak, Marke Drei-König, kaufen kann. So viel rauche ich nämlich monatlich. Würde der Preis des Tabakes steigen, müßte ich einen entsprechend höheren Pachtschilling erhalten. „Also" – fügte er schmunzelnd hinzu – „Gartenpracht gegen sichere Pacht!"

Wer bei Erbringung einer Leistung sichergehen will, daß die spätere Gegenleistung nicht entwertet wird, muß überlegen, ob und welche **Wertsicherungsklauseln** gesetzlich zulässig sind.

Nur soweit der Gesetzgeber Wertsicherungsklauseln ausdrücklich verboten hat, ist die Berücksichtigung einer vereinbarten Wertsicherungsklausel unzulässig. Das gilt von der Goldklausel, die in einer Reihe von Gesetzen untersagt wurde (ist aber neben der unwirksamen Goldklausel ein anderer Wertsicherungsmaßstab vereinbart worden, wird dieser angewendet). Auch Valutaklauseln sind nach dem Devisengesetz grundsätzlich nicht gestattet. Ein allgemeines, ausnahmsloses Verbot von Wertsicherungsklauseln besteht nur bei Versicherungsverträgen. Im großen und ganzen neigt die Rechtsordnung zur grundsätzlichen Anerkennung der Zulässigkeit einschlägiger Wertsicherungsklauseln. Auch sind Wertsicherungsklauseln **bei Pachtverträgen** nicht zu beanstanden. Hier gilt es nämlich, denjenigen, der eine oft sein einziges Gut bildende Sache gegen periodisch zu leistende Geldzahlungen bestimmter Höhe hingibt, davor zu bewahren, daß eine etwa eintretende Änderung des Geldwertes sich gegen ihn in manchmal geradezu katastrophaler Weise auswirkt. In Fällen dieser Art ist gerade derjenige der wirtschaftlich Schwächere, der den Realwert darbietet, während der Gegenkontrahent aus der Geldentwertung ungerechtfertigten Nutzen ziehen könnte.

Häufig werden Wertsicherungsklauseln auf den Getreidepreis, Brotpreis, Milchpreis, Mostpreis, auf den Maurerstundenlohn oder auf den Lebenshaltungskostenindex abgestellt. Als Nachfolger des (einer Wertsicherungsklausel zugrunde gelegten) Lebenshaltungskostenindex ist nun der **Verbraucherpreisindex** anzuwenden; bei Errechnung der Geldwertänderung wird der Wert am Tage des Vertragsabschlusses mit dem am Fälligkeitstag zuletzt bekanntgegebenen Wert verglichen.

Karl Jedermann wird also mit Zyprian Knaster vereinbaren: „Als Benützungsentgelt für die Gartenüberlassung gilt ein Geldbetrag als vereinbart, der mindestens ausreicht, um 20 Pakete à 50 Gramm Pfeifentabak mittelfeiner Art und Güte zu erwerben. Dieser Betrag beziffert sich zur Zeit auf S 500,– und ist monatlich im vorhinein zu entrichten."

Also eine erlaubte Wertsicherungsklausel, die auf den Tabakpreis zurückgeht und mit deren Hilfe alle Beteiligten zufriedengestellt werden: Karl Jedermann kommt zur Benützung des Gartens, und Zyprian Knaster braucht nicht zu fürchten, im Falle einer Geldentwertung für die S 500,– im Monat etwa nur noch ein Paket Tabak kaufen zu können. Er könnte in diesem Falle von Karl Jedermann S 10.000,– als geschuldeten Pachtschilling verlangen.

Wertsicherungsklauseln bei Geldausgedingsleistungen binden nur die Vertragspartner und sind gegenüber einem dritten Erwerber der Liegenschaft unwirksam.

Damit ist Karl Jedermann ganz zufrieden und vergißt, daß er früher gelegentlich davon geträumt hat, einen **Schrebergarten** sein eigen zu nennen.

In diesem Fall hätte ihn das Bundesgesetz vom 16. Dezember 1958 über die **Regelung des Kleingartenwesens** (BGBl Nr. 6/1959) interessiert. Das Kleingartengesetz gilt für Schrebergärten, die „der nicht erwerbsmäßigen Nutzung oder der Erholung" dienen und ein gewisses Ausmaß (mehr als 120 m² und höchstens 650 m²) aufweisen. Es nimmt darauf Rücksicht, daß in der Regel zuerst ein Generalpachtvertrag über das Kleingartengelände abgeschlossen wird und die einzelnen Kleingärten dann unterverpachtet werden. Der Generalpachtvertrag darf bei sonstiger Nichtigkeit nur mit den Gebietskörperschaften, Kleingartenvereinigungen oder Unternehmern für ihre Betriebsangehörigen abgeschlossen werden. Sowohl für die General- wie für die Unter- (Einzel) pachtverträge sind Zinsbeschränkungen und Kündigungsschutz vorgesehen; übermäßige Ablösen sind rückforderbar.

Die Gartenpacht und die Hoffnung, doch bald zu einer Wohnung in einer weniger unfreundlichen Gegend zu kommen, veranlassen Karl Jedermann, nach einer Zwischenlösung zu suchen, die ihm billiger kommt als die – überdies durch den Eigenbedarf gefährdete – Hauptmiete bei Franz Großhaupt.

Untermiete

Karl Jedermann hat Glück. Er findet bei der gütigen Witwe Weihbrunn ein lichtes und erschwingliches Untermietzimmer und beschließt, dort einzuziehen.

Umzugskosten werden steuerlich nur berücksichtigt, wenn sie entweder berufsbedingt sind oder eine außergewöhnliche Belastung darstellen. Die Behandlung durch die Finanzbehörde erfolgt nach Art der zu den Kosten eines doppelten Haushalts dargelegten Grundsätze.

Eine Umzugskostenvergütung, die der Dienstgeber gewährt, ist nur dann steuerfrei, wenn sie die Höhe der einem vergleichbaren öffentlichen Beamten gezahlten Umzugskosten nicht übersteigt.

Die wichtige Frage, die sich gleich erhebt, lautet: Genießt Karl Jedermann auch als Untermieter Mieterschutz?

Diese Frage muß grundsätzlich mit ja beantwortet werden; jedoch ist festzuhalten, daß das neue Mietrechtsgesetz zahlreiche Fälle ermöglicht, den Mieterschutz für Untermietverhältnisse zu durchbrechen.

Man kann die Frage nach dem Schutz des Untermieters zusammenfassend so beantworten: Juristisch ist es nicht schlecht um ihn bestellt. Meist wird ihm aber ein Nervenkrieg angesagt, häufig auch ein beschämender Zettelverkehr (mit Verhaltensvorschriften) eingerichtet.

Durch die aus welchen Gründen immer eintretende Beendigung der Hauptmiete endet auch die Untermiete, selbst wenn sie auf längere Zeit abgeschlossen worden wäre. Es teilt also der Untermieter das rechtliche Schicksal des Hauptmieters. Wird aber der Untervermieter Eigentümer des Bestandgegenstandes, so verwandelt sich das Untermietverhältnis nicht etwa in einen Hauptmietvertrag, sondern wird hinfällig.

Ungebetene Gäste

Was wäre, wenn Witwe Weihbrunn nur aus Gefälligkeit einwilligt, Karl Jedermann „gegen jederzeitigen Widerruf" bei sich aufzunehmen, und dafür auch kein Entgelt verlangt?

Dann liegt kein Mietvertrag vor. Karl Jedermann ist nur Gast (oder „Prekarist") und hat keinen Schutz gegenüber einer plötzlichen Sinnesänderung der Witwe. Es handelt sich hier um ein **unverbindliches Bittleihen.** Es muß aber **Unentgeltlichkeit** vorliegen. Unverbindlich ist das Bittleihen für die Witwe, weil sie das Recht hat, jederzeit die Räumung des von Karl Jedermann benützten Wohnraums zu fordern. Es bedarf keiner Kündigung, um ein solches Verhältnis aufzulösen.

Kein Bittleihen würde z. B. vorliegen, wenn die Witwe Weihbrunn an Karl Jedermann einen Raum zur Benützung überläßt, damit dieser ihr abends aus Büchern und Zeitschriften vorlese. Sein Vorlesen ist dann eben **Entgelt;** man darf dabei nicht nur an Geld, sondern muß an den Leistungszusammenhang denken!

Die Vermutung spricht nicht für eine Bittleihe, wenn jemand längere Zeit in einem fremden Hause wohnt; die unentgeltliche Aufnahme eines Obdachlosen wird aber in der Regel Bittleihe sein. Auch wenn ein wirtschaftlich nicht ins Gewicht fallender **Anerkennungszins** gezahlt wird, liegt Bittleihe vor. Ebenso, wenn kein Zins, sondern nur die auf die Wohnung entfallenden **Betriebskosten** bezahlt werden. Es handelt sich dann um keinen Mietvertrag. Wird ein Raum ohne Bindung für die Zukunft (z. B. bis zur bevorstehenden Auswanderung) überlassen, so verwandelt nach der Judikatur auch die Annahme eines **Pauschalersatzes der Auslagen** (z. B. S 250, pro Person und Monat) die Bittleihe nicht in einen Mietvertrag, es sei denn, daß die Vereinbarung zur Umgehung des Mietrechtsgesetzes geschlossen wurde. Wenn sich der Vermieter nicht jederzeitigen Widerruf ausbedungen hat, ist die Überlassung weiterer Räume oder des Gartens zur ausschließlichen Benützung nicht mehr Bittleihe, sondern bereits Miete.

In diesem Zusammenhang sei eine Warnung ausgesprochen: Man nehme von **ungebetenen Gästen,** die ihren Aufenthalt immer wieder verlängern, trotz allem **nie Geld** an, auch wenn sie es für die „Abnützung" oder als Spesenersatz aufdrängen wollen. Leicht kann in der bloßen Geldannahme (oder in anderen Gegenleistungen) der stillschweigende Abschluß eines Bestandvertrages liegen, und die Gäste behaupten dann vor Gericht mit Erfolg ihr Mietrecht. Entgeltliche Gebrauchsüberlassung begründet nämlich in der Regel – selbst gegen den Willen der Parteien – einen **Mietvertrag.** Ausnahmen bilden lediglich der Räumungsaufschub nach Beendigung des Bestandverhältnisses und die öffentlich-rechtlich aufgezwungene Benützung.

Die Wohngemeinschaft zwischen Familienangehörigen ist weder Miete noch Bittleihe. Die Benützung der Ehewohnung durch die Frau darf nicht als Bittleihe betrachtet werden. Solange der vom Ehemann abgeschlossene Mietvertrag aufrecht besteht, verfügt die Ehefrau gegenüber dem Hauseigentümer über einen **Benützungstitel** und kann daher nicht auf Räumung geklagt werden. Gattin und minderjährige Kinder leiten ihr Wohnrecht aus **familienrechtlichen** Bestimmungen ab. Zwischen Eltern und ihren großjährigen Kindern kann auch dann ein familienrechtliches Wohnverhältnis angenommen werden, wenn die Kinder einen Beitrag zum Haushalt leisten.

Nur dort, wo ein **Bestandverhältnis** begründet wurde, ist ein familienrechtliches Wohnverhältnis zu verneinen. Beachtung verdient hier, daß unter Familienangehörigen nicht jene Bestimmtheit von Willenserklärungen verlangt zu werden pflegt, wie dies im geschäftlichen Verkehr mit familienfremden Personen der Fall ist.

Empfang von Besuchen

Angenommen, Karl Jedermann hat Erfolg gehabt und findet in guter Lage eine geräumige Wohnung, die er mietet. Er ist Hauptmieter und nimmt gleich zwei Untermieter, Flamm und Prell, auf. Er darf Untermietverhältnisse begründen, wenn ihm dies nicht bei Abschluß des Hauptmietvertrages ausdrücklich untersagt wurde.

Karl Jedermann will in seiner Wohnung auf Ordnung sehen und keine „schlampigen Verhältnisse" dulden. Trotzdem hat er als Vermieter kein Recht, z. B. nach 22 Uhr Damenbesuch der Untermieter aus Sittlichkeitsgründen hinauszuweisen.

Das Problem liegt darin, ob sich Karl Jedermann gegen eine **Belästigung** durch den Damenbesuch (Herrenbesuch) wehren kann. Er wird als Vermieter z. B. nicht dulden müssen, daß ein ausländischer Untermieter die ganze Kolonie seiner in der Stadt lebenden Landsleute empfängt, heftige politische Debatten abführt und seinen Untermietraum zum Schauplatz dunkler Geschäfte macht. Dagegen liegt wohl keine Belästigung vor, wenn z. B. die Verlobte des Untermieters häufige Besuche abstattet. Ein ständiges Verweilen der Verlobten braucht der Vermieter freilich nicht zu gestatten, denn er hat ja nur an den Untermieter vermietet. Karl Jedermann wird häufig wechselnden Damenbesuch (Herrenbesuch) von fragwürdigem Aussehen allerdings nicht zu dulden brauchen. Aber umgekehrt können auch die Untermieter von Karl Jedermann verlangen, daß sie nicht durch seinen leichtfertigen Lebenswandel belästigt werden (insbesondere wenn der Untermieter selbst Familie hat und die Kinder durch das schlechte Beispiel gefährdet wären).

Vertraglich (durch mündliche oder schriftliche Vereinbarung) kann das Recht des Besuchsempfanges beliebig **eingeschränkt** werden. Vielfach wird aber vom Vermieter beim Abschluß eines Untermietvertrages zur Bedingung gemacht, daß der Untermieter keine Besuche des anderen Geschlechts empfangen dürfe. Ein solcher Vertragspunkt wird dahin auszulegen sein, daß es dem Untermieter verwehrt ist, aus seinem Untermietzimmer ein Absteigquartier zu machen. Nicht wird ihm aber trotz einer solchen Bedingung untersagt werden können, seine Mutter (bzw. den Vater) oder sonstige nahe Angehörige zu empfangen.

Wohlgemerkt, selbst wenn eine klare Verletzung des Untermietvertrages oder eine eindeutige Belästigung vorliegen sollte, so gibt solches dem betroffenen Vertragsteil noch kein Recht zum eigenmächtigen Einschreiten. Man muß vielmehr die zuständigen Behörden anrufen, auf Unterlassung klagen (bei Verschulden eventuell auch auf Schadenersatz) oder kündigen oder (wenn keine Kündigung erforderlich ist) sogleich die zwangsweise Räumung begehren. Für Akte des Faustrechts ist in der modernen Rechtsordnung kein Platz!

Hauptmieter und Untermieter leben zusammen

Zusammenfassend können wir feststellen, daß der Untermieter grundsätzlich seinen Raum genauso benützen darf, als wenn er für dieses Zimmer Hauptmieter wäre. Andererseits aber verpflichtet auch das gedrängte Zusammenleben zu erhöhter Rücksichtnahme im Interesse aller Beteiligten.

Zwischen Hauptmiete und Untermiete bleiben aber wesentliche Unterschiede bestehen. So kann dem Untermieter, dem keine Küchenbenützung eingeräumt wurde, sogar der Gebrauch eines **Elektrokochers** in seinem Untermietraum wirksam untersagt werden. Hingegen darf der Hauptmieter in der Küche eine elektrische **Waschmaschine** selbst dann aufstellen und betätigen, wenn sich im betreffenden Haus eine modern eingerichtete Waschküche befindet.

Bei den heutigen Verkehrsverhältnissen ist die Benützung des Telefons als der Übung des Verkehrs entsprechend anzusehen. Darum wird der Vermieter die **Einleitung eines Telefons** durch den Untermieter nur dann untersagen können, wenn besonders schutzwürdige Interessen verletzt würden (z. B. wenn durch die Installation die Stuckarbeiten in einer unter Denkmalschutz stehenden Wohnung der Salzburger Innenstadt beschädigt würden). Nach Beendigung des Untermietverhältnisses muß aber auf Verlangen die Telefonanlage auf Kosten des Untermieters wieder entfernt werden.

Die Anbringung einer Tafel „Praktischer Arzt Dr. med. univ. . . ." an der Wohnungstür kann dem zur Ausübung der ärztlichen Praxis berechtigten Untermieter durch den Hauptmieter nicht untersagt werden. Wohl auch nicht durch den Hauseigentümer (Hausverwalter).

Wenn der Vermieter dem Untermieter die im Mietvertrag vereinbarte **Mitbenützung eines Nebenraumes** (z. B. Badezimmer) später untersagt, handelt es sich um einen Eingriff in das Mietrecht des Untermieters. Dieser kann den Hauptmieter entweder darauf klagen, den Nebenraum wieder zugänglich zu machen, oder eine angemessene (der Gebrauchseinschränkung entsprechende) **Minderung des Untermietzinses** (§ 1105 ABGB) verlangen.

Wieweit der Untermieter berechtigt ist, Änderungen innerhalb des untergemieteten Wohn- bzw. Geschäftsraumes vorzunehmen, beurteilt sich entweder nach dem geschlossenen Vertrag oder nach der Verkehrssitte. Danach darf ein gemieteter Wohnraum nicht seinem ursprünglichen Zweck entfremdet werden. Ein Vermieter braucht sich nicht damit einverstanden zu erklären, daß der Untermieter die gemieteten Räume dazu benutzt, um einen **Gewerbebetrieb** zu errichten. Die hiezu erforderliche Einwilligung des Hauptmieters stellt kein unbilliges Verlangen dar, denn es werden die Wohnräume in größerem Maß als bisher abgenutzt.

Im Gesetz ist nur ausdrücklich angeordnet, daß der Bestandnehmer für das **Verschulden des Untermieters** haftet (§ 1111 ABGB). Der rechtspolitische Grund ist ein Interessenausgleich: Da Untervermietung ohne Zustimmung des Bestandgebers gestattet ist, darf durch sie die Lage des Bestandgebers (Eigentümers) nicht verschlechtert werden und muß der Bestandnehmer für die Personen einstehen, denen er den Gebrauch überlassen hat. Dagegen ist im Gesetz nicht gesagt, ob der Bestandnehmer auch für das **Verschulden seiner Hausgenossen, Dienstpersonen und Gäste** einzustehen habe. Die Lehre nimmt an, es hafte der Mieter einer Wohnung für das Verschulden aller Hausgenossen und Gäste, aber auch für jenes der von ihm bestellten Handwerker und Lieferanten; der Ladenmieter für das Verschulden seiner Angestellten und Kunden, nicht aber für Beschädigungen bei einer Plünderung.

Der Untermieter haftet seinem Vermieter für alle Schäden, die seine Besucher verschulden, auch für Beschädigungen durch Handwerker, die im Untermietraum eine Arbeit verrichten. Nur muß die Beschädigung bei der handwerklichen Tätigkeit schuldhaft verursacht worden sein.

Oberster Grundsatz für das menschliche Zusammenleben überhaupt und für das Zusammenwohnen im besonderen muß sein: **Eigenmacht** ist grundsätzlich **verboten!**

Bei seinen beiden Untermietern geht Karl Jedermann von Zeit zu Zeit eigenmächtig in deren Räume, um „nach dem Rechten" zu sehen. Ein solches Recht steht ihm nicht zu!

Eine Ausnahme mag dann gelten, wenn der Untermieter in unverantwortlicher Weise lärmt und durch ein trunkenes Gebaren das Zimmer und seine Einrichtung gefährdet. Hier wäre ein Eingreifen des Vermieters durch Notwehr oder Notstand gerechtfertigt. Auch wenn es im Untermietzimmer brennt, kann Karl Jedermann eindringen. Es liegt dann keine verbotene Eigenmacht vor.

Können sich die Untermieter Flamm und Prell untereinander über die Benützung der gemeinsamen Küche, des Bades, der Böden und Kellerräume nicht einigen, dürfen sie darum **vermeintliche Ansprüche nicht selbständig durchsetzen.** Vielmehr herrscht auch hier der Grundsatz, daß man bei Streitigkeiten die **Gerichte** oder **Verwaltungsbehörden** anzurufen hat.

Widerspenstige Untermieter

Karl Jedermann hat mit seinen Untermietern keine sehr glückliche Wahl getroffen. Beide sind etwas komplizierte Naturen. Flamm z. B. macht folgende Schwierigkeiten: Er benutzt in starkem Maße elektrische Koch- und Siedegeräte und brennt hochkerzige Lampen. Da der ganze Stromverbrauch in der Wohnung Karl Jedermanns über einen gemeinsamen Zähler läuft, verteilt dieser die durch Rechnung des E-Werks ausgewiesenen Stromkosten gefühlsmäßig auf alle Benützer der Wohnung mit einem Löwenanteil des Flamm. Soweit nicht eine offenbar willkürliche Fehlbelastung vorliegt, wird man dem Vermieter ein Recht zur angemessenen Entscheidung einräumen müssen. Niemals darf jedoch der Vermieter eigenmächtig dem Untermieter die Stromzufuhr abschalten.

Während Flamm bereitwillig am Anfang des Monats, das heißt bis zum 3. eines jeden Monats, seinen Mietzins entrichtet, zahlt Prell ächzend erst am Ende des Monats. Der Untermietvertrag zwischen ihm und Karl Jedermann kam seinerzeit ganz formlos durch das einverständliche Verhalten der beiden zustande.

Der Jurist nennt ein solches Verhalten, aus dem man den gemeinsamen Willen zum Vertragsabschluß herleitet, ein konkludentes oder schlüssiges Verhalten. Aus einem solchen Vertrag ist über den Zeitpunkt der Zahlung des Zinses nichts zu entnehmen. Da die Parteien keine besonderen Abreden über die Art und Weise der Mietenzahlung getroffen haben, gilt das Gesetz. Dieses sieht aber im § 1100 ABGB folgendes vor: Der Zins ist im **nachhinein,** bei einer Bestandzeit von einem oder mehreren Jahren **halbjährig,** sonst am **Ende** der Bestandzeit zu entrichten.

Die gesetzliche Vorschrift scheint Prell recht zu geben. Sieht man aber genauer zu, dann wird die Regel des Gesetzes durch den **entgegenstehenden Ortsgebrauch** zurückgedrängt. In der Frage des Zeitpunktes der Zinsentrichtung entscheidet also das Gewohnheitsrecht, und aus ihm ergibt sich, daß (trotz § 1100 ABGB) der Zins regelmäßig im **vorhinein** zu entrichten ist. Das ist der Grund, warum Prell doch nicht berechtigt sein kann, erst am Ende des Monats zu zahlen.

Mietzinsklage

Was kann Karl Jedermann unternehmen, wenn Prell keinen Zins zahlt?

Zunächst steht ihm der Kündigungsgrund wegen Zinsrückstand (§ 30 Abs. 2 Ziff. 1 MRG) zur Verfügung. Voraussetzung für die Geltendmachung dieses Kündigungsgrundes ist ein Zinsrückstand von **mindestens acht Tagen nach Fälligkeit** des Mietzinses. Weiter muß eine mündliche oder schriftliche **Mahnung** vorausgegangen sein. Manchmal wird die vom Mietengesetz geforderte Mahnung sogar unterbleiben können. Zeigte sich z. B. der Untermieter seit längerer Zeit nicht mehr in der Wohnung, ohne aber seine Untermieträume aufgegeben zu haben, und ist sein Aufenthalt dem Vermieter unbekannt, müßte erst ein Kurator für den Untermieter bestellt werden, um die Mahnung zuzustellen. Das ist zu umständlich.

Will Karl Jedermann nicht aufkündigen, wird er wahrscheinlich die Mietzinsklage bei dem Gericht einbringen, in dessen Sprengel der Bestandgegenstand liegt. Zuständig ist hiebei immer das Bezirksgericht, gleichgültig, wie hoch der eingeklagte Zinsbetrag ist (§ 49 Abs. 1 Z. 5 JN).

Es wird sich daher auch bei einem Untermietverhältnis stets nur um einen bezirksgerichtlichen Rechtsstreit handeln, bei dem eine Vertretung durch einen Rechtsanwalt nicht zwingend vorgeschrieben ist. Beim Landes- oder Kreisgericht besteht jedoch Anwaltszwang.

Mit einer Mietzinsklage können immer nur die am Klagstag schon fällig gewordenen Mietzinsleistungen eingeklagt werden. Was geschieht, wenn während der Prozeßdauer noch weitere Zinszahlungen fällig werden? Der Kläger wird dann bei der Streitverhandlung erklären, daß er das **Klagebegehren** auf die seit dem Tage der Klageeinbringung fällig gewordenen weiteren Zinsbeträge **erweitere.** Das Gericht wird wahrscheinlich diese Klagserweiterung zulassen, selbst wenn ihr der Beklagte nicht zustimmt. Meistens wird gleichzeitig mit der Einbringung der Mietzinsklage auch die **pfandweise Beschreibung** begehrt. Diese ist noch zu erklären.

Das Vermieterpfandrecht

Eines Tages bekamen Karl Jedermann und Prell voneinander endgültig genug. Prell hat ordnungsgemäß gekündigt und erklärt, sein Untermietzimmer am 31. Mai um 12 Uhr mittags geräumt zu übergeben. Als er mit seinen Koffern die Wohnung verlassen will und wegen eines Restzinsbetrages Karl Jedermann auf einen späteren Zeitpunkt vertröstet, verlangt dieser, daß ein Koffer im Hause verbleibt. Hiezu ist Karl Jedermann nach § 1101 ABGB berechtigt, da er an den Sachen das Vermieterpfandrecht kraft Gesetzes hat. Es handelt sich um das einzige **gesetzliche** Pfandrecht, das unser ABGB kennt. Wie dem Hauseigentümer gegen den Mieter, steht auch dem Hauptmieter gegen den Untermieter ein gesetzliches Pfandrecht zu. Danach haftet Prell mit seinen Einrichtungsstücken und seiner sonstigen Habe (z. B. Kunstgegenständen, Schmuck usw.) für die Mietzinsforderung Karl Jedermanns.

Für welche Forderungen besteht das gesetzliche Pfandrecht?

Nur für **Mietzinsforderungen,** nicht auch für eine Schadenersatzforderung, zum Beispiel wegen Beschädigung des mitvermieteten Sofas. Die Rechtsprechung gewährt allerdings auch ein Pfandrecht für die vom Untermieter zu zahlende **Entschädigung für Gas und Licht.** Das wird für Karl Jedermann bei seinem Untermieter Flamm aus den bereits geschilderten Gründen bedeutsam werden!

Will der Untermieter bei Nacht und Nebel ausziehen, ohne den Mietzinsrückstand zu bezahlen, kann der Vermieter ein sogenanntes Sperrecht ausüben. Diese **Sperre** ist ein **Akt erlaubter Selbsthilfe** und soll eine Verschleppung der Pfandsachen verhindern. Was dem gewöhnlichen Lebensbedarf und den Erfordernissen eines ordnungsgemäßen Geschäftsbetriebes entspricht, darf vom Vermieter nicht gesperrt werden.

Karl Jedermann kann den Koffer seinem weichenden Untermieter notfalls mit Gewalt abnehmen und bei sich einstellen. Allerdings darf er nur so viel an Werten zurückbehalten, daß seine Zinsforderung gedeckt ist. Bei Ausübung des Sperrechtes handelt der Vermieter stets „auf eigene Gefahr". Er wird also ohne Rücksicht auf Verschulden schadenersatzpflichtig, wenn sich die Maßnahme nachher als ungerechtfertigt herausstellt.

Der Vermieter darf solche dem Untermieter abgenommenen Fahrnisse nur **drei Tage** eigenmächtig zurückhalten. Hat er innerhalb von drei Tagen nicht beim örtlich zuständigen Bezirksgericht um pfandweise Beschreibung des Koffers angesucht, muß er ihn dem rückfordernden Untermieter herausgeben.

Was ist die pfandweise Beschreibung?

Sie besteht darin, daß die in den Untermieträumen befindlichen oder vom Vermieter zurückgehaltenen Fahrnisse des Untermieters auf richterliche Anordnung durch den Vollstreckungsbeamten des Gerichts in ein Verzeichnis (Pfändungsprotokoll) eingetragen werden. Die Verwertung der pfandweise beschriebenen Fahrnisse erfolgt dann über Antrag und nach den Vorschriften der Exekutionsordnung.

Der Untermieter hat die Möglichkeit, die Zurückhaltung seiner Sachen dadurch abzuwenden, daß er in gleicher Höhe eine geeignete **Sicherheit** leistet, z. B. ein Schmuckstück bei Gericht zugunsten des Vermieters hinterlegt oder einen tauglichen Bürgen stellt. Die Sicherstellung muß den geschuldeten Mietzins decken, auch dann, wenn der Wert der Fahrnisse geringer sein sollte.

Karl Jedermann, Kaufleute und Handwerker

Unverlangte Sendungen ins Haus

Karl Jedermann hat seine neue Wohnung bezogen. Er muß eine große Anzahl von Anschaffungen machen.

Zum Teil kommt ihm die tüchtige Geschäftswelt dadurch entgegen, daß sie ihm **unbestellte** Waren zur Ansicht zusendet. So schickt ihm eine Firma Rasierklingen ins Haus mit folgendem Begleitschreiben: „Falls Sie nicht binnen 8 Tagen unsere Probesendung zurückschicken, nehmen wir an, daß sie Ihren Beifall gefunden hat, und erlauben uns, den Betrag mittels Postauftrag einzuziehen." Karl Jedermann hat an den Rasierklingen kein Interesse, weil er sich mit einem elektrischen Rasierapparat rasiert. Die Klingen geraten in Vergessenheit und verrosten an einem feuchten Platz. Karl Jedermann wird an diese Angelegenheit erst wieder erinnert, als nach 14 Tagen der Briefträger einen Postauftrag zur Zahlung vorlegt.

Karl Jedermann muß den Postauftrag nicht einlösen und hat auch keinen Schadenersatz für die verdorbenen Klingen zu leisten.

Die Lieferfirma hätte einen Anspruch auf Bezahlung der Klingen nur dann, wenn zwischen ihr und Karl Jedermann ein Kaufvertrag zustande gekommen wäre. Ein Vertrag setzt aber den Austausch von übereinstimmenden Erklärungen voraus, die zum Ausdruck bringen, daß beide Parteien dasselbe wollen.

Soweit nicht das Gesetz für diese Erklärungen eine besondere Form vorschreibt, können sie mündlich erfolgen oder durch ein Verhalten ausgedrückt werden, das den Willen eindeutig erkennen läßt, z. B. Kopfnicken, wortloses Hinlegen des Geldes für Milch, Zigaretten etc.

In unserem Falle liegt aber nur ein **Vertragsangebot** der Firma vor, nicht aber auch eine **Annahmeerklärung** des Empfängers der Klingen. Sein Schweigen ist keine solche Erklärung. Nur ganz ausnahmsweise kennt das Gesetz die Umdeutung eines Schweigens als Zustimmung. So gelten z. B. die allgemeinen Geschäftsbedingungen im Transportgewerbe, im Bankgewerbe und bei Versicherungsverträgen stillschweigend auch dann als vereinbart, wenn auf sie nicht ausdrücklich Bezug genommen wird. Dies ist aber eine besondere Ausnahme, weil allgemein bekannt ist, daß in diesen Gewerbezweigen massenhaft Verträge zustande kommen und deshalb mit allgemeinen Geschäftsbedingungen gearbeitet wird.

Wenn zwischen Karl Jedermann und der Rasierklingenfirma eine **ständige Geschäftsverbindung** bestünde, könnte wohl Stillschweigen als Annahme gelten. In unserem Fall mit den Rasierklingen ist es aber anders. Da kein Kaufvertrag zustande gekommen ist, hat die Firma also keinen Anspruch auf den Kaufpreis. – Die Tatsache, daß die Klingen Karl Jedermann gegen seinen Willen zugesandt wurden, berechtigte ihn allerdings nicht, sie einfach wegzuwerfen. Damit würde er eine **unerlaubte Handlung** begehen, die ihn zum Schadenersatz verpflichten würde. Andererseits braucht er aber auch nicht die Rasierklingen zurückzuschicken. Er muß sie lediglich aufbewahren und einem abholenden Boten der Firma wieder aushändigen. Bei der Aufbewahrung braucht Karl Jedermann keine übermäßige Sorgfalt an den Tag zu legen. Wenn es während des Einzugs bei ihm drunter und drüber geht und er sich nicht um alle Dinge kümmern kann, so geht dies zu Lasten der aussendenden Firma. Wenn Karl Jedermann allerdings grob fahrlässig oder vorsätzlich die Sachen zerstört, dann wird er **schadenersatzpflichtig.** Ebenso muß Karl Jedermann die Rasierklingen bezahlen, wenn er sie zwar nicht zum Rasieren, dafür aber zum Bodenabziehen verwendet.

Der Jurist spricht bei der unerwünschten Zusendung von Waren von einem sogenannten **Belästigungsverkehr.** Der Geschäftsmann, der die unbestellten Waren geschickt hat, kann Karl Jedermann auch nicht dadurch zur Rücksendung der Ware zwingen, daß er ihm einen Geldbetrag für Porto und sonstige Unkosten der Rücksendung übermittelt. Dies hätte auch wiederum nur zur Folge, daß Karl Jedermann dieses Geld zur Abholung bereithalten muß. Wir sehen also, daß niemand einen anderen zwingen kann, irgendeine Tätigkeit vorzunehmen, und sei es auch nur ein Gang zur Post.

Der Möbelkauf

Karl Jedermann hat Möbel gekauft. Die Kredenz ist aber infolge eines Konstruktionsfehlers der Belastung des Geschirrs nicht gewachsen. Ein Brett bricht aus, und ein großer Teil des Geschirrs geht in Scherben.

Wegen des Konstruktionsmangels kann Karl Jedermann Gewährleistungsansprüche geltend machen. Unter **Gewährleistung** versteht man die **Haftung des Veräußerers** einer Sache **für Mängel.** Also kurz: Mängelhaftung! Bei den Mängeln kann es sich wiederum um Sachmängel oder um Rechtsmängel handeln. In unserem Fall mit der verbauten Kredenz handelt es sich um einen **Sachmangel.** Die Gewährleistung ist seit dem Konsumentenschutzgesetz zwingendes Recht. Die Mängelhaftung kann vertraglich nur noch in zwei Fällen ausgeschlossen werden, die aber in unserem Fall nicht zur Anwendung kommen.

Der Veräußerer haftet nach § 922 ABGB dafür, daß die Sache

1. die ausdrücklich bedungenen Eigenschaften habe;
2. die gewöhnlich dabei vorausgesetzten Eigenschaften aufweist;
3. der Natur des Geschäftes oder der getroffenen Vereinbarung gemäß benützt werden kann.

Von einer Kredenz setzt man gewöhnlich voraus, daß sie Geschirr zu tragen imstande ist. Bei uns brach aber ein Brett aus. Was kann Karl Jedermann aus dem Titel der Gewährleistung vom Verkäufer verlangen?

Es kommt dabei nach § 932 ABGB auf folgendes an:

I. Der Mangel ist wesentlich und unbehebbar.

Hier kann der Erwerber die gänzliche Aufhebung des Vertrages verlangen. Man spricht von der **Wandlung** des Vertrages. Durch eine solche Wandlung soll der Zustand wiederhergestellt werden, der zur Zeit des Vertragsabschlusses bestand.

II. Der Mangel ist wesentlich, aber behebbar.

Hier kann der Erwerber keine Aufhebung des Vertrages verlangen, sondern er begehrt ganz nach seiner Wahl entweder:

1. **Preisminderung**
   Das Gleichgewicht zwischen den beiden Leistungen wird durch eine angemessene Minderung des Entgelts wiederhergestellt.
2. **Verbesserung**
   Beseitigung des Mangels (bei Qualitätsmängeln).
3. **Nachtrag des Fehlenden**
   Ergänzung der unvollständigen Leistung (bei Quantitätsmängeln).

III. Der Mangel ist unwesentlich.

Darunter versteht man einen Mangel, der den ordentlichen Gebrauch der Sache nicht hindert.

Hier gilt das soeben unter Punkt II dargestellte Wahlrecht ebenfalls.

IV. Der Mangel ist unerheblich.

Dann besteht kein Gewährleistungsanspruch.

In unserem Rechtsfall war das Ausbrechen des Bretts auf einen Konstruktionsmangel der Kredenz zurückzuführen. Es besteht (was eventuell durch Sachverständige zu beweisen ist) aller Wahrscheinlichkeit nach ein **wesentlicher und unbehebbarer Mangel.** Karl Jedermann ist daher berechtigt, die Kredenz dem Verkäufer zurückzugeben und den Kaufpreis hierfür zurückzuverlangen. Er kann die Wandlung jedoch nur binnen einer **Frist** von sechs Monaten nach Ablieferung des Möbelstücks verlangen, falls keine längere **Garantie** vereinbart ist. Zeigt sich der Mangel erst nach **sechs Monaten** oder nach Ablauf der **vereinbarten Garantiefrist,** so hat Karl Jedermann keine Gewährleistungsansprüche mehr. Zeigt jedoch der Erwerber innerhalb der erwähnten Frist dem Möbelhersteller den Mangel an (sogenannte Mängelrüge), so kann er nach § 933 ABGB die Gewährleistung durch **Einrede** auch weiterhin geltend machen. Zur Mängelrüge genügt es, daß der Erwerber dem Veräußerer vom entdeckten Mangel **mündlich oder schriftlich Mitteilung** macht. Es bedarf keiner gerichtlichen Anzeige.

Der Gewährleistungsanspruch hat mit einem Verschulden des Veräußerers ganz und gar nichts zu tun. Karl Jedermann möchte gern Schadenersatz für das zerbrochene Geschirr verlangen. Für einen Schadenersatzanspruch ist aber meistens ein **Verschulden** erforderlich. Wie kann Karl Jedermann zum Ersatz kommen?

Ausdrücklich wird im § 932 ABGB hinzugefügt, daß der Übergeber in allen Fällen für den verschuldeten Schaden haftet. Die verschuldete Schadenszufügung kann also **weitergehende Ansprüche** auslösen. Es kommt ganz darauf an, ob unseren Verkäufer bei der Lieferung der fehlerhaften Kredenz ein Verschulden trifft. Auch die neuere Rechtsprechung betont ausdrücklich: Schadenersatzansprüche bei Verschulden sind durch die Gewährleistung nicht ausgeschlossen!

Karl Jedermann wird nicht nur Wandlung, sondern darüber hinaus noch einen Schadenersatzanspruch geltend machen, für den eine **dreijährige** Verjährungsfrist (§ 1489 ABGB) gilt. Ein Verschulden des Verkäufers liegt vor allem dann vor, wenn dieser den Mangel der Kredenz kennt, aber arglistig verschwiegen hat. Wenn **List** im Spiel ist, hat Karl Jedermann sogar eine noch längere Frist zur Verfügung. Er kann **30 Jahre** hindurch gegen den Verkäufer, der ihn hinters Licht führte, vorgehen! Der Verkäufer haftet aber auch dann, wenn er fahrlässigerweise den Mangel nicht erkannte, obwohl schon mehrere Beanstandungen der Type erfolgten. Trifft ihn keinerlei Verschulden, so ist Karl Jedermann auf die oben erwähnten Gewährleistungsansprüche (Wandlung, Preisminderung, Verbesserung oder Nachtrag des Fehlenden) je nach Art des Mangels beschränkt.

Das Abzahlungsgeschäft

Einen Teil der Möbel hat Karl Jedermann auf Raten angeschafft.

Für einen solchen Kauf galt seit 1. März 1962 das Bundesgesetz vom 15. Nov. 1961 (BGBl Nr. 279) über das Abzahlungsgeschäft **(Ratengesetz).**

Dieses ist jedoch mit dem neuen **Konsumentenschutzgesetz** außer Kraft getreten und nur noch für Abzahlungsgeschäfte, die vorher geschlossen worden sind, weiterhin anzuwenden.

Das **Konsumentenschutzgesetz,** BGBl Nr. 140/79, enthält nun nicht nur Bestimmungen über das **Abzahlungsgeschäft,** sondern stellt überhaupt die **Rechtsbeziehungen zwischen Verbrauchern**

und Unternehmern auf eine ganz neue Basis. In den letzten Jahrzehnten hat das Rechtsgeschäft, mit dem der Konsument seinen Bedarf deckt, sein Gesicht stark verändert: vordem war es vorwiegend ein Rechtsgeschäft über einfache Bedarfsgegenstände, das in persönlichem Kontakt zwischen zwei einander meist bekannten Partnern zustande kam, zwischen denen kein übermäßiger Unterschied der Ausgangsposition – vor allem in psychologischer und wirtschaftlicher Hinsicht – bestand. Jetzt hat sich einerseits das Warenangebot ungeheuer vermehrt und kompliziert, die dafür nötige Arbeitsteilung hat zu starker Konzentration auf der Seite der Anbieter geführt, damit zum Massengeschäft und zu einer Entfremdung, einer Distanzierung zwischen Erzeuger und Konsumenten. Die Vertriebsmethoden sind unter Anwendung modernster wissenschaftlicher Erkenntnisse stark verfeinert, der Konsument vermag weder die Herstellung des Produktes noch den Weg zu ihm zu durchschauen; andererseits ermöglicht das allgemeine Ansteigen des Lebensstandards immer mehr Menschen, Geschäfte von größerer wirtschaftlicher Tragweite zu schließen.

Für die wirtschaftlich bedeutenderen Massengeschäfte haben sich Vertragsschablonen entwickelt, die der Unternehmer für diese Vielzahl von Geschäften vorweg entwirft. Diese Vertragsschablonen haben sich grundsätzlich als sinnvolles Mittel zur Rationalisierung des rechtsgeschäftlichen Massenverkehrs erwiesen, vor allem bei den sich immer mehr entwickelnden Typen von Verträgen, die im Gesetz nicht hinreichend geregelt sind; sie werden aber von ihrem Aufsteller zum Teil auch dazu mißbraucht, seine Rechtslage in unangemessener Weise zu Lasten des anderen Vertragspartners zu verbessern. Die manchmal übertriebene Aggressivität der Vertriebsmethoden führt überdies oft dazu, daß Geschäfte geschlossen werden, die der Erwerber nicht geschlossen hätte, wenn er Zeit und Ruhe zum Überlegen gehabt hätte.

Diese Entwicklung hat zu einer typischen Beeinträchtigung der Vertragsfreiheit, vor allem der Freiheit zur inhaltlichen Gestaltung des Vertrages, auf der Seite des schwächeren Vertragspartners, vor allem des Konsumenten, geführt: die Vertragsfreiheit wurde Mittel zur einseitigen Gestaltung des Vertragsinhaltes; sie kann in diesen Fällen ihre Funktion, einen den Bedürfnissen der Geschäftspartner bestmöglich entsprechenden Ausgleich ihrer Belange herbeizuführen, nicht mehr erfüllen.

Auf dem Gebiet des Privatrechts hat sich also – neben anderen Rechtsgebieten, wie vor allem beim Gewerberecht – ein Bedürfnis nach einem verstärkten, über den Schutz des allgemeinen Zivilrechts hinausgehenden Schutz des Konsumenten ergeben.

Das Gesetz soll den privatrechtlichen Schutz des Verbrauchers möglichst vollständig umfassen.

Es wurde daher das geltende Ratengesetz – mit Änderungen – eingebaut, und es wurde ein besonderer Schwerpunkt überdies dem Schutz vor Überrumpelung und vor unlauteren allgemeinen Geschäftsbedingungen gewidmet.

Das Gesetz enthält folgende Gliederung:

1. *Allgemeiner Verbraucherschutz:*

a) *Zustandekommen des Vertrages:* Rücktrittsrecht bei „Haustürgeschäften" (entsprechend der bisher nur für Abzahlungsgeschäfte geltenden Regelung des RatG), Folgen des Rücktritts, Kostenvoranschläge, unzulässige Vertragsbestandteile, Wirksamkeit mündlicher Nebenabreden, Verhinderung von Umgehungen;

b) *Schutz vor unlauteren Allgemeinen Geschäftsbedingungen:* Generalklausel (als Novelle zum ABGB an den Schluß gereiht), Aufzählung bestimmter verbotener Nebenabreden, Verbandsklage (wegen ihrer allgemeinen Geltung als II. Hauptstück gereiht);

c) *Stärkere Verbindung zum öffentlichen Recht* dergestalt, daß die Verletzung öffentlich-rechtlicher Vorschriften (weitergehend als bisher) zivilrechtlich wirksam wird: Erweiterung der Irrtumsanfechtung, Bindung an gesetzliche Höchst- oder Mindestpreise und eine Sonderbestimmung für Kreditvermittlungsaufträge.

2. *Sonderregeln für bestimmte Vertragstypen:* Dauerverträge, Abzahlungsgeschäfte, Buch- und Zeitschriftenabonnements sowie Ansparverträge.

3. *Ergänzende verfahrensrechtliche Regeln:* Schutz des Verbrauchers vor Gerichtsstandsvereinbarungen, die ihm die Prozeßführung erschweren (im I. Hauptstück), Lockerung der Säumnisfolgen zum Schutz vor unbilligen Versäumungsurteilen, Aufhebung der Eventualmaxime und Vereinheitlichung der Fristen im Auftragsverfahren sowie Erweiterung der Wiederaufnahmsklage auf Zahlungsaufträge u. dgl. (wegen der allgemeinen Bedeutung als Novelle zur ZPO an den Schluß gereiht).

Im einzelnen bestehen folgende Regelungen:

Rücktrittsrecht. Hat der Verbraucher seine Vertragserklärung weder in den vom Unternehmen für seine geschäftlichen Zwecke dauernd benützten Räumen noch bei einem von diesem dafür auf einer Messe oder Markt benützten Stand abgegeben, so kann er vom Vertrag zurücktreten. Das Rücktrittsrecht ist jedoch binnen einer Woche auszuüben. Die Frist beginnt mit der Ausfolgung einer Urkunde, die zumindest den Namen und die Anschrift des Unternehmens sowie eine Belehrung und das Rücktrittsrecht enthält, an den Verbraucher, frühestens jedoch mit dem Zustandekommen des Vertrages. Handelt es sich nicht um ein Abzahlungsgeschäft und ist dem Verbraucher der Name und die Anschrift des Unternehmers bekanntgegeben worden, so erlischt das Rücktrittsrecht spätestens einen Monat nach dem Zustandekommen des Vertrages.

Das Rücktrittsrecht besteht auch dann, wenn der Unternehmer oder ein mit ihm zusammenwirkender Dritter den Verbraucher im Rahmen einer Werbefahrt oder Ausflugsfahrt oder ähnlichen Veranstaltung in die vom Unternehmer für seine geschäftlichen Zwecke benützten Räume gebracht hat.

Das Rücktrittsrecht steht dem Verbraucher **nicht** zu, wenn er selbst die geschäftliche Verbindung mit dem Unternehmer angebahnt hat, wenn keine geschäftlichen Besprechungen vorangegangen sind und schließlich bei Verträgen, bei denen die beiderseitigen Leistungen sofort zu erbringen sind, wenn sie üblicherweise vom Unternehmen außerhalb seiner Geschäftsräume geschlossen werden und das vereinbarte Entgelt hundert Schilling, oder wenn das Unternehmen nach seiner Natur nicht in ständigen Geschäftsräumen betrieben wird (Taxi) und das Entgelt dreihundert Schilling nicht übersteigt.

Beim Rücktritt vom Vertrag sind Zug um Zug vom Unternehmer alle empfangenen Leistungen samt gesetzlichen Zinsen zurückzuerstatten und der vom Verbraucher auf die Sache gemachte notwendige und nützliche Aufwand zu ersetzen, vom Verbraucher hingegen die empfangenen Leistungen zurückzustellen und dem Unternehmer ein angemessenes Entgelt für die Benützung, einschließlich einer Entschädigung für eine damit verbundene Minderung des gemeinen Wertes der Leistung zu zahlen, wobei die Übernahme der Leistungen in die Gewahrsame des Verbrauchers für sich allein noch nicht als Wertminderung anzusehen ist.

Für die Erstellung eines **Kostenvoranschlages** durch den Unternehmer hat der Verbraucher ein Entgelt nur dann zu bezahlen, wenn er vorher auf diese Zahlungspflicht hingewiesen worden ist. Die **Richtigkeit des Kostenvoranschlages** gilt als gewährleistet, wenn nicht das Gegenteil ausdrücklich erklärt ist.

Unzulässig ist:

- die unangemessen lange oder nicht hinreichend bestimmte Überlegungsfrist für den Unternehmer bezüglich der Annahme des Vertrages, während der Verbraucher an den Vertrag gebunden ist;
- zu vereinbaren, daß ein bestimmtes Verhalten des Verbrauchers als Abgabe oder Nichtabgabe einer Erklärung gilt (außer der Verbraucher wird bei Beginn der hiefür vorgesehenen Frist auf die Bedeutung seines Verhaltens besonders hingewiesen und hat zur Abgabe einer ausdrücklichen Erklärung eine angemessene Frist).

Unzulässig ist auch die Vertragsbestimmung, wonach eine für den Verbraucher rechtlich bedeutsame Erklärung des Unternehmers, die jenem nicht zugegangen ist, als ihm zugegangen gilt, sofern es sich nicht um die Wirksamkeit einer an die zuletzt bekanntgegebene Anschrift des Verbrauchers gesandten Erklärung für den Fall handelt, daß der Verbraucher dem Unternehmer eine Änderung seiner Anschrift nicht bekanntgegeben hat. Weiters ist unzulässig zu vereinbaren, daß eine vom Verbraucher dem Unternehmer oder einem Dritten abzugebende Anzeige oder Erklärung einer strengeren Form als der Schriftform oder besonderen Zugangserfordernissen zu genügen hat. Die Vereinbarung, daß dem Unternehmer auf sein Verlangen für seine Leistung ein höheres als das bei der Vertragsschließung bestimmte Entgelt zusteht, ist ebenfalls unzulässig (außer der Fall, daß die maßgebenden Umstände für die Erhöhung im Vertrag umschrieben sind und ihr Eintritt nicht vom Willen des Unternehmers abhängt).

Unzulässig ist es auch, wenn vereinbart wird, daß der Verbraucher seine Leistung erbringen muß, auch wenn der Unternehmer seine Leistung nicht vertragsgemäß erbringt.

Ein gesetzliches Zurückbehaltungsrecht darf nicht ausgeschlossen oder eingeschränkt werden. Das Recht des Verbrauchers auf Aufrechnung darf nicht ausgeschlossen oder eingeschränkt werden. Die Pflicht des Unternehmers zum Schadenersatz darf nicht ausgeschlossen werden für Vorsatz oder grobe Fahrlässigkeit.

Es darf auch nicht vereinbart werden, daß der Unternehmer oder eine seinem Einflußbereich unterliegende Stelle oder Person bindende Erklärungen für den Verbraucher darüber abgibt, daß die vom Unternehmer erbrachten Leistungen vereinbarungsgemäß sind. Gesetzliche Beweislastregeln dürfen zuungunsten des Verbrauchers nicht umgedreht werden, und Rechte des Verbrauchers auf eine Sache, die der Unternehmer zur Bearbeitung übernommen hat, dürfen nicht in unangemessen kurzer Frist verfallen.

Andere Vertragsbestimmungen sind nur zulässig, wenn der Unternehmer beweist, daß sie im einzelnen ausgehandelt worden sind: so der Rücktritt des Unternehmers ohne sachliche Rechtfertigung vom Vertrag, Übertragung der Pflichten des Unternehmers mit schuldbefreiender Wirkung an einen Dritten, der im Vertrag nicht namentlich genannt ist, die einseitige Abänderung der zu erbringenden Leistung durch den Unternehmer, der Ausschluß des Schadenersatzes an einer zur

Bearbeitung übernommenen Sache durch den Unternehmer.

Ist der Verbraucher zur Zahlung eines Reuegeldes **(Stornogebühr)** verpflichtet, so kann es der Richter mäßigen.

Gewährleistung hat der Unternehmer an dem Ort zu erbringen, an dem die Sache übergeben worden ist; bei Beförderung oder Versendung an einen im Inland gelegenen Ort kann der Verbraucher verlangen, daß die Gewährleistung durch den Unternehmer am Übergabsort erfolgt. Wenn die Beförderung zum Unternehmer für den Verbraucher untunlich ist, besonders weil die Sache sperrig, gewichtig oder durch Einbau unbeweglich geworden ist, so ist die Gewährleistung an dem Ort durch den Unternehmer zu erbringen, an dem sich die Sache gewöhnlich befindet, sofern dieser im Inland gelegen ist.

Wenn es für den Verbraucher tunlich ist, die Sache dem Unternehmer zu senden, so kann dieser die Übersendung verlangen, er hat jedoch deren Gefahren und Kosten zu tragen.

Eine Beschränkung von Gewährleistungsansprüchen des Verbrauchers darf nur in folgenden Fällen stattfinden:

Der Unternehmer kann sich bei einer Gattungsschuld (geschuldet sind Sachen, von denen jede gleichwertig ist) von der Aufhebung des Vertrages oder von der Preisminderung dadurch befreien, daß er in angemessener Frist die mangelhafte Sache gegen eine mängelfreie austauscht. Und er kann sich von der Preisminderung dadurch befreien, daß er in angemessener Frist eine Verbesserung bewirkt oder das Fehlende nachträgt.

Die **Vollmacht eines Vertreters** erstreckt sich auf alle Handlungen, die derartige Geschäfte gewöhnlich mit sich bringen. Eine Beschränkung dieser Vollmacht ist dem Verbraucher gegenüber nur wirksam, wenn sie ihm bewußt war.

Wird zur **Sicherung der Forderungen** des Unternehmers vom Verbraucher eine Wechselverbindlichkeit eingeräumt, muß der Wechsel die Worte „Nicht an Order" oder einen gleichbedeutenden Vermerk enthalten, sonst ist der Unternehmer schadenersatzpflichtig.

Eine **Lohn- oder Gehaltsforderung** des Verbrauchers darf dem Unternehmer nicht zur Sicherung oder Befriedigung seiner noch nicht fälligen Forderungen abgetreten werden.

Hat der Verbraucher seine Schuld in Raten zu zahlen und hat sich der Unternehmer für den Fall der Nichtzahlung von Teilbeträgen oder Nebenforderungen das Recht vorbehalten, die sofortige Entrichtung der gesamten noch offenen Schuld zu fordern **(Terminverlust),** so darf er dieses Recht nur ausüben, wenn er selbst seine Leistungen bereits erbracht hat, zumindest eine rückständige Leistung des Verbrauchers seit mindestens sechs Wochen fällig ist sowie der Unternehmer den Verbraucher unter Androhung des Terminverlustes und unter Setzung einer Nachfrist von mindestens zwei Wochen erfolglos gemahnt hat.

Der Verbraucher, der im Inland seinen Wohnsitz oder gewöhnlichen Aufenthalt hat oder im Inland beschäftigt ist, ist grundsätzlich bei dem Gericht zu klagen, in dessen Sprengel sein Wohnsitz, der gewöhnliche Aufenthalt oder der Ort der Beschäftigung liegt.

Verträge über wiederkehrende Leistungen (Lieferungen von Zeitungen u. dgl.) kann der Verbraucher unter Einhaltung einer zweimonatigen Frist zum Ablauf des ersten Jahres, nachher zum Ablauf jeweils eines halben Jahres kündigen. Die Kündigungsfrist kann auf höchstens sechs Monate verlängert werden.

Als **Abzahlungsgeschäfte** gelten Geschäfte, bei denen das gesamte Entgelt einhundertfünfzigtausend Schilling nicht übersteigt, wobei mindestens zwei Teilzahlungen – abgesehen von der Anzahlung – zu entrichten sind. Der Unternehmer übergibt die Sache vor der vollständigen Bezahlung dem Verbraucher, und dieser hat das Entgelt in Teilzahlungen zu entrichten. Abzahlungsgeschäfte gelten nur für Kaufverträge über bewegliche körperliche Sachen.

Wenn das **Geschäft durch einen Dritten** (üblicherweise ein Kreditinstitut) **finanziert** wird, das heißt also, daß ein Dritter die Mittel für das Entgelt zur Verfügung stellt, so wird durch dieses Geschäft der gleiche wirtschaftliche Zweck wie durch das Abzahlungsgeschäft mit dem Unternehmer direkt verfolgt und kann in diesem Fall der Verbraucher die Befriedigung des Geldgebers auch verweigern, soweit ihm Einwendungen aus seinem Rechtsverhältnis zum Unternehmer gegen diesen zustehen.

Die **Anzahlung** muß mindestens ein Prozent des Preises und, soweit dieser dreitausend Schilling übersteigt, mindestens zwanzig Prozent des Preises betragen und ist spätestens bei der Übergabe der Sache zu entrichten.

Übergibt der Unternehmer dem Verbraucher die Sache, ohne die Mindestanzahlung erhalten zu haben, so hat er keinen Anspruch auf den der nicht geleisteten Anzahlung entsprechenden Teil des Kaufpreises.

Die **Laufzeit für Abzahlungsgeschäfte** beträgt längstens fünf Jahre. Ist eine längere Frist vereinbart, hat der Unternehmer keinen Anspruch auf den Teil der Zinsen und sonstigen Zuschläge, die bei gleichmäßiger Aufteilung auf die gesamte Tilgungsfrist nach dem Ablauf von fünf Jahren zu zahlen wären.

Solange der Kaufpreis noch nicht vollständig bezahlt ist, kann der Anspruch auf Gewährleistung wegen Sachmängeln über die gesetzlichen Gewährleistungsfristen hinaus bis zur Fälligkeit der letzten Rate geltend gemacht werden.

Über den Vertrag ist ein **Ratenbrief** auszustellen. Dieser hat zu enthalten: den Vor- und Familiennamen, den Beruf und den gewöhnlichen Aufenthalt der Vertragsteile, den Tag, den Ort des Vertragsantrages bzw. der Vertragsannahme, den Gegenstand des Abzahlungsgeschäftes, den Barzahlungspreis, das gesamte Entgelt, die Höhe der Anzahlung, die Zahl und Höhe der fälligen Teilzahlungen und den Tag der Übergabe der Sache, die Erklärung, ob und wie viele Wechsel zur Sicherung übergeben wurden und ob ein Eigentumsvorbehalt vereinbart wurde, schließlich die Belehrung über das Rücktrittsrecht des Verbrauchers.

Verträge über Lieferungen im Buch-, Kunst- Zeitschriften- und Musikalienhandel, die den Verkäufer zu wiederholten Lieferungen und den Käufer zu wiederholten Geldzahlungen verpflichten (Lieferung von Büchern und Zeitschriften u. dgl.), sind schriftlich zu errichten und müssen wie Ratenbriefe ausgefertigt werden.

Nach dem zweiten Hauptstück des Konsumentenschutzgesetzes kann derjenige, der Geschäftsbedingungen und Formblätter für Verträge auflegt, die gegen ein gesetzliches Verbot oder gegen die guten Sitten verstoßen, von der Bundeskammer der gewerblichen Wirtschaft, dem Österreichischen Arbeiterkammertag, dem Österreichischen Landarbeiterkammertag, der Präsidentenkonferenz der Landwirtschaftskammern Österreichs, dem Österreichischen Gewerkschaftsbund und dem Verein für Konsumenteninformation durch sogenannte **Verbandsklage** auf Unterlassung geklagt werden.

Personalkreditvermittler sind verpflichtet, spätestens bei Zuzählung des vermittelten Kredites dem Kreditwerber Name und Anschrift des Kreditgebers mitzuteilen.

Eine **Verwaltungsübertretung** nach dem Konsumentenschutzgesetz begeht derjenige, der den Ratenbrief bzw. den Vertrag im Buch-, Kunst-, Zeitschriften- und Musikalienhandel nicht schriftlich ausstellt bzw. die gesetzlich vorgeschriebenen Angaben dort aufnimmt.

Das Ersatzrad

Da Karl Jedermann das tägliche Fahrgeld zu seiner Arbeitsstätte sparen will, kauft er sich ein Fahrrad. Bei der zweiten Fahrt mit dem erstandenen Fahrrad bemerkt er, daß die Sattelfeder an zwei Stellen angebrochen ist. Er zeigt diesen **Mangel** dem Verkäufer an und erklärt, daß er dieses Rad nicht behalten wolle. Einige Tage später wird ihm ein gebrauchtes Fahrrad günstig angeboten, und er erwirbt es auf der Stelle. Als er nach Hause kommt, findet er einen Boten des Verkäufers mit einem neuen Fahrrad vom gleichen Typ wie das beanstandete vor. Der Bote erklärt, daß der Verkäufer dieses Rad als Ersatz für das beanstandete schicke und daß er das beanstandete zurückholen solle. Karl Jedermann will aber kein Rad mehr von dem Verkäufer haben; er stellt das mangelhafte Rad zur Verfügung und verlangt sein Geld zurück. Mit Recht?

Es kommt ganz auf die Art des Mangels an, genauer auf die „Behebbarkeit". Bei einer doppelt angebrochenen Sattelfeder wird kein Zweifel sein, daß an ihr selbst ein unbehebbarer Mangel vorliegt. Wenn aber die Sattelfeder leicht auswechselbar ist? Kann man dann noch von einer Unbehebbarkeit des Mangels in bezug auf das ganze Fahrrad sprechen? Wichtig ist für unseren Fall folgender Standpunkt der Rechtslehre: Nur der **Erwerber,** nicht etwa der Veräußerer kann einen Mangel als unbehebbar betrachten, wenn die Behebbarkeit unwahrscheinlich ist. Hat aber Karl Jedermann objektiv einen Wandlungsanspruch, da der Mangel des Rades wesentlich und unbehebbar ist, wird der Vertrag aufgehoben. Daher ist er nicht verpflichtet, an Stelle des mangelhaften Fahrrades ein Ersatzrad um das vereinbarte Entgelt zu übernehmen.

Angenommen, Karl Jedermann hätte das Fahrrad nach seinen eigenen Angaben im Werk bestellt, wo es für ihn eigens hergestellt wurde. Dann liegt kein Kaufvertrag, sondern ein **Werkvertrag** (vgl. Seite 56) über ein Fahrrad vor. Für Werkverträge gelten nicht die allgemeinen Gewährleistungsvorschriften, wie wir sie besprochen haben, sondern besondere Regeln. Nach den besonderen Gewährleistungsvorschriften für Werkverträge (§ 1167 ABGB) kann Karl Jedermann selbst dann Wandlung des Vertrages verlangen, wenn der Mangel behebbar wäre. Da es also auf die Unbehebbarkeit nicht ankommt und sicher ein wesentlicher Mangel vorliegt, wird Karl Jedermann auf Aufhebung des Vertrages bestehen und braucht sich keinesfalls für das mangelhafte Rad ein fehlerfreies Werkstück aufzwingen zu lassen.

Das Transportrisiko

Karl Jedermann hat in Krems ein schönes Bild gesehen, es gekauft und mit dem Händler Knust vereinbart, daß ihm dieser das Bild zuschicken soll. Der Händler gibt das Bild einem ihm als zuverlässig bekannten Geschäftsmann namens Gros mit, der von Zeit zu Zeit von Krems nach Wien fährt. Infolge einer Unvorsichtigkeit stößt Gros mit einem anderen Auto zusammen, wobei das Bild zerstört wird. Der Verkäufer Knust verlangt nun Bezahlung des Bildes. Karl Jedermann weigert sich und verlangt seinerseits, daß Knust ihm ein anderes Bild ähnlicher Art und im gleichen Wert aus seinen Vorräten liefere.

Karl Jedermann kann das zweite Bild nicht verlangen. Er hat lediglich einen Kaufvertrag über das erste Bild geschlossen. Aufgrund des Kaufvertrages war der Verkäufer verpflichtet, dieses Bild zu übergeben (§ 1061 ABGB).

Meistens erfolgt die **Übergabe** der Kaufsache zwischen den Partnern des Kaufvertrages unmittelbar. Sie kann aber auch durch eine Zwischenperson stattfinden. Vielfach ist der **Erfüllungsort** von dem Ort, an welchem sich der Kaufgegenstand im Zeitpunkt des Kaufabschlusses befindet, verschieden. In diesem Fall gehört zur Übergabe auch die Versendung an den Erfüllungsort.

Zur Weiterversendung des Kaufgegenstandes vom Erfüllungsort weg zum Wohnort des Käufers ist der Verkäufer gesetzlich nicht verpflichtet. Doch könnte der Verkäufer diese Versendung als Nebenverpflichtung übernehmen, oder es könnte ein diesbezüglicher Handelsbrauch bestehen. Aber auch in einem solchen Fall erfolgt die Weiterversendung auf **Gefahr und Kosten des Käufers.**

Unter **Versendungskäufen** versteht man solche Käufe, bei denen der Verkäufer die Verpflichtung übernimmt, die Sache an einen anderen Ort zu versenden. Hier gilt die Sache erst mit der Übertragung in die Gewahrsame des Käufers oder mit der Einhändigung der Frachtdokumente als übergeben. Hat aber der Käufer die Übersendungsart selbst **bestimmt,** gilt die Sache schon mit der Übergabe an den Spediteur, die Bahn oder die Post als dem Käufer übertragen (§ 429 ABGB). Man spricht dann auch von einer **fingierten Tradition.**

In unserem Fall hat der Verkäufer nur entgegenkommenderweise versprochen, das Bild nach einem von Karl Jedermann bezeichneten Bestimmungsort zu schikken. Das bedeutet nicht, daß der Verkäufer damit die Verantwortung für den Transport übernommen hat. Ein fehlerhaftes Verhalten des Transporteurs hat er nicht zu vertreten. Dadurch, daß er einem ihm zuverlässig erscheinenden Transporteur das Bild zur Beförderung aushändigte, hat er alles getan, was man billigerweise von ihm verlangen konnte. Geht das Bild auf dem Transport zugrunde, so ist der Verkäufer damit von seiner Pflicht zur **Übergabe** des Bildes frei geworden. Er braucht weder ein Ersatzstück noch Schadenersatz zu leisten. Ob er aus Kulanzgründen, z. B. um sich einen guten Kunden zu erhalten, Ersatz leistet, steht völlig in seinem Belieben.

Umgekehrt besteht nach wie vor Karl Jedermanns Pflicht, den Kaufpreis für das untergegangene Bild zu bezahlen, obwohl er das Bild nie in seine Hände bekommen hat. Das ist also eine Gefahr. Beim Kaufvertrag geht es bei der Gefahr der Sache darum, welches Schicksal die Verpflichtung des Käufers zur Bezahlung des Kaufpreises erfährt, wenn der Kaufgegenstand durch einen Zufall vernichtet wird.

Der Gesetzgeber hat die Gefahrtragung folgendermaßen geregelt:

Wird für die Kaufsache ein **bestimmter Zeitpunkt der Übergabe** festgesetzt, dann geht nach § 1048 ABGB die Gefahr schon mit diesem Zeitpunkt auf den Erwerber über. Fehlt eine Festsetzung des Zeitpunktes für die Übergabe, so geht nach § 1051 ABGB die Gefahr **mit der Übergabe** selbst auf den Erwerber über.

In unserem Fall ist die Gefahr auf den Käufer Karl Jedermann übergegangen. Darum muß er den Kaufpreis entrichten, ohne die Sache zu erhalten. Aber den Geschäftsfreund Gros traf ja – wie wir hörten – ein Verschulden am Autounfall. Gros, der das Bild zu Karl Jedermann transportieren sollte, wird für die Zerstörung bzw. Beschädigung des Bildes schadenersatzpflichtig. Jedermann kann sich direkt an ihn halten. Hätte allerdings der Bilderhändler das Bild an den vertragsmäßigen **Erfüllungsort** gesendet, dann – und nur dann – trägt der Verkäufer die Transportgefahr.

Übernimmt der Verkäufer bloß die Zahlung der Kosten oder Auslagen der Versendung, folgt daraus allein noch keineswegs, daß es sich um einen Transport zum Erfüllungsort handelt. Man muß sich also unbedingt über den Erfüllungsort einig sein, um in der Frage des Transportrisikos eine richtige Entscheidung treffen zu können.

Da die Frage nach dem Risiko beim Warenversand immer wieder auftaucht, wollen wir noch einmal die Rechtslage bedenken und prüfen, wie man sich am besten vor Nachteilen bewahrt. Ist der Verkäufer Kaufmann, gelten für die Gefahrtragung beim Versendungskauf besondere Bestimmungen (Art. 8 Nr. 20 der 4. Einf VO zum HGB). Ein Versendungskauf liegt vor, wenn die Ware an einen anderen Ort als den Erfüllungsort zu versenden ist. Wird z. B. in Wien ein Kühlschrank gekauft und wäre der Kühlschrank in Wien zuzustellen (Erfüllungsort), verlangt aber der mittlerweile nach Salzburg übersiedelte Käufer die Zustellung dorthin (Bestimmungsort), so geht die Gefahr auf den Käufer bereits dann über, wenn der Verkäufer die Ware dem Spediteur, Frachtführer, der Bahn etc. übergeben hat. Hat aber der Käufer eine besondere Anweisung über die Art der Versendung gegeben und weicht der Verkäufer ohne dringenden Grund davon ab, so haftet er dem Käufer für den daraus entstehenden Schaden. Das gleiche gilt, wenn Beschädigungen der Ware auf ein Verschulden des Verkäufers zurückgehen (z. B. mangelhafte Verpackung). Im allgemeinen wäre daher zu empfehlen, auf die Notwendigkeit der Versendung einer Sache von vornherein Bedacht zu nehmen und den **Bestimmungsort ausdrücklich als Erfüllungsort zu vereinbaren!** Dies ist auch deswegen von Bedeutung, weil im allgemeinen die Kosten der Übergabe des Kaufgegenstandes den Verkäufer treffen, während die Kosten der Versendung der Sache an einen anderen Bestimmungsort als den Erfüllungsort dem Käufer angelastet werden können.

Verschiedene kleine Käufe

Auf einer Urlaubsreise sieht Karl Jedermann in der Bahnhofsbuchhandlung ein Buch mit dem Titel „Was ein junges Mädchen von der Ehe wissen muß". Karl Jedermann ersteht dieses Buch als Reiselektüre. Als er es während der Fahrt öffnet und mit der Lektüre beginnt, stellt er fest, daß er ein Kochbuch erworben hat.

Kann Karl Jedermann nach der Rückkehr das für ihn wertlose Buch zurückgeben und den Kaufpreis zurückverlangen?

So einfach geht das nicht!

Seiner ganzen Aufmachung nach versprach das Buch eine pikante Reiselektüre zu werden. Karl Jedermann hatte aber eine unrichtige Vorstellung von der Wirklichkeit. Er befand sich in einem **Irrtum.** Der Kaufvertrag könnte nun von Karl Jedermann wegen Irrtums angefochten werden. Das wird aber nur unter ganz bestimmten Voraussetzungen Erfolg haben.

Ein Irrtum über die Hauptsache oder über eine wesentliche Beschaffenheit derselben berechtigt nach § 871 ABGB zur Anfechtung, wenn:

1. der andere Teil (Verkäufer) den Irrtum veranlaßt hat;
2. oder wenn er diesem aus den Umständen offenbar hätte auffallen müssen;
3. oder wenn er vom irrenden Käufer noch rechtzeitig aufgeklärt wurde.
4. Ein Irrtum eines Teiles über einen Umstand, über den der andere nach geltenden Rechtsvorschriften aufzuklären gehabt hätte, gilt immer als Irrtum über den Inhalt des Vertrages und nicht bloß als solcher über den Beweggrund oder Endzweck.
5. Als Irrtum in der Person gilt jedenfalls der Irrtum über das Vorhandensein einer erforderlichen verwaltungsrechtlichen Befugnis zur Erbringung der Leistung (z. B. der Handwerker hatte keine Gewerbeberechtigung).

In unserem Beispiel kann möglicherweise der in Punkt 1 angeführte Fall bewußter oder unbewußter Irreführung vorliegen. Die anderen Fälle werden kaum in

Betracht kommen. Hat die Irrtumsanfechtung (innerhalb von drei Jahren, bei List innerhalb von 30 Jahren) Erfolg, wird das Rechtsgeschäft für ungültig erklärt und jeder stellt zurück, was er aus einem solchen Vertrag erhalten hat.

Ein anderes Beispiel: Berechnet ein Vertragspartner dem anderen für eine Reparatur einen **günstigen Sonderpreis** (z. B. S 900,– statt S 2400,–) in der irrigen Annahme, daß der andere das reparierte Gerät (z. B. eine Eismaschine) direkt bei ihm gekauft habe, so liegt ein Geschäftsirrtum vor, der unter den angeführten gesetzlichen Voraussetzungen (§ 871 ABGB) zur Anfechtung berechtigt.

Karl Jedermann hat sich eine Anzahl Lampen zur Auswahl senden lassen, um in seiner Wohnung die geeignete auszusuchen. Er stellt eine, die ihm besonders gefällt, beiseite und verpackt die anderen zur Rücksendung. Durch Explosion eines Petroleumofens werden jedoch sämtliche Lampen vernichtet. Das Lampengeschäft verlangt den Kaufpreis für sämtliche Lampen. Ist Karl Jedermann zur Zahlung verpflichtet?

Es liegt ein **Kauf auf Probe** vor, der auch Kauf „auf Besicht" genannt wird. Kaufgegenstand und Preis sind zwar bestimmt, aber es besteht nur eine einseitige Bindung des Verkäufers (§ 1080 ABGB). Die Gebundenheit des Verkäufers endet jedoch, wenn der Käufer bis zum Ablauf der Probezeit die Genehmigung nicht erteilt. Kurz gesagt, ist beim Kauf auf Probe der **Verkäufer sofort** und **unbedingt,** der **Käufer** dagegen zunächst bedingt und **erst nach der Genehmigung unbedingt** verpflichtet. Auch ein **Kauf mit Umtauschvorbehalt** ist Kauf auf Probe, doch steht es hier dem Verkäufer frei, den Kauf auf jeden Fall durch Lieferung des Umtauschgegenstandes aufrechtzuerhalten; der Käufer kann den ihm zwecks Bezuges einer anderen Ware gutgeschriebenen Kaufpreis zunächst nicht zurückverlangen; lehnt der Verkäufer den Umtausch ab, so kann der Käufer zurücktreten.

Die **Probezeit** beträgt mangels einer Vereinbarung bei **beweglichen** Sachen **drei Tage;** bei **unbeweglichen** Sachen (z. B. beim Kauf eines Unternehmens auf Probe) **ein Jahr.** Regel im österreichischen bürgerlichen Recht ist: Schweigen gilt nicht als Zustimmung. Hier, beim Kauf auf Probe, finden wir aber eine wichtige Ausnahme von dieser Regel. Wurden nämlich die Lampen dem Käufer zur Besichtigung übergeben, so gilt das **Stillschweigen** Karl Jedermanns bis zum Ablauf der Probezeit als **Genehmigung** (§ 1081 ABGB).

Wenn also die Probezeit noch nicht verstrichen ist und Karl Jedermann noch nicht genehmigt hat, ist auch der Lampenkauf noch nicht perfekt. Solange aber der Kauf noch nicht unbedingt zustande gekommen ist, solange trifft auch den Käufer keine Gefahr des zufälligen Unterganges der Lampen.

Wir merken uns also: Trotz Übergabe der Sache an den Käufer verbleibt die Gefahr beim Verkäufer, solange keine Perfektion des Kaufes erfolgt ist. Keine Bedeutung hat es, daß Karl Jedermann bereits für sich Lampen ausgewählt und beiseite gestellt hat. Dem Lampenverkäufer gegenüber hat er dadurch den Kaufvertrag noch nicht genehmigt. Die Probefrist ist auch nicht stillschweigend abgelaufen. Demnach ist Karl Jedermann zu keiner Zahlung verpflichtet, denn an der Explosion des Petroleumofens trifft ihn kein Verschulden. Durch den zufälligen Untergang der Sache wird er von der Leistung (Zahlung) frei. Ist jedoch die Explosion des Ofens auf sein Verschulden oder das seiner Leute zurückzuführen, so wird er schadenersatzpflichtig.

Zum Wochenende kauft der einsame Junggeselle Karl Jedermann bei seinem Greißler immer eine Menge Lebensmittel ein; hauptsächlich Konserven in Gläsern und Eier. Da Karl Jedermann die gekauften Waren auf einmal nicht tragen kann, stellt sie der Greißler gefälligkeitshalber dem armen Junggesellen zu. Der Kaufmann verwendet dabei einen recht anstelligen Laufburschen. Das geht eine Zeitlang vortrefflich. Eines Tages aber ist der Laufbursche unterwegs gestürzt und übergibt später Karl Jedermann in dessen Wohnung ein Paket mit gesprungenen Konservengläsern und zerbrochenen Eiern. Kann Karl Jedermann das für die Lebensmittel bereits gezahlte Geld zurückverlangen oder die Lieferung anderer Waren verlangen?

Unsere Ausführungen über das Transportrisiko machen die Antwort leicht. Die Übergabe der Lebensmittel ist nicht erst in der Wohnung durch den Laufburschen, sondern schon früher, nämlich im Geschäft des Greißlers erfolgt.

Der Kaufmann hat dort die bestellten und ausgewählten Waren vor Karl Jedermann aufgeschichtet, hierauf den Rechnungszettel geschrieben, die Posten noch einmal verglichen und dann die gekauften Waren auf dem Verkaufspult dem Käufer zugeschoben. Mit dieser **Übergabe** ist die Gefahr und auch das Eigentum (vgl. Seite 48 rechts unten) an Jedermann übergegangen. Die Zahlung des Kaufpreises ist für den Eigentumsübergang nicht entscheidend. Die **Zustellung** an Jedermann erfolgt nicht aus Rechtspflicht, sondern aus reiner Gefälligkeit und auf Gefahr des Käufers.

Daher haftet der Greißler für das Malheur nicht, er braucht keine neuen Lebensmittel zu schicken und den Kaufpreis nicht zurückzugeben. Es ist darum auch nicht notwendig, zu untersuchen, ob der Sturz des Laufburschen zufällig erfolgte oder auf ein Verschulden zurückzuführen ist. Für ein Verschulden seines Laufburschen würde der Greißler nur haften, wenn es sich um seinen **Erfüllungsgehilfen** (§ 1313a ABGB) handelt oder wenn er wußte, daß er einen **gefährlichen Besorgungsgehilfen** (§ 1315 ABGB) verwendet.

Das zurückgelegte Kleid

Karl Jedermanns Freundin, Grete Duft, hat sich im Räumungsverkauf ein preiswertes Baumwollkleid ausgesucht und beiseite legen lassen. Sie geht nach Hause, um das Geld für den Kaufpreis aus ihrem Sparschwein zu holen. Auf dem Rückweg sieht sie in einem anderen Kleidergeschäft dasselbe Kleid um S 20,– billiger ausgestellt. Kurzerhand erwirbt sie dieses und läßt sich in dem ersten Geschäft nicht mehr sehen. Der Inhaber dieses Geschäftes kennt sie jedoch und verlangt nunmehr Abnahme des zurückgelegten Kleides.

Grete Duft muß das Kleid abnehmen und bezahlen, sie kann sich nicht damit ausreden, daß sie es ja noch nicht „gekauft", noch gar nichts bezahlt und auch das Kleid noch nicht mitgenommen habe. Der Kaufvertrag kam in dem Augenblick zustande, als sie dem Verkäufer sagte, daß sie dieses Kleid haben wolle, und dieser erklärte, er wolle es ihr zurücklegen, bis sie das Geld brächte. Halten wir fest: Mit der **Einigung über Ware und Preis** kommt ein Kauf zustande. Von einem Vertrag kann man sich nicht einseitig lossagen. Auch dann nicht, wenn man woanders preisgünstiger einkaufen könnte. Grete Duft kann auch den Kaufvertrag wegen Irrtums nicht anfechten, da der Irrtum über die Preiswürdigkeit unbeachtlich ist.

Zum vorliegenden Fall ist also zu sagen, daß ein Vertrag zwischen dem Inhaber des Geschäftes und Grete Duft bereits zustande gekommen war. Grete Duft hatte erklärt, daß sie ein Kleid kaufen wolle, der Verkäufer hatte diesen Antrag (die „Offerte") dadurch angenommen, daß er das Kleid aus dem Stapel herausnahm und beiseite legte. Aus diesem Vertrag kann nun der Verkäufer Rechte herleiten und auf Zahlung des Kaufpreises bestehen, gegebenenfalls Exekution betreiben. Gleichzeitig hat er natürlich auch die Pflicht, das Kleid ins Eigentum zu übertragen (§ 1061 ABGB). Dies geschieht in der Form, daß er das Kleid nimmt und Grete Duft übergibt. Wodurch wird eigentlich der Besitz (vgl. darüber Seite 165) und damit das Eigentum an einer Sache erworben? – Wie wir beim Kleid gesehen haben, durch **Übergabe.**

Die Übergabe geschieht bei beweglichen Sachen von Hand zu Hand oder in der Herstellung einer solchen Sachlage, daß die Gewalt über die

Sache ausgeübt werden kann. Manchmal, z. B. beim Entlehnen eines Buches, besteht diese Sachlage schon; dann ist zum Besitzerwerb nur die Erklärung über den Besitzübergang erforderlich (Übergabe kurzer Hand). Wird diese Sachlage unmittelbar vom Veräußerer hergestellt, dann ist ebenfalls nur der Wille des Erwerbers und keine eigene Ergreifungshandlung nötig. So z. B. beim Abladen von bestellter Kohle im Hof des Erwerbers (Übergabe langer Hand). Eine Übergabe durch Zeichen (Symbole) ist dort zulässig, wo eine körperliche Übergabe nicht möglich ist. Übergabe von Schlüsseln z. B. überträgt den Besitz am Inhalt eines Speichers.

Wenn ein Käufer **telefonisch** ein Buch, z. B. beim Andreas Verlag, bestellt, dann wird das juristisch wie ein Antrag unter **Anwesenden** beurteilt (§ 862 ABGB). Hier müßte die Annahme **sogleich** erfolgen, sonst ist der Antragsteller nicht länger gebunden. Allerdings wird in solchen Fällen anläßlich des Gesprächs häufig eine längere Frist ausbedungen und dann diese maßgebend sein.

Handelt es sich um Anträge, die unter **Abwesenden** gestellt werden, dann setzt sich die Gebundenheitsfrist des Antragstellers (Offerenten) aus drei Zeiträumen zusammen:

1. Postlauf des Antrages zum Empfänger;
2. angemessene Überlegungsfrist des Empfängers;
3. Postlauf der Antwort zum Antragsteller.

Erhält der Offerent bis zum Ablauf dieser Gesamtzeit keine Antwort, so ist sein Antrag erloschen. Wird z. B. brieflich eine Schreibmaschine zum Kauf offeriert (Ort: Wien) und das Offert am Montag, dem 16. September, zur Post gegeben, darf der Offerent annehmen, daß sein Brief am 17. September zugestellt und am Donnerstag, dem 19. September, beantwortet wird. Seine Bindung dauert daher bis Freitag, den 20. September, 24 Uhr. Ein Offert muß die wesentlichen Geschäftsmerkmale enthalten, so daß der Empfänger den Vertrag durch bloße Bejahung zustande bringen kann. Die Übersendung von Preislisten oder Prospekten ist kein Offert, sondern stellt nur eine Aufforderung zu einem Antrag des anderen dar.

Als **Ort des Vertragsabschlusses** durch Korrespondenz gilt der **Wohnsitz des Offerenten** (Anbietenden).

Das Geschenk

Karl Jedermanns neue Wohnung ist der Anlaß zu zahlreichen Besuchen und Geschenken. So kommt Onkel Gustav auf die Idee, sich nach den Verbindlichkeiten Karl Jedermanns zu erkundigen. Als er hört, daß Karl Jedermann durch die Abzahlungen außerordentlich belastet ist, setzt er sich hin und schreibt an ihn: „Ich schicke Dir demnächst S 5000,–, damit Du aus Deinen Schulden herauskommst." Nach einiger Zeit tritt Karl Jedermann diese „Forderung" an einen Gläubiger ab, der nunmehr Bezahlung von Onkel Gustav fordert. Gustav, der inzwischen einige geschäftliche Einbußen erlitten hat, weigert sich zu zahlen. Hat er dazu ein Recht?

Der Gläubiger macht hier eine angebliche Forderung geltend, die ihn ursprünglich nicht betraf, sondern in der Person seines Rechtsvorgängers Karl Jedermann entstanden und auf ihn dann durch die Abtretung übergegangen sein soll. Der Brief an Karl Jedermann hat aber keinen Anspruch gegen seinen Onkel Gustav begründet. Das Schenkungsversprechen verlangt einen **Notariatsakt** zur Gültigkeit. Ein einfaches Schreiben (Schriftform) genügt also nicht, um ein wirksames Schenkungsversprechen zu erzeugen.

Daran ändert auch die Tatsache nichts, daß Karl Jedermann diese angebliche Forderung an seinen Gläubiger abtrat. Da er keine Forderung hatte, konnte er sie auch nicht auf einen anderen übertragen. Für das Recht der **Forderungsabtretung** (Zession) gilt der Satz: „Niemand kann mehr Recht übertragen, als er selber hat." Onkel Gustav schuldet also die versprochene Summe nicht. Wenn er allerdings den brieflich versprochenen Betrag an Karl Jedermann geleistet hätte, so spielte das Fehlen des Notariatsaktes keine Rolle. Es tritt sogenannte **Konvaleszenz** des Formmangels ein. Bei der **„Handschenkung"** wird eine etwa fehlende Form des vorausgegangenen Schenkungsversprechens geheilt.

Unter den Geschenken, die Karl Jedermann erhielt, befindet sich auch ein gebrauchter Elektrokocher. Als er ihn ausprobiert, glüht ein Draht durch und versengt das Tischtuch. Karl Jedermann kann das Mißgeschick nur bedauern, aber Ansprüche an den Schenker hat er nicht.

Die Schenkung ist ein unentgeltlicher Vertrag und – verglichen mit anderen Schuldverträgen – der „Altruist in einer Welt von Egoisten". Gewährleistungsansprüche bestehen aber nur bei entgeltlichen Rechtsgeschäften. Aus dem Titel der Gewährleistung kann also ein Schenker nicht für Mängel der geschenkten Sache herangezogen werden. Doch trifft den Schenker nach allgemeinen Grundsätzen (§§ 1293 ff. ABGB) eine Ersatzpflicht für Schäden, die er **schuldhaft** herbeigeführt hat. Also z. B. dann, wenn er einen technischen Fehler des Elektrokochers fahrlässig verschweigt; oder dann, wenn Lebensmittel verschenkt werden, die nicht mehr zum menschlichen Genusse taugen, ohne daß dies dem Beschenkten mitgeteilt wird. Die Haftung für **böse Absicht** des Schenkers besteht auf alle Fälle. Sie kann auch nicht vertraglich ausgeschlossen werden. Böse Absicht liegt z. B. dann vor, wenn der Schenker eines bissigen Hundes mit dessen Hingabe die Absicht verfolgt, daß der Hund seinen neuen, ahnungslosen Herrn beißen soll.

Einer der Schenkenden, der Karl Jedermann eine wertvolle Briefmarkensammlung überlassen hat, erfährt, daß Karl Jedermann zu anderen Personen schlecht über ihn redet. Kann er deshalb die geschenkte Briefmarkensammlung zurückverlangen?

Eine Schenkung kann – wie jeder andere Vertrag – grundsätzlich nicht einseitig rückgängig gemacht werden. Das ist die Regel (§ 946 ABGB), von der das Gesetz ausgeht.

Es sind aber wohl soziale Erwägungen, denen das ABGB Raum gibt, wenn es unter bestimmten Voraussetzungen einen **Widerruf** von Schenkungen zuläßt. Ausnahmsweise können Schenkungsverträge widerrufen werden:

1. Wegen Dürftigkeit des Schenkers (§ 947 ABGB).

Gerät der Geschenkgeber nach der Schenkung in solche Not, daß es ihm am nötigen Unterhalt mangelt, kann er die gesetzlichen Zinsen vom geschenkten Betrag zurückfordern.

2. Wegen groben Undanks (§ 948 ABGB).

Es muß sich dabei um eine Verletzung am Leibe, an der Ehre, Freiheit oder am Vermögen des Wohltäters handeln, die nach dem **Strafgesetz** geahndet werden kann, und zwar ohne Unterschied, ob von Amts wegen oder nur auf Verlangen des Verletzten (so z. B. bei Ehrenbeleidigungen). Die Rechtsprechung sagt dazu: Auch wenn die strafbare Handlung nicht zu einer Verurteilung geführt hat, muß sie doch einen **tadelnswerten Mangel an dankbarer Gesinnung** erkennen lassen. Wenn dies bei Karl Jedermann zutrifft, kann der Schenker seine Schenkung widerrufen. Fügt sich der Beschenkte dem Widerruf nicht freiwillig, so muß der Schenker die **Widerrufsklage** (§ 949 ABGB) erheben. Zurückverlangt kann nur werden, wenn noch etwas von dem Geschenk in Natur oder Wert vorhanden ist. Das Widerrufsrecht besteht auch für die Erben des Schenkers und gegen die Erben des Beschenkten (aktiv und passiv vererblich); aber nur, soweit der Erblasser nicht verziehen hat und die Erben noch bereichert sind.

Das Recht zum Widerruf verjährt in **drei Jahren** nach erlangter Kenntnis vom Undank des Beschenkten.

Weitere Widerrufsgründe wären: Verkürzung des schuldigen Unterhalts (§ 950 ABGB), des Pflichtteils (vgl. das Kapitel „Karl Jedermann und seine Erben"), der Gläubiger (nach den Bestimmungen der KO und der AnfO) und wegen nachgeborener Kinder (§ 954 ABGB).

Die Leihe

Karl Jedermann hat seinem Freund Faul ein Buch geliehen. Als Karl Jedermann nach drei Wochen anruft und ihn bittet, ihm das Buch zurückzubringen, erwidert Faul, daß er es noch nicht ausgelesen habe. Karl Jedermann möge sich das Buch in etwa zwei Wochen abholen.

Karl Jedermann ist mit Recht über diese Antwort empört.

Bei der Verleihung eines Buches pflegt man regelmäßig keine Frist zu vereinbaren. Die Dauer der Leihe ergibt sich dann aus dem Zweck des Vertrages; bei einem Buch ist also Umfang und Inhalt für die Dauer maßgebend. Drei Wochen dürften aber wohl bei jedem zur Unterhaltung dienenden Buch ausreichend sein. Anders vielleicht bei einem umfangreichen wissenschaftlichen Werk. Jedenfalls darf der Entlehner nach § 973 ABGB nicht zögern und hat die Sache **sobald als möglich** zurückzustellen. Bestimmender Grundsatz ist, daß der Leihvertrag im **Interesse des Entlehners** liegt. Daher kann dieser auch bei einer ausgemachten Vertragszeit die Sache **vorzeitig** zurückstellen (§ 977 ABGB). Umgekehrt darf der Verleiher die Sache nicht zurückfordern, selbst wenn sie ihm unentbehrlich werden sollte (§ 976 ABGB). Im Falle der Überschreitung des vertragsmäßigen oder ordnungsmäßigen Gebrauchs und bei eigenmächtiger Überlassung der Sache an einen Dritten ist der Verleiher **sogleich** berechtigt, die Sache **zurückzufordern.**

Die Verpflichtung des Entlehners zur Rückstellung ist bei beweglichen Sachen im Zweifel eine **Bringschuld.** Die Sache wird also an den Ort zurückzustellen sein, von welchem sie ausgeliehen wurde. Der Entlehner Faul ist daher verpflichtet, das Buch in die Wohnung des Karl Jedermann zurückzubringen.

Im Alltag wird das Wort „Leihe" oft in unrichtiger Bedeutung gebraucht. Wenn sich eine Hausfrau von ihrer Nachbarin etwas Zucker „leiht", so ist dies in Wirklichkeit ein **Darlehen** und keine Leihe. Denn bei einer Leihe muß dieselbe Sache, die man ausgehändigt bekommen hat, zurückgegeben werden, bei einem Darlehen dagegen eine Sache gleicher Art und Güte. Die Hausfrau will aber gerade den „entliehenen" Zucker verbrauchen und lediglich die gleiche Menge und die gleiche Qualität zurückstellen.

Ebenso ist die Bezeichnung „Leihbücherei" falsch, denn die Leihe ist wesentlich **unentgeltlich.** Die „Leihbüchereien" verlangen eine Entlehngebühr und sind also in Wirklichkeit **Mietbüchereien.**

Die im praktischen Wirtschaftsleben wichtigste Rolle spielt die Leihe als Nebenleistung und Nebenvereinbarung bei entgeltlichen Verträgen, wie z. B. Sackleihe beim Kauf von Getreide, Leihe von Bierflaschen und Bierfässern, der Spulen bis zur Verarbeitung des verkauften Industriegarns, der Barrels bei Lieferung von Petroleum etc. Der Kunde ist nicht ohne weiteres berechtigt, die als Nebenleistung erhaltenen Gegenstände unter Verzicht auf den als Kaution gezahlten Geldbetrag (Einsatz) zu behalten. Deshalb findet man in Biergefäßen häufig den Vermerk „Unverkäufliches Brauereieigentum" eingepreßt.

Auch Grundstücke können verliehen werden. Man kann einem andern ein Stück Gartenland zum Sonnenbaden zur Verfügung stellen. Verletzt sich der Benutzer dabei an einem herumliegenden Glasscherben, so kann er keinen Schadenersatz verlangen, es sei denn, daß der Verleiher schuldhaft gehandelt hat. Daß der Verleiher verpflichtet ist, dem Entlehner allen **schuldhafterweise** verursachten Schaden zu ersetzen, ergibt sich schon aus den allgemeinen Grundsätzen unseres Schadenersatzrechtes.

Den Sonderfall, daß der Entlehner die Sache verliert, sie ersetzt und dann wieder findet, regelt § 980 ABGB: Der Verleiher kann gegen Rückstellung des empfangenen Ersatzes auf Rückgabe der Sache, die sein Eigentum geblieben ist, bestehen.

Darlehen und Sicherungsübereignung

Der Darlehensvertrag ist die im beiderseitigen Einverständnis vorgenommene Übertragung vertretbarer Sachen (hauptsächlich Geld) in das Eigentum des Empfängers, verbunden mit dessen Verpflichtung zur Rückstellung der gleichen Summe in der gleichen Währung. Das Darlehen ist eine der wichtigsten Vertragsfiguren, ein Ergebnis der wirtschaftlichen Organisation und die Normalerscheinung des Personenkredits.

Eine besondere Bedeutung kommt dem Darlehens v o r v e r t r a g zu, das heißt der Vereinbarung, künftig ein Darlehen zu geben (Geldgebevertrag, Darlehensabrede). Wenn z. B. einem Realbesitzer eine Hypothek gekündigt wird und er das erforderliche Geld zur Rückzahlung nicht hat, muß er sich noch vor Ablauf der Kündigungsfrist dieses Geld sichern. Er nimmt aber ein dazu nötiges Darlehen noch nicht auf – um für die Zwischenzeit keine Zinsen zahlen zu müssen –, sondern läßt sich z. B. bei einem Kreditinstitut einen Kredit eröffnen (Krediteröffnungsvertrag). Ein solcher Vertrag kann einseitig verbindlich sein (zumeist für den Kreditgeber) oder aber für beide Teile. Wird der Kreditgeber einseitig gebunden, so pflegt in der Regel ein Höchstbetrag festgesetzt zu werden. Dem Kreditnehmer bleibt es dann überlassen, ob und in welcher Höhe der Kredit von ihm in Anspruch genommen wird. Der aus einem Darlehensvertrag entstandene Anspruch auf Auszahlung eines Darlehens ist grundsätzlich nicht abtretbar, weil die Gewährung eines Kredits Vertrauenssache ist. Er kann deshalb auch nicht gepfändet werden.

Das Darlehen zeigt die verschiedensten Formen und dient mancherlei wirtschaftlichen Zwecken. Man unterscheidet das **unverzinsliche** Freundschaftsdarlehen und **verzinsliche** Darlehen, die besonders von Geldinstituten gewährt werden. Besonders wichtig und entscheidend für den Inhalt der Verabredung ist der Umstand, ob es sich um einen kurzfristigen Kredit (Umlaufkredit) handelt oder um einen für längere Zeit gewährten Anlagekredit. Ein Lohn- oder Gehaltsvorschuß ist zwar Kredit, aber nicht Darlehen; vielmehr wird eine erst später fällige oder entstehende Schuld vorausbezahlt.

Im Zweifel ist das Darlehen als Bringschuld anzusehen und dementsprechend die Rückerstattung vorzunehmen. Der Zeitpunkt der Rückstellung richtet sich nach der ausdrücklichen oder stillschweigenden Vereinbarung. Fehlt eine solche Vereinbarung – was häufig vorkommt –, so kann das Darlehen nach allgemeinen Grundsätzen „ohne unnötigen Aufschub" zurückgefordert werden. Für die Frage, was als unnötiger Aufschub gelten kann, wird der dem Gläubiger bekannte Zweck des Darlehens von entscheidender Bedeutung sein. Sie darf aber nicht vom Belieben des Schuldners allein abhängen. Eine gesetzliche Kündigungsfrist kennt das ABGB nicht, auch die Bezeichnung „Kündigung" ist nicht vorgeschrieben.

Der Gehaltsvorschuß ist steuerlich gesehen vorausempfangener Arbeitslohn und daher im Zeitpunkt des Zufließens der Lohnsteuer zu unterwerfen. Die Rückzahlungen kürzen aber die Lohnsteuer-Bemessungsgrundlage der künftigen Gehaltszahlungen. Der Arbeitnehmer darf nicht übersehen, in solchen Fällen einen Jahresausgleich (Frist bis 31. März des folgenden Jahres!) zu beantragen.

Um den Umzug in eine andere Wohnung zu ermöglichen, muß Karl Jedermann ein Darlehen von S 20.000,– aufnehmen. Der Darlehensgeber macht die Hingabe des Darlehens davon abhängig, daß ihm eine ausreichende Sicherheit gegeben wird.

Eine wichtige Art der Sicherung einer Geldschuld ist die Verpfändung von Sachen; dafür kommen auch bebaute und unbebaute Grundstücke in Betracht. Das Pfandrecht an Grundstücken ist die Hypothek. Karl Jedermann hat aber noch kein Grundstück. Ihm gehören nur eine Anzahl

Möbel und ein großer Radioapparat. Diese Werte würden der Höhe nach ausreichen, um den Geldgeber zu sichern.

Nach unserem ABGB kann aber ein Pfandrecht an beweglichen Sachen nur dadurch bestellt werden, daß dem Gläubiger die Sachen in Verwahrung gegeben werden. Man bezeichnet diesen strengen Grundsatz als **Faustpfandprinzip** (§ 451 ABGB). Die Judikatur lockert das Prinzip ein wenig und gestattet die Verpfändung auch durch Hinterlegung bei einem Dritten, nicht aber bei einem Angestellten des Verpfänders. Die Pfandsache muß somit – um den Pfandnehmer zu sichern – aus der Sphäre des Verpfänders heraustreten! Der Pfandgläubiger soll wirklich die Herrschaftsgewalt an der Sache erhalten. Er muß sie also aus der Wohnung des Karl Jedermann entfernen. Eine bloße „symbolische" Besitzergreifung, z. B. durch einmaliges Berühren der Gegenstände, reicht nicht aus. Karl Jedermann kann andererseits nicht gut auf den Besitz der Möbel verzichten, und vor allem möchte er den Radioapparat nicht gern aus der Hand geben. Der Weg der Pfandbestellung ist also für den Schuldner in unserer Annahme unerwünscht.

Die geschäftliche Praxis hat daher als Ersatz dafür die sogenannte **„Sicherungsübereignung"** entwickelt. Danach werden die zur Sicherheit vorgesehenen beweglichen Sachen nicht verpfändet, sondern übereignet. Eine Übereignung kann man nämlich nach geltendem Recht nicht nur dadurch bewirken, daß man dem neuen Eigentümer die Sachen körperlich übergibt, sondern der Veräußerer kann auch statt der körperlichen Übergabe (§ 426 ABGB) einfach in einer erweislichen Art seinen Willen erklären, die Sache künftig nicht mehr als Eigentümer, sondern im Namen des Erwerbers innezuhaben. Man spricht bei dieser Form der Übergabe durch Erklärung (§ 428 ABGB) von einem **Besitzkonstitut** oder von der Besitzauftragung.

Unter „erweislicher Art" ist zu verstehen, daß der Übertragungswille außer Zweifel stehen muß. Dagegen braucht der Eigentumsübergang für Dritte nicht unbedingt erkennbar zu sein. Es läßt sich nach dem Gesagten auch vereinbaren, daß der bisherige Eigentümer die Sachen für den neuen Eigentümer nur mehr als Inhaber in bloßer Verwahrung behält. Der Geldgeber hat nun mehr an Rechten erlangt, als er benötigt. Er will und soll ja gar nicht die Sachen wie ein Eigentum besitzen, z. B. soll er sie nicht weiterveräußern dürfen. Deshalb muß er sich Karl Jedermann gegenüber verpflichten, von seiner Eigentumsstellung nur so viel Gebrauch zu machen, als es zum Zweck der Sicherung seiner Forderung erforderlich ist. Das bedeutet z. B., daß er nach Fälligkeit des Darlehens mit Hilfe des Gerichts die Herausgabe der ihm gehörenden Sachen von Karl Jedermann verlangen kann und diese verwerten darf, um die geliehene Summe wiederzuerhalten, wenn Karl Jedermann nicht zahlen sollte. Erzielt er bei der Verwertung dieser Sachen einen darüber hinausgehenden Betrag, so muß er ihn Karl Jedermann zurückerstatten.

Bei der Begründung eines derartigen Sicherungseigentums wäre nun vor allem darauf zu achten, daß die zu übereignenden Sachen genau bezeichnet werden. Es genügt also nicht, daß die beiden Parteien einfach die Vereinbarung treffen, daß sämtliche Möbel des Schuldners sicherungsübereignet werden. Die Möbelstükke müssen einzeln aufgeführt werden. Das gleiche gilt für den häufig vorkommenden Fall, daß ein Geschäftsmann sein Warenlager einem Gläubiger zur Sicherung übereignen will. Es ist demnach wohl unvermeidbar, daß man einen solchen Sicherungsübereignungsvertrag schriftlich abschließt und die einzelnen Sachen im Text des Vertrages oder zweckmäßigerweise in einer Anlage zum Vertrage aufführt. Außerdem müßte ausdrücklich und deutlich die Art des Vertragsverhältnisses, z. B. Verwahrung oder Leihe, vereinbart werden. Vergleiche dazu den Vertrag auf der folgenden Seite.

Trotz Konzipierung eines so schönen Vertrages bleibt es jedoch fraglich, ob der hier vereinbarten Sicherungsübereignung im Falle eines Rechtsstreites vom Gericht Gültigkeit zuerkannt wird. Das ABGB selbst kennt nämlich keine Sicherungsübereignung mit Belassung der übereigneten Sache im

Der Kaufmann Otto Trinkfest, Rebengasse 34, 1090 Wien,
und
der kaufmännische Angestellte Karl Jedermann, Opernring 72, 1010 Wien,
schließen folgenden

VERTRAG:

I

Herr Trinkfest stellt Herrn Jedermann ein Darlehen zu banküblichen Zinsen in Höhe von S 20.000,— zur Verfügung. Das Darlehen ist rückzahlbar in monatlichen Raten à S 1.000,—, beginnend am 1. Dezember 19 . . . Bleibt Herr Jedermann mit 2 aufeinanderfolgenden Raten im Rückstand, so ist der Gesamtbetrag sofort fällig (Terminverlust).

II

Zur Sicherung für dieses Darlehen übereignet Herr Jedermann an Herrn Trinkfest
1. ein Radiogerät, Fabrikat Polyhymnia, Type GW 153, Fabrik-Nr. 328176,
2. einen Bücherschrank mit Glasschiebefenstern.

III

Die Übergabe der im Punkt II genannten Gegenstände wird durch die Vereinbarung ersetzt, daß das Radiogerät und der Bücherschrank leihweise im Besitz von Karl Jedermann verbleiben. Bleibt Herr Jedermann mit einer Rate länger als 5 Tage im Rückstand, so sind die zur Sicherung übereigneten Gegenstände sofort an Herrn Trinkfest herauszugeben.

IV

Herr Trinkfest verpflichtet sich, das Sicherungseigentum auf Herrn Jedermann wieder zu übertragen, sobald das Darlehen in voller Höhe zusätzlich der Zinsen zurückgezahlt worden ist.

V

Herr Jedermann verpflichtet sich, die im Punkt II benannten Gegenstände schonend zu behandeln und sich jeder Verfügung zu enthalten. Falls von dritter Seite her irgendwelche Ansprüche an die Gegenstände gestellt werden, so wird er Herrn Trinkfest unverzüglich unterrichten.

Etwa notwendig werdende Interventionskosten trägt Herr Jedermann.

VI

Als Gerichtsstand wird Wien vereinbart.

Wien, den 3. September 19 . . .

Otto Trinkfest Karl Jedermann

Gewahrsam des bisherigen Eigentümers. Daher müßte ein diesbezüglicher Vertrag nach seiner „wahren Beschaffenheit" beurteilt werden. Zweck der Sicherungsübereignung ist vor allem die Gewährung von Sicherheit. Nun besteht zwar der Grundsatz der Vertragsfreiheit, trotzdem behält vor Gericht nicht jede Vereinbarung der Parteien Gültigkeit, sondern nur eine solche Abmachung, die dem Gesetz nicht widerspricht und die **nicht zur Umgehung des Gesetzes** dient.

In Deutschland hat sich die Sicherungsübereignung durchgesetzt. In Österreich verlangen dagegen Lehre und Praxis zur Übertragung des Sicherungseigentums – da es wirtschaftlich nichts anderes verfolge als Pfandsicherung – immer noch dieselben Formen der Übergabe, wie sie zur Pfandbestellung nötig sind (also körperliche Übergabe bzw. Übergabe durch Zeichen). Damit wird die Sicherungsübereignung uninteressant. Die Gültigkeit des Eigentumsvorbehaltes – sozusagen das Gegenstück zur Sicherungsübereignung – ist hingegen unbestritten. Darin liegt eine gewisse Inkonsequenz, weil auch durch den Eigentumsvorbehalt als Nebenabrede beim Kauf das Faustpfandprinzip umgangen wird!

Zinsen, Schuldschein und Quittung

Unter Z i n s e n versteht man das Entgelt für die Überlassung oder Weiterbelassung der Nutzung eines Kapitals, berechnet nach einem bestimmten Zeitraum in Sachen gleicher Art und ausgedrückt in einem Hundertsatz der Hauptschuld. Ihre praktische Bedeutung liegt auf dem Gebiet der Geldschuld. Häufig beinhalten Zinsen zugleich eine Prämie für die mit der Kreditgewährung verbundene Gefahr eines wirtschaftlichen Verlustes. Schon aus dem Begriff der Zinsen ergibt sich, daß sie eine Hauptschuld voraussetzen und eines besonderen Rechtsgrundes bedürfen.

Sehr häufig ist die Vereinbarung, daß das Kapital zur Gänze fällig wird, wenn die Zinsenzahlung nicht pünktlich erfolgt (Terminverlust). Bei Anlegung von Geldern Pflegebefohlener ist die Aufnahme der Terminverlustklausel in den Vertrag sogar gesetzlich vorgeschrieben. Nimmt der Gläubiger die verspätete Terminzahlung vorbehaltlos an, so ist darin ein Verzicht auf die Geltendmachung des Terminverlustes für diesen Fall zu erblicken. Im Zweifel tritt Terminverlust nur wegen verschuldeter Verspätung ein. Seine Geltendmachung wegen ganz geringfügiger Teilbeträge könnte einen Verstoß gegen die guten Sitten darstellen. – Wenn die rückständigen, nicht eingeklagten Zinsen die Höhe der geschuldeten Summe erreichen, hört nach § 1335 ABGB der weitere Zinsenlauf auf.

Der S c h u l d s c h e i n ist nur eine **Beweisurkunde** über die aus dem Darlehensvertrag erfließende Verpflichtung des Schuldners. Er hat deshalb große praktische Bedeutung und muß auch über den Rechtsgrund Auskunft geben, also darüber, daß es sich um eine „Darlehensschuld" handelt, weil das abstrakte Schuldversprechen nach ABGB ungültig wäre.

Die wesentlichen Merkmale eines Schuldscheines zählt § 1001 ABGB auf. Die **Unterschrift des Schuldners** ist dort nicht genannt, ihre Notwendigkeit ergibt sich aber aus den Vorschriften der Zivilprozeßordnung; die Unterschrift des Darlehensgebers ist hingegen nicht erforderlich. Der Schuldschein macht nicht vollen Beweis über das Bestehen der Schuld, sondern ist vom Richter frei zu würdigen. Daraus folgt die Zulässigkeit eines Gegenbeweises gegen den Inhalt des Schuldscheines.

Der Zahler ist berechtigt, vom Befriedigten eine Q u i t t u n g, das ist ein schriftliches Zeugnis der erfüllten Verbindlichkeit, zu verlangen. In der Quittung muß der Name des Schuldners und des Gläubigers sowie Ort, Zeit und Gegenstand der getilgten Schuld ausgedrückt und vom Gläubiger oder dessen Machthaber unterschrieben werden.

Mangels anderer Vereinbarung hat der **Gläubiger** die Kosten der Quittung zu zahlen. Eine Quittung über das bezahlte Kapital begründet auch die Vermutung, daß die Zinsen bezahlt sind.

Der Gläubiger ist bei Empfangnahme des Schuldbetrages außer der Ausstellung der Quittung auch zur **Zurückgabe des Schuldscheines** verpflichtet, den er etwa besitzt.

Der zurückgegebene Schuldschein ohne die entsprechende Quittung begründet zwar die **Vermutung der geleisteten Zahlung,** doch ist der Gegenbeweis zulässig. Ist der Schuldschein in Verlust geraten, kann der Zahlende eine entsprechende Sicherstellung einfordern.

Die Rechtsgeschäftsgebühr für Darlehensverträge und ebenso für darüber errichtete Urkunden (wie Schuldscheine, Schuldbriefe, Schulderklärungen) beträgt 0,8 v. H. der Darlehenssumme (§ 33 TP 8 GebG).

Wucher und Ausbeutung Kreditsuchender

Die Sicherungsübereignung und die sicherungsweise Forderungsabtretung gewähren, trotz ihres Namens, dem Gläubiger nicht immer volle Sicherheit. Das kann dazu führen, daß übermäßig hohe Zinsen gefordert werden. Während für gesetzliche V e r z u g s z i n s e n eine bestimmte Höhe legal vorgeschrieben ist (4% im Zivilrecht, 5% im Handelsrecht, 6% im Wechselrecht), gibt es keine ziffernmäßigen Grenzen für die **vereinbarten** Zinsen. Daher kann es auch zu übermäßig hohen Zinsenvereinbarungen kommen. Werden dadurch die Grenzen der Vertragsfreiheit aber wucherisch überschritten, tritt Nichtigkeit des ganzen Geschäftes ein.

Wann liegt überhaupt **Wucher** vor?

Der Tatbestand des Wuchers wird im § 1 des **Wuchergesetzes 1949** und gleichlautend im § 879 Abs. 2 Z. 4 ABGB dann als gegeben betrachtet, „wenn jemand den Leichtsinn, die Zwangslage, Verstandesschwäche, Unerfahrenheit oder Gemütsaufregung eines anderen dadurch ausbeutet, daß er sich oder einem Dritten für eine Leistung eine Gegenleistung versprechen oder gewähren läßt, deren Vermögenswert zu dem Wert der Leistung in auffallendem Mißverhältnis steht".

Das Gesetz verlangt also: a) unwirtschaftliche Eigenschaften des Bewucherten; b) Unverhältnismäßigkeit von Leistung und Gegenleistung; c) Ausbeutung durch den Wucherer.

Der Werkvertrag

Karl Jedermann hat bei seinem Schneider zwei Maßanzüge bestellt: einen Sportanzug und für die bevorstehende Hochzeit seines Vetters einen Frack. Er hat dem Schneider auch ausdrücklich mitgeteilt, daß er den Frack für die Hochzeit am 20. Mai . . . braucht.

Der Schneider Max Scholz liefert nun zwar den Sportanzug, dieser sitzt jedoch nicht einwandfrei. Den Frack, der gut paßt, liefert er dagegen erst am 21. Mai.

Hier handelt es sich um Werkverträge: entgeltliche Verpflichtung des Unternehmers zur Herstellung eines Werkes für den Besteller. Der Besteller eines Werkes hat, wenn das Entgelt nicht von vornherein vereinbart war, den fakturierten Preis zu bezahlen; es sei denn, dieser wäre unangemessen hoch (Sachverständigengutachten!).

Karl Jedermann ist über den Schneider Scholz empört und will von beiden Verträgen zurücktreten.

Tatsächlich gibt auch das ABGB in § 1167 gesonderte Vorschriften für die Gewährleistung bei Werkverträgen und verweist nur ergänzend auf die allgemeinen Gewährleistungsvorschriften und Bestimmungen für entgeltliche Verträge in den §§ 922 ff. beziehungsweise 918 ff. Nach § 1167

ABGB kann der Besteller vom Vertrag zurücktreten, wenn wesentliche Mängel vorliegen. Unbehebbarkeit ist hier keine Voraussetzung des Rücktrittes, das heißt, der Besteller kann – muß aber nicht – eine Verbesserung durch den Unternehmer zulassen. Es stünde ihm auch frei, anstelle des Rücktrittes Entgeltminderung zu verlangen.

Wegen der nicht rechtzeitigen Herstellung des für die Hochzeit bestimmten Fracks kann ebenfalls vom Vertrag zurückgetreten werden, da es sich offenbar um ein sogenanntes Fixgeschäft handelt. Bei einem solchen muß die Erfüllung zur festgesetzten Zeit bei sonstigem Rücktritt ausdrücklich bedungen oder aus der Natur des Geschäftes oder aus einem dem Lieferer bekannten Zweck erkennbar sein.

Sind die Mängel des Sportanzugs somit wesentlich und war die Bestellung des Fracks ein Fixgeschäft, so kann Karl Jedermann aus den angegebenen Gründen von beiden Verträgen zurücktreten.

Karl Jedermann hat von dem Installateur Lampe einen Luster im Wohnzimmer anbringen lassen. Dieser hat über ein halbes Jahr seinen Dienst getan, stürzt dann aber plötzlich herab und beschädigt den Tisch sowie eine Vase. Es stellt sich heraus, daß der Luster durch den Angestellten des Installateurs unsachgemäß angebracht worden war. Dennoch weigert sich dieser, den Luster wieder anzubringen, und lehnt einen Schadenersatz für die beschädigten Gegenstände ab.

Tatsächlich muß auch ein Gewährleistungsanspruch innerhalb bestimmter Frist geltend gemacht werden. Diese Frist beträgt nach § 933 ABGB bei unbeweglichen Sachen drei Jahre, bei beweglichen Sachen, um die es sich in diesem Fall handelt, sechs Monate. Die Frist läuft bei Sachmängeln ab dem Tage der Ablieferung der Sache, das ist in unserem Falle wohl vom Moment der Unterschrift Karl Jedermanns auf dem Stundenzettel des Installateurgehilfen. Da seit damals mehr als sechs Monate verstrichen sind, kann der Mangel nicht mehr geltend gemacht werden.

Etwas anderes ist es aber mit dem von seiten des Installationsunternehmens verschuldeten Schaden, der an sich nicht an die Gewährleistungsfristen gebunden ist. Lampe muß den durch den Erfüllungsgehilfen verursachten Schaden, wenn dieser tatsächlich unsachgemäß gearbeitet hat, ersetzen und Karl Jedermann die Beschädigung der Einrichtungsgegenstände vergüten. Für diesen Anspruch gelten an sich die allgemeinen Verjährungsfristen (vgl. Seite 153).

Postauftrag und Postvollmacht

Wir wollen nun noch ein wenig den Fall mit dem Anzug verfolgen. Der Schneidermeister hat ihn nunmehr verbessert. Besonders die von Karl Jedermann beanstandete Falte ist verschwunden, und Karl Jedermann ist jetzt mit dem Sitz zufrieden. Der Anzug wird ihm jedoch restlos verleidet, als er eines Tages die Rechnung erhält und hierbei liest, daß er S 3.200,– als Arbeitslohn („für die Fasson") zahlen soll. Karl Jedermann hatte nämlich bisher nur „von der Stange" gekauft und konnte nunmehr nicht begreifen, daß der Arbeitslohn für seinen Anzug beinahe ebenso hoch sein sollte wie die Kosten eines Konfektionsanzuges, obwohl er doch den Stoff und Zutaten beigestellt hatte. Er beschließt nun, die Rechnung in dieser Höhe nicht zu bezahlen. Da ihm eine persönliche Rücksprache mit dem Meister unangenehm ist, hält er es für das beste, überhaupt nichts zu tun, zumal er bisher nach seiner Meinung nichts über den Arbeitslohn mit seinem Schneider vereinbart hat. Als nach Wochen eine Mahnung kommt, wirft er sie in den Papierkorb und kümmert sich auch nicht um den ihm gesetzten letzten Zahlungstermin.

Der Schneidermeister aber ist genauso verärgert. Erst hatte er die Scherereien, und jetzt muß er sehen, daß sich Karl Jedermann überhaupt nicht mehr rührt. Er entschließt sich, bevor er die Hilfe des Gerichts in Anspruch nimmt, noch einen letzten Versuch zu unternehmen. Er schreibt an Karl Jedermann einen Brief, der mit folgenden Worten schließt: „...Sollte ich innerhalb der nächsten 14 Tage nicht im Besitze des Betrages sein, so nehme ich an, daß Ihnen die Einhebung mittels Postauftrages erwünscht ist."

Karl Jedermann läßt auch diesen Brief völlig unbeachtet. Nun geht der Schneidermeister nach Ablauf der gestellten Frist zum nächstgelegenen Postamt, ersteht eine gelbe Postauftragskarte und füllt sowohl den **Postauftrag** als auch die **Auftragspostanweisung** in den stark umrahmten Teilen des Vordrucks entsprechend aus. Dazu ermittelt er die Nummer des für den Schuldner in Betracht kommenden Zustellpostamts und vergißt auch nicht, auf der **Rückseite** des Postauftrages sein den Auftrag betreffendes Verlangen zu stellen (z. B. zwei Einziehungsversuche, Rücksendung nach einem Monat). Ferner entrichtet er die auf den Postauftrag entfallende Gebühr in Briefmarken und schlägt seine Kosten gleich dem einzuhebenden Betrag zu.

Als Optimist nimmt der Schneidermeister an, daß Karl Jedermann dem Postauftrag nachkommen und über das Zustellungsorgan zahlen wird. Da er seine Wohnadresse auf die Auftragspostanweisung gesetzt hat, tagsüber aber im Geschäft tätig ist, sorgt er dafür, daß eine geeignete Person (z. B. eine vertraute Nachbarin, die immer zu Hause ist) befugt wird, den allenfalls einlangenden Geldbetrag in Empfang zu nehmen. Zu diesem Zweck erteilt Scholz befristet oder bis auf Widerruf **Postvollmacht** und besorgt sich dazu am Postamt gleich das entsprechende Formular. Dieses Formular wird ebenfalls ordnungsgemäß ausgefüllt, der bevollmächtigten Nachbarin zur Unterschrift vorgelegt und mit Briefmarke (rechts) sowie Stempelmarke (links) vergebührt. Die eigene Unterschrift von Max Scholz als Vollmachtgeber muß weder gerichtlich noch notariell beglaubigt sein, wenn ihre Richtigkeit und Echtheit außer Zweifel steht. Eine diesbezügliche **Verhandlungsschrift** wird (auf der Rückseite der Postvollmacht) vom Amtsvorstand des Postamts unterschrieben und mit dem Amtssiegel versehen.

Karl Jedermann reagiert auf keinen Einziehungsversuch des Schneidermeisters, weshalb der Postauftrag schließlich an diesen nichteingelöst zurückgeht. Max Scholz wird darauf Pessimist und kann jetzt zu den S 3.200,– die ihm Karl Jedermann für den Sportanzug schuldet, auch noch die geringen Spesen des Postauftrages als offene Forderung buchen, will sie aber keineswegs abschreiben.

Das Inkassobüro

Nun möchte Max Scholz ein Institut mit der Eintreibung der Schuld beauftragen. Der Inhaber des Inkassobüros, Hermann Bringsgeld, klärt die Spesenfrage.

Zwischen zehn und fünfzehn Prozent vom jeweils eingebrachten Betrag zahlt bei nicht ausgeklagten Forderungen der Auftraggeber als Erfolgsprovision; die fixe Auftragsgebühr beträgt bis zu sechs Prozent des Forderungsbetrages. Die **Interventionskosten** bestehen aus Bearbeitungs-, Kommissions- und Mahngebühren sowie Evidenzkosten; diese trägt der **Schuldner** (in unserem Fall insgesamt ca. S 290,–), ohne daß gegen ihn ein eigener Klagstitel bestünde. So wird der Schuldner häufig als Kunde erhalten, da bei einer Klage die Prozeß- und Exekutionskosten beträchtlich höher wären.

Der zornige Max Scholz übersieht die Möglichkeiten des Inkassobüros. Er besteht auf Klage, da er an einer weiteren Geschäftsverbindung mit Karl Jedermann nicht mehr interessiert ist.

Eine **Klage** könnte im Rahmen der bestehenden Richtlinien über die Inkassobüros (dem Scholz Vollmacht erteilen müßte) eingebracht werden.

Die Verwendung eines auffällig gekennzeichneten Fahrzeugs im Außendienst des Inkassobüros mag einen gewissen psychologischen Druck auf den säumigen Schuldner ausüben, ist aber nach Ansicht des OGH weder eine Erpressung (verlangt Willensbeugung!), noch bedeutet sie einen Verstoß gegen die guten Sitten; doch kommt ein solches Verhalten einer Standeswidrigkeit nahe.

Der Winkelschreiber

Max Scholz will lieber zu Lazi Krumm gehen, der sich im „Café zur trüben Tasse" erbötig gemacht hatte, für Interessenten gerichtliche Eingaben in Prozeßsachen gegen „Spesenersatz" zu verfassen und außerdem allgemeine Rechtsberatung durchzuführen. Inzwischen wurde aber Krumm wegen **Winkelschreiberei** angezeigt und hat Bestrafung zu erwarten.

Das Verhalten des „Winklers" wäre nicht bloß eine Verwaltungsübertretung nach Artikel IX Abs. 1 Ziff. 4 des Einführungsgesetzes zu den Verwaltungsverfahrensgesetzen (EGVG), sondern fällt unter die Strafgewalt der Gerichte aufgrund der Ministerial-VO, RGBl 114 aus 1875. Wer die **Verwaltungsübertretung** der Winkelschreiberei begeht, wird von der Bezirksverwaltungsbehörde mit Geld bis zu S 3.000,– oder Arrest bis zu zwei Wochen bestraft.

Der Vollständigkeit halber sei vermerkt, daß der Winkelschreiber nicht etwa kraft des Gesetzes von der Parteienvertretung ausgeschlossen ist; er verliert die Vertretungsbefugnis erst dann, wenn er vom Gericht als Winkelschreiber erkannt und aus diesem Grunde nicht zugelassen wird.

Nach Ansicht des OGH fällt die Prüfung der Frage, ob eine als Bevollmächtigter einschreitende Person als Winkelschreiber anzusehen und daher von der Vertretung auszuschließen ist, in das **pflichtgemäße Ermessen** desjenigen Gerichts, bei dem der Vertreter einschreitet. Die Zulassung kann durch ein Rechtsmittel nicht angefochten werden. Eine Abhilfe gegen die Zulassung eines Winkelschreibers könnte demnach nur im Dienstaufsichtsweg, nicht aber im Instanzenzug gefunden werden.

Der Prozeß

Der Zahlungsbefehl

Karl Jedermann hat, wie wir schon wissen, die Zahlung verweigert. Der Schneidermeister will nun den Rechtsweg beschreiten. Er rechnet damit, daß Jedermann sofort bezahlen wird, wenn er es „mit dem Gericht zu tun bekommt". Max Scholz will sich des sogenannten Mahnverfahrens (mit Zahlungsbefehl) bedienen.

Der unvertretene Rechtsuchende, der die Absicht hat, einen Schriftsatz (z. B. eine Klage, einen Antrag, eine Mitteilung) an das Gericht zu richten, wird sich zunächst über die **Form,** die seine Eingabe haben soll, Klarheit verschaffen.

Die Parteien haben zu Eingaben Papier im Ausmaß von 210 x 297 mm (DIN A4) zu benützen. Wird Papier verwendet, das dieses Ausmaß wesentlich überschreitet, so ist für jeden dieses Ausmaß übersteigenden Bogen die tarifmäßige Gebühr (siehe Seite 60 f.) doppelt zu entrichten. Das für das Gericht bestimmte Stück der Klage soll zumindest aus einem Bogen (das sind zwei Blätter) bestehen. Kurze Eingaben können auch auf halbem Bogen überreicht werden. Die Eingaben sind möglichst mit **Schreibmaschine** herzustellen oder mit **Tinte** zu schreiben. Mit Bleistift oder Tintenstift geschriebene Eingaben, unleserliche und undeutliche Ausfertigungen können vom Gericht zurückgewiesen oder zur Verbesserung zurückgestellt werden. Für Eingaben, deren Seiten mehr als 40 Zeilen aufweisen, ist die tarifmäßige Gebühr doppelt zu entrichten. Durch engzeiliges Beschreiben der Eingaben erspart man also nichts!

Auf der ersten Seite der Eingabe ist oberhalb der Schrift Raum (etwa 8 cm) für die Geschäftszahl und den von der Einlaufstelle des Gerichts anzubringenden Eingangsvermerk freizulassen.

Der Einschreiter hat sich darüber Gewißheit zu verschaffen, welches Gericht (Bezirksgericht, Handelsgericht, Arbeitsgericht, Schiedsgericht der Sozialversicherung) sachlich und örtlich für den beabsichtigten Rechtsstreit zuständig ist. Die **Bezeichnung des Gerichts** ist an die Spitze der Eingabe zu setzen. Dann folgen die **Angaben über die Parteien,** das heißt Namen der Parteien, deren Beschäftigung und Wohnort, ferner die Parteistellung. Die Vornamen der Parteien sind auszuschreiben. Besonders zu beachten ist, daß die **Zunamen** (Familiennamen) **richtig geschrieben** werden. Wird nicht eine Einzelperson, sondern ein Unternehmen geklagt, so ist der Wortlaut der Firma und der Sitz des Unternehmens anzuführen. Zuerst wird immer der **Kläger** und dann der Beklagte genannt; dies gilt auch dann, wenn der Schriftsatz vom Beklagten eingebracht wird. Außerdem ist auf der ersten Seite des Schriftsatzes die **Bezeichnung des Streitgegenstandes** anzuführen (z. B. wegen S 3.200,–). Daneben soll noch eine kurze stichwortartige Angabe über den Inhalt des betreffenden Schriftsatzes gemacht werden (z. B. Mahnklage, Vertagungsantrag, Beweisantrag, Antrag auf Bewilligung des Armenrechts).

Falls eine Klage oder sonst ein Antrag mittels Schriftsatzes eingebracht wird, sind so viele **gleichlautende Ausfertigungen** des Schriftsatzes zu überreichen, daß jedem der Gegner eine Ausfertigung zugestellt und überdies eine für die Gerichtsakten zurückbehalten werden kann (Gleichschriften). Stehen also dem Kläger auf der Beklagtenseite beispielsweise drei Gegner gegenüber, dann hat er dem Gericht insgesamt vier Gleichschriften vorzulegen. Betont sei, daß die Gleichschriften inhaltlich übereinstimmen und alle die **Unterschrift** des Einschreiters bzw. dessen Bevollmächtigten tragen müssen. Zwischenfälle, die sich aus der Verschiedenheit zwischen mehreren Stücken einer Eingabe ergeben, gehen auf Gefahr der Parteien. Den Schriftsätzen ist zur Verständigung des Einschreiters eine Halbschrift (auch Rubrik genannt) beizulegen. Unter **Halbschrift** ist der Durchschlag der ersten Seite der Eingabe zu verstehen. An ihrer Stelle können auch vollständige Gleichschriften der Eingaben (Durchschriften) beigebracht werden, die aber mit dem Vermerk „als Halbschrift gebührenfrei" bezeichnet werden sollen.

Weiters wird die **Bezeichnung der Beilagen** und deren Zahl sowie die Angabe, ob die Beilagen in Ur- oder Abschrift angeschlossen sind, verlangt.

Angeführt sei noch, daß die Partei in ihrem Schriftsatz die dem Gericht schuldige Achtung durch beleidigende Ausfälle nicht verletzen und sie auch den Gegner, dessen Bevollmächtigten, die Zeugen und die Sachverständigen nicht beleidigen darf. Andererseits sind aber **Höflichkeitsfloskeln** (wie etwa das „sehr verehrliche Gericht" oder der „sehr geehrte Herr Zeuge") in den Schriftsätzen zu **vermeiden!**

Das Gericht versieht die bei ihm einlangenden Aktenstücke mit **Geschäftszahlen.** Ist dem Einschreiter beim Einbringen eines Schriftsatzes die Geschäftszahl des Gerichts, unter der das bereits anhängige Verfahren bei Gericht geführt wird, bekannt, dann wird diese Geschäftszahl in den nächsten schriftlichen Eingaben auf der ersten Seite rechts oben angeführt.

Unser Schneidermeister vereinfacht den eben genau beschriebenen Vorgang des Einschreitens etwas, indem er sich der im Fachhandel erhältlichen Formulare bedient. Er kauft drei gleichlautende Formulare für die Mahnklage (siehe Muster), füllt sie entsprechend aus und behält zweckmäßig einen Durchschlag davon für seine Korrespondenzmappe zurück.

Die ausgefüllten Formulare gibt Scholz seinem Lehrling und schickt diesen mit etwas Geld zum Bezirksgericht, damit er dort die erforderlichen Gerichtskostenmarken kauft, auf das Original des späteren Zahlungsbefehls an der hierfür vorgesehenen Stelle aufklebt und dann das Original mit den beiden Abschriften in der Einlaufstelle des Bezirksgerichts abgibt. Um alles Weitere braucht sich der Meister nicht zu kümmern Die Zustellung besorgt das Gericht. – Schon einige Tage

M ....

Bei Eingaben ist obenstehende Geschäftszahl anzugeben.

Mahnklage

An das Bezirksgericht Innere Stadt Wien, 1010 Wien, Riemergasse 7

Klagende Partei: Max Scholz, Schneidermeister, Stoffgasse 26, 1070 Wien — vertreten durch:

Beklagte Partei(en): Karl Jedermann, Angestellter, Opernring 72, 1010 Wien — Vollmacht

wegen S 3.200,— s. A. 2fach, 1 Hs. -Vollmacht -Beil.

Zahlungsbefehl des Gerichtes:

Tatbestand:

Über Bestellung des Beklagten habe ich diesem einen Maßanzug angefertigt und hiefür den vereinbarten und angemessenen Preis von S 3.200,— in Rechnung gestellt. Meine Faktura ist vom 3. April 19 . . . und war sofort zur Zahlung fällig.

Beweis: Faktura vom 3. 4. 19 . . ., deren Vorlage dem Beklagten aufgetragen werden möge.

Fritz Emsig, Geselle, Wien . . ., als Zeuge, und Parteienvernehmung.

Mangels Zahlung beantragt die klagende Partei die Erlassung des folgenden Zahlungsbefehles und die Zustellung einer vollstreckbaren Ausfertigung.

Zur Nachricht. Für das Gericht und jeden Beklagten ist je eine Ausfertigung der Klage, für den Kläger eine Halbschrift beizubringen. Die Eingaben- und Entscheidungsgebühr ist in Gerichtskostenmarken beizubringen.

Wenn infolge Widerspruches über die Klage der Prozeß eingeleitet wird, werden die Kosten des Zahlungsbefehles als ein Teil der Prozeßkosten behandelt. Die in dem Rechtsstreite unterliegende Partei muß ihrem Gegner alle zur zweckentsprechenden Rechtsverfolgung notwendigen Kosten ersetzen. — Der Widerspruch ist ordnungsgemäß mit Gerichtskostenmarken zu versehen.

Wird nur gegen die eine oder die andere von mehreren in besonderen Geldbeträgen ausgedrückten Forderungen Widerspruch erhoben, so bleibt der Zahlungsbefehl in Ansehung der übrigen und der auferlegten Kosten in Kraft.

Wenn der Schuldner die Frist zum Widerspruche durch ein unvorhergesehenes oder unabwendbares Ereignis versäumt hat, kann er binnen 14 Tagen, nachdem ihm die Versäumnis bekannt geworden und das Hindernis weggefallen ist, die Wiedereinsetzung beantragen.

später überbringt der Briefträger Karl Jedermann einen Gerichtsbrief und läßt den anhängenden Rückschein eigenhändig unterschreiben. Dieser von Karl Jedermann unterschriebene Rückschein geht an das Gericht zurück und beweist, wann und wem der Zahlungsbefehl zugestellt wurde. In der Fachsprache heißt das: „Zustellung ausgewiesen"!

In gebührenrechtlicher Hinsicht sind die Vorschriften des Bundesgesetzes vom 15. Februar 1950 über die Gerichts- und Justizverwaltungsgebühren, in der Fassung des GJGebGes 1962, BGBl Nr. 289/62, maßgebend. Der Anspruch des Bundesschatzes auf die Gebühr entsteht bei Eingaben mit ihrer Überreichung, bei Entscheidungen mit deren Verkündigung bzw. mit ihrer Abgabe an die Geschäftsstelle zur Ausfertigung; die Gebührenpflicht ist nicht davon abhängig, daß die Entscheidung in Rechtskraft erwächst.

Gebührenfrei sind:

1. alle Eingaben (Rechtsmittel) im Verfahren vor einem Arbeitsgericht bei einem Wert des Streitgegenstandes bis S 4000,–;

2. Halbschriften (Rubriken) oder an ihrer Stelle beigebrachte Gleichschriften von Eingaben;

3. Eingaben, die die Bewilligung der Verfahrenshilfe, die Bestellung eines unentgeltlichen Rechtsbeistandes bezwekken, Rechtsmittel gegen die darüber getroffenen Verfügungen;

4. Anträge auf Berichtigung oder Ergänzung von gerichtlichen Entscheidungen (§§ 419, 423, 430 ZPO);

5. Eingaben von Zeugen (Auskunftspersonen) und Sachverständigen sowie von Personen, die am Verfahren nicht beteiligt sind.

Hat die Partei die Eingabengebühr nicht beigebracht, hindert dieser Umstand die weitere geschäftsordnungsmäßige Behandlung der Eingabe nicht! Es muß allerdings mit einer allfälligen Gebührensteigerung bis zum Dreifachen des Fehlbetrages gerechnet werden.

Der Zahlungsbefehl trägt Karl Jedermann auf, die Forderung des Meisters binnen 14 Tagen samt 4 Prozent Zinsen und Kosten bei sonstiger Exekution zu bezahlen.

Der Zinssatz von 4 Prozent ergibt sich aus einem Gesetz von 1868 und einer Verordnung von 1938. Wenn es sich um ein Handelsgeschäft zwischen Kaufleuten handeln würde, so könnte der Kläger 5 Prozent verlangen. Die Zinsen sind von dem Zeitpunkt an zu zahlen, an dem sich der Schuldner im Verzuge befindet. Im Verzuge befindet man sich immer dann, wenn die Forderung fällig und der Schuldner gemahnt worden ist. Wenn die Forderung zwar fällig ist, der Schuldner aber nicht gemahnt wurde, so befindet sich der Schuldner erst mit dem Tage der Zustellung des Zahlungsbefehls oder der Klage im Verzuge. In diesem Falle könnten also erst von diesem Zeitpunkt an Verzugszinsen verlangt werden.

Im Zahlungsbefehl wird Karl Jedermann gleichzeitig belehrt, daß er gegen ihn Widerspruch erheben könne, falls er gegen die geltend gemachte Forderung irgendwelche Einwendungen zu erheben habe.

Der Widerspruch löst die Anberaumung einer Tagsatzung zur mündlichen Streitverhandlung aus und verursacht hiedurch weitere Kosten, die schließlich derjenige tragen muß, der den Prozeß verliert. Wer also eine Forderung (z. B. die Schneiderrechnung) grundsätzlich anerkennt, soll nicht widersprechen, sondern lieber sofort zahlen oder sich mit dem Gläubiger wegen einer Abzahlung der Schuld in Raten einigen. Wer zahlt, darf das Geld nur an seinen Gläubiger, nicht aber an das Gericht überweisen.

Da Karl Jedermann der Meinung ist, daß allenfalls ein Arbeitslohn von S 2.400,–, keinesfalls aber ein Betrag von S 3.200,– gerechtfertigt ist, unternimmt er den Versuch, an seinen Gläubiger S 2.400,– mittels Postanweisung zu zahlen. Der Schneidermeister verweigert jedoch die Annahme dieses herabgesetzten Betrages, weil er fürchtet, hierdurch zu erkennen zu geben, daß er sich mit der Herabsetzung einverstanden erkläre. Karl Jedermann erhält das Geld zurück und

Zahlungsbefehl

Der(n) beklagten Partei(en) Karl J e d e r m a n n
wird[1]) aufgetragen, der klagenden Partei Max S c h o l z
den für Werklohn angesprochenen Betrag von S 3.200,—
samt 4% Zinsen seit 4. April 19 . . .
und die Kosten dieses Zahlungsbefehles binnen 14 Tagen nach Zustellung dieses Zahlungsbefehles bei Exekution zu bezahlen oder, wenn sie gegen den Anspruch Einwendungen hat, gegen den Zahlungsbefehl Widerspruch zu erheben.

Die beklagte Partei kann den Zahlungsbefehl nur dadurch außer Kraft setzen, daß sie binnen 14 Tagen mündlich oder schriftlich dagegen Widerspruch erhebt.

Die beklagte Partei kann den Widerspruch binnen dieser Frist bei dem unten bezeichneten Gerichte oder beim Bezirksgerichte ihres Aufenthaltsortes mündlich erklären. Der Widerspruch kann auch schriftlich erhoben werden: hiezu genügt es, daß die beklagte Partei auf den Zahlungsbefehl schreibt: „Ich erhebe Widerspruch", dies unterschreibt und den Zahlungsbefehl binnen 14 Tagen nach dessen Zustellung an das unten bezeichnete Gericht einsendet.

Wenn Widerspruch gegen den Zahlungsbefehl erhoben wird, wird über diese Klage der Prozeß eingeleitet werden. Es ist nicht notwendig, die Gründe anzugeben, welshalb der Widerspruch erhoben wird, doch steht es der beklagten Partei frei, die Gründe und die Beweismittel anzugeben sowie die Ladung von Zeugen und die Herbeischaffung von Beweismitteln zur Streitverhandlung zu beantragen.

Im Falle die beklagte Partei gegen den Zahlungsbefehl rechtzeitig Widerspruch erhebt, beantragt die klagende Partei die Fällung des Urteiles:

Die beklagte Partei ist[1]) schuldig, der klagenden Partei den Betrag von S 3.200,— samt 4% Zinsen seit 4. April 19 . . . und die Prozeßkosten binnen 14 Tagen bei Exekution zu bezahlen.

Die klagende Partei verzeichnet an Kosten[2]): Normalkosten.

Kostenverzeichnis (einschl. Zuschlag)

Mahnklage TP. 2 . . .		
% Einh. Satz . . .		
% Streit. G.Z. . . .		
Verdienststumme	S	
U. St.		
G. K. M. u. z. 1.	Pare	
weitere		16,—
Entscheidungsgebühr . .		32,—
Duplikatsgebühr . . .		
Ausfertigungsgebühr . .		
Stempel z. Vollmacht . .		
Kostenanspruch	S	48,—

Gemäß § 19a RAO verlangt der gefertigte Anwalt die Bezahlung sämtlicher Kosten zu seinen Handen.

Max Scholz

[1]) Hier kann eingefügt werden „zur ungeteilten Hand" oder „zu gleichen Teilen".

[2]) Wenn beim Prozeßgerichte ein Normaltarif aufliegt, genügt die Angabe: „Normalkosten"; sonst sind die Kosten laut Vordruck zu spezifizieren.

glaubt nunmehr, daß sich der Meister im Annahmeverzug befinde. Dies trifft aber nicht zu.

Der Annahmeverzug setzt voraus, daß die ganze Leistung angeboten wird. Mit Teilzahlungen braucht sich ein Gläubiger (außer bei Zahlungen gegen Wechsel) nicht einverstanden erklären. Nimmt jedoch der Gläubiger freiwillig eine angebotene Teilleistung an, wird sein Schuldner im Rahmen dieser Teilleistung von der Verpflichtung befreit.

Die erfolglose Hinterlegung

Da Karl Jedermann einmal etwas von einer gerichtlichen Hinterlegung und in diesem Zusammenhang davon gehört hat, daß man durch Hinterlegung bei Gericht von seinen Verpflichtungen frei werden könne, beschließt er, den Betrag von S 2.400,– zu hinterlegen. Er verspricht sich vor allem, hiedurch Prozeßkosten zu ersparen. Er geht also zum Bezirksgericht, gibt dort seinen Antrag zu Protokoll und begründet die Hinterlegung damit, daß sich der Meister im Annahmeverzug befinde. Mit der weiteren Erklärung, daß er auf die Rückzahlung verzichte, glaubt er, alles erledigt zu haben und daß ihm nun nichts mehr geschehen könne, zumindest nicht in Höhe der hinterlegten S 2.400,–.

Würde Scholz nur S 2.400,– geltend machen, so hätte Karl Jedermann recht. Voraussetzung für eine Befreiung von der Zahlungspflicht ist nämlich, daß sich der Gläubiger in Annahmeverzug befindet. Dies ist hier aber, wie wir oben gesehen haben, nicht der Fall.

Karl Jedermann könnte ferner mit befreiender Wirkung gerichtlich **hinterlegen,** wenn er z. B. nicht wüßte, welchem Gläubiger die Forderung zusteht. Dies kommt hin und wieder dann vor, wenn eine Forderung abgetreten worden ist und der Schuldner von mehreren Personen in Anspruch genommen wird. Wenn er dann nicht Klarheit schaffen kann, wem die Forderung nunmehr tatsächlich zusteht, so wird er durch Hinterlegung frei.

Das Recht der Hinterlegung ist im § 1425 ABGB und hinsichtlich der technischen Durchführung in der Geschäftsordnung der Gerichte geregelt. Die Empfangnahme eines nach den Bestimmungen des bürgerlichen Rechts gemachten Erlages kann von keinem ordentlichen Gericht aus dem Grund der Unzuständigkeit zurückgewiesen werden. Der Erlag ist ohne weitere Untersuchung der Rechtmäßigkeit anzunehmen, doch muß ein den Erlag rechtfertigender Tatbestand (z. B. Unklarheit der Rechtslage) in der **Erlagsanzeige** zumindest **behauptet** werden. Beim Erlag der Mietzinse durch längere Zeit ist für jede Mietzinsperiode die Erlagsanzeige separat vorzunehmen. Schuldbefreiende Wirkung ist nicht gegeben, wenn die Fälligkeit der Schuld erst nach dem Zeitpunkt des Erlages eintritt (wichtig bei Geldwertänderung!).

Es mag hier genügen, wenn wir uns noch merken, daß der Schuldner den oder die Gläubiger über die erfolgte Hinterlegung verständigen muß. Ergibt sich für ihn die Notwendigkeit, daß er selbst wieder das Hinterlegte zurückfordern muß, so muß er eine schriftliche Erklärung derjenigen Person über seine Rücknahmeberechtigung beibringen, zu deren Gunsten er die Hinterlegung vorgenommen hat.

In unserem Fall würde die Erklärung folgenden Wortlaut haben wie auf der nächsten Seite oben wiedergegeben.

Zur Hinterlegung muß vermerkt werden, daß nur Geld, Wertpapiere, andere Urkunden und Kostbarkeiten hinterlegt werden können. Wo sollte das Gericht z. B. eine Kuh oder einen Pfau aufbewahren?! Aber selbst Sachen von geringen Dimensionen können zur Hinterlegung ungeeignet sein. Diesfalls kann der Schuldner einen Gerichtsbeschluß erwirken, womit ein Verwahrer für diese Sache bestellt wird. Dieser hat sodann die Sache

Max Scholz
Schneidermeister
Stoffgasse 26
1070 WIEN

Wien, den . . .

An das
Bezirksgericht
Innere Stadt Wien

Der Angestellte Karl Jedermann, Wien . . ., hat zur Zahl . . . den Betrag von S 2.400,— zu meinen Gunsten unter Verzicht auf das Recht zur Rücknahme hinterlegt. Ich erkläre mich hiermit ausdrücklich damit einverstanden, daß dieser Betrag an Karl Jedermann zurückgezahlt wird, nachdem ich eine Forderung an ihn nicht mehr habe.

Das Gericht kann verlangen, daß die Unterschrift beglaubigt wird. Etwa entstehende Kosten für die Beglaubigung der Unterschrift muß Karl Jedermann tragen.

Max Scholz

entsprechend zu verwahren. Die Kosten des Verfahrens hat zunächst der Hinterleger zu tragen, der sie, falls die Hinterlegung zu Recht erfolgt ist, vom Gläubiger zurückfordern kann

Der Widerspruch

Um zu verhindern, daß Scholz beim Bezirksgericht die Erlassung einer Exekutionsbewilligung beantragt und somit die Möglichkeit erhält, aufgrund dieser Exekutionsbewilligung die Zwangsvollstrekkung zu betreiben, erhebt Karl Jedermann gegen den Zahlungsbefehl Widerspruch. Dieser Widerspruch müßte etwa folgenden Wortlaut haben, wie auf der nächsten Seite wiedergegeben.

Außer dem Original des Widerspruchs hat Karl Jedermann gleichzeitig zwei Abschriften angefertigt, von denen er ein Exemplar dem Original beifügt und dem Gericht mit einreicht. Auch fügt er zwei Abschriften des Einzahlungsbeleges des Gerichts bei.

Wir wollen uns in diesem Zusammenhang merken, daß bei Prozessen grundsätzlich jeder Schriftsatz, der eigenhändig zu unterzeichnen ist, mit einer Abschrift eingereicht wird. Auch Abschriften von Urkunden, die zum Beweis einer Tatsache wichtig erscheinen, sind doppelt einzureichen. Das Doppel übersendet das Gericht nämlich dem Prozeßgegner zur Stellungnahme. Originale von Urkunden lege man grundsätzlich erst bei der Verhandlung vor, damit sie nicht verlorengehen. Bei Schriftsätzen alles Unwesentliche weglassen! Sie sollen möglichst klar den wahren Sachverhalt herausstellen. Paragraphen brauchen nicht angeführt zu werden. Welche Rechtsvorschrift zur Anwendung gelangt, prüft das Gericht, das seine Entscheidung ja in rechtlicher Hinsicht begründen muß.

Karl Jedermann
Stoffstraße 20
1200 Wien

Wien, den . . .

An das
Bezirksgericht
Innere Stadt Wien
1010 W i e n

Hiermit lege ich gegen den mir am . . . zugestellten Zahlungsbefehl, Gesch.-Zahl 32 M 526/80,

W i d e r s p r u c h

ein.

Begründung:
Es trifft zu, daß ich bei dem Kläger einen Anzug anfertigen ließ. Der Anzug paßte zunächst gar nicht und mußte erst verbessert werden. Die mir vom Kläger ausgestellte Rechnung ist aber wesentlich überhöht; außer dem üblichen Arbeitslohn scheint der Kläger auch noch alle weiteren Kosten in Ansatz gebracht zu haben, die ihm durch die V e r b e s s e r u n g entstanden sind. Hiefür habe ich aber nicht einzustehen. Selbst wenn der Kläger diese Kosten nicht in Rechnung gestellt hätte, so würde hieraus folgen, daß der geltend gemachte Anspruch um so mehr der Höhe nach ungerechtfertigt ist. Der Arbeitslohn für einen Anzug, wie er vom Kläger geliefert worden ist, dürfte höchstens S 2.400,— betragen.
Beweis: Sachverständiger.
Da ich bereit bin, einen Betrag in Höhe von S 2.400,— zu zahlen, habe ich heute diese Summe beim Bezirksgericht Innere Stadt Wien mit dem Verzicht auf Rücknahme erlegt, nachdem der Kläger die Annahme dieser Summe verweigert hat.
Beweis: Der Einzahlungsbeleg vom 4. August . . ., den ich in Abschrift beifüge und dessen Original ich bei der Verhandlung vorlegen werde.

Karl Jedermann

Die Exekutionsbewilligung

Hätte Karl Jedermann gegen den Zahlungsbefehl keinen Widerspruch erhoben, so müßte der Schneidermeister beim Bezirksgericht den Antrag stellen, nunmehr eine Exekutionsbewilligung zu erlassen. Erst mit Hilfe dieser Exekutionsbewilligung ist er in der Lage, durch einen Vollstreckungsbeamten die Zwangsvollstreckung beziehungsweise die Pfändung betreiben zu lassen. Der Antrag auf Erlaß einer Exekutionsbewilligung darf frühestens nach Ablauf der im Zahlungsbefehl dem Schuldner Karl Jedermann gestellten Leistungsfrist gestellt werden. Für den Antrag auf Erlassung einer Fahrnisexekution kauft Scholz in einer Trafik beziehungsweise in einem Papierfachgeschäft die entsprechenden Formulare und füllt diese ordnungsgemäß aus.

Er verwendet für das Gericht eine vierseitige Ausfertigung, für den Verpflichteten Jedermann eine zweiseitige und für sich selbst als betreibende Partei ebenfalls eine zweiseitige Ausfertigung.

Das Gericht erteilt seine Bewilligung durch folgenden Stampiglienaufdruck:

Das Gericht bewilligt die beantragte Exekution. Die Kosten der betreibenden Partei werden mit S . . . bestimmt.

Bezirksgericht Innere Stadt,
1010 W i e n , Riemergasse 7

Wien, den . . .

Gegen diese Exekutionsbewilligung kann der Schuldner nichts mehr vorbringen, was er im bisherigen Verfahren bereits einwenden hätte können. Er könnte nur mit Klage Tatsachen geltend machen, die erst nach Erlaß des Zahlungsbefehls eingetreten sind, z. B. die in der Zwischenzeit erfolgte gänzliche Bezahlung. Bringt er eine solche Klage ein, kann er auch die Aufschiebung der Exekution beantragen, bis über die Klage rechtskräftig entschieden ist. Dadurch würde die Versteigerung so lange verhindert werden.

Das neue Aktenzeichen

Durch die Erhebung des Widerspruchs ist das Verfahren, das wir bisher „Mahnverfahren" nannten, erledigt. Es handelt sich jetzt um einen normalen Prozeß, so daß der Akt beim Gericht ein anderes Aktenzeichen erhält.

Die zuerst stehende Ziffer 32 bedeutete, daß der Akt bei der Geschäftsabteilung 32 des Bezirksgerichts lief. Der Buchstabe M zeigte an, daß es sich um eine Mahnsache handelte. Die weiteren Zahlen besagen, daß die Sache unter der Nummer 526 im Jahre 1980 im Register der Geschäftsabteilung eingetragen ist. Nunmehr ist die Sache beim Prozeßgericht anhängig. Prozeßsachen erhalten den Buchstaben C. Die Zahlen haben die gleiche Bedeutung.

Der weitere Gang des Verfahrens

Nachdem der Widerspruch beim Bezirksgericht eingelangt ist, muß der Rechtsstreit nun zur mündlichen Verhandlung kommen, wenn der Schneidermeister einen entsprechenden Antrag gestellt hat. Im allgemeinen ist auf dem Zah-

Fahrnisexekution

An das Exekutions-Gericht Wien

Betreibende Partei:	Max S c h o l z, Schneidermeister, Stoffgasse 26, 1070 Wien
Vertreten durch:	
Vollmacht v.	beigel., ausgew. zu
Verpflichtete Partei:	Karl J e d e r m a n n, Angestellter, Opernring 72, 1010 Wien
wegen S 3.200,— s. A.	2fach. 1 Halbschr. - Blg.

Auf die vollstreckbare Forderung der betreibenden Partei haftet trotz Fälligkeit (Terminverlust) der in Exekution gezogene Betrag aus. Die betreibende Partei beantragt nachstehenden **Beschluß:**

Auf Grund des vollstreckbaren Zahlungsbefehles des Bezirksgerichtes Innere Stadt Wien vom 5. Juni . . . G. Z. 32 M 526/80
wird der betreibenden Partei zur Hereinbringung ihrer vollstreckbaren Forderungen, und zwar:

S 3.200,— samt 4% Zinsen seit 4. April . . .

und der Kosten von S 48,—
und der Kosten dieses Antrages die Exekution wider die verpflichtete Partei durch Pfändung, Verwahrung und Verkauf der in ihrer Gewahrsame oder sonst wo immer befindlichen beweglichen Sachen aller Art sowie der im § 296 EO angeführten Wertpapiere und Einlagebücher bewilligt.

Die Exekution ist vom Exekutionsgericht Wien ohne Anmelden zu vollziehen.

Beschluß des Gerichtes:

K o s t e n :
(Normalkosten)

Kapital	
Zinsen	
Kosten	
Kostenverzeichn. pkto.	S
Antrag einschl. Zschl. . . .	S
% E. S.	
% Verb. Geb. . . .	
% Streitg. Zschl. . .	
Verdienstsumme	S
U. St.	
G. K. M.	S 48,—
Kostenanspruch	S 48,—

Gemäß § 19a RAO verlangt der gefertigte Anwalt die Bezahlung sämtlicher Kosten zu seinen Handen.

Unterschrift:

Max Scholz

Für das Gericht ist eine vierseitige Ausfertigung, für jeden Verpflichteten und für die betreibende Partei eine zweiseitige zu verwenden. — In Exekutionssachen beträgt die Rekursfrist 8 Tage. Bei Bezirksgerichten können Rekurse von Parteien, die nicht durch einen Rechtsanwalt vertreten sind, auch mündlich zu Protokoll gebracht werden; schriftliche Rekurse müssen mit der Unterschrift eines Rechtsanwaltes versehen sein.

lungsbefehlformular gleichzeitig mit dem Antrag auf Erlaß des Zahlungsbefehls ein Antrag auf Fällung des Urteils für den Fall, daß der Schuldner Widerspruch erhebt, verbunden.

Das Gericht setzt den Kläger nunmehr davon in Kenntnis, daß Karl Jedermann Widerspruch erhoben hat, und lädt ihn gleichzeitig für die Tagsatzung zur mündlichen Verhandlung. Dem Kläger wird die von Karl Jedermann eingereichte Abschrift des Widerspruchs mit Begründung zur Stellungnahme bei der Verhandlung zugestellt.

Die Verhandlung

Der Tag der Verhandlung ist herangekommen. Unsere Prozeßgegner ziehen ihre Sonntagsanzüge an, um die Würde des Gerichts zu wahren. Einige Minuten vor 10 Uhr gehen sie vor der Tür des Verhandlungssaales auf und ab. Um 10 Uhr hören sie den Saaldiener rufen: „Scholz gegen Jedermann." Dieser Augenblick ist der Zeitpunkt, an dem beide den Verhandlungssaal betreten müssen, wenn sie nicht Gefahr laufen wollen, daß ihnen Nachteile entstehen. Erscheint nämlich einer der Beteiligten nicht oder läßt er sich nicht durch einen anderen mit schriftlicher Vollmacht Versehenen vertreten, so ist der Gegner in der Lage, ein Versäumnisurteil zu beantragen. (Bei Prozessen vor dem Bezirksgericht ist es übrigens bei einem Streitwert bis zu S 30.000,– nicht erforderlich, einen Rechtsanwalt zu bevollmächtigen. Man kann auch jeden anderen mit Vollmacht zur Verhandlung schicken.) Max Scholz könnte also seine Ehefrau oder Karl Jedermann einen Freund mit Vollmacht zur Verhandlung senden. Die Vollmacht, die Schneidermeister Scholz seiner Frau erteilt, müßte folgenden Wortlaut haben:

VOLLMACHT

In Sachen Scholz gegen Jedermann, Geschäftszahl 32 C 324/80, erteile ich hiermit meiner Ehefrau Liselotte Scholz, geb. Müller, wohnhaft Stoffgasse 26, 1070 Wien, Vollmacht, mich bei der am 28. August 19 . . . vor dem Bezirksgericht Innere Stadt Wien stattfindenden Verhandlung zu vertreten.

Wien, den . . .

Max Scholz

Soll die Vollmacht nicht auf den Termin beschränkt bleiben und für den ganzen Rechtsstreit Gültigkeit haben, so schreibt Max Scholz seiner Ehefrau Liselotte die auf der folgenden Seite wiedergegebene Vollmacht.

In unserem Falle sind aber Scholz und Karl Jedermann persönlich erschienen. Sie betreten den Verhandlungssaal und warten, bis der Richter nochmals ihre Namen ruft. Dann treten sie an den Richtertisch.

Der Richter macht zunächst einen Versuch zur gütlichen Einigung. Häufig wird man schon zu diesem Zeitpunkt übersehen können, welche Erfolgsaussichten gegeben sind. Wenn man erkannt hat, daß man sich mit seiner Ansicht doch nicht im Recht befindet, so ist es besser, sich entsprechend dem Vorschlag des Richters zu vergleichen, die Klage zurückzunehmen oder die Forderung anzu-

PROZESSVOLLMACHT

Hiermit bevollmächtige ich meine Ehefrau Liselotte Scholz, geb. Müller, wohnhaft Stoffgasse 26, 1070 Wien, mich in dem vor dem Bezirksgericht Innere Stadt anhängigen Rechtsstreit

Scholz gegen Jedermann, GZ. 32 C 324/80,

zu vertreten.

Wien, den . . .

Max Scholz

erkennen, weil man dann Kosten sparen kann. Auch wird es bei einem Vergleich (halbe Kosten!) immer möglich sein, die Bezahlung der Klageforderung in angemessenen Raten zu erreichen.

Meister Scholz und Karl Jedermann wollen sich nicht vergleichen. Es wird nunmehr „streitig" verhandelt, das heißt, der Meister trägt zunächst alles vor, was zur Begründung seiner Klage zweckmäßig ist. Er wird also eine Schilderung über die verschiedenen Besprechungen mit Karl Jedermann geben und das Schwergewicht darauf legen, daß Karl Jedermann mit dem Arbeitslohn in Höhe von S 3200,– einverstanden war. Er wird hierzu die Vernehmung seines Gesellen Emsig beantragen, dessen Vor- und Zunamen, Beruf und Adresse er dem Gericht bekanntgeben muß, damit jener als Zeuge geladen werden kann. Auch wird er die Kopie der Rechnung vorlegen, der Karl Jedermann bisher niemals widersprochen hat.

Karl Jedermann bestreitet, daß jemals über einen Betrag von S 3200,– gesprochen worden ist. Auch stellt er einige Ungenauigkeiten der Schilderung des Meisters über den Gang der Besprechungen richtig. Dann legt er den Zahlungsbeleg über S 2400,– vor. Er beantragt ferner, das Gutachten eines Sachverständigen einzuholen.

Scholz erklärt mit Recht, die Hinterlegung interessiere ihn nicht, weil er sich nicht im Annahmeverzug befinde. Er habe S 3200,– zu fordern und brauche daher nicht einen Teilbetrag anzunehmen.

Der Richter nimmt die Erklärung entgegen, protokolliert das beiderseitige Vorbringen, zunächst, soweit es übereinstimmt, und sodann die gegenteiligen Behauptungen der Parteien samt den Beweisanträgen.

Der Beweisbeschluß

Nunmehr verkündet der Richter den **Beweisbeschluß.** Er gibt bekannt, über welche Umstände er welche Beweismittel zuläßt. In unserem Fall würde der Beweisbeschluß etwa lauten:

Beweisbeschluß

auf Zulassung des Beweises

1. darüber, daß zwischen den Parteien ein Arbeitslohn in der Höhe von S 3.200,– vereinbart wurde, durch Einvernahme des Zeugen Emsig;

2. über die Angemessenheit des vom Kläger verrechneten Arbeitslohnes durch Einvernahme eines Sachverständigen aus der Schneiderbranche.

Das Gericht darf den Sachverständigen erst dann bestellen, wenn die dadurch auflaufenden Kosten gedeckt sind. Es wird daher Karl Jedermann, der die Angemessenheit des Arbeitslohnes bestritten hat, auftragen, binnen einer bestimmten Frist einen Sachverständigen-Kostenvorschuß in der Höhe von S 500,– bei Gericht zu erlegen. Schließlich wird die Tagsatzung auf unbestimmte Zeit erstreckt, da das Gericht abwarten muß, ob Karl Jedermann den aufgetragenen Kostenvorschuß erlegt.

Karl Jedermann zahlt mit Erlagschein den Betrag von S 500,– auf das Postsparkassenkonto des Bezirksgerichtes ein. Er vergißt auch nicht, auf die Rückseite des Erlagscheines zu schreiben: Kostenvorschuß in Sachen Scholz gg. Karl Jedermann, GZ. 32 C 324/80. Seinen Namen und seine Adresse vermerkt er deutlich auf der Vorderseite des Erlagscheines.

Das Gericht bestellt nun den Schneidermeister Nadelscharf als Sachverständigen, erteilt ihm den Auftrag, binnen drei Wochen ein schriftliches Gutachten über die Angemessenheit des Arbeitslohnes zu erstatten, und setzt die nächste Tagsatzung zur mündlichen Verhandlung für den 14. September 19..., 11.30 Uhr, im Zimmer 5 an. Es lädt dazu auch die Parteien und den Zeugen Emsig.

Zur Verhandlung erscheinen bei Aufruf Meister Scholz (die seiner Frau erteilte Prozeßvollmacht hindert ihn nicht, zu jeder Zeit die Sache wieder selbst in die Hand zu nehmen oder gemeinsam mit seinem Prozeßbevollmächtigten zu erscheinen), der Zeuge Emsig, Karl Jedermann sowie der Sachverständige Nadelscharf.

Die Zeugenvernehmung

Emsig ist sehr aufgeregt, obwohl ein Zeuge hierzu gar keinen Grund hat. Er will dem Richter durchaus seine Ladung vor die Augen halten und ist sehr enttäuscht, daß sich niemand darum kümmert. Trotzdem ist die Ladung wichtig, denn er müßte sie vorlegen, wenn er nach der Einvernahme Anspruch auf Ersatz seiner Auslagen und seines Verdienstentgangs wegen der Einvernahme erheben wollte.

Die Zeugnispflicht setzt sich aus **drei Verpflichtungen** zusammen:

1. Verpflichtung zum **Erscheinen** in der Tagsatzung. Ausnahmen bestehen nur für Kranke oder aus ähnlichen Gründen verhinderte Personen und für Konsuln nach Maßgabe der Staatsverträge.
2. Verpflichtung zur **Aussage** von Wahrnehmungsurteilen über Tatsachen (siehe aber die Ausführungen zum Zeugnisverweigerungsrecht auf der folgenden Seite).
3. Pflicht zur **Beeidigung** der Aussage. Ausnahmen: Verbot der Vereidigung von Personen, bei denen trotz ihrer Abhörungsfähigkeit sich die Befürchtung eines dolosen Eides ergibt (wegen Eidesdelikts bestrafte Personen) oder die Befürchtung des Mangels eines Einblicks in die Bedeutung des Eides, endlich Unterlassung der Beeidigung zufolge des (das Gericht nicht bindenden) Eidesverzichts beider Parteien.

Der Unterschied zwischen **Zeugen** und **Sachverständigen** liegt im Neuen, das die betreffende Auskunftsperson zum Prozeßstoff beisteuert: bringt sie ein **Tatsachenurteil** herein, so ist sie **Zeuge;** ist dagegen der **Erfahrungssatz** das Neue (Gutachten), so ist sie **Sachverständiger.** Der **sachverständige Zeuge** sagt nicht Erfahrungssätze aus, sondern ist **Zeuge,** der die Deutung der von ihm zu bekundenden Sinneswahrnehmungen nur aufgrund seiner zur Zeit der Sinneswahrnehmung gegebenen Kenntnis bestimmter Erfahrungssätze vorzunehmen vermag (z. B. der Arzt, der bestimmte Krankheitsbilder schildert).

Der Richter fragt zunächst nach den Personalien und danach, ob der Zeuge mit dem Kläger oder Beklagten verwandt oder verschwägert ist. Wäre dies der Fall, so könnnte Emsig vom **Zeugnisverweigerungsrecht** Gebrauch machen.

Das Zeugnisverweigerungsrecht ist insbesondere in den §§ 320 und 321 ZPO geregelt. Diese Bestimmungen haben folgenden Wortlaut:

§ 320. Als Zeugen dürfen nicht vernommen werden:

1. Personen, welche zur Mitteilung ihrer Wahrnehmungen unfähig sind, oder welche zur Zeit, auf welche sich ihre Aussage beziehen soll, zur Wahrnehmung der zu beweisenden Tatsache unfähig waren;

2. Geistliche in Ansehung dessen, was ihnen in der Beichte oder sonst unter dem Siegel geistlicher Amtsverschwiegenheit anvertraut wurde;

3. Staatsbeamte, wenn sie durch ihre Aussage das ihnen obliegende Amtsgeheimnis verletzen würden, insofern sie der Pflicht zur Geheimhaltung nicht durch ihre Vorgesetzten entbunden sind.

§ 321. Die Aussage darf von einem Zeugen verweigert werden:

1. über Fragen, deren Beantwortung dem Zeugen, seinem Ehegatten oder einer Person, mit welcher der Zeuge in gerader Linie oder in der Seitenlinie bis zum zweiten Grade verwandt oder verschwägert, oder mit welcher er durch Adoption verbunden ist, ferner seinen Pflegeeltern und Pflegekindern sowie seinem Vormunde oder Mündel zur Schande gereichen oder die Gefahr strafgerichtlicher Verfolgung zuziehen würde;

2. über Fragen, deren Beantwortung dem Zeugen oder einer der in Z. 1 bezeichneten Person einen unmittelbaren vermögensrechtlichen Nachteil zuziehen würde;

3. in bezug auf Tatsachen, über welche der Zeuge nicht würde aussagen können, ohne eine ihm obliegende staatlich anerkannte Pflicht zur Verschwiegenheit zu verletzen, insofern er hievon nicht gültig entbunden wurde;

4. in Ansehung desjenigen, was dem Zeugen in seiner Eigenschaft als Rechtsanwalt von seiner Partei anvertraut wurde;

5. über Fragen, welche der Zeuge nicht würde beantworten können, ohne ein Kunst- oder Geschäftsgeheimnis zu offenbaren.

6. über die Frage, wie der Zeuge sein Wahlrecht oder Stimmrecht ausgeübt hat, wenn dessen Ausübung gesetzlich für geheim erklärt ist.

Die Aussage kann in den unter Z. 1 und 2 angegebenen Fällen mit Rücksicht auf die daselbst bezeichneten Angehörigen auch dann verweigert werden, wenn das eheliche Verhältnis, welches die Angehörigkeit begründet, nicht mehr besteht.

Vom Aussageverweigerungsrecht gibt es allerdings verschiedene Ausnahmen. So darf etwa die Zeugenaussage wegen eines zu befürchtenden vermögensrechtlichen Nachteils nicht verweigert werden „über Errichtung und Inhalt von Rechtsgeschäften, bei welchen der Zeuge als Urkundsperson beigezogen worden ist" oder „über Tatsachen, welche die durch das Ehe- oder Familienverhältnis bedingten Vermögensangelegenheiten betreffen" (§ 322 ZPO).

Nachdem festgestellt ist, daß Emsig nicht verwandt oder verschwägert und zur Aussage bereit ist, belehrt ihn der Richter dahin, daß er die reine Wahrheit sagen, nichts hinzusetzen und nichts verschweigen dürfe und daß er seine Aussage so einrichten müsse, daß er sie jederzeit beschwören könne. Der Richter weist darauf hin, daß eine falsche Aussage schwere Strafen nach sich ziehen kann.

Auch wenn ein Zeuge nicht beeidet wird, kann seine Aussage strafbar sein, wenn sie nicht der Wahrheit gerecht wird (Strafen: Freiheitsstrafe bis 3, bei Beeidigung bis 5 Jahre; in der Regel Geldstrafe).

Wären außer Emsig noch andere Zeugen geladen worden, so würden sie gleichzeitig belehrt worden sein und müßten jetzt den Verhandlungssaal verlassen und draußen warten, bis sie erneut aufgerufen werden. Nur bereits vernommene Zeugen können im Saal verbleiben.

Emsig schildert nun den Hergang des Besuches von Karl Jedermann. Obwohl er seinem Meister gern geholfen hätte, kann er sich beim besten Willen nicht besinnen, ob über die Höhe des Arbeitslohnes gesprochen worden ist. Auf eine Frage erklärt er noch, daß ein Lohn von S 3.200,— nach seiner Kenntnis des Betriebes durchaus üblich wäre. Mehr kann er nicht sagen.

Nachdem niemand mehr an den Zeugen eine Frage zu richten hat, wird Emsig entlassen. Er kann nach Hause gehen.

In ähnlicher Weise wie der Zeuge wird anschließend der Sachverständige einvernommen. Er wird an den von ihm schon früher abgelegten Sachverständigeneid erinnert. Sodann verliest der Richter das vom Sachverständigen schriftlich erstattete Gutachten, wonach der Arbeitslohn zwischen S 2.900,– und S 4.100,– schwankt und ein Preis, wie ihn der Meister Scholz verlangt, durchaus üblich und angemessen sei.

Selbst wenn Meister Scholz mit Karl Jedermann keine ausdrückliche Preisvereinbarung getroffen hätte, wäre ihm der eingeklagte Betrag zugesprochen worden, denn er besitzt jedenfalls Anspruch auf angemessenes Entgelt.

Der Richter stellt noch ein paar ergänzende Fragen und läßt auch die Parteien Fragen an den Sachverständigen richten. Nach Schluß der Befragung fordert der Richter den Sachverständigen auf, seinen Honoraranspruch bekanntzugeben. Der Sachverständige beziffert ihn mit S 300,–. Da beide Parteien gegen diesen Betrag keinen Einwand erheben, bestimmt der Richter mit Beschluß die Gebühren des Sachverständigen in dieser Höhe.

Es wird weiter verhandelt

Wenn Karl Jedermann nun vernünftig wäre, so würde er unmittelbar nach der Einvernahme des Sachverständigen, also vor der weiteren streitigen Verhandlung über das Ergebnis der Beweisaufnahme, bereit sein, die Forderung im Wege des Vergleichs anzuerkennen, und gleichzeitig Ratenzahlungen erbitten. Er würde dann bei der Aussichtslosigkeit, den Prozeß noch zu gewinnen, Gerichtsgebühren sparen, und zwar die Protokollgebühr für die weitere Verhandlung und die Urteilsgebühr. Die Kosten für das Gutachten und die Gerichtskosten muß er freilich tragen.

Karl Jedermann ist leider halsstarrig. Es wird daher wieder in die mündliche Verhandlung eingetreten und über das Ergebnis der Beweisaufnahme verhandelt. Nach der Erörterung der Ergebnisse des Beweisverfahrens schließt der Richter die Verhandlung, fordert beide Parteien auf, die ihnen durch den Prozeß erwachsenen Kosten zu verzeichnen, und verkündet entweder sofort das Urteil oder behält die Fällung des Urteils der schriftlichen Ausfertigung vor.

Das Urteil

Das Gericht hat ein Urteil gefällt und Karl Jedermann entsprechend dem Antrag des Meisters verurteilt. Karl Jedermann könnte gegen dieses Urteil Berufung einlegen. Die Berufung ist binnen einer Frist von 14 Tagen ab Zustellung des Urteils an Karl Jedermann durch einen Rechtsanwalt einzubringen.

Die Kosten und ihre Festsetzung

Damit Max Scholz auch die entstandenen Kosten des Verfahrens von Karl Jedermann ersetzt erhalten kann, muß er sie bei Schluß der Verhandlung verzeichnen. Im Urteil bestimmt nun der Richter, welche Kosten Karl Jedermann Meister Scholz ersetzen muß. Nach § 41 ZPO hat die unterlegene Partei ihrem Gegner alle durch die Prozeßführung verursachten, zur zweckentsprechenden Rechtsverfolgung notwendigen Kosten zu ersetzen. Dazu gehören etwa die Fahrtauslagen, die Max Scholz bei seinen Fahrten zu und von der Verhandlung hatte, oder die Postgebühren, die der Briefträger bei den verschiedenen Zustellungen einhob. Ebenso muß Karl Jedermann für den durch die Zeitversäumnis entstandenen Schaden Ersatz leisten. Hätte sich Meister Scholz durch einen Rechtsanwalt vertreten lassen, müßte Jedermann auch dessen Kosten begleichen. Die Höhe der Anwaltskosten richtet sich nach einem vom Bundesministerium für Justiz mit Verordnung erlassenen Tarif. Für seine persönlichen Bemühungen könnte Meister Scholz keine Vergütung verlangen.

Die Verfahrenshilfe

Viele Prozesse werden mit Verfahrenshilfe geführt, weil die Parteien nicht in der Lage sind, die Gerichtsgebühren, Sachverständigenkosten und bei Anwaltszwang die Kosten eines Rechtsanwalts aufzubringen.

Der *Antrag auf Bewilligung der Verfahrenshilfe wird zweckmäßigerweise schon in der Klageschrift gestellt; bei nachträglicher Antragstellung muß selbst im Falle der Bewilligung der Verfahrenshilfe für die Klageschrift die Eingabengebühr beigebracht werden.*

Alle Eingaben einer Partei, die Verfahrenshilfe genießt, sind auf dem ersten Bogen an der Stelle, wo sonst die Gerichtskostenmarken angebracht werden, mit dem Vermerk „Verfahrenshilfe" zu bezeichnen.

Wer um Verfahrenshilfe ansucht, muß ein nicht mehr als vier Wochen altes Bekenntnis über seine Vermögens-, Einkommens- und Familienverhältnisse vorlegen („Vermögensbekenntnis") und, soweit zumutbar, entsprechende Belege beibringen. In dem Vermögensbekenntnis (für das es ein amtliches Formblatt gibt) sind auch die finanziellen Belastungen anzugeben, weiter die Unterhaltspflichten und deren Ausmaß sowie ob man umgekehrt Unterhaltsansprüche gegen andere Personen hat.

Über den Antrag auf Verfahrenshilfe hat der Richter auf der Grundlage dieses Vermögensbekenntnisses zu entscheiden. Hat er gegen dessen Richtigkeit oder Vollständigkeit Bedenken, so hat er es zu überprüfen. Er bewilligt die Verfahrenshilfe, sofern die in der betreffenden Rechtssache der Partei erwachsenden Kosten den für sie und ihre Familie erforderlichen notdürftigen Unterhalt beeinträchtigen würden. Er muß außerdem überprüfen, ob die Prozeßführung nicht offenbar mutwillig oder aussichtslos erscheint.

Bei juristischen Personen und „Parteien kraft Amtes" (z. B. Konkurs- oder Zwangsverwalter) ist erforderlich, daß die zur Führung des Prozesses notwendigen Mittel weder von der juristischen Person oder aus der verwalteten Vermögensmasse noch von den an der Führung des Prozesses wirtschaftlich Beteiligten aufgebracht werden können; bei juristischen Personen muß außerdem das Unterlassen der Rechtsverfolgung oder Rechtsverteidigung allgemeinen Interessen zuwiderlaufen.

Unter diesen Voraussetzungen kann der Richter die Verfahrenshilfe mit Beschluß bewilligen. Gegen die Versagung ist Rekurs möglich, der stets protokollarisch erhoben werden kann, wenn die Partei keinen Rechtsanwalt hat.

Durch die Bewilligung der Verfahrenshilfe erlangt die Partei für den Prozeß:

1. die einstweilige Befreiung von der Entrichtung der Gerichtsgebühren und Stempelmarken;
2. sofern ein gesetzlicher Zwang zur Vertretung durch einen Rechtsanwalt besteht, das Recht, die Bestellung eines Rechtsanwaltes zur unentgeltlichen Wahrung ihrer Rechte zu verlangen;
3. bei einer Prozeßführung außerhalb des Wohnsitzes der Partei das Recht, die Klage bei dem Bezirksgericht ihres Wohnsitzes zu Protokoll zu geben. Dieses Protokoll wird sodann dem zuständigen Gericht übersandt und von diesem ein Vertreter für die Partei bestellt. Hiefür kommen vor allem Gerichtsbeamte in Betracht.
4. Schließlich wird die Partei befreit, Gebühren von Zeugen und Sachverständigen, von Vollstreckungsorganen, von notwendigen Verlautbarungen und dergleichen mehr zu entrichten. Diese Gebühren und Auslagen werden aus dem Staatsschatz geleistet.

Kommt die Partei später zu Vermögen oder wird der Prozeß aussichtslos, dann kann das Gericht die Verfahrenshilfe für erloschen erklären. Das gleiche gilt, wenn die Bewilligung der Verfahrenshilfe erschlichen wurde.

Wird der Partei ein Rechtsanwalt beigegeben, so ist es dessen Berufspflicht, sie unentgeltlich nach bestem Wissen und Gewissen zu vertreten. Eine Nachlässigkeit könnte den Anwalt schadenersatzpflichtig machen und außerdem ein Disziplinarvergehen bedeuten, das sehr streng geahndet wird.

Der Rechtsanwalt erhält für eine Vertretung in Verfahrenshilfe von seiner Partei keine Kosten ersetzt. Der Staat zahlt für derartige Vertretungen alljährlich einen Pauschalbetrag an die Rechtsanwaltskammern, die diesen Betrag für soziale Zwecke verwenden.

Gewinnt die in Verfahrenshilfe stehende Partei den Prozeß, so kann der Rechtsanwalt die Kosten beim Gegner eintreiben; dies selbst dann, wenn auch der Gegner mit Verfahrenshilfe prozessiert hat. Die Bewilligung der Verfahrenshilfe befreit nämlich nicht von der Tragung der Prozeßkosten, wenn man den Prozeß verloren hat.

Der Anwaltszwang

Den Prozeß, den wir hier kennenlernten, konnten beide Parteien selber führen. Sie hätten sich auch durch einen geeigneten Bevollmächtigten vertreten lassen können oder ihn wenigstens als Beistand zuziehen dürfen. Unbefugtes Einschreiten als Bevollmächtigter oder Eingabenverfassung im Zivilprozeß oder sonstige unbefugte gewinnsüchtige Verfassung von Rechtsurkunden oder von prozessualen Eingaben, endlich die gewinnsüchtige unbefugte Parteivertretung vor Gericht seitens nichtautorisierter Personen bildet das Delikt der Winkelschreiberei (vgl. Seite 59).

Der zur Partei im Honorarvertrag stehende Rechtsanwalt ist nicht bloß Parteivertreter, sondern Inhaber eines öffentlichen Amts (wenn auch nicht Beamter) und daher Organ der Rechtspflege, weil der Staat von ihm erwartet, daß er die Parteienvertretung nur nach Maßgabe der Rechtsordnung (Gelöbnis!) führen wird. In wichtigeren Rechtsstreitigkeiten (Anwaltsprozessen) sieht das Prozeßrecht die Beteiligung von Rechtsanwälten als zur Erzielung eines den Bedürfnissen der Rechtspflege und der daran Beteiligten (Gericht und Parteien) entsprechenden Verfahrens unumgänglich erforderlich an.

Das bezirksgerichtliche Verfahren weist gegenüber dem Gerichtshofverfahren Vereinfachungen auf; diesen entspricht insbesondere, daß vor den Bezirksgerichten die Notwendigkeit, einen Rechtsanwalt als Prozeßbevollmächtigten zuzuziehen (absoluter Anwaltszwang), nicht Platz greift. Als Anwaltsprozeß erscheint hingegen jedes kollegialgerichtliche Verfahren (vor dem Landes- oder Kreisgericht) einschließlich der es einleitenden und fortführenden Schriftsätze und des Rekurses. Ausnahmsweise werden aber die Grundsätze des Parteiprozesses z. B. auf das Eheverfahren erster Instanz, weiters auf die erste Tagsatzung, ferner im arbeitsgerichtlichen Verfahren erster Instanz angewendet.

Im Eheverfahren (also vor allem für Scheidungsprozesse) kann die Partei – wenn sie den Prozeß nicht selber führen will – nur durch einen Rechtsanwalt, aber nicht durch jemand andern vertreten werden (relativer Anwaltszwang).

Würde eine Partei bei einem Anwaltsprozeß ohne Rechtsanwalt vor Gericht verhandeln wollen, so müßte der Richter so vorgehen, als ob die Partei überhaupt nicht erschienen wäre. Man muß daher die Vorladung, die man vom Gericht erhält, genau durchlesen, da in dieser auf den Anwaltszwang hingewiesen wird, sofern für den betreffenden Prozeß die Vertretung durch einen Anwalt vorgeschrieben ist.

Die Entlohnung des Rechtsanwalts bemißt sich zunächst in gewissen typischen Sachen nach dem Rechtsanwaltstarif. Sie erfolgt nicht im Bausch, vielmehr für einzelne Schritte, außer daß gewisse manipulative Akte (Verfassung von Briefen, Be-

sprechungen, Inlandspostgebühren) mit einem Einheitssatz vergolten werden.

Bestreitet die Partei die vom Rechtsanwalt aufgestellte Verdienst- und Auslagenberechnung, können beide Teile die friedensrichterliche Tätigkeit des Kammerausschusses anrufen.

Bei welchem Gericht muß ich meine Ansprüche geltend machen?

In Österreich gibt es rund 230 Bezirksgerichte, etwa 60 Arbeitsgerichte, 20 Gerichtshöfe I. Instanz (Landes- und Kreisgerichte, Handelsgericht, Jugendgerichtshof), 4 Oberlandesgerichte (Wien, Graz, Innsbruck, Linz) und einen Obersten Gerichtshof. Vor allem unter den Bezirks-, Arbeits- und Landes- oder Kreisgerichten muß Karl Jedermann eine Wahl treffen, wenn er bei einem dieser Gerichte seine Klage einbringen will.

Als allgemeine Regel kann gelten, daß immer das Gericht örtlich zuständig ist, in dessen Sprengel der **Beklagte** seinen Wohnsitz oder seinen gewöhnlichen Aufenthalt hat.

§ 66 JN bestimmt: „Der Wohnsitz einer Person ist an dem Orte begründet, an welchem sie sich in der erweislichen oder aus den Umständen hervorgehenden Absicht niedergelassen hat, daselbst ihren bleibenden Aufenthalt zu nehmen."

Wir sehen also, daß das Gesetz dem Wohnsitz den Aufenthalt gegenüberstellt. Den Aufenthalt kann man überall haben, wo man sich gerade befindet; den Wohnsitz nur dort, wo man sich in der Absicht niederläßt, einen **bleibenden** Aufenthalt zu nehmen. Würde jemand verhaftet werden, so behält er seinen bisherigen Wohnsitz; sein Aufenthalt ist nun das Gefängnis. Der Wohnsitz ist dort, wo man wohnt, und nicht dort, wo man sich im Augenblick gerade aufhält.

Wenn aber der Gegner in einem Rechtsstreit keinen Wohnsitz hat, dann muß bei jenem Gericht geklagt werden, in dessen Sprengel er sich aufhält. Ist auch ein solcher Aufenthaltsort nicht ausfindig zu machen, so richtet sich die Zuständigkeit des Gerichts nach dem letzten Wohnsitz oder dem letzten Aufenthalt, den der Beklagte im Inland gehabt hat. Gedacht ist vor allem daran, daß jemand im Inland Verbindlichkeiten eingegangen ist und sodann Österreich verließ. In diesem Falle ist bei jenem Gericht zu klagen, in dessen Sprengel sich der Schuldner zuletzt aufgehalten hat.

Bei Militärpersonen wäre jenes Gericht zuständig, in dessen Sprengel die Garnison gelegen ist.

Sind sich zwei Gerichte nicht darüber einig, welches von ihnen für einen bestimmten Prozeß zuständig ist, entscheidet über diesen Zuständigkeitsstreit das den beiden Gerichten übergeordnete Gericht **(Kompetenzkonflikt)**.

Die Vollstreckung

Hat Karl Jedermann gegen das Urteil keine Berufung eingebracht, so wird es binnen 14 Tagen ab Zustellung rechtskräftig und vollstreckbar. Meister Scholz kann nun die Exekution gegen Karl Jedermann beantragen. Dieser zahlt nicht, und zwar aus Ärger über den nach seiner Meinung zu Unrecht verlorenen Prozeß und aus Mangel an barem Geld. Auch ist er der Überzeugung, daß eine Pfändung fruchtlos ausfallen würde. Hinsichtlich seines Eigentums hat er sogar richtig gedacht, denn sein Hab und Gut ist gering, somit der Zwangsvollstreckung entzogen.

Der hiefür in Betracht kommende soziale Paragraph der Exekutionsordnung lautet wie folgt:

§ 251

Der Exekution sind **entzogen:**

1. die Kleidungsstücke, die Betten, die Wäsche, die Haus- und Küchengeräte, insbesondere die Heiz- und Kochöfen, soweit diese Gegenstände für den Verpflichteten und für dessen im gemeinsamen Haushalte mit ihm lebenden Familienglieder und Dienstleute unentbehrlich sind, sowie Gegenstände, die zum gewöhnlichen Hausrat gehören und im Haushalte des Verpflichteten gebraucht werden, wenn ohneweiteres ersichtlich ist, daß durch deren Verwertung nur ein Erlös erzielt werden würde, der zum Werte außer allem Verhältnis steht;

2. die für den Verpflichteten und dessen im gemeinsamen Haushalte mit ihm lebenden Familienglieder und Dienstleute auf vierzehn Tage erforderlichen Nahrungs- und Feuerungsmittel;

3. eine Milchkuh oder nach der Wahl des Verpflichteten zwei Ziegen oder drei Schafe nebst den zum Unterhalte und zur Streu bis zur Zeit der nächsten Ernte erforderlichen Futter- und Streuvorräten, sofern die bezeichneten Tiere für die Ernährung des Verpflichteten und seiner im gemeinsamen Haushalte mit ihm lebenden Familienglieder und Dienstleute unentbehrlich sind;

4. die Unterstützungen an Naturalien, welche dem Verpflichteten im Falle eines Notstandes aus öffentlichen oder privaten Mitteln gewährt wurden;

5. bei Beamten, Geistlichen, Lehrern, Rechtsanwälten, Notaren, Ärzten und Künstlern sowie bei anderen Personen, welche einen geistigen Beruf persönlich ausüben oder sich auf einen solchen vorbereiten, die zur Verwaltung des Dienstes oder Vorbereitung und Ausübung des Berufes erforderlichen Gegenstände, sowie die anständige Kleidung, desgleichen bei Personen der bewaffneten Macht und der Gendarmerie alle zur Versehung des Dienstes erforderlichen Gegenstände;

6. bei Handwerkern und Kleingewerbebetreibenden, weiters bei Hand- und Fabrikarbeitern und anderen Personen, die aus Handleistungen ihren Erwerb ziehen, sowie bei Hebammen die zur persönlichen Fortsetzung der Erwerbstätigkeit erforderlichen Gegenstände, desgleichen die zur Aufarbeitung bestimmten Rohmaterialien nach Wahl des Verpflichteten bis zum Höchstwerte von S 5000,–;

7. bei Personen, deren Geldbezüge durch Gesetz oder Privileg der Exekution ganz oder teilweise entzogen sind, derjenige Teilbetrag des vorgefundenen Bargeldes, welcher dem der Exekution nicht unterworfenen, auf die Zeit von der Vornahme der Pfändung bis zum nächsten Zahlungstermine des Bezuges entfallenden Einkommen entspricht;

8. bares Geld, welches offenbar aus einer dem Verpflichteten anläßlich eines Notstandes (Z. 4) aus öffentlichen Mitteln verabfolgten Unterstützung oder aus einem unter gleicher Voraussetzung aus öffentlichen Fonds gewährten rückzahlbaren Vorschusse herrührt;

9. die zum Betriebe einer Apotheke unentbehrlichen Geräte, Gefäße und Warenvorräte, unbeschadet der Zulässigkeit der Zwangsverwaltung dieses Betriebes;

10. die Bücher, welche zum Gebrauche des Verpflichteten und seiner im gemeinsamen Haushalte mit ihm lebenden Familienglieder in der Kirche oder Schule bestimmt sind;

11. der Ehering des Verpflichteten, Briefe und andere Schriften des Verpflichteten und die Familienbilder mit Ausnahme der Rahmen;

12. Orden und Ehrenzeichen;

13. künstliche Gliedmaßen, Brillen und andere wegen körperlicher Gebrechen notwendige Hilfsmittel, soweit diese Gegenstände zum Gebrauche des Schuldners und seiner Familie bestimmt sind;

14. die zur Bekämpfung einer Krankheit aus öffentlichen oder privaten Mitteln gewährten Arzneien, Apparate, Nahrungsmittel und sonstigen Gegenstände.

Hat Karl Jedermann Gegenstände, die ihm gehören und die der Pfändung unterliegen, beiseite geschafft, so hat er sich zumindest des Verstrickungsbruches nach dem § 271 Abs. 1 StGB schuldig gemacht, der mit Freiheitsstrafe bis zu 6 Monaten oder mit Geldstrafe bis zu 360 Tagessätzen bedroht ist.

Das Gericht benachrichtigt Max Scholz von der Ergebnislosigkeit der Exekution und hebt die Zustellungs- und Zwangsvollstreckungskosten ein. Diese Kosten kann Scholz ebenfalls von Karl Jedermann verlangen, falls eine erneute Vollstrekkung Erfolg hat. Nun hat Scholz in der

G. Z. ______________

Gesuch um Gehaltsexekution.

An das Exekutions **-Gericht** **in** Wien

Betreibende Partei: Max Scholz,
Schneidermeister,
Stoffgasse 26
1070 Wien

Vertreten durch:

Geldvollmacht vom _____
beigelegt, ausgewiesen zu

G.-Z. ______________

Verpflichtete Partei: Karl Jedermann,
Angestellter,
Opernring 72
1010 Wien

Antrag auf Bewilligung von Pfändung von Dienstbezügen und Überweisung zur Einziehung
wegen S 3.200,– samt Nebengebühren.
3fach, 1 Halbschr., Beil., Vollm.

Beschluß des Gerichtes:

ZUR NACHRICHT! Für das Gericht und jeden Verpflichteten ist je eine Gesuchsausfertigung, für die betreibende Partei eine Halbschrift beizubringen. – In Exekutionssachen beträgt die Rekursfrist 8 Tage. Bei Bezirksgerichten können Parteien, die nicht durch einen Rechtsanwalt vertreten sind, Rekurse auch mündlich zu Protokoll anbringen. Schriftliche Rekurse müssen mit der Unterschrift eines Rechtsanwaltes versehen sein.

Auf Grund des hg. (~~diesem Gesuche beigelegten~~) vollstreckbaren Urteiles, ~~Vergleiches, Zahlungsbefehles, Wechselzahlungsauftrages, Beschlusses~~ des Bezirks Gerichtes Innere Stadt Wien vom 5. August ... Geschäftszahl 32 C 324/80 hat die verpflichtete Partei an die betreibende Partei den Betrag von S 3.200,— samt Nebengebühren zur ungeteilten Hand zu bezahlen.

Die verpflichtete Partei hat auf diese Schuld bisher
I. nichts bezahlt,
II. nur folgende ~~Teilzahlungen geleistet.~~

~~am~~ ~~den Betrag von~~

Der (~~Rest-~~) Betrag von S 3.200,— samt Zinsen und Kosten haftet noch unberichtigt aus.

Die betreibende Partei verzeichnet an Kosten dieses Antrages:
Die Normalkosten; ~~die unten verzeichneten~~

Die betreibende Partei beantragt die Erlassung nachstehenden Beschlusses:

Der Kostenbestimmung gem. §§ 3, 15 R.A.T. zugrunde zu legende Gesamtforderung:

Kapital		S	3.200,—
Zinsen .	4% ab KT	S	21,—
Kosten .	Barausl. u. Fahrtk.	S	50,—
	Summe	S	3.271,—

Kostenverzeichnis:

Exekutionsantrag	
% Verbindungsgebühr	
% Einheitssatz	
% Streitgenossenzuschlag	
% Zuschlag gem. Art. II R.A.T.	
Zusammen	
% U. St.	
Gerichtskostenmarken	
Summe	

Zwischenzeit erfahren, bei welchem Arbeitgeber Karl Jedermann beschäftigt ist. Scholz hat somit die Möglichkeit, eine Lohnpfändung zu betreiben.

Hätte der Vollstrecker einen Gegenstand vorgefunden, der der Pfändung unterliegt, und ihn gepfändet, so würde er im Wege der Versteigerung verwertet werden. Soweit der Erlös die Forderung des Gläubigers und die entstehenden Kosten übersteigt, wird er an den Schuldner ausgezahlt.

Eine drohende Fahrnisexekution soll der Verpflichtete nicht auf die leichte Schulter nehmen. Die Vollstreckungsorgane sind nämlich nicht nur zur Taschenpfändung, sondern gegebenenfalls sogar befugt, im Zuge der Exekution verschlossene Behältnisse (z. B. Wandsafe, Schreibtischladen, Handkassen) selbst in Abwesenheit des Verpflichteten – aber unter Zuziehung von zwei Zeugen – öffnen zu lassen (§ 26 EO), müssen jedoch dafür sorgen, daß daraus für Dritte (z. B. Hauseigentümer) kein erheblicher Schaden erwächst. Läßt sich die Wohnung selbst mit Hilfe eines Schlossers nicht öffnen, kann sogleich vom betreibenden Gläubiger mit Offenbarungseid (vgl. Seite 82 ff.) vorgegangen werden.

Die Lohnpfändung

Scholz muß sich nun an das Exekutionsgericht wenden. Das Exekutionsgericht ist immer dasjenige Bezirksgericht, in dessen Bezirk der Schuldner seinen Wohnsitz hat. Da Karl Jedermann seinen Wohnsitz in Wien hat, ist wohl das Exekutionsgericht Wien (Wien I, Riemergasse 7) als Exekutionsgericht zuständig. Wäre Karl Jedermann inzwischen nach Linz verzogen, so müßte Scholz an das Bezirksgericht Linz schreiben. Sein Antrag lautet wie auf Seite 78/79 wiedergegeben.

Zu beachten ist:

1. Arbeitseinkommen unterliegt nicht der Pfändung:

- bei Auszahlung für Monate oder Bruchteile von Monaten in Höhe von S 3300,– monatlich;
- bei Auszahlung für Wochen in Höhe von S 770,– wöchentlich;
- bei Auszahlung für Tage in Höhe von S 123,– täglich.

Gewährt der Verpflichtete seinem Ehegatten, einem früheren Ehegatten, einem ehelichen oder unehelichen Kind oder einem sonstigen Verwandten den Unterhalt, so erhöht sich der unpfändbare Betrag für jede Person, der Unterhalt gewährt wird, um S 990,– monatlich (S 235,– wöchentlich, S 37,– täglich).

2. Übersteigt das Arbeitseinkommen den nach Abs. 1 unpfändbaren Teil, so erhöht sich dieser um drei Zehntel und für jede der im Abs. 1 genannten Personen, der der Verpflichtete den Unterhalt gewährt, um ein weiteres Zehntel des Mehrbetrages. Der Pfändung unterliegen aber jedenfalls zwei Zehntel des Mehrbetrages.

Das Gericht bewilligt die beantragte Exekution durch Stampiglienaufdruck auf dem Antrag.

Der Vollstreckungsschutz

Trotz der Pfändung eines Gegenstandes braucht es allerdings immer noch nicht zur Versteigerung zu kommen. Eine Versteigerung kann unter Umständen den Schuldner besonders hart treffen.

Nach Artikel VI der noch geltenden Schutzverordnung könnte in einem solchen Falle das Gericht den Vollzug der bewilligten Exekution auf Antrag des Schuldners für bestimmte Zeit aufschieben, wenn ein solcher Aufschub dem Gläubiger zumutbar ist; das Gericht muß hier die beiderseitigen Verhältnisse sehr sorgfältig abwägen.

Um die Zustellung des Pfändungs- und Überweisungsbeschlusses an den Schuldner Karl Jedermann und an die Firma Fritz Huckental & Co., bei der Karl Jedermann beschäftigt ist, braucht sich Scholz nicht zu kümmern; das Gericht sorgt hiefür selbst. Meister Scholz erhält nach einigen Tagen vom Bezirksgericht eine Beschlußausfertigung. Gleichzeitig sendet ihm das Gericht die vollstreckbare Ausfertigung des Urteils zurück. Das Gericht hat inzwischen je eine Ausfertigung des Beschlusses, die für Karl Jedermann beziehungsweise die Firma Huckental & Co. bestimmt sind, zwecks Zustellung mit Rückschein zur Post gegeben. Der Briefträger stellt die Beschlußausfertigungen zu und sendet die von Karl Jedermann beziehungsweise vom geschäftsführenden Gesellschafter der Firma Huckental & Co. eigenhändig unterschriebenen Rückscheine an das Gericht zurück. Die Zustellung kann im übrigen auch unter Einschaltung des Vollstreckers erfolgen. Mit der Zustellung des Beschlusses an die Firma Huckental & Co. ist die Pfändung als bewirkt anzusehen (§ 294 EO).

Die Firma Huckental & Co. wird in dem Beschluß als Drittschuldnerin bezeichnet, während Meister Scholz als Gläubiger und Karl Jedermann als verpflichtete Partei vermerkt sind. Die Firma Huckental & Co. steht an sich nicht in vertraglichen Beziehungen zu dem Gläubiger Scholz. Sie hat auch mit dem Verhältnis Max Scholz zu Karl Jedermann bisher nichts zu tun gehabt. Sie ist also Außenstehende und daher in der Sprache des Gesetzes „Dritter". Aus diesem Grunde heißt sie „Drittschuldnerin", weil sie bis zur Zustellung des Beschlusses nur Karl Jedermann gegenüber Schuldnerin war. Jetzt aber schuldet sie alle Beträge, die die Pfändungsgrenze übersteigen, dem Meister Scholz, einer für sie außenstehenden Person, also einem „Dritten".

Der Gläubiger kann bei seinem Antrag übrigens wählen, ob er sich die gepfändete Geldforderung zur Einziehung oder an Zahlungsstatt zum Nennwert überweisen läßt. Im letzteren Fall geht die Forderung auf den Gläubiger mit der Wirkung über, daß er, soweit die Forderung besteht, als befriedigt anzusehen ist (§ 316 EO). Im allgemeinen ist es aber zweckmäßig, sich die Forderung nur zur Einziehung überweisen zu lassen. Man gilt dann so lange nicht als befriedigt, wie man das Geld noch nicht in Händen hat. Die Überweisung an Zahlungsstatt bringt nicht unbedingt bares Geld, denn trotz Bestehens der Forderung braucht der Drittschuldner noch lange nicht zahlungsfähig zu sein.

Die in dem Beschluß ausgesprochene Überweisung ersetzt die förmlichen Erklärungen des Schuldners Karl Jedermann, die er nach den Vorschriften des ABGB abgeben müßte, um unseren Meister Scholz als Gläubiger zur Einziehung der Firma Huckental & Co. gegenüber berechtigt erscheinen zu lassen.

Welche Bezüge der Arbeitgeber von Karl Jedermann nunmehr einbehalten und an Meister Scholz abführen muß, ergibt sich aus dem **Lohnpfändungsgesetz** (in der Fassung des Bundesgesetzes vom 14. Dezember 1983, BGBl. Nr. 664).

Unter dem Begriff „Arbeitseinkommen" versteht dieses Gesetz das Diensteinkommen und die Ruhe- und Versorgungsgenüsse der Beamten, Lohn und Gehalt aus Arbeits- oder Dienstverhältnissen, Entgelt für Heimarbeit, Ruhegelder und ähnliche nach dem einstweiligen oder dauernden Ausscheiden aus dem Dienst- oder Arbeitsverhältnis gewährte fortlaufende Einkünfte, ferner Hinterbliebenenbezüge sowie sonstige Vergütungen für Dienstleistungen aller Art, die die Erwerbstätigkeit des Verpflichteten vollständig oder zu einem wesentlichen Teil in Anspruch nehmen.

Die Pfändung des in Geld zahlbaren Einkommens erfaßt alle Vergütungen, die dem Schuldner aus der Arbeits- oder Dienstleistung zustehen, ohne Rücksicht auf die Benennung oder Berechnungsart.

Dem Arbeitseinkommen sind die folgenden Bezüge gleichgestellt, soweit sie in Geld zahlbar sind:

1. Bezüge, die ein Dienstnehmer zum Ausgleich für Wettbewerbsbeschränkungen für die Zeit nach Beendigung seines Dienstverhältnisses beanspruchen kann;

2. Renten, die auf Grund von Versicherungsverträgen gewährt werden, wenn diese Verträge zur Versorgung des Versicherungsnehmers oder seiner unterhaltsberechtigten Angehörigen eingegangen sind;

3. außerordentliche Zuwendungen, Zulagen, Versorgungsgenüsse und sonstige nicht auf Rechtsansprüchen beruhende Bezüge.

Unpfändbar sind hingegen gemäß § 3 Lohnpfändungsgesetz:

1. zur Hälfte das für die Leistung von Überstunden gezahlte Entgelt;

2. die für die Dauer eines Urlaubes über das Arbeitseinkommen hinaus gewährten Bezüge, Zuwendungen aus Anlaß eines besonderen Betriebsereignisses oder für langjährige Dienstleistungen, soweit alle diese Beträge den Rahmen des üblichen nicht übersteigen;

3. Aufwandsentschädigungen, Zulagen für auswärtige Beschäftigung, das Entgelt für Arbeits-

material, das vom Arbeit(Dienst)nehmer selbst beigestellt wird, Schmutz-, Erschwernis- und Gefahrenzulagen, soweit alle diese Beträge durch Gesetz, Kollektivvertrag, Satzung, Mindestlohntarif, Arbeits- oder Dienstordnung festgesetzt sind oder den Rahmen des üblichen nicht übersteigen;

4. Weihnachtszuwendungen bis zum Betrage der Hälfte des monatlichen Arbeitseinkommens, höchstens aber bis zum Betrage von S 3300,–;

5. Heirats- und Geburtsbeihilfen, sofern die Exekution wegen anderer als der aus Anlaß der Heirat oder der Geburt entstandenen Ansprüche betrieben wird;

6. Erziehungsgelder, Studienbeihilfen und ähnliche Bezüge.

7. Sterbebezüge.

§ 4

(1) Unpfändbar sind ferner:

1. Renten, die wegen einer Verletzung des Körpers oder der Gesundheit zu entrichten sind;

2. Unterhaltsrenten, die auf gesetzlicher Vorschrift beruhen, sowie die wegen Entziehung einer solchen Forderung zu entrichtenden Renten;

3. fortlaufende Einkünfte, die der Verpflichtete aus Stiftungen oder sonst auf Grund der Fürsorge und Freigebigkeit eines Dritten oder auf Grund eines Ausgedingvertrages bezieht;

4. fortlaufende Bezüge aus Witwen-, Waisen-, Sterbe-, Hilfs- und Krankenkassen, die ausschließlich oder zu einem wesentlichen Teile zu Unterstützungszwecken gewährt werden.

(2) Diese Bezüge können nach den für Arbeitseinkommen geltenden Vorschriften gepfändet werden, wenn die Exekution in das sonstige bewegliche Vermögen des Verpflichteten zu einer vollständigen Befriedigung des betreibenden Gläubigers nicht geführt hat oder voraussichtlich nicht führen wird und wenn nach den Umständen des Falles, insbesondere nach der Art der vollstreckbaren Forderung und der Höhe der Bezüge, die Pfändung der Billigkeit entspricht.

(3) Das Gericht, bei dem die Bewilligung der Exekution beantragt wurde, soll vor seiner Entscheidung die Beteiligten hören.

Eine wirksame Lohnpfändung erfaßte nach bisheriger Judikatur das Arbeitseinkommen des Dienstnehmers aus dem Dienstverhältnis mit dem Drittschuldner (Dienstgeber) auch dann (und ist daher vom Dienstgeber automatisch weiter zu berücksichtigen), wenn das Dienstverhältnis vorübergehend **unterbrochen** wird. Im Gegensatz dazu wird neuestens die Lohnpfändung nur auf das im Zeitpunkt der Bewilligung bestehende Dienstverhältnis bzw. das daraus resultierende Arbeitseinkommen für wirksam erklärt, während bei Unterbrechung des Dienstverhältnisses (ausgenommen Scheinlösungen) eine neue Exekutionsbewilligung erwirkt werden müßte, der Dienstgeber also erst nach deren Einlangen wieder Exekutionsabzüge vom Entgelt des gepfändeten Dienstnehmers vorzunehmen hat.

Eine Lohnpfändung ist auch bei **arbeitnehmerähnlichen Dienstverhältnissen** (z. B. Konsulenten) trotz unrichtiger Bezeichnung des Schuldners in der Exekutionsbewilligung als „Dienstnehmer" gültig und durchzuführen.

Unterläßt der Dienstgeber des Angestellten, dessen Gehaltsbezüge gepfändet sind, die ihm vom Exekutionsgericht aufgetragene Drittschuldneräußerung bzw. den Lohnabzug, **geht die Zahlungspflicht** gem. § 301 EO **auf den Dienstgeber über.**

Der Offenbarungseid

Wenn Karl Jedermann in der Zwischenzeit seinen Arbeitsplatz gewechselt hat und es dem Gläubiger Scholz nicht möglich wäre, seinen Arbeitsplatz ausfindig zu machen, so bliebe dem Schneidermeister nur übrig, gegen Karl Jedermann ein Verfahren zur Ableistung des Offenbarungseides einzuleiten. Dieses Verfahren verspricht dann Aussicht auf Erfolg, wenn anzunehmen ist, daß Karl Jedermann irgendwelche der Pfändung unterliegenden Gegenstände beiseite geschafft hat oder wenn dadurch Außenstände sichtbar würden, die Karl Jedermann etwa zustehen.

Durch Ablegung des Offenbarungseides erfährt der Gläubiger, wo der Schuldner beschäftigt ist. Dies ist von besonderer Wichtigkeit, da Arbeitsämter, Krankenkassen usw. keine Auskunft darüber geben, bei welchem Unternehmen ein Schuldner beschäftigt ist.

Scholz stellt nun folgenden Antrag:

An das Exekutionsgericht Wien,
1010 Wien, Riemergasse 7

Geschäftszahl anführen!

Betreibende Partei: Max Scholz, Schneidermeister, Stoffgasse 26, 1070 Wien
Verpflichtete Partei: Karl Jedermann, Angestellter, Opernring 72, 1010 Wien
wegen S 3.200,— s. A.

Antrag gemäß § 47 EO.

In der gegenständlichen Exekutionssache ist die Exekution auf bewegliche Sachen erfolglos geblieben, da nach dem Bericht des Vollstreckers pfändbare Gegenstände beim Verpflichteten nicht vorgefunden wurden. Ich stelle daher

den Antrag,

dem Verpflichteten aufzutragen, ein Vermögensverzeichnis zu erstellen und einen Eid dahin zu leisten, daß das von ihm erstellte Vermögensverzeichnis richtig und vollständig sei, und daß er von seinem Vermögen wissentlich nichts verschwiegen habe.

Im Falle der Weigerung des Verpflichteten, das Vermögensverzeichnis zu erstellen oder den Eid abzulegen, beantrage ich, über den Verpflichteten die Haft zu verhängen.

Ferner begehre ich den Ersatz der Kosten dieses Verfahrens.

Wien, am . . .

Max Scholz

An Kosten werden verzeichnet:
Gerichtskostenmarken S 48,—
Postporto S 4,—
Papier (Formular) S 3,—

Dieser Antrag ist zweifach bei Gericht einzubringen; eine Abschrift für die Akten zurückbehalten.

Das Gericht bestimmt eine Tagsatzung und stellt die Ladung dem Schuldner unmittelbar zu, auch wenn er einen Prozeßbevollmächtigten haben sollte. Der Gläubiger wird ebenfalls geladen, braucht aber nicht zu erscheinen. Der Schuldner erhält gleichzeitig mit der Ladung ein Formular zugestellt, das er vollständig ausfüllen und zur Tagsatzung mitnehmen muß. Dieses „Vermögensverzeichnis" muß sein gesamtes Vermögen, also auch etwa ausstehende Forderungen, enthalten. Bei Forderungen müssen auch die Gründe und die Beweismittel für ihr Bestehen angegeben werden. Der Schuldner überreicht dann das Vermögensverzeichnis und leistet den Offenbarungseid dahingehend, daß das von ihm vorgelegte Vermögensverzeichnis richtig und vollständig sei und daß er wissentlich in keiner Weise etwas verschwiegen habe.

Bestreitet der Schuldner die Verpflichtung zur Leistung des Offenbarungseides, so ist vom Gericht durch Beschluß über die Einwendungen zu entscheiden. Die Eidesleistung erfolgt dann erst nach Rechtskraft der Entscheidung. Das Vollstreckungsgericht kann jedoch auch vor der Rechtskraft dieses Beschlusses anordnen, daß der Eid zu leisten ist, wenn bereits früher erhobene Einwendungen rechtskräftig verworfen sind.

Ein Schuldner kann z. B. die Eidesleistung verweigern, wenn er die Forderung des Gläubigers, der die Abnahme des Offenbarungseides beantragt hat, bezahlt hat. Gemäß § 48 EO ist ein Schuldner, der innerhalb der letzten drei Jahre vor dem jetzt angeordneten Termin bereits einen Offenbarungseid geleistet hat, nur dann einem Gläubiger zur nochmaligen Leistung des Eides verpflichtet, wenn glaubhaft gemacht wird, daß er inzwischen Vermögen erworben hat.

Erscheint ein Schuldner nicht oder verweigert er die Eidesleistung ohne Grund, so bewilligt das Gericht auf Antrag des Gläubigers die Haft.

Die Haft zur Erzwingung des Offenbarungseides

In dem Beschluß, in dem die Haft bewilligt wird, sind der Gläubiger, der Verpflichtete und der Grund der Verhaftung zu verzeichnen. Die Verhaftung wird vom Vollstrecker vorgenommen.

Die Kosten für die Haft einschließlich Verpflegungskosten hat der Gläubiger von Woche zu Woche im voraus zu zahlen. Hat der Gläubiger den Haftkostenvorschuß nicht eingezahlt, so wird der Schuldner nicht im Gefängnis aufgenommen. Er wird auch im Verlauf der Haft sofort wieder entlassen, wenn der Gläubiger den weiteren Wochenvorschuß nicht bis zum Mittag des letzten Tages, für den ein Vorschuß geleistet ist, zahlt. Ist der Schuldner dann einmal entlassen, so kann er auf Antrag desselben Gläubigers nicht erneut in Haft genommen werden. Im übrigen wird die Haft in einem Raum vollstreckt, in dem sich nicht zur gleichen Zeit Untersuchungs- oder Strafgefangene befinden. Die Haftdauer darf einen Zeitraum von sechs Monaten nicht übersteigen. Ist dieser Zeitpunkt erreicht, so wird der Schuldner von Amts wegen aus der Haft entlassen. Das gleiche gilt auch für den Zeitpunkt, an dem sich der Verhaftete bereit findet, den Offenbarungseid zu leisten. Auch kann der Gläubiger während der Haftzeit den Antrag stellen, den Schuldner zu entlassen. In diesem Fall verliert er ebenfalls das Recht, den Haftbeschluß erneuern zu lassen.

Das Exekutionsgericht führt ein Verzeichnis, in dem alle Personen eingetragen werden, die den Offenbarungseid geleistet haben oder gegen die wegen Verweigerung des Eides die Haft angeordnet worden ist. Die Vollstreckung der Haft wird ebenfalls vermerkt, wenn sie sechs Monate gedauert hat. Jeder, der ein rechtliches Interesse glaubhaft macht, hat das Recht, das Verzeichnis einzusehen.

Die Auswirkungen eines Offenbarungseides sind für einen Schuldner häufig von einschneidender Bedeutung und werden sich in wirtschaftlicher Hinsicht fast immer nachteilig auswirken. Einem Menschen, der einmal einen Offenbarungseid geleistet hat, wird kein Kredit mehr eingeräumt. Man zweifelt an seiner Tüchtigkeit und vor allem an seiner Bereitschaft, einmal eingegangene Verpflichtungen auch zu erfüllen. Dies braucht aber nicht unbedingt immer der Fall zu sein. Die heutigen wirtschaftlichen Verhältnisse bringen es mit sich, daß infolge einer Fehldisposition oder dadurch, daß ein anderer Schuldner des zum Offenbarungseid Geladenen seinen Verpflichtungen nicht nachkommt, eine vorübergehende Zahlungsunfähigkeit eintritt.

Kleine und große Gefälligkeiten

Auch durch Gefälligkeiten können Rechtsnachteile entstehen. Das Gesetz macht es nicht immer leicht, ein „guter Mensch" zu sein.

Einweihungsfeier in Jedermanns Wohnung

Einer der Gäste wird von Karl Jedermanns Haushälterin, die bei dem kleinen Fest bei Tisch bedient, fahrlässig mit Rotwein begossen. Er verlangt von Karl Jedermann Schadenersatz für den völlig verdorbenen Anzug, da von der vermögenslosen Haushälterin kein Schadenersatz zu erlangen ist.

Der Gast hat hier keinen Schadenersatzanspruch gegen Karl Jedermann. Wir haben gelegentlich der Differenzen mit dem Installateur Lampe gesehen, daß der Verpflichtete für ein Verschulden seines Erfüllungsgehilfen einstehen muß. Dies setzt aber voraus, daß Karl Jedermann dem Gast etwas schuldet und sich zur Erfüllung dieser Leistungspflicht seiner Haushälterin bedient hat. Karl Jedermann war aber kein Schuldner seines Gastes. Eine **Einladung** zu einer Feier ist kein Vertrag, durch den man dem Eingeladenen gegenüber besondere Verpflichtungen übernimmt. Solche Einladungen sind reine Gefälligkeiten. Man kann daher die Einladung jederzeit wieder rückgängig machen, ohne dem anderen Teil für entstandene Auslagen, z. B. Blumen, ersatzpflichtig zu sein. Da Karl Jedermann durch die Einladung nicht Schuldner seiner Gäste wurde, war die Haushälterin auch nicht seine Erfüllungsgehilfin, denn es bestand keine direkte Leistungspflicht, die durch sie zu erfüllen war. Der Gast kann sich demnach nur an die Haushälterin halten.

Immerhin hat die Haushälterin die Bedienung der Festgäste besorgt. Somit war sie zwar nicht mit einer Erfüllungshandlung befaßt, wohl aber **Besorgungsgehilfin.** Haftet Karl Jedermann vielleicht für das Verschulden seiner Haushälterin als Besorgungsgehilfin?

Es kommt ganz darauf an. Wer sich eines andern zur Besorgung seiner Angelegenheiten bedient, hat für das Vorhandensein der dazu erforderlichen Eigenschaften einzustehen. Der Auftraggeber haftet daher für Schäden, die infolge der **Untüchtigkeit** des Verwendeten für andere entstehen. „Untüchtigkeit" ist aber in der Rechtssprache nicht gleichbedeutend mit „Unachtsamkeit"! Ein bloß einmaliges Versehen begründet also noch keine Untüchtigkeit, es muß sich vielmehr um einen **habituellen Hang** zur Mißachtung von Obliegenheiten handeln. Karl Jedermann wird also als Dienstgeber nicht haften, wenn seine Haushälterin bisher klaglos ihren Dienst verrichtete, an dem Gästeabend aber fahrlässigerweise Rotwein vergossen hat. Besitzt hingegen die Haushälterin die für ihre Arbeit erforderlichen Kenntnisse überhaupt nicht oder ist ihre Unachtsamkeit eine typische Eigenschaft geworden, dann muß Karl Jedermann den Gästen gegenüber für den schuldhaft angerichteten Schaden zunächst aufkommen, kann sich aber später an der Haushälterin schadlos halten. Etwa so, daß er ihr kleine Geldbeträge vom monatlichen Lohn abzieht, bis der für den verdorbenen Anzug ausgelegte Betrag wieder hereingebracht ist.

Es könnte aber vielleicht bei der Haushälterin sogar **Gefährlichkeit** in körperlicher, geistiger oder sittlicher Hinsicht vorliegen. Gefährlichkeit einer Person wird durch das Vorhandensein gewisser Charaktereigenschaften begründet (z. B. Trunksucht, Hang zur Nichtbeachtung von Vorschriften). Dadurch wird sie gefährlich, auch wenn sie an sich die für eine bestimmte Tätigkeit erforderlichen Voraussetzungen besitzt. Karl Jedermann haftet aber als Dienstgeber nur bei **Kenntnis** von dieser Gefährlichkeit. Hat er also wissentlich eine gefährliche Haushälterin zum Bedienen bei Tisch verwendet, muß er für den infolge dieser Gefährlichkeit dem Gast zugefügten Schaden aufkommen.

Nur durch das Handeln einer untüchtigen Haushälterin oder bei wissentlicher Verwendung einer gefährlichen Person zur Bedienung seiner Gäste kann Karl Jedermann auf die geschilderte Weise nach § 1315 ABGB zur Schadenersatzleistung herangezogen werden.

Das Mitnehmen mit dem Auto

An der Abendgesellschaft nimmt auch Fritz Leichtzerstreut teil. Er stellt plötzlich fest, daß er eiligst zum Bahnhof muß. Ein Freund des Hauses, Otto Trinkfest, ist mit seinem Volkswagen gekommen und macht sich erbötig, Leichtzerstreut zur Bahn zu bringen. Fritz nimmt Otto Trinkfests Angebot an. Otto, der ein wenig angetrunken ist, fährt aber leider so unvernünftig schnell, daß der Wagen in einer Kurve ins Schleudern gerät und an einem Laternenmast nicht mehr vorbeikommt. Fritz Leichtzerstreut wird erheblich verletzt.

Als Fritz nach seiner Genesung Schadenersatz verlangt, verweigert Otto jede Zahlung mit der Begründung, daß man bei einer Gefälligkeit nicht haftbar gemacht werden könnte. Hier irrt aber Otto Trinkfest gewaltig.

Im Gegensatz zu den vorstehend angeführten reinen Gefälligkeiten liegt hier ein sogenannter Gefälligkeitsvertrag vor. Ein derartiger Vertrag ist immer dann gegeben, wenn es sich aus den Umständen ergibt, daß nicht nur eine gesellschaftliche Höflichkeit erwiesen wird, sondern auch eine verbindliche Verpflichtung eingegangen werden sollte. Man macht sich dies am besten an folgender Gegenüberstellung klar: Wenn jemand mit seinem Pkw einem bestimmten Ziel entgegenfährt und unterwegs einen Bekannten zusteigen läßt, der etwa den gleichen Weg hat, so liegt eine reine Gefälligkeit vor. Der Fahrer kann also, wenn er sich plötzlich anders besinnt, den Bekannten bitten, auszusteigen, weil er sein Fahrtziel ändern muß. Denn eine Verpflichtung, den anderen zum Ziel zu bringen, besteht ja nicht.

In unserem Fall muß Otto den Freund Fritz aufgrund einer übernommenen Vertragsverpflichtung zum Bahnhof fahren. Fritz wollte aus dringenden geschäftlichen Gründen seinen Zug erreichen, und so kam für ihn das Angebot des Otto Trinkfest gerade im richtigen Moment. Durch die Annahme des Antrages brachte er einen **Beförderungsvertrag** zum Abschluß. Beförderungsverträge sind ihrem Wesen nach Werkverträge (vgl. darüber Seite 56). Otto Trinkfest wird für die Fahrlässigkeit bei der Erfüllung des Werkvertrages zu haften haben.

Handeln auf eigene Gefahr

Ein genereller Ausschluß für jegliches Verschulden läßt sich in unserem Fall nicht annehmen. Ein solcher allgemeiner Ausschluß der Haftung unter dem Gesichtspunkt des **„Handelns auf eigene Gefahr"** ist nur zu vermuten, wenn der Mitfahrer bei Fahrtantritt erkennt, daß es sich um eine ausgesprochen gefährliche Fahrt handelt, z. B. er nimmt an einer Wettfahrt als Beifahrer teil oder er sieht, daß es sich um ein sehr verkehrsuntüchtiges Fahrzeug handelt.

Ein Lastwagen fuhr voll beladen und in der Führerkabine mit 3 Personen besetzt dahin. Auf einmal tauchte der Freund des Fahrers an der Straße auf, brachte das Lastauto durch Winken zum Stehen und bat den Lenker, ihn mitzunehmen. Der Fahrer wies darauf hin, daß leider nirgends Platz sei, wie sich sein Freund überzeugen könne. Dieser gab aber nicht nach. Er sagte, daß er unbedingt mit wolle; wenn das Lastauto hoch beladen und auf der Führerbank nicht der geringste Platz mehr sei, fahre er einfach auf dem Trittbrett mit. Das sei verboten, antwortete darauf der Fahrer, und viel zu gefährlich. Darauf erklärte der Freund, er wäre kein Kind und wisse schon für sich zu sorgen. Alles ginge auf seine Gefahr! Der Freund wurde in einer Kurve vom Trittbrett geschleudert und schwer verletzt. Das Gericht hat eine Haftung des Fahrers verneint; er habe seinem erwachsenen und zurechnungsfähigen Freund gegenüber alles Nötige vorgekehrt.

Es liegt also hier ein typisches Handeln auf eigene Gefahr des eigensinnigen Freundes vor.

Umgekehrt ist auch die Mitnahme eines Betrunkenen im Auto nicht ungefährlich. Eine einzige alkoholisierte Person im Auto legt über sämtliche Insassen eine „Alkoholglocke", gegen die kein Öffnen der Wagenfenster nützt und die auch den vollkommen nüchternen Fahrer so stark benebeln kann, daß seine Reaktionsfähigkeit beträchtlich vermindert wird.

Können der Fahrzeughalter und der Fahrer bei Gefälligkeitsfahrten ihre Haftung wirksam ausschließen? Angenommen, sie lassen sich bei Fahrtantritt einen Zettel folgenden Inhalts unterschreiben:

Ich fahre in dem Kraftfahrzeug Nr. (pol. Kennzeichen) auf eigenes Risiko mit und verzichte auch für den Fall auf Schadenersatz, daß mir aufgrund eines leicht oder grob fahrlässigen Verhaltens des Fahrers etwas zustoßen sollte.

Eine solche schriftliche Erklärung rechtlich bedeutsamen Inhalts nennt man **Revers.** Reverse kommen auf den verschiedensten Gebieten vor und sind juristisch nur beachtlich, wenn sie nicht die Haftung für Vorsatz ausschließen sollen oder wenn ihr Inhalt nicht gesetz- oder sittenwidrig ist.

Personen- und Sachschäden, die durch einen Unfall beim Betrieb eines Kraftfahrzeuges entstehen, sind – soweit sie nicht durch Verschulden verursacht und daher nach dem ABGB zu beurteilen sind – nach dem **Eisenbahn- und Kraftfahrzeughaftpflichtgesetz** (EKHG) vom 21. Jänner 1959 (BGBl Nr. 48) zu ersetzen. Für Gefälligkeitsbeförderungen (unentgeltlich und im überwiegenden wirtschaftlichen Interesse des Mitgenommenen) wird die Erfolgshaftung nach dem EKHG nicht wirksam. Die Verschuldenshaftung nach ABGB kann jedoch nach der Spruchpraxis des OGH auch durch eine Verzichtserklärung **nicht ausgeschlossen** werden, wenn eine qualifizierte Fahrlässigkeit oder gar böse Absicht zum Unfall geführt hat. Qualifizierte Fahrlässigkeit liegt aber schon vor, wenn eine strafgerichtliche Verurteilung des Fahrers erfolgt; Verzichtserklärungen werden in solchen Fällen als **sittenwidrig** angesehen. Von entgeltlich beförderten Personen abgegebene Verzichtserklärungen sind sogar hinsichtlich der Erfolgshaftung **rechtsunwirksam** und bieten daher dem Beförderer keinen Schutz.

Die Diskussion um die **Mitfahrgemeinschaften** ist durch die Energieknappheit aktuell geworden. Dabei handelt es sich um Fahrten vom Wohnsitz zum Arbeitsplatz und retour, bei denen Arbeitskollegen, die den gleichen Weg haben, mit dem eigenen Kraftfahrzeug mitgenommen werden. Die noch offenen Fragen, die sich in diesem Zusammenhang aus den Versicherungsbestimmungen, der Gewerbeordnung und dem Steuerrecht ergeben, müssen vom Gesetzgeber geregelt werden. Eine jüngst vom Nationalrat beschlossene Novelle zum Kraftfahrgesetz hat immerhin eine punktuelle Verbesserung gebracht. Es ist für die Krankenkassen nun nicht mehr möglich, gegen einen Fahrzeuglenker einen Regreßanspruch zu stellen, der mit einem fremden Fahrzeug einen Unfall verursacht hat, bei dem der mitfahrende Fahrzeugeigentümer verletzt wurde. Trotzdem ist es nicht ratsam, durch diese Fahrgemeinschaften sparen zu wollen.

Unversperrter Wagen in der „Laternengarage" und Schwarzfahrt

Angenommen, Otto Trinkfest macht seinem Namen Ehre, bringt den eiligen Gast sicher zum Bahnhof und kehrt dann zum Wohnhaus Karl Jedermanns zurück, in dessen Nähe er den Wagen unter einer Laterne parkt. Er läßt die Wagentür unversperrt und zieht bloß den Starterschlüssel ab. Nach drei Stunden will Trinkfest nach Hause fahren und findet keinen Wagen mehr. Das Auto wurde gestohlen, und der Dieb verschuldet damit einen Unfall. Haftet Trinkfest dafür?

Nach dem EKHG ist der **Halter** eines Kraftfahrzeuges verpflichtet, wenn durch einen Unfall beim Betrieb des Kraftfahrzeuges ein Mensch getötet, an seinem Körper oder an seiner Gesundheit verletzt oder eine Sache beschädigt wird, den hieraus entstehenden Schaden zu ersetzen. Benutzt jedoch jemand zur Zeit des Unfalls das Fahrzeug ohne Wissen und Willen des Halters (Schwarzfahrt), so haftet der **Schwarzfahrer** an Stelle des Halters für den Schaden. Dagegen haften **Schwarzfahrer und Halter** nebeneinander, wenn der Halter die Schwarzfahrt durch sein oder seiner Betriebsgehilfen Verschulden ermöglicht hat. Nach dem EKHG haftet der **Halter** allein für die Schwarzfahrt seines Betriebsgehilfen oder dessen, dem er das Fahrzeug anvertraut hatte; in diesen Fällen haftet der Schwarzfahrer nur nach den Bestimmungen des ABGB und wird haftungsfrei, wenn er beweist, daß der Schaden nicht durch sein Verschulden verursacht wurde.

Wenn sich Otto Trinkfest mit einem Parken auf der Straße über Nacht das Garagieren ersparen will, dann gibt es für ihn nur zwei Möglichkeiten. Entweder er muß Stadtlichter und rückwärtige Begrenzungslichter brennen lassen, oder er stellt den Wagen in der Nähe eines die **ganze Nacht hindurch brennenden,** ausreichend **hellen** Beleuchtungskörpers der **Straßenbeleuchtung** ab. Im letzteren Fall spricht man vom „Laternengaragieren". Nach der **Straßenverkehrsordnung 1960** darf eine Beleuchtung des Fahrzeugs unterbleiben, wenn es stillsteht und die sonstige Beleuchtung ausreicht, um es aus einer Entfernung von ungefähr 50 m zu erkennen (§ 60 Abs. 3). Die Beleuchtung des Fahrzeugs durch eine andere Lichtquelle ist dann ausreichend, wenn die Gefahr eines Zusammenstoßes bei sorgfältiger Prüfung als nicht gegeben angesehen werden kann.

Bei **außergewöhnlicher** Sichtbehinderung durch Nebel, Regen, Schnee oder große Dunkelheit kann die unbeleuchtete Aufstellung des Fahrzeugs selbst bei einer im allgemeinen ausreichenden Lichtquelle unzulässig sein.

Die StVO 1960 kennt verschiedene **Richtzeichen,** die auf verkehrswichtige Umstände hinweisen. Das Zeichen „Laternen, die nicht die ganze Nacht über leuchten" (breiter Rotstreifen zwischen weißen Balken) an einer Straßenlaterne weist darauf hin, daß sie noch während der Dunkelheit abgeschaltet wird. Auch wenn sich kein solches Zeichen findet, geht das Risiko auf den Fahrzeuglenker über, wenn er, um die eigene Beleuchtung zu ersparen, sein Fahrzeug an einem durch die öffentliche Straßenbeleuchtung erhellten Ort abgestellt hat; er muß jedenfalls mit der Möglichkeit des Versagens der Straßenbeleuchtung rechnen.

Die einschlägigen gesetzlichen Bestimmungen suchen zu verhindern, daß ein abgestellter Wagen mißbräuchlich in Betrieb genommen wird (Schwarzfahrt). Hat Otto Trinkfest eine entsprechende Sperrvorrichtung betätigt, bevor er sich von seinem Wagen entfernte? Er hat nur den Zündschlüssel abgezogen und die Autotür zugeworfen.

Nach Ansicht des OGH genügt meistens das **Abziehen des Zündschlüssels.** Nicht wesentlich ist, daß die Autotüren, bevor sich der Lenker vom Wagen entfernt, verriegelt bzw. mit dem Schlüssel abgesperrt werden. Trotzdem wäre Otto Trinkfest zu **empfehlen** gewesen, die **Autotüren zu sperren.** Besonders dann, wenn sein Zündschlüssel so geartet ist, daß er leicht durch ein anderes Behelfsmittel (z. B. gebogenen Draht) ersetzt werden kann. Trinkfest wird jedenfalls für die Schwarzfahrt haften, wenn er jemandem die Verfügung über das Auto überläßt, den er als vertrauensunwürdig und besonders unzuverlässig kennt.

Und wie steht es mit dem Fahrzeug in der Garage?

Otto Trinkfest wird Schäden, die sein Fahrzeug in der Garage erleidet, entweder durch eigene Versicherung oder – bei gemieteten Garagen – durch die Haftung des Garageninhabers ersetzt erhalten.

Die Auslobung und ihre Gefahren

Raubmord! Hohe Belohnung!

Für die Ergreifung des geflüchteten Raubmörders Ferdinand Bucher – auch Schlitzer-Ferdl genannt – wird eine Belohnung von S 5.000,– ausgesetzt. Die Verteilung erfolgt unter Ausschluß des Rechtsweges. Polizeibeamte sind von der Auslobung ausgeschlossen.

Bundespolizeidirektion Wien

Karl Jedermann liest diesen Anschlag an der Litfaßsäule.

Es handelt sich bei dem Anschlag um eine **Auslobung.** Darunter versteht man eine öffentlich gemachte **Zusage einer Belohnung** für eine Leistung oder einen Erfolg (§ 860 ABGB).

Karl Jedermann fällt auf, daß bei der im Plakat gemachten Zusage der Rechtsweg ausgeschlossen sein soll. Was könnte er wohl tun, wenn er einen wichtigen Hinweis für die Ergreifung des Bucher zu machen hätte, dann aber bei der Verteilung der Belohnung benachteiligt würde?

Karl Jedermann geht davon aus, daß er doch die Möglichkeit haben muß, vor dem zuständigen Gericht Klage zu erheben, wenn er sich in seinen Rechten verletzt wähnt. Grundsätzlich ist diese Auffassung richtig. Wenn jemand glaubt, von einem anderen etwas verlangen zu können, so kann er klagen. Streit zwischen einzelnen Bürgern soll vor den „ordentlichen Gerichten" (Bezirksgericht, Landes- oder Kreisgericht, Oberlandesgericht, Oberster Gerichtshof) ausgetragen werden. Ihre Auseinandersetzungen sind „bürgerliche Rechtsstreitigkeiten".

Die Organe der öffentlichen Hand werden gewöhnlich **hoheitsrechtlich** tätig, das heißt, sie befehlen und üben Zwangsgewalt aus. Wenn im vorliegenden Fall in der Auslobung eine hoheitliche Maßnahme der Sicherheitsdirektion zu sehen wäre, dann bestünde überhaupt nicht die Möglichkeit, ordentliche Gerichte anzurufen.

Nun ist es aber nicht so, daß der Staat, der seinen Staatsbürgern gegenübertritt, dies immer und in jedem Fall hoheitlich tut. Nicht immer besteht die strenge Über- und Unterordnung. Die öffentliche Hand hat vielmehr auch die Möglichkeit, mit dem Staatsbürger als **Gleichberechtigtem** zu verkehren. Man spricht dann von einer fiskalischen Tätigkeit des Staates. Wenn z. B. eine Stadtverwaltung ihr Rathaus restaurieren läßt, so vergibt sie einen Bauauftrag an eine Baufirma. Mit dieser Firma schließt sie einen Werkvertrag, tritt also zu ihr in bürgerlich-rechtliche Beziehungen. Kommt es zum Streit, so kann die Baufirma ihre Forderungen vor den ordentlichen Gerichten geltend machen.

Wenn man also in dem Anschlag an der Litfaßsäule eine solche fiskalische Tätigkeit des Staates (Polizeiverwaltung) sehen kann, so besteht kein Bedenken gegen die grundsätzliche Möglichkeit zur Anrufung der ordentlichen Gerichte.

Man kann hier allerdings zweifeln, ob die Sicherheitsdirektion hoheitlich oder fiskalisch handelt. Sie gebraucht zwar das Wort Auslobung, aber sie verfolgt damit den Zweck, die hoheitliche Strafverfolgung gegen Bucher weiterzutreiben. Nun hat die Sicherheitsdirektion ausdrücklich in ihrer „Auslobung" den Rechtsweg ausgeschlossen. Es ist sehr **zweifelhaft,** ob eine solche Bestimmung gültig ist, denn die ZPO kennt als einzigen Ausschluß der ordentlichen Gerichte die Vereinbarung eines Schiedsgerichts.

Die Rechtsprechung erklärt: Durch die Bestimmung, daß nur die Polizeibehörde die ausgesetzte Belohnung zu verteilen habe, kann das Klagerecht nicht ausgeschlossen werden. Die Auslobung ist ein **einseitiges** Rechtsgeschäft; es kommt nicht auf einen Vertrag (zwischen Auslobenden und Publikum) an, sonders das **Versprechen** der Belohnung ist hier Verpflichtungsgrund.

Darum könnte an und für sich auch ein Polizeibeamter, der in Ausübung seiner Dienstpflicht die Ergreifung des Schlitzer-Ferdl vornimmt, die Belohnung erlangen. Die uns vorliegende Auslobung nimmt aber eine **Einschränkung** der Anspruchsberechtigten vor, indem Polizeibeamte ausdrücklich ausgeschlossen werden.

Karl Jedermann findet nach einiger Zeit eine Brosche. Nachdem er sie bei der Polizei abgeliefert hat, liest er in der Zeitung, daß für die von ihm gefundene Brosche eine erhebliche Belohnung ausgesetzt ist. Als er sich zu dem Verlierer begibt, um die Belohnung zu verlangen, weigert sich dieser mit dem Hinweis, daß ja Karl Jedermann das Fundstück bereits abgeliefert hatte, bevor er von der Auslobung Kenntnis hatte.

Diese Auffassung ist unrichtig. Wer die Leistung, für die eine Belohnung ausgesetzt ist, erbringt, hat auch dann auf sie Anspruch, wenn er von der Auslobung nichts wußte. Bei der Auslobung kommt es auf die **Zusage** der Belohnung (§ 860 ABGB) an.

Der ehrliche Finder

Das vorige Kapitel hat im Rahmen der Auslobung auch das Finden einer Sache zum Gegenstand gehabt. Finden ist eine **Rechtshandlung,** aber kein Rechtsgeschäft. Der Fund einer Sache löst eine Reihe von Pflichten und Rechten für den Finder aus. Karl Jedermann muß darüber folgendes wissen:

Finden kann man nur eine verlorene Sache. So ist z. B. eine Sache nicht verloren, wenn sie in der Wohnung irgendwo herumliegt. Läßt also ein Gast z. B. seinen Hut in der Wohnung eines Bekannten liegen, so kann dieser oder sein Dienstbote keinen Finderlohn verlangen, wenn er das vergessene Stück entdeckt. Verloren ist eine Sache auch dann nicht, wenn jemand an einer bestimmten Stelle im Freien eine Sache niederlegt oder abstellt, aber genau weiß, wo sie ist, z. B. ein Pflug auf dem Feld. Eine vom Gast im Kaffeehaus liegengelassene Sache ist nicht verloren. Wohl aber eine solche, die der Kellner nahe der Eingangstür am Boden findet. Fundsache ist auch ein Gegenstand, der sich an der Leiche eines Ertrunkenen befindet.

Gefunden ist eine Sache erst dann, wenn man diese aufhebt mit dem Willen, sie an sich zu nehmen. Wer nun die Sache aufhebt, um sie zu betrachten, kann sie wieder weglegen. Sobald er aber die Sache ein Stück Weges mit sich genommen hat, kann er sie nicht mehr einfach ablegen. Da er Finder geworden ist, sind die entsprechenden Pflichten, insbesondere die Verwahrungspflicht, für ihn ausgelöst worden.

An die Spitze stellt das Gesetz die Verpflichtung des Finders, die Sache dem Verlustträger **zurückzugeben** (§ 389 ABGB). Dazu müßte aber der Verlustträger aus den Merkmalen des Fundstückes (z. B. Visitenkarte in einem Fach der Brieftasche) erkannt werden.

Ist der Verlierer nicht bekannt, dann kommt es auf den **Wert** der gefundenen Sache an:

1. Bei einem Wert unter S 50,– liegt ein **Kleinfund** (Bagatellfund) vor. Auch hier ist die Sache zurückzustellen, doch bleibt es dem Finder überlassen, was er dazu unternehmen will.
2. Bei einem Wert über S 50,– muß der Fund innerhalb von **acht Tagen** auf die **ortsübliche Art bekanntgemacht** werden.
3. Bei einem Wert über S 200,– liegt ein **Wertfund** vor. Hier besteht **Anzeigepflicht** an die Ortsobrigkeit innerhalb der Frist von acht Tagen (§ 389 ABGB).

Auch bei einer Anzeige an die Behörde bleibt die Sache meistens in den Händen des Finders. Der Finder hat die gefundene Sache zu verwahren, wird aber nicht Besitzer, weil ihm jeder Eigenbesitzwille fehlt. Der redliche Finder ist also bloßer **Inhaber.** Der unredliche Finder dagegen hat die Absicht, die Sache für sich zu behalten; darum ist er Besitzer, und zwar unredlicher Besitzer.

Der redliche Finder, welcher den Fund verwahrt, haftet dabei für **jedes Verschulden** (§ 964 ABGB); er darf also z. B. die Sache nicht fahrlässig an einem feuchten Ort in der Wohnung aufbewahren und dadurch verschlechtern. Für zufälligen Untergang wird nicht gehaftet. Wenn der Fund nicht ohne Gefahr in den Händen des Finders belassen werden kann, ist die Sache **gerichtlich** zu hinterlegen oder einem **Dritten** in Verwahrung zu geben. Ist eine Verwahrung unmöglich (z. B. wenn die Fundsache dem Verderben unterliegt) oder würde die Verwahrung übermäßige Kosten verursachen, so ist der Fund **öffentlich zu versteigern** und der Erlös in Verwahrung zu nehmen.

Bisher hörten wir nur von Mühen, die mit dem Finden verbunden sind (Verwahrungspflicht, Verschuldenshaftung). Betrachten wir jetzt die **Rechte** des Finders:

Vor allem erlangt der redliche Finder einen Anspruch auf **Finderlohn** gegen den Verlustträger. Bezüglich der Höhe des Finderlohns soll sich niemand trügerischen Hoffnungen hingeben. Nach § 391 ABGB erhält der Finder **10 Prozent des Verkehrswertes.** Übersteigt jedoch der Finderlohn nach dieser Berechnung den Betrag von S 1000,–, so sind vom weiteren Wert nur noch **5 Prozent** auszumessen. Wir haben hier nur die **gesetzliche** Bestimmung des Finderlohnes wiedergegeben. Es ist möglich und kommt häufig vor, daß vom Verlustträger ein **höherer** Betrag **versprochen** wird. So z. B. im Wege einer Auslobung für einen verlaufenen kostbaren Hund, einer Brosche etc. Dann hat eben der Finder einen höheren Anspruch aus dem Versprechen.

Die Vorschriften über den Fund gehen davon aus, daß die Sache einen Wert hat. Es kann aber vorkommen, daß sie wertvoll ist und der Finder sie doch nicht verwerten kann. Es findet z. B. jemand ein vinkuliertes **Sparkassenbuch** eines Verstorbenen über S 30.000,–, von dessen Existenz der Erbe nichts wußte.

Hier wurden nicht etwa S 30.000,– verloren. Das Geld liegt ja sicher auf der Bank, und das Buch selbst ist gesperrt. In einem solchen Fall darf der Finderlohn nicht nach S 30.000,– errechnet werden, doch gebührt dem Finder ebenfalls ein Lohn. Die Höhe des Finderlohns bestimmt das Gericht nach **billigem Ermessen,** falls eine Einigung nicht zustande kommt.

Der Anspruch auf Finderlohn gebührt nur dem **redlichen** Finder. Ob Redlichkeit vorliegt, bestimmt sich danach, ob Aneignungsabsicht bestand oder nicht; dies zu klären ist eine Tatfrage.

Prüfen wir folgenden Fall: Karl Jedermanns Jugendfreund Leichtfuß findet eines Tages eine wertvolle Filmkamera. Er kann keinen Verlustträger entdecken und nimmt schließlich die Kamera an sich, um den Fund der Polizei zu übergeben. Auf dem Weg zur nächsten Polizeidienststelle überlegt er es sich aber und beschließt, die Filmkamera ein wenig für sich zu benützen, denn er wollte schon immer filmen. Er entfernt den bereits belichteten Film aus dem Apparat, kauft schnell ein paar Schmalfilme, macht Aufnahmen und nimmt sich vor, die Filmkamera erst einige Tage später der Polizei zu übergeben. Inzwischen wird aber gegen Leichtfuß, der beobachtet worden ist, die Strafanzeige wegen Fundverheimlichung erstattet. Wird sie zu einer Verurteilung führen? Nach dem Strafgesetz macht sich eines Verbrechens schuldig, „wer gefundene oder ihm irrtümlich zugekommene Sachen geflissentlich verhehlt und sich zueignet". Das ABGB gewährt aber dem Finder eine Frist von **acht Tagen,** den Fund der Behörde anzuzeigen. Wenn diese Frist noch nicht abgelaufen ist, wird bei Leichtfuß auch ein einstweiliger Gebrauch des Fundgegenstandes noch nicht als Versuch der Fundunterschlagung angesehen werden. Trotzdem erfolgt der Gebrauch des gefundenen Gegenstandes widerrechtlich. Der wenig standhafte Leichtfuß hat also noch einmal Glück gehabt; er wird nicht wegen Fundverheimlichung verurteilt, verliert aber durch die unbefugte Benützung des Fundgutes die Redlichkeit und damit den zivilrechtlichen Finderlohnanspruch.

Wenn ein **Sicherheitsbeamter** keine eigens darauf gerichtete Amtshandlung vornimmt, aber dennoch eine verlorene Sache findet, so hat er nach der Rechtsprechung Anspruch auf den Finderlohn.

Fraglich ist es, ob der Finderlohn auch dann gebührt, wenn der **Verlustträger** dem Finder **bekannt** war.

Um darauf eine Antwort zu finden, muß man sich auf den Zweck der Vorschriften über die Zuerkennung eines Finderlohnes besinnen. Dieser Zweck ist ein zweifacher:

1. Bekämpfung einer gewinnsüchtigen Anwandlung;

2. Sicherung der Rückgabe an den Verlustträger.

Da Kenntnis des Verlustträgers im einzelnen Fall den Anreiz zur Unredlichkeit sogar noch steigern kann (z. B. wenn es sich um einen persönlichen Feind des Finders handelt), wird auch hier Finderlohn gewährt.

Der Finder eines großen Wertstückes wird die stille Hoffnung haben, eines Tages das **Eigentum** am Fund zu erhalten.

Diese Chance gibt ihm auch das Gesetz.

Meldet sich der Verlustträger oder Eigentümer innerhalb **Jahresfrist** nicht, so erwirbt der Finder das Recht, die Sache (oder den Erlös) zu **benützen** (§ 392 ABGB). Das Jahr rechnet von der Kundmachung, bei Kleinfunden vom Tage des Fundes an. Vor Ablauf eines Jahres hat der Finder kein Gebrauchsrecht. Bei Fund eines **Versatzzettels** bezieht sich das Benützungsrecht auf das Pfandstück oder dessen Wert.

Bei **Obligationen,** die auf einen bestimmten (wenn auch erdichteten) Namen lauten, hat der Finder weder Anspruch auf den Genuß der Interessen noch auf Finderlohn; er kann nur Ersatz der allenfalls aufgewendeten Kosten vom Eigentümer fordern (HfD JGS 1410/1819).

Das Eigentum am Fund oder dem Erlös erlangt der Finder erst nach Ablauf der Verjährungsfrist. Das wird regelmäßig eine Frist von **drei Jahren** sein, beginnend mit dem Tag des Fundes.

Wer also das bloße Benützungsrecht am gefundenen Geld erlangt hat, muß vorsichtig sein und damit rechnen, daß der Verlierer oder sonst Empfangsberechtigte von ihm die Sache herausverlangen kann.

Manche gefundenen Sachen verlangen **Aufwendungen.**

Ein Tier z. B. muß gefüttert und notfalls tierärztlich behandelt werden. Derartige Aufwendungen, die der Finder den Umständen nach für erforderlich halten mußte, kann er von dem Empfangsberechtigten ersetzt verlangen.

Man kann jedoch nicht unter allen Umständen damit rechnen, daß diese Aufwendungen ersetzt werden. Der Verlierer hat nämlich die Möglichkeit, einfach auf die verlorene Sache zu verzichten, und es ist dann Sache des Finders, sich durch **Verwertung** der gefundenen Sache sein Geld zu verschaffen. Dieses Recht des Eigentümers, durch ein **Aufgeben der Sache** der Zahlung des Finderlohns und einer Ersetzung des Aufwands zu entgehen, wird auch **Abandonrecht** genannt.

Bei einem Spaziergang entdeckt der aufmerksame Karl Jedermann, daß sich die Bremse eines am Ufer der Donau abgestellten Fahrzeugs löst. Das Fahrzeug bewegt sich immer schneller dem Fluß zu und wäre unvermeidlich im Wasser versunken, wenn Karl Jedermann nicht im letzten Moment ein Holzscheit vor die Räder geworfen und das Fahrzeug zum Stehen gebracht hätte.

Hier liegt **Rettung einer fremden Sache** vor, und Karl Jedermann hat nach § 403 ABGB Anspruch auf Ersatz des Aufwandes sowie auf **Bergelohn.**

Die Höhe eines solchen Bergelohns wird verhältnismäßig ermittelt, darf höchstens **10 Prozent vom Verkehrswert** betragen und setzt eine geglückte Rettung voraus. Juristisch zeigt die Rettung einer fremden Sache große Verwandtschaft mit dem Fund.

Angenommen, das Fahrzeug wäre zuerst gestohlen und dann am Ufer vom Dieb einfach abgestellt worden. Dort entdeckt es Karl Jedermann, er schöpft Verdacht und erstattet Anzeige. Was kann er verlangen?

Karl Jedermann hat Anspruch auf Finderlohn. Die Rechtsprechung erklärt ausdrücklich, daß für gestohlene und vom Dieb an allgemein zugänglichen Orten gelassene Sachen (z. B. ein bis zum letzten Tropfen Benzin ausgefahrener Kraftwagen) Finderlohn zu entrichten ist.

Die vorher dargestellten Fundvorschriften gelten aber nicht, wenn z. B. Sachen in **Eisenbahnwaggons** durch den visitierenden Bahnbediensteten aufgefunden werden; oder in den Geschäftsräumen einer öffentlichen **Behörde.** Hier geht man davon aus, daß diese Sachen durch die Kontroll- und Reinigungsorgane sowieso aufgefunden würden. Daher sind dort gefundene Sachen an einen Behördenangestellten auszuliefern, ohne daß man dafür etwas erwarten kann. Nicht ohne weiteres läßt sich dieser in der Rechtsprechung vertretene Gedanke z. B. auf **Banken** und **Hotels** ausdehnen. Man wird jedoch bei einem Gastraum davon ausgehen können, daß eine dort liegengelassene Sache nicht verlorengegangen ist, weil sie dann im Gewahrsam des Gastwirts steht. Das gleiche gilt, wenn man ein **Taxi** besteigt und dort eine Brieftasche findet, die der vorhergehende Fahrgast liegengelassen hat. Hier hat der Taxichauffeur Gewahrsam an der **vergessenen** Sache erlangt. Ihm ist sie daher auszuhändigen. Dieser wiederum ist auch nicht Finder, da er aufgrund der Nebenpflichten aus dem **Beförderungsvertrag** verhalten ist, sie seinem Fahrgast wieder zuzustellen, und zwar ohne einen **juristischen** Anspruch auf Finderlohn.

Besondere Regelungen bringt die Eisenbahnverkehrsordnung (EVO) für im Bereich der **Eisenbahn** verlorene oder zurückgelassene Gegenstände. Danach hat der Finder die **Wahl:** entweder er übergibt eine gefundene Sache, ohne daß er sich um deren Wert bekümmern muß, der Eisenbahn, oder er geht nach den Bestimmungen des ABGB vor. Es besteht jedenfalls keine Verpflichtung des nicht bahnbediensteten Finders, den gefundenen Gegenstand der Eisenbahnverwaltung zu übergeben.

Karl Jedermann macht sich Gedanken über den Fall, daß mehrere Personen auf eine verlorene Sache stoßen. Entdecken sie durch Zufall die Sache zur gleichen Zeit, so sind sie **Mitfinder.** Es können also auch mehrere Personen die Rechtsstellung des Finders erlangen, wenn eine verlorene Sache gemeinsam von ihnen gefunden wird.

Gleichgestellt wird durch § 394 ABGB der Fall, daß zwar nur einer die verlorene Sache entdeckt und danach gestrebt hat, der andere jedoch ihm zuvorgekommen ist. Bloßes Entdecken ohne Ergreiferhandlung gewährt keine Finderrechte. Es genügt, wenn einer von den Mitfindern die Vorschriften über Kundmachung und Anzeige befolgt hat.

Auch ein **Kind** kann finden, ebenso ein **Geisteskranker.** Zum Finden ist eben kein rechtsgeschäftlicher Wille erforderlich, sondern es genügt der natürliche Entschluß, die gewahrsamsfreie Sache an sich zu nehmen und aufzubewahren.

Rechtliche Schwierigkeiten kann der Fund **verborgener** Sachen auslösen. Darunter versteht man mit Absicht versteckte Sachen. Vielfach wurden in den letzten Kriegstagen wertvolle Sachen vergraben, eingemauert oder in einem Geheimfach verschlossen, um sie vor dem Zugriff anderer zu schützen. Angenommen, Karl Jedermann stößt beim Umgraben im gepachteten Blumengarten auf eine Kassette mit Juwelen, die offenbar im Jahre 1945 dort vergraben worden ist. In der Kassette befindet sich auch eine Uhr, in deren Sprungdeckel der Name des Eigentümers eingraviert ist. Kann Karl Jedermann von ihm Finderlohn verlangen?

Wenn der ermittelte Eigentümer der Uhr beziehungsweise der Schmuckkassette beweisen kann, daß ihm das **Versteck** wohl **bekannt** war, besteht für ihn keine Verpflichtung zur Zahlung des Finderlohns. War ihm dagegen das Versteck unbekannt, dann hat Karl Jedermann als Entdecker Anspruch auf Finderlohn und auf Ersatz seiner notwendig und zweckmäßig gemachten Aufwendungen.

Besondere Vorschriften gelten für den sogenannten **Schatzfund.** Wer im Flußsand alte römische oder griechische Münzen entdeckt oder beim Umstechen eines gepachteten Gartens auf einen kostbaren Grabrest stößt, ist Schatzfinder. Vom Fund eines Schatzes kann man nach § 398 ABGB nur sprechen, wenn eine wertvolle Sache schon **lange Zeit** verborgen war und daher der vorige Eigentümer nicht mehr zu ermitteln ist. Der Finder eines Schatzes erwirbt das **Eigentum** an der gefundenen Sache **zur Hälfte.** Die andere Hälfte gebührt dem Eigentümer des Grundstücks (wenn die Sache z. B. vergraben war). Diese Teilung zwischen Finder und Eigentümer findet in **Natur** und nicht nach dem Schätzwert oder dem Verkaufspreis statt.

Bei **archäologischen** und **numismatischen** Funden, die für Kunst und Wissenschaft von Bedeutung sein können, haben die Verwaltungsbehörden der Landesregierung Anzeige zu erstatten. Bei Funden, die dem **Denkmalschutzgesetz vom 25. September 1923, BGBl Nr. 533,** unterliegen, ist der Finder und — wenn er Kenntnis vom Schatzfund hat — auch der Grundbesitzer zur **Anzeige an die Verwaltungsbehörde** verpflichtet.

Der Finder verliert seinen halben Anteil am Schatze, wenn er den Schatz auf fremdem Grund und Boden ohne Wissen und Willen des Eigentümers aufgesucht hat, wenn er ihn verheimlicht oder wenn er sich beim Aufsuchen des Schatzes einer unerlaubten Handlung schuldig gemacht hat.

Auftrag, Vollmacht und Ermächtigung

Karl Jedermann stellt fest, daß in seinem Kellerraum ein durch diesen laufendes Heizungsrohr schadhaft ist. Er geht sofort zum Hauseigentümer (oder Hausverwalter) und zeigt ihm den Schaden an. Dieser erklärt, er sei im Augenblick nicht abkömmlich und könne sich darum nicht kümmern. Als ihn Karl Jedermann fragt, ob er dann selbst zu einem Installateur gehen solle, da doch Gefahr im Verzuge sei, nennt ihm der Hauseigentümer eine Installationsfirma, die immer für ihn arbeitet. Karl Jedermann fährt sofort mit der Straßenbahn hin, schildert dort die Sachlage, insbesondere seine Rücksprache mit dem Hauseigentümer, und veranlaßt so, daß die Reparatur alsbald durchgeführt wird. Als die Installationsfirma dem Hausherrn die Rechnung präsentieren will, wird sie vom Hauseigentümer an Karl Jedermann mit dem Bemerken weiterverwiesen, er habe die Reparatur doch gar nicht bestellt. Der Hausherr ist aber im Unrecht.

Die Installationsfirma hat einen Anspruch auf Werklohn gegenüber dem Hausherrn. Zwischen beiden ist ein Werkvertrag zustande gekommen. Die Vertragsofferte wurde vom Hauseigentümer — vertreten durch Karl Jedermann — abgegeben. Nach den Regeln über die direkte Stellvertretung kann eine Willenserklärung im Namen eines anderen durch einen Vertreter mit der Wirkung abgegeben werden, daß sie so behandelt wird, als hätte der Vertretene selbst gehandelt. Dies setzt voraus, daß derjenige, der für einen anderen handelt, auch die erforderliche Vertretungsmacht hat. Es gibt Personen, die eine solche Vertretungsmacht kraft Gesetzes haben, z. B. der Vater für das minderjährige Kind, der Vormund für das Mündel, die Ehefrau im Rahmen ihrer Schlüsselgewalt für den Ehemann. Man kann aber eine Vertretungsmacht auch dadurch bekommen, daß man von einem andern bevollmächtigt wird. Diese sogenannte rechtsgeschäftliche Vertretungsmacht nennt man auch **Vollmacht.** Die Bevollmächtigung bedarf keiner Form, wenn sie auch aus Zweckmäßigkeitsgründen häufig schriftlich fixiert oder notariell beurkundet wird.

Karl Jedermann hat hier von seinem Hausherrn eine solche Bevollmächtigung erhalten. Wenn auch der Hauseigentümer nicht ausdrücklich erklärte: „Ich bevollmächtige Sie hiermit, die Reparatur in meinem Namen zu bestellen", so konnte die Art und Weise seines Verhaltens nach Treu und Glauben nur in diesem Sinn verstanden werden. Die Juristen sprechen insoweit von einem konkludenten oder schlüssigen Verhalten. Willenserklärungen werden immer so ausgelegt, wie sie ein unbefangener Dritter nach Treu und Glauben mit Rücksicht auf die Verkehrssitte verstehen darf; wie es eben der Übung des redlichen Verkehrs entspricht (§ 914 ABGB).

Damit die Wirkungen einer Willenserklärung des Vertreters nun aber auch in der Person des Vertretenen eintreten, ist es erforderlich, daß er dem betreffenden Geschäftspartner zu erkennen gibt, daß er im Namen eines anderen auftritt. Man nennt das in der Fachsprache **„Handeln mit offener Vollmacht".**

Wäre also Karl Jedermann nur zu der Installationsfirma mit dem Bemerken hingegangen, daß er eine Reparatur in seinem Keller wünsche, so hätte er sich selbst aus diesem Vertrag berechtigt und verpflichtet. Da er aber den Hergang schilderte, wie es zu dieser Bestellung kam, so konnte wiederum bei einer objektiven Auslegung seiner Erklärung dies nur bedeuten, daß er im Namen des Hauseigentümers handelt. Die Installationsfirma muß also den Hausherrn auf Zahlung der Reparaturkosten klagen; gegen Karl Jedermann hat sie keinen Anspruch.

Karl Jedermann kann vom Hausherrn Ersatz des Fahrgeldes verlangen, das er aufgewendet hat, um die Reparaturbestellung aufzugeben. Wir haben bisher lediglich die Vollmacht, das heißt die Vertretungsmacht des Karl Jedermann betrachtet, die er von seinem Hausherrn erhalten hat und die nach außen (der Installationsfirma gegenüber) wirken sollte.

Diese Vertretungsmacht ist aber nichts weiter als die Möglichkeit, für einen anderen Rechtsgeschäfte zu tätigen. Eine solche Betätigung überträgt man ja nicht wahllos irgendeinem Dritten. Die Vollmacht ist vielmehr nur regelmäßig das Mittel, das man einem anderen gibt, um mit seiner Hilfe einen Auftrag zu erfüllen, Dienstvertragspflichten nachzukommen und dergleichen mehr. Nur solche Personen werden bevollmächtigt, die aufgrund einer vertragsmäßigen Beziehung verpflichtet oder berechtigt sind, für einen anderen tätig zu werden. Die Vollmacht ist also mit diesem zugrundeliegenden Geschäft nicht identisch, sondern setzt sie nur voraus.

Zwischen Karl Jedermann und seinem Hausherrn kam ein solcher **Auftrag** zustande. In der Erklärung des Hauseigentümers lag also zweierlei. Einmal die Bevollmächtigung: Du kannst in meinem Namen einen Vertrag mit der Installationsfirma schließen; zweitens der Auftrag: Du bist **verpflichtet,** mir den Weg zu der Installationsfirma abzunehmen und dort das Nötige zu veranlassen. Dieser Auftrag löst gegenseitige Rechte und Pflichten aus. In erster Linie bestehen nur Pflichten des Beauftragten, also des Karl Jedermann. Er hat seine Pflichten erfüllt, indem er die Reparatur bestellt hat. Eine Gegenleistung ist bei einem Auftrag meist nicht vorgesehen. Der Auftrag ist also kein gegenseitiger Vertrag, wie z. B. der Kauf oder die Miete, wo immer beide Teile etwas leisten müssen. Trotzdem können aber auch Pflichten für den Auftraggeber entstehen. Der Auftraggeber ist nämlich verpflichtet, dem Beauftragten solche Aufwendungen zu ersetzen, die er im Interesse der Ausführung des Auftrags gemacht hat. Solche Aufwendungen sind hier das Fahrgeld, das Karl Jedermann ausgegeben hat.

Der Jurist nennt Verträge dieser Art, die zwar keine Gegenleistung kennen, aber unter Umständen derartige Verpflichtungen mit sich bringen, unvollkommen zweiseitige Verträge. Eine **Entlohnung** erhält der Beauftragte also nur, wenn sie ausdrücklich oder stillschweigend vereinbart wurde, sonst nicht. Die Entgeltlichkeit beim Auftrag oder – wie man auch sagt – Mandat kann sich aber schon aus der Person des Mandatars (Beauftragten) ergeben, wenn dieser einem Stand angehört, dessen Mitglieder ihren Erwerb in der Besorgung fremder Rechtsgeschäfte finden (z. B. Rechtsanwälte, Notare). Der Handelsagent, der gleichfalls Geschäfte für fremde Rechnung vermittelt oder in fremdem Namen schließt (Agent im technischen Sinn), ist selbständiger Gewerbetreibender. Da er aber vom Geschäftsherrn ständig damit betraut ist, trifft das **Handelsvertretergesetz** BGBl Nr. 348/21 in der Fassung der BGBl Nr.153/60 und Nr. 305/78 (früher Handelsagentengesetz) eine dem AngestelltenG ähnliche Regelung.

Abgrenzungen

Das Wort „Auftrag“ wird häufig falsch gebraucht. Man spricht oft davon, daß man die Hausgehilfin beauftragt, zum Kaufmann zu gehen usw. Hier liegt aber kein Auftragsvertrag vor, sondern nur eine Anordnung innerhalb des Dienstvertrages, den Hausgehilfin und Arbeitgeber miteinander geschlossen haben.

Aber noch ein Begriff spielt bei den so häufigen Geschäftsbesorgungen durch andere eine Rolle, nämlich die **Ermächtigung.** Hätte der Hausherr zu Karl Jedermann bloß gesagt: „Wenn Sie bei der Installationsfirma vorbeikommen, dann veranlassen Sie vielleicht gleich, daß der Schaden am Heizungsrohr behoben wird“, und nimmt Karl Jedermann darauf keinerlei Verpflichtung auf sich, dann ist er bloß zur Vornahme eines Rechtsgeschäftes ermächtigt und nicht – wie oben erklärt – beauftragt worden.

Auf eine ganz kurze Merkformel gebracht, kann man die drei typischen Seiten der **Geschäftsbesorgung** am besten so unterscheiden:

1. Vollmacht meint das rechtliche **Können** (es vermag der Bevollmächtigte für den Vollmachtgeber tätig zu werden) und bezieht sich immer auf das Außenverhältnis;
2. Auftrag bedeutet ein rechtliches **Sollen** (es ist der Beauftragte verpflichtet, für den Auftraggeber tätig zu werden) und betrifft nur das Innenverhältnis;
3. Ermächtigung ist ein rechtliches **Dürfen** (der Ermächtigte darf zwar für den Ermächtigenden tätig werden, hat sich aber zu nichts verpflichtet) und bezieht sich ebenfalls nur auf das Innenverhältnis.

Der im Punkt 1) genannte Begriff bezeichnet zugleich die direkte Stellvertretung – Handeln im fremden Namen und auf fremde Rechnung. Rechtsgeschäftliche Wirkungen treten unmittelbar in der Person des Vertretenen ein.

Die in den Punkten 2) und 3) genannten Begriffe bezeichnen nur Fälle der indirekten Stellvertretung = Handeln im eigenen Namen, aber auf fremde Rechnung. Rechtsgeschäftliche Wirkungen treten zuerst in der Person des Vertreters ein und müssen dann auf den Vertretenen übertragen werden.

Unter dem gemeinsamen Oberbegriff „Bevollmächtigungsvertrag“ vermengt § 1002 ABGB die soeben klar herausgehobenen Rechtsfiguren und hat dadurch der Rechtsanwendung schon oft schwierige Probleme bereitet. Das ABGB tut so, als ob Vollmacht, Auftrag und Ermächtigung stets zugleich vorliegen müßten. In Wirklichkeit trifft das aber durchaus nicht immer zu. Begründung und Beendigung einer Geschäftsbesorgung müssen getrennt beurteilt werden, z. B. kann Vollmacht (also im Außenverhältnis) fortdauern, Auftrag (also für das Innenverhältnis) erlöschen und umgekehrt.

Vollmachtstypen

Karl Jedermanns Hauseigentümer, Otto Klücklich, läßt die Mieten durch den im Hause wohnenden Hausverwalter einziehen. In einem besonderen Raum der Hausverwalterwohnung, in dem die Zahlungen monatlich erfolgen, hängt ein von Klücklich unterzeichneter Aushang: „Die Miete bitte ich stets an unseren Hausverwalter zu entrichten." Der bisherige Hausverwalter wird eines Tages entlassen, und Klücklich stellt als neuen Hausverwalter Erwin Listig ein, der eine große Anzahl guter Zeugnisse vorweisen kann. Listig kassiert in den nächsten zwei Monaten die Miete, behält die eingezogenen Gelder aber für sich und wird flüchtig.

Der empörte Klücklich verlangt von seinen Mietern nochmalige Zahlung.

Das Verlangen ist ungerechtfertigt.

Gläubiger der Mieter ist der Vermieter Klücklich. Die Mieter können daher an und für sich auch nur an ihn mit befreiender Wirkung zahlen.

Nun kennt jedoch unser Recht die Möglichkeit, rechtsgeschäftliche Handlungen durch einen Vertreter vorzunehmen. Wer eine Vertretungsmacht hat, kann also rechtsgeschäftliche Handlungen so vornehmen, wie wenn sie der Vertretene selbst vorgenommen hätte. Es kann jeder Mensch einer anderen Person eine solche Vertretungsmacht verschaffen, indem er sie bevollmächtigt. Eine solche durch eine Bevollmächtigung erlangte Vertretungsmacht nennt man – wie wir schon wissen – Vollmacht. Die Handlung, durch die der Vertreter diese Vollmacht erlangt, heißt Bevollmächtigung. Sie ist eine einseitige Erklärung des Bevollmächtigenden gegenüber dem, der die Vollmacht erhalten soll, oder gegenüber den Personen, die mit dem Vertreter zu tun haben. Sie bedarf keiner bestimmten Form.

In unserem Fall ist die Bevollmächtigung des Listig dadurch erfolgt, daß ihm Klücklich bei seiner Anstellung als Hausverwalter eröffnete, daß er die Mieten zu kassieren habe. Die Bevollmächtigung ist nicht identisch mit dem Anstellungsvertrag. Nicht jeder Dienstvertrag macht die Erteilung einer Vollmacht notwendig. Wer einen Arbeiter zum Umgraben eines Gartens einstellt, braucht diesem keine Vollmacht zu geben, sondern muß ihm eine Schaufel zur Verfügung stellen. Die Vollmacht ist also gewissermaßen „die Schaufel", die eine Person braucht, um für uns rechtsgeschäftliche Handlungen vorzunehmen. Wer nur tatsächliche Handlungen verrichten soll, der braucht keine Vollmacht.

Listig erhielt seine Vollmacht zur Einziehung der Mietzinse durch eine Bevollmächtigung bei der Anstellung.

Wer sich die Stilisierung des Wortlautes einer solchen **Hausverwaltungsvollmacht** ersparen will, verwendet z. B. ein im Handel erhältliches Formular (vgl. nächste Seite) und streicht einfach die nicht gewünschten Befugnisse durch. Das Erwin Listig eingeräumte Recht, einen anderen Stellvertreter nach seiner Wahl zu bestellen, nennt man auch die Befugnis zur **Substitution.** Wurde eine solche Substitutionsklausel nicht ausgestrichen, könnte der Hausverwalter auf die vorgeführte Vollmacht auch die Worte „Für mich mit gleichen Rechten und Pflichten an . . . (Name)" setzen, unterschreiben und auf solche Weise eine **Untervollmacht** zugunsten und zu Lasten einer anderen Person einräumen.

Der Anschlag im Verwalterzimmer ist keine Bevollmächtigung, sondern nur eine Bekanntgabe, daß eine Vollmacht des jeweiligen Hausverwalters zur Einziehung des Mietzinses besteht. Demnach haben die Mieter, als sie Listig den geschuldeten Bestandzins samt Nebengebühren aushändigten, ihre Schuld dem Klücklich gegenüber erfüllt. Es gilt ja die Zahlung des

Hausverwaltungs- und Prozeß-

Vollmacht

mit welcher ich (wir) dem Herrn / Frau ....

.... die Verwaltung des (der) mir (uns) gehörigen

Hauses (Häuser) ....

....

....

übertrage . . ., denselben ermächtige . . ., mich (uns) in allen auf die Verwaltung diese . . . Hause . . . bezüglichen Geschäften vor Gericht und vor politischen Behörden sowie außerbehördlich zu vertreten, Wohnungen unter Festsetzung des zu zahlenden Mietzinses samt Nebengebühren in dem (den) zur Verwaltung übergebenen Hause (Häusern) zu vermieten, Angelder sowie den Zins samt Nebengebühren in Empfang zu nehmen und darüber rechtsgültig zu quittieren, die Zinsfassionen zu unterschreiben, Kündigungen des Hausbedienungspersonals sowie Aufkündigungen der Mietparteien einzubringen, anzunehmen und davon abzustehen, Zinsklagen einzubringen und davon abzustehen, die pfandweise Beschreibung und alle weiteren Exekutionsschritte zur Sicherstellung und somit zur Hereinbringung aushaftender Zinsforderungen sowie Delogierungen zu erwirken, in den über Aufkündigungen oder Zinsklagen anhängig gewordenen Prozessen mich (uns) zu vertreten, Vergleiche zu schließen, gerichtliche oder andere Zustellungen zu übernehmen, Berufungen, Revisionen und Rekurse sowie alle sonstigen Rechtsmittel zu ergreifen, außerdem zu allen Geschäften und Rechtshandlungen ermächtige . . ., die zur ordentlichen Verwaltung eines Hauses notwendig oder zweckdienlich sind.

Ich (wir) ermächtige . . . den Herrn .... ferner, den Hausbesorger, Gärtner und die sonstigen zur Bedienung des Hauses erforderlichen Dienstleute nach seinem Belieben aufzunehmen, zu besolden und zu entlassen, die nach seinem Ermessen notwendigen Reparaturen anzuordnen, die erforderlichen Verträge mit den betreffenden Gewerbsleuten abzuschließen, die Rechnungen derselben zu bezahlen, mich (uns) in den hiefür allenfalls entstehenden Streitigkeiten gerichtlich und außergerichtlich zu vertreten, Klagen einzubringen, anzunehmen und davon abzustehen, alle sonstigen gerichtlichen Zustellungen zu empfangen, Eide aufzutragen, anzunehmen und zurückzuschieben, Vergleiche zu schließen, Appellationen, Rekurse und sonstige Rechtsmittel zu ergreifen und davon abzustehen.

Ich (wir) räume . . . dem Herrn .... endlich das Recht ein, in den in seinen Wirkungskreis fallenden Streitigkeiten einen Rechtsfreund oder anderen Stellvertreter nach seiner Wahl zu bestellen.

Dafür verpflichte . . . ich mich (wir uns) für die nach Maßgabe dieser Vollmacht unternommenen Schritte zu voller Genehm- und Schadloshaltung und bemerke . . ., daß über das dem Herrn .... gebührende Verwaltungshonorar ein abgesondertes Übereinkommen getroffen wurde.

...., den ....

....

Unterschrift

Vollmacht

mit welcher ich (wir) Herrn/Frau

Prozeßvollmacht erteile(n) und ihn überdies ermächtige(n), mich (uns) und meine (unsere) Erben in allen Angelegenheiten, einschließlich der Steuerangelegenheiten, sowohl vor Gerichts-, Verwaltungs- und Finanzbehören als auch außerbehördlich zu vertreten, Prozesse anhängig zu machen und davon abzustehen, Zustellungen aller Art, insbesondere auch Klagen, Urteile und Grundbuchbescheide anzunehmen, Vertretungen zu begehren und zu leisten, Rechtsmittel aller Art zu ergreifen und zurückzuziehen, Exekutionen und einstweilige Verfügungen zu erwirken und davon abzustehen, Einverleibungs-, Vorrangseinräumungs- und Löschungserklärungen abzugeben, Gesuche und Bewilligung grundbücherlicher Eintragungen und Rangordnungsanmerkungen jeder Art zu unterfertigen, Vergleiche jeder Art, insbesondere auch solche nach § 205 ZPO abzuschließen, Geld und Geldeswert zu beheben, in Empfang zu nehmen und darüber rechtsgültig zu quittieren, bewegliche und unbewegliche Sachen und Rechte zu veräußern, zu verpfänden oder entgeltlich und unentgeltlich zu übernehmen, Anleihen und Darlehensverträge zu schließen, bei Erbschaften bedingte oder unbedingte Erbserklärungen zu überreichen, eidesstättige Vermögensbekenntnisse abzugeben, Gesellschaftsverträge zu errichten, sich auf schiedsrichterliche Entscheidungen zu einigen und Schiedsrichter zu wählen, bei Konkurs- (Ausgleichs-)verhandlungen den Masseverwalter und die Gläubigerausschüsse zu wählen, Treuhänder und Stellvertreter mit gleicher oder minder ausgedehnter Vollmacht zu bestellen und überhaupt alles vorzukehren, was er für nützlich oder notwendig erachten wird.
Zugleich verspreche(n) ich (wir), seine und seines Substituten in Gemäßheit dieser Vollmacht unternommenen Schritte und Maßregeln für genehm zu halten, und verpflichte(n) mich (uns), seine und seines Substituten Honorare und Auslagen in .... zur ungeteilten Hand zu berichtigen, und erkläre(n) mich (uns) einverstanden, daß ebenda auch der bezügliche Anspruch gerichtlich geltend gemacht werden könne.
Für die Honorarberechnung sind die (jeweils gültigen) autonomen Honorarrichtlinien (AHR) des Österreichischen Rechtsanwaltskammertages maßgebend.

...., den .... 19.........

....

Unterschrift

Ich nehme diese Vollmacht an und substituiere mit gleichen Rechten und Pflichten die Herren Doktoren

Geldes an Listig als Entgegennahme durch Klücklich, denn die rechtsgeschäftlichen Erklärungen des Vertreters wirken bei der direkten Stellvertretung in der Person des Vertretenen. Gemäß § 1412 ABGB sind also die Mieter von ihrer Mietschuld befreit worden.

Nun wird sich Klücklich mit dieser für ihn ungünstigen Lösung kaum zufriedengeben wollen. Er ist von Listig durch die Vorlage der gefälschten Papiere arglistig getäuscht worden. Er kann daher den durch Überlistung zustande gekommenen Vertrag mangels wahrer Einwilligung nach § 877 ABGB **anfechten.** Dies hat juristisch zur Folge, daß zwischen Klücklich und Listig niemals ein Dienstvertrag bestanden hat. Alles ist wieder zurückzustellen, und in jedem Fall muß derjenige, der einen Vertrag durch List oder ungerechte Furcht bewirkt hat, für die nachteiligen Folgen Genugtuung leisten (§ 874 ABGB).

Damit ist aber nicht gesagt, daß deshalb die Vollmacht des Listig automatisch wegfällt. Der Anstellungsvertrag war zwar der Anlaß, den Listig zu bevollmächtigen, aber diese beiden Rechtsgeschäfte sind nicht miteinander identisch. Trotz Anfechtung des Dienstvertrages ist Listig nach wie vor als Bevollmächtigter anzusehen. Doch auch diese Bevollmächtigung ist ja nun wiederum ein Rechtsgeschäft. Es wäre ebenfalls eine Anfechtung durch den Anfechtungsberechtigten möglich. Klücklich wird also nicht nur den Anstellungsvertrag mit Listig anfechten, sondern auch die diesem gegenüber ausgesprochene Bevollmächtigung. Dies hätte zur Folge, daß Listig nie Bevollmächtigter gewesen wäre. Die weitere Konsequenz wäre also, daß die Mieter von ihrer Mietzinsschuld nicht frei geworden wären und noch einmal an Klücklich zahlen müßten.

Trotzdem brauchen die Hausbewohner nicht zu verzweifeln! Der Anschlag in dem Hausverwalterzimmer stellt nämlich eine besondere Mitteilung an die Mieter über die Bevollmächtigung des jeweiligen Hausverwalters dar. Aufgrund dieser Mitteilung hat Listig die Vertreterbefugnis für Klücklich ohne Rücksicht darauf, ob die seinerzeitige Bevollmächtigung durch Klücklich wirksam geblieben ist oder nicht. Diese Vertretungsmacht aufgrund der besonderen Mitteilung bleibt bestehen, bis ihre Kundgebung rückgängig gemacht ist.

Es kann auch ausdrücklich oder konkludent von vornherein oder nachträglich bestimmt werden, daß die Vollmacht durch den Tod des Vollmachtgebers nicht erlischt. Wer also der Vollmacht den Charakter einer **postmortalen** Vollmacht geben will, wird in den Text hineinschreiben, daß die Erklärung über den Tod des Vollmachtgebers hinaus wirkt. Das sieht etwa folgendermaßen aus:

GENERALVOLLMACHT

Hiermit gebe ich, der unterzeichnete Kaufmann Karl Jedermann, 1010 Wien, Opernring 72, meiner Ehefrau Ottilie Jedermann, geborene Tüchtig, ebenda, Generalvollmacht, mich in allen Angelegenheiten geschäftlicher und persönlicher Art zu vertreten. Sie ist insbesondere auch bevollmächtigt, Erklärungen gegenüber Gerichten und sonstigen Behörden abzugeben. Diese Vollmacht soll auch über meinen Tod hinaus Gültigkeit haben.

Wien, den ....

Unterschrift

(Beglaubigung der Unterschrift durch Gericht oder Notar ist zweckmäßig)

Wenn wir also jetzt eine **Einteilung** der Vollmachten vornehmen, so lassen sich unterscheiden:

I. Generalvollmachten

II. Sondervollmachten

Die Einteilung der Sondervollmachten ist noch zu verfeinern:

1. Gattungsvollmachten

sind notwendig:

a) für jede entgeltliche Veräußerung oder Erwerbung,
b) für den Abschluß von Darlehensgeschäften,
c) zur Behebung von Geld oder Geldeswert,
d) zur Prozeßführung,
e) zum Abschluß von Vergleichen.

2. Spezialvollmachten

sind erforderlich:

a) zur unbedingten Antretung oder Ausschlagung einer Erbschkaft,
b) zur Errichtung von Gesellschaftsverträgen,
c) zur Gewährung von Schenkungen,
d) zur Wahl eines Schiedsrichters,
e) zur unentgeltlichen Aufgabe von Rechten.

Eine **bücherliche Einverleibung** (vgl. über das Grundbuch Seite 182) gegen den Vollmachtgeber kann aufgrund von Urkunden nach dem Grundbuchsgesetz nur aufgrund einer Gattungsvollmacht oder einer Spezialvollmacht, die **nicht älter als ein Jahr** sein darf, bewilligt werden. Zum Ansuchen um eine Eintragung im Vollmachtsnamen desjenigen, dem sie zum Vorteil dient, genügt schon eine Generalvollmacht.

Auch **stillschweigende** Bevollmächtigungen kommen vor und spielen im praktischen Wirtschaftsleben eine überaus wichtige Rolle. Sie wirken namentlich zugunsten gutgläubiger Dritter (z. B. Gläubiger) und bedeuten dann eine Erscheinungsform des **Vertrauens auf den äußeren Tatbestand** der Vertretungsmacht. So wird vermutet (§ 1030 ABGB), daß die von einem Handelsmann oder Gewerbsmann mit dem Verkauf von Waren betrauten Angestellten oder Lehrlinge auch bevollmächtigt seien, die **Bezahlung** dafür zu **empfangen** und **Quittungen** darüber **auszustellen.** Ferner ist bestimmt (§ 1033 ABGB), daß Dienstleute und andere Hausgenossen als Überbringer eines **ordentlichen Einschreibebuches** (vor allem zum Bezug von Lebensmitteln für den Haushalt) für ermächtigt gelten, die Ware **auf Borg** zu nehmen.

Im Zusammenhang mit der Inanspruchnahme des Wohnhauswiederaufbaufonds ist wiederholt die Frage der **Widerruflichkeit** einer unwiderruflich ausgestellten Hausverwaltervollmacht aufgetaucht, da der Wiederaufbaufonds eine einheitliche Vertretung **aller** Miteigentümer verlangt und ein Widerruf eines Miteigentümers die Abwicklung unter Umständen unmöglich macht.

Die Judikatur des OGH geht dahin, daß die Unwiderruflichkeit **auf Zeit** wirksam vereinbart werden kann, wenn damit ein über das zu besorgende Geschäft hinausgehender Zweck erreicht werden soll. Dennoch ist aus **wichtigen Gründen** ein Widerruf möglich. Ist aber die Vollmacht von mehreren Miteigentümern erteilt worden, so kann sie nicht von jedem einzelnen, sondern nur **gemeinsam** widerrufen werden. Kommt keine Einigkeit über den Widerruf zustande, muß der Widerrufswillige die anderen auf Zustimmung zum Widerruf der Vollmacht klagen.

Vollmachten unterliegen einer Gebühr in der Höhe von S 100,–. Die Gebührenpflicht entsteht mit der Unterfertigung und Übergabe der Vollmacht an den Vollmachthaber oder sonstigen Vertreter.

Geschäftsführung ohne Auftrag

Karl Jedermanns Vater hat in den Tagen nach dem Ende des Zweiten Weltkriegs folgendes Erlebnis gehabt: Er hatte einen gebrauchten Personenkraftwagen bei einem Freund während des Krieges untergestellt. Als die Kämpfe zu Ende gingen, war die Familie Jedermann an ihrem Evakuierungsort und hatte keinerlei Möglichkeit, sich mit dem Freund Fritz in Verbindung zu setzen. Es war die große Zeit der Autojagd. Die Behörden beschlagnahmten jedes fahrbare Auto, wo sie es nur fanden, außer jenen Fahrzeugen, die Ärzte und Hebammen zur Berufsausübung benutzten. Um einer solchen drohenden Beschlagnahme zuvorzukommen, setzte sich Fritz mit einem ortsansässigen Arzt in Verbindung, schilderte ihm die Sachlage, verkaufte ihm das Auto und händigte es ihm aus. Karl Jedermanns Vater kam nach einem halben Jahr nach Hause und verlangte nunmehr das Auto von dem Arzt heraus. Der Arzt weigerte sich mit der Begründung, Fritz habe als „Geschäftsführer ohne Auftrag" gehandelt und sei als solcher in der Lage gewesen, ihm das Eigentum an dem Auto zu übertragen. Herr Jedermann solle sich an seinen Freund Fritz halten. Der Arzt Dr. Angina hatte unrecht. Er mußte den Pkw herausgeben.

Die Frage, ob er Eigentum erworben hat, beantwortet sich ausschließlich nach den §§ 380 ff. ABGB. Hier ist geregelt, durch welchen Titel und mit welcher rechtlichen Erwerbungsart man das Eigentum an beweglichen Sachen erwerben kann. Die Vorschriften über die sogenannte „Geschäftsführung ohne Auftrag" (§§ 1035 ff. ABGB) behandeln genaugenommen die **Geschäftsführung ohne Ermächtigung.** Sie haben aber mit unserer Frage nichts zu tun, sondern geben höchstens Auskunft, ob in der rechtlichen Beziehung zwischen Dr. Angina und Herrn Jedermann Schadenersatz, Ersatz der Aufwendungen usw. verlangt werden kann.

Die Voraussetzungen eines gültigen Eigentumserwerbes durch den Arzt liegen im Prinzip schon deshalb nicht vor, weil Fritz nicht Eigentümer des Pkw war. Nun kann man zwar nach § 367 ABGB auch von einem Nichteigentümer das Eigentum an einer beweglichen Sache erwerben, dies aber nur unter ganz bestimmten Voraussetzungen (vgl. darüber ausführlich Seite 187). In unserem Fall waren sich Fritz und Dr. Angina zwar einig, daß die Sache in das Eigentum des Erwerbers übergehen soll; es wurde auch der Besitz am Auto, das bei Fritz eingestellt war, auf den Doktor übertragen. Aber als allerwichtigstes Erfordernis verlangt der § 367 ABGB, daß der Erwerber **gutgläubig** ist. Darunter versteht man folgendes: Der Erwerber muß glauben, daß derjenige, der ihm die Sache veräußert, Eigentümer des Autos ist. Die etwa unrichtige Vorstellung von der Wirklichkeit darf nicht auf einem Verschulden beruhen. Dr. Angina hat hier positiv gewußt, daß Fritz nicht Eigentümer war, denn dieser hatte ihm ja die ganzen Umstände des Falles erzählt. Er hat nicht an das Eigentum des Fritz geglaubt, sondern hatte – wie offenbar auch Fritz – die vage allgemeine Vorstellung, daß Fritz aufgrund der kritischen Umstände die Befugnis habe, das fremde Auto zu veräußern. Diese Auffassung ist aber unwichtig. Da Dr. Angina beim seinerzeitigen Erwerb nicht an das Eigentum glaubte, sondern an eine in Wirklichkeit nicht vorhandene Verfügungsbefugnis, war er nicht Eigentümer geworden und mußte das Auto an Herrn Jedermann herausgeben.

Etwas anderes wäre es gewesen, wenn Fritz sich als Eigentümer des Pkw ausgegeben hätte. Dann könnte man Dr. Angina möglicherweise die im § 367 ABGB geforderte Gutgläubigkeit zubilligen. Aber auch das nur eingeschränkt, denn es hätte dem Arzt auffallen müssen, daß der Kraftfahrzeugbrief nicht auf Fritz' Namen lautete. Aber in den Wirren der Zeit des Kriegsendes kam es vielleicht auf den Kraftfahrzeugbrief nicht so sehr an, wenn überhaupt einer vorhanden war.

Der Vater Karl Jedermanns brauchte einige Zeit, um den Wagen wieder zu bekommen, und hatte für die Zeit, in der er das Auto entbehrte, finanzielle Nachteile. Er verlangte daher von seinem Freund Fritz Schadenersatz wegen der Fortgabe des Wagens. Man wird diesen Anspruch grundsätzlich bejahen müssen. Fritz hat ja zweifellos den Verwahrungsvertrag verletzt, indem er den Wagen eigenmächtig veräußerte. Der Verwahrer haftet bei uns für **jedes Verschulden.** Auch bei der hier vorliegenden **unentgeltlichen** Verwahrung wird die Sorgfaltspflicht nicht verringert. Das ABGB kennt keine Privilegierung des Nachlässigen! Aber liegt denn hier eine Nachlässigkeit vor? Im Gegenteil, Fritz war in einem besonderen Grad um das Geschick des Wagens besorgt und nahm diese eigenmächtige Geschäftsführungshandlung vor, um die drohende, dringende Gefahr der Beschlagnahme des Pkw abzuwenden. Deshalb wäre eine Schadenersatzklage Herrn Jedermanns wahrscheinlich **schikanöse Rechtsausübung** und darum von keinem Erfolg begleitet.

Der Arzt kann keinerlei Schadenersatzansprüche gegen Fritz stellen. Zwar hat sich Fritz durch Kaufvertrag gegenüber Dr. Angina verpflichtet, diesem das Eigentum an dem Pkw zu verschaffen. Dieser Kaufvertrag ist auch gültig, denn man kann sich verpflichten, Sachen, die einem nicht gehören, einem andern zu übereignen. Dr. Angina wußte aber, daß der Verkäufer nicht Eigentümer war. Er wußte auch, daß dieser die Veräußerungsbefugnis von Tatsachen ableitete, die er, der Käufer, selbst kannte. Infolgedessen haftet ihm Fritz nicht.

Aufwandersatz

Eine Geschäftsführung ohne Auftrag wird häufig Aufwendungen des Geschäftsführers mit sich bringen, die er natürlich erstattet haben will. Stellen wir uns folgenden Fall vor: Karl sieht einen Mann im Wasser untergehen. Er springt ihm sofort nach und schafft ihn an Land. Die Wiederbelebungsversuche sind erfolgreich. Karl hat sich bei der Rettung den Anzug verdorben, seine Brieftasche ist ihm aus dem schnell abgeworfenen Rock gestohlen worden, und er hat sich beim Sprung ins Wasser an einem verborgenen Balken erheblich verletzt.

Der Gerettete lehnt jeden Schadenersatz ab. Er habe Karl Jedermann nicht um Rettung gebeten, der Bademeister hätte ihn wahrscheinlich rechtzeitig auch ohne sein Eingreifen gerettet. Karl meint, daß im Hilferuf des Ertrinkenden ein Auftrag gelegen hätte, dem er nachgekommen sei.

Karl kann den ihm entstandenen Schaden ersetzt verlangen.

Zwar besteht zwischen dem Ertrinkenden und ihm kein Auftrag. Der Hilferuf kann nicht als Auftragsangebot angesehen werden, sondern ist lediglich ein Reflexschrei, den die Angst ausgelöst hat.

Es liegt aber – wie das Gesetz sagt – ein Fall von „Geschäftsführung ohne Auftrag im Notfalle" (§ 1036 ABGB) vor. Dem Geschäftsführer im Notfall wurde gewissermaßen eine **gesetzliche Vollmacht** erteilt. Daß sich der Gerettete hinterher darauf beruft, daß er auf den Bademeister gewartet habe, ist wohl nicht ernst zu nehmen. Infolgedessen ist Karl berechtigt, Ersatz seiner Aufwendungen zu verlangen.

Das Verderben des Anzugs ist eine Aufwendung in diesem Sinne, da Karl diesen Verderb bewußt in Kauf genommen hat.

Der Verlust der Brieftasche steht in einem der Lebenserfahrung angemessenen

Zusammenhang mit dem hilfsbereiten Tun des Retters.

Aber auch die Körperverletzung, die bei Karl durch den Sprung ins Wasser eingetreten ist und ihm Heilungskosten verursachte, kann als ersatzfähige Aufwendung angesehen werden.

Das Gesetz gewährt einen Anspruch des Geschäftsführers auf Ersatz seiner Aufwendungen, soweit sie notwendig waren oder er sie nach den Umständen wenigstens für **zweckmäßig** halten durfte. Eine Vergütung für Zeitverlust kann der Geschäftsführer nur begehren, wenn darin zugleich ein Verdienstentgang durch die Versäumung einer Erwerbstätigkeit gelegen ist. – Dagegen ist bei einer Rettung von Menschen **keine Belohnung** vorgesehen. In Österreich besteht auch keine gesetzliche Pflicht zur Rettung Ertrinkender, selbstverständlich aber eine moralische. Bei Feuersbrünsten besteht nach den geltenden Feuerlöschordnungen eine gesetzliche Pflicht zur Hilfeleistung, die durch kein privates Verbot aufgehoben werden kann. Wurden bei einem Verkehrsunfall Personen verletzt, so haben nach der Straßenverkehrsordnung alle Personen, deren Verhalten am Unfallsort mit dem Verkehrsunfall in ursächlichem Zusammenhang steht, Hilfe zu leisten bzw. unverzüglich für fremde Hilfe zu sorgen (Strafsanktion!).

Keine „Gschaftelhuberei"!

Wenn kein wahrer Notfall vorliegt, wird eine Geschäftsführung ohne Auftrag vom Gesetz nicht begünstigt. Unbefugte Geschäftsführung wäre eine **Anmaßung** (§ 1035 ABGB), die für alle Folgen verantwortlich macht.

Bei einer „Geschäftsführung ohne Auftrag zum Nutzen des anderen" (§ 1037 ABGB) besteht nur dann ein Ersatzanspruch, wenn das Geschäft zu einem klaren und überwiegenden Vorteil geführt hat. Ob ein solcher Vorteil vorliegt, muß der Geschäftsführer beweisen. Er haftet für jede Schädigung des Geschäftsherrn.

Erfolgt die Geschäftsführung gar „gegen den Willen des anderen" (§ 1040 ABGB), dann ist der Vorgang rechtswidrig, und der Geschäftsführer **verliert** den von ihm gemachten **Aufwand,** sofern dieser nicht in Natur zurückgenommen werden kann (Zurücknahmerecht). Der unbefugte Geschäftsführer haftet auch für den Zufall und die nachteiligen Folgen einer durch seine Einmengung herbeigeführten Behinderung befugter Personen.

Menschen im Hotel

Als Überrest des alten Gastrechtes blieb die grundsätzliche Verpflichtung, daß der Herbergswirt (Hotelier) keine Fremden abweisen dürfe. Man spricht vom sogenannten Kontrahierungszwang.

Das telegraphisch bestellte Zimmer

Karl Jedermann unternimmt eine Reise. Er telegraphiert an das Hotel „Goldene Gans" und bestellt ein Zimmer für vier Wochen. Die „Goldene Gans" antwortet nicht, da sie auf Monate hinaus voll belegt ist. Karl Jedermann, der als sicher angenommen hat, daß ihm aufgrund seines Telegramms ein Zimmer reserviert wurde, wird bei seiner Ankunft vom Portier abgewiesen und muß sich notgedrungen ein weitaus teureres Quartier in einem anderen Hotel suchen. Er verlangt von der „Goldenen Gans" Schadenersatz.

Der § 1003 ABGB scheint ihm recht zu geben. Nach dieser Bestimmung haben diejenigen Personen, die zur Besorgung bestimmter Geschäfte öffentlich (also dem Publikum gegenüber) bestellt wurden, eine besondere Verpflichtung. Sie müssen sich **ohne Zögern** dem Auftraggeber **äußern,** ob sie den Auftrag annehmen oder nicht. Zu diesen besonders verpflichteten Personen zählen vor allem Rechtsanwälte und Notare. Wenn gewissen

Berufsgruppen die Pflicht zur Beantwortung von Vertragsanträgen auferlegt wird, so ist der Grund wohl darin gelegen, daß der Antragsteller bei Nichtbeantwortung mit Ausführung seines Antrages rechnen und dadurch zu Schaden kommen könnte. Wie überall im Rechtsverkehr, so besteht aber auch hier eine wichtige Schranke: Unmögliches kann von niemandem verlangt werden! Man wird also in der Festwochenzeit, zur Hauptsaison und dergleichen diese Äußerungspflicht entfallen lassen, da sonst das Hotelgewerbe in einem Übermaß beansprucht wäre. Man denke nur an die Flut von Bestellungen, die zur Ferienzeit an Hotels und Pensionen in den bekannten Badeorten gerichtet werden.

Kann aber nicht vielleicht Karl Jedermann das **Schweigen** der „Goldenen Gans" als **Annahme** betrachten? Das wäre nur für Personen zutreffend, zwischen denen eine **Geschäftsverbindung** besteht. Hier im Schweigen eine Zustimmung zu erblicken entspricht den Grundsätzen von Treu und Glauben, weil zwischen den beiden Geschäftsleuten bereits rechtliche Beziehungen bestehen, die sie zu **besonderer Sorgfalt** verpflichten.

Bestellung von Zimmern beim Hotelier, von Losen beim Kollekteur, Warenbestellung aufgrund zugesandter Preislisten und Kataloge etc., allen diesen Fällen ist eines gemeinsam: Der Antragsteller kann schon aus der Berufstätigkeit des Empfängers oder aus seinem früheren Verhalten erwarten, daß dieser zum Abschluß eines solchen Vertrages ohne weiteres bereit sein wird.

Wenn nach Erhalt des Telegramms die Hotelleitung eine Zimmerreservierung für Karl Jedermann vornimmt und auf dem Zimmerverzeichnis einen entsprechenden Vermerk anbringt, so muß ihm das reservierte Zimmer auch freigehalten werden. Hier kommt also der Vertrag (Beherbergungsvertrag) bereits dadurch zustande, daß die Hotelleitung ihren Willen kundtut, Karl Jedermann bei sich aufzunehmen.

Gundsätzlich kommt nach unserem geltenden Recht ein Vertrag nur zustande, wenn die Annahmeerklärung dem Antragsteller rechtzeitig zugekommen ist (§ 862a ABGB). Nach § 864 ABGB besteht jedoch eine **Ausnahme** für die Fälle, in denen nach der Natur des Geschäftes oder der Verkehrssitte eine ausdrückliche Erklärung der Annahme **nicht zu erwarten** ist. Wer telegraphisch für den nächsten Tag ein Zimmer bestellt, erwartet nicht mehr, daß er eine Rückantwort erhält. Wer ein Lotterielos kurz vor der Ziehung bestellt, erwartet keine Bestätigung des Lotterieeinnehmers. Notiert dieser das Los für den Besteller und entfällt auf das Los ein Gewinn, so ist der Gewinn dem Besteller auszuzahlen. Man spricht von einer Annahme durch **Erfüllungshandlung,** wenn dem Antrag tatsächlich (realiter) entsprochen worden ist.

Hier ist in der Praxis vieles Beweisfrage, da ein unehrlicher Geschäftsmann nachträglich einfach die Annahme der Bestellung leugnen wird.

Eingebrachte Sachen kommen abhanden

Karl Jedermann hat in einem anderen Hotel eine Unterkunft gefunden. Die Reise hat er mit dem Motorrad seines Freundes unternommen und dieses in einem Schuppen des Hotels abgestellt. Das Motorrad wird nachts von Unbekannten gestohlen; gleichzeitig kommen Karl Jedermann einige Wäschestücke, eine goldene Armbanduhr und (in einer Brieftasche verwahrte) S 500,– abhanden. Der Wirt weigert sich, Schadenersatz zu leisten, da ihn und sein Personal kein Verschulden träfe. Außerdem befänden sich überall im Hotel Anschläge, aus denen ersichtlich sei, daß er die Haftung für abhanden gekommene Sachen ablehne.

Der Wirt muß Schadenersatz leisten.

Er haftet zwar nicht aus Vertragsverletzung, da weder ihn noch seine Erfüllungsgehilfen ein Verschulden trifft. Er haftet aber kraft ausdrücklicher Vorschrift des § 970 ABGB aus der Gastaufnahme für die eingebrachten Sachen seiner Gäste. Hat allerdings bei der Schadensentstehung ein Verschulden des Geschädigten mitgewirkt, entscheidet der Richter **nach Ermessen,** ob und in welcher Höhe ein Ersatz für die abhanden gekommenen Sachen gebührt.

Beim Motorrad spielt es keine Rolle, daß Karl Jedermann durch dessen Verlust persönlich keinen Schaden hat. Der Schaden trifft seinen Freund. Die Rechtsprechung läßt den Wirt haften, auch wenn die verlorenen Sachen nicht Eigentum des Gastes, sondern z. B. von diesem nur entlehnt sind.

Beim **Geld** ist darauf zu achten, daß der Gastwirt dem einzelnen Gast nur bis zur Höhe von S 1500,– haftet.

Das gleiche gilt für die goldene Uhr, für **Kostbarkeiten** und **Wertpapiere.**

Für andere Sachen (außer Geld, Kostbarkeiten und Wertpapieren) ist die Haftung der Gastwirte und Badeanstaltenbesitzer auf den Höchstbetrag von S 3.000,– beschränkt. Keine Haftungsbeschränkung ist aber dann gegeben, wenn die Sachen den genannten Unternehmern besonders zur Aufbewahrung übergeben worden sind oder wenn der Schaden von ihnen selbst oder von ihren Leuten verschuldet worden ist. Bei Kostbarkeiten ist mithin die Höchstsumme niederer, um den Gast zu veranlassen, sie dem Wirt **eigens in Verwahrung** zu geben. Der OGH versucht außerdem eine Definition der Kostbarkeiten und versteht darunter alles, was bei kleinem Rauminhalt und geringem Gewicht sehr hohen Wert hat und nach der Rechtsüberzeugung des Volkes als Kostbarkeit (Wertsache) angesehen wird.

Die Ablehnung der Haftung durch den vom Hotelier angebrachten Anschlag ist für die Hotelgäste ohne jede Bedeutung (§ 970a ABGB).

Was ist der Grund für die strenge Haftung der Gastwirte?

Der ortsfremde Gast befindet sich bei Abschluß seines Beherbergungsvertrages meist in einer **Zwangslage** und leidet an **Zeitnot.** Außerdem besteht im Hotel, in dem so viele Leute ein und aus gehen, die „Gefahr der offenen Tür", für die der Wirt einzustehen hat.

Welche Unternehmer haften nach § 970 ABGB aus dem Titel der Gastaufnahme?

1. Gastwirte, die Fremde beherbergen (also **Zimmerwirte** im Gegensatz zu den bloßen Speisenwirten).

Wofür? – Für den Verlust oder die Beschädigung der eingebrachten Sachen, die sie oder ihre Leute verschuldet haben; oder für den Schaden, den fremde, in dem Haus aus und ein gehende Personen verursacht haben. Für den gewaltsamen Einbruch haftet der Herbergswirt also nicht, denn das geht über das bloße „Einundausgehen" hinaus.

2. Unternehmer, die Stallungen und Aufbewahrungsräume haben (dazu zählen Garagen, Park- und Campingplätze).

Wofür? – Nur für die eingestellten Tiere, Fahrzeuge und die darauf befindlichen Sachen.

3. Besitzer von Badeanstalten.

Wofür? – Nur für Sachen, die üblicherweise bei der Benützung solcher Anstalten mitgebracht werden (also das Badezeug vor allem). Dazu gehört aber auch die Taschen- oder Armbanduhr.

Besteht auch für **Pensionen** die beschriebene Haftung aus der Gastaufnahme? – Grundsätzlich ja. Ausgenommen sind aber kleine, ganz familiäre und nur dauernden Mietverhältnissen dienende Pensionen.

Von der Rechtsprechung wurde auch die Haftung für eine **Privatkuranstalt** und für ein **Freudenhaus** (ohne Übernachtung) anerkannt, dagegen für Theater, Turnschulen, Schlafwagen und Schiffskabinen verneint. Auf möblierte Zimmer finden die Vorschriften des § 970 ABGB keine Anwendung. Ebenso ist ein dauernder Mietvertrag in einem Gasthaus (z. B. als Folge der Wohnungsnot) keine Gastaufnahme, weshalb auch die besondere Haftung daraus entfällt. Von der Rechtslehre wird mit einer Analogie zur Haftung der Badeanstaltenbesitzer gearbeitet, wenn der Benützer gezwungen ist, seine Kleider im Umkleideraum zurückzulassen (wie z. B. auf Sportplätzen, in Turnhallen, Schulen, Laboratorien und ärztlichen Behandlungsräumen).

Wichtig ist für die Geltendmachung der Gastwirtehaftung, daß der Gast nach erlangter Kenntnis den Schaden dem Wirt **unverzüglich** anzeigt.

Besuch im Hotelrestaurant

Karl Jedermann trifft sich nachmittags mit einem Bekannten im Restaurant des Hotels. Dort werden Karl Jedermann und seinem Bekannten die Mäntel gestohlen, die sie auf einen Haken gehängt hatten.

Der Wirt haftet Karl Jedermann als Verwahrer aus der Gastaufnahme für Verlust und Beschädigung der eingebrachten Sachen. Auch Sachen, die ein Gast am Leibe trägt, sind **eingebracht,** solange er sich in den Räumen des Gasthofes aufhält. Die Überkleidung ist wohl eingebrachte Sache. Spielt es aber eine Rolle, daß Karl Jedermann den Mantel abgelegt und auf einen Haken gehängt hat? Das kommt ganz auf die Umstände des Falles an.

Eher neigt die Rechtsprechung hier dazu, sich gegen die Haftung des Gastwirtes auszusprechen. So hat sie z. B. einmal für einen im Lesezimmer des Hotels aufgehängten Überrock den Wirt nicht haften lassen. Aus einer Aufschrift oder aus der Verkehrsauffassung ist zu beurteilen, ob Karl Jedermann in unserem Fall gegen den Hotelier seinen Schadenersatzanspruch mit Erfolg wird geltend machen können.

Der Bekannte des Karl Jedermann ist vom Hotelier nicht zur Beherbergung aufgenommen worden. Ihm gegenüber hat also der Wirt nur die Stellung eines **Schank- oder Speisenwirtes,** der nicht unter § 970 ABGB fällt (vgl. vorhergehende Seite).

Der Bekannte von Karl kann sich auch nicht darauf berufen, daß er mit dem Wirt einen eigenen Verwahrungsvertrag geschlossen habe, der diesen zu einer besonderen Aufsicht verpflichtete. Das Aufstellen von Kleiderständern oder Anbringen von Kleiderrechen ist eine Bequemlichkeit für die Gäste, nicht aber ein besonderer Vertragsschluß über die Verwahrung der Sache. Die Schilder in den Schankstätten, die vor Taschen- oder Kleiderdieben warnen, sind insofern überflüssige Vorsichtsmaßregeln der Schankwirte. Wenn allerdings eine besondere Garderobeablage in einem besonderen Raum eingerichtet ist oder sogar Zwang zur Garderobeabgabe besteht, so kommt bei Abgabe der Garderobe ein besonderer Verwahrungsvertrag zustande. Der Gastwirt muß dann für jedes eigene Verschulden oder das seiner Erfüllungsgehilfen eintreten. Der Inhaber eines Hotelrestaurants haftet auch für das in einem **unbeaufsichtigten** Garderoberaum abgelegte Kleidungsstück eines Speisegastes, selbst wenn dieses (wie z. B. ein Nerzcape) wertvoll ist und wenn keine Garderobemarken ausgegeben werden. Der Gast **kann** sich in einem solchen Fall zwar bezüglich der Abgabe eines Capes an die Rezeption wenden, er muß es aber nicht tun; er ist auch nicht verpflichtet, sich zu überzeugen, ob und wie der Restaurateur seine Obhutsverpflichtung erfülle.

Das vorstehend Gesagte gilt für alle ähnlichen Lebensverhältnisse. Wenn ein Arzt oder Rechtsanwalt im Wartezimmer Kleiderhaken angebracht hat, die die Patienten oder Klienten benutzen, so liegt kein besonderer Verwahrungsvertrag, sondern nur eine Bequemlichkeit für die Besucher vor. Bei Abhandenkommen von Garderobe tritt also keine Haftung ein.

Wann beginnt die Haftung?

Eingebracht sind auch Sachen, die dem Personal des Hotels auf dem Bahnhof oder vor dem Hotel übergeben werden.

Wenn also der Hoteldiener den ihm auf dem Bahnhof ausgehändigten Gepäckschein verliert und dadurch das Abhandenkommen des Gepäcks bewirkt, so haftet der Hotelwirt dem Gast für den hierdurch entstandenen Schaden. Dabei ist es auch gleichgültig, ob der Gast im Hotel überhaupt eine Aufnahme findet. Stellt sich bei seiner Ankunft im Hotel heraus, daß sämtliche Zimmer gerade besetzt sind, so haftet der Hotelwirt dennoch, da die Entgegennahme der Sachen durch den Hoteldiener eine **vorläufige Einbringung** ist.

Es ist für die Anwendung des § 970 ABGB auch gleichgültig, ob eine Aufnahme aufgrund eines Beherbergungsvertrages stattfindet oder nicht. Ist z. B. ein Geisteskranker in einem Hotel aufgenommen, so ist der Beherbergungsvertrag nichtig, da ein Geisteskranker keine gültigen Verträge schließen kann. Er ist aber trotzdem aufgenommen, und § 970 ABGB kommt ihm zugute.

Ein Hotelier hatte seinen Hausdiener entlassen. Dieser stellte sich aber nach wie vor mit seiner Hotelmütze an die Bahn und nahm Gepäckstücke entgegen, die er veruntreute. In diesem Fall haftet der Hotelier nicht!

Wenn Familienmitglieder von Angestellten im Betrieb verwendet werden, so gehören auch sie zu den Leuten des Wirts und ebenso jene Personen, die nur vorübergehend zur Aushilfe tätig sind. Hat sich aber jemand **fälschlich** für einen der Leute des Wirts ausgegeben und die Gepäckstücke übernommen, dann besteht keine Haftung des Gastwirtes nach § 970 ABGB.

Der Gast braucht jedenfalls den Wirkungsbereich der übernehmenden Dienstpersonen nicht eigens zu prüfen, er muß sich aber hüten, an einen falschen Lohndiener sein Gepäck zu übergeben!

Die Anmeldung beim Empfang

Wer in einem gewerblichen Beherbergungsbetrieb (Gasthof, Hotel, Pension u. dgl.) gegen Entgelt Unterkunft nimmt, ist **ohne Rücksicht auf die Unterkunftsdauer** polizeilich anzumelden (§ 1 Abs. 2 MeldeG).

Alle Inhaber gewerblicher Beherbergungsbetriebe haben **Fremdenbücher** zu führen. Es kann statt dessen auch eine **Kartei** mit fortlaufendem **Namensverzeichnis** verwendet werden (§ 15 Abs. 1 MeldeG). In gewissen Unterkunftsstätten (z. B. Jugendherbergen, alpinen Schutzhütten) brauchen die Gäste nicht mittels Meldezettel gemeldet zu werden. Es wird also die polizeiliche Meldung gewissermaßen durch Eintragung in das Fremdenbuch ersetzt. Daher kann auch von den Gästen die Vorlage geeigneter Dokumente verlangt werden. Wer dem Fremdenbuchführer die verlangten Dokumente nicht vorlegt, wer es unterläßt, sich in einer nicht bewirtschafteten Schutzhütte in das Fremdenbuch einzutragen, oder wer unrichtige Eintragungen macht, unterliegt der Strafdrohung nach § 18 MeldeG. (vgl. darüber Seite 18/19).

Abgesehen von der vereinfachten Meldung durch **Meldelisten** (§ 5 Abs. 3 MeldeG) bei einer aus mindestens fünf bis sechs Personen bestehenden Gesellschaft oder Gruppe kommt es auch beim Hotelgast zur Anmeldung mit **Meldezettel** der entsprechenden Type. Im Meldezettel (bei Unterkunftsdauer bis zu zwei Monaten) dürfen **Kinder** ohne Rücksicht auf ihr Lebensalter, die gemeinsam mit einem Elternteil Unterkunft nehmen und gleichzeitig mit diesem zur Anmeldung kommen, **mit eingetragen** werden, vorausgesetzt, daß die Kinder den gleichen Familiennamen führen und die gleiche Staatsangehörigkeit besitzen. Unter den gleichen Voraussetzungen können auch Ehegatten auf e i n e m Meldezettel eingetragen werden.

Die entsprechenden Meldezettel sind vollständig und wahrheitsgemäß auszufüllen. Für die Richtigkeit der Angaben im Meldezettel ist grundsätzlich der Gast verantwortlich. Der Hotelwirt wäre nur dann wegen Mitschuld strafbar, wenn er im Einverständnis mit dem Gast **vorsätzlich** die Eintragung falscher Angaben **unterstützen oder dulden** würde.

Karl Jedermann hat als guter Staatsbürger mit der Ausfüllung des Meldeformulars keine Sorgen. Hingegen sein Freund, der Reisevertreter Johannes Lustig, nimmt es auf seinen Geschäftsreisen hiermit nicht so genau. Ohne Wissen seiner Ehefrau, die zu Hause die sechs Kinder versorgt, trifft er sich unterwegs ab und zu mit seiner Freundin Fritzi Teuer und steigt mit ihr in Gastwirtschaften und Hotels ab, wobei er sie als seine Ehefrau ausgibt und dies auch in den Meldezettel schreibt. Lustig hat sich dadurch einer Verwaltungsübertretung schuldig gemacht. Die falsche Ausfüllung des Formulars ist ein Verstoß gegen die Meldevorschriften. Außerdem begeht aber Lustig einen Ehebruch, der ihm unter Umständen eine gerichtliche Strafe einträgt. Die Ehefrau, die von diesem Treiben erfährt, kann Privatanklage wegen Ehebruchs oder wegen Ehestörung erheben. Möglicherweise klagt sie aber Teuer nur vor dem Zivilgericht auf Unterlassung, weiterhin als die Ehefrau Lustig aufzutreten.

Die Gesellschafter nach ABGB

Karl Jedermann ist stellungslos und sieht sich nach einem neuen Erwerb um. Ein Bekannter von ihm betreibt einen Spirituosenhandel und braucht einen Teilhaber. Karl Jedermann will sich mit einer Geldeinlage und mit seiner Arbeitskraft beteiligen.

In einem solchen Fall muß zwischen Karl Jedermann und seinem Bekannten ein Gesellschaftsvertrag (§ 1175 ABGB) geschlossen werden. Der angestrebte Zweck muß erlaubt, braucht aber nicht rein vermögensrechtlicher Natur zu sein. Die Gesellschaft nach bürgerlichem Recht kann auch künstlerischen oder wohltätigen Zielen dienen. Kleinbetriebe können für eine Partnerschaft nur die Form der bürgerlichen Gesellschaft wählen. Dies hat bedeutsame Konsequenzen.

Die bürgerlichrechtliche Gesellschaft wird in kein Register eingetragen. Sie kann nicht unter ihrem Namen klagen oder verklagt werden. Es müssen immer sämtliche Gesellschafter als Kläger oder Beklagte auftreten. Auch beim Abschluß von Verträgen oder bei sonstigen Rechtsgeschäften müssen die Gesellschafter alle insgesamt auftreten, soweit sie nicht ausdrücklich einem oder einzelnen Gesellschaftern Vertretungsvollmacht erteilen.

Die bürgerlichrechtliche Gesellschaft ist also schwerfälliger als die entsprechende Gesellschaft des Handelsrechts (vgl. Seite 250). Will man sie – wie in unserem Fall durch Karl Jedermann – für einen zufriedenstellenden Gesellschaftsbetrieb nutzen, so ist ihr durch entsprechende Bestimmungen im Gesellschaftsvertrag die notwendige Beweglichkeit zu verschaffen.

Die Gesellschaft bürgerlichen Rechtes ist in s t e u e r l i c h e r H i n s i c h t eine Personengesellschaft. Umsatz- und Gewerbesteuer zahlt die Gesellschaft als solche. In der Gewerbesteuererklärung wird der Gewerbeertrag der Gesellschaft sowie die auf die einzelnen Gesellschafter entfallenden Anteile ausgewiesen. – Jeder einzelne Gesellschafter ist mit dem ihm zufließenden Gewinnanteil einkommensteuerpflichtig.

Tatsache ist, daß der Gesellschaft bürgerlichen Rechts im Wirtschaftsleben eine außerordentliche Bedeutung zukommt. Es werden sehr mächtige organisatorische Zusammenschlüsse auf dieser Rechtsform aufgebaut. Auch die sogenannten **Gründerkonsortien** für die künftige Bildung von Aktiengesellschaften und Gesellschaften mit beschränkter Haftung bedienen sich vorerst dieser Grundlage.

Verschiedene Gemeinschaften

Es ist denkbar, daß Personen in eine länger andauernde Rechtsbeziehung geraten, ohne daß sie diese bewußt herbeigeführt haben. Wenn zwei Spaziergänger im gleichen Augenblick eine verlorene Sache finden, so stehen beide dem Verlierer gemeinschaftlich als Finder gegenüber. Da eine solche Gemeinschaft die Beteiligten nicht zur Erreichung eines bestimmten Zweckes vereinigt, kann sich jeder einzelne beliebig aus ihr lösen. Wo die Verfolgung eines gemeinsamen Zieles nicht auf einer Vereinbarung beruht, sondern durch zufällige gemeinsame Ereignungen, durch Gesetz oder durch eine letzte Willenserklärung (§ 825 ABGB) zustande kommt, ist naturgemäß das Einzelinteresse stark betont.

Anders und enger ist schon die **Bruchteilgemeinschaft** bei Liegenschaften beschaffen.

Nach österreichischem Recht hat jeder Miteigentümer einen Anteil, der in einem Bruchteil besteht. Die Verfügung über die Sache selbst, Besitz, Verwaltung und Nutzung stehen allen Miteigentümern gemeinsam zu. Gewöhnliche Verwaltungsakte werden mit Stimmenmehrheit beschlossen. Die Mehrheit wird nach Anteilen berechnet. Die Minderheit muß sich fügen. Außerordentliche Verwaltungsakte verlangen jedoch die Zustimmung aller Miteigentümer. Ist weder Einstimmigkeit noch die Einigung auf Entscheidung durch einen Schiedsmann oder durch das Los zu erzielen, entscheidet der Richter. Über seinen Anteil verfügt jeder Miteigentümer selbständig; er kann ihn veräußern und belasten (§ 829 ABGB). Jeder Miteigentümer kann endlich verlangen, daß die Gemeinschaft aufgelöst werde; nur darf dieser Anspruch nicht zur Unzeit erhoben werden.

Die engste Bindung eines gemeinschaftlichen Vermögens stellt endlich die **Gesamthand** dar.

Die Gesamthand unterscheidet sich vom Miteigentum dadurch, daß eine Verfügung der Teilhaber über ihre Anteile unzulässig ist, die Verfügung über das ganze Recht aber nur der Gesamtheit der Teilhaber zusteht. Eine Aufhebung der Gemeinschaft durch Teilungsklage ist ausgeschlossen. Im österreichischen Recht haben wir nur einzelne Fälle einer solchen Gesamthandschaft: die offene Handelsgesellschaft (vgl. Seite 250), die vereinbarte Gütergemeinschaft der Ehegatten (vgl. Seite 293), ferner mit schwächerer Wirkung im Urheberrecht (§ 7 UrhRG) und mit voller Wirkung im Patentrecht (§ 13 PatG).

Die Verwahrung

Krieg und Nachkriegszeit brachten es mit sich, daß in ganz Österreich viele bewegliche Sachen verlagert und bei Bekannten oder Freunden eingestellt wurden. Daraus ergaben sich manche Rechtsstreitigkeiten.

Ein **Verwahrungsvertrag** ist die im beiderseitigen Einverständnis erfolgte Hingabe und Übernahme einer Sache in die Obsorge des Verwahrers (§ 957 ABGB).

Man nennt einen solchen Vertrag, bei dem es auf die Hingabe und spätere Rückgabe einer Sache ankommt, auch Realvertrag. Der Verwahrer hat dabei eine ausgesprochene Vertrauensstellung. Er wird bloßer Inhaber einer Sache mit der **Verpflichtung zur Obsorge** und zur **unversehrten Rückstellung** am Ende der Verwahrung.

Eine Tante Karl Jedermanns hatte während des Zweiten Weltkriegs wertvolle Teppiche aus ihrer Wiener Wohnung zu einem Gutsbesitzer in Niederösterreich gebracht, um sie vor den Bombenangriffen zu schützen. Als sich der Gutsbesitzer wegen des Näherrückens der Kampffront gezwungen sah, sich nach Westen abzusetzen, stand er vor der Frage, was er mitnehmen solle. Er konnte nur drei Leiterwagen bepacken, die nicht einmal für seine eigene Habe ausreichten. Da seine eigenen Teppiche nicht so wertvoll waren wie die in Verwahrung genommenen, legte er die Teppiche der Tante auf die Wagen und brachte sie nach dem Westen Österreichs. Die Tante machte ihn durch Zufall ausfindig und verlangte Herausgabe der Teppiche. Dies lehnte der Gutsbesitzer mit der Begründung ab, daß er nicht verpflichtet gewesen sei, die Teppiche mitzunehmen, da er ja nicht einmal sein eigenes Hab und Gut habe retten können und diese Sachen während der Kampfhandlungen vernichtet wurden.

Der Gutsbesitzer hat unrecht. Er muß der Tante die Teppiche herausgeben, denn diese sind nach wie vor ihr Eigentum.

Dafür besitzt der Gutsbesitzer die Rechte des Verwahrers:

1. auf **Entlohnung,** wenn eine solche ausdrücklich oder stillschweigend vereinbart wurde;
2. auf **Schadenersatz,** wenn ihm z. B. feuergefährliche Stoffe übergeben wurden und er dadurch zu Schaden kommt, vorausgesetzt, daß der Verwahrer nicht von der Feuergefährlichkeit der ihm übergebenen Stücke in Kenntnis gesetzt wurde;
3. auf **Aufwandersatz,** wenn es sich um einen **berechtigten** Aufwand handelt. Berechtigt ist ein Aufwand, soweit er dem Zweck der Verwahrung entspricht.

In unserem Beispiel kann man in dem Verzicht auf die Mitnahme eigener Sachen **Aufwendungen** sehen, die der Gutsbesitzer den Umständen nach für erforderlich halten durfte. Man wird also feststellen müssen, was er anstelle der fremden Teppiche an eigenen Werten hätte mitnehmen können. Den Wert dieser Gegenstände muß die Tante dem Verwahrer ersetzen.

Das ist vielleicht sehr schwierig festzustellen. In diesem Fall hilft uns noch folgende Überlegung weiter: Trotz Obsorgepflicht braucht der Verwahrer die eigene, wenn auch geringwertigere Sache für die Rettung der fremden Sache mittels der Leiterwagen nicht aufzuopfern. Der Gutsbesitzer hat aber tatsächlich eigene Sachen zurückgelassen und damit aufgeopfert. Er kann dafür **angemessenen** Ersatz nach § 967 ABGB verlangen, hat aber keinen Anspruch auf Bergelohn (vgl. Seite 93).

Sehr wichtig ist die **Befristung** der Ansprüche: Der Anspruch der Tante auf Rückstellung der Teppiche verjährt erst in **30 Jahren.** Dagegen muß der Gutsbesitzer seine Ersatzansprüche in einer sehr kurzen Frist von **30 Tagen** ab Rückstellung der Sache geltend machen. Um diese Frist zu wahren, genügt nach der Praxis allerdings die **außergerichtliche** Geltendmachung des Anspruchs.

Spiel- und Wettschulden

Wette und Spiel gehören zu den Glücksverträgen (gewagte Verträge), bei denen der Zufall über Gewinn und Verlust entscheidet. Wenn sie keinem wirtschaftlichen Zweck dienen, sind sie in der Regel erlaubt.

Eine **Wette** liegt vor, wenn zur Bewährung einer Behauptung in einem Meinungsstreit vereinbart wird, daß derjenige, dessen Behauptung sich als unrichtig erweist, etwas leisten soll.

Wesentlich ist, daß die Entscheidung beiden Teilen unbekannt ist oder doch von dem, der sie kennt, nicht verheimlicht wird. Unredliche Wetten und Wetten mit unsittlichem Inhalt, z. B. darüber, ob jemand ein Verbrechen zu begehen imstande ist, sind nichtig.

Beim **Spiel** handelt es sich nicht um Bewährung einer Behauptung, sondern um Unterhaltung, Aufregung u. dgl.

Die Parteien können zur Herbeiführung der Entscheidung Handlungen vornehmen, z. B. Kartenspiel, oder die Entscheidung von einem ihnen an sich gleichgültigen Ereignis abhängig machen. Zahlreiche Spiele sind wegen ihrer Gefährlichkeit für das Vermögen der Spieler vom Gesetz verboten und strafbar (Hasardspiele, wie z. B. „Stoß").

Schwierigkeiten können solche gewagten Verträge in der Abgrenzung zu gewöhnlichen Geschäften bereiten.

So mußte einmal vor Jahren der OGH entscheiden: Der Vertrag, wonach die von dem einen Partner durch Steinwürfe – gegen Bezahlung eines Preises für jeden Wurf – zu tötenden Enten des anderen Partners **Eigentum** des ersteren sein sollten, ist Spiel oder Wette, jedoch kein Kaufvertrag!

Spielschulden sind Ehrenschulden

Karl Jedermann spielt mit einigen Freunden regelmäßig Tarock. Freund Fritz hat mehrmals verloren und versprochen, in Kürze seine Spielschuld zu bezahlen. Er tut dies aber nicht.

Worin besteht nun die Wirkung einer redlichen Wette beziehungsweise eines erlaubten Spiels?

Der Vertrag ist nur dann verbindlich, wenn der vereinbarte Gewinn (Preis) nicht bloß versprochen, sondern wirklich **gezahlt** oder bei einem Dritten **hinterlegt** worden ist. Andernfalls ist die Verpflichtung unklagbar.

Das Gericht soll also mit solchen Geschäften nichts zu tun bekommen, denn sowohl die gerichtliche Rückforderung eines schon bezahlten Gewinns als auch eine Forderung auf Zahlung eines nicht bereits erlegten Gewinns ist unzulässig. Es liegt – mit anderen Worten – eine „natürliche Verbindlichkeit" vor, die zwar freiwillig bezahlt, deren Erfüllung aber nicht erzwungen werden kann. Eine nicht klagbare Spielschuld kann nicht in eine Darlehensschuld umgewandelt werden. Sie kann auch nicht durch Zahlungsversprechen oder Bürgschaft gesichert oder durch Anerkenntnis in eine klagbare Schuld verwandelt werden. Stellt der Verlierer allerdings über die Schuldsumme einen Wechsel aus und gibt ihn der Gewinner an einen eigenen Gläubiger weiter, so kann dieser den Wechsel geltend machen.

Die Rückforderung eines Darlehens, das zum Zwecke eines **verbotenen** Spiels gegeben wurde, ist nach ABGB unzulässig.

Die Frage, ob auch der Spielverlust in einem verbotenen Spiel nicht zurückgefordert werden kann, wird in der Rechtslehre verschieden beantwortet. Stellt man darauf ab, daß der Spielverlust in einem verbotenen Spiel zu einem unerlaubten Zweck hingegeben wurde, so folgt die Unzulässigkeit der Rückforderung aus dem allgemeinen Grundsatz, daß niemand sich auf seine eigene Unredlichkeit berufen dürfe. Hat jedoch der Gewinner falsch gespielt (gezinkte Karten), dann kann der Verlust jedenfalls zurückgefordert werden, weil dafür ein besonderer Rechtsgrund vorliegt.

Glücksspielmonopol

Der **Staat** macht sich den menschlichen Spieltrieb durch ein Monopol für Glücksspiele, bei denen der Gewinn ausschließlich oder vorwiegend vom Zufall abhängt, zunutze. Er erlaubt nach Maßgabe des Glücksspielgesetzes (Bundesgesetz vom 27. Juni 1962 zur Regelung des Glücksspielwesens, BGBl Nr. 169/62) sonst verbotene Spiele in konzessionierten Spielbanken, läßt Rennwetten zu und zieht aus dem Sport- und Pferdetoto, der Klassenlotterie und dem Zahlenlotto Gewinn. Die Durchführung der dem Glücksspielmonopol unterliegenden Glücksspiele obliegt der **Österreichischen Glücksspielmonopolverwaltung,** die sich der Mithilfe von Einrichtungen des Österreichischen Postsparkassenamtes bedienen kann. Außer den vier vom Bund betriebenen Glücksspielen (Zahlenlotto, Österreichische Klassenlotterie, Sporttoto, Pferdetoto) werden mit behördlicher Bewilligung Ausspielungen in Form von Lotterien, Tombolaspielen, Glückshäfen und Juxbasaren durchgeführt, die zur Finanzierung verschiedener (insbesondere wohltätiger und gemeinnütziger) Zwecke dienen. Zum Betrieb einer Spielbank ist die Bewilligung des Bundesministeriums für Finanzen nach Maßgabe des § 21 des Glücksspielgesetzes erforderlich. Die derzeit in Österreich bestehenden zehn Spielbanken sind in der **Österreichischen Kasino-GesmbH.** vereinigt.

Den Dienstnehmern der Spielbankunternehmung ist es verboten, sich an den in den Spielbanken betriebenen Spielen zu beteiligen oder von den Spielern Zuwendungen entgegenzunehmen. Es ist jedoch gestattet, daß die Spieler Zuwendungen, die für die **Gesamtheit** der Dienstnehmer der Spielbankunternehmung bestimmt sind, in besonderen, für diesen Zweck in den Spielsälen vorgesehenen Behältern (Cagnotte) hinterlegen.

Aus dem Glücksspielmonopol werden hohe Beträge an die Sportverbände zur Förderung des Amateurkörpersports, an die Rennvereine zur Förderung des Pferderennsports sowie für Kunst und Wissenschaft bezahlt.

Lotterien sind Ausspielungen, bei denen die Spielanteile (Lose) durch fortlaufende Nummern gekennzeichnet sind und bei denen die Treffer mit jenen Spielanteilen erzielt werden, die in einer öffentlichen Ziehung ermittelt werden. Der Bund kann durch Bewilligung die Ausübung des ihm zustehenden Rechts zur Durchführung von Lotterien an dritte Personen übertragen.

Zur Erteilung der Bewilligung kommen in Betracht: für Lotterien das Bundesministerium für Finanzen im Einvernehmen mit dem Bundesministerium für Inneres; für Tombolaspiele der für den Veranstaltungsort örtlich zuständige Landeshauptmann; für Glückshäfen und Juxausspielungen die für den Veranstaltungsort örtlich zuständigen Bezirksverwaltungsbehörden. Glückshäfen und Juxausspielungen, deren Spielkapital S 30.000,– übersteigt, sowie Ziehungen bei Tombolaspielen sind auch sicherheitspolizeilich zu überwachen.

Ausspielungen mittels eines Glücksspielapparates mit Geld- oder Spielmarkeneinwurf und entsprechenden Gewinnen dürfen künftig auch in einer Spielbank nicht mehr betrieben werden.

Preisausschreiben und psychologischer Kaufzwang

Karl Jedermann liest in verschiedenen Illustrierten die Bedingungen eines Preisausschreibens, das ein Versandhaus in folgender Weise veranstaltet: In den Zeitungsanzeigen sind sieben männliche Figuren dargestellt, deren nationale Zugehörigkeit aufgrund ihres Aussehens und ihrer Bekleidung leicht zu erraten ist. Jeder dieser Männer trägt eine nationale Fahne, jedoch nicht die zu ihm passende. Die Lösung des Rätsels besteht darin, daß der Wettbewerbsteilnehmer errät, welche Flagge zu jedem einzelnen dieser sieben Männer gehört. Die Antwort ist auf einem vorgedruckten Schein einzutragen. Die Teilnehmer, die eine richtige Lösung einsenden, erhalten eine Gutschrift über 2000 Punkte. In einem Begleitschreiben wird der Teilnehmer aufgefordert, eine Warenbestellung laut beigefügter Bestellliste aufzugeben, damit er weitere 900 Punkte erhalte. An der Auslosung dieses Wettbewerbes könnten nur Kunden mit 3000 Punkten teilnehmen. Über die Zuerkennung der letzten 100 Punkte würde eine Jury entscheiden. Die Teilnehmer könnten die bestellten Waren umtauschen oder überhaupt gegen Geldrückgabe zurückstellen und behielten in diesem Falle trotzdem ihre 900 Punkte.

Hier handelt es sich um eine Form der Werbung, die darin besteht, die Trägheit des durch die verschiedensten Formen der

Werbung übersättigten Publikums zu überwinden, indem zunächst seine Neugier geweckt und ihm für die Mühe, die mit einer Probebestellung verbunden ist, ein zusätzlicher Anreiz durch die Gewinnchance gegeben wird. – Karl Jedermann hat das Gefühl, daß ein solcher Wettbewerb im Hinblick auf die damit verbundene **Warenbestellung** unzulässig sei. Sein Gefühl trügt nicht! Ein Werbepreisausschreiben, bei dem die Teilnahme von einer Warenbestellung unter Nachnahme des Kaufpreises abhängig ist, verstößt gegen das **Glückspielgesetz** aus dem Jahre 1962, mag dem Teilnehmer auch die Möglichkeit eines Umtausches oder einer Rückgabe der Ware gegen Rückerstattung des Kaufpreises geboten werden.

Das GlückspielG will verhindern, daß die Spielsucht, das heißt das Bestreben, durch Zufall zu gewinnen, zum Antrieb für die Deckung des Bedarfes gemacht wird. Die zugebilligte Möglichkeit eines Umtausches oder der Geldrückgabe einschließlich des Rückportos gewährleistet nicht jene volle Freizügigkeit des Bestellers, die die Verordnung im wirtschaftlichen Verkehr gewahrt wissen will. Vor allem ist der Anreiz, eine Ware zu behalten, dann bedeutend größer, wenn man sie bereits bezahlt hat und wenn sie sich bereits im Gewahrsam des Käufers befindet. Ein **psychologischer Kaufzwang** ist ferner gegeben, wenn sich der Teilnehmer seinen Gewinn im Geschäftslokal des Veranstalters abholen muß oder wenn die Verlosung im Geschäftslokal stattfindet oder die Gewinne am Packtisch abzuholen sind, ja unter Umständen allein schon beim Vorhandensein von übermäßig hohen und wertvollen Preisen, die den Kunden zu unwirtschaftlichen Abschlüssen verleiten können.

Gemeinsamer Totogewinn

Der Sporttoto ist eine Abteilung der Österreichischen Glücksspielmonopolverwaltung (ÖGMV). Für die Durchführung der Sporttoto-Wettbewerbe sind die in den Sporttoto-Annahmestellen aufliegenden **Spielbedingungen** maßgebend. Teilnahmeberechtigt ist, wer einen **Wettschein** entsprechend ausfüllt und den Wetteinsatz sowie den Verwaltungskostenbeitrag leistet, vorausgesetzt, daß die Abschnitte 2 und 3 des Wettscheins fristgerecht bei der ÖGMV, Sporttoto, Wien I, Rosenbursenstraße 3 (Wien – Postsparkassenamt, Schließfach 552) einlangen. Die Gefahr für das richtige Einlangen der Wettscheine trägt also der **Teilnehmer.** Von den gesamten Einsätzen werden nach Abzug der 1½prozentigen Einsatzgebühr 50 Prozent als Bruttogewinnsumme ausgeschüttet. Die Gewinnberechtigung sowie die Fristen zur Geltendmachung von Gewinnansprüchen sind in der **Gewinnliste,** die in jeder Sporttoto-Annahmestelle aufliegt, zu ersehen.

Karl Jedermann setzt sich abends mit einem Bekannten und dessen Freundin zusammen und füllt den Wettschein unter Abwägung der ihm von den andern erteilten Ratschläge aus. Der Tip kommt mit einigen hundert Schilling Gewinn heraus. Muß Karl Jedermann etwas von dem Gewinn abgeben?

Dem Österreichischen Sporttoto gegenüber ist allein derjenige empfangsberechtigt, der den Wettschein mit seinem Namen und der genauen Anschrift deutlich ausgefüllt hat.

Ob und inwieweit er anderen Personen gegenüber verpflichtet ist, hängt von folgendem ab: Man muß aus den Umständen entnehmen, ob ein Vertrag, und zwar ein **Gesellschaftsvertrag** (vgl. Seite 109), vorliegt oder nicht. Das Hauptargument hierfür wird die Beteiligung am Geldeinsatz sein. Hat jeder der Beteiligten den gleichen Betrag für den Einsatz zugezahlt, so muß man auf das Vorliegen eines Gesellschaftsvertrages mit gleicher Gewinnbeteiligung schließen. Werden einem Tipper von dritter Seite lediglich ein paar Ratschläge gegeben, so wird man hierin nur eine freundschaftliche Gefälligkeit erblicken können, die keinerlei Ansprüche auslöst. Das vorstehend für die Beteiligung mehrerer an einem Tototip Gesagte gilt entsprechend für das gemeinsame Spielen eines Lotterieloses.

Spielgewinne, Lotteriegewinne und Gewinne aus Rennwetten unterliegen nicht der Einkommensteuerpflicht.

Spekulationen

Auch der Handel mit Wertpapieren, das sogenannte **Spekulieren,** ist Spiel. Oft kommt es gar nicht auf die Anschaffung der Papiere an, sondern auf die Auszahlung der Differenz zwischen den beiden „Kaufvertragssummen". Deshalb wird diese Art Geschäft auch **Differenzgeschäft** genannt. Man muß immer abwarten, welche Börsenkurse am Termin des Rückkaufs vorliegen. Die Gefährlichkeit solcher Zeitgeschäfte hat dazu geführt, daß sie nur in beschränktem Maße zulässig sind.

Einkünfte aus Spekulationsgeschäften sind „sonstige Einkünfte" im Sinne des § 2 Abs. 3 Ziff. 7 EStG. Als Spekulationsgeschäfte gelten Veräußerungsgeschäfte, bei denen der Zeitraum zwischen Anschaffung und Veräußerung, wenn es sich um Grundstücke (ebenso Erbbaurecht, Erbpachtrecht, Mineralgewinnungsrecht) handelt, nicht mehr als fünf Jahre, und wenn es sich um bewegliche Wirtschaftsgüter handelt, nicht mehr als ein Jahr beträgt. – Spekulationsgewinne in diesem Sinne sind dann steuerfrei, wenn sie S 6000,– im Jahr nicht überschreiten.

Bürgschaft und Garantievertrag

Karl Jedermann kauft seine Lebensmittel im Geschäft des Kaufmanns Knapp. Das Geschäft befindet sich in Schwierigkeiten, und die Lieferanten wollen nicht mehr auf Kredit Waren liefern. Als Knapp dringend auf eine Lieferung angewiesen ist, sagt die Ehefrau Knapp zu dem Lieferanten Groß: „Wenn Sie meinem Mann die erbetene Warenlieferung gewähren, stehe ich für die Zahlung dieser Schuld ein." Frau Knapp hat etwas eigenes Vermögen, so daß der Lieferant dadurch veranlaßt wird, dem Ehemann Knapp Waren im Werte von S 8000,– auf Kredit zu liefern. Knapp kann aber nur S 2000,– bezahlen und gerät dann in Konkurs. Nunmehr fordert Groß die restlichen S 6000,– von Frau Knapp.

Der Gläubiger glaubt, gegen Frau Knapp aus dem Titel der Bürgschaft vorgehen zu können. Dies scheitert aber daran, daß nach § 1346 Abs. 2 ABGB die Bürgschaftserklärung **schriftlich** abgegeben werden müßte. Nur ein **Vollkaufmann** könnte nach § 350 HGB auch eine mündliche Bürgschaftserklärung verbindlich abgeben. Frau Knapp ist aber kein Kaufmann, geschweige denn ein Vollkaufmann.

Es besteht jedoch die Möglichkeit, in der Erklärung der Frau Knapp eine sogenannte **kumulative Schuldübernahme** zu sehen. Diese bedarf nicht der Form des § 1346 ABGB, sondern ist auch mündlich wirksam. Diese sogenannte „Mitschuldübernahme" liegt vor, wenn ein Dritter durch Vereinbarung mit dem Gläubiger sich verpflichtet, die Schuld eines andern zu erfüllen. Aus einer solchen kumulativen Schuldübernahme erlangt der Gläubiger das Recht auf Befriedigung gegenüber demjenigen, der das Versprechen geleistet hat. Die Verpflichtung des Schuldners bleibt dem Gläubiger gegenüber fortbestehen (§ 1406 ABGB). In unserem Fall bestand bei Frau Knapp sogar ein eigenes wirtschaftliches Interesse daran, daß das Darlehen ihrem Mann gewährt wird. Nicht nur ihr Unterhaltsanspruch gegen ihren Ehemann hängt vom Fortbestand des Geschäfts ab, sie ist auch deswegen unmittelbar an dem Fortbestand des Geschäfts interessiert, weil sie im Fall des Todes ihres Gatten als dessen Erbin Inhaberin des Geschäfts werden würde. Es wird daher eine kumulative Schuldübernahme vorliegen, und deshalb kann Frau Knapp zur Zahlung von S 6000,– an den Lieferanten Groß verurteilt werden.

Der Bürgschaftsvertrag wird zwischen **Bürgen** und **Gläubiger** abgeschlossen. Praktisch muß sich freilich meistens der Schuldner darum bemühen, einen tauglichen Bürgen zu finden. Das Rechtsverhältnis zwischen Schuldner und endlich gefundenem Bürgen wird meistens ein Auftrag sein (vgl. Seite 155).

Die Rechtsgeschäftsgebühr für die Bürgschaftserklärung beträgt 1 v. H. des Wertes der verbürgten Verbindlichkeit. Ist die Verbindlichkeit nicht in Geld schätzbar, wird von jedem Bogen der Bürgschaftserklärung eine feste Gebühr von S 100,– erhoben (§ 33 TP 7 GebührenG).

Keine Bürgschaft ist der sogenannte **Garantievertrag.** Hier muß das Einstehen für einen Erfolg unzweideutig aus der Vereinbarung hervorgehen. Garantieversprechen kommen verhältnismäßig selten vor und verpflichten den Versprechenden, wenn die Leistung des Dritten ausbleibt, zur vollen Genugtuung. Für ein solches Versprechen gilt **nicht** die Formvorschrift der Schriftlichkeit.

Beim Einstehen für einen Erfolg verbürgt sich der Versprechende dem Versprechensempfänger dafür, daß ein anderer eine Leistung vornimmt. Trotzdem handelt es sich beim Garantieversprechen keineswegs um eine Bürgschaft, und zwar deshalb, weil eine Hauptschuld, das ist eine Schuld des Dritten, überhaupt noch nicht besteht.

Als Beispiel diene folgender Fall:

Die Segelfliegergruppe „Möwe" bittet eine Luftfahrtgesellschaft, sie möchte doch das große Düsenflugzeug einmal in der Stadt S. landen lassen, damit die Bevölkerung die Maschine aus der Nähe betrachten könne. Die Luftfahrtgesellschaft macht geltend, daß eine solche Landung Unkosten von etwa S 150.000,– verursachen würde. Daraufhin erklärt die Segelfliegergruppe, daß dieser Betrag ja durch eine Besichtigungsgebühr der Besucher des Flugzeugs sicher hereinkommen würde. Für eine etwaige Differenz stehe die Segelfliegergruppe ein. Damit ist die Luftfahrtgesellschaft einverstanden.

Am Tag der Landung findet jedoch ein Fußballmatch statt, das überaus großes Interesse insbesondere bei der Jugend findet, so daß nur wenig Besucher das Düsenflugzeug besichtigen.

Die Luftfahrtgesellschaft nimmt die Segelfliegergruppe für den Ausfall von S 130.000,– in Anspruch.

Sie tut dies mit Recht, da der mit der Segelfliegergruppe geschlossene Garantievertrag **formlos** gültig ist.

Umfang der Bürgenhaftung

Die Gültigkeit der Bürgschaft hängt von einer gültigen Hauptschuld ab. Diese Abhängigkeit heißt Akzessorietät.

Für den Umfang der Schuld des Bürgen ist die Hauptschuld maßgebend. Wenn sich also Karl Jedermann für eine Schuld seines Freundes Fritz in der Höhe von S 1000,– verbürgt hat, so ist er noch nicht sicher, daß es bei der Summe von S 1000,– bleibt. Erfüllt Fritz seine Schuld nicht rechtzeitig, so hat der Gläubiger Anspruch auf Verzugszinsen und möglicherweise wegen dieses Verzuges auch Schadenersatzansprüche, aufgrund deren er nicht mehr S 1000,–, sondern beispielsweise S 1500,– zu fordern hat. Haftet dann der Bürge für diesen erhöhten Betrag?

Grundsatz ist, daß der Bürge niemals für mehr haften kann, als der Hauptschuldner zu leisten verpflichtet ist, und daß er nur in der gleichen Art in Anspruch genommen werden kann wie dieser. Der Bürge haftet aber nicht schlechthin für die Verpflichtung des Hauptschuldners nach ihrem vollen jeweiligen Umfang. Das wäre nur bei der sogenannten **vollen Verbürgung** der Fall. Liegt keine volle Verbürgung vor, haftet also jetzt Karl Jedermann nicht einfach für S 1500,–, sondern nur insoweit, als sein erkennbarer Parteiwille reicht.

Wer sich für die Zahlung eines bestimmten Schuldbetrages (z. B. für S 1000,–) verbürgt, haftet nicht ohne weiteres auch für die Verzugszinsen, in der Regel auch nicht für Prozeß- und Exekutionskosten oder andere Nebengebühren. Er haftet auch nicht für eine allfällige Vertragsstrafe, die der Hauptschuldner zu leisten hat. Dagegen steht der Bürge für den Anspruch auf **Schadenersatz wegen Nichterfüllung** ein, da dieser Anspruch an die Stelle des ursprünglichen Leistungsanspruches tritt.

Grundsätzlich kann der Bürge erst dann in Anspruch genommen werden, wenn der Gläubiger den Hauptschuldner gerichtlich oder außergerichtlich **gemahnt** hat.

Eine vorherige Klage ist somit nicht erforderlich. Voraussetzung für die Inanspruchnahme des Bürgen ist nur die **erfolglose,** wenn auch außergerichtliche Mahnung des Schuldners (§ 1355 ABGB). Man nennt das den Grundsatz der **Subsidiarität.** Handelt es sich um die Bürgschaft für eine Geldforderung, so braucht nicht erst Fahrnisexekution vergeblich versucht worden zu sein. Es muß auch keine wirkungslos gebliebene Lohnpfändung vorausgegangen sein. Auch braucht der Gläubiger keine Zwangsvollstreckung in ein Grundstück des Schuldners versucht zu haben.

Das Gesagte gilt aber nur für die gewöhnliche Bürgschaft. Für besondere Bürgschaftsformen gilt etwas anderes. Solche wichtige Spezialfälle sind:

I. Haftung als **Bürge und Zahler.**

Bei dieser selbstschuldnerischen Bürgschaft (§ 1357 ABGB) hängt es vom Willen des Gläubigers ab, ob er zuerst den Hauptschuldner oder den Bürgen oder beide zugleich belangen will.

II. Ebenfalls **keine Subsidiarität**
und daher die Möglichkeit, ohne Mahnung des Hauptschuldners sogleich an den Bürgen heranzutreten, besteht nach § 1356 ABGB, wenn:

1. der Aufenthalt des Hauptschuldners zur Zeit der Fälligkeit der Schuld **unbekannt** ist;

2. ein **Konkurs** über das Vermögen des Hauptschuldners eröffnet wurde.

III. Dagegen ist bei der **Ausfallbürgschaft** die **Vorausklage** gegen den Schuldner erforderlich.

Die zuletzt genannte Bürgschaftsform heißt auch „Schadlosbürgschaft". Hier verbürgt sich der Nachschuldner ausdrücklich nur für das, was der Hauptschuldner nicht zu zahlen vermag. In einem solchen Fall kann der Gläubiger den Bürgen erst dann belangen, wenn er seine Forderung beim Hauptschuldner nicht hereingebracht und dadurch Schaden erlitten hat. Ein Ausfall kann ja erst festgestellt werden, sobald der Gläubiger den Hauptschuldner vergeblich geklagt und gegen ihn fruchtlos Exekution geführt hat. Man nennt das auch kurz „Ausklagen" des Hauptschuldners als Voraussetzung für die Inanspruchnahme des Schadlosbürgen.

Rückgriff und Pfand

Hat der Bürge an den Gläubiger gezahlt, so kann er seinerseits vom Schuldner die Rückerstattung des von ihm gezahlten Betrages verlangen. Dieses Problem soll uns der nachfolgende Fall erläutern:

Karl Jedermann verbürgt sich für die Schuld seines Freundes Fritz in Höhe von S 1000,– gegenüber dem Gläubiger Glatt. Gleichzeitig verpfändet ein gemeinsamer Bekannter, Bernd, für diese Schuld dem Glatt ein Gemälde. Als der Fälligkeitstag herangekommen ist, zahlt Karl Jedermann, weil Fritz kein Geld hat.

Durch diese Zahlung geht einmal die Forderung des Gläubigers Glatt gegen Fritz gesetzlich auf Karl Jedermann über. Dies hat ferner die Wirkung, daß ihm nunmehr das Pfandrecht Glatts am Gemälde Bernds zusteht. Karl Jedermann wird daher mit Hilfe dieses Pfandstückes wohl zu seinem Geld kommen.

Der Bekannte Bernd wäre auch nicht schlechter dran, wenn er anstelle Karl Jedermanns den Gläubiger befriedigt. Denn wer eine fremde Schuld bezahlt – heißt es im § 1358 ABGB –, für die er „persönlich oder mit bestimmten Vermögensstükken haftet, tritt in die Rechte des Gläubigers und ist befugt, vom Schuldner Ersatz für die bezahlte

Schuld zu fordern". Es liegt hier ein gesetzlicher **Forderungsübergang** (vgl. über Forderungsabtretungen Seite 124) vor. In unserem Beispiel haben zwei Personen eine **fremde** Schuld bezahlt:

Karl Jedermann eine Schuld, für die er sich verbürgt hat; Bernd eine Schuld, für die er ein Gemälde verpfändet hat. In beiden Fällen treten sie in die Rechte des befriedigten Gläubigers Glatt ein und verlangen Ersatz von Fritz. Die Bestimmung des § 1358 ermöglicht also den Vollregreß und ist für das praktische Rechtsleben von außerordentlicher Bedeutung. Eine teilweise Einlösung der Forderung hat nur ihren teilweisen Übergang auf den Bürgen beziehungsweise auf den Pfandbesteller zur Folge.

Besondere Vorschriften gelten, wenn – wie im geschilderten Fall – Bürgschaft und Pfand zusammentreffen. Wurde vor Abschluß des Bürgschaftsvertrages oder wenigstens gleichzeitig mit diesem zur Forderungssicherung auch ein Pfand bestellt, so darf der Gläubiger nicht zum Nachteil des Bürgen das Pfand aufgeben (§ 1360 ABGB) und dadurch den Rückgriff des Bürgen beeinträchtigen. Wohlgemerkt: Glatt könnte zwar den Bürgen Karl Jedermann wie sonst in Anspruch nehmen, und er könnte dann auch auf das Pfandrecht am Gemälde zugunsten des Bernd verzichten, aber er darf es **nicht zum Nachteil des Bürgen** Karl Jedermann tun. Diese Bestimmung hat ihren Grund in der gesetzlich anerkannten **Sorgfaltspflicht des Gläubigers** gegenüber dem Bürgen.

Vertrag zugunsten und zu Lasten Dritter

Niemand kann durch Vereinbarungen mit einem anderen einen Dritten verpflichten, ohne zu dessen Vertretung befugt zu sein. Verträge zu Lasten Dritter würden das Recht der Persönlichkeit des Dritten verletzen und würden nichtig oder zumindest anfechtbar sein.

Berechtigung des Dritten

Verträge zugunsten Dritter sind hingegen zulässig (§ 881 ABGB). Doch muß man unterscheiden:

1. Keine Berechtigung des Dritten (unechter Vertrag zugunsten Dritter).

Oft handelt es sich einfach um eine Vereinbarung, bei der ein Vertragsteil sich vom andern eine Leistung an einen Dritten versprechen läßt.

So z. B., wenn Karl Jedermann an der Theaterkasse eine Eintrittskarte auswählt, bezahlt und für seine Freundin zurücklegen läßt. Die Freundin war in keiner Weise an diesem abgeschlossenen Theaterbesuchsvertrag beteiligt und hat auch kein Recht daraus erworben. Sie kann nicht auf Ausfolgung der Karte klagen, selbst wenn diese mit ihrem Namen versehen ist.

2. Unmittelbare Berechtigung des Dritten (echter Vertrag zugunsten Dritter).

Hier handelt es sich um Vereinbarungen, aus denen der Dritte ein Recht auf Leistung gegen denjenigen erwirbt, der einem andern die Leistung an ihn versprochen hat. Der Dritte kann die **Leistungsklage** erheben. Selbstverständlich kann auch derjenige Vertragsteil, dem die Leistung an den Dritten versprochen wurde, die Erfüllung des Versprechens fordern.

Wann erwirbt nun der Dritte ein Recht auf Leistung aufgrund eines fremden Rechtsgeschäfts?

Entweder durch **ausdrückliche Vereinbarung** zwischen den Vertragsteilen oder dann, wenn die Leistung **hauptsächlicher Vorteil des Dritten** ist.

Als Beispiele lassen sich etwa denken: Übergabe eines Wertpapiers an einen andern mit dem Auftrag, es nach dem Tod des Gebers einem Dritten auszufolgen; Abschluß eines Lebensversicherungsvertrages auf den Ablebensfall zugunsten eines Dritten; Vertrag über die Zusicherung einer Versorgung für einen kranken Freund usw.

Arzt und Fuhrwerksunternehmen

Die Frau des Gutsbesitzers Ritter ist schwer erkrankt. Ritter ruft den in der benachbarten Stadt wohnenden Arzt an und bittet ihn, sofort zu kommen, Als dieser erklärt, er habe zu so später Stunde keine Fahrgelegenheit mehr, erwidert Ritter, er werde für eine Fahrgelegenheit sorgen. Ritter setzt sich mit dem Fuhrwerksunternehmer Schnell in Verbindung und vereinbart mit ihm, daß der Arzt sofort geholt werde. Schnell schickt ein Gespann mit Kutscher in die Stadt, den Arzt zu holen. Auf der Fahrt zum Gut schläft der übermüdete Kutscher ein, der Wagen gerät in einen Graben und stürzt um. Der Arzt wird erheblich verletzt. Von wem kann er Schadenersatz verlangen?

In erster Linie von Ritter. Mit ihm hat er einen Werkvertrag zur Behandlung der Ehefrau geschlossen (Behandlungsvertrag). Die Erklärung des Gutsbesitzers, er werde für eine Transportmöglichkeit des Arztes sorgen, ist eine ausdrücklich übernommene Nebenpflicht zum Behandlungsvertrag. Ritter hatte sich zwar nicht verpflichtet, selbst die Beförderung durchzuführen, sondern hatte lediglich die Verpflichtung übernommen, eine Beförderungsmöglichkeit ausfindig zu machen. Seine Verantwortung bestand darin, einen geeigneten Fuhrwerksunternehmer ausfindig zu machen, und das hat er getan. Insofern trifft ihn auch nicht das geringste Verschulden. Darauf kommt es aber gar nicht an. Er haftet nämlich für fremdes Verschulden wie für sein eigenes, und zwar für das Verschulden des Erfüllungsgehilfen (§ 1313a ABGB). **Erfüllungsgehilfe** des Gutsbesitzers war dem Arzt gegenüber das Fuhrwerksunternehmen beziehungsweise der müde Kutscher.

Gegen den Kutscher hat zwar der Arzt einen Anspruch aus unerlaubter Handlung, weil dieser durch sein fahrlässiges Verhalten den Unfall verursachte, der Schadenersatzanspruch gegen ihn ist aber praktisch bedeutungslos, da er kaum genügend Einkommen oder Vermögen haben wird, um zahlen zu können.

Prüfen wir noch der Vollständigkeit halber, ob sich der Arzt an das Fuhrwerksunternehmen halten kann.

Ein Anspruch aus unerlaubter Handlung ist nicht gegeben, da den Fuhrwerksunternehmer kein Verschulden trifft. Darauf kommt es hier aber gar nicht an. Der § 1316 ABGB setzt eine Haftung der Fuhrleute für ihre Dienstpersonen fest. Ein Verschulden des Dienstgebers wird nicht gefordert, wohl aber ein Verschulden der Leute, die er verwendet. An einem Verschulden des Kutschers ist nicht zu zweifeln. „Schlafen" an sich ist juristisch und ethisch farblos. Der Kutscher war aber übermüdet und darf daher nicht mehr auf den Kutschbock steigen. Daß er dennoch fährt, macht seine Fahrlässigkeit aus. Er gefährdet damit sich und andere. Hätte der Kutscher unter Hinweis auf seine Müdigkeit eine weitere Fuhre abgelehnt und wäre er von seinem Dienstgeber vielleicht genötigt worden, trotzdem den Arzt zu fahren, dann läge ein Mitverschulden des Fuhrwerksunternehmers vor.

Wenn der Kutscher untüchtig ist oder wenn der Fuhrwerksunternehmer wußte, daß sein Kutscher eine gefährliche Person ist, haftet Schnell dem Arzt aus dem Titel der Besorgungsgehilfenhaftung nach § 1315 ABGB.

Anders wäre es, wenn zwischen dem Arzt und Schnell ein Vertrag bestünde. Denn dann wäre der Kutscher Erfüllungsgehilfe des Schnell innerhalb eines Vertrages mit dem Arzt. In diesem Falle müßte er nach § 1313a ABGB das Verschulden des Kutschers als Erfüllungsgehilfen wie eigenes Verschulden gegen sich gelten lassen. Ob nun eine solche vertragliche Beziehung zwischen Schnell und dem Arzt besteht, hängt davon ab, ob man die Vereinbarungen zwischen dem Gutsbesitzer und Schnell als einen Vertrag zugunsten des Arztes ansehen kann. Dies setzt voraus, daß Schnell mit seiner Erklärung, den Arzt abzuholen, sich auch dem Arzt gegenüber verpflichten wollte.

Bejaht man dies, so liegt ein echter Vertrag zugunsten Dritter vor. Dann hat der Arzt einen eigenen Anspruch auf die ordnungsmäßige Erledigung der Beförderung, und Schnell muß für seinen Kutscher einstehen. Kann man dagegen einen solchen Verpflichtungswillen des Fuhrwerksunternehmers nicht annehmen, so besteht eine Verpflichtung des Schnell nur dem Gutsbesitzer, nicht aber auch dem Arzt gegenüber.

Wir sehen, dieser scheinbar einfache Rechtsfall ist gar nicht leicht zu lösen. Die Reihenfolge der Ansprüche aus dem bedauerlichen Unfall des Arztes wird schematisch so ausschauen:

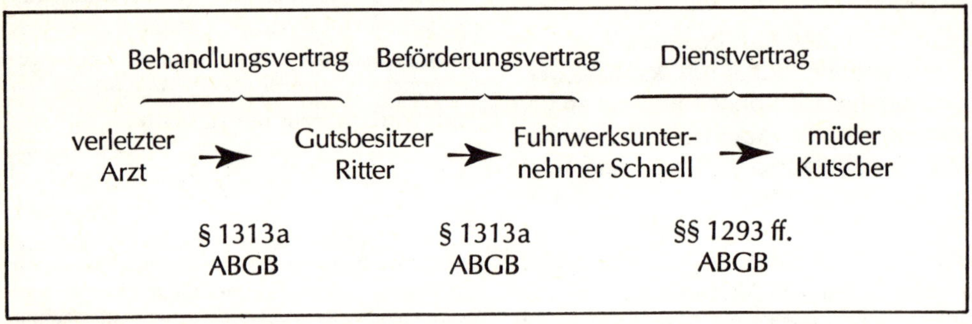

Erklärung: Der Arzt verlangt wegen der erlittenen Körperverletzung Ersatz der Heilungskosten, Verdienstentgang und ein angemessenes Schmerzensgeld. Diese Ansprüche erhebt er gegen Ritter, mit dem er den Behandlungsvertrag abgeschlossen hat, und beruft sich dabei auf die Erfüllungsgehilfenhaftung. Ritter muß zahlen. Im Regreßweg fordert er seinerseits Ersatz für das Gezahlte von Schnell, mit dem er einen Beförderungsvertrag abgeschlossen hat, und beruft sich ebenfalls auf die Erfüllungsgehilfenhaftung. Schnell muß zahlen. Im Regreßweg fordert seinerseits Schnell Ersatz für das Gezahlte vom Kutscher, mit dem er einen Dienstvertrag abgeschlossen hat, und beruft sich dabei auf die Verletzung des Dienstvertrages beziehungsweise auf die allgemeinen Bestimmungen des Schadenersatzrechtes.

Der arme Mann und seine reiche Frau

Frau Schnorr ist erkrankt. Der Ehemann ruft den Arzt herbei. Dieser behandelt die hochfiebernde Kranke bis zur völligen Genesung. Als Frau Schnorr gesund ist, nimmt sie eine gutbezahlte Stellung im Modesalon „Bikini" an, während ihr Gatte, der den Arzt seinerzeit gerufen hat, sein kleines Unternehmen, das er bisher betrieb, liquidieren muß und dadurch einkommenslos wird. Da der Arzt sein Honorar nicht erhält, klagt er die nunmehr gut verdienende Frau Schnorr.

Der Arzt wird mit seiner Klage wenig Erfolg haben.

Ein vertraglicher Anspruch besteht nicht, da er lediglich mit dem Ehemann Schnorr einen Behandlungsvertrag zugunsten seiner Ehefrau geschlossen hat. Aus diesem Vertrag zugunsten Dritter wurde die Ehefrau nur berechtigt, die ärztlichen Handlungen entgegenzunehmen, nicht aber auch verpflichtet, sie zu honorieren. Diese Verpflichtung hatte vielmehr nur der Ehemann.

Man kann auch nicht sagen, daß die Ehefrau selbst einen neuen Vertrag schloß, als sie die Behandlung entgegennahm. Zunächst war sie ja infolge ihres Fiebers unfähig, ihren Willen kundzutun. Und später, als sie fieberfrei war, wollte sie lediglich die Leistungen entgegennehmen, zu denen sich der Arzt dem Ehemann gegenüber verpflichtet hatte. Im übrigen würde sie, wenn sie selbst einen Arzt kommen ließe, um sich behandeln zu lassen, immer wieder nur ihren Ehemann verpflichten und nicht sich selbst, da sie damit im Rahmen ihrer Schlüsselgewalt (vgl. darüber Seite 285) handelt.

Im folgenden Fall würde Frau Schnorr aber selbst haften: wenn sie vermögend ist und ihr vermögensloser Mann zu ihrer Behandlung den Arzt kommen läßt, den er dann nicht bezahlen kann. Falls sie nun den Arzt an ihren zahlungsunfähigen Ehemann verweist, handelt sie arglistig. Sie wußte nämlich von vornherein, daß der Arzt bei ihrem Mann nicht zu seinem Geld kommen kann, während der Arzt nicht übersehen konnte, wie sich die Vermögensverhältnisse innerhalb des Haushalts gestalten.

Das Stiegenhaus und seine Benützer

Einen Vertrag zugunsten Dritter nimmt man im heutigen Alltag sehr bald an. Die Rechtspraxis betreibt – wie es in der Fachsprache heißt – erweiternde Auslegung.

Am besten wird das an einem variierten Beispiel klar. Angenommen, über den schlecht gelegten Stiegenläufer stürzen:

1. der Sohn des Mieters,
2. ein Besucher des Mieters.

Der Sohn des Mieters hat einen Schadenersatzanspruch gegen den Hauseigentümer. Da der Sohn des Mieters über diesen mit dem Hausherrn in einer Rechtsbeziehung steht, ist das Teppichlegen ihm gegenüber eine Erfüllungshandlung des Vermieters durch das Hauspersonal (Hausbesorger) als Erfüllungsgehilfen. Das Verschulden seines Personals wird dem Hauseigentümer zugerechnet. Die Nachlässigkeit des Hausbesorgers ist so anzusehen, als träfe den Vermieter selbst ein Verschulden.

Der Besucher hingegen steht zum Hauseigentümer in keinerlei vertraglicher Beziehung, auch nicht als Berechtigter aus einem Vertrag zugunsten Dritter. Das Teppichlegen kann also dem Besucher gegenüber keine Erfüllungshandlung im Rahmen eines Vertrages sein. Der Hausherr haftet ihm für seine Angestellten (Hausbesorger, Gärtner, Heizer usw.) höchstens als Besorgungsgehilfen nach § 1315 ABGB, was aber schwierige Beweise nötig macht. Der Besucher müßte die Untüchtigkeit des Angestellten dartun oder beweisen, daß der Dienstgeber um die Gefährlichkeit seines Verrichtungsgehilfen wußte.

Glatter Gehsteig und verletzter Passant

Ein Straßenpassant namens Pech stürzt im Winter auf dem eisglatten unbestreuten Gehsteig eines Hauses und zieht sich Verletzungen zu. Gegen wen kann er seine Schadenersatzansprüche geltend machen?

Weil der Gehsteig nicht ordnungsgemäß mit Sand oder Asche bestreut war, könnte Pech eine Schadenersatzklage gegen den Hausbesorger richten, der seiner Streupflicht nicht nachgekommen ist. Damit würde er auch Erfolg haben, doch steht der Durchsetzung seines Anspruchs die Vermögenslosigkeit des Hausbesorgers entgegen.

Der Eigentümer des Hauses, vor dem der Sturz geschah, ist vermögend. Kann sich Pech an ihn halten?

Nach der **Straßenverkehrsordnung 1960** haben die Eigentümer von Liegenschaften in Ortsgebieten dafür zu sorgen, daß die dem öffentlichen Verkehr dienenden Gehsteige und Gehwege einschließlich der in ihrem Zuge befindlichen Stiegenanlagen entlang der ganzen Liegenschaft in der Zeit von 6 bis 22 Uhr von Schnee und Verunreinigungen **gesäubert** sowie bei Schnee und Glatteis **bestreut** sind. Ist kein Gehsteig (Gehweg) vorhanden, so wird der Straßenrand in der Breite von 1 m zu säubern und zu bestreuen sein. Dabei muß es sich nach einer Entscheidung des OGH um ein **wirksames** Streumittel handeln (Sägespäne z. B. genügen nicht). Ferner müssen die Liegenschaftseigentümer dafür sorgen, daß Schneewächten oder Eisbildungen von den Dächern ihrer an der Straße gelegenen Gebäude entfernt werden (§ 93 Abs. 1 und 2 StVO). Vorsorglich ordnet die StVO noch an, daß andere Rechtsvorschriften wie z. B. das schon erwähnte **Hausbesorgergesetz** von diesen Bestimmungen nicht berührt werden, also bezüglich der Säuberungs- und Streupflicht ebenfalls gelten. Ferner wurde vorgesehen, daß diese Pflichten der Anrainer auch denjenigen treffen, dem sie der Anrainer durch Rechtsgeschäft (z. B. Dienst- oder Bestandvertrag) übertragen hat. Wer entgegen den geschilderten Pflichten nicht für die Säuberung oder Bestreuung der Straße sorgt, wird mit einer Geldstrafe bis zu S 1000,– oder mit Arrest bis zu 48 Stunden zu belegen sein (§ 99 Abs. 4 lit. h StVO).

Zur Erfüllung der durch die genannten Vorschriften auferlegten Pflichten bedient sich nun der Hausherr meist eines Hausbesorgers und haftet dann für dessen Verschulden wie für sein eigenes. Erfüllungspflicht besteht aber – wie wir wissen – nur den Mietern (ihren Familienangehörigen und dem Dienstpersonal) gegenüber. Was aber, wenn ein gänzlich fremder Passant verletzt wurde? Ihm gegenüber besteht jedenfalls keine Erfüllungspflicht des Hauseigentümers. Nach Ansicht des OGH muß jedermann zugemutet werden, bei schwierigen Verkehrsverhältnissen **besonders vorsichtig** zu sein und sich nicht völlig auf die vom Hauseigentümer zu treffenden Sicherheitsmaßnahmen zu verlassen. Leicht erkennbaren Gefahrenstellen ist unbedingt auszuweichen!

Die Rechtsl e h r e möchte allerdings dem armen Passanten helfen und billigt ihm einen Ersatzanspruch gegen den Hauseigentümer zu, indem sie behauptet, die Pflicht des Hauseigentümers zur Bestreuung bei Glatteis besteht **im Interesse aller,** die den Gehsteig dort betreten; alle haben daher ein subjektives **Recht** auf diese Bestreuung. Daher haftet der Hauseigentümer für das Verschulden seines Verrichtungsgehilfen auch dem fremden Passanten gegenüber. Das ist allerdings nur eine Konstruktion. Es mag aber sein, daß Pech seine Klage mit Erfolg darauf stützt und einen Richter findet, der diese Ansicht teilt.

Wahrscheinlich wird der Hauseigentümer nicht aus dem Titel der Erfüllungsgehilfenhaftung nach § 1313a ABGB, vielleicht aber wegen der Besorgungsgehilfenhaftung nach § 1315 ABGB in Anspruch genommen werden können. Vorsichtige Hauseigentümer werden sich schützen und auf alle Fälle eine freiwillige **Haftpflichtversicherung eingehen,** die sich sowohl für sie selbst als auch für die von einem Unfall betroffenen Personen günstig auswirken kann.

Aufrechnung

Es kann sein, daß sich Forderungen zweier Personen gegenüberstehen. Dann kann eine gegenseitige Tilgung der beiderseitigen Verpflichtungen geltend gemacht werden. Diese gegenseitige Aufhebung der Verbindlichkeiten (§ 1438 AGBG) heißt Aufrechnung oder Kompensation.

Schadenszufügung und Arbeitslohn

Karl Jedermanns Onkel beschäftigt als Hausgehilfin die impertinente Irma Ruppig. Eines Tages zerbricht Irma aus Versehen die große Kanne des Augarten-Kaffeeservices. Als Onkel Otto sie deswegen erbost zur Rede stellt und fragt, wie sie denn das nur gemacht habe, antwortet sie schnippisch: „So!" und kippt ihm das restliche auf dem Tablett befindliche Geschirr vor die Füße. Onkel Otto will der Hausgehilfin so lange keinen Barlohn bezahlen, bis er den Wert des zerbrochenen Geschirrs wieder hereingebracht hat. Irma Ruppig erklärt, dies sei nicht möglich, da sie ja dann keinerlei Bargeld habe, aber unbedingt ins Kino müsse.

Braucht Onkel Otto seiner Hausgehilfin Ruppig so lange keinen Lohn zu zahlen, bis der Wert des zerbrochenen Geschirrs hereingebracht ist? Ganz so einfach geht das nicht.

Gewiß können Geldforderungen unter gewissen Voraussetzungen gegeneinander aufgerechnet werden. Diese Voraussetzungen wären **Ge-**

genseitigkeit, Gleichartigkeit, Richtigkeit und **Fälligkeit** der Forderungen. Der Schadenersatz erstrebt, daß beim Geschädigten der Zustand wiederhergestellt wird, der ohne die eingetretene Schädigung bestehen würde. Darum geht § 1323 ABGB vom Ersatz in Natur aus. Nur wenn der Naturalersatz untunlich ist, wird der Schätzungswert vergütet, also Ersatz in Geld geleistet. Das Kaffeeservice ist wahrscheinlich ein Serienprodukt und daher in Natur zu ersetzen. Bei solchen vertretbaren Sachen kann ein Ersatz auch durch Leistung von Sachen **gleicher Art** erfolgen. Nun ist aber die Aufrechnung einer Geldforderung (der Hausgehilfin auf Arbeitslohn) gegen die Forderung auf Naturalersatz (des Onkels für erlittenen Schaden) nach der Rechtsprechung **unzulässig.**

Nehmen wir an, beim zerbrochenen Service handelt es sich um keine Gattungssache, sondern um ein einmaliges Stück. Dann spricht man von einer Speziessache, und der Ersatz wäre in Geld zu leisten, da ein Naturalersatz unmöglich ist. Jetzt stünde also Geldforderung gegen Geldforderung. Dennoch hat es mit der Kompensation einen Haken. Nach den Bestimmungen der Exekutionsordnung (vgl. Seite 76 und Seite 80) muß die Aufrechnung mit einer unpfändbaren Forderung als ungültig erachtet werden. Diese Bestimmung will Umgehungen der Exekutionsfreiheit verhindern und betrifft in erster Linie Dienstbezüge. Sie dient damit dem Interesse an der Erhaltung der Arbeitskraft. Der Barlohn einer Hausangestellten liegt aber häufig unter der pfändungsfreien Lohngrenze des Lohnpfändungsgesetzes (vgl. Seite 81). Demnach wäre also eine Aufrechnung durch Onkel Otto nicht möglich. Dieses Aufrechnungsverbot ist eine Schutzbestimmung für den meist wirtschaftlich schwächeren Arbeitnehmer. Einen solchen Schutz verdient aber nicht, wer sich gegen alle guten Sitten verstoßend über die Rechtsordnung eigenmächtig hinwegsetzt, wie es Irma Ruppig getan hat, als sie ihrem Arbeitgeber das kostbare Geschirr vor die Füße warf. Mit einem solchen Tun verwirkt sie ihr Recht, sich auf Schutzbestimmungen der Rechtsordnung zu berufen.

Auch das Hausgehilfen- und Hausangestelltengesetz 1962 bestimmt ausdrücklich, daß der Dienstnehmer (bei uns also die Hausgehilfin Ruppig) die seiner (ihrer) Obsorge anvertrauten Personen und **Sachen pflichtgemäß zu behandeln** hat; im Rahmen des Dienstverhältnisses sind die Interessen des Dienstgebers wahrzunehmen und die Gebote der Sittlichkeit zu beachten (§ 2 Abs. 3 HGAG). Andererseits ist zu beachten, daß während des Dienstverhältnisses auf Entgeltsansprüche wirksam nicht verzichtet werden kann. Desgleichen ist gemäß § 20 HGAG eine innerhalb einer Woche nach Auflösung des Dienstverhältnisses vom Dienstnehmer abgegebene Erklärung über Entgeltsansprüche rechtsunwirksam. Nach Ablauf dieser Woche kann auf das Entgelt grundsätzlich rechtswirksam verzichtet werden. Das Urlaubsentgelt und die Abfindung sind der Exekution entzogen, soweit diese nicht die Unterhaltsansprüche (beispielsweise der Mutter Irma Ruppigs) betrifft.

Unzulässigkeit der Aufrechnung gegen unpfändbare Forderungen ist nur ein Prinzip. Von jedem Prinzip gibt es aber Ausnahmen. Auch in unserem Fall ist eine Ausnahme im § 293 Abs. 3 EO gegeben. Diese Bestimmung gestattet die Aufrechnung von Gegenforderungen als Ersatz für vom Gläubiger der exekutionsfreien Forderung **absichtlich** zugefügte Schäden. Demnach braucht Onkel Otto seiner Hausgehilfin so lange keinen Lohn zu zahlen, bis der Wert des absichtlich vom Tablett fallen gelassenen Geschirrs ersetzt ist.

Anders verhält es sich mit der Kanne des Services, die Irma Ruppig **unabsichtlich** zerbrochen hat; nehmen wir an, es wäre ihr beim Geschirrabwaschen das Malheur passiert. Der Onkel wird auch hier Schadenersatz verlangen. Will er aber die Schadenssumme vom Lohn Irmas abziehen, so kann diese innerhalb von 14 Tagen dem **widersprechen** und den Onkel damit zwingen, vor dem Arbeitsgericht seinen Schadenersatz geltend zu machen. Nach den Bestimmungen des Gesetzes über die Dienstnehmerhaftung (BGBl Nr. 80/1965) kann der Richter in Fällen eines **minderen Versehens** die Schadenersatzverpflichtung des Dienstnehmers **mäßigen** und unter Umständen **ganz nachsehen.** Er hat dabei neben dem Grad des Verschuldens auch den Ausbildungsstand des Dienstnehmers und vor allem das Ausmaß seiner Lohnbezüge zu berücksichtigen. Für eine entschuldbare Fehlleistung haftet der Dienstnehmer auf keinen Fall!

Noch ein Wort über die **Höhe** des zu leistenden Geldersatzes: Bei vorsätzlicher Schädigung wird volle Genugtuung geleistet, das heißt, es ist nicht nur der **wirkliche Schaden,** sondern auch der **entgangene Gewinn** zu ersetzen. Nun hat vielleicht das Augarten-Geschirr für Onkel

Otto einen besonders hohen Wert. Kann auch ein solcher Liebhaberwert bei der Bemessung des Schadenersatzes Berücksichtigung finden?

Erinnern wir uns, daß Irma Ruppig den Rest des Kaffeeservices nicht bloß absichtlich, sondern **mutwillig** zerschlug. Wurde aber ein Schaden aus Mutwillen und Schadenfreude herbeigeführt, so kann sogar der **Wert der besonderen Vorliebe** gefordert werden (§ 1331 ABGB). „Mutwillen" ist dabei nicht in dem harmlosen, gewöhnlichen Wortsinn zu verstehen; es bedeutet im Schadenersatzrecht **boshafte Freude an der Schädigung.** Da diese besondere Färbung der absichtlichen Schadenszufügung bei der Hausgehilfin bestand, ersetzt sie beim Augarten-Service mit Ausnahme der Kanne den außerordentlichen Wert, bei der Kanne hingegen bloß den gemeinen Wert.

Vorsätzlich zugefügter Schaden muß ersetzt werden

Karl Jedermanns Berufskollege Walter Brutal hat seit Jahr und Tag vergeblich versucht, eine Geldforderung von S 2000,– gegen seinen Schuldner Willi Pfiffig durchzusetzen. Sämtliche Pfändungen sind bisher erfolglos verlaufen. Pfiffig ist aber immer gut angezogen und lebt fröhlich dahin.

Eines Tages lauert ihm Brutal auf, zerfetzt Pfiffigs Anzug völlig, bricht ihm einen kleinen Finger und sagt: „Ein Anzug S 1200,– und ein gebrochener Finger einschließlich Schmerzensgeld S 800,–, macht zusammen S 2000,–. Nun sind wir quitt."

Brutal irrt sich. Er hat vorsätzlich eine Sachbeschädigung und Körperverletzung begangen und sich damit nicht nur strafbar, sondern auch schadenersatzpflichtig gemacht. Brutal muß volle Genugtuung leisten. Eine Verurteilung und die anschließende Vollstreckung kann er nicht dadurch verhindern, daß er sich auf seine Gegenforderung beruft. Pfiffig hingegen kann aufrechnen.

Abtretung (Zession)

Unter Abtretung verstehen wir die Umänderung einer Verbindlichkeit durch **Gläubigerwechsel.** Der Zession im weiteren Sinn – das ist der Übergang einer Forderung auf einen neuen Gläubiger ohne Mitwirkung des Schuldners (Gläubigerwechsel schlechthin) – steht die Zession im engeren Sinn (rechtsgeschäftliche, insbesondere vertragsmäßige Übertragung) gegenüber.

§ 1392 ABGB sagt: „Wenn eine Forderung von einer Person an die andere übertragen und von dieser angenommen wird, so entsteht die Umänderung des Rechtes mit Hinzukunft eines neuen Gläubigers."

An die Stelle des Rechtsverhältnisses zwischen Schuldner und Altgläubiger tritt also das Rechtsverhältnis zwischen Schuldner und Neugläubiger.

Welches sind die wichtigsten Fälle des Gläubigerwechsels?

Wir haben zu unterscheiden:

1. Gläubigerwechsel **kraft Gesetzes,** z. B. nach § 1358 ABGB (wenn der Bürge zahlt, tritt er in die Rechte des Gläubigers ein).

2. Gläubigerwechsel durch **richterliche Überweisung;** diese spielt vor allem im Exekutionsrecht eine große Rolle als Überweisung zur Einziehung oder als Überweisung an Zahlungs Statt (§ 308 ff. EO).

3. Gläubigerwechsel durch **gutgläubigen Forderungserwerb,** z. B. an Wertpapieren oder an Hypotheken.

4. Die **rechtsgeschäftliche Abtretung** als wichtigster Fall des Gläubigerwechsels. Sie wird in den §§ 1392 ff. ABGB behandelt.

Als Rechtsgrund für eine Abtretung kommt unter anderem in Betracht: Kauf, Tausch, Schenkung, Übergabe zu Heiratsgut. Eine Abtretung kann aber auch zahlungshalber oder an Zahlungs Statt erfolgen. Bei Abtretung an Zahlungs Statt gilt der Neugläubiger mit der Abtretung als befriedigt.

Unübertragbare Forderungen

§ 1393 ABGB sagt, daß alle veräußerlichen Rechte Gegenstand der Abtretung sind. Das gilt aber nur mit Ausnahmen.

Unübertragbar sind jedenfalls:

1. Höchstpersönliche Rechte, das sind Rechte, deren Inhalt durch die Person des Berechtigten bestimmt ist, und zwar deshalb, weil sie von keinem anderen ausgeübt oder weil sie nicht ohne Änderung des zu Leistenden übertragen werden können, z. B. der Unterhaltsanspruch, der Anspruch des Mannes aus dem Mitgiftversprechen, das dem Gesellschafter zustehende Recht auf Bucheinsicht und Bilanzvorlage.
2. Forderungen, deren Übertragung durch gesetzliches oder richterliches Verbot für unzulässig erklärt wurde. Dies ist vor allem im Rahmen des Exekutionsrechtes von Bedeutung.
3. Öffentliche Rechte (z. B. das Wahlrecht), soferne es sich nicht um rein vermögensrechtliche Ansprüche gegen eine öffentliche Körperschaft handelt.
4. Nicht bestehende Forderungen (ungültige und erloschene Forderungen). Wohl aber sind künftige Forderungen und Naturalobligationen abtretbar.
5. Ein Teil einer unteilbaren Forderung. Nur relativ abtretbar, das heißt nur an eine bestimmte Person, ist z. B. der Anspruch aus einer vereinbarten Konkurrenzklausel, und zwar nur an den Geschäftsnachfolger.

Die Scheinabtretung

Karl Jedermanns Vater hatte in der Nachkriegszeit den Schleichhändler Lux kennengelernt, von dem er ab und zu Zigaretten kaufte. Diesen traf er nach Eintritt normaler Verhältnisse wieder und wurde von ihm um ein Darlehen gebeten. Als Herr Jedermann die Darlehensgewährung ablehnte, verlangte Lux einen Schuldschein über S 1000,–, wobei er versprach, diesen niemals geltend zu machen. Er wolle ihn lediglich seinen Gläubigern vorweisen, damit diese sähen, daß er nicht ganz mittellos sei, und ihn dann weniger bedrängten. Als Herr Jedermann auch dieses ablehnte, drohte Lux, ihn wegen der seinerzeitigen Schleichhandelsgeschäfte anzuzeigen. Herr Jedermann wollte allen Unannehmlichkeiten aus dem Wege gehen und stellte den Schuldschein aus, wobei er sich nochmals versprechen ließ, daß Lux diesen nicht weitergeben würde.

Der dunkle Ehrenmann tat dies natürlich dennoch. Er trat die im Schuldschein verbriefte angebliche Forderung von S 1000,– an Wohlgemut ab, der daraufhin gegen Herrn Jedermann klagte.

Lux hatte keine Forderung gegen Herrn Jedermann. Der von Karl Jedermanns Vater unterschriebene Schuldschein konnte eine Verpflichtung des Herrn Jedermann nicht begründen, da beide Vertragsparteien ausdrücklich vereinbarten, daß der Schuldschein nur zum Schein ausgestellt sei.

Von einem **Scheingeschäft** spricht man, wenn im Einverständnis beider Vertragsteile Willenserklärungen abgegeben werden, die den Schein eines Geschäftsabschlusses bestimmter Art vortäuschen sollen. Nach § 916 ABGB sind solche Willenserklärungen mit Nichtigkeit bedroht. Das Scheingeschäft (auch Simulation genannt) ist also **nichtig.** Ob ein Fall des **gutgläubigen** Eigentumserwerbes nach § 367 ABGB (vgl. Seite 187 f.) auch bei der Abtretung von Forderungen vorliegt, ist fraglich. Der § 367 ABGB spricht nämlich von „beweglichen Sachen“ und ist nach herrschender Lehre auf Forderungen nicht anwendbar. Für unser Beispiel trifft jedoch die Ausnahmebestimmung des § 916 ABGB zu. Das zwischen Herrn Jedermann und dem Schwarzhändler Lux abgeschlossene Scheingeschäft sollte ja nur zum Täuschen dritter Personen (nämlich der Gläubiger des Lux) dienen. Diese Gläubiger, darunter Wohlgemut, dürfen aber nicht geschädigt werden. Daher bestimmt § 916, daß einem Dritten, der im Vertrauen auf die erfolgten Willenserklärungen Rechte erworben hat, die Einrede des Scheingeschäfts nicht entgegengesetzt werden darf. Für Wohlgemut ist es also gleichgültig, daß Jedermann und Lux überhaupt kein Geschäft miteinander abschließen wollten. Herr Jedermann kann sich Wohlgemut gegenüber nicht darauf berufen, daß der Schuldschein nur zum Schein ausgestellt sei. Nur wenn der neue Gläubiger wußte, daß die Parteien die Verpflichtung nicht ernst gemeint hatten, kann ihm die Nichtigkeit wegen des Scheingeschäftes entgegengehalten werden. Da Wohlgemut offensichtlich von der Vereinbarung zwischen Lux und Jedermann nichts wußte, so hat er demnach die Forderung gegen Herrn Jedermann erworben. Dieser müßte ihm also S 1000,– zahlen.

Herr Jedermann hat sich nur deshalb zur Hingabe des Schuldscheins entschlossen, weil ihm Lux gedroht hatte, er würde ihn sonst wegen der früheren Geschäfte am Schwarzen Markt anzeigen. Wer aber zur Abgabe einer Willenserklärung durch **Drohung** gezwungen worden ist, kann das Rechtsgeschäft nach § 877 ABGB anfechten. Der Fall ist dann so zu beurteilen, als ob es überhaupt nicht zu einem Vertrag gekommen wäre. Auf alle Fälle kann der Geschädigte bei ungerechter Drohung nach § 874 ABGB von demjenigen, der ihn ungerecht bedroht hat, **volle Genugtuung** verlangen.

Somit ergibt sich für unser Beispiel folgende Situation:

1. Wußte Wohlgemut von der Simulation, kann er von Herrn Jedermann kein Geld aufgrund der Abtretung verlangen. Wohlgemut hat aber nach wie vor seine alte Forderung gegen Lux und kann sich nur an diesen halten.

2. Wußte Wohlgemut nichts von der Simulation und vertraute er auf die angebliche Abtretung, dann verlangt er als gutgläubiger Zessionar S 1000,– von Herrn Jedermann. Wird dieser zur Zahlung an Wohlgemut verurteilt, erleidet er einen Nachteil. Herr Jedermann verlangt nicht nur Wiedergutmachung des positiven Schadens, sondern auch Ersatz für den entgangenen Gewinn von Lux, da ihn dieser durch ungerechte Drohung mit einer Strafanzeige zur Ausstellung des Schuldscheines gezwungen hat.

Abtretung einer pfandgesicherten Forderung

Karl Jedermann hat ein Darlehen von S 3000,– aufgenommen und hierfür dem Geldgeber Gerissen seine goldene Uhr verpfändet, die etwa S 6000,– wert ist. Gerissen veruntreut diese Uhr, indem er sie an einen Unbekannten für S 4500,– veräußert. Außerdem tritt er die Darlehensforderung von S 3000,– gegen Karl Jedermann an Pech ab. Als Pech Zahlung verlangt, weigert sich Karl Jedermann, da er nur gegen Rückgabe seiner Uhr zu zahlen bereit sei.

Zwar hat Pech die Darlehensforderung infolge der Abtretung erworben. Trotzdem braucht Karl Jedermann an ihn ohne Rückgabe des Pfandes diese Summe nicht zu bezahlen. Die Rückstellung des Pfandes hat Zug um Zug mit der Zahlung der gesicherten Forderung zu erfolgen. Es braucht also der Pfandschuldner nicht zu leisten, ehe ihm das Pfand zurückgegeben wird.

Karl Jedermann kann von Gerissen Schadenersatz verlangen, weil dieser seine vertraglichen Pflichten verletzt und eine unerlaubte Handlung begangen hat. Die Uhr selbst wird für ihn allerdings verloren sein, da der Unbekannte daran gutgläubig Eigentum erworben hat.

Abtretung soll dem Schuldner mitgeteilt werden

Karl Schmell, ein Freund Karl Jedermanns, schuldet Gottlieb Gläubig S 500,–. Gläubig tritt diese Forderung an Guntermann ab, teilt dies jedoch dem Schmell nicht mit. Am Fälligkeitstag zahlt daher Schmell an Gläubig.

Als Guntermann zwei Tage später von Schmell Zahlung verlangt, lehnt dieser die Zahlung ab. Er tut dies mit Recht.

Zwar ist infolge der Abtretung Guntermann Gläubiger Schmells geworden. An und für sich kann ein Schuldner nur an den Gläubiger und nicht an einen anderen mit befreiender Wirkung zahlen (§ 1424 ABGB). Wo kämen wir auch hin, wenn der Schuldner an einen beliebigen Dritten zahlen könnte und dadurch von seiner Schuld dem Gläubiger gegenüber frei würde! Im gegenständlichen Fall ist es aber etwas anderes. Solange der Schuldner keine Kenntnis von der Abtretung hat, wird er in seinem Vertrauen auf den Bestand der Forderung des bisherigen Gläubigers geschützt. Schmell weiß nichts von der Abtretung; er kann daher an den Zedenten Gläubig mit **befreiender Wirkung** zahlen (§ 1395 ABGB). Benachteiligt mag bei unserer Annahme Guntermann sein, an den die Forderung wahrscheinlich als Gegenleistung abgetreten wurde und der nunmehr leer ausgeht. Er muß versuchen, sein Geld von Gläubig zu erhalten. Gläubig ist nämlich nicht berechtigt, das Empfangene zu behalten, denn infolge der Abtretung an Guntermann stand ihm die Forderung nicht mehr zu. Er muß das an ihn gezahlte Geld an Guntermann herausgeben. Weigert er sich, wird Guntermann eine sogenannte **Verwendungsklage** gegen Gläubig einbringen und diese auf § 1041 ABGB stützen.

Halten wir also fest: Die Verständigung des Schuldners oder gar seine Zustimmung ist zwar für das Zustandekommen der Abtretung unerheblich. Die Bedeutung der Verständigung liegt einzig und allein darin, daß der Schuldner ab Verständigung nicht mehr mit schuldbefreiender Wirkung an den Altgläubiger zahlen kann. Gerade darum soll die Abtretung dem Schuldner ehestens **mitgeteilt** werden.

Haftung des Zedenten

Wer eine Forderung verschenkt, haftet nicht für dieselbe (§ 1397 ABGB). Anders ist es bei einer **entgeltlichen** Zession. Hier haftet der Überträger:

1. für Richtigkeit (entspricht der Rechtsmängelhaftung) stets und
2. für Einbringlichkeit (entspricht der Sachmängelhaftung), aber nur im Moment der Abtretung.

Doch ist seine Haftung doppelt begrenzt, denn er haftet einerseits nur bis zur Höhe des Schadens und andererseits bis zur Höhe des Entgelts (Zessionsvaluta). Das sind wichtige **Haftungsbeschränkungen.**

Weitere Haftungsbeschränkungen enthält § 1398 ABGB: Der Zedent haftet nicht für Einbringlichkeit, wenn es sich entweder um eine Hypothekarforderung handelt (Grundbuch) oder um eine zur Zeit der Abtretung einbringliche und durch einen bloßen Zufall oder durch Versehen des Übernehmers uneinbringlich gewordene Forderung. Ein Versehen dieser Art begeht der Übernehmer, wenn er die Forderung zur Zeit, als sie aufgekündigt werden kann, nicht aufkündigt oder nach verfallener Zahlungsfrist nicht eintreibt; wenn er dem Schuldner nachsieht; wenn er die noch mögliche Sicherheit zur rechten Zeit sich zu verschaffen versäumt oder die gerichtliche Exekution zu betreiben unterläßt.

Sowohl auf die Haftung für Richtigkeit als auch für Einbringlichkeit kann verzichtet werden; dies gilt insbesondere, wenn die Forderung als **dubios** übernommen wurde.

Unentgeltliche Zessionen werden steuerlich wie Schenkungen behandelt. Entgeltliche Zessionen unterliegen gewöhnlich einer Rechtsgeschäftsgebühr von 0,8 v. H. (§ 33 TP 21 GebG).

Inhaberpapiere und Inhaberzeichen

Das Inhaberpapier ist ein Wertpapier. Unter einem **Wertpapier** versteht man eine Urkunde über ein Privatrecht, das durch Innehabung der Urkunde verwertet werden kann. Kurz gesagt: Das Recht aus dem Papier folgt dem Recht am Papier! Wenn nur der im Papier Genannte berechtigt sein soll, das Wertpapierrecht geltend zu machen, liegt ein **Namenspapier** vor. Eine Mittelstellung zwischen Inhaber- und Namenspapieren nehmen die sogenannten **Legitimationspapiere** ein.

Die im täglichen Leben vorkommenden Karten und Marken (Theater- und Kinokarten, Fahrkarten, Garderobemarken u. dgl.) werden verschieden beurteilt. Sind sie übertragbar, handelt es sich um Inhaberpapiere; sind sie nicht übertragbar, handelt es sich um Legitimationspapiere. Wertzeichen, wie z. B. Briefmarken, sind überhaupt keine Wertpapiere, weil sich an sie kein bestimmtes Recht knüpft.

Die vorgeführte Einteilung und Abgrenzung ist nur eine von vielen. Schwierigkeiten der Zuordnung und der Beurteilung kommen immer wieder vor, da die Wertpapierlehre nicht einheitlich ist.

Die Garderobemarke

Karl Jedermann besucht eine Theatervorstellung. Er erhält für den abgegebenen Wintermantel einen kleinen grünen Zettel mit der Nummer 307. Der Zettel ist von einem Block abgerissen, wie man ihn jederzeit in einem Papiergeschäft erwerben kann. Karl Jedermann zerknüllt den Schein irrtümlich während der Pause und wirft ihn in die Toilette. Als er nach Schluß der Vorstellung seinen Mantel herausverlangt, erklärt die Garderobiere, daß sie ohne Schein kein Garderobestück herausgeben könne. Auch der Garderobepächter Patzig lehnt die Herausgabe ab, obwohl Karl Jedermann eine Legitimation vorweist, so daß an seiner Identität kein Zweifel bestehen kann. Patzig meint, bei einer Inhaberschuldverschreibung verpflichte man sich nur, an den jeweiligen Inhaber des Scheins zu leisten, und wo kein Schein ist, da sei auch kein Inhaber. – Patzig hat unrecht und muß Karl Jedermann den Mantel herausgeben.

Die Garderobemarke ist keine Inhaberschuldverschreibung. Eine **Inhaberschuldverschreibung** ist eine Urkunde, in der im vollen Text der Aussteller dem jeweiligen Inhaber eine Leistung verspricht. Zu ihrer Gültigkeit ist erforderlich, daß die Inhaberschuldverschreibung staatlich genehmigt ist, wenn sie auf eine Geldsumme lautet. Daher können von privater Hand derartige Schuldscheine überhaupt nicht ausgegeben werden. Sie begegnen uns nur als Schuldverschreibungen des Staates, Schatzanweisungen und Lotterielose. Auch die Hypothekenpfandbriefe der Hypothekenbanken fallen darunter.

Nun gibt es allerdings auch Abwandlungen dieser Inhaberschuldverschreibungen in Gestalt von sogenannten **Inhaberzeichen.** Dies sind Marken, Karten, Eintrittskarten oder sonstige Scheine, bei denen man aus den Umständen ihrer Verausgabung auf den Willen des Ausstellers des Scheines, dem Inhaber eines solchen Scheines verpflichtet sein zu wollen, schließen kann. Solche Scheine kann jede Privatperson ohne staatliche Genehmigung ausstellen. Auf einen derartigen Willen des Ausstellers kann man aber nur dann im praktischen Leben schließen, wenn es sich um eine geringwertige, in Massen zu erstellende Leistung handelt. Denken wir uns eine Biermarke. Sie verkörpert den Wert eines Glases Bier, das der Wirt bei einer Veranstaltung dem jeweiligen Inhaber auszuschenken sich verpflichtet. Verliert man eine solche Biermarke, so hat man keine Möglichkeit, das für diese Marke vorgesehene Glas Bier von dem Wirt zu erlangen.

Anders ist es jedoch bei der Garderobemarke. Sie verbrieft nicht eine verhältnismäßig geringwertige Massenleistung. Sie betrifft vielmehr den individuellen Herausgabeanspruch des Hinterlegers auf ein Bekleidungsstück, das gerade für ihn von Bedeutung ist und meist einen erheblichen Wert verkörpert. Die Garderobiere kann also gar nicht die Vorstellung haben, daß ein anderer als der Berechtigte den Herausgabeanspruch geltend machen wird. Es kann vorkommen, daß jemand eine Handvoll Briefmarken an andere verschenkt, aber nicht seine Garderobemarke. Andererseits will und kann die Garderobiere bei dem Massenandrang nach Theaterschluß nicht jeden, der den Schein vorlegt, daraufhin prüfen, ob er Hinterleger ist. Sie kann sich auch nicht alle Gesichter merken. Schließlich holt häufig einer für mehrere die hinterlegten Stücke nach Beendigung der Vorstellung bei der Garderobe ab, damit sich nicht alle Besucher dort drängen müssen. Aus diesem Grunde muß man auf den Willen des Garderobeinhabers schließen, daß er zwar nicht an jeden Inhaber leisten will, aber durch die Leistung an ihn dem Berechtigten gegenüber befreit wird. Die Garderobemarke legitimiert also den Vorlegenden dergestalt, daß die Garderobiere an ihn leisten kann, ohne befürchten zu müssen, noch einmal von dem Hinterleger in Anspruch genommen zu werden.

Der Jurist nennt wegen dieser sogenannten Legitimationswirkung derartige Scheine und Karten auch „Legitimationszeichen".

Der Anspruch steht also immer demjenigen zu, der den Verwahrungsvertrag geschlossen hat. Dies ist hier Karl Jedermann. Karl Jedermann kann demnach, wenn die Garderobemarke verlorengegangen ist, anderweitig nachweisen, daß der Mantel, den er herausverlangt, von ihm hinterlegt worden ist. Wenn er sich ausweist, wird dies meist schon als genügend angesehen werden, da die Garderobiere ja Namen, Anschrift und Ausweis notieren kann. Eine Frage nach dem Inhalt der Manteltaschen oder dem eingenähten Firmenschild wird meist weitere Gewißheit geben.

Entsprechendes gilt für den Gepäckschein und die meisten Reparaturscheine.

Falsche Garderobemarken

Karl Jedermanns Begleiterin, Gerda Hängezopf, ist verzweifelt. Sie hat Garderobenummer 308. Als sie ihren Fohlenpelz abholen will, stellt sich heraus, daß kurz vorher ein Herr diesen Mantel bereits abgeholt hat, nachdem er einen gleichen Zettel mit Nummer 308 vorgelegt hat. Dies erklärt sich dadurch, daß der Abholende ein Betrüger war, der sich in einem Papiergeschäft einen Abreißblock der gleichen Farbe gekauft und aus ihm die Nummer 308, die völlig gleichartig aussah, an der Garderobe vorgelegt hatte. Gerda Hängezopf verlangt das Geld für einen neuen Pelzmantel. Garderobepächter Patzig lehnt ab. Er meint, er sei von seiner Leistung frei geworden, da er ja auf die Garderobenummer 308 den Mantel ausgehändigt habe. Auch sei es bei anderen Theatern und Kinos üblich, solche Blocks zu verwenden. – Patzig hat auch in diesem Fall unrecht.

Auf die früher behandelte Legitimationswirkung kann er sich nicht berufen, weil er nur frei wird, wenn er auf die von ihm ausgegebene Garderobemarke leistet, und die hat ja Gerda Hängezopf in ihrem Besitz.

Die Unmöglichkeit beruht auf seinem Verschulden. Die Garderobiere kann zwar nichts dafür, wenn sie nicht erkannte, daß es nicht die von ihr ausgegebene Marke war. Dies aber hat seinen Grund darin, daß Patzig einen ganz ungeeigneten Schein als Garderobemarke verwenden ließ, den in gleicher Art sich jeder besorgen konnte. Er hat insofern fahrlässig gehandelt, weil er die im Verkehr erforderliche Sorgfalt außer acht ließ. Er kann sich nicht darauf berufen, daß andere genauso fahrlässig handeln.

Der wichtige Übernahmeschein

Anders ist die Rechtslage, wenn sich Karl Jedermann etwa in der Putzerei durch Übernahme eines Scheines mit gewissen

Übernahme- und Lieferbedingungen einverstanden erklärt. Ein solcher Übernahmeschein beurteilt sich dann nach den (meist auf der Rückseite des Scheines abgedruckten) Bedingungen und kann Wertpapiercharakter annehmen. Er mag dann Inhaberpapier sein, was bedeutet, daß ohne Schein das Recht auf Ausfolgung der gereinigten Gegenstände von Karl Jedermann nicht geltend gemacht werden kann. Gerät der Schein in Verlust, müßte erst seine **Amortisation** betrieben werden, bevor man die geputzten Sachen ausgefolgt bekommt.

Nachstehend wird das **Muster** solcher Übernahme- und Lieferbedingungen einer Kleiderreinigungsanstalt abgedruckt, der rechtlich interessante Inhalt zum Studium empfohlen – was viel Ärger ersparen kann – und auf den wichtigen Punkt 10 besonders hingewiesen.

ÜBERNAHME- UND LIEFERBEDINGUNGEN

1. Die zum Putzen oder Färben übernommenen Gegenstände werden fachgemäß und mit größter Sorgfalt bearbeitet. Die Art der Behandlung bleibt dem fachmännischen Gutachten des Unternehmers überlassen.

2. Wenngleich sorgfältigste Bearbeitung der Gegenstände zugesichert wird, muß eine Schadenshaftung abgelehnt werden:
   a) für Mängel, die erst während der Bearbeitung auftreten oder in der Beschaffenheit der Gegenstände begründet sind;
   b) für das Einlaufen (Eingehen) von Gegenständen;
   c) für verschossene, von der Sonne gebleichte oder Gegenstände mit verputzten oder mürben Stellen oder solche aus weißen Stoffen mit Schwefelstreifen;
   d) für beschwerte Seide sowie Acetatseide, ferner Spitzen, Tülle und ähnliche Gewebe, ebenso Fenstervorhänge aller Art, besonders wenn sie der Sonne stark ausgesetzt waren, ferner für bereits stark abgetragene und defekte Gegenstände;
   e) für das Ausgehen unechter Farben, ungenügende Festigkeit, Auseinandergehen von Nähten und Durchlöcherung von Schweißrändern.

3. Farbmuster werden nach Möglichkeit berücksichtigt. Für völlige Übereinstimmung der Färbung mit dem Muster kann jedoch keine Gewähr übernommen werden.

4. Das Unternehmen ist befugt, von übernommenen Aufträgen zurückzutreten und die Gegenstände in dem jeweiligen Zustand zurückzugeben, wenn sich bei der Bearbeitung ergibt, daß der Auftrag nicht ausführbar ist. In diesem Fall steht dem Besteller, abgesehen von seinem Anspruch auf Rückgabe dieser Gegenstände, keinerlei weiterer Anspruch gegenüber dem Unternehmen zu.

5. Die Liefertermine werden nach Möglichkeit eingehalten, jedoch können Ersatzansprüche irgendwelcher Art aus verspäteter Lieferung nicht abgeleitet werden.

6. Etwaige Beanstandungen werden nur innerhalb 24 Stunden nach Lieferung des Gegenstandes berücksichtigt. Wurden die abgeholten Gegenstände jedoch inzwischen getragen oder verarbeitet, muß jegliche Haftung bereits vom Zeitpunkte der Lieferung abgelehnt werden.

7. Für Einbruchsdiebstahl wird die Haftung abgelehnt.

8. Im übrigen wird bei Verlust oder Beschädigung nur für grobe Fahrlässigkeit gehaftet und der gemeine Wert des Gegenstandes im Zustand der Übergabe, jedoch höchstens der fünffache Putzereipreis des betreffenden Gegenstandes vergütet.

9. Abholung des übergebenen Gegenstandes bzw. bei Weiß-, Putz- oder Buntwäsche der übergebenen Lieferpost durch den Kunden hat innerhalb Monatsfrist nach Übergabe zur Bearbeitung zu erfolgen. Ist ein übergebener Gegenstand (eine übergebene Lieferpost) durch mehr als Monatsfrist nicht abgeholt worden, so wird zunächst für zwei weitere Monate eine Aufbewahrungsgebühr von je S 35,– per Stück (Lieferpost) ohne Rücksicht auf Wert oder Werkslohn eingehoben. Nach Ablauf der drei Monate wird vom Unternehmer jegliche weitere Haftung abgelehnt, so daß von da ab der Besteller jegliche Gefahr trägt. Nach Verstreichen eines weiteren Monats, insgesamt also vier Monate nach Übergabe, steht dem Unternehmen das Recht zu, zur Hereinbringung des Werklohnes den Gegenstand (Lieferpost) zum Schätzwert zu veräußern bzw. bei Unveräußerlichkeit sich durch Selbstbehalt zu befriedigen. Von dem erzielten Veräußerungserlös werden zunächst der Werklohn zuzüglich der Aufbewahrungsgebühren, weiters die Kosten der Schätzung und Veräußerung in Abzug gebracht, der Rest gerichtlich hinterlegt.

10. Die Ausfolgung der bearbeiteten Gegenstände erfolgt nur gegen Rückgabe des Übernahmescheines und Barzahlung. Der Überbringer des Übernamescheines gilt als empfangsberechtigt.

11. Die übergebenen Gegenstände haften sowohl für den Bearbeitungslohn des gegenständlichen Auftrages als auch für etwaige unberechnete Gebühren aus früheren Aufträgen.

12. Als ausschließlicher Gerichtsstand gilt der Ort der Hauptniederlassung des Unternehmens.

Die Kinokarte ging verloren

Herr Flimmer, ein Kusin Karl Jedermanns, kauft sich eine Kinokarte mit der Nummer 13. Er verliert sie. Als er zur Vorstellung hingeht, stellt er fest, daß sein Platz vom Herrn Adabei eingenommen wird. Dieser hat die Karte gefunden und sich ihrer bedient. Adabei weigert sich, den Platz zu räumen, und der Kinobesitzer Licht lehnt ein Vorgehen gegen ihn ab. Adabei sei als Inhaber der Karte berechtigt, und woher er die Karte habe, ginge ihn – den Kinobesitzer – nichts an. Flimmer fragt nicht viel, ergreift den kleinen, schmächtigen Adabei und stößt ihn vom Platz. Für den erlittenen Schaden verlangt Adabei Ersatz. Mit Recht?

Flimmer braucht allem Anschein nach dem Adabei keinen Ersatz zu leisten.

Die Kinokarte ist ein sogenanntes Inhaberzeichen. Das besagt aber nicht, daß jeder, der die Karte in Händen hat, der Berechtigte aus der Karte ist. Die Inhaberschaft bedeutet lediglich, daß eine Vermutung dafür spricht, daß der Inhaber auch Berechtigung hat. Das heißt, er braucht sein Recht nicht zu beweisen, sondern derjenige, der ihm dieses Recht abstreitet, muß den Gegenbeweis liefern. Nehmen wir an, Licht hätte gewußt, daß Flimmer die Nummer 13 erworben hatte, und sieht nun Adabei mit dieser Karte kommen. Dann kann Licht nicht verlangen, daß Adabei ihm nachweist, daß er die Karte zu Recht besitzt. Wenn

Licht Herrn Adabei nicht die Vorstellung besuchen lassen will, so müßte er Adabei beweisen, daß dieser die Karte gestohlen oder gefunden hat oder sonst zu Unrecht benutzt. Licht wird aber nicht daran denken, sich in solche Schwierigkeiten zu bringen. Denn durch Leistung an den Inhaber der Karte – auch wenn dieser nicht berechtigt ist – wird er von seiner Leistungspflicht frei. Der Inhaber ist insoweit legitimiert, daß der Schuldner Licht ihn für den Berechtigten halten darf, ohne bei jedem Besucher erst Überlegungen anstellen zu müssen, wie dieser in den Besitz der Karte gekommen ist.

Licht wird also frei, wenn er den Platz dem Adabei überläßt. Flimmer hat aber einen Anspruch gegen Adabei, daß dieser ihm den eingenommenen Platz einräumt. Adabei war Finder. Aufgrund der Fundvorschriften hatte er die gefundene Karte aufzubewahren, durfte sie aber nicht etwa für sich verwenden. Flimmer hat gegen ihn einen Anspruch auf Herausgabe und auf Schadenersatz, weil Adabei als Finder seine Pflichten verletzt hat.

Nun darf grundsätzlich niemand einen Anspruch eigenmächtig durchsetzen, sondern muß hierfür das Gericht anrufen. Aber was nützte es Flimmer, der ja einen Film sehen will, wenn er zum Gericht gehen würde? Die Vorstellung, die er besuchen wollte, würde ihm entgehen. Da also die Anrufung der Behörden und vor allem richterliche Hilfe zu spät käme, kann Flimmer den Adabei „mit angemessener Gewalt" vom zu Unrecht behaupteten Sitzplatz vertreiben.

Es liegt keine eigenmächtige Selbsthilfe vor. Wenn die staatliche Hilfe zu spät käme, ist Eigenmacht innerhalb der notwendigen Grenzen erlaubt. Sollte Adabei durch seine Widerspenstigkeit zu Schaden kommen, so hat er diesen selbst zu tragen.

Gesetz und Sittenwidrigkeit

Das Gesetz erklärt ausdrücklich: „Ein Vertrag, der gegen ein gesetzliches Verbot oder gegen die guten Sitten verstößt, ist nichtig" (§ 879, Satz 1, ABGB). Dieser Bestimmung kommt einschneidende Bedeutung zu. Die Ungültigkeit eines Vertrages wegen Gesetzwidrigkeit oder Sittenwidrigkeit ist nämlich jederzeit von Amts wegen zu beachten. Die Geltendmachung bleibt also keineswegs dem Gutdünken der Beteiligten überlassen; selbst dann nicht, wenn der übereinstimmende Wille der Partner auf den verbotenen oder unsittlichen Zweck des Geschäfts gerichtet ist.

Wenn aber eine Vertragsbestimmung einem gesetzlichen Verbot widerspricht, muß nicht unbedingt der ganze Vertrag nichtig sein (teilweise Nichtigkeit).

Ein Verstoß gegen ausländische Gesetze, insbesondere ein Schmuggel, der ausländische Zollvorschriften verletzt, ist nicht dem gegen inländische Vorschriften gleichzuhalten. Ein auf einem solchen Schmuggel fußendes Geschäft kann jedoch als sittenwidrig erklärt werden.

Die Frage, was nun unter „Verstoß gegen die guten Sitten" zu verstehen ist, wird verschieden beantwortet. Nach maßgebender Auffassung lautet die Begriffsbestimmung der Sittenwidrigkeit: Gegen die guten Sitten verstößt, was offenbar widerrechtlich ist, ohne gegen ein ausdrückliches gesetzliches Verbot zu verstoßen. Der Begriff des Sittenverstoßes wird also dem der Widerrechtlichkeit untergeordnet und nicht auf dem Gebiet der Moral gesucht. Trotzdem besteht ein gewisser Zusammenhang zwischen den guten Sitten und der Moral.

Unerlaubtes im Wirtschaftskampf

Die Rechtsordnung läßt dem Wirtschaftskampf bis zu einem gewissen Grad zwar freies Spiel, sie überwacht und regelt ihn aber und duldet keine Auswüchse. Dazu dient ein großer Komplex von Verboten und – wo nicht ausdrückliche Gesetzesvorschriften bestehen – eine reich ausgebildete Rechtsprechung über den Begriff der guten Sitten im Wirtschaftskampf.

Daraus ergaben sich folgende Grundsätze: Der Wirtschafts k a m p f ist nicht verboten, wenn nur seine Mittel und seine Ziele nicht unerlaubt sind. Unerlaubt sind unanständige und nicht maßvolle Mittel, das sind solche, die dem verfolgten Interesse nicht angemessen sind. Unerlaubt ist es daher, wirtschaftliche Maßnahmen zu Überzeugungszwang, sei es politischem, religiösem oder nationalem, zu mißbrauchen; unerlaubt weiters der Mißbrauch wirtschaftlicher Vormachtstellung zum Zwecke der Ausbeutung; unerlaubt schließlich eine so schwere Schädigung des Gegners, daß sie zum erstrebten Vorteil in keinem Verhältnisse steht, insbesondere die völlige Vernichtung seiner Existenz oder die zu große Einschränkung seiner Selbständigkeit (Knebelung). Wer gegen eine Person oder ein Unternehmen einen gegen die guten Sitten verstoßenden D r u c k ausübt, um zu bewirken, daß ein Unternehmen einem Kartell beitritt, macht sich zumindest eines Vergehens schuldig (KartellG 1972, BGBl Nr. 460).

Ausdrücklich verbotene Verträge

§ 879 ABGB führt einzelne Verträge an, die verboten und deshalb zur Gänze ungültig sind:

1. Die Vereinbarung einer Entlohnung für die Unterhandlung eines Ehevertrages.

Ungültig ist auch das Versprechen eines Entgelts für die Vermittlung eines Bräutigams oder für das Zustandekommen einer Ehe mit der vom Vermittler namhaft gemachten Person und für die Erwirkung der Zustimmung des Vaters zur Eheschließung. Durch die Vorschrift des Gesetzes soll allen unlauteren Geschäften mit dritten Personen, die bei einer Eheschließung vorkommen können, vorgebeugt werden.

Die Ehevermittlung ist an sich nicht unerlaubt, sie wird es erst durch die Verknüpfung mit einem Entgelt. Trotzdem entfalten die gewerbsmäßig betriebenen „Eheinstitute" keine gesetzwidrige (aber manchmal eine recht schönfärberische) Tätigkeit.

Diese Institute vermitteln nämlich nicht etwa Ehen, sondern stellen lediglich den bereits ehewilligen Personen geeignetes Adressenmaterial gegen Entgelt zur Verfügung. In Österreich handelt es sich demnach bei der sogenannten Ehevermittlung um das freie Gewerbe der **Vermittlung von Adressen,** wobei neuerdings auch sogenannte Harmonietests „auf streng wissenschaftlicher Grundlage" (womöglich sogar im elektronischen Verfahren) erstellt bzw. ausgetauscht werden.

2. Zum Schutz der Klienten vor übermäßiger Ausnützung durch den Rechtsanwalt untersagt das Gesetz (§ 879 Z. 2 ABGB) das „Ansichlösen" und die „Streitanteilvereinbarung". Verboten ist demnach die Übertragung der Streitsache oder die Zession des streitigen Anspruches und jeder Akt, wodurch der Rechtsanwalt Teilhaber der Streitsache (z. B. eines prozeßverfangenen Hauses) wird; unerlaubt wäre ferner eine Beteiligung des Rechtsfreundes z. B. an zu erstreitenden Unterhaltsbeträgen.

Hingegen ist die Vereinbarung eines nicht nach Anteilen vom Erfolg, sondern ziffernmäßig fest bestimmten oder bestimmbaren **Erfolgshonorars** zulässig, sofern auch für den Fall des Mißerfolgs ein bestimmter, wenngleich niedrigerer Betrag festgesetzt ist.

3. Die Veräußerung einer erhofften Erbschaft oder eines erhofften Vermächtnisses zu Lebzeiten des Erblassers.

Die Gründe dieser Norm sind ethische und wirtschaftliche. Ethisch: keine Unterstützung der Erbschleicherei. Wirtschaftlich: der Erbe soll davor bewahrt werden, auf die Erbschaft hin Schulden zu machen, ehe er sie erhält.

4. Der Wucher (vgl. darüber Seite 56).

5. Das Konsumentenschutzgesetz (siehe darüber Seite 38 f.).

Ungerechtfertigte Bereicherung

Die Grundlage des Bereicherungsanspruches liegt im Ausgleich zwischen dem formellen und materiellen Recht im Sinne sozialer Gerechtigkeit. Die Voraussetzungen des Bereicherungsanspruches sind:

1. eine unmittelbare Vermögensverschiebung aus dem Vermögensbereich des einen in jenen des anderen;
2. ein ursächlicher Zusammenhang zwischen der Bereicherung des einen und dem Schaden des anderen;
3. der Mangel eines rechtlichen Grundes für die Aufrechterhaltung der ungerechtfertigten Bereicherung.

Das Ziel des Bereicherungsanspruches ist bei Redlichkeit beider Teile die Wiederherstellung des früheren Zustandes auf beiden Seiten. Die wichtigste Erscheinungsform der Bereicherungsansprüche ist irrtümliche Zahlung einer Nichtschuld.

Eine solche liegt z. B. vor, wenn der Hauptschuldner seine Schuld an den Gläubiger bereits bezahlt hat, der Gläubiger aber später die Zahlung vom Bürgen verlangt und dieser ohne Kenntnis der Zahlung des Hauptschuldners auch seinerseits die Zahlung leistet. Oder es kann sich um eine materiell ungültige Schuld handeln, die irrtümlich für bestehend angenommen und beglichen wurde.

Die natürliche Gerechtigkeit verlangt: Niemand darf sich ungerechtfertigt zum Nachteil des Verkürzten bereichern! Zur Beseitigung solcher Bereicherungen kennt das ABGB keine allgemeine Bereicherungsklage, sondern nur einzelne Fälle von Bereicherungsansprüchen. Darum ist hier das meiste der Rechtslehre und -praxis überlassen.

Die Reise mit fremdem Geld

Die älteste und wichtigste Erscheinungsform der Bereicherungsansprüche ist die **Zahlung einer Nichtschuld** (§ 1431 ABGB).

So trug sich zum Beispiel folgender Fall zu:

Ein Student, der sich auf einer Ferienreise befand, schrieb seinem Bankier, er möge ihm sein Guthaben in Reiseschecks übersenden. Bald danach erhielt der Student eine Summe, die ihm als zu hoch erschien. Auf seine Anfrage antwortete der Bankier, daß alles in Ordnung sei. Hierauf dehnte der Student seine Reise bis Ägypten aus und kam erst zurück, als das Geld zur Neige ging. Inzwischen hatte der Bankier seinen Irrtum entdeckt. Er berief sich nun auf die ungerechtfertigte Bereicherung des Studenten und forderte das Geld als irrtümlich gezahlte Nichtschuld zurück. Seine Klage auf Rückzahlung des Betrages, den er zuviel gesendet hatte, wurde jedoch abgewiesen. Jeder allenfalls vorhandene Bereicherungsanspruch seitens der Bank erlosch allein schon durch den **Untergang der Bereicherung.** Das zuviel gezahlte Geld ist unwiderruflich ausgegeben, und die dafür erlangten ägyptischen Reiseeindrücke stellen keinen Vermögenswert dar, den der Student zurückstellen könnte. Das ist also ein objektives Hindernis, das sich dem Bereicherungsanspruch hier entgegenstellt. In subjektiver Hinsicht muß ebenfalls der Student in seinem Vertrauen auf die ausdrückliche Erklärung der Bank „alles in Ordnung" geschützt werden. Den Nachteil trägt somit der Bankier.

Wer Zweifel hat über das Bestehen oder Nichtbestehen einer Schuld, kann sich sehr einfach den allfälligen Bereicherungsanspruch sichern: Er leistet **unter Vorbehalt** für den Fall des Nichtbestandes der Forderung. Der Vorbehalt ersetzt dann den Nachweis des Irrtums, und das Geleistete kann leicht zurückgefordert werden.

Die Herausgabepflichten nach Anfechtung

Karl Jedermann verkaufte an Willi Brumm ein Bild, das er von einer Tante geerbt hat, für S 500,–, ohne zu wissen, daß es einen Wert von S 5000,– hat, weil es von dem hochmodernen Maler Salvador

Wui stammt. Brumm, der den Wert gleichfalls nicht kennt, tauscht das Bild nach einiger Zeit gegen ein Fahrrad im Werte von S 1000,– um.

Als Karl Jedermann vom wahren Wert des Bildes erfährt, fordert er von Brumm die Herausgabe des Bildes. Dieser erzählt ihm vom inzwischen durchgeführten Tausch, worauf Karl Jedermann nunmehr das Fahrrad herausverlangt. – Ist er dazu berechtigt?

Zwischen Brumm und Karl Jedermann wurde zuerst ein Kaufvertrag geschlossen, aufgrund dessen Karl Jedermann Brumm das Bild und dieser ihm S 500,– übereignete. Der Kaufvertrag kann von Karl Jedermann gemäß § 871 ABGB **angefochten** werden, da er sich über eine **wesentliche Eigenschaft** des Bildes, daß dieses von einem bekannten Maler stammte, geirrt hatte. Angenommen, die Aufklärung des Irrtums erfolgte rechtzeitig, dann wird auch die Anfechtung des Rechtsgeschäftes erfolgreich sein. Die Irrtumsanfechtung bewirkt Ungültigkeit des zwischen Brumm und Jedermann geschlossenen Kaufvertrages. Es sind daher die aus diesem Geschäft erlangten Vorteile derart zurückzustellen, daß kein Teil aus dem Nachteil des anderen einen Gewinn zieht (§ 877 ABGB). Demnach wäre Brumm verpflichtet, das Bild an Karl Jedermann zurückzugeben, und zwar Zug um Zug gegen Rückzahlung der S 500,–. Nun tauchen Schwierigkeiten auf, da Brumm das Bild inzwischen an seinen Tauschpartner weiter übereignet hat. Der Bereicherungsanspruch erlischt nicht einfach mit dem Untergang beziehungsweise mit der Weitergabe des Gegenstandes der Bereicherung. Es ist daher naheliegend, daß Karl Jedermann das **eingetauschte Fahrrad** herausverlangt. Eine ausdrückliche Bestimmung fehlt aber im ABGB. Daher kann ebensogut die Meinung vertreten werden, daß Brumm lediglich den **Wert in Geld** zu erstatten hat, um den er noch bereichert ist. Er war zunächst bereichert um das Bild im Wert von S 5000,–. Nachdem er es – ein moderner „Hans im Glück“ – gegen ein Fahrrad im Werte von S 1000,– eingetauscht hat, ist er nur noch in Höhe von S 1000,– bereichert. Diesen Betrag kann Karl Jedermann von Brumm herausverlangen. Da er jedoch seinerseits die erlangten S 500,– zurückzahlen muß, verbleibt eine Differenz von S 500,–, die er beanspruchen kann.

Nehmen wir einmal an, daß Brumm für das Bild ein Motorrad im Werte von S 10.000,– eingetauscht hat, so kann Karl Jedermann von ihm S 4500,– verlangen.

Daß diese Rechnung aufgeht, ergibt sich aus folgender Überlegung: Durch das Bild wird Brumm um einen Wert von S 5000,– ungerechtfertigt bereichert. Durch den Tausch ist er nach wie vor um diesen Wert bereichert, da das Motorrad sogar einen noch höheren Wert repräsentiert. Schließt man sich der Meinung an, daß Brumm das Motorrad herauszugeben hat, wäre jetzt Karl Jedermann seinerseits um S 5000,– bereichert. Nach der anderen Auffassung braucht Brumm das eingetauschte Motorrad nicht auszufolgen. Also ist er verpflichtet, den Wert der erlangten Bereicherung, das heißt S 5000,–, an Karl Jedermann zu zahlen. Da dieser bereits vom Verkauf S 500,– erhalten hat, kann er nur noch S 4500,– fordern. Eine andere Entscheidung würde unbillig sein.

Das Surrogationsprinzip

Die bloße Weggabe des Gegenstandes der Bereicherung beseitigt solche für den Empfänger noch nicht, wenn dieser dafür andere Vorteile erlangt hat. Aus vernünftigen Erwägungen wird gefolgert: Der Empfänger muß herausgeben, was er an Wert noch besitzt. Also etwa einen Rest des ursprünglichen Gegenstandes oder einen Vermögenswert, den er durch die Weitergabe erhalten hat. Das nennt man **Surrogation** (Ersatz durch ein anderes Stück). Ist der Gegenstand vernichtet und dafür eine Versicherungssumme gezahlt worden, so wird diese vom Bereicherten dem Verkürzten herauszugeben sein.

Das versicherte Pferd

Nehmen wir gleich ein Beispiel für die zuletzt genannte Erscheinung: Der Gutsbesitzer Fröhlich kauft von seinem Nachbarn Pech – einem Onkel Karl Jedermanns – ein Pferd für S 18.000,–. Bevor es dieser jedoch zur Erfüllung des Kaufvertrages liefert und bevor der Kaufpreis gezahlt ist, bricht sich das Pferd ein Bein und muß getötet werden. Pech war gegen den Verlust des Pferdes mit S 20.000,– versichert. Was kann Fröhlich verlangen?

Fröhlich kann mit dem Untergang des Pferdes den ganzen Fall für erledigt ansehen.

Handelt es sich bei dem Pferd um eine sogenannte Speziessache, also um ein ganz bestimmtes, durch individuelle Merkmale bestimmtes Tier, dann gilt ja § 1447 ABGB. Danach hebt der zufällige gänzliche Untergang einer Speziessache jede Verbindlichkeit auf. Die Juristen sprechen dann vom **ersatzlosen Untergang der Stückschuld.** Die schuldrechtlichen Beziehungen zwischen den Parteien wären damit automatisch erledigt.

In unserem Fall kann es sich auch um eine Gattungssache handeln, und dann würde die vorhin erwähnte Regelung nicht gelten. Es müßte auch beim zufälligen Untergang eine andere Sache geliefert werden. Jedenfalls ist aber über das Pferd ein **Versicherungsvertrag** abgeschlossen worden, aufgrund dessen die Versicherungsgesellschaft verpflichtet ist, an Pech S 20.000,– zu zahlen.

Dies sind also S 2000,– mehr, als Fröhlich für das Pferd zu zahlen verpflichtet ist. Fröhlich wird daher von Pech das **Surrogat** für das untergegangene Pferd verlangen, das heißt, er kann dasjenige herausverlangen, was Fröhlich anstelle des toten Pferdes erlangt hat, und das ist der Anspruch an die Versicherungsgesellschaft auf S 20.000,–. Pech muß also diesen Anspruch an Fröhlich auf dessen Verlangen abtreten. Dafür kann er aber als Gegenleistung die Bezahlung des Kaufpreises in Höhe von S 18.000,– verlangen. Im Ergebnis wird also Fröhlich S 2000,– erhalten.

Losgewinn und Auftrag

Der in Karl Jedermanns Nachbarschaft wohnende Schuhmachermeister Knieriem schickt seinen Gesellen, den 22jährigen Günter Wagemutig, mit S 150,– zum Einkaufen von Zutaten für die Schuhreparatur. Wagemutig kauft statt dessen ein Achtellos der Klassenlotterie, das am nächsten Tag gezogen wird und mit einem Gewinn von S 10.000,– herauskommt.

Knieriem verlangt von ihm die Herausgabe von S 10.000,– mit der Begründung, daß dieser Betrag ja mit Hilfe seiner S 150,– gewonnen worden sei. – Mit Recht?

Eine Lösung des Falles ist nicht einfach.

Zunächst scheint Knieriem aus mehreren Gründen berechtigt zu sein, die S 10.000,– zu verlangen. Wagemutig schuldete seinem Meister aufgrund des Auftrages die Beschaffung des Materials beziehungsweise die Rückzahlung der S 150,–. Diese Leistung hat Wagemutig dadurch unmöglich gemacht, daß er dafür ein Los kaufte. Also wäre er verpflichtet, Knieriem das Los herauszugeben. Da an die Stelle des Loses der Gewinn getreten ist, müßte er diesen herausgeben.

Auch ist derjenige, der unredlicherweise das Geschäft eines anderen für sich führt, zur Herausgabe des Erlangten verpflichtet. Wer fremdes Geld im eigenen Interesse ausgibt, führt damit unredlicherweise ein fremdes Geschäft im eigenen Interesse. Demnach müßte er die S 10.000,– herausgeben.

Eine solche Lösung des Falles würde aber wohl wenig befriedigen. Der außergewöhnliche Glücksfall des Wagemutig käme hier dem Knieriem ganz unverdient zugute. Soll der lächerliche Anspruch des Meisters auf Rückgabe der vorgeschossenen S 150,– auf einmal so vervielfältigt werden? Man wird daher aus dem Sinne des Gesetzes (der *ratio legis)* zu dem Ergebnis kommen müssen, daß nur solche Surrogate herausverlangt werden können, die in einem der Lebenserfahrung angepaßten Verhältnis zu der verhinderten Leistung stehen.

Surrogate, die auf so außergewöhnlichen Umständen wie dem persönlichen Glückstreffer des Wagemutig beruhen, können nicht herausverlangt werden. Knieriem kann lediglich den Betrag von S 150,– zurückverlangen.

Unerlaubte Handlung und Gefährdung

Unerlaubte Handlungen verpflichten zum Schadenersatz. Unter **Schaden** ist jeder Nachteil zu verstehen, den jemand am Vermögen oder an der Person erleidet (§ 1293). Die Schadenersatzbestimmungen sind im Laufe der technischen Entwicklung und des zunehmenden Verkehrs immer komplizierter geworden. Sie finden sich darum nicht nur im ABGB, sondern auch in einer Reihe von Nebengesetzen (z. B. AtomhaftpflichtG 1964, EKHG).

Wie immer die gesetzlichen Vorschriften im einzelnen beschaffen sein mögen, so ist doch ein allgemeines Prinzip überall erkennbar: Der Schadensstifter soll den Schaden, den er angerichtet hat, wiedergutmachen.

Voraussetzungen des Schadenersatzes

Jeder Schadenersatzanspruch gründet sich entweder auf ein bereits bestehendes Schuldverhältnis (z. B. einen Kaufvertrag, der nicht erfüllt wird) oder ein Delikt (z. B. jemand fährt mit seinem Auto so unvorsichtig rückwärts, daß ein Passant am Gehsteig umgestoßen wird).

Wird ein Schadenersatzanspruch von jemandem behauptet, müssen jeweils folgende Voraussetzungen geprüft werden:

1. Eintritt eines Schadens
Einbezogen ist auch ein Schaden an der Ehre, an der Freiheit oder am Recht auf den Namen und den Stand.

2. Kausalität
Darunter versteht man eine Beziehung zwischen dem schädigenden Ereignis und dem eingetretenen Schaden.

3. Rechtswidrigkeit
Sie besteht in einem Verstoß gegen die bestehenden Vorschriften (Gesetzwidrigkeit) oder gegen die guten Sitten (Sittenwidrigkeit).

4. Verschulden
Das ist entweder bewußte Rechtswidrigkeit (Vorsatz) oder Unterlassung der nötigen Vorsicht und Voraussicht (Fahrlässigkeit).

Die Verschuldenshaftung reicht aber nicht aus, um auch nur die gröbsten Schäden im menschlichen Zusammenleben gerecht auszugleichen. Daher wird neben die Verschuldenshaftung für die typischen Gefahrenquellen der Technik (Fabriken und Verkehrsmittel) die sogenannte Gefährdungshaftung gestellt, nämlich die Verantwortlichkeit dessen, der die betreffende Anlage betreibt, des „Halters". Das muß nicht immer der Eigentümer sein.

Diese **Gefährdungshaftung** für typische Betriebswagnisse ist fast ausschließlich in modernen **Haftpflichtgesetzen** (z. B. der Eisenbahn-, Kraftfahrzeug-, Luftverkehrs- und Atomhaftung) geordnet.

In zweiter Linie gilt das ABGB. Die bei Haftpflichtfällen häufig vorkommenden sogenannten Begehrungsneurosen (vgl. Seite 142) der Beschädigten stellen ein besonders schwieriges Problem dar.

Das Maß der Haftung richtet sich in der Regel nach dem **Schuldgrad:** bei vorsätzlicher und grob fahrlässiger Vermögensbeschädigung ist volle Genugtuung, bei leichtem Versehen nur Schadloshaltung (kein Gewinnentgang) zu leisten.

Bei Personenschäden spielen die Verschuldensgrade keine Rolle, es ist immer positiver Schaden und Gewinnentgang zusammen zu ersetzen; überdies besteht Anspruch auf Ersatz des ideellen Schadens (z. B. Schmerzen).

Radfahrer stößt Passanten nieder

Karl Jedermanns Nachbar, Willi Eilig, fährt mit seinem Fahrrad in überaus großer Geschwindigkeit einen Berg hinunter. Klingel und Bremse sind in schlechtem Zustand. Der Kaufmann Kühne gerät dem herabsausenden Eilig in den Weg, kann nicht mehr ausweichen und wird zu Boden gerissen. Anstatt sich bei ihm zu entschuldigen und sich zum Ersatz jeglichen Schadens bereit zu erklären, beschimpft ihn der unverschämte Radfahrer noch.

Wie soll sich Kühne verhalten?

In einem solchen Fall ist ihm zu raten, eine polizeiliche Anzeige gegen Eilig zu erstatten.

Kühne begibt sich zu diesem Zweck zu der dem Unfallort nächstgelegenen Polizei- oder Gendarmeriedienststelle und schildert dort den Hergang der Ereignisse. Es wird eine Niederschrift angefertigt, die Kühne an der entsprechenden Stelle (unter den Buchstaben „vgg" = vorgelesen, gesehen, genehmigt) nur dann unterschreibt, wenn die Schilderung dem tatsächlichen Sachverhalt entspricht. Er rügt Abweichungen von seiner Schilderung und läßt die eventuell nötigen Korrekturen des Textes durch den Beamten sogleich vornehmen; erst dann unterfertigt Kühne als durch den Radunfall Betroffener die Niederschrift. Nach Durchführung der nötigen Erhebungen wird gegen Eilig unter Umständen die Strafanzeige (an die Staatsanwaltschaft) erstattet werden. Jedenfalls hat Eilig durch sein **verkehrswidriges Verhalten** mit einem nicht ordnungsgemäß instand gehaltenen Fahrrad gegen die Straßenpolizeivorschriften verstoßen. Nach umfangreichen Vorarbeiten hat der österreichische Nationalrat am 6. Juli 1960 das **Bundesgesetz, mit dem Vorschriften über die Straßenpolizei erlassen werden,** einstimmig zum Beschluß erhoben. Durch dieses Gesetz (**Straßenverkehrsordnung,** kurz **StVO 1960)** wurde den Bestrebungen, das österreichische Verkehrsrecht den modernen Anschauungen auf dem Gebiete des Straßenverkehrs anzupassen und mit den Erfordernissen der Verkehrssicherheit abzustimmen, Rechnung getragen. Für unseren Fall interessieren die besonderen Vorschriften für den **Verkehr mit Fahrrädern** (§§ 65 ff. StVO 1960).

Das **Mindestalter** zur Lenkung eines Fahrrades beträgt **12 Jahre.** Kinder, die noch nicht 12 Jahre, aber doch mindestens **10 Jahre** alt sind, dürfen mit **behördlicher Bewilligung** radfahren. Die untere Verwaltungsbehörde (Bezirkshauptmannschaft, Magistrat, Bezirkspolizeikommissariat) hat auf Antrag des gesetzlichen Vertreters des Kindes (Eltern, Vormund) eine solche Bewilligung zu erteilen, wenn anzunehmen ist, daß es die erforderliche körperliche und geistige Eignung (eventuell amtsärztliche Eignungsuntersuchung!) besitzt.

Die Bewilligung gilt nur innerhalb des örtlichen Wirkungsbereiches der Behörde und wird, wenn es die Verkehrssicherheit erfordert, unter Bedingungen und mit Auflagen (z. B. bestimmte Straßen nicht zu befahren) erteilt. Die Behörde kann die Bewilligung **widerrufen,** wenn sich die Verkehrsverhältnisse seit der Erteilung geändert haben oder nachträglich zutage tritt, daß das Kind die erforderliche geistige und körperliche Eignung nicht besitzt.

Die besondere Bauweise eines Fahrrades und seine Eigenschaft, sich damit auf kleinem Raum sehr wendig fortbewegen zu können, birgt insofern eine Gefahr im Straßenverkehr, als der Radfahrer nur allzu leicht dazu verleitet wird, die Verwendungsmöglichkeiten und Fahreigenschaften seines Fahrzeugs auch über die Grenzen der Sicherheit hinaus auszudehnen. Es mußten daher sowohl im Interesse seiner eigenen Sicherheit als auch jener der übrigen Straßenbenützer besondere Bestimmungen aufgenommen werden, die den Radfahrern die notwendigen Verpflichtungen auferlegen.

Jedes Fahrrad muß der **Größe** des Benützers entsprechen (Satteleinstellung!) und als einspuriges Fahrrad folgendermaßen **ausgerüstet** sein (§ 66 Abs. 2 StVO 1960):

1. mit zwei voneinander unabhängigen, sicher wirkenden Bremsvorrichtungen (unser Eilig hatte nur eine, noch dazu schlechte Bremse!);

2. mit einer helltönenden Glocke zum Abgeben von Warnungszeichen (die total verschmutzte Glocke Eiligs gab aber nur heisere Laute von sich!);

3. mit einer helleuchtenden, mit dem Fahrrad fest verbundenen Lampe mit weißem oder gelblichem, nicht blendendem Licht, das die Fahrbahn mindestens 15 m, jedoch nicht mehr als 20 m weit nach vorne ausreichend beleuchtet (keine mit Draht befestigte Taschenlampe!);

4. mit einem roten Rücklicht, dessen Wirksamkeit vom Fahrer während der Fahrt überwacht werden kann, ohne daß dieser in der sicheren Führung des Fahrrades beeinträchtigt ist;

5. mit einem roten Rückstrahler mit einer Lichteintrittsfläche von mindestens 20 cm^2, der nicht höher als 60 cm über der Fahrbahn angebracht sein darf und bei Dunkelheit und klarem Wetter im Lichte eines Scheinwerfers auf 150 m sichtbar ist; der Rückstrahler darf mit dem Rücklicht (Z. 4) verbunden sein;

6. mit gelben Rückstrahlern an den Pedalen.

Vorsorglich bestimmt die StVO 1960 noch, daß die Beleuchtungseinrichtungen und Rückstrahler in einem solchen Zustand gehalten werden müssen, daß sie voll wirksam sind.

Was sagt das Gesetz über das **Verhalten** der Radfahrer? Zunächst, daß Radfahrer nur auf Radwegen nebeneinander fahren, ansonsten Fahrräder nicht einmal nebeneinander schieben dürfen; ferner, daß Radfahrer beim Einbiegen von Radwegen oder Radfahrstreifen auf die Fahrbahn andere Straßenbenützer weder gefährden noch behindern dürfen. Ausdrücklich **verboten** ist (§ 68 Abs. 3 StVO 1960):

a) auf einem Fahrrad freihändig zu fahren (Loslassen der einen Hälfte der Lenkstange mit einer Hand und Festhalten der Lenkstange mit der anderen Hand fällt nicht darunter);

b) sich mit einem Fahrrad an ein anderes Fahrzeug anzuhängen, um sich ziehen zu lassen;

c) Fahrräder in einer nicht verkehrsgemäßen Art zu gebrauchen, z. B. Karussellfahren, Wettfahren u. dgl.;

d) beim Radfahren andere Fahrzeuge oder Kleinfahrzeuge mitzuführen.

Fahrräder sind schließlich so aufzustellen, daß sie nicht umfallen oder den Verkehr behindern können.

Zunächst hätte Eilig durch sein vorschriftswidriges Verhalten im Straßenverkehr nur eine Verwaltungsübertretung begangen. Darüber hinaus machte er sich aber einer fahrlässigen Körperverletzung nach dem Strafgesetzbuch (§ 88) schuldig, weil der Passant Kühne, als er zu Boden gerissen wurde, leichte Verletzungen (nämlich Prellungen) erlitten hatte und einen Arzt aufsuchen mußte. Eine bloße Gefährdung von Herrn Kühne (ohne Verletzung) hätte Herrn Eilig nicht strafbar gemacht.

Wird ein **Strafverfahren** gegen Eilig durchgeführt, so hat dies für den Verletzten folgenden Vorteil: Ohne daß er sein eigenes Geld riskiert, klären Staatsanwaltschaft und Gericht für ihn die Sach- und Rechtslage. Wird der Täter in diesem Strafverfahren verurteilt, so ist es für den Verletzten nunmehr sehr einfach, den **Schadenersatzprozeß** vor dem Zivilgericht durchzuführen. Es könnte sogar sein, daß Kühne, der sich dem Strafprozeß als **Privatbeteiligter** angeschlossen hat, schon im Strafurteil den Schadenersatz zugesprochen erhält. Meistens wird aber der Privatbeteiligte mit seinen Ansprüchen **auf den Zivilrechtsweg verwiesen.** Ergibt sich im Strafprozeß die Unschuld des angeklagten Eilig, könnte Kühne trotzdem noch immer einen Schadenersatzprozeß führen. Die Erfolgsaussichten werden vielleicht nicht sehr groß sein, aber strafrechtliche Schuld und zivilrechtliche Schuld werden nach verschiedenen Maßstäben beurteilt.

Kommt es zu keiner Einleitung eines Strafverfahrens gegen Eilig, muß sich Kühne entscheiden, ob er eine Schadenersatzklage gegen Eilig anstreben will oder nicht. Wenn ja, wird er in der Klagserzählung den Unfallhergang schildern und auf seine polizeiliche Anzeige verweisen.

Eilig hat dadurch, daß er den Kaufmann Kühne anfuhr, eine **unerlaubte Handlung** begangen. Eine solche liegt vor, wenn jemand das Leben, den Körper, die Gesundheit oder das Eigentum oder ein sonstiges Recht eines anderen rechtswidrig und schuldhaft verletzt.

Kühne ist an Gesundheit und Körper durch Eilig verletzt worden. Eilig handelte rechtswidrig, da er

keinen besonderen **Rechtfertigungsgrund** hatte, und **fahrlässig,** weil sein zu schnelles Fahren mit dem verkehrsuntüchtigen Fahrzeug gegen die im Verkehr erforderliche Sorgfalt verstieß. Kühnes Schadenersatzanspruch ist also begründet.

Das Mitverschulden

Es ist möglich, daß Kühne an dem Unfall nicht ganz schuldlos war. Ist er z. B. unachtsam über die Straße gegangen, so trifft ihn ebenfalls ein Vorwurf schuldhaften Verhaltens.

Der Gesetzgeber trägt einem solchen Mitverschulden im § 1304 ABGB Rechnung. Trifft den Geschädigten ein Mitverschulden, so wird der Schaden verhältnismäßig geteilt. Es kann dann dem Geschädigten der Ersatz eines kleineren oder größeren Teiles des Schadens zugesprochen werden. Nur wenn sich das Ausmaß der Schuld nicht bestimmen läßt, trägt jeder den gleichen Teil. Kommt also das Gericht zu dem Ergebnis, daß auch Kühne schuldhaft gehandelt hat, lassen sich aber die Verschuldensanteile beim schließlich eingetretenen Verkehrsunfall auch mit Hilfe der Sachverständigen nicht feststellen, so braucht Eilig bloß 50 Prozent des dem Kühne entstandenen Schadens zu ersetzen.

Die Fahrbahn ist vorzugsweise für den Fahrverkehr bestimmt; Fußgänger, die mangels eines Gehsteiges genötigt sind, die Fahrbahn zu benützen, haben in erster Linie selbst auf den Verkehr zu achten und sich gegen seine Gefahren zu schützen. Das **Nebeneinandergehen** zweier Fußgänger am äußersten Fahrbahnrand einer Straße ohne Gehwege wäre an sich zulässig. Voraussetzung hiefür ist aber, daß dadurch weder der Verkehr behindert noch andere Straßenbenützer gefährdet werden. Das Nebeneinandergehen dreier Fußgänger in der Dunkelheit stellt schon an und für sich eine grobe Fahrlässigkeit und eine Gefährdung anderer Straßenbenützer dar. Auf **Freilandstraßen** haben Fußgänger auf dem **linken** Fahrbahnrand zu gehen, sofern ihnen dies nicht (z. B. wegen Baustellen, absturzgefährliches Gebiet ohne Geländer) unzumutbar ist. In diesem Fall wird links auszuweichen und rechts vorzugehen sein.

Gebrechliche und Wahnsinnige im Verkehr

Spielt es eine Rolle, daß Kühne Brillenträger mit hoher Dioptrienzahl ist?

Die Gerichtspraxis geht davon aus, daß von den **Gebrechlichen** (Schwerhörigen, Schwachsichtigen) eine **besondere Aufmerksamkeit** zum Schutz der eigenen Person verlangt werden muß. Fußgänger, deren Gehörvermögen beeinträchtigt ist, sind im Straßenverkehr verpflichtet, in um so höherem Maße von ihrem Sehvermögen Gebrauch zu machen. Wenn aber ein am Rand des Gehsteigs stehender Fußgänger durch ein knapp anfahrendes Fahrzeug verletzt wird, ist kein Mitverschulden anzunehmen.

Wenn Kaufmann Kühne **geisteskrank** gewesen wäre, hätte er sich noch so unvorsichtig verhalten können, er wäre trotzdem nicht mitschuldig geworden. Es ist nämlich auch beim Mitverschulden – wie schon der Name sagt – ein Verschulden erforderlich. Ein Geisteskranker ist aber schuldunfähig.

Bemerkt ein Autolenker, daß der Fußgänger besonders unvorsichtig und unbeholfen ist, muß er die dadurch vergrößerte Wahrscheinlichkeit eines Unfalls zu vermeiden trachten. Er muß **früher** abbremsen und seine Geschwindigkeit rascher vermindern, als dies im Regelfall geboten wäre. Der **Vertrauensgrundsatz** besagt, daß niemand **im vorhinein** damit zu rechnen braucht, daß sich ein Straßenbenützer vorschriftswidrig verhalten wird; er kann vielmehr ein **vernünftiges diszipliniertes** Verhalten anderer Verkehrsteilnehmer annehmen (§ 3 StVO 1960).

Wenn jedoch – wie in unserer Annahme – das **unrichtige** Verhalten anderer Verkehrsteilnehmer **bereits erkennbar** ist, kommt das **Vertrauensprinzip nicht mehr** in Betracht!

Verunstaltung und besseres Fortkommen

Ist Kühne körperlich verletzt, so kann er außer dem Ersatz der Heilungskosten, das ist all das, was zur Beseitigung oder Minderung der Verletzungsfolgen aufgewendet wurde, noch die Kosten einer unfallbedingten Vermehrung seiner Bedürfnisse und **Verdienstentgang** geltend machen. Dieser Verdienstentgang für die Zeit der Behandlung und auch für die Zukunft darf nicht mit dem entgangenen Gewinn verwechselt werden. Verdienstentgang ist nicht als entgangener Gewinn, sondern als **wirklicher Schaden** einzuschätzen. Verdienstentgang kann z. B. durch **Verunstaltung** eintreten (§ 1326 ABGB). Dies nicht nur wegen verminderter Heiratsaussichten, sondern z. B. auch bei Schauspielern, Mannequins und dergleichen.

Sogar beim Kaufmann Kühne wäre bei Bemessung des Ersatzes zu berücksichtigen, daß er durch eine Entstellung vielleicht viele Kunden, Geschäftspartner usw. abstößt und dadurch wirklichen Schaden erleidet. Die moderne Rechtsprechung hat folgende Gedanken klar herausgearbeitet: Die Verunstaltung verhindert das bessere Fortkommen schon durch die Beeinträchtigung des äußeren Aussehens. Von einer etwaigen Minderung der Leistungsfähigkeit kann ganz abgesehen werden. Die Verunstaltung muß nicht abscheuerregend und nicht mitleiderweckend sein.

Wäre Kühne Dienstnehmer, dann wäre zu beachten, daß ihm als Verletzten bei Vorliegen eines dauernden Körperschadens auch dann ein Ersatzanspruch wegen Verdienstentgangs zusteht, wenn er trotz der Beschädigung zunächst keinen Ausfall am Verdienst erleidet.

Es muß nach Ansicht des OGH berücksichtigt werden, daß der Verletzte zur Erzielung seines Arbeitseinkommens unter Umständen mehr Anstrengungen nötig hat als ein gesunder Arbeiter, daß ihm zufolge seines Körperschadens gewisse Aufstiegsmöglichkeiten verschlossen sein können und daß er im Falle eines künftig etwa auftretenden Arbeitsmangels bei den für ihn ungünstigen Konkurrenzverhältnissen mit gesunden Arbeitern eher in Gefahr ist, seine Stellung zu verlieren als ein körperlich unversehrter Arbeitnehmer.

Angemessenes Schmerzensgeld

Endlich hat der Verletzte Kühne einen Anspruch auf Schmerzensgeld. Ob dazu auch Ersatz für seelische Schmerzen gehört, ist umstritten.

Das **Schmerzensgeld** ist die Genugtuung für alles Ungemach, das der Verletzte infolge der Verletzung erduldet. Es soll den Gesamtkomplex der Schmerzempfindung abgelten, die durch die Schmerzen entstandenen Unlustgefühle ausgleichen und den Verletzten in die Lage versetzen, sich als Ausgleich für Leiden und statt der ihm entzogenen Lebensfreude auf andere Weise gewisse Annehmlichkeiten und Erleichterungen zu verschaffen. Schmerzensgeld wird auch gewährt, wenn keine äußere Körperverletzung vorliegt. Es wird aber von der Rechtsprechung für bloßen Schrecken versagt.

Die Judikatur neigt dazu, auch für **seelische Leiden** als Folge einer körperlichen Beschädigung ein Schmerzensgeld zu gewähren. So bei dem niederdrückenden Gefühl, ein Krüppel geworden zu sein, und bei Beeinträchtigung des Allgemeinbefindens durch Schlaflosigkeit. Ebenso kann für eine **Fehlgeburt** Schmerzensgeld gebühren.

Verschiedene Neurosen

Kaufmann Kühne, der schlaue Rechner, mag sich folgendes denken: „Wenn mich schon Eilig niedergefahren hat, so wäre es doch sehr verlockend, über die Möglichkeit eines Schmerzensgeldes sich eine Sommerreise oder eine Wohnungseinrichtung zu verschaffen."

Die Wirklichkeit sieht anders aus. Nehmen wir z. B. folgende Verletzungen: Schwellungen mit Blutunterlaufungen am linken Jochbein mit oberflächlichen Rißquetschwunden und einer Blutbeule am Hinterkopf, die zwei Tage starke, fünf Tage mittelstarke und weitere fünf Tage leichte Schmerzen sowie die folgenden 14 Tage nur periodisch leichte bis abklingende Schmerzen verursachte. Hier hat der OGH im Jahre 1956 ein Schmerzensgeld von **S 800,–** als angemessen zugesprochen. Bei einer Verletzung, die den Verlust der Linse des linken Auges und eine Verminderung der Sehfähigkeit dieses Auges, auch bei Verwendung eines Starglases zur Folge hatte, hielt der OGH im Jahre 1962 ein Schmerzensgeld von **S 14.000,–** für angemessen.

Für die Bemessung des Schmerzensgeldes sind die Dauer und die Intensität der Schmerzen nach deren Gesamtbild, die Schwere der Verletzung sowie schwere Beeinträchtigung des Gesundheitszustandes maßgebend. Es kann z. B. ein gerichtlicher Vergleich folgenden Inhalts geschlossen werden:

> **„Mit der Zahlung von S . . . sind alle wie immer gearteten Ansprüche des beschädigten Kaufmanns Kühne ein für allemal abgegolten."**

In diesem Fall bleibt auch eine spätere Kaufkraftänderung der Währung außer Betracht. Nicht zu berücksichtigen sind ferner der Grad des Verschuldens des Beschädigers, die Vermögensverhältnisse und Kulturbedürfnisse des Beschädigten und seine besondere Empfindlichkeit. Zu einer höheren Bewertung neigt neuestens die Judikatur bei Schmerzen von **Kindern** und beachtet die Auswirkungen auf die schulische Ausbildung. Das Schmerzensgeld soll nicht tagweise oder monatlich, sondern mit einer Gesamtsumme bestimmt werden.

Mitunter wird durch die Verletzung eine sogenannte **traumatische Neurose** ausgelöst. Das ist ein krankhafter Nervenzustand, der den Verletzten hindert, einem Verdienst nachzugehen, auch wenn die Wunde selbst schon geheilt ist. Auch deswegen können Ansprüche gestellt werden.

Davon unterscheidet sich die bloße **Begehrungsneurose.** Das ist ein krankhaftes Begehren nach Erlangung einer Entschädigung, das für die Zeit dieser Neurose ebenfalls eine Arbeitsunfähigkeit bewirkt. Wurde ein solcher Seelenzustand erst nachträglich, also ohne ursächlichen Zusammenhang mit der Verletzung durch eine später erlangte Kenntnis der Möglichkeit eines Schadenersatzes ausgelöst, so vermag sie grundsätzlich **keinen Anspruch** zu begründen. In neuester Zeit ist die Rechtsprechung in solchen Fällen allerdings weitherziger geworden und hat auch für Begehrungsneurosen Schmerzensgeld zugebilligt. Dies aber nur dann, wenn sich der Verletzte der Wunschtendenz nicht bewußt ist oder wenn er außerstande ist, ihr zu begegnen. Solches eindeutig festzustellen, wird aber selbst dem neurologischen Sachverständigen mitunter kaum möglich sein.

Skiunfälle

Anläßlich eines Winterurlaubs, den Karl Jedermann mit Frau und Kindern in den tiefverschneiten Bergen Tirols verbringt, stößt er auf ein neues Rechtsproblem: das Pistenrecht.

Er kennt die Statistik, wonach sich pro Skisaison in Österreich rund 80.000 Skiunfälle ereignen. Rund ein Viertel davon sind schwere Pistenunfälle, rund 30 Prozent aller Skiunfallopfer sind Kinder und Jugendliche bis 18 Jahre. Die häufigsten Skiunfälle passieren bei Schönwetter und guten Pistenverhältnissen; die unfallträchtigste Zeit ist der frühe Nachmittag, wenn die ersten Konditionsmängel mit der

Müdigkeit nach dem Mittagessen zusammentreffen. Bei Schneefall und schlechter Sicht passiert am wenigsten, weil da die Skiläufer um so vorsichtiger sind.

Allerdings hat sich in den vergangenen Jahren eine Unsitte immer mehr eingebürgert, die zu einer alarmierenden Zunahme von Skiunfällen und Ausschreitungen auf der Piste und in Skihütten führte: das „Stamperl" oder der „Jagatee". Rund 25 Prozent aller stationär aufgenommenen Opfer eines Skiunfalls haben einen beträchtlichen Blutalkoholspiegel aufzuweisen! Dabei ist es durchaus falsch anzunehmen, daß der Alkohol wärme; in größeren Mengen genossen führt er im Gegenteil zur Unterkühlung des Körpers. Vor allem aber führt er wie auf der Straße, so auch auf der Piste zu einer Fehleinschätzung des eigenen Könnens, damit oft zu überhöhtem Tempo und zu Leichtsinn.

Zusammenstöße auf der Skipiste, Kollisionsunfälle, sind jener Unfalltyp, der die Gerichte am meisten beschäftigt. Dies deshalb, weil der Kollisionsunfall in der Regel durch die Rechtswidrigkeit des Verhaltens eines oder beider Beteiligter herbeigeführt worden ist. Nur in seltenen Fällen sind solche Zusammenstöße beim Skilauf auf mangelnde Fahrtechnik zurückzuführen. Die weitaus überwiegende Zahl der Kollisionen wird von guten und sehr guten Skifahrern verursacht, deren sportliches Können durchaus zureichend ist. Die Hauptursache liegt vielmehr im unkontrollierten Fahren einerseits und in Beobachtungs- und Aufmerksamkeitsfehlern andererseits. Viele Pistenbenützer fahren für die gegebenen subjektiven und objektiven Bedingungen häufig zu schnell. Und nicht zuletzt liegt in der Masse, in der die Skiläufer heute auftreten, das besondere Risiko.

Schon vor seiner Abreise in den Winterurlaub hat sich Karl Jedermann die Feststellung eines bekannten Skijuristen zu Herzen genommen: „Wer heute Ski fährt, ohne eine Haftpflichtversicherung abgeschlossen zu haben, dem ist einfach nicht zu helfen." Und er hat sich dafür interessiert, welche Regeln, welches Recht heute auf den österreichischen Skipisten und Loipen herrscht.

Schon in den ersten Anfängen des alpinen Skilaufs hat man sich Gedanken darüber gemacht, ob es möglich sei, durch eine geregelte Ordnung Unfälle, insbesondere Zusammenstöße, zu vermeiden. Einen der ersten Versuche fand Karl Jedermann in einer „Laufordnung" aus dem Jahre 1895 des Schneeschuhclubs Frankfurt am Main, in der bestimmt wurde:

> „Bei Abfahrten auf Wegen und Schneisen, welchen eine Breite von etwa 10 m fehlt, ist die Abfahrt mehrerer Teilnehmer zu gleicher Zeit verboten; vielmehr hat stets nur ein Teilnehmer abzufahren und bei seiner Ankunft ein Signal zu geben, nach welchem der zweite Mann abfährt."

Von Frau war dabei überhaupt noch keine Rede! Daß sich die Abfahrtechnik und die Abfahrtsstrecken seither grundlegend geändert haben, bedarf wohl keiner Erörterung. Außerdem hatten diese historischen Skiregeln keine „Normwirkung", sondern galten nur innerhalb des jeweiligen Vereins.

Karl Jedermann sucht daher eine heute geltende verbindliche gesetzliche Regelung des Verhaltens von Skifahrern auf der Piste zu finden. Er stellt fest, daß die gesetzliche Regelung des Skilaufs zur Gänze in die Kompetenz der Länder fällt.

Nun wird der alpine Skilauf aber nicht nur in Österreich, sondern in allen Skigebieten der Welt in gleicher Weise ausgeübt, weshalb auch überall die gleichen Ordnungsprinzipien für diesen Sport zu gelten hätten. Deshalb wurden die FIS-Regeln unter Beteiligung der Alpenländer ausgearbeitet. Ihnen kommt ein hoher Autoritätswert zu. Auch diese FIS-Regeln hat Karl Jedermann studiert:

Die FIS-Verhaltensregeln für den Skifahrer

Das Skifahren bringt wie jeder Sport für den Ausübenden Risiken, aber auch Verantwortung zivilrechtlicher wie strafrechtlicher Art mit sich.

1. Rücksicht auf die anderen: Jeder Skifahrer muß sich stets so verhalten, daß er keinen anderen gefährdet oder schädigt.

2. Beherrschung der Geschwindigkeit und der Fahrweise: Jeder Skifahrer muß Geschwindigkeit und Fahrweise seinem Können und den Gelände- und Witterungsverhältnissen anpassen.

3. Wahl der Fahrspur: Der von hinten kommende Skifahrer muß seine Fahrspur so wählen, daß er vor ihm fahrende Skiläufer nicht gefährdet.

4. Überholen: Überholt werden darf von oben oder unten, von rechts oder von links, aber immer nur mit einem Abstand, der dem überholten Skifahrer für alle seine Bewegungen genügend Raum läßt.

5. Pflichten des unteren und des querenden Skifahrers: Jeder Skifahrer, der in eine Abfahrtsstrecke einfahren oder ein Skigelände queren (traversieren) will, muß sich zuvor nach oben und unten vergewissern, daß er dies ohne Gefahr für sich und andere tun kann. Dasselbe gilt auch nach jedem Anhalten.

6. Verweilen auf der Abfahrt: Jeder Skifahrer muß es vermeiden, sich ohne Not an engen oder unübersichtlichen Stellen einer Abfahrtsstrecke aufzuhalten. Ein gestürzter Skifahrer muß eine solche Stelle so schnell wie möglich wieder freimachen.

7. Aufstieg: Der aufsteigende Skifahrer darf nur den Rand einer Abfahrtsstrecke benutzen; er muß auch diesen bei schlechten Sichtverhältnissen verlassen. Dasselbe gilt für den Skifahrer, der zu Fuß absteigt.

8. Beachtung der Zeichen: Jeder Skifahrer muß die Zeichen (Markierungen und Hinweisschilder) auf den Abfahrtsstrecken beachten.

9. Verhalten bei Unfällen: Bei Unfällen ist jeder zur Hilfeleistung verpflichtet.

10. Ausweispflicht: Jeder, ob Zeuge oder Beteiligter, ob verantwortlich oder nicht, muß bei einem Unfall seine Personalien angeben.

Verhaltensregeln für Langläufer

1. Rücksicht auf die anderen: Jeder Langläufer muß sich so verhalten, daß er keinen anderen gefährdet oder schädigt.

2. Signalisation und Laufrichtung: Markierungen und Signale sind zu beachten, auf Loipen ist in der angegebenen Richtung zu laufen.

3. Wahl der Spur: Auf Doppel- und Mehrfachspuren darf in jeder freien Spur gelaufen werden.

4. Überholen: Überholt werden darf rechts oder links in einer freien Spur oder außerhalb der Spuren. Der vordere Läufer braucht die Spur nicht freizugeben.

5. Gegenverkehr: Bei Begegnungen hat jeder nach rechts auszuweichen. In Gefällstrecken mit nur einer Spur hat der aufsteigende dem abfahrenden Langläufer die Spur freizugeben.

6. Stockführung: Beim Überholen, Überholtwerden und bei Begegnungen sind die Stöcke eng am Körper zu führen.

7. Anpassung der Geschwindigkeit an die Verhältnisse: Jeder Langläufer muß, vor allem auf Gefällstrecken, Geschwindigkeit und Verhalten seinem Können, den Geländeverhältnissen, der Verkehrsdichte und der Sichtweite anpassen. Er muß einen genügenden Sicherheitsabstand zum vorderen Läufer einhalten. Notfalls muß er sich fallen lassen, um einen Zusammenstoß zu verhindern.

8. Freihalten der Loipen: Wer stehenbleibt, tritt aus der Spur. Ein gestürzter Langläufer hat die Spur möglichst rasch freizumachen.

9. Hilfeleistung: Bei Unfällen ist jeder zur Hilfeleistung verpflichtet.

10. Ausweispflicht: Jeder, ob Zeuge oder Beteiligter, ob verantwortlich oder nicht, muß im Falle eines Unfalles seine Personalien angeben.

(Vorschlag des Juristischen Komitees der FIS – entwickelt mit dem Juristischen Beirat des Deutschen Skiverbandes)

Diese im Jahr 1967 von der FIS erarbeiteten Regeln haben gemeinsam mit einem 1970 vom österreichischen „Kuratorium für Sicherung von Berggefahren" erstellten Modellentwurf einer Pistenordnung inzwischen weitgehend normähnliche Effektivität erlangt und werden bei der Rechtsprechung zugrunde gelegt. Sie sind den Bestimmungen der Straßenverkehrsordnung wesensähnlich, was auch schon wiederholt in Entscheidungen des Obersten Gerichtshofes zutage getreten ist.

Die Regeln der Österreichischen Pistenordnung

§ 1 Geltungsbereich: Dieses Gesetz gilt für Skipisten. Als solche gelten Abfahrtsstrecken und Übungshänge, die allgemein und regelmäßig von zahlreichen Skifahrern benützt werden.

§ 2 Skiausrüstung: Der Skifahrer hat sich so auszurüsten, daß er andere nicht mehr als gewöhnlich gefährdet.

§ 3 Wahl der Skipiste: Der Skifahrer hat bei der Wahl der Skipiste sein Können so zu berücksichtigen, daß er andere weder behindert noch gefährdet.

§ 4 Beobachtungs- und Wartepflicht des anfahrenden oder in die Skipiste einfahrenden Skifahrers: Den anfahrenden oder in eine Skipiste einfahrenden Skifahrer trifft gegenüber den abfahrenden Skifahrern die Beobachtungs- und Wartepflicht; er hat sich auch davon zu überzeugen, daß er ohne Gefährdung Nachkommender den Lauf beginnen oder fortsetzen kann.

§ 5 Kontrolliertes Fahren: Der Skifahrer hat so kontrolliert zu fahren, daß er jedem Hindernis ausweichen oder vor diesem anhalten kann; er hat insbesondere die Fahrgeschwindigkeit seinem Können, dem Gelände, der Schneebeschaffenheit und dem Vorhandensein anderer Personen anzupassen.

§ 6 Fahren auf Sicht: Der Skifahrer hat während der Fahrt das Gelände und die anderen Personen vor sich ständig genau zu beobachten, alle möglichen Hindernisse zu berücksichtigen und auf Sicht zu fahren.

§ 7 Notsturz: Falls dem Skifahrer rechtzeitiges Anhalten oder Ausweichen nicht möglich ist, hat er sich hinzuwerfen, um einen drohenden Zusammenstoß mit einem anderen zu vermeiden oder die Wucht des Aufpralles zu verringern, wenn dies zumutbar und unter den gegebenen Verhältnissen zur Gefahrminderung zweckmäßig erscheint.

§ 8 Vorrang des vorderen, langsameren Skifahrers: Der hintere, schnellere Skifahrer hat seine Fahrweise dem vorderen, langsameren Skifahrer anzupassen; dieser hat Vorrang gegenüber dem hinteren Fahrer. Der Skifahrer ist nicht verpflichtet, während der Fahrt die Läufer hinter sich zu beobachten, jedoch hat der die Piste querende Skiläufer auch nach oben zu beobachten und auf von oben kommende Läufer Rücksicht zu nehmen.

§ 9 Sicherheitsabstand: Der hintere Skifahrer hat gegenüber dem vorderen Skifahrer, der überholende oder vorbeifahrende Skifahrer gegenüber den vor ihm fahrenden oder stehenden Personen einen angemessenen Sicherheitsabstand einzuhalten.

§ 10 Vorrang des geschleppten Skifahrers: Der vom Skilift geschleppte Skifahrer hat Vorrang gegenüber den die Lifttrasse querenden Personen.

§ 11 Verweilen auf der Skipiste: Der Skifahrer darf an einer unübersichtlichen oder engen Stelle einer Skipiste nicht unnötig verweilen; dies gilt auch für den gestürzten Skifahrer.

§ 12 Aufsteigende Skifahrer und Fußgänger: Aufsteigende Skifahrer und Fußgänger dürfen im allgemeinen nur den Rand einer Skipiste benützen.

§ 13 Beachtung der Zeichen: Jedermann hat die Zeichen an den Skipisten zu beachten.

§ 14 Benützung der Skipisten: Skipisten dürfen nur mit Skiern und solchen Wintersportgeräten benützt werden, die eine besondere Gefährdung anderer Benützer nicht herbeiführen.

§ 15 Tiere auf Skipisten: Niemand darf während des Skibetriebes Tiere auf der Skipiste frei herumlaufen lassen.

§ 16 Verhalten bei Unfällen: Alle an einem Skiunfall beteiligten Personen haben anzuhalten, einander ihre Namen und Anschriften bekanntzugeben und den verletzten Personen die erforderliche und zumutbare Hilfe zu leisten.

§ 17 Andere Skipistenbenützer: Die für Skifahrer erlassenen Bestimmungen gelten auch für die Benützer anderer Wintersportgeräte auf Skipisten.

Diese Regeln, die ein ordentlicher Bürger von selbst befolgt, sind wie gesagt den Bestimmungen des Verkehrsrechts sehr ähnlich. So wird z. B. auch mit einer Freiheitsstrafe bis zu 2 Jahren bestraft, wer einen anderen schwer verletzt, nachdem er sich vor der Tat – wenn auch nur fahrlässig – durch den Genuß von Alkohol oder den Gebrauch eines anderen berauschenden Mittels in einen die Zurechnungsfähigkeit nicht ausschließenden Rauschzustand versetzt, obwohl er vorausgesehen hatte oder vorhersehen hätte können, daß ihm eine Tätigkeit bevorstehe, die in diesem Zustand ausgeübt eine Gefahr für das Leben und die Gesundheit oder die körperliche Sicherheit eines anderen herbeizuführen oder zu vergrößern geeignet ist. Es ist eine Erfahrungstatsache, daß der Alkoholgenuß den Abbau von Hemmungen verursacht. Die Konzentrationsfähigkeit und die Körperbeherrschung sind ebenfalls eingeschränkt, doch das Selbstbewußtsein wird gesteigert. Somit ist der alkoholisierte Pistenbenützer gefährlich.

Von vielen Seiten wird immer wieder der Wunsch laut, Pistengesetze zu schaffen, die eine Regelung des Verhaltens auf der Skipiste nach Art der Straßenverkehrsordnung herbeiführen. Dagegen ist man der Meinung, daß Pistengesetze die Zahl der Unfälle kaum entscheidend beeinflussen, da rund 95 Prozent aller Skiunfälle ohne Beteiligung Dritter, also in der eigenen Risikosphäre des Verletzten, passieren. Viel mehr erwartet man sich von einer umfassenden Aufklärung und Erziehung der Skifahrer zu einem rücksichtsvollen Verhalten. Der alpine Skilauf ist ein freier Sport in freier Natur, der allen Sportfreunden Erholung und Freude bringen soll. Das dürfte sich auch bei Schaffung von Pistengesetzen nicht ändern.

Den Skifahrern sollte man aber eindringlich vor Augen halten, daß sie auch in der „pistengesetzlosen" Zeit den allgemeinen Zivil- und Strafrechtsnormen unterworfen sind. Skipisten sind auch ohne allgemeingültige Regelung keine „rechtsfreien Räume"!

Die Erfolgshaftung

Karl Jedermanns kleiner Neffe, Karli Schlimm, geht mit seiner Mutter in die Stadt. Anstatt den Knaben an der Hand zu nehmen, läßt die Mutter Karli in einer verkehrsreichen Straße umherlaufen. Karlchen läuft plötzlich auf die Fahrbahn und wird von dem Autofahrer Schnell, der ihn zu spät entdeckt, angefahren. Karli erleidet eine Verletzung an der Hand, wodurch ein Schaden von S 1000,– entsteht. Statt mit dem Kind zu einem Arzt zu gehen, doktert Elfriede Schlimm selbst an der Hand ihres Söhnchens herum. Dadurch verschlimmert sich die Sache so, daß eine Operation notwendig wird, die Kosten von S 8000,– verursacht.

Schnell lehnt jeden Schadenersatz mit der Begründung ab, Karli sei selbst durch sein unvorsichtiges Umherlaufen an dem Unfall schuld. Er müsse sich auch die Unachtsamkeit seiner Mutter anrechnen lassen. Für die Erhöhung des Schadens um S 8000,– könne er – Schnell – schon gar nichts. Im übrigen habe er keine Schuld an dem Unfall.

In dem vorliegenden Fall gehen wir nicht wie oben vom ABGB, sondern vom **Eisenbahn- und Kraftfahrzeughaftpflichtgesetz** (EKHG) aus.

Danach haftet der **Halter eines Kraftfahrzeuges** für den beim Betrieb des Fahrzeugs verursachten Schaden, auch wenn er keine Schuld trägt. Man spricht von einer **Erfolgshaftung,** manchmal auch von einer Gefährdungshaftung. Auf ein Verschulden des Halters kommt es hierbei nicht an. Der Gesetzgeber trägt damit der Tatsache Rechnung, daß der Betrieb eines Kraftfahrzeugs immer typische Gefahren mit sich bringt, deren finanzielles Risiko der Halter des Kraftwagens, Motorrades oder Motorfahrrades auf sich nehmen muß. Aus diesem Grund ist auch jeder Halter eines Kraftfahrzeuges gesetzlich verpflichtet, eine **Haftpflichtversicherung** abzuschließen.

Was wäre, wenn kein Zwang zum Abschluß einer solchen Versicherung bestünde? Es würde bedeuten, daß ein in beschränkten Vermögensverhältnissen lebender Kraftfahrzeughalter durch den Betrieb seines Kraftwagens für einen dabei entstandenen Schaden zwar verantwortlich wäre, ohne aber die Mittel für den Ersatz des Schadens zu haben. Dieser Gefahr wird durch die Zwangsversicherung begegnet.

Angenommen, daß Schnell selbst Halter (wahrscheinlich auch Eigentümer) des von ihm gesteuerten Fahrzeuges ist, so haftet er Karli Schlimm für die entstandene Verletzung. Steht dem nicht § 7 EKHG entgegen?

Dort wird für den Fall, daß bei der Entstehung des Schadens ein Verschulden des Geschädigten mitgewirkt hat, auf das ABGB verwiesen. Danach muß, wenn bei einer Beschädigung zugleich ein Verschulden des Beschädigten vorliegt, dieser mit dem Beschädiger den Schaden verhältnismäßig tragen.

Karli Schlimm ist zwar durch sein eigenes unvorsichtiges Verhalten verletzt worden. Ein Kind unter sieben Jahren kann aber nicht schuldhaft handeln. Weder kann es eine unerlaubte Handlung gegenüber Dritten begehen, noch kann in seinem kindlichen unvernünftigen Tun ein mitwirkendes Verschulden im Sinne des § 1304 ABGB gesehen werden. Erst vom vollendeten 14. Lebensjahr an ist der Mensch deliktsfähig. Dann kann er für den angerichteten Schaden verantwortlich gemacht werden. Zwischen dem 7. und 14. Lebensjahr besteht eine Schadenersatzpflicht nur unter den ganz seltenen Voraussetzungen des § 1310 AGBG (vgl. Seite 149) und auch dann nur nach Ermessen des Richters.

Karlis Torheit kann also die Verantwortlichkeit Schnells nicht ausschließen. Der Halter des Fahrzeugs kann sich auch nicht darauf berufen, daß der Unfall durch ein unabwendbares Ereignis hervorgerufen sei, das nicht auf der Beschaffenheit des Fahrzeugs beruhe.

Die Unberechenbarkeit des kindlichen Verhaltens im Straßenverkehr ist zwar ein schwer vorauszusehender Umstand, die höchstrichterliche Rechtsprechung hat aber, offenbar in dem Bestreben, den Kindern soweit wie möglich Schutz zu gewähren, ständig die Ansicht vertreten, daß der **Kraftfahrzeugführer** mit den kindlichen **Unarten** rechnen muß. Dies hat praktisch die Konsequenz, daß jeder Fahrer sich darauf einstellen muß, daß ein Kind plötzlich hinter einem Baum hervorspringt und vor das Kraftfahrzeug läuft. Ebenso muß der Kraftfahrer damit rechnen, daß ein Pferd plötzlich scheut.

Mithin entfällt weder Karlis Schadenersatzanspruch, noch mindert er sich nach § 1304 ABGB.

Für den Schaden in Höhe von S 1000,–, der zunächst entstanden war, ist es auch ohne Einfluß, daß Elfriede Schlimm sich nicht um das Kind gekümmert und dadurch den Unfall nicht verhütet hat. Anders ist es mit dem weiteren Schaden von S 8000,–.

Zwar ist auch dieser Schaden zunächst auf den Unfall zurückzuführen. Der Jurist spricht insofern von einer adäquaten Verursachung des Schadens. Darunter versteht man, daß nur ein solcher Schaden für einen eventuellen Schadenersatz in Betracht kommt, der mit dem schadenstiftenden Ereignis in einem Zusammenhang steht, der der Lebenserfahrung entspricht. Adäquat heißt angepaßt. Der Gegensatz zu einer adäquaten Verursachung ist die sogenannte äquivalente Verursachung. Darunter versteht man, daß für einen eingetretenen Erfolg **jede** Handlung kausal ist, die man nicht hinwegdenken kann, ohne daß dann auch der Erfolg entfiele.

Stellen wir uns folgendes vor: Ein Motorradfahrer streift mit dem Kotflügel seines Rades einen Passanten. Dieser Passant ist ein **Bluter.** Infolge der Verletzung, die an und für sich geringfügig ist, stirbt er. Nach der Äquivalenztheorie würde man die Schlußfolgerung zu ziehen haben, daß der Motorradfahrer ursächlich für den Tod des Bluters verantwortlich ist, denn man kann ja sein Anfahren nicht hinwegdenken, ohne das der Bluter noch leben würde.

Derartig außergewöhnliche Verknüpfungen zwischen Handlung und Erfolg würden aber zu dem unbilligen Ergebnis führen, daß der Motorradfahrer den Angehörigen des verstorbenen Bluters den Lebensunterhalt gewähren müßte, den sie bisher vom Bluter erhalten haben. Dies ist aber untragbar, weshalb die Rechtsprechung in Zivilsachen einmütig die Adäquanztheorie zugrunde legt. Aufgrund der anzuwendenden Adäquanztheorie käme man dann zu dem Ergebnis, daß es nicht der Lebenserfahrung entspricht, daß eine so geringfügige Verletzung den Tod eines Menschen durch Verbluten herbeiführt. Infolgedessen würde man den Tod des Bluters nicht als durch den Motorradfahrer verursacht ansehen. Eine Schadenersatzpflicht könnte daher nicht bestehen.

Andererseits ist die Rechtsprechung mit dem Begriff der Lebenserfahrung ziemlich großzügig. So wird z. B. adäquate Kausalität bejaht, wenn ein Motorradfahrer einen Passanten anfährt, dieser daraufhin in das Krankenhaus geschafft wird, sich dort an einer Grippe infiziert und stirbt. Nur dann ist eine Kausalität abzulehnen, wenn die Verknüpfung zwischen Handlung und Erfolg wirklich außerhalb jeder Lebenserfahrung liegt.

Diese Überlegungen, auf unseren Fall übertragen, bedeuten: Die Verschlimmerung einer Wunde durch nachträgliche schlechte Behandlung liegt durchaus im Bereich der Lebenserfahrung. Das schädigende Verhalten Schnells war somit kausal für den von Karli Schlimm erlittenen Schaden in der Höhe von S 8000,–. Die Kausalität hat jedoch ganz und gar nichts mit dem Verschulden zu tun. An der Erhöhung des Schadens durch die notwendig gewordene Operation trug aber Elfriede Schlimm durch ihre unsachgemäße Behandlung schuld. Angenommen, daß ohne dieses Verschulden der Mutter der Schaden auf S 1000,– beschränkt geblieben wäre, kann Karli nur S 1000,– von Schnell ersetzt verlangen.

Die gekränkte Ehre

Werner Ehrabschneider haßt alle Konkurrenten. Als er merkt, daß es Otto Tüchtig gelingt, seinen Kundenkreis zu erweitern, verbreitet er in der Stadt das **Gerücht,** daß Tüchtig eine unzuverlässige Schwindelfirma betreibe und schon mehrfach wegen Betruges und unlauteren Wettbewerbs vorbestraft sei. Durch dieses Gerede hat Tüchtig den Verlust vieler Kunden zu beklagen. Er verlangt von Ehrabschneider **Schadenersatz.**

Für die Geltendmachung dieses Schadenersatzanspruches gibt es mehrfache Grundlagen im Gesetz.

Die strafrechtliche Seite scheidet aus unserer Betrachtung aus. Im § 1330 ABGB wird zuerst bestimmt, daß eine Beleidigung Schadenersatzfolgen nach sich zieht. Sodann ist von der Kreditgefährdung die Rede. Schadenersatzpflicht besteht, wenn jemand Dinge behauptet, die den Kredit, den Erwerb oder das Fortkommen eines anderen gefährden. Der Täter wußte dabei oder mußte wissen, daß sie unwahr sind. Nicht verlangt wird, daß eine tatsächliche Schädigung eingetreten ist, sondern es genügt die bloße Gefährdung. Da Werner Ehrabschneider **schuldhaft** vorgegangen ist und **unwahre** Behauptungen verbreitet hat, haftet er für den daraus entstandenen Schaden. Otto Tüchtig kann auch nach § 1330 Abs. 2 ABGB den **Widerruf** und dessen **Veröffentlichung** verlangen.

Schließlich ergibt sich der Schadenersatzanspruch des Tüchtig aus § 1295 Abs. 2 ABGB, wonach jeder schadenersatzpflichtig ist, der in einer gegen die guten Sitten verstoßenden Weise absichtlich Schaden zufügt. Wir haben es hier mit einer wichtigen **Generalklausel** des Schadenersatzrechtes zu tun: Wer vorsätzlich darauf ausgeht, einen anderen sittenwidrig zu schädigen, muß ihm Schadenersatz leisten. – Die im guten Glauben erstattete Anzeige macht nicht ersatzpflichtig. Trotzdem hüte man sich vor einer leichtfertigen Anzeige!

Alkohol und Rauferei

Karl Jedermann spricht in einer fröhlichen Gesellschaft dem Alkohol tüchtig zu. Schließlich ist er so angeheitert, daß er auf dumme Gedanken kommt. Er fängt mit einem harmlosen Passanten Streit an und boxt ihn schließlich nieder.

Als dieser Schadenersatz verlangt, wendet Karl Jedermann ein, daß er ja nichts dafür könne, weil er sich an nichts entsinne. Nicht er habe etwas getan, sondern der Alkohol.

Karl Jedermann ist schadenersatzpflichtig.

Zwar hat er sich tatsächlich bei der Rempelei mit dem Passanten in einem Zustand vorübergehender Sinnesverwirrung befunden und konnte seine Handlungen nicht mehr kontrollieren; doch haftet er für den im Zustand selbstverschuldeter Unzurechnungsfähigkeit verursachten Schaden (§ 1307 ABGB).

Etwas anderes wäre es, wenn Karl Jedermann in den Zustand der **Trunkenheit ohne** sein **Verschulden** geraten wäre. Hätten ihm z. B. seine Saufbrüder heimlich hochprozentigen Schnaps in das Bier gegossen und wäre Karl Jedermann dadurch, ohne etwas dafürzukönnen, in schwere Trunkenheit geraten, so wäre er nicht nach § 1307 ABGB schadenersatzpflichtig. Der Verletzte würde dann aber wohl Anspruch gegen die Zechrunde haben, denn wer jemanden in hochgradige Trunkenheit versetzt, muß damit rechnen, daß dieser im Zustand der Trunkenheit schädigende Handlungen vornimmt.

Schließlich gibt es vielleicht einen Ausgleich nach Billigkeit, wenn jemand für die in Trunkenheit begangene Tat nicht verantwortlich ist, gemäß § 1310 ABGB. Diese wichtige Bestimmung gewährt die Möglichkeit, gegen den schuldunfähigen Täter selbst einen Schadenersatzanspruch geltend zu machen. Dies unter folgenden Bedingungen:

1. wenn den Schadensstifter, obgleich er gewöhnlich seines Verstandes nicht mächtig ist, in dem bestimmten Fall dennoch ein Verschulden trifft (so z. B. wenn der frühreife Knabe chemische Experimente macht, bei denen das halbe Haus in die Luft geht);

2. wenn der Beschädigte aus Schonung des Beschädigers die Verteidigung unterlassen hat;

3. wenn es mit Rücksicht auf das Vermögen des Schädigers und des Beschädigten gerechtfertigt ist, daß der Schädiger einen Ersatz zu leisten hat.

Gerade dem zuletzt genannten Fall liegt eine wichtige soziale Überlegung zugrunde, die eine Vermögensabwägung erfordert. Der Richter kann, gestützt auf § 1310 ABGB, dem schwerreichen schuldunfähigen Verletzer sogar eine volle Entschädigungspflicht auferlegen, wenn der Verletzte in kargen Verhältnissen lebt. Wenn der Vermögensunterschied nicht so kraß ist, wird der Richter nur einen angemessenen Ersatz vorschreiben.

Mit dem Schirm gegen den Hund

Erich Tierlieb ist Eigentümer und Tierhalter eines schönen und großen Schäferhundes. Das Tier, das bisher immer gutmütig war, fällt plötzlich aus nicht ersichtlichem Grund den Spaziergänger Pech an. Der Hund beißt Pech ins Bein. In seiner Bedrängnis entreißt Pech der vorbeigehenden Frau Dorothea Üppig den Schirm und schlägt damit kräftig auf den Hund ein. Dabei zerbricht der Schirm, und der Hund wird so schwer verletzt, daß er getötet werden muß.

Welche Ansprüche bestehen hier unter den beteiligten Personen?

Wenn Pech den Hund gereizt hat und dadurch zu Schaden kam, ist er selbst dafür verantwortlich. Auch der Menageriebesitzer haftet z. B. nicht, wenn jemand die Hand in den Bärenkäfig hineinstreckt, um den Bären zu kitzeln, und dann von diesem verletzt wird.

Hat Pech den Hund nicht gereizt, kann er von Tierlieb Ersatz des ihm entstandenen Schadens verlangen. Er beruft sich dabei auf die Haftung des Tierhalters (§ 1320 ABGB). **Tierhalter** ist derjenige, der die **tatsächliche Herrschaft** über ein Tier ausübt. Das muß nicht der Eigentümer sein. Jeder, der ein Recht zur Benützung des Tieres hat oder der es in Verwahrung nahm, ist Tierhalter. Wer z. B. einen verlaufenen Hund aufnimmt und behält, wird selbst zum verantwortlichen Tierhalter.

Kann Tierlieb nicht beweisen, daß er für die erforderliche Verwahrung oder Beaufsichtigung des Schäferhundes gesorgt hat, haftet er als Tierhalter für den eingetretenen Schaden. Nach der Praxis der Gerichte beruht die Haftung des Tierhalters auf **Verschulden** unter Beweislast des Beklagten. Tierlieb muß also beweisen, daß er für die erforderliche Verwahrung oder Beaufsichtigung Sorge trug. Auch als gutartiges Tier benötigt der Schäferhund nach den Umständen eine entsprechende Verwahrung und allenfalls auch Beaufsichtigung. Wenn er z. B. kurz vorher geworfen hat, also wild ist, darf er nicht frei im Hof herumlaufen, wo Menschen hinkommen.

Für die Bestreitung der Heilungskosten bei vermögenslosen, von **wutkranken** Hunden beschädigten Personen gelten die Vorschriften des **Epidemiegesetzes 1950.** Wer z. B. an seinem ausländischen Urlaubsort mit wutverdächtigen Tieren zu tun bekam, wird sich nach der Rückkehr vorsorglich impfen lassen; in Wien am zweckentsprechendsten bei der Bundesstaatlichen Schutzimpfanstalt, Währinger Straße 25, Wien IX.

Tierlieb hat seinerseits wegen der Verletzung seines Hundes keinerlei Schadenersatzansprüche gegen Pech. Zwar verletzte Pech durch das Zuschlagen mit dem Schirm eine fremde Sache, nämlich den Hund, und vernichtete ihn sogar, er handelte dabei jedoch nicht widerrechtlich. Seine Verteidigungsmaßnahme erfolgte gegen die Angriffsquelle, von der Gefahr drohte. Diese Abwehr ist ein Fall der **Notwehr.**

Die Notwehr richtet sich gegen die Angriffsquelle. Dabei ist es gleichgültig, ob diese Angriffsquelle ein zurechnungsfähiger Mensch, ein Unzurechnungsfähiger, ein Tier oder eine leblose Sache ist. Pech übte in unserem Beispiel gegen den angreifenden Schäferhund **Sachwehr,** und nach maßgebender Ansicht ist auch diese Notwehr. Die Verletzung des Hundes erfolgte **nicht rechtswidrig.** Tierlieb hat daher keine Schadenersatzansprüche gegen Pech.

Wäre die Beschädigung des Tieres durch Pech rechtswidrig und schuldhaft vorgenommen worden, so könnte Tierlieb von diesem Ersatz verlangen. Da aber der Schäferhund tot ist, kann jetzt sein Kadaver (Fell, Fett usw.) verwertet werden.

So betrachtet, hat der durch Pech zugefügte Schaden dem Tierlieb zugleich einen Vorteil verschafft. Wer einen fremden Hund getötet hat, kann Anrechnung des durch Verwertung des Hundefelles erzielten Preises verlangen. Tierlieb muß sich also bei der Bemessung des durch den Tod des Schäferhundes entstandenen Schadens einen entsprechenden Abzug für den Kadaver gefallen lassen. Man nennt das **Vorteilsausgleichung.**

Um einer drohenden Gefahr zu entgehen, werden bisweilen rechtliche Interessen eines Dritten, also nicht desjenigen, von dem der Angriff ausgeht, verletzt. Dieser Fall wird **Notstand** genannt.

In unserem Beispiel erfolgte der Griff nach dem Schirm der Dame Üppig in Notstandssituation. Bei der Notstandshandlung kommt es aber darauf an, ob das durch die Handlung verletzte rechtliche Interesse **wertvoller** ist als das durch sie geschützte oder nicht. Pech war genötigt, Abwehrhandlungen vorzunehmen, um einen unmittelbar drohenden Schaden von sich abzuwehren, und dadurch jemand zu schädigen. Frau Üppig beklagt den Verlust ihres Schirmes. Pech drohte hingegen Gefahr für seine Gesundheit, wenn nicht sogar für sein Leben – also ein verhältnismäßig größerer Schaden, als er sich aus der Vernichtung des Schirmes ergibt. Die Notstandshandlung des Pech war somit erlaubt. Muß er Frau Üppig den Schirm ersetzen?

Wird im Notstand Schaden verursacht, so hat der Richter nach **gebundenem Ermessen** zu erkennen, ob überhaupt ein Ersatz zu leisten ist, und wenn ja, ob zur Gänze oder nur zum Teil. Sein Ermessen ist durch die im § 1306a ABGB vorgeschriebene Berücksichtigung dreier Umstände gebunden:

1. ob der Geschädigte die Abwehr mit Rücksicht auf die dem Schädiger drohende Gefahr unterlassen hat;

2. auf das Verhältnis zwischen der Größe des Schadens und der drohenden Gefahr;

3. auf die Vermögensverhältnisse beider Teile.

Von größtem praktischem Interesse ist dabei die **Vermögensvergleichung,** die aus Erwägung der sozialen Gerechtigkeit vom ABGB vorgeschrieben wird. Wenn Frau Üppig nur von einer kleinen Rente kärglich lebte, erhielte sie wohl den vollen Ersatz für den zerbrochenen Schirm. – Der Grundgedanke, daß man zunächst einmal fremde Rechtsgüter opfern darf, um andere höherwertige zu retten, ist im Recht schon seit langem verankert.

Selbst wenn Pech der Frau Üppig den Schirm bezahlen muß, ist damit unsere Rechtssache noch nicht zu Ende. Pech wird trachten, die gezahlte Summe wieder von Tierlieb zurückzuverlangen, denn dieser ist ja verpflichtet, ihm allen aus der Tierhaltung entstandenen Schaden zu ersetzen.

Eisenbahn und wildgewordener Stier

Der Bauer Nahrhaft gibt dem Viehtreiber Grob einen Stier für den Viehmarkt ins Nachbardorf mit. Grob treibt die von ihm geleiteten Tiere an einer Bahnlinie entlang. Der Lokomotivführer Eifrig läßt die Pfeife in der Nähe eines Bahnübergangs schrillen, als der Zug gerade auf der Höhe des Viehtransports ist. Nahrhafts Stier erschrickt und bricht aus. Er überrennt dabei den Sommerfrischler Müßig, der gerade mit Karl Jedermann einen Erholungsspaziergang macht. Müßig will wissen, wer ihm den erheblichen Schaden ersetzt, den er bei dem Fall erlitten hat. – Müßig kann zunächst von der Bahn Schadenersatz verlangen.

Aufgrund der §§ 1 und 9 EKHG vom 21. Jänner 1959 haftet die Eisenbahn, wenn bei ihrem Betrieb ein Mensch körperlich verletzt wird, soweit dieser Unfall nicht auf höherer Gewalt beruht. Ein solcher Fall liegt hier nicht vor. Zum Betrieb einer Eisenbahn gehört das Bedienen einer Warnpfeife. Dieses Pfeifen ist adäquat kausal (vgl. Seite 147) dafür, daß der Stier wild wird und Müßig dadurch verletzt. Eine solche Wirkung beruht auch nicht auf höherer Gewalt, sondern der Ablauf des Geschehnisses entspricht durchaus der allgemeinen Lebenserfahrung. Allerdings kann Müßig von der Bahn kein Schmerzensgeld verlangen, da dies im EKHG nicht vorgesehen ist. Schmerzensgeld müßte nach dem ABGB gesondert eingeklagt werden.

Müßig könnte auch Schadenersatz vom Bauern Nahrhaft verlangen, da dieser Halter des Tieres ist, auch wenn es sich auf dem Transport zum Markt befindet.

Allerdings hat Nahrhaft die Möglichkeit, sich von der Ersatzpflicht frei zu machen, wenn er beweist, daß er bei der Beaufsichtigung der Tiere die erforderliche Sorgfalt beobachtet hat (§ 1320 ABGB).

Ob also Nahrhaft die erforderliche Sorgfalt hier beobachtet hat, hängt davon ab, ob er einen zuverlässigen Viehtreiber ausgesucht und ihn mit den nötigen Anweisungen versehen hat.

Tatfrage ist auch, ob Grob schuldhaft gehandelt hat. Auf alle Fälle trifft beim Stier die Verwahrungspflicht den Bauern Nahrhaft, der nach der Rechtsprechung für seine Bediensteten gemäß § 1313a und auch für den durch das Tier mittelbar verursachten Schaden aufzukommen hat.

Sollten alle drei, die Eisenbahn, der Tierhalter und der Viehtreiber, verpflichtet sein, dem Müßig Schadenersatz zu leisten, so haften sie als **Gesamtschuldner,** das heißt einer für alle, alle für einen; jeder für das Ganze und nicht nur für einen Teil.

Im Innenverhältnis sind die drei Gesamtschuldner zum Ausgleich verpflichtet, und zwar werden sich die Eisenbahn und Nahrhaft untereinander je zur Hälfte ausgleichen. Der Viehtreiber ist im Falle eines Verschuldens den anderen Schuldnern ersatzpflichtig, jedoch wird wahrscheinlich von ihm nichts zu holen sein.

Eine Schneelawine fällt vom Dach

Karl Jedermann geht durch die Stadt. Als er an dem Haus des Eigentümers Reich vorbeigeht, löst sich der auf dem Dach angesammelte Schnee, poltert herab und verletzt Karl Jedermann erheblich an Kopf und Nacken. Dieser verlangt Schadenersatz von Reich. Kann er das mit Recht?

Nach § 93 Abs. 2 StVO haben die Eigentümer von Liegenschaften dafür zu sorgen, daß Schneewächten oder Eisbildungen von den Dächern ihrer an der Straße gelegenen Gebäude entfernt werden. Kommt ein Hauseigentümer dieser Verpflichtung nicht nach, so ist er zumindest nach den allgemeinen Bestimmungen der §§ 1295 ff. ABGB schadenersatzpflichtig.

„Zumindest" deshalb, weil etliche Rechtslehrer meinen, daß auch § 1319 ABGB sinngemäß auf Dachlawinen anwendbar sei, der sich damit befaßt, daß jemand „durch Einsturz oder Ablösung von Teilen eines Gebäudes oder eines anderen auf einem Grundstück aufgeführten Werkes" verletzt wird oder sonst zu Schaden kommt.

Der Unterschied liegt im folgenden: Grundsätzlich muß jemand, der einen Schaden erlitten hat, nachweisen, daß der von ihm auf Schadenersatz Geklagte diesen Schaden vorsätzlich oder fahrlässig verursacht hat. Beim § 1319 ABGB ist es umgekehrt: Hier muß der Schädiger den „Entlastungsbeweis" erbringen, also nachweisen, „daß er alle zur Abwendung der Gefahr erforderliche Sorgfalt angewendet habe".

Die Auffassung, daß der durch eine Dachlawine zu Schaden Gekommene auch nach § 1319 ABGB klagen kann, ist also für den Betroffenen die günstigere. Vom Obersten Gerichtshof wird sie allerdings meist nicht geteilt.

Aber auch nach den allgemeinen Schadenersatzbestimmungen hat Herr Jedermann gute Aussichten, zu einem Schadenersatz zu kommen, wenn der Hauseigentümer gegen den erwähnten § 93 Abs. 2 StVO verstoßen, also das Dach vorschriftswidrig nicht von Eis und Schnee geräumt hätte. Nur wenn sich die Dachlawine völlig unvorhersehbar und überraschend gebildet hätte und abgegangen wäre, läge die Sache anders.

Die Katze fliegt durchs Fenster

Wird jemand durch **Herauswerfen** oder **Herausgießen** beschädigt, so haftet nach § 1318, 2. Fall ABGB derjenige, aus dessen Wohnung geworfen oder gegossen wurde. Hier liegt eine bloße Erfolgshaftung vor, die keinerlei Verschulden des Wohnungsinhabers voraussetzt.

Die praktische Überlegung ist dabei folgende: Wird jemand durch Wurf oder Guß beschädigt, soll er nicht erst große Beweisschwierigkeiten zu überwinden haben, sondern sich sogleich an den leicht zu ermittelnden Wohnungsinhaber halten können. Der Wohnungsinhaber mag seinerseits nach § 1313 ABGB Regreß nehmen und Rückersatz vom Schuldtragenden erlangen, wenn sich ein solcher ermitteln läßt. Der Ausdruck „Herausgießen" darf nicht wörtlich genommen werden. Es haftet vielmehr der Wohnungsinhaber z. B. auch für den Schaden durch schlechten Verschluß des Wasserhahns; oder wenn der Ausflußhahn offengelassen wird. Ein „Herauswerfen" liegt auch vor, wenn ein Tier die Sache herauswirft, nicht aber wenn z. B. ein ungebetener Gast hinausgeworfen wird. Es muß sich um eine **Sache** handeln. So im folgenden Fall:

Ein Affe spielt vorerst munter mit der Hauskatze im Zimmer. Auf einmal wird der Affe zornig und wirft die Katze beim Fenster hinaus. Im Sturz krallt sich diese an einer unten vorbeigehenden hochschwangeren Frau fest. Die Frau erschrickt so sehr, daß sie auf der Stelle eine Fehlgeburt erleidet. Wer trägt die Folgen dieses bösen Zufalls?

Es haftet der Wohnungsinhaber; wird der Raum von einer Familie bewohnt, der **Haushaltungsvorstand.** Haftbar ist jedoch nur derjenige, dem die tatsächliche Verfügung über den betreffenden Wohnraum zusteht; also regelmäßig der Mieter, aber auch ein Prekarist (vgl. Seite 31) und der Untermieter, in dessen Wirtschaft und Hauswesen sich der Vermieter ja nicht einmengen darf. Nicht haftet ein vorübergehender Besuch oder der Hauseigentümer als solcher. Wer nach § 1318, 2. Fall ABGB haftbar gemacht wird, kann nicht sagen: „Ich bin nicht an der schlechten Laune des Affen schuld", denn die Haftung des Wohnungsinhabers bzw. der vorhin genannten Personen besteht ohne Rücksicht auf ein Verschulden.

Was ist der tiefere Grund für diese Erfolgshaftung?

Man nimmt an, der Wohnungsinhaber sei für die Ordnung in seinem Haushalt verantwortlich, weil er auf sie Einfluß nehmen und auch leichter als der Beschädigte den wahren Schuldigen entdecken könne.

Der Selbstmörder stürzt auf die Straße

Voraussetzung für die eben geschilderte Haftung ist das Vorliegen einer Sache. Der Körper eines lebenden Menschen ist keine Sache. Fällt daher jemand aus dem Fenster auf die Straße, so haftet der Wohnungsinhaber für den daraus entstandenen Schaden nicht.

Betrachten wir folgendes Beispiel: Ein Selbstmordkandidat besucht seinen Freund. Als sich dieser kurze Zeit aus der Wohnung entfernt, befestigt der Selbstmörder einen Strick am Fensterkreuz, um sich zu erhängen. Der Strick reißt ab, und der verhinderte Selbstmörder fällt auf die

Straße, wo er einen Passanten verletzt und selbst unverletzt bleibt. Was ist die Folge?

Der Freund haftet nicht für den entstandenen Schaden, denn aus seiner Wohnung wurde keine Sache geworfen; es stürzte ein **Mensch** herab. Für den angerichteten Schaden muß der Gerettete aufkommen.

Was aber, wenn der Strick hält, der Tod eintritt und der Körper des Toten, der durch einen Windstoß auf die Straße geschleudert wird, dort einen Passanten verletzt?

Der Freund haftet dann als Wohnungsinhaber nach § 1318 ABGB, da jetzt eine **Sache** (im Rechtssinn) herabfällt und einen Schaden anrichtet. Der Freund könnte sich später am Nachlaß des so tragisch Verstorbenen regressieren, was er aber aus moralischen Gründen vermutlich nicht tun wird.

Verjährung und Ersitzung

Die Verjährung ist der Verlust eines Rechts, das während der vom Gesetz bestimmten Zeit nicht ausgenützt wird (§ 1451 ABGB). Da jede Ersitzung die Folge einer Verjährung ist, werden beide mit den vorgeschriebenen Erfordernissen in e i n e m Zeitraum vollendet (§ 1478 ABGB).

Zur eigentlichen Verjährung aber ist der bloße **Nichtgebrauch eines Rechts,** das an sich schon hätte ausgeübt werden können, durch dreißig Jahre hinreichend (ordentliche Verjährungszeit).

Forderungen an rückständigen jährlichen Leistungen, insbesondere Zinsen, Renten, Unterhaltsbeiträgen, Ausgedingsleistungen sowie zur Kapitalstilgung vereinbarte Annuitäten erlöschen in drei Jahren; das Recht selbst in dreißig Jahren.

Der Verjährung kann weder im voraus entsagt, noch kann eine längere Verjährungsfrist, als durch das Gesetz bestimmt ist, bedungen werden.

Wird das verjährte Recht vermöge des gesetzlichen Besitzes zugleich **auf jemand anderen** übertragen, so heißt es ein ersessenes Recht und die Erwerbsart Ersitzung (§ 1452 ABGB).

Verjährung und Ersitzung kann gegen alle Privatpersonen, die selbst ihre Rechte auszuüben fähig sind, stattfinden.

Gegen Personen, die aus Mangel ihrer Geisteskräfte ihre Rechte selbst zu verwalten unfähig sind, wie gegen Minderjährige, Wahn- oder Blödsinnige, kann die Ersitzung oder Verjährungszeit nicht beginnen, wenn für sie kein gesetzlicher Vertreter bestimmt ist. Die einmal begonnene Verjährungs- und Ersitzungszeit läuft in einem solchen Fall zwar fort, sie kann aber erst **zwei Jahre** nach Behebung des Hindernisses beendet werden (§ 1494 ABGB).

Unveräußerliche Sachen und Sachen, die man nicht besitzen kann, sind kein Gegenstand der Ersitzung.

Zur Ersitzung wird gefordert, daß jemand die Sache oder das Recht wirklich besitzt, daß der Besitz rechtmäßig, redlich und echt ist sowie durch die ganze vom Gesetz bestimmte Zeit fortgesetzt wird.

Verpfändete, geliehene, in Verwahrung oder zur Fruchtnießung gegebene Sachen können vom Inhaber mangels eines rechtmäßigen Titels niemals ersessen werden.

Ersitzung und Verjährung dienen dem Zweck der Sicherung und Erhaltung lange bestehender Zustände, deren Rechtmäßigkeit zu erweisen mit Rücksicht auf den Zeitablauf Schwierigkeiten bereiten kann.

Die Behandlung von verjährten Forderungen

Für die Verjährung von Forderungen gelten zunächst die allgemeinen Vorschriften über die Verjährung, die in den §§ 1451 ff. ABGB enthalten sind. Angesichts der Tatsache, daß Forderungen aus Geschäften des täglichen Lebens schon in drei Jahren verjähren, ist es wohl für alle unsere Leser wissenswert, wie verjährte Forderungen juristisch behandelt werden. Die Verjährung ist nicht von Amts wegen zu beachten. Das hat zur Folge, daß verjährte Forderungen – im Gegensatz zu den bisher behandelten Fällen von Naturalobligationen – eingeklagt werden können.

Wendet aber der Gegner die Verjährung ein, wird es zur Abweisung der Klage kommen. Mit anderen Worten: Die verjährte Schuld kann wirksam gezahlt und die Zahlung auch dann nicht zurückgefordert werden, wenn sie in Unkenntnis der Verjährung geleistet worden ist. Aus Gründen aufrechter Geschäftsmoral werden verjährte Schulden sehr häufig anstandslos bezahlt. Anerkennung einer verjährten Schuld ist deshalb möglich, weil die Verjährung nur auf Einwendung des Schuldners beachtet wird und die Anerkennung nichts anderes als den Verzicht auf diese Einwendung bedeutet. Das setzt allerdings voraus, daß der anerkennende Schuldner von der Verjährung Kenntnis hat, weshalb die Anerkennung (anders als die Zahlung) wegen Irrtums in diesem Punkt angefochten werden kann.

Karl Jedermann stellt fest, daß er von seinem früheren Arbeitgeber noch Geld zu bekommen hat. Dies war ihm bei der seinerzeitigen plötzlichen Lösung des Dienstverhältnisses entgangen. Das Ausscheiden aus dem Dienstvertrag liegt genau drei Jahre zurück. Karl Jedermann mahnt den Arbeitgeber Geizig mehrfach, ohne etwas zu erreichen. Schließlich erhebt er Klage. Geizig behauptet im Prozeß, daß die Ansprüche des Karl Jedermann bereits verjährt gewesen seien. Demgegenüber behauptet Karl Jedermann, daß seine Mahnschreiben jegliche Verjährung unterbrochen hätten. – Im Ergebnis hat Geizig recht.

Forderungen der Dienstnehmer wegen des Entgelts und des Auslagenersatzes aus den Dienstverträgen verjähren nach § 1486 Zif. 5 ABGB in drei Jahren. Doch muß man genau unterscheiden: Bei den Ansprüchen auf **Entgelt** beginnt die Verjährung mit dessen **Fälligkeit** zu laufen; Ansprüche auf Auslagenersatz können meistens sofort geltend gemacht werden und verjähren daher vom Zeitpunkt ihrer Entstehung an.

Die von Karl Jedermann abgesandten Mahnschreiben haben den Eintritt der Verjährung nicht gehindert. Es ist ein weitverbreiteter Irrtum, zu glauben, daß die Mahnung die Verjährung unterbricht. Der Gesetzgeber verlangt jedoch zur Unterbrechung der Verjährung mehr.

Nach § 1497 ABGB wird die Verjährung nur unterbrochen durch Anerkennung seitens desjenigen, der in der Lage ist, sie geltend zu machen; ferner durch Klage. Die Unterbrechung der Verjährung erfolgt nur durch die wirklich **eingebrachte** Klage und nicht durch ein Fristgesuch zur Einbringung einer Klage, durch Ediktalaufforderungen, durch Anmeldung einer Forderung zur Verlassenschaftsabhandlung und dergleichen. Die Klage muß also den dafür geltenden Vorschriften entsprechen und gehörig fortgesetzt werden, das heißt zu einem gerichtlichen Urteil führen. Eine stillschweigende Hinnahme periodisch wiederkehrender außergerichtlicher Mahnungen unterbricht die Verjährung nicht.

Was bewirkt die **Unterbrechung?** Die Verjährung beginnt vom Eintritt der Unterbrechung an **neu** zu laufen, ist also keine bloße Fortsetzung der früher abgelaufenen Verjährungszeit.

Kurze Verjährungsfristen

Das Eigentumsrecht wird an **beweglichen** Sachen grundsätzlich in **drei Jahren,** gegen begünstigte Personen (z. B. Fiskus, Verwalter der Kirchengüter, Gemeinden) erst in **sechs Jahren** ersessen. Bei **unbeweglichen** Sachen beträgt die Ersitzungszeit grundsätzlich **30 Jahre,** gegen begünstigte Personen aber **40 Jahre.**

Neben der ordentlichen Verjährungszeit von 30 beziehungsweise 40 Jahren gibt es auch viel kürzere Verjährungsfristen.

So verjähren z. B.:

In **zehn Jahren:** Ersatzansprüche aus dem AmtshaftungsG, wenn der Schaden dem Geschädigten nicht bekanntgeworden oder aus einem Verbrechen entstanden ist.

In **fünf Jahren:** Ersatzansprüche gegen die Geschäftsführer bzw. die Gesellschafter der Gesellschaft m. b. H., sowie gegen die Vorstands- und Aufsichtsratsmitglieder einer AG, gegen Offene Handelsgesellschafter und aus dem Versicherungsvertrag bei der Lebensversicherung.

In **drei Jahren:** Ersatzansprüche wegen unlauteren Wettbewerbs (ohne Rücksicht auf die Kenntnis), wechselmäßige Ansprüche gegen den Akzeptanten, Schadenersatzansprüche nach dem EKHG, ebenso die sogenannten Forderungen des täglichen Lebens nach § 1486 ABGB (darunter Entgeltforderungen für Sachlieferungen und Verpflegung; Miet- und Pachtzinse; Entgeltforderungen von allen Privatbediensteten). Beachte aber: Die Rückforderung eines gewährten Darlehens ist keine „Forderung des täglichen Lebens" und verjährt daher in 30 Jahren!

Weiters verjähren in drei Jahren Ersatzansprüche für strafgerichtliche Anhaltung (Haft) und Verurteilung sowie Rückförderungsansprüche nach dem Mietrechtsgesetz.

In **einem Jahr:** Ersatzklagen gegen den Spediteur, Lagerhalter und Frachtführer sowie Ansprüche des Wechselinhabers gegen Indossanten und Aussteller.

In sechs Monaten: Ersatzansprüche gegen die Post, Rückersatzansprüche des rechtsträgers gegen das Organ nach dem Amtshaftungsgesetz.

Hemmung gesetzlicher Verjährungsfristen

Wohl zu unterscheiden von den eben behandelten Verjährungsfristen sind die **Ausschluß-(Präklusiv-) fristen.** Präklusivfristen sind von Amts wegen zu berücksichtigen, und für sie gelten die Bestimmungen über Hemmung und Unterbrechung der Verjährung nicht. Ausschlußfristen bestehen z. B. von **drei Jahren** für Ansprüche wegen vorzeitiger Lösung des Vertreterverhältnisses (§ 25 HVG) und von **6 Monaten** für Ansprüche des Dienstnehmers oder Dienstgebers wegen vorzeitiger Entlassung oder Austritts (§ 1162 ABGB und viele Sondergesetze).

Karl Jedermann fährt mit der Eisenbahn

Herr Jedermann mag es nicht glauben, und doch stimmt es: das oft unüberschaubar scheinende Geschehen bei der Eisenbahn wird streng durch Gesetze, Verordnungen und Vorschriften geregelt. Die Grundlage dafür bildet die Eisenbahn-Verkehrsordnung, die am 10. April 1967 vom Nationalrat neu beschlossen und am 24. März 1977 geändert wurde. Der volle Titel dieses Gesetzes lautet: Bundesgesetz über die Beförderung von Personen, Reisegepäck und Gütern mit der Eisenbahn (kurz: **Eisenbahn-Verkehrsordnung,** abgek. EVO), im BGBl Nr. 170/1967 sowie im BGBl Nr. 163/1977 verlautbart.

Die Beförderungspflicht hat Grenzen

Die Eisenbahn ist — wie jedes andere öffentliche oder dem öffentlichen Verkehr dienende Verkehrsunternehmen (Verkehrsmittel) — zur Beförderung verpflichtet. Bei Nichtbeförderung wäre die Bahn schadenersatzpflichtig. Diese Beförderungspflicht besteht allerdings nur unter den Voraussetzungen, daß die Beförderung den Rechtsvorschriften entspricht, mit den normalen Beförderungsmitteln möglich ist und die Beförderung nicht durch höhere Macht (z. B. Naturkatastrophen) verhindert wird.

Weitere Beförderungsbestimmungen (§ 3 Abs. 2 EVO) sehen vor, daß die Eisenbahn die Beförderung von Personen, von Reisegepäck und Gütern vorübergehend ganz oder teilweise einstellen darf, wenn besondere Verkehrs- oder Betriebsverhältnisse diese Maßnahme erfordern.

Eine vorübergehende Beförderungssperre gilt frühestens ab dem Zeitpunkt ihrer Verlautbarung, die in den Bahnhöfen durch Aushang und gegebenenfalls im Rundfunk und in den Zeitungen erfolgen muß.

Dazu kommen noch weitere Bestimmungen über die Personenbeförderung, wonach die Eisenbahn berechtigt ist, Personen, die die vorgeschriebene Ordnung nicht beachten oder den Anordnungen der Bediensteten nicht Folge leisten, ferner jene, die durch ihren Zustand oder ihr Verhalten den Anstand verletzen, von der Beförderung auszuschließen.

Personen, die infolge Krankheit oder aus anderen Gründen den Mitreisenden offensichtlich lästigfallen würden, müssen nur dann befördert werden, wenn ihnen ein eigenes Abteil zur Verfügung gestellt werden kann.

Zu bemerken wäre, daß betrunkene Personen somit nicht von vornherein für einen Ausschluß in Frage kommen, sondern erst, wenn sie gegen diese Vorschriften verstoßen.

Die Verspätung

Karl Jedermann tritt die Rückfahrt seiner Reise mit der Eisenbahn an. Nach dem Lösen der Fahrkarte stellt er auf dem Bahnsteig fest, daß der Zug erhebliche Verspätung hat.

Die Bahn ist verpflichtet (§ 24 Abs. 5 EVO), Zugsverspätungen von mehr als zehn Minuten, den Ausfall von Zügen oder sonstige Betriebsstörungen **in geeigneter Weise bekanntzumachen.**

Kann Karl Jedermann für diese Verspätung der Eisenbahn gegenüber Schadenersatzansprüche stellen, wenn er dadurch geschäftliche Nachteile hat?

Zwar wird durch die Lösung der Fahrkarte mit dem Eisenbahnunternehmer – gleichgültig, ob es die Bundesbahn, eine Landesbahn oder eine Privatbahn ist – ein Beförderungsvertrag geschlossen. Durch diesen Vertrag verpflichtet sich allerdings der Eisenbahnunternehmer, den Fahrgast fahrplanmäßig an das Ziel zu bringen. Jedoch sind die Bestimmungen des bürgerlichen Rechts über die Auswirkungen dieses Vertrages weitestgehend durch die erwähnte Eisenbahn-Verkehrsordnung abgeändert.

Obwohl der Fahrplan einen Teil des Antrags (Offerte) zum Beförderungsvertrag bildet, stellt die EVO im § 24 Abs. 1 ausdrücklich fest, daß bei Verspätung oder Ausfallen eines Zuges kein Anspruch auf Schadenersatz für den Reisenden besteht. Wird aber infolge einer Zugsverspätung der Anschluß an einen anderen Zug versäumt oder fällt ein Anschlußzug aus, so hat der Reisende nach § 24 Abs. 2 EVO ein dreifaches Wahlrecht. Entweder:

1. er verzichtet auf die Weiterfahrt und verlangt den Unterschiedsbetrag (zwischen gezahltem Fahrpreis plus gezahlter Gepäckfracht und Fahrpreis plus Gepäckfracht für die durchfahrene Strecke); oder
2. er verzichtet auf die Weiterfahrt und verlangt kostenfreie Rückbeförderung sowie gezahlten Fahrpreis plus Gepäckfracht ohne Abzug zurück; oder
3. er setzt seine Reise fort, wobei die Eisenbahn verpflichtet ist, ihn mit seinem Reisegepäck ohne besonderes Beförderungsentgelt tunlichst mit dem nächsten Zug über dieselbe oder eine andere Strecke zu befördern.

Zur Wahrung der geschilderten Ansprüche muß sich aber der Reisende den Sachverhalt im Fahrausweis vom Aufsichtsbeamten (Fahrdienstleiter) bescheinigen lassen. Alle Ansprüche auf Fahrpreiserstattung müssen binnen sechs Monaten nach Ablauf der Geltungsdauer des Fahrausweises geltend gemacht werden, sonst erlöschen sie.

Die Fahrkarte

Für den Erwerb eines gültigen Fahrausweises (§ 15 EVO) ist die Bahn verpflichtet, mit der Ausgabe entsprechend den örtlichen Verkehrserfordernissen, zumindest aber eine Viertelstunde vor Abgang des Zuges zu beginnen. Bei Entgegennahme des Fahrausweises hat sich der Reisende zu vergewissern, daß die Fahrkarte seinen Angaben entspricht.

Die Verpflichtung der Eisenbahn zur rechtzeitigen Fahrkartenausgabe erlischt fünf Minuten vor Abfahrt des Zuges.

Die Eisenbahn ist berechtigt, Bahnhöfe (Haltestellen) mit geringer Frequenz nicht mit Bahnbediensteten zu besetzen. Beginnt die Eisenbahnfahrt in solch einer unbesetzten Verkehrsstelle, kann die Fahrkarte ohne Aufzahlung im Zug beim Schaffner gelöst werden. Ist es in einem besetzten Bahnhof nicht möglich, eine Fahrkarte zu lösen (weil der Reisende sonst den Zug versäumen würde), kann beim Nachlösen im Zug ein Betrag zum Fahrpreis angerechnet werden. Dieser Betrag ist laut gültigem Tarif mit S 5,– festgesetzt.

Der Sitzplatz

Die Bestimmungen der EVO über das Einnehmen der Plätze und den Übergang in andere Wagenklassen sollte jeder Reisende kennen. Viel Konfliktstoff wäre damit beseitigt, und manches hitzige Wortgefecht könnte unterbleiben! Verlangt der Reisende, daß ihm ein Platz angewiesen werde, hat der Schaffner diesem Verlangen nachzukommen.

Der Sitzplatz ist beim vorübergehenden Verlassen deutlich erkennbar zu belegen. Es wird verlangt, daß das Belegen nicht nur mit Zeitschriften oder Zeitungen geschieht, die auch als zurückgelassen angesehen werden könnten. Das Hinlegen einer Zeitung genügt auch dann nicht, wenn man seinen Namen daraufschreibt. Es ist deshalb ratsam, sich seinen Platz durch Darauflegen eines Kleidungs- oder Gepäckstückes zu sichern.

Vorsicht! Bei Diebstählen haftet die Eisenbahn nicht! Nehmen Sie daher bitte unbedingt persönliche Wertgegenstände, Dokumente (Reisepaß) und Schlüssel mit, wenn Sie den Platz verlassen. Der § 26 Abs. 7 EVO besagt, daß der Reisende verpflichtet ist, alle Gegenstände, die er mit sich führt oder an sich trägt, selbst zu beaufsichtigen. Die Eisenbahn haftet für Schäden an Gegenständen, die der Reisende selbst zu beaufsichtigen hat, nur bei Verschulden.

Wenn in der dem Fahrausweis entsprechenden Wagenklasse kein Sitzplatz zur Verfügung steht, so ist dem Verlangen nach einem Sitzplatz in einer höheren Klasse tunlichst nachzukommen. Der Platz in der höheren Klasse, der vom Schaffner angewiesen werden muß, bleibt dem Reisenden so lange überlassen, bis in der Klasse seines Fahrausweises ein Sitzplatz frei wird. Den Sitzplatz der höheren Klasse müßte er auch dann freigeben, wenn durch Zusteigen von Fahrgästen der höheren Klasse Platzmangel entstehen würde. Widersetzt sich aber der Reisende der Aufforderung des Schaffners nach Räumung des Platzes einer höheren Klasse, so hat er den Unterschiedsbetrag ab dem letzten Anhaltebahnhof aufzuzahlen. Laut den allgemeinen Beförderungsbestimmungen hat der Reisende Anspruch auf Erstattung des Unterschiedsbetrages zwischen dem gezahlten Fahrpreis und dem Fahrpreis für die benützte Wagenklasse, wenn ihm infolge Platzmangels in der seinem Fahrausweis entsprechenden Wagenklasse ein Platz in der niedrigeren Wagenklasse angewiesen worden ist. Verzichtet der Reisende im Fahrtantrittsbahnhof auf die Fahrt, ist ihm der volle Fahrpreis zu erstatten.

Sollten Meinungsverschiedenheiten in einer Beförderungsangelegenheit zwischen dem Benützer und einem Bahnbediensteten entstehen, so entscheidet darüber im fahrenden Zug der Zugführer und im Bahnhof der Aufsichtsbeamte. Wer sich aber genötigt fühlt, eine schriftliche Beschwerde einzubringen, dem sei gesagt, daß diese ohne unnötigen Aufschub, spätestens aber innerhalb von sechs Monaten nach deren Einlangen ebenfalls schriftlich beantwortet werden muß.

Kinder werden mitgenommen

Bei den Bestimmungen über Fahrpreise und Fahrpreisermäßigungen behandelt die EVO auch die Mitnahme von Kindern. § 16 Abs. 2 EVO gestattet einer Begleitperson die freie Mitnahme von höchstens zwei Kindern unter 6 Jahren. Die solcherart mitfahrenden Kinder haben allerdings kein Recht auf einen Sitzplatz. Kinder von 6 bis 15 Jahren müssen einen Fahrausweis besitzen, der die Hälfte des Tarifs für Erwachsene ausmacht, und haben Anspruch auf einen Sitzplatz.

Der Hund fährt Eisenbahn

Ein Hund darf im Personenwagen mitgenommen werden. Er muß aber nach § 27 EVO auf dem Schoß getragen oder am Wagenboden kurz an der Leine gehalten werden und einen bißsicheren Maulkorb tragen.

Andere lebende Tiere dürfen im Personenwagen nur dann mitgenommen werden, wenn sie in geeigneten Behältnissen, wie Käfigen, Körben, Kisten, Steigen, untergebracht sind. Diese Behältnisse müssen auf dem Schoß getragen oder wie Handgepäck untergebracht werden können. Sie müssen so beschaffen sein, daß eine Verletzung von Personen und Verunreinigung sowie Beschädigung des Handgepäcks und des Wagens ausgeschlossen sind. Die in Personenwagen mitgenommenen Tiere müssen vom Reisenden selbst beaufsichtigt werden. Gefährliche Tiere dürfen nicht – auch nicht in Behältnissen – im Personenwagen mitgeführt werden. Die Beförderungspreise von lebenden Tieren sind im Tarif geregelt.

Die Abfahrt wird versäumt

Sehr peinlich für Karl Jedermann war es, als er – endlich im Besitz der aus dem Bahnhofsrestaurant geholten heißen Würstl – nunmehr die Schlußlichter seines ausfahrenden Zuges verschwinden sah. Er fluchte zuerst und beschloß dann, Schadenersatzforderungen zu erheben. Aus dem Versäumen der Abfahrt steht dem Reisenden nach § 23 EVO jedoch kein Anspruch auf Entschädigung zu. Will Karl Jedermann einen späteren Zug benützen, für den seine Fahrkarte nicht ohne weiteres gilt, muß er dem Aufsichtsbeamten seinen Fahrausweis zur Gültigschreibung vorlegen. Dabei kann auch die Geltungsdauer der Fahrkarte um maximal 24 Stunden verlängert werden. Bei Benützung eines Zuges mit höheren Fahrpreisen wäre Karl Jedermann verpflichtet, den Unterschiedsbetrag zu bezahlen.

Erstattung und Nachzahlung

Angenommen, Karl Jedermann verschiebt seine Reise, weil ihm der Zug vor der Nase abgefahren ist, auf morgen. Am nächsten Tag trifft er zufällig einen Geschäftsfreund, von dem er mit dem Auto mitgenommen wird. Was macht er nun mit seiner Fahrkarte, die er schließlich voll bezahlt hat? Ganz einfach: Er gibt sie zurück!

Nicht benützte oder nur teilweise benützte Fahrkarten sind Bargeld! Nicht benützte Fahrkarten können innerhalb der Geltungsdauer in jedem Bahnhof zur Rückerstattung eingereicht werden.

Die EVO gibt im § 29 weitere Auskunft über die Rückerstattungsmöglichkeiten. Nach Ablauf der Geltungsdauer einer Karte muß die Nichtbenützung nachgewiesen werden. Beweisbelege werden zusammen mit der nichtbenützten Fahrkarte beim nächsten Bahnhof eingereicht.

Wird eine Fahrkarte nur teilweise benützt, weil die Fahrt unterwegs abgebrochen oder die Rückfahrt nicht angetreten wird, besteht ein Anspruch auf Erstattung des Teilbetrages für die nicht ausgenützte Strecke. Dabei muß in dem Bahnhof, in dem die Fahrt abgebrochen wird oder der der Ausgangsbahnhof für die Rückreise gewesen wäre, eine sogenannte **Nichtbenützungsbescheinigung** eingeholt werden.

Bei Ermäßigungsfahrkarten gibt es keine Teilrückerstattung. Diese Fahrkarten werden von der Bahn nur dann zurückgenommen, wenn die Fahrt nicht angetreten wurde.

Der Wartesaal war zu

Karl Jedermann entscheidet sich jedoch, am Bahnhof zu bleiben und mit dem nächstmöglichen Zug die Reise anzutreten. Da sich sein Mantel im davongefahrenen Zug befindet, friert er am nächtlichen Bahnsteig erbärmlich. Er beschließt, schnell in den Wartesaal zu gehen. Doch dieser ist versperrt.

Die Bestimmungen über das Öffnen und Schließen der Warteräume sind im § 12 EVO enthalten. Beträgt in Anschlußbahnhöfen die Zeit von der Ankunft des letzten bis zum Abgang des ersten Zuges weniger als sechs Stunden, so ist die Eisenbahn verpflichtet, die Warteräume – soweit erforderlich – auch in den Nachtstunden von 22 Uhr bis 6 Uhr offenzuhalten. Trifft das zu und kommt die Eisenbahn der Verpflichtung zum Offenhalten nicht nach, haftet sie für den daraus entstehenden Schaden. Wenn also Karl Jedermann im Freien verweilen mußte und Schaden an seiner Gesundheit erlitt, wird er, gestützt auf § 12 Abs. 2 EVO, Ersatzansprüche stellen und damit Erfolg haben.

Was den im davongefahrenen Zug befindlichen Mantel anbelangt, kann Karl Jedermann den Aufsichtsbeamten (Fahrdienstleiter) ersuchen, im nächsten Bahnhof oder in Jedermanns Zielbahnhof anzurufen, damit man dort den Mantel aus dem Zug holt, ihn verwahrt oder dem frierenden Jedermann zurücksendet. Sollte der Mantel bei dieser unfreiwilligen Reise verlorengehen, besteht gegen die Bahn kein Ersatzanspruch, denn laut § 26 Abs. 7 EVO ist der Reisende verpflichtet, alle Gegenstände, die er mit sich führt, selbst zu beaufsichtigen.

Als aufgegebenes Gut kann der Mantel auch nicht behandelt werden, denn dafür fehlt der Beförderungsvertrag (Frachtbrief).

Die Fahrpläne

Karl Jedermann stellt beim Studium der Fahrpläne fest, daß der nächste für ihn geeignete Zug in 15 Minuten abfährt. Er beschließt, diesen zu benützen, damit er doch noch heute nach Hause kommt.

Nach § 11 EVO ist die Eisenbahn verpflichtet, dem Reisenden die Fahrpläne der Züge in geeigneter Weise zur Kenntnis zu bringen. Weiters ist die Bahn verpflichtet, dafür zu sorgen, daß die Bahnbenützer in den besetzten Bahnhöfen und in den Zügen entsprechende Auskunft über Zugsverbindungen erteilt bekommen. Ebenso müssen in den besetzten Bahnhöfen rechtzeitig die Fahrpreise (Tarife) für die gängigen Verbindungen durch Aushang bekanntgemacht sein.

Das Nichtraucherabteil

Karl Jedermann sitzt nun endlich gemütlich im Zug. Er befindet sich in einem Nichtraucherabteil. Zur endgültigen Entspannung beschließt er, eine Zigarre zu rauchen. Er denkt: „Da ich allein im Abteil bin, kann der Rauch keinen Menschen stören. Daher kann ich auch im Nichtraucherabteil rauchen." Kaum brennt die Zigarre, ersucht ihn der eben vorbeigehende Schaffner, die Nichtrauchervorschrift für dieses Abteil zu beachten und das Rauchen einzustellen. Karl Jedermann weigert sich und gibt als Grund an, was er sich vorhin gedacht hat.

Die Eisenbahn muß in jeder Wagenklasse eine angemessene Anzahl von Wagen oder Abteilen für Nichtraucher bestimmen und als solche kenntlich machen. Nach § 13 EVO darf in solchen Nichtraucherwagen oder Nichtraucherabteilen keinesfalls geraucht werden; nicht einmal mit Zustimmung der Mitreisenden. Weiters ist die Eisenbahn berechtigt, im Nahverkehr ausschließlich Wagen für Nichtraucher zu führen.

Die Bahn darf nach § 25 EVO von Reisenden, die im Nichtraucherabteil rauchen, einen Betrag einheben. Dieser richtet sich nach den jeweils gültigen Tarifbestimmungen und beträgt derzeit S 50,–.

Die Notbremsung

Nach einiger Zeit betritt das Abteil, in dem Karl Jedermann gemütlich Radio hört und sein mitgebrachtes Käsebrot verspeist, ein zweiter Fahrgast. Dieser nimmt für sich den noch freien Fensterplatz gegenüber Karl Jedermann in Anspruch. Bevor er sich setzt, öffnet er das Wagenfenster. Dies ist Karl Jedermann unangenehm, da der Fahrtwind genau ihn trifft. Er schließt das Fenster wieder. Dieser Vorgang wiederholt sich noch einige Male, bis sich zwischen dem Fahrgast und Karl Jedermann ein heftiger Streit ergibt.

Die EVO bestimmt im § 25 Abs. 4, daß bei Meinungsverschiedenheiten der Reisenden untereinander über das Öffnen oder Schließen der Fenster, der Lüftungsvorrichtungen oder der Türen, über das Abblenden der Beleuchtung, über das Betätigen der Heizung oder über die Benützung der sonstigen für den Gebrauch der Reisenden bestimmten Einrichtungen den Anordnungen des Schaffners Folge zu leisten ist.

Der Streit zwischen dem Fahrgast und Karl Jedermann nimmt bedenkliche Formen an. Jedermann sieht das Kästchen mit der Aufschrift „Notbremse" und überlegt, ob er diese betätigen und den Fahrgast zum Verlassen des Zuges auffordern soll.

Dazu sagt die EVO im § 25 Abs. 3, daß Reisende die Notbremse nur im Falle der Gefahr für ihre Sicherheit, die Sicherheit des Zuges, der Mitreisenden oder anderer Personen betätigen dürfen. Reisende, die unberechtigt die Notbremse betätigen oder durch ihr Verhalten das unberechtigte Betätigen der Notbremse durch andere im Zug befindliche Personen verursachen, müssen damit rechnen, daß die Bahn von ihnen einen Betrag einhebt. Dieser ist im derzeit gültigen Tarif mit mindestens S 500,— festgesetzt.

Gepäck kommt abhanden

Karl Jedermann kommt noch rechtzeitig zur Vernunft. Seine aufgestauten Emotionen beruhigen sich wieder, und er beschließt, gleich nach der Ankunft am Zielbahnhof mit seinem neuen Freund die Bahnhofsgaststätte aufzusuchen. Noch vor dem Aussteigen bemerkt Jedermann, daß ihm während der Fahrt ein Gepäckstück aus dem Netz abhanden gekommen ist. — Hat er Schadenersatzansprüche gegen die Eisenbahn?

Nach § 26 Abs. 7 EVO ist der Reisende verpflichtet, sein Gepäck selbst zu beaufsichtigen. Die Eisenbahn haftet für Schäden an in Personenwagen mitgenommenem Handgepäck (und an Gegenständen, die der Reisende an sich trägt) nur bei Verschulden. Was ist „Handgepäck"? Darunter versteht man leicht tragbare Gegenstände, zu deren Unterbringung nur der Raum über und unter dem Sitzplatz zur Verfügung steht. Über das Handgepäck wird kein eigener Beförderungsvertrag abgeschlossen; es wird unentgeltlich mitbefördert.

Anders beim Reisegepäck. Dieses wird aufgrund eines besonderen Beförderungsvertrages befördert. Voraussetzung ist, daß ein Reisender als Vertragspartner auftritt. Ohne Fahrausweis kann bei der Eisenbahn niemand einen Beförderungsvertrag über Reisegepäck abschließen. Die Eisenbahn ist nach § 40 Abs. 1 EVO verpflichtet, das Reisegepäck gegen Rückgabe des Gepäckscheines und gegen Entrichtung von etwa noch nicht bezahlten Gepäckfrachten im Bestimmungsbahnhof auszuliefern. Kommt es zu einem gänzlichen oder teilweisen Verlust des Reisegepäcks, beträgt die Entschädigung:

1. wenn der Betrag des Schadens nachweisbar ist, den Ersatz dieses Schadens, bis zu einer Höchstgrenze für jedes fehlende Kilogramm Rohgewicht von S 300,—;

2. wenn der Betrag des Schadens nicht nachweisbar ist, für jedes fehlende Kilogramm Rohgewicht S 150,—.

Die Beträge entsprechen den derzeit gültigen internationalen Tarifbestimmungen. Man spricht in diesem Fall von einer limitierten Haftung.

Außerdem müssen (§ 46 EVO) die Gebühr, Zoll und sonstige anläßlich der Beförderung bezahlte Beträge rückerstattet werden.

Mit Rücksicht auf die begrenzte Haftung empfiehlt sich bei wertvollem Gepäck der Abschluß einer zusätzlichen Reisegepäckversicherung.

Ist der Gepäckschein abhanden gekommen, so wird dem Reisenden das Gepäck nur ausgehändigt, wenn er seine Berechtigung glaubhaft machen kann. Weiters muß er eine Erklärung abgeben, daß er das Reisegepäck ohne Gepäckschein abgenommen hat, auf alle Rechte aus dem Gepäckschein verzichtet und die Eisenbahn gegen Ansprüche Dritter schad- und klaglos hält.

Das Zugsunglück

Bei einem **Eisenbahnunglück** ergeben sich für den Betroffenen folgende Ansprüche, sofern er im Besitz eines gültigen Fahrausweises ist und die Beförderung nicht gegen den Willen der Eisenbahn (Beförderungsunternehmens) erfolgte:

Seit dem **Eisenbahn- und Kraftfahrzeughaftpflichtgesetz (EKHG)** bestehen für alle Verkehrsunfälle, die sich ab 1. Juni 1959 ereignen, einheitliche Haftpflichtvorschriften bezüglich der wichtigsten Landverkehrsmittel. Das EKHG tritt an die Stelle der bisher für die Eisenbahn geltenden Bestimmungen des Reichshaftpflichtgesetzes (1871) und ersetzt zur Gänze das ebenfalls für Eisenbahnen und Straßenbahnen maßgebend gewesene Sachschadenhaftpflichtgesetz aus 1940.

Die durch einen Unfall beim Betrieb einer Eisenbahn entstandenen Personenschäden und Sachschäden sind – soweit sie nicht durch Verschulden verursacht und daher nach dem ABGB zu beurteilen sind – nach den Bestimmungen des EKHG zu ersetzen. Als „Eisenbahn" gelten alle dem **Eisenbahngesetz 1957** unterliegenden Betriebe, also auch die Straßenbahnen, Haupt- und Nebenseilbahnen und die Obusbetriebe, nicht aber die Schlepplifte.

Die Ersatzpflicht nach den Grundsätzen der Erfolgshaftung wird ausgeschlossen, wenn der Unfall durch ein unabwendbares Ereignis verursacht wurde, das weder auf einem Fehler in der Beschaffenheit noch auf einem Versagen der Vorrichtungen der Eisenbahn beruhte (z. B. ein Erdbeben). Als „unabwendbar" gilt ein Ereignis insbesondere dann, wenn es:

1. auf das Verhalten des Geschädigten, eines nicht beim Betrieb tätigen Dritten oder eines Tieres zurückzuführen ist;

2. sowohl der Betriebsunternehmer als auch die mit seinem Willen beim Betrieb tätigen Personen jede nach den Umständen des Falles gebotene Sorgfalt beachtet haben;

3. der Unfall nicht unmittelbar auf die durch das Verhalten eines nicht beim Betrieb tätigen Dritten oder eines Tieres ausgelöste „außergewöhnliche Betriebsgefahr" zurückzuführen ist. Für die Haftungsbefreiung müssen alle drei Momente gemeinsam gegeben sein.

Im Falle der Tötung sind die Kosten einer versuchten Heilung und die Kosten einer angemessenen Bestattung zu ersetzen. Darüber hinaus gebührt dritten Personen, die gegen den Getöteten gesetzliche Unterhaltsansprüche geltend machen können, ein entsprechend abzuschätzender Schadenersatz. Im Falle der Verletzung sind die Kosten der Heilung, der Vermögensnachteil durch Verlust der Erwerbsfähigkeit und die Kosten aus einer Vermehrung der Bedürfnisse zu ersetzen. Schmerzensgeld gebührt nur nach bürgerlichem Recht, wenn ein Verschulden des Haftungspflichtigen vorliegt!

Sachschäden an Gütern sind in der tatsächlich eingetretenen Schadenshöhe zu vergüten; doch wird das EKHG nur insoweit wirksam, als der Fahrgast diese Güter entweder (z. B. als Kleidung) an sich getragen oder als Handgepäck mit sich geführt hat. Die im Falle der Erfolgshaftung geltenden Haftungshöchstbeträge wurden gegenüber der bisherigen Rechtslage wesentlich erhöht und erreichen jetzt:

1. bei einem Unfall aus dem Betrieb einer Haupt- oder Nebenbahn sowie einer Straßenbahn einen Kapitalbetrag von S 1,200.000,– oder einen jährlichen Rentenbeitrag von S 90.000,– für den einzelnen Verletzten;

2. bei einem Unfall aus dem Betrieb einer Haupt- oder Kleinseilbahn oder einer nichtöffentlichen Eisenbahn einen Kapitalbetrag von S 1,200.000,– oder einen jährlichen Rentenbetrag von S 54.000,– für den einzelnen Verletzten.

Bei Sachschäden wurde die Haftung limitiert:
1. für Haupt-, Neben- und Straßenbahnen mit einem Betrag von S 450.000,– für das Ereignis;
2. für Haupt- und Kleinseilbahnen sowie für nichtöffentliche Eisenbahnen mit einem Betrag von S 270.000,– für das Ereignis, also unabhängig davon, wie viele Personen aus dem Unfall Ersatzansprüche für Sachschäden geltend machen werden.

Bei Schäden aus Verschulden gelten keine Haftungshöchstbeträge.

Der Ersatzberechtigte verliert den Ersatzanspruch, wenn er nicht innerhalb von drei Monaten ab Kenntnis vom Schaden den Unfall anzeigt. Der Ersatzanspruch selbst verjährt in drei Jahren von dem Zeitpunkt an, in dem der Ersatzberechtigte vom Schaden und von der Person des Ersatzpflichtigen Kenntnis erlangt, längstens jedoch innerhalb von 30 Jahren ab Unfall.

Karl Jedermann fährt mit dem Taxi

In seiner Heimatstadt eingetroffen, will Karl Jedermann seine Reise auf angenehme Art beenden und mit dem Taxi zu seiner Wohnung fahren. Er geht auf die Reihe der vor dem Bahnhof wartenden Taxis zu, überlegt kurz und steigt dann in den fünften Wagen der Reihe – ein amerikanisches Luxusmodell – ein. Die Lenker der ersten vier Wagen murren und schimpfen zwar, doch Karl Jedermann handelt richtig.

Richtig nämlich im Sinne der Gesetze, die den „nichtlinienmäßigen Personenverkehr" regeln, zu dem das Taxi laut Amtssprache zählt. Grundlage ist das Bundesgesetz vom 21. Dezember 1955 mit der Bezeichnung: **Betriebsordnung für den nichtlinienmäßigen Personenverkehr;** weiters einige Paragraphen aus dem Kraftfahrgesetz (KFG 1967) und aus der Straßenverkehrsordnung (StVO 1960). Diese Bestimmungen gelten für das gesamte Bundesgebiet. Die Tarife des nichtlinienmäßigen Personenverkehrs werden durch Verordnung des Landeshauptmannes festgesetzt. Für das Taxigewerbe besteht innerhalb der Standortgemeinde Beförderungspflicht. Außerhalb des Ortsgebietes der Standortgemeinde besteht freie Beförderungs- und Taxivereinbarung (§ 39 der Betriebsordnung). Ausgenommen sind Fahrten von Wien zum Flughafen Schwechat; sie unterliegen dem Wiener Taxitarif.

Beförderungspflicht

Diese **Beförderungspflicht** hat aber auch ihre Grenzen. So hat zum Beispiel der Fahrgast alles zu vermeiden, was die Sicherheit gefährden könnte. Der § 12 untersagt insbesondere:

- mit dem Lenker während der Fahrt mehr als nötig zu sprechen;
- den Lenker bei der Führung des Fahrzeugs zu behindern;
- die Außentüren während der Fahrt eigenmächtig zu öffnen;
- während des Fahrens auf- oder abzuspringen.

Weitere Ausschließungsgründe gibt der § 14 an: Personen mit Gepäckstücken, die den Verkehr oder den Betrieb behindern oder gefährden, das Fahrzeug beschmutzen oder beschädigen, sowie Personen mit bösartigen oder beschmutzten Tieren können von der Beförderung ausgeschlossen werden. Der § 16 besagt, daß Personen, die die Sicherheit und Ordnung des Betriebes oder der Mitfahrenden gefährden, von der Beförderung ausgeschlossen werden können. Insbesondere sind das:

1. Betrunkene und Personen mit ekelerregenden oder ansteckenden Krankheiten;
2. Personen, die explosionsfähige, leicht entzündliche oder ätzende Stoffe mit sich führen;
3. Personen mit geladenen Schußwaffen.

Das Reisegepäck im Taxi

Karl Jedermann ersucht den Lenker, sein Reisegepäck vom Gehsteigrand zu holen und im Wagen zu verstauen. Der Lenker ist ein höflicher Mann. Er dämpft die zuvor gerade angerauchte Zigarette aus, murmelt etwas vor sich hin, warum der Herr denn gerade ihn ausgesucht habe, holt die drei Koffer vom Gehsteig und legt sie in den Kofferraum des Wagens.

Die Betriebsordnung sagt dazu im § 9 Abs. 3: Der Lenker darf im Fahrdienst während der Fahrt nicht rauchen. Zu bemerken wäre dazu, daß der Lenker dem Fahrgast das Rauchen grundsätzlich **nicht** untersagen darf.

Weiters finden wir im § 25, daß für die Mitnahme von mindestens 75 kg üblichen Reisegepäcks ein geeigneter Platz vorhanden sein muß. Der Lenker hat dem Fahrgast beim Auf- und Abladen des Gepäcks behilflich zu sein (§ 42). Und schließlich steht im § 51 Abs. 2, daß der Fahrgast einen beliebigen Wagen aus der Reihe wählen kann.

Die nächtliche Ausflugsfahrt

Karl Jedermann sitzt bereits im Fond des Wagens, als der Lenker einsteigt. Dieser schaltet den **beleuchteten Fahrpreisanzeiger** ein und fragt den Fahrgast um das Fahrtziel. Jedermann will den schönen Abend noch genießen und gedenkt eine kleine Spazierfahrt zu machen, bevor er sich nach Hause fahren läßt. Er gibt dem Lenker daher ein Fahrtziel an, das weit außerhalb der Stadtgrenze in einer schönen, doch gottverlassenen Waldgegend liegt. Der freundliche Lenker zeigt sich dadurch überrascht und lehnt sehr entschieden diese Fahrt ab.

Gemäß der Betriebsordnung, § 39 Abs. 2, darf er das. Hat der Lenker bei Erhalt eines Fahrtauftrages oder während der Fahrt hinsichtlich der Sicherheit und Ordnung des Betriebes oder seiner persönlichen Sicherheit, etwa im Hinblick auf die Tageszeit, das Fahrtziel oder die Fahrtstrecke Bedenken, so kann er die Beförderung oder Weiterbeförderung ausschließen.

Aus dem § 40 erfahren wir, daß der Lenker den kürzestmöglichen Weg zum Fahrtziel zu wählen hat, wenn nicht der Fahrgast etwas anderes bestimmt.

Der § 44 besagt, daß im Tarifgebiet während der Beförderung von Personen und während bestellter Fahrten der Fahrpreisanzeiger ununterbrochen eingeschaltet und bei Dunkelheit beleuchtet sein muß.

Der Fahrpreis

Karl Jedermann läßt sich nun auf kürzestem Weg zu seiner Wohnung fahren. Dort angelangt, ist der Lenker ihm beim Aussteigen behilflich. Die Gepäckstücke stellt er vor die Haustür. Er liest den Fahrpreisanzeiger ab und rechnet zum sichtbar angezeigten Betrag folgende Zuschläge laut dazu: einen Nachtzuschlag, einen Höhenzuschlag (weil Karl Jedermann auf einer steilen Anhöhe wohnt) und viermal Gepäckzuschlag (für die drei Koffer im Kofferraum und für die kleine Reisetasche, die der Fahrgast im Fond des Wagens hatte). Jedermann staunt über die vielen Zuschläge, will aber aufgrund der späten Stunde und seiner Müdigkeit nicht lange diskutieren und versucht, den geforderten Betrag mit Scheck zu zahlen. Doch der Lenker erklärt, er dürfe einen Scheck nicht nehmen.

Im Gegensatz zur Eisenbahn, die in den allgemeinen Beförderungsbestimmungen die Scheckannahme vorsieht, ist der Taxilenker nicht verpflichtet, den Fuhrlohn per Scheck anzunehmen.

Über die vielen Zuschläge ist Jedermann zu Recht erstaunt. Es gibt nämlich nur **einen** Tarif, der bei Tag und Nacht gültig ist. Ein Nachtzuschlag ist daher ebenso unzulässig wie der Höhenzuschlag und der vierfach verlangte Gepäckzuschlag.

Es darf nur **ein** Gepäckzuschlag verlangt werden, und zwar für: Hunde (ausgenommen Schoßhunde), nicht in Behältnissen untergebrachte Tiere, Kleinmöbel, Sportgeräte (wie Skier, Rodeln, Fahrräder; Kinderwagen), für Grabkränze ab dem zweiten Stück und sonstiges Gepäck (wie Koffer, Rucksäcke und dergleichen) ab 20 kg.

Gepäckzuschlagsfrei müssen daher befördert werden: Arbeitsgeräte wie Werkzeuge, Gartengeräte, Musikinstrumente und dergleichen (dies gilt auch dann, wenn es sich um einen schweren Werkzeugkoffer oder etwa um eine große Baßgeige handelt, sofern die Bestimmungen des § 14 der Betriebsordnung beachtet werden), Schoßhunde, Kleintiere in Behältnissen (etwa Katzen oder Stubenvögel), ein Grabkranz, Schirme, Stöcke, Krükken oder sonstiges Gepäck bis 20 kg.

Achtung: Der **Taxitarif** kann von Ort zu Ort verschieden sein. Alle hier gemachten Angaben entsprechen dem Wiener Taxitarif. In Wien gibt es überdies eine Verordnung des Landeshauptmannes, die den Einsatz von Fahrpreisanzeigern, die noch nicht auf den neuen Maximaltarif umgestellt worden sind, ausnahmsweise erlaubt. Diese Fahrpreisanzeiger sind für den Fahrgast sichtbar mit einem Auszug aus dieser Verordnung und einer dem letzten Tarifstand entsprechenden Fahrpreisberechnungstabelle zu kennzeichnen.

Raum für Notizen

(Gesetzesänderungen, eigene Rechtsfälle, Terminkalender)

Karl Jedermann und seine Sachwerte

Innehabung, Besitz, Eigentum

Karl Jedermann geht ins Theater. Da es noch kühl ist, nimmt er einen Mantel mit und gibt diesen in der Garderobe des Theaters ab. Während des Stückes macht die Garderobefrau ein kleines Schläfchen, was ein Dieb ausnützt und ausgerechnet den Mantel von Karl Jedermann stiehlt.

Wir wollen annehmen, daß Karl Jedermann den Mantel ordnungsgemäß gekauft hat. Juristisch ausgedrückt hat er einen Kaufvertrag über den Mantel abgeschlossen und sodann das Kleidungsstück übergeben erhalten. Er wurde damit Eigentümer des Mantels. Als er ihn in der Garderobe des Theaters abgab, wurde weder das Theater noch die Garderobefrau Eigentümer, da lediglich die Aufbewahrung des Mantels beabsichtigt war und nicht ein Eigentumsübergang. Das Theater, vertreten durch die Garderobefrau, hatte die Sache und wurde Inhaber. Der Dieb hingegen nahm den Mantel an sich, er hat ihn ebenso, wie ihn das Theater hatte, aber bei ihm kommt noch der **Wille** dazu, die Sache **für sich zu haben** – der Jurist bezeichnet ihn als Besitzer. Wir sehen also: Das bloße Haben einer Sache ist Innehabung. Das Haben einer Sache mit dem Willen, diese – gleichgültig, ob berechtigt oder nicht – für sich zu haben, ist Besitz. Das Vollrecht an einer Sache endlich, unabhängig von der Innehabung, ist Eigentum.

Der Eigentümer ist nach dem Gesetz berechtigt, über die Sache frei zu verfügen. Beschränkungen ergeben sich lediglich aus öffentlich-rechtlichen Bestimmungen (z. B. Beschränkungen für den Verkehr mit Lebensmitteln, mit Arzneien, mit Giften, mit Edelmetallen, Beschränkungen aus den Bauordnungen, durch die Grundverkehrsgesetze u. dgl.) sowie dadurch, daß es untersagt ist, bei der Ausübung des Eigentumsrechtes in die Rechte anderer Personen einzugreifen.

Andererseits hat der Eigentümer das Recht, seine ihm vorenthaltene Sache von jedem anderen mit gerichtlicher Klage zu fordern. Allerdings muß er bei einer solchen Klage sein Eigentumsrecht nachweisen, das heißt, er muß beweisen, daß er ordnungsgemäß Eigentum an dieser Sache erworben hat. Und er muß auch beweisen, daß sein Gegner, der Beklagte, die Sache innehat.

Der Besitz ist eine Tatsache, nämlich die Innehabung mit dem Willen, die Sache für sich zu haben, woran sich rechtliche Folgen knüpfen.

Sehen wir uns folgendes an: Werner Draufgänger schließt mit Waldemar Träge einen Kaufvertrag über eine Gitarre. Draufgänger bezahlt den Kaufpreis von S 900,–, Träge läßt aber mit der Lieferung des Instruments auf sich warten.

Draufgänger nimmt daraufhin eines Tages, als er Träge wieder einmal aufgesucht hat, die Gitarre kurzerhand von der Wand und bringt sie mit nach Hause.

Träge wird jetzt munter und verlangt Rückgabe.

Sein Verlangen besteht zu Recht.

Durch die Ansichnahme der Gitarre übte Draufgänger eine verbotene Eigenmacht. Die Tatsache, daß er aus dem Kaufvertrag einen Anspruch auf Lieferung des Instruments hat, macht die Wegnahme nicht rechtmäßig. Das Gesetz verbietet ausdrücklich das eigenmächtige Vorgehen eines Gläubigers. Dieser soll sich zur Durchsetzung seines Anspruchs an die Gerichte wenden. Aufgrund eines erstrittenen Urteils kann er dann mit Hilfe eines Vollstreckers die Herausgabe der Gitarre erwirken.

Da Draufgänger diesen Weg nicht gegangen ist, sondern sich eigenmächtig den Besitz verschafft hat, ist sein Besitz fehlerhaft. Träge hätte sich gegen dieses eigenmächtige Tun mit Gewalt wehren können (§ 344 ABGB). Dem auf frischer Tat betroffenen Draufgänger hätte er auch die Gitarre wieder fortnehmen dürfen. Dies hat er offenbar nicht getan, weil er Draufgänger fürchtete.

Er kann also nunmehr gemäß § 339 ABGB wegen Besitzstörung klagen und die Wiederherstellung des früheren Besitzstandes, also die Rückgabe der Gitarre, fordern. Gegenüber dieser Klage kann sich Draufgänger nicht auf den Kaufvertrag berufen. Er soll vielmehr gezwungen werden, seinerseits die erforderliche Klage einzubringen. Dies sieht auf den ersten Blick sehr formaljuristisch aus, ist aber das einzige Mittel, um derartige Eigenmächtigkeiten zu unterbinden.

Willi Mutig hat von Werner Untreu eine goldene Armbanduhr gekauft und bezahlt. Untreu zögert die Lieferung der Uhr hinaus und bereitet inzwischen seine Auswanderung vor. Mutig trifft ihn gerade, wie er mit einer großen Anzahl Koffer den Bahnhof betreten will, um den D-Zug nach Rotterdam zu erreichen.

Mutig stellt Untreu heftig zur Rede und reißt ihm schließlich die Armbanduhr vom Handgelenk. Untreu beauftragt in Rotterdam einen dortigen Rechtsanwalt, eine Klage gegen Mutig auf Rückgabe der Uhr einzubringen.

Diese Klage hat keine Aussicht auf Erfolg.

Die Wegnahme der Uhr erfolgte zwar gegen den Willen des Untreu, aber Mutig begeht trotzdem keine verbotene Eigenmacht, denn sein eigenmächtiges Vorgehen ist durch das Gesetz ausdrücklich gestattet.

Gemäß § 19 ABGB darf man zum Zwecke der Selbsthilfe eine Sache, auf die man einen Anspruch hat, wegnehmen, wenn obrigkeitliche Hilfe nicht rechtzeitig erlangt werden kann und die Gefahr besteht, daß die Verwirklichung des Anspruches erschwert oder schließlich vereitelt werde.

Diese Voraussetzungen liegen hier vor. Mutig hat einen Anspruch gegen Untreu, und die Verwirklichung dieses Anspruchs ist durch die plötzliche Abreise des Untreu gefährdet. Obrigkeitliche Hilfe ist nicht rechtzeitig zu erlangen, da Mutig nicht erst zum Gericht eilen kann.

Mutig muß aber folgendes beachten: Er hat alsbald nach seiner eigenmächtigen Handlung eine einstweilige Verfügung beim Bezirksgericht zu erwirken. Hiezu muß er seinen Anspruch auf die Sache und auch auf die Gefährdung der Verwirklichung dieses Anspruchs nachweisen. Mutig muß also dem Gericht glaubhaft machen, daß er die Uhr gekauft hat. Ferner muß er glaubhaft machen, daß Untreu im Begriff steht, auszuwandern, so daß Mutig – wenn er dem Untreu die Uhr nicht abgenommen hätte –, um wieder in deren Besitz zu kommen, ein Exekutionsverfahren im Ausland hätte einleiten müssen. Gelingt die Glaubhaftmachung, so erläßt das Bezirksgericht eine einstweilige Verfügung, mit der die gerichtliche Verwahrung der Uhr angeordnet wird. Eine solche einstweilige Verfügung wird immer nur für bestimmte Zeit erlassen und außerdem dem Antragsteller eine Frist gesetzt, innerhalb derer er die Einbringung der Klage gegen den Antragsgegner dem Bezirksgericht nachweisen muß, da ansonsten die einstweilige Verfügung aufgehoben wird, wodurch Untreu wieder die Uhr erhält. Untreu hätte die Möglichkeit, gegen die einstweilige Verfügung einen Rekurs oder einen Widerspruch einzubringen; allerdings werden diese Rechtsbehelfe bei der gegebenen Sachlage kaum Aussicht auf Erfolg haben.

Der weite Sachbegriff des ABGB

Karl Jedermann besteigt mit seinem Neffen, einem Jusstudenten, den Stephansdom in Wien. Gemeinsam betrachten sie die schöne Stadt, die zu ihren Füßen liegt. Karl Jedermann zeigt schwärmerisch auf die vielen Häuser und Bauten, auf die Fahrzeuge, die wie Spielzeug aussehen, und auf die winzig kleinen Menschen tief unter ihnen. Doch plötzlich unterbricht ihn der junge Jurist und erklärt ihm: „Vom Standpunkt unserer Rechtsordnung aus sehen wir nichts als Personen und Sachen!“ Und zur Bekräftigung seiner Behauptung zitiert er gleich den § 285 ABGB: „Alles, was von der Person unterschieden ist und zum Gebrauche der Menschen dient, wird im rechtlichen Sinne eine Sache genannt.“

Da muß auch Karl Jedermann zugeben, daß er außer den winzig kleinen Menschen, er meint natürlich Personen, tief unten nur Sachen sieht. Ja, er wird von seinem gescheiten Neffen belehrt, daß zu den vom Gesetz verstandenen „Sachen“ auch etwa die Dampfkraft oder der elektrische Strom, schließlich aber auch Rechte gehören; mit dem Begriff „Sache“ sind somit nicht nur jene Dinge gemeint, die man beim Rundblick vom Stephansdom aus sehen kann.

Der Rechtserwerb an Grundstücken

Bei unseren verschiedenen Betrachtungen, die den Kauf oder das vertragliche Pfandrecht zum Gegenstand hatten, haben wir gesehen, daß zur Durchführung der betreffenden Rechtsgeschäfte mehrere Akte notwendig waren. Vor allem war immer festzustellen, daß das Eigentum oder das Pfandrecht nur dann rechtswirksam erworben werden konnte, wenn außer dem verpflichtenden Vertrag in irgendeiner Form die „Übergabe“ erfolgt war. Bei beweglichen Sachen ist die technische Durchführung relativ einfach. Viel schwieriger aber liegen die Dinge bei Grundstücken. Es kommt noch hinzu, daß man bei beweglichen Sachen viel leichter die wirklichen Eigentumsverhältnisse übersehen und gegebenenfalls gutgläubig das Eigentum erwerben kann. Außerdem ist der eingetretene Schaden bei nicht einwandfreier Durchführung der einzelnen Rechtsgeschäfte über bewegliche Sachen, wertmäßig gesehen, im allgemeinen nicht so erheblich.

Ganz anders aber liegen die Dinge bei Grundstücken, die in vielen Fällen mit Hypotheken belastet sind und außerdem einen beachtlichen Wert darstellen. Hier hat das Gesetz ein besonderes Recht geschaffen und den Eigentumsübergang oder die Belastung an feste Formen gebunden. Da alle Grundstücke zusammengenommen das staatsrechtliche Hoheitsgebiet des Staates darstellen und schließlich auch für die Versorgung und Unterbringung der Staatsbürger besondere Bedeutung haben, hat sich der Staat bei einzelnen Rechtsvorgängen seine Mitwirkung vorbehalten. Vor allem hat er die Größe der einzelnen Grundstücke im Grundkataster erfaßt und bei den Bezirksgerichten **Grundbücher** angelegt, die für jedes Grundstück eine eigene Einlage erhalten. Auf diesen Grundbuchseinlagen sind die Grundstücke aufgrund der Unterlagen der Katasterämter nach Lage und Bebauung beschrieben. Auf den Einlagen werden auch Eigentümer, Belastungen oder Rechte eingetragen, so daß jeder in der Lage ist, durch Einsichtnahme die bestehenden Verhältnisse zu erkennen.

Das im Grundbuch rot Unterstrichene ist nicht etwa besonders wichtig, sondern im Gegenteil, es ist „gelöscht", das heißt, die rot unterstrichene Eintragung besteht nicht mehr zu Recht. Man kann nämlich im Grundbuch nicht einfach eine Eintragung, die nicht mehr weiterbestehen soll, mit einem Durchstreichen oder Ausradieren unleserlich machen, weil das Grundbuch von seiner ersten Eintragung an immer einen zusammenhängenden Überblick über die Rechtsbewegungen geben soll. Dem roten Strich unter solchen aufgehobenen Rechten entspricht immer ein Vermerk „Löschung".

Wenn Sie einmal ein Grundbuch einsehen, so denken Sie bitte daran, daß es zu jeder Eintragung auch eine Urkunde geben muß. Diese Urkunden werden beim Grundbuchsgericht für sämtliche Grundstücke fortlaufend jahrgangsweise gesammelt (Urkundensammlung). Das Grundbuch ist jedem Interessenten zugänglich. Man kann Einsicht nehmen und erhält über Verlangen schriftliche **Auszüge.**

Rechtsgrundlage für das Grundbuch und damit für den Rechtserwerb an Grundstücken ist das **Allgemeine Grundbuchsgesetz 1955.** Derzeit ist die Umstellung der Grundbücher auf das EDV-System, also auf elektronische Datenverarbeitung, im vollen Gang (Grundbuchsumstellungsgesetz 1980).

Karl Jedermann hat von einem reichen Onkel einen größeren Geldbetrag erhalten. Er beschließt, des Wohnens als Mieter überdrüssig, ein mit einem Haus bebautes kleines Grundstück anzuschaffen.

Der Kaufvertrag

Beim Kaufvertrag über ein solches Grundstück muß die Unterschrift des Verkäufers (wegen der Aufgabe eines bücherlichen Rechtes) notariell oder gerichtlich beglaubigt werden. In diesem Kaufvertrag hat der Verkäufer seine ausdrückliche Zustimmung zu erklären, daß aufgrund dieses Vertrages der Käufer des Grundstücks in das Grundbuch als Eigentümer eingetragen werden darf. Die Juristen nennen diese Erklärung „Aufsandungserklärung". Ein Kaufvertrag über eine Liegenschaft würde ungefähr folgendermaßen aussehen, wie nebenstehend wiedergegeben.

Dieser Vertrag muß binnen 8 Tagen dem zuständigen Finanzamt für Gebühren und Verkehrssteuern zur Gebührenbemessung angezeigt werden.

Mit der Umschreibung des Eigentums im Grundbuch geht das Eigentum auf Karl Jedermann über.

Die Umschreibung im Grundbuch erfolgt erst nach Einholung gewisser behördlicher Genehmigungen. Um diese braucht sich Karl Jedermann nicht zu kümmern, wenn er den Notar mit der grundbücherlichen Durchführung beauftragt. Der

KAUFVERTRAG

abgeschlossen am 10. Mai 19 . . . zwischen Josef Lustig, Rentner, Lehnergasse 22, 1090 WIEN, als Verkäufer einerseits und Karl Jedermann, kaufmännischer Angestellter, Opernring 72, 1010 WIEN, als Käufer andererseits.

I.

Herr Josef Lustig als Verkäufer verkauft und übergibt und Herr Karl Jedermann als Käufer kauft und übernimmt die Liegenschaft Einlagezahl 534, Katastralgemeinde Josefstadt, inliegend im Grundbuche des Bezirksgerichtes Innere Stadt Wien, um den vereinbarten und hiemit quittierten Kaufpreis von S 1,200.000,—.

II.

Der Käufer hat die Liegenschaft eingehend besichtigt. Der Verkäufer leistet demnach keine Gewähr für eine bestimmte Beschaffenheit oder ein bestimmtes Ausmaß der Liegenschaft mit Ausnahme der hiemit zugesicherten Lastenfreiheit.

III.

Sämtliche Rechte und Pflichten bezüglich der Liegenschaft gehen mit 10. Mai . . . auf den Erwerber über.
Der Käufer ist österreichischer Staatsbürger und Deviseninländer, was er eidesstattlich bestätigt.

IV.

Auf die Anfechtung des Vertrages wegen Verletzung über die Hälfte des wahren Wertes wird ausdrücklich verzichtet.

V. (Aufsandung)

Der Verkäufer Josef Lustig erteilt hiemit seine ausdrückliche Einwilligung, daß aufgrund dieses Vertrages ohne sein weiteres Einvernehmen das Eigentumsrecht des Käufers Karl Jedermann an der Liegenschaft EZ. 534, KG. Josefstadt, einverleibt werde.

VI.

Sämtliche Kosten und Gebühren dieses Vertrages trägt der Käufer.

Josef Lustig   Karl Jedermann

Vorstehende Unterschrift des Herrn Josef Lustig, der mir persönlich bekannt ist, wurde heute vor mir geleistet.

Wien, den 10. Mai . . .

öffentlicher Notar

(Die Legalisierung der Unterschrift des Josef Lustig ist nötig, da dieser bücherlicher Vormann ist.)

Notar holt sodann die erforderlichen Genehmigungen ein. Dazu gehört vor allem die Zustimmung der Grundverkehrskommission, wenn es sich um eine Liegenschaft handelt, die den Grundverkehrsgesetzen (bundesländerweise verschieden) unterliegt. Ferner muß eine Unbedenklichkeitsbescheinigung des Finanzamts für Gebühren und Verkehrssteuern beschafft werden, aus der hervorgeht, daß der grundbücherlichen Durchführung des Kaufvertrages steuerliche Bedenken nicht entgegenstehen. Dabei ist vor allem an die Bezahlung oder Sicherstellung der Grunderwerbssteuer gedacht.

Gegenstand der Grunderwerbssteuer ist zufolge Grunderwerbssteuergesetz vom 30. Juni 1955 (in der Fassung der Grunderwerbssteuer-Novelle 1978) der entgeltliche Erwerb inländischer Grundstücke, denen auch Erbbaurechte, Erbhaftrechte und Gebäude auf fremdem Boden gleichstehen.

Zahlungspflichtig sind die am Erwerbsvorgang beteiligten Vertragsteile.

Die Steuer beträgt 2 v. H. bis 8 v. H. vom Wert des Grundstücks.

Steuerfrei ist der Erwerb von Grundstükken für gewisse Siedlungszwecke, der Grundstückserwerb von Todes wegen, Grundstückschenkungen unter Lebenden im Sinne des Erschafts- und Schenkungssteuergesetzes sowie für diplomatische Zwecke.

Ausländern gegenüber unterliegt der Grunderwerb gewissen Beschränkungen.

So bedarf nach den länderweise verschiedenen Grundverkehrsgesetzen der Grundstückserwerb durch Ausländer (ebenso die Einräumung des Fruchtnießungsrechtes, des Baurechtes und die Bestandgabe eines Grundstücks) einer Zustimmung der Grundverkehrsbehörde, die nur erteilt wird, wenn nicht aus kulturellen, volkswirtschaftlichen, sozialpolitischen oder sonstigen öffentlichen Interessen Bedenken bestehen.

Karl Jedermann wird nun folgendes Gesuch beim Grundbuchsgericht einbringen, das auf der folgenden Seite wiedergegeben wird.

Die Hypothek

Nach einiger Zeit benötigt Karl Jedermann Geld. Er nimmt vom früheren Besitzer seines Hauses, dem Rentner Josef Lustig, ein Darlehen in Höhe von S 120.000,— auf und will dafür dem Darlehensgeber eine hypothekarische Sicherheit an seinem Grundstück geben.

GRUNDBUCHSEINGABE

An das
Bezirksgericht Innere Stadt Wien
Justizpalast
1010 WIEN

Antragsteller: Karl Jedermann, kaufmännischer Angestellter,
Opernring 72, 1010 WIEN

ANTRAG

auf Einverleibung des Eigentumsrechtes ob der EZ. 534, KG. Josefstadt,

einfach
3 Beilagen:
Kaufvertrag in Ur- und Abschrift
Unbedenklichkeitsbescheinigung in Urschrift

Ich beantrage folgenden

BESCHLUSS:

Aufgrund des am ... zu Wien abgeschlossenen Kaufvertrages, Beilage ./A und der Unbedenklichkeitsbescheinigung des Finanzamtes für Gebühren und Verkehrssteuern Wien vom ... Zl. ... wird im Eigentumsblatt der Liegenschaft EZ. 534, KG. Josefstadt das Eigentumsrecht für Karl Jedermann zur Gänze einverleibt.

Hievon werden verständigt:*

1. Josef Lustig, Rentner, Lehnergasse 22, 1090 WIEN
2. Karl Jedermann, kaufmännischer Angestellter, Opernring 72, 1010 WIEN, unter Anschluß des Original-Kaufvertrages,
3. Finanzamt für den 8., 16. und 17. Bezirk
4. Magistratsabteilung 40, Zentrale Liegenschaftsevidenz
5. Vermessungsamt Wien

Wien, den ...

* Es muß im Beschluß angegeben werden, wer von der Eintragung im Grundbuch benachrichtigt wird.

Karl Jedermann wird nun einen entsprechenden Darlehens- und Hypothekarvertrag entwerfen, der ungefähr den folgenden Inhalt hat:

DARLEHENS- UND HYPOTHEKARVERTRAG

1. Herr Karl Jedermann, kaufmännischer Angestellter, Opernring 72, 1010 WIEN, anerkennt hiemit, heute von Herrn Josef Lustig, Rentner, Lehnergasse 22, 1090 WIEN, ein Darlehen in der Höhe von S 120.000,–, in Worten: hundertzwanzigtausend Schilling, zugezählt erhalten zu haben und dieses Darlehen aufrecht zu schulden.
2. Dieses Darlehen ist mit ...% pro Jahr zu verzinsen und in folgender Art zurückzuzahlen: ...
3. Zur Sicherung der Rückzahlung bestellt hiemit Karl Jedermann zugunsten des Herrn Josef Lustig eine Hypothek an der ihm eigentümlich gehörigen Liegenschaft EZ. 534, KG. Josefstadt, inliegend im Grundbuch des Bezirksgerichtes Innere Stadt Wien, über den Betrag von S 120.000,– samt ...% Zinsen und S 12.000,– Nebengebührensicherstellung. Er erteilt seine ausdrückliche Einwilligung zur Einverleibung dieser Hypothek.
4. Die Kosten und Gebühren dieses Vertrages trägt Herr Karl Jedermann.

Wien, den ...

(Die Unterschrift von Karl Jedermann muß notariell beglaubigt werden.)

Diesen Vertrag reicht Josef Lustig nach Beglaubigung der Unterschrift von Karl Jedermann bei jenem Bezirksgericht ein, das als Grundbuchsgericht für die Liegenschaft zuständig ist.

Karl Jedermann braucht noch mehr Geld und erhält von dem Geldgeber Gerissen die Zusage, ihm ein Darlehen von S 120.000,– zu gewähren. Karl Jedermann solle nur eine Hypothek zugunsten des Gerissen im Grundbuch eintragen lassen. Karl Jedermann vertraut dieser Zusage und läßt die Eintragung einer Hypothek für Gerissen in Höhe von S 120.000,– bewilligen. Dies ist möglich, da das Grundbuchsgericht die Eintragung vorzunehmen hat, ohne zu prüfen, ob Karl Jedermann bereits das Darlehen erhalten hat. Für die Eintragung im Grundbuch genügt also die einseitige Bewilligung des Grundstückseigentümers Karl Jedermann.

Durch diese Eintragung allein ist aber die Hypothek des Gerissen noch nicht entstanden. Dazu ist außerdem erforderlich, daß Karl Jedermann und Gerissen sich über das Entstehen der Hypothek einig sind und die Darlehensschuld des Karl Jedermann begründet wird. Solange Karl Jedermann das Darlehen von Gerissen nicht bekommen hat, ist er nicht Schuldner und wird sich auch mit Gerissen nicht dahingehend einigen, daß diesem die Hypothek schon zustehen soll. Kommt es also nicht zur Darlehensgewährung, so ist die Eintragung im Grundbuch unrichtig. Karl Jedermann kann in diesem Fall von Gerissen die Zustimmung zur Berichtigung des Grundbuches dahin verlangen, daß die Hypothekeneintragung gelöscht wird.

Gerissen hat aber nun inzwischen die für ihn eingetragene Hypothek weiter an einen Geschäftsfreund Redlich übertragen, der ihm dafür S 90.000,– gezahlt hat. Die Umschreibung der Hypothek auf Redlich ist auch aufgrund des beim Grundbuchsgericht eingereichten Antrages erfolgt.

Was kann Karl Jedermann dagegen unternehmen?

Wenn Redlich zu Unrecht im Grundbuch eingetragen wäre, könnte Karl Jedermann die Zustimmung zur Berichtigung dahingehend verlangen, daß die Hypothekeneintragung gelöscht wird.

Redlich kann die Hypothek nur von Gerissen erworben haben. Zur Übertragung einer Hypothek ist es erforderlich, daß der Übertragende die der Hypothek zugrunde liegende Forderung auf den Erwerber überträgt. Handelt es sich – wie wir für unseren Fall unterstellen wollen – um eine eingetragene Hypothek, so muß die Forderung nicht nur durch eine entsprechende Erklärung abgetreten, sondern der Übergang der Hypothek auch im Grundbuch eingetragen werden. Diese Umschreibung erfolgt aufgrund einer Bewilligung des Gerissen, dessen Unterschrift wiederum beglaubigt sein muß.

Abtretung einer Hypothekarforderung

Ich, der unterzeichnete Georg Gerissen, Laubenstr. 68, 1100 WIEN, habe eine Darlehensforderung von S 120.000,— gegen den Kaufmann Karl Jedermann, Opernring 72, 1010 WIEN.

Diese Forderung ist durch eine Hypothek an dem Grundstück des Darlehensschuldners, eingetragen in EZ. 534, KG. Josefstadt, gesichert.

Die vorstehende hypothekarisch gesicherte Forderung trete ich hiemit an den Hotelier Gottlieb Redlich, Wien . . . ab und bewillige die Einverleibung dieser Abtretung im Grundbuch.

Wien, den . . .

Georg Gerissen

(Unterschrift ist zu beglaubigen.)

Nun war aber Gerissen – wie vorstehend dargelegt – gar nicht Gläubiger des Karl Jedermann. Er hatte also keine Forderung, die er an Redlich abtreten konnte, und auch keine Hypothek. Man müßte demnach der Meinung sein, daß auch eine Rechtsübertragung auf Redlich nicht stattgefunden haben kann, denn wer kein Recht hat, kann ja auch kein solches übertragen. Dieser Grundsatz erleidet aber Ausnahmen zugunsten desjenigen, der auf die Richtigkeit einer Grundbuchseintragung **vertraut.**

Der Inhalt des Grundbuches gilt zugunsten desjenigen als richtig, der ein Recht an einem Grundstück durch Rechtsgeschäft erwirbt, es sei denn, daß die Unrichtigkeit dem Erwerber bekannt ist. Dies ist hier nicht der Fall. Redlich hat nichts davon gewußt, daß Gerissen das Darlehen noch nicht gewährt hatte, und konnte sich auf die Richtigkeit der Grundbuchseintragung verlassen. Er wird vom Gesetz also so behandelt, als hätte er die Hypothek von demjenigen erworben, dem sie auch zustand. Demnach hat also Redlich von dem nichtberechtigten Gerissen die Hypothek erworben, und Karl Jedermann kann von ihm nicht die Löschung der Hypothek verlangen.

Karl Jedermann bleibt nur die Möglichkeit, sich an Gerissen zu halten. Dieser ist verpflichtet, die S 90.000,–, die er von Redlich erhalten hat, an Karl Jedermann herauszugeben. Gerissen ist Karl Jedermann außerdem schadenersatzpflichtig wegen der von ihm begangenen unerlaubten und betrügerischen Handlung.

Wie hätte sich Karl Jedermann nun verhalten müssen, um nicht in diese mißliche Lage zu geraten?

Karl Jedermann hätte im Grundbuch die Anmerkung der Rangordnung für die beabsichtigte Belastung mit einer Hypothek von S 120.000,– eintragen lassen müssen.

Er kann dies mit einem einfachen Antrag beim Grundbuchsgericht – auch zu Protokoll – erreichen. Ist diese Anmerkung im Grundbuch eingetragen, so erhält er hierüber vom Grundbuchsgericht einen sogenannten **Rangordnungsbeschluß,** der nur in einer einzigen Ausfertigung ausgestellt wird. Würde Karl Jedermann diesen Beschluß verlieren, wäre die angemerkte Rangordnung unwirksam und er müßte das gleiche Verfahren nochmals durchführen, worauf er im neuen Rang einen neuen Rangordnungsbeschluß bekäme. Für einen Gläubiger hat eine Rangordnungsanmerkung große Bedeutung. Sie gibt ihm die Gewißheit, daß niemand vor ihm im Grundbuch eingetragen werden kann, wenn er den Rangordnungsbeschluß in Händen hat. Andererseits hat Karl Jedermann die Möglichkeit, diesen Beschluß erst dann an seinen Gläubiger zu übergeben, wenn ihm dieser das Darlehen ausbezahlt.

Legt nun der Gläubiger oder Karl Jedermann selbst den Rangordnungsbeschluß gleichzeitig mit dem Gesuch um Einverleibung der Hypothek bei Gericht vor, so wird die Hypothek im Range dieser Anmerkung einverleibt. Hätte in der Zwischenzeit Karl Jedermann andere Gläubiger mit Hypotheken eintragen lassen, stünden sie im Range **nach** dieser Hypothek. Eine Anmerkung der Rangordnung wirkt jeweils nur für **ein Jahr** ab dem Tage ihrer Bewilligung. Wir sehen also, daß Karl Jedermann wohl die Möglichkeit gehabt hätte, sich vor den dunklen Geschäften des Gerissen zu sichern.

Hypothek für fremdes Darlehen

Karl Jedermann ist gefällig. Als ein guter Freund um Hilfe bittet, benutzt Karl Jedermann sein Grundstück als Kreditgrundlage für ihn. Oskar Seltsam nimmt ein Darlehen von S 50.000,– bei Wohlhabend auf, und Karl Jedermann läßt für dieses Darlehen auf sein Grundstück eine Hypothek eintragen. Wohlhabend überträgt kurze Zeit später die Hypothek an das Bankhaus Lauter. Nunmehr stellt sich heraus, daß Seltsam seit langem geisteskrank ist und die S 50.000,– für unnütze Dinge vergeudet hat. Lauter möchte wissen, wie er zu seinem Geld kommt. Kann er sich an Karl Jedermanns Grundstück halten?

Lauter macht eine Hypothek geltend, die nicht in seiner eigenen Person, sondern in der Person des Wohlhabend entstanden und von diesem auf Lauter übergegangen ist.

Es muß daher zunächst festgestellt werden, ob zugunsten des Seltsam überhaupt eine Hypothek entstanden war. Dazu ist erforderlich, daß eine Forderung vorliegt, für die nach Einigung zwischen Karl Jedermann und Wohlhabend die Hypothek im Grundbuch eingetragen worden ist.

Karl Jedermann und Wohlhabend haben sich über das Entstehen einer solchen Hypothek geeinigt. Sie ist auch im Grundbuch eingetragen worden. Diese Eintragung erfolgte aufgrund einer Bewilligung des Karl Jedermann, die wir bereits oben kennengelernt haben.

Weitere Voraussetzung ist, daß die Forderung, für die diese Hypothek begründet werden sollte, auch entstanden ist; denn die Hypothek ist ja nur eine Sicherung, ein Pfandrecht für die zugrunde liegende Forderung. Sie ist – so sagt der Jurist – akzessorisch, das soll heißen: Wenn keine Forderung vorhanden ist, dann kann auch keine Hypothek zugunsten des Wohlhabend entstehen. Karl Jedermann kann nicht dem Wohlhabend eine Sicherung bestellen, wenn nichts da ist, was gesichert werden soll.

In unserem Fall soll die Hypothek eine Darlehensforderung des Wohlhabend an Seltsam sichern. Eine solche Forderung ist aber niemals entstanden. Eine Darlehensforderung entsteht nämlich dadurch, daß der Darlehensgeber dem Darlehensnehmer das Geld übergibt und beide vereinbaren, daß dieses Geld als rückzahlbares Darlehen gewährt ist. Hieran fehlt es aber.

Die Vereinbarung zwischen Wohlhabend und Seltsam ist anscheinend ein Vertrag, das heißt ein Austausch von Willenserklärungen. Ein Geisteskranker kann aber Willenserklärungen nicht wirksam abgeben. Daran scheitert auch die Übereignung des Geldes an Seltsam. Infolgedessen ist kein Darlehensvertrag zwischen Wohlhabend und Seltsam zustande gekommen, und es besteht keine Darlehensforderung des Wohlhabend.

Wohlhabend hat allerdings gegen Seltsam einen Anspruch auf Rückzahlung der Geldsumme, die er Seltsam gegeben hat. Jedoch hat Karl Jedermann die Hypothek für die Darlehensforderung bestellt und nicht für die Forderung auf Rückzahlung.

Aus diesem Grund ist keine Hypothek des Wohlhabend entstanden. Er hatte somit kein Verwertungsrecht an dem Grundstück des Karl Jedermann.

Da Wohlhabend keine Hypothek erworben hatte, konnte Lauter die Rechte an dieser Hypothek auch nicht von ihm erwerben. Es bestünde jedoch für Lauter die Möglichkeit – wie vorher bereits erörtert –, die Hypothek von dem nichtberechtigten Wohlhabend zu erwerben, wenn Lauter gutgläubig ist, das heißt, daß er auf die Richtigkeit der Grundbuchseintragung vertraut. Diese Redlichkeit des Lauter kann angenommen werden. Lauter hat also am Grundstück des Karl Jedermann eine Hypothek erworben und kann versuchen, durch die Zwangsversteigerung des Grundstücks diese Hypothek zu verwerten.

Dagegen hat Lauter keine Forderung gegen Seltsam erworben, weil Wohlhabend eine solche nicht besaß. Hier gibt es auch keine Möglichkeit des Erwerbs vom Nichtberechtigten, denn Forderungen kann man – von ganz wenigen Ausnahmen abgesehen – nur vom Berechtigten erwerben.

Zwar hat nun Wohlhabend eine Forderung auf Rückzahlung gegen Seltsam. Nicht diese hat er aber an Lauter abgetreten, sondern die angebliche Darlehensforderung. Infolgedessen hat Lauter keinerlei Forderungen gegen Seltsam erlangt.

Karl Jedermann wiederum ist dadurch benachteiligt worden, daß Wohlhabend, der keinerlei Rechte am Grundstück des Karl Jedermann hatte, durch das Rechtsgeschäft mit Lauter nunmehr eine Belastung des Grundstücks des Karl Jedermann herbeigeführt hat. Diese Verfügung des nichtberechtigten Wohlhabend über das Grundstück des Karl Jedermann stellt sich also als wirksam dar.

Besondere Fälle des Eigentumserwerbes

Eigentum an einem Grundstück kann man außer wie in vorstehend erörterten Fällen des Eigentumserwerbes durch Übereignung auch noch dadurch erwerben, daß man es kraft Gesetzes aufgrund bestimmter Voraussetzungen erlangt.

Gemäß § 62 GBG erwirbt derjenige, der im Grundbuch als Eigentümer zu Unrecht eingetragen ist, das Grundstückseigentum, wenn die Eintragung 30 Jahre bestanden hat. Er muß sich außerdem während dieser 30 Jahre im guten Glauben befunden haben, daß er der Eigentümer sei.

Umgekehrt kann ein rechtmäßiger Eigentümer, der sich während 30 Jahren nicht um die Eintragungen im Grundbuch gekümmert hat, seines Eigentums verlustig gehen, wenn ein anderer sich gutgläubig für den Eigentümer hält und als solcher während der 30 Jahre die Liegenschaft benützt hat. Da ein derartiger Eigentumsverlust unter Umständen schon nach **drei Jahren** eintreten kann, so empfiehlt es sich, längstens alle drei Jahre einen Blick ins Grundbuch zu werfen (man spricht hier von „Schreijahren")!

Ein Käufer ist noch kein Eigentümer

Leopold Ehrlich hat ein Grundstück von Karl Böß gekauft. Bei Abschluß des notariellen Vertrages hat er den Kaufpreis bar erlegt. Die Umschreibung des Eigentümers im Grundbuch zieht sich durch die Einholung der erforderlichen behördlichen Genehmigungen immer länger hin.

Inzwischen gerät Böß in finanzielle Schwierigkeiten. Unehrlicherweise veräußert er vor einem anderen Notar das Grundstück an Egon Eifrig. Eifrig weiß von dem ersten Vertrag mit Ehrlich, läßt sich aber von Böß einreden, daß Ehrlich keinen Wert mehr auf das Grundstück lege und daher vom Vertrag zurücktreten werde.

Es gelingt Eifrig, durch persönliche Beziehungen die erforderlichen Genehmigungen schneller zu erhalten als Ehrlich. Er erreicht so eine Eintragung im Grundbuch. Böß ist inzwischen völlig vermögenslos geworden. Ehrlich verlangt nunmehr von Eifrig Umschreibung des Grundbuchs auf seinen Namen.

Sein Verlangen ist nicht gerechtfertigt.

Aus dem Kaufvertrag hat er lediglich einen Anspruch gegen Böß. Obwohl nunmehr Eifrig im Grundbuch als Eigentümer eingetragen ist und den Besitz am Grundstück erlangt hat, kann Ehrlich seinen Anspruch keineswegs auf ihn erstrecken.

Ehrlichs Anspruch gegen Böß auf Übereignung und Übergabe des Grundstücks ist nicht mehr realisierbar, denn Böß hat sein Eigentum an Eifrig verloren. Als Eifrig durch die Eintragung im Grundbuch in Verbindung mit der mit Böß getroffenen Einigung Eigentümer wurde, hat er dieses Eigentum von Böß als Berechtigtem erworben. Denn Böß war trotz des vorher mit Ehrlich abgeschlossenen Vertrages immer noch Eigentümer des Grundstücks. Erst mit der Umschreibung im Grundbuch wäre gemäß § 431 ABGB das Eigentum auf Ehrlich übergegangen. Der Umstand, daß Eifrig von der vorangegangenen Absprache zwischen Böß und Ehrlich wußte, ändert nichts an der Rechtslage. Nur wenn Eifrig durch den Einbruch in die Beziehungen Böß – Ehrlich ein Verhalten zeigt, das v o r s ä t z l i c h gegen die guten Sitten verstößt, kann Ehrlich mit Erfolg gemäß § 1295 ABGB **Schadenersatz** verlangen.

Ein solches Verhalten kann man aber nicht immer schon darin sehen, daß ein Käufer davon

Kenntnis hat, daß die von ihm gewünschte Sache einem Dritten durch einen Kaufvertrag zugesagt ist. So kommt es ja auch im praktischen Leben beim Kauf irgendwelcher Waren häufig vor, daß der Verkäufer eine für einen Kunden zurückgelegte Ware an einen anderen Käufer verkauft und übereignet. Nur wenn der neue Käufer den Verkäufer arglistig zur Vertragsuntreue gegenüber dem früheren Vertragspartner überredet, kann man den Tatbestand des § 1295 ABGB als erfüllt ansehen. Der frühere Vertragspartner hätte dann Schadenersatzansprüche gegen den neuen Käufer. Dieser Anspruch würde – nach dem Grundsatz der Naturalrestitution – dahin gehen, daß der neue Käufer dem früheren Vertragspartner die erworbene Sache herausgeben müßte. Denn er müßte ihn so stellen, wie dieser gestanden hätte, wenn der Neuerwerber nicht arglistig in den alten Vertrag eingebrochen wäre. Dann hätte der frühere Vertrag seine Erfüllung gefunden und der erste Käufer Eigentum erworben.

Da im vorliegenden Fall von einem solchen Verhalten des Eifrig nicht gesprochen werden kann, hat Ehrlich keinerlei Ansprüche gegen Eifrig.

Schutz des Käufers

Was hätte Ehrlich nun tun müssen, um sich davor zu schützen, daß Böß ihn durch Weiterveräußerung um das Grundstück bringt?

Am zweckmäßigsten wäre es gewesen, wenn Ehrlich darauf gedrungen hätte, daß Böß eine **Anmerkung der Rangordnung** für die beabsichtigte Veräußerung im Grundbuch hätte eintragen lassen. Das Verfahren und die Wirkung sind ähnlich wie bei der früher besprochenen Rangordnungsanmerkung für eine beabsichtigte Verpfändung. Durch die Eintragung einer Anmerkung der Rangordnung wäre der Erfüllungsanspruch Ehrlichs aus dem Kaufvertrag so gesichert gewesen, daß alle weiteren Übereignungen durch Böß gegenüber Ehrlich unwirksam geblieben wären (§ 53 GBG).

Das ererbte Grundstück

Otto Pech ist Erbe eines Grundstücks nach seinem Onkel. Infolge eines fehlerhaft geführten Verlassenschaftsverfahrens wird jedoch sein Vetter Glücklich in der Einantwortungsurkunde als Erbe ausgewiesen und im Grundbuch als Eigentümer eingetragen. Pech bringt nun genügend Beweismaterial zusammen, aus dem zweifelsfrei hervorgeht, daß er der wahre Erbe ist. Pech fürchtet mit Recht, daß Glücklich, sobald dieser an dem für ihn ungünstigen Ausgang des Rechtsstreites keinen Zweifel mehr haben würde, das Grundstück an einen beliebigen Interessenten kurzerhand veräußern würde. Wie kann er dies verhindern?

Es steht fest, daß Glücklich zu Unrecht im Grundbuch als Eigentümer eingetragen ist. Der wahre Eigentümer ist Pech. Trotzdem würde ein redlicher Erwerber durch ein Übereignungsgeschäft mit Glücklich das Eigentum an dem Grundstück erwerben, da er sich auf die Eintragung im Grundbuch verlassen darf. Pech würde dann auf seine Ansprüche gegen Glücklich angewiesen sein, also höchstwahrscheinlich leer ausgehen.

Pech muß gegen Glücklich eine Klage einbringen, mit der er ein Urteil begehrt, wonach Glücklich schuldig erkannt werden soll, der Eintragung des Pech als Eigentümer zuzustimmen. Gleichzeitig mit der Einbringung dieser Klage wird er eine Anmerkung im Grundbuch beantragen, mit der auf diesen Rechtsstreit hingewiesen wird (Streitanmerkung). Mit einer solchen Anmerkung erreicht Pech, daß das Urteil gegen jedermann wirkt, der nach Eintragung dieser Anmerkung Rechte im Grundbuch erworben haben sollte. Der gute Glaube würde durch eine solche **Streitanmerkung** ausgeschlossen werden.

Das Wohnungseigentum

Mehrere Familien wollen ein Haus, das ihnen gemeinsam gehört, in der Weise aufteilen, daß jeder Familie ein Stockwerk gehören soll. Sie glauben, daß sie dies durch das sogenannte Wohnungseigentum erreichen könnten. Das ist aber nicht richtig.

Nach dem ABGB gibt es nur ein Miteigentum nach ideellen Bruchteilen. Das heißt: beim gleichzeitigen Eigentum mehrerer Personen an derselben Sache ist das Recht daran geteilt, jedoch nicht die Sache selbst. Jeder Miteigentümer besitzt somit einen gedachten Anteil des Hauses (z. B. die Hälfte, ein Viertel, ein Achtel), nicht jedoch einen fest umrissenen Teil, wie ein bestimmtes Stockwerk oder ähnliches.

Das sogenannte **Wohnungseigentumsgesetz** vom Jahre 1975 bestimmt folgendes:

Wenn mehrere Personen Miteigentümer einer Liegenschaft sind, so können sie untereinander vereinbaren – und diese Vereinbarung muß auch in das Grundbuch eingetragen werden –, daß jedem Miteigentümer ein seinem Grundanteil entsprechender Anteil der Wohnfläche des Hauses zur ausschließlichen Benützung zustehen soll. Dieses Recht ist für die Miteigentümer vererbbar und veräußerlich. Da solche Miteigentümer des Hauses keine Mieter sind (sie sind selbst Hauseigentümer, also steht ihnen kein Hauseigentümer als Vermieter gegenüber), so haben sie auch keinen Mietzins zu bezahlen. Wohl aber müssen sie nach dem Verhältnis ihres Miteigentums die auf die Liegenschaft und das Haus entfallenden Steuern und Betriebskosten bezahlen. Ebenso müssen sie an der Erhaltung des Hauses mitwirken und auch hiefür Zahlungen leisten.

Äußerlich besteht deshalb zwischen einem Mieter und einem „Wohnungseigentümer" kein sehr großer Unterschied. Der sogenannte Wohnungseigentümer, der in Wirklichkeit Miteigentümer des Hauses ist, unterscheidet sich aber vom Mieter sehr wesentlich dadurch, daß er über sein Miteigentum und die damit verbundenen Rechte viel weitgehender verfügen kann als ein Mieter über das Mietobjekt. Zeigt er sich aber als ein unverträglicher Störenfried, so können ihn die anderen Miteigentümer aus der Gemeinschaft entfernen.

Die Rückzahlung von Darlehen, die zur Errichtung von Eigentumswohnungen aufgenommen wurden, sind als Sonderausgaben vom Gesamtbetrag der Einkünfte abzuziehen. Dabei ist seit 1. Jänner 1981 die bis dahin gültige Bestimmung weggefallen, wonach die Gesamtnutzfläche der errichteten Eigentumswohnungen 130 m² nicht übersteigen darf.

Der Nutzungswert der selbst benutzten Eigentumswohnung und der Wohnung im eigenen Einfamilienhaus ist so zu ermitteln, daß von einem Grundbetrag in Höhe von 1 Prozent des Einheitswertes die mit der Nutzung des Grundstücks zu Wohnzwecken in wirtschaftlichem Zusammenhang stehenden Schuldzinsen bis zur Höhe dieses Grundbetrages abgesetzt werden. Dient das Einfamilienhaus oder die Eigentumswohnung teilweise eigenen oder fremden gewerblichen, beruflichen oder öffentlichen Zwecken, so ist der Einheitswert um den Teil zu kürzen, der auf den gewerblich, beruflich oder öffentlich genutzten Teil entfällt.

Auch Ehegatten können für einen Miteigentumsanteil, der mit einer einzigen Wohnung im Haus verbunden ist, gemeinsam als Eigentümer eingetragen werden, andere Personen nur alleine.

Die persönliche Dienstbarkeit

Das Tanzcafé „Dorado" im Hause Karl Jedermanns befürchtet, daß sich in der Nachbarschaft Konkurrenzunternehmen niederlassen könnten, und möchte mit den Eigentümern der Nachbargrundstücke Vereinbarungen treffen, solche Konkurrenzunternehmen nicht auf ihren Grundstücken ansässig zu machen. Welche Möglichkeiten hat „Dorado" hierzu?

„Dorado" könnte aufgrund der Vertragsfreiheit einen Vertrag mit den jeweiligen Nachbareigentümern dahin schließen, daß sich diese verpflichten, keinen Konkurrenzbetrieb bei sich aufzunehmen. Gegen ein angemessenes Entgelt werden sie vielleicht dazu bereit sein. Wird ein solcher Vertrag zwischen „Dorado" und dem Nachbareigentümer Nächst geschlossen, so erzeugt er lediglich eine Bindung zwischen den beiden Vertragspartnern. Das bedeutet, daß ein neuer Eigentümer des Nachbargrundstücks – falls er nicht der Erbe ist – an den Vertrag zwischen Nächst und „Dorado" nicht mehr gebunden ist.

Deshalb muß „Dorado" sich am Grundstück von Nächst eine persönliche Dienstbarkeit mit dem Inhalt bestellen lassen, daß auf diesem Grundstück kein gleichartiger Betrieb errichtet werden darf. Das ist (auch zugunsten einer juristischen Person wie beispielsweise für eine Gemeinde) möglich, weil eine solche Belastung Gegenstand einer beschränkt persönlichen Dienstbarkeit sein kann. Eine solche beschränkt persönliche Dienstbarkeit wird auf Antrag des Nächst im Grundbuch eingetragen und bindet sämtliche späteren Eigentümer.

Allerdings hat diese beschränkt persönliche Dienstbarkeit den Nachteil, daß sie nur zugunsten des Inhabers von „Dorado" bestellt werden kann und nicht übertragbar ist. Sie erlischt mit seinem Tode.

Um diesem Nachteil zu entgehen, wäre es zweckmäßig, den „Dorado"-Betrieb in eine juristische Person umzuwandeln. Ist z. B. eine Gesellschaft m. b. H. Inhaber des „Dorado"-Betriebes, so besteht die beschränkt persönliche Dienstbarkeit so lange, wie die Ges. m. b. H. besteht. Durch Tod eines Inhabers von Ges. m. b. H.-Anteilen geht die beschränkt persönliche Dienstbarkeit zugunsten der Ges. m. b. H. nicht unter.

Die Grunddienstbarkeit

Wäre der Inhaber von „Dorado" gleichzeitig der Eigentümer des Hauses, in dem sich der „Dorado"-Betrieb befindet, so wäre die Sachlage eine wesentlich andere als die zuvor geschilderte. In diesem Fall würde er nicht eine beschränkt persönliche Dienstbarkeit auf das Nachbargrundstück des Herrn Nächst eintragen lassen, sondern eine Grunddienstbarkeit.

Unter einer Grunddienstbarkeit versteht man die Eintragung eines Rechtes derart, daß nicht eine bestimmte Person (z. B. der Inhaber des „Dorado"-Betriebes) der Berechtigte wird, sondern der jeweilige Eigentümer des „Dorado"-G r u n d s t ü c k s. Diese Regelung hat zur Folge, daß das eingetragene Recht auf den Grundstückseigentümer übergeht, wenn es verkauft oder vererbt wird.

Im vorangegangenen Beispiel würde ein Fachmann das „Dorado"-Grundstück als das „herrschende" und das Grundstück von Nachbar Nächst als das „dienende" bezeichnen. Gegenstand einer Grunddienstbarkeit kann alles sein, was dem Eigentümer des herrschenden Grundstücks zukommt, doch kann die Belastung grundsätzlich nur darin bestehen, daß der Eigentümer des belasteten Grundstücks etwas **duldet.** Im vorstehenden Fall muß er dulden, daß er sein Eigentum nicht mehr beliebig verwerten kann. So darf er die Räume seines Hauses nicht an ein Konkurrenzunternehmen von „Dorado" vermieten. Eine Grunddienstbarkeit könnte z. B. auch darin bestehen, daß der Eigentümer eines herrschenden Grundstücks eine bestimmte Menge Wasser auf dem dienenden Grundstück schöpfen darf; oder er dürfte z. B. über die dienende Liegenschaft gehen, fahren oder reiten.

Das Ausgedinge

Landwirt Egon Alt hat sein Bauerngut zu Lebzeiten an seinen Sohn Leopold übertragen. Um für sein Alter gesichert zu sein, hat er sich ausbedungen, daß er bis an sein

Lebensende drei möblierte Räume im ersten Stock des Bauernhauses bewohnen darf. Aus den Erträgnissen des Bauerngutes soll er jährlich folgende Leistungen erhalten: 3 Zentner Kartoffeln, 2 Zentner Weizenmehl, 1 Schwein, 2 Gänse, 10 Hühner, 100 Eier und S 50.000,–, letztere zahlbar in gleich hohen monatlichen Raten.

Die für Egon Alt vorgesehenen Leistungen können nicht ohne weiteres als einheitliches **dingliches** Recht in das Grundbuch eingetragen werden. Man spricht zwar in der Praxis zusammenfassend von einem „Ausgedinge" und versteht darunter eine auf einem Bauerngut ruhende dingliche Verpflichtung zu Natural-, Geld- und Arbeitsleistungen zum Zweck des Unterhalts des früheren Eigentümers; doch muß man bei jedem solchen Ausgedinge die einzelnen Bestandteile rechtlich unterscheiden und erhält dann in unserem Fall folgendes Bild:

Das lebenslängliche Wohnrecht stellt sich als **persönliche Dienstbarkeit** dar. Es ist also auf die Lebenszeit von Alt beschränkt und erlischt mit seinem Tode.

Die an Egon Alt jährlich zu leistenden Naturalien und der Geldbetrag können nicht als Dienstbarkeit bestellt werden. Es ist im vorstehenden Kapitel dargelegt, daß eine Dienstbarkeit (sowohl die persönliche als auch die Grunddienstbarkeit) nach geltendem Recht nur darin bestehen kann, daß der Eigentümer des belasteten Grundstücks irgendeinen Eingriff in sein Eigentum dulden muß, so wie es z. B. beim Wohnrecht der Fall ist.

Es kann ein Grundstück dergestalt belastet werden, daß an den Berechtigten wiederkehrende Leistungen aus dem Grundstück zu entrichten sind. Es sind alle Arten von Leistungen denkbar, die mit dem Grundstück irgendwie in Beziehung stehen. Dies trifft für die Naturalabgaben ohne weiteres zu. Denkbar sind auch solche wiederkehrenden Leistungen wie Stromlieferungen, Instandhaltung einer Brücke usw., aber auch Begräbniskosten. Auch eine wiederkehrende Geldrente kann als Inhalt einer Reallast vereinbart werden.

Bei der **Reallast** handelt es sich also um ein Recht, das eine Forderung an ein fremdes Grundstück darstellt. Der Eigentümer – hier der Sohn Leopold – hat häufig selbst keine Verpflichtung für seine Person übernommen. Doch haftet er als Eigentümer des Grundstücks für die während der Dauer seines Eigentums fällig werdenden Abgaben.

Da sowohl die Dienstbarkeit (Wohnrecht) als auch die Reallast (übrige Leistungen) im Grundbuch einzutragen sind, ist es gleichgültig, ob man in der Vereinbarung über die Bestellung des Ausgedinges diese Aufspaltung vornimmt. Es würde aber der Wahrheit dienlich sein.

Ein Übergabs- und Ausgedingsvertrag hätte etwa folgendes Aussehen:

ÜBERGABS- UND AUSGEDINGSVERTRAG

1. Die Eheleute Rudolf und Anna Berger sind je zur Hälfte Eigentümer folgender Liegenschaften:
   EZ. 27, Haus mit Garten, K.Nr. 627, EZ. 28, Baufläche,
   EZ. 30, Acker EZ. 47, Acker,
   EZ. 83, Wiese EZ. 102, Wald,
   sämtliche Katastralgemeinde Laabrunn, inneliegend im Grundbuch des Bezirksgerichtes ...

Sie übergeben diese Liegenschaften samt allem rechtlichen und tatsächlichen Zugehör an ihren Sohn Paul Berger und dessen Ehegattin Karoline Berger, geb. Müller, gegen Bezahlung eines Abtretungspreises von S .... Dieser Betrag wurde heute bar bezahlt. Die körperliche Übergabe ist heute erfolgt.

2. Die Übergeber behalten sich hiebei folgendes Ausgedinge vor, das im Falle des Versterbens eines Teiles von ihnen auf den überlebenden Teil ungeschmälert übergehen soll:

a) Das freie und ausschließliche Wohnrecht im Ausgedingsgebäude mit der Befugnis, den dazugehörigen Kuhstall für die Unterbringung von 2 Kühen zu benützen. Ferner erhalten sie die Berechtigung, den gemeinsamen Hof für die benötigten Zu- und Abfahrten sowie Zu- und Abgänge frei zu benützen. Schließlich sind sie berechtigt, das Wasser aus dem Hofbrunnen in unbeschränkter Menge zu beziehen sowie Jauche aus der dafür bestimmten Anlage zum Begießen der von ihnen gezogenen Gartenpflanzen zu entnehmen.

b) Die Berechtigung, die beiden von ihnen gehaltenen Kühe gemeinsam mit den Kühen der Übernehmer auf die Weide zu schicken, wobei die Übernehmer für die Beaufsichtigung sorgen werden.

c) Den Fruchtgenuß folgender Liegenschaften:
Den ganzen Acker EZ. 30 sowie den halben Acker EZ. 47, und zwar hier die an den Feldweg angrenzende Hälfte. Die Übernehmer sind verpflichtet, die üblichen Feldarbeiten wie Ackern, Säen, Eggen, Düngen und Ernten für die Übergeber mitzubesorgen. Sie werden die Ernte für die Übergeber einbringen, sie in der übergebenen Scheune abgesondert verwahren und das Dreschen und Putzen über Verlangen der Übergeber besorgen.

d) Die Übernehmer verpflichten sich, die von den Übergebern benötigten Wirtschaftsfuhren, insbesondere die Verführung des Ausgedingsgetreides, sowie von Kohle und Holz unentgeltlich zu leisten. Hiezu gehören auch die Fuhren um den Geistlichen und den Arzt.

e) Die Übernehmer sind verpflichtet, das Ausgedingsgebäude samt allen Nebenräumen in gutem Zustand zu erhalten und die Innenwände längstens alle 3 Jahre neu weißen zu lassen.

f) Die Übergeber haben ferner folgende Leistungen zu erhalten: jährlich zu Georgi und Martini je ein frisch geschlachtetes Schwein im Mindestgewicht von je 100 kg; jährlich 300 kg Erdäpfel längstens bis 15. Juni eines jeden Jahres; jährlich spätestens zu Martini ein Faß eingelegtes Sauerkraut, mindestens 80 l; jährlich 200 frisch gelegte Eier, und zwar 100 in der Woche nach Ostern und 100 in der Woche nach Pfingsten; jährlich 18 kg frische Butter, und zwar zu jedem Monatsersten 1 kg und am 15. ein halbes kg; täglich 1 l frisch gemolkene Milch; jährlich ein Faß Most von mindestens 300 l Inhalt.

3. Die Übergeber erteilen sohin ihre Einwilligung, daß ob den Liegenschaften EZ. 27, Haus mit Garten K.Nr. 627, EZ. 28 Baufläche, EZ. 30 Acker, EZ. 47 Acker, EZ 83

Wiese, EZ. 102 Wald, sämtliche Katastralgemeinde Laabrunn, inneliegend im Grundbuche des Bezirksgerichtes ... das Eigentumsrecht für Paul Berger und Karoline Berger, geb. Müller, je zur Hälfte, ferner das Ausgedingsrecht nach Punkt 2) dieses Vertrages für die Eheleute Rudolf und Anna Berger einverleibt werde.

Laabrunn, am ...

Rudolf Berger   Paul Berger   Karoline Berger   Anna Berger

(Die Unterschriften sind notariell zu beglaubigen.)

Das Grundbuch

Zur Zeit wird das Grundbuch in ganz Österreich auf automationsunterstützte Datenverarbeitung umgestellt (Grundbuchsumstellungsgesetz vom 27. Nov. 1980, BGBl Nr. 550). Die Vorteile dieser Umstellung liegen vor allem in der Zeitersparnis und Verwaltungsvereinfachung bei Grundbuchsauskünften. Hinsichtlich der Einrichtung des Grundbuches ist wichtigste Neuregelung die Umwandlung des Hauptbuches in eine Grundstücksdatenbank; abgesonderte Eigentums- und Lastenblätter sind nicht mehr anzulegen.

Da aber die geltenden gesetzlichen Bestimmungen, das Allgemeine Grundbuchsanlegungsgesetz, BGBl Nr. 2/1930, und das Grundbuchsgesetz (vgl. Seite 168), grundsätzlich weiterhin in Geltung bleiben, ferner die Umstellung des Grundbuchs erst nach und nach erfolgt, soll auch aus Gründen der besseren Anschaulichkeit die bisherige Einrichtung des Grundbuchs erläutert werden.

Das Grundbuch ist zu einem wesentlichen Teil tatsächlich ein Buch, und zwar das sogenannte **Hauptbuch,** in dem jeweils für eine Liegenschaft oder auch für mehrere Liegenschaften zusammen, einen Grundbuchskörper, eine eigene Einlage geführt wird. Die Grundbuchseinlagen werden fortlaufend numeriert und zu Katastralgemeinden zusammengefaßt. Jede Katastralgemeinde hat ein eigenes Grundbuch. Das Bezirksgericht führt dieses Grundbuch immer für alle zu seinem Sprengel gehörigen Katastralgemeinden.

Neben diesem Hauptbuch führt das Grundbuchsgericht aber auch noch andere Bücher und Verzeichnisse. So finden sich ein alphabetisches Eigentümerverzeichnis, ein Grundstücksverzeichnis, in Städten geordnet nach Straßen und Hausnummern, ferner ein Grundstücksverzeichnis II, in dem das öffentliche Gut (Straßen usw.) eingetragen ist. Schließlich verfügt das Grundbuchsgericht noch über die sogenannten Grundbuchsmappen, das sind Pläne aller zu seinem Sprengel gehörenden Liegenschaften. Diese Grundbuchsmappen werden vom zuständigen Vermessungsamt beigestellt.

Da jede Eintragung in das Grundbuch nur aufgrund einer Urkunde erfolgen kann, gibt es bei jedem Grundbuchsgericht eine **Urkundensammlung,** die alljährlich in zeitlicher Reihenfolge gebunden wird.

Eine Grundbuchseinlage besteht aus drei Blättern, die mit den Buchstaben A, B und C bezeichnet werden. Die einzelnen Blätter können wieder mehrere Seiten umfassen. Im A-Blatt oder Gutbestandblatt erfolgt die Verzeichnung der Grundstücke, die zu dieser Einlagezahl gehören, sowie die Eintragung von Rechten, die dem jeweiligen Eigentümer dieser Grundstücke zustehen, z. B. die Berechtigung aus einer Grunddienstbarkeit (vgl. Seite 179).

Im B-Blatt oder Eigentumsblatt erfolgt die Eintragung der Eigentümer und ihrer Anteile und die Eintragung von eventuellen Beschränkungen, denen die Eigentümer bei der Verfügung über die Liegenschaft unterworfen sind; z. B. kann hier die Minderjährigkeit oder die Konkurseröffnung und ähnliches angemerkt werden.

Im C-Blatt oder Lastenblatt werden alle Lasten, die auf dem Grundstück ruhen, eingetragen; so z. B. Hypotheken, Dienstbarkeiten, Reallasten, Bestandsrechte, Belastungsverbote und dergleichen mehr.

Wie bereits erwähnt, wird das Einlangen eines Gesuches beim Grundbuchsgericht nach Datum und Uhrzeit festgestellt. Dann bekommt das Gesuch eine fortlaufende Zahl, die Tagebuchzahl, mit der auch sämtliche Beilagen versehen werden. Nunmehr muß ein Gerichtsbeamter, der Grundbuchsführer, feststellen, ob die Angaben in dem Gesuch mit den bisherigen Eintragungen im Grundbuch übereinstimmen. Er muß diese Überprüfung auf dem Gesuch (mit roter Schrift) vermerken. Diesen Vermerk nennt man den Buchstandsbericht. Jetzt wird das Gesuch mit allen Beilagen dem Grundbuchsrichter zur Erledigung und Entscheidung vorgelegt.

Die im Gesuch erbetene Eintragung darf der Grundbuchsrichter nur bewilligen, wenn sie durch die vorgelegten Urkunden voll gedeckt ist und wenn ihm keine Mängel in der persönlichen Fähigkeit der Gesuchsteller bekannt sind. Wüßte der Grundbuchsrichter z. B., daß einer der Antragsteller minderjährig ist, so dürfte er eine Eintragung nur bewilligen, wenn der gesetzliche Vertreter den Antrag stellt und eine Genehmigung des Pflegschaftsgerichts für das betreffende Geschäft nachweist.

Der Grundbuchsrichter muß über das Gesuch endgültig entscheiden. Er kann es entweder bewilligen oder ablehnen. Wird der Antrag bewilligt, dann muß er den Text der vorgesehenen Grundbuchseintragung in seinem Beschluß festlegen. Der Grundbuchsführer hat nun sofort die Eintragung vorzunehmen und im Akt zu vermerken.

Sämtliche Beteiligten, also die Antragsteller, dann alle Personen, deren Rechte durch die Eintragung irgendwie berührt werden, schließlich das Finanzamt und die Gemeindebehörden müssen durch Übersendung einer Ausfertigung des Beschlusses von der Eintragung benachrichtigt werden. Jenem Teil, dessen Rechte durch die Eintragung aufgehoben, abgeändert oder beschränkt werden, muß der Beschluß sogar zu eigenen Handen mit blauem Rückschein zugestellt werden, so daß ihn nicht einmal ein Postbevollmächtigter in Empfang nehmen könnte. Im Grundbuchsbeschluß muß angeführt werden, an wen Ausfertigungen des Beschlusses zuzustellen sind (vgl. das Muster einer Eingabe Seite 171).

Wird ein Gesuch abgewiesen, so haben wir zu beachten, daß die Abweisung im Grundbuch angemerkt werden muß und der Abgewiesene ein Rechtsmittel, nämlich den Rekurs gegen die Abweisung, einbringen kann. Für Inländer ist die Rekursfrist 30 Tage ab Zustellung des Beschlusses. Bestätigt die II. Instanz die Entscheidung des Grundbuchsgerichtes, so ist die Sache damit endgültig erledigt. Ist jedoch die II. Instanz anderer Ansicht als das Grundbuchsgericht, könnte von jenem Teil, der nicht recht bekommen hat, noch ein Rekurs an die III. Instanz eingebracht werden.

Als Grundbuchsgerichte schreiten die Bezirksgerichte ein. Gerichte II. Instanz sind die Landes- und Kreisgerichte, III. Instanz ist immer der Oberste Gerichtshof.

Wenn auch beim Grundbuchsgericht die Beiziehung eines Rechtsanwaltes nicht vorgeschrieben ist, so empfiehlt es sich doch, in schwierigen Fällen zumindest den Rat eines in Grundbuchsachen erfahrenen Juristen einzuholen.

Das Baurecht

Der Kaufmann Robert Wohnlich sucht eine geeignete Baustelle für sein Einfamilienhaus. Am liebsten möchte er ein Grundstück kaufen. Obwohl er lange sucht, findet er keine zusagende Liegenschaft; was er findet, wird ihm nur zur Verpachtung oder Vermietung angeboten.

Wohnlich will aber sein Haus nicht auf einem gemieteten oder gepachteten Grundstück bauen, denn dann würde er die beim Bau verwendeten Materialien durch ihre Verbindung mit dem Grund

und Boden in fremdes Eigentum bringen (vgl. Seite 192).

Nach dem Baurechtsgesetz von 1912 können Gebietskörperschaften und gewisse andere Körperschaften (auch Religionsgemeinschaften) an ihren Liegenschaften für einen Zeitraum von mindestens 30 und höchstens 80 Jahren ein B a u r e c h t bestellen.

Der Grundgedanke des Baurechts ist folgender: Die Körperschaft behält das Eigentum an ihrem unbebauten Grundstück. Zugunsten Wohnlichs wird ein Baurecht an dem Grundstück bestellt. Die Bestellung erfolgt durch Vertrag zwischen der Körperschaft und Wohnlich und durch Eintragung im Grundbuch. Die Eintragung erfolgt im C-Blatt des Grundbuchs.

Aber nunmehr geschieht etwas, das das Baurecht von allen anderen Rechten an Grundstücken unterscheidet. Das Grundbuchsgericht legt nämlich eine besondere Einlage für das Baurecht an. Dies ist die **Baurechtseinlage.** Es wird fingiert, daß das Baurecht selbst ein Grundstück sei.

Wenn Wohnlich nun sein Einfamilienhaus errichtet, baut er gewissermaßen nicht auf einem fremden Grundstück, sondern auf seinem wie ein Grundstück behandelten Baurecht. Das Baurechtsgesetz bezeichnet daher das von Wohnlich errichtete Bauwerk als Zugehör des Baurechts und nicht des Grundstücks. Dies hat weiterhin die rechtliche Wirkung, daß das Bauwerk zunächst nicht in das Eigentum der Körperschaft fällt, sondern in das Eigentum Wohnlichs.

Wohnlich hat nicht mehr genügend Geld, um den Bau zu Ende zu finanzieren. Er nimmt daher ein Darlehen von S 200.000,– auf und sichert dies durch eine Hypothek zugunsten des Gläubigers an seinem Baurecht. Wohlgemerkt, nicht an dem Grundstück wird die Hypothek bestellt, sondern an dem Baurecht.

Als besonderer Inhalt des Baurechts kann vereinbart werden, daß eine Weiterveräußerung des Baurechts nur mit Zustimmung des Grundstückseigentümers erfolgen darf. Ebenso können Belastungen von der Zustimmung des Grundstückseigentümers abhängig gemacht werden.

Der Bauberechtigte ist nicht befugt, nach Ablauf der Bauberechtigung das Bauwerk wegzunehmen oder sich Bestandteile desselben anzueignen. Vielmehr wird das Bauwerk in einem solchen Fall nunmehr wesentlicher Bestandteil des Grundstücks und fällt damit dem Grundstückseigentümer zu.

Umstellung einer Hypothek

Ottilie Jedermann hat eine noch aus der deutschen Ära stammende Hypothek von RM 5000,– an dem Grundstück ihrer Schwester Waltraud Tüchtig. Zu dieser Hypothek ist es folgendermaßen gekommen: Ottilies Mutter war Eigentümerin eines kleinen Hausgrundstücks im Werte von RM 15.000,–. Als vorauszusehen war, daß Waltraud nicht heiraten würde, beschloß die Mutter, noch zu ihren Lebzeiten der Tochter eine Sicherung zu geben. Sie schloß mit Waltraud einen notariellen Kaufvertrag über das Grundstück mit einem Kaufpreis von RM 15.000,–. Diesen Betrag brauchte Waltraud aber nicht bar zu bezahlen. Er wurde vielmehr bis zum Tode der Mutter gestundet und durch eine Kaufpreishypothek zugunsten der Mutter gesichert. Als die Mutter starb, wurde die Hypothek im Jahre 1940 zwischen den drei Schwestern Tüchtig, die ihre Mutter beerbten, geteilt. So kam Ottilie zu der Hypothek von RM 5000,–.

Als sie nunmehr im Jahre 1950 auf diese Hypothek angewiesen ist und nach ordnungsmäßiger Kündigung die Auszahlung von S 5000,– an sich verlangt, erklärt Waltraud, daß sie ihr nur S 1.666,66 schulde, da die „Kaufpreisteilforderung von RM 5000,–", die Ottilies Hypothek zugrunde liege, infolge der Währungsreform 3 : 1 abgewertet sei.

Dies wäre für Ottilie ein harter Schlag. Aber Waltraud hat unrecht.

Nach den Währungsgesetzen der Jahre 1945/1947 wurden im Grundbuch eingetragene Forderungen von der vorgenommenen Abwertung nicht betroffen, so daß die seinerzeitigen RM 5000,– nunmehr S 5000,– sind. Andererseits kann jedoch Ottilie mit dem Hinweis auf die in der Zwischenzeit gesunkene Kaufkraft des Schillings keine Aufwertung ihrer Forderung verlangen, wenn nicht seinerzeit ausdrücklich eine Wertsicherung für die Forderung vereinbart wurde. Doch ist es auch hier durchaus zweifelhaft, ob sie selbst bei einer ausdrücklichen Vereinbarung eine Aufwertung erreicht. Die Rechtsprechung insbesondere des Obersten Gerichtshofes nimmt eine eher ablehnende Stellung ein. Wäre die Wertsicherung mit einer sogenannten Goldklausel vereinbart worden, wäre ebenfalls eine Aufwertung nicht zu erreichen, da Goldklauseln kraft Gesetzes unwirksam sind.

Zwangsversteigerung und Zwangsverwaltung

Nehmen wir an, daß an der Liegenschaft des Josef Froh eine Hypothek zugunsten des Karl Jedermann einverleibt wäre. Nach ordnungsgemäßer Ankündigung verlangt Jedermann die Bezahlung der zugrunde liegenden Schuld. Froh zahlt nicht. Karl Jedermann klagt Froh nun mit Hypothekarklage und läßt die Klage im Grundbuch anmerken. Nach Rechtskraft des Urteils schreitet er zur **Zwangsversteigerung.** Er stellt beim Grundbuchsgericht den Antrag auf Bewilligung der Zwangsversteigerung der Froh eigentümlich gehörigen Liegenschaft. Das Gericht bewilligt diesen Antrag und ordnet die Anmerkung der Bewilligung der Zwangsversteigerung im Grundbuch an. Sodann wird die Liegenschaft durch einen amtlich bestellten Schätzmeister geschätzt. Nunmehr muß der die Zwangsversteigerung betreibende Gläubiger einen Entwurf der „Versteigerungsbedingungen" dem Gericht vorlegen. Darin muß festgelegt werden, um welchen Betrag die Versteigerung erfolgen soll, wie hoch das Mindestgebot sein muß, unter dem eine Versteigerung nicht erfolgt, ob auf der Liegenschaft eingetragene Hypotheken vom Ersteher der Liegenschaft übernommen werden müssen und noch einiges mehr. Nach Vorlage und Genehmigung der Versteigerungsbedingungen durch das Gericht setzt dieses den Versteigerungstermin fest, worüber wiederum eine Anmerkung im Grundbuch erfolgt. Der Versteigerungstermin wird in den Zeitungen verlautbart.

Beim Versteigerungstermin darf mitbieten, wer ein sogenanntes Vadium (in der Regel ein Zehntel des Mindestgebotes) bei Gericht erlegt. Wer das höchste Angebot stellt, erhält den Zuschlag. Diese Zuschlagserteilung wird wiederum im Grundbuch angemerkt. Wenn der Ersteher alle seine Verpflichtungen, insbesondere die Bezahlung seines Gebotes, erfüllt hat und als Eigentümer einverleibt wird, wird er bereits ab dem Tag der Zuschlagserteilung als Eigentümer betrachtet. Nach der Bezahlung des Meistbotes durch den Ersteher erfolgt die Verteilung des Meistbotes. Die Liegenschaft wird in der Zwischenzeit von einem gerichtlich bestellten Verwalter verwaltet, um eine Mißwirtschaft des bisherigen Eigentümers zu vermeiden. Das Gericht ordnet eine Tagsatzung an und faßt sodann den Meistbotverteilungsbeschluß. Aus dem Meistbot werden vor allem die Kosten der Zwangsversteigerung, der Verwaltung der Liegenschaft, Steuern und Abgaben von der Liegenschaft, Hypothekarzinsen und im Range vorgehende Hypotheken bezahlt. Wurde auch der betreibende Gläubiger (in unserem Fall Karl Jedermann) befriedigt, so wird ein allenfalls dann noch verbleibender Rest des Meistbotes (die „hyperocha") an der Schuldner ausgefolgt.

Der Ersteher der Liegenschaft (Ersteigerer) muß sich vor Augen halten, daß es mit der Bezahlung seines Gebotes in der Regel nicht getan ist. Die ihm im Range vorgehenden Hypotheken muß er nach dem sogenannten Übernahmsprinzip übernehmen, soweit diese Hypotheken im Meistbot Deckung finden. Nur dann, wenn der betreffende Hypothekargläubiger ausdrücklich die Barzahlung verlangt, darf er diesen Gläubiger auszahlen. Sollte ihn allerdings eine Hypothek mit einem höheren Zinssatz als 5 Prozent belasten, kann sie der Ersteher vorzeitig kündigen.

Anstelle der Zwangsversteigerung kann der Gläubiger auch die **Zwangsverwaltung** wählen. Dies hat Sinn, wenn das Grundstück einen nicht allzu hohen Veräußerungswert hat, aber monatlich laufende Einnahmen abwirft (z. B. eine Ziegelei oder ein Mietshaus, das wegen seiner Baufälligkeit niemand kaufen will). Dann bestellt das Gericht einen Zwangsverwalter, der die Eingänge verwaltet, die Unkosten der Verwaltung einbehält und Überschüsse an den Gläubiger abführt. Da eine Zwangsversteigerung häufig zur Verschleuderung des Grundstücks führen kann, begünstigt das Gesetz die Zwangsverwaltung und bringt dies auch dadurch zum Ausdruck, daß man eine Zwangsversteigerung jederzeit in eine Zwangsverwaltung überführen kann. Das Recht des nunmehr die Zwangsverwaltung betreibenden Gläubigers richtet sich dann nach dem für die Zwangsversteigerung erworbenen Rang.

Zusammenfassende Betrachtung über Rechte an beweglichen Sachen

Bei den früher behandelten Fällen des „Kaufrechts" (vgl. S 36 f.) sind wir immer wieder auf die Übereignung **beweglicher** Sachen zu sprechen gekommen und haben schon einige Möglichkeiten behandelt, wie man das Eigentum an beweglichen Sachen erwirbt. Aus diesen Fällen war schon soviel zu entnehmen, daß Eigentumserwerb an beweglichen Sachen unkomplizierter, formloser und schneller vor sich geht als der Eigentumserwerb an Grundstücken. Und was für den Eigentumserwerb gilt, findet auch für den Erwerb sonstiger Rechte an beweglichen Sachen, insbesondere eines Pfandrechts, Anwendung. Auch ist die Zahl der dinglichen Rechte, die man an einer beweglichen Sache bestellen kann, bei weitem geringer als bei einem Grundstück. Erinnern wir uns der vielen Namen, denen wir im Liegenschaftsrecht begegneten: Hypothek, Reallast, Dienstbarkeit, Baurecht usw. An beweglichen Sachen kennen wir außer dem Eigentum nur noch den Nießbrauch und das Pfandrecht.

Was wir daher bei der Betrachtung des Eigentumserwerbs an der beweglichen Sache lernen, gilt auch mehr oder weniger für den Erwerb eines Pfandrechts an der beweglichen Sache und des Nießbrauchs daran, den es in der Praxis kaum gibt.

Wir wollen daher im nachstehenden den Geheimnissen des Eigentumserwerbs an beweglichen Sachen durch eine zusammenfassende Betrachtung auf die Spur kommen.

Beginnen wir mit folgendem Fall:

Die Studenten Fleißig und Flüchtig bewohnen ein gemeinsames Studierzimmer. Fleißig schuldet Flüchtig aus einem Kaufvertrag noch das Buch „Goethes Gedichte". Was muß Fleißig tun, damit er seinen Vertrag erfüllt? Er muß das Buch dem Flüchtig übergeben (§ 426 ABGB). Wie übereignet man nun ein Buch, eine bewegliche Sache?

Dies wird dadurch geschehen, daß Fleißig dem Flüchtig das Buch übergibt, so daß dieser jetzt die tatsächliche Herrschaft über das Buch ausübt. Es genügt nicht, daß Flüchtig einfach das Buch berührt oder zur Kenntnis nimmt, daß dieses Buch jetzt ihm gehören soll. Er muß es aus dem Herrschaftsbereich des Fleißig herauslösen und in den eigenen überführen, z. B. in seinen Koffer legen oder in sein Regal stellen.

Anstelle einer solchen tatsächlichen Übergabe kennt das Gesetz noch folgende andere Möglichkeiten einer Besitzverschaffung:

Nehmen wir an, daß ein Waldbesitzer einen Stapel Holz an einen Aufkäufer übergeben will, dann braucht er nicht mit dem Erwerber an den Ort und die Stelle zu gehen, wo das Holz lagert, um es dort zu übergeben. Hier genügt, daß der Waldbesitzer dem Erwerber sagt, wo das Holz gestapelt ist, und beide sich einig sind, daß von diesem Augenblick ab der Erwerber Eigentümer sein soll. Man nennt das eine „longa manu traditio". Sinnvoll übersetzt: eine Eigentumsübertragung langer Hand. Gewissermaßen muß man sich vorstellen, daß jede der Parteien einen immer länger werdenden Arm aus dem Fenster herausstößt, bis beide Hände den Holzstapel im Walde berühren und die Hand des Waldbesitzers diesen Stapel der Hand des Erwerbers zuschiebt. Das heißt also, wenn eine Sache irgendwo im Freien liegt, so daß man jederzeit an sie heran kann, braucht man den Besitz nicht durch eine reale Übergabshandlung zu übertragen, sondern sich nur einig zu sein, daß der Erwerber Herr der Sache sein soll.

Der Gegensatz zur „longa manu traditio" ist die „brevi manu traditio", die Übergabe kurzer Hand.

Stellen wir uns vor, daß Müller dem Meyer ein Buch geliehen hat, das diesem so gut gefällt, daß er es käuflich erwerben möchte. Wie geht nun die Übereignung des Buches vor sich? Hier braucht nicht etwa Meyer dem Müller das Buch zurückgeben, worauf dieser ihm das Buch zum Zweck der Übereignung übergibt; vielmehr bedarf es hier überhaupt keiner Übergabe des Buches mehr, weil Meyer ja schon im natürlichen Besitz des Buches ist. Gewissermaßen hält er bereits das Buch mit der Hand an sich, daher die Bezeichnung „brevi manu traditio", das heißt Übergabe kurzer Hand (§ 428 ABGB).

Man kann auch eine Übereignung dergestalt vornehmen, daß die Sache im Gewahrsam des Veräußerers bleibt. Nehmen wir an, daß Meyer eine Vase von Müller erwerben will, die dieser noch einen Monat in seinem Haus behalten möchte. Dann kann die reale Übergabe durch die Vereinbarung ersetzt werden, daß Müller die Vase noch einen Monat von Meyer als geliehen betrachten soll. Man nennt die Verabredung einer solchen Leihe oder Verwahrung die Vereinbarung eines Besitzkonstituts (§ 428 ABGB), weil die tatsächliche Übergabe durch ein übliches Rechtsverhältnis ersetzt ist, in dem man sich als Verwalter der Sache für einen anderen betrachtet (Besitzauftragung).

Schließlich gibt es auch noch folgende Möglichkeit der Übereignung einer beweglichen Sache: Müller hat sein Fahrrad an Trittschnell verliehen. Meyer will das Fahrrad käuflich erwerben und schließt einen Kaufvertrag mit Müller. Hier ist es zur Erfüllung des Kaufvertrages nicht notwendig, daß Müller sich das Fahrrad von Trittschnell herausgeben läßt und es dann an Meyer weitergibt. Es genügt vielmehr, daß Müller seinen Anspruch auf Herausgabe des Fahrrades, den er gegen Trittschnell hat, an Meyer abtritt (Besitzanweisung).

Eigentumserwerb vom Nichteigentümer

Karl Jedermann sieht bei einem Bekannten, Theo Großzügig, ein wertvolles Buch. Großzügig ist sofort bereit, das Exemplar unserem Karl käuflich zu überlassen. Karl bezahlt den Kaufpreis und nimmt das Buch mit. Bald stellt sich aber heraus, daß das Buch dem Sammler Sand gehört, der es Großzügig geliehen hatte.

Sand verlangt das Buch von Karl Jedermann heraus. Muß dieser dem Verlangen entsprechen?

Karl Jedermann kann das Buch behalten. § 367 ABGB sieht die Möglichkeit vor, daß man vom Nichteigentümer kraft Gutgläubigkeit Eigentum an der Sache eines Dritten erwerben kann.

Hier müssen folgende Voraussetzungen vorliegen: Zunächst muß Karl Jedermann das Buch **entgeltlich** erworben haben. Ferner müssen Großzügig und Karl Jedermann vereinbart haben, daß Karl Eigentümer des Buches werden soll.

Karl Jedermann muß hinsichtlich des Eigentums des Großzügig **gutgläubig** sein. Nicht mehr gutgläubig ist, wer weiß, daß der Veräußerer nicht Eigentümer ist. Hätte Karl beim Durchblättern des Buches ein Exlibris mit dem Namen des Sand gesehen, dann wäre sein guter Glaube ausgeschlossen. „Ex libris" heißt wörtlich: aus den Büchern; es kennzeichnet Sands Eigentum. Dann hätte Karl Jedermann Großzügig zur Rede stellen müssen, um Aufklärung zu erhalten.

Hier lagen solche Umstände nicht vor, weshalb man Karl keinen Vorwurf daraus machen kann, daß er Großzügig für den Eigentümer des Buches hielt.

Doch soll nur ein solcher Eigentümer riskieren müssen, das Eigentum durch den gutgläubigen Erwerb eines Dritten zu verlieren, der die Sache freiwillig aus seiner Hand gegeben hat. Denn durch dieses Aus-der-Hand-Geben erweckt er ja in anderen Personen den Glauben, daß die Sache nur demjenigen gehört, der sie jetzt in Händen hat.

Sand hat das Buch an Großzügig verliehen. Karl Jedermann konnte daher aufgrund seines guten Glaubens das Eigentum an dem Buch vom sogenannten **Vertrauensmann** erwerben. Er braucht es nicht an Sand herauszugeben.

Sand muß sich an Großzügig halten. Dieser ist ihm schadenersatzpflichtig wegen der Verletzung des Leihvertrages und der durch die Veruntreuung begangenen unerlaubten Handlung.

Eine ähnliche Regelung gilt auch noch für zwei andere Fälle. Hat Karl Jedermann ein Buch bei einer **öffentlichen Versteigerung** erworben, so hat er selbst dann Eigentum daran, wenn weder die Versteigerungsanstalt noch jener, der das Buch zur Versteigerung gab, Eigentümer des Buches waren. Das gleiche ist der Fall, wenn Karl Jedermann das Buch bei einem Buchhändler – das Gesetz spricht von einem „zu diesem Verkehre befugten Gewerbsmanne" – gekauft hat. Auch wenn der Buchhändler nicht Eigentümer war, könnte er doch Karl Jedermann durch den Kaufvertrag und die Übergabe des Buches Eigentum daran verschaffen.

Man spricht vom Eigentumserwerb „Macht Rechtens". Das Gesetz behandelt diese Fälle im § 367 ABGB. Etwas anders ist dieser gutgläubige Eigentumserwerb vom Nichteigentümer im Handelsrecht, und zwar im § 366 HGB, geregelt. Die für den Eigentumserwerb günstigeren Vorschriften des ABGB gelten jedenfalls.

Originärer Eigentumserwerb

In den vorangegangenen Kapiteln haben wir den Eigentumserwerb an beweglichen Sachen in solchen Fällen betrachtet, in denen der Eigentümer seine Rechtsstellung auf einen anderen zu übertragen sucht. Man stellt sich also gewissermaßen vor, daß die Eigentumsposition von dem bisherigen Eigentümer auf den neuen Eigentümer überspringt. Diese Art Eigentumserwerb nennt der Jurist derivativen oder **abgeleiteten** Eigentumserwerb. Es besteht aber nach unserem Recht auch die Möglichkeit, das Eigentum an einer Sache zu erwerben, ohne daß man es sich von einem Vorgänger übertragen läßt. Häufig ist ein solcher Vorgänger überhaupt nicht vorhanden, weil die Sache niemandem gehört. Einen solchen Erwerb ohne Ableitung von einem Rechtsvorgänger nennt man einen **ursprünglichen** oder originären Eigentumserwerb.

Bei unbeweglichen Sachen (Grundstücken, Grunddienstbarkeiten) spielt dies praktisch keine Rolle, da es kaum herrenlosen Grund und Boden geben wird. – Bei beweglichen Sachen hingegen ist der originäre Eigentumserwerb in seinen verschiedenen Spielarten durchaus bedeutungsvoll.

Maler Klecksel hat in seiner Sturm-und-Drang-Zeit ein Bild „Badende Venus" gemalt. Da ihm sein Kunstwerk nicht gefiel, warf er es in den Mistkübel des Hauses. Der Altpapiersammler Wahllos klaubte es aus der Abfalltonne heraus und ließ es bei sich zu Hause herumliegen.

Nach mehreren Jahren liest Wahllos in der Zeitung, daß Klecksel ein berühmter Künstler geworden ist. Er entsinnt sich der „Badenden Venus" und schickt das Bild zu einer Ausstellung.

Klecksel ist schockiert und fürchtet, daß sein Anfängerwerk seinen frischen Ruhm beeinträchtigt. Er betrachtet sich noch als Eigentümer des Bildes und verlangt dessen Herausgabe von Wahllos. Auch fordert er die sofortige Entfernung der „Badenden Venus" aus der Ausstellung.

Klecksel kann nicht Herausgabe des Bildes verlangen, da er nicht Eigentümer des Bildes ist; dies ist vielmehr Wahllos.

Als Klecksel sein Werk in den Abfalleimer warf, ging sein Eigentum daran unter, denn man kann diese Handlung nur dahin auslegen, daß er sein Eigentum an dem Bild aufgeben wollte.

Juristisch nennt man diese Handlung „derelinquieren". Gemäß § 362 ABGB verliert also ein Eigentümer das Eigentum an einer beweglichen Sache, wenn er den Besitz (die tatsächliche Herrschaft) an der Sache mit dem Willen aufgibt, das Eigentum daran untergehen zu lassen.

Eine solche herrenlose Sache kann sich jeder aneignen, soweit nicht das Aneignungsrecht dritter Personen entgegensteht. Infolgedessen ist es niemandem verwehrt, sich aus einem an der Straße oder im Hof stehenden Abfallbehälter etwas anzueignen.

Gemäß § 382 ist Wahllos Eigentümer der „Badenden Venus" geworden.

Klecksel kann auch nicht etwa die Eigentumsaufgabe wegen Irrtums anfechten, da er sich nicht über eine wesentliche Eigenschaft des Bildes geirrt hat. (Hiebei ist allerdings vieles umstritten.)

Wenn nun Klecksel zwar nicht das Bild wegen Verlustes seines Eigentums von Wahllos herausverlangen kann, so ist er trotzdem berechtigt, ihm das Ausstellen des Bildes zu untersagen. An und für sich kann ein jeder Eigentümer mit seiner Sache machen, was er will, also sie auch ausstellen, z. B. ein schönes Fohlen auf dem Pferdemarkt. Dies findet seine Grenze aber darin, daß man bei der Auswertung seines Eigentums nicht die Rechte Dritter verletzen darf.

Nach dem **Urheberrechtsgesetz** steht dem Urheber eines Kunstwerks allein das Recht zu, ein solches Werk zu verbreiten. Darunter fällt auch die Befugnis, das Bild anderen Personen durch Ausstellung zugänglich zu machen.

Dieses Recht geht dem Urheber auch dadurch nicht verloren, daß er das Bild einem anderen übereignet. Das Urheberrecht bleibt bei ihm. Bricht also der Eigentümer Wahllos durch das Ausstellen des Bildes in die weiterbestehende Urhebersphäre des Klecksel ein, so kann er auf Unterlassung eines solchen Verhaltens in Anspruch genommen werden. Dies ist notwendig, um Künstler vor mißbräuchlicher Verwertung ihres geistigen Eigentums zu schützen.

Das wilde Tier

Kurgast Murkel findet im Wald ein kleines Rehkitz. Er nimmt es mit nach Hause, um es großzuziehen.

Hier ist Murkel nicht Eigentümer geworden.

Zwar ist ein Rehkitz herrenlos, denn jedes wilde Tier ist so lange herrenlos, wie es sich in Freiheit befindet. Trotzdem kann Murkel an diesem Tier dadurch, daß er es in Besitz nimmt, kein Eigentum erwerben.

Denn hier steht dem allgemeinen Aneignungsrecht das Jagdrecht des jeweiligen Jagdberechtigten entgegen. Das Jagdrecht ist in den Jagdgesetzen der einzelnen Bundesländer geregelt.

Das **Jagdrecht** ist ein aus dem Eigentum an Grund und Boden fließendes Privatrecht. Die Landesgesetzgebung ist berechtigt, seine **Ausübung** zu regeln und hiebei Einschränkungen aus jagdwirtschaftlichen und jagdpolizeilichen Gründen, insbesondere hinsichtlich der Größe des Grundbesitzes, die den Eigentümer zur Ausübung der Jagd berechtigt, aufzustellen.

Die **Jagdkarten** werden von der zuständigen Bezirksverwaltungsbehörde als amtliche, mit einem Lichtbild versehene Ausweise für ein bestimmtes Gebiet (als Landesjagdkarten mit Gültigkeit für das ganze Land, als Bezirksjagdkarten mit Gültigkeit für den Bezirk, als Jagdgastkarten an die Jagdgäste des Ausübungsberechtigten) ausgestellt; sie dürfen nur an Personen ausgestellt werden, die einen gültigen Waffenpaß besitzen, eine **Jagdhaftpflichtversicherung** eingegangen sind und sich über ihre jagdliche Eignung durch Ablegung einer Prüfung ausgewiesen haben.

Aber auch wenn Kurgast Murkel – von dem wir vorhin im Zusammenhang mit dem Rehkitz berichteten – einen aus dem Nest gefallenen Kolkraben finden würde, dürfte er sich diesen nicht aneignen. Der Kolkrabe ist zwar kein jagdbares Tier, doch genießt er als seltener Vogel den Schutz des Gesetzes. – Durch das Gesetz sind seltene Tiere, aber auch seltene Pflanzen geschützt. (Bitte beachten Sie die Anschläge auf den Alpenbahnhöfen!)

Das Haustier

Der Gesetzgeber unterscheidet zwischen wilden Tieren, zahmen Tieren und gezähmten Tieren. Wilde Tiere sind jene, die in Freiheit leben oder durch Menschen in Gefangenschaft gehalten werden. Zahme Tiere sind Haustiere wie Hund, Katze, Rind, Pferd, Taube, Huhn; sie werden wie jede andere bewegliche Sache, die im Eigentum steht, behandelt. An ihnen verliert man sein Eigentum nur durch Dereliktion (Aufgabe). Anders dagegen bei gezähmten Tieren. Wer ein Reh, einen Raben oder ein anderes früher frei lebendes Tier gezähmt hat, verliert das Eigentum an diesem Tier, sobald es wieder in Freiheit gelangt ist und die Gewohnheit abgelegt hat, zu den Menschen zurückzukehren.

Der Gesetzgeber hat folgende Regelung in § 384 ABGB getroffen:

Häusliche Bienenschwärme und andere zahme oder zahm gemachte Tiere sind keine Gegenstände des freien Tierfanges, vielmehr hat der Eigentümer das Recht, sie auf fremdem Grund zu verfolgen; doch soll er dem Grundbesitzer den ihm etwa verursachten Schaden ersetzen. Im Falle, daß der Eigentümer des Mutterstockes den Schwarm durch **zwei Tage** nicht verfolgt hat oder daß ein zahm gemachtes Tier durch 42 Tage von selbst ausgeblieben ist, kann sie auf gemeinem Grund jedermann, auf dem seinigen der Grundeigentümer für sich nehmen und behalten.

Preisgegebene Sachen kann man sich aneignen

Nach herrschender juristischer Lehrmeinung ist es möglich, daß eine Sache **in niemandes Eigentum** steht: sie ist herrenlos oder freistehend. Hierher gehören in erster Linie Sachen, die sich nie jemand angeeignet hat; weiters Sachen, an denen das Eigentum aufgegeben worden ist. Der Eigentümer kann nämlich kraft seines Verfügungsrechtes die ihm gehörige Sache auch preisgeben (derelinquieren). Damit aber von einer **Preisgabe** gesprochen werden kann, müssen zwei Voraussetzungen gegeben sein:

1. der Wille, das Eigentum an der Sache aufzugeben, und
2. die tatsächliche Aufgabe des Besitzes.

Die Preisgabe ist demnach ein einseitiges **Rechtsgeschäft;** daher ist zu ihrer Wirksamkeit Handlungsfähigkeit erforderlich, weiters kann sie wegen Irrtums oder anderer Willensmängel (z. B. Zwang) angefochten werden. Der Dereliktionswille muß nicht ausdrücklich erklärt, er kann auch aus Umständen angenommen werden, z. B. wenn eine liegengebliebene Sache durch längere Zeit nicht abgeholt wird. Ob das schon ausreicht, hängt freilich von den Umständen des Falls ab.

Im Zweifel kann nicht vermutet werden, daß jemand sein Eigentum aufgeben wollte; es muß also die Absicht des Eigentümers, sich seiner Sache zu begeben, ausdrücklich (z. B. durch Auswerfen von Geldstücken bei Festlichkeiten) oder stillschweigend, das heißt durch solche Handlungen erklärt worden sein, die mit Überlegung aller Umstände keinen vernünftigen Grund, daran zu zweifeln, übriglassen. Dies ist jedoch keineswegs der Fall, wenn die Entäußerung im Fall der Not (z. B. auf der Flucht, während einer Feuers- oder Wassergefahr) oder durch Gewalt der Elemente (z. B. beim Stranden eines Schiffes) herbeigeführt wurde.

Das ABGB kennt keine **ursprünglich** herrenlosen Sachen. Wenn niemand anderem, gehören die Sachen dem Staat. Das gilt z. B. für unokkupiertes Land (unproduktives Gelände, namentlich in den Alpen). An ihm ist die Aneignung durch Private ausgeschlossen. **Preisgegebene** bewegliche Sachen dagegen sind herrenlos und deshalb Gegenstand der freien Aneignung durch Private, sei es durch irgend jemand, sei es durch besondere Aneignungsberechtigte (Jagdrecht, Bergrecht, Schatzfund usw.).

Auch Miteigentumsanteile können wohl preisgegeben werden, doch wird dies von manchen Rechtslehrern bestritten. Dann wächst der preisgegebene Anteil nicht den übrigen Miteigentümern zu, sondern wird herrenlos.

Andererseits sind Gegenstände, die an bestimmten Orten für den Gebrauch eines Personenkreises (z. B. Salzbehälter, Aschenschalen, Senfgläser u. dgl. in Gasthäusern für deren Gäste) bereitgestellt sind, nicht preisgegeben. Die Verwendung ist nur zu dem vom Eigentümer bestimmten Zweck gestattet; Mitnahme zur Bildung eines Vorrats wäre unerlaubt und strafbar.

Wem gehört der Mist?

Beim Müll oder Mist handelt es sich zumeist um Sachen geringsten Wertes, an denen das **Eigentum aufgegeben** worden ist. Wenn Müll oder Mist von handlungsfähigen Personen in die Coloniakübel bzw. Abfallkörbe befördert wird, so muß darin in der Regel die Absicht des Eigentümers erblickt werden, sich einer Sache zu entledigen. Diese Absicht wird **stillschweigend,** das heißt durch solche Handlungen erklärt, die mit Überlegung aller Umstände keinen vernünftigen Grund, daran zu zweifeln, übriglassen.

Preisgegebene bewegliche Sachen sind, wie wir schon erfahren haben, herrenlos und deshalb **Gegenstand der freien Aneignung** durch Private. Wer also Müll oder Mist aus Coloniakübeln bzw. Abfallkörben wieder entnimmt, macht zunächst nur vom Recht der freien Aneignung preisgegebener Sachen Gebrauch.

Anders steht es, sobald der Müll oder Mist in die Abfuhrwagen der Gemeinde **verladen** wird. Die heutige Rechtsprechung geht nämlich dahin: Der Mist in den Coloniakübeln gehört **nicht** der Gemeinde. Wohl aber ist die Gemeinde von dem Zeitpunkt, in dem sie durch ihren Abholdienst den Mist aus den Coloniakübeln auf ihre Wagen verlädt, bis zu dem Moment, in dem der Mist oder Müll planiert wird, dessen Eigentümer.

Beachte aber: Nach einigen Landesgesetzen (so z. B. in Wien) ist der Mist in den Coloniakübeln bereits im Eigentum der Gemeinde. Manche Landesgesetze (z. B. Oberösterreich, Tirol) verbieten das Durchsuchen von Müllsammelgefäßen.

Ist der Ablagerungsplatz Privatgrund und wird er nicht nur vom gemeindlichen Abfuhrdienst, sondern auch von privater Seite direkt zur Mistablage verwendet, so erscheint mangels Trennbarkeit ein strafrechtlich zu ahndender Diebstahl von „Gemeindemüll" **nicht** gegeben, wenn jemand „stiert" und Sachen bzw. Sachteile aus dem Mist wieder an sich nimmt. Das Gesagte bezieht sich – wohlgemerkt – nur auf die **strafrechtliche** Beurteilung. **Verwaltungs**vorschriften (Magistratskundmachungen) dagegen verbieten schon das Durchwühlen der Müllgefäße unter Androhung administrativer Unrechtsfolgen.

Eigentum durch feste Verbindung mit Grund und Boden

Der Grundstückseigentümer Leichtsinnig beschließt, auf seinem Grundstück zu bauen, obwohl er nicht die nötigen finanziellen Mittel dazu hat. Kurzerhand gibt er dem Bauunternehmer Damm den Auftrag, ein Einfamilienhaus auf Leichtsinnigs Grundstück zu errichten. Damm, der Leichtsinnig für zahlungsfähig hält, stellt den Bau halb fertig, ehe er merkt, daß die zögernden Zahlungen ein Zeichen finanzieller Schwäche sind. Er tritt schließlich vom Bauvertrag zurück und will das halbfertige Haus wieder einreißen, um die Baumaterialien an anderer Stelle zu verwenden.

Dieses Vorgehen von Baumeister Damm ist jedoch nicht gerechtfertigt.

Gemäß § 417 ABGB wird eine bewegliche Sache, die in ein fremdes Grundstück eingebaut ist, Eigentum des Grundstückseigentümers. Mit dem Einbau ging also Damms Eigentum unter. Er kann auch nicht etwa unter dem Gesichtspunkt einer ungerechtfertigten Bereicherung die eingebauten Materialien wieder herausverlangen.

Nach § 417 ABGB kann Damm lediglich eine **Vergütung** in Geld im Wert der eingebauten Materialien verlangen. Er ist also in einer außerordentlich ungünstigen Lage; wenn z. B. der Grundstückseigentümer in Konkurs geraten ist, dann muß er sich mit der Konkursquote abspeisen lassen. Da der Bauunternehmer auch kein gesetzliches Pfandrecht an dem Grundstück hat, auf dem seine Materialien eingebaut sind, muß er mitansehen, wie seine Werte anderen Gläubigern zugute kommen. Aus diesem Grunde sollte jeder Bauunternehmer, wenn er nicht von der Zahlungsfähigkeit seines Auftraggebers fest überzeugt ist, sich vor Baubeginn durch Eintragung einer Sicherungshypothek genügend decken.

Auch im folgenden Fall kommen die Bestimmungen von § 417 ABGB zur Anwendung: Der habgierige Parzelleneigentümer Bückrig stiehlt sich in wenigen Abenden von einem in der Nähe befindlichen Fabrikgelände das gesamte Baumaterial für ein kleines Haus zusammen. In emsiger Arbeit errichtet er dieses Haus. Nach Fertigstellung erfährt die Fabrikleitung von den Diebstählen und verlangt Abriß des Hauses und Herausgabe des Materials. Bückrig behauptet, er sei Eigentümer durch Einbau geworden und brauche die Fabrik höchstens in Geld zu entschädigen. – Bückrig hat recht. Bückrig muß allerdings, da er als **unredlicher** Bauführer zu behandeln ist, die verbauten Materialien nach dem **höchsten** Preis bezahlen und überdies noch allen **anderweitigen Schaden** ersetzen. Das kann ihn sehr teuer, wahrscheinlich teurer als der normale Materialkauf, kommen.

Eigentum durch Verarbeitung

Der Mechaniker Schnell baut in seiner Freizeit für Interessenten Motorräder aus alten Materialien zusammen; zum Teil stiehlt er diese. Auch bei den von ihm durchgeführten Reparaturen verwendet er Bestandteile aus alten Maschinen. Unter anderem baut er Herrn Sparsam anläßlich einer Reparatur eine Getriebekette ein, die er dem Kunden Öhlig gestohlen hat.

Öhlig verlangt von Sparsam Herausgabe der Kette.

Das Gesetz bestimmt in den §§ 414 ff. ABGB, daß man durch die Verarbeitung fremder Sachen noch keinen Anspruch auf das fremde Eigentum erhält. Können verarbeitete Sachen in ihren vorigen Stand zurückgebracht werden, so wird dem Eigentümer das Seinige zurückgestellt. Ist diese Zurückstellung nicht möglich, so kommt die Sache in das gemeinsame Eigentum beider Teile. Dem schuldlosen Teil steht nun das Wahlrecht zu, ob er die Sache behalten und dem anderen seinen Anteil ersetzen oder die ganze Sache dem anderen gegen dessen Ersatzleistung überlassen will.

Werden aber fremde Materialien nur zur Ausbesserung einer Sache verwendet, so fällt die fremde Materie dem Eigentümer der Hauptsache zu, und dieser ist verpflichtet, dem anderen den Wert der verbrauchten Materialien zu bezahlen.

Öhlig wird wohl lediglich Entschädigung durch Geld in Höhe des Wertes der Kette von Sparsam verlangen können.

Der „böse Nachbar"

Der Grundstückseigentümer Main lebt in einer kleinen Villa an einem See. Auf dem Nachbargrundstück läßt sich als Pächter ein Nacktkulturverein nieder. Main fühlt sich durch das Treiben der Vereinsmitglieder in seiner Stellung als Eigentümer des ihm gehörigen Grundstücks beeinträchtigt und klagt auf Abstellung des Nacktbadebetriebes.

Mains Klage hat keinerlei Aussicht auf Erfolg.

Der Eigentümer ist nach § 354 ABGB berechtigt, gegen jeden Störer seiner Eigentumssphäre vorzugehen, soweit er nicht aus besonderen Gründen diese Einwirkungen dulden muß. Störer ist aber nur derjenige, der irgendwie in die Eigentumssphäre hineinwirkt. Wer zum Beispiel eigenmächtig über fremden Grund und Boden geht, wer Müll auf dem Nachbargrundstück ablagert, wer Lautsprechermusik hinüberdröhnen läßt, der ist Störer fremden Eigentums.

Aber auch hier gibt es Grenzen. **Ortsüblichen** Lärm muß man dulden. Wer auf dem Land wohnt, muß frühes Krähen der Hähne, Wiehern der Pferde usw. in Kauf nehmen. In der Stadt muß man das Getöse der Baumaschinen, das Rattern der Autos und Motorräder hinnehmen. Dasselbe gilt für ortsübliche Gerüche. Wer in einem Fabriksviertel ansässig ist, muß mehr Lärm und schlechte Luft erdulden als die Bewohner eines Villenvorortes oder eines Kur- bzw. Klinikviertels.

Aber all diese Beeinträchtigungen durch Immissionen betreffen nur sogenannte **Imponderabilien,** das heißt Unwägbares, wie Geräusche, Hitze oder Gerüche. Man sagt: „Ein wenig Schall, Rauch oder Ruß ein jeder Nachbar dulden muß." Insoweit wird also das Eigentum an einem Grundstück durch die sogenannten „Nachbarrechte" eingeschränkt (§ 364 ABGB).

Dagegen braucht der Eigentümer die Einwirkung von „Ponderabilien", z. B. Steinsplitter, nicht zu dulden.

Die Besitzstörung und ihre Folgen

Nehmen wir an, Karl Jedermann hätte eine ebenerdige Wohnung als Mieter in Benützung genommen. Eines Tages bringt der Hauseigentümer Josef Tüchtig an der Außenseite des Hauses einen Schaukasten an. Karl Jedermann ist der Meinung, daß auch die Außenwand seiner Wohnung von ihm gemietet sei, und entfernt kurzerhand den Schaukasten.

Der Hauseigentümer ist über diese Eigenmächtigkeit empört und verlangt die Wiederherstellung des früheren Zustandes, also die Anbringung des Schaukastens durch Karl Jedermann. Karl Jedermann lehnt dies ab.

Der Hauseigentümer ist jedoch berechtigt, dieses Verlangen zu stellen.

Josef Tüchtig wurde durch Anbringung des Schaukastens Besitzer des Rechts, den Schaukasten an dieser Stelle zu halten. Hätte Karl Jedermann dagegen rechtliche Einwendungen, stünde es ihm frei, seine Rechtsansprüche im Klageweg gegen den

Hauseigentümer geltend zu machen. Er ist aber keineswegs berechtigt, eigenmächtig den Schaukasten zu entfernen (vgl. die Ausführungen über Innehabung, Besitz und Eigentum Seite 165 ff). Ohne auf die Rechtsfrage eingehen zu müssen, kann nunmehr Josef Tüchtig von Karl Jedermann mittels Klage Wiederherstellung des letzten Besitzstandes fordern. In diesem Verfahren wird nicht geprüft, ob Tüchtig oder Jedermann im Recht ist, sondern es wird lediglich festgestellt, wer Besitzer war. Karl Jedermann könnte der Klage nur entgegenhalten, daß sich Tüchtig den Besitz mit Gewalt, heimlich oder durch Mißbrauch einer Bittleihe verschafft hätte. Vermag Karl Jedermann dies zu beweisen, wird die Klage abgewiesen, ansonsten muß sie Erfolg haben.

Den Prozeß über eine solche Klage, die eine Besitzstörung zum Gegenstand hat, nennt man **Besitzstörungsverfahren.**

Die Klage muß binnen **30 Tagen,** von jenem Tag an gerechnet, an dem der Kläger von der Störung Kenntnis erlangte, bei Gericht anhängig gemacht werden. Zuständig ist hiefür das Bezirksgericht. Das Gericht soll derartige Verfahren mit besonderer Dringlichkeit erledigen. Als Beweismittel kann Josef Tüchtig Urkunden, Zeugen, eventuell Sachverständige anbieten und die Vornahme eines Augenscheines verlangen. Ebenso ist auch die Einvernahme der Parteien (PV) zulässig. Wenn es zur Abwendung einer Gefahr erforderlich ist, kann der Richter während des Verfahrens einstweilige Vorkehrungen anordnen.

Sobald der letzte Besitzstand festgestellt ist, hat das Gericht mit Beschluß zu entscheiden. Ein solcher Beschluß wird als **„Endbeschluß"** bezeichnet (§ 459 ZPO). Der Richter trifft hier lediglich eine einstweilige Entscheidung, für die der tatsächliche Besitzstand maßgebend ist. Er wird also in unserem Fall Karl Jedermann auftragen, den Schaukasten auf eigene Kosten wieder anzubringen. Die Frist für diese Wiederanbringung hat der Richter entsprechend der für die Arbeit erforderlichen Zeit zu bestimmen. Karl Jedermann könnte gegen den Endbeschluß, der ihn zur Wiederherstellung verpflichtet, einen **Rekurs** erheben. Bei der geschilderten Sachlage wird dieser Rekurs allerdings keinen Erfolg haben.

Der Endbeschluß hindert weder Karl Jedermann noch Josef Tüchtig, nunmehr in einem Zivilprozeß die **Rechtsfrage** entscheiden zu lassen, ob der Hauseigentümer berechtigt ist, an der Außenwand des Hauses einen Schaukasten anbringen zu lassen oder nicht, beziehungsweise ob sich der Mieter eine solche Anbringung gefallen lassen muß.

Der Funkenflug

An dem Grundstück des Schrebergärtners Luft führt eine Bahnlinie entlang. Die Dampflokomotiven werfen häufig Funken, die – besonders im Sommer – das Gartenhäuschen Lufts gefährden. Luft möchte erreichen, daß diese Gefahr beseitigt wird.

Er kann nicht die Einstellung des Betriebes verlangen.

Der Funkenflug könnte nur durch eine Einstellung des Dampfzugbetriebes abgestellt werden. Wollte man jedem Anrainer dieses Recht zusprechen, falls er durch den Funkenflug in seinem Eigentumsrecht verletzt wird, so liefe dies praktisch auf ein Erliegen des Dampfbetriebes hinaus. Hier muß der Eigentümer diese Einwirkungen auf sein Grundstück im Interesse aller an einem vernünftigen Verkehr ertragen.

Allerdings wird eine Aufopferung seiner Eigentümerstellung von ihm nicht entschädigungslos verlangt. Er kann einen **angemessenen Ersatz** für den ihm entstandenen Schadens verlangen (§ 364a ABGB).

Ähnlich liegt das Recht in solchen Fällen, wo im öffentlichen Interesse eine gefährliche Situation geschaffen wird und durch sie schließlich ein Schaden eintritt. Wenn die Munition auf einem staatlichen Munitionsplatz explodiert und dadurch in der Umgebung Häuser beschädigt werden, so können die Betroffenen Schadenersatz verlangen.

Die vorstehend behandelten Entschädigungsansprüche gegen den Fiskus sind vor jenem Gericht geltend zu machen, in dessen Sprengel die Finanzprokuratur ihren Sitz hat. Die Klage kann auch in jeder Landeshauptstadt eingebracht werden (Erleichterung für den Kläger).

Zur Vertretung des Bundes vor den Zivilgerichten ist die **Finanzprokuratur** in Wien berufen. Die Beamten dieser Behörde können als Rechtsanwälte des Staates bezeichnet werden. Da somit der Fiskus durch einen Rechtsanwalt vertreten ist, empfiehlt es sich, selbst auch einen Rechtsanwalt beizuziehen. Dieser wird auch klären, welche Behörde für den Bereich der geltend gemachten Schadenersatzansprüche zuständig ist, und sie in Klammer im Klagerubrum anführen. Unter dem „Rubrum" versteht man die nähere Bezeichnung der Person des Klägers und des Beklagten in der Klage, die früher mit roter Farbe (lat. „ruber" = rot) vorgenommen wurde.

Derartige Ansprüche sind allerdings nicht mit **Amtshaftungsansprüchen** zu verwechseln. Das Amtshaftungsgesetz sieht vor, daß die Gebietskörperschaften, wie der Bund, die Länder, die Gemeinden und noch einige andere juristische Personen, für jenen Schaden haften und Ersatz leisten müssen, den die als ihre Organe handelnden Personen in Ausübung ihrer Amtstätigkeit schuldhaft zugefügt haben.

Bricht wirklich eines Tages durch Funkenflug ein Brand aus, so wird die Eisenbahn für den gesamten Schaden aufzukommen haben, wobei zu beachten ist, daß die angegebenen Haftungshöchstbeträge für Sachschäden in unserem Fall vermutlich nicht gelten, da der Eisenbahnbetrieb für Schäden an **Liegenschaften uneingeschränkt** haften muß.

Der Baum an der Grenze

Knurrig und Ruppig haben aneinanderliegende Gärten. Karl Jedermann beobachtet von seinem angrenzenden Grundstück, wie die beiden sich immer mehr verfeinden, und muß dabei an das Sprichwort denken: „Es kann der Frömmste nicht in Frieden leben, wenn es dem bösen Nachbarn nicht gefällt."

In Ruppigs Garten, dicht an der Grenze, steht ein Apfelbaum, dessen Äste allmählich in Knurrigs Garten hineingewachsen sind und dessen Wurzeln gleichfalls die Gartengrenze überschritten haben.

Die Wurzeln kann Knurrig, soweit sie in sein Grundstück hineingewachsen sind, einfach abschneiden und sich aneignen (§ 422 ABGB). Die überhängenden Zweige kann er ebenso ohne weiteres abschneiden oder abreißen. Nicht aber ist Ruppig dazu verpflichtet. Es wird hier von einem **Überhangsrecht** gesprochen.

Nachbarrechte

An einem der überhängenden Zweige hängt ein Apfel. Obwohl dieser Apfel also in dem Luftraum von Knurrigs Garten hängt, steht er in Ruppigs Eigentum, solange er mit Ast und Baum verbunden ist. Fällt der Apfel ab und auf den Boden in Knurrigs Garten, so wird er dadurch noch nicht Knurrigs Eigentum. Ruppig kann die Herausgabe verlangen.

Fallen Früchte auf einen öffentlichen Weg, so bleiben sie ebenfalls Eigentum des Grundstückseigentümers, auf dessen Grundstück der Baum steht.

Das ABGB enthält noch eine Anzahl weiterer Bestimmungen, um die Interessen von Grundstücksnachbarn zu ordnen. So wird z. B. im § 421 ABGB bestimmt, wie die Rechtslage hinsichtlich eines sogenannten Grenzbaumes ist, also eines Baumes, der genau auf der Grenze wächst. Dann gebühren die Früchte den Nachbarn zu gleichen Teilen. Jeder Nachbar kann die Beseitigung des Baumes verlangen, und der gefällte Baum gebührt dann auch beiden zu gleichen Teilen. Lehnt jedoch ein Nachbar die Mitwirkung an der Beseitigung ab, so kann der andere Nachbar die Beseitigung nur auf eigene Kosten durchführen. Mit dieser Trennung erwirbt er dann Alleineigentum an dem Baum.

Über die Abgrenzung zwischen zwei Grundstücken trifft das Gesetz folgende Bestimmungen: Der Grundeigentümer ist verpflichtet, auf der **rechten Seite** seines Haupteinganges einen **Zaun** als Abgrenzung gegenüber dem Nachbarn zu errichten. Welcher Zaun rechts vom Haupteingang gelegen ist, beurteilt man danach, was rechts von einem gelegen ist, wenn man vor seinem Grundstück auf der Straße steht und zum Grundstück hinblickt. Droht der errichtete Zaun oder eine Grenzmauer zu verfallen, dann muß man sie wieder herrichten lassen, wenn sonst dem Nachbarn ein Schaden durch die Öffnung erwachsen könnte. Nach der Rechtsprechung des Obersten Gerichtshofes ist es hiebei gleichgültig, wer die Mauer oder den Zaun seinerzeit errichtet hat.

Kann nicht mehr festgestellt werden, wer die Abgrenzung zwischen den benachbarten Grundstücken errichtet hat, dann wird diese als gemeinschaftliches Eigentum behandelt. Jeder Teil kann die gemeinschaftliche Mauer auf seiner Seite nach Belieben benützen, doch darf er den Nachbarn weder gefährden noch behindern.

Auch landesrechtliche Vorschriften treffen noch manche Regelung für das Nachbarrecht. Hier kommen vor allem die **Bauordnungen** der einzelnen Länder in Betracht, in denen Bestimmungen enthalten sind, daß zwischen Gebäuden gewisse Mindestabstände eingehalten werden müssen (z. B. aus feuerpolizeilichen sowie aus hygienischen Gründen wegen des Luft- und Lichteinfalls). Ein befugter Baumeister muß über diese Bestimmungen informiert sein. Er weiß auch, an welche Behörden man sich vor Baubeginn zu wenden hat.

Daneben gibt es auch noch viele gewohnheitsrechtliche Bestimmungen, die das Eigentumsrecht beschränken können. So gilt vielerorts als sogenanntes **Wenderecht** die Befugnis eines Bauern beim Ackern, die vorgespannten Pferde auf das Nachbargrundstück übertreten zu lassen, damit die Pflugschar jeden Winkel des Ackers erfaßt. Das **Hammerschlags-** oder **Leiterrecht** sieht vor, daß man bei einem dicht an der Grundstücksgrenze stehenden Gebäude die Leiter schräg an die Hauswand lehnen darf, auch wenn man ihren Fuß dabei auf das Nachbargrundstück stellt. Wie sollten sonst wohl Ausbesserungen an einer solchen Außenwand vorgenommen werden können?

So sehen wir denn, daß das Eigentum kein schrankenloses Recht ist. Die Lebensinteressen der Mitmenschen – vor allem der Nachbarn von Grundstücken – verlangen, daß man sich bei der Nutzung seines Eigentums beschränkt.

Dies wird noch drastischer in folgendem Fall: Wenn eine Fabrikanlage **behördlich genehmigt** ist, so kann der Eigentümer des Nachbargrundstücks nicht auf Unterlassung störender Einwirkungen, z. B. übermäßiger Gerüche oder Rauchentwicklung, klagen. Falls diesen Störungen nicht durch besondere Anlagen begegnet werden kann, muß der Nachbar die Einwirkungen dulden, er kann allerdings für seine Nachteile Entschädigung in Geld verlangen (§ 364a ABGB).

Verpfändung als Sicherheit

Karl Jedermann benötigt Geld und will seine Briefmarkensammlung als Sicherstellung für ein Darlehen verpfänden. Er findet auch einen Bekannten, der bereit und in der Lage ist, ihm S 6000,– als Darlehen zu geben, und der die Briefmarkensammlung für wertvoll genug hält, um diesen Betrag zu sichern.

Der Geldgeber, Paul Novak, gibt also Karl Jedermann sechs Tausendschillingscheine hin und läßt sich von ihm versprechen, daß er dieselbe Summe nebst 8 Prozent Zinsen am 1. Dezember zurückerhalten wird. Karl Jedermann händigt ihm dabei die Briefmarkensammlung aus, und beide sind sich darüber einig, daß diese nun das Pfand für die Darlehensschuld von S 6000,– sein soll.

Das vorstehend Geschilderte genügt tatsächlich, um einen Darlehensvertrag und das dafür vorgesehene Pfandrecht an der Briefmarkensammlung wirksam zu begründen.

Für den Darlehensvertrag ist keine Form vorgesehen, es genügt also die mündliche Absprache über die Bedingungen und die Hingabe des Geldes.

Zur Bestellung des Pfandrechts für die Darlehensforderung an der Briefmarkensammlung ist gemäß § 451 ABGB erforderlich, daß Karl Jedermann dem Paul Novak die Briefmarkensammlung übergibt (das ist hier geschehen) und daß sich beide darüber einig geworden sind, daß Novak ein Pfandrecht für die Darlehensforderung an der übergebenen Briefmarkensammlung haben soll. Diese Voraussetzung ist auch gegeben.

Die Verpfändung der Briefmarkensammlung gleicht also sehr dem Vorgang bei der Übereignung einer beweglichen Sache, wo ebenfalls ein Titel und die Übergabe erforderlich sind.

Wir haben nun weiter vorne – als wir die Übereignung besprachen – gesehen, daß anstelle der Übergabe der Sache die Vereinbarung zwischen den Beteiligten treten kann, daß der Übereigner die Sache weiterhin in seinen Händen behält, und zwar aufgrund einer vereinbarten Verwahrung, Leihe, Miete usw. Ein solcher Ersatz für die Übergabe ist bei der Bestellung des Pfandrechts n i c h t möglich. Das Pfandrecht an beweglichen Sachen ist ein Faustpfandrecht, das heißt, der Gläubiger muß bei der Pfandrechtsbestellung das Pfandstück auch wirklich in seine unmittelbare Verfügungsgewalt bekommen. Hätte also in unserem Fall Karl Jedermann nach Empfang der S 6000,– auf die auf dem Tisch liegende Briefmarkensammlung gedeutet und gesagt: „Dies ist nunmehr Ihr Pfand" und Paul Novak sich damit zufriedengegeben, so wäre kein Pfandrecht entstanden. Wegen des Faustpfandprinzips können Kaufleute, die ihre Warenlager als Kreditunterlage verwenden wollen, diese Warenlager nicht verpfänden, denn dann müßten sie einzelne Stücke davon dem Geldgeber aushändigen.

Man kann auch ein Pfandrecht an einer beweglichen Sache nicht dadurch gewähren, daß man dem Gläubiger ein Mitverfügungsrecht einräumt. Es genügt also nicht, daß man dem Gläubiger den jederzeitigen Zutritt zu der Sache ermöglicht, wenn man selbst noch den Besitz behält. Nur wenn man die Form des **Tresorprinzips,** des Mitverschlusses wählt, genügt dies. Dann muß der Pfandbesteller die Sache so unter Verschluß setzen, daß er und der Pfandgläubiger nur gemeinsam, z. B. beim Tresor über zwei verschiedene Schlösser, an die Sache herankönnen.

Von dem Grundsatz, daß eine bewegliche Sache nur als Faustpfand verwendet werden kann, kennt das Recht einige wenige Durchbrechungen, z. B. im **Mastkreditgesetz** vom Jahre 1932. Bei Gewährung von Mastkrediten für Rindvieh hat der Bauer die Möglichkeit, sein Vieh als Kreditunterlage benützen zu können, ohne es aus der Hand geben zu müssen. Das verpfändete Vieh wird hier durch die Anbringung eines Brandzeichens als Pfändungszeichen gekennzeichnet. Die Veräußerung des Viehs kann nur dann erfolgen, wenn dieses Zeichen getilgt ist.

Wenn es nun auch – wie dargelegt – genügt, den Darlehensvertrag und die Pfandbestellung so formlos vorzunehmen, wie es Karl Jedermann und Paul Novak getan haben, so empfiehlt sich doch, zur Vermeidung späteren Streites anders vorzugehen. Novak läßt sich den auf der folgenden Seite oben wiedergegebenen Schuldschein ausstellen.

Nun übergibt Karl Jedermann die Briefmarkensammlung auch nicht so einfach wie ein billiges Buch, denn er will sich ja

Karl Jedermann
Opernring 72
1010 WIEN

Wien, den ...

SCHULDANERKENNTNIS

Ich erkenne hiermit an, von Herrn Paul Novak, Ländereiengasse 17, 1120 WIEN, ein Darlehen von

S 6000,— (in Worten sechstausend Schilling)

erhalten zu haben.

Das Darlehen ist mit 8% verzinslich und am 1. Dezember d. J. zurückzuzahlen.

Das Darlehen wird durch die Bestellung eines Pfandrechts an einer Altösterreich-Briefmarkensammlung (nach Schaubeck-Album, fast komplett) gesichert.

Karl Jedermann

schließlich auch dagegen sichern, daß irgendwelche der wertvollen Briefmarken verlorengehen, während das Album bei Novak ist. Selbst wenn Novak ehrlich ist, so besteht doch die Gefahr, daß dritte Personen Marken entwenden oder austauschen, was nachher nur schwer zu beweisen und aufzuklären wäre. Aus diesem Grund wird Jedermann die in seiner Gegenwart noch einmal von Novak durchgesehene Sammlung in dessen Beisein verpacken, versiegeln und sie ihm übergeben. Dann legt er dem Darlehensgeber folgenden Pfandschein zur Unterschrift vor.

Paul Novak
Ländereiengasse 17
1120 WIEN

Wien, den ...

PFANDSCHEIN

Ich habe heute von Herrn Karl Jedermann, Opernring 72, 1010 WIEN, als Pfand für ein von mir gewährtes Darlehen in Höhe von S 6000,— eine Altösterreich-Briefmarkensammlung in einem in meiner Gegenwart versiegelten Umschlag übergeben erhalten.

Paul Novak

Die Abfassung der beiden Schriftstücke bedeutet zwar einen kleinen Mehraufwand an Schreibarbeit, der sich aber für jeden der beiden Beteiligten unter Umständen später bezahlt machen kann. Die Wahrscheinlichkeit, daß aus dem Darlehen und dem damit verbundenen Pfandrecht ein Streit entsteht, ist durch den Austausch der beiden Schriftstücke wesentlich geringer geworden.

Nach einer Woche setzt eine Flaute am Briefmarkenmarkt ein. Gerade die Preise für Altösterreich-Marken gehen stark herunter. In einem solchen Fall ist Paul Novak berechtigt, von Karl Jedermann eine andere Sicherheit zu verlangen, und kann diesem die Rückgabe der verpfändeten Briefmarkensammlung anbieten.

Nehmen wir aber an, daß Paul Novak die Briefmarkensammlung behalten hat und der Fälligkeitstag des Darlehens herangekommen ist. Wenn Karl Jedermann zur Rückzahlung in der Lage ist, so wird er das Darlehen Zug um Zug gegen Rückgabe der Briefmarkensammlung zahlen. Damit wären dann die Rechtsbeziehungen zwischen den beiden erloschen.

Aber Karl Jedermann ist gerade in finanziell ungünstiger Lage und kann nicht zahlen. Dann ist Paul Novak berechtigt, seine Befriedigung aus dem Verkauf der Briefmarkensammlung zu suchen.

Er kann aber nicht einfach den versiegelten Umschlag aufreißen und die Briefmarkensammlung zum nächsten Händler tragen, sondern hat folgenden Weg einzuschlagen: Er muß ein Urteil gegen Karl Jedermann erwirken, in dem dieser als Beklagter für schuldig erkannt wird, den Darlehensbetrag an ihn zurückzuzahlen. Sodann kann Paul Novak gegen Karl Jedermann Exekution durch Pfändung beweglicher körperlicher Sachen einleiten und dabei den Antrag stellen, daß die bei ihm selbst befindliche Briefmarkensammlung in Exekution gezogen werde. Der Vollstrecker wird nun die bei Novak befindliche Briefmarkensammlung pfänden und zur Versteigerung bringen. Kommt es zur gerichtlichen Versteigerung, so darf diese nur derart durchgeführt werden, daß der Käufer den Kaufpreis sofort bar zu entrichten hat. Paul Novak könnte bei der Versteigerung als Bieter mit auftreten, nicht aber Karl Jedermann. Sollte Novak durch den Erlös aus der Sammlung keine volle Deckung erhalten, so kann er auch noch auf das übrige Vermögen seines Schuldners greifen.

Nehmen wir einmal an, Karl Jedermann wäre in der Zwischenzeit auf die Idee gekommen, die bei Paul Novak liegende Briefmarkensammlung zu veräußern. Er will sie einem Interessenten zeigen und schreibt deshalb an Paul Novak, dieser möge ihm doch für 24 Stunden die verpfändete Briefmarkensammlung schikken, damit er sie dem Interessenten zeigen könne. Dies soll Paul Novak auf keinen Fall tun. Gibt er nämlich freiwillig die Sache zurück, die er als Pfandstück in Händen hat – gleichgültig aus welchem Grunde –, so erlischt sein Pfandrecht. Dabei ist es unerheblich, ob Novak und Jedermann erwarten, daß das Pfandrecht trotzdem weiter bestehen soll, doch wäre ein ausdrücklicher **Vorbehalt** allenfalls möglich (§ 467 ABGB).

Schließlich wäre es auch noch denkbar, daß an einer Sache schon ein Pfandrecht besteht. Wenn Karl Jedermann z. B. nicht im eigenen Hause wohnt, sondern in einer Mietwohnung, dann unterliegt die in diese Wohnung eingebrachte Briefmarkensammlung dem gesetzlichen Pfandrecht des Vermieters. Nehmen wir nun an, daß Karl Jedermanns Hausherr von diesem Vermieterpfandrecht Gebrauch machen wollte, weil Karl Jedermann Mietzinsrückstände hat und die anderen eingebrachten Sachen Karl nicht gehören: das Vermieterpfandrecht ist erloschen, da sich die Briefmarkensammlung bei Paul Novak befindet, also aus Karl Jedermanns Wohnung entfernt wurde.

Verpfändung von fremdem Eigentum

Ein Freund Karl Jedermanns, der nicht ganz ehrliche Erich Zwinker, versteht es, mit Hilfe von Verpfändungen zahlreiche Darlehen aufzunehmen. Allerdings verpfändet er nicht seine eigenen Sachen, sondern die fremder Leute. Er kauft Radioapparate, Staubsauger und Fahrräder auf Raten, entrichtet die Angabe und verpfändet diese Gegenstände sofort an Bekannte, die ihm daraufhin bereitwilligst Geld geben. Wie es sich bei einer Pfandrechtsbestellung gehört, übergibt er ihnen die Sachen.

Da der feine Herr Zwinker die fällig werdenden Raten nicht bezahlt, so kommen die Geschäftsleute bald hinter seine Schliche. Sie ermitteln, wo sich die von ihnen gelieferten Geräte befinden, und verlangen von deren jetzigen Inhabern die Herausgabe. Dieses Verlangen ist nicht gerechtfertigt, da die Geldgeber gemäß § 456 ABGB kraft ihres guten Glaubens ein Pfandrecht an den Sachen erworben haben. Ebenso wie man von einem Nichteigentümer kraft guten Glaubens Eigentum erwerben kann (vgl. Seite 187), kann man auch ein Pfandrecht erwerben.

Das Sparkassenbuch

Auch Karl Jedermann hat eines Tages mit dem Pfandrecht zu tun. Ein Bekannter von ihm, Ludwig Karo, nimmt bei einem Freund, Alfred Pik, ein Darlehen von S 3000,– auf. Dieser hat sich jedoch zur Hingabe des Darlehens nur unter der Voraussetzung bereit erklärt, daß Karl Jedermann „irgendwie mit einspringe". Da Karl Jedermann nicht als Bürge auftreten will, wovor ihn schon sein Vater ein für allemal gewarnt hat, zieht er am Stammtisch sein Sparbuch aus der Tasche, auf dem gerade S 3000,– eingezahlt sind, und schiebt es Alfred Pik über den Tisch mit den Worten zu: „Dann nimm das hier als Pfand."

Als Karo am Fälligkeitstag die Darlehensschuld nicht zurückzahlen kann, will Pik aus dem Sparkassenbuch seine Befriedigung suchen. Nunmehr bestreitet Karl Jedermann auf einmal, daß überhaupt ein Pfandrecht entstanden sei

Es ist tatsächlich keines entstanden. Ein Sparkassenbuch kann man nämlich nicht nach den Regeln der Verpfändung einer beweglichen Sache verpfänden.

Der Substanzwert des Sparkassenbuches beträgt einige Groschen. Mit diesem Wert kann man nichts sichern. Was interessiert, ist die Geldforderung gegen die Sparkasse, die in dem Sparkassenbuch verbrieft ist. Es handelt sich hier also nicht darum, eine bewegliche Sache zu verpfänden, sondern um eine Geldforderung. Forderungen kann man aber nicht wie körperliche, bewegliche Sachen verpfänden. Man verpfändet sie so, wie man eine Forderung abtritt, nur daß man sich nicht dahin einigt, daß die Forderung übergehen soll, sondern daß an ihr ein Pfandrecht entsteht.

Die AKM (Gesellschaft der Autoren, Komponisten und Musikverleger)

Für Komponisten war es besonders schwierig, das zu erhalten, was ihnen aufgrund der Erfolge ihrer Musikstücke zusteht. Es mußte eine große Organisation aufgezogen werden, die darüber zu wachen hat, daß Komponist und Textdichter eines Musikstücks zu den ihnen zustehenden Honoraren kommen. Bei dieser Organisation handelt es sich um die AKM (Gesellschaft der Autoren, Komponisten und Musikverleger). Wie schon der Name dieser Gesellschaft sagt, vertritt sie außer den Interessen der Komponisten und Textautoren auch jene der Musikverleger.

Diese Gesellschaft zieht von allen Unterhaltungs- und Gaststättenbesitzern, bei denen ein Musikprogramm geboten wird, Gebühren ein, die je nach Größe und Umfang des Betriebes errechnet werden. Die Kapellen dieser Betriebe sind verpflichtet, eine Liste aller dargebotenen Musikstükke anzulegen und laufend zu führen. Dies wird so gehandhabt, daß der Kapellmeister monatlich an die AKM die Liste einreicht, in der er die Musikstücke anführt, die er im Laufe des Vormonats gespielt hat. Am Jahresende errechnet die AKM die Einnahmen und schüttet an Komponisten, Textdichter und Verleger jene Beträge aus, die ihnen im Hinblick auf die Häufigkeit der Aufführung des betreffenden Musikstückes zustehen. Auch der Rundfunk führt Tantiemen an die AKM ab. Das gleiche gilt für die Schallplattenindustrie.

Wenn nun aber Karl Jedermann Schallplatten kauft und diese anläßlich einer Geburtstagsfeier bei sich zu Hause in Gegenwart seiner Gäste abspielt, so ist er damit nicht abgabepflichtig geworden, weil es sich ja um keine öffentliche Aufführung eines Musikstücks handelt. Anders aber liegen die Dinge, wenn Karl Jedermanns Fußballklub einen Saal mietet, um dort ein Fest zu feiern. In diesem Falle müßten, wenn Schallplatten gespielt werden, Abgaben an die AKM gezahlt werden. Es kommt also ganz darauf an, ob die Veranstaltung in Privaträumen oder in einem öffentlichen Lokal durchgeführt wird. Es ist im übrigen auch nicht zulässig und kann Zahlungsverpflichtungen nach sich ziehen, wenn sich ein Liebhaberpianist in gehobener Stimmung an das Klavier eines Lokals setzt, um Schlager zu spielen. Er gibt nämlich dann Kompositionen in der Öffentlichkeit wieder, wodurch Ansprüche der Textdichter, Komponisten und Musikverleger entstehen, die von der AKM realisiert werden.

Die Gesellschaft beschäftigt auch Kontrollorgane, und es muß immer mit der Möglichkeit gerechnet werden, daß die AKM von solchen improvisierten Darbietungen Kenntnis erlangt. Der Lokalinhaber aber muß gewärtigen, daß er zur Bezahlung der Autorenhonorare und der Abgaben herangezogen wird.

Raum für Notizen
(Gesetzesänderungen, eigene Rechtsfälle, Terminkalender)

Karl Jedermann als Dienstnehmer

Arbeitsrecht und Arbeitsverträge

Über die **Bedeutung** des Arbeitsrechtes kann kein Zweifel bestehen, wenn man bedenkt, daß dieses Rechtsgebiet mit jenem Lebensverhältnis zu tun hat, das die materielle Existenzgrundlage des weitaus überwiegenden Teiles der Bevölkerung eines modernen Industriestaates bildet.

Das 26. Hauptstück des ABGB (§§ 1151 bis 1174) handelt von „Verträgen über Dienstleistungen“ und ist in seiner durch die III. Teilnovelle (1916) besorgten Fassung noch immer von grundlegender oder zumindest ergänzender Bedeutung. Als unmittelbar geltendes Recht kommt das ABGB für den sog. **freien Dienstvertrag** in Betracht (z. B. wenn ein Patient bei einem Arzt in Dauerbehandlung steht, ein Schüler fortlaufend Privatstunden erhält). Die Verträge über **Arbeitsleistungen** (als heutiger Oberbegriff) sind untereinander recht verschiedenartig, und die Materialien zur III. TN. zum ABGB bemühen sich vor allem, eine **Unterscheidung zwischen Dienst- und Werkvertrag** (siehe auch Seite 56 f.) vorzunehmen.

Für diese Unterscheidung ist der Gegensatz der **wirtschaftlichen Bedingungen** und **Zwecke** in folgenden Punkten charakteristisch:

1. Beim **Dienstvertrag:**
   a) dauerndes Verpflichtungsverhältnis zwischen Arbeitnehmer und Arbeitgeber;
   b) Arbeit unter der Leitung und Verfügung und
   c) mit den Arbeitsmitteln des Arbeitgebers;
   d) persönliche Arbeitspflicht und persönlicher Anspruch auf die Arbeit;
   e) Haftung des Arbeitnehmers für Diligenz, im übrigen aber
   f) Erfolg wie Mißerfolg auf Rechnung des Arbeitgebers; alles in allem genommen somit
   g) persönliche und wirtschaftliche Unterordnung des Arbeitnehmers in die Unternehmensorganisation des Arbeitgebers.
2. Beim **Werkvertrag** hingegen:
   a) Verpflichtung zu einer Leistung, deren Erfolg
   b) nach eigenem Plan zu bewerkstelligen und
   c) mit eigenen Mitteln, auch
   d) durch Gehilfen und Substituten, aber
   e) Haftung des Arbeitnehmers für Diligenz, im übrigen aber Mängel der Arbeit und
   f) Übernahme der Gefahr des Mißlingens; kurz
   g) das Geschäft eines selbständigen Unternehmens.

Projizieren wir diese Merkmale auf zwei konkrete, ebenfalls den Materialien entnommene **Beispiele,** so zeigt sich:

Beim Vertrag mit dem **Dienstmädchen**	Beim Vertrag mit dem **Baumeister**
Arbeit unter fremder Leitung und Verfügung	Arbeit nach eigenem Plan
mit fremden Arbeitsmitteln	mit eigenen Arbeitsmitteln
mit persönlicher Arbeitspflicht	mit Gehilfen und Substituten
Haftung für Sorgfalt, nicht für Erfolg	Haftung für Erfolg
organisatorische, persönliche, wirtschaftliche Abhängigkeit	organisatorische, persönliche, wirtschaftliche Unabhängigkeit
in fremder Organisation tätig	selbständiger Unternehmer
Dauerschuldverhältnis	Zielschuldverhältnis
Mithin liegt ein **Dienst- (Arbeits-)vertrag** vor.	Mithin liegt ein **Werkvertrag** vor.

Die Vorschriften des ABGB über den Dienstvertrag betreffen nur den **Einzelarbeitsvertrag.** Sie wurden aber für die wichtigsten Arbeitsverhältnisse durch zahlreiche **Sondergesetze** zurückgedrängt.

Die wesentlichsten Arbeiter- und Angestelltengesetze sind: Gewerbeordnung für gewerbliche Arbeiter und Lehrlinge; BergarbeiterG; AngestelltenG für Personen, die kaufmännische oder höhere nichtkaufmännische oder Kanzleidienste leisten; HandelsvertreterG; GehaltsklassenG für angestellte Apotheker; GutsangestelltenG; LandarbeitsG (BundesgrundsatzG) und Landeslandarbeitsordnungen; JournalistenG; SchauspielerG; Hausgehilfen- und Hausangestellten G; PrivatkraftwagenführerG; Hausbesorgergesetz, Heimarbeitsgesetz; Gesetz für Betragsbedienstete des Bundes; das öffentlich-rechtliche Dienstrecht der Beamten und Angestellten des Bundes und der Gebietskörperschaften sowie das Dienst-, Lohn- und Besoldungsrecht der Bundesbahn.

Außerdem schlossen seit der Zeit nach dem Ersten Weltkrieg die Gewerkschaften mit Unternehmern oder Unternehmerverbänden zahlreiche **Kollektiv- (Tarif-)verträge,** die die wesentlichen Bestimmungen des Arbeitsverhältnisses generell und mit zwingender Wirkung für die Einzelarbeitsverhältnisse festlegen. So entwickelte sich ein fortschrittliches kollektives Arbeitsrecht.

Heute stellt das Arbeitsrecht eine dem Mutterboden des ABGB entwachsende **selbständige Rechtsdisziplin** dar, die nicht nur dem Privatrecht, sondern auch dem öffentlichen Recht zuzuordnen ist. Eine **moderne Kodifikation** des gesamten Arbeitsrechtes wird in Österreich ausgearbeitet.

Der Dienstvertrag

Karl Jedermann liest in seiner Tageszeitung eine Anzeige, in der ein tüchtiger Verkäufer gesucht wird. In der Anzeige wird gebeten, **Bewerbungen** unter einem Kennwort an die Verwaltung der Zeitung zu richten. Interessenten für den Verkäuferposten werden aufgefordert, ihrem Bewerbungsschreiben einen Lebenslauf sowie Ausbildungs- und Verwendungsnachweise beizuschließen und Gehaltsansprüche bekanntzugeben.

Karl Jedermann sucht die erforderlichen Unterlagen zusammen und schreibt, da ihn die angebotene Stelle interessiert, folgende Bewerbung:

Karl Jedermann
Opernring 72
1010 WIEN

Kennwort: Textilien 8116

Wien, den 2. August ...

Unter Bezugnahme auf Ihre Anzeige in der heutigen Ausgabe der Zeitung ... erlaube ich mir, mich um die ausgeschriebene Stellung als Verkäufer zu bewerben.

Ich bin am 18. Februar 1960 als Sohn des Angestellten Otto Jedermann und seiner Frau Anna, geborene Reich, in Wien geboren. Kindheit und Jugend verbrachte ich im Elternhaus. Nach der vierklassigen Volksschule besuchte ich 6 Klassen AHS und trat im Alter von 17 Jahren als kaufmännischer Lehrling in die Dienste der Firma Zwirn & Faden. Nach Ablegung der Kaufmannsgehilfenprüfung wollte ich mich verändern und fand eine Anstellung im Warenhaus Preis & Wert, bei welchem Unternehmen ich mich noch heute in ungekündigter Stellung befinde. Hier hatte ich Gelegenheit, meine Kenntnisse auch über die Textilabteilung hinaus zu erweitern, da ich in den verschiedensten Abteilungen beschäftigt wurde.

Aus persönlichen Gründen möchte ich mich nun wieder verändern und bitte Sie — mit Rücksicht auf meine ungekündigte Anstellung —, dieses Bewerbungsschreiben vorerst vertraulich zu behandeln. Ich bin ledig, gesund und habe das Bestreben, jeden Arbeitsplatz voll auszufüllen. Für die Möglichkeit einer persönlichen Vorstellung wäre ich Ihnen dankbar.

Mit vorzüglicher Hochachtung

Karl Jedermann

3 Beilagen in Abschrift:
Jahreszeugnis der AHS
Verwendungszeugnis der Firma Zwirn & Faden
Zeugnis über Kaufmannsgehilfenprüfung

Etwa eine Woche, nachdem er dieses Bewerbungsschreiben abgesandt hat, erhält Karl Jedermann die folgende Antwort:

Franz Tuch Ges.m.b.H.
Kai 18 1032 Wien

Wien, den 10. August ...

Herrn
Karl Jedermann
Opernring 72
1010 WIEN

Sehr geehrter Herr Jedermann!

Wir haben Ihre Bewerbung vom 2. August d. J. erhalten und laden Sie ein, zwecks persönlicher Vorstellung am 14. d. M., 10 Uhr, bei uns vorzusprechen.

Hochachtungsvoll

Franz Tuch

Ges. m. b. H.

Jedermann kleidet sich sorgfältig an und erscheint am 14. August um 10 Uhr **pünktlich** bei der Firma Franz Tuch Ges. m. b. H., um sich dort vorzustellen. Als er im Vorzimmer des Firmenchefs etwas warten muß, ist er ein wenig aufgeregt; er weiß, daß von der bevorstehenden Aussprache viel für die Zukunft abhängt. Karl Jedermanns Aufregung legt sich aber bald, als er vor seinem zukünftigen Chef steht und dessen Fragen über Vorbildung, bisherige Tätigkeit und Familienverhältnisse in **kurzen Sätzen** beantwortet. – Die beiden werden sich einig. Karl Jedermann soll als Verkäufer und Expedient für die Franz Tuch Ges. m. b. H. tätig sein. Es wird auch besprochen, daß sich Karl an allen vorkommenden Arbeiten beteiligen wird, die das Geschäft mit sich bringt.

Für bestimmte Dienstnehmer bestehen Einstellungsverpflichtungen, so vor allem für Invalide (ausgewiesen mit Einstellungsschein beziehungsweise mit Gleichstellungsbescheinigung). Nach dem Invalideneinstellungsgesetz besteht für Personen, die als Kriegs- oder Arbeitsinvalide gelten oder diesen gleichgestellt sind, **Einstellungspflicht.** Die Dienstgeber haben auf je 25 Beschäftigte einen Invaliden oder Gleichgestellten einzustellen. Für verschiedene Branchen kann eine Einstellungspflicht schon ab 20 Dienstnehmern oder nur auf je 50 verordnet werden. Kommt ein Dienstgeber seiner Einstellungspflicht nicht nach, so hat er eine Ausgleichstaxe von monatlich S 600,– für jeden nicht eingestellten Begünstigten zu bezahlen. Personen, die als Invalide oder Gleichgestellte gelten, haben einen besonderen Schutz vor Auflösung des Dienstverhältnisses.

Die Erteilung einer **Beschäftigungsgenehmigung** ist Voraussetzung für einen ordnungsgemäßen Arbeitsvertrag zwischen einem inländischen Arbeitgeber und einem ausländischen Arbeitnehmer. Für gewisse ausländische Arbeitnehmer (z. B. aus der Bundesrepublik Deutschland oder der Schweiz) bestehen generelle Erleichterungen (Befreiungsschein).

Bei Abschluß eines Einzeldienstvertrages ist in vielen Punkten der einschlägige Kollektivvertrag maßgebend, der automatisch in den speziellen Dienstvertrag eingeht und dessen Inhalt (Arbeitszeit, Lohnhöhe, Fortzahlung des Entgelts im Verhinderungsfall, Auflösung des Dienstverhältnisses usw.) bestimmt. In unserem Fall kommt für das Dienstverhältnis Karl Jedermanns der **Kollektivvertrag für die Handelsangestellten** Österreichs, abgeschlossen zwischen der Bundeskammer der gewerblichen Wirtschaft, Sektion Handel, und der Gewerkschaft der Angestellten in der Privatwirtschaft, Sektion Handel, in der geltenden Fassung in Betracht. Räumlich gilt dieser Kollektivvertrag für das gesamte Bundesgebiet Österreichs, fachlich für sämtliche der Sektion Handel der Bundeskammer der gewerblichen Wirtschaft angehörenden Betriebe und persönlich für alle Angestellten und kaufmännischen Lehrlinge. Wäre der Dienstgeber Karl Jedermanns Inhaber eines Industrieunternehmens, so würde der **Kollektivvertrag für Angestellte der Industrie** anzuwenden sein; lohnrechtliche Vorschriften finden sich hier in für die Bereiche der einzelnen Industriesektionen eigens abgeschlossenen Kollektivverträgen.

Sobald ein Kollektivvertrag für die betreffende Branche vorliegt, ergibt sich der Inhalt der ihm unterworfenen Einzeldienstverhältnisse zunächst aus seinen Bestimmungen. Wesentlich ist dabei, daß die Kollektivvertragsbestimmungen durch Einzelvereinbarungen für den Dienstnehmer nie verschlechtert, wohl aber zu seinen Gunsten abgeändert werden können. Nur dort, wo weder Gesetze noch Kollektivvertragsbestimmungen in den Einzeldienstvertrag bestimmend eingreifen, sind freie Vereinbarungen möglich.

Für den Dienstnehmer ist es wichtig, daß er in die seiner Ausbildung und seinen Vordienstzeiten entsprechende Verwendungsgruppe des Kollektivvertrages eingestuft wird. Die Gehaltsordnung zum Kollektivvertrag der Handelsangestellten sieht neben einer Unterscheidung von Gehaltsgebieten eine Unterscheidung von Handelssparten vor. Innerhalb dieser Unterscheidung gibt es wieder verschiedene Beschäftigungsgruppen nach Vorbildung, tatsächlich ausgeübter Tätigkeit und Berufsjahren. Es ist deshalb von besonderer Wichtigkeit, Zeugnisse oder sonstige Unterlagen, mit denen Ausbildungsgang und Vordienstzeiten nachgewiesen werden, bereitzuhalten!

Sind die Bedingungen zwischen den Vertragsparteien abgesprochen, erfolgte die Einstufung des Dienstnehmers anhand seiner Unterlagen und der zukünftigen Verwendung kollektivvertragsgemäß und wurden endlich etwaige über den Kollektivvertrag hinausgehende, für den Arbeitnehmer günstigere Bestimmungen ausgemacht, empfiehlt es sich, dies alles schriftlich festzuhalten.

Die schriftliche Festlegung kann in Form eines sogenannten Dienstzettels geschehen, der einem Angestellten über Wunsch vom Dienstgeber auszustellen ist (§ 6 Abs. 3 Angestelltengesetz). Dieser **Dienstzettel** hat die wesentlichen Rechte und Pflichten des Angestellten zu enthalten. Ein Beispiel ist auf der folgenden Seite wiedergegeben.

Häufig werden die Vereinbarungen eines Dienstvertrages **brieflich** festgehalten. Meist schreibt der Dienstgeber dem Dienstnehmer einen Brief mit den einzelnen Punkten der Vereinbarung. Der Dienstnehmer bestätigt dann seinerseits die Annahme der Bedingungen ebenfalls brieflich.

Eine Sonderregelung enthält das Hausgehilfen- und Hausangestelltengesetz (BGBl Nr. 235/1962), das den Dienstgeber verpflichtet, die Rechte und Pflichten des von ihm aufgenommenen Hausgehilfen bzw. Hausangestellten bei Begründung des Dienstverhältnisses in einem **Dienstschein** festzuhalten. Im Gegensatz zum Dienstzettel ist der Dienstschein sowohl vom Dienstgeber als auch vom Dienstnehmer (bei Jugendlichen von deren gesetzlichem Vertreter) zu unterschreiben. Unterbleibt die Ausstellung, kann der Dienstnehmer beim Arbeitsgericht auf Ausfolgung des Dienstscheines klagen; außerdem wird der Dienstgeber straffällig.

Nach der Anstellung Karl Jedermanns als Verkäufer ergeben sich zwischen ihm und dem Geschäftsinhaber ständig Differenzen. Er ist der Meinung, daß der Arbeit-

Franz Tuch Ges.m.b.H.
Kai 18 · 1032 Wien

Wien, den 18. August . . .

DIENSTZETTEL

Herrn Karl Jedermann, Opernring 72, 1010 WIEN

Gebührenfrei gemäß § 35 Gebührengesetz und § 6 Angestelltengesetz.

Gemäß dem Kollektivvertrag für die Handelsangestellten Österreichs in der gegenwärtig geltenden Fassung werden Sie in die Beschäftigungsgruppe 3, 6. Berufsjahr, eingereiht, und zwar nach der Gehaltstafel für Textil-, Bekleidungs- und Schuhhandel für Wien.

Aufgrund Ihrer Angestelltendienstzeiten werden Ihre Praxisjahre ab 15. September 1977 gerechnet.

Ihr Monatsbruttogehalt beträgt S 8000,—.

keine Unterschrift

geber ihm zuviel Vorschriften mache, wie er sich bei seiner Tätigkeit zu verhalten habe, andererseits ihn häufig zu Überstunden heranziehe und ihm bei der Urlaubsgewährung Schwierigkeiten bereite.

Hier liegt eine unrichtige Auffassung vor. Der Umfang der Arbeitsleistung Karl Jedermanns ist im Rahmen des Dienstvertrages, soweit dieser nicht dem Kollektivvertrag oder zwingenden Rechtsvorschriften zuwiderläuft, vom Dienstgeber zu bestimmen. Soweit sich seine Anweisungen nicht als bloße Nörgelei darstellen, muß sie Karl Jedermann befolgen.

Gemäß § 27 Z. 4 AngG kann der Dienstgeber den Angestellten entlassen, wenn der Angestellte ohne einen rechtmäßigen Hinderungsgrund während einer den Umständen nach erheblichen Zeit die Dienstleistung unterläßt oder sich beharrlich weigert, seine Dienste zu leisten, oder sich den durch den Gegenstand der Dienstleistung gerechtfertigten Anordnungen des Dienstgebers zu fügen unterläßt.

Nach dem Arbeitszeitgesetz, BGBl Nr. 461/1969, beträgt die Tagesarbeitszeit acht Stunden, die Wochenarbeitszeit vierzig Stunden.

Für **Vor- und Abschlußarbeiten** ist eine Verlängerung der Arbeitszeit bis zum Höchstausmaß von zwei Stunden täglich möglich.

Für Männer sind bei einer Arbeitszeit von mehr als sechs Stunden mindestens eine halbstündige oder zwei viertelstündige Ruhepausen aufgrund der Arbeitszeitordnung zu gewähren. Für Frauen und Jugendliche sind Ruhepausen schon bei mehr als viereinhalb Stunden Arbeitszeit vorgesehen.

Frauen und Jugendliche dürfen grundsätzlich nicht zur Nachtzeit von 20 Uhr bis 6 Uhr beschäftigt werden. Für bestimmte Betriebssparten bestehen Ausnahmen.

Die Sonntagsruhe ist in dem den gewerberechtlichen Vorschriften zuzuzählenden Sonntagsruhegesetz festgelegt. Für Feiertage gilt das sogenannte Feiertagsruhegesetz. Gesetzliche Feiertage sind: 1. Jänner (Neujahr), 6. Jänner (Heilige Drei Könige), Ostermontag, 1. Mai (Staatsfeiertag), Christi Himmelfahrt, Pfingstmontag, Fronleichnam, 15. August (Maria Himmelfahrt), 26. Oktober (Nationalfeiertag), 1. November (Allerheiligen), 8. Dezember (Maria Empfängnis), 25. Dezember (Weihnachten), 26. Dezember (Stephanstag). Für Protestanten, Methodisten und Altkatholiken gilt der Karfreitag aufgrund des Gesetzes vom 18. November 1955, BGBl Nr. 228, als Feiertag. Für Israeliten ist der Versöhnungstag aufgrund vieler Kollektivverträge arbeitsfrei. Für die Lohnzahlung an gesetzlichen Feiertagen ist festzustellen, daß der Dienstnehmer durch die Feiertagsruhe keinen Verdienstausfall erleiden darf. Daher erhalten Empfänger von Wochenlöhnen oder Monatsgehältern ihre Bezüge ungekürzt ausbezahlt, während Arbeiter im Stundenlohn so viele Stundenlöhne ausbezahlt erhalten, als die Arbeitszeit an dem betreffenden Tag, wäre er ein Werktag gewesen, betragen hätte. Für ausnahmsweise an Feiertagen geleistete Arbeit erhält der Dienstnehmer zum ungekürzten Lohn außerdem einen Zuschlag in Höhe der auf den Feiertag entfallenden Bezüge.

Für Karl Jedermann als Handelsangestellten gilt, wie bereits oben ausgeführt wurde, der Kollektivvertrag für die Handelsangestellten Österreichs. In diesem Kollektivvertrag heißt es unter anderem: Eine geringfügige Überschreitung der Arbeitszeit bis zu 20 Minuten ist nicht besonders zu vergüten. Weiters heißt es, daß für Überstunden ein Zuschlag von 50 Prozent gebührt; für die ersten drei Überstunden nach dem oben erwähnten Generalkollektivvertrag allerdings eingeschränkt auf 25 Prozent. Der Zuschlag erhöht sich jedoch auf 100 Prozent, wenn die Überstunden in die Zeit von 20 bis 6 Uhr oder auf Sonn- und Feiertage fallen. Weiters enthält der genannte Kollektivvertrag genaue Bestimmungen über den Verfall und die Geltendmachung der Überstundenentlohnung. – Karl Jedermann wird sich den Kollektivvertrag, der auch sonst wichtige Bestimmungen sowie die Gehaltsordnung umfaßt, in einer Buchhandlung (allenfalls über die Fachgewerkschaft) besorgen.

Für die Beschäftigung von Kindern und Jugendlichen gilt in Österreich das Kinder- und Jugendlichenbeschäftigungsgesetz vom 1. Juli 1948. Als Kinder im Sinne dieses Gesetzes gelten Knaben und Mädchen bis zum vollendeten 15. Lebensjahr. Von vereinzelten Ausnahmen abgesehen, ist die Kinderarbeit verboten. Als Jugendliche gelten Personen, die das 18. Lebensjahr noch nicht vollendet haben beziehungsweise bis zur Beendigung eines Lehr- oder sonstigen mindestens einjährigen Ausbildungsverhältnisses, längstens jedoch bis zur Vollendung des 19. Lebensjahres. Der Betrieb hat über die beschäftigten Jugendlichen ein Verzeichnis zu führen. Die tägliche Arbeitszeit darf nach § 11 KJBG acht Stunden, die wöchentliche Arbeitszeit grundsätzlich 40 Stunden nicht überschreiten. Die Unterrichtszeit in einer Berufsschule, zu deren Besuch der Jugendliche etwa verpflichtet ist, wird auf die Dauer der Arbeitszeit angerechnet. Das Arbeitsinspektorat hat in vielen Fällen, so hinsichtlich erhöhter Ruhepausen, hinsichtlich etwaiger Arbeitszeitverlängerung usw., Bewilligungs- und Anordnungsbefugnisse. Das KJBG enthält im Anhang eine Aufzählung der Betriebe, in denen Jugendliche nicht beschäftigt werden dürfen, beziehungsweise der Arbeiten, die sie nicht ausführen dürfen. Es handelt sich dabei z. B. um Varietés, Tanzlokale, um den Ambulantenhandel, Starkstromwartung etc. In manchen Fällen wird in der Gruppe der Jugendlichen noch eine weitere arbeitsrechtliche Unterteilung im Hinblick auf das 16. Lebensjahr vorgenommen.

Karl Jedermann erkrankt während des Bestandes des Dienstverhältnisses und muß ärztliche Hilfe in Anspruch nehmen. Die Auslagen, die damit verbunden sind, belasten ihn jedoch nicht, da er als Dienstnehmer sozialversichert ist. Sein Dienstgeber war verpflichtet, ihn binnen drei Tagen bei der Krankenkasse mittels entsprechenden Formulares anzumelden und später jede Änderung des Arbeitsverdienstes dem Sozialversicherungsträger mitzuteilen. Aufgrund dieser Versicherungsanmeldung genießt Karl Jedermann **Kranken-, Unfall-, Arbeitslosen- und Pensionsversicherungsschutz.**

Würde sich Karl Jedermann eines Tages selbständig machen (vgl. Seite 215), wäre im Pensionsversicherungsschutz keine Unterbrechung gegeben, da seit dem 1. Jänner 1958 eine Pensionsversicherung für Selbständige besteht und nach den Vorschriften des GSPVG eine Zusammenrechnung aller bei Versicherungsträgern zurückgelegten Zeiten erfolgt.

Wenn Karl Jedermann während des Urlaubs erkrankt oder verunglückt, werden die auf Werktage entfallenden Tage der Erkrankung auf das Urlaubsausmaß **nicht angerechnet,** doch muß diesfalls die Erkrankung **länger als 3 Tage** dauern und darf weder vorsätzlich noch grob fahrlässig, noch durch eine dem Erholungszweck des Urlaubs widersprechende Erwerbstätigkeit herbeigeführt worden sein (BGBl Nr. 108/64).

Eine solche Erkrankung ist dem Dienstgeber unverzüglich mitzuteilen und durch ein ärztliches Zeugnis oder eine Bestätigung der zuständigen Krankenkasse nachzuweisen. Keinesfalls berechtigt die Erkrankung dazu, den Urlaub eigenmächtig zu verlängern. Der Verbrauch des Resturlaubs muß vielmehr mit dem Dienstgeber nach Rückkehr vom Urlaub oder Beendigung des Krankenstandes **neu vereinbart** werden. Erkrankungen im Ausland unterbrechen den Urlaub nur dann, wenn sich der Dienstnehmer länger als 3 Tage in stationärer Behandlung befunden hat.

Karl Jedermann hat als Angestellter nach § 8 Angestelltengesetz im Falle der Dienstverhinderung durch Krankheit oder Unglücksfall Anspruch auf Weiterzahlung des Gehalts für mindestens sechs Wochen volles Entgelt und vier Wochen halbes Entgelt. Dieser Anspruch steigt nach der Dauer des Dienstverhältnisses bis zu zwölf Wochen volles Entgelt und vier Wochen halbes Entgelt. Wäre Karl Jedermann Arbeiter, so würden sich im Falle einer durch Krankheit oder Unfall hervorgerufenen Dienstverhinderung seine Ansprüche auf das Krankenentgelt gegenüber dem Dienstgeber zunächst nach dem einschlägigen Kollektivvertrag richten. Bei Fehlen eines Kollektivvertrages käme § 1154b ABGB zur Anwendung. Danach hätte Karl Jedermann Anspruch auf das volle Entgelt für höchstens eine Woche.

Bei notwendiger Pflege eines kranken nahen Angehörigen hat der Dienstnehmer Anspruch auf **Pflegeurlaub** im Ausmaß von höchstens 6 Werktagen pro Jahr, wobei ihm für diese Zeit die Weiterzahlung des Gehalts garantiert ist und dieser **Pflegeurlaub** nicht auf den Erholungsurlaub angerechnet werden darf.

Wenn ein Sozialversicherungsträger einen Kuraufenthalt zahlt oder einen Kurmittelbeitrag leistet, hat der Dienstnehmer Anspruch auf Zusatzurlaub für die Dauer der Kur, höchstens jedoch 3 Wochen jährlich.

In der modernen Industriegesellschaft kommt dem **technischen Arbeitsschutz** große Bedeutung zu. Der Dienstgeber ist vor allem nach dem Arbeitnehmerschutzgesetz und der Arbeitnehmerschutzverordnung verpflichtet, zum Schutz des Lebens und der Gesundheit der Arbeiter die entsprechenden Vorkehrungen zu treffen und zu erhalten.

Infolge einer plötzlich eintretenden Konjunkturveränderung (Verschlechterung) kündigt der Geschäftsinhaber einigen Angestellten, darunter auch Karl Jedermann.

Nach dem Arbeitsverfassungsgesetz (§ 105) ist der Dienstgeber in Betrieben, in denen Betriebsräte gewählt sind, verpflichtet, eine beabsichtigte Kündigung vorher dem Betriebsrat mitzuteilen, ansonsten ist die Kündigung rechtsunwirksam. Wenn der Betriebsrat gegen die Kündigung Einspruch erhebt, kann diese zwar ausgesprochen werden, doch können Betriebsrat oder Dienstnehmer die Kündigung beim Einigungsamt anfechten. Eine solche Anfechtung ist möglich, wenn die Kündigung z. B. wegen gewerkschaftlicher Tätigkeit des Dienstnehmers oder wegen der Kandidatur für den Betriebsrat erfolgt. Dauert das Dienstverhältnis mindestens sechs Monate, kann eine Kündigung auch wegen sozialer Härte angefochten werden, wenn sie in den Betriebsverhältnissen nicht begründet ist. Die Kündigung ist rechtsunwirksam, wenn das Einigungsamt der Anfechtung stattgibt.

Die einzuhaltende Kündigungsfrist wird durch § 20 Angestelltengesetz geregelt und beträgt zwischen sechs Wochen und fünf Monaten. Arbeiter haben grundsätzlich eine 14tägige Kündigungsfrist, die jedoch einvernehmlich zwischen Dienstgeber und Dienstnehmer oder durch Kollektivvertrag abgeändert werden kann.

Da Karl Jedermann sieht, daß er es an seinem alten Arbeitsplatz nicht mehr recht weiterbringen wird, versucht er unter Verzicht auf eine etwaige Anfechtung der Kündigung zu einer **einvernehmlichen Auflösung des Dienstverhältnisses** zu kommen. Dies gelingt auch, und Karl Jedermann scheidet unter Empfang einer Abfertigung aus dem Dienstverhältnis. Angestellte haben nämlich gemäß § 23 Angestelltengesetz einen **Abfertigungsanspruch.** Dieser entsteht erst nach einer Tätigkeit von mindestens drei Jahren und beträgt dann das Zweifache des letzten Monatsentgelts. Die Abfertigung erhöht sich nach längerer Dienstzeit bis auf das Zwölffache des monatlichen Entgelts. Karl Jedermann bekommt auch von seinem Dienstgeber ein schriftliches **Zeugnis** über die Dauer und Art der Dienstleistung. Er hat darauf nach § 1163 ABGB und nach § 39 Angestelltengesetz Anspruch. Eintragungen und Anmerkungen im Zeugnis, durch die dem Dienstnehmer die Erlangung einer neuen Stellung erschwert wird, sind unzulässig. Der Dienstnehmer hat außerdem Anspruch auf eine Bestätigung, aus der Art und Dauer des Dienstverhältnisses, Höhe des Entgelts und Art der Lösung des Dienstverhältnisses ersichtlich sind; diese **Bestätigung** dient zur Vorlage beim Arbeitsamt (Formblatt).

Dienstzeugnisse sind stempelpflichtig. Bei nach Beendigung des Dienstverhältnisses ausgestellten Dienstzeugnissen hat die Kosten der Dienstgeber zu tragen.

Zeugnisse zählen wohl zu den wichtigsten Schriften im Rahmen des betrieblichen Schriftverkehrs. Gebührenpflichtige Zeugnisse sind Schriften, durch die persönliche Eigenschaften oder Fähigkeiten oder tatsächliche Umstände bekundet werden. Darunter versteht das Gesetz eine Erklärung (Bescheinigung, Bestätigung) über persönliche Eigenschaften oder Fähigkeiten oder tatsächliche Umstände, sofern aus dem Inhalt der Schrift hervorgeht, daß diese Erklärung dazu bestimmt ist, dem Ausstellungswerber einem von vornherein nicht begrenzten Kreis von Personen gegenüber zum Ausweis zu dienen oder einen Beweis zu erbringen.

Ein gebührenpflichtiges Zeugnis liegt daher nicht vor, wenn eine Erklärung (Bescheinigung, Bestätigung) über persönliche Eigenschaften oder Fähigkeiten oder tatsächliche Umstände an eine bestimmte, vom Ausstellungswerber verschiedene (physische oder juristische) Person adressiert (gerichtet) wird und sich aus der Adressierung im Zusammenhang mit dem sonstigen Inhalt der Schrift ergibt, daß es sich nur um eine an eine bestimmte Person gerichtete Mitteilung handelt. Das gleiche gilt auch dann, wenn eine derartige Erklärung (Bescheinigung, Bestätigung) auf ein Schreiben gesetzt wird, das von vornherein an eine bestimmte Person gerichtet ist.

Ebenso liegt kein gebührenpflichtiges Zeugnis, sondern eine gebührenfreie Mitteilung vor, wenn zwar eine Adressierung fehlt, aber aus dem Inhalt der Schrift hervorgeht, daß die darin enthaltene Erklärung (Bescheinigung, Bestätigung) über persönliche Eigenschaften oder Fähigkeiten oder tatsächliche Umstände an eine bestimmte physische oder juristische Person gerichtet ist.

Eine allgemeine Zweckangabe allein, zum Beispiel „Zum Zwecke der Geltendmachung eines Schadenersatzanspruches wird bestätigt . . .", schließt die Gebührenpflicht eines Zeugnisses jedoch grundsätzlich nicht aus. Es ist daher vor allem bei Gehaltsbestätigungen für bestimmte

Zwecke oder bei Krankmeldungen darauf zu achten, daß – soll die Gebührenpflicht vermieden werden – sie als Mitteilungen und nicht als Zeugnis abgefaßt werden!

Karl Jedermann findet sofort wieder Beschäftigung als Angestellter. Sein neuer Arbeitgeber überredet ihn, sich vorderhand mit einem geringeren Lohn als dem kollektivvertraglichen Tarif zufriedenzugeben. Er vertröstet ihn auf eine baldige Gehaltsaufbesserung. Eine solche Vereinbarung ist aufgrund des Kollektivvertragsgesetzes ungültig, und Karl Jedermann kann jederzeit den vollen tarifmäßigen Lohn beim zuständigen Arbeitsgericht einklagen.

Für erwachsene Dienstnehmer besteht in Österreich ein **gesetzlicher** Mindesturlaubsanspruch von 24 Werktagen, der bei Angestellten gemäß § 17 Angestelltengesetz bis auf 30 Werktage (ab dem 20. Dienstjahr) steigt.

Nach dem **Arbeitsverfassungsgesetz** ist in jedem Betrieb mit mindestens 5 (fünf) Dienstnehmern ein **Betriebsrat** zu wählen, wobei die Zahl der Betriebsräte mit der Zahl der Beschäftigten steigt. Bei Betrieben mit 51 bis 100 Dienstnehmern beispielsweise besteht der Betriebsrat aus vier Mitgliedern.

Der **Betriebsrat** hat die dienstrechtlichen, sozialen, wirtschaftlichen und sittlichen **Interessen der Dienstnehmer zu schützen,** auf die Einhaltung der diesbezüglichen Vorschriften zu achten und diese notfalls dem Dienstgeber gegenüber durchzusetzen. Die Betriebsratsmitglieder werden durch unmittelbare **geheime Wahl für die Dauer von drei Jahren,** getrennt für Arbeiter und Angestellte, gewählt. Sie genießen **Kündigungs- und Entlassungsschutz,** weil dies für die Durchführung ihrer Aufgaben zur Unabhängigkeit vom Dienstgeber notwendig ist.

Raum für Notizen

(Gesetzesänderungen, eigene Rechtsfälle, Terminkalender)

Raum für Notizen

(Gesetzesänderungen, eigene Rechtsfälle, Terminkalender)

Karl Jedermann als Geschäftsmann

Das Unternehmen

Wir sahen bei der Betrachtung des bisherigen Lebens der Familie Jedermann durch die Brille der rechtlichen Beurteilung die typischen Lebensereignisse, die an uns herantreten. Wir boten auch Rezepte, nach denen man sich das Alltagsleben gestalten muß, um nicht mit den Gesetzen in Konflikt zu kommen.

Wir haben dabei jedoch dem Erwerbsleben der Mitglieder der Familie Jedermann, soweit es sich um selbständige Erwerbstätigkeit handelt, noch nicht die nötige Beachtung geschenkt. Gerade hier wirken sich jedoch Fehler besonders schwer aus, weil sie zu wirtschaftlicher Schädigung führen können. Da fast alle selbständigen Berufe in unserer Rechtsordnung Sonderregelungen genießen, ist hier rechtliche Kenntnis von besonderer Bedeutung.

Für Ärzte, Rechtsanwälte, Wirtschaftstreuhänder und eine ganze Reihe anderer freiberuflicher Tätigkeiten sehen gesetzliche Bestimmungen zum Teil langwierige Ausbildung vor, um den Angehörigen dieser Berufe das nötige Spezialwissen zu vermitteln. Auch für den Gewerbetreibenden ist in fast allen Fällen die Erbringung eines **Befähigungsnachweises** aufgrund der **Gewerbeordnung** 1973 (BGBl Nr. 50 aus 1974) vorgesehen. Die österreichische Gewerbeordnung kennt nur eine relative Gewerbefreiheit. Es wird dabei zwischen vier Gruppen von Gewerben unterschieden:

1. Freie Gewerbe, die keinen Befähigungsnachweis für ihren Antritt erfordern: dazu gehören heute jedoch nur noch sehr wenige Gewerbe, wie z. B. Schreib- und Anzeigenbüros, kunststofferzeugende und -verarbeitende Betriebe, Plakatierungsanstalten, Holzzerkleinerer, Maronibrater.

2. Gebundene Gewerbe, für die die Erbringung eines großen bzw. kleinen Befähigungsnachweises erforderlich ist: großer Befähigungsnachweis (kaufmännische Lehrzeit, Kaufmannsgehilfenprüfung und mehrjährige Verwendung) für Textil-, Metall-, Kolonial-, Material- oder Gemischtwarenhandel; kleiner Befähigungsnachweis (mehrjährige Verwendung ohne Gehilfenprüfung) für verschiedene Gewerbe, die nicht eine handwerkliche Meisterprüfung erfordern, z. B. Krawattenerzeuger, Destillateure, Gemüsekonservierer.

3. Handwerksmäßige Gewerbe, zu deren Antritt Lehrzeit, Gesellenprüfung, Gesellenzeit und Meisterprüfung erforderlich ist, z. B. Bäcker, Buchbinder, Friseure, Schneider, Schuster, Tischler usw.

4. Konzessionierte Gewerbe, die mit oder ohne Befähigungsnachweis einer besonderen behördlichen Bewilligung (Konzession) bedürfen. Beim Rauchfangkehrer und beim Bestatter muß auch der wirtschaftliche Bedarf gegeben sein. Zu den konzessionierten Gewerben zählen unter anderem: Druckereien, Installation, Baumeister, Antiquitätenhandel, Gastgewerbe usw.

Zur Führung **fabriksmäßiger** Betriebe bedarf es nur der allgemeinen Voraussetzungen für den Gewerbebetrieb, nicht aber eines Befähigungsnachweises. Im Zweifel entscheidet über die Fabriksmäßigkeit eines Gewerbetriebes der **Landeshauptmann.** Als wesentliche Merkmale für ein fabriksmäßig betriebenes Unternehmen gelten: Beschränkung der Tätigkeit des Betriebsinhabers auf kommerzielles Gebiet, Produktionsplanung, Arbeitsteilung, überwiegende Verwendung von Maschinen und Beschäftigte in größerer Anzahl. Es ist also hier nicht der Gegenstand des Gewerbes, sondern die Form der Ausübung entscheidend.

Für den Kaufmann ist neben der Gewerbeordnung auch das **Handelsgesetzbuch** von besonderer Bedeutung. Es stammt aus dem Jahre 1897, wurde als deutsche Rechtsvorschrift in Österreich 1938 eingeführt und gilt als österreichisches Recht vorläufig weiter. Einige Bestimmungen daraus sollen im folgenden dargestellt werden.

Karl Jedermann hat seinerzeit die Handelsschule besucht und später die Kaufmannsgehilfenprüfung (vgl. Seite 205 und 215) abgelegt. Er war auch einige Jahre in einer Textilfirma als kaufmännischer Angestellter tätig und hat bei seinem Chef manches gelernt. Deshalb faßt er den Mut, sich als selbständiger Kaufmann zu betätigen. Da in Österreich der Antritt des Handelsgewerbes in diesem Fall an den großen Befähigungsnachweis gebunden ist, wird Karl Jedermann vorerst seine Zeugnisse hinsichtlich Schule (Lehrzeit), Kaufmannsgehilfenprüfung und Gehilfenzeit heraussuchen. Ein Gutachten über die Erbringung des Befähigungsnachweises gibt die zuständige (Landes-)Kammer der gewerblichen Wirtschaft über Verlangen der Gewerbebehörde ab. Als geeignetes Lokal findet Karl Jedermann in der Stoffstraße 20 in Wien zwei Parterreräume. Er schließt hierüber einen Mietvertrag auf unbestimmte Zeit mit dem Hausherrn Xaver Huber ab. (über Mietverträge vgl. Seite 19 ff). Dann schaltet er in eine vielgelesene Tageszeitung eine Anzeige ein, wonach er einen Handelsgehilfen mit nicht zu hohen Gehaltsansprüchen und ein Lehrmädchen sucht.

Karl Jedermann begibt sich auch zum magistratischen Bezirksamt für den Bezirk, in dem seine neuen Geschäftslokalitäten liegen. Wäre es nicht in Wien, so ginge er zur zuständigen Bezirkshauptmannschaft oder zum Magistrat seiner Heimatstadt, wenn diese eine Stadt mit eigenem Statut ist (Eisenstadt, Graz, Innsbruck, Klagenfurt, Krems, Linz, Rust, Salzburg, St. Pölten, Steyr, Villach, Waidhofen an der Ybbs, Wiener Neustadt). Dort nimmt er die Gewerbeanmeldung vor und gibt zu diesem Zweck folgendes Schreiben ab, wie auf der nächsten Seite wiedergegeben.

Wer ein Gewerbe anmeldet, muß Mitglied der Kammer der gewerblichen Wirtschaft sein (Zwangsmitgliedschaft). Die **Kammer der gewerblichen Wirtschaft** ist bundesländerweise organisiert. Wenn Karl Jedermann seinen Betrieb in Wien führt, muß er Mitglied der Kammer der gewerblichen Wirtschaft für Wien sein. Da sein Unternehmen den Handel mit Textilien zum Gegenstand hat, gehört Karl Jedermann der Sektion Handel an.

Neben der Sektion Handel bestehen die Sektionen: Gewerbe, Industrie, Geld-, Kredit- und Versicherungswesen und die Sektion Fremdenverkehr. Den (Landes-)Kammern der gewerblichen Wirtschaft ist jeweils ein **Wirtschaftsförderungsinstitut** angeschlossen. Diesem obliegt unter anderem die Aus- und Weiterbildung der Angehörigen der verschiedenen Berufsstände. — Angelegenheiten der gewerblichen Wirtschaft auf Bundesebene werden von der Bundeskammer der gewerblichen Wirtschaft in Wien wahrgenommen.

Karl Jedermann hat vor Anmeldung seines Gewerbes bei der Kammer der gewerblichen Wirtschaft die Einverleibungsgebühr bezahlt, wodurch er Mitglied der Kammer wurde. Den Nachweis über den

Karl Jedermann
Stoffstraße 20
1200 Wien

Wien, den 15. Dezember 19 . . .

An das
Magistratische Bezirksamt für den . . . Bezirk
Wien . . .

Betrifft: Gewerbeanmeldung

Ich melde hiemit das Gewerbe „Handel mit Textilien aller Art" mit dem Standort in 1200 Wien, Stoffstraße 20, an.

Den zur Ausübung des oben bezeichneten Gewerbes notwendigen großen Befähigungsnachweis erbringe ich durch Vorlage folgender Zeugnisse:

Abschlußzeugnis der Handelsschule in Graz
Kaufmannsgehilfenbrief vom . . .
Dienstzeugnis der Firma Tuch Ges. m. b. H., Wien

Als Beleg über Alter und Staatsbürgerschaft überreiche ich anbei Taufschein und Staatsbürgerschaftsnachweis in beglaubigten Abschriften.

Eine Bestätigung der Kammer der gewerblichen Wirtschaft für Wien über den Erlag der Einverleibungsgebühr schließe ich ebenfalls bei.

Karl Jedermann

Erlag der Einverleibungsgebühr mußte er bei der Gewerbeanmeldung erbringen, da dies eine Voraussetzung für die Ausstellung eines Gewerbescheins ist. – Zur Deckung ihres Aufwands heben die Kammern von ihren Mitgliedern eine jährliche Kammerumlage ein. Den Pensionsversicherungsbeitrag hebt seit Inkrafttreten des GSPVG die „Pensionsversicherung der gewerblichen Wirtschaft" in Wien ein.

Gleichzeitig mit der Aufnahme des Gewerbebetriebes muß Karl Jedermann dem zuständigen Betriebsfinanzamt mitteilen, an welchem Tag er seinen Betrieb aufgenommen hat. Aufgrund dieser Anzeige wird ihm eine Steuernummer erteilt. In Erledigung dieser Mitteilung und dieses Ersuchens erhält er vom Finanzamt einen Fragebogen. In diesem Fragebogen ist vor allem die Frage nach dem G e w e r -

bekapital und dem voraussichtlichen Gewerbeertrag wichtig. Aufgrund der Angaben Karl Jedermanns in diesem Fragebogen wird das Finanzamt die entsprechenden Vorauszahlungen an Einkommensteuer und Gewerbesteuer festsetzen.

Die Gewerbesteuer wird erst von dem der Betriebsaufnahme folgenden Monatsersten an erhoben. Bei ihr ist zu beachten, daß für die Berechnung der Gewerbesteuer jener Tag maßgebend ist, an dem die Betriebsaufnahme erfolgte. Zum Unterschied von der Einkommensteuer wird bei der Gewerbesteuer ein Teiljahr auf ein ganzes umgerechnet. Der Gewerbetreibende hat demnach ein Interesse, den Betriebsbeginn dem Finanzamt schon mit Beginn der Vorbereitungsarbeiten zu melden. Folgendes Beispiel soll dies erläutern:

Nehmen wir an, Karl Jedermann hat seinen Betrieb am 5. Juli eines Jahres angemeldet, jedoch schon seit Jahresbeginn Vorbereitungsarbeiten geleistet. Bis zum Jahresende erzielt er einen Gewinn von S 30.000,–. Das Finanzamt rechnet diesen Gewinn auf einen Jahresgewinn von S 60.000,– um und erhebt die Gewerbesteuer in der Höhe von fünf Zwölfteln der Jahressteuer. Hätte Karl Jedermann seinen Betrieb schon bei Jahresbeginn angemeldet – was durchaus möglich gewesen wäre, weil er ja schon von diesem Zeitpunkt an Vorbereitungsarbeiten geleistet hat –, so hätte die Gewerbesteuer für dieses erste Jahr nur etwa die Hälfte betragen.

Über die Pflicht zur Zahlung der Umsatzsteuer vgl. Seite 568 f.

Auf die Anzeige in der Tageszeitung haben sich einige Bewerber gemeldet, und zwar sowohl für den Posten eines Handelsgehilfen als auch für die Lehrstelle. Karl Jedermann schließt mit zweien von ihnen die entsprechenden Dienstverträge aufgrund der geltenden Kollektivvertragsbestimmungen ab (vgl. Seite 207). Von einer Tischlerei läßt er sich Wandregale machen und kauft in einem Büroeinrichtungsgeschäft Tische und Verkaufspulte gegen Ratenzahlung, dazu eine Schreibmaschine.

Zum Ankauf des nötigen Warenlagers nimmt er Kredite auf, die er mit Zustimmung seiner Frau durch Hypotheken an den ihm und seiner Frau gemeinsam gehörenden Grundstücken sichert (vgl. Seiten 293 und 298).

Ein großzügiger Textilfabrikant liefert ihm, allerdings unter Eigentumsvorbehalt, Waren auf Kredit. Schließlich inseriert Karl Jedermann in einem Fachblatt und in einer Tageszeitung.

NEUERÖFFNUNG

Textilien für jedermann bei

Karl Jedermann

Stoffstraße 20, 1200 Wien

Neueröffnungspreise!

Auch versendet er an Bekannte und Freunde effektvolle Geschäftskarten, die er in einer guten Druckerei herstellen ließ und die neben Namen und Anschrift den Geschäftszweig sowie Angaben über Telefon, Postscheck- und Bankkonto etc. enthalten.

Technisch und wirtschaftlich hat also Jedermann, wie man sieht, alles gut vorbereitet. Aber auch rechtlich hat er bereits durch ordnungsgemäße Erledigung der Gewerbeanmeldung, durch die Mitteilung an das Finanzamt und durch korrekten Abschluß der Miet-, Dienst- und Kreditverträge sein möglichstes getan. Da Karl Jedermann, wie wir oben gesehen haben, aber nicht nur der Gewerbeordnung und den allgemeinen rechtlichen Bestimmungen unterliegt, sondern für ihn als **Kaufmann** das Handelsgesetzbuch gilt, hat er noch einiges mehr zu bedenken.

Kaufmann ist, wer ein Handelsgewerbe betreibt. Nach § 1 Abs. 2 Z. 1 HGB gilt als Handelsgewerbe jeder Gewerbebetrieb, der die Anschaffung und Weiterveräußerung von beweglichen Sachen (Waren) oder Wertpapieren zum Gegenstand hat, ohne Unterschied, ob die Waren unverändert oder nach einer Bearbeitung oder Verarbeitung weiterveräußert werden.

Karl Jedermann will Stoffe von Fabriken beziehen und an Wiederverkäufer oder Verbraucher weiterveräußern.

Der An- und Verkauf von Waren ist der Typenfall kaufmännischer Tätigkeit, nimmt doch das Wort **Kauf**mann geradezu auf das Kaufen als gewerbliches Tun Bezug. Demnach gehören hierher die sogenannten **Waren**handwerker, wie Fleischhauer und Bäcker, ferner Gastwirte, denn sie kaufen Waren ein, verarbeiten sie und verkaufen sie wieder weiter. Aber auch andere berufliche Tätigkeiten gehören zu den Handelsgewerben. Sie sind in § 1 Abs. 2 HGB wie folgt aufgeführt:

Z. 2. Die Übernahme der Bearbeitung oder Verarbeitung von Waren für andere, sofern das Gewerbe nicht handwerksmäßig betrieben wird. Hierzu sei vermerkt, daß eine kleine Schneiderstube, wo der Meister mit einem Gehilfen tätig ist und nur ganz selten einmal eigene Stoffe beistellt, überhaupt kein Handelsgewerbe darstellt. Ebensowenig die Flickschusterei. Denn diese Betriebe kaufen – abgesehen von den Zutaten für ihre Tätigkeiten – nicht ein und verkaufen auch nicht weiter. Erst wenn ein solcher Betrieb über das Handwerksmäßige hinausgewachsen ist (z. B. eine große Waschanstalt oder Färberei, in der der Inhaber nur noch als leitender Kopf über dem Ganzen steht), haben wir es mit einem Handelsgewerbe zu tun.

Z. 3. Die Übernahme von **Versicherungen** gegen Prämie. (Hier gelten Sondergesetze für das Versicherungswesen. Eine Einzelperson darf ein solches Gewerbe überhaupt nicht betreiben, sondern nur staatlich beaufsichtigte Aktiengesellschaften oder Genossenschaften.)

Z. 4. Die **Bankier-** und **Geldwechsler**geschäfte.

Z. 5. Die Übernahme der **Beförderung** von Gütern oder Reisenden zur See, die Geschäfte der **Fracht**führer oder der zur Beförderung von Personen zu Land oder auf Binnengewässern bestimmten **Anstalten** sowie die Geschäfte der **Schleppschiffahrtsunternehmer.** (Wer ein Taxi hat, mit dem er regelmäßig am Bahnhof wartet, ist noch keine Anstalt und betreibt daher auch kein Handelsgewerbe.)

Z. 6. Die Geschäfte der **Kommissionäre,** der **Spediteure** oder der **Lagerhalter.**

Z. 7. Die Geschäfte der **Handelsvertreter** oder **Handelsmakler.**

Z. 8. Die **Verlagsgeschäfte** sowie die sonstigen Geschäfte des **Buch-** oder **Kunsthandels.**

Z. 9. Die Geschäfte der **Druckereien,** sofern ihr Betrieb über den Umfang eines Handwerks hinausgeht.

Da Karl Jedermann ein Geschäft betreibt, das unter die Aufzählung des § 1 HGB fällt, ist er automatisch Kaufmann. Die Tatsache des Geschäftsbetriebes macht ihn hiezu, nicht etwa erst die Anmeldung bei der Gewerbebehörde.

Auch in den Fällen, in denen die Gewerbeordnung einen Befähigungsnachweis für den Antritt eines Gewerbes vorsieht, wird dennoch die Kaufmannseigenschaft (im Sinne des Handelsrechtes) unabhängig davon erworben. Die Gewerbeberechtigung hat somit mit der Kaufmannseigenschaft nichts zu tun und umgekehrt (Kaufmannseigenschaft nach HGB – Gewerberecht als öffentliches Recht nach GewO).

Wer Kaufmann (Vollkaufmann, vgl. S. 220) ist, auf den finden die besonderen Vorschriften des Handelsgesetzbuches Anwendung, z. B. daß bei seinen Verträgen **gesetzliche Zinsen** nicht 4%, sondern 5% betragen, daß er sich **formlos verbürgen kann,** daß er eine kaufmännische **Buchführung** haben muß und daß er seine **Firma** zum **Handelsregister** anmelden muß.

Greifen wir uns diese zuletzt erwähnte Pflicht des Kaufmanns heraus. Sie ist in § 29 HGB festgelegt. Karl Jedermann ist Kaufmann; muß er nun seine Firma zum Handelsregister beim Handelsgericht anmelden?

Nein, denn einige Vorschriften des HGB, die den Kaufleuten bestimmte Pflichten und Lasten vorschreiben oder sonst rechtlich gefährlich sind, finden auf eine bestimmte Gruppe der Kaufleute, die sogenannten **Minderkaufleute,** keine Anwendung.

Für sie bestimmt der § 4 HGB:

„Die Vorschriften über die Firmen, die Handelsbücher und die Prokura finden auf die **Handwerker** sowie auf Personen, deren Gewerbebetrieb nicht über den Umfang des **Kleingewerbes** hinausgeht, keine Anwendung."

Diese Gewerbetreibenden sind also Kaufleute, aber nicht mit den vollen Lasten und Pflichten.

Wohlgemerkt, solche Handwerker, die erst gar nicht unter § 1 HGB fallen, wie die Flickschuster und kleinen Schneiderbetriebe oder sonstige **Kleingewerbetreibende,** z. B. eine kleine Wäscherei, können nicht Minderkaufleute sein. Denn da sie überhaupt **kein Handelsgewerbe** im Sinne des HGB betreiben, sind sie keine Kaufleute; auf sie finden daher die Vorschriften des HGB keine Anwendung.

Wenn Karl Jedermann sein Textilgeschäft in so kleinem Umfange aufzieht, daß er selbst die ganze technische Seite des Betriebes in eigener Person mitbetreibt, z. B. die Aufzeichnungen für die Steuer macht, selbst im Laden mitverkauft, die Schaufenster dekoriert usw., dann ist er ein Kaufmann, der ein Kleingewerbe betreibt, also ein Minderkaufmann; dann führt er keine „Firma", das heißt keinen besonderen kaufmännischen Namen und braucht und kann einen solchen auch nicht zum Handelsregister anmelden. Mit der ordnungsmäßigen Gewerbeanmeldung hat er seine Pflicht erfüllt. Die Etablissementbezeichnung „Textilien für jedermann – Karl Jedermann" ist nicht Firma im Rechtssinn.

Für die Unterscheidung zwischen **Voll-** und **Minderkaufmann** ist es völlig bedeutungslos, ob Großhandel oder Einzelhandel betrieben wird. Ein Spirituosengroßhändler, der mit seinem Bruder und einem Freund arbeitet, also die Auslieferung mit einem kleinen Lieferwagen selbst besorgt und auch selbst den ganzen technischen Teil des Betriebes mitbetreibt, ist Minderkaufmann. Er kann daher auch mit seinem Bruder keine **Offene Handelsgesellschaft** gründen, um das Spirituosengeschäft zu betreiben, denn die OHG und die **Kommanditgesellschaft** sind solchen Kleingewerbetreibenden (Minderkaufleuten) durch § 4 Abs. 2 HGB verschlossen. Sie können aber den Betrieb als Gesellschaft bürgerlichen Rechts betreiben.

Umgekehrt kann ein Detailgeschäft durchaus über den Rahmen eines Kleingewerbes hinausgehen. Man denke an ein Warenhaus, das von einem Einzelinhaber betrieben wird. Der Inhaber eines solchen Geschäfts ist also Vollkaufmann.

Karl Jedermanns Textilgeschäft entwikkelt sich innerhalb eines halben Jahres so günstig, daß er es erweitern muß. Nicht nur neue Verkäufer werden eingestellt, ein Buchhalter wird erforderlich, zwei Lieferautos müssen angeschafft werden, um die Provinzkundschaft direkt versorgen zu können. Karl Jedermann ist nur noch der leitende Kopf des Ganzen. Nunmehr hat sein Betrieb einen solchen Umfang angenommmmen, daß Karl Jedermann **Vollkaufmann** geworden ist. Er unterliegt jetzt sämtlichen Vorschriften des HGB. Hier interessiert vor allem die Bestimmung über die **Firma.**

Die „Firma" ist der **Name** eines Vollkaufmannes, unter dem er seine Geschäfte betreibt und seine Unterschrift abgibt. Unter seiner Firma kann er klagen und geklagt werden.

Nach Handelsrecht besteht für die Auswahl dieses Namens das Prinzip der **Firmenwahrheit,** das heißt, ein Einzelkaufmann muß als Firma seinen Familiennamen und einen ausgeschriebenen Vornamen führen. Zusätze sind erlaubt, dürfen aber nicht täuschend wirken.

Karl Jedermann hatte schon an seinem Laden – aus Werbungsgründen – „Textilien für jedermann" stehen. Er kann sich dies jetzt für seine Firma zunutze machen und seine Firma wie folgt bilden: Karl Jedermann, Textilien für jedermann.

Nicht zulässig wäre z. B. der Zusatz „Internationale Textilzentrale", denn das würde ein Haus von Weltruf vortäuschen, was Karl Jedermann von seinem Betrieb wirklich nicht sagen kann. Ebenso ist unzulässig die Führung eines Zusatzes, der ein Gesellschaftsverhältnis andeutet, wie z. B. die Abkürzung „& Co.". Titel, die dem Inhaber zustehen, darf er führen.

Karl Jedermann meldet nunmehr diese seine Firma nachstehend zum Handelsregister an, das vom Handelsgericht geführt wird.

An das
Handelsgericht in Wien
Riemergasse 7
1010 Wien
Handelsregister

Wien, den 6. Juni 1981

Betrifft: Eintragung einer Einzelfirma
Ich betreibe in 1200 Wien, Stoffstraße 20, den Einzelhandel mit Textilien. Da dieses Unternehmen über den Umfang des Kleingewerbes hinausgeht, beantrage ich die Eintragung in das Handelsregister Abt. A wie folgt:

1. Firma: Karl Jedermann, Textilien für jedermann
2. Sitz: Wien
3. Inhaber: Karl Jedermann, Kaufmann in Wien

Ich werde meine Firma durch Niederschrift derselben zeichnen wie folgt:

Karl Jedermann Textilien für jedermann
Karl Jedermann

Geschäftsanschrift: 1200 Wien, Stoffstraße 20
Betriebsgegenstand: Handel mit Textilien aller Art

Karl Jedermann

G. Z. 938/81
Vorstehende Unterschrift des Herrn Karl Jedermann, Kaufmann in 1200 Wien, Stoffstraße 20, sowie die von ihm beigesetzte Firmenzeichnung „Karl Jedermann, Textilien für jedermann" sind echt.
Wien, den 6. Juni Eintausendneunhunderteinundachtzig

Dr. Franz Wichtig

Amtssiegel.

öffentl. Notar

Das Registergericht stützt sich bei der Protokollierung auf ein Gutachten der zuständigen Berufsvertretung über die Vollkaufmannseigenschaft. Zwei Wege sind in der Praxis möglich:

Entweder **direkte Einreichung beim Registergericht,** das dann seinerseits von der zuständigen Kammer ein Gutachten amtswegig anfordert, oder der Protokollierungswerber spricht vor Einreichung beim Registergericht selbst das **Gutachten mittels Formular** bei der Kammer der gewerblichen Wirtschaft an, um es dann der Handelsregisteranmeldung beizuschließen.

Aufgrund der Anmeldung wird Karl Jedermanns Firma nunmehr in das Handelsregister eingetragen und die Eintragung öffentlich kundgemacht.

Karl Jedermanns Eintragung erfolgte in der Abteilung A des Handelsregisters. In dieser Abteilung werden **Einzelkaufleute** und Personengesellschaften wie **Offene Handelsgesellschaften** (OHG) und **Kommanditgesellschaften** (KG) eingetragen. In der Abteilung B werden juristische Personen des Handelsrechts: **Aktiengesellschaften, Versicherungsvereine auf Gegenseitigkeit** und **Gesellschaften mit beschränkter Haftung** eingetragen. Genossenschaften hingegen werden überhaupt nicht in das Handelsregister, sondern in das Genossenschaftsregister eingetragen.

In das Handelsregister kann jeder Einsicht nehmen. Von den Eintragungen können Abschriften angefordert werden. Auf Verlangen werden diese Abschriften vom Registergericht beglaubigt. Durch einen beglaubigten Handelsregisterauszug kann man gegenüber Gerichten und Behörden den erforderlichen Nachweis führen, wer der Inhaber der Firma ist, wer die Prokura hat usw. Wer es unterläßt, Anmeldungen, zu denen er verpflichtet ist, vorzunehmen, wie z. B. die Firmenanmeldung Karl Jedermanns, kann vom Registergericht hiezu durch Ordnungsstrafen angehalten werden (§ 14 HGB).

Bei der Auswahl der Firma für Karl Jedermann hatten wir es insofern einfach, als es sich um die Neueröffnung eines Betriebes handelte und kein Interesse an einem anderen Namen als Karl Jedermann bestand. Der Gesetzgeber trägt aber entgegenstehenden Interessen unter gewissen Voraussetzungen Rechnung und **durchbricht** daher in solchen Fällen das Prinzip der **Firmenwahrheit.**

Wenn z. B. die Inhaberin eines Handelsgewerbes heiratet, so verliert sie in der Regel ihren bürgerlichen Namen und erhält den Namen des Ehemannes (vgl. Seite 284). Es wäre jetzt unbillig, wollte man sie zwingen, bei der Fortführung ihres Geschäfts im kaufmännischen Leben nunmehr den neuen Familiennamen zu verwenden, denn ihr **Mädchenname** ist für den Betrieb überall gut eingeführt. Gemäß § 21 HGB kann sie daher ihre alte Firma fortführen.

Handelsgewerbe werden veräußert, und sie vererben sich auch. Es wäre im höchsten Maße nachteilig für die neuen Inhaber, wenn sie nicht die alte Firma fortführen dürften, denn der sogenannte **„goodwill"** eines Unternehmens, das heißt der hohe Ruf des Namens, ist oft unbezahlbar. Man denke beispielsweise an Mannesmann, Meinl, Opel, Oetker. Daher kann der neue Inhaber des Handelsgeschäftes die alte Firma fortführen, wenn der bisherige Inhaber ausdrücklich darein einwilligt oder wenn dies seine Erben tun.

Die Fortführung eines Handelsgeschäftes unter der bisherigen Firma ist für den neuen Inhaber äußerst gefährlich, da er gemäß § 25 HGB den bisherigen Geschäftsgläubigern für die im Zeitpunkt der **Geschäftsübernahme** bestehenden Verbindlichkeiten zusätzlich neben dem bisherigen Inhaber haftet. Es ist dabei gleichgültig, ob er einen Nachfolgezusatz der bisherigen Firma beifügt oder nicht. Will der Käufer eines Handelsgeschäftes, der die Firma fortzuführen beabsichtigt, dieser **Haftung** entgehen, so muß er mit dem Veräußerer vereinbaren, daß er nicht für die bisherigen Verbindlichkeiten haftet und — denn das bisher Vorgekehrte allein genügt noch nicht — diesen **Haftungsausschluß** in das **Handelsregister** eintragen und bekanntmachen lassen. Man kann statt dessen auch direkt den einzelnen Geschäftsfreunden von dem Haftungsausschluß Kenntnis geben, aber dies ist in der Praxis sehr umständlich.

Wer ein Handelsgewerbe erbt, hat nun niemand, mit dem er eine solche die Haftung ausschließende Vereinbarung treffen kann. Dafür hat er gemäß § 27 HGB die Möglichkeit, binnen **drei Monaten** ab Kenntnis von dem **Erbanfall** den Geschäftsbetrieb einzustellen. Dann entfällt die gesetzliche Mithaftung.

Wenn es das Mißgeschick will und in Wien bereits eine Firma Karl Jedermann, z. B. ein Vetter unseres Karl, existiert, dann muß sich die Firma unseres Karl Jedermann deutlich von ihr unterscheiden. Ist die andere Firma keine Textilfirma, so genügt der von Karl Jedermann gewählte Zusatz, aus dem klar hervorgeht, daß es sich um ein Textilgeschäft handelt. Betreibt der a n d e r e Karl Jedermann jedoch auch ein Textilgeschäft, so muß u n s e r Karl Jedermann einen deutlich **unterscheidenden Zusatz** wählen, z. B. einen weiteren Vornamen hinzufügen oder die Straßenbezeichnung in den Firmenwortlaut einfügen.

Durch das Verbot des gleichen Namens für zwei an demselben Ort ansässige Firmen gemäß § 30 HGB wollte der Gesetzgeber verhindern, daß im Geschäftsverkehr Verwechslungen vorkommen; vor allem soll der gute Name einer eingeführten Firma einer neubeginnenden Konkurrenz nicht zugute kommen.

Wie nun aber, wenn eine Firma, die in ganz Österreich bekannt ist, plötzlich erlebt, daß ein Geschäftsbetrieb gleicher Art unter demselben Namen in einer anderen Stadt aufgezogen wird? Im Prinzip kann man in einem solchen Fall nichts unternehmen. Jedoch ist der Möglichkeit eines Namensmißbrauches eine Grenze gesetzt. Wird z. B. in einer Gesellschafterfirma ein Mitgesellschafter überhaupt nur aus dem Grund aufgenommen, weil er zufälligerweise den gleichen Namen wie eine bekannte Konkurrenzfirma hat, um mit Hilfe seines Namens eine Verwechslung herbeizuführen, so kann das neue Unternehmen nach dem Gesetz gegen den unlauteren Wettbewerb (UWG) auf Unterlassung der Führung dieses Firmennamens und unter Umständen auf Schadenersatz geklagt werden.

Wettbewerb entspricht unserem Wirtschaftssystem, und daraus folgende Schäden begründen keine Ersatzpflicht, doch muß der **unlautere** Wettbewerb bekämpft werden. Solange es an konkreten Gesetzesbestimmungen fehlte, wurden die Rechtssätze von der Praxis aus dem Verbot des Handelns gegen die guten Sitten (vgl. Seite 132) entwickelt, und zwar zuerst im französischen Rechtskreis. Nunmehr gilt das österreichische Gesetz über den unlauteren Wettbewerb vom 26. September 1923, BGBl Nr. 531.

Das UWG stellt an die Spitze die **Generalklausel,** daß sittenwidriges Handeln zu Zwecken des Wettbewerbs im geschäftlichen Verkehr zu Unterlassung und Schadenersatz verpflichtet, wobei Schadenersatz den Ersatz des erlittenen Schadens und des entgangenen Gewinns bedeutet. Außerdem gewährt es einen „angemessenen Geldbetrag als Vergütung für erlittene Kränkungen oder andere persönliche Nachteile, wenn dies in den besonderen Umständen des Falles begründet ist" (§ 16 UWG). **Spezialtatbestände** sind: wahrheitswidrige Anpreisung des eigenen Unternehmens oder Produktes; Herabsetzung des fremden Unternehmens oder Produktes; Mißbrauch von Unternehmenskennzeichen; Bestechung von Bediensteten oder Beauftragten; Verletzung von Geschäfts- oder Betriebsgeheimnissen; Mißbrauch anvertrauter Vorlagen. Die Tatbestände machen **ersatzpflichtig und strafbar.** Was den Anspruch auf **Unterlassung** betrifft, so ist er unabhängig vom Verschulden gegeben und rechtfertigt auch einstweilige Verfügungen. Die **Ersatzpflicht** trifft den Unternehmer, auch wenn die Handlung von einer anderen Person in seinem Betrieb begangen wurde. Die Ansprüche **verjähren** binnen **6 Monaten** ab Kenntnis vom betreffenden Wettbewerbsfall, sonst binnen **3 Jahren.**

Karl Jedermann hat in seinem wachsenden und blühenden Unternehmen allmählich nicht mehr genügend Zeit, die erforderlichen Verträge selbst zu schließen, die Verhandlungen und Anträge bei den Behörden und die Prozesse bei den Gerichten selbst zu führen. Unter seinen Angestellten ist ihm schon seit längerem als besonders tüchtig und arbeitsfreudig der 30 Jahre alte Eberhard Probst aufgefallen. Diesem erteilt Karl Jedermann jetzt die

Prokura. Diese Prokura ist nichts anderes als ein besonderer Fall der rechtsgeschäftlich erteilten Vertretungsmacht (Vollmacht).

Ihre Besonderheit im Verhältnis zu den sonstigen Vollmachten besteht darin, daß sie einen ganz bestimmten, vom Gesetz festgelegten Umfang hat. Die Prokura ermächtigt zu allen Arten von gerichtlichen und außergerichtlichen Geschäften und Rechtshandlungen, die der Betrieb eines Handelsgewerbes mit sich bringt. Nur zur Veräußerung und Belastung von Grundstücken ist der Prokurist nicht bevollmächtigt. Dieser Umfang der Vertretungsmacht kann auch nicht mit Wirkung gegenüber Geschäftsfreunden eingeschränkt werden.

Nehmen wir einmal an, Karl Jedermann gebe seinem Prokuristen die ausdrückliche Anweisung, auf keinen Fall Bankdarlehen von mehr als S 6000,– aufzunehmen. Probst nimmt trotzdem ein solches in Höhe von S 12.000,– auf. Dann ist ein wirksamer Darlehensvertrag zwischen der Bank und Karl Jedermann zustande gekommen, denn dieses Geschäft bewegt sich ja innerhalb des Rahmens, den das Gesetz für die Prokura festgelegt hat. Dadurch aber, daß Probst die Anweisung seines Chefs mißachtet hat, hat er seinen Dienstvertrag ihm gegenüber verletzt. Karl Jedermann kann von ihm Schadenersatz verlangen und vermag auch den Dienstvertrag mit Probst fristlos zu beendigen. Er kann ihn auch weiterhin im Angestelltenverhältnis belassen, ihm aber die **Prokura** durch **Widerruf entziehen,** denn die Prokura ist jederzeit frei widerruflich, ohne daß hiefür ein Grund vorzuliegen braucht.

Für die Erteilung der Prokura ist keine Form vorgeschrieben, aber die entstandene **Prokura** ist zum Handelsregister vom Inhaber des Geschäfts (Vollkaufmann) **anzumelden.**

An das
Handelsgericht Wien
Riemergasse 7
1010 Wien
Handelsregister

Wien, den . . .

Betrifft: Eintragung einer Prokura für Eberhard Probst

Als Inhaber der Firma Karl Jedermann, Textilien für jedermann, in 1200 Wien, Stoffstraße 20, habe ich dem Eberhard Probst in Wien die Einzelprokura erteilt. Derselbe wird zeichnen wie folgt:

Karl Jedermann
Textilien für jedermann
ppa. Probst

Die Eintragung dieser Prokura in das Handelsregister wird beantragt.

Karl Jedermann
Textilien für jedermann

Karl Jedermann

(Auch in diesem Fall werden Unterschriften und Firmenzeichnungen vor dem Notar vorzunehmen sein, der sie beglaubigt, wenn nicht der Notar selbst die Eingabe an das Handelsregister verfaßt (siehe Eintragung der Firma selbst).

Probst ist zu tüchtig. Die Darlehensgeschichte mit den S 12.000,– hat ihm Karl Jedermann verziehen. Als er sich aber wiederum eine grobe Eigenmächtigkeit erlaubt, verliert er das Vertrauen seines Chefs, und Karl Jedermann **entläßt** ihn **fristlos** aufgrund der einschlägigen Bestimmungen des Angestelltengesetzes.

Im § 27 Angestelltengesetz sind wichtige Gründe angeführt, aus denen der Dienstgeber einen Angestellten entlassen kann (z. B. beharrliche Dienstverweigerung trotz vorheriger Verwarnung; längere, meistens 14 Tage übersteigende Freiheitsstrafe; erhebliche Ehrverletzung).

Karl Jedermann glaubt aber, ohne Mithilfe eines Prokuristen sein größer gewordenes Unternehmen nicht mehr führen zu können. Er sucht deshalb mittels Anzeige in einer Zeitung einen solchen und findet ihn in der Person eines Angestellten namens Rüstig.

Karl Jedermann meldet die Erteilung der Prokura für Rüstig ebenso wie seinerzeit die für Probst zum Handelsregister an (vgl. Seite 224).

Nun erhält er nach einiger Zeit die Aufforderung des Bankhauses Dollberg & Co., eine Darlehenssumme von S 25.000,– zurückzuzahlen, die sein Prokurist Probst vor einem Monat kurzfristig im Namen der Firma aufgenommen habe. Karl Jedermann schreibt entrüstet zurück, daß dieser Probst seit einem Vierteljahr nicht mehr bei ihm im Betrieb sei, keine Prokura mehr habe und das Darlehen ihn (Jedermann) daher auch nichts anginge. Dollberg & Co. drohen Klage an. Es ist Karl Jedermann dringend zu raten, die S 25.000,– nebst

An das
Handelsgericht
Riemergasse 7
1010 Wien

Handelsregister

Wien, den 16. Oktober 19 . . .

Betrifft: Löschung einer Einzelprokura

Als Inhaber der Firma Karl Jedermann, Textilien für jedermann, in 1200 Wien, Stoffstraße 20, beantrage ich die Löschung der Prokura des Eberhard Probst für mein Unternehmen.

Karl Jedermann
Textilien für jedermann

Karl Jedermann

Zinsen unverzüglich an Dollberg & Co. zu zahlen, denn er ist selbst schuld daran, daß es soweit gekommen ist. Zwar ist die Prokura des Probst durch den Widerruf und die Entlassung erloschen, aber das **Erlöschen** einer Prokura muß ebenso zum Handelsregister angemeldet werden wie die Erteilung der Prokura (§ 53 Abs. 3 HGB). Hier greift nun eine äußerst wichtige Bestimmung ein.

Zum § 15 HGB heißt es: „Solange eine in das **Handelsregister** einzutragende Tatsache nicht eingetragen und bekanntgemacht ist, kann sie von demjenigen, in dessen Angelegenheiten sie einzutragen war, einem Dritten **nicht entgegengesetzt** werden, es sei denn, daß sie diesem bekannt war." In unserem Fall geht es um eine **aufhebende** Tatsache (Entziehung der Prokura).

Da es Karl Jedermann unterlassen hatte, das Erlöschen der Probst'schen Prokura anzumelden, durfte sich das Bankhaus Dollberg & Co. darauf verlassen, daß Probst nach wie vor Prokurist Karl Jedermanns sei. Demzufolge ist die Rechtslage dahin zu beurteilen, daß ein wirksamer Darlehensvertrag von Karl Jedermann, vertreten durch Probst, mit Dollberg & Co. geschlossen worden ist. Karl Jedermann muß daher für die Untreue seines früheren Prokuristen und für seine eigene Unkenntnis der einschlägigen Gesetzesbestimmungen bitter bezahlen. Er hat selbstverständlich gegen Probst Schadenersatzansprüche aus widerrechtlicher Handlung (§§ 1294, 1331 ABGB), doch werden diese wohl kaum realisierbar sein.

Um wenigstens weiteres Unheil zu verhüten, holt Karl Jedermann nunmehr schleunigst die versäumte Löschung im Handelsregister nach wie auf der vorangegangenen Seite wiedergegeben.

Im vorstehenden haben wir uns mit der besonderen Stellung eines Prokuristen befaßt. Aber auch die anderen Angestellten eines kaufmännischen Betriebes handeln häufig in Vollmacht des Prinzipals.

Wer, ohne Prokurist zu sein, zur Vornahme bestimmter Geschäfte oder einer bestimmten Art von Geschäften bevollmächtigt ist, dessen **Vollmacht** erstreckt sich auf alle Geschäfte und Rechtshandlungen, die ein derartiges Handelsgewerbe mit sich bringt. Das Merkwürdige ist, daß also die Bevollmächtigung für einen gewissen engen Rahmen eine weitreichende Vertretungsmacht auslöst, die allerdings nicht die Veräußerung oder Belastung von Grundstücken, die Eingehung von Wechselverbindlichkeiten, die Aufnahme von Darlehen und die Befugnis zur Prozeßführung umfaßt. Nur wenn der Dritte die Beschränkung der Bevollmächtigung der **Handlungsvollmacht** auf den engeren Rahmen kennt oder kennen muß, hat er diese Beschränkung gegen sich gelten zu lassen.

Stellen wir uns folgendes Beispiel vor:

In Karl Jedermanns Laden ist die Verkäuferin Ilse Modisch beschäftigt. Karl Jedermann hat ihr ausdrücklich verboten, zu kassieren. Sie tut dies trotzdem. Einige Tage vor der Beendigung ihres Dienstverhältnisses, als sie allein im Laden ist, kauft ein Kunde mehrere Stoffe und bezahlt auch gleichzeitig noch eine alte Rechnung. Den Betrag von insgesamt S 2500,— nimmt Ilse Modisch entgegen und behält ihn für sich. Als Karl Jedermann den Schaden entdeckt und ermittelt, daß der Kunde ein in der Nähe wohnender Bankangestellter namens Max Gerber ist, verlangt er von diesem die nochmalige Bezahlung der S 2500,—. Karl Jedermann ist aus den vorstehend erörterten Gründen im Unrecht und muß sehen, daß er das Geld nach und nach von Ilse Modisch wiederbekommt. — Wie hätte er sich entsprechend schützen können? Er muß in seinem Laden eine Kasse aufstellen und eine besonders vertrauenswürdige Angestellte oder, noch besser, seine Ehefrau an die Kasse setzen. Dann sieht jeder Kunde, daß die Zahlung über die Kasse zu erfolgen hat, zumindest mußte er dies erkennen, und kann dann nicht mehr mit befreiender Wirkung an eine gewöhnliche Verkäuferin zahlen. Wenn Karl Jedermann ganz sichergehen will, bringt er noch sichtbare Schilder im Ladenraum an: „Zahlungen nur an der Kasse".

Hat ein Angestellter zwar keine Prokura, aber eine sonst umfassende Bevollmächtigung, so nennt man ihn **Generalhandlungsbevollmächtigter.** Dieser Disponent zeichnet die Korrespondenz, um sich vom Prokuristen zu unterscheiden, durch Beisetzung von „i. V." (in Vertretung) oder „für" zwischen Unterschrift und Firmenwortlaut.

Der Handlungsreisende

Die Handlungsvollmacht spielt eine besondere Rolle für die Handlungsreisenden, wenn diese Fernreisende sind, das heißt nicht am Ort der Geschäftsniederlassung Geschäfte tätigen, sondern zu diesem Zweck an andere Orte reisen.

Nach § 55 Abs. 2 HGB sind solche Handlungsreisende ermächtigt, den Kaufpreis einzuziehen oder dafür Zahlungsfristen zu bewilligen. Ihnen gegenüber können die Käufer auch Mängel der Ware rügen, Waren wieder zur Verfügung stellen usw.

Will also Karl Jedermann erreichen, daß sein Handlungsreisender Fritz Spatz den Kaufpreis für die von ihm getätigten Stoffverkäufe einzieht, so muß er seine Kunden durch besondere Benachrichtigung davon in Kenntnis setzen, daß Spatz die Geldbeträge einkassieren darf. Bei einem neugeworbenen Kunden, der an Spatz sofort zahlen soll, wird die Kenntnis am besten durch einen Aufdruck auf dem Auftragsschein vermittelt.

Der vorstehend betrachtete Handlungsreisende ist ein Angestellter, mit dem ein Dienstvertrag geschlossen wird, der nach folgendem Muster zu formulieren ist:

VERTRAG

abgeschlossen zwischen der Firma Karl Jedermann, Textilien für jedermann, 1200 Wien, Stoffstraße 20, und Herrn Fritz Spatz, 3100 St. Pölten, Handelsstraße 11.

1. Die Firma Karl Jedermann stellt Herrn Fritz Spatz als Handlungsreisenden an. Herr Spatz wird insbesondere die Bundesländer Niederösterreich und Burgenland bearbeiten und im Rahmen der Geschäftsbedingungen der Firma Karl Jedermann, soweit diese auf den Auftragsformularen vermerkt sind, Textilien absetzen. Der Verkauf darf nur an Wiederverkäufer, nie an Letztverbraucher erfolgen.
2. Herr Spatz verpflichtet sich, bei Abschluß der Lieferverträge die von Herrn Jedermann gegebenen Anweisungen bestens einzuhalten; insbesondere ist Herr Jedermann berechtigt, Herrn Spatz die jeweilige Tour und Kundschaft vorzuschreiben. Herr Spatz verpflichtet sich weiters, seine volle Tätigkeit dem Unternehmen des Herrn Karl Jedermann zu widmen, so daß eine gleichzeitige Vertretung eines anderen Hauses sowie die Mitnahme anderer Artikel untersagt bleibt. Für den Fall, daß Herr Spatz in Hinkunft mit dem Inkasso betraut werden sollte, hat er eine Kaution von S 10.000,— zu leisten, die ihm mit 7% jährlich verzinst wird.
3. Herr Spatz erhält für seine Dienstleistung ein monatliches Gehalt von S 10.000,—, wobei einvernehmlich festgestellt wird, daß dieser Betrag den kollektiv-

vertraglichen Mindestbezug nach dem Kollektivvertrag für Handelsangestellte um etwa 25% überschreitet. Das Gehalt des Herrn Spatz ist jeweils zum Monatsende zahlbar.

4. Außer dem genannten fixen Monatsgehalt erhält Herr Spatz jeweils Tagesdiäten von S 480,— für nachweisbare Reisetage und schließlich eine Provision von 2% bezüglich der von ihm zustande gebrachten Geschäfte. Die Abrechnung der Tagesdiäten erfolgt monatlich im nachhinein, die Abrechnung der Provision halbjährlich für jene Fakturenbeträge, die bis dahin eingegangen sind.

5. Herr Spatz hat Abschlußvollmacht, jedoch derzeit keine Inkassovollmacht, die aber für die nächste Zeit vorgesehen ist.

6. Die Auflösung des Dienstverhältnisses, das auf unbestimmte Zeit eingegangen wird, erfolgt durch schriftliche Kündigung, die zum 15. oder Letzten jedes Kalendermonats unter Einhaltung der jeweiligen gesetzlichen Kündigungsfrist (§ 20 AngestelltenG) erfolgen kann.

Wien, den 10. August . . .

Karl Jedermann Fritz Spatz

Der Handlungsreisende Spatz, der aufgrund des vorstehenden Vertrages für Karl Jedermann tätig wird, ist ein kaufmännischer Angestellter. Als Angestellter ist er lohnsteuerpflichtig. Die Lohnsteuer und die Sozialversicherungsbeiträge behält Karl Jedermanns Buchhalter von dem Entgelt, das Fritz Spatz erhält, ein und führt diese Beträge an das Betriebsfinanzamt bzw. an den Krankenversicherungsträger ab.

Der Kundschaft gegenüber tritt Spatz nicht als selbständiger Kaufmann auf, sondern als **Handlungsgehilfe** Karl Jedermanns. Er benötigt für seine Tätigkeit keinen eigenen Gewerbeschein, sondern erhält eine Legitimation. Diese Legitimation wird im Sinne des § 62 Gewerbeordnung von der Gewerbebehörde I. Instanz ausgestellt.

Der Handelsvertreter

Mit einem im Dienstverhältnis stehenden Handlungsreisenden darf man nicht den meist als „Handelsagenten" bezeichneten **Handelsvertreter** verwechseln, der vom Geschäftsherrn mit der Vermittlung von Rechtsgeschäften in dessen Namen und für dessen Rechnung betraut ist und diese Tätigkeit **selbständig** und **gewerbsmäßig** ausübt. Für einen solchen Handelsagenten gilt das **Handelsvertretergesetz** (HVG), BGBl Nr. 348/21 in der Fassung des BGBl Nr. 305/78 (früher Handelsagentengesetz), das jedoch auf Versicherungsvertreter bzw. Realitätenvermittler nicht oder nur beschränkt Anwendung findet.

Nach § 1 HVG ist als Handelsvertreter anzusehen, wer von einem anderen (Geschäftsherrn) entweder nur mit der Vermittlung oder auch mit dem Abschluß von Handelsgeschäften im Sinne der §§ 343 ff. Handelsgesetzbuch oder von anderen

Rechtsgeschäften über bewegliche Sachen (also z. B. nicht über Grundstücke), über Rechte oder Arbeiten im Namen und auf Rechnung des Geschäftsherrn ständig betraut ist und diese Tätigkeit selbständig (also nicht als Dienstnehmer) und gewerbsmäßig ausübt. Man könnte auch sagen: der Handelsvertreter ist der von einem oder mehreren Geschäftsherrn ständig betraute, selbständig und gewerbsmäßig tätige Geschäftsvermittler oder abschlußberechtigte Vertreter hinsichtlich der im § 1 HVG bezeichneten Geschäfte, und zwar im Namen und auf Rechnung des jeweiligen Geschäftsherrn.

Bezüglich der Tätigkeit des Handelsvertreters verlangt § 1 HVG, daß sie **selbständig** (d. h. nicht im Rahmen eines Dienstverhältnisses) und **gewerbsmäßig** (d. h. auf Dauer angelegt und in Gewinnabsicht) erfolgt. Die Tatsache, daß ein Vertreter bei Zutreffen aller vorstehend angeführten Merkmale auf seine geschäftliche Tätigkeit es unterläßt, eine **Gewerbeberechtigung** für die Ausübung des Handelsvertretergewerbes zu erwerben, ändert nichts daran, daß das HVG zur Anwendung kommt. Es liegt in solchen Fällen eine unbefugte Gewerbeausübung vor. Auch wenn ein Vertretervertrag zunächst nur befristet abgeschlossen wurde, unterliegt er den Bestimmungen des HVG bzw. besteht die Verpflichtung, eine Gewerbeberechtigung (bei Warenhandelsgeschäften als gebundenes Gewerbe, sonst als freies Gewerbe) zu erwirken.

Der Verkauf **periodischer** Druckschriften auf der Straße und an anderen öffentlichen Orten (Kolportage) sowie die Kolportage von Haus zu Haus werden nach dem Mediengesetz 1981 (§§ 47, 48) beurteilt. Das Sammeln von Bestellungen auf **andere** Druckwerke (z. B. Bücher) unterliegt den Bestimmungen der Gewerbeordnung (§ 58).

In der Alltagssprache werden sowohl der Handelsverteter als auch der vorhin besprochene Handlungssreisende als „Vertreter" bezeichnet. Dabei ist jedoch als wesentlicher Unterschied festzuhalten, daß der Handelsvertreter, der seine allgemeinen Geschäftsunkosten selbst trägt, einen eigenen Gewerbeschein besitzen muß und unter die „Istkaufleute" (vgl. Seite 230) fällt. Da der Handelsvertreter dem Wettbewerbsverbot nicht unterliegt, kann er auch für mehrere Unternehmen tätig sein. Streitigkeiten gehören vor die ordentlichen Gerichte und nicht vor die Arbeitsgerichte.

Der Handelsvertreter ist zum Abschluß des Geschäfts für seinen Auftraggeber nur dann berechtigt, wenn er hiezu besonders ermächtigt ist. Ansonsten wird er bloß die Vermittlung durchführen. Der Geschäftsherr hat jedoch auch in diesem Fall den Abschluß genehmigt, wenn er nicht sofort nach Kenntnis dem Dritten gegenüber das Geschäft ablehnt.

Der Handelsvertreter hat Anspruch auf **Provision** für jene Geschäfte, die durch seine Tätigkeit zustande kamen. Bei Verkaufsgeschäften gilt der Anspruch aber erst mit Eingang der Zahlung als erworben. Die Provision ist jedoch angemessen zu bevorschussen.

Zum Schutz des Handelsvertreters bestehen zwei wichtige Entschädigungsansprüche (§§ 10 und 25 HVG): Der Anspruch auf angemessene Entschädigung nach § 10 HVG setzt voraus, daß ein Handelsvertreter vom Geschäftsherrn vertragswidrig verhindert wurde, Provisionen in dem vereinbarten oder in dem nach den getroffenen Vereinbarungen zu erwartenden Umfang zu verdienen. Solche Ansprüche können nur für die Zeit der Vertragsdauer entstehen. Ihre Höhe bestimmt sich nach der Differenz zwischen jenem Betrag, den der Handelsvertreter voraussichtlich verdient hätte, wenn er nicht vom Geschäftsherrn vertragswidrig am Verdienen verhindert worden wäre, und den tatsächlich verdienten Provisionen. – Der Entschädigungsanspruch nach § 25 HVG setzt voraus, daß der Geschäftsherr das Vertragsverhältnis mit dem Handelsvertreter, der ausschließlich oder vorwiegend mit der Zuführung von Kunden beschäftigt war, gelöst hat, ohne daß der Handelsvertreter durch schuldhaftes Verhalten dem Geschäftsmann begründeten Anlaß zur vorzeitigen Lösung oder zur Kündigung des Vertragsverhältnisses gegeben hat; ferner daß dem Geschäftsherrn oder dessen Rechtsnachfolger aus der Geschäftsverbindung mit der zugeführten Kundschaft Vorteile erwachsen sind, die nach Lösung des Vertragsverhältnisses fortbestehen.

Ist-, Soll-, Kann- und Formkaufleute

Wir haben nunmehr Karl Jedermann in seiner Stellung als Kaufmann gesehen. Er besitzt Kaufmannseigenschaft allein aufgrund der Tatsache, daß er ein sogenanntes **Grundhandelsgewerbe** nach § 1 HGB (vgl. Seite 218) zu betreiben begann. Da Karl Jedermann durch diese Tätigkeit jedenfalls Kaufmann ist, müssen wir ihn der Gruppe der **Istkaufleute** zuzählen. Es gibt aber auch Gewerbetreibende, die auf andere Art und Weise die Kaufmannseigenschaft erwerben.

Stellen wir uns einmal den Zirkus Picco-Bello vor. Die zirzensischen Darbietungen sind weder auf Ankauf noch Verkauf von Waren gerichtet, noch eine der sonstigen in § 1 HGB aufgezählten Tätigkeiten. Aber ein solches Monstrum von geschäftlichem Unternehmen verlangt ständig einen Geschäftsbetrieb mit kaufmännischen Einrichtungen. Aus diesem Grunde schreibt das HGB in § 2 vor, daß ein gewerbliches Unternehmen, das nach Art und Umfang einen in kaufmännischer Weise eingerichteten Geschäftsbetrieb erfordert, sich in das Handelsregister eintragen lassen soll, wodurch die Kaufmannseigenschaft erworben wird. Man nennt diese Unternehmer **Sollkaufleute.** Die **Eintragung** eines solchen Betriebes in das Handelsregister kann durch Ordnungsstrafen erzwungen werden und vermittelt erst die Kaufmannseigenschaft.

Betriebe der **Land- und Forstwirtschaft** sind an sich niemals Handelsgewerbe. Mit ihnen sind jedoch bisweilen Brennereien, Sägewerke, Zementfabriken etc. als **Nebenbetriebe** verbunden, die ebenfalls wieder nach Art und Umfang kaufmännische Einrichtungen erfordern. Hier besteht kein Zwang, diese zum Handelsregister anzumelden, aber das HGB gibt in § 3 das Recht hiezu. Der Inhaber kann einen solchen Betrieb zum Handelsregister anmelden und erlangt dadurch Kaufmannseigenschaft. Derartige Betriebe nennt man **Kannkaufleute.**

Für Landwirte gelten steuerlich sowohl hinsichtlich der Einkommensteuer als auch hinsichtlich der Umsatzsteuer eine ganze Reihe von Sondervorschriften. Durch Erlässe des Bundesministeriums für Finanzen werden die Einkommensteuer und die Umsatzsteuer für nicht buchführende Land- und Forstwirte unter Zugrundelegung des Einheitswertes des land- und forstwirtschaftlichen Betriebes pauschaliert.

Aktiengesellschaften und **Gesellschaften mit beschränkter Haftung** sind **immer** Kaufleute, gleichgültig, welchen Gegenstand ihr Unternehmen hat. Da hier die Rechts f o r m des Unternehmens für die Kaufmannseigenschaft bedeutsam ist, nennt man diese Kaufleute **Formkaufleute.**

Die täglichen Geschäfte

Karl Jedermann hat bei der Textilfabrik Bind & Faden sechs Ballen Kammgarn, reine Wolle, Kauf nach Probe, bestellt. Die sechs Ballen kommen pünktlich an und werden in die Regale eingelagert. Nach und nach werden sie aufgerollt und der Stoff als Meterware verkauft. Nach vier Monaten wird ein Ballen angeschnitten, bei dem sich herausstellt, daß Zellwolle eingewebt ist. Nunmehr schreibt Karl Jedermann einen Brief an die Firma Bind & Faden, in dem er den Mangel kundtut und Rücknahme des Ballens gegen Gutschrift oder Lieferung einwandfreier Ware verlangt. Bind & Faden lehnen dies energisch mit Hinweis auf die inzwischen verstrichene Frist ab. Karl Jedermann ist der Meinung, daß ein Käufer binnen sechs Monaten seit Lieferung der gekauften Sache Mängel derselben geltend machen könne (vgl. die Ausführungen über den Kaufvertrag, Seite 36 ff).

An dieser Stelle wollen wir eine Bemerkung über das Handelsgesetzbuch einfügen. Wer im Handelsgesetzbuch liest, ohne vorher die einschlägigen Bestimmungen des ABGB zu kennen, wird die Bestimmungen des HGB kaum begreifen. Sie sind als Ergänzungen zu dem, was im ABGB steht, gedacht. Im ABGB steht tatsächlich, daß ein Käufer 6 Monate Zeit hat, um einen **Mangel** an einer gekauften Sache zu entdecken und diesen dem Verkäufer gegenüber mit der Forderung nach **Wandlung** oder **Minderung** geltend zu machen. Der Sinn dieser Bestimmungen ist der, daß der Durchschnittsbürger nicht gezwungen werden soll, bei jedem kleinen Alltagseinkauf genaue Untersuchungen und Prüfungen vorzunehmen. Er soll die gekaufte Sache benutzen, und was er innerhalb von 6 Monaten als Mängel entdeckt, das soll er dem Verkäufer gegenüber innerhalb dieser Frist geltend machen können.

Wenn aber ein Kaufmann von einem anderen Kaufmann Ware bezieht, so ist die Situation eine etwas andere. Hier stehen sich gewandte und erfahrene Personen gegenüber, von denen man erwarten kann, daß sie eine Ware nicht nur einfach hinnehmen, sondern ihre Beschaffenheit sofort nach Eintreffen einer genauen Prüfung unterziehen.

Für einen Kaufmann, der für seinen Gewerbebetrieb von einem anderen Kaufmann etwas einkauft, besteht Untersuchungs- bzw. Rügepflicht.

Der § 377 HGB bestimmt: „Ist der Kauf für beide Teile ein Handelsgeschäft, so hat der Käufer die Ware unverzüglich nach der Ablieferung durch den Verkäufer, sofern dies nach ordnungsmäßigem Geschäftsgang tunlich ist, zu untersuchen und, wenn sich ein Mangel zeigt, dem Verkäufer unverzüglich Anzeige zu machen.

Unterläßt der Käufer die Anzeige, so gilt die Ware als genehmigt, es sei denn, daß es sich um einen Mangel handelt, der bei der Untersuchung nicht erkennbar war."

In der Firma Karl Jedermann hat man offenbar von dieser Bestimmung des HGB keine Kenntnis gehabt und sich daher auf die Sechsmonatsfrist, die das ABGB für den Kaufvertrag vorsieht, verlassen. Die sechs Ballen wären von Karl Jedermann oder einem mit Stoffarten vertrauten Angestellten **unverzüglich,** das heißt ohne schuldhaftes Verzögern, auf ihre Qualität und etwaige fehlerhafte Stellen zu untersuchen und Bind & Faden gegebenenfalls Mitteilung von festgestellten Mängeln zu machen; denn eine Lieferfirma will umgehend Klarheit haben, ob ein Geschäft in Ordnung geht oder nicht.

Während die Untersuchung gelieferter Stoffballen einem Fachmann keine besonderen Schwierigkeiten bereiten dürfte, ist die Überprüfung bei manchen anderen Waren nicht einfach. Bisweilsen werden **Stichproben** genügen.

Was für die Beschaffenheit einer Ware gilt, gilt auch für deren Menge. Wer statt sechs Ballen Stoff versehentlich sieben Ballen geliefert bekommt, muß die **Mehrlieferung** unverzüglich beanstanden, sonst gilt der Kauf über die sieben Ballen anstelle der sechs als zustande gekommen. Wenn die Mehrlieferung allerdings so groß ist, daß der Verkäufer nicht mit einer **Genehmigung** rechnen konnte, so kommt diese Bestimmung nicht zum Zuge. Wären also versehentlich 13 Ballen geschickt worden, so läge immer nur ein Kaufvertrag über sechs Ballen vor, auch wenn der Käufer sich nicht unverzüglich wegen der Zuvielsendung gerührt hätte.

Das vorstehend Gesagte gilt übrigens auch für den Fall, daß eine andere Ware als die bestellte geliefert worden ist. Hat z. B. ein Spitituosengeschäft Steinhäger bestellt und bekommt statt dessen Aquavit geliefert, so muß unverzüglich eine **Beanstandung** erfolgen, sonst gilt die **Lieferung** des Aquavits als genehmigt.

All diese Vorschriften gelten nicht bei **arglistigem** Verhalten des Verkäufers, wenn er etwa bewußt einen alten Ladenhüter in die Lieferung einschmuggelt; doch wird dies meist schwer zu beweisen sein.

Hat man mit Recht eine Lieferung beanstandet und will die beanstandete Ware nicht bei sich aufbewahren, so kann man sie in einem Lagerhaus einstellen und die mit der Einstellung verbundenen Kosten dem Lieferanten anrechnen. Kommen die Sachen dort, wo sie aufbewahrt sind, in Verlust, so trägt dieses Risiko der Verkäufer.

Das Handelsgesetzbuch kennt aber auch andere Sonderbestimmungen. So kann ein **Kaufmann Bürgschaften** und **Schuldversprechen mündlich** abgeben (§ 350 HGB). Eine **Vertragsstrafe,** zu der sich ein Kaufmann verpflichtet hat, kann nicht herabgesetzt werden, wenn sie unangemessen hoch erscheint (kein richterliches Mäßigungsrecht). Diesen Nachteilen des Kaufmannsrechts unterliegen allerdings **nicht** die **Minderkaufleute** (über diesen Begriff vgl. Seite 220).

Karl Jedermann hat einem kleinen Geschäftsmann im Dorf Sulzberg Waren in **Kommission** gegeben. Vorher hatte er durch seinen Handlungsreisenden Erkundigungen über diesen Geschäftsmann, Daniel Gramm, eingezogen, die recht günstig lauteten. Vorsorglich schließt er jedoch mit Gramm folgenden schriftlichen Vertrag:

KOMMISSIONSVERTRAG

Die Firma Karl Jedermann in 1200 Wien, Stoffstraße 20, und Herr Daniel Gramm, Inhaber eines Gemischtwarengeschäftes in 6934 Sulzberg 86, schließen nachstehenden Kommissionsvertrag:

1. Die Firma Jedermann übergibt Herrn Gramm die in beiliegendem Verzeichnis aufgeführten Stoffe im Gesamtwert von S 10.000,— zum kommissionsweisen Verkauf in seinem Gemischtwarengeschäft in Sulzberg. Die Ware bleibt Eigentum der Firma Jedermann, doch ist Herr Gramm ermächtigt, sie im eigenen Namen zu den von der Firma Jedermann festgesetzten Preisen zu verkaufen.

2. Herr Gramm wird über die aufgrund dieses Vertrages vorgenommenen Verkäufe gesondert Buch führen. Die aus diesen Verkäufen eingehenden Beträge wird er sofort nach Eingang auf das Postsparkassenkonto der Firma Jedermann einzahlen. Diese Beträge gehen aber schon vor Einzahlung in den Besitz der Firma Jedermann über. Herr Gramm ist jedoch berechtigt, 10% von den eingehenden Beträgen als Provision für sich zu behalten. Über diese Provision hinaus hat Herr Gramm keinerlei Anspruch auf Spesenersatz. Er ist auch nicht berechtigt, die von der Firma Jedermann gelieferten Stoffe gegen Ziel oder auf Raten zu verkaufen.

3. Auf Wunsch der Firma Jedermann wird Herr Gramm alle oder einen Teil der gelieferten Stoffe mit der Bezeichnung „Kommissionsware von der Firma Karl Jedermann, Wien" versehen.

4. Wenn Herr Gramm Stoffe im Werte von S 5000,— oder mehr verkauft und die entsprechenden Beträge einbezahlt hat, erhält er Nachlieferung im gleichen Werte nach seiner Wahl. Das in diesem Kommissionsvertrag Vereinbarte gilt für alle Nachlieferungen.

5. Für die Auflösung dieses Vertrages wird eine einmonatige Kündigungsfrist vereinbart. Mit Ablauf dieser Kündigungsfrist hat Herr Gramm die zu diesem Zeitpunkt bei ihm lagernden Stoffe an die Firma Karl Jedermann, Wien, rückzusenden.

Datum　　　Karl Jedermann　　Daniel Gramm

Kommissionsverträge sind nach einer Entscheidung des Verwaltungsgerichtshofes vom 23. März 1955 Zahl 2293/53/3 den Werkverträgen zuzurechnen und deshalb nicht gebührenpflichtig. Ist jedoch ein solcher Vertrag mit einer Vollmacht verbunden, dann ist jeder Bogen mit S 100,– zu stempeln.

Die Auskunft über Herrn Gramm war leider falsch. Gleich den ersten mit S 10.000,– bewerteten Warenposten verwendet er nicht vertragsgemäß. Einen Teil der Waren im Wert von S 6000,– verkauft er gegen Barzahlung und verwendet das ganze Geld zur Begleichung eigener Verbindlichkeiten. Den Rest im Wert von S 4000,– verkauft er auf Kredit und tritt die Kaufpreisforderungen gegen die Dorfbewohner Müller, Maier, Berger und noch einige andere an den Darlehensgeber Braun zur Deckung von Schulden ab.

Als Karl Jedermann den Schaden entdeckt, versucht er zu retten, was zu retten ist.

Bezüglich der eingezogenen und verbrauchten S 6000,– kann er von Gramm Schadenersatz verlangen, und zwar wegen Verletzung des Kommissionsvertrages und aus **unerlaubter Handlung.** Gramm hat vor allen Dingen gegen die in § 384 HGB festgelegte Pflicht des **Kommissionärs** verstoßen, die Interessen Jedermanns mit der Sorgfalt eines ordentlichen Kaufmanns wahrzunehmen, ihm über die getätigten Geschäfte Rechnung zu legen und das erlangte Geld herauszugeben. Er hat sich aber darüber hinaus strafbar gemacht, da infolge der Vereinbarung die für die Stoffe eingenommenen Beträge für ihn fremdes Geld waren.

Es nützt Karl Jedermann wenig, wenn er durch eine **Strafanzeige** erreicht, daß Gramm eingesperrt wird. Deshalb muß er es sich gut überlegen, ob er eine solche Strafanzeige an die Polizei oder die Staatsanwaltschaft abschicken soll.

Karl Jedermann tut also besser daran, wenn er nicht gleich eine Strafanzeige abschickt, sondern eine solche vorerst nur in Aussicht stellt. Er schreibt Daniel Gramm also wie folgt:

Karl Jedermann
Textilien für Jedermann

<u>Einschreiben</u>

Herrn
Daniel Gramm
6934 Sulzberg 86

Im Zuge einer Überprüfung Ihrer Geschäftsgebarung mußte ich feststellen, daß Sie Ihre Kommissionärstellung mißbrauchten. Sie haben mich dadurch geschädigt, daß Sie die eingezogenen Gelder für sich verwendeten, statt sie an mich abzuführen. Der mir entstandene Schaden beläuft sich auf mindestens S 6000,–.

Ich fordere Sie hiermit auf, mir binnen drei Tagen annehmbare Vorschläge zu unterbreiten, wie Sie mir den oben bezifferten Schaden zu ersetzen gedenken.

Falls innerhalb der festgesetzten Frist keine zur Bereinigung der Angelegenheit geeignete Antwort vorliegt, bin ich genötigt, gerichtliche Schritte gegen Sie einzuleiten.

Karl Jedermann

Derartige Schreiben haben oft den Erfolg, daß wenigstens eine angemessene Ratenzahlung, verbunden mit der Sicherung durch Bürgschaft, zu erreichen ist.

Komplizierter, aber für Karl Jedermann günstiger liegt die Rechtslage hinsichtlich der von Gramm an Braun abgetretenen Kaufpreisforderungen. Gramm trat bei dem Verkauf der ihm überlassenen Stoffe nicht als Vertreter Karl Jedermanns, sondern im eigenen Namen auf, das heißt, er wurde aus dem Kaufvertrag allein der Berechtigte und der Verpflichtete. Das ist gerade die Eigentümlichkeit der Kommission. Der verpflichtende Kaufvertrag (vgl. Seite 48) trifft also nie den hinter Gramm stehenden **Kommittenten** Jedermann. Demnach steht die Forderung auf den Kaufpreis auch nur Gramm zu. Er sollte sie ja auch einziehen.

Es hätte ebensogut im Vertrag zwischen Gramm und Jedermann vereinbart werden können, daß er diese Forderung nicht einziehen dürfe, sondern sogleich an Karl Jedermann abtreten müsse. Ja es hätte sogar vereinbart werden können, daß diese Forderungen in dem Augenblick, in dem sie in der Person Gramms entstanden, sofort automatisch auf Karl Jedermann übergehen sollten. Dies war im Vertrag zwischen Jedermann und Gramm nicht vorgesehen, obwohl es empfehlenswert gewesen wäre.

Karl Jedermann kommt hier aber die überaus wichtige Bestimmung des § 392 HGB zugute. Danach gelten derartige Forderungen eines Kommissionärs – wie hier die von Daniel Gramm an die Dorfbewohner – im Verhältnis zu den Gläubigern des Kommissionärs als die Forderungen des Kommittenten, in unserem Fall also als Forderungen Karl Jedermanns, ohne daß es erst noch einer Abtretung bedarf. Demzufolge muß sich Braun so behandeln lassen, als wären die an ihn abgetretenen Forderungen gegen die Dorfbewohner damals schon Forderungen Karl Jedermanns gewesen. Solche konnte ihm aber Gramm nicht abtreten. Karl Jedermann stehen also dieselben Befugnisse zu, als hätte Gramm die Abtretung nicht vorgenommen. Er kann verlangen, daß ihm Gramm diese Forderung überläßt, und kann sie dann gegen die Dorfbewohner geltend machen.

Sollte Braun in Verkennung der Rechtslage behaupten, daß ihm die abgetretenen Forderungen trotzdem zustünden, dann könnte Karl Jedermann gegen ihn auf **Feststellung klagen,** daß Braun die Forderungen nicht zustünden.

In einer solchen Feststellungsklage wird der Kläger, in unserem Fall Karl Jedermann, eine ausführliche Klagserzählung zur Darstellung des Sachverhaltes bringen. Aufgrund dieser Klagserzählung wird er die Erlassung eines Urteils wie folgt begehren:

URTEIL

Es wird festgestellt, daß dem Beklagten Otto Braun eine Forderung gegen die Drittschuldner Müller, Maier und Berger aus dem Titel einer Abtretung von Kaufpreisforderungen des Daniel Gramm nicht zusteht. Der Beklagte ist schuldig, die gerichtlich zu bestimmenden Kosten dieses Verfahrens binnen 14 Tagen bei Exekution zu bezahlen.

(Diese Klage nach § 228 ZPO geht somit auf ein **negatives Feststellungsbegehren.)**

Karl Jedermann hat einige Ballen Stoff auf Lager, die in Wien nicht gehen. Ein Geschäftsfreund aus Linz, Leopold Huber, kauft sie ihm ab und schickt eine Akontozahlung. Darauf sendet ihm Karl Jedermann die Ware durch den **Spediteur** Sauerampfer zu.

Der Lkw Sauerampfers verunglückt beim Transport der Ballen nach Linz, und die Ware ist so beschmutzt, daß Huber sie nicht gebrauchen kann. Er und Jedermann möchten wissen, wie sie sich richtig zu verhalten haben.

Der Käufer Huber muß den Kaufpreis an Jedermann bezahlen, obwohl die Ware bei ihm in unbrauchbarem Zustand ankommt. Dies haben wir bereits an einem früheren Fall erörtert (vgl. Seite 44 f).

Wer ersetzt dem Huber aber dann seinen Schaden? Hat er selbst gegen den Spediteur Sauerampfer einen **Schadenersatzanspruch** aus dem Frachtvertrag?

Es klingt merkwürdig, wenn wir hier von einem **Frachtvertrag** sprechen, obwohl Sauerampfer doch Spediteur ist. Hier tritt aber Sauerampfer als Frachtführer auf. Gemäß § 407 HGB besteht das Speditionsgeschäft darin, daß der Spediteur im eigenen Namen durch Frachtführer fremdes Gut befördern läßt. Bei einem **Inlandstransport** wird aber der Spediteur den **Transport** häufig durch eigene Fahrzeuge und Leute bewerkstelligen, also selbst die Beförderung durchführen. Eine solche eigene Beförderung ist aber keine Speditionstätigkeit, sondern ein Frachtgeschäft im Sinne der §§ 425 ff. HGB. Bezüglich der Transportbedingungen gelten hier die **Österreichischen Allgemeinen Spediteurbedingungen,** denen sich jeder Auftraggeber stillschweigend unterwirft. In seiner Eigenschaft als Frachtführer ist Sauerampfer berechtigt, die Ausstellung eines **Frachtbriefes** zu verlangen, der also vom Auftraggeber ausgestellt wird, während er umgekehrt dem Auftraggeber einen sogenannten **Ladeschein** geben kann. Der einfachste Fall des Frachtführers ist der **Dienstmann,** der z. B. einen Koffer zum Auto trägt. Für ihn gelten allerdings die Bestimmungen über Frachtschein und Ladeschein nicht, da sie infolge der Verkehrssitte entfallen. Es wäre ja auch nicht zweckentsprechend und für alle Beteiligten äußerst hinderlich, wenn für einen Transport von einigen hundert Metern, bei dem meist Eile geboten ist, Urkunden auszutauschen wären.

Aus dem vorstehend erwähnten Frachtvertrag ist aber nur Karl Jedermann berechtigt. Gemäß der ausdrücklichen Vorschrift des § 435 HGB hat der Empfänger der Sendung, Huber, erst Ansprüche aus dem Vertrag, wenn das beförderte Gut am **Ort der Ablieferung** eingetroffen ist. Da sich der Unfall jedoch schon vor dem Eintreffen der Ballen in Linz ereignete, stehen die Ansprüche aus dem Vertrag noch Jedermann zu. Huber muß sich also erst die Schadenersatzansprüche von Jedermann abtreten lassen, ehe er gegen Sauerampfer vorgehen kann.

Der Wechsel

Karl Jedermann hat seinem Lieferanten Bind & Faden einen Teil der gelieferten Ware nicht bar bezahlt, sondern ein **Dreimonatsakzept** gegeben. Er beanstandet rechtzeitig die gelieferte Ware, weigert sich, irgendwelche Zahlungen zu leisten, und stellt Bind & Faden anheim, die fehlerhafte Ware zurückzunehmen. Bind & Faden kümmern sich um seine Schreiben jedoch nicht. Sie haben das Akzept an die Firma Samt & Seide **„indossiert“.** Dies geschah dadurch, daß Bind & Faden auf der Rückseite des Wechselformulars folgenden Vermerk anbrachten:

> „Für uns an die Firma Samt & Seide,
> Innsbruck,
>
> Datum
> Bind & Faden.“

Weil man den Weitergabevermerk üblicherweise auf die Rückseite des Wechselformulars setzt, hat dieser Vorgang den Namen **„Indossament“.** Dieses Wort ist abgeleitet aus dem italienischen Wort „indosso“, d. h. auf den Rücken. Man kann nämlich ein Recht aus dem Wechsel nur dadurch übertragen, daß man diesen Schriftakt vornimmt und den Wechsel dem neuen Berechtigten übergibt. Auf der **Rückseite** des Wechsels kann die Indossierung einfach durch eine Unterschrift des Indossanten bewerkstelligt werden; man spricht dann von einem **Blankoindossament.** Ein Berechtigter daraus wird nicht angegeben. Also einfach:

> „Datum Bind & Faden.“

Auf der **Vorderseite** des Wechsels könnte das Recht aus dem Papier nur durch **Vollindossament** übertragen werden. Man sieht also, daß Vorderseite und Rückseite beim Wechsel wohl zu unterscheiden sind. Darum kann ein gültiger Wechsel zwar auf einer Schiefertafel oder auf einer Wirtshaustür (die sich drehen und aushängen läßt) stehen, dagegen nicht in den Sand oder Staub des Bodens geschrieben sein, da hier keine Rückseite in Betracht kommt. Wir haben es im Beispiel mit einem Vollindossament zugunsten der Firma Samt & Seide zu tun. Demnach ist in dem vorstehenden Fall Samt & Seide nunmehr berechtigt, die Forderung von S 40.000,— gegen Jedermann geltend zu machen. Man spricht hier von der **Transportwirkung** und von der **Legitimationswirkung** des Indossaments. Der **Garantieeffekt** tritt bei Bind & Faden ein. Jeder, dessen Unterschrift sich auf dem Wechsel findet, haftet wechselmäßig!

Der vorstehend gebrachte Fachausdruck „Dreimonatsakzept“ besagt folgendes: Karl Jedermann hat einen von der Firma Bind & Faden auf ihn ausgestellten Wechsel, der über die geschuldete Kaufpreissumme von S 40.000,— lautet und nach drei Monaten fällig ist, durch seine Unterschrift „akzeptiert“.

Samt & Seide klagen den oben genannten Wechsel ein, wobei die Vorschriften der Zivilprozeßordnung über „Verfahren in Wechselstreitigkeiten“ zur Anwendung kommen. Gemäß § 51 Abs. 1 der Jurisdiktionsnorm ist für Streitigkeiten aus Wechselgeschäften bei einem Wert des Streitgegenstandes über S 30.000,— das Handelsgericht zuständig. Der Kläger muß sich daher eines Rechtsanwalts bedienen; insoweit gilt also nichts Besonderes. Die Besonderheit dieses Verfahrens liegt darin, daß gegen Karl Jedermann gemäß § 557 ZPO ein **Wechselzahlungsauftrag** ergehen kann. Der Kläger legt hiezu einen gültigen Wechsel und, soweit dies zur Begründung des Anspruchs erforderlich ist, den Protest und die quittierte (Kosten)-Rechnung vor. Dem Beklagten wird aufgetragen, binnen **14 Tagen** bei sonstiger Exekution die Wechselschuld samt Nebenkosten zu bezahlen oder seine Einwendungen dagegen zu erheben.

Karl Jedermann versucht natürlich, die Zahlung mit der Begründung zu verweigern, daß ja Bind & Faden um die Wechselforderung ungerechtfertigt bereichert seien und daß er diese Bereicherungseinrede nunmehr auch Samt & Seide entgegenhalte. Hier zeigt sich nun die ganze Gefährlichkeit einer Wechselverpflichtung (sogenannte Wechselstrenge). Karl Jedermann kann nämlich diese Einrede nicht Samt & Seide entgegenhalten (Abstraktheit des Wechsels). Wer nämlich einen Wechsel akzeptiert, verspricht eine Leistung nicht nur demjenigen, dem er den Wechsel zunächst hingibt, sondern auch allen Personen, die den Wechsel im Wege des Indossaments erhalten. Das Fremdwort für befehlen ist „ordre", daher hat diese ganze Wertpapiergruppe ihren Namen „Orderpapiere". Aufgrund des Indossaments von Bind & Faden ist Karl Jedermann nunmehr verpflichtet, an Samt & Seide zu zahlen.

Da Samt & Seide nicht etwa die Forderung von Bind & Faden abgetreten bekommen haben, sondern durch das Indossament die ursprüngliche Verpflichtung Karl Jedermanns auch ihnen gegenüber ausgelöst wird, kann er persönliche Einreden, die er gegenüber Bind & Faden hat, nicht gegen Samt & Seide geltend machen. Dies ergibt sich aus Art. 17 Wechselgesetz und wird als **materielle Wechselstrenge** bezeichnet.

Lediglich in folgenden Fällen kann der Wechselakzeptant gegenüber dem neuen Wechselberechtigten die Leistung verweigern: einmal, wenn sein Versprechen überhaupt ungültig ist, z. B. er wäre zur Zeit der Annahme des Wechsels volltrunken gewesen. Ferner kann er Einreden, die er dem bisher Berechtigten gegenüber hatte, dem neuen Gläubiger entgegenhalten, wenn dieser den Wechsel erwarb, um dem Akzeptanten bewußt einen Nachteil zuzufügen. Dies gilt z. B. in dem Fall, wo der Erwerber des Wechsels genau weiß, daß der Akzeptant eine Einrede wegen ungerechtfertigter Bereicherung hat, und durch seinen Erwerb ihre Geltendmachung verhindern will. Kann man ihm ein solches arglistiges Verhalten nachweisen, dann ist es um seine Forderung geschehen.

Da Karl Jedermann die ihm gegen Bind & Faden zustehende Einrede der ungerechtfertigten Bereicherung nicht gegen Samt & Seide geltend machen kann, verliert er den Prozeß gegen Samt & Seide und zahlt an diese S 40.000,–.

Aber diese S 40.000,– kann er sich jetzt wieder von Bind & Faden erstatten lassen. Man muß sich vergegenwärtigen, daß Bind & Faden den Wechsel ja nicht zum Spaß an Samt & Seide weitergegeben haben, sondern um damit ihrerseits eine Verpflichtung abzudecken. Dies ist ihnen nun ja gelungen, denn Samt & Seide haben das von Karl Jedermann gezahlte Geld schmunzelnd eingesteckt und sind dadurch mit Bind & Faden glatt. Oder anders gesehen: Bind & Faden sind eine Schuld von S 40.000,– losgeworden. Diesen **Vermögensvorteil** haben sie auf Kosten Karl Jedermanns erlangt, der ihnen aber diesen Vorteil nicht mehr zu gewähren brauchte, da er den zugrunde liegenden Kaufvertrag **gewandelt,** das heißt rückgängig gemacht hatte. Demnach sind Bind & Faden um diesen Betrag von S 40.000,– auf Kosten Jedermanns ungerechtfertigt bereichert und müssen ihm diesen Betrag zurückerstatten.

Der Wechsel begegnet uns in zwei Erscheinungsformen. Die einfachere, aber ungebräuchlichere Form ist der eigene (trockene) Wechsel. In ihm verspricht der **Aussteller** selbst, an einem bestimmten Tage oder bei Vorlegung eine bestimmte Geldsumme an den im Wechsel benannten Gläubiger zu zahlen. Hier, beim **eigenen Wechsel,** gibt es also nur zwei Personen: den die Zahlung versprechenden Aussteller und den **Berechtigten,** den man **„Remittent"** nennt. Dieses Wort heißt in der Übersetzung aus dem Lateinischen „der Zurückgebende". Das soll heißen, nachdem die Summe vom Aussteller an den Berechtigten (Remittenten) bezahlt ist, gibt er den Wechsel dem Aussteller zurück, damit dieser ihn vernichten kann.

Gebräuchlicher ist im Wirtschaftsleben die Form des sogenannten **„gezogenen Wechsels"**, der drei Personen kennt: den **Aussteller,** der eine Aufforderung zur Zahlung an einen anderen, den sogenannten **Bezogenen,** richtet, eine bestimmte Geldsumme an eine dritte Person, den **Remittenten,** zu zahlen.

Die zuletzt genannte Form des Wechsels nennt man auch „Tratte". Dieses Wort kommt gleichfalls aus dem Lateinischen, und zwar ist es vom Wort **„trahere"** (ziehen) abgeleitet, daher der Ausdruck „gezogener Wechsel". Auf den Wechselformularen findet man häufig die Bezeichnung **„Prima"**-Wechsel vorgedruckt. Dies bedeutet nicht etwa, daß es sich um einen „guten", von einem sicheren Wechselschuldner ausgestellten bzw. akzeptierten Wechsel handelt, sondern besagt vielmehr, daß es sich um die erste **Ausfertigung** dieses Wechsels handelt, weil theoretisch von dem gleichen Wechsel zweite und dritte Ausfertigungen erstellt werden können. Diese Möglichkeit wird jedoch nur im **Überseeverkehr** ausgenutzt und spielt daher im Binnenverkehr keine Rolle. Auf einem Wechsel kann man auch als **Bürge** für den Akzeptanten oder den Aussteller oder einen Indossanten durch einen entsprechenden Vermerk in Erscheinung treten. Als übliche Wortwendung gebraucht man dann die beiden Wörter **„per aval"** (als Bürge).

Im Wechselverkehr begegnet man auch noch dem sogenannten **„Domizilvermerk".** Nehmen wir einmal an, man zieht einen Wechsel auf einen bekannten Kaufmann. Wenn dieser dann den Wechsel annimmt, so vermerkt er bei seinem Akzept „zahlbar bei (Name des Kreditinstituts) in . . ." Dann ist dieses Kreditinstitut der sogenannte **„Domiziliat".** Am **Fälligkeitstag** wird also der Wechsel nicht in der Wohnung oder dem Geschäft des Kaufmanns präsentiert, sondern dem von ihm genannten Kreditinstitut vorgelegt.

Der Begriff **„Indossament"** ist schon vorstehend erklärt. Derjenige, der das Indossament auf die Rückseite des Wechsels setzt, um ihn weiterzugeben, heißt **Indossant.** Derjenige, der als der neue Berechtigte benannt wird, heißt **„Indossatar".** Er kann nun seinerseits wieder den Wechsel weiter indossieren.

Das Konsumentenschutzgesetz läßt zur Sicherung von Verbrauchergeschäften (vgl. Seite 38 f) nur noch den Rektawechsel zu. Der Aussteller muß in den Wechsel den Vermerk „nicht an Order" oder einen gleichbedeutenden Vermerk aufnehmen. Dieser Vermerk hat im Wechseltext, also auf der Vorderseite des Wechsels, zu stehen. Er bewirkt, daß der Wechsel nicht mehr wechselmäßig übertragen werden kann. Indossamente auf einem solchen Wechsel sind also ungültig. Hat nämlich der Aussteller die Worte „nicht an Order" oder einen gleichbedeutenden Vermerk aufgenommen, so kann gemäß Art. 10 WG der Wechsel nur in der Form und mit der Wirkung einer gewöhnlichen **Abtretung** übertragen werden.

Dies bedeutet, daß aus einem solchen Wechsel nur derjenige, zu dessen Gunsten die Wechselerklärung lautet (Remittent), oder derjenige, dem dieser das Recht abgetreten hat, berechtigt ist. Die gewöhnliche Abtretung (Zession) hat nicht die Wirkung eines Indossaments. Sie ist ein Vertrag zwischen dem Altgläubiger (Zedent) und dem Neugläubiger (Zessionar), durch den die Forderung auf letzteren übergeht. Verständigung des Schuldners ist zwar zur Gültigkeit des Geschäfts nicht nötig, erfolgt aber schon deswegen, weil ansonsten der Schuldner mit schuldbefreiender Wirkung an den Zedenten zahlen kann (vgl. Seite 124). Der Schuldner **behält alle Einwendungen,** die ihm gegen den Zedenten zugestanden haben. Wurde also ein auf den Ratenkäufer gezogener Rektawechsel durch Abtretung übertragen, kann der Käufer dem Wechselzessionar alle Einwendungen aus dem Kaufgeschäft sowie alle Begünstigungen aus dem Ratengesetz entgegenhalten.

Nehmen wir ein anderes Beispiel:

Karl Jedermann schuldet Bind & Faden eines Tages wiederum S 4000,–. Die gleiche Summe hat er von einem Kunden Franz Zimperlich zu bekommen. Da dieser im Augenblick nicht flüssig ist, zieht Karl Jedermann auf ihn einen Wechsel in Höhe von S 4000,–, zahlbar am 1. November des Jahres. Zimperlich unterschreibt auch gern das Akzept, und da als Remittent Bind & Faden in dem Wechsel angeführt sind, schickt Zimperlich den Wechsel gleich an Bind & Faden. Bind & Faden geben den Wechsel im Wege des

Indossaments sofort an Samt & Seide weiter. Diese legen den Wechsel am 1. November durch einen Büroangestellten dem Zimperlich vor, der jedoch nicht zahlen kann. Nunmehr wird **„Protest"** erhoben. Der Protest ist eine Urkunde, die ein **Notar** oder ein **Gerichtsbeamter** darüber aufnimmt, daß der Akzeptant trotz Aufforderung nicht bezahlt hat. Dieser Vermerk, den der Beamte unterschreibt, wird entweder – wenn noch Platz ist – auf die Rückseite des Wechsels gesetzt oder sonst auf einen Anhang, der an den Wechsel angeklebt wird. Da der Wechsel hierdurch eine längere Form bekommt, nennt man diesen Anhang auch **„Allonge"**.

Warum macht man sich nun die Mühe und Kosten eines solchen „Protestes"? Damit beweisen Samt & Seide durch eine Beurkundung, daß ihre Zahlungsaufforderung wirklich vergeblich war. Wenn Samt & Seide nunmehr den **„geplatzten Wechsel"** ihrem Vorgänger Bind & Faden vorlegen – sie können nämlich jetzt Rückgriff **(Regreß)** nehmen –, dann können diese sich nicht damit verteidigen, daß sie behaupten, Samt & Seide hätten wohl nicht versucht, den Wechsel richtig geltend zu machen. Samt & Seide können aber auch, statt bei Bind & Faden Regreß zu nehmen, sich gleich an den Aussteller Karl Jedermann halten.

Der letzte Berechtigte kann sich also unter seinen Vorgängern – einschließlich dem Aussteller – aussuchen, von wem er die Wechselsumme einfordern will. Außer der Wechselsumme kann er noch die Kosten des Protests (vgl. Seite 240), ferner 6 Prozent Zinsen seit dem Verfallstage und als besondere Vergütung 1/3 Prozent der Wechselsumme verlangen (Art. 48 WG). Das Ganze kann also für den Aussteller Karl Jedermann ein teurer Spaß werden. Wenn nämlich der Berechtigte auf seinen unmittelbaren Vormann zurückgreift, dieser wieder auf seinen Vormann und der erste Remittent schließlich auf den Aussteller, so kommt, wie bei einer Lawine, eine ganz erhebliche Steigerung des Betrages heraus. Aus diesem Grund hat der Inhaber des Wechsels den Aussteller und auch seinen Vormann sofort vom „Platzen des Wechsels" zu benachrichtigen, damit diese eventuell schnell an ihn zahlen können, um das teure Rückgriffsverfahren zu verhindern.

Nicht jeder Schuldner wird es darauf ankommen lassen, daß der ahnungslose Gläubiger am Fälligkeitstag plötzlich die Antwort bekommt, es würde nichts bezahlt. Ein vernünftiger Schuldner wird sich rechtzeitig mit dem Wechselgläubiger in Verbindung setzen und um **Stundung** bitten.

Wird die erbetene Stundung bewilligt, so nennt man diesen Vorgang eine **„Prolongation"** des Wechsels. Dies soll bedeuten, daß die Verfallszeit des Wechsels hinausgeschoben, die Zahlungsfrist also verlängert wird. Banken nehmen im allgemeinen nur Wechsel an, die eine Laufzeit von drei Monaten haben. Daher ist es üblich, ein „Dreimonatsakzept" zu geben.

Wir sahen, daß der Wechsel für den Schuldner ein in vieler Hinsicht gefährliches Papier ist. Wer einen Wechsel als Akzeptant oder auch als Aussteller unterschreibt, soll sich daher stets vorher sorgfältig überlegen, ob er an dem im Wechsel vorgesehenen Zahlungstermin (Verfallstag) auch wirklich in der Lage sein wird, die nötigen Gelder bereit zu haben. Wer leichtsinnig Wechsel ausstellt und hinterher zu Protest gehen läßt, nur um auf diese Art und Weise irgendwelche Waren geliefert zu bekommen, ist ein sogenannter **„Wechselreiter"**. In vielen Fällen wird er dadurch sogar den Tatbestand des **Betruges** erfüllen. Wenn nämlich im Strafverfahren festgestellt wird, daß er finanziell schon so schwach war, daß er gar nicht damit rechnen konnte, am Verfallstag die nötigen Gelder aufzubringen, dann hat er seinen Vertragspartner getäuscht und in Schädigungsabsicht gehandelt.

Die Wechselgebühr (die stets durch Aufkleben von Stempelmarken auf der Rückseite des Wechsels zu entrichten ist) beträgt für im Inland oder im Ausland ausgestellte Tratten und eigene Wechsel 1/8 Prozent der Wechselsumme.

Für im Ausland ausgestellte und ausschließlich im Ausland zahlbar gestellte Wechsel beträgt die Gebühr 1/16 Prozent der Wechselsumme.

Alle Vervielfältigungen und alle Prolongationen unterliegen denselben Gebühren.

Der **Wechselprotest** hat unabhängig von der Höhe der Wechselsumme einen 120-S-Stempel aufzuweisen; ferner die Protokollnummer, unter der der Protest in das vom Notar oder vom Gerichtsbeamten laufend zu führende Protokollbuch eingetragen wurde.

Im Text des Wechselprotests bestätigt der Notar bzw. der Gerichtsbeamte, daß er sich im Auftrag des Wechselgläubigers an dem mit genauem Datum bezeichneten Tag zur genau bezeichneten Stunde zwecks Vorlage des Wechsels in die Wohnung (oder in das Geschäftslokal) des Wechselschuldners begeben habe. Die Vorlage des Wechsels sei aber erfolglos gewesen, weil der Wechselschuldner nicht angetroffen wurde bzw. weil dieser nicht bezahlt habe.

Der Text des Wechselprotests wird mit Siegel und Unterschrift des Notars oder des Gerichtsbeamten versehen.

Die nach der Notariatsordnung (BGBl Nr. 576/1973) zu berechnenden Gebühren betragen bei einer Wechselsumme von S 2000,–:

Protestgebühr mindestens	S 38,–
Beurkundungsgebühr	S 120,–
Zeitgebühr je halbe Stunde . . .	S 75,–
	S 233,–

Dazu kommt noch die Entfernungsgebühr. Diese beträgt z. B. in Wien, wenn Wohnung oder Geschäftslokal des Wechselgläubigers im gleichen Bezirk liegt wie der Amtssitz des Notars, das Doppelte des Straßenbahntarifs, wenn in benachbartem Bezirk das Vierfache des Straßenbahntarifs, wenn in nicht benachbartem Bezirk das Achtfache des Straßenbahntarifs.

Der Scheck

Karl Jedermann unterhält bei einer Bank ein Konto. Er pflegt Zahlungen, die sofort fällig sind, dadurch zu leisten, daß er Schecks in entsprechender Höhe ausstellt und diese dem Gläubiger zusendet.

Der Scheck hat eine ganz andere Funktion als der Wechsel. Aus den Namen der beiden Wertpapiere können wir nichts entnehmen. Beide haben eines gemeinsam: daß sie in Geld eingelöst werden sollen. Aber in folgendem unterscheiden sie sich: Der Wechsel ist ein **Kreditpapier,** das heißt, der Schuldner, der jetzt nicht zahlen kann, gibt dem Gläubiger durch ein **Wechselakzept** für einen bestimmten zukünftigen Zeitpunkt eine rasch durchsetzbare Forderung in die Hand. Der Scheck dagegen dient der sofortigen **Bezahlung.** Und warum zahlt der Schuldner dann nicht gleich mit barem Geld? Alltagsgeschäfte werden ja auch, da sie gewöhnlich nur über ein paar Schilling lauten, aus dem Portemonnaie bezahlt. Aber wenn es um größere Geldsummen geht, dann kann man nicht ein Bündel Banknoten für mehrere zehntausend Schilling mit sich herumschleppen. Hier tritt als einfaches Zahlungsmittel der Scheck in Funktion.

Statt an einen Gläubiger Geld auszuhändigen, stellen wir einen Scheck zu seinen Gunsten aus. Er wird diesen zu einem ihm genehmen Zeitpunkt bei unserem Kreditinstitut kassieren.

Man kann nur auf einen **Bankier** (Kreditinstitut) einen Scheck ziehen, bei dem man ein **Guthaben** hat und mit dem man eine Vereinbarung getroffen hat, daß man über sein Guthaben mit einem Scheck verfügen kann (Art. 3 Scheckgesetz). Die Tatsache, daß man ein Bankkonto hat, bedeutet noch nicht, daß man darüber mit Scheck verfügen kann. Wenn man einen besonderen Scheckvertrag bezüglich seines Bankkontos wünscht, muß man sich ein auf den Namen der Bank lautendes Scheckheft aushändigen lassen und die darin befindlichen Formulare von Fall zu Fall verwenden. Da der Scheck der sofortigen Begleichung dient, kennt er kein Akzept wie der Wechsel (vgl. Seite 236).

Karl Jedermann bezahlt eine Schuld von S 2500,– bei Bind & Faden beim Empfang der Ware durch Hingabe eines Schecks. Am nächsten Tag stellt er fest, daß die Ware mangelhaft ist, und schickt einen Eilbrief an seine Bank mit der Aufforderung, den Scheck über S 2500,–, Nr. 214.802, ausgestellt zugunsten der Firma Bind & Faden, nicht einzulösen. Trotzdem wird der Scheck einen Tag nach Eingehen des Briefes bei Vorlage von der Bank ausgezahlt (honoriert). Karl Jedermann ist entrüstet, daß seinem Verlangen nicht entsprochen wurde, und meint, daß die Bank ihm gegenüber nicht durch die Zahlung der S 2500,– an Bind & Faden frei geworden sei, das heißt, sie dürfte den Betrag von S 2500,– nicht von seinem Konto abbuchen. – Karl Jedermann hat unrecht.

Ein Scheck ist binnen acht Tagen nach seiner Ausstellung der Bank zur Einlösung vorzulegen. Das heißt nun nicht etwa, daß nach Ablauf der Frist der Scheck seine Bedeutung verliert, aber die Frist hat den Sinn, daß ein **Widerruf** des Scheckausstellers innerhalb der Achttagefrist nicht von der Bank berücksichtigt zu werden braucht. Sie kann innerhalb dieser acht Tage also einen ihr zugegangenen Widerruf unbeachtet lassen, den vorgelegten Scheck einlösen und das Konto des Ausstellers belasten. Es ist daher für einen Scheckberechtigten sehr zweckmäßig, den Scheck innerhalb der Vorlegungsfrist von acht Tagen der Bank zu präsentieren, weil er dann vor etwaigen Widerrufen sicher ist, soweit für den Widerruf nicht besondere Gründe vorliegen. Denn die Bank kann, wenn sie will, auf den Widerruf des Ausstellers hin den Scheck sperren. Doch tut sie das nur, wenn besonders wichtige Gründe glaubhaft gemacht werden, z. B. wenn ihr gemeldet wird, daß der Scheck gestohlen ist.

Der Scheckempfänger kann im Falle der Weigerung der Bank, zu zahlen, gegen diese überhaupt nichts machen. Denn ihm gegenüber besteht keinerlei Verpflichtung der Bank. Umgekehrt kann der Scheckempfänger, wenn die Bank nicht einlöst, Rückgriff beim Scheckaussteller nehmen. Hier bedarf es keines Protests mangels Zahlung. Der naheliegendste Grund, weshalb eine Bank einen vorgelegten Scheck nicht einlöst, ist der, daß dieser nicht **gedeckt** ist, das heißt, daß das Bankkonto zur Zeit der Scheckvorlage kein genügend großes Guthaben des Ausstellers aufweist. Dies kann jedem Kaufmann einmal passieren, wenn er z. B. am Tag der Ausstellung sicher damit rechnen konnte, daß am nächsten Tag eine größere Zahlung auf diesem Konto von einem sicheren Schuldner eingehen würde. Er wird dann schleunigst dafür sorgen, daß der Scheckberechtigte anderweitig zu seinem Geld kommt. Immerhin ist auch schon das einmalige **„Platzen"** eines Schecks ein Nachteil. Einmal verliert man dadurch das Ansehen, ferner aber kommt der Aussteller bei einer Zentralstelle der Banken auf eine schwarze Liste, und er muß befürchten, daß ebenso wie im Falle eines **geplatzten Wechsels** auf ihn gezogene Wechsel nicht mehr diskontiert, das heißt von den Banken nicht mehr gutgeschrieben werden, und daß die Bank den Scheckvertrag mit ihm kündigt. Besonders schlimm ist es, wenn leichtfertig oder böswillig Schecks ausgestellt werden, für die keine Zahlungsdeckung da ist. Ein derartiges Verhalten erfüllt den Tatbestand des **Betruges** nach § 146 StGB, und der Aussteller muß im Fall einer Anzeige mit einer Freiheitsstrafe rechnen.

Der Scheck ist wie der Wechsel an und für sich ein **Orderpapier,** das heißt, der Scheckinhaber kann den Scheck durch ein **Indossament** (über den Begriff vgl. Seite 236) weiter übertragen.

In Österreich wird der Scheck in der Regel nicht als indossables Papier ausgestellt, sondern als sogenannter **Inhaberscheck.** Dies ergibt sich aus Art. 5 Abs. 2 Scheckgesetz, weil die Banken in ihren Formularen den Zusatz vorgedruckt haben: „oder **Überbringer".** Das soll bedeuten, daß nicht nur der im Scheck namentlich Genannte berechtigt ist, die Einlösung zu fordern, sondern jeder, der den Scheck in Händen hat. Nach den Bankbedingungen macht das Durchstreichen dieses Zusatzes den ganzen Scheck nichtig. Daher kann ein Scheck auch durch einfache **Übergabe** und **Einigung,** daß der neue Inhaber Berechtigter sein soll, weiter übertragen werden. Doch wird der neue

Berechtigte Wert darauf legen, daß sein Vorgänger ein Indossament auf den Scheck setzt, weil dieser dann mit für die Einlösung des Schecks haftet, auch bei ihm also gegebenenfalls **Regreß** genommen werden kann (Artikel 20 Scheckgesetz).

Wir haben bisher immer den Fall des sogenannten **Barschecks** betrachtet. Darunter versteht man einen Scheck, der vom Empfänger zur Barauszahlung vorzulegen ist. Unter Kaufleuten ist der sogenannte **Verrechnungsscheck** gebräuchlicher. Bei ihm schreibt man quer über das Formular **„nur zur Verrechnung"** oder drückt einen entsprechenden Stempel darauf.

Der sogenannte **Postscheck** hat mit dem eigentlichen Scheck nichts zu tun. Er kann z. B. nicht indossiert werden. Er unterliegt ausschließlich den Geschäftsbestimmungen für den Scheckverkehr des Österreichischen Postsparkassenamtes.

Mit seiner Hilfe kann man einmal an Inhaber anderer Postsparkassenkonten bargeldlos überweisen. Hierzu verwendet man das entsprechende Postscheckformular mit der eingedruckten Aufforderung: „Das Österreichische Postsparkassenamt **überweise** ...."

Mit Hilfe des grünen Postscheckformulars kann man Barauszahlungen an Personen vornehmen, die keinerlei Konten bei Kreditinstituten unterhalten. Sie bekommen das Geld durch die Post ins Haus gebracht. Das grüne Formular enthält die Aufforderung: „Das Österreichische Postsparkassenamt **zahle** ...." Die Organisation der Post ermöglicht mit Hilfe des **Geldbriefträgers** eine Zahlung an jedem Ort Österreichs. Auch sich selbst kann der Postscheckkunde, wenn er z. B. in einem einsamen Gebirgsdorf auf Urlaub ist, in wenigen Tagen von seinem Konto Geld überweisen lassen.

Ist ein Kontoinhaber Teilnehmer am **Fernscheckverkehr** des Postsparkassenamtes, so kann er werktags in der Zeit von 8 bis 12.30 Uhr bei jenen Außenzahlstellen des Postsparkassenamtes, bei denen seine Musterunterschrift hinterlegt ist, Überweisungen aufgeben, die noch am selben Tag durchgeführt werden. Zulässig sind Überweisungen vom Scheckkonto des Teilnehmers am Fernscheckverkehr auf jedes andere beim Postsparkassenamt geführte Scheckkonto in beliebiger Betragshöhe. Unter der gleichen Voraussetzung können auch Barabhebungen bei den Außenzahlstellen getätigt werden. Außenzahlstellen bestehen derzeit bei den Hauptpostämtern in Bludenz, Bregenz, Bruck a. d. Mur, Dornbirn, Eisenstadt, Feldkirch, Graz, Innsbruck, Klagenfurt, Leoben, Linz, Lustenau, Salzburg, St. Pölten, Villach, Wels und Wiener Neustadt.

Auch mit dem Ausland ist ein Zahlungsverkehr mittels der besprochenen Scheckformulare möglich. Die noch bestehende Devisenbewirtschaftung macht hier aber die Einhaltung bestimmter Richtlinien nötig. Zu diesem Zweck gibt das Österreichische Postsparkassenamt in Wien ein **Merkblatt für den Zahlungsverkehr nach dem Ausland** heraus, das bei ihm angefordert werden kann.

Die Scheckkarte wird an Scheckkonteninhaber (Gehaltskonteninhaber) als Zeichen besonderen Vertrauens von den Kreditinstituten ausgestellt und gewährt dem Schecknehmer die Sicherheit der Einlösung eines Schecks, der auf dem Scheckformular des Kreditinstitutes ausgestellt wurde, bis derzeit S 2500,–, wenn die Unterschrift des Ausstellers mit der Unterschrift auf der Scheckkarte, weiters die Kontonummer und die Scheckkartennummer übereinstimmen, gleichgültig ob auf dem Konto Deckung ist oder nicht.

Durch die Scheckkarte ist der Scheckverkehr weit verbreitet.

Alle öffentlich Bediensteten sind durch Gesetz verpflichtet, sich ein Girokonto einzurichten, auf das ihr Gehalt überwiesen wird.

Viele private Dienstgeber sind ebenfalls dazu übergegangen, Löhne und Gehälter auf Girokonten zu überweisen, was zu einer enormen Ausweitung des Scheckverkehrs in Österreich geführt hat.

Der Ausgleich

Karl Jedermanns Geschäfte gehen schlecht. Es kommt hinzu, daß mehrere seiner Kunden ihre Zahlungen einstellen, auch hat er großen Schaden durch Scheck- und Wechselbetrüger. Er versucht sich eine Zeitlang mit Darlehen weiterzubehelfen, kann aber diese an den Fälligkeitstagen nicht mehr zurückzahlen.

Den drohenden Ruin vor Augen, versucht er einen Ausweg zu finden. Karl Jedermann wird von der einzigen Möglichkeit Gebrauch machen, die ihn vor dem Konkursverfahren retten kann: er wird beim Handelsgericht Wien einen Antrag auf Eröffnung des **Ausgleichsverfahrens** stellen. Dieses kann gemäß § 1 der **Ausgleichsordnung** von 1914 in der Fassung aus 1934 vom Schuldner beantragt werden.

Karl Jedermann stellt den Antrag in zweifacher Ausfertigung wie folgt:

Karl Jedermann
Stoffstraße 20
1200 Wien

An das
Handelsgericht Wien
Riemergasse 7
1010 Wien

Wien, den . . .

Betrifft: Karl Jedermann, prot. Firma in 1200 Wien, Stoffstraße 20,
Antrag auf Eröffnung des Ausgleichsverfahrens.

Der schlechte Geschäftsgang und namhafte in den letzten Jahren erlittene Verluste haben es mit sich gebracht, daß ich meine Zahlungen nicht länger aufrechterhalten kann und daher genötigt bin, in der sicheren Hoffnung, einen Konkurs vermeiden zu können, den tieferstehenden Ausgleichsantrag zu stellen. Hinzufügen möchte ich, daß ich die entstandenen Zahlungsschwierigkeiten ohne weiteres hätte überbrücken können, wenn nicht mehrere meiner Schuldner durch Wechsel- und Scheckbetrügereien meine wirtschaftliche Lage noch verschlimmert hätten.

Meine Vermögensbilanz zum heutigen Datum liegt bei und zeigt eine Überschuldung von S 120.719,80.

Innerhalb der letzten fünf Jahre vor Stellung dieses Ausgleichsantrages ist über mein Vermögen ein Konkursverfahren oder Ausgleichsverfahren nicht eröffnet oder mangels hinreichenden Vermögens abgelehnt worden.

Innerhalb der letzten zwei Jahre vor Stellung dieses Ausgleichsantrages hat zwischen mir und meinen nahen Angehörigen eine Vermögensauseinandersetzung nicht stattgefunden. Innerhalb dieses Zeitraumes habe ich Verfügungen über meine Vermögensgegenstände zugunsten naher Angehöriger nicht vorgenommen.

Die Entwicklung meines Unternehmens ist aus den beiliegenden Bilanzen für die letzten drei Geschäftsjahre ersichtlich.

Ich erbiete mich zum Offenbarungseide über die Richtigkeit des angegebenen Aktiv- und Passivstandes (siehe beiliegender Status) und stelle meinen Gläubigern nachstehenden

Ausgleichsvorschlag:

1. Die ein Vorrecht genießenden Forderungen im Sinne des § 23 AO werden voll befriedigt.

2. Die übrigen Gläubiger erhalten zur Abgeltung ihrer Forderungen 65% ihrer Ansprüche binnen einer Frist von 4 Monaten. Es macht keinen Unterschied, ob diese Forderungen offene Buchforderungen oder Wechselforderungen sind, und sind die Gläubiger verpflichtet, bei Annahme des Ausgleichs jene Wechsel, auf denen ich als Verpflichteter erscheine, an mich zurückzustellen.

Datum .... Karl Jedermann

Aufgrund dieses Ausgleichsantrages eröffnet das Gericht das Ausgleichsverfahren. Durch **Edikt** wird die Eröffnung des Ausgleichs öffentlich bekanntgemacht. Das Edikt enthält unter anderem Firma und Wohnort des Schuldners, Sitz des Unternehmens, den Namen des **Ausgleichskommissärs** und des **Ausgleichsverwalters,** Zeit und Ort der **Ausgleichstagsatzung** sowie die Aufforderung an die Gläubiger, ihre Forderungen anzumelden.

Das Gericht bestellt einen Richter zum Ausgleichskommissär, der das Ausgleichsverfahren leitet und den Ausgleichsverwalter überwacht.

Auch der Ausgleichsverwalter ist vom Ausgleichsgericht bestellt. Er überprüft die Wirtschaftslage Karl Jedermanns, seine Geschäftsgebarung, die Ursachen des Vermögensverfalls, die Einbringlichkeit der Außenstände und den Stand der Schulden. Der Ausgleichsverwalter stellt dabei die Angemessenheit des Ausgleichsanbotes fest. Er überwacht die weitere Geschäftsführung sowie die Kosten der Lebensführung des Ausgleichsschuldners. Karl Jedermann hat für gewisse Geschäftsabwicklungen die Zustimmung des Ausgleichsverwalters einzuholen.

Die Verfahrenseröffnung ist unzulässig, wenn der Schuldner flüchtig ist, wenn er wegen betrügerischer Krida verurteilt wurde, innerhalb der letzten fünf Jahre ein Ausgleichs- oder Konkursverfahren gegen ihn lief, bei gesetzwidriger Gläubigerbegünstigung und wenn nicht mindestens **40 Prozent binnen Jahresfrist bzw. 50 Prozent binnen 18 Monaten** geboten werden.

Zur besseren Veranschaulichung wird die Bestimmung des § 3 Abs. 1, Z. 3 AusglO über die **Mindestquoten** schematisch dargestellt: Über das Vermögen einer Kreditunternehmung kann ein Ausgleichsverfahren nicht eröffnet werden (§ 30 Abs. 3 Kreditwesengesetz), Konkurs und Zwangsausgleich sind möglich. Im übrigen gilt:

Erfüllungsfrist:	Mindestquote:
bis 12 Monate	40%
bis 18 Monate	50%
bis 24 Monate	50% innerhalb von 18 Monaten, der 50% übersteigende Prozentsatz innerhalb der weiteren 6 Monate

Die Erfüllungsfrist läuft jeweils vom Tag der Annahme des Ausgleichsvorschlages. Für den Zwangsausgleich (vgl. Seite 250) kann die Erfüllungsfrist vom Tag der Aufhebung des Konkurses an festgelegt werden.

In der Ausgleichstagsatzung stimmen die Gläubiger über den von Karl Jedermann gemachten Ausgleichsvorschlag ab. Dieser gilt als angenommen, wenn die **einfache Mehrheit** der anwesenden stimmberechtigten Ausgleichsgläubiger, die mindestens **drei Viertel der angemeldeten, stimmberechtigten Forderungen** vertritt, zustimmt. Der Ausgleich bekommt seine Wirksamkeit durch die **gerichtliche Bestätigung.**

Während des Ausgleichsverfahrens, das innerhalb von 90 Tagen abgeschlossen sein muß, kann Karl Jedermann nicht in Konkurs geraten, und **Zwangsvollstreckungen,** die gegen ihn laufen, werden einstweilen eingestellt. Zweiseitige Verträge, die noch nicht abgewickelt sind, kann Karl Jedermann mit Ermächtigung des Ausgleichsgerichtes zu erfüllen ablehnen. Während des Ausgleichsverfahrens hat der Schuldner die Pflicht zur bescheidenen Lebensführung. Das Gericht kann ein allgemeines **Veräußerungsverbot** verhängen, so daß Verfügungen des Schuldners über sein Vermögen seinen Gläubigern gegenüber unwirksam sind.

Durch den bestätigten Ausgleich werden alle, auch die überstimmten Gläubiger gebunden. Sie können jetzt nur noch die vom Ausgleichsschuldner angebotenen und im Ausgleich angenommenen Perzentsätze ihrer Forderungen geltend machen.

Der Konkurs

Wird dem Ausgleich Karl Jedermanns die Bestätigung durch das Ausgleichsgericht versagt, so hat das Ausgleichsgericht von Amts wegen darüber zu entscheiden, ob das Konkursverfahren zu eröffnen sei. Aber dieses Konkursverfahren war offenbar nicht vermeidbar, denn im Ausgleichsverfahren wird ja gerade von den Beteiligten geprüft, ob es nicht zweckmäßig sei, den Schuldner in seiner Existenz zu erhalten und dadurch wenigstens einen größeren Prozentsatz für die Gläubiger zu retten.

Hätte Karl Jedermann nicht das Ausgleichsverfahren beantragt, so hätte er wohl selbst den **Konkursantrag** stellen müssen, oder es hätte einer seiner Gläubiger den Antrag auf Eröffnung des Konkursverfahrens gestellt, so daß Karl Jedermann also durchaus vernünftig handelte, als er den Versuch machte, mit Hilfe des Ausgleichsantrages ein Konkursverfahren zu vermeiden.

Der Antrag eines Gläubigers würde so aussehen, wie auf der folgenden Seite wiedergegeben.

(Einen Durchschlag für das Gericht beifügen, einen für die eigenen Akten zurückbehalten. Der Antrag ist an den Gerichtshof I. Instanz, in dessen Sprengel der Schuldner sein Unternehmen betreibt, zu richten. Hat ein Schuldner kein Unternehmen, so ist sein Wohnsitz maßgebend.)

In unserem Beispiel hat ein Gläubiger den Konkursantrag gestellt. Dies hätte aber – wie wir schon feststellten – auch der Schuldner selbst tun können.

Der Gläubiger muß sich darüber klar sein, daß ihm ein solcher Antrag weitere Kosten verursacht. Da in unserem Fall die Firma Hans Maier eine Forderung von S 3760,– geltend macht, berechnet sich

An das
Handelsgericht Wien
Riemergasse 7
1010 Wien

Antragsteller: Hans Maier
Kaufmann
1150 Wien, Spiegelgasse 10

Antragsgegner: Karl Jedermann
Kaufmann
1200 Wien, Stoffstraße 20

Antrag gemäß § 70 KO auf Eröffnung des Konkurses über das Vermögen des Antraggegners.

2-fach
1 Rubrik

Der Antragsgegner schuldet mir aus dem vollstreckbaren Urteil dieses Gerichtes vom 10. August 19 . . . zu 3 Cg 827/81 den Betrag von S 3760,— samt 6% Zinsen seit 10. Februar 19 . . . und an Prozeßkosten den Betrag von S 520,—.

Bescheinigungsmittel: Akt 3 Cg 827/81.

Der Antragsteller ist zahlungsunfähig. Seit etwa 6 Monaten sind die Rechnungen von ihm nur noch zögernd bezahlt worden, und seit 2 Monaten hat er seine Zahlungen überhaupt eingestellt. Mahnungen beantwortete er überhaupt nicht mehr; es sind beim Exekutionsgericht gegen ihn nicht weniger als 10 Exekutionen anhängig. Zuletzt geführte Exekutionen sind fruchtlos ausgefallen.

Bescheinigungsmittel: Das Pfändungsprotokoll des Exekutionsgerichts Wien zu 42 E 849/81:

Ich stelle daher den

Antrag

auf Anberaumung einer Einvernehmungstagsatzung, Herbeischaffung der oben genannten Bescheinigungsmittel und sohin auf Eröffnung des Konkurses über das Vermögen des Antragsgegners.

Wien, den ....

Hans Maier

die Gebühr für den Antrag des Konkursverfahrens nach diesem Wert. Es ist daher immer zweckmäßig, sich vorher zu vergewissern, ob der Schuldner wenigstens noch einige Werte hat, so daß zunächst die Kosten, die der Gläubiger aufzubringen hat, im Konkursverfahren eingetrieben werden können.

Voraussetzung für ein Konkursverfahren ist, daß der Gemeinschuldner **zahlungsunfähig** ist. Dies ist nicht gleichbedeutend mit überschuldet. Ein Firmeninhaber kann **überschuldet** sein, aber kraft seiner Persönlichkeit und seiner Zukunftsaussichten so viel Kreditmöglichkeit haben, daß er seinen Zahlungen immer noch nachkommen kann. Hat er seine Zahlungen eingestellt, so wird allerdings angenommen, daß er zahlungsunfähig ist. Bei Handelsgesellschaften, bei denen kein persönlich haftender Gesellschafter eine natürliche Person ist (z. B. GmbH&Co KG) findet das Konkursverfahren bereits bei Überschuldung statt. Die verantwortlichen Organe solcher Gesellschaften sind verpflichtet, den Konkursantrag zu stellen, sobald die **Überschuldung** festgestellt ist, sonst machen sie sich strafbar und schadenersatzpflichtig.

Der Konkurs erfaßt das gesamte Vermögen Karl Jedermanns, nicht etwa nur sein Firmenvermögen. Nur bei der **offenen Handelsgesellschaft** gibt es ein besonderes Konkursverfahren über das Gesellschaftsvermögen, wobei die Gesellschafter aber für den Ausfall haften.

Ergeben die Ermittlungen des Gerichts, insbesondere die Angaben des Gemeinschuldners, hier also Karl Jedermanns, daß er zahlungsunfähig ist, so beschließt das Gericht die Konkurseröffnung.

Liegt nach der Auffassung des Gerichts nur so wenig Vermögen des Schuldners vor, daß nicht einmal die Kosten des Verfahrens gedeckt werden, so wird der Antrag auf Konkurseröffnung „mangels Kostendeckung" abgelehnt. Das Gericht führt ein Verzeichnis derartiger Schuldner, bei denen der Konkursantrag mangels Kostendeckung abgelehnt worden ist, das von jedem eingesehen werden kann. Nach Ablauf von fünf Jahren wird der Name eines solchen Schuldners gelöscht.

Der Eröffnungsbeschluß enthält unter anderem das Gericht, die Firma, den Sitz des Unternehmens, die Namen des Konkurskommissärs und des Masseverwalters sowie Angaben über Ort, Zeit und Gegenstand der Gläubigerversammlung und der Prüfungstagsatzung, ferner die Aufforderung an die Gläubiger, ihre Forderungen anzumelden.

Es ist Aufgabe des bestellten Masseverwalters, alle Vermögenswerte des **Gemeinschuldners,** so wird Karl Jedermann jetzt bezeichnet, zusammenzufassen und zu Geld zu machen. Selbstverständlich kann er nur solche Vermögenswerte erfassen, die der Pfändung unterworfen sind; also z. B. nicht das notwendige Mobiliar und die Kleidungsstücke des Schuldners. Mit Genehmigung des Gläubigerausschusses kann der Masseverwalter Karl Jedermann und seiner Familie auch weiterhin einen **notwendigen Unterhalt** aus der Masse gewähren, wenn dies nach den Umständen angemessen erscheint.

Damit der Masseverwalter seine Tätigkeit ungestört ausüben kann, verliert Karl Jedermann mit Eröffnung des Konkurses die Befugnis, über sein zur **Konkursmasse** gehöriges Vermögen zu verfügen oder es zu verwalten. Der Masseverwalter nimmt die Sachen in Besitz, im **Grundbuch** wird die Eröffnung des Konkursverfahrens eingetragen. Wer als Schuldner jetzt noch etwas an Karl Jedermann zahlt, wird von seiner Schuld nicht befreit, sondern kann vom Masseverwalter noch einmal in Anspruch genommen werden.

Unter den Gegenständen, die der Masseverwalter in den Geschäftsräumen Karl Jedermanns vorgefunden hat, befindet sich auch eine Schreibmaschine, die im

Bürohaus Klein auf Abzahlung unter Eigentumsvorbehalt erstanden worden ist.

Das Bürohaus Klein kann aufgrund seines **vorbehaltenen Eigentums,** da Karl Jedermann noch nicht alle Raten bezahlt hat, die Schreibmaschine herausverlangen, also aus der Masse **aussondern.** Dann steht dem Masseverwalter nur ein Anspruch auf Rückzahlung der geleisteten Raten, aber abzüglich eines angemessenen Betrages für die Abnutzung zu. Wenn allerdings nur noch eine oder zwei kleinere Raten offen sind, wird es der Masseverwalter vorziehen, diese Raten aus der Konkursmasse zu bezahlen, um den größeren Wert, die Schreibmaschine, für die Verwertung zugunsten der Gläubiger zu behalten. Bei beiderseits noch nicht abgewickelten Verträgen hat nämlich der Masseverwalter ein **Wahlrecht,** ob er den Vertrag erfüllen will oder nicht. Lehnt er die Erfüllung ab, so hat der andere Vertragsteil lediglich einen Schadenersatzanspruch, den er als Konkursforderung geltend machen kann.

Unser Masseverwalter stellt bei der Zusammenfassung der Aktivwerte, die zu Geld gemacht werden sollen, folgendes fest: Karl Jedermann hat vor fünf Monaten seinem Kegelverein, um dort zu imponieren, das Bild einer Seelandschaft geschenkt, das einen Wert von S 20.000,– darstellt. Zur gleichen Zeit hat er seiner Frau einen Pelz und Schmuck im Wert von insgesamt S 45.000,– gekauft. Auch hat er ihr zu sehr günstigen Bedingungen ein kleines Grundstück verkauft.

Seine wertvolle Briefmarkensammlung hat er seinem Sohn Otto mit der Begründung übergeben, daß Otto ihm mehrfach mit Rat und Tat in den letzten Jahren zur Seite gestanden habe, ohne hiefür bezahlt worden zu sein.

Der Kegelverein, Frau Jedermann und auch der Sohn Otto müssen das Erlangte dem Masseverwalter herausgeben. Der Masseverwalter kann nämlich diese vor der Konkurseröffnung Karl Jedermanns liegenden Geschäfte **anfechten.**

Die Schenkung des Bildes an den Kegelklub ist gemäß § 29 Ziffer 1 KO anfechtbar, weil sie in den letzten zwei Jahren vor der Konkurseröffnung erfolgte und infolge ihres hohen Wertes nicht eine gebräuchliche Gelegenheitsschenkung darstellt.

Die der Ehefrau Ottilie gemachten Schenkungen (Pelz und Schmuck) sind aus denselben Gründen anfechtbar.

Das Grundstück ist zwar nicht verschenkt, sondern verkauft worden, aber zu offenbar so geringen Gegenleistungen, daß die Gläubiger durch diesen Vertrag benachteiligt wurden. Auch dieses Geschäft kann also der Masseverwalter anfechten, es sei denn, daß Ottilie beweisen kann, daß ihr von der bösen Absicht Karl Jedermanns nichts bekannt war (§ 28 Z. 3 KO).

Die Übereignung der Briefmarkensammlung an den Sohn Otto ist ganz offensichtlich ein frisiertes Geschäft, um die Gläubiger zu benachteiligen. Otto hat ersichtlich nie daran gedacht, sich für seine gelegentlichen Ratschläge etwas bezahlen zu lassen, geschweige denn eine so wertvolle Gegenleistung erwartet. Die Übereignung der Briefmarkensammlung an ihn kann daher gemäß § 28 KO angefochten werden, und Otto muß die Sammlung herausgeben.

Nachdem der Masseverwalter alles zu Geld gemacht hat, geht es an die Verteilung der Masse.

An und für sich sollen nun die am Konkursverfahren beteiligten Gläubiger gleichmäßig befriedigt werden. Es erscheint aber recht und billig, dabei doch eine gewisse **Rangordnung** einzuhalten.

Verliehene, vermietete, verpfändete, in Verwahrung oder zur Bearbeitung übergebene Gegenstände sowie Kommissionswaren und unter Eigentumsvorbehalt übergebene Sachen, kurzum alle Sachen, an denen einem Dritten Eigentum zukommt, werden an diesen in natura zurückgegeben. Der Eigentümer hat **Aussonderungsansprüche,** das heißt, er kann die Herausgabe der genannten Gegenstände verlangen.

Pfandgläubiger können die gesonderte Verwertung der Pfandgegenstände verlangen, das heißt, daß aus diesen Gegenständen vorerst die Forderungen der einzelnen Pfandgläubiger befriedigt werden, Überschüsse (Mehrerlöse) in die Konkursmasse fallen, Ausfälle (Mindererlöse) als einfache Konkursforderungen weiter gelten. Zur Erreichung solcher **Absonderungsansprüche** müssen richterliche Pfandrechte jedoch älter als 60 Tage (gerechnet bis zur Konkurseröffnung) sein.

Schließlich werden auch die sogenannten **Masseforderungen** vorerst bezahlt. Es sind dies die Kosten des Masseverwalters, die Gerichtsgebühren, ferner alle Kosten, die durch die Abwicklung, durch Sachverständige, Aufräumefrauen, eine Stenotypistin usw. erwachsen, kurzum alle jene Forderungen, die **nach Konkurseröffnung** entstehen.

Erst dann kommen die **Konkursforderungen** zum Zuge, das sind jene Forderungen, die **vor Konkurseröffnung** entstanden sind und weder Aussonderungs- noch Absonderungsansprüche darstellen.

Existenzwichtig können bei Insolvenzen die gesetzlichen Möglichkeiten werden, die sich für einen **Dienstnehmer** aus der Eröffnung des Konkursverfahrens über seinen Dienstgeber bieten. Hier erhält der Dienstnehmer nach dem Insolvenzentgeltsicherungsgesetz aus einem von Dienstgeberbeiträgen gespeisten Fond vom zuständigen Arbeitsamt seine Forderungen erfüllt.

Zusammenfassend kann man hier folgende **Übersicht** aufstellen:

Aussonderungsansprüche werden einem Dienstnehmer im allgemeinen nur dort zustehen, wo er etwa Sparbücher, Effekten und sonstige Werte nach den gesetzlichen Vorschriften des § 1 Kautionsschutzgesetz, BGBl Nr. 229/1937, als Kaution gestellt hat. Das Kautionsschutzgesetz verfolgt ja gerade den Zweck, zu verhindern, daß Sachen zu Kautionen bestellt werden, die dann in das Eigentum des Dienstgebers übergehen. Gegenstand eines Aussonderungsrechtes können auch mitgebrachtes Werkzeug oder Fahrzeuge sein, falls sie sich zur Zeit der Konkurseröffnung im Gewahrsam des Gemeinschuldners (Dienstgebers) befinden.

Absonderungsaussprüche bestehen, sofern der Dienstnehmer zur Hereinbringung von rückständigen Lohnforderungen Exekution geführt und auf diese Weise ein Pfändungs-Pfandrecht erworben hat. Wenn nun solche Absonderungsrechte früher als 60 Tage vor der Konkurseröffnung erworben wurden, steht dem Dienstnehmer ein vom Konkursverfahren unabhängiges Recht auf Befriedigung aus dem Pfandobjekt als „Sondermasse" zu.

Im übrigen gilt für Arbeitsverträge § 25 Abs. 1 KO mit folgendem Wortlaut: „Ist der Gemeinschuldner Arbeitgeber und ist das Arbeitsverhältnis bereits angetreten worden, so kann es innerhalb eines Monats vom Tag der Konkurseröffnung vom Arbeitnehmer durch vorzeitigen Austritt, wobei die Konkurseröffnung als wichtiger Grund gilt, vom Masseverwalter unter Einhaltung der gesetzlichen, kollektivvertraglichen oder der zulässigerweise vereinbarten kürzeren Kündigungsfrist unter Bedachtnahme auf die gesetzlichen Kündigungsbeschränkungen gelöst werden."

Die Forderungen jener Arbeitnehmer, deren Beschäftigungsverhältnis während des Konkursverfahrens aufrecht bleibt, stellen nun bevorrangte MASSEFORDERUNGEN (§ 46 KO) dar. Scheidet dagegen ein Dienstnehmer innerhalb eines Monats nach § 25 KO aus, so sind seine Entgeltansprüche, einschließlich der Abfertigung, nur als KONKURSFORDERUNGEN zu behandeln, wobei es auch hier zu keiner Schlechterstellung des Arbeitnehmers kommt, da sie durch das Insolvenz-Entgeltsicherungsgesetz abgesichert sind.

Dieses mit 1. November 1978 in Kraft getretene Gesetz sieht vor, daß ein Arbeitnehmer, der an den zahlungsunfähigen, im Ausgleich oder Konkurs befindlichen Arbeitgeber Forderungen aus dem Arbeitsverhältnis hat, die nicht erfüllt wurden, beim zuständigen Arbeitsamt innerhalb von vier Monaten einen Antrag auf Insolvenz-Ausfallsgeld stellen kann. Der Antrag ist schriftlich einzubringen, wobei sich der Arbeitnehmer von einer Person oder Institution seines Vertrauens (Gewerkschaft, Arbeiterkammer usw.) vertreten lassen kann. Das gilt nicht nur für aktive Arbeiter und Angestellte, sondern auch für ehemalige Arbeitnehmer, gleichgültig, ob sie inzwischen in Pension, anderswo beschäftigt oder arbeitslos sind, ferner auch für Heimarbeiter und arbeitnehmerähnliche Personen (z. B. freie Mitarbeiter).

Im übrigen gibt es im Sinne des Prinzips der Gläubigergleichbehandlung seit 1. Jänner 1984 nur mehr eine einzige, gemeinschaftliche Konkursmasse, womit der von verschiedenen Seiten geforderte „KLASSENLOSE KONKURS" verwirklicht ist. Die Einteilung in Konkursforderungen erster, zweiter und dritter Klasse (wobei die Gläubiger der zweiten Klasse erst zum Zuge kamen, wenn alle Gläubiger der ersten Klasse bezahlt waren, und jene der dritten Klasse erst nach Bezahlung aller Forderungen der ersten und zweiten Klasse, also in der Praxis meist überhaupt nicht oder nur mit einer verschwindend geringen Quote) ist also mit diesem Zeitpunkt weggefallen. Nunmehr gilt der neue § 50 KO, wonach das Konkursvermögen, soweit es nicht zur Befriedigung der Massenforderungen und der Ansprüche der Absonderungsberechtigten verwendet wird, eine gemeinsame Konkursmasse bildet, aus der die Konkursforderungen nach dem Verhältnis ihrer Beträge zu befriedigen sind.

Grundlage der erwähnten und auch vieler anderer Änderungen ist das teils am 1. Jänner 1983, teils am 1. Jänner 1984 in Kraft getretene Insolvenzrechtsänderungsgesetz 1982, BGBl 1982/370, das dazu dienen sollte, die Möglichkeiten der Unternehmenssanierung und -fortführung zu verbessern, Arbeitsplätze zu sichern und das Insolvenzverfahren auch für die Gläubiger effizienter zu gestalten sowie überhaupt an die heutigen Bedürfnisse des Wirtschaftslebens anzupassen. Eine der Ursachen für die mangelnde Effizienz des Konkurs- und Ausgleichsrechts lag dabei in der Aufzehrung des Vermögens des Schuldners durch die zu große Zahl von privilegierten Forderungen aller Art (so sehr sie im einzelnen auch berechtigt sein mochten). Wesentliches Anliegen war es hier, das Prinzip der Perzentualität (Gläubigergleichbehandlung) durchzusetzen, indem man eben den klassenlosen Konkurs einführte und die Beseitigung eines Teiles der Ausgleichsvorrechte vornahm. Auch im Ausgleich kam es also zu einer wesentlichen Einschränkung der Zahl der bevorrechteten Forderungen. Nunmehr genießen im wesentlichen nur mehr die Kosten und alle Auslagen des Verfahrens, die erst nach der Ausgleichseröffnung entstehenden Steuern und Gebühren, die Sozialversicherungsbeiträge sowie bestimmte Forderungen der Arbeitnehmer für die Zeit nach der Eröffnung des Ausgleichsverfahrens, Bestattungskosten und die Kosten der bevorrechteten Gläubigerschutzverbände ein Vorrecht gemäß dem neuen § 23 AusglO.

Ansprüche von Gläubigern, die aus der laufenden Fortführung des Unternehmens stammen, sind diesen bevorrechteten Forderungen nun gleichgestellt.

Alle anderen, früher bevorrechteten Forderungen, wie etwa rückständige Forderungen von Arbeitnehmern, die wegen einer zulässigen vorzeitigen Auflösung des Arbeitsverhältnisses durch den Ausgleichsschuldner ausgeschieden sind, Sozialversicherungsbeiträge und andere öffentliche Abgaben sind nunmehr „normale" stimmberechtigte Ausgleichsforderungen und unterliegen als solche der Kürzung auf die Ausgleichsquote.

Nach durchgeführter Schlußverteilung wird der Konkurs durch Beschluß aufgehoben, wobei der unbezahlte Rest der Forderungen weiterhin geschuldet wird. Jene Gläubiger, deren Forderungen nicht zur Gänze befriedigt wurden, können nun ein Inkassobüro mit der eventuellen weiteren Überwachung des Schuldners gegen mäßige Gebühr beauftragen.

Bevor es jedoch soweit kommt, spring für Karl Jedermann sein Sohn Otto ein, der es nicht haben will, daß sein Vater für die Zukunft mit derartigen Schulden belastet bleibt. Dadurch ermöglicht er die Durchführung eines **Zwangsausgleichs.**

Eine Beendigung des Konkurses durch Zwangsausgleich ist in vielen Fällen die zweckmäßigste Art der Regelung. Voraussetzung ist, daß der Gemeinschuldner während des Konkursverfahrens einen diesbezüglichen Antrag stellt und die Bezahlung von mindestens 20 Prozent für die Konkursgläubiger innerhalb eines Jahres zu gewährleisten in der Lage ist. Die Gläubiger stimmen in der **Ausgleichstagsatzung** über den Vorschlag ab, wobei die Mehrheit der anwesenden Gläubiger, die mindestens drei Viertel der Gesamtforderungen vertreten, zustimmen muß. Die übrigen Gläubiger müssen sich dem Beschluß unterwerfen. Der Zwangsausgleichsantrag darf nicht offenbar Verschleppungszwecken dienen.

Die offene Handelsgesellschaft

Karl Jedermann hat aus den Sorgen, die er als Alleininhaber der Firma „Karl Jedermann, Textilien für jedermann" hat, die Folgerung gezogen, daß es besser sei, die Chancen von Gewinn und Verlust bei einem solchen Unternehmen mit einem anderen zu teilen. Sein Sohn Otto ist auch bereit, ihm ein Darlehen von S 150.000,— für den neuen Start zur Verfügung zu stellen. Der Mietvertrag über den günstig gelegenen Laden läuft noch weiter, und der Firmenname ist gut eingebürgert. Karl Jedermann findet als Interessenten Hans Burzinski, der sich mit S 60.000,– beteiligen will. Die beiden schließen folgenden Vertrag:

GESELLSCHAFTSVERTRAG

welcher am unten angesetzten Tage zwischen Herrn Karl Jedermann, Kaufmann in 1200 Wien, Stoffstraße 20, und Herrn Hans Burzinski, Kaufmann in 1020 Wien, Gartengasse 2, abgeschlossen und errichtet wurde, wie folgt:

I.

Herr Karl Jedermann und Herr Hans Burzinski errichten mit heutigem Tage die offene Handelsgesellschaft unter der Firma „Karl Jedermann & Co., Textilien für jedermann" mit dem Sitz in 1200 Wien, Stoffstraße 20.

II.

Gegenstand des Unternehmens ist der Handel mit Textilien aller Art.

III.

Die Gesellschaft ist auf unbestimmte Zeit errichtet. Jedem Gesellschafter steht jedoch das Recht der Aufkündigung zu, welche er mindestens sechs Monate vor Ablauf des Geschäftsjahres dem anderen Gesellschafter schriftlich mitzuteilen hat. Dies schließt den einverständlichen Austritt eines Gesellschafters ohne Einhaltung der Kündigungsfrist nicht aus.

Stirbt einer der Gesellschafter, so können seine Erben — falls sein Tod nicht die Auflösung der Gesellschaft im Sinne des Punktes XII dieses Vertrages zur Folge hat — als Kommanditisten in die Gesellschaft eintreten.

IV.

Das erste Geschäftsjahr beginnt mit heutigem Tage und endet mit 31. Dezember dieses Jahres. Die weiteren Geschäftsjahre decken sich mit dem jeweiligen Kalenderjahr.

V.

Herr Karl Jedermann bringt in die Gesellschaft eine Bareinlage von S 150.000,– (einhundertfünfzigtausend Schilling) ein und wird die ihm aufgrund des Gewerbescheines Zahl . . . vom . . . zustehende Berechtigung zum Handel mit Textilien aller Art zugunsten der Gesellschaft dieses Vertrages unter der Bedingung zurücklegen, daß dieser ein Gewerbeschein gleichen Umfanges ausgestellt wird.

Weiters bringt Herr Karl Jedermann die ihm aufgrund des Mietvertrages vom . . ., abgeschlossen mit der Hausverwaltung des Gebäudes 1200 Wien, Stoffstraße 20, zustehenden Mietrechte in die Gesellschaft ein.

Herr Hans Burzinski bringt in die Gesellschaft eine Bareinlage von S 60.000,– (sechzigtausend Schilling) ein und übernimmt die Kosten der Renovierung des Verkaufslokales im Standort 1200 Wien, Stoffstraße 20.

VI.

Die Gesellschaft wird durch jeden der beiden Gesellschafter einzeln vertreten. Die Zeichnung erfolgt in der Weise, daß der Gesellschafter dem von wem immer vorgeschriebenen oder vorgedruckten Firmenwortlaut seinen Namen eigenhändig zusetzt.

VII.

Die Gesellschafter sind verpflichtet, in allen Angelegenheiten der Gesellschaft jene Sorgfalt anzuwenden, welche sie in ihren eigenen Angelegenheiten anzuwenden pflegen. Sie haften der Gesellschaft für den ihr durch ihr Verschulden verursachten Schaden. Eine Vorteilsausgleichung findet nicht statt.

VIII.

Keiner der Gesellschafter darf ohne Einverständnis des anderen Gesellschafters im Handelszweig der Gesellschaft für eigene Rechnung oder für Rechnung eines Dritten Geschäfte machen noch an einer anderen, gleichartigen Handelsgesellschaft als offener Handelsgesellschafter oder auch nur kapitalmäßig teilnehmen. Im Übertretungsfalle hat der schuldhafte Gesellschafter dem anderen Gesellschafter einen etwaigen Gewinn herauszugeben und eine sofort fällige — dem richterlichen Mäßigungsrecht nicht unterliegende — Vertragsstrafe von S 10.000,— (zehntausend Schilling) zu bezahlen.

IX.

Für die Aufnahme eines oder mehrerer Gesellschafter ist das Einverständnis beider Gesellschafter notwendig, ebenso für die Erteilung einer Prokura. Den Widerruf einer Prokura kann jeder Gesellschafter allein aussprechen.

X.

Jeder Gesellschafter ist berechtigt, monatlich S 10.000,— (zehntausend Schilling) den laufenden Einnahmen zu entnehmen; Herr Karl Jedermann kann darüber hinaus zum Beginn eines jeden Jahresviertels einen weiteren Betrag von S 20.000,— (zwanzigtausend Schilling) entnehmen. Die entnommenen Beträge werden vom Jahresgewinn des betreffenden Gesellschafters abgezogen. Solange nicht mit Sicherheit ein Gewinn angenommen werden kann, dürfen Entnahmen nicht erfolgen.

XI.

Am Schlusse eines jeden Geschäftsjahres ist ein Inventar aufzunehmen und der Wert der vorhandenen Gegenstände unter Berücksichtigung der gesetzlichen Abschreibungen festzulegen. Ferner ist am Ende eines jeden Geschäftsjahres eine Bilanz aufzustellen und der Gewinn oder Verlust des vorhergegangenen Geschäftsjahres zu berechnen.

Der Gesellschafter Karl Jedermann ist am Gewinn und Verlust mit zwei Dritteln und der Gesellschafter Hans Burzinski mit einem Drittel beteiligt. In diesem Verhältnis teilt sich der Gewinn beziehungsweise ist ein etwaiger Verlust der Stammeinlage entsprechend anzulasten. Kein Gesellschafter darf ohne Einverständnis des anderen Gesellschafters seine Einlage vermindern oder erhöhen.

XII.

Die Auflösung der Gesellschaft h a t zu erfolgen:

a) durch die Eröffnung des Konkurses der Gesellschaft,

b) durch Übereinkunft der Gesellschafter.

Die Auflösung der Gesellschaft k a n n erfolgen:

a) durch den Tod eines der Gesellschafter,

b) durch die Eröffnung des Konkurses über das Vermögen eines der Gesellschafter,

c) durch die Aufkündigung eines Gesellschafters oder des Privatgläubigers eines Gesellschafters oder bei Austritt.

In den drei letztgenannten Fällen kann jedoch der andere Gesellschafter durch Ausfolgung des reinen Anteiles des betreffenden Gesellschafters am Gesellschaftsvermögen das Unternehmen mit derselben Firma als Alleininhaber weiterführen.

XIII.

Wird die Gesellschaft aufgelöst, so haben beide Gesellschafter als Liquidatoren die Liquidation durchzuführen. Stirbt einer der Gesellschafter während der Liquidation, so führt sie der andere Gesellschafter zu Ende. Nach Beendigung der Liquidation sind die Bücher und Schriften der Gesellschaft bei einem der Gesellschafter aufzubewahren.

XIV.

Die mit der Errichtung dieses Gesellschaftsvertrages verbundenen Kosten, Stempel und Gebühren, sowie die Kosten und Gebühren der Eintragung in das Handelsregister trägt die Gesellschaft.

XV.

Dieser Vertrag wird in einem Exemplar ausgefertigt, welches der Gesellschaft gehört. Jedem der Gesellschafter steht Einsicht- und Abschriftnahme jederzeit frei.

Wien, den . . .

Karl jedermann Hans Burzinski

(Dieser Gesellschaftsvertrag bedarf keiner notariellen oder gerichtlichen Beurkundung. Anders liegt der Fall, wenn ein Gesellschafter Grundstükke einbringen würde.)

Die offene Handelsgesellschaft (OHG) ist eine Personengesellschaft. Daraus ergibt sich, daß die OHG als solche keine Einkommensteuer zu entrichten hat, sondern nur ihre Gesellschafter. Die offene Handelsgesellschaft hat dem Finanzamt jährlich eine Gewerbesteuererklärung abzugeben, aus der sowohl der gesamte Gewerbeertrag der Gesellschaft (Grundlage für die Gewerbesteuer der Gesellschaft) als auch der Anteil jedes Gesellschafters aus Gewinn und Verlust sowohl in Perzenten als auch dem Betrag nach zu ersehen ist. Die entsprechenden Gewinnanteile sind von den einzelnen Gesellschaftern in ihre persönlichen Einkommensteuererklärungen aufzunehmen und dem Finanzamt bekanntzugeben.

Da Karl Jedermanns Firma sich durch den Gesellschaftsvertrag geändert hat, muß dies zum Handelsregister angemeldet werden. Die Anmeldung sieht folgendermaßen aus:

An das
Handelsgericht
Riemergasse 7
1010 Wien

Wien, den . . .

1. Karl Jedermann, Kaufmann in 1200 Wien, Stoffstraße 20
2. Hans Burzinski, Kaufmann in 1020 Wien, Gartengasse 2
Eintragung der Firma Karl Jedermann & Co., Textilien für jedermann.

einfach.

Wir haben uns zu einer offenen Handelsgesellschaft zusammengeschlossen, indem der unterzeichnete Kaufmann Karl Jedermann in sein Einzelhandelsgeschäft Karl Jedermann, Textilien für jedermann, den Gesellschafter Hans Burzinski aufgenommen hat.

Die offene Handelsgesellschaft hat am . . . 19 . . ihren Geschäftsbetrieb unter der Firma Karl Jedermann & Co., Textilien für jedermann, in den Geschäftsräumen 1200 Wien, Stoffstraße 20, begonnen.

Vertretungsbefugt ist jeder Gesellschafter selbständig, die Firmenzeichnung erfolgt wie nachstehend:

1. durch mich, Karl Jedermann:

Karl Jedermann & Co.
Textilien für jedermann — Karl Jedermann

2. durch mich, Hans Burzinski:

Karl Jedermann & Co.
Textilien für jedermann — Hans Burzinski

Da das Unternehmen über den Umfang des Kleingewerbes hinausgeht, beantragen wir, Firma, Sitz, Gesellschaftsform, Gesellschafter, Vertretungsbefugnis und Gegenstand wie oben angeführt in das Handelsregister einzutragen.

Hans Burzinski — Karl Jedermann

(Die Firmenzeichnung und die Unterschriften sind notariell oder gerichtlich beglaubigen zu lassen. Bei der notariellen oder gerichtlichen Beglaubigung ist der Firmenwortlaut von jedem Gesellschafter **handschriftlich** vor seine Unterschrift zu setzen.)

Hans Burzinski ist hier in ein Geschäft eingetreten, bei dem infolge des vorher geschlossenen Ausgleichs keine Verbindlichkeiten aus der bisherigen Geschäftstätigkeit bestanden. In vielen Fällen besteht aber für einen neu eintretenden Gesellschafter die Gefahr, daß er durch seinen Eintritt in ein laufendes Geschäft für die bereits entstandenen Verbindlichkeiten haftet.

Ist dies zu befürchten und soll eine solche Haftung ausgeschlossen werden, so muß in den OHG-Vertrag ein zusätzlicher Punkt etwa folgenden Inhalts aufgenommen werden:

> **„Der Gesellschafter Hans Burzinski haftet nicht für die bisher in dem Einzelunternehmen ‚Karl Jedermann, Textilien für jedermann' entstandenen Verbindlichkeiten."**

Es genügt aber nicht allein, daß man dies in den Vertrag hineinschreibt, es muß dies auch zum Handelsregister angemeldet und bekanntgemacht werden. Es ist daher der vorstehenden Anmeldung zum Handelsregister folgender Satz hinzuzufügen:

> **„Herr Hans Burzinski haftet nicht für die im Geschäft Karl Jedermann entstandenen Verbindlichkeiten des bisherigen Alleininhabers. Wir beantragen, diesen Haftungsausschluß im Handelsregister einzutragen und bekanntzumachen."**

Erst jetzt ist der neu eintretende Gesellschafter sicher, daß er von den Gläubigern des bisherigen Geschäftsinhabers nicht in Anspruch genommen werden kann.

In dem vorstehenden Vertragsbeispiel ist vorgesehen, daß die Erben als **Kommanditisten** der Gesellschaft angehören sollen. Unter einem Kommanditisten versteht man einen Gesellschafter, der nicht mit seinem ganzen Vermögen für die Geschäftsverbindlichkeiten haftet, sondern nur mit einer vertraglich festgelegten Einlage.

Bei einer **Kommanditgesellschaft** muß aber immer e i n Gesellschafter vorhanden sein, der mit seinem ganzen Vermögen haftet. Ihn nennt man im Gegensatz zum Kommanditisten **Komplementär.** Am Firmennamen kann man oft nicht erkennen, ob es sich um eine offene Handelsgesellschaft oder um eine Kommanditgesellschaft handelt. Die OHG muß den Familiennamen eines der Gesellschafter und einen Zusatz enthalten, daß ein Gesellschaftsverhältnis vorliegt. In unserem Beispiel also: „Jedermann & Co.", „Jedermann & Burzinski", „Burzinski & Co." usw. Auch Jedermann OHG" wäre möglich. Da die Kommanditgesellschaft als Firma den Namen des Komplementärs und einen Gesellschaftszusatz zu führen hat, kann also z. B. auch hier die Firma „Schulz & Co." heißen. Heißt die Firma dagegen „Schulz KG", dann sieht man sofort, daß keine OHG, sondern eine KG vorliegt. – Häufig wird also erst ein Blick in das Handelsregister Klarheit geben, ob es sich um eine offene Handelsgesellschaft oder um eine Kommanditgesellschaft handelt.

Wer in das Wesen und die juristischen Feinheiten von OHG und KG tiefer eindringen will, muß sich zunächst mit der Gesellschaft bürgerlichen Rechts vertraut machen (vgl. Seite 110). Dann werden ihm die Besonderheiten von OHG und KG verständlich werden.

Die Geschäfte der OHG Karl Jedermann & Co. sind angelaufen. Es ist Herbst geworden, und die Situation auf dem Brennstoffmarkt verschlechtert sich durch Einbruch plötzlicher Kälte. Karl Jedermann will nun für die Beheizung der Firmenlokale vom Kohlenhändler jenen billigen Brennstoff beziehen, den er in früheren Jahren verfeuerte. Leider ist dieser preiswerte Brennstoff zur Zeit nicht lieferbar, und der Kohlenhändler kann nur eine wesentlich teurere Kohle anbieten. Karl Jedermann erzählt seinem Mitgesellschafter Burzinski hiervon. Dieser widerspricht dem Ankauf der teuren Kohle und meint, man solle sich eben vorerst in der Beheizung etwas einschränken. Karl Jedermann bestellt trotzdem die Kohle zum höheren Preis beim Kohlenhändler Schwarz. Noch bevor dieser liefert, erhält die Firma Karl Jedermann & Co. von einem anderen Kohlenhändler ein Angebot über soeben eingelangte billige Kohle. – Da Hans Burzinski dem Ankauf der teuren Kohle bei Schwarz widersprochen hat, so ist er der Meinung, daß zwischen der OHG und dem Kohlenhändler kein gültiger Kaufvertrag zustande gekommen sei. Ist er im Recht?

Die OHG ist Trägerin des Gewerberechts, kann unter ihrer Firma klagen und geklagt werden und kommt somit einer juristischen Person nahe, obwohl sie sich von einer solchen in nicht unwesentlichen Punkten unterscheidet.

Max Schwarz erhebt auf die Weigerung von Karl Jedermann & Co., ihm den Kaufpreis zu zahlen und die bestellten Kohlen abzunehmen, Klage.

An das
Bezirksgericht Innere Stadt Wien
Riemergasse 7
1010 Wien

Klagende Partei:		**Max Schwarz,** **Kohlenhändler** **1030 Wien, Kohlenstraße 10**
Beklagte Partei:	**1.)**	**Karl Jedermann & Co.** **„Textilien für jedermann"** **1200 Wien, Stoffstraße 20**
	2.)	**Karl Jedermann,** **Kaufmann** **1200 Wien, Stoffstraße 20**
	3.)	**Hans Burzinski,** **Kaufmann** **1200 Wien, Stoffstraße 20**

wegen: S 13.200,– inkl. MWSt. s. A.

K L A G E

Der Zweitbeklagte Karl Jedermann hat in seiner Eigenschaft als Gesellschafter der Firma Karl Jedermann & Co. am . . . mündlich mit dem Kläger einen Kaufvertrag über die Lieferung von 3000 kg prima Steinkohle abgeschlossen.

<u>Beweis:</u> Kohlenarbeiter Fritz Träger, Anschrift des Klägers, Parteienvernehmung.

Nunmehr verweigert die Firma Karl Jedermann & Co. und ihre Gesellschafter mit dem Hinweis darauf, sie hätten sich in der Zwischenzeit anderswo billiger eingedeckt, die Abnahme der Kohle.

<u>Beweis:</u> Vorzulegende Korrespondenz, Zeuge wie oben, Parteienvernehmung.

Die klagende Partei begehrt daher die Erlassung folgenden Urteils:

Die Beklagten sind zur ungeteilten Hand schuldig, den Betrag von S 13.300,— samt 5% Zinsen ab Klagstag gegen die Zug um Zug zu bewirkende Gegenleistung, das ist Lieferung von 3000 kg prima Steinkohle, sowie die Kosten des Verfahrens binnen 14 Tagen bei Exekution zu bezahlen.

Max Schwarz

(Drei Abschriften herstellen. Eine zurückbehalten, zwei dem Original beifügen, damit jeder der beklagten Gesellschafter ein Exemplar bekommen kann.)

Es ist richtig und sehr wichtig, daß der Kläger Schwarz nicht nur die OHG, sondern auch die Gesellschafter Karl Jedermann und Hans Burzinski mitgeklagt hat. Wenn nämlich eine Schuld der OHG feststeht, dann haften für diese automatisch die Gesellschafter mit ihrem **Privatvermögen** (§ 128 HGB).

Wenn man nur die OHG klagt, so bekommt man auch nur ein Urteil gegen diese und kann nur in das Betriebsvermögen vollstrecken, das unter dem Namen der OHG verwaltet wird.

Hat man dagegen die Gesellschafter mitgeklagt, dann erhält man auch gegen sie ein Urteil und kann auch in das Privatvermögen der Gesellschafter vollstrecken, also in die Werte, die sie nicht in der Gesellschaft gebunden haben, z. B. ihren kostbaren Hausrat, Wohngrundstücke usw.

Es ist schon vorstehend dargelegt, daß eine OHG unter ihrer Firma Rechte erwerben und Verpflichtungen eingehen kann. Sie kann also auch durch einen **Kaufvertrag** zur Zahlung des Kaufpreises verpflichtet sein. Dieser Kaufvertrag ist hier durch Vereinbarung zwischen dem Kohlenhändler Schwarz und Karl Jedermann zustande gekommen, denn Karl Jedermann handelte als Vertreter der OHG. Während bei einer bürgerlich-rechtlichen Gesellschaft stets sämtliche Gesellschafter auftreten müssen, um Gesellschaftsverpflichtungen einzugehen, ist bei der OHG jeder der Gesellschafter allein vertretungsbefugt (§ 125 HGB).

Man kann diese Vertretungsmacht eines Gesellschafters durch den Gesellschaftsvertrag ausschließen; dann gehört der Betreffende nicht mehr zu den *geschäftsführenden* Gesellschaftern. Man kann ferner festlegen, daß mehrere Gesellschafter nur gemeinsam oder zusammen mit einem Prokuristen Vertretungsmacht haben sollen.

Diese **Haftungsausschlüsse** oder **Beschränkungen** haben Dritten gegenüber aber nur Wirksamkeit, wenn sie im **Handelsregister** eingetragen und bekanntgemacht sind oder wenn der Dritte sie kennt. Es besteht eine Verpflichtung, sie zur Eintragung anzumelden.

Da in unserem Fall eine solche Vereinbarung nicht vorliegt, hatte Karl Jedermann die nötige Vertretungsmacht, um den Kaufvertrag mit Wirkung für die OHG zu schließen.

Daran ändert auch die Tatsache nichts, daß Hans Burzinski dem Abschluß widersprochen hat. Zwar **durfte** Karl Jedermann daraufhin dieses Rechtsgeschäft nicht mehr vornehmen, aber dieses **Nichtdürfen** bedeutet juristisch nur, daß er seine Verpflichtungen gegenüber Hans Burzinski verletzte, wenn er trotzdem den Vertragsabschluß vornahm. Seine Vertretungsmacht bestand unberührt in vollem Umfang fort. – Schwarz wird demnach den Prozeß gewinnen.

Den durch dieses ungünstige Geschäft entstandenen Vermögensnachteil muß allerdings Karl Jedermann allein tragen. Hans Burzinski kann verlangen, daß die Preisdifferenz zwischen der zu teuren und der normalen Kohle von Karl Jedermann aus seinem Privatvermögen der Gesellschaft zurückerstattet wird.

Sollte Karl Jedermann sich öfter solche Eigenmächtigkeiten und Ungeschicklichkeiten zuschulden kommen lassen, so wird er damit eine Gefahr für die Zukunft der Gesellschaft.

In diesem Fall sehen die §§ 117, 127 HGB für Hans Burzinski die Möglichkeit vor, dem Mitgesellschafter Karl Jedermann die **Geschäftsführungsbefugnis** und die damit verbundene Vertretungsmacht durch das Gericht zu **entziehen.**

Da eine solche Klage fast immer vor dem Handelsgericht zu erheben ist, muß sich Hans Burzinski durch einen Rechtsanwalt vertreten lassen.

Führt ein solches Vorgehen Hans Burzinskis zu keiner annehmbaren Lösung, weil Karl Jedermann nach wie vor seine Vertragspflichten verletzt, so kann nach § 133 HGB Hans Burzinski vor Ablauf der vorgesehenen Zeit durch Gerichtsentscheidung die **Auflösung der Gesellschaft** betreiben.

Davon zu unterscheiden ist die Kündigung durch einen Gesellschafter bei Gesellschaftsverhältnissen auf **unbestimmte Zeit,** die aber nur für den Schluß eines Geschäftsjahres durch Einhaltung einer sechsmonatigen Frist erfolgen kann.

Aber welche Nachteile hat eine solche Auflösung der Gesellschaft nun auch für den Gesellschafter Hans Burzinski? Er ist zwar die Zusammenarbeit mit Karl Jedermann losgeworden, dieser stört ihn also nicht mehr. Aber der Firmenbestandteil „Karl Jedermann", an dessen Bekanntwerden Hans Burzinski mitgearbeitet hat, steht nun zur weiteren Verwendung ausschließlich Karl Jedermann zur Verfügung, denn der Firmenname ist ja mit seinem Familiennamen identisch. Er wird also unter diesem bekannten Namen erneut ein Geschäft aufmachen, und so wäre letzten Endes der Gesellschafter Hans Burzinski doch der Benachteiligte.

Um diese ungerechte Folge auszuschließen, gibt ihm das Gesetz in den §§ 140, 142 HGB die Möglichkeit, die **Übernahme des Geschäftes ohne Liquidation mit Aktiven und Passiven** zu verlangen. Auch dies muß im Wege der Klage geschehen. Hans Burzinski wird also am zweckmäßigsten darauf klagen, daß er zur Übernahme des Geschäfts für berechtigt erklärt wird. Karl Jedermann wird entsprechend dem Wert seines derzeitigen Geschäftsanteiles mit Geld abgefunden.

Hans Burzinski kann also den Firmennamen Karl Jedermann fortführen. Er muß aber einen Zusatz machen, also firmieren: „Karl Jedermann & Co., Inhaber Hans Burzinski". Denn sonst würde der alte Firmenname „Karl Jedermann & Co." den Eindruck erwecken, als bestünde in dieser Firma ein Gesellschaftsverhältnis. Das entspräche aber nicht den Tatsachen und würde gegen den Begriff der Firmenwahrheit verstoßen.

Stille Gesellschaft

Karl Jedermann ist es leid geworden, sich weiterhin selbständig kaufmännisch zu betätigen. Er sieht ein, daß er keine glückliche Hand dabei hat. Die ihm von Hans Burzinski als Gesellschaftsanteil ausbezahlten S 350.000,– möchte er aber gewinnbringend anlegen. Da erhält er von seinem Sohn Otto den Wink, beim Pelzhändler Richard Luchs, der sich vergrößern will, als **„stiller Gesellschafter"** einzutreten. Dann habe er, was er suche: Geschäftsgewinn ohne Arbeit. Karl Jedermann folgt diesem Rat und schließt mit Richard Luchs folgenden Vertrag:

VERTRAG

1. Herr Richard Luchs ist Alleininhaber der protokollierten Firma Richard Luchs, Einzelhandel mit Pelzen in Wien. Er nimmt Herrn Karl Jedermann, Kaufmann in Wien, als stillen Gesellschafter in sein unter der genannten Firma bestehendes Handelsgewerbe auf. Herr Jedermann tritt als stiller Gesellschafter diesem Unternehmen bei.

2. Herr Karl Jedermann beteiligt sich in dieser Eigenschaft gegen Anteil an Gewinn und Verlust mit einer Einlage von S 100.000,– (hunderttausend Schilling). Er hat diese Einlage bereits in bar geleistet. Herr Richard Luchs bestätigt deren bare Einzahlung.

3. Die Geschäftsführung ist ausschließlich Angelegenheit des Firmeninhabers Luchs. Er hat jedoch vor außerordentlichen Geschäftshandlungen die Zustimmung des stillen Gesellschafters Jedermann einzuholen. Dieser braucht andernfalls diese Geschäfte nicht gegen sich gelten zu lassen.

4. Der stille Gesellschafter Karl Jedermann ist am Gewinn des jeweiligen Geschäftsjahres mit 20% beteiligt. In gleicher Höhe nimmt er am jährlichen Verlust teil. Jedenfalls aber nimmt er am Verlust nur bis zum Betrage seiner Einlage teil. Solange diese durch Verluste vermindert ist, dient der jährliche Gewinn zur Auffüllung der Einlage.

5. Bei Errechnung des Gewinns gebührt Herrn Richard Luchs eine monatliche Vorwegentnahme für seine Geschäftsführertätigkeit von S 15.000,–. Die Abrechnung selbst hat bis spätestens 10. März des folgenden Kalenderjahres zu erfolgen.

6. Herr Karl Jedermann ist jederzeit berechtigt, in die Handelsbücher, Korrespondenzen und Fakturen Einsicht zu nehmen, bei der alljährlich aufzunehmenden Inventur zu intervenieren und vom Geschäftsinhaber Auskünfte und Aufklärungen zu verlangen.

7. Der Vertrag geht beiderseits auf die Erben über, kann jedoch von jedem Vertragsteil nach vorausgegangener halbjähriger Kündigung aufgelöst werden. Im Fall der Auflösung dieses Vertragsverhältnisses hat Herr Richard Luchs die Liquidation der noch schwebenden Geschäfte zu besorgen, so daß die Auseinander-

setzung zwischen den Gesellschaftern binnen 3 Monaten nach Auflösung des Vertragsverhältnisses erfolgen kann.

8. Während der Dauer der stillen Gesellschaft verpflichten sich beide Gesellschafter, außerhalb der vorliegenden Gesellschaft keine Geschäfte im Pelzhandel oder in einer ähnlichen Branche zu tätigen.

9. Für Streitigkeiten, die sich aus diesem Gesellschaftsvertrag ergeben könnten, wird durch besonderen Vertrag ein Schiedsgericht vereinbart werden.

Wien, den . . .

Karl Jedermann Richard Luchs

(Zwei Exemplare erstellen und beide unterschreiben! Jeder Vertragspartner erhält ein Exemplar.)

Der Leser wird zunächst der Meinung sein, daß auch hier derselbe Vertrag vorliegt wie bei Gründung einer offenen Handelsgesellschaft. Dem ist aber nicht so.

Denn nach außen hin tritt als Inhaber der Firma „Richard Luchs, Pelzwaren" nur Richard Luchs auf. Aus allen Geschäften, die er mit dritten Personen schließt, wird er allein berechtigt und verpflichtet (§ 335 Abs. 2 HGB). Eine Klage der dritten Person gegen den stillen Gesellschafter ist also nicht möglich. Und dennoch ist seine Einlage mehr als ein Darlehen. Bei einem Darlehen begibt man sich völlig in die Hand des Darlehensnehmers. Hier jedoch überwacht der stille Gesellschafter die Arbeit seines Geldes.

Irgendwelche Eintragungen in das Handelsregister erfolgen nicht, da nach außen hin die stille Gesellschaft nicht in Erscheinung treten soll.

Der Gesellschaftsvertrag bedarf keiner Form, könnte also auch mündlich abgeschlossen werden, wird aber zweckmäßigerweise nach dem vorstehenden Muster schriftlich niedergelegt werden.

In unserem Beispiel ist Karl Jedermann – wie man in der Fachsprache sagt – ein „typischer stiller Gesellschafter". Er ist am Gewinn und Verlust beteiligt und hat bei seinem Ausscheiden nur Anspruch auf Rückzahlung seiner Einlage. Sein Gewinn fällt steuerlich unter die „Einkünfte aus Kapitalvermögen". Karl Jedermann ist in diesem Falle nicht gewerbesteuerpflichtig, wohl aber der Firmeninhaber Richard Luchs. Diesem werden bei Feststellung der Gewerbesteuer die an Karl Jedermann ausbezahlten Gewinnanteile zugerechnet. Sie bilden also neben anderen Faktoren mit die Grundlage für die Errechnung der Gewerbesteuer.

Anders wäre die Sachlage, wenn Karl Jedermann außer an Gewinn und Verlust auch an einer Steigerung der Sachwerte und des Firmenwertes beteiligt wäre. Er könnte dann bei seinem Ausscheiden neben seiner Einlage auch den verhältnismäßigen Anteil an der Steigerung von Sach- und Firmenwert beanspruchen, stünde also praktisch wie ein Unternehmer da. In diesem Fall wird er als sogenannter „nichttypischer stiller Gesellschafter" bezeichnet. Als solcher hat er „Einkünfte aus Gewerbebetrieb". Für eine Reihe schwerwiegender Steuerfragen ist die Unterscheidung zwischen dem typischen und dem nichttypischen stillen Gesellschafter sehr bedeut-

sam. So ist der nichttypische stille Gesellschafter gewerbesteuerpflichtig, der typische stille Gesellschafter aber nicht. – Bei allen Fragen einer Beteiligung empfiehlt es sich, neben dem Rat eines guten Rechtsanwaltes auch den eines erfahrenen Steuerfachmanns einzuholen.

Die Gesellschaft m. b. H.

Otto Jedermanns Briefmarkenhandel hat inzwischen Formen angenommen, die es ihm unmöglich machen, allein Herr der Lage zu werden. Am Beispiel seines Vaters hat er gesehen, daß die Alleininhaberschaft ebenso wie die Teilhaberschaft an einer OHG Gefahren in sich bergen. Da der Briefmarkenhandel seine Tücken hat und durch plötzlich eintretende Preisstürze, vorkommende Markenfälschungen und durch andere Einflüsse starken Konjunkturschwankungen unterworfen ist, sucht Otto Jedermann nach einem Weg, der ihn vor der Gefahr schützt, unter Umständen sein ganzes Vermögen zu verlieren. Er will sein Haus, sein Privatauto und seine ersparten Gelder nicht in den Strudel eines möglichen geschäftlichen Zusammenbruchs hineingeraten lassen.

Da Otto Jedermann weiß, daß der **Alleininhaber** eines kaufmännischen Unternehmens stets mit seinem ganzen Vermögen haftet und es keinerlei Möglichkeit gibt, diese Haftung durch Erklärungen oder sonstwie zu beschränken, so beschließt er nach reiflichen Erwägungen die Gründung einer Gesellschaft mit beschränkter Haftung (Ges.m.b.H.).

Otto Jedermann findet als interessierten Teilhaber den Philatelisten Sokrates Stempel und gründet mit ihm die „Otto Jedermann Gesellschaft m.b.H.". Diese Firma enthält den Namen eines Gesellschafters, wir nennen sie deshalb „Personenfirma". Die Gesellschaft m.b.H. könnte aber zum Unterschied von OHG und KG auch eine „Sachfirma" führen, z. B. „Briefmarkenhandelsgesellschaft m.b.H".

In allen Fällen, auch für abgeleitete Firmen, ist der Zusatz „Gesellschaft m.b.H." erforderlich, wobei das Wort „Gesellschaft" ausgeschrieben werden muß. Dies, um Verwechslungen mit der „Genossenschaft" zu vermeiden. Wenn wir weiterhin dennoch von der „Ges.m.b.H." sprechen, dann dient dies nur der Übersichtlichkeit des Textes. Formal richtig (z. B. dem Registergericht gegenüber) muß Karl Jedermann immer „Gesellschaft m.b.H." schreiben.

Im Gegensatz zu den bisherigen Gesellschaftsverträgen kann der **Ges.m.b.H.-Vertrag** nicht formlos von den Vertragspartnern geschlossen werden, sondern bedarf der **notariellen** oder **gerichtlichen Beurkundung.**

Der Vertrag würde etwa folgendermaßen aussehen:

Vor mir, Dr. Hans Rust, öffentlicher Notar mit dem Amtssitz in Wien, Innere Stadt, sind heute in meiner Amtskanzlei erschienen:

1. Der mir persönlich bekannte Herr Otto Jedermann, Kaufmann in 1200 Wien, Stoffstraße 20,
2. Herr Sokrates Stempel, Kaufmann in 1043 Wien, Markenstraße 10, Nämlichkeit nachgewiesen durch Reisepaß Nummer . . .

und haben vor mir errichtet und zu Akt gegeben nachstehenden

Gesellschaftsvertrag:

1.

Die Herren Otto Jedermann und Sokrates Stempel errichten mit heutigem Tage eine Gesellschaft mit beschränkter Haftung unter der Firma „Otto Jedermann, Gesellschaft mit beschränkter Haftung".

2.

Gegenstand des Unternehmens ist der Briefmarkenhandel.

3.

Das Stammkapital der Gesellschaft beträgt S 500.000,— (fünfhunderttausend Schilling). Hievon übernehmen Stammeinlagen:

Herr Otto Jedermann S 400.000,— (vierhunderttausend Schilling),
Herr Sokrates Stempel S 100.000,— (hunderttausend Schilling).

Das Stammkapital ist zur Gänze bar eingezahlt.

4.

Die Dauer der Gesellschaft ist nicht auf eine bestimmte Zeit beschränkt. Die Gesellschaft beginnt mit dem Tage der handelsgerichtlichen Registrierung.

5.

Das erste Geschäftsjahr der Gesellschaft beginnt mit der Eintragung im Handelsregister und endet mit dem 31. Dezember des Jahres der Eintragung. Von da ab fällt das Geschäftsjahr mit dem Kalenderjahr zusammen.

6.

Geschäftsführer der Gesellschaft m. b. H. ist Herr Otto Jedermann, der die Gesellschaft nach außen vertritt. Herr Sokrates Stempel erhält Handlungsvollmacht.

7.

Die Bekanntmachungen der Gesellschaft erfolgen durch Übersendung rekommandierter Briefe an die einzelnen Gesellschafter unter der der Gesellschaft zwecks Eintragung in das Anteilsbuch zuletzt bekanntgegebenen Adresse.

8.

Insoferne durch diesen Vertrag oder dessen gültige Abänderung oder durch gültige Generalversammlungsbeschlüsse nichts anderes bestimmt ist, gelten die Bestimmungen des Gesetzes über die Gesellschaft mit beschränkter Haftung und suppletorisch die der übrigen Gesetze.

Dieser von mir aufgenommene Notariatsakt wurde den Erschienenen vorgelesen, von denselben als ihrem Willen entsprechend genehmigt und sohin von ihnen mit der Bestimmung zur Herausgabe wiederholter Ausfertigungen an die gegenwärtigen und zukünftigen Gesellschafter, an die Gesellschaft selbst sowie an deren Geschäftsführer und seinerzeitige Liquidatoren vor mir, Notar, unterschrieben.

Wien, am . . . Otto Jedermann Sokrates Stempel

Rundsiegel, Unterschrift des Notars

(Der Text dieses Vertragsmusters lehnt sich an ein im Buch „Gesellschaft mit beschränkter Haftung, ein Handbuch für die Praxis", von Dr. Hans Graschopf, verwendetes Beispiel an.)

Die Gründung der Ges.m.b.H. ist von dem Geschäftsführer Otto Jedermann wie folgt anzumelden:

An das
Handelsgericht Wien
Riemergasse 7
1010 Wien

Betrifft: Eintragung ins Handelsregister

Otto Jedermann, Kaufmann in 1200 Wien, Stoffstraße 20, und
Sokrates Stempel, Kaufmann in 1043 Wien, Markenstraße 10,

haben sich zu einer Gesellschaft m.b.H. unter der Firma Otto Jedermann, Gesellschaft mit beschränkter Haftung, mit dem Betriebsgegenstand Handel mit Briefmarken vereinigt.

Unter Vorlage:

1. einer Ausfertigung des notariellen Gesellschaftsvertrages vom . . .
2. der Gesellschafterliste
3. der Geschäftsführerliste
4. der Unbedenklichkeitsbescheinigung des Finanzamtes für Gebühren und Verkehrssteuern
5. der gutachtlichen Äußerung der Kammer der gewerblichen Wirtschaft für Wien über die Zulässigkeit der Firma,

beantrage ich, in das Handelsregister, Abteilung B, einzutragen:

1. Firma: Otto Jedermann, Gesellschaft mit beschränkter Haftung
2. Sitz: Wien
3. Betriebsgegenstand: Handel mit Briefmarken

4. **Stammkapital: S 500.000,—**
5. **Geschäftsführer: Otto Jedermann, Kaufmann, Wien**
6. **Rechtsverhältnisse: Gesellschaft m.b.H.**

Der Gesellschaftsvertrag ist am . . . abgeschlossen. Vertretungsbefugt: der Geschäftsführer Otto Jedermann.

Der Geschäftsführer wird zeichnen, indem er der Firma seine Unterschrift wie folgt beifügt:

Otto Jedermann Gesellschaft m.b.H.
Otto Jedermann

(Unterschrift und Firmenzeichnung des Geschäftsführers sind notariell zu beglaubigen.)

Eine Ges.m.b.H. kann nur gegründet werden, wenn mindestens ein **Stammkapital** von S 500.000,— aufgebracht wird. Die einzelnen Ges.m.b.H.-Gesellschafter müssen mindestens eine Stammeinlage von S 1000,— machen. Vor der Anmeldung zum Register müssen sie ein Viertel des übernommenen Betrages ihrer Stammeinlage dem **Geschäftsführer** zur Verfügung stellen.

Die Gesellschaft mit beschränkter Haftung ist **juristische Person.** Sie erwirbt also selbst Rechte und wird selber verpflichtet. Demgemäß können die Gläubiger sich auch nur an das Betriebsvermögen der Ges.m.b.H. selbst halten. Wenn sie zusammenbricht und nicht genügend Vermögen zur Befriedigung sämtlicher Gläubiger vorhanden ist, so besteht für diese keine Möglichkeit, sich an das Privatvermögen der einzelnen Gesellschafter zu halten.

Es gibt allerdings auch Gesellschaften m.b.H., die eine **Nachschußpflicht** der Gesellschafter vorsehen. Dies sind recht gefährliche Vereinbarungen.

Da Otto Jedermann über 50 Prozent der Geschäftsanteile der Ges.m.b.H. besitzt, beherrscht er praktisch die Ges.m.b.H., weil er seinen Mitgesellschafter Stempel immer überstimmen kann. Bis zur Grenze der Sittenwidrigkeit kann er also in seinem eigenen Interesse handeln. Stempel ist darüber bald unzufrieden und will aus der Ges.m.b.H. ausscheiden. Dies kann er ganz einfach dadurch tun, daß er seinen **Geschäftsanteil** an einen anderen **überträgt.** Diese Abtretung muß aber in Form eines **Notariatsaktes** erfolgen.

Im Gesellschaftsvertrag kann vorgesehen sein, daß die Abhebung von Geschäftsanteilen nur mit Zustimmung der in der Ges.m.b.H. verbleibenden Gesellschafter erfolgen darf. Eine solche Vereinbarung hätte den Zweck, daß den verbleibenden Gesellschaftern nicht jemand als Mitgesellschafter aufgezwungen werden kann, der ihnen nicht genehm ist. Besonders bei sogenannten Familien-Gesellschaften, deren Anteile oft durch Generationen in der gleichen Familie bleiben, werden derartige Vereinbarungen getroffen, um die Tradition zu wahren.

Da kommt Otto Jedermann auf eine geniale Idee. Er schlägt Sokrates Stempel vor, seinen Anteil an ihn, Otto Jedermann, zu veräußern, und um ihm dies schmackhaft zu machen, bietet er ihm ein gut Teil Geld mehr, als ein Dritter für diesen Anteil bezahlen würde. Sokrates Stempel greift bei diesem verlockenden Angebot zu und überträgt seinen Geschäftsanteil in der vorgeschriebenen Form auf Otto Jedermann. Damit ist dieser Inhaber sämtlicher Anteile der Ges.m.b.H. Alle Geschäfte, die nun – von ihm natürlich – im Namen der Ges.m.b.H. getätigt werden, verpflichten also nur diese, nicht etwa Otto Jedermann persönlich. Über diese sogenannte **„Ein-Mann-Ges.m.b.H."** ist nun also tatsächlich erreicht worden, was ein Einzelkaufmann nicht erreichen könnte, nämlich daß er für seine Geschäfte nur mit dem Gesellschaftsvermögen haftet, nicht aber mit dem, was er darüber hinaus an eigenen Vermögenswerten besitzt.

Die Aktiengesellschaft

Auch als Ges.m.b.H. floriert Otto Jedermanns Briefmarkenhandel. Das Unternehmen wirft hohe Beträge ab, die Otto Jedermann gewinnbringend anlegen möchte. Als guter Wirtschaftsbeobachter hat er festgestellt, daß zu jenen Vermögenswerten, die sich über die seinerzeitige Währungsreform hinaus gut gehalten haben, auch Aktien gehören.

Die **Aktiengesellschaft** ist ein Zusammenschluß einer Anzahl von Personen, die ihr Geld zusammenwerfen, um einen Geschäftsbetrieb mit Hilfe dieses Geldes zu ermöglichen.

Die Aktiengesellschaft ist **juristische Person,** die Gesellschafter sind bloß mit Einlagen auf das in **Aktien** zerlegte Grundkapital beteiligt, ohne persönlich für die Schulden der Gesellschaft zu haften. Während aber die Ges.m.b.H. meist nur dafür gedacht ist, geringere Kapitalien (S 500.000,–) aufzubringen, soll die Gründung einer Aktiengesellschaft dazu dienen, größere Kapitalien zu bilden, die meist in die Millionen gehen. Es gibt in der Volkswirtschaft gewisse sogenannte **anlageintensive** Betriebe, die zur Errichtung ungeheures Kapital brauchen. Wenn sie aber eingerichtet sind und den Betrieb aufgenommen haben, dann ist zu erwarten, daß sie einen Gewinn abwerfen, der das aufgewendete Kapital entsprechend verzinst.

Es gibt nun zwei Möglichkeiten, derartige Riesenkapitalien aufzubringen. Bei der sogenannten **Simultangründung** übernehmen die Gründer selbst alle Aktien, das heißt, sie bringen die erforderlichen Kapitalien aus ihrer eigenen Tasche auf. Dazu müssen sie allerdings über große Geldmittel verfügen, denn der Mindestbetrag für das **Grundkapital** einer Aktiengesellschaft beläuft sich derzeit auf S 1,000.000,–.

Zur Gründung genügt es nach dem **Aktiengesetz 1965,** BGBl Nr. 98, daß zwei Personen an der Feststellung der Satzung beteiligt sind, die Aktien übernehmen. Die Gründer legen die Satzung fest, in der Zweck, Firma, Sitz etc. der neu zu gründenden Aktiengesellschaft angeführt werden.

Die Satzung muß gerichtlich oder notariell beurkundet werden. Nach Gründungsprüfung und Übernahme der Aktien durch die Gründer wird die Aktiengesellschaft zum Handelsregister angemeldet. Das Grundkapital ist in Aktien zerlegt, deren **Nennbetrag** auf 100, 500, 1000 oder ein Vielfaches von S 1000 zu lauten hat. Wenn also ein Grundkapital von S 1,000.000,– aufgebracht werden soll, so kann dieses beispielsweise in 1000 Aktien à S 1000,– gestückelt werden, wobei die einzelnen Gründer erklären, wieviel jeder von ihnen übernimmt. Der Kapitalstärkste wird vielleicht versuchen, mehr als 50 Prozent der Aktien zu bekommen, weil er damit die **absolute Mehrheit** erreicht hätte und dadurch in der Aktiengesellschaft dominiert.

Nach der Errichtung der AG durch die Übernahme der Aktien wählen die Gründer einen **Aufsichtsrat.** Dieser bestellt nunmehr den **Vorstand,** der in Zukunft unter eigener Verantwortung die Gesellschaft so zu leiten hat, wie das Wohl des Unternehmens unter Berücksichtigung der Interessen der Aktionäre und der Arbeitnehmer sowie des öffentlichen Interesses es erfordert.

Der Vorstand hat jetzt ein Viertel der Beträge, die die Gründer übernommen haben, einzuziehen und einen **Gründungsbericht** zu verfassen. Dieser Gründungsbericht wird nun durch besondere Prüfer **(Wirtschaftsprüfer, Treuhandgesellschaften)** auf seine Ordnungsmäßigkeit hin überprüft. Dann erfolgt die **Anmeldung** zum Handelsregister. Bevor das Gericht aufgrund dieser Anmeldung die Eintragung und Bekanntmachung vornimmt, hat es noch einmal zu prüfen, ob alles seinen richtigen Weg gegangen ist.

Die vorstehend beschriebene Form der Gründung nennt man **Simultan-** oder **Einheitsgründung,** weil hier einige wenige

Gründer von vornherein das ganze erforderliche Grundkapital aufbringen. Noch komplizierter ist die sogenannte **Sukzessiv-** oder **Stufengründung.** Bei ihr übernehmen die Gründer nicht von sich aus die Aktien, sondern bieten sie durch **Emissionsbanken** dem Publikum zum Zeichnen an. Die Interessenten füllen bei den Banken **Zeichnungsscheine** aus und werden dadurch Gesellschafter der AG, sogenannte Aktionäre. Hier wählen dann nicht die Gründer, sondern die Aktionäre in der Hauptversammlung den Aufsichtsrat.

Otto Jedermann erwirbt nunmehr einige Aktien der bereits bestehenden Torfverwertungsaktiengesellschaft durch seinen Bankier zum Kurs von 86, das heißt, er zahlt für jeweils S 1000,– Nennbetrag der einzelnen Aktien S 860,–.

Der **Kurszettel** gibt darüber Auskunft, welchen Wert eine Aktie aufgrund von Angebot und Nachfrage **jetzt** hat (Kurswert). Der Nennwert der Aktie, das ist jener Betrag, auf den sie lautet, sagt darüber nichts aus.

Wenn das Grundkapital einer Aktiengesellschaft 1 Million Schilling beträgt, so ersieht man aus dieser Angabe nur, daß bei der Gründung diese Summe aufgebracht wurde. Nehmen wir an, dieser Betrag wäre am Gründungstag tatsächlich in den Tresoren der Aktiengesellschaft gelegen. Schon am nächsten Tag könnte er ja nicht mehr voll dagewesen sein, weil davon die laufenden Ausgaben gedeckt werden mußten. Die Summe von 1 Million Schilling wäre also etwas kleiner geworden, das Grundkapital der Aktiengesellschaft und der auf den Aktien ersichtliche Nennwert wären aber gleichgeblieben. Andererseits hat die Aktiengesellschaft, die nun ihren Geschäftsbetrieb aufgenommen hat, auch Einnahmen zu erwarten. So könnte sie zum Beispiel schon im ersten Geschäftsjahr so erfolgreich gearbeitet haben, daß sie einen Gewinn von einer Million Schilling machen würde. Auch in diesem Falle bleiben Grundkapital und Nennwert gleich hoch wie am Gründungstage. Der **Kurswert** der einzelnen Aktien würde nun aber auf den doppelten Nennwertbetrag steigen. Denn wenn sich die Aktiengesellschaft jetzt auflösen würde, dann bekäme jeder Aktionär einen doppelt so hohen Betrag als den, den er seinerzeit eingezahlt hat. Deshalb ist es auch erklärlich, daß Interessenten unter Umständen bereit sind, für eine Aktie, deren Nennwert S 1000,– beträgt, S 1500,– oder noch mehr zu bezahlen. Ebenso erklärt es sich aber auch, daß der Kurswert von Aktien einer Aktiengesellschaft, die in ihrem Geschäftsbetrieb dauernd Verluste erleidet, weit – manchmal sogar sehr weit – unter den Nennwert sinkt.

Otto Jedermann hat die Aktien der Torfverwertungsgesellschaft dadurch erworben, daß der bisherige Eigentümer sie ihm wie eine bewegliche Sache übereignete, und zwar durch **Erwerbsgrund** (Titel) und **Übergabe.**

Manche Aktien lauten nicht auf den Namen des Inhabers, sondern (nach der Satzung) auf den einer bestimmten Person (Namensaktien). Dann sind sie sogenannte **Orderpapiere** und werden wie ein Wechsel durch Indossament übertragen.

Aufgrund seines Eigentums an der Aktie ist Otto Jedermann Gesellschafter der AG (also Aktionär) geworden. Sein Hauptrecht ist es, in der Hauptversammlung über die grundlegenden Fragen der AG mitzubestimmen.

Jede Aktie gewährt das **Stimmrecht.** Hat also Otto Jedermann zehn Aktien, so hat er zehn Stimmen. Er kann dieses Stimmrecht selbst in der Hauptversammlung ausüben oder sich durch einen Bevollmächtigten vertreten lassen. Für die **Vollmacht** ist schriftliche Form erforderlich.

Wenn die Aktiengesellschaft einen Gewinn gemacht hat, so verteilt sie ihn nach Ablauf des Geschäftsjahres anteilmäßig an die Aktionäre. Dieser anteilmäßige Gewinn heißt **Dividende.** Ihr gilt Otto Jedermanns Hauptinteresse.

Die Aktiengesellschaft ist – ebenso wie die Ges. m. b. H. – eine Körperschaft (juristische Person). Sie unterliegt der Umsatzsteuer, Gewerbesteuer und Körperschafts-

steuer. Die Körperschaftssteuer bildet keine abzugsfähige Betriebsausgabe und mindert nicht den Gewinn der Gesellschaft, wie er sich aus den Büchern ergibt.

Dividenden unterliegen dem Steuerabzug vom Kapitalertrag (Kapitalertragssteuer). Die Kapitalertragssteuer beträgt 17,70 Prozent bzw. 21,507 Prozent der Dividende, je nachdem, ob der Aktionär oder die Gesellschaft sie trägt.

Die Kapitalertragssteuer wird wie die Lohnsteuer im Abzugsweg einbehalten. Kommt es mit Jahresende zu einer Veranlagung, werden die einbehaltenen Beträge an Kapitalertragssteuer oder Lohnsteuer auf den endgültig ermittelten Steuerbetrag angerechnet.

Die Genossenschaft

Karl Jedermann beschließt, billiger zu leben. Hierzu wird er durch einen Prospekt der „Mittelstands-Wirtschafts-Vereinigung Gen.m.b.H." angeregt, der ihm eines Tages in den Briefkasten flattert. Er entschließt sich, dieser Genossenschaft beizutreten.

Die Gen.m.b.h. (Genossenschaft mit beschränkter Haftung) unterscheidet sich ganz wesentlich von der Ges.m.b.H. (Gesellschaft mit beschränkter Haftung). Die Ges.m.b.H. ist, wie wir oben gesehen haben, eine Gesellschaft zur Erzielung von Gewinn aus gewerblicher Tätigkeit. Die Gesellschafter wollen durch ihren Kapitaleinsatz verdienen und gleichzeitig nur beschränkt haften.

Die Genossenschaft hingegen verfolgt ganz andere Ziele. Sie will für sich als Genossenschaft vorerst keinen Gewinn erzielen, sondern unter Ausschaltung eigenen Gewinns Erwerb und Wirtschaft der Genossenschafter fördern.

Die Genossenschaften in ihrer heutigen Form gehen unter anderem auf die Gründung der sogenannten „Redlichen Pioniere von Rochdale" im 19. Jahrhundert zurück. Fr. W. Raiffeisen übertrug den Genossenschaftsgedanken auf bäuerliche Unternehmungen. Den Gedanken, daß viele zusammenstehen und erst einmal ein gewisses Kapital für einen Genossenschaftsbetrieb aufbringen, machte man sich seit dem vorigen Jahrhundert noch anderweitig nutzbar. Mit dem Namen Schulze-Delitzsch ist die Schaffung der Genossenschaft für das Handwerk verbunden. Der einzelne Handwerker, der beim Händler einkauft, muß dessen Preise akzeptieren und zum Gewinn des Händlers beitragen. Wenn die Handwerker dagegen gemeinsam, durch eine von ihnen errichtete Genossenschaft, beim Fabrikanten einkaufen, so sparen sie diesen Gewinnanteil ein. Dafür müssen sie allerdings gewisse Unkosten des Genossenschaftsbetriebes selbst (etwa Raummiete oder Personal) in Kauf nehmen, wodurch der Vorteil, den eine Genossenschaft zu bieten hat, häufig recht problematisch wird.

Die Grundgedanken des Genossenschaftswesens findet Karl Jedermann bei der „Mittelstands-Wirtschafts-Vereinigung Gen.m.b.H." wieder. Es handelt sich hier um eine Konsumgenossenschaft.

Unser geltendes Genossenschaftsrecht (Gesetz über Erwerbs- und Wirtschaftsgenossenschaften vom 9. April 1873) kennt u.a. folgende Arten von Genossenschaften:

Vereine von nicht geschlossener Mitgliederzahl, die die Förderung des Erwerbes oder der Wirtschaft ihrer Mitglieder mittels gemeinschaftlichen Geschäftsbetriebes oder mittels Kreditgewährung bezwecken (Erwerbs- und Wirtschaftsgenossenschaften), wie auch Vorschuß- und Kreditvereine, Rohstoff- und Magazinvereine, Produktivgenossenschaften, Konsumvereine und Wohnungsgenossenschaften u. dgl.

Bei der „Mittelstands-Wirtschafts-Vereinigung" handelt es sich um eine **Konsumgenossenschaft,** die für ihre Mitglieder Haushaltswaren und Lebensmittel im großen und dafür billiger einkauft und daher auch billiger an diese weiterverkaufen kann.

Karl Jedermann tritt der Genossenschaft bei, nachdem er das Genossenschaftsstatut sorgfältig durchgelesen hat. Er entnimmt daraus, daß eine Einlage von S 600,– vorgesehen ist und daß er bis zum Betrage von S 3000,– haftet. Auf eine Frage, was dies bedeute, sagt ihm der Angestellte der Genossenschaft, mit dem er verhandelt, er solle nur seine Einlage von S 600,– leisten, die in den Statuten vorgesehene Haftung werde in Anbetracht der soliden Geschäftsführung der Genossenschaft ja doch niemals aktuell werden.

Karl Jedermann gibt auf einem dazu vorgesehenen Formular seine Beitrittserklärung ab und zahlt die S 600,– auf das Konto der Genossenschaft ein.

Ottilie und er kaufen in der nächsten Zeit für ihren Haushalt preiswert in dem Ladengeschäft der „MWV“ ein.

In § 2 Abs. 3 GenG wird bestimmt: „Bei Erwerbs- und Wirtschaftsgenossenschaften, welche die gemeinschaftliche Beschaffung von Lebensmitteln und anderen Waren für den Haushalt im großen und deren Absatz im kleinen zum Zwecke haben (Konsumvereine), kann die Haftung auf den Geschäftsanteil beschränkt werden, wenn dieser mindestens S 10,– beträgt, und wenn die Abgabe von Waren sowie, falls der Konsumverein Spareinlagen übernimmt, auch die Übernahme solcher statutenmäßig auf die Mitglieder beschränkt ist.“

Nach einiger Zeit macht Karl Jedermann die Feststellung, daß manche der gekauften Waren von schlechter Qualität sind. Während andere Genossenschaften für den gleichen Preis erstklassige Produkte verkaufen, läßt die „MWV“ sichtlich nach. Verärgert beschließt Karl Jedermann, aus seiner Genossenschaft auszutreten. Vorsorglich blättert er noch einmal die Statuten, die er sich aufgehoben hat, durch. Er liest in der Satzung:

„Der Austritt eines Genossenschafters kann nicht vor Ablauf des Geschäftsjahres erfolgen. Die Kündigungsfrist beträgt zwei Monate (Kündigung mittels eingeschriebenen Briefes).“

Eine solche Bestimmung in der Satzung ist möglich. Es kann zwar der Austritt nicht verboten werden, doch sieht § 77 Genossenschaftsgesetz für Genossenschaften mit beschränkter Haftung folgende Regelung vor:

„Der Austritt eines Genossenschafters darf nicht vor Ablauf des Geschäftsjahres und nur nach vorausgegangener, mindestens vierwöchiger Kündigung, geschehen.

Ebenso wird die Kündigung eines oder mehrerer Geschäftsanteile, ohne gleichzeitigen Austritt eines Genossenschafters, welcher mit anderen Geschäftsanteilen in der Genossenschaft verbleibt, nicht vor Ablauf des Geschäftsjahres wirksam und muß mindestens vier Wochen vorher erfolgen.

Jede Kündigung ist sogleich in das nach § 14 zu führende Register der Mitglieder einzutragen.“

Karl Jedermann erklärt also am 3. September 19. . mittels eingeschriebenen Briefes seinen Austritt aus der „MWV“. Um seinen Anteil von S 600,– kümmert er sich vorerst noch nicht.

Im August des folgenden Jahres liest Karl in seiner Tageszeitung, daß die „MWV“ in Konkurs gegangen ist. „Ja, ja“, sagt er beim Morgenkaffee zu Ottilie, „wie gut, daß man als umsichtiger Kaufmann auch ein bißchen was vom Genossenschaftsrecht versteht und beizeiten ausgetreten ist.“

Ende September geht Karl Jedermann nebenstehender Brief zu.

„Das ist ja allerhand“, sagt Karl Jedermann zu seiner Frau. „Das muß ja ein schöner Betrieb sein, wenn der Masseverwalter nicht einmal weiß, daß ich schon längst nicht mehr der Genossenschaft angehöre. Nur gut, daß ich den Rückschein und den Briefdurchschlag der Kündigung aufgehoben habe.“

Er fährt am nächsten Tag zum Masseverwalter und legt ihm die Belege vor. Trotzdem beharrt dieser darauf, daß Karl Jedermann die geforderten S 240,– zu zahlen hat. Und mit Recht! Karl Jedermann hat eben doch nicht genug vom Genossenschaftsrecht gewußt.

Dr. jur. Konrad Stock
Rechtsanwalt
Burgring 10
1010 Wien

Wien, den . . .

Sehr geehrter Herr Jedermann!

Als Masseverwalter im Konkurs der „Mittelstands-Wirtschafts-Vereinigung Gen.m.b.H." mit dem Sitz in Wien teile ich Ihnen folgendes mit:

Da das vorhandene Vermögen der Genossenschaft zur Befriedigung der Gläubiger nicht ausreicht, müssen die Genossenschafter zur Haftung herangezogen werden.

Ich fordere Sie daher auf, die restliche Haftungssumme von S 240,— umgehend auf das Postsparkassenkonto Nr. . . . einzuzahlen. Einen Erlagschein lege ich zu Ihrer gefl. Bedienung bei.

Hochachtungsvoll

Dr. Stock

Gemäß § 78 GenG dauert die Haftung eines ausgeschiedenen Genossenschafters oder seiner Erben noch durch ein Jahr nach Ablauf des Geschäftsjahres, in dem das Ausscheiden des Genossenschafters erfolgt ist, weiter, insofern nicht durch den Genossenschaftsvertrag eine längere Dauer der Haftung festgesetzt ist. Die Haftung erstreckt sich auf alle Verbindlichkeiten, die von der Genossenschaft bis zum Ausscheiden des Genossenschafters eingegangen worden sind. Die nächste Bestimmung des Genossenschaftsgesetzes sagt, daß der Geschäftsanteil des ausgeschiedenen Genossenschafters und das sonst demselben aufgrund des Genossenschaftsverhältnisses gebührende Guthaben erst nach Erlöschen der vorerwähnten Haftung ausbezahlt werden dürfen.

Sollte der Konkurs der Genossenschaft durch unredliche Machinationen des Vorstandes verursacht worden sein, könnte sich Karl Jedermann wohl an diesem schadlos halten. Hier ist aber zu bedenken, daß die Mitglieder dieses Vorstandes unter Umständen im Gefängnis sitzen und daß einige hundert, wenn nicht tausend Genossenschafter in der gleichen Lage wie Karl Jedermann sind. Derart große Summen könnte das Vorstandsmitglied niemals aus Privatmitteln aufbringen.

Karl Jedermann glaubt nun, daß er hinsichtlich der Situation seiner ehemaligen Genossenschaftsmitgliedschaft genügend Bescheid weiß.

Er hat aber noch folgendes zu beachten: Bei Konkurs einer Genossenschaft ist zur Deckung des Abganges gemäß § 3 der Verordnung RGBl 105/1918 zunächst die Volleinzahlung der Geschäftsanteile zu bewirken. Reichen diese Beträge nicht aus, so sind die Genossenschafter im Verhältnis ihrer Geschäftsanteile bis zur vollen Höhe ihrer Haftung heranzuziehen. Nachschußpflichtig sind jene Genossenschafter, deren Haftung zur Zeit der Auflösung der Genossenschaft noch nicht erloschen war. Genossenschafter, die durch Übertragung ihrer Geschäftsanteile ganz oder teilweise ausschieden, sind überdies nur insoweit nachschußpflichtig, als der auf sie entfallende Nachschußbetrag vom Erwerber des Geschäftsanteiles nicht hereingebracht werden kann.

Man kann also als Fazit festhalten: Wenn es anfängt, einer Genossenschaft schlecht zu gehen, wird es kaum noch Zweck haben, sich durch Austritt der gesetzlich vorgeschriebenen Haftung entziehen zu wollen. Und dies ist ja auch gut so, denn schließlich sollen die Lieferanten und Kreditgeber nicht dadurch um ihr Geld gebracht werden können, daß die Genossenschafter fluchtartig das sinkende Schiff verlassen.

Im übrigen ist zur Überwachung der Genossenschaften insbesondere durch die Bundesgesetze vom 3. August 1934, BGBl 195 sowie BGBl 216/1934, die Mitgliedschaft in einem **Revisionsverband** zwingend vorgesehen. Dadurch wird die Gefahr einer unredlichen Geschäftsgebarung des Vorstandes wesentlich verringert. Das restliche Risiko muß um der Vorteile willen, die die Mitgliedschaft in der Genossenschaft mit sich bringt, in Kauf genommen werden.

Im vorstehenden Beispiel ist immer von dem häufigeren Fall der Genossenschaft mit beschränkter Haftung ausgegangen worden. Es besteht auch die Möglichkeit, einer Genossenschaft mit unbeschränkter Haftung (§ 2 GenG) beizutreten. In diesem Fall besteht allerdings für den einzelnen Genossenschafter ein wesentlich größeres Risiko, denn bei einem Zusammenbruch der Genossenschaft würde er hier mit seinem gesamten Vermögen haften.

Erwerbs- und Wirtschaftsgenossenschaften, die ihre Geschäftsleitung oder ihren Sitz im Inland haben, sind an sich u n b e s c h r ä n k t körperschaftssteuerpflichtig (Geschäftsleitung ist der Mittelpunkt der geschäftlichen Oberleitung; den Sitz hat eine Genossenschaft an dem Ort, der durch Satzung bestimmt ist). Die unbeschränkte Steuerpflicht erstreckt sich auf sämtliche Einkünfte.

Erwerbs- und Wirtschaftsgenossenschaften, die weder ihre Geschäftsleitung noch ihren Sitz im Inland haben, sind nur mit ihren inländischen Einkünften, also b e s c h r ä n k t steuerpflichtig.

Körperschaften und Vermögensmassen, die satzungsgemäß und tatsächlich ausschließlich und unmittelbar kirchlichen, gemeinnützigen oder mildtätigen Zwecken dienen, ferner – unter bestimmten Voraussetzungen – rechtsfähige Pensionskassen und ähnliche Hilfskassen sowie kleine Viehversicherungsvereine und bäuerliche Brandschadenversicherungsvereine sind von der Körperschaftssteuer b e f r e i t. Die Befreiungen gelten jedoch nicht für beschränkt Steuerpflichtige.

Die oben behandelte Konsumgenossenschaft kann schon infolge ihrer Zielsetzung kaum Gewinne machen, weshalb sich Betrachtungen der „MWV" in steuerlicher Hinsicht erübrigen.

Raum für Notizen

(Gesetzesänderungen, eigene Rechtsfälle, Terminkalender)

Raum für Notizen

(Gesetzesänderungen, eigene Rechtsfälle, Terminkalender)

Karl Jedermann und seine Familie

Die Verlobung

Karl Jedermann ist inzwischen in die Jahre gekommen, in denen fast alle Männer an eine Verbindung mit einer Frau denken. Er kennt da schon eine, die Tochter des Fleischhauers Willibald Fleißig, die allerdings noch sehr jung ist und von ihren Eltern streng gehalten wird. **Ehemündig** ist sie allerdings schon, denn heute ist das der Mann schon mit der Vollendung des 19. und die Frau mit der Vollendung des 16. Lebensjahres. Und sollte dies beiden Partnern noch zu lange dauern, so hat ein Mann, der das 18., und eine Frau, die das 15. Lebensjahr vollendet hat, die Gelegenheit, bei Gericht den Antrag zu stellen, sie für ehemündig zu erklären, wenn sie für diese Ehe reif erscheinen.

Manchmal dachte Karl Jedermann so für sich, daß er nun eine ziemlich gute Berufsstellung hat und daß Elfriede Fleißig eigentlich die richtige Frau für ihn wäre. Vielleicht hat auch die zu erwartende Mitgift des schwiegerväterlichen Fleischhauermeisters eine gewisse Rolle bei Karl Jedermanns Erwägungen gespielt.

Als er nun nach dem nächsten Kinobesuch gemeinsam mit Elfriede in einem netten Lokal eine Flasche Wein leert, löst sich bald seine Zunge. Während er das Glas hebt, sagt er zu seiner Begleiterin: „Es wäre doch eigentlich sehr schön, wenn wir den weiteren Lebensweg gemeinsam gehen würden. Willst du nicht meine Frau werden?“ Elfriede erwidert ihm strahlend: „Daran habe ich auch schon so manches Mal gedacht. Ich will gerne deine Frau werden! Am Geburtstag meiner Mutter wollen wir uns verloben.“

Karl Jedermann meint, sie seien doch nunmehr verlobt, Elfriede aber glaubt, das sei nicht richtig, denn vorerst müßten Ringe gewechselt und Verlobungskarten verschickt werden. Wegen der Meinungsverschiedenheit etwas verstimmt, gehen beide nach diesem ereignisreichen Abend heim.

Hier mischt sich Richtiges mit Unrichtigem.

Ein **Verlöbnis** ist ein Vertrag, der dadurch zustande kommt, daß zwei Personen verschiedenen Geschlechts ihren ernsthaften Willen übereinstimmend erklären, Mann und Frau zu werden, das heißt die Ehe miteinander einzugehen. Solche Erklärungen haben Karl und Elfriede abgegeben. Die üblichen gesellschaftlichen Förmlichkeiten wie Ringtausch, Aufgabe von Verlobungsanzeigen, Verkündung unterm Lichterbaum, Verlobungsfeier usw. haben mit der Wirksamkeit des geschlossenen Vertrages nichts mehr zu tun. Den übereinstimmend ernsthaften Willen kann man bei Verlobten aus verschiedenen Umständen ermitteln. Ein Briefwechsel wird häufig einen solchen Willen erkennen lassen. Ständiges gemeinsames Auftreten im Bekanntenkreis als Verlobte wird gleichfalls den Schluß auf einen solchen festen Willen erlauben; vor allem, wenn sich dieses Auftreten mit Handlungen verbindet, die auf die baldige Einrichtung eines gemeinsamen Haushaltes schließen lassen, z. B. gemeinsamer Kauf von Möbeln, Wohnungssuche und ähnliches. Die bloße Zusicherung „ewiger Treue" ist hingegen noch kein Heiratsversprechen. Es muß das **Versprechen, einander künftig zu ehelichen,** vorliegen.

Halten wir grundsätzlich fest: Das Verlöbnis ist nach Auffassung des Gesetzes nicht etwa nur eine juristische Tatsache, sondern ein **Vertrag.** Es handelt sich genauer um einen **familienrechtlichen** Vertrag, der nicht nur mit der vermögensrechtlichen Brille betrachtet werden darf. Zwar kann aus diesem Vertrag nicht auf Eingehung der Ehe geklagt werden; trotzdem ist das Verlöbnis rechtlich nicht bedeutungslos, schon weil es den Brautstand begründet. Die maßgebenden Vorschriften finden sich in den §§ 45, 46 ABGB.

Genehmigung des Vaters

Wäre Elfriede noch nicht volljährig, bedürfte sie zu Verträgen, die ihr nicht bloß einen rechtlichen Vorteil bringen, der Zustimmung ihres gesetzlichen Vertreters (§ 865 ABGB). Ein Verlöbnis ist aber kein Vertrag, der Elfriede lediglich rechtliche Vorteile bringt, denn sie nimmt ja als junge Braut ihrerseits die Verpflichtung auf sich, mit Karl Jedermann eine Ehe einzugehen. Wenn aber beide Vertragspartner Pflichten auf sich nehmen, sprechen wir von einem nicht nur rechtlich vorteilhaften Vertrag, der Jurist nennt diesen Vertrag **„oneros"**, das heißt mit Lasten verbunden. Ein rechtlich lediglich vorteilhafter Vertrag – die Juristen nennen ihn einen **lukrativen** Vertrag – ist z. B. gegeben, wenn Tante Amalie Elfriede ein Buch schenkt. Es entstehen lediglich rechtliche Vorteile für Elfriede, aber keine Lasten.

Elfriedes Vater erteilt seine Zustimmung zu dem Verlöbnisvertrag; dieser ist daher wirksam.

Zur Vorbereitung des gemeinsamen Hausstandes machen Elfriede und Karl die verschiedensten Anschaffungen. Auch kaufen Elfriedes Eltern bereits die Möbel für den Hausstand der beiden ein, und Elfriede kündigt ihre gutbezahlte Stellung als Sekretärin in einer Reisebuchhandlung. Karl Jedermann ist während dieser Zeit ständig Gast bei Elfriedes Eltern und kann so manchen Schilling ersparen. An Elfriedes Volljährigkeitstag, ihrem 19. Geburtstag, wird die Verlobungsfeier abgehalten. Das verlobte Paar bekommt viele Geschenke von Verwandten und Bekannten, darunter einen großen Radioapparat, ein Porzellanservice, Marke Augarten, und einen schönen Damenring.

Trotz aller dieser guten Vorzeichen hat das Verlöbnis keinen Bestand.

Halten wir fest: Dort, wo eine Gebundenheit infolge Handlungsunfähigkeit nicht entstehen konnte, wird auch kein gültiges Verlöbnis vorliegen. Schließen beschränkt Handlungsfähige mit einem Handlungsfähigen eine Vereinbarung, durch welche sie nicht bloß Vorteile erlangen, sondern zugleich eine Verpflichtung auf sich nehmen, so entsteht ein sogenannter „hinkender Vertrag" (hinkendes Geschäft). Das bedeutet, daß der handlungsfähige Teil gebunden wird. Der beschränkt Handlungsfähige dagegen wird nur dann verpflichtet, wenn seine **gesetzlichen Vertreter** (Vormund, Sachwalter; nötigenfalls mit Zustimmung des Gerichts) **die Vereinbarung genehmigen.** Bei minderjährigen Verlobten ist zur Gültigkeit des Verlöbnisses die Zustimmung des gesetzlichen Vertreter erforderlich, die allerdings nicht nur ausdrücklich durch Worte, sondern auch durch

entsprechendes Verhalten erfolgen kann (man spricht dann von einer „schlüssigen" Zustimmung). Dagegen braucht ein Minderjähriger zum **Rücktritt** vom Verlöbnis **keine Einwilligung des gesetzlichen Vertreters.**

Entlobung

Karl Jedermann kann sich noch immer nicht seine Junggesellenmanieren abgewöhnen. Eines Tages gerät er in leichte Gesellschaft und lernt dort eine Witwe kennen, mit der er in intime Beziehungen tritt. Elfriedes Vater sagt, er habe es ja gleich gewußt, und auch Elfriede sieht ein, daß es besser sei, dieses Verlöbnis nicht aufrechtzuerhalten. Sie schreibt Karl einen Brief des Inhalts, daß sie ihn nicht mehr wiedersehen wolle und in der Anlage den Verlobungsring zurückschicke. Diesen **Rücktritt** hätte Elfriede auch erklären können, wenn sie noch minderjährig gewesen wäre. Sie hätte hierzu nicht der (ausdrücklichen oder schlüssigen) Zustimmung des Vaters bedurft.

Karl Jedermann, der einen Teil der Geschenke – u. a. auch den Radioapparat – in seiner Wohnung stehen hat, schreibt zurück, daß er mit der Lösung einverstanden sei und damit die Angelegenheit als erledigt ansehe.

Die Auffassung von Karl Jedermann, daß nunmehr alles erledigt sei und daß er insbesondere den schönen Radioapparat behalten könne, ist unrichtig.

Das Verlöbnis ist – juristisch gesehen – ein seltsamer Vertrag. Die Verlobten haben sich gegenseitig verpflichtet, die Ehe einzugehen, jedoch kann keiner von ihnen auf Erfüllung klagen. Das ABGB lehnt eine Klage auf Eingehung der Ehe unbedingt ab, denn die Ehe soll auf **gegenseitige Zuneigung** aufgebaut sein, und diese wird durch einen gerichtlichen Zwang zweifellos nicht gefördert. Wie wollte man ein entsprechendes Urteil wohl auch vollstrecken?! Der Gesetzgeber respektiert den **freien** Eheentschluß (daher kann das Verlöbnis durch Angeld, Reuegeld, Konventionalstrafe, Bürgschaft u. dgl. nicht gesichert werden) und sagt sich: lieber Rücktritt vom Verlöbnis als eine unglückliche Ehe.

Die Verbindlichkeit des Verlöbnisvertrages zeigt sich aber in den Auswirkungen, wenn das Verlöbnis zerbricht.

Wird das Verlöbnis einverständlich gelöst, so entsteht keine gesetzliche Schadenersatzpflicht; ebenso wenn beide Verlobte Grund zum Rücktritt gegeben haben. Das Gesetz spricht von Schadenersatz nur beim Rücktritt **eines** Teiles wider den Willen des anderen. Ersatzpflichtig ist bei unbegründetem Rücktritt der Zurücktretende, bei begründetem der, der zum Rücktritt den „Grund" oder die „Ursache" gegeben hat. Forderungsberechtigt ist grundsätzlich nur der andere Verlobte; nach der Rechtsübung jedoch **auch Eltern und sonstige Verwandte,** wenn sie durch den Rücktritt geschädigt wurden. Ein Verschulden ist hierbei nicht Voraussetzung, liegt aber in unserem Fall vor. Ersetzt wird nur der „wirkliche Schaden", das heißt der für die beabsichtigte Ehe fruchtlos gemachte Aufwand (z. B. durch Wohnungsmiete, Übersiedlung, Aufgabe einer Stellung). Außer Betracht bleibt das sogenannte Erfüllungsinteresse. Daher ist kein Ersatz für den wegen des Verlöbnisses abgelehnten Heiratsantrag eines Dritten zu leisten (wohl aber für abgelehnte Engagements). Außer Betracht bleibt auch der Ersatz des Schadens, der erst durch den Rücktritt vom Verlöbnis zu entstehen beginnt (z. B. Kosten der Kur in einer Nervenheilanstalt). Die Entschädigungsklage verjährt nach drei Jahren.

Unabhängig von dieser Entschädigungsklage aus der Verlobung besteht die Entschädigungsklage wegen **Verführung unter Zusage der Ehe** (§ 1328 ABGB). Dieser Paragraph verpflichtet denjenigen zum Schadenersatz, der „eine Frauensperson durch eine strafbare Handlung oder sonst durch Hinterlist, Drohungen oder Mißbrauch eines Abhängigkeitsverhältnisses zur Gestattung der außerehelichen Beiwohnung bestimmt". Dabei sind **Liebesbeteuerungen** oder Zusage des Konkubinats **nicht „Verführung"**, während umgekehrt Verführung einer bereits früher Deflorierten durchaus möglich ist. Nach dem früheren Strafgesetz (§ 506 StG) war Verführung unter Zusage der Ehe auch gerichtlich strafbar. Das ist jetzt nicht mehr der Fall, der zivilrechtliche Anspruch nach § 1328 ABGB. besteht aber weiter.

Die Klage ist nicht nur auf den erlittenen Schaden, sondern auch auf den entgangenen Gewinn gerichtet (also weiter als die Entschädigungsklage aus der Verlobung). Dazu gehört auch die verminderte Heiratsfähigkeit. Doch genügt für die Zuerkennung des entgangenen Gewinns aus dem Titel der **verminderten Heiratsfähigkeit** nicht eine vage Möglichkeit, sondern es ist ein konkreter Nachweis erforderlich. Nicht zu vergüten ist aber ein immaterieller Schaden; demnach steht kein Schmerzensgeld zu. Voraussetzung ist, daß die Braut dem Bräutigam den **Geschlechtsverkehr aufgrund der Zusage der Ehe** gestattete. Dieser Tatbestand meint: Wer es vorsätzlich unterläßt, eine Frau zu ehelichen, die er unter Zusage der Ehe verführt und entehrt hat, ist schuldig. Tatobjekt kann nur eine **ehrbare Frau** sein, nicht notwendig eine Jungfrau. Auch eine Witwe oder eine geschiedene Frau wird geschützt. Kein Anspruch besteht, wenn die Heirat durch den Widerstand der Frau nicht zustande kommt. Die Rechtswidrigkeit fehlt auch, wenn sich der Verführer aus guten Gründen (z. B. wegen ansteckender Geschlechtskrankheit der Frau) weigert, die Ehe einzugehen. Vorsätzlich handelt, wer die Heirat, die ihm zumutbar war, unterläßt oder wer die Unfähigkeit zur Heirat bereits im Zeitpunkt der Verführung gekannt hat.

Wie steht es mit **Geschenken,** die sich die Verlobten untereinander machen (Brautgeschenke) oder die sie von dritten Personen **mit Rücksicht auf die künftige Ehe** erhalten (Hochzeitsgeschenke), wenn diese dann unterbleibt? Solche Geschenke werden dadurch zwecklos und stellen eine ungerechtfertigte Bereicherung dar. Sie können **zurückgefordert** werden, wenn den Schenker selbst **kein Verschulden** an dem Unterbleiben der Ehe trifft. Der Verlobte, der grundlos zurücktritt oder den Rücktritt des anderen verschuldet, kann seine Geschenke daher nicht zurückfordern; wohl aber kann der andere Teil zurückfordern, wenn er schuldlos ist. Es mag also vorkommen, daß der eine Teil seine Geschenke zurückerhält, die erhaltenen aber nicht herauszugeben braucht!

Der Kreis der eigentlichen Brautgeschenke wird meist nicht sehr groß sein. Denn je inniger die Beziehungen zwischen den Verlobten sind, desto weniger wird die Annahme gerechtfertigt sein, daß sie einander nur um der Zukunft willen beschenken.

Karl Jedermann ist Elfriede und ihren Eltern zum **Schadenersatz** verpflichtet.

Elfriede hat dadurch einen Schaden, daß sie eine ausbaufähige Stellung im Reisebuchhandel aufgegeben hat. Sie wird sich voraussichtlich zunächst mit einer geringer bezahlten Stellung begnügen müssen und kann die Differenz von Karl Jedermann ersetzt verlangen.

Elfriedes Eltern können den Schaden von Karl Jedermann ersetzt verlangen, der ihnen durch die Aufwendungen für die Verlobungsfeier, die Anzeigen in der Zeitung und die Anschaffung der Möbel, die jetzt nutzlos herumstehen, entstanden ist. Diese Möbel müßten notfalls versteigert werden, dann hätte Karl Jedermann den Differenzbetrag zu bezahlen. Auch muß Karl Jedermann Elfriedes Vater die ständigen Zuwendungen an ihn ersetzen, die darin bestanden, daß Karl Jedermann dauernd unentgeltlich verpflegt wurde. Während nach der Judikatur **Mahlzeiten** (von den künftigen Schwiegereltern gereicht) an sich schon „Geschenk" sind, ist das in der Theorie anders. So lassen Rechtslehrer der Universität in puncto Einladungen zu Mahlzeiten später **keine Rückforderungen** zu. Die Rückforderung der **Brautgeschenke** bzw. **Hochzeitsgeschenke** setzt voraus, daß die Schenkung „mit Rücksicht auf die künftige Ehe" erfolgte. Es muß sich also um Gegenstände von einem gewissen bleibenden Wert handeln (z. B. Familienschmuck, Einrichtungsgegenstände, Teppiche, Geschirr für den künftigen Haushalt), nicht aber um gelegentliche Aufmerksamkeiten zu Geburtstagen oder zu Weihnachten. Den geschenkten Perlenring kann Elfriede wohl behalten, da er offenbar ihr allein zugedacht war.

Elfriede hat sich ihrem Verlobten Karl Jedermann im Hinblick auf die zu erwartende Eheschließung geschlechtlich hingegeben. Sie stammt aus einem guten Haus und war sicher „ehrbar", selbst wenn sie sich biologisch nicht mehr im Zustand der Jungfräulichkeit befunden haben sollte. Obwohl es nicht zur Eheschließung kam, kann sie nun keinen Anspruch aus dem Grunde des „Verlustes der Ehre" geltend machen! Karl Jedermann hat sich durch sein Verhalten wohl nicht haftbar gemacht, denn die Heirat ist durch das Verhalten von Elfriede (Absagebrief) nicht zustande gekommen. Sie kann nur versuchen, mit der Entschädigungsklage wegen Verführung unter Zusage der Ehe (§ 1328 ABGB) den erlittenen Schaden und den entgangenen Gewinn geltend zu machen. Auch diese Aussichten sind aber ungewiß.

Andernfalls steht ihr nur der Anspruch auf Ersatz des wirklichen Schadens (nicht des entgangenen Gewinns) nach § 46 ABGB zu. Dies aber auch dann, wenn z. B. Karl Jedermann durch einen Autounfall körperlich stark entstellt und deshalb Elfriede vom Verlöbnis zurücktreten würde. Auch in diesem Fall hat nicht sie, sondern Karl Jedermann eine „gegründete Ursache" für den Rücktritt vom Verlöbnis gegeben, weshalb Karl Jedermann ersatzpflichtig ist. Auf das Verschulden kommt es eben hier nicht an, sondern nur auf die **Ursache!**

Dagegen richtet sich das Recht zur Rückforderung der Brautgeschenke bzw. Hochzeitsgeschenke nach dem **Verschulden.** Das Recht zur Rückforderung der Brautgeschenke bzw. Hochzeitsgeschenke nach § 1247 ABGB wird demjenigen fehlen, der als Verlobter oder Dritter durch rechtswidrige Handlung den Grund für die Auflösung des Verlöbnisses gegeben hat. Gleichgültig ist es, ob ein Verlobter irgendwelche strafbaren Handlungen beging und dadurch den anderen zur Aufhebung des Brautstandes veranlaßte oder ob ein Dritter durch rechtswidriges Verhalten (z. B. Hintertreibung der Eheschließung) die Auflösung verschuldete.

Wenn man im Verhalten von Karl Jedermann und Elfriede Fleißig einen **einverständlichen Rücktritt** vom Verlöbnis erblickt, dann entsteht keine gesetzliche Schadenersatzpflicht. In diesem Falle können **beide** die gegebenen Brautgeschenke zurückfordern. Auch die Verlöbniszeichen (Ringe), Briefe und Bilder sind nun hinfällig und auf Verlangen zurückzustellen.

Für den Fall, daß das Verlöbnis durch den **Tod** gelöst wird, trifft das Gesetz keine Regelung. Es wird dann wohl zur gegenseitigen Rückgabe der Geschenke kommen. Aus dem Nachlaß wird dem überlebenden Teil zurückerstattet, und dieser gibt die empfangenen Geschenke an die Verlassenschaft zurück.

Besondere Wirkungen

Wie gesagt, wird durch das Verlöbnis der Brautstand begründet. Daraus ergeben sich folgende rechtliche Wirkungen:

1. Brautleute können unter der Bedingung, daß die Ehe später zwischen ihnen zustande kommt, **Ehepakte** abschließen; ebenso können sie **Erbverträge** eingehen (so nach dem alten Hofdekret vom 25. Juni 1817).

2. Als weitere besondere Wirkung des Verlöbnisses entstehen für Brautleute gewisse Ansprüche gegen ihre Eltern bzw. Großeltern. Es richtet sich dieser Anspruch bei der B r a u t auf Bestellung eines **Heiratsgutes** (§ 1220 ABGB), wenn sie selbst vermögenslos ist; für den B r ä u t i-

g a m ist dieser Anspruch auf **Ausstattung** (§ 1231 ABGB) gerichtet.

3. Für hinterbliebene Bräute von Wehrmachtsangehörigen und politisch Verfolgten besteht die Möglichkeit, eine **Ehelicherklärung** ihrer **Kinder** und **Änderung** ihres **Namens** in den des Gefallenen (Verstorbenen) im Gnadenwege zu beantragen (Erlaß des Bundesministeriums für Justiz vom 15. Juli 1946, JABl 1946, Nr. 10, S. 40).

4. Endlich ermöglicht das Gesetz vom 16. Dezember 1953, BGBl Nr. 14/1954, unter gewissen Voraussetzungen sogar die **Anerkennung des Zustandekommens von Ehen** rassisch oder politisch verfolgter Verlobter.

Das durch ein Verlöbnis begründete familienrechtliche Verhältnis hat also nach österreichischem Recht sehr geringe Bedeutung. Vor allem ist bei uns der Brautstand **in prozessualer Hinsicht** (also sowohl im Zivilprozeß wie im Strafprozeß) **unbeachtlich.** Es besteht insbesondere kein Zeugnisentschlagungsrecht (außer es besteht zwischen den Brautleuten bereits eine Lebensgemeinschaft).

Wir wollen heiraten

Karl Jedermann ist trotz seines Mißgeschicks mit der ersten Verlobung des Alleinseins müde. Er will gar nicht erst das Risiko einer langen neuen Verlobungszeit eingehen. Als er daher bei einem Betriebsausflug die unverheiratete Kollegin Ottilie Tüchtig näher kennenlernt, beschließen beide, sofort die nötigen Schritte für die Eheschließung zu unternehmen.

Theoretisch sind, was die Eheschließungsformen anlangt, vier Systeme möglich:

1. Obligatorische kirchliche Trauung: Alle Anhänger eines Religionsbekenntnisses können die Ehe nur vor einem Priester ihrer Konfession schließen. Die Ziviltrauung gilt in diesem Fall nur für Personen ohne religiöses Bekenntnis.

2. Notzivilehe: Es gilt grundsätzlich kirchliche Eheschließung. Nur dann, wenn sich der Priester wegen eines vom Staat nicht anerkannten Ehehindernisses (z. B. wegen seinerzeitiger Priesterweihe oder des ewigen Gelübdes) weigert, die Eheschließung vorzunehmen, tritt die Zivilehe in ihre Rechte. Dieses System galt in Österreich bis zum Jahre 1938.

3. Fakultative Zivilehe oder Wahlzivilehe: Die Brautleute können zwischen kirchlicher und ziviler Trauung wählen. Dieses System ist am liberalsten.

4. Obligatorische Zivilehe oder Zwangszivilehe: Die Ehe muß vor dem zivilen Standesbeamten geschlossen werden. Die kirchliche Trauung bleibt zwar unbenommen (daher kein Gewissenszwang religiös Gesinnter), hat jedoch keine bürgerlichen Rechtswirkungen. Dieses System gilt seit dem Jahre 1938 in Österreich.

Vor dem 1. Jänner 1984 mußte der Eheschließung ein Aufgebot vorausgehen. Dieses Aufgebot, eine aus dem Kirchenrecht übernommene (inzwischen auch dort schon weitgehend abgeschaffte) Institution, war eine schon recht antiquierte Angelegenheit. Es sollte dazu dienen, allfällige Ehehindernisse aufzudecken, und bestand darin, daß die beabsichtigte Eheschließung bei den in Frage kommenden Standesämtern durch öffentlichen Anschlag kundgemacht wurde. Befreiung konnte erteilt werden, aber das war umständlicher als das Aufgebot selbst. Auf die Frage, ob das Aufgebot seinen Zweck in den letzten Jahren jemals erfüllt hat, erhielte man vermutlich von sämtlichen Standesbeamten Österreichs verneinende Antworten. Es war daher aus Gründen der Verwaltungsvereinfachung durchaus zu begrüßen, daß die diesbezügliche Gesetzesstelle (§ 16 EheG) ersatzlos gestrichen wurde und das Aufgebot seit 1. Jänner 1984 entfällt.

Auch das Ehefähigkeitszeugnis für Ausländer (§ 14 EheG), das bis zu diesem Zeitpunkt Personen fremder Staatsangehörigkeit bei einer Eheschließung in Österreich vorlegen mußten, ist seit 1. Jänner 1984 nicht mehr in allen Fällen zwingend erforderlich. Ist die Beibringung nicht möglich, hat der Standesbeamte nunmehr selbst zu beurteilen, ob die Ehefähigkeit trotz des fehlenden Ehefähigkeitszeugnisses als nachgewiesen anzusehen ist.

Und noch in anderer Beziehung ist die Heirat vereinfacht worden: Während nach dem alten, noch aus der deutschen Zeit stammenden Personenstandsgesetz für die Trauung nur jenes Standesamt zuständig war, in dessen Sprengel einer der Verlobten seinen Wohnsitz oder seinen gewöhnlichen Aufenthalt hatte (wollte man anderswo heiraten, brauchte man dafür eine schriftliche Ermächtigung des „zuständigen" Standesbeamten), so kann man sich heute das Standesamt, vor dem man in den Stand der Ehe treten will, ohne Rücksicht auf solche Einschränkungen nach freier Wahl aussuchen.

Wenn also beispielsweise beide Brautleute in Wien wohnen, die Eltern der Braut hingegen außerhalb von Wien ein gutgehendes Gasthaus betreiben, wo auch die Hochzeitstafel stattfinden soll, so können die Verlobten ohne weiteres auch bei dem für diesen Ort zuständigen Standesamt heiraten, ohne daß es hiefür einer besonderen Genehmigung bedarf. Die Ermittlung der Ehefähigkeit obliegt allerdings weiterhin jenem Standesamt, in dessen Bereich einer der Verlobten seinen festen Wohnsitz hat.

Welche Urkunden braucht man zum Heiraten? Die Brautleute müssen bei der Anmeldung der Eheschließung dem Standesbeamten folgende Dokumente vorlegen:

- Beglaubigte Auszüge aus dem Geburtenbuch (bzw die vor 1939 geborenen Brautleute: Geburtsurkunden)
- Staatsbürgerschaftsnachweise der Brautleute
- Meldezettel der Brautleute
- Geschiedene: Scheidungsurteil der früheren Ehe
- Verwitwete: Sterbeurkunde des früheren Ehepartners.

Wie geht die Eheschließung selbst vor sich? Die Trauung regelt das neue Personenstandsgesetz in seinem § 47: „Der Standesbeamte hat die Verlobten in Gegenwart von zwei Zeugen einzeln und nacheinander zu fragen, ob sie die Ehe miteinander eingehen wollen, und nach der Bejahung der Frage auszusprechen, daß sie rechtmäßig verbundene Eheleute sind."

Sodann unterschreiben die frischgebakkenen Eheleute ein Protokoll über den Vorgang der Eheschließung, ebenso die Zeugen und der Standesbeamte. Anschließend erfolgt (für die Gültigkeit der Ehe aber nicht mehr wesentlich) die Eintragung in das „Ehebuch". Dabei wird auch eingetragen, welchen Familiennamen die Ehegatten zu führen haben, weil ja seit der Familienrechtsreform nicht nur die Frau den Familiennamen des Mannes annehmen kann, sondern auch der Mann den Familiennamen der Frau. Eine diesbezügliche Erklärung müßten die Brautleute allerdings bis spätestens vor Beginn der Trauungzeremonie abgeben. In der Praxis wird von dieser Möglichkeit, daß nämlich der Mann den Familiennamen der Frau annimmt, nur selten Gebrauch gemacht, eher noch von der zweiten Möglichkeit, daß die Frau zwar den Namen des Mannes annimmt, ihren bisherigen Namen aber, durch einen Bindestrich getrennt, beifügt (Doppelname).

Ehehindernisse

Eine Ehe darf nicht geschlossen werden zwischen **Blutsverwandten** gerader Linie (z. B. Großvater und Enkelin) oder zwischen voll- oder halbbürtigen Geschwistern. Dies gilt auch, wenn die Blutsverwandtschaft auf unehelicher Geburt beruht (§ 6 EheG).

Auch **Verschwägerte** in gerader Linie durften nicht die Ehe miteinander eingehen. Unter Schwägerschaft versteht man folgendes: Die Verwandten eines Ehegatten sind mit dem anderen Ehepartner verschwägert. In gerader Linie sind sie also mit den Personen verschwägert, mit denen der andere Ehepartner in gerader Linie verwandt ist.

Beispiel: Der Ehemann ist mit seinem Schwiegervater in gerader Linie verschwägert, denn seine Frau ist mit ihrem Vater in gerader Linie verwandt. Demnach könnte also ein Schwiegersohn nach dem Tode seiner Frau nicht seine Schwiegermutter heiraten.

Von diesem Ehehindernis der **Schwägerschaft** konnte jedoch Befreiung erteilt werden (§ 7 Ehegesetz). Zuständig zur Nachsichterteilung war regelmäßig der **Landes- oder Kreisgerichtspräsident.** Seit 1. 1. 1984 gilt dieses Ehehindernis nicht mehr.

Der Grundsatz der Einehe wird in allen christlichen Kulturstaaten als ausnahmslose Regel anerkannt und mehrfache Eheschließung streng bestraft. Die **Bigamie** ist in Österreich verboten (§ 192 StGB), das heißt, niemand darf eine Ehe eingehen, solange er noch in einer anderen Ehe lebt. Es ist hiebei unbeachtlich, ob ein tatsächliches Zusammenleben zwischen Eheleuten vorliegt. Entscheidend ist lediglich, daß die in Betracht kommende Ehe noch nicht geschieden, für nichtig erklärt oder durch den Tod eines der Gatten aufgelöst ist.

Wie ist die Rechtslage, wenn die erste Ehe zwar bei Abschluß der zweiten noch bestand, aber **später** durch Tod, Aufhebung, Scheidung wegfällt, bevor die zweite als Doppelehe für ungültig erklärt ist? Die zweite Ehe heilt dadurch nicht. Das Ehegesetz stellt nämlich auf den Zeitpunkt ab, in dem die zweite Ehe geschlossen wurde (§ 24). Die zweite Ehe müßte also nach Wegfall des Hindernisses (bestehendes Eheband der ersten Ehe zur Zeit der zweiten Eheschließung) **nochmals geschlossen** werden, sonst bleibt sie ungültig. Ein Anwendungsfall des alten Rechtspruches: Was anfangs an einem rechtlich erheblichen Fehler krankte, kann im Laufe der Zeit nicht gesunden!

Ein weiteres Ehehindernis hatte der Gesetzgeber für den Ehebrecher vorgeschrieben. Wurde eine Ehe wegen **Ehebruchs** geschieden, so war dem für schuldig erklärten Teil verwehrt, die Person zu heiraten, mit der er den Ehebruch begangen hat. Voraussetzung war allerdings, daß der Ehebruch in dem Scheidungsurteil als Grund angegeben und die Person des Ehebruchpartners namentlich festgestellt war.

Das Ehegesetz sah eine Befreiung von diesem Ehehindernis vor. Sie konnte gewöhnlich dadurch erreicht werden, daß man mit dem Ehebruchpartner zusammenlebte und mit ihm Kinder hatte. Schon im Interesse dieser Kinder wurde dann regelmäßig der Weg für die neue Ehe freigegeben. Zur Erteilung der Nachsicht vom vorgenannten Ehehindernis war grundsätzlich der Präsident jenes Gerichtshofes berufen, vor dem in erster Instanz der Scheidungsstreit über die gebrochene Ehe verhandelt wurde; wurde die Ehe im Ausland geschieden, der Präsident des Landesgerichts für Zivilrechtssachen Wien. Diese Befreiung sollte **grundsätzlich erteilt** werden (§ 9 EheG). Ein Grund zur Verweigerung lag aber z. B. dann vor, wenn mit hoher Wahrscheinlichkeit anzunehmen war, daß die Ehe nicht von Bestand sein werde.

Der Grund, warum der Ehebruch überhaupt ein Hindernis darstellte, war der, mittelbar dadurch die eheliche Treue zu schützen, daß man den Ehebrechern die Aussicht auf eine neue eheliche Verbindung nahm. Seit 1. 1. 1984 ist auch dieses Ehehindernis weggefallen.

Man darf auch nicht als Adoptivvater oder Adoptivmutter ein adoptiertes Kind (Wahlkind) heiraten. Auch die Abkömmlinge des adoptierten Kindes sollen nicht von Adoptiveltern geheiratet werden. Jedoch entfällt dieses Ehehindernis, sobald das **Adoptivverhältnis beseitigt** ist. Entdeckt also ein Mann, der ein kleines Mädchen adoptiert hat, nach den Jahren väterlicher Liebe und Fürsorge, daß er dem heranwachsenden jungen Mädchen ein treusorgender Ehemann sein möchte, so muß der Adoptionsvertrag aufgehoben werden. Dagegen können nach erfolgter Adoption geborene eheliche Kinder des Wahlvaters ebenso wie seine unehelichen Kinder mit dem Wahlkind ohne weiteres eine Ehe eingehen.

Eine Frau, die verheiratet war, durfte erst heiraten, wenn **zehn Monate** seit der Auflösung ihrer früheren Ehe verstrichen waren (sogenannte **Wartezeit).** Der Grund lag darin, daß abgewartet werden sollte, ob vielleicht aus der aufgelösten früheren Ehe noch Nachkommenschaft zu erwarten ist. Es sollten dadurch Unklarheiten über die Abstammung des Kindes (vom alten oder vom neuen Ehemann?) vermieden werden. Die Möglichkeit, eine Befreiung von der zehnmonatigen Wartezeit zu erlangen, war dadurch gegeben, daß die Ehefrau ein ärztliches Attest beibrachte, woraus hervorging, daß sie nicht in anderen Umständen war. Eines ärztlichen Zeugnisses bedurfte es nicht, wenn die Ehefrau nach Auflösung der ersten Ehe ein Kind geboren hatte oder wenn sie den früheren Ehemann wieder heiraten wollte, oder wenn sie das 45. Lebensjahr vollendet hatte. Die Befreiung erteilte in diesen Fällen der **Standesbeamte.**

Im Hinblick auf die außerordentlich hochentwickelten Methoden der Vaterschaftsfeststellung schien es nicht mehr nötig, dieses Eheverbot aufrechtzuerhalten. Daher wurde diese von den Frauen vielfach als diskriminierend angesehene Bestimmung (§ 11 EheG) mit Wirkung vom 1. 1. 1984 ersatzlos gestrichen.

Ein eigenes Ehehindernis der mangelnden physischen Ehefähigkeit (Impotenz) fehlt im Ehegesetz ebenso wie ein Hindernis des zu hohen Alters oder eines zu großen Altersunterschiedes.

Zusammenfassend gibt es also nur mehr zwei gesetzliche Ehehindernisse, nämlich die Blutsverwandtschaft (einschließlich des Adoptionsverhältnisses) sowie die Doppelehe (Bigamie). Weggefallen sind die Eheverbote der Schwägerschaft und des Ehebruchs sowie die Wartezeit der Frau.

Die Eheschließung

Die Eheschließung geht so vor sich, daß die Verlobten vor dem **Standesbeamten** erklären, die Ehe miteinander eingehen zu wollen. Die Eheschließung ist also wiederum ein Vertrag, und zwar ein **Vertrag des Familienrechts.**

Diese **Einung** – wie sie in der Rechtslehre auch genannt wird – unterliegt einmal den allgemeinen Grundsätzen eines jeden Vertrages. Wer geschäftsunfähig ist, z. B. ein Geisteskranker, kann diesen Vertrag nicht schließen. Ein Minderjähriger bedarf zum Abschluß dieses Vertrages der Einwilligung seines gesetzlichen Vertreters. Ein Mann kann allerdings vor Vollendung seines 19. Lebensjahres nur in Ausnahmefällen die Ehe schließen. Hat er das 18. Lebensjahr überschritten, dann hat ihn das Bezirksgericht auf seinen Antrag für eine bestimmte Ehe als ehemündig zu erklären, wenn er für diese Ehe reif erscheint (§ 1 Abs. 2 Ehegesetz).

Die Frau soll das 16. Lebensjahr vollendet haben, bevor sie die Ehe eingeht. Diese Altersgrenze ist tief angesetzt. Trotzdem sieht das Gesetz noch eine Befreiung vor. Eine Frau, die das 15. Lebensjahr vollendet hat, ist ebenfalls vom Bezirksgericht auf ihren Antrag als ehemündige zu erklären, wenn sie für diese Ehe reif erscheint. Man will dadurch dem Umstand Rechnung tragen, daß eine Minderjährige ein uneheliches Kind bekommt und nun – im eigenen Interesse und im Interesse des Kindes – die Möglichkeit haben soll, den Kindesvater zu heiraten.

Da ein minderjähriges Mädchen nach § 3 Ehegesetz zur Eheschließung der Zustimmung ihres gesetzlichen Vertreters – also meist ihres Vaters – bedarf, besteht hier die Gefahr, daß dieser aus Unvernunft und Zorn die Einwilligung **versagt.** Hier kann die Minderjährige, die ihre Zukunft vernünftig geregelt wissen will, beim **Vormundschaftsgericht** (Bezirksgericht) den Antrag stellen, daß dieses die erforderliche Einwilligung des gesetzlichen Vertreters durch einen rechtskräftigen Beschluß ersetzt. Der Antrag kann von ihr schriftlich eingereicht werden, sie kann aber auch zum Bezirksgericht gehen und dort den Antrag zu Protokoll geben.

Die Bedeutung und die weitgehenden Wirkungen der Eheschließung machen es notwendig, daß der Austausch der Erklärungen der Verlobten, daß sie die Ehe eingehen wollen, unter Beobachtung bestimmter Förmlichkeiten vor sich zu gehen hat.

Die Erklärungen müssen vor dem Standesbeamten ausgetauscht werden. Die Zeit der kirchlichen Eheschließungen gehört in vielen Ländern insoweit der Vergangenheit an, als die kirchliche Trauung für die Gültigkeit der Ehe ohne Bedeutung ist. Deswegen bestimmte auch das deutsche Personenstandsgesetz, daß eine **kirchliche Trauung,** falls die Verlobten eine solche durchführen wollen, erst nach Durchführung der Eheschließung vor dem Standesbeamten, der sogenannten Zivilehe, vor sich gehen darf. Diese Bestimmung wurde inzwischen aufgehoben.

Es handelte sich dabei um den umstrittenen § 67 des deutschen Personenstandsgesetzes, der sogar eine Strafdrohung gegen den Priester vorsah, der ohne vorangegangene staatliche Eheschließung eine kirchliche Trauung vornahm. Der Verfassungsgerichtshof erklärte diesen Paragraphen mit Erkenntnis vom 19. Dezember 1955 für verfassungswidrig.

Anders bei den sogenannten **Kampfzeitehen.**

Als nämlich gegen Ende des Zweiten Weltkrieges, zur Zeit der Kampfhandlungen auf österreichischem Gebiet, die staatlichen Standesämter ihre Tätigkeit eingestellt hatten, war es verschiedentlich vorgekommen, daß heiratslustige Personen vor dem Seelsorger einer anerkannten Religionsgemeinschaft ihren Ehewillen erklärten. Nachträglich wurden alle in der Zeit vom 1. April 1945 bis 29. Juni 1945 vor nicht zuständigen weltlichen Behörden oder Amtsträgern anerkannter Religionsgemeinschaften (z. B. vor einem katholischen Priester im Luftschutzkeller) geschlossenen Ehen vom Zeitpunkt der Eheschließung an **anerkannt,** sobald sie in das standesamtliche **Familienbuch eingetragen** worden sind. Ähnlich wurden auch die in der Zeit vom 10. April 1945 bis 1. August 1947 vor Funktionären der Besatzungsmächte nach ihrem Landesrecht in Österreich stattgefundenen Eheschließungen anerkannt.

Bei den meisten Verträgen des Lebens kann man sich durch einen Bevollmächtigten vertreten lassen. Bei der Eheschließung ist dies nicht möglich. Die ordentliche Eheschließung muß persönlich erfolgen. Beide Verlobte müssen zum Austausch ihrer Erklärungen gleichzeitig anwesend sein.

Eine Ausnahme bilden die sogenannten **Stahlhelm-Ehen.**

Darunter versteht man die aufgrund eines nie im Wortlaut veröffentlichten Geheimerlasses des seinerzeitigen Reichsministers des Inneren erfolgten Eheschließungen von Frauen mit Gefallenen oder im Felde verstorbenen Wehrmachtsangehörigen, wenn nachweisbar die ernste Absicht bestanden hat, die Ehe einzugehen. Ehen, die bis zum 1. November 1945 aufgrund dieses Erlasses geschlossen wurden, werden von der Praxis als wirksam angesehen.

Die Ehe kommt nur zwischen den beiden Personen zustande, die vor dem Standesbeamten die Erklärungen austauschen. Denken wir uns folgenden Fall: Otto Müller ist mit Margarete Meyer verlobt. Margarete hat eine Zwillingsschwester, Lotte, die ihr so ähnlich sieht, daß Otto sie sogar schon einmal geküßt hat, in der Meinung, sie wäre seine Verlobte. Am Tage der Trauung sagt Margarete zu ihrer Schwester Lotte, sie solle für sie zum Standesbeamten hingehen und dort als Margarete auftreten. Lotte tut dies, und alle glauben, daß Margarete erschienen sei. Otto ist jetzt nicht etwa mit seiner Verlobten Margarete verheiratet, sondern mit Lotte. Denn mit ihr hat er die entsprechenden Erklärungen gewechselt. Beide Ehegatten können allerdings die Aufhebung der Ehe begehren, da sie sich über die Wirkungen ihrer Erklärungen geirrt haben.

Zur **Gültigkeit der Eheschließung** ist weiter erforderlich, daß der Austausch der Erklärungen vor einem Standesbeamten stattfindet, der **bereit** ist, die Erklärungen entgegenzunehmen. Würde ein verlobtes Paar, das sofort getraut sein will, einen beliebigen Standesbeamten mit vorgehaltener Pistole zwingen, ihre Erklärungen entgegenzunehmen, so käme dadurch keine Eheschließung zustande. Dieser Standesbeamte gilt nicht als anwesend zur Entgegennahme ihrer Erklärungen. Andererseits genügt es, wenn die Ehe von einem **Scheinstandesbeamten** vorgenommen und in das Familienbuch eingetragen wurde. Scheinstandesbeamter ist derjenige, der – ohne Standesbeamter zu sein – die Funktionen eines solchen öffentlich ausübt. Gedacht ist z. B. an die Fälle, in denen ein Gemeindebeamter, der noch nicht zum Standesbeamten bestellt ist, schon dessen Funktionen ausübt oder sie noch ausübt, obwohl seine Bestellung bereits widerrufen wurde.

Der Standesbeamte soll nicht bloß stumm der Willenserklärung beiwohnen, sondern selbst dabei tätig werden. Diese zeremonielle Tätigkeit heißt **Trauung** und dient der Würde des Vorganges. Sie besteht darin, daß der Standesbeamte beide Ehewerber einzeln und nacheinander in Gegenwart **zweier Zeugen** befragt, ob sie die Ehe miteinander eingehen wollen, ihr Jawort abwartet und sie als **rechtmäßig verbundene Eheleute** erklärt (Trauungsspruch).

Die Zeugen müssen imstande sein, die Eheschließung als solche zu erkennen und zu bezeugen. Blinde, Taube, Geisteskranke oder Kinder können nicht geeignete Zeugen einer Eheschließung sein. Als Zeuge bei der Eheschließung soll auch nicht mitwirken, wer infolge Verurteilung wegen eines Verbrechens zu jedem öffentlichen Amt oder Dienst unfähig oder wer wegen falschen Zeugnisses oder falschen Eides verurteilt worden ist.

Wurde zwar der Ehewille vor einem Standesbeamten erklärt, geschah das aber nicht persönlich, nicht bei gleichzeitiger Anwesenheit (ausgenommen Ferntrauung) oder bedingt oder befristet, so kommt die Ehe dem äußeren Schein nach zustande, ist aber nichtig. Damit ist aber nicht gesagt, daß eine „nichtige Ehe" nichts bedeute. Sie hat vielmehr wegen ihres äußeren Scheines zunächst die Wirkungen einer gültigen Ehe, kann jedoch im gerichtlichen Wege rückwirkend beseitigt werden.

Davon unterscheidet sich eine „Nichtehe" (z. B. bei einer Faschingsveranstaltung im Heiratszelt oder „im Himmel geschlossen"), die nicht einmal dem Rechtsschein nach zustande kam und darum auch keiner Vernichtung bedarf.

Nach dem Trauungsspruch wird die Eheschließung in das Ehebuch eingetragen. Die Eheleute unterschreiben vorher ein Protokoll über den Vorgang der Eheschließung. Mit welchem Familiennamen muß nun Ottilie das Protokoll unterschreiben? Ihr Vater war schon immer traurig, daß mit ihrer Eheschließung sein Familienname untergehen würde, da er keinen männlichen Erben hat.

Dies war früher auch der Fall. Gemäß § 93 ABGB ist die Rechtslage so, daß die Ehegatten den gleichen Familiennamen zu führen haben, es bleibt ihnen jedoch überlassen, ob sie den Namen des Mannes oder den der Frau als gemeinsamen Familiennamen führen wollen. Sie müssen dies nur vor der Eheschließung in einer öffentlichen Urkunde bestimmen.

Auswirkungen der Hochzeit

Die persönlichen Rechte und Pflichten der Ehegatten zueinander sind grundsätzlich gleich.

Sie sind einander zur umfassenden Lebensgemeinschaft, besonders zum gemeinsamen Wohnen sowie zur Treue, zur anständigen Begegnung und zum Beistand verpflichtet.

Eheliche Lebensgemeinschaft

Unser ABGB bezeichnet an vielen Stellen die Ehe als eine grundsätzlich auf Lebenszeit eingegangene Verbindung, die sich auf die Kinder (solange sie im Hause leben) erstreckt. Die Pflichten der Gatten während der Dauer dieser Vereinigung werden vom Gesetz nicht erschöpfend aufgezählt. Sie ergeben sich aus dem Wesen der Ehe als umfassende, das persönliche Leben ihrer Glieder ergreifende, daher insbesondere auch Wohnung und Haushalt in sich schließende **Gemeinschaft.** In den §§ 89 bis 100 ABGB werden nur die wichtigsten dieser Pflichten der Ehegatten genannt.

Aus der Fülle der tatsächlichen Erscheinungen ist zu beurteilen, ob ein Verhalten dem Wesen der Ehe noch entspricht. Jeder Teil hat einen solchen Lebenswandel zu führen, der beständig Rücksicht auf die nach außen wirkende Einheit der Ehegemeinschaft nimmt. Wer wollte es unternehmen, die kleinen alltäglichen Zwiste, das Nörgeln und das Schimpfen, die seelischen Nadelstiche und vielleicht auch Schläge, die Rücksichtslosigkeiten und die großen und kleinen Gemeinheiten beschreibend aufzuzählen! Man würde allein eine Skala von bösen Worten aufstellen müssen und sie nach ihrem Gewicht abzustufen haben. Eine solche **„Kasuistik"** (so nennt der Jurist eine Aufzählung vieler einzelner Fälle) ist unmöglich. Aber später im Scheidungsprozeß wird das Verhalten der prozessierenden Parteien vor dem lebenserfahrenen Richter rückschauend in seinen Einzelheiten gewogen. Das angebrannte Essen und der schlampige Morgenrock der Ehefrau werden ebenso mitbeurteilt wie der wöchentliche Saufabend und der Fußballfanatismus des Ehemannes. Viele Wenig machen ein Viel. Die Parteien sind meist selbst erstaunt, wenn sie die lange Reihe ihrer kleinen Sünden als eine große Dauerverfehlung in den Scheidungsgründen schwarz auf weiß bescheinigt finden.

Vor allem merke man sich eines: Die Tatsache, daß der eine Ehepartner sich **Eheverfehlungen** zuschulden kommen läßt, ist kein Freibrief für den hiervon betroffenen anderen Gatten!

Hat jedoch z. B. ein Ehegatte aus gerechtfertigten Gründen die Verlegung der gemeinsamen Wohnung verlangt, so hat der andere diesem Ansuchen nachzukommen, es sei denn, er habe gerechtfertigte Gründe von zumindest gleichem Gewicht, nicht mitzuziehen.

Die sogenannte „Folgepflicht" der Ehegattin existiert somit nicht mehr. Zu welchen Auswüchsen die gewaltsame Durchsetzung dieses Rechtes des Ehegatten geführt hat, sei hier nur illustrativ angeführt:

Der OGH hatte zuerst jahrzehntelang versucht, durch Zwangsmittel (Geldstrafen oder Haft) einen solchen Anspruch zu verwirklichen. Im Jahre 1910 erklärte er dann nur folgenden Zwang für zulässig: Das Exekutionsorgan sollte die Frau bis zur Tür der Wohnung des Mannes führen, sich aber darauf beschränken. Vor der Erzwingung eines dauernden Aufenthaltes schreckte die Rechtsprechung immer zurück. Schließlich trägt gerichtlicher Zwang in der Regel nur dazu bei, die Abneigung des gezwungenen Gatten gegen den anderen noch zu steigern. Daher hat der OGH im Jahr 1925 die Unzulässigkeit eines Zwanges im Sinne der Exekutionsordnung ausgesprochen. Der Richter konnte wohl aufgrund des Begehrens des Mannes oder der Frau beide Ehegatten vorladen; er konnte ihnen im außerstreitigen Verfahren ihre Pflichten als Ehegatten vor Augen halten und, wenn dies erfolglos blieb, mit **Beschluß** (nie durch Urteil) der Frau auftragen, in die gemeinsame Wohnstätte zurückzukehren, oder dem Manne gebieten, daß er die Frau wieder bei sich aufnehme. Dieser Beschluß konnte auch befristet sein, aber eine Zwangsvollstreckung zur Durchführung desselben war nicht möglich. Die Nichtbefolgung des gerichtlichen Auftrags berechtigte jedoch bei Vorhandensein der übrigen Voraussetzungen zur Scheidungsklage.

Ist ein Ehegatte über die Wohnung, die auch der Befriedigung eines dringenden Wohnbedürfnisses des anderen Ehegatten dient, verfügungsberechtigt, so hat dieser einen Anspruch darauf, daß der verfügungsberechtigte Ehegatte alles unterlasse und vorkehre, damit der auf die Wohnung angewiesene Ehegatte die Wohnung nicht verliere. Dies gilt nur dann nicht, wenn die Handlungsweise oder Unterlassung des verfügungsberechtigten Ehegatten durch äußere Umstände erzwungen wird.

Die Haushaltsführung

An der Führung des gemeinsamen ehelichen Haushalts haben die Ehegatten je nach ihren persönlichen Verhältnissen mitzuwirken. Besondere Berücksichtigung wird hier die Tatsache finden müssen, inwieweit ein Ehegatte beruflich belastet ist. Ist einer der Ehegatten nicht erwerbstätig, so gehört die Haushaltsführung zu seinen Pflichten.

Schlüsselgewalt

Die frühere Schlüsselgewalt der Ehegattin existiert heute nicht mehr in der alten Form. Es gilt vielmehr der Grundsatz, daß derjenige Ehegatte, der den gemeinsamen Haushalt führt und keine Einkünfte hat, den anderen bei Rechtsgeschäften des täglichen Lebens vertritt. Dies allerdings nur dann, wenn diese Rechtsgeschäfte für den gemeinsamen Haushalt abgeschlossen werden und ein den Lebensverhältnissen der Ehegatten angepaßtes Maß nicht übersteigen.

Dies gilt nicht, wenn der Ehegatte dem Dritten gegenüber klar zu erkennen gegeben hat, daß er von seinem Ehegatten nicht vertreten sein wolle. Wenn allerdings der Dritte aus den herrschenden Verhältnissen und Umständen nicht erkennen kann, daß der handelnde Ehegatte als Vertreter auftritt, dann haften beide Ehegatten gemeinsam zu ungeteilten Handen.

Diese Bestimmung dient dem Schutz bestimmter dritter Personen, stellt aber gleichzeitig eine Verwaltungsbefugnis des einen Ehegatten für die Bedürfnisse des gemeinsamen Haushalts dar. Der Umfang dieser „Schlüsselgewalt" richtet sich nach der Beschaffenheit des jeweiligen Haushalts. Voraussetzung ist ein gemeinsamer Haushalt. Die Schlüsselgewalt ist nicht zum Schutze des einen oder anderen Ehepartners gegeben, sondern im Interesse des Hauswesens, also im Interesse der Familie und zum Schutze gutgläubiger dritter Personen bestimmt. Es wird daher nicht jedes Rechtsgeschäft als im Rahmen der Schlüsselgewalt abgeschlossen zu gelten haben.

Halten wir also fest: Welche Geschäfte zur Führung des Hauswesens gehören, ist nicht für alle Ehen gleichartig, sondern nur nach den Umständen des einzelnen Falles zu beurteilen. Der Dritte (z. B. Schneider, Lebensmittelhändler, Kosmetikinstitut) hat zu prüfen, wie weit das Geschäft in den Rahmen einer der äußeren Lebenshaltung (Stellung) der Gatten entsprechenden Haushaltsführung fällt; denn nur die **gewöhnlichen,** bloß zur Deckung der gemeinsamen laufenden Bedürfnisse dienenden Geschäfte der Hauswirtschaft gehören dazu.

Rechte und Pflichten der Ehegatten

Das Gesetz geht von der grundsätzlichen Gleichberechtigung der Ehegatten aus, wies aber früher beiden besondere Rechte und Pflichten zu, wie sie sich aus deren Stellung im Rahmen der Familie (vor rund 170 Jahren) ergaben. Unser ABGB bezeichnete zwar den Ehemann nicht mehr als „des Weibes Haupt" (wie der Apostel Paulus), nannte ihn aber das **Haupt der Familie.** Trotzdem war der Mann nicht der Gebieter der Frau, deren persönliche Angelegenheiten seinem Einfluß nicht unterlagen, sondern er stand der Familie vor, zu der er selbst gehörte. Es waren nur **gemeinsame** Angelegenheiten, in denen sein Übergewicht nach dem Gesetz zur Geltung kommen sollte. Es gibt also genaugenommen keine ehemännliche Gewalt, sondern nur eine **elterliche Gewalt,** die beiden Gatten gemeinsam war und zu der nur noch die **väterliche Gewalt** gegenüber den Kindern hinzutrat. Aber auch die als „väterliche Gewalt" bezeichneten Befugnisse waren immer der Kontrolle des Gerichts unterstellt. Der Mann besaß jedoch nach § 91 ABGB für die innere Organisation des Hauses ein **Leitungsrecht.** Das Entscheidungsrecht des Ehemannes begann erst dort, wo sich im gesetzlichen Rahmen sowohl sein Standpunkt als auch der Standpunkt seiner Frau noch vertreten ließ; nur dann sollte er das entscheidende Wort sprechen dürfen. Die im Rahmen dieses Leitungsrechtes getroffenen Leitungsmaßnahmen durften kein Vorwand für Rechtsverletzungen sein! Wie weit sich die Macht des Familienhauptes tatsächlich erstreckte, das hing übrigens weniger vom Gesetz als von der Sitte und persönlichen sowie wirtschaftlichen Überlegenheit ab. Die **private Sphäre** des einzelnen Partners wird durch die Ehe **nicht erfaßt.** Sie ist seine eigene, höchst persönliche Angelegenheit.

Wie sich z. B. die Frau kleidet, frisiert und bewegt, wie sie ihre von den Pflichten für die Ehegemeinschaft nicht ausgefüllte Zeit verwendet, ob sie sich politisch betätigen will, welchen Sport sie betreibt, ob sie Theater besucht, tanzt, Auto fährt, mit wem sie korrespondiert und der Inhalt dieser Korrespondenz unterliegt in der Regel keiner Kontrolle durch den Mann. Ein Eingriffsrecht in die Entscheidungsfreiheit der Frau stand dem Ehemann nur insoweit zu, als er ihr alles untersagen durfte, was dem Familienleben, der Haushaltung oder den guten Sitten widersprach (zu tiefer Ausschnitt, freier Nabel, zweifelhafte Gesellschaft etc.). Selbst das Telefon konnte der Mann sperren, wenn seine Frau stundenlang sinnlos mit ihren Freundinnen telefonierte.

Die **Handlungsfähigkeit** der Frau wird durch die Ehe **nicht berührt.** Im Abschluß von Rechtsgeschäften ist die Ehefrau nicht beschränkt. **Verträge** kann sie daher eigenmächtig **gültig schließen,** auch wenn sie sich dadurch zu persönlichen Leistungen verpflichtet, wie z. B. durch Bühnenverträge. Nach österreichischem Recht darf der Mann solche Verträge nicht kündigen. Das Schauspielergesetz (§ 31) gibt nur der Schauspielerin die Befugnis, falls sie sich während der Vertragsdauer verehelicht (und es der Ehemann verlangt), das Dienstverhältnis binnen zwei Monaten nach der Eheschließung unter Einhaltung einer vierwöchigen Kündigungsfrist zu lösen. Der Mann hat auch hier kein Recht, die Auflösung des Dienstverhältnisses zu beanspruchen. Die Ehefrau kann auch ohne weiteres Handelsfrau (Kaufmann) sein; nur zur Übernahme von **Vormundschaften** (§ 193 ABGB) bedarf ein Ehegatte der Zustimmung des anderen.

Halten wir aber fest: Trotz der grundsätzlichen Freiheit der Eheleute in rechtsgeschäftlichen Dispositionen und sonstigen Entscheidungen soll der Ehepartner keine Tätigkeit inner- oder außerhalb des Haushalts annehmen, die gesundheitsgefährdend ist oder worunter der Haushalt leiden würde. Vernachlässigung des Haushalts und der Kinder wäre eine schwere Eheverfehlung und gibt dem davon betroffenen Gatten ein Recht auf Scheidung der Ehe.

Gewisse Rechtshandlungen bedürfen zu ihrer Gültigkeit der Zustimmung des Gatten, ohne daß dabei Unterschiede zwischen Mann und Frau gemacht würden. So kann eine verheiratete Person nur mit Zustimmung des Ehepartners ein Kind annehmen oder selbst adoptiert werden (§ 181 ABGB).

Auch bedarf ein Ehegatte zur Übernahme einer Vormundschaft der Zustimmung des anderen Ehegatten. Von dieser Zustimmung kann das Gericht absehen, wenn der andere Ehegatte aus nicht gerechtfertigten Gründen diese Zustimmung verweigert. Gerechtfertigt ist aber ein Grund besonders dann, wenn eine Gefährdung der Ehe oder des Familienlebens durch die Vormundschaft entstehen könnte.

Schadenersatzansprüche unter Ehegatten

Das Zusammenleben der Ehegatten bringt schließlich die Gefahr mit sich, daß sie einander Schaden zufügen. Der betrunken nach Hause kommende Ehemann wirft die von der Ehefrau eingebrachte kostbare Vase in tausend Scherben. Die Ehefrau vernichtet beim Saubermachen auf dem Schreibtisch ihres philatelistisch interessierten Ehemannes eine seltene Briefmarke oder zerstört gar absichtlich den kostbaren Renner-Block, weil sie bärtige Männer nicht mag.

Es handelt sich in diesen Fällen um Sachbeschädigungen. Unter **Sachbeschädigung** versteht man jede verschuldete Verletzung, Vernichtung oder Verschlechterung einer Sache, auch wenn sie nur mittelbar herbeigeführt wird (z. B. Loslassen eines Tieres, das sich verläuft; Öffnen eines Vogelkäfigs). Es entsteht die Pflicht zur Wiederherstellung in Natur oder zum Ersatz des Schadens in Geld. Bei leichtem Versehen ist der gemeine Wert, bei grober Fahrlässigkeit oder Vorsatz auch der entgangene Gewinn zu ersetzen. Wurde der Schaden durch eine strafbare Handlung, aus Mutwillen oder Schadenfreude verursacht, so ist sogar der Wert der besonderen Vorliebe zu ersetzen. Ehegatten machen ihre Schadenersatzansprüche gegeneinander nach dem 30. Hauptstück des ABGB geltend.

Wie ist es, wenn der Ehegatte z. B. durch eine im **Schlaf** gemachte Bewegung eine kostbare Kristallvase zu Boden wirft, so daß sie zerbricht? Für eine solche unwillkürliche Handlung wird er zumeist nicht haften. Eine Ersatzpflicht für ihn könnte höchstens unter den seltenen Voraussetzungen des § 1310 ABGB **nach Billigkeit** abgeleitet werden.

In unserem Fall der **Trunkenheit** handelt es sich aber um eine selbstverschuldete Unzurechnungsfähigkeit. Wenn sich der betrunken heimkehrende Ehemann durch eigene Schuld in den Zustand einer vorübergehenden Unzurechnungsfähigkeit versetzt hat, haftet er für den in diesem Zustand verursachten Schaden (§ 1307 ABGB). Anders, wenn ihm z. B. ein Freund heimlich Schnaps in sein harmloses Bier gegossen hätte. Dann hat eine dritte Person schuldhaft den betrunkenen Zustand unseres Schädigers herbeigeführt und wird dafür selbst haftbar, denn der Schaden ist dann mittelbar durch den spaßhaften Freund herbeigeführt worden.

Der Schadenersatzprozeß bezweckt die **Wiedergutmachung des Schadens,** der auf seiten des Geschädigten entstanden ist. Deshalb ist in erster Linie die „Zurückversetzung in den vorigen Stand", also Ersatz in Natur anzustreben (§ 1323 ABGB). **Naturalersatz** ist aber oft nicht „tunlich". Er mag zwar im Bereich der Möglichkeit liegen, würde aber für den Ersatzpflichtigen mit unverhältnismäßig großen Schwierigkeiten und mit größeren Nachteilen verbunden sein, als der Schädigung des Gegners entspricht. Deshalb bestimmt § 1323 ABGB, daß in derartigen Fällen der Schätzungswert zu vergüten, der Ersatz also **in Geld** zu leisten sei. Wenn die Ehefrau z. B. aus Verbitterung über die Sammlerleidenschaft ihres Mannes die Zacken einer wertvollen Briefmarke abschneidet, so muß sie ihm dieses zerstörte Stück bzw. seinen Wert aus ihrem Vermögen ersetzen.

Unterhaltspflicht

Neben der ehelichen Pflicht, der Treuepflicht und der Pflicht zur anständigen Begegnung stellt sich die Unterhaltspflicht als eine der wichtigsten Auswirkungen der Ehe dar. **Eheliche Pflicht** ist die Pflicht zur Vornahme und Gestattung des Geschlechtsverkehrs. Grundlose Verweigerung ist rechtswidrig und stellt einen Scheidungsgrund dar. Die **Treuepflicht** besteht in der Unterlassung jeglicher Verletzung des durch die Eheschließung begründeten innigen Vertrauensverhältnisses (nicht bloß Unterlassung von ehewidrigen geschlechtlichen Beziehungen).

Eine etwa vereinbarte **Sexualfreiheit** wäre **sittenwidrig** und **nichtig. Anständige Begegnung** ist die Vermeidung wörtlicher und tätlicher Beleidigungen, aber auch die Vermeidung jeder Verletzung der üblichen Anstandsformen.

Der **Unterhalt** umfaßt nach § 672 ABGB Nahrung, Kleidung, Wohnung und sonstige leibliche und geistige Bedürfnisse (also z. B. Heilmittel, ärztliche Hilfe, Schulgeld). Auf den Unterhaltsanspruch an sich kann im vornhinein nicht verzichtet werden (§ 94 Abs. 3 ABGB).

Umstritten ist allerdings, ob die Unterhaltspflicht auch **Prozeßkosten,** die einem Ehepartner im Streit mit dem anderen Ehepartner erwachsen, in sich schließt und demnach von diesem zu tragen wären. Immerhin hat eine Entscheidung einem Ehepartner sogar schon den Ersatz der Kosten für ein Detektivbüro (zur Überwachung des anderen Ehepartners!) zugebilligt. – Das sich aus § 94 ABGB ergebende Recht des Ehepartners, im Rahmen des anständigen Unterhalts vom anderen Ehepartner das Wohnen in der gemeinsamen ehelichen Wohnung verlangen können, ist kein dingliches, jedermann gegenüber wirksames Recht, sondern ein familienrechtlicher Anspruch gegenüber dem Ehegatten, den ein Partner daher nur dem anderen gegenüber geltend machen kann, ohne einen Anspruch auf eine bestimmte Wohnung zu haben. Zwar ist das **Mitbenützungsrecht an der Ehewohnung** mit dem Wesen der Lebensgemeinschaft untrennbar verbunden, bedeutet jedoch nur eine Regelung im Innenverhältnis, nicht aber gegenüber dem Hauseigentümer, für den nach wie vor nur jene Person Bestandnehmer ist, mit der er einen Bestandvertrag abgeschlossen hat.

Grundsätzlich muß also festgehalten werden, daß die Ehegatten nach ihren Kräften und entsprechend der Gestaltung ihrer ehelichen Lebensgemeinschaft zur Deckung jener Bedürfnisse gemeinsam beizutragen haben, die ihren Lebensverhältnissen angemessen sind.

Der Ehegatte, der den gemeinsamen Haushalt führt, leistet schon dadurch seinen Beitrag, und deshalb hat er dem anderen gegenüber einen Anspruch auf Unterhalt. Selbstverständlich sind eigene Einkünfte entsprechend zu berücksichtigen.

Ein Unterhaltsanspruch steht dem Ehegatten auch dann zu, wenn er nicht in der Lage ist, einen Beitrag zu leisten.

Auch nach Aufhebung des gemeinsamen Haushalts steht der Unterhaltsanspruch dem bisher Unterhaltsberechtigten weiter zu. Wenn jedoch die Gründe, die zur Aufhebung des gemeinsamen Haushalts geführt haben, von dem Unterhaltsberechtigten verursacht wurden, könnte die Geltendmachung eines weiteren Unterhaltsanspruches einen Mißbrauch dieses Rechts darstellen.

Die Unterhaltspflicht des Ehepartners erstreckt sich nur auf den anderen Ehepartner, nicht aber auch auf jene Personen (z. B. Schwiegereltern), denen gegenüber der Ehepartner unterhaltspflichtig ist.

Die ehelichen Güterstände

Gesetzlicher Güterstand

Wenn die Ehegatten ihren Güterstand nicht durch besondere Verträge regeln, so besteht bei uns kraft Gesetzes **Gütertrennung.** Das eheliche Güterrecht ist, so weit es nicht auf Vereinbarung beruht, in einem kurzen Paragraphen geregelt (§ 1237 ABGB). Aber diese Bestimmung birgt eine **erstaunliche Lebensweisheit** in sich und ist noch immer vital, obgleich sich die Verhältnisse seither von Grund auf geändert haben.

Wohlgemerkt, an den Eigentumsverhältnissen ändert sich durch die Eheschließung nichts. Was Ottilie in die Ehe eingebracht hat, gehört ihr auch weiterhin. Die Möbel, die Wäsche, die ihr ihre Eltern mitgegeben haben, auch der Schmuck und alle übrigen Gegenstände ihres persönlichen Bedarfs gehören ihr nach wie vor. Das gleiche gilt für Geschenke, die sie von Karl Jedermann vor der Eheschließung erhalten hat. Alle diese Gegenstände stehen in ihrem Eigentum, ebenso ein Sparkassenbuch mit den darauf eingelegten Geldbeträgen. Ferner ist und bleibt sie als Eigentümerin des von ihrem Onkel geerbten Grundstücks im Grundbuch eingetragen.

Soweit die Eheleute nicht vertraglich etwas anderes vereinbart haben, bleibt jeder (gemäß § 1237 ABGB) Herr seines bisherigen Vermögens, und auch auf das, was jeder Teil während der Ehe erwirbt oder auf was immer für eine Art erlangt, hat der andere keinen Anspruch. Auch die **Frau** behält ihr Vermögen und ist – soweit sie großjährig ist – in ihrer Verfügungsfreiheit über dieses Vermögen an sich **keinen Beschränkungen unterworfen.** Es kommt ihr auch die volle Verfügungsmacht über ihren eigenen Arbeitserwerb zu. Das gilt aber nur für die **entgeltliche** Arbeit der Frau (z. B. aufgrund eines Dienstvertrages).

Die rücksichtslose Ehefrau

Ottilie fährt – trotz ständiger Ermahnungen ihres Ehemannes – mit dem Volkswagen Höchstgeschwindigkeiten. Sie hält dies für sehr sportlich; auch hat sie es immer recht eilig. Eines Tages kommt es, wie es kommen muß, Ottilie Jedermann fährt mit zu großer Geschwindigkeit in eine Kurve und verursacht einen schweren Verkehrsunfall, bei dem ein Sattelschlepper in den Straßengraben kippt. Der Lenker des gegenbeteiligten Sattelschleppers Ottokar Knatterich ist so schwer verletzt, daß er vollkommen arbeitsunfähig wird und sein Leben lang in teurer ärztlicher Behandlung stehen muß. Der Fall liegt so, daß ein Schaden in Höhe von etwa 12 Millionen Schilling entsteht. Auf die Vorwürfe Karl Jedermanns meint Ottilie, das sei ja nicht so schlimm, die **Versicherung** zahle ohnedies alles. Hier liegt ein Irrtum Ottilies vor. Karl Jedermann stellt nämlich bei näherer Betrachtung der Versicherungspolizze fest, daß die **Haftpflichtversicherung** nur den verursachten Schaden bis zur Höhe von 8 Millionen Schilling deckt. Karl Jedermann hat es nämlich seinerzeit aus Ersparnisgründen unterlassen, eine erhöhte **Deckungssumme** zu beantragen. Demzufolge muß Ottilie nun mit ihrem eigenen Vermögen für die weiteren 4 Millionen Schilling Schaden einstehen und ihn vergüten. Ottilie meint nun wiederum, daß der Verletzte ja nicht in ihr eingebrachtes Gut vollstrekken könne, weil Karl Jedermann ihrem Verhalten nicht zugestimmt habe, und im Vorbehaltsgut habe sie nichts. Hier ist Ottilie im Irrtum. Die Zustimmung Karl Jedermanns interessiert hier nicht. Wenn Ottilie Verbindlichkeiten nach Eingehung der Ehe durch **unerlaubte Handlungen** begründet, so muß das eingebrachte Gut auch hierfür haften. Ottokar Knatterich könnte in das eingebrachte Gut vollstrekken.

Sonderausgaben im Sinne des § 18 EStG sind insbesondere Schuldzinsen, auf besonderen Verpflichtungsgründen beruhende Renten und dauernde Lasten. Würde Ottilie Jedermann zu einer Rentenzahlung an Knatterich verpflichtet werden, so fiele eine solche Rente nicht unter § 18 EStG und wäre auch keine außergewöhnliche Belastung im Sinne des § 34 EStG.

Das hinterlistige Ehepaar

Als Ottilie die Rechtslage bis zu diesem Punkt geklärt hat, bekommt sie eine grandiose Idee, die sofort den Beifall ihres Mannes findet. Würde nämlich Ottokar Knatterich aus dem Urteil vollstrecken, so wäre aus dem eingebrachten Gut nichts mehr übrig. Ottilie und ihr Ehemann beschließen, alle Gegenstände, die zum eingebrachten Gut gehören, an liebe Verwandte und zuverlässige Freunde zu verschenken. Es ist ihnen hierbei gleichgültig, ob sie nach der versuchten Vollstrekkung die Sachen wieder bekommen oder nicht. Sie wollen jedenfalls lieber ihren Verwandten und Freunden etwas zukommen lassen als Ottokar Knatterich, dessen Ansprüche ihnen sowieso zu hoch erscheinen. Aber auch hier sehen wir, daß es kein Entrinnen gibt und geben darf. Das **Anfechtungsrecht** schiebt einen Riegel vor. Ottokar Knatterich würde nach der Anfechtungsordnung (1914) diese Vergebungen anfechten, damit unwirksam machen können und somit zu seinem Geld kommen.

Voraussetzung ist eine Rechtshandlung (also nicht eine tatsächliche Beschädigung), aber auch Unterlassungen, durch die die Aktiven des Schuldners verringert oder die Passiven vergrößert werden, insbesondere auch die unterlassene Antretung einer Erbschaft. Anfechtungsgegner ist nicht der Schuldner, sondern der Dritte, dem gegenüber die Rechtshandlung vorgenommen wurde (Begünstigter).

Begünstigte wären in unserem Fall die gefälligen Verwandten und Freunde des hinterlistigen Ehepaares. Der Gläubiger Ottokar Knatterich erwirbt durch die Geltendmachung der Anfechtung einen schuldrechtlichen Anspruch gegen die Begünstigten auf **Wiederherstellung** der durch die anfechtbare Rechtshandlung veränderten **Vermögenslage,** soweit sie zum Nachteil des Anfechtenden verändert wurde. Der erwähnte Anspruch wird durch **Klage** geltend gemacht.

Außerdem würde sich Ottilie unter Umständen einer **Exekutionsvereitlung** und Karl Jedermann der Beihilfe hierzu schuldig machen.

Oft verschleiern die Gatten ihre vermögensrechtlichen Beziehungen, um die Gläubiger zu schädigen. Es übernimmt sozusagen ein Gatte alle Aktiven, der andere alle Passiven, so daß die Gläubiger zu kurz kommen würden. Daher muß es Vorschriften zum Schutz der Geschäftswelt geben. Solche bestehen im folgenden:

Zwischen Ehegatten geschlossene **Kauf-, Tausch-, Renten- und Darlehensverträge** sowie **Schuldanerkenntnisse** eines Gatten gegenüber dem anderen bedürfen wie Ehepakte zu ihrer Gültigkeit eines Notariatsaktes. Keines Notariatsaktes bedürfen **Schenkungen mit wirklicher Übergabe;** doch muß dann die Sache aus dem Mitbesitz **in den Alleinbesitz des beschenkten Gatten** übergehen, so daß die Schenkung für den Gläubiger erkennbar ist.

In Österreich gilt Gütertrennung

Beim ehelichen Güterrecht handelt es sich um die Regelung der vermögensrechtlichen Beziehungen der Ehegatten zueinander. Ob auf diesem Gebiet bis ins einzelne gehende Bestimmungen hohen praktischen Wert haben, ist umstritten. Wenn eine Ehe gesund ist, bedarf es dieser vielen Einzelregelungen nicht. Wenn aber zwischen den Partnern um Gut und Geld fortwährend gestritten wird, dann ist die Ehe ohnedies zerrüttet. Auch sind Regelungen meistens durch die tatsächlichen Verhältnisse überholt. Drei grundsätzliche Systeme des ehelichen Güterrechts sind jedenfalls denkbar und zwar:

1. System der Gütertrennung:

Die Ehe bringt nach dem Gesetz in den Vermögensverhältnissen der Ehegatten keine Änderung mit sich. Jeder bleibt Eigentümer seines Vermögens und seiner Einkünfte, doch können die Eheleute durch Vereinbarung besondere Rechtsverhältnisse schaffen (etwa durch Bestellung eines Heiratsgutes).

2. System der Verwaltungsgemeinschaft:

Das Vermögen beider Ehegatten wird zwar nicht dem Eigentum, wohl aber der Verwaltung nach eine Einheit in der Hand des Mannes. Der Mann hat die Verwaltung des Vermögens der Frau inne und besitzt daran auch das Nutzungsrecht.

3. System der Gütergemeinschaft:
Hier ist nicht nur die Verwaltung, sondern auch das Eigentum am beiderseitigen Vermögen in der Hand des Mannes vereinigt.

Welches System gilt in Österreich? § 1237 ABGB statuiert den Grundsatz der Gütertrennung: „Haben Eheleute über die Verwendung ihres Vermögens keine besondere Übereinkunft getroffen, so behält jeder Ehegatte sein voriges Eigentumsrecht, und auf das, was ein jeder Teil während der Ehe erwirbt, und auf was immer für eine Art überkommt, hat der andere keinen Anspruch.

Was ein Ehegatte in die Ehe einbringt oder während der Ehe erwirbt (durch Kauf mit eigenem Geld, Schenkung, Erbschaft usw.), bleibt oder wird also sein Eigentum. Anders ausgedrückt: Durch die Eheschließung ändert sich an den persönlichen Einkommens- und Vermögensverhältnissen der Ehegatten nichts.

Eine Gütergemeinschaft oder eine Verwaltungsgemeinschaft zwischen den Ehegatten ist zwar möglich, müßte jedoch ausdrücklich vertraglich vereinbart werden, und zwar in Form eines Notariatsaktes nach dem Notariatszwangsgesetz aus dem Jahre 1871.

Wie alle anderen Ehepakte kann übrigens auch eine Gütergemeinschaft nicht nur zwischen Ehegatten, sondern auch zwischen Brautleuten (Verlobten) abgeschlossen werden. Sie erlangt allerdings in diesem Fall volle Rechtswirkung erst mit dem Zeitpunkt der Eheschließung, ist also gewissermaßen aufschiebend bedingt.

Gesetzlich galt in Österreich bis zur Familienrechtsreform das „System der verschämten Verwaltungsgemeinschaft“, das heißt, es wurde mangels entgegengesetzter Vereinbarung zwischen den Beteiligten vermutet, daß die Frau dem Ehemann die Verwaltung ihres Vermögens anvertraut habe. Heute gilt uneingeschränkt das gesetzliche System der Gütertrennung.

Ehepakte

Der eben eingehend behandelte Güterstand der Gütertrennung ist nur eine von mehreren Formen. Man kann vertraglich auch andere Güterstände vereinbaren, sich jedoch nicht ein beliebiges Gemisch konstruieren, sondern ist auf bestimmte, im Gesetzbuch festgelegte Vertragstypen beschränkt.

Will man den gesetzlichen Güterstand nicht haben oder später, nach Eingehung der Ehe, abändern, so muß dies im Wege eines formgebundenen Vertrages geschehen. Das Gesetz bezeichnet solche Vereinbarungen als „Ehepakte“. Es unterscheidet also zwischen „Pakt“ und „Vertrag“ und wählt hier den Begriff „Ehepakt“, weil das ABGB unter „Ehevertrag“ nur die Schließung der Ehe versteht.

Ehepakte sind jene Verträge, die zwischen Ehegatten (Verlobten) oder mit diesen „in Absicht auf die eheliche Verbindung über das Vermögen geschlossen werden“ (§ 1217 ABGB).

Ein solcher Ehepakt kann nur mit Hilfe eines Notariatsaktes durch die **Verlobten** oder die **Eheleute** geschlossen werden.

Der Formzwang, den das Notariatszwangsgesetz einführte, war gut gemeint. Die Partner sollen vor übereilten Entschlüssen bei Eingehung lebenswichtiger, ihr Vermögen berührender Rechtsgeschäfte bewahrt werden, da man nach dem innigen Verhältnis, das gerade vor oder bald nach Eingehung der Ehe besteht, hier oft Entscheidungen trifft, die dann später bereut werden.

Das Recht des ABGB hat die Wichtigkeit, dem Geschäftspartner Einblick in die eheliche Güterordnung seines Kontrahenten zu geben, nicht erkannt. Wir haben kein eigenes öffentliches Güterrechtsregister. Nur das Handelsregister fungiert als Güterrechtsregister. Zum Schutz der **Handelsgläubiger** eines Vollkaufmannes ist die Eintragung der Ehepakte in das **Handelsregister** vorgeschrieben. Sonst gilt Dritten gegenüber, die von dieser Vereinbarung nichts wissen, die Rechtslage so, als bestünde der gesetzliche Güterstand der Gütertrennung.

Gütergemeinschaften

Die vorher besprochenen Ehepakte sind in der österreichischen Praxis selten. Nur bei Bauern und ländlichen Gewerbetreibenden wird häufig Gütergemeinschaft vereinbart. Die Gütergemeinschaft verbreitete sich im 15. und 16. Jahrhundert in den österreichischen Ländern. Sie war dem böhmischen Stadtrecht (1569) bekannt und drang von Bayern her in die Alpenländer ein. Dort war die „geronnte Ehe" (das ist eine Ehe, bei der die Vermögen der Gatten zusammenrinnen) bei Bürgern und Bauern an vielen Orten üblich. Zu unterscheiden ist die Gütergemeinschaft unter Lebenden und auf den Todesfall. Nach dem Gesetz wird seltsamerweise im Zweifel Gütergemeinschaft **auf den Todesfall** angenommen, obwohl eine solche keineswegs üblich ist. Jedenfalls muß aus der Vereinbarung hervorgehen, daß es sich um eine Gütergemeinschaft unter Lebenden handelt. Weiters müssen wir unterscheiden zwischen der **allgemeinen** (vollkommenen oder randlosen) Gütergemeinschaft und der **besonderen** (beschränkten) Gütergemeinschaft.

Allgemeine Gütergemeinschaft

Der Güterstand der allgemeinen Gütergemeinschaft ist wohl dem Wesen der Ehe am meisten entsprechend, wenn man davon ausgeht, daß der Satz „Mann und Weib ein Leib" das enge Verbundensein der Ehegatten für Lebenszeit am richtigsten ausdrückt. Wer wirklich eine echte, von Vertrauen getragene und dauerhafte Ehe führt, der kann getrost zu diesem Güterstand greifen. Wer sich seines Ehepartners, was Zuverlässigkeit, Rechtschaffenheit und Charakter betrifft, nicht sicher ist, der soll den Güterstand der allgemeinen Gütergemeinschaft lieber meiden.

Es ist bezeichnend, daß zur Zeit der patriarchalischen Ehe, die unter dem starken Einfluß der Kirche im Bestand gesichert war, „bis der Tod uns scheide", an manchen Orten die allgemeine Gütergemeinschaft auch ohne Ehepakte kraft Gewohnheitsrechtes galt.

Soll die allgemeine Gütergemeinschaft das ganze eingebrachte und das während der Ehe wie immer erlangte Vermögen umfassen, so muß im Vertrag **ausdrücklich** das gegenwärtige, alles künftige und insbesondere auch das zu ererbende Vermögen beider Gatten als gemeinschaftlich erklärt werden. Eine auf das ganze Vermögen lautende Gemeinschaftserklärung bezieht sich nämlich nur auf das **gegenwärtige** Vermögen und eine Gemeinschaftserklärung auf das künftige Vermögen, nicht auf das zu ererbende (§§ 1233, 1177 ABGB). Unter dem zu **erwerbenden** Vermögen ist auch das durch Schenkung und Glücksfälle (z. B. Totogewinn) zu verstehen; unter dem zu **ererbenden** Vermögen auch das durch Vermächtnisse und diesen gleichstehende Schenkungen auf den Todesfall erlangte. Unveräußerliche Sachen (z. B. Ausgedinge, Fruchtgenuß) bleiben **Sondergut.** Hievon abgesehen können durch besondere Vereinbarung gewisse Güter von der allgemeinen Gütergemeinschaft ausgenommen sein.

Die **wesentlichen Merkmale** der allgemeinen Gütergemeinschaft bestehen darin, daß, so wie das ganze Leben des Ehepaares etwas Einheitliches werden soll, dies auch mit dem Vermögen beider Gatten zu geschehen hat.

Gewissermaßen muß man sich eine solche Ehe als einen großen Topf vorstellen – wir wollen ihn den Gesamttopf nennen –, in den die beiden Ehegatten alles, was sie im Moment der Eheschließung an Gütern haben, hineinwerfen und ebenso dasjenige, was sie späterhin auf irgendeine Art und Weise erwerben.

Dieses sogenannte Gesamtgut steht von nun ab im gemeinschaftlichen Eigentum beider Ehegatten, und zwar in engster Bindung. Dies ist so zu verstehen, daß die einzelnen Gegenstände nicht etwa zur linken oder rechten Hälfte dem einen oder anderen Ehegatten gehören, sondern daß in der **gemeinsamen Nutzung** sich die Eigentumsausübung erschöpft. Das Gesamtgut ist für den Zweck der Ehe gebunden. Keiner der Ehegatten darf seinen Anteil veräußern, auch nicht einen gedachten Anteil an einzelnen Gegenständen.

Hier ist aber doch eine genauere Erklärung nötig, und zwar deshalb, weil dem österreichischen Recht ein Eigentum zur gesamten Hand (wie es das deutsche Recht kennt) fremd ist. Bei uns werden die Ehegatten **Miteigentümer** je zur Hälfte, sie sind jedoch zur Aufrechterhaltung des Miteigentums so lange verpflichtet, wie die Gütergemeinschaft besteht. Bis dahin darf keiner von beiden Teilung verlangen oder seinen Miteigentumsanteil veräußern. Diese Unterlassungspflicht entbehrt aber der dinglichen Wirkung.

Hat also ein Ehegatte seinen Anteil eigenmächtig (ohne Zustimmung des anderen) veräußert, so kann die Veräußerung dem dritten Erwerber gegenüber grundsätzlich nicht angefochten werden. Dieser Erwerber könnte ohne weiteres Teilung verlangen, da er durch den Ehepakt nicht gebunden ist. Auf diese Weise wird auch eine allgemeine Gütergemeinschaft wieder gesprengt.

Es gibt aber eine Möglichkeit, die allgemeine Gütergemeinschaft in ihrem engen Verhältnis stärker zu sichern. Dieses Mittel ist das Grundbuch. Es müßte die **Beschränkung des Eigentums durch die Gütergemeinschaft** im Grundbuch **einverleibt** werden und **wirkt** dann **gegen Dritte.** Auf diese Weise kann bei uns nahezu die Wirkung des Eigentums „zur gesamten", wie es das deutsche Recht kennt, hervorgerufen werden.

Damit es den Zwecken des Ehelebens nutzbar gemacht werden kann, muß das Gesamtgut zuerst gebildet werden. Bei den Aktiven hat **jeder Ehegatte** ein Recht auf **Einräumung des Miteigentums.** Bei unbeweglichen Sachen und bücherlichen Rechten (z. B. Hypotheken) kann jeder der beiden Gatten Einverleibung der Übertragung verlangen. Bei beweglichen Sachen genügt Übergabe durch Erklärung. Hierauf muß das Gesamtgut ordnungsgemäß verwaltet werden. Die Verwaltung des gemeinschaftlichen Vermögens stand bis zur Familienrechtsreform, solange die Frau nicht Widerspruch erhob, dem **Ehemann** zu. Erhob die Frau Widerspruch, so trat gemeinschaftliche Verwaltung ein. Dies ist nun nicht mehr der Fall. Dadurch wurde die Gütertrennung verschärft. Die Bestellung eines besonderen Verwalters für das gemeinsame **Vermögen** durch das Gericht ist ausgeschlossen, da dies einer Entmündigung gleichkäme.

Vergegenwärtigen wir uns noch einmal, daß beim Güterstand der allgemeinen Gütergemeinschaft ein Grundstück, das vor der Ehe der Ehefrau oder dem Ehemann allein zum Eigentum gehörte, durch die Eheschließung das Eigentum beider Ehegatten wurde. Der Ehemann verwaltet nunmehr dieses Grundstück, kann es jedoch ohne Zustimmung seiner Ehefrau weder veräußern noch belasten. Schenkungen aus dem Gesamtgut wird er deshalb nicht ohne Zustimmung der Ehefrau vornehmen dürfen, weil sich dadurch auch der Wertanteil der Ehefrau mindern würde, denn es fließt ja keine Gegenleistung in das Gesamtgut. Geringfügige Anstandsschenkungen allerdings, z. B. eine Rose aus dem Garten vor dem Haus, darf der Ehemann einem lieben Gast schon gelegentlich machen.

Nehmen wir an, der Ehemann hatte, als er die Ehe einging, einen **Fruchtgenuß** (persönliche Dienstbarkeit) an einem benachbarten Grundstück und die Ehefrau an einem anderen Grundstück ein **Ausgedinge** (Reallast).

Derartige Rechte dürfen nicht übertragen werden. Sie sind als sogenannte höchst persönliche Rechte untrennbar mit der Person des Berechtigten verbunden und erlöschen mit dem Tode.

Demzufolge können sie auch nicht in den Gesamtgutstopf fallen, denn wenn sie nicht übertragen werden können, können sie auch nicht in die Mitberechtigung des anderen Ehegatten gelangen. Was tun wir also?

Wir stellen neben den Gesamtgutstopf zwei kleinere Töpfchen, auf die wir die Worte **„Sondergut"** schreiben wollen. In diese Töpfe geben wir solche Güter, die gern in den Gesamtgutstopf hineingelangen wollen, dies aber nicht können, weil ihre Übertragung verboten ist. Und nun sehen wir folgendes: Der Fruchtgenuß im Sondergutstopf des Mannes hat zwar die Bemühungen, in den Gesamtgutstopf zu gelangen, aufgegeben, spuckt aber ab und zu in den Gesamtgutstopf hinein. Denn die **Nutzungen,** die der Fruchtgenuß abwirft, z. B. die Ernte von Kartoffeln oder Getreide, der Pachtzins für eine verpachtete Wiese, die zum genutzten Grundstück gehört, können ja übertragen werden und sollen wiederum beiden Ehegatten dem Zweck der Ehe entsprechend kraft Ehepaktes zugute kommen. Dasselbe gilt sinngemäß für das Ausgedinge der Frau.

Wir haben jetzt also schon drei Gütermassen in diesem Güterstand, nämlich das **Gesamtgut,** das **Sondergut des Mannes** und das **Sondergut der Frau.** Schließlich will aber jeder Ehegatte auch einige Dinge für sich allein haben.

Wir stellen demnach noch zwei ganz kleine Töpfe neben den drei bereits vorhandenen Töpfen auf und geben hier solche Gegenstände hinein, die das **Vorbehaltsgut** des jeweiligen Ehegatten sein sollen. Derartiges Vorbehaltsgut kann dadurch entstehen, daß der Ehevertrag solches bestimmt, z. B. ein Damenfahrrad zum Vorbehaltsgut der Frau macht, oder daß dritte Personen bei geschenkweisen Zuwendungen oder durch Testament bestimmen, daß ein Gegenstand Vorbehaltsgut des einen Ehegatten werden soll.

Somit haben wir bei diesem Güterstand insgesamt fünf Gütermassen.

Für die Schulden haften die beiden Ehegatten grundsätzlich zur gesamten Hand oder – wie man auch sagt – **solidarisch.** Das heißt: einer für alle, alle für einen, jeder für das Ganze und nicht nur für einen Teil. Doch ist folgende Unterscheidung zu beachten:

1. Haben sich die Ehegatten **gemeinsam verpflichtet,** dann haften beide auch **unbeschränkt.** Ebenso wenn der Mann die Schuld als Verwalter des gemeinsamen Vermögens oder zu dessen Nutzen begründet hat.

2. Wenn die Schulden nur **einen** Ehegatten persönlich angehen, haftet das ganze gemeinschaftliche Vermögen. Den anderen Ehegatten trifft jedoch insoweit eine **beschränkte** Haftung, als er nur zur Zahlung „bei sonstiger Exekution in das gütergemeinschaftliche Vermögen" verurteilt werden kann. Auf Vorbehaltsgut des unbeteiligten Gatten erstreckt sich diese Haftung aber nicht. Die Exekutionsführung in die dem anderen Eheteil zugeschriebene Hälfte ist nur mit eigenem Exekutionstitel möglich.

Der Ehemann nimmt z. B. Darlehen für seinen persönlichen Bedarf auf und verpraßt das Geld. Die Gläubiger klagen ihn auf Rückzahlung der Darlehensbeträge. Aber auch die Ehegattin kann im Rahmen des gütergemeinschaftlichen Vermögens zur Zahlung herangezogen werden. Das bedeutet in letzter Konsequenz, daß eine Ehefrau, die einen verschuldeten Mann heiratet, mitansehen muß, wie seine Gläubiger triumphierend über die Werte herfallen, die sie in die Ehe miteingebracht hat. Das eben ist die Gefahr für eine vermögende Ehefrau, die einen verbummelten Mann heiratet, der entweder schon verschuldet ist oder alsbald in Schulden gerät. Am Ende bleibt nur ihr Vorbehaltsgut dem Gläubigerzugriff entzogen.

Umgekehrt können Verbindlichkeiten der Ehefrau, die bereits bei der Eheschließung bestanden oder die sie nach Eingehung der Ehe durch eine unerlaubte Handlung begründet, indem sie z. B. den Lastwagenlenker Knatterich bei einem Unfall schwer verletzt (vgl. Seite 290), in das Gesamtgut vollstreckt werden. Knatterich wird aus dem Titel des Schadenersatzes beide Eheleute als Gesamtschuldner in Anspruch nehmen, obwohl nur die Ehefrau den Unfall verursacht hat. Er kann also auch den Ehemann auf Leistung klagen und bekommt damit das Urteil, das er braucht, um in das Gesamtgut zu vollstrecken. Nicht jedoch haftet dem Knatterich das Vorbehaltsgut des Mannes. Der Ehemann kann also durch solche Schulden der Frau nicht vollkommen ruiniert werden. Doch drückt das französische Sätzchen „Qui épouse une femme, épouse ses dettes" („Wer eine Frau heiratet, heiratet auch ihre Schulden") eine ernste Warnung aus.

Trotz all dieser Bedenken ist die allgemeine Gütergemeinschaft der ideale und gerechteste Güterstand für eine gute Ehe und insbesondere für eine solche, wo beide Ehegatten mitschaffen, vor allem also in Bauern- und Handwerkerehen.

Wird die Ehe aufgelöst oder vereinbaren die Ehegatten die Aufhebung der allgemeinen Gütergemeinschaft, so müssen sie sich hinsichtlich des Gesamtgutes auseinandersetzen. Grundsätzlich findet eine Halbteilung statt, das heißt, der Überschuß, der nach Zahlung der Verbindlichkeiten verbleibt, wird in gleiche Hälften geteilt, gleichgültig, ob einer der beiden Gatten mehr in das Gesamtgut eingebracht hat als der andere.

Die Halbteilung ist nach uraltem österreichischem Brauch verfügt. Waren Kinder vorhanden, so erhielt der Gatte die Hälfte des Gesamtgutes, sonst auch die andere Hälfte. Das **Aufgriffsrecht** ist nichts der Gütergemeinschaft Eigentümliches, aber im Falle des Vorhandenseins von Kindern aus einer früheren Ehe wird es in Ehepakten über die allgemeine Gütergemeinschaft sehr häufig vereinbart. Dem Aufgriffsrecht liegt derselbe Gedanke zugrunde wie der nach dem Tode eines Gatten vom Überlebenden mit den Kindern **fortgesetzten Gütergemeinschaft,** die so lange währt, bis der Gatte stirbt oder sich wiederverheiratet oder bis die Abkömmlinge großjährig werden. Es soll damit eine wertzerstörende vorzeitige Aufteilung, also Auseinandersetzung, vermieden werden. Die Festsetzungen in den Gütergemeinschaftsehepakten, daß der Überlebende die Verwaltung auch der anderen, ihm nicht kraft Teilung zufallenden Hälfte bis zur Großjährigkeit des Kindes oder auf Lebenszeit haben soll („Vorhausung", „Bewirtschaftungsrecht" genannt), sind eine unter Lebenden getroffene Vereinbarung über die Auseinandersetzung.

Mit Rücksicht auf die ziemliche Kompliziertheit empfiehlt es sich, zur Abgrenzung der Rechte der Beteiligten gegebenenfalls rechtskundigen Rat einzuholen.

Mitarbeit der Ehefrau

Der Bäcker Willi Klawitta hat eine arbeitsame und sparsame Ehefrau. Ein eigenes Grundstück ist der Traum des Ehepaars. Frau Klawitta begnügt sich nicht nur mit einer Bedienerin, obwohl sie eine Hausgehilfin haben könnte, sie steht auch noch mehrere Stunden täglich im Geschäft und hilft tüchtig mit. Es gelingt nun auch bald, so viel zusammenzusparen, daß mit Hilfe einer Hypothek ein kleines Hausgrundstück angeschafft werden kann. Stolz legt Willi seiner Frau den Grundbuchauszug vor, in dem er als Eigentümer des Grundstücks eingetragen ist. Drei Jahre später zerbricht die Ehe Klawitta. Hat Frau Klawitta ein Anrecht an dem Hausgrundstück? Miteigentümerin ist sie jedenfalls nicht.

Hilft die Frau im Erwerbsbetrieb des Mannes mit, hat sie, auch ohne besondere Vereinbarung, Anspruch auf angemessene Abgeltung ihrer Mitwirkung (§ 98 ABGB).

Es ist auch nicht ausgeschlossen, daß die Gatten zueinander in geschäftliche Beziehungen treten und etwa einen **Gesellschaftsvertrag** miteinander schließen. In unserem Fall mag es innerhalb der Ehe zu einem solchen Gesellschaftsverhältnis gekommen sein, bei dem beide zur Erreichung des Hausankaufs Beiträge geleistet haben. Beim Umfang der Wertbeteiligung darf man allerdings die Mitarbeit der Ehefrau nicht so bewerten, wie wenn sie nur die Dienste einer Angestellten geleistet hätte. Eine Ehefrau ist in solchen Betrieben meist die Seele des Geschäfts. Ihr eigenes Interesse am Aufblühen des Geschäfts läßt sie eine viel wertvollere Mithilfe sein. Durch ihre Freundlichkeit hegt sie den Kundenstock und erweitert ihn. Sie kennt gewöhnlich keine engbegrenzte Arbeitszeit und stellt etwa aufgetretene Mängel des Betriebes geschickt ab. Wenn man außerdem berücksichtigt, daß der Kapitalwert des Geschäfts vom Ehemann zur Verfügung gestellt worden ist (häufig wird er allerdings mit Kredit angefangen haben), so erscheint es angemessen, der Ehefrau eine Wertbeteiligung zuzusprechen. Dies wird besonders dann gelten müssen, wenn der Ehemann eingebrachtes Vermögen der Frau mit zum Aufbau des Geschäfts verwendet hat.

Möglicherweise kann auch zwischen Verwandten (Kindern und Eltern) eine ganz reguläres **Dienstverhältnis** bestehen. Dies freilich nur, wenn die Beschäftigung auf dem Grundsatz entgeltlicher Leistung und Gegenleistung aufgebaut ist; nicht aber, wenn sie sich aufgrund des sittlichen Familienbandes vollzieht und ein Entgelt nicht als eine von der Lage des Arbeitsmarktes abhängige erzwingbare Gegenleistung, sondern nur freiwillig aufgrund sittlicher Pflicht zur Sicherstellung einer den Bedürfnissen des Familienmitgliedes und dem Gesamtinteresse der Familie entsprechenden Lebenshaltung gegeben wird.

Fahrnisgemeinschaft

Umfaßt die Gemeinschaft nicht bloß die „Errungenschaft", wozu auch erworbene Liegenschaften gehören, sondern dazu noch alle Fahrnisse schlechthin (also auch das eingebrachte bewegliche Vermögen), so liegt eine **Fahrnisgemeinschaft** vor. Sie ist heute noch der gesetzliche Güterstand des französischen und des belgischen Rechts. Doch gibt wohl der Ausdruck „Fahrnisgemeinschaft" noch nicht genügend Klarheit, was gemeint ist.

Was hielten Sie, lieber Leser, davon, wenn in einem Grundbuch eingetragen stünde: „Eigentümer: der Bauer Ludwig Kogler und seine Ehefrau Anna, geb. Drall, als Miteigentümer je zur Hälfte aufgrund der Fahrnisgemeinschaft"?

Mit Recht werden Sie sagen, daß dies merkwürdig sei, da doch ein Grundstück nicht als „Fahrnis" bezeichnet werden kann. In Wirklichkeit heißt Fahrnisgemeinschaft: Gemeinschaft des beweglichen Vermögens und der Errungenschaft. Hier soll also in den Gesamtgutstopf alles das kommen, was die Ehegatten als bewegliche Habe bei Eingehung der Ehe haben, und alle Güter, die sie nach Eingehung der Ehe durch ihre Arbeitstätigkeit erwerben, also auch Grundstücke.

Häufig wird in das Grundbuch lediglich eingetragen, daß aufgrund des Notariatsaktes das Miteigentumsrecht je zur Hälfte für die beiden Ehegatten einverleibt wurde. Die bloße Bezeichnung „Notariatsakt" besagt aber nichts über die Besonderheit der hier bestehenden ehelichen Gütergemeinschaft und gibt nicht einmal darüber Auskunft, ob der Eintragung eine solche zugrunde liegt. Wenn nun ein Dritter (z. B. ein Käufer) im Vertrauen auf diesen Wortlaut den Anteil eines Ehegatten erwirbt, so wird er entsprechend dem formal gestalteten Grundbuchsrecht in seinem Vertrauen auf das öffentliche Buch geschützt, denn aus dem Wortlaut der bücherlichen Eintragung läßt sich in diesem

Fall lediglich schließen, daß es sich um ein „gewöhnliches Miteigentumsverhältnis" handelt. Schlichtes Miteigentum oder stärkere Gebundenheit (etwa im Sinne der Fahrnisgemeinschaft), das ist hier die Frage!

Sobald im Wortlaut der Eintragung die **eheliche Gütergemeinschaft als Rechtsgrundlage** des gemeinschaftlichen Eigentums zum Ausdruck gebracht wird, kann von einem Vertrauen des Dritten auf das Bestehen eines einfachen Miteigentumsverhältnisses nicht mehr die Rede sein. Dann ersieht auch der Nichtjurist schon aus der bücherlichen Eintragung, daß es sich um ein viel weiter reichendes Rechtsverhältnis, eben um eheliche Gütergemeinschaft handelt. Darum bedarf es zur Aufhebung des Gemeinschaftsbandes nach den Grundsätzen des Grundbuchgesetzes der **Zustimmung des bücherlichen Vormannes.** Es ist also zur Übertragung des Anteils die Zustimmung auch des anderen Ehegatten erforderlich.

Echte Verwaltungsgemeinschaft

Die Frau kann die Verwaltung ihres Vermögens dem Mann also im Wege eines Ehepaktes (Notariatsaktes) übertragen. Dann hat der Mann ein **vertragsmäßiges Recht** auf diese Verwaltung.

Durch Ehepakt wird die Frau dem Mann auch den **Fruchtgenuß ihres Vermögens** während der Ehe einräumen können.

Der Umfang des dem Mann vertragsmäßig eingeräumten Verwaltungsrechtes richtet sich nach der Vereinbarung. Ein einseitiger Widerruf durch die Frau ist dann entsprechend der Vertragsnatur nicht möglich.

Zum Schutz der Frau kann aber dem Mann diese Verwaltung in **dringenden Fällen** oder bei **Gefahr eines Nachteils** für die Frau abgenommen werden. Auch eine **einstweilige Verfügung** (nach den Bestimmungen der Exekutionsordnung) wird zu diesem Zweck zulässig sein.

Zur Führung aller Geschäfte der **ordentlichen Verwaltung** (auch zu Prozessen) war der Mann auch **ohne Spezialvollmacht** nach § 1008 ABGB befugt. Hier war der Mann zur Vertretung der Frau unter Umständen sogar gegen seinen Willen verpflichtet, und die Unterlassung der Vertretung konnte ihn **schadenersatzpflichtig** machen.

Heute gelten die allgemeinen Vorschriften über die Bevollmächtigung. Die gesetzliche Vermutung der Vertretung der Gattin durch den Ehemann in vermögensrechtlicher Hinsicht ist weggefallen.

Nebenverträge

Von überaus großer praktischer Bedeutung kann der Inhalt eines Ehepaktes als **Nebenvertrag** sein. Darunter versteht man eine besondere Vereinbarung bei grundsätzlicher Beibehaltung des gesetzlichen Güterstandes. In Betracht kommen vor allem Heiratsgut mit Ausstattung und Aussteuer.

Heiratsgut, Ausstattung und Aussteuer

Bei der sprachlichen Anwendung der Begriffe Heiratsgut und Ausstattung gibt es bei Nichtjuristen häufig Verwirrung. Vor allem wird im gewöhnlichen Sprachgebrauch „Aussteuer" und „Ausstattung" verwechselt. In der Regel geben die Eltern ihren Töchtern eine **Aussteuer** mit. Diese besteht aus Möbeln, Wäsche, Kücheneinrichtung und dergleichen. Dem Mann sollen daran keine Rechte gewährt werden. Juristisch bezeichnet das Wort Aussteuer im Gegensatz zum Heiratsgut die ausschließliche Berechtigung des Empfängers dieses Gutes. Wie die Braut einen Anspruch auf Bestellung eines Heiratsgutes, so hat der Bräutigam einen Anspruch auf **Ausstattung.** Unser ABGB (§ 1231) gewährt also merkwürdigerweise die Ausstattung einem **Mann,** und zwar dem Bräutigam!

Zunächst spricht das Gesetz (§ 1218 ABGB) vom **Heiratsgut.** Dieses wird entweder von der Frau oder für sie von einem Dritten zur **Erleichterung des mit der Ehe verbundenen Aufwands** durch eine Vereinbarung mit dem Mann bestellt. Die Vereinbarung enthält entweder die bloß verbindliche **Zusicherung** oder umfaßt auch die **Übergabe** des Heiratsgutes. Gegenstand einer solchen Dotierung kann alles sein, was Vermögenswert besitzt und veräußert werden kann. Dem Mann gebührt für die Dauer der ehelichen Gemeinschaft der **Fruchtgenuß** des Heiratsgutes. Das **Eigentum** am Heiratsgut erlangt er, wenn es in Geld oder anderen verbrauchbaren Sachen besteht. § 1220 ABGB verpflichtet zur Bestellung eines Heiratsgutes in erster Linie die **Eltern** der Braut, in zweiter Linie die Großeltern. Die Verpflichtung des (Groß)vaters geht nun nicht mehr jener der (Groß)mutter vor, maßgebend ist vielmehr die Leistungsfähigkeit. Diese „Verpflichtung" besteht aber nur, wenn die Braut kein eigenes, für ein angemessenes Heiratsgut hinreichendes Vermögen besitzt. Es ist indessen nicht ganz zutreffend, von einer Verpflichtung zur Bestellung eines Heiratsgutes zu sprechen. Denn der Ehepakt des Heiratsgutes wird mit dem Mann abgeschlossen, und dem Mann gegenüber besteht keine Verpflichtung der Eltern, sondern **nur der Tochter gegenüber,** wenn diese vermögenslos ist. Der Mann kann die Ausfolgung eines Heiratsgutes nur aufgrund der im Wege einer Vereinbarung (Notariatsakt!) erfolgten Zusicherung fordern. Der Anspruch der Tochter gegen ihre Eltern auf Bestellung eines Heiratsgutes ist **höchst persönlich** und kann daher nicht abgetreten werden. Der Anspruch auf ein Heiratsgut setzt voraus, daß die Eltern (im obenerwähnten Sinn) über ein Vermögen oder über ein entsprechendes Einkommen verfügen, ferner, daß der Bestellungspflichtige in der Lage ist, die ihm auferlegte Belastung **ohne empfindliche Einschränkung** zu tragen.

Das Gesetz sucht nach Möglichkeit zu vermeiden, daß bei der Geltendmachung dieses Anspruchs das Verhältnis zwischen Tochter und Eltern vergiftet wird. Es schreibt nämlich vor, daß **keine strenge Erforschung des Vermögensstandes** vorzunehmen ist. Die Erhebung der Steuerdaten nebst Einvernahme der Eltern wird genügen. Bei Kaufleuten begnügt man sich mit der Vorlage der Bilanz. Ein strenger Buchbeweis wird ausgeschlossen sein. Ein Offenbarungsverfahren soll nicht stattfinden. Der einfache Sachverständigenbeweis über die Leistungsfähigkeit (z. B. Anfragen an Sparkassen) dürfte zulässig sein.

Wann **verliert** die Tochter den Anspruch auf Gewährung eines Heiratsgutes gegenüber ihren Eltern?

Sie verwirkt den Anspruch, wenn sie sich **gegen den Willen ihrer Eltern verheiratet** und das Gericht im außerstreitigen Verfahren die Mißbilligung der Eltern für begründet findet. Es muß sich um **triftige Gründe** handeln. So wird z. B. „Mangel der Lebenserfahrung" bei einer geplanten Studentenehe kein triftiger Grund für eine Mißbilligung der Ehe sein. Wohl aber Leidenschaften, die eine Gefahr für Ehe und Kinder bedeuten: Trunksucht, Spiellust, geschlechtliche Ausschweifungen des Bräutigams u. dgl.

Im Fall einer **Eheschließung ohne Wissen der Eltern** braucht der Dotationspflichtige nur nachzuweisen, daß er zureichende Gründe gehabt hätte, die Ehe zu mißbilligen. Freilich wird z. B. die Tatsache allein, daß der Schwiegersohn ein geschiedener Mann ist, dessen Ablehnung nicht rechtfertigen. Es kommt auf die Gründe der Ehescheidung und die gesamten näheren Umstände, insbesondere auf das Vorleben des Ehemannes der Tochter und darauf an, wie er sich im Berufsleben zurechtgefunden hat.

Der Besteller eines Heiratsgutes kann bei der Übergabe vom Mann eine **angemessene Sicherstellung** verlangen. Später ist ein solches Verlangen nur im Falle der **Gefahr** berechtigt und bei Weigerung mit Klage geltend zu machen.

Der Vormund einer pflegebefohlenen Frau etwa muß spätestens bei der Übergabe des Heiratsgutes dessen Sicherstellung verlangen. Das gleiche gilt nach den Grundsätzen unseres Familienrechts auch für den Vater einer minderjährigen Tochter. Die Sicherstellung des Heiratsgutes verlangt ebenfalls einen **Notariatsakt. Auch für die Bestätigung über den Empfang** des Heiratsgutes ist ein Notariatsakt vorgeschrieben, um Streitigkeiten vorzubeugen.

Gegenstand des Heiratsgutes kann alles sein, was sich veräußern oder nutzen läßt (§ 1227 ABGB): körperliche Sachen, Fruchtgenuß und Wohnungsrechte, Forderungen, angefallene Erbschaften u. dgl. In der Bestellung eines Heiratsgutes liegt **keine Schenkung an den Mann,** denn das Heiratsgut ist zweckbestimmt und dient zur Erleichterung des ehelichen Aufwands. Eine ganz andere Frage ist es, ob die Zuwendung eine Schenkung an die **Frau** ist. Verspricht ihr nämlich ein Dritter, z. B. ein Onkel, eine Ausstattung, so ist dies eine Schenkung, wenn der Dritte hiezu nicht verpflichtet war.

Wie bereits erwähnt, wird der Mann nur Eigentümer, wenn das Heiratsgut in barem Geld besteht; ebenso an den sonstigen verbrauchbaren Sachen (§ 1227 ABGB) mit der Verpflichtung, den Wert seinerzeit zurückzustellen. Im Zweifel ist der Mann **Fruchtnießer,** Eigentümerin ist die Frau.

Nach **Auflösung der Ehe** ist grundsätzlich das Heiratsgut an die Frau oder ihre Erben **zurückzustellen,** da es seinen Zweck erfüllt hat. Und zwar nicht nur, wenn die Frau die Bestellerin war, sondern auch, wenn es von einem Dritten bestellt worden ist, weil das Heiratsgut im Zweifel auch Versorgung der Frau sein soll.

Wenn während des Bestandes der Ehe über das Vermögen des Mannes der **Konkurs** eröffnet wird, so kann die Ehefrau (wenn sie nicht Eigentümerin des Heiratsgutes ist) ihre Heiratsgutforderung nur als Konkursgläubigerin geltend machen.

Eine wiederholte Verpflichtung zur Bestellung des Heiratsgutes besteht für die Eltern nicht (§ 1223 ABGB).

Es wurde schon eingangs erwähnt, daß die „Aussteuer" mit der „Ausstattung" korrespondiert. Die zur Heirat selbst oder ersten Einrichtung des ehelichen Haushalts und dem eigenen Bedarf der Braut dienenden Sachen, wie Möbel, Hausgerät, Geschirr, Kleider und Wäsche oder ein Barbetrag zu ihrer Anschaffung, sind „Aussteuer". Erhält die Tochter neben einem Heiratsgut noch eine solche Aussteuer, so bildet dies freies, also ihr jederzeit vom Mann rückzuerstattendes Vermögen. Hat sie keine Aussteuer erhalten, so muß der Mann die erforderlichen ersten Anschaffungen aus eigenem machen. Nur mit ihrer Zustimmung kann er sich dazu des Heiratsgutes bedienen, das auch diesem Bedarf zu dienen bestimmt ist. Werden aber die als Aussteuer gegebenen Sachen ebenfalls dem Mann zur Benützung vereinbarungsgemäß überlassen, so bilden sie einen Teil des Heiratsgutes.

Die Begriffe „Ausstattung" und „Heiratsgut" fallen wegen der Verschiedenheit der Empfangsberechtigten, wegen der Verschiedenheit ihres Inhalts und wegen der Verschiedenheit ihrer wirtschaftlichen Bestimmung auseinander:

Der Mann hat ein Recht, von Eltern und Großeltern aus Anlaß der bevorstehenden Ehe ausgestattet zu werden. Dies ohne Rücksicht darauf, ob ihm seitens der Gattin oder Dritter ein Heiratsgut zugesagt worden ist. Inhaltlich handelt es sich bei dieser Ausstattung, die das Gesetz dem **Sohn** zuspricht (§ 1231 ABGB), um eine Leistung, die nur zur ersten Einrichtung des Haushalts dienen soll, also im Wesen um eine „Aussteuer" (wie oben bei der Frau).

Das Heiratsgut beansprucht die vermögenslose **Tochter** (§ 1220 ABGB). Am Heiratsgut erlangt grundsätzlich die Frau das Eigentum und den Rückforderungsanspruch. Die Ausstattung gehört und bleibt dem Mann. Er ist allein darüber verfügungsberechtigt. Solange er nicht anderweitig verfügt und die Ausstattung im Haushalt beläßt, kann die Frau also nur tatsächlich einen Gebrauch daran ausüben (z. B. den Radioapparat betätigen), ein **Recht** auf den Gebrauch dieser Gegenstände hat sie **nicht.**

Das Heiratsgut dient der dauernden Erleichterung des ehelichen Aufwands. Die Ausstattung soll nur die erste Einrichtung eines selbständigen Haushalts ermöglichen. Was also Eltern über die Einrichtung hinaus dem Sohn zuwenden, ist **Schenkung;** so wenn sie ihm als „Ausstattung" ein Haus geben.

Ausstattungszusagen sind **keine Ehepakte.** Parteien sind die Eltern oder Großeltern einerseits, der Sohn oder Enkel andererseits. Für das Ausmaß der Ausstattung maßgebend ist das Vermögen der Verpflichteten im Zeitpunkt der Verehelichung des Berechtigten, in zweiter Linie auch der soziale Stand des Berechtigten. Die Zusage einer Ausstattung bedarf nur insoweit der Notariatsaktform, als darin eine Schenkung liegt. Formfrei ist die unmittelbare Verwirklichung der Übergabe.

Zur Zeit der Abfassung des ABGB waren 1000 Gulden und bei den höheren Klassen 2000 Gulden das gewöhnliche Heiratsgut. Danach muß die Bestimmung des Heiratsgutes eine recht einfache Sache gewesen sein. Heute ist es allgemein Sitte, daß die Braut eine Aussteuer erhält, aber von einem üblichen Heiratsgut kann wohl keine Rede sein! Vielmehr bestimmt der Vater die Mitgift innerhalb eines weiten Rahmens. Nur was offenbar darüber hinausgeht, gilt als Schenkung, und nur wenn das Mindestmaß nicht erreicht wird, kann das Gericht angerufen werden. Unterlassung der Geltendmachung des Dotierungsanspruchs durch noch so lange Zeit während des Bestandes der Ehe beinhaltet grundsätzlich keinen Verzicht, außer wenn besondere Umstände auf einen Rechtsverzicht schließen lassen. Jedenfalls erlischt der bei Lebzeiten des Dotierungspflichtigen nicht geltend gemachte Dotierungsanspruch mit dem Tode des Dotierungspflichtigen und wird durch die erbrechtlichen Ansprüche ersetzt.

Karls und Ottilies Kinder

Nach einem Jahr tritt im Hause Jedermann ein freudiges Ereignis ein, und zwar gleich doppelt: ein Bub und ein Mädchen werden geboren. Diese Geburt löst sofort eine Reihe von Pflichten aus.

Schwangerschaft und Geburt sind auf verschiedenen Lebensgebieten, wie z. B. im Rahmen eines Dienstverhältnisses, von Bedeutung. Nach den Bestimmungen des Mutterschutzgesetzes dürfen Frauen aus Anlaß einer Schwangerschaft oder der erfolgten Niederkunft weder entlassen noch gekündigt werden. Nur in wenigen vom Gesetz gestatteten Fällen, und dann nur nach einer vorher erteilten Genehmigung des Einigungsamtes, kann ein Dienstgeber eine schwangere Dienstnehmerin kündigen. Der Kündigungsschutz erstreckt sich bis zum Ablauf von vier Monaten nach der Entbindung. Wird von der Dienstnehmerin nach der Entbindung ein sogenannter „Karenzurlaub" beansprucht (Höchstausmaß bis zu einem Jahr, gerechnet vom Tag der Entbindung), so verlängert sich der Kündigungsschutz bis zu vier Wochen nach Ablauf des Karenzurlaubs.

Frauen dürfen vor und nach ihrer Entbindung nicht zu schweren und gesundheitsschädlichen Arbeiten herangezogen werden. Innerhalb eines Zeitraums von acht Wochen vor der Entbindung und acht oder zwölf Wochen nachher sind sie von jeder Arbeit freizustellen; während dieser Zeit gebührt ihnen Wochengeld aus der gesetzlichen Krankenversicherung.

Der **Geburtstermin** läßt sich folgendermaßen leicht berechnen: erster Tag der letzten Menstruation plus sieben Tage, minus drei Kalendermonate (z. B. 25. August + 7 Tage = 1. September, 1. September – 3 Monate = **1. Juni).**

Geburtsstunde, -tag, -monat und -jahr sowie der Geburtsort, eheliche oder uneheliche Geburt, Zugehörigkeit zu einer bestimmten Familie, männliches oder weibliches Geschlecht, Zugehörigkeit zu einem bestimmten Staat, Familienstand (ledig, verheiratet, verwitwet oder geschieden), Religionszugehörigkeit, Beruf und Wohnungsanschrift sind die wichtigsten Personenstandsmerkmale. In ihrer Gesamtheit bilden sie den **Personenstand** eines Menschen.

Wenn jemand die Geburt eines Kindes anzeigen will, so ist damit die sachliche Zuständigkeit festgestellt. Die örtliche Zuständigkeit ist erst dann gegeben, wenn der Anzeigende erklärt, daß das Kind im Standesamtsbezirk geboren wurde.

Ein Personenstandsfall darf nämlich nur bei jenem Standesbeamten beurkundet werden, in dessen Bezirk er sich ereignet hat. Aber auch der Anzeigende muß zur Anzeige legitimiert sein. Nicht jeder darf eine Geburtsanzeige erstatten. Nur ein **bestimmter Personenkreis** ist dazu berechtigt, aber auch verpflichtet. **Verpflichtet** zur Anzeige ist vor allem der Arzt oder die **Hebamme,** die bei der Geburt zugegen waren, sowie der **Vater** oder die **Mutter,** sobald sie dazu imstande sind, aber auch sonstige Personen, die von der Geburt auf Grund eigener Wahrnehmung Kenntnis haben. Die vorstehende Reihenfolge ist wichtig. Die Verpflichtung besteht nämlich nur für die Person, welche in der Reihe jeweils an **erster Stelle** in Betracht kommt, wenn sie nicht etwa entschuldigt verhindert ist. Wenn jedoch eine der dem Kreis angehörigen Personen die Anzeige erstattet hat, sind die anderen von ihrer Verpflichtung befreit. In unserem Fall kommt dabei auch Karl Jedermann als ehelicher Vater in Betracht; er wird die Anzeige **binnen einer Woche** nach der Geburt der Zwillinge in der Regel **mündlich** erstatten. Die Anzeige hat, soweit der Anzeigenpflichtige dazu in der Lage ist, alle Angaben zu enthalten, die für die Eintragung im Geburtenbuch benötigt werden. Durch die Aussage von Personen, die das Zutreffen ihrer Angaben auf persönliche Wahrnehmungen stützen können und die Wahrheit bei sonstiger strafrechtlicher Verfolgung aussagen müssen, durch Vorlage von Dokumenten und die schriftliche Bestätigung der Hebamme (Amtsperson!) werden mit einer gewissen Sicherheit die Voraussetzungen für eine richtige und vollständige Beurkundung geschaffen. Bei Zweifeln muß sich der Standesbeamte auf geeignete Weise von der Richtigkeit der Angaben überzeugen.

Bei Geburten in Krankenanstalten ist in erster Linie der Leiter der Anstalt oder der von der vorgesetzten Behörde ermächtigte Beamte zur Anzeige verpflichtet. Gleiches gilt für Heil- und Pflegeanstalten, Gefängnisse usw. In diesem Fall genügt die schriftliche Anzeige, der aber die erforderlichen Urkunden beigeschlossen sein müssen.

Wird die Geburtsanzeige länger als drei Monate verzögert, so darf die Eintragung nur mit Genehmigung der Bezirkshauptmannschaft erfolgen, die vorher den Sachverhalt zu ermitteln hat.

Jeder Anzeigende kann zum Zweck der Taufe gebührenfrei eine Bescheinigung über die Eintragung des Geburtsfalles verlangen.

Das Namensrecht

Der Dichter Honoré de Balzac sagt uns: „Dein Name ist Dein Sein." Anders ausgedrückt: der Name versinnbildlicht die Wesenheit eines bestimmten Menschen in seiner Eigenart und Eigenständigkeit – auch wenn es wegen der Häufigkeit mancher Namen unterstützender Merkmale bedarf. Eine beängstigende Zukunftsvision ist es, daß wir selbst und unsere Mitmenschen nur mehr durch Zahlen unterschieden werden könnten. Dies möge uns erspart bleiben.

Jedes der Kinder ist durch die Geburt ein **Mensch** und damit **Person** geworden. Jeder Mensch hat nämlich „angeborene, schon durch die Vernunft einleuchtende Rechte und ist daher als Person zu betrachten" (§ 16 ABGB). Darunter versteht man rechtlich, daß der Mensch Träger von Rechten und Pflichten geworden ist. Zu diesen Rechten gehört zunächst einmal der Name. Als eheliche Kinder tragen die

Zwillinge den **Familiennamen** der Eltern. Im allgemeinen bleibt beim männlichen Geschlecht der Familienname von der Geburt bis zum Tode unverändert. Der oder die **Vornamen** des Neugeborenen werden ihm durch den personensorgeberechtigten gesetzlichen Vertreter beigelegt. Bei unehelichen Kindern kann der Standesbeamte ohne weiteres annehmen, daß der Vormund mit dem von der Mutter gewählten Vornamen einverstanden ist.

Der Vorname bezeichnet vor allem das Geschlecht: Knaben dürfen nur männliche, Mädchen nur weibliche Vornamen erhalten. Als einzige Ausnahme gilt, daß Knaben den Mädchenvornamen **Maria** erhalten dürfen, aber nur **neben einem Knabenvornamen.** Wird für das neugeborene Kind ein ungewöhnlicher Name gewählt, so könnte der Standesbeamte die **Namenseintragung ablehnen.** Die gewählten Vornamen müssen landesüblich und allgemein bekannt sein; sie dürfen nicht anstößig oder unsinnig wirken, sonst kann der Standesbeamte wie gesagt die Eintragung verweigern. Gegen die Ablehnung ist als letztes Mittel Beschwerde an den Verwaltungsgerichtshof möglich.

Die Zwillinge sind in unserem Beispiel verschiedenen Geschlechts. Ob ein Kind als Knabe oder als Mädchen geboren wurde, ist für die Eltern und das Kind nicht nur von großer tatsächlicher, sondern auch von entscheidender **rechtlicher** Bedeutung. Dem männlichen Geschlecht sind sowohl durch die Natur als auch durch das Gesetz andere Aufgaben zugewiesen als dem weiblichen Geschlecht. Deshalb hat es auch nicht an Versuchen gefehlt, das Geschlecht eines Neugeborenen zu **verschleiern.** Das Geschlecht wird schon durch den Vornamen angedeutet. **Zwitter** gibt es im Personenstandsrecht nicht, sondern die betreffenden Kinder werden nach den **überwiegenden Geschlechtsmerkmalen** dem männlichen oder dem weiblichen Geschlecht zugezählt.

Karl Jedermann und seine Gattin haben sich für folgende Vornamen entschieden: für den Knaben **Otto** Johannes Egon und für das Mädchen **Ulrike** Gertrud Karla. Im Normalfall werden auf die Anzeige hin die Namen des Kindes, sein Geschlecht, Ort, Tag und Stunde der Geburt, Vor- und Familiennamen der Eltern, ihre Geburtsdaten, Wohnort sowie ihr religiöses Bekenntnis im **Geburtenbuch** eingetragen. Aufgrund dieser Eintragung kann dann jederzeit für das Kind eine **Geburtsurkunde** angefordert werden. Die Ausstellung einer solchen Geburtsurkunde darf jeder verlangen. Ein Recht auf Einsicht der standesamtlich geführten Bücher kann nur von den betroffenen Personen oder solchen dritten Personen verlangt werden, die ein berechtigtes Interesse glaubhaft machen können.

Ist ein Kind tot geboren oder bei der Geburt verstorben, so wird es mit dem Wortlaut einer Geburtseintragung nur im **Sterbebuch** verzeichnet.

Ein solches Kind muß mindestens 35 cm lang sein, und die natürliche Lungenatmung darf noch nicht eingesetzt haben. Bei geringerer Länge ist es eine Fehlgeburt, die überhaupt **nicht einzutragen** ist, bei eingetretener Lungenatmung aber eine normale Geburt, die im Geburten- und Sterbebuch einzutragen ist.

Sobald der oder die Vornamen im Geburtenbuch des Standesamtes eingetragen sind, liegen nunmehr Vor- und Familiennamen grundsätzlich unveränderlich fest. Eine eigenmächtige Änderung dieser Namen ist verboten. Der Gebrauch eines falschen Namens gegenüber Behörden macht den Betreffenden strafbar.

Um jedoch dem Träger eines lästigen oder anstößigen Namens Gelegenheit zu geben, diesen nicht länger tragen zu müssen, ist durch das sogenannte **Namensänderungsgesetz** vom 5. Jänner 1938 die Möglichkeit der Änderung vorgesehen. Voraussetzung ist, daß ein „wichtiger Grund" für die Änderung des Familiennamens vorliegt. Wer einen Familiennamen ererbt hat, der ihn lächerlich macht, z. B. Dickwanst oder Mondkalb, hat einen wichtigen Grund, diese Änderung zu beantragen. Die Änderung bewilligt der **Landeshauptmann** einem österreichischen Staatsbürger oder einem Staatenlosen, der seinen Wohnsitz oder gewöhnlichen Aufenthalt in Österreich hat. Der Landeshauptmann darf nicht aus eigenem einen neuen Namen auswählen, das bleibt dem Antragssteller überlassen.

Die **Bezirksverwaltungsbehörde** kann aus wichtigen Gründen die Änderung eines gewählten **Vornamens** bewilligen.

Durch das Gesetz vom 3. April 1919, StGBl Nr. 211, ist der **Adel** in Österreich **aufgehoben,** die **Führung von Adelsbezeichnungen untersagt.** Adelstitel dürfen also bei uns nicht verwendet werden, wenn es sich um amtlichen Gebrauch handelt.

Demnach können sie auf Einladungen zum Tee, zur Promotion u. dgl. gedruckt oder geschrieben oder auch auf den Bademantel gestickt werden, denn dabei handelt es sich nicht um ein „Führen" der Adelsbezeichnung im amtlichen Verkehr. Ausgenommen vom Verbot der Führung von Adelsbezeichnungen sind ausländische Adelstitel, wozu auch die nach deutschem Reichsrecht verliehenen Titel (z. B. eines Reichsgrafen) gehören. Zwar hat die Vollzugsanweisung des Staatsamtes für Inneres vom 18. April 1919 auch das Recht zur Führung gewisser ausländischer Titel (wie Conte, Marchese) sowie die Führung von Wappen (auch der „bürgerlichen" Wappen westlicher Bundesländer) und aller mit „Hof" zusammengesetzten Titel im amtlichen Verkehr untersagt, doch verwendet ja auch die Republik die Bezeichnung „Hofrat" als Diensttitel, so daß diese Vollzugsanweisung als überholt anzusehen ist. Im Einzelfall ist es schwierig festzustellen, welche Titel nicht mehr verwendet werden dürfen. Fest steht aber folgendes: Adelseintragungen über Personen, die nach dem 10. April 1919 gelebt haben, dürfen in den Personenstandsbüchern nicht gemacht werden.

Der wie vorhin dargelegt entstandene Name ist **gesetzlich geschützt** (§ 43 ABGB). Und zwar wird der **gewöhnliche** Name in **doppelter Weise** geschützt:

1. gegen ungerechtfertigte **Bestreitung** des Rechts, einen bestimmten Namen zu führen;

2. gegen unbefugten Gebrauch, also gegen **Mißbrauch** fremden Namens. Geklagt wird auf **Unterlassung** und bei Verschulden auch auf **Schadenersatz.** Voraussetzung für die Unterlassungsklage ist, daß der Dritte entweder selbst den Namen führt oder für einen Dritten diesen Namen gebraucht. Beispiel: Ein Ehemann hat sich von seiner Ehefrau getrennt und läßt seine Freundin als seine Ehefrau auftreten, er meldet sie z. B. als solche polizeilich an.

Eine Klage auf Führung eines bestimmten Namens ist nicht möglich. So kann ein geschiedener Mann seine frühere Frau – die eigenmächtig wieder ihren Mädchennamen führt – nicht auf Führung seines Familiennamens klagen. Hier ist nur polizeiliche Abhilfe möglich.

Im übrigen haben hier Rechtsprechung und Wissenschaft manche Zweifel offengelassen. Wer z. B. seinen Hund mit dem Namen des ihm verfeindeten Nachbarn ruft, gebraucht nicht dessen Namen, sondern beleidigt ihn. Wegen dieser Ehrenkränkung kann er wohl auf Unterlassung weiterer Beschimpfung und auf Schadenersatz geklagt werden. Kein Schimpf liegt aber z. B. vor, wenn auf die Leiber von Ochsen der Name des Händlers geschrieben wird, der sie auf den Markt treiben läßt. Dies ist ein alter Brauch und eine praktische Notwendigkeit; daran ändert sich auch nichts, wenn der Viehhändler den gleichen Namen trägt wie eine in der breitesten Öffentlichkeit bekannte, hochgestellte Persönlichkeit.

Geringer als der bürgerliche Name ist das sogenannte **Pseudonym** geschützt. Für einen anerkannten Künstler kann zwar dieses Pseudonym wichtiger sein als sein bürgerlicher Name; trotzdem wird der

Deckname (Pseudonym) nicht doppelt, sondern nur **einfach,** und zwar **gegen Mißbrauch geschützt.** Begründet wird das so: Zur Führung eines Pseudonyms bedarf es keines besonderen Rechtsgrundes, daher ist eine Bestreitung bedeutungslos. Das gleiche gilt vom **Spitznamen** (Übernamen, Vulgonamen).

Eheliche Kinder

Wir wollen im folgenden die Stellung von Karl und Ottilie zu ihren Kindern betrachten.

Ihre Kinder sind ehelich geboren. Diese Feststellung ist entscheidend für die Stellung der Kinder. Ehelich geboren ist ein Kind, das nach Eingehung der Ehe geboren wird, wenn es vor oder während der Ehe gezeugt ist, und zwar aufgrund eines Geschlechtsverkehrs der Ehegatten miteinander. Man kann auch so sagen: Ein Kind ist ehelich, wenn die **Eltern zwischen** der **Zeugung** und der **Geburt** wenigstens vorübergehend **verheiratet** waren. Demnach wird das Kind ehelich sein, wenn es vor oder während der Ehe vom Mann gezeugt und während oder nach der Ehe geboren wurde. Alle anderen Kinder sind zunächst unehelich.

Der Gesetzgeber hat die neuen biologischen Möglichkeiten der **künstlichen Befruchtung** im Jahre 1811 noch nicht berücksichtigen können und geht daher vom natürlichen Vorgang der Zeugung bzw. von der Beiwohnung aus. Zu diesem Zweck werden zwei Vermutungen aufgestellt:

1. Der § 163 ABGB sagt: „(1) Hat ein Mann der Mutter eines unehelichen Kindes innerhalb eines Zeitraumes von nicht mehr als 302 und nicht weniger als 180 Tagen vor der Entbindung beigewohnt, so wird vermutet, daß er das Kind gezeugt hat.

(2) Der Mann, auf den die Vermutung des Abs. 1 zutrifft, kann sie durch den Beweis einer solchen Unwahrscheinlichkeit der Vaterschaft entkräften, die unter Würdigung aller Umstände gegen die Annahme spricht, daß er das Kind gezeugt hat; weiter durch den Beweis, daß seine Vaterschaft unwahrscheinlicher als die eines anderen Mannes ist, für den die Vermutung gleichfalls gilt."

Der solcherart abgesteckten sogenannten kritischen Zeit liegen die durchschnittlich äußersten Grenzen einer Empfängniszeit zugrunde. In seltensten Ausnahmefällen kommen schon nach **230** und noch nach **310** Tagen **reife** Kinder zur Welt. Lebensvorgänge lassen sich eben nicht in starre Fristen pressen. Man geht von ihrem häufigsten Ablauf aus, gibt noch einen Spielraum, vernachlässigt aber Extreme. Die durchschnittliche Schwangerschaftsdauer des Menschen beträgt 273 Tage.

2. Der (novellierte) § 138 ABGB vermutet bei einem Kind, welches **„nach der Eheschließung und vor Ablauf des 302. Tages nach Auflösung oder Nichtigerklärung der Ehe** seiner Mutter geboren wird", die eheliche Geburt.

Seit der Familienrechtsverordnung vom 6. Februar 1943 gilt die zuletzt wiedergegebene Ehelichkeitsvermutung. Früher war der außerstreitige Widerspruch dann zulässig, wenn ein Kind vor Ablauf von 180 Tagen nach Eingehung der Ehe geboren wurde. Doch war eine solche Bestreitung durch einfachen Widerspruch im außerstreitigen Verfahren recht selten. Nunmehr spricht die Vermutung für die Ehelichkeit des Kindes **ab Eheschließung.**

Die Unehelichkeit eines Kindes, für das die Vermutung der ehelichen Geburt spricht, kann nur geltend gemacht werden, wenn sie **rechtskräftig festgestellt** ist. Demnach müßte der Ehemann, der glaubt, daß ein von seiner Frau geborenes Kind nicht von ihm stammt, die Ehelichkeit desselben **bestreiten.**

Der Gesetzgeber geht offenbar davon aus, daß die Ehefrau in der kritischen Zeit mit ihrem Ehemann und nicht mit einem anderen Mann Geschlechtsverkehr gehabt hat. Daraus ergibt sich folgende Konsequenz:

Wanda Kampf, geb. Mist, heiratete Anfang des Krieges den Flakkanonier Siegfried Kampf. Siegfried Kampf geriet in Gefangenschaft und war im Jahre 1945 nicht zurückgekehrt. Obwohl Wanda wußte, daß ihr Siegfried lebte, denn er schrieb auch nach Kriegsende regelmäßig aus der Gefangenschaft, begann sie ein Liebesverhältnis mit dem Mechaniker Willi Schraufen, das nicht ohne Folgen blieb.

Nach der Geburt des Kindes ging Wanda zum Standesamt und meldete dieses Kind naiv und wahrheitsgemäß als Kind des Willi Schraufen an.

Der Standesbeamte lehnte es ab, das Kind als **uneheliches** Kind einzutragen, und erklärte der erstaunten Wanda, daß er dieses Kind als eheliches Kind des Ehepaares Kampf eintragen würde. Wanda glaubte, er habe sie nicht richtig verstanden, und legte noch einmal offenherzig dar, daß der abwesende Siegfried beim besten Willen nicht das Kind gezeugt haben konnte.

Aber der Standesbeamte blieb mit Recht abweisend. Wandas Kind ist zunächst einmal als ehelich geborenes Kind des Gatten einzutragen. Die Unehelichkeit wurde ja nicht rechtskräftig festgestellt! Wanda gibt sich damit zufrieden, und das Kind heißt nunmehr Ernst Kampf.

Nicht zufrieden gibt sich Siegfried Kampf, der als Spätheimkehrer aus der Gefangenschaft zurückkommt und höchst erstaunt ist, seine Familie größer vorzufinden, als er sie verlassen hat. Er sagt zu Wanda: „Wegen der schwierigen Verhältisse will ich dir verzeihen, aber das Kind geht mich nichts an. Für das laß Willi Schraufen sorgen; er ist ja der Vater. Soll das Kind von ihm die **Alimente** fordern. Am besten ist, er nimmt es überhaupt zu sich."

Wie bereits dargelegt, ist der kleine Ernst zunächst einmal eheliches Kind der Eheleute Kampf und hat als solches nur Beziehungen zu ihnen. Wenn er ehelich ist, kann er nicht die Unterhaltsklage eines unehelichen Kindes gegen den außerehelichen Erzeuger anstrengen.

Siegfried Kampf hat aber die Möglichkeit, sich rechtlich von Ernst zu lösen. Dazu genügt es nicht, daß er einfach seiner Umgebung und am Stammtisch erklärt, daß der kleine Ernst nicht sein Kind sei und er nichts mit ihm zu tun haben wolle, sondern er muß gemäß § 159 ABGB eine **Ehelichkeitsbestreitungsklage** gegen Ernst einbringen; also einen Prozeß gegen das Wickelkind führen mit dem Ziel, daß es für unehelich erklärt wird. Diese Klage hat er binnen einer Frist von einem Jahr von dem Zeitpunkt an zu erheben, in dem er Kenntnis von den Umständen erlangte, die für die Unehelichkeit des Kindes sprechen.

Sollte er in der Gefangenschaft schon von der Geburt erfahren haben, so hat er dadurch die Frist für eine Ehelichkeitsbestreitungsklage nicht verloren, weil mit Rücksicht auf die Kriegsereignisse derartige Fristen verlängert worden sind.

Die Ehelichkeitsbestreitungsklage ist ein **höchstpersönliches** Recht des Ehemannes. Solange er lebt, ist niemand außer ihm befugt, diese Klage einzubringen. Nach seinem Tod kann allerdings der **Staatsanwalt** die Ehelichkeit bestreiten, wenn er dies im öffentlichen Interesse oder im Interesse des Kindes oder seiner Nachkommenschaft für geboten erachtet. Die Klage ist **gegen das Kind** zu richten.

Siegfried Kampf sieht nun das Kind vor sich liegen und fragt sich mit Recht, wie kann man denn überhaupt ein kleines Kind klagen? Das Kind ist ja zunächst in Siegfried Kampfs Ehe geboren, und er ist der gesetzliche Vertreter des Kindes. Da er hier wegen des Interessenwiderspruchs verhindert ist, als der Vertreter des kleinen Ernst aufzutreten, muß ein sogenannter **Kollisionskurator** bestellt werden.

Siegfried Kampf schreibt daher an das zuständige Pflegschaftsgericht (Bezirksgericht) oder erklärt dort persönlich zu Protokoll:

Siegfried Kampf

Lebenauer Straße 262
1090 WIEN

Datum . . .

An das
Bezirksgericht
in . . .
Vormundschaftsgericht

Der Unterzeichnete beabsichtigt, gegen den am . . . geborenen, als sein eheliches Kind beim Standesamt . . . eingetragenen Ernst Kampf die Ehelichkeitsbestreitungsklage einzubringen.

Es wird deshalb gebeten, für den minderjährigen Ernst Kampf einen Kollisionskurator zu bestellen, dem die beabsichtigte Klage zugestellt werden kann.

Siegfried Kampf

Das Pflegschaftsgericht bestellt daraufhin den Justizinspektor i. R. Werner Zierer zum Kollisionskurator für den minderjährigen Ernst Kampf. Diese Kuratorenbestellung hat aber nichts mit der Frage zu tun, wer der richtige Beklagte ist.

In der Fachsprache nennt man das **Passivlegitimation.** Diese Passivlegitimation verbleibt trotz der Bestellung des Werner Zierer beim Kind. Ernst Kampf wird also in der Klage als Beklagter aufscheinen. Das Kind ist eben hier im Ehelichkeitsbestreitungsverfahren ebenso Beklagter, wie es im Vaterschaftsprozeß (vgl. Seite 308) Kläger ist!

Nunmehr begibt sich Siegfried Kampf zu einem Rechtsanwalt und erteilt ihm Prozeßvollmacht zur Durchführung der Ehelichkeitsbestreitungsklage, die beim **Bezirksgericht** (Familiengericht) einzubringen ist. Da hier kein **Anwaltszwang** besteht, ist die Erhebung der Klage und die Durchführung des Prozesses ohne Rechtsanwalt möglich. Wenn Siegfried Kampf über geringe finanzielle Mittel verfügt, wird er sich vorher ein **Vermögensbekenntnis** verschaffen und mit diesem dann bei Gericht die Erteilung der Verfahrenshilfe begehren. Für dieses Vermögensbekenntnis gibt es ein Formular.

Sobald das Urteil, das die Unehelichkeit des kleinen Ernst ausspricht, rechtskräftig geworden ist, kann jeder und damit auch Siegfried Kampf sich darauf berufen, daß Ernst nicht sein Kind ist, sondern das **uneheliche Kind** seiner Ehefrau.

Beim Standesamt wird nunmehr im **Geburtenbuch** richtiggestellt, daß der kleine Ernst das uneheliche Kind der Wanda Kampf, geb. Mist, ist. Er bekommt den Namen Ernst Mist.

Verfolgen wir noch kurz die Ansprüche der unehelichen Mutter und das Schicksal des kleinen Ernst. Wo soll er nun bleiben? Wer kümmert sich um ihn? Wo kommt das Geld her, das für seinen Unterhalt benötigt wird?

Das uneheliche Kind

Nachdem weiter oben von der Ehelichkeitsbestreitungsklage die Rede war, müssen wir uns noch ein wenig mit der sogenannten Vaterschaftsklage befassen. Worum geht es eigentlich beim **Vaterschaftsprozeß?**

Unser ABGB nimmt eine „Vermutung der unehelichen Vaterschaft" zur Grundlage, die eine wichtige Verschiebung des Beweisthemas im Vaterschaftsprozeß nach sich zieht. Wer nämlich der Mutter zu einem Zeitpunkt **beigewohnt** hat, von dem bis zur Entbindung nicht weniger als 180 und nicht mehr als 302 Tage verstrichen sind, von dem wird nach § 163 ABGB vermutet, daß er das Kind gezeugt habe. Zu beweisen ist also die Beiwohnung in der kritischen Zeit, **nicht die Zeugung,** da solches praktisch fast unmöglich wäre. Als Beweis der Beiwohnung genügt der Nachweis der Vereinigung der beiderseitigen Geschlechtsteile, gleichgültig ob ein Schutzmittel gebraucht wurde oder nicht.

Kläger im Vaterschaftsprozeß ist das minderjährige Kind (gesetzlicher Vertreter, Jugendamt), Beklagter der vermutete Vater (in den Akten KV genannt), während die Mutter (in den Akten KM) meist als Zeugin vernommen wird. Die KM kann im Namen des Kindes die Klage nur dann erheben, wenn sie Vormünderin ist, und dies nur mit Genehmigung des Vormundschaftsgerichtes. Die Vaterschaftsklage ist keine bloße Feststellungsklage. Es handelt sich vielmehr um eine **Statusklage.** Auch das Urteil muß nicht in die Fassung eines Feststellungsurteils gekleidet sein. Es genügt, den Urteilsspruch dahin zu formulieren, daß der Beklagte als Vater des klägerischen Kindes „anzusehen" sei. Zuständig für den Vaterschaftsprozeß ist das **Bezirksgericht** ebenso wie für den vorher geschilderten Ehelichkeitsbestreitungsprozeß. Wenn der Beweis der Beiwohnung seitens des KV während des kritischen Zeitraums gelingt und damit die Vermutung der Zeugung des Kindes durch ihn eintritt, wird der Klage stattgegeben. Wenn dagegen die **Unmöglichkeit der Zeugung** erwiesen wird, kommt es zur Abweisung der Klage.

Man kann nach dem derzeitigen Stand des Wissens um die Dauer der Schwangerschaft, die Zeugungsfähigkeit und die erblichen, serologisch faßbaren Blutkörperchenmerkmale – wenige Fälle ausgenommen – die Vaterschaft durch Ausschluß- oder Ähnlichkeitskriterien feststellen. Sollten diese gewöhnlichen Tests zu keinem Ergebnis führen, bleibt immer noch die **erweiterte Familienuntersuchung** offen, bei der Blutsverwandte von Prozeßbeteiligten zur Klärung herangezogen werden können. Die besondere Bedeutung des **morphologisch-erbbiologischen Verfahrens** liegt darin, daß damit die Feststellung des wahren Erzeugers eines Kindes heute bereits mit hoher Wahrscheinlichkeit möglich ist. Dagegen zieht (was oft verkannt wird) die **Blutgruppenuntersuchung** niemals einen positiven Vaterschaftsbeweis und nicht in allen Fällen einen Vaterschaftsausschluß nach sich. Man spricht hier von einem negativen Beweis.

Denken wir uns dazu wieder ein praktisches Beispiel:

Bei einem Betriebsausflug kommt Willi Schraufen durch Zufall mit dem Tiefbauarbeiter Egon Grube ins Gespräch, der beiläufig erzählt, daß er während des Krieges mit Wanda Kampf, geborene Mist, gut befreundet gewesen sei. Er war oft bei ihr, da sich Wanda des Nachts sehr fürchtete. Egon beruhigte sie dann auf seine Weise. Willi Schraufen wurde hellhörig, spendierte einige Glas Wein und erfuhr zu seinem größten Erstaunen, daß er offenbar nicht der einzige gewesen ist, der während der Empfängniszeit mit Wanda Geschlechtsverkehr gehabt hat. Wird er dennoch als „Zahlvater" in Anspruch genommen werden können?

Der Rechtsanwalt Willi Schraufens verfaßt eine Eingabe bzw. stellt einen entsprechenden Beweisantrag, wenn bereits ein Verfahren anhängig ist. Es ergeht dann ein gerichtlicher Beweisbeschluß, und die Parteien und Zeugen werden für einen bestimmten Tag zur Beweiserhebung geladen. Am Termin bestreitet die Kindesmutter, mit Egon Grube geschlechtlich verkehrt zu haben, und auch Egon Grube kann sich auf einmal nur noch daran erinnern, daß es zu Küssen gekommen ist; dies als Lohn für den Gewinn beim Schnapsen, aber nie zu mehr! Was er unter dem Einfluß des Weins dem Willi Schraufen erzählt habe, sei Aufschneiderei gewesen. Trotzdem darf Schraufen nicht nachgeben! Es ist möglich, daß die Kindesmutter und Grube falsche Zeugenaussagen riskieren. Das ist zwar ein Verbrechen, aber sie vertrauen beide darauf, daß ihnen niemand das Gegenteil nachweisen könne. Heute ist jedoch die ärztliche Wissenschaft schon sehr weit!

Willi Schraufen gibt entweder gleich beim Termin zu Protokoll oder stellt in einem besonderen Schriftsatz den Antrag, eine **Blutgruppenuntersuchung** anzuordnen. Wenn er jetzt Glück hat und die angeordnete Blutgruppenuntersuchung – bei der ihm, der Kindesmutter, Egon Grube und dem kleinen Ernst je ein Tropfen Blut abgenommen wird – ergibt, daß die Kindesmutter und Schraufen die Blutgruppe A haben, Ernst aber die Blutgruppe AB und, siehe da, Egon Grube Blutgruppe B, dann kann jedenfalls Schraufen nicht der Vater sein.

Jedoch nützt die Blutgruppenuntersuchung nicht immer. Trotz der vielen Erweiterungen, die diese Wissenschaft erfahren hat, bringt sie bestenfalls einen negativen Beweis. Hier hilft nun das sogenannte **erbbiologische Gutachten,** das Willi Schraufen einzuholen beantragt hat. Ein Facharzt, häufiger ein Universitätsinstitut, wird beauftragt, unsere vier Personen biologisch zu vergleichen. Da wird dann Ohrbildung, Nasenform, Augenfarbe, Papillarlinien der Finger und der Zehen und dergleichen mehr verglichen. Auf vielleicht 50 Seiten kann man nun mit einemmal lesen, daß Ernst Mist so viele körperliche Eigentümlichkeiten mit Grube und so wenig mit dem beklagten Schraufen gemeinsam hat, daß nach gewissenhafter ärztlicher Erkenntnis mit an Sicherheit grenzender Wahrscheinlichkeit Grube und nicht Schraufen der Erzeuger sei. Die anthropologisch-biologische Erbuntersuchungsmethode hat freilich den Nachteil, daß sie erst nach vollendetem 3. Lebensjahr des Kindes Ergebnisse verspricht.

Noch ein Wort zum **fortpflanzungsphysiologisch-geburtshilflichen Fachgutachten** im Vaterschaftsprozeß: Der vom Gericht bestellte Sachverständige findet in den Akten gewöhnlich die Angabe der Mutter über ihren letzten vorgeburtlichen Menstruationstermin und über den Tag oder die Zeit der Kohabitation bzw. angeblichen Konzeption des klagenden Kindes, sehr oft auch einen Hinweis auf die Periodizität ihres menstruellen Zyklus, aber außerdem noch die wichtigen Tatsachen, nämlich den Tag der Geburt des Kindes sowie sein Gewicht und seine Länge. Der gerichtliche Gutachter hat damit eine Reihe von Angaben und Tatsachen für die Beurteilung der Frage zur Verfügung, ob das klagende Kind zu dem von der Mutter behaupteten Zeitpunkt empfangen worden sein konnte oder nicht. Als relativ neue Erkenntnis erscheint hier die Bedeutung der **Größe der Nachgeburt** (Plazenta) für das Entwicklungstempo des Fetus. Diese biologische Einheit von Fetus und seiner Plazenta eröffnet möglicherweise dem Juristen einen neuen Weg für den Nachweis der Vaterschaft in allen jenen Fällen, die wegen einer abnorm kurzen Dauer der Schwangerschaft (z. B. von nur 237 bis 244 Tagen) und Geburt eines trotzdem reifen Kindes (z. B. mit einem Geburtsgewicht von 3400 g und einer Länge von 50 cm) bisher ungeklärt bleiben mußten.

In unserer Variante hat Willi Schraufen seinen Prozeß gewonnen, und der Kläger wird mit der Klage abgewiesen. Er mag sich dann wegen des Unterhalts an Grube halten.

Vielfach wird behauptet, die Einwendung des Verkehrs mit anderen Männern sei bei uns überhaupt unzulässig.

Haben nämlich mehrere Männer der Mutter im kritischen Zeitraum beigewohnt, so gilt nach dem Wortlaut des Gesetzes jeder von ihnen als Vater. Dessen Pflichten stünden also allen gemeinsam zu. Lehre und Rechtsprechung sind aber dagegen, weil ein Kind nicht mehrere Väter haben könne (keine Aktienkinder). Nach einem Lehrbuch des österreichischen Familienrechts wäre dann so vorzugehen: „Bleiben mehrere (beiwohnende Männer) im Bereich der Möglichkeit, so werden sie nicht insgesamt als Zahlväter herangezogen, es wird aber auch nicht der herausgegriffen, der unter ihnen am wahrscheinlichsten der Vater ist, sondern der, den die **Mutter angegeben** hat und der den Gegenbeweis (auf Unmöglichkeit der Zeugung) zu führen nicht imstande ist."

Richtig wird es sein, die **Einwendung des Mehrverkehrs** zuzulassen, wenn nachgewiesen wird, daß zur Zeit der Beiwohnung seitens des beklagten KV die Mutter des Kindes **bereits schwanger** war oder wenn der Beweis durch Blutgruppe die **Unmöglichkeit der Zeugung** durch den Beklagten ergibt. Letzteres war bei unserem Beispiel der Fall. Die Glaubhaftmachung bzw. der Beweis des Verkehrs der KM mit Egon Grube konnte eine wirksame Bestätigung durch Blutprobe liefern. Demnach wird die Klage gegen Willi Schraufen kostenpflichtig abgewiesen.

Wäre Schraufen zunächst zur Bezahlung des Unterhalts verurteilt worden, besäße er – falls später bekannt wird, daß die Kindesmutter wissentlich unrichtige Angaben über den Mehrverkehr gemacht hat – ein Rückforderungsrecht bezüglich des geleisteten Unterhalts und der Prozeßkosten.

Siegfried Kampf, den Ehemann der Kindesmutter, stört es nach einiger Zeit, daß der kleine Ernst nicht seinen Namen führt. Er fürchtet auch, daß Ernst später in der Schule wegen des Namensunterschiedes gehänselt werden könnte und unliebsame Fragen gestellt bekäme. Zwar möchte Siegfried Kampf nicht für ein Kind sorgen, das er nicht gezeugt hat, doch will er, daß es seinen Namen trägt. Was ist ihm zu raten?

Man wird einfach eine Namensgebung („Umschreiben des Kindes" genannt) vorschlagen. Mutter und Kind müssen einverstanden sein. Wenn die Mutter schon gestorben ist, dann genügt die Zustimmung des volljährigen Kindes. Da aber Ernst noch minderjährig ist, bedarf es der Zustimmung der Amtsvormundschaft bzw. der Zustimmung des Vormundes samt Genehmigung des Vormundschaftsgerichtes. Die Namensgebung erfordert eine entsprechende Erklärung der Beteiligten in öffentlicher Urkunde oder in gerichtlich (oder notariell) beglaubigter Privaturkunde.

In der früheren Praxis (aufgrund der Bestimmungen des ABGB) erfolgten diese Erklärungen zumeist vor Gericht, wurden dort zu Protokoll genommen und dadurch öffentlich beurkundet. Die Erklärung erlangte aber erst mit Einlangen bei der Matrikelbehörde Wirksamkeit.

Nach dem in Österreich geltenden Personenstandsrecht ist zur Entgegennahme der Erklärung der **Standesbeamte** zuständig (§ 53 Abs. 1 Z. 1 PStG).

Die Wirksamkeit der Namensgebung äußert sich darin, daß das Kind den Familiennamen der Eltern erhält, ohne seinen früheren Namen beisetzen zu dürfen. Der kleine Ernst darf sich also nicht Ernst Mist-Kampf nennen, sondern einfach Ernst Kampf, wie ein eheliches Kind von Siegfried Kampf.

Hier noch eine Zusammenfassung der dem unehelichen Kind zustehenden Rechte:

1. Ein uneheliches Kind hat zum Nachlaß der Mutter und ihrer Verwandten ein gesetzliches Erbrecht wie ein eheliches Kind; ausgenommen sind die Verwandten der Vaterseite der Mutter, wenn diese selbst unehelich ist.

2. Zum Nachlaß des Vaters, dessen Vaterschaft festgestellt ist, hat ein uneheliches Kind, vorbehaltlich der Bestimmungen über das gesetzliche Erbrecht der Witwe (§ 757 Abs. 2 Satz 1), ein gesetzliches Erbrecht wie ein eheliches Kind, doch gehen ihm die ehelichen Nachkommen und die diesen erblich gleichgestellten vor. Dieses gesetzliche Erbrecht des unehelichen Kindes wird durch eine Feststellung im Sinne des § 164b Abs. 1 Satz 2 nicht berührt. Die Vaterschaft muß vor dem Tod des Vaters festgestellt worden sein, außer das Kind ist zu diesem Zeitpunkt noch minderjährig; in diesem Fall genügt es, daß die Klage auf Feststellung spätestens zum Ablauf eines Jahres nach dem Tod des Vaters erhoben worden ist.

3. Zum Nachlaß der Verwandten des Vaters steht einem unehelichen Kind kein gesetzliches Erbrecht zu.

Der „dritte Mann"

Was wird wohl im folgenden Fall zu geschehen haben: Die Ehe zwischen Siegfried und Wanda hat durch die Geburt des kleinen Ernst sehr gelitten und wird schließlich durch Scheidung gelöst. Bald nach der Auflösung verheiratet sich Wanda abermals und bringt ein Mädchen zur Welt. Wie steht es mit der Ehelichkeit?

Früher sollte die Frau eine Wartefrist von zehn Monaten einhalten, doch wurde die diesbezügliche Bestimmung aufgehoben.

Wenn nun zur Zeit der Geburt des Mädchens noch nicht mehr als 302 Tage seit Auflösung der ersten Ehe verstrichen sind, würde die Vermutung der Erzeugung für beide Ehemänner zutreffen. Es wäre also eine doppelte Vaterschaftsvermutung. Doch bestimmt § 138 Abs. 2 ABGB, daß ein solches Kind als **eheliches Kind des zweiten Mannes** gelte. Dieser kann jedoch bestreiten, daß das Kind sein Kind sei. Wird durch gerichtliche Entscheidung rechtskräftig erkannt, daß der zweite Mann nicht der Vater des Kindes sei, so gilt das Kind nunmehr als eheliches Kind des ersten Mannes.

Was aber, wenn ein **dritter Mann** der **Vater** des Kindes ist?

Dann bleibt nach § 156 ABGB auch dem ersten Mann das Recht gewahrt, seine **eheliche Vaterschaft zu bestreiten.**

Wann beginnt hier die einjährige Frist zur Klageeinbringung? Sie beginnt frühestens mit der Rechtskraft der Entscheidung, mit der bekannt wurde, daß das kleine Mädchen kein eheliches Kind des zweiten Mannes sei. Die Vorschriften über die ergänzende Befugnis des Staatsanwaltes (vgl. Seite 306) und über die außerstreitige Form der Bestreitung nach dem Tode des Kindes sind sinngemäß anzuwenden.

Findelkinder

Für **Findelkinder** werden Familienname und Vorname vom **Landeshauptmann,** in dessen Sprengel das Kind aufgefunden wurde, vorläufig bestimmt. Wird sonst eine Person im Bundesgebiet angetroffen, deren Identität nicht festgestellt werden kann, erhält sie ebenfalls vorläufige Namen. Diese Personen nennt man Findlinge.

Findlinge gelten bis zum Nachweis einer anderen Staatsbürgerschaft als **österreichische Staatsbürger.** Diese Bestimmung schafft nur eine bis zu einem allfälligen Gegenbeweis wirksame Rechtsvermutung für den Besitz der österreichischen Staatsbürgerschaft.

Geregelt wird die Rechtsstellung der Findelkinder nach § 20 PStG. Danach hat die Personenstandsbehörde das wahrscheinliche Alter und das Geschlecht einer Person, deren Herkunft nicht feststellbar ist, dem Landeshauptmann mitzuteilen. Kinder, die im Alter unter 6 Monaten im Gebiet der Republik Österreich aufgefunden werden, gelten im Verein mit dem § 8 Staatsbürgerschaftsgesetz (StbG) 1965 als österreichische Staatsbürger. Daraus ergibt sich auch, daß von Gesetzes wegen die jeweilige Bezirksverwaltungsbehörde Amtsvormund des Kindes ist. Selbstverständlich muß diese der Abstammung des Kindes nachforschen. Bis zum Beweis des Gegenteils gelten Findelkinder als uneheliche Kinder.

Die Schulpflicht

Es eilt die Zeit, wir eilen mit! Schon stehen die Kinder Otto und Ulrike im sechsten Lebensjahr; ihr Schulbesuch steht unmittelbar bevor. Hier treffen wir auf eine Reihe von Rechtsvorschriften und -einrichtungen, die für unser Land seinerzeit völlig neu waren. Mit den 1962 vom Parlament beschlossenen Schulgesetzen hat eine großangelegte **Reform des österreichischen Schulwesens** eingesetzt. Damit wurde das Jahr **1962** zu einem Markstein in der Geschichte der österreichischen Schulen.

Den Kern der Schulgesetzgebung des Jahres 1962 bildet das bereits mehrfach novellierte **Schulorganisationsgesetz** vom 25. Juli 1962, BGBl Nr. 242/1962, das erstmals in der Geschichte des österreichischen Schulwesens eine umfassende Darstellung und aufeinander abgestimmte Regelung aller Schularten in einer systematisch klaren Gliederung enthält. Es sieht vor allem unter modifizierter Beibehaltung wesentlicher Strukturelemente der bisherigen Schulrechtsordnung die Verlängerung der Schuldauer um ein Jahr vor; von praktischer Bedeutung ist dies in der Form des in erster Linie für das neunte Jahr der Schulpflicht bestimmten **polytechnischen Lehrganges.** Völlig neu geordnet wurde weiters die Ausbildung der Volksschullehrer durch Einführung der Pädagogischen Akademien. Charakteristisch ist endlich der dem Schulorganisationsgesetz innewohnende Grundsatz der sogenannten Brücken und Übergänge, das heißt der möglichsten Erreichbarkeit höherer Schulbildung durch begabte Schüler, sowie der Grundsatz einer größtmöglichen Breitenwirkung der allgemeinen Schulbildung überhaupt. Dieses Prinzip der Brücken und Übergänge wurde durch die 7. Novelle zum Schulorganisationsgesetz v. 30. Juni 1982 (BGBl 365) noch verstärkt. Herzstück dieser Änderung ist eine tiefgreifende Umgestaltung und zugleich Aufwertung der Hauptschule. Ab dem Schuljahr 1984/85 wird es nur noch einheitliche Hauptschulklassen ohne A- und B-Zug, jedoch mit drei Leistungsgruppen in wichtigen Fächern geben. Weitere wichtige Änderungen betreffen die Volksschule. Mit Herbst 1983 wurde eine Volksschule für schulpflichtige, aber nicht schulreife Kinder eingeführt, deren Besuch freiwillig ist. Weiters begann ab demselben Jahr in den 3. Klassen aller Volksschulen der Englisch-Unterricht als Pflichtfach, jedoch ohne Benotung.

Die Neuordnung der Schulpflicht erfolgte durch das **Schulpflichtgesetz** vom 25. Juli 1962, BGBl Nr. 241/1962, das in Fortentwicklung des bisherigen Zustandes einerseits die um ein Jahr erweiterte neunjährige allgemeine Schulpflicht zwischen dem 6. und dem 15. Lebensjahr und andererseits die berufsbegleitende gewerbliche und kaufmännische Berufsschulpflicht der Lehrlinge regelt.

Das Privatschulwesen erhielt durch das **Privatschulgesetz** vom 25. Juli 1962, BGBl Nr. 244/1962, eine neue Rechtsgrundlage. Dieses Gesetz sieht neben der Regelung der Rechtsverhältnisse der Privatschulen im Sinne der bisherigen Entwicklung auch die staatliche Subventionierung der kirchlichen Privatschulen mit Öffentlichkeitsrecht vor.

Für den **Religionsunterricht** in der Schule brachte die im Rahmen des Schulgesetzwerkes 1962 ergangene zweite Novelle vom 25. Juli 1962, BGBl Nr. 243/1962 (ergangen zum Religionsunterrichtsgesetz vom 13. Juli 1949, BGBl Nr. 190/1949) als wesentliche Neuerung die Ausdehnung des Religionsunterrichtes auf die berufsbildenden Schulen. Die völkerrechtliche Grundlage für die erwähnte **Neuregelung des Verhältnisses zwischen Schule und Kirche** wurde hinsichtlich der katholischen Kirche durch den Vertrag zwischen dem Heiligen Stuhl und der Republik Österreich vom 9. Juli 1962 geschaffen.

Im wesentlichen unberührt von der Neuordnung des Schulwesens im Jahre 1962 blieben die für die sprachlichen Minderheiten im Burgenland und in Kärnten geltenden bundesrechtlichen Sonderregelungen.

Im Jahr **1963** traten ein großer Teil der Bestimmungen des Schulgesetzwerkes und der neuen Lehrpläne in Kraft. Der Wiener Landtag beschloß im Juli 1963 die für das **Wiener Schulwesen** erforderlichen Ausführungsgesetze (Wiener Schulaufsichts-Ausführungsgesetz, Wiener Pflichtschulorganisationsgesetz, Wiener Landeslehrer-Diensthoheitsgesetz), wie überhaupt das Jahr 1963 durch die Ausführungsgesetzgebung der Länder gekennzeichnet ist.

Die Schulpflicht beginnt mit dem auf die Vollendung des 6. Lebensjahres folgenden 1. September; sie beträgt seit dem 1. September 1966 **neun** Jahre.

Die allgemeine Schulpflicht ist durch den Besuch einer öffentlichen oder mit Öffentlichkeitsrecht ausgestatteten Volksschule und ab der 5. Schulstufe einer **Hauptschule** zu erfüllen. Im Falle der Gleichwertigkeit kann die Schulpflicht auch durch Besuch einer Privatschule ohne Öffentlichkeitsrecht oder durch Teilnahme am häuslichen Unterricht erfüllt werden. Im letzteren Fall sind jährlich Prüfungen vor einer staatlichen Prüfungskommission abzulegen.

Bildungsunfähige Kinder sind von der allgemeinen Schulpflicht zu befreien, noch nicht schulreife Kinder auf Ansuchen für das erste Schuljahr zurückzustellen. Beschränkt bildungsfähige schulpflichtige Kinder haben ihre Schulpflicht in Sonderschulen oder Sonderschulklassen zu erfüllen.

Lehrlinge unterliegen nach Absolvierung der allgemeinen Schulpflicht noch der **Berufsschulpflicht.** Diese beginnt mit dem Eintritt in das Lehrverhältnis und dauert bis zu dessen Ende.

Für die Erfüllung der Schulpflicht sind die Eltern oder sonstigen Erziehungsberechtigten verantwortlich.

Zur Kontrolle der schulpflichtigen Kinder haben die Ortsgemeinden ein Verzeichnis der in ihrem Gebiet wohnenden Kinder (Schulpflichtmatrik) unter Aufsicht des Bezirksschulrates zu führen. Die **Schulpflichtmatrik** wird unabhängig vom tatsächlichen Schulbereich geführt, da sie ja gerade der Überwachung des Schulbesuches bzw. der sonstigen Erfüllung der allgemeinen Schulpflicht dienen soll.

Verwaltung des Kindesvermögens

Aber nicht nur um die Person ihrer Kinder und deren Wohlergehen, sondern auch um deren Vermögen haben sich die Eltern zu bemühen. Beide Elternteile sind dazu gleichermaßen berechtigt und verpflichtet. Sie sollen dabei einvernehmlich vorgehen (§ 144 ABGB). Erben die Kinder von einer Großmutter oder einem Onkel etwas oder bekommen sie Werte geschenkt, so haben die Eltern dieses Vermögen gewissenhaft zu verwalten und müssen die zu diesem Zweck erforderlichen Maßnahmen treffen. Damit sie die eventuell erforderlichen Verträge schließen und sonstige rechtsgeschäftliche Erklärungen abgeben können, hat sie der Gesetzgeber zum **gesetzlichen Vertreter** ihrer Kinder gemacht. Sie können demnach im Namen ihrer Kinder handeln und Verfügungen über deren Vermögen treffen.

Während aber das ältere österreichische Recht dem Vater die Nutznießung am Vermögen des Kindes überließ, beschränkt das ABGB die Eltern auf die **Verwaltung.** Sie haben kein Fruchtgenußrecht am Vermögen des Kindes. Als Verwalter des Kindesvermögens besitzen die Eltern im wesentlichen die rechtliche Stellung eines **Kurators** (§ 282 ABGB).

Wie steht es mit der Rechnungslegung? – Die Eltern haben dem Gericht grundsätzlich jährlich Rechnung zu legen. Hiervon bestehen aber verschiedene Ausnahmen. Beispielsweise bezieht sich die Rechnungslegungspflicht auf Erträgnisse nur insoweit, als diese nicht für den Unterhalt des Kindes verwendet werden. Die Eltern können durch das Gericht von der Rechnungslegungspflicht gänzlich befreit werden, wenn keine Bedenken bestehen, daß sie das Vermögen ordentlich verwalten (§ 150 ABGB).

Bei der Verwaltung des Kindesvermögens haben die Eltern mit der Sorgfalt „ordentlicher Eltern" (§ 149 ABGB) vorzugehen. Das Kindesvermögen soll dadurch in seinem Bestand erhalten und nach Möglichkeit vermehrt werden. Bei der Anlegung von Geld, worunter auch Bankguthaben zu verstehen sind, gelten die besonderen Regeln über die Anlegung von Mündelgeld (§§ 230 ff. ABGB).

Demnach ist Geld sicher und möglichst fruchtbringend anzulegen. Solche Möglichkeiten sind Spareinlagen, Wertpapiere, Gewährung von Darlehen und der Erwerb von Liegenschaften. Spareinlagen müssen auf den Namen des Kindes lauten und überdies die Bezeichnung „Mündelgeld" tragen. Darlehen sind als Geldanlage nur geeignet, wenn sie durch eine Hypothek sichergestellt sind und die Liegenschaft feuerversichert ist. Für eine andere als die vom Gesetz vorgesehene Anlegung von Mündelgeld ist eine gerichtliche Genehmigung einzuholen.

Als Verwalter haben die Eltern die Befugnis zur Durchführung jener Geschäfte, die zum **ordentlichen Wirtschaftsbetrieb** gehören. Die Eltern sollen bei der Verwaltung zwar einvernehmlich vorgehen, doch sind sie jeder für sich vertretungsbefugt (§§ 144 und 154 ABGB). Daher ist die Vertretungshandlung grundsätzlich auch dann gültig, wenn sie der andere Elternteil nicht billigt. Von dieser Regel bestehen zahlreiche Ausnahmen. Für bestimmte, im Gesetz abschließend aufgezählte Fälle (§ 154 Abs. 2 ABGB) muß die Zustimmung beider Elternteile vorliegen (z. B. Änderung des Vornamens oder des Familiennamens, der Erwerb einer Staatsangehörigkeit und die vorzeitige Lösung eines Ausbildungs- oder Dienstverhältnisses). Geschäfte von größerer Wichtigkeit, die also über den ordentlichen Wirtschaftsbetrieb hinausgehen, bedürfen der Genehmigung durch das Vormundschaftsgericht (§ 154 Abs. 3 ABGB). Bei **Mietverträgen** wird es darauf ankommen, ob der Abschluß eines Mietvertrages als ordentliche Verwaltungsmaßnahme angesehen werden kann oder nicht.

Das letztere wird der Fall sein, wenn eine Vermietung zum erstenmal erfolgt und damit eine wichtige Änderung der bisherigen Bewirtschaftung eintritt oder eine außergewöhnliche Kündigungsfrist oder Beschränkung des Kündigungsrechts vereinbart wird.

Besitzen ihre Kinder Grundstücke, so können Karl und Ottilie Jedermann diese nicht einfach veräußern, sondern bedürfen hierzu der **Genehmigung des Pflegschaftsgerichts.** Auch zu einer Anzahl anderer für das Kindesvermögen schwerwiegender Verfügungen, z. B. zum Erwerb oder zur Veräußerung eines **Unternehmens** des Kindes, zum Abschluß von **Pachtverträgen,** zur Aufnahme von **Krediten** für das Kind, zur Ausstellung von **Wechseln** und **Schuldverschreibungen,** zur Eingehung von **Bürgschaften** und zur Erteilung einer Prokura bedürfen die Eltern stets der Genehmigung des Pflegschaftsgerichts.

Wollen also Karl und Ottilie Jedermann, weil sie es für zweckmäßig halten, ein ihrer Tochter Ulrike gehöriges Grundstück veräußern, so wird der Notar in den Kaufvertrag die Klausel aufnehmen, daß ihre Erklärungen als Vertreter ihrer Tochter vorbehaltlich der noch einzuholenden Genehmigung des Pflegschaftsgerichts abgegeben sind. Karl Jedermann reicht dann eine Ausfertigung des Vertrages beim Pflegschaftsgericht ein und beantragt die Genehmigung des Vertrages unter Darlegung der Gründe, warum die Veräußerung des Grundstücks zweckmäßig sei.

Der kleine Otto Jedermann hat von einer Tante eine pfandrechtlich gesicherte Forderung, nämlich die Hypothek an dem Grundstück des Darlehensschuldners Oskar Weise, geerbt. Als die Darlehensforderung fällig wird, kündigt Karl Jedermann in seiner Eigenschaft als gesetzlicher Vertreter diese Hypothek und will sie realisieren. Weise, der nach tausend Mitteln und Wegen sucht, um nicht sofort zahlen zu müssen, behauptet, die Kündigung sei gar nicht wirksam, da die Genehmigung des Pflegschaftsgerichts für die Kündigung fehle. Weise hat unrecht. Karl Jedermann braucht keine pflegschaftsbehördliche Genehmigung für die Klagsführung, daher auch nicht zur bloßen Kündigung einer Hypothek. Die Kündigung ist demnach wirksam, und Weise muß zahlen.

Karl Jedermann möchte gern eine Parzelle von Ulrikes Grundstück zur Abrundung von Ottilies Grundstück verwenden, die Parzelle also auf seine Gattin Ottilie überschreiben. Hier kann Karl Jedermann nicht als Vertreter der Tochter Ulrike tätig werden. Hier liegt wieder eine sogenannte **Interessenkollision** vor. In diesem Fall muß ein Kollisionskurator bestellt werden, der im Namen des Kindes den Vertrag mit Ottilie schließt, die erforderliche Genehmigung des Pflegschaftsgerichts einholt und so ein Mitwirken Karl Jedermanns überflüssig macht.

Zu Weihnachten will Karl Jedermann seinen kleinen Kindern verschiedenes schenken. Eine elektrische Eisenbahn soll Otto bekommen, ein Puppenhaus Ulrike. Jubelnd stürzen die Kinder auf die unter dem Christbaum stehenden **Geschenke** zu und beginnen mit ihnen zu spielen.

Wem gehören nun diese schönen Sachen? Die Frage ist nicht einfach zu beantworten. Man muß Karl Jedermanns Willen erforschen. Bei wertvollen „Geschenken" wollen Eltern nämlich gar nicht, daß Kinder Eigentum erwerben, sondern daß sie diese lediglich zum Spielen benützen dürfen. Dann bleiben die Eltern Eigentümer der von ihnen angeschafften Geschenke.

Bei weniger wertvollen Sachen wird man vielleicht auch einem vier- oder fünfjährigen Kind durchaus Eigentum verschaffen wollen. Da das Kind unter sieben Jahren **geschäftsunfähig** ist, das heißt überhaupt keine Verträge tätigen kann, kann ein Eigentumserwerb nur dadurch eintreten, daß Karl Jedermann als Vertreter seiner Kinder seine eigene Schenkung annimmt. Er steht also in doppelter Funktion unter dem Weihnachtsbaum, als schenkender Vater und als gesetzlicher Vertreter der Beschenkten.

Immer ist von der beschriebenen **Vermögensverwaltung** (durch die Eltern) die **Vermögensverwendung zu Erziehungszwecken** (durch Vater oder Mutter) zu unterscheiden. Ob dem Kind ein ihm gehöriges Kleid oder Schmuckstück, ein Spielzeug, ein Buch oder Sportgerät zum Gebrauch überlassen wird, ist eine erzieherische Frage, die nicht nach Verwaltungsgrundsätzen, sondern nach pädagogischen Gesichtspunkten zu entscheiden ist. Daher muß der Vater hier im Einvernehmen mit der Mutter vorgehen, umgekehrt kann auch die Mutter solche Akte vornehmen.

Sie wird zum Beispiel kraft ihres Erziehungsrechtes dem Kind ein gefährliches Spielzeug wegnehmen. Umgekehrt muß die Überlassung einer den Eltern gehörigen Sache zum Gebrauch des Kindes nicht immer Eigentumsübertragung an das Kind sein. Die Eltern können daher zu klein gewordene Kleider, Schuhe und nicht mehr geschätzte Spielsachen dem einen Kind wegnehmen, einem anderen geben oder an Dritte veräußern, aber auch an Nachbarkinder verschenken.

Beschränkte Geschäftsfähigkeit

Otto Jedermann, den wir nunmehr in erster Linie betrachten wollen, hat das 7. Lebensjahr vollendet. Jetzt ist er groß genug, um seine Angelegenheiten in gewissem Umfange selbst wahrzunehmen. Er ist aber nicht reif genug, um ihm einen beliebigen Spielraum für die Wahrnehmung seiner Interessen einräumen zu können. Vom 7. bis 19. Lebensjahr hat er zwar eine Geschäftsfähigkeit, aber nur eine beschränkte. Solche Geschäfte, die Otto Jedermann lediglich einen **rechtlichen Vorteil** bringen, kann er schon selbst vornehmen.

Er kann sich von Verwandten oder Bekannten z. B. Geld oder ein Tier schenken lassen. Selbst wenn dieses Tier bösartig ist und daher eine Gefahr für ihn und seine Mitmenschen darstellt, wird er Eigentümer des Tieres. Eigentümer eines **Hundes** kann er jedoch nicht ohne weiteres werden, weil er als **Hundehalter** Steuern zahlen müßte. Daß es wirtschaftlich vielleicht kein Vorteil ist, ist unbeachtlich; rechtlich ist der unentgeltliche Erwerb einer beweglichen Sache nur von Vorteil oder, wie man sagt, **lukrativ.** Dagegen kann sich Otto Jedermann ohne väterliche Zustimmung kein Grundstück schenken lassen, denn das Eigentum an einem Grundstück löst sofort eine große Anzahl von rechtlichen Pflichten aus, wie z. B. öffentliche Abgaben, Straßenreinigung und dergleichen mehr.

Betrachten wir nun die Geschäftsfähigkeit in ihren **Abstufungen** und die Fälle eines **freien Vermögens** des Kindes etwas genauer:

1. Kinder **bis zu sieben Jahren** sind vollkommen geschäftsunfähig. Sie können Versprechen weder machen noch annehmen.

2. Kinder von **sieben bis vierzehn Jahren** (Unmündige) können zwar ein bloß zu ihrem Vorteil gemachtes Versprechen annehmen, sind aber unfähig, sich gültig zu verpflichten. Ein Vertrag, bei dem auf beiden Seiten Pflichten begründet werden sollen, hängt in seiner Gültigkeit davon ab, daß der gesetzliche Vertreter und nötigenfalls das **Gericht** die Genehmigung dazu erteilt (§ 865 ABGB). Man spricht hier von einem **hinkenden Geschäft.**

3. Nach **Erreichung des 14. Lebensjahres** (Mündigkeit) kommt es für die Annahme eines freien Kindesvermögens darauf an, wo das Kind verpflegt wird. Wenn der mündige Minderjährige **nicht in der Verpflegung seiner Eltern** steht, kann er (und dies schon nach Vollendung des 7. Lebensjahres!) über seinen **Arbeitserwerb** frei verfügen; desgleichen (aber hier erst nach Erreichung der Mündigkeit und ohne Rücksicht darauf, wo er verpflegt wird) über Sachen, die ihm zum **Gebrauch** übergeben worden sind. Bei der Gebrauchsüberlassung durch den Vater muß freilich in jedem Fall durch Auslegung ermittelt werden, ob die betreffende Sache (z. B. Uhr) dem Kind zum **freien** Gebrauch oder eben nur zum Gebrauch, nicht aber zur freien Verfügung übergeben wurde. Bargeld wird wegen seiner Funktion als Tauschmittel regelmäßig zum freien Gebrauch gegeben sein. Schließlich kann sich der Mündige selbständig durch Vertrag zu **Dienstleistungen** verpflichten

4. Nach **Erreichung des 19. Lebensjahres** tritt volle Eigenberechtigung ein. Doch ist schon eine vorzeitige Volljährigerklärung nach Vollendung des 18. Lebensjahres möglich.

Otto und die Tanzstundenliebe

Otto Jedermann ersteht, als er 17 Jahre alt ist, bei einem Juwelier einen Ring und verspricht, diesen in den nächsten Tagen zu bezahlen. Den Ring verschenkt er noch am gleichen Tage an seine Tanzstundenbekanntschaft Irmgard Lieb. In diesem Fall ergibt sich folgende Rechtslage:

Ein gültiger Kaufvertrag begründet für beide Vertragspartner Pflichten. Der Verkäufer muß die Sache dem Käufer übergeben (§ 1061 ABGB), und der Käufer hat den vereinbarten Kaufpreis zu entrichten (§ 1062 ABGB). Kann nun der Juwelier von Otto Bezahlung für den verkauften Ring verlangen? Das kommt ganz darauf an.

Wenn Otto **nicht im Haushalt seiner Eltern** lebt, kann er über seinen Arbeitserwerb frei verfügen, also auch mit dem für seine Arbeit (z. B. Nachhilfestunden) erworbenen Geld einen Ring für Irmgard Lieb erstehen. Wenn Otto auf Kosten der Eltern in einer Erziehungsanstalt untergebracht wurde, hat er wohl keine Verfügung über seinen Arbeitserwerb. Auch über Sachen, die Otto nach erreichter Mündigkeit **zum freien Gebrauch übergeben** worden sind, kann er frei verfügen. Er ist also berechtigt, z. B. mit seinem Taschengeld den Ring zu bezahlen. Wenn ihm dagegen Geld zur Anschaffung bestimmter Gegenstände übergeben wurde, fehlt es bei Otto an der Verfügungsfreiheit. Ebenso z. B. bei Schulsachen, die für den Gebrauch in der Schule bestimmt sind und die nicht vom Kind veräußert werden dürfen.

In den aufgezählten Fällen der Verfügungsfreiheit des mündigen Otto kommt ein **gültiger** Kaufvertrag über einen Ring zustande; daher kann der Juwelier den

Kaufpreis dafür fordern. Im Rahmen des mündelfreien Kindesvermögens ist Otto auch prozeßfähig. Er kann selbständig, ohne der Vertretung durch die Eltern zu bedürfen, als Kläger und Beklagter vor Gericht auftreten. Die Klage des Juweliers auf Zahlung des Kaufpreises für einen gelieferten Ring wird also Erfolg haben. Wie steht es nun mit der Schenkung des Ringes an Irmgard Lieb? Wenn Otto ihr den Ring versprochen hat, selbst wenn er ihr eine schriftliche Zusage gemacht hat, kann Irmgard den Ring nicht durch Klage von Otto verlangen, wenn darüber kein Notariatsakt errichtet wurde. Schenkungen ohne wirkliche Übergabe bedürfen nämlich des Notariatsaktes. Hat hingegen Otto sein zuerst gegebenes Versprechen auch ohne Notariatsakt später tatsächlich erfüllt, also den Ring seiner Liebsten übergeben (z. B. ihr an den Finger gesteckt), so kann er ihn später nicht mehr zurückfordern. Der Formmangel ist dann eben durch die tatsächliche Erfüllung des Versprechens geheilt. Wir merken uns: Auch schriftlich abgegebene Schenkungs**versprechen** sind nicht verbindlich; der gebefreudige Wohltäter, der beim Heurigen großmaulig seine ganze Habe verschenkt, braucht eine Klage nicht zu fürchten. Das Gesetz will vor übereilten Schritten bewahren.

Wenn hingegen Otto in **häuslicher Verpflegung** steht und kein Taschengeld hat, dann fehlt es ihm an der Verfügungsfreiheit. Otto kann sich also nicht gültig verpflichten, ohne daß sein gesetzlicher Vertreter, nötigenfalls mit Zustimmung des Gerichts (§ 216 ABGB), die Genehmigung dazu erteilt. Nehmen wir an, der Ring wäre sehr teuer und die Eltern wären mit dem Ringkauf durch ihren Sohn sogar einverstanden. Dann bedarf es noch immer der pflegschaftsbehördlichen Genehmigung, da eine solche Freigebigkeit über den ordentlichen Wirtschaftsbetrieb hinausgeht (§ 154 ABGB). Das Pflegschaftsgericht hat aber für eine Ottos Pubertätsgefühlen entstammende Entschließung wenig übrig und verweigert die Genehmigung des Kaufvertrages. Dann muß Otto eben auf seine Großjährigkeit warten. Dem Juwelier steht kein Rechtsmittel gegen die Verweigerung der pflegschaftsbehördlichen Genehmigung zu.

In unserem Fall verweigern die Eltern die Zustimmung zum Ringkauf bzw. fordern die Aufhebung des Vertrages mit dem Juwelier. Es liegt sodann **kein gültiges Kaufgeschäft** vor; daher ist auch die Schenkung an Irmgard Lieb ungültig. Es sind die Leistungen ohne Rechtsgrund erfolgt, weshalb alles wieder in **den vorigen Stand zurückzuversetzen** ist. Der Juwelier kann von Otto keine Bezahlung für den Ring verlangen und muß diesen wieder zurücknehmen. Wurde der Ring bereits bezahlt, sind die Leistungen gegenseitig auszutauschen, das heißt, der Juwelier nimmt den Ring und gibt den vorher erhaltenen Kaufpreis wieder zurück.

Nach dem schon besprochenen **Konsumentenschutzgesetz** 1979 (vgl. S 38) bestehen für Minderjährige keine besonderen Schutzvorschriften. Sie können daher im Rahmen ihres frei verfügbaren Einkommens (aus Arbeitserwerb oder freier Gebrauchsüberlassung) auch Ratengeschäfte schließen. Voraussetzung für die Verpflichtungsfähigkeit des Minderjährigen ist allerdings, daß die eingegangenen Verpflichtungen in einem angemessenen Verhältnis zu den Bedürfnissen und zur Höhe des Einkommens stehen. In Zweifelsfällen empfiehlt es sich daher für den Verkäufer, den Ratenvertrag auch mit dem gesetzlichen Vertreter abzuschließen, den Vertrag von diesem und dem minderjährigen Käufer unterfertigen zu lassen sowie die pflegschaftsbehördliche Genehmigung einzuholen.

Ottos Hund

Der 17jährige Otto Jedermann hat von seinem Vater einen Hund geschenkt bekommen. Nach einiger Zeit zeigt der Hund Unarten und belästigt andere Personen. Trotzdem läßt ihn Otto Jedermann weiterhin ohne Maulkorb und ohne ihn anzuleinen herumlaufen.

Der Hund beißt den Spaziergänger Sauer. Dieser kann von Otto Jedermann Ersatz des ihm durch den Biß entstandenen Schadens verlangen.

Die Haftung Otto Jedermanns ergibt sich aus der Tatsache, daß er Tierhalter (§ 1320 ABGB) ist. **Tierhalter** ist derjenige, der die **tatsächliche Herrschaft** über das Tier ausübt. Er kann auf das Verhalten des Tieres Einfluß nehmen. Es kommt nicht darauf an, daß der Halter des Tieres auch zugleich Eigentümer ist. Tierhalter ist z. B. nicht ein mit Ungeziefer Behafteter und nicht der, bei dem das Tier räumlich untergebracht ist, sondern der die Gewalt über das Tier persönlich oder durch Bedienstete ausübt.

Als Tierhalter muß Otto Jedermann beweisen, daß er für die **erforderliche Verwahrung oder Beaufsichtigung** gesorgt hat. Gelingt der Beweis, so haftet er nicht, und Sauer muß den Schaden aus eigenem tragen. Mißlingt der Beweis, so haftet Otto, auch wenn ihn an der mangelnden Verwahrung oder Beaufsichtigung kein Verschulden trifft. Es kommt also nicht darauf an, ob Otto Jedermann dabei vorsätzlich oder fahrlässig gehandelt hat. Insofern liegt hier eine **Haftung ohne Verschulden** vor.

Mit der Anbringung einer Warnungstafel („Bissiger Hund") ist der Verwahrungspflicht noch nicht entsprochen. Handelt es sich um ein bösartiges Tier, so werden größere Anforderungen an die Verwahrung und Beaufsichtigung gestellt werden müssen. Aber auch ein gutartiges Tier benötigt nach den Umständen eine entsprechende Verwahrung und allenfalls auch Beaufsichtigung. Ob und in welcher Weise Tiere verwahrt werden müssen, bestimmt sich somit nach dem Einzelfall, wobei allerdings darauf Bedacht zu nehmen ist, welche Vorkehrungen dem Tierhalter **zumutbar** sind. Allgemein und gerichtsbekannt ist zum Beispiel, daß Kühe in der Regel nicht geneigt sind, Menschen anzugreifen. Es kann daher keineswegs gesagt werden, daß sie verwahrt werden müssen, um Unfälle zu vermeiden. Vielmehr ist es üblich, daß allgemein zugängliche Wege über Weidegebiete führen, ohne daß irgendwelche Vorkehrungen getroffen würden, die eine Begegnung von Personen mit Kühen verhindern sollen. Nach einhelliger Lehre und Rechtsprechung kann das Gesetz (§ 1320 ABGB) nur so ausgelegt werden, daß eine Verwahrungspflicht lediglich dann besteht, wenn dies mit Rücksicht auf die Eigenschaft des Tieres erforderlich ist. Da Kühe im allgemeinen nicht geeignet sind, Gefahren für Personen, die sich ihnen nähern, herbeizuführen, erscheint es nicht notwendig, einen Zaun zu ziehen, durch den der fragliche Weg von den Weidegebieten abgegrenzt wird.

Das Taschengeld

Der 18jährige Otto Jedermann spart sich immer etwas von den S 500,— **Taschengeld,** die er monatlich von seinem Vater erhält. Als er nach und nach so viel zusammengespart hat, erwirbt er in der Klassenlotterie ein Los und gewinnt damit S 50.000,—. Mit diesem Geld kauft er sich ein neuwertiges Segelboot und will damit eine muntere Kreuzfahrt unternehmen. Jetzt kommt sein Vater Karl Jedermann dahinter und macht Schwierigkeiten. Er verlangt, daß der Verkäufer das Boot zurücknimmt und die S 50.000,— wieder herausgibt. Dieser weigert sich und meint, die S 50.000,— hätten Otto zur freien Verfügung gestanden und jeder Vertrag über das mündelfreie Kindesvermögen sei wirksam.

Der Verkäufer muß dem Verlangen Karl Jedermanns entsprechen, obwohl es richtig ist, daß solche Verträge, die der Minderjährige mit seinem Taschengeld — allgemeiner ausgedrückt, mit den ihm zur freien Verfügung stehenden Mitteln — erfüllt, voll gültig werden.

Betrachten wir unter diesem Gesichtspunkt den Loskauf, so müssen wir feststellen, daß der Kaufvertrag über das Los durch die Zahlung des Preises von dem ersparten Taschengeld wirksam geworden ist. Denn dieses Geld war Otto Jedermann zur freien Verfügung überlassen.

Anders ist es jedoch mit den gewonnenen S 50.000,–. Man kann nicht einfach sagen, daß der Lospreis sich durch Ottos Glück eben in S 50.000,– verwandelt hätte und ihm nun diese zur freien Verfügung stünden. Der besonnene Vater Karl Jedermann denkt gar nicht daran, seinen Sohn mit einer derartig großen Summe frei wirtschaften zu lassen. Und auf s e i n e n Willen kommt es an.

Demzufolge ist der Kaufvertrag über das Segelboot nicht mit Mitteln erfüllt worden, die Otto zur freien Verfügung stehen. Wiederum handelt es sich um ein hinkendes Geschäft. Da Karl Jedermann gar nicht an eine Einwilligung denkt, erlangt der Vertrag keine Gültigkeit, und der Verkäufer ist verpflichtet, das erhaltene Geld Zug um Zug gegen Rückgabe des Segelbootes herauszugeben.

Die Nachhilfestunden

Ulrike, die sehr sparsam und besonnen ist, benutzt die Zeit, um eine Schulkollegin aus einer niedrigeren Klasse auf die Abschlußprüfung ihres Jahrgangs vorzubereiten. Der Vater dieses Mädchens, Erich Tanne, erklärte, er werde Ulrike für jede Unterrichtsstunde S 100,– zahlen. Die Nachhilfestunden haben schönen Erfolg, und die kleine Tanne besteht die Abschlußprüfung. Ulrike hat fein säuberlich die Stundenzahl aufgeschrieben, aber Tanne ist ganz entsetzt, weil er nun 100 Stunden – also S 10.000,– – bezahlen soll. Er meint, seine Tochter wäre auch ohne die Nachhilfestunden durchgekommen und Ulrike hätte bei der Lernerei auch manches profitiert. Außerdem könne eine Minderjährige mit ihm keinen Vertrag schließen. Als Ulrike sich bei ihrem Vater über Tannes Verhalten beklagt, lacht dieser sie aus und meint, daß ihr das gar nichts schade. Er habe sowieso nichts für die dauernde Stubenhockerei übrig und genehmige jedenfalls das ganze Geschäft nicht. – Frage: Hat Ulrike nun einen Anspruch auf die S 10.000,– oder nicht?

Ein Kind kann sich nach § 152 ABGB selbständig durch Vertrag zur Dienstleistung verpflichten. Diese Vorschrift muß freilich einschränkend ausgelegt werden und darf nur auf **mündige** Minderjährige (die also wenigstens das 14. Lebensjahr vollendet haben) angewendet werden. Hier schließen aber vielfach Sondervorschriften die Verpflichtungsfähigkeit wieder aus. So bedürfen z. B. mündige Minderjährige unter 18 Jahren zum Abschluß eines Bühnendienstvertrages der Zustimmung ihres gesetzlichen Vertreters.

Bei dem Unterrichtsvertrag, den Ulrike mit Erich Tanne zugunsten ihrer Schulkollegin geschlossen hat, liegt kein solcher Vertrag vor, der etwa nach dem Schauspielergesetz oder nach anderen Spezialgesetzen genehmigungspflichtig wäre. Sie kann daher Tanne auf Zahlung des geschuldeten Entgelts für die von ihr verrichteten Dienste (Nachhilfestunden) klagen, ohne daß der Vater sie vertreten müßte. Sie selbst tritt als Klägerin vor Gericht auf.

Karl Jedermann hätte allerdings ein Recht gehabt, ein vom Kind selbständig eingegangenes Dienstverhältnis aus wichtigen Gründen vorzeitig zu lösen. Diese wichtigen Gründe müssen im Interesse des Kindes gelegen sein, da den obersten Grundsatz für die Erziehung immer das Wohl des Kindes zu bilden hat.

Schwierig ist die Lösung, wenn Ulrike **in der Verpflegung der Eltern** steht. Dann wären Verträge, wodurch sie sich zu Dienstleistungen verpflichtet, also vor allem Dienstverträge, aber auch verwandte Geschäfte (insbesondere auch Werkverträge), wohl **ungültig,** wenn sie ohne ausdrückliche oder zumindest stillschweigende Einwilligung der Eltern geschlossen wurden.

In unserem Fall hat Karl Jedermann den Unterrichtsvertrag weder im voraus noch nachträglich genehmigt. Ulrike erbrachte also eine Leistung ohne Rechtsgrund. Es wäre alles wieder in den vorigen Stand zurückzuversetzen. Das durch Ulrike bei ihrer Schulkameradin vermehrte Wissen, die von ihr investierte Zeit lassen sich nicht mehr zurückgeben. Außerdem hat sich der alte Tanne wahrscheinlich die Kosten für einen Hauslehrer erspart. Es liegt also vielleicht ein Bereicherungsanspruch vor, den Ulrike erst nach erlangter Großjährigkeit im Klageweg gegen Tanne geltend machen könnte. Läßt Karl Jedermann eine Forderung, die gegen seinen Willen von Ulrike nicht eingeklagt werden kann, verjähren, so wäre er **schadenersatzpflichtig.** Ulrike könnte sich dann mit ihren Ansprüchen nicht mehr an Tanne, sondern nur noch an ihren Vater halten. Da die Unterrichtsbegabung nicht an Ulrike zum Gebrauch übergeben wurde (wie z. B. Taschengeld oder ein Federballspiel), liegt auch keine Verfügung über das freie Vermögen des Kindes nach § 151 ABGB vor. Von dieser Seite her kann man ihr also einen Anspruch auf die S 10.000,– nicht geben.

Zusammenfassend sei gesagt:

Hat das Kind einen Dienst- oder Werkvertrag ohne ausdrückliche oder zumindest stillschweigende Einwilligung des gesetzlichen Vertreters abgeschlossen, so ist zu unterscheiden:

1. Stand das Kind in der Verpflegung der Eltern, so ist der Vertrag **ungültig.**

2. Stand das Kind außerhalb der Verpflegung der Eltern, so ist der Vertrag **gültig,** doch mit zwei Einschränkungen:

- Bei Minderjährigen unter 18 Jahren bedürfen Bühnendienstverträge der Zustimmung des gesetzlichen Vertreters.
- alle Dienstverträge kann der gesetzliche Vertreter aus „wichtigen Gründen" vorzeitig lösen.

Hat der gesetzliche Vertreter einem Dienst- oder Werkvertrag (auch Lehrverträge zählen dazu!) ausdrücklich oder wenigstens stillschweigend zugestimmt, kann das Vertragsverhältnis später nicht durch ihn aus „wichtigen Gründen" vorzeitig gelöst werden.

Ottos Briefmarkenhandel

Inzwischen hat Otto Jedermann sich überlegt, daß er sich mit den S 50.000,– kaufmännisch sehr gut betätigen könne, indem er mit dem gewonnenen Betrag einen kleinen Briefmarkenhandel beginnt. Da er zwar noch minderjährig ist, aber gerade die Matura bestanden hat, meint er, er könne mit Hilfe eines solchen kleinen Unternehmens sein Hochschulstudium finanzieren. Karl Jedermann ist über die kaufmännische Begabung und über die Idee seines Sohnes begeistert und gibt seine Einwilligung dazu, daß Otto die S 50.000,– in diesem Sinne verwendet. Auch besorgt er die Genehmigung des Pflegschaftsgerichtes.

Otto Jedermann kommt gut ins Geschäft; unter anderem gelingt ihm der Ankauf einer wertvollen Altösterreichsammlung von dem Erben Trostreich zu günstigen Bedingungen. Als dieser jedoch nach kurzer Zeit erfährt, daß er bei einigem Geschick von anderen Philatelisten mehr für die Sammlung hätte bekommen können, will er vom Kaufvertrag wieder loskommen. Da paßt es ihm sehr, zu erfahren, daß Otto noch minderjährig ist. Er schreibt ihm daher, daß er die Herausgabe der verkauften Briefmarkensammlung verweigere, da der Kaufvertrag unwirksam sei. Überdies sei ihm Otto Jedermann schadenersatzpflichtig; denn nach § 248 ABGB haften Minderjährige über 18 Jahre (die unter väterlicher Gewalt stehen), wenn sie sich bei einem Geschäft für großjährig ausgeben. Der erboste Otto Jedermann erhebt vor dem Bezirksgericht Klage auf Erfüllung des Kaufvertrages und gibt den Streitwert des Prozesses mit S 5000,– an; soviel ist die Sammlung wert. Trostreich verteidigt sich genau so, wie er an Otto geschrieben hat, macht aber außerdem noch geltend, daß ein Minderjähriger überhaupt keine **Klage** erheben könne. – Diesen Prozeß wird Trostreich verlieren.

Otto Jedermann kann die Klage ohne Mitwirkung seines Vaters erheben. Die Fähigkeit, Klage zu erheben, nennt das Gesetz **Prozeßfähigkeit.** Daß im Rahmen des freien Kindesvermögens das Kind aktiv und passiv prozeßfähig ist, wurde schon angedeutet. Es kann selbständig als Kläger oder Beklagter vor Gericht auftreten (§ 2 ZPO). Bis zu einem Streitwert von S 30.000,– ist das Bezirksgericht zuständig. Otto hat mit Zustimmung seines Vaters und **Genehmigung des Pflegschaftsgerichts** ein selbständiges Unternehmen errichtet. Dadurch ist er für solche Geschäfte, die dieser Betrieb mit sich bringt, voll geschäftsfähig. Er kann die in seinem Betrieb entstandene Forderung selbst einklagen. Da der Ankauf der Briefmarkensammlung in den Rahmen seines Gewerbebetriebes fällt, ist Otto für dieses Geschäft voll geschäftsfähig, und der Vertrag ist wirksam geschlossen.

Die Lehre

Ulrike hat die Unterstufe einer der allgemeinbildenden höheren Schulen absolviert und soll nun etwas Praktisches lernen.

Am aussichtsreichsten erscheint es Karl Jedermann, daß Ulrike – für den Fall, daß sie später nicht heiraten sollte – einen kleinen Modesalon eröffne. Das Recht der Berufswahl wird durch § 147 ABGB den Eltern eingeräumt. Bei Meinungsverschiedenheiten zwischen den Eltern kann das Vormundschaftsgericht angerufen werden. Nach einiger Mühe findet sich für Ulrike eine passende Lehrstelle in der Damenschneiderei.

Als **Lehrling** wird derjenige angesehen, der bei einem Gewerbeinhaber zur praktischen Erlernung des Gewerbes in Verwendung tritt. Lehrlinge dürfen nur von Gewerbeinhabern gehalten werden, die selbst – oder deren Stellvertreter – die erforderlichen Fachkenntnisse besitzen und deren Betrieb gewissen fachlichen Erfordernissen entspricht.

Wer ist lehrberechtigt?

Lehrlinge dürfen nur befugte Gewerbeinhaber ausbilden, die persönlich und betrieblich den eben angeführten Voraussetzungen entsprechen und die nicht wegen bestimmter Delikte zu einer unbedingten Strafe rechtskräftig verurteilt worden sind. Solche Gewerbeinhaber, die wegen einer der angeführten Delikte (z.B. wegen Bereicherungs-, Sittlichkeits- und schweren Finanzdelikten) abgeurteilt wurden, dürfen Lehrlinge weder aufnehmen noch die bereits aufgenommenen Lehrlinge länger behalten.

Wann wird die Lehrberechtigung entzogen?

Die Gewerbebehörde kann die Lehrberechtigung Gewerbeinhabern, die sich grober Pflichtverletzungen gegen die ihnen anvertrauten Lehrlinge schuldig gemacht haben oder die sich in sittlicher Beziehung zum Halten von Lehrlingen als ungeeignet erwiesen haben, für immer oder auf bestimmte Zeit entziehen. Auch wenn das Ergebnis der Lehrlingsprüfung beweist, daß der Lehrherr am allfälligen Mißerfolg des Lehrlings Schuld trägt, kann die Lehrberechtigung entzogen werden.

Wie erfolgt Ulrikes Aufnahme in das Lehrverhältnis, und wie lange dauert dieses?

Die Aufnahme eines Lehrlings geschieht durch besonderen Vertrag, der binnen vier Wochen nach Beginn des Lehrverhältnisses schriftlich abzuschließen ist. Die Praxis der Arbeitsgerichte anerkennt aber auch die Gültigkeit von nur mündlich abgeschlossenen Lehrverträgen, sofern alle übrigen für ein Lehrverhältnis nötigen Voraussetzungen erfüllt sind.

Die Lehrzeit ist in den verschiedenen Berufen verschieden lang. Ihre Dauer liegt zwischen zwei und vier Jahren; sie wird entweder durch das Gesetz oder von der beruflichen Standesorganisation (unter Anhörung der gesetzlichen Interessenvertretung der Dienstnehmer) mit Zustimmung des Bundesministeriums für Handel, Gewerbe und Industrie festgelegt.

Welche Angaben muß ein Lehrvertrag insbesondere enthalten?

1. den Vor- und Familiennamen sowie Wohnort des Lehrberechtigten sowie den Gegenstand und Sitz seines Unternehmens;

2. Vor- und Familiennamen, Geburtsdaten und Wohnort des Lehrlings sowie bei minderjährigen Lehrlingen die Personaldaten der Eltern oder des gesetzlichen Vertreters;

3. Bezeichnung des Lehrberufs und der Dauer der Lehrzeit;

4. Eintrittsdatum sowie kalendermäßiges Ende des Lehrverhältnisses;

5. Hinweis auf die Pflicht zum Besuch der Berufsschule sowie auf die Höhe der Lehrlingsentschädigung;

6. allfällige weitere Vereinbarungen über die Bedingungen, unter denen der Lehrberechtigte dem Lehrling Verköstigung, Bekleidung oder Wohnung gewährt sowie über eine besondere Gestaltung der Ausbildung.

Beachte: Der Lehrvertrag unterliegt keiner Gebührenpflicht!

Der Vertrag ist in dreifacher Ausfertigung herzustellen. Je eine Ausfertigung erhalten der Lehrherr und der Lehrling (bzw. dessen gesetzlicher Vertreter). Das dritte Exemplar verbleibt bei der zuständigen Fachgruppe (Innung, Gremium), die den Abschluß des Lehrvertrages außerdem in einem **Protokollbuch** festhält. Diesen Vorgang nennt man **Aufdingung** des Lehrlings. Würde Ulrike bei ihren Eltern oder bei ihrem Vormund in die Lehre gehen, so ist ebenfalls ein Lehrvertrag notwendig; wieweit außerdem die Beiziehung eines Kollisionskurators erforderlich erscheint, wird von Rechtsprechung und Literatur verschieden beantwortet.

Jedem Lehrling steht eine nach der Dauer des Lehrverhältnisses gestaffelte **Lehrlingsentschädigung** zu, deren Höhe zumeist kollektivvertraglich bestimmt ist. Im übrigen unterliegt das Lehrverhältnis allen anderen für den Dienstvertrag (vgl. Seite 203 ff) geltenden Vorschriften (z. B. über Arbeitszeit und Urlaub).

Der Lehrling ist verpflichtet, die **Berufsschule** zu besuchen. Die erforderliche Zeit hat ihm der Lehrherr freizugeben; außerdem muß dieser dafür sorgen, daß der Lehrling die Berufsschule **tatsächlich besucht.** Zu beachten ist jedoch, daß der Lehrherr für die Erfüllung der Berufsschulpflicht seines Lehrlings nur dann zu sorgen hat, wenn dieser in seinem Haushalt wohnt und minderjährig ist. Ansonsten sind für die Erfüllung der Berufsschulpflicht minderjähriger Lehrlinge deren Eltern oder sonstige Erziehungsberechtigte, von volljährigen Lehrlingen diese selbst verantwortlich. Die An- und Abmeldung zum Berufsschulbesuch hat immer der Lehrherr vorzunehmen. Eine Vernachlässigung der genannten Verpflichtungen würde den Lehrherrn **strafbar** machen. Für jene Lehrlinge, die durch eigenes Verschulden keinen genügenden Unterrichtserfolg erreichen oder im Disziplinarweg vom Schulunterricht zeitweilig ausgeschlossen werden, ist aufgrund einer vom Schulaufsichtsorgan erstatteten Anzeige eine **Verlängerung der Lehrzeit** vorgesehen. Die Lehrzeitverlängerung kann höchstens ein **halbes Jahr** betragen.

Was geschieht nach Abschluß der Lehre?

Nach Beendigung der Lehrzeit hat die Fachgruppe dem Lehrling unter Verwendung des **Lehrzeugnisses** (bei Lehrstellenwechsel aller Lehrzeugnisse!), des **Abschluß-** oder **Abgangszeugnisses der Berufsschule** und gegebenenfalls des Zeugnisses über die **abgelegte Lehrlingsprüfung** einen Lehrbrief auszustellen. In unserem Fall eines handwerksmäßigen Gewerbes (Schneiderei) wird nach erfolgreich abgelegter Gesellenprüfung der Gesellenbrief, bei kaufmännischen Lehrlingen im Fall der erfolgreich abgelegten Kaufmannsgehilfenprüfung der Kaufmannsgehilfenbrief ausgestellt. Den Titel

„Geselle" bzw. „Kaufmannsgehilfe" kann also nur derjenige führen, der die Gesellenprüfung bzw. Kaufmannsgehilfenprüfung erfolgreich abgelegt hat. Endlich kommt es nach Beendigung der Lehrzeit (Löschung des Lehrlings im Protokollbuch) und weiters nach erfolgreich abgelegter Prüfung zur **Freisprechung** des Lehrlings.

Zur **Weiterverwendung** des Lehrlings nach Beendigung der Lehrzeit ist der Lehrherr **durch 4 Monate** gesetzlich (§ 18 Berufsausbildungsgesetz) verpflichtet (Behaltspflicht). Aus wirtschaftlichen Gründen kann der Lehrherr von dieser Verpflichtung dispensiert werden. Verschiedene Kollektivverträge dehnen die Behaltspflicht bis höchstens 6 Monate aus.

Ein minderjähriger Lehrling genießt Schutz und Obsorge des Lehrherrn, ist aber auch dessen Aufsicht unterworfen.

Dem elterlichen Interesse wird durch die Bestimmung des § 15 BAG Rechnung getragen, wonach eine vorzeitige Auflösung des Lehrverhältnisses (mit 14tägiger Kündigung) unter anderem auch dann zulässig ist, wenn der Lehrling von seinen Eltern wegen wesentlicher Veränderung ihrer Verhältnisse zu ihrer Unterstützung oder zur vorwiegenden Verwendung in ihrem Betrieb benötigt wird.

Der Lehrling ist jedenfalls zur vorzeitigen Auflösung des Lehrverhältnisses berechtigt, wenn der Lehrherr die ihm obliegenden Pflichten gröblich vernachlässigt (unter anderem dann, wenn er nicht für die ordentliche Ausbildung des Lehrlings sorgt), ferner wegen Mißhandlungen, körperlichen Züchtigungen, erheblichen Beleidigungen oder versuchter Verleitung zu unsittlichen oder gesetzwidrigen Handlungen. Umgekehrt kann der Lehrherr bei Vorliegen von im Gesetz genau angegebenen Gründen (§ 15 BAG) den Lehrvertrag vorzeitig beenden.

Die minderjährige Arbeitnehmerin

Nach bestandener Gesellenprüfung tritt Ulrike in die Dienste von Frau Elfriede Band, der Inhaberin des Modesalons „Hut und Kleid".

Obwohl Ulrike minderjährig ist, kann sie selbst ihren Lohn in Empfang nehmen und notfalls einklagen. Schon nach kurzer Zeit stellt Ulrike fest, daß sie eine schlechte Arbeitgeberin gefunden hat, die sie über Gebühr ausnützt, schikaniert und ihr den Lohn nicht pünktlich zahlt. Kurzerhand löst sie ihren **Dienstvertrag** mit Frau Band und schließt einen neuen mit der Konkurrenz „Modesalon des Westens", Inhaber Ottomar Gras. Karl Jedermann weiß von diesen eigenmächtigen Handlungen seiner Tochter nichts. Er mißbilligt sie ausdrücklich, als er davon erfährt. Da er jedoch seine Tochter Schneiderin werden ließ, stimmte er dem Abschluß entsprechender Dienstverhältnisse zu.

Aus Zorn über ungehörige und widerspenstige Antworten seiner Tochter, die in diesem Zusammenhang fallen, gibt ihr Karl Jedermann, obwohl sie nun schon 18 Jahre alt ist, eine **Ohrfeige.** Dazu war er früher gesetzlich ausdrücklich berechtigt, weil § 145 ABGB die Eltern für befugt erklärte, „unsittliche, ungehorsame oder die häusliche Ruhe und Ordnung störende Kinder auf eine nicht übertriebene und ihrer Gesundheit unschädliche Art zu züchtigen."

Seit der Familienrechtsreform ist dieses Züchtigungsrecht nicht mehr im Gesetz enthalten, es wurde allerdings auch kein ausdrückliches Züchtigungsverbot aufgenommen.

Strafbar macht sich Karl Jedermann durch die Ohrfeige wohl nicht, sofern sie mit keiner Verletzung von Ulrike verbunden war.

Religiöse Erziehung

Karl Jedermann und Ottilie bekommen noch einen Sprößling, den sie beide abgöttisch lieben. Wegen des kleinen Klaus kommt es zwischen den Ehegatten bald zu erheblichen Zerwürfnissen. Karl will, daß der Knabe im evangelischen **Religionsbekenntnis** erzogen wird; Ottilie will das Kind katholisch taufen und erziehen lassen.

Als Karl auf seinem Willen besteht, nimmt Ottilie kurzerhand das Kind und flüchtet zu ihrer Mutter, die in Linz wohnt und der sie das Kind überläßt. Der erbitterte Karl will seinen Sohn wiederhaben und wissen, wer über die Frage der religiösen Seite der Kindererziehung zu bestimmen hat.

Karl Jedermann, dem die väterliche Gewalt zusteht und dem die Erziehungsgewalt nicht entzogen ist, besitzt einen **Herausgabeanspruch** (Kindliche Folge).

Karl Jedermann kann aber nicht einfach in die Wohnung seiner Schwiegereltern eindringen und das Kind mit Gewalt zurückholen. Dadurch würde er verbotene Eigenmacht üben und müßte damit rechnen, daß man ihn gewaltsam abwehrt. Der Anspruch auf Herausgabe wird auch nicht im Prozeßverfahren, sondern im Verfahren außer Streitsachen beim Vormundschaftsgericht geltend gemacht. Der Anspruch ist vollstreckbar.

Die Vorenthaltung eines Kindes kann, abgesehen von der Pflicht der Herausgabe, auch andere rechtliche Folgen nach sich ziehen; zum Beispiel **Schadenersatz** wegen schuldhafter Verletzung des Herausgabeanspruchs oder **strafrechtliche Konsequenzen** im Falle der Entführung.

Die Frage der religiösen Erziehung und damit des Bekenntnisses der Kinder hat der Gesetzgeber in einer eigenen Norm deutscher Herkunft festgelegt. Nach dem **Gesetz über die religiöse Kindererziehung vom 15. Juli 1921** entscheidet die freie, jederzeit widerrufbare **Einigung** der Eltern, die aber das volle Erziehungs- und Sorgerecht für die Person ihrer Kinder haben müssen.

Sollen die Kinder während des Bestehens der Ehe in einem anderen als in dem zur Zeit der Eheschließung gemeinsamen Bekenntnis oder in einem anderen Bekenntnis als bisher erzogen werden, so bedarf dies auch der Zustimmung der Mutter, bei deren Weigerung die Vermittlung des Vormundschaftsgerichts angerufen werden kann. Karl Jedermann muß daher versuchen, notfalls über das Vormundschaftsgericht, das Einverständnis seiner Frau zur Erziehung des kleinen Klaus im evangelischen Bekenntnis (Helvetisches oder Augsburger Bekenntnis) zu erlangen.

Die Bestimmung des **Religionswechsels** des Kindes kann bis zur Vollendung des **10. Lebensjahres ohne weiteres** erfolgen; **zwischen dem 10. und dem vollendeten 12. Lebensjahr** ist das Kind vorher zu **hören.** Vom **12. bis vollendeten 14. Lebensjahr** kann ein Religionswechsel gegen den Willen des Kindes nicht mehr erfolgen; das Kind müßte also dem geplanten Wechsel des Bekenntnisses **zustimmen.** Nach dem 14. Lebensjahr ist Religionsmündigkeit eingetreten; ab diesem Alter können Kinder ihr Religionsbekenntnis selbst wählen.

Die Verpflichtung zum Besuch des **Religionsunterrichts** wird durch das Gesetz vom 13. Juli 1949, BGBl Nr. 190/1949, geregelt. Der Religionsunterricht ist danach für alle einer gesetzlich anerkannten Kirche oder Religionsgemeinschaft angehörenden Schüler **Pflichtgegenstand** an den öffentlichen oder an den mit Öffentlichkeitsrecht ausgestatteten Schulen (neuerdings auch auf die berufsbildenden Schulen ausgedehnt). Trotz dieser Festlegung des Religionsunterrichts als Pflichtgegenstand ist jedoch eine **Abmeldung** von der Teilnahme am Religionsunterricht gestattet.

Die Abmeldung vom Religionsunterricht kann nur während der ersten zehn Tage des Schuljahres schriftlich (von Schülern über 14 Jahren selbst, sonst von deren Eltern) bei der Schulleitung erfolgen. Die Schulleitung hat den zuständigen Religionslehrer hievon unverzüglich in Kenntnis zu setzen. Erfolgt der Eintritt des Schülers erst während des Schuljahres (z. B. Auslandsaufenthalt oder Krankheit), so beginnt die zehntägige Frist mit dem Tag des tatsächlichen Schuleintrittes. Ein Wechsel der Schule während des Schuljahres gilt nicht als Schuleintritt im obigen Sinn.

Die Abmeldung vom Religionsunterricht fällt nicht unter die Gebührenpflicht.

Nach den österreichischen Rechtsvorschriften ist in allen Klassenräumen der Volks-, Haupt- und Sonderschulen, der polytechnischen Lehrgänge, der allgemeinbildenden höheren Schulen, der berufsbildenden mittleren und höheren Schulen und der Anstalten der Lehrer- und Erzieherbildung, wenn die Mehrzahl der Schüler einem christlichen Religionsbekenntnis angehört, vom Schulerhalter ein Kreuz anzubringen.

Rechte der Eltern

Bisher war immer nur davon die Rede, welche Pflichten und Lasten Karl und Ottilie mit der Erziehung und Förderung ihrer Kinder haben. Eltern haben aber auch Rechte.

Ulrike Jedermann hat, wie wir hörten, einigen Grundbesitz von den Großeltern geerbt. Nehmen wir ferner noch an, daß Otto ein Bankkonto in Höhe von S 20.000,– von einem Onkel angelegt bekommt. Vergessen wir nicht, daß Otto daneben noch ein Geschäftsvermögen von S 100.000,– besitzt.

Wie wir schon wissen, besteht **kein Fruchtgenuß** der Eltern am Vermögen ihrer Kinder. Sie müssen daher auch die Einkünfte als fremdes Gut verwalten und verrechnen. Dabei gibt § 150 ABGB Regeln für die Verwendung von **Einkünften** des Vermögens der Kinder.

Gemeint sind Erträgnisse, die das Vermögen abwirft, also Natural- und Zivilfrüchte. Solche Erträgnisse, wie zum Beispiel Mietzinse oder Pachtschilling aus Ulrikes Grundstücken und die Zinsen aus Ottos Sparkonto fließen nicht in Karl Jedermanns Vermögen. Die Eltern sind nur Vermögensverwalter. In erster Linie sind aber die Einkünfte des Kindes dazu bestimmt, die **Erziehungskosten zu decken.** Soweit Einkünfte vorhanden sind, tritt eben Unterhaltsbedürftigkeit nicht ein. Das gilt auch für die nicht unter der Verwaltung der Eltern stehenden, also freien Einkünfte. Ein Kind, das z. B. ein Arbeitseinkommen als Filmschauspieler oder Schlagersänger hat, darf dieses Arbeitseinkommen nicht für Luxusbedürfnisse vergeuden und für seinen Unterhalt die Unterhaltspflichtigen aufkommen lassen.

Hier sei noch festgehalten, daß die von den Eltern auf den Namen der Kinder errichteten **Sparkonti** gewöhnlich **Vermögen** der Eltern bleiben. Die Bezeichnung der Kinder auf den Sparkonti hat nach dem Willen der Anlegenden häufig nur die Bedeutung, daß sie hier mit einem bestimmten Zweck sparen, nämlich dieses Geld für das betreffende Kind zu verwenden. Ob sie das später wirklich tun, ist ihre Angelegenheit. Deshalb können auch **Gläubiger** der Eltern gewöhnlich durchaus mit Erfolg derartige Konten pfänden, und es müßte von den Eltern jeweils der Nachweis erbracht werden, daß sie ernsthaft den Willen gehabt haben, durch die Anlegung dieser Sparkonten den Kindern Vermögenswerte zu schaffen.

Wenn die Eltern in Dürftigkeit verfallen, haben sie einen Anspruch darauf, von ihren Kindern den **anständigen Unterhalt** zu verlangen. Der Anspruch ist unabhängig davon, ob die Eltern seinerzeit den Unterhalt der Kinder aus eigenem Vermögen oder aus dem der Kinder bestritten haben.

Die Eltern haben den Unterhaltsanspruch auch bei selbstverschuldeter Notlage (wenn z. B. Karl Jedermann sein ganzes Vermögen beim Glücksspiel in einem Spielkasino verlieren würde). Wenn jedoch Eltern ihre Kinder in der Erziehung ganz verwahrlosen ließen, dann haben sie bloß Anspruch auf den **notdürftigen** Unterhalt. Der Unterhalt kann in Form von **Geldrenten** oder (wie es besonders am Land üblich ist) in Natur geleistet werden. Falls die Kinder den Unterhalt der in Dürftigkeit verfallenen Eltern nicht freiwillig leisten, ist der Anspruch im Prozeßweg – also mit Klage – geltend zu machen. Solche Klagen sind für alle Beteiligten meist recht peinlich.

Mitarbeit der Kinder

Entsprechend seinen Fähigkeiten kann das Kind im Rahmen der Erziehung zu Arbeiten im Haushalt und im Geschäft der Eltern angehalten werden; freilich nur dann, wenn sich das Kind in der Verpflegung der Eltern befindet. Andererseits heißt das nicht, daß die Eltern ihre Kinder körperlich ausbeuten dürfen; sie sind darum auch den gesetzlichen Vorschriften über die Kinderarbeit unterworfen. Aber von einem kräftigen Sohn, insbesondere wenn er sich den Zwanzigern nähert, kann man wohl Mithilfe auch bei schweren häuslichen Arbeiten verlangen. Ulrike dagegen, die so schön schneidern gelernt hat, hat sich nach Anweisung der Mutter bei der Hausschneiderei zu beteiligen.

Beiträge der Kinder zum Unterhalt

Im Auf und Ab des Lebens ist Karl Jedermann für einige Zeit arbeitslos geworden. Der recht gut verdienende Otto hat aber keine Neigung, seine vornehmen Angewohnheiten etwas einzuschränken. Er ist gegenüber allen Andeutungen, daß er nun endlich etwas zum **gemeinschaftlichen** Haushalt beitragen müsse, taub. Auch Ulrike will von ihrem kleinen Anfängergehalt im „Modesalon des Westens" nichts abgeben. Beide meinen, es sei Sache der Eltern, die Kinder zu ernähren, und nicht umgekehrt.

Zunächst ist gar nicht davon die Rede, daß die Kinder die Eltern ernähren sollen, sondern sie sollen ja nur, damit sie selbst im Haushalt weiter mitversorgt werden können, Beiträge leisten. Gemäß § 141 ABGB ist ein Kind gegenüber seinen Vorfahren nur dann unterhaltsberechtigt, wenn Bedürftigkeit gegeben ist. Als **bedürftig** gilt ein Kind dann, wenn es den standesgemäßen Unterhalt aus seinen Einkünften nicht bestreiten kann. Nicht bedürftig ist ein Kind, wenn es selbsterhaltungsfähig ist, das heißt, wenn das Kind in der Lage ist, durch Arbeit seinen Unterhalt zu verdienen. Bei Otto ist dies offenbar der Fall, so daß Karl und Ottilie einfach seine Mitversorgung einstellen können, wenn er nicht pariert. Anders ist es bei dem kärglichen Einkommen Ulrikes. Hier könnte nur ein geringer Beitrag für den gemeinsamen Haushalt verlangt werden.

Die Unterhaltspflicht

Karl Jedermanns Arbeitslosigkeit dauert länger an. Da er durch drei Jahre hindurch beschäftigt war, besitzt er den Höchstanspruch auf Arbeitslosengeld und bezieht dieses 30 Wochen hindurch.

Nach Erschöpfung des Arbeitslosengeldbezuges will Karl Jedermann, da er weiterhin zwar arbeitsfähig und arbeitswillig ist, jedoch keinen geeigneten Arbeitsplatz findet, die Notstandsunterstützung erhalten. Diese wird ihm verweigert; die vom Gesetz geforderte Notlage liegt nämlich in seinem Fall nicht vor, da das Einkommen seiner Angehörigen mitberücksichtigt wird. Nunmehr verlangt Karl Jedermann von seinem Sohn Otto eine entsprechende Unterstützung. Otto hat aus dem Briefmarkenhandel ein durchschnittliches Nettoeinkommen von S 10.000,– monatlich und wird daher für den Unterhalt seiner Eltern einspringen müssen. Er kann z. B. durchaus S 2000,– monatlich entbehren und lebt dann immer noch **„standesgemäß"**. Die Pflicht zur Unterhaltsgewährung besteht nur zwischen **Vorfahren** und **Nachkommen.** Ein wichtiger Unterschied fällt aber auf: Der Sohn ist den **Eltern** gegenüber unterhaltspflichtig; die Eltern dagegen haben nur den (bedürftigen) **Sohn**, nicht auch dessen Gattin zu erhalten.

Verwandte in der **Seitenlinie** sind einander nicht unterhaltspflichtig. Eine verarmte Schwester hat keinerlei Ansprüche gegen ihren reichen Bruder. Unterstützungen zwischen Geschwistern sind also eine reine Frage der Moral und nicht des Rechts.

Die Versorgungspflicht

Die Zeit ist vergangen, und Ulrike will in den Stand der Ehe treten. Sie hat sich mit ihrem Chef, dem Inhaber des „Modesalons des Westens", Ottomar Gras, verlobt, als sie 22 Jahre alt geworden ist.

Das junge Paar möchte nunmehr den „Modesalon des Westens" weiter ausbauen, und Ottomar meint, daß Ulrikes Vater verpflichtet sei, hiefür seiner Tochter etwas Geld zu geben.

Es dreht sich hier um die sogenannte **Versorgungspflicht.** Die Eltern haben nämlich nicht nur die Pflicht zum Unterhalt ihrer Kinder, sondern auch die Pflicht, die Kinder zu versorgen. Sie haben den „Grund für künftige Wohlfahrt" zu legen. Darum besteht gegenüber der **Tochter** die Verpflichtung, ihr ein **Heiratsgut** zu geben, aber nur, wenn die Braut kein eigenes, für ein standesgemäßes Heiratsgut hinreichendes Vermögen besitzt (Näheres darüber bei den Ehepakten Seite 292).

Gegenüber dem **Sohn** besteht die Verpflichtung der Eltern zu einer angemessenen **Ausstattung** für die erste Einrichtung seines Hausstandes. Dieser Anspruch (z. B. auf Möbel, Betten usw.) ist im außerstreitigen Verfahren geltend zu machen.

Darüber hinaus haben nach der Rechtsprechung die Eltern eine Verpflichtung, die Mittel zur Gründung einer dauernden Existenz zu schaffen, wenn sie dazu imstande sind.

Aufgrund des Erbschafts- und Schenkungssteuergesetzes gilt eine Ausstattung oder ein Heiratsgut, das Abkömmlingen zur Einrichtung eines den Vermögensverhältnissen und der Lebensstellung der Beteiligten angemessenen Haushalts gewährt wird, nicht als Schenkung, sofern zur Zeit der Zuwendung ein Anlaß für eine Ausstattung oder ein Heiratsgut gegeben ist und der Zweck der Zuwendung innerhalb von zwei Jahren erfüllt wird.

Der **Anspruch** auf ein Heiratsgut steht unter den entsprechenden Voraussetzungen nur Ulrike gegen ihre Eltern zu; die **Geltendmachung** dieses Anspruchs kann aber auch durch ihren Bräutigam Ottomar Gras erfolgen. Das ist ein alter Gedanke, der sich aus dem gewöhnlichen Ziel jeder Dotierung ergibt. Die Angehörigen des Bräutigams und er selbst sind nämlich an der Widmung des Heiratsguts lebhaft interessiert. Der Gesetzgeber ging wohl davon aus, daß ein Bräutigam weniger Hemmungen hat, wegen des Anspruches seiner Braut deren Vater vor Gericht zu zitieren, als die Braut selbst.

Ende der elterlichen Gewalt – Vormundschaft

Im Hause Karl Jedermanns spielt sich bei dem Nachbarmieter inzwischen eine Familientragödie ab.

Ein dem Rauschgift verfallener Familienvater, der es nicht nötig hat, einem Beruf nachzugehen, wird immer haltloser und triebhafter. Er **vergeudet,** um seine

Rauschgiftsucht befriedigen zu können, nicht nur sein **Vermögen,** sondern auch das seiner Kinder, die von ihrer Großmutter mütterlicherseits her ein beträchtliches Vermögen geerbt haben. Die Mutter der Kinder ist nicht in der Lage, dem wüsten Treiben entgegenzutreten. Eines Tages vergreift sich der Wüstling an seiner ältesten, 13 Jahre alten Tochter.

Ottilie Jedermann, die das Treiben schon seit längerer Zeit mit Aufmerksamkeit verfolgt hat und der das verstörte Wesen des Kindes aufgefallen ist, löst durch geschickte Fragen die Zunge des Kindes und meldet den Vorfall sofort der Polizei und dem Jugendamt. Nunmehr greifen die Behörden ein.

Die Kriminalpolizei nimmt den entmenschten Vater, Waldemar Roh, fest. Er kommt in vorläufige Verwahrung der Polizei, muß aber längstens innerhalb 48 Stunden dem Untersuchungsrichter vorgeführt werden. Dieser verhängt entweder die ordentliche Untersuchungshaft oder veranlaßt, weil Roh möglicherweise unter Einfluß von Rauschgift gestanden hat, seine Einweisung in eine Heil- und Pflegeanstalt. Waldemar Roh steht im dringenden Verdacht, ein mit Freiheitsstrafe bedrohtes Vergehen, nämlich **Blutschande,** begangen zu haben.

Die Strafandrohung des § 211 StGB richtet sich bei der Blutschande gegen die Blutvermischung zwischen Verwandten in gerader Linie. Der unternommene Beischlaf an einem 13jährigen Mädchen ist außerdem immer das Verbrechen nach § 206 StGB (**Beischlaf mit Unmündigen**), selbst wenn dieses hiezu einwilligte oder aufforderte. War das Mädchen über 14 Jahre alt und hat der haltlose Vater seine Tochter überwältigt, um sie zum Beischlaf zu mißbrauchen, trifft das Vergehen der Blutschande mit der **Notzucht** nach § 201 StGB zusammen. Endlich hat Roh in unserem Fall, da er ja verheiratet ist, strafbaren **Ehebruch** begangen. Doch kann diese Übertretung des § 194 StGB nur verfolgt werden, wenn Frau Roh die Privatanklage erhebt. Die Strafe ist gegen den Ehegatten nicht zu vollstrecken, wenn der verletzte Ehegatte erklärt, weiter mit ihm leben zu wollen.

Waldemar Rohs Kinder sind im Augenblick vor diesem Unhold sicher, da er auf lange Zeit nicht mehr in die Freiheit zurückkehren wird. Seine Frau wäre berechtigt, sich **scheiden** zu lassen, tut dies aber nicht. – Wie steht es jetzt mit der väterlichen Gewalt bei Waldemar Roh? Hat er sie automatisch verwirkt?

Um darauf eine Antwort zu finden, stellen wir zunächst übersichtlich alle Fälle zusammen, in denen es **vorzeitig** zu einem Erlöschen der väterlichen Gewalt kommt:

1. Volljährigerklärung

Dazu muß das Kind das 18. Lebensjahr vollendet haben. Erforderlich ist eine ausdrückliche Erklärung des Vaters oder der Mutter, das Kind aus der elterlichen Gewalt zu entlassen, die Zustimmung des Kindes und die Genehmigung des Vormundschaftsgerichtes. Häufig werden Großjährigkeitserklärungen bei **Tod der Mutter** angestrebt, um die Aufnahme eines Inventars zu vermeiden. Hier sind die Gerichte besonders vorsichtig, denn durch die Großjährigkeitserklärung ist die Möglichkeit gegeben, daß das Kind einen nachteiligen Vertrag mit dem Vater rechtsgültig über das vorhandene Vermögen abschließt.

2. Verheiratung eines minderjährigen Kindes:

Diesfalls steht das Kind hinsichtlich seiner persönlichen Verhältnisse einem Volljährigen gleich.

3. Unfähigkeit der Eltern zur Fortführung der elterlichen Gewalt:

In Fällen von Geisteskrankheit oder Geistesschwäche, jeder Entmündigung, der nachrichtenlosen Abwesenheit über ein Jahr, der eigenmächtigen Auswanderung oder der Verurteilung wegen Verbrechens zu einer längeren als einjährigen Freiheitsstrafe kommt es immer wieder zu einem **Ruhen** der Gewalt des jeweiligen Elternteils. Das bedeutet, daß die elterliche Gewalt beim Wegfall der genannten Gründe wiederaufleben kann.

4. Todeserklärung eines Elternteils:

Sie wird dem Tod gleichgesetzt.

5. Strafweise Einschränkung und Entziehung der elterlichen Gewalt:

In diesem Fall sind sich steigernde Maßnahmen gegen den Elternteil vorgesehen. Bei Mißbrauch der elterlichen Gewalt, Nichterfüllung der mit dieser verbundenen Pflichten sowie bei ehrlosem und unsittlichem Verhalten kommt es zur Entziehung **für gewisse Zeit.** Wenn dagegen die Verpflegung und Erziehung gänzlich vernachlässigt wird, kann die Entziehung **für immer** vorgenommen werden.

In unserem Fall ist Waldemar Roh seiner Tochter nahegetreten. Er hat seine Gewalt mißbraucht. Begehungsform war geschlechtlicher Mißbrauch; aber auch nur Belastigungen des Kindes genügen zum strafweisen Entzug der väterlichen Gewalt. Nach herrschender Lehre kommt es im österreichischen Recht nicht automatisch zum Gewaltverlust; der gänzliche Verlust der elterlichen Gewalt kann nur durch **richterliche Verfügung** bewirkt werden. Die Tätigkeit des Gerichts hat sich aber nicht bloß auf Strafverfügungen zu beschränken, sondern es soll auch eine **positive Hilfstätigkeit** entwickeln. Wenn eine auch nur zeitweise Entziehung im ganzen Umfang stattfindet, muß dem Kind ein **Vormund** bestellt werden.

Wenn ein Elternteil als gesetzlicher Vertreter ausgeschlossen ist, kann der andere Elternteil dieses Amt übernehmen.

Der **Vormund** soll grundsätzlich die Eltern ersetzen. Dies ist immer dann notwendig, wenn für einen Minderjährigen nicht wenigstens einem Elternteil die beschränkte gesetzliche Vertretung zusteht (§§ 187 und 188 ABGB). Im Falle Roh darf das nicht wörtlich genommen werden; der Vormund soll vielmehr geeigneter sein, als es hier der leibliche Vater gewesen ist.

Gewisse Personen sind zum Amt eines Vormunds **untauglich.** Das Gesetz unterscheidet:

1. Absolute Untauglichkeit (§ 191 ABGB)

Zu **allen** Vormundschaften untauglich sind Personen, die selbst nicht voll handlungsfähig sind (z. B. Minderjährige). Personen, von denen, besonders auch wegen der durch eine strafgerichtliche Verurteilung zutage getretenen Veranlagung oder Eigenschaften, eine anständige Erziehung des Mündels oder eine sorgfältige Verwaltung des Mündelvermögens nicht zu erwarten ist, sind ebenfalls von der Übernahme einer Vormundschaft ausgeschlossen.

2. Relative Untauglichkeit (§ 194 ABGB)

Zu **bestimmten** Vormundschaften untauglich sind Personen, die der Vater oder die Mutter, also ein Elternteil, ausdrücklich von der Vormundschaft ausgeschlossen hat; ferner Personen, die mit den Eltern des Minderjährigen oder mit ihm selbst in Feindschaft gelebt haben oder mit diesem in einen Rechtsstreit verwickelt sind, allenfalls auch Gläubiger oder Schuldner des Minderjährigen.

3. Ordensleuten und Ausländern soll grundsätzlich keine Vormundschaft übertragen werden.

4. Besonderheiten bei Ehegatten (§ 193 ABGB)

Ehegatten bedürfen zur Übernahme der Vormundschaft der **Zustimmung ihres Gatten.** Das Gericht kann von der Zustimmung absehen, wenn diese aus nicht gerechtfertigten Gründen verweigert wird. Zustimmungsbedürftig ist auch nicht die Übernahme der Vormundschaft für das eigene Kind der Ehegatten. Die Zustimmung des Gatten ist nicht nötig, wenn er unbekannten Aufenthalts oder zu einer verständigen Äußerung unfähig ist.

Wer ist nun aus dem Kreis der tauglichen Personen zum Vormund berufen und wer bestellt ihn dazu? – Man hat folgende Berufungsgründe für die Vormundschaft zu unterscheiden:

1. Berufung durch den Vater oder die Mutter (§ 196 ABGB)

In erster Linie ist zur Vormundschaft derjenige berufen, den der **eheliche Vater oder die Mutter** dazu bestimmt hat. Das kann in einer letztwilligen Erklärung (z. B. Testament) geschehen oder in einer anderen Form.

2. Berufung nach dem Gesetz (§ 198 ABGB)

Wenn durch den Vater oder die Mutter kein Vormund oder kein fähiger Vormund berufen wird, so bestimmt das Gesetz selbst die Person des Vormunds. Unter der Voraussetzung der Eignung soll vor allem ein Großelternteil zum Vormund berufen werden, sonst der nächste geeignete Verwandte.

Für ein uneheliches Kind ist die Mutter auf ihren Antrag zum Vormund zu bestellen, wenn sie geeignet ist und ihr die Sorge für die Erziehung und

Pflege des Kindes zusteht; dies gilt auch, wenn für das Kind die gesetzliche Amtsvormundschaft besteht, außer diese entspricht dem Wohle des Kindes besser. Das gleiche gilt sinngemäß für den Vater, dessen Vaterschaft festgestellt ist, wenn er sich in der Pflege und Erziehung des Kindes bewährt hat.

Wird die Mutter eines unehelichen Kindes zum Vormund bestellt, so kann dennoch – falls es das Wohl des Kindes erfordert – die Bezirksverwaltungsbehörde zum besonderen Sachwalter des Kindes für die Feststellung der Vaterschaft und die Durchsetzung der Unterhaltsansprüche bestellt werden.

3. Berufung durch das Gericht (§ 199 ABGB)

Wenn sich auf die bisher geschilderte Art kein berufener Vormund ergibt, dann soll das Gericht den Vormund mit Rücksicht auf **Fähigkeit, Stand, Vermögen** und **Ansässigkeit** auswählen.

Vormund ist jemand noch nicht durch die Berufung in einem der geschilderten Fälle, sondern erst durch die **Bestellung vom Gericht.** Kurz: Berufen wird der Vormund nach Maßgabe des Gesetzes, bestellt immer seitens des Vormundschaftsgerichts!

In unserem Fall kann Roh selbstverständlich keinen Vormund für seine Kinder benennen, da er ja gerade die väterliche Gewalt verwirkt hat. Nehmen wir an, daß auch die Mutter unter den gegebenen Umständen für eine Vormundschaft nicht in Betracht kommt (dies kann der Fall sein, wenn die Mutter z. B. selbst nicht in der Lage wäre, die Angelegenheiten der Kinder entsprechend zu besorgen); die Großeltern leben nicht mehr. Nehmen wir an, daß als nächster Familienangehöriger der Familie Roh ein Bruder der Mutter lebt, der verhältnismäßig gut situiert ist. Dann wird das Vormundschaftsgericht – nach Fühlungnahme mit dem Jugendamt – diesen Onkel der Kinder zum Vormund auswählen.

Der zum Vormund ausersehene Onkel, der Handelsagent Fritz Sauber, ist von dieser ihm zugedachten Belastung nicht erbaut. Er hat einen aufreibenden Beruf, der ihm sowieso keine freie Stunde läßt, und nun soll er sich auch noch um die Kinder kümmern.

Er schreibt daher dem Vormundschaftsgericht, daß er seelisch einer solchen Belastung nicht gewachsen sei und es daher strikt ablehnen müsse, sich eine solche Last aufzwingen zu lassen.

So einfach geht das nicht. Die Übernahme der Vormundschaft bildet eine **allgemeine Staatsbürgerpflicht** (§§ 200 ff. ABGB). Jeder Staatsbürger muß dieses Ehrenamt übernehmen, soweit ihm nicht ein Ablehnungsgrund zusteht.

Eine Vormundschaft ablehnen können aber nur:

1. **Geistliche;**
2. **Militärpersonen** in dauernder **aktiver** Dienstleistung und **öffentliche Beamte;**
3. Personen, die das **60. Lebensjahr** erreicht haben;
4. Personen, die für mindestens **fünf Kinder oder Enkel** zu sorgen haben;
5. Personen, denen schon **eine mühsame** Vormundschaft oder **drei kleinere** übertragen wurden;
6. Personen, die wegen der **Entfernung** ihres Wohnsitzes vom Sitz des Vormundschaftsgerichts ihr Amt nur schwer oder mit erheblichen Kosten ausüben könnten.

Der 55jährige Fritz Sauber hat also wenig Aussicht, sich seiner staatsbürgerlichen und damit auch seiner ethischen Pflicht gegenüber Neffen und Nichten zu entziehen.

Liegt ein Untauglichkeitsgrund vor, so ist der Berufene bei sonstigem Schadenersatz verpflichtet, den Untauglichkeitsgrund **binnen 14 Tagen** nach Erhalt des gerichtlichen Auftrags dem Vormundschaftsgericht **anzuzeigen** (§ 201 ABGB). Er haftet bei wissentlicher Unterlassung dieser Anzeige dem Minderjährigen für **vollen Ersatz,** also für den entstandenen Schaden und den entgangenen Gewinn.

Wer sich ohne begründete Ursache weigert, eine Vormundschaft zu übernehmen, wird verantwortlich für allen dem Minderjährigen dadurch erwachsenen Schaden und kann selbst durch angemessene **Zwangsmittel** zur Übernahme der Vormundschaft angehalten werden (§ 203 ABGB). Meist wird das Gericht **vor der Bestellung** die für eine Vormundschaft als Vormund in Aussicht genommene Person fragen, ob bei ihr ein Untauglichkeitsgrund vorliege und ob sie von Entschuldigungsgründen Gebrauch mache. Es wird nur bei anerkannter Entschuldigung von einer Bestellung der betreffenden Person abgesehen.

Fritz Sauber entschließt sich nun doch schweren Herzens, die Vormundschaft anzutreten. Zu diesem Zweck folgt er der Ladung des Vormundschaftsgerichts zu einem persönlichen Erscheinen und wird dort gemäß § 205 ABGB **mit Handschlag angelobt.**

Bei dieser Zeremonie hat er zu geloben, daß er die ihm anvertrauten Minderjährigen „zur Rechtschaffenheit, Gottesfurcht und Tugend anführen, sie ihrem Stande gemäß als brauchbare Bürger erziehen, vor Gericht und außer demselben vertreten, ihr Vermögen getreulich und emsig verwalten und sich in allem nach Vorschrift der Gesetze verhalten werde" (§ 205 ABGB). Die Angelobung kann nur persönlich erfolgen und wird vom Vormundschaftsrichter oder im Wege der Rechtshilfe auf sein Ersuchen durch ein anderes Gericht oder durch den Gemeindevorsteher (Bürgermeister) vorgenommen.

Damit sich der Vormund gegenüber Gerichten, Verwaltungsbehörden oder anderen Personen über seine Stellung als Vormund ausweisen kann, erhält er nach seiner Angelobung eine Urkunde, nämlich das **Vormundschaftsdekret.**

Die Eltern und Großeltern des Mündels haben, wenn sie zum Vormund bestellt werden, **keine Angelobung** zu leisten. In ihrem Vormundschaftsdekret sind aber ebenfalls die mit dem Amt des Vormunds verbundenen Pflichten genau angeführt.

Rechtsstellung des Vormunds

Eigenmächtige Führung der Vormundschaft ohne gerichtliche Bestellung ist verboten und verpflichtet zum Schadenersatz.

Der ordnungsgemäß bestellte Vormund bekleidet ein Amt und hat eine ähnliche Stellung wie die Eltern. Das Mündel ist ihm nach dem Wortlaut des Gesetzes **Ehrerbietung und Folgsamkeit** schuldig. Als leitender Grundsatz gilt, daß ein Vormund in seinen Funktionen nicht so frei ist wie die Eltern im Rahmen ihrer elterlichen Gewalt.

Kann sich Fritz Sauber sagen: „Nun, wenn ich schon Vormund werden mußte, sollen wenigstens die Kinder meines feinen Schwagers fest für mich arbeiten?" Nein!

Zu Arbeitsleistungen im Haushalt wird der Vormund seine Mündel im bescheidensten Umfang und nur dann verwenden dürfen, wenn er ihnen in seinem Hause freiwillig auf eigene Kosten den Unterhalt gibt. Weiters dann, wenn die Arbeitsleistungen zur Erlernung oder Einübung von Fertigkeiten gefordert werden, die für die Mündel künftig wichtig sind.

Das Amt des Vormunds umfaßt vornehmlich **Pflichten,** und zwar beziehen sich diese auf folgende Bereiche:

1. Sorge für die Person des Mündels

Ebenso wie die Eltern hat der Vormund für die **Erziehung** des Minderjährigen Sorge zu tragen, muß aber in allen wichtigen Fällen die vormundschaftsgerichtliche Genehmigung einholen (§ 216 ABGB). Die **persönliche** Obsorge (Kämmen, Füßewaschen u. dgl.) hat, wenn Pflege und Erziehung des Mündels nicht den Eltern zusteht, der Vormund wahrzunehmen.

2. Verwaltung des Mündelvermögens

Das Gericht hat das Vermögen des Kindes zu erforschen, zu verzeichnen und, wenn nötig, zu schützen und zu sperren (§§ 222 ff. ABGB). Der Vormund verwaltet das Mündelvermögen, wobei er für jedes Verschulden haftet. Es bedarf dabei zu allen wichtigeren Verwaltungsakten der Einwilligung des Vormundschaftsgerichts. Besitzt das Mündel ein Handelsunternehmen oder eine Fabrik, so kann das Gericht ihren Betrieb nötigenfalls einem Sachkundigen übertragen, den aber der Vormund überwacht. Kostbarkeiten und wichtige Urkunden kommen in gerichtliche Verwahrung. Von **Bargeld** soll dem Vormund nur so viel in Händen bleiben, wie zur Bestreitung der Erziehungskosten und zur ordentlichen Wirtschaft notwendig ist. Der Rest ist zur Tilgung der Schulden zu verwenden, sonst fruchtbringend anzulegen (vgl. Seite 314). **Grundstücke** sind zu verwalten, nötigenfalls zu verpachten und nur im Notfall oder zum offenbaren Vorteil des Mündels mit gerichtlicher Genehmigung zu verkaufen (§ 232 ABGB).

3. Vertretung des Mündels

Der Vormund hat das Mündel zu vertreten; insbesondere bei Prozessen, die nicht das freie Kindesvermögen betreffen. Bei wichtigen Geschäften ist die Genehmigung des Gerichts ein Gültigkeitserfordernis. Ob ein **Geschäftsunternehmen** (Fabrik, Handelsbetrieb, Gewerbe) angefangen, fortgesetzt oder aufgehoben werden soll, hat stets das Gericht zu entscheiden. Eine **Erbschaft** kann der Vormund im Namen des Mündels nur bedingt annehmen, weil das Inventar für das Mündel von Amts wegen zu errichten ist.

4. Pflicht zur Rechnungslegung

Der Vormund ist verpflichtet, über die Vermögensverwaltung Rechnung zu legen. Die Bestimmungen hierüber sind den Bestimmungen über die Rechnungslegungspflicht der Eltern gleich (§ 238 ABGB).

Besonders geregelt (§ 211 ABGB) ist die Rechtsstellung des **Mitvormunds,** den das Gericht einem Vormund beigibt, wenn es der Vormund verlangt oder das Gericht dies wegen des Umfanges oder der Schwierigkeit der Vermögensverwaltung oder beispielsweise wegen Erziehungsschwierigkeiten für geboten erachtet.

Das Vormundschaftsgericht schreitet nur im **Interesse des Mündels** ein. Davon müssen wir ausgehen. Nie kann also z. B. ein Geschäftsmann verlangen, daß das Gericht einen mit dem Minderjährigen geschlossenen Vertrag genehmige oder für dessen Erfüllung sorge. Betroffene Geschäftsleute können solches höchstens in unverbindlicher Weise anregen, wenn es zugleich im Interesse des Mündels liegt.

In gewissen Fällen muß der Vormund von Amts wegen **entlassen** werden. Als Entlassungsgründe nennt das Gesetz (§ 254 ABGB): pflichtwidrige Verwaltung der Vormundschaft, Unfähigkeit, Bedenklichkeit. Es wäre jedoch nicht im Interesse des Mündels, wenn wegen einer belanglosen **Pflichtwidrigkeit** ein sonst tüchtiger Vormund entlassen werden müßte. **Unfähig** ist z. B. ein Vormund, wenn er zu nachsichtig ist, während größere Strenge am Platz wäre; ebenso aber, wenn er das Mündel verängstigt oder einschüchtert. Bei den **Bedenklichkeiten** muß es sich um Umstände handeln, die das Gericht, wenn es sie zur Zeit der Bestellung gekannt hätte, veranlaßt hätten, von der Bestellung abzusehen.

Fritz Sauber soll sich aber nicht sagen, daß er nur möglichst nachlässig und schädlich die Vormundschaft zu führen brauche, um das lästige Amt loszuwerden. Es besteht dann für ihn die Gefahr, daß er wegen seiner nachlässigen Amtsführung den Kindern gegenüber **schadenersatzpflichtig** wird. Sollte er dabei gar vorsätzlich zum Schaden des Mündelvermögens gehandelt haben, so würde er sich wahrscheinlich sogar nach dem StGB **strafbar** machen.

Sauber hat durch seine vormundschaftsgerichtliche Tätigkeit für die Kinder Roh **Unkosten** aller Art und genügend Mühen. Kann er die Aufwendungen, die er gemacht hat (z. B. Spesen für Fahrten, Korrespondenzen u. dgl.) ersetzt verlangen? Darf er für seine mühevolle Tätigkeit ein Entgelt beanspruchen?

Der Vormund hat zunächst Anspruch auf Ersatz der zweckmäßigen **Aufwendungen,** auf **Vorschüsse** zur Bestreitung der baren Auslagen und auf Ersatz des mit der Geschäftsbesorgung verbundenen **Schadens.**

Einem emsigen Vormund kann darüber hinaus das Gericht eine **Belohnung** zuerkennen. Das Gesetz (§ 266 ABGB) denkt dabei an eine **jährliche** Belohnung aus den vom Vormund selbst erzielten Einkünften, jedoch nicht mehr als **5 Prozent der reinen Einkünfte.** Wenn also zum Beispiel die reinen Einkünfte S 10.000,– ausmachen, gebühren dem Vormund höchstens S 500,–, und auch die nur, wenn für den Unterhalt des Mündels mit den übrigen S 9500,– das Auslangen gefunden wird.

Ist das Vermögen des Minderjährigen zu gering, um jährliche Ersparnisse zu erzielen, dann kann das Gericht wenigstens am **Ende** der Vormundschaft „emsigen Vormündern" eine **angemessene Belohnung** zusprechen (§ 267 ABGB). Voraussetzung ist, daß der Vormund das Mündelvermögen unvermindert erhalten oder dem Mündel eine anständige Versorgung verschafft hat.

Ansonsten hat aber der Vormund keinen besonderen Anspruch auf Entlohnung wegen Mühewaltung und Zeitverlust. Auch ein zum Vormund bestellter Rechtsanwalt kann für rechtsfreundliche Vertretung, Abfassung von Urkunden usw. nur unter der Voraussetzung eine Vergütung fordern, daß ein anderer Vormund sich für Rechnung des Mündels der Hilfe eines Rechtsanwaltes hätte bedienen dürfen. Entsprechendes gilt für den zum Vormund bestellten Arzt, Ingenieur usw. Eine Belohnung gebührt dem Vormund nur, wenn er seine Pflicht erfüllt hat. Der ungetreue Vormund ist lohnunwürdig. Er muß nicht nur den Schaden ersetzen, sondern hat auch eine eventuell bereits erhaltene Belohnung wieder zurückzustellen.

Der scheidende Vormund hat längstens bis zum Ende des **zweiten Monats** nach dem Ausscheiden die **Schlußrechnung** dem Gericht zu übergeben, das ihm nach ihrer Prüfung die Entlastung mit dem **Genehmigungsdekret** (Absolutorium) erteilt.

Ebenso wie die elterliche kann auch die vormundschaftliche Gewalt unter Umständen **verlängert** werden.

Erziehungshilfe, Erziehungsaufsicht und Fürsorgeerziehung

In der vorstehend dargelegten Familientragödie Roh haben wir den außerordentlich schwerwiegenden Fall einer Entziehung der elterlichen Gewalt betrachtet.

Es braucht nicht immer gleich zu ärgsten Verfehlungen eines Elternteils zu kommen. Häufig genug ist nicht wirkliche Schlechtigkeit vorhanden, sondern menschliche Unzulänglichkeit, Armut oder armselige Umgebung bringen die Kinder in Gefahr. In solchen Fällen verwirkt der jeweilige Elternteil nicht seine Gewalt, aber das Vormundschaftsgericht kann selbst gegen seinen Willen einzelne Maßnahmen ergreifen, um Gefahren abzuwenden. Diese **gerichtliche Erziehungshilfe** (§ 26 Jugendwohlfahrtsgesetz) wird meist ausreichen.

Es läßt sich auch der Fall denken, daß die Eltern alles tun, was nur möglich ist, das Kind selbst aber seiner Veranlagung nach nicht zu bändigen ist und im Heranwachsen durch seine Verwahrlosung eine Gefahr für sich und andere wird.

In den §§ 28 ff. des Jugendwohlfahrtsgesetzes sind **Erziehungsaufsicht** und **Fürsorgeerziehung** vorgesehen.

Die **Erziehungsaufsicht** wird vom Vormundschaftsgericht auf Antrag oder von Amts wegen angeordnet. Wann kommt es dazu? Wenn es zur Beseitigung körperlicher, geistiger, seelischer oder sittlicher Verwahrlosung eines Minderjährigen notwendig ist. Worin besteht die Maßnahme? In der **Überwachung und Anleitung des Minderjährigen** bei **Belassung in der bisherigen Umgebung.**

Erziehungsaufsicht soll grundsätzlich nicht mehr angeordnet werden, wenn der Minderjährige schon das 18. Lebensjahr vollendet hat. Ausnahmsweise kann sie aber auch noch bis zur Vollendung des **20. Lebensjahres** erfolgen. Gewöhnlich dauert sie mindestens ein Jahr.

Die **Fürsorgeerziehung** wird ebenfalls vom Vormundschaftsgericht auf Antrag oder von Amts wegen angeordnet. Wann kommt es dazu? Wenn es zur Beseitigung geistiger, seelischer oder sittlicher Verwahrlosung (ähnlich wie bei der Erziehungsaufsicht) notwendig und die **Ent-**

fernung des Minderjährigen **aus seiner Umgebung** erforderlich ist, so z. B. wegen des verderblichen Einflusses der Erziehungsberechtigten oder wegen unzulänglicher oder verfehlter Erziehung. Worin besteht die Maßnahme? In der **Unterbringung** des Minderjährigen in einer **geeigneten Familie** oder einem **Fürsorgeerziehungsheim.**

Fürsorgeerziehung endet mit dem vollendeten 19. Lebensjahr. Das Vormundschaftsgericht kann zur Feststellung, ob Verwahrlosung vorliegt, die Untersuchung des Minderjährigen durch einen Amts- oder Gerichtsarzt oder durch einen Psychologen anordnen und den Minderjährigen auf die Dauer von höchstens sechs Wochen in einer für jugendliche Psychopathen geeigneten Anstalt unterbringen lassen. Bei Gefahr im Verzug wird das Gericht die **vorläufige** Fürsorgeerziehung anordnen, wenn die Voraussetzungen der Fürsorgeerziehung glaubhaft gemacht werden. Diese vorläufige Fürsorgeerziehung ist längstens binnen **sechs Monaten** nach Anordnung je nach den Ergebnissen der Prüfung in Fürsorgeerziehung umzuwandeln oder aufzuheben.

Sachwalterschaft

Das **Bundesgesetz vom 2. 2. 1983, BGBl Nr. 136, über die Sachwalterschaft für behinderte Personen (Sachwaltergesetz)** setzte mit 1. 7. 1984 das aus dem Jahr 1916 stammende **Entmündigungsrecht** außer Kraft.

Nach dem früheren Recht konnten „Geisteskranke" und „Geistesschwache" beschränkt oder voll entmündigt werden. Weitere Gründe für eine beschränkte Entmündigung waren „Verschwendung" sowie „gewohnheitsmäßiger Mißbrauch von Alkohol (Trunksucht) oder von Nervengiften".

Die Entmündigung bedeutete pauschale – auf die Bedürfnisse der Betroffenen nicht Bedacht nehmende – Rechtsbeschränkung: Vollentmündigte waren rechtlich Kindern unter sieben Jahren gleichgestellt, beschränkt Entmündigte waren in ihrer rechtlichen Handlungsfähigkeit wie Minderjährige zwischen dem 14. und 19. Lebensjahr beschränkt. Vollentmündigte erhielten einen Kurator, beschränkt Entmündigte einen Beistand.

In ganz Österreich waren zuletzt etwa 26.000 bis 27.000 Personen voll oder beschränkt entmündigt. 1981 wurden von den Gerichten insgesamt 990 Personen entmündigt, 1982 waren es 1005. Die Anzahl der jährlichen Entmündigungen ist in den letzten Jahren im gesamten Bundesgebiet zurückgegangen. So wurden etwa 1970 noch insgesamt 1725 Personen entmündigt.

Die Entmündigung hat vor allem ältere Menschen betroffen. Nach einer im Jahr 1980 durchgeführten Untersuchung waren 27% der Entmündigten älter als 70 Jahre, 45% älter als 60 Jahre. Der Großteil der entmündigten Personen waren Renten- oder Pensionsempfänger, nur ein ganz geringer Prozentsatz war erwerbstätig. Rund drei Viertel besaßen kein oder kein nennenswertes Vermögen.

Die Entmündigung diskriminierte die Betroffenen mehr als sie ihnen half. Vielfach wurde in ihr nichts anderes als gleichsam die gerichtliche Bestätigung einer Geisteskrankheit oder einer geistigen Behinderung gesehen. Betroffene und Angehörige empfanden sie zumeist als peinlich.

Das am 1. 7. 1984 in Kraft getretene Sachwaltergesetz ersetzte die Entmündigung durch die **Sachwalterschaft für behinderte Personen.**

- Um einen psychisch Kranken oder geistig Behinderten vor Nachteilen in rechtlichen Angelegenheiten zu schützen, kann ihm das Gericht einen Sachwalter bestellen. Durch die individuelle Festlegung der Aufgaben des Sachwalters wird der behinderten Person eine gezielte, ihren tatsächlichen Bedürfnissen entsprechende Hilfestellung durch einen Sachwalter gewährt.

- Durch die Bestellung des Sachwalters werden die psychisch Kranken und geistig Behinderten nicht mehr – wie durch die Entmündigung – pauschal beschränkt. Die Beschränkung der Geschäftsfähigkeit soll nur so weit gehen, wie das Wohl des Behinderten es im Einzelfall erfordert.
- Als Aufgabe des Sachwalters betont das neue Recht besonders die Sorge um die Person des Betroffenen. Das erfordert mehr Zuwendung, mehr persönlichen Kontakt zum psychisch Kranken und geistig Behinderten.
- Das Verfahren zur Bestellung des Sachwalters soll dem Rechtsbedürfnis des psychisch Kranken und geistig Behinderten Rechnung tragen. Die behinderte Person soll nicht Objekt, sondern Subjekt des Verfahrens – mit allen Verfahrensrechten – sein.
- Um den Mangel an geeigneten Personen für die rechtliche Betreuung psychisch Kranker und geistig Behinderter zu beseitigen, schafft das Sachwaltergesetz die rechtlichen Voraussetzungen für organisatorische Maßnahmen zur Ausbildung und Bereitstellung von Sachwaltern (Vereinssachwalterschaft).

- An die Stelle der den psychisch Kranken und geistig Behinderten diskriminierenden Begriffe der Entmündigungsordnung tritt eine zeitgemäße, den Rechtsfürsorgegedanken betonende Ausdrucksweise. So hat sich etwa, wie es im Gesetz heißt, der Richter „zunächst vom Betroffenen einen persönlichen Eindruck zu verschaffen“ und „ihn über Grund und Zweck des Verfahrens zu unterrichten und hierzu zu hören.“ Ungewohnt klingt auch der Satz: „Ist das Erscheinen des Betroffenen vor Gericht unmöglich, untunlich oder seinem Wohl abträglich, so hat ihn der Richter aufzusuchen.“ Also doch eine ganz andere Ausdrucksweise als jene des Allgemeinen Bürgerlichen Gesetzbuches, das noch bis vor wenigen Jahren von „Rasenden, Wahnsinnigen und Blödsinnigen“ sprach.

Unter welchen Voraussetzungen ist ein Sachwalter zu bestellen? Ein Sachwalter kann nur für jemanden bestellt werden, der an einer psychischen Krankheit leidet oder geistig behindert ist. Weitere Voraussetzung ist, daß die betreffende Person alle oder einzelne ihrer Angelegenheiten nicht ohne Gefahr eines Nachteils für sich selbst besorgen kann.

Das Gericht hat den Sachwalter von Amts wegen oder auf Antrag der behinderten Person selbst zu bestellen. Dritte können die Sachwalterbestellung anregen, ein Antragsrecht steht ihnen nicht zu.

Es gilt das Subsidiaritätsprinzip: ein Sachwalter ist nicht zu bestellen, wenn der behinderten Person in anderer Weise, etwa im Rahmen der Familie oder durch Einrichtungen der Behindertenhilfe, ausreichend geholfen wird.

Wer ist zum Sachwalter zu bestellen? Bei der Auswahl des Sachwalters hat das Gericht auf die zu besorgenden Angelegenheiten, besonders auf die persönlichen Bedürfnisse des psychisch Kranken oder geistig Behinderten, zu achten. In Betracht kommen vor allem eine dem Behinderten nahestehende Person, also besonders ein geeigneter naher Angehöriger, weiters ein Rechtsanwalt (Rechtsanwaltsanwärter) oder Notar (Notariatskandidat), wenn der Sachwalter vorwiegend Rechtskenntnisse haben soll, oder eine von einem Sachwalterverein namhaft gemachte Person.

Welche Aufgaben hat ein Sachwalter? Das Gericht hat den Aufgabenkreis des Sachwalters nach den individuellen Bedürfnissen des psychisch Kranken oder geistig Behinderten festzulegen. So kann der Sachwalter mit der Besorgung einer einzelnen Angelegenheit, etwa mit der Durchsetzung eines Sozialversicherungsanspruchs oder mit der Abwicklung eines Rechtsgeschäfts für den Behinderten, oder mit einer Gruppe von Angelegenheiten, etwa der Verwaltung eines Hauses des Behinderten, betraut werden. Den Endpunkt dieser differenzierten Skala von Hilfsmaßnahmen bildet die Bestellung eines Sachwalters für alle Angelegenheiten. Wesentlich ist, daß das Gericht die jeweils den Bedürfnissen des psychisch Kranken oder geistig Behinderten möglichst angepaßte Maßnahme trifft.

Wenn das Gericht nicht anders bestimmt, hat sich der Sachwalter auch um die Person des Behinderten anzunehmen. So hat er insbesondere dafür zu sorgen, daß die behinderte Person die erforderliche ärztliche und soziale Betreuung erhält.

In den Angelegenheiten, die der Sachwalter für die behinderte Person zu besorgen hat, kommt dieser ein Mitspracherecht zu. Zwar darf der Sachwalter innerhalb seines Aufgabenbereichs auch selbständig für den Behinderten handeln. In wichtigen Angelegenheiten muß er jedoch zuvor den Behinderten informieren, und dieser kann sich zu allen vom Sachwalter beabsichtigten Schritten äußern. Der Sachwalter hat auf die Meinung des Behinderten Bedacht zu nehmen, wenn der Wunsch des Behinderten dessen Wohl nicht weniger entspricht als die vom Sachwalter beabsichtigte Maßnahme.

Das Gericht hat die Tätigkeit des Sachwalters zu überwachen; wichtige Vertretungshandlungen des Sachwalters für die behinderte Person bedürfen zu ihrer Gültigkeit der Genehmigung des Gerichtes. In angemessenen Zeitabständen hat das Gericht zu prüfen, ob die Betreuung der behinderten Person durch einen Sachwalter noch erforderlich oder die Sachwalterschaft nicht aufzuheben oder einzuschränken ist.

Welche Beschränkungen der behinderten Person sind mit der Bestellung des Sachwalters verbunden? Der psychisch Kranke oder geistig Behinderte wird in seiner rechtlichen Handlungsfähigkeit nicht mehr – wie bei der Entmündigung – pauschal wie ein Kind unter sieben Jahren oder ein mündiger Minderjähriger beschränkt, sondern die Beschränkung geht – wie der Aufgabenkreis des Sachwalters – nicht weiter, als das Wohl des Pflegebefohlenen es erfordert.

Durch die Sachwalterbestellung wird die behinderte Person innerhalb des Aufgabenkreises des Sachwalters beschränkt geschäftsfähig. Das heißt, die behinderte Person kann grundsätzlich – wenn ihr nicht, wie es im § 865 ABGB heißt, der „Gebrauch der Vernunft" fehlt – auch innerhalb des Aufgabenkreises des Sachwalters selbst rechtlich handeln; diese Rechtshandlungen bedürfen jedoch zu ihrer Wirksamkeit der Einwilligung des Sachwalters.

Um möglichst auf die Bedürfnisse und Fähigkeiten des einzelnen eingehen zu können, sieht das Gesetz vor, daß das Gericht der behinderten Person auch innerhalb des Aufgabenbereichs des Sachwalters hinsichtlich bestimmter Sachen oder Einkünfte das freie Verfügungsrecht und die freie Verpflichtungsfähigkeit einräumt, wenn dadurch nicht das Wohl der behinderten Person gefährdet wird.

Rechtsgeschäfte in geringfügigen Angelegenheiten des täglichen Lebens, die der Behinderte selbst schließt und erfüllt, wie etwa die täglichen Besorgungen für den Haushalt, sind nach dem neuen Recht jedenfalls – auch ohne Mitwirkung des Sachwalters – wirksam.

Nach dem früheren Recht konnte ein voll Entmündigter kein Testament errichten und auch keine Ehe schließen. Mit der Bestellung eines Sachwalters an sich ist nun nicht mehr volle Testier- oder Eheunfähigkeit verbunden: Wer einen Sachwalter hat, kann an sich – wenn ihm nicht die hiefür erforderliche Einsichtsfähigkeit fehlt – mündlich vor Gericht oder einem Notar eine letztwillige Verfügung errichten und auch – mit Einwilligung des Sachwalters – eine Ehe schließen. Festgehalten hat der Gesetzgeber an der schon mit der Entmündigung verbundenen Rechtsfolge des Ausschlusses vom Wahlrecht zum Nationalrat: Wer einen Sachwalter hat, kann nicht wählen.

Was bedeutet das Sachwaltergesetz für entmündigte Personen? Nach den Übergangsbestimmungen des Sachwaltergesetzes stehen voll oder beschränkt entmündigte Personen gleich, die einen Sachwalter für alle Angelegenheiten haben. Aufgrund der Bestimmung, daß die Sachwalterschaft in angemessenen Zeitabständen auf ihre Notwendigkeit zu überprüfen ist, werden in der Zeit nach dem Inkrafttreten des neuen Rechts die alten Pflegschaftssachen durchgesehen und dahin geprüft werden, ob und in welchem Umfang die behinderte Person der Hilfe eines Sachwalters bedarf.

Das Verfahren

Das Verfahren zur Sachwalterbestellung wird entweder **auf Antrag der behinderten Person** selbst oder **von Amts wegen eingeleitet.** Ein Antragsrecht Dritter, etwa der Angehörigen oder – wie nach der Entmündigungsordnung – des Staatsanwalts, kennt das neue Recht nicht. Das Gericht hat von Amts wegen tätig zu werden, wenn ihm begründete Anhaltspunkte für die Notwendigkeit der Bestellung eines Sachwalters mitgeteilt werden.

Zuständig ist das Gericht, in dessen Sprengel sich die behinderte Person **gewöhnlich** aufhält.

Das Verfahren beginnt damit, daß der Richter mit der behinderten Person ein **Gespräch führt,** sich von ihr einen persönlichen Eindruck verschafft und sie über Grund und Zweck des Verfahrens informiert. Gelangt der Richter dabei zu der Meinung, der Behinderte könnte die Hilfe eines Sachwalters brauchen, so hat er dafür zu sorgen, daß dem Behinderten im Verfahren jemand zur Seite steht. Beauftragt der Behinderte nicht selbst jemanden mit der Wahrnehmung seiner Interessen, so bestellt der Richter für ihn einen **einstweiligen Sachwalter**. Durch diesen einstweiligen Sachwalter wird der Behinderte aber in seinen Rechten im Verfahren nicht beschränkt; er kann selbst Anträge stellen und Rechtsmittel ergreifen. Erfordern dringende Angelegenheiten des Behinderten rasche Hilfe, so kann das Gericht den einstweiligen Sachwalter – noch vor Abschluß des Bestellungsverfahrens – auch mit der Besorgung dieser Angelegenheiten beauftragen.

Über die Sachwalterbestellung ist eine **mündliche Verhandlung** durchzuführen, in der die erforderlichen Beweise aufzunehmen sind. Ein Sachwalter darf nur nach Beiziehung eines Sachverständigen bestellt werden. Das Gutachten des Sachverständigen ist in der mündlichen Verhandlung vorzutragen und zu erörtern. Bei der Prüfung der Notwendigkeit eines Sachwalters ist auch das soziale Umfeld des Behinderten zu berücksichtigen: Nach Tunlichkeit sind der Verhandlung Personen beizuziehen, die dem Behinderten nahestehen.

Der **Beschluß** über die Bestellung des Sachwalters ist der behinderten Person persönlich **zuzustellen** (die Einrichtung des Zustellkurators, dem – statt dem Entmündigten – der Entmündigungsbeschluß zugestellt wurde, gibt es nicht mehr). Der Richter oder – in dessen Auftrag – der Sachwalter hat dem psychisch Kranken oder geistig Behinderten auf geeignete Weise, erforderlichenfalls unter Beiziehung des behandelnden Arztes, den Inhalt des Beschlusses zu erläutern.

Der Beschluß über die Bestellung des Sachwalters wird nicht – wie früher der Entmündigungsbeschluß – an der Gerichts- oder Gemeindetafel angeschlagen oder sonst in einer den Behinderten stigmatisierenden Weise **kundgemacht**. Verständigt sollen nur diejenigen Personen oder Stellen werden, für die die Sachwalterbestellung nach den Ergebnissen des Verfahrens von Bedeutung ist. Wird etwa ein Sachwalter zur Durchsetzung eines sozialversicherungsrechtlichen Anspruchs der behinderten Person bestellt, so braucht dies nur dem betreffenden Sozialversicherungsträger mitgeteilt zu werden.

Legitimation und Namensgebung

Otto Jedermann hat inzwischen sein Studium aufgegeben, weil sein immer besser gehendes Briefmarkengeschäft ihn ganz in Anspruch nimmt. Er ist aus seinem Elternhaus fortgezogen und wohnt bei der jungen hübschen Witwe Ursel Trauernicht, geb. Froh, die aus ihrer Ehe ein dreijähriges Töchterchen hat. Die jungen Leute verlieben sich ineinander, und ihrem Zusammenleben entspringt der Knabe Ali. Dieses Kind wurde unehelich geboren, erhält daher nicht den Namen Jedermann, sondern den Familiennamen der Kindesmutter, das ist jener Name, den die Mutter durch Geburt von ihren Eltern erworben hat. Ausgeschlossen ist der Name, den die Mutter infolge Verheiratung vor der Geburt des unehelichen Kindes führte. Das uneheliche Kind einer Witwe erhält daher nicht den Namen, den die Mutter zur Zeit der Geburt des Kindes führt, sondern ihren **früheren** Namen. Unser Knabe heißt also Froh und bekommt nicht etwa den Namen des verstorbenen Ehemannes Trauernicht. Diese Bestimmung hat wohl ihren Grund darin, daß das uneheliche Kind nicht den Namen eines Mannes tragen soll, von dem es nicht abstammt, auf den aber der Name hinweisen würde.

Durch die Geburt des kleinen Ali, den Otto vom ersten Tag an innigst liebt, wird in ihm der Entschluß bestärkt, Ursel nun endlich zu heiraten. An und für sich hatten sie dies schon immer vor, aber mit Rücksicht auf Ursels **Witwenrente,** auf deren dauernden Bezug sie nicht verzichten wollten, nahmen sie bisher von der Eheschließung Abstand (Lebensgefährtschaft/Rentenkonkubinat).

Ursel und Otto heiraten am 1. August. In ihrem Fall hat die Eheschließung noch die besondere Wirkung, daß Klein Ali dadurch die rechtliche Stellung eines ehelichen Kindes erlangt. Man spricht von einer **Legitimation** des Kindes durch die **nachfolgende Ehe.** Sie wird im Familienbuch (durch Randvermerk zur Heiratseintragung) vom Standesbeamten eingetragen. Wenn nämlich der uneheliche Vater Otto die Mutter seines Kindes, Ursel, heiratet, dann wird das Kind Ali nach § 161 ABGB mit dieser Eheschließung am 1. August ehelich. Es bedarf hiezu weder einer Zustimmung des Kindes, noch kommt es auf den Willen des Vaters an.

Ein uneheliches Kind kann auch noch auf andere Weise die Stellung eines ehelichen erhalten. Aufgrund einer **Legitimation durch Gnadenakt des Bundespräsidenten** kommt es nach § 162

ABGB zu einer solchen Begünstigung, die sich aber nur zwischen dem Vater und dem Kind (nicht gegenüber den Verwandten des Vaters) auswirkt. Erforderlich ist ein Gesuch ans Vormundschaftsgericht und die Zustimmung des Kindes, wenn es großjährig ist; sonst die Einwilligung des Vormundes. Das Gericht veranlaßt die nötigen Erhebungen über das Gesuch und hat insbesondere festzustellen, warum die Eltern nicht geheiratet haben und ob der Vater seiner Unterhaltspflicht nachgekommen ist. Nach diesen Requisitionen wird das Gesuch dem **Gerichtshof I. Instanz**, durch diesen dem **Oberlandesgericht** vorgelegt; von dort geht das Gesuch an das **Bundesministerium für Justiz,** das es dem **Bundespräsidenten** unterbreitet. Die Wirkung dieser komplizierten Legitimation durch das Staatsoberhaupt bestimmt sich nach dem Inhalt des präsidentiellen Privilegs, der sich wiederum nach dem Gesuch richtet. Jedenfalls bleibt aber das Verwandtschaftsverhältnis mit den Verwandten des Vaters ein uneheliches.

Infolge der Legitimation (durch nachfolgende Ehe) heißt der Knabe Ali nicht mehr Froh, sondern Ali Jedermann. Ursels Töchterlein aus erster Ehe führt dagegen den Namen Trauernicht nach ihrem ehelichen Vater. Jedermann will ihr seinen Namen geben. Wie kann er das bewerkstelligen?

Wäre das Mädel ein uneheliches Kind der Ursel aus einer früheren Liebschaft, könnte es den Familiennamen Jedermann dadurch erhalten, daß Otto Jedermann ein „Umschreiben des Kindes" vornimmt. Wer nicht selbst Vater des Kindes ist, kann nach § 165a ABGB dem unehelichen Kind seiner Frau seinen Namen geben, wenn die Mutter und das Kind damit einverstanden sind. Die (nicht mit einer Legitimation zu verwechselnde) **Namensgebung** verlangt eine diesbezügliche Erklärung der Beteiligten in einer öffentlichen Urkunde oder in einer gerichtlich oder notariell beglaubigten Privaturkunde (vgl. Seite 310).

Irgendwelche rechtliche Beziehungen zwischen Otto und dem Kind seiner Ehefrau werden hierdurch nicht begründet; insbesondere kein Erbrecht zwischen ihnen. Der Grund dieser Regelung ist einzig und allein der, nach außen hin nicht gleich den Makel der unehelichen Geburt dadurch in Erscheinung treten zu lassen, daß eines der in der Ehegemeinschaft lebenden Kinder den Mädchennamen der Mutter trägt.

Annahme an Kindes Statt (Adoption)

Da unser kleines Mädchen kein uneheliches Kind, sondern ein Kind Ursels aus erster Ehe ist, kann Otto den eben gewiesenen Weg nicht beschreiten. Er will aber, daß keine Namensverschiedenheit in Schule und Leben zutage tritt. Es ist darum zu prüfen, ob nicht vielleicht Otto Jedermann seine Stieftochter Hanni Trauernicht adoptieren und ihr auf diese Weise seinen Namen geben kann.

Für die sogenannte **Wahlkindschaft** gilt das Adoptionsgesetz vom 17. Februar 1960, dessen Regelung von **drei Grundsätzen** beherrscht wird: das künstliche Eltern- und Kindesverhältnis soll das natürliche möglichst **nachahmen;** regelmäßig soll die Adoption **Ersatz** für fehlende leibliche Nachkommen bieten; sie darf schließlich leibliche Nachkommen **nicht verkürzen.**

Verhilft die Adoption Minderjähriger kinderlosen Personen zu Kindern und elternlosen Kindern zu Eltern, ist sie sozial bedeutsam, und man spricht von einer **starken** Adoption. Wenn dagegen Großjährige adoptiert werden, kann das zum Kauf adeliger Namen oder zur Verdeckung unerlaubter Verhältnisse dienen. Die heutige Anschauung mißbilligt diese **schwache** Adoption ebenso wie die Namensehe.

Das moderne Adoptionsgesetz hat die Vorschriften des ABGB grundlegend geändert. Es **erleichtert die starke Adoption;** die schwache Adoption schließt es zwar nicht aus, läßt sie aber nur aus gerechtfertigten Gründen zu. Ein besonderes Bewilligungsverfahren sucht Mißbräuchen vorzubeugen.

Eine Adoption setzt zu ihrer Wirksamkeit dreierlei voraus:

1. gewisse Voraussetzungen in der Person des Annehmenden;
2. schriftlichen Vertrag;
3. gerichtliche Bewilligung.

Bevor wir diese Voraussetzungen näher betrachten, sei der Unterschied zwischen Adoption und (vorher behandelter) Legitimation kurz festgehalten: Die Legitimation setzt ein natürliches Eltern-Kind-Verhältnis voraus, die Adoption soll ein künstliches schaffen. Die Legitimation betrifft nur eigene, die Adoption in der Regel fremde Kinder, wenn auch die Adoption des eigenen unehelichen Kindes oder eigenen Enkels möglich ist. Die gerichtliche Bewilligung der Adoption ist kein Ermessensakt; die Adoption bedeutet also nicht wie die Legitimation durch den Bundespräsidenten einen Akt der Gnade.

Die künstliche Begründung anderer Verwandtschaftsverhältnisse als durch Adoption war zwar im alten deutschen Recht möglich (Affatomie = Bruderschaft); unser Recht kennt sie nicht mehr.

Die für Otto Jedermann besonders wissenswerten persönlichen **Annahmevoraussetzungen** sind folgende:

1. Der Annehmende muß eine physische Person und eigenberechtigt, d. h. voll handlungsfähig sein.

2. Er darf nicht eine Ordensperson sein, die den ehelosen Stand feierlich angelobt hat.

3. Der annehmende Mann muß das 30. Lebensjahr, die annehmende Frau das 28. Lebensjahr vollendet haben.

4. Nehmen Ehegatten gemeinsam an oder ist das Wahlkind ein leibliches Kind des Ehegatten des Annehmenden, ist eine Unterschreitung dieser Altersgrenze zulässig, wenn zwischen dem Annehmenden und dem Wahlkind bereits eine dem Verhältnis zwischen leiblichen Eltern und Kindern entsprechende Beziehung besteht.

5. Der Annehmende muß mindestens 18 Jahre älter sein als das Wahlkind. Geringfügige Unterschreitung wird zugelassen, wenn bereits eine dem Verhältnis zwischen leiblichen Eltern und Kindern entsprechende Beziehung besteht. Ist das Wahlkind mit dem Annehmenden verwandt oder ein leibliches Kind seines Gatten, genügt ein Altersunterschied von 16 Jahren.

6. Das früher bestandene Erfordernis, daß der Annehmende keine eigenen ehelichen Kinder habe, ist weggefallen. Man erkannte die Vorteile der Geschwistererziehung, doch ist bei der Bewilligung darauf zu achten, daß leibliche Kinder nicht verkürzt werden.

7. Eheleute dürfen in der Regel nur gemeinsam adoptieren. Ein Gatte allein kann nur aus besonders wichtigen Gründen annehmen (z. B. wenn er das eheliche Kind des anderen Gatten adoptiert oder wenn der andere Gatte nicht annehmen kann oder wenn die eheliche Gemeinschaft seit mindestens 3 Jahren aufgehoben ist). Lebensgefährten, aber auch Geschwister, können nicht gemeinsam annehmen.

Die Grundlage der Adoption bildet ein **Vertrag** zwischen Annehmendem und Angenommenem. Der nicht eigenberechtigte Angenommene (volle Adoption) schließt den Vertrag durch seinen gesetzlichen Vertreter. Verweigert dieser ohne gerechtfertigten Grund die Einwilligung, kann das Gericht sie ersetzen. Das Gesetz verlangt für den Adoptionsvertrag **Schriftform.**

Nach Prüfung der bereits aufgezählten Annahmevoraussetzungen und der Gültigkeit des Adoptionsvertrages hat das **Gericht** materiell zu beurteilen und zu entscheiden, ob die Adoption zu bewilligen ist. Das Gericht darf nur bewilligen, wenn folgende Personen **zugestimmt** haben: der eheliche Vater des nicht eigenberechtigten Wahlkindes, sofern ihm nicht die väterliche Gewalt auf immer entzogen ist; die eheliche oder uneheliche Mutter; der Gatte des Alleinannehmenden; der Gatte des Wahlkindes. In allen Fällen kann aber die ohne gerechtfertigten Grund verweigerte Zustimmung durch das Gericht ersetzt werden.

Andere Personen und Behörden brauchen zwar der Adoption nicht zuzustimmen, müssen aber immerhin **angehört** werden. Dazu zählen: das nicht eigenberechtigte Wahlkind; der uneheliche Vater; die Person oder Anstalt, die das Wahlkind in Pflege haben; schließlich die Bezirksverwaltungsbehörde.

Mitunter besteht ein Interesse daran, daß die Angehörigen des Wahlkindes nicht erfahren, wer es adoptiert hat, damit sie nicht später in die Adoptionsfamilie störend eingreifen. Bei solchen **Inkognito-Adoptionen** werden beide Vertragsteile übereinstimmend beantragen, die Adoption sei nur zu bewilligen, wenn alle oder einzelne Zustimmungs- (Anhörungs-)berechtigte auf Mitteilung des Namens und des Wohnortes des Annehmenden und auf Zustellung des Bewilligungsbeschlusses verzichten.

Das Gericht hat zu beurteilen, ob eine dem Verhältnis zwischen leiblichen Eltern und Kindern entsprechende Beziehung besteht oder hergestellt werden soll: bei nicht eigenberechtigtem Wahlkind, ob die Adoption seinem **Wohle** dient; beim eigenberechtigten, ob ein **gerechtfertigtes Anliegen** des Annehmenden oder Angenommenen gegeben ist. Solche Anliegen wären die Fortführung des Familienbetriebes, Pflegebedürftigkeit, unter Umständen auch die Erhaltung des Namens. Die Bewilligung ist zu versagen, wenn ein überwiegendes Anliegen eines leiblichen Kindes des Annehmenden entgegensteht, insbesondere Unterhalt oder Erziehung gefährdet wären oder die Adoption in der ausschließlichen Absicht geschähe, ein leibliches Kind zu schädigen.

Die Frage, von der wir ausgegangen sind, läßt sich nun so beantworten: Infolge der Legitimation des kleinen Ali durch Ursels und Ottos nachfolgende Ehe ist bereits ein eheliches Kind Otto Jedermanns vorhanden. Unter der Voraussetzung, daß dieses leibliche Kind nicht verkürzt wird, kann nach Maßgabe der wiedergegebenen Bestimmungen des Adoptionsrechts die kleine Hanni von Otto Jedermann adoptiert werden.

Wirkungen der Adoption

Wir haben also angenommen, daß alle vorher aufgezählten Voraussetzungen einer Adoption beim annehmenden Otto Jedermann zutreffen würden. Welche Stellung erlangt dann Hanni durch die Annahme an Kindes Statt?

Das Problem besteht bei der Adoption darin, daß das Wahlkind **zwei Familien** hat, nämlich die Wahlfamilie und die leibliche Familie. Hier muß ein **Ausgleich** gefunden werden, wobei das Interesse des Wahlkindes, das im Vordergrund steht, nicht leiden darf. Zugleich trachtet das Gesetz, das Wahlverhältnis im Interesse von Wahlkind und -eltern möglichst **fest und störungsfrei** zu gestalten.

Die Adoption schafft zwar künstlich eine der ehelichen Verwandtschaft gleiche Beziehung; sie beseitigt aber weder die Blutsverwandtschaft und Schwägerschaft zwischen dem Wahlkind und seiner leiblichen Familie, noch begründet sie eine Blutsverwandtschaft und Schwägerschaft mit der Wahlfamilie. Da das Gesetz nunmehr die Adoption auch dann zuläßt, wenn der Annehmende eheliche Kinder hat, bezieht es auch die Nachkommen des Annehmenden ein. Das Wahlkind steht zu ihnen **wie ein eheliches Kind.** Dagegen schließt das Gesetz weiterhin die Eltern des Annehmenden, dessen Geschwister, Neffen, Nichten usw. aus. In unserem Fall treten demnach Karl und Ottilie Jedermann in keinerlei verwandtschaftliche Beziehung zu Hanni. Diese hat folglich jenen gegenüber auch kein Erbrecht.

Das frühere Recht gab zwar dem Wahlkind das Erbrecht nach dem Annehmenden, nicht aber umgekehrt – offenbar, um Mißbräuche auszuschließen. Vermögensjäger sollten nicht kranke reiche Kinder zu adoptieren suchen und auf deren Tod spekulieren! Da das neu eingeführte Bewilligungsverfahren dagegen genügend Garantie bietet, hat das Adoptionsgesetz die Reziprozität und damit in dem oben angegebenen Kreis die Gleichstellung mit der ehelichen Abstammung hergestellt. Im Anerbenrecht gehen allerdings leibliche Kinder (gleich ob ehelich oder unehelich) den Wahlkindern vor.

Adoptiert ein Ehepaar, so tritt der Mann in die Rechte und Pflichten des ehelichen Vaters, die Frau in die der Mutter. Wie ist es aber, wenn nur eine Person adoptiert, z. B. eine Frau? Sie tritt dann in die Rechte der Mutter, der leibliche eheliche Vater des Kindes behält aber die Vaterrechte. Das wird vielfach weder für das Kind zweckmäßig noch vom Adoptierenden gewollt sein. Das Gesetz trägt dem Rechnung und sieht vor, daß der leibliche Elternteil **in das Erlöschen** seiner **Familienrechte einwilligen** kann. Das Band der „Ankindung", wie man die Adoption auch nennt, wird damit zweifellos gefestigt.

Die Ansprüche des Wahlkindes auf Unterhalt, Versorgung, Heiratsgut und Ausstattung gegenüber seinen leiblichen Eltern und die Unterhaltsansprüche der leiblichen Eltern gegenüber dem Wahlkind bleiben aufrecht, doch gehen ihnen die entsprechenden Ansprüche aus der Adoptivfamilie vor.

Aufrecht bleiben auch die gegenseitigen **Erbansprüche** zwischen Wahlkind und seiner leiblichen Familie. Wieder gehen aber die aus der Adoptivfamilie vor. Wenn die Wahleltern und deren Nachkommen gestorben sind und das Wahlkind auch keine Nachkommen hat, besteht freilich die Gefahr, daß das aus der Wahlfamilie stammende Vermögen nicht in sie zurückfällt, sondern auf die leibliche Familie des Wahlkindes übergeht. Ist das Wahlkind nur von einer Person adoptiert worden, wird der Nachlaß zwischen dem Annehmenden und dem andersgeschlechtlichen leiblichen Elternteil ebenso geteilt, wie das bei leiblichen Eltern der Fall ist; und zwar auch dann, wenn der andersgeschlechtliche leibliche Elternteil in das Erlöschen der familienrechtlichen Beziehung eingewilligt hat.

Der Rechtseffekt, daß das Wahlkind einem ehelichen Kind gleichzuhalten ist, findet in der **Namensfolge** seinen Ausdruck. Das Wahlkind erhält bei Adoption durch ein Ehepaar den Ehenamen; adoptiert ein Mann allein, so seinen Namen; eine ledige Frau allein, so ihren Namen; eine Ehefrau allein, so ihren Mädchennamen, doch kann der Ehemann, auch wenn er nicht mitadoptiert, in die Übertragung seines Namens einwilligen. Wenn das Wahlkind seinen Namen von dem des Ehemannes der Wahlmutter ableitet, z. B. sein eheliches oder sein legitimiertes Kind ist, behält es diesen Namen. Wenn die Rechte des ehelichen Vaters des Kindes neben denen der Wahlmutter bestehen bleiben, behält das Kind den Namen des ehelichen Vaters. Das neue Adoptionsrecht erlaubt nicht mehr, daß das Wahlkind seinen früheren Namen mit dem Adoptivnamen verbindet. Wird eine Ehefrau adoptiert, behält sie den Ehenamen, und der Adoptivname tritt latent an die Stelle ihres Mädchennamens.

In unserem Adoptionsfall entstehen weder juristische noch menschliche Schwierigkeiten, weil ja die Namensfolge für Hanni Trauernicht auf **Jedermann** primär angestrebt wurde, weil die Kindesmutter Ursel als Ehefrau des adoptierenden Otto Jedermann bei ihrem Kinde bleibt und Hannis leiblicher Vater gestorben ist.

Widerruf und Aufhebung

Da jede aus dem Konsens und der staatlichen Bewilligung zusammengesetzte Adoption ein Dauerverhältnis begründet, ähneln die durch Widerruf und Aufhebung einer Annahme an Kindes Statt entstehenden Probleme denen des Eherechts. Wurde nämlich die Bewilligung zu Unrecht erteilt, ist sie mit rückwirkender Kraft zu widerrufen (entspricht der Ehenichtigkeitserklärung); weist dagegen der Konsens Mängel auf, ist die Adoption für die Zukunft aufzuheben (entspricht der Eheaufhebung); dasselbe gilt, wenn das Adoptionsverhältnis im Laufe der Zeit mangelhaft wird (entspricht der Ehescheidung).

Zu den **Widerrufsgründen** zählen:

1. Mangelnde Eigenberechtigung des Annehmenden, mangelnde Zustimmung des gesetzlichen Vertreters des nicht eigenberechtigten Wahlkindes.

2. Die gemeinsam Adoptierenden waren im Zeitpunkt der Bewilligung nicht Eheleute. Nachträgliche Nichtigerklärung der Ehe beseitigt das Adoptivverhältnis ebensowenig wie die Ehelichkeit leiblicher Kinder. Wurde ein Wahlkind nacheinander von nicht verheirateten Personen adoptiert, so sind die nachfolgenden Adoptionen zu widerrufen.

3. Die Adoption dient ausschließlich oder vorwiegend dem Namenserwerb oder soll rechtswidrige Geschlechtsbeziehungen verdecken. Die Adoption zum Erwerb der Staatsbürgerschaft ist – zum Unterschied vom Eherecht – nicht genannt. Ferner trifft die Bestimmung nur jene Adoption, die dem Wahlkind die Namensführung ermöglichen soll, besonders den Namenskauf; nicht aber jene Adoption, die im Interesse des Annehmenden die Fortführung des Familiennamens ermöglichen soll. Andere Fälle von Scheinadoption, z. B. der nicht seltene Fall der Adoption zwecks Erwerb von Mietrechten, sind nicht genannt.

4. Mangel der Schriftform, der jedoch heilt, wenn mehr als fünf Jahre verstrichen sind.

Die Vernichtungswirkung bedeutet, daß Leistungen aus dem Adoptionsverhältnis zurückzuerstatten sind.

Als **Konsensmängel** nennt das AdoptionsG List (Täuschung), ferner ungerechte und gegründete Furcht. Der Irrtum ist nicht angeführt. Analog dem EheG muß der Betroffene die Aufhebung binnen Jahresfrist nach Entdeckung der Täuschung oder Wegfall der Zwangslage beantragen.

Als **Mängel im Verlauf des Adoptionsverhältnises** gelten:

1. Die Aufrechterhaltung würde das Wohl des nicht eigenberechtigten Wahlkindes ernstlich gefährden.

2. Die Ehe der Wahleltern ist durch Tod, Aufhebung, Scheidung gelöst oder für nichtig erklärt worden oder der Annehmende ist gestorben **und** die Aufhebung des Adoptionsverhältnisses dient dem Wohle des Kindes **und** widerspricht nicht einem gerechtfertigten Anliegen des Annehmenden, selbst wenn er vorverstorben ist.

3. Ein auf Aufhebung des Adoptionsverhältnisses gerichteter gemeinsamer Willensentschluß des Annehmenden und Angenommenen, vorausgesetzt, daß das Wahlkind eigenberechtigt ist (also nicht durch den gesetzlichen Vertreter des nicht eigenberechtigten Wahlkindes).

Mit Rechtskraft des Aufhebungsbeschlusses entfallen die Wirkungen der Adoption und leben die Beziehungen zur leiblichen Familie wieder auf. Die inzwischen großjährig gewordenen Nachkommen des Wahlkindes behalten jedoch den Namen.

Die Widerrufs- und Aufhebungsgründe sind im Gesetz erschöpfend aufgezählt. Es fällt dabei auf, daß Mangel des Adoptivalters und des Altersunterschiedes keinen Widerrufsgrund abgeben.

Offene Fragen des Adoptionsrechtes

Wird zwischen Annehmendem und Wahlkind eine Ehe geschlossen, ist diese zwar verboten, aber gültig. Nun entsteht die Frage: Was geschieht mit dem Adoptionsverhältnis? Unter den Aufhebungsgründen scheint dieser Fall nicht auf. Die führende Rechtslehre läßt das Adoptionsverhältnis von selbst **enden,** da sonst unerträgliche Folgen einträten: der Angenommene wäre zugleich Gatte und Kind des Annehmenden, die der Ehe entspringenden Kinder wären Geschwister und Kinder des Angenommenen, Kinder und Enkel des Annehmenden.

Auch das Zusammentreffen von Adoption und Legitimation wurde vom Gesetzgeber nicht behandelt. Hat beispielsweise der uneheliche Vater sein Kind adoptiert und später die Mutter des Kindes geheiratet, so überdeckt wohl die **Legitimation** die Adoption. Das Kind hat demnach jetzt die Stellung eines ehelichen auch gegenüber den väterlichen Vorfahren und Seitenverwandten. Wurde hingegen ein außereheliches Kind von dritter Seite adoptiert und später durch nachfolgende Ehe seiner Eltern legitimiert, dürfte die nun einmal bestehende **Adoption** vorgehen, das heißt, die leiblichen Eltern können sich nicht auf die nachträglich entstandenen Rechte ehelicher Eltern berufen.

Pflegekinder, Kostkinder und Stiefkinder

Von der eben ausführlich besprochenen Kindesannahme ist die Übernahme eines Kindes in die Pflege (§ 186 ABGB) genau zu unterscheiden. Ursel und Otto Jedermann wollen uneigennützig einen hübschen Buben mittelloser Eltern in Pflege nehmen. Geht das ohne weiteres?

Zur Zeit können Pflegekinder nach dem **Jugendwohlfahrtsgesetz** nur mit Bewilligung der Bezirksverwaltungsbehörde (Jugendamt) aufgenommen werden.

Bei Pflegekindern handelt es sich zumeist um Kinder, denen die leiblichen Eltern Aufsicht und Erziehung nicht oder nicht in wünschenswerter Weise gewähren können (z. B. uneheliche, verwaiste, verlassene, verwahrloste Kinder). Nach § 5 Abs. 1 des Jugendwohlfahrtsgesetzes dürfen Minderjährige **unter 16 Jahren** nur mit **Bewilligung der Bezirksverwaltungsbehörde** in **fremde** Pflege übernommen werden. Die Bewilligung zur Übernahme eines Pflegekindes wird nur erteilt, wenn die Gewähr für eine sachgemäße Pflege gegeben ist.

Die Pflege ehelicher Minderjähriger durch Verwandte oder Verschwägerte je bis zum dritten Grad oder unehelicher Minderjähriger durch die Mutter, die mütterlichen Großeltern oder den Vater sowie die Pflege der Minderjährigen durch die Wahleltern oder durch den Vormund ist keine fremde Pflege. Abgesehen von dieser eigenen Pflege bedarf auch die Übernahme in fremde Pflege **keiner Bewilligung** in folgenden Fällen:

1. für bloß vorübergehende Dauer, wenn die Pflege nicht gewerbsmäßig gewährt wird;
2. für einen Teil des Tages aus Anlaß eines auswärtigen Schulbesuchs;
3. für einen Teil des Tages, wenn die Pflege nicht regelmäßig gewährt wird;
4. durch Lehrherren zur Ausbildung in einem Gewerbe sowie in der Land- und Forstwirtschaft;
5. durch Anstalten, die der Aufsicht der Unterrichtsbehörde unterliegen;
6. durch Inhaber von Heimen, die zur Übernahme von Pflegekindern bestimmt sind.

Kein Pflegeverhältnis liegt vor, wenn jemand unter Aufsicht der Eltern die Erziehung leitet, z. B. eine ins Haus genommene Erzieherin.

Wo eine Bewilligung erforderlich ist, hat sie jene Person zu beantragen, die das Pflegekind zu übernehmen beabsichtigt. Der Minderjährige kann aber schon vor Erteilung der Bewilligung in Pflege übernommen werden, wenn dies aus Gründen seines Wohles nötig ist. Nur muß in diesem Fall die Bewilligung unverzüglich nach der Übernahme beantragt werden. Wird die Bewilligung verweigert, so hat die Bezirksverwaltungsbehörde die Abnahme des Pflegekindes anzuordnen und bei Gefahr im Verzug sofort zu vollziehen.

Durch bloß **tatsächliche** Übergabe und Übernahme in Pflege entsteht noch kein Pflegevertrag. Kommt es zu einer Vereinbarung über die Pflegeübernahme zwischen den Eltern bzw. dem Vormund und den Pflegeeltern, dann bedarf diese **Vereinbarung,** weil sie eine wichtige Änderung im Leben des Kindes bedeutet, der **Genehmigung des Gerichts.** Durch den genehmigten Pflegevertrag erhalten die Pflegeeltern gegenüber dem Pflegekind den Anspruch auf Gehorsam, Ehrfurcht und Arbeitsleistungen wie gegenüber ehelichen Kindern.

Der Pflegschaftsvertrag kann nur mit vormundschaftsgerichtlicher Genehmigung **aufgehoben** werden.

Die Aufnahme von „Kostkindern" ist keine Übernahme in die Pflege. Hier wird für die Verpflegung und Erziehung des Kindes Entgelt, und zwar ein in der Regel nach Monatsbeträgen pauschaliertes Kostgeld, geleistet.

Durch die Entwicklung des modernen Eherechts, aber auch durch die Verbesserung der Rechtslage der Kinder außerehelicher Abstammung, hat sich der Begriff der Stiefkindschaft wesentlich geändert und erweitert. Dieser Entwicklung und dem modernen allgemeinen Sprachgebrauch entsprechend sind daher unter „Stiefkindern" die leiblichen Kinder des anderen Ehegatten oder aus einer außerehelichen Verbindung zu verstehen, gleichgültig von wem sie versorgt und in wessen Hausgemeinschaft sie aufgenommen werden.

Die Pflegschaft (Kuratel)

Der Ausdruck Pflegschaft oder Kuratel dient aber noch zur Bezeichnung eines ganz anderen, sehr wichtigen und weiten Gebietes. Als **Kuratel** bezeichnet nämlich das Gesetz die Pflegschaft für Personen, die ihre Angelegenheiten nicht selbst besorgen können, die aber **weder unter elterlicher noch unter vormundschaftlicher Gewalt** stehen.

Die Bestellung eines Kurators kann aus sehr verschiedenen Gründen erfolgen. Auch der Wirkungskreis des Kurators ist recht unterschiedlich. Einen sehr begrenzten Umfang hat die Vertretungsbefugnis des **Kollisionskurators** (§ 271 ABGB). Ein solcher wird für Geschäfte zwischen den Eltern und einem minderjährigen Kind oder für Geschäfte zwischen dem Vormund und dem Minderjährigen bestellt; ebenso, wenn ein Vormund für mehrere Minderjährige bestellt wurde und zwischen diesen Minderjährigen Rechtsstreitigkeiten geführt werden müssen. Hier darf nämlich der Vormund keinen von ihnen vertreten. Die Kuratorsbestellung kann auf Antrag oder von Amts wegen erfolgen.

Wer bestellt die Kuratoren? Die Kuratoren werden vom Vormundschaftsgericht bestellt, wobei dieses die gleiche Vorsicht und die gleichen Grundsätze beobachtet wie bei der Bestellung eines Vormunds. Auch das Jugendamt kann zum Kurator bestellt werden.

Möglich ist weiters die Bestellung eines besonderen Kurators für ein dem Minderjährigen gehöriges **unbewegliches Gut** in einem **anderen Bundesland** oder im **Ausland.** Unter Umständen schließt derjenige, der dem Minderjährigen ein Vermögen zugewendet hat, die Verwaltung durch den Vater oder den Vormund aus. Dann muß für dieses **Vermögen** ein besonderer Kurator bestellt werden.

Die Bestimmung des § 275 ABGB über die Kuratorenbestellung für Taubstumme wurde durch das Volljährigkeitsgesetz ersatzlos aufgehoben, wie überhaupt die Bedeutung der Kuratelen in den letzten Jahren stark zurückgegangen ist.

Höhepunkt dieser Entwicklung war die mit 1. Juli 1984 erfolgte Aufhebung weiter Teile der Entmündigungsordnung 1916 durch das Bundesgesetz über die Sachwalterschaft für behinderte Personen, BGBL. 136/1983 (vergleiche Seite 338 ff.). Da es seither keine (volle oder beschränkte) Entmündigung mehr gibt, sondern nur mehr eine „Sachwalterschaft", gibt es auf diesem Sektor auch keine Kuratoren (für voll Entmündigte) oder Beistände (für beschränkt Entmündigte) mehr, sondern nur mehr Sachwalter.

Nach dem Recht des ABGB war mit gewissen Freiheitsstrafen eine Minderung der Handlungsfähigkeit verbunden. Später sind die Beschränkungen der Handlungsfähigkeit für **Kerkersträflinge** beseitigt worden. Daher ist auch die Voraussetzung für die Bestellung eines Kurators für Sträflinge weggefallen. Die tatsächliche Behinderung, die in der Freiheitsstrafe liegt, nötigt den Sträfling, sich bei gewissen Rechtshandlungen vertreten zu lassen. Zu diesem Zweck erteilt er, wie jeder andere, die entsprechenden Vollmachten. Schriftliche Willenserklärungen kann der Sträfling in der Strafanstalt ungehindert selbst abgeben. Hat er aber Rechtshandlungen außerhalb der Strafanstalt vorzunehmen und keinen Sachwalter dazu bestellt, so kann ihm wegen Abwesenheit ein Pfleger (nach § 276 ABGB) bestellt werden.

Die Bestellung eines Kurators für **Abwesende** sieht § 276 ABGB vor, wenn deren Rechte durch Verzug gefährdet oder die Rechte eines anderen in ihrem Gang gehemmt würden. Das gilt besonders für die Fälle eines Rechtsstreites und wird dann durch die Vorschriften der Prozeßgerichte näher geregelt. Der für das Prozeßverfahren bestellte Kurator ist aber nicht zum Exekutionsverfahren berufen. Die **Erschleichung** der Kuratel für jemand, dessen Aufenthalt bekannt ist, macht das Verfahren nichtig.

Die Kriegsereignisse haben häufig bewirkt, daß der Aufenthalt Volljähriger unbekannt geworden ist, wenn sie etwa im Ausland interniert, durch Bomben vertrieben oder auf der Flucht versprengt wurden. In diesem Fall wird für die Abwesenden ein Pfleger bestellt, der ihre Interessen am nunmehr brachliegenden Vermögen wahrnimmt. Wer die Bestellung eines **Abwesenheitskurators** für nötig hält, richtet einen Antrag an das Vormundschaftsgericht. Ein Abwesenheitskurator, wie überhaupt jeder Kurator, kann nur im **Interesse** dessen bestellt werden, für den er tätig werden soll.

Schließlich kennt das Gesetz noch Vorschriften für die Wahrnehmung von Rechten und Interessen **Ungeborener.** Im § 274 ABGB ist Pflegschaft für eine Leibesfrucht und die Kuratel für Unerzeugte vorgesehen.

Bei der Pflegschaft für eine **Leibesfrucht** wird für einen Ungeborenen, der bereits gezeugt ist, ein Sachwalter bestellt. Dann nämlich, wenn Rechtshandlungen notwendig sind, damit die Rechte des noch ungeborenen Kindes erhalten werden. Der Hauptfall sind die Erbserklärung (vgl. Seite 385 und 387) für eine dem Ungeborenen angefallene Erbschaft und die Annahme eines ihm angefallenen Vermächtnisses (vgl. Seite 414 ff.). Voraussetzung ist eine bereits vorhandene Leibesfrucht, weshalb ohne Feststellung einer Schwangerschaft keine solche Kuratorbestellung möglich ist. Die Kuratel für **Unerzeugte** ist genaugenommen nicht Pflegschaft, sondern **Treuhand.**

Eine Kuratorbestellung zur Verhinderung einer rechtmäßigen Abtreibung (z. B. Fristenlösung) ist nicht zulässig, hingegen sehr wohl ein Recht, ohne körperliche Schäden geboren zu werden (Rummel: Kommentar zum ABGB, Band I, Seite 231).

Die Todeserklärung

Karl Jedermanns Schwester Susanne ist mit dem Völkerkundler Dr. Hans Forschmann verheiratet. Sein Beruf bringt es mit sich, daß er oft auf Reisen ist und an Expeditionen teilnimmt. Als er 1968 von einer mehrmonatigen Expedition in die brasilianischen Urwälder nicht zurückkehrt, gibt sich seine Frau Susanne noch der Hoffnung hin, daß er infolge der dortigen unzulänglichen Verkehrswege länger als erwartet für die Rückreise brauchen würde. Doch die Jahre vergehen, und Susanne hört von ihrem Mann nichts mehr. Schließlich wird das Schlimmste befürchtet.

Da die Ehe kinderlos war, ist Susanne sehr einsam. Als sie auf einer Gesellschaft nun den Studienrat Dr. Buch kennen und im weiteren Umgang schätzen lernt, ist sie geneigt, ihn zu heiraten. Was kann sie tun, um sich den Weg für die neue Ehe freizumachen?

Susanne muß um die **Todeserklärung** des Dr. Forschmann ansuchen. Die Möglichkeit, eine Person für tot zu erklären, die verschollen ist, beurteilt sich nach den Rechtsvorschriften über Verschollenheit und das Verfahren zum Zwecke der Todeserklärung und der Beweisführung des Todes. Das derzeit maßgebende **Todeserklärungsgesetz 1950** stellt auf die Verschollenheit ab.

Verschollen ist, wessen Aufenthalt längere Zeit hindurch unbekannt ist – **ohne** daß **Nachricht** darüber vorliegt, ob er in dieser Zeit noch gelebt hat –, wenn sein Fortleben ernstlich bezweifelt werden kann. Man unterscheidet verschiedene **Arten der Verschollenheit:** 1. allgemeine Verschollenheit, 2. Kriegsverschollenheit, 3. Unfallsverschollenheit, 4. See- und Luftverschollenheit.

Auf den Fall des Dr. Forschmann trifft § 3 des Todeserklärungsgesetzes zu.

Bei der allgemeinen Verschollenheit ist die Todeserklärung zulässig, wenn seit dem Ende des Jahres, in dem der Verschollene nach den vorhandenen Nachrichten noch gelebt hat, zehn Jahre vergangen sind.

Wenn der Verschollene zur Zeit der Todeserklärung das 80. Lebensjahr vollendet hätte, genügen fünf Jahre Verschollenheit. Vor dem Ende des Jahres, in dem der Verschollene das 25. Lebensjahr vollendet hätte, darf er nicht für tot erklärt werden.

Da Dr. Forschmann seit 1968 verschollen ist – er war damals 35 Jahre alt –, kann seine Frau Susanne ab 1979 die Todeserklärung beantragen.

Das Todeserklärungsgesetz 1950 kennt neben der allgemeinen Verschollenheit noch eine See- und eine Luftverschollenheit und eine besondere Gefahrenverschollenheit mit kürzeren Fristen von drei Monaten bis zu einem Jahr. Kommen z. B. bei einem Explosionsunglück eine Anzahl Menschen um, die sich nicht mehr identifizieren lassen, und wird seitdem ein im Gelände tätig gewesener Arbeiter vermißt, so kann er nach Ablauf eines Jahres seit der Katastrophe für tot erklärt werden.

Wie wird der Tod des Menschen bewiesen?

Der Beweis des Todes erfolgt durch die **Sterbeurkunde,** die aufgrund der Totenbeschau des Amtsarztes ausgestellt wird. Falls eine Totenbeschau nicht durchgeführt werden kann, ist ein besonderes **Verfahren zum Beweis des Todes** erforderlich. So z. B., wenn sich jemand vor den Augen mehrerer Passanten in die Donau stürzt, versinkt und kein Leichnam gefunden wird. Maßgebend wurde das sogenannte Ringtheatergesetz vom 16. Februar 1883, RGBl Nr. 20.

Zur Todeserklärung eines Verschollenen ist der **Gerichtshof erster Instanz** zuständig, in dessen Sprengel der Verschollene seinen letzten Wohnsitz oder in Ermangelung eines Wohnsitzes seinen letzten Aufenthalt hatte. Es entscheidet der Einzelrichter nach den Vorschriften über das gerichtliche Verfahren in Rechtsangelegenheiten außer Streitsachen.

Antragsberechtigt im Todeserklärungsverfahren sind außer dem Ehegatten die ehelichen Abkömmlinge und die Eltern des Verschollenen sowie jeder andere, der ein rechtliches Interesse an der Todeserklärung hat, z. B. ein Verlobter. Ferner der gesetzliche Vertreter des Verschollenen und auch die Staatsanwaltschaft. Zur Vertretung des Verschollenen im Verfahren kann ein Kurator bestellt werden.

Da der verschollene Dr. Forschmann vor seiner letzten Expedition in Salzburg wohnte, stellt Susanne den auf der folgenden Seite wiedergegebenen Antrag.

Aufgrund dieses Antrages der Ehefrau leitet der Gerichtshof nunmehr das **Ediktalverfahren** ein.

In dem Edikt ergeht die Aufforderung an den Verschollenen, sich binnen einer Ediktalfrist (mindestens sechs Wochen) zu melden, widrigenfalls er für tot erklärt werden kann. Ferner ergeht die Aufforderung an alle, die Auskunft über den Verschollenen geben können, dem Gericht innerhalb der Ediktalfrist davon Anzeige zu erstatten. Das Edikt wird in die für Kundmachungen bestimmte amtliche Zeitung („Wiener Zeitung") eingeschaltet und außerdem an der Gerichtstafel angeschlagen.

Ergeben sich aufgrund dieser Aufforderung keine Tatsachen, die der Annahme, daß Forschmann tot ist, entgegenstehen, so entscheidet das Gericht auf erneutes Ansuchen über das Begehren um Todeserklärung durch Beschluß. Es spricht die To-

Susanne Forschmann
Luisenstraße 18
5020 Salzburg

Salzburg, den ...

An das
Landesgericht
Salzburg

Antrag auf Ausspruch einer Todeserklärung

Die Unterzeichnete ist die Ehefrau des Dr. Hans Forschmann, wohnhaft in Salzburg. Dr. Forschmann ist seit einer Expedition in die brasilianischen Urwälder 1968 vermißt.

Zur Glaubhaftmachung dieser Behauptung füge ich bei:

1. Schreiben des österreichischen Botschafters in Brasilien vom 15. Dezember 1968 an die Unterzeichnete in beglaubigter Abschrift.

Ich versichere ferner an Eides Statt, daß ich seit jener Zeit keinerlei Nachrichten von meinem vermißten Mann erhalten habe. Ich füge ferner bei:

2. die Heiratsurkunde;
3. eine Mitteilung der Suchkartei des Österreichischen Roten Kreuzes, daß keinerlei Anhaltspunkte für den Verbleib meines Ehemannes vorhanden sind.

Susanne Forschmann, geb. Jedermann

(Der Antrag braucht nicht beglaubigt zu werden; Durchschrift für die eigenen Akten zurückbehalten.)

deserklärung des Dr. Hans Forschmann aus. In dem Beschluß wird als Zeitpunkt des Todes der 31. Dezember 1973 angegeben (dies deshalb, weil sich für den Zeitpunkt des Todes keinerlei Anhaltspunkte finden lassen; § 9 TEG). Der Beschluß wird Frau Susanne Forschmann zugestellt und ist nach den gleichen Grundsätzen wie das Edikt öffentlich bekanntzumachen. Gegen den Beschluß kann Rechtsmittel durch jeden, der an der Aufhebung der Todeserklärung oder der Berichtigung des Zeitpunktes der Todeserklärung ein rechtliches Interesse hat, eingelegt werden.

Die Todeserklärung begründet die Vermutung, daß Dr. Forschmann zu dem im Gerichtsbeschluß festgestellten Zeitpunkt gestorben ist. Die Todeserklärung wird beim Standesamt in einem besonderen

Verzeichnis eingetragen, nicht etwa im Sterbebuch, da der Tod ja nur vermutet wird.

Susanne kann nunmehr den Studienrat Dr. Buch heiraten.

Wäre eine Verlobung zwischen Susanne und Dr. Buch schon vor der Todeserklärung möglich gewesen? Ja und nein! Wir müssen juristisch den Vorgang genau unterscheiden:

Einmal hat man es mit dem Eheversprechen zu tun, das ist die **Verlobung.** Zum anderen handelt es sich um einen Zustand des Sich-gebunden-Fühlens, das ist das **Verlöbnis.** Verlobungen als Eheversprechen eines noch Verheirateten müssen nichtig sein, da sie gegen das Gesetz und die guten Sitten verstoßen; sie sind mit dem Wesen der Ehe des verheirateten Teils unvereinbar. Anders, wenn ein Verheirateter ein Verlöbnis unter der Bedingung eingeht, daß eine Ehe in absehbarer Zeit aufgelöst wird, z. B. als Folge der beantragten Todeserklärung oder auch für den Fall einer in Aussicht genommenen Scheidung. In diesen Fällen ist das Verlöbnis als Zustand wirksam begründet. Im Gegensatz zur Ehe und zum Eheversprechen können an das Verlöbnis aufschiebende **Bedingungen** und **Befristungen** geknüpft werden.

Es gibt auch eine kirchliche Todeserklärung, die für Brautleute wichtig ist, die sich auch kirchlich trauen lassen wollen. Wenn ein Teil der Brautleute verwitwet ist und ein amtlicher Totenschein (Sterbeurkunde) des verstorbenen Ehegatten nicht beigebracht werden kann, ist die Trauung möglichst zeitig, wenigstens aber **sechs Wochen** vor der beabsichtigten kirchlichen Eheschließung beim zuständigen Pfarramt zu melden, damit die in einem solchen Fall notwendige **kirchliche Todeserklärung** rechtzeitig durchgeführt werden kann (Anordnung des Erzbischöflichen Ordinariats Wien).

Aufhebung der Todeserklärung

Susanne hat Dr. Buch geheiratet und ist auch in der neuen Ehe recht glücklich. Da geschieht ein Jahr später das Wunder: ein Telegramm berichtet, daß Dr. Forschmann in Rio de Janeiro eingetroffen ist. Er erwarte sehnsüchtig seine Frau Susanne tags darauf am Flughafen Wien-Schwechat.

Die Todeserklärung, die nur die Vermutung für Forschmanns Tod erbrachte, hat seine alte Ehe noch nicht aufgelöst. Als aber Susanne aufgrund der Todeserklärung die neue Ehe mit dem Studienrat Dr. Buch einging, wurde die frühere Ehe aufgelöst. Sie bleibt es auch dann, wenn die Todeserklärung nunmehr aufgehoben wird.

Dr. Forschmann kann nämlich nach § 23 TodeserklärungsG bei dem Gericht, das seinen Tod erklärt hat, den Antrag stellen, die Todeserklärung wieder aufzuheben. Wenn der für tot Erklärte persönlich vor Gericht erscheint und die Aufhebung der Todeserklärung verlangt, so hat das Gericht **ohne weiteres Verfahren** die **Aufhebung** der Todeserklärung auszusprechen. Voraussetzung ist, daß die Identität des Antragstellers mit dem für tot Erklärten **unzweifelhaft** feststeht.

In unserem Fall gelingt die Aufhebung ohne weiteres. Nun müßte das Standesamtsregister wieder berichtigt werden. Dr. Forschmann kann sein Vermögen zurückverlangen. Ansprüche gegen Personen, die Vermögensstücke erworben haben, sind je nach deren Redlichkeit oder Unredlichkeit zu beurteilen.

Susanne bleibt aber mit dem Studienrat Dr. Buch verheiratet. Sie könnte jedoch nach § 44 EheG die Aufhebung der Ehe mit Buch im Wege der **Aufhebungsklage** begehren, da sie bei der Eheschließung nicht gewußt hat, daß ihr für tot erklärter erster Ehegatte die Todeserklärung überlebt hat. Sie kann sich diesen Entschluß ein Jahr, gerechnet ab Erhalt des Telegramms, überlegen; nach Ablauf dieser Frist ist die Aufhebungsklage nicht mehr möglich.

Wenn die Aufhebung der Ehe mit Buch durchgeführt ist, kann Susanne – solange Dr. Forschmann lebt – nur noch die Ehe mit diesem eingehen. Denn sie soll durch die Aufhebung der Buchschen Ehe nur den Weg zu ihrer alten Ehe freimachen können, dies aber nicht als Mittel zu dem Zweck benutzen können, einen anderen Mann zu ehelichen. Der Grundgedanke der vorstehenden Bestimmungen ist darin zu suchen, daß eine Frau wie Susanne in dem vorstehenden Fall durch das Wiederauftauchen ihres ersten Mannes in einen Gewissenskonflikt geraten ist. Es wäre möglich, daß sich eine Frau noch so sehr an den ersten Mann gebunden fühlt, daß ihr die zweite Ehe unerträglich wird.

Sollte nach erfolgter Aufhebung der zweiten Ehe die Wiederverheiratung Susannes und Hans Forschmanns scheitern, z. B. weil dieser sich inzwischen anderweitig bindet, so wird jetzt durch die gesetzliche Regelung für Susanne ein recht merkwürdiger Rechtszustand geschaffen. Zwar ist es bestimmender Zweck des § 44 EheG, dem zweimal verheirateten Gatten die Rückkehr zu seinem früheren Gatten zu ermöglichen, also diesen neuerlich zu heiraten; trotzdem wird der Aufhebungsklage auch dann stattgegeben, wenn diese Wiedervereinigung aus tatsächlichen oder rechtlichen Gründen nicht möglich ist. Was, wenn z. B. der heimgekehrte Völkerkundler nach Überwindung des ersten Schmerzes selbst wieder geheiratet hätte oder wenn er geisteskrank wäre? Susanne kann auch dann ihre Ehe mit Dr. Buch zur Aufhebung bringen. Die Ehe des Zurückgekehrten könnte ja vielleicht wieder aufgelöst werden, seine Geisteskrankheit wäre vielleicht zu heilen. Zu Lebzeiten des Heimkehrers ist es Susanne verboten, einen anderen Mann als diesen zu heiraten. Eine Befreiung wird **nicht** erteilt.

Zusammengefaßt ergeben sich also für unseren Fall der irrtümlichen Todeserklärung folgende Möglichkeiten:

1. Susanne verbleibt in der Ehe mit Dr. Buch.
2. Susanne bringt die Ehe mit Dr. Buch zur Aufhebung und bleibt allein.
3. Susanne bringt die Ehe mit Dr. Buch zur Aufhebung und heiratet Dr. Forschmann zum zweitenmal.
4. Susanne bringt die Ehe mit Dr. Buch zur Aufhebung und heiratet nach dem Tode Dr. Forschmanns einen dritten Mann.
5. Susanne bringt die Ehe mit Dr. Buch durch Scheidung zur Auflösung (soferne ein Scheidungsgrund gegeben ist) und bleibt entweder allein oder heiratet einen beliebigen anderen Mann.

Die Ehescheidung und ihre Folgen

Ulrikes Ehe steht unter keinem glücklichen Stern. Ihr Ehemann, der Inhaber des „Modesalons des Westens", unterhält ehewidrige Beziehungen zu den Mannequins und geht nach der Geburt des Kindes Konrad seine eigenen Wege. Ulrike beklagt sich häufig bei ihrem Vater, und Opapa Karl Jedermann sieht schließlich ein, daß der Fortbestand dieser Ehe sie nur unglücklich machen würde. Er rät daher zur Scheidung.

In Österreich ist das deutsche Ehegesetz vom 6. Juli 1938 – unter Ausscheidung einiger Bestimmungen, die mit der sogenannten Rassengesetzgebung und mit der Bevölkerungspolitik im Zusammenhang standen – heute noch geltendes, aber mehrfach novelliertes Recht. Es kennt eine Scheidung der Ehe mit völliger **Lösung des Ehebandes** aus bestimmten Gründen. Gerichtliche Aufhebung ist also das Wesen der sogenannten **neuen Scheidung** zum Unterschied von der **alten Scheidung** (von Tisch und Bett), die bloß die Aufhebung der Lebensgemeinschaft bedeutet hat.

Während noch zu Beginn unseres Jahrhunderts gerichtliche Ehelösungen so gut wie keine Rolle spielten, zeigen die Ehescheidungen in den späteren Jahren ein stärkeres Ansteigen. Dieser Anstieg erreichte 1948 einen „Rekord" von rund 14.000 geschiedenen Ehen. Auch derzeit gibt die Scheidungsziffer zur Beunruhigung Anlaß.

Ulrikes Ehe ist offensichtlich nicht mehr zu retten. Tiefbekümmert zieht man also Jedermanns erprobten Hausanwalt, den in Ehesachen besonders tüchtigen Dr. Heinz Rasch, zu Rate. Nach einer informativen Besprechung übernimmt Dr. Rasch Ulrikes rechtsfreundliche Vertretung.

Nicht jede Ehescheidung muß in einen erbitterten Kampf ausarten. Am zweckmäßigsten ist es, wenn beide Parteien die für den Ehescheidungsprozeß vorgesehenen Rechtsanwälte veranlassen, sich vorher zu besprechen.

Welches Gericht ist für **Ehesachen** zuständig? Unter Ehesachen versteht man Klagen auf Scheidung, Aufhebung oder Nichtigerklärung einer Ehe sowie auf Feststellung des Bestehens oder Nichtbestehens der Ehe. Nach § 76 JN ist die sachliche Zuständigkeit des **Gerichtshofes** (Landes- oder Kreisgericht) und die örtliche Zuständigkeit wie folgt geregelt:

1. Grundsätzlich ist der Gerichtshof des **gemeinsamen** oder letzten gemeinsamen **gewöhnlichen Aufenthaltes** der Ehegatten im Inland maßgebend, vorausgesetzt, daß noch einer der Gatten im Zeitpunkt der Klage im Sprengel dieses Gerichts wohnt.

2. Für die Begründung eines gewöhnlichen Aufenthaltes ist erforderlich, daß dieser eine gewisse **Dauer** hat und dort auch tatsächlich der **Mittelpunkt des ehelichen Lebens** liegt.

3. Besteht kein gemeinsamer gewöhnlicher Aufenthalt oder wohnt bei Klageerhebung kein Teil mehr im Sprengel des dortigen Gerichts, wird der gewöhnliche Aufenthalt des **Beklagten** entscheiden.

4. Besteht auch kein solcher Aufenthalt des Beklagten, ist der Gerichtshof am gewöhnlichen Aufenthaltsort des **Klägers** und in letzter Linie das **Landesgericht für Zivilrechtssachen in Wien** zuständig.

5. Ab 1. Jänner 1986 sind für alle Streitigkeiten über die Scheidung, Aufhebung oder Nichtigerklärung einer Ehe ausschließlich die Bezirksgerichte (Familiengerichte) zuständig. Von da an gibt es also keine Scheidungsprozesse beim Landes- oder Kreisgericht mehr.

Es ist verständlich, daß Ulrike ein Rachebedürfnis hat und möglichst zu erreichen suchen wird, daß die Ehe wegen der von Ottomar begangenen **Ehebrüche** geschieden wird. Sie würde dadurch einmal erreichen, daß im Urteil als Scheidungsgrund das Verhältnis mit der **Ehebrecherin,** dem Mannequin Lola, aufscheint. Außerdem würde auf ihre **Privatanklage** hin ein Strafverfahren gegen Ottomar Gras und Lola wegen **Ehebruchs** gemäß § 194 StBG eingeleitet werden. Von Amts wegen, also durch den Staatsanwalt, wird Ehebruch nicht verfolgt.

Zur Befriedigung einer solch kleinlichen Rache bringt Ulrike in den Ehescheidungsprozeß viel Schärfe, was wieder dazu führt, daß Ottomar sich mit allen Mitteln wehren wird. Auch Ulrike wird nicht während der ganzen Ehezeit ohne Fehler gewesen sein. Wir haben schon dargelegt, wie umfangreich die Skala der Verpflichtungen in einer Ehe ist. Ob nun Ulrikes Verfehlungen wirklich schwerwiegend sind oder nicht, der erbitterte Ottomar wird seinen Prozeßbevollmächtigten veranlassen, alles und jedes, was nur irgendwie Ulrike belasten kann, vorzutragen. Er wird behaupten und dafür Beweis antreten, daß sie zänkisch war, daß sie häufig grundlos Launen hatte, daß sie körperlich unsauber sei und ihm häßliche Szenen vor anderen Leuten gemacht habe usw. usf. Mag sich schließlich auch nur ein Bruchteil all dieser Behauptungen als wahr erweisen, die seelischen Aufregungen für Ulrike in diesem Prozeß, der sich bei der Vielzahl der gegenseitigen Vorwürfe über Monate, wenn nicht Jahre hinziehen wird, wiegen schließlich den Erfolg nicht auf, daß tatsächlich die Ehe wegen Ehebruchs des Ehemannes geschieden wird.

Auf Anraten des Dr. Rasch ist also Ulrike damit einverstanden, daß mit dem Prozeßbevollmächtigten des Ottomar Gras dahin verhandelt wird, daß Ottomar zugeben wird, die Ehe dadurch zerrüttet zu haben, daß er sich nicht mehr um seine Gattin gekümmert hat, mit anderen Frauen tanzen gegangen ist und mit ihnen auch Zärtlichkeiten ausgetauscht hat.

Jetzt kann vor dem **Notar** gewissenhaft ein **Unterhaltsvertrag** geschlossen werden, wonach z. B. Ottomar in Zukunft für das Kind Konrad einen monatlichen Unterhalt von S 1500,– zu Handen Ulrikes zahlen wird. Ferner verpflichtet er sich, als Unterhalt für die schuldlos geschiedene Ehefrau monatlich S 4500,– zu zahlen.

Nunmehr wird Dr. Rasch die Ehescheidungsklage einbringen und erreichen, da die Parteien untereinander einig sind, daß die Ehe mit der Alleinschuld des beklagten Ehemannes geschieden wird. Der Prozeß wird auch außerordentlich schnell zu Ende gehen. Wenn der mit dem Ehescheidungsakt Ulrike gegen Ottomar Gras befaßte Richter, der Landesgerichtsrat Dr. Kluge, aus den bisher gewechselten Schriftsätzen ersieht, daß der Rechtsstreit sich mühelos erledigen lassen wird, setzt er einen nahen Termin an. Er wird auch auf das persönliche Erscheinen der durch ihren Rechtsanwalt vertretenen Prozeßparteien Wert legen, wenn nicht wichtige Gründe dagegen sprechen. Dazu verpflichtet ihn § 460 Z. 1 Z PO.

Da beide Anwälte übereinstimmend auf Rechtsmittel verzichten und dadurch das Urteil sofort rechtskräftig werden lassen, wird der Prozeß beim ersten Termin endgültig erledigt. Allerdings muß das Urteil noch **zugestellt** und die Zustellung von den Parteien **erlebt** werden. Wenn also ein Teil zwischen Verkündung und Zustellung des Urteils sterben sollte, wäre die Ehe nicht durch Scheidung aufgelöst worden.

Läßt sich eine gütliche Einigung nicht erzielen, z. B. weil Ottomar der Ansicht ist, er werde eine Mitschuld seiner Ehefrau erreichen und dadurch von jeder Unterhaltsverpflichtung ihr gegenüber enthoben, so muß Ulrike den dornenvollen Weg einer durchkämpften Ehescheidung gehen und alles an Tatsachen ihrem Anwalt vortragen, was ihrer Meinung nach ihrem Ehemann als Eheverfehlung angelastet werden kann.

Sie soll ruhig auch solche Tatsachen ihrem Anwalt mitteilen, die schon einige Jahre zurückliegen. Zwar ist es an und für sich richtig, daß in einem Ehescheidungsprozeß nur solche ehewidrigen Tatsachen interessieren, die **nach** dem **letzten ehelichen Verkehr** liegen. Zur Illustrierung und Verdeutlichung solcher Eheverfehlungen können jedoch auch weiter zurückliegende Tatsachen herangezogen werden. Dr. Rasch wird sich mit Geduld Ulrikes Schilderungen anhören, die entscheidenden Stellen aus ihrer Darstellung notieren und diese dann verwenden.

Wie steht es mit den **Verfahrensvorschriften** in Ehesachen? Welche Besonderheiten gelten hier? Was muß beim **Eheprozeß** unbedingt beachtet werden?

Grundsätzlich sind auf das Eheverfahren die **Vorschriften der ZPO** anzuwenden. Es werden jedoch von den Grundsätzen der ZPO gewisse Ausnahmen gemacht. Vor allem ist zu beachten: Vergleiche, Anerkenntnis- und Verzichtsurteile sind in „reinen" Ehesachen (bei denen es also nicht um Geld oder sonstige Vermögenswerte geht) unzulässig. Die Ehescheidungsklage kann auch **zu Protokoll** gegeben werden. Es besteht **relativer Anwaltszwang.** Wir wissen schon, was das heißt: Es bedarf keiner Vertretung im Prozeß, wird aber ein Vertreter bestellt, dann ist ein Anwalt zu bestellen.

Es findet keine erste Tagsatzung statt. Im Protokoll sind auch die Geburtsdaten und die Religion der Parteien, Anzahl und Alter ihrer Kinder und der Zeitpunkt des Abschlusses ihrer Ehe festzuhalten sowie, ob Ehepakte errichtet worden sind.

Ein Abwesenheitskurator kann zwar die beklagte Partei vertreten, ist aber nicht zur Erhebung einer Klage im Eheverfahren befugt.

Bestritten ist, ob im Eheprozeß ein **Ruhen des Verfahrens** in Betracht kommt. Eher aber neigt man zur Ansicht, daß ein Ausbleiben beider Parteien **nicht** die Wirkung des Ruhens auslöst. Das Gericht kann auch unter Verzicht auf das Erscheinen beider ordnungsgemäß geladenen Parteien das Urteil fällen.

Im Scheidungsverfahren hat das Gericht am Beginn der mündlichen Streitverhandlung zunächst eine Versöhnung der Ehegatten anzustreben (Versöhnungsversuch) und überdies in jeder Lage des Verfahrens, soweit tunlich, auf eine Versöhnung hinzuwirken. Früher hieß der Versöhnungsversuch „Sühneversuch", obwohl es dabei ja nicht um Sühne, sondern um Versöhnung geht. Außerdem war er zur reinen Formsache degradiert, der meist von keinem der Beteiligten ernst genommen wurde. Daher wurde er auch vielfach „erlassen", weil er ohnedies aussichtslos schien.

Die Verhandlung in Ehesachen ist **nicht öffentlich.** Es handelt sich um eine der in der Verfassung vorgesehenen Ausnahmen von der Öffentlichkeit der Gerichtsverhandlungen. Doch gilt der Ausschluß der Öffentlichkeit nicht für die Verkündung des Urteilsspruches, wohl aber für die Gründe. Die Beteiligten brauchen also nicht zu fürchten, daß die lieben Nachbarn und Freunde neugierig der Verhandlung beiwohnen. Das Urteil wird allerdings wieder nach Herstellung der **Öffentlichkeit** verkündet. Jedoch werden dabei nicht die Gründe verlesen, sondern nur das sogenannte **Urteilstenor,** also ungefähr bloß die Sätze: „Die zwischen den Streitteilen am . . . vor dem Standesamt . . . geschlossene Ehe wird mit der Wirkung geschieden, daß mit Rechtskraft des Urteils die Ehe aufgelöst ist. Die beklagte Partei ist an der Scheidung der Ehe schuldig und hat die Kosten dieses Rechtsstreites binnen 14 Tagen bei sonstiger Exekution zu bezahlen."

Viele Ehescheidungen werden heute **mit Verfahrenshilfe** durchgeführt. Über die Voraussetzungen für die Gewährung der Verfahrenshilfe wurde schon gesprochen. Die Verfahrenshilfe selbst wird erst vom **Gericht** bewilligt, und zwar dann, wenn die Klage genügend Aussicht auf Erfolg verspricht und die wirtschaftlichen Voraussetzungen vorliegen. Es darf sich um keine mutwillige Prozeßführung handeln.

Dies ist bei Ulrike nicht der Fall, weshalb ihr die Verfahrenshilfe bewilligt werden wird.

Die **Mitwirkung des Staatsanwalts** wurde in Ehesachen stark eingeschränkt, und zwar auf die Fälle der Nichtigkeitsklage und der Klage auf Feststellung des Bestehens oder Nichtbestehens einer Ehe. In den Fällen der Scheidungs- und Aufhebungsklage ist ein vom deutschen Eherecht vorgesehenes Mitwirkungsrecht entfallen, es handelt sich jetzt um reine Privatsachen.

Die Tendenz des Eheverfahrens geht dahin, bei Scheidungen und Aufhebungen die **amtliche Wahrheitsforschung** auf die **ehefreundlichen** Tatsachen einzuschränken. Alle Gründe, die gegen die Aufrechterhaltung der Ehe sprechen, werden nicht von Amts wegen erforscht. Auch der Staatsanwalt war nur berechtigt, ehefreundliche Tatsachen und Beweismittel gegen den Willen des Klägers vorzubringen. Will das Gericht eine nicht vorgebrachte ehefeindliche Tatsache berücksichtigen, so muß es dazu die Zustimmung des Klägers einholen.

So groß die grundsätzliche Bedeutung dieser Vorschrift ist, so gering ist ihre praktische. Die eine Lösung der Ehe erstrebende Partei wird ohnedies zur Durchsetzung ihres Prozeßstandpunktes alle irgendwie verwertbaren Umstände in weit größerem Maße heranziehen, als dies dem Gericht praktisch möglich wäre.

Im Nichtigkeitsverfahren und im Verfahren zur Feststellung des Bestehens oder Nichtbestehens einer Ehe wird dagegen nicht zwischen ehefreundlichen und ehefeindlichen Tatsachen unterschieden. Es gilt hier der Grundsatz der amtlichen Wahrheitsforschung **uneingeschränkt.**

Da wir jetzt davon ausgehen, daß ein reguläres Scheidungsverfahren in Gang kommt, wird die ganze schmutzige Wäsche der Gras-Ehe gewaschen. Ulrike bringt sämtliche Verfehlungen Ottomars vor; Ottomar wiederum kann sich gegen die von Ulrike über ihren Rechtsanwalt eingebrachte Klage mit **Einreden** verteidigen. Oder er kann auch seinerseits eine **Gegen-** oder **Widerklage** erheben, über die das Gericht im selben Verfahren entscheiden wird.

Ehescheidungsgründe

Voraussetzung für jede Ehescheidung ist ein Scheidungsgrund. Die **Scheidungsgründe** müssen **nach** der Eheschließung entstanden sein und sind im Ehegesetz abschließend aufgezählt. Diese Gründe sind so umgrenzt, daß sie einen gewissen Spielraum lassen und dadurch der Vielfalt des Lebens entsprechen. Zwei Grundsätze, das Verschulden und die Zerrüttung, standen dabei dem Gesetzgeber zur Wahl. Das Ehegesetz hat zwischen dem **persönlichen** Prinzip des **Verschuldens** und dem **sachlichen** Grundsatz der **Zerrüttung** einen Mittelweg gewählt. Dadurch ergibt sich folgende Einteilung der Scheidungsmöglichkeiten nach dem derzeit geltenden Eherecht:

I. Scheidung wegen Verschuldens (Eheverfehlungen)

Ehebruch

§ 47. (1) Ein Ehegatte kann Scheidung begehren, wenn der andere die Ehe gebrochen hat.

(2) Er hat kein Recht auf Scheidung, wenn er dem Ehebruch zugestimmt oder ihn durch sein Verhalten absichtlich ermöglicht oder erleichtert hat.

Objektiver Tatbestand des § 47 ist die schuldhafte Vollziehung des Beischlafs mit einer Person anderen Geschlechts, die nicht der Ehegatte ist. Beischlafähnlicher oder anormaler Verkehr fällt nicht unter § 47. Einen Ehebruch kann nur begehen, wer schuldhaft handeln kann. Daher ist der Tatbestand des § 47 nicht erfüllt, wenn der Beklagte geisteskrank oder geistesgestört ist oder wenn der Ehebrecher durch Drohung oder Gewalt zum außerehelichen Beischlaf gezwungen wurde. Auch ein Ehebruch, der im Zustand der Volltrunkenheit begangen wird, begründet keinen Scheidungsgrund nach § 47 (wohl aber eine schwere Eheverfehlung). Der Ehebruch des vermindert Zurechnungsfähigen gibt einen Scheidungsgrund ab, sofern er seinen Grund nicht in einer geistigen Störung hat und deswegen nicht als Eheverfehlung betrachtet werden kann. Der **Vorsatz** des Ehebrechers muß das Bewußtsein umfassen, daß er verheiratet ist und daß er mit einem Dritten anderen Geschlechts, der nicht sein Ehegatte ist, den Beischlaf vollzieht. Die irrige Annahme des Ehebrechers von der Zustimmung des Ehegatten entschuldigt nicht.

Sieht der gekränkte Ehegatte die Ehe weder objektiv noch subjektiv als zerrüttet an und verlangt er die Scheidung nur aus gekränkter Ehre oder Eitelkeit, Stolz oder Rachebedürfnis, könnte eine erhaltenswürdige Ehe geschieden werden, so daß in diesem Fall die Lehre vom absoluten Scheidungsgrund überprüfungsbedürftig ist.

War der Ehebruch nicht Ursache, sondern Folge einer Ehezerrüttung, war also die Ehe schon vor dem Ehebruch zerbrochen, sei es durch Umstände, die keiner der beiden Gatten zu verantworten hat, sei es durch Verschulden des Ehebrechers oder des anderen Gatten, kann keiner der Ehegatten den Ehebruch in dem Sinn als ehezerstörend empfinden, daß dadurch die lebendige Gemeinschaft zerstört worden wäre, die ja schon vor dem Ehebruch nicht mehr bestand. Der Ehebruch kann dann nur in dem Sinn als ehezerstörend empfunden werden, daß dadurch auch das Eheband nicht mehr als erhaltenswürdig erscheint. Es kann also derjenige Gatte, durch dessen bisheriges Verhalten die Ehe unheilbar zerrüttet wurde, einen Ehebruch des Verlassenen nicht als Scheidungsgrund geltend machen, weil er durch sein Verhalten gezeigt hat, daß ihm das Eheband nichts bedeutet, er es daher auch durch den Ehebruch des anderen nicht als verletzt erachten kann.

Ein als ehestörend empfundener Ehebruch kann nur verziehen werden. Die im voraus erteilte Zustimmung ist jederzeit für die Zukunft widerrufbar.

Die nach einem Ehebruch erteilte, als Verzeihung geltende Zustimmung ist insoweit widerruflich, als sie sich auf die Zukunft bezieht.

Auf Scheidung wegen Ehebruchs darf nicht erkannt werden, wenn der Kläger sein Scheidungsbegehren lediglich auf schuldhafte Zerrüttung stützt, auch wenn das Gericht einen Ehebruch für erwiesen ansieht; hierbei ist zu beachten, daß das Ehegesetz durch die Einführung des Wortes „sonstige" in § 49 die Scheidungsgründe des Ehebruchs und der schuldhaften Zerrüttung voneinander abgrenzt. Wird trotzdem wegen Ehebruchs geschieden, so sind beide Parteien beschwert. Andererseits kann nicht wegen Zerrüttung geschieden werden, wenn die Klage lediglich auf Ehebruch gestützt und dieser nicht als erwiesen betrachtet wird. Hat der Kläger Scheidung aus § 47 und wegen schuldhafter Zerrüttung beantragt, so ist er durch die Scheidung wegen der Zerrüttung nur dann beschwert, wenn er den Ehebruch ausdrücklich in erster Linie geltend gemacht hat. Der Kläger kann die Staffelung der Scheidungsgründe bis zur letzten mündlichen Verhandlung zweiter Instanz, gegebenenfalls im Zusammenhang mit einer Anschlußberufung, vornehmen. Der Kläger ist nicht beschwert, wenn er Scheidung wegen Zerrüttung und Ehebruchs begehrt hat und nur wegen Ehebruchs geschieden ist. Andererseits liegt eine Beschwer des Beklagten, der aus § 47 und § 49 verklagt ist, darin, wenn er nicht nur wegen Zerrüttung nach § 49 geschieden wird, sondern auch wegen Ehebruchs. Der Beklagte kann die Berufung darauf beschränken, daß die Scheidung nicht aus § 47, sondern aus § 49 ausgesprochen werden sollte. Tritt das Berufungsgericht dem bei, so ist dem Rechtsmittel stattzugeben und entsprechend zu erkennen. Begehrt die Berufung des Beklagten jedoch Abweisung der Scheidung, so braucht die Anwendung des anderen Scheidungsgrundes durch das Berufungsgericht im Spruch des zweitinstanzlichen Urteils nicht zum Ausdruck zu kommen; in diesem Fall genügt es, wenn die Tatsache, daß im Gegensatz zur ersten Instanz nicht aus § 47, sondern aus § 49 geschieden wird, aus den Gründen ersichtlich ist.

Verweigerung der Fortpflanzung

§ 48. Ein Ehegatte kann Scheidung begehren, wenn der andere sich ohne triftigen Grund beharrlich weigert, Nachkommenschaft zu erzeugen oder zu empfangen, oder wenn er rechtswidrig Mittel zur Verhinderung der Geburt anwendet oder anwenden läßt.

Nach § 48 kann die Scheidung der Ehe verlangt werden, wenn sich der Ehepartner trotz der beharrlichen Forderung des anderen nach Nachkommenschaft ohne triftigen Grund beharrlich weigert, Nachkommenschaft zu erzeugen oder zu empfangen oder wenn der Partner rechtswidrige Mittel zur Verhinderung der Geburt (chemischer oder mechanischer Art) anwendet oder anwenden läßt (Abtreibung). In beiden Fällen ist, da es um eine Scheidung wegen Verschuldens geht, die subjektive Vorwerfbarkeit des Verhaltens Scheidungsvoraussetzung.

Der erste Tatbestand verlangt, daß ein fortpflanzungsfähiger Ehegatte sich ohne triftigen Grund beharrlich weigert, Nachkommenschaft zu erzeugen, wenn der Ehemann der sich weigernde Teil ist; zu empfangen, wenn die Ehefrau der sich weigernde Teil ist.

Andere Eheverfehlungen

§ 49. Ein Ehegatte kann Scheidung begehren, wenn der andere durch eine sonstige schwere Eheverfehlung oder durch ehrloses oder unsittliches Verhalten die

Ehe schuldhaft so tief zerrüttet hat, daß die Wiederherstellung einer ihrem Wesen entsprechenden Lebensgemeinschaft nicht erwartet werden kann. Wer selbst eine Verfehlung begangen hat, kann die Scheidung nicht begehren, wenn nach der Art seiner Verfehlung, insbesondere wegen des Zusammenhangs der Verfehlung des anderen Ehegatten mit seinem eigenen Verschulden sein Scheidungsbegehren bei richtiger Würdigung des Wesens der Ehe sittlich nicht gerechtfertigt ist.

Der Begriff **schwere Eheverfehlungen** wird einmal allgemein durch das Wesen der Ehe und zum anderen durch die konkrete Gestaltung des ehelichen Verhältnisses der Ehegatten bestimmt. Die Eheverfehlung verlangt objektiv einen Verstoß gegen die Pflicht des Ehegatten, die Ehegemeinschaft zu erhalten und zu vertiefen. Ein Verhalten, das dem sich aus dem Wesen der Ehe ergebenden, jeder Ehe immanenten inneren Gesetz widerstreitet, ist objektiv eine Eheverfehlung, wenn es ohne Rücksicht darauf, wie es von den Ehegatten empfunden wird, seiner Natur nach mit dem Wesen der Ehe unvereinbar ist. Umgekehrt ist aber ein Verhalten, das seiner Natur nach im Hinblick auf die durch das Wesen der Ehe bedingten Normen nicht ehestörend sein kann, ohne Rücksicht darauf, wie es von dem betroffenen Ehegatten empfunden wird, keine Eheverfehlung (z. B. Handlungen im Notstand). Schließlich gibt es auch Handlungen, die in jeder Ehe schwere Eheverfehlungen sind, und solche, für die das in keiner Ehe zutrifft.

Ein Verhalten, das allein auf den Zustand der **Volltrunkenheit** zurückzuführen ist, ist mangels Verantwortlichkeit des Ehegatten keine Eheverfehlung. Die schwere Eheverfehlung kann aber darin liegen, daß sich der Ehegatte in diesen Zustand versetzt hat, besonders dann, wenn er damit rechnen mußte, daß er sich in dieser Lage in einer Weise verhalten werde, die eine schwere Eheverfehlung sein würde, wenn er dafür verantwortlich gemacht werden könnte.

Ist das ehewidrige Verhalten des Ehegatten nur eine verständliche und natürliche **Reaktion** auf ein ehewidriges Verhalten des anderen Ehegatten, ist der Schuldvorwurf geringer. Dies ist insbesondere dann der Fall, wenn die Verfehlung auf berechtigte Erregung oder begründete oder dem Anschein nach begründete Eifersucht zurückzuführen ist. Das Verhalten eines geistig voll verantwortlichen Ehegatten kann aber seiner Natur nach so schwer ehewidrig sein, daß es auch im Hinblick auf ein vorangegangenes grob ehewidriges Verhalten des anderen Ehegatten seinen Charakter als schwere Eheverfehlung nicht verliert.

Ehrlos ist ein Verhalten, das den **allgemeinen Ehrbegriffen, unsittlich** ein Verhalten, das den **allgemeinen sittlichen Anschauungen** widerspricht, ohne daß es dabei auf die Einstellung einzelner Volksschichten zu Ehre und Sittlichkeit ankommt.

Die **Ehezerrüttung** ist ein in der Psyche des Klägers eingetretener Zustand, der seinen Ausdruck in dem unwiederbringlichen Verlust der ehelichen Gesinnung findet. Es handelt sich dabei um einen inneren, dem Seelen- und Empfindungsleben angehörenden Vorgang, der nicht die Geschäftsfähigkeit des verletzten Ehegatten voraussetzt. Das eheliche Gefühl muß beim Kläger zerstört sein, so daß ihm der Wille, die Ehe fortzusetzen, verlorengegangen ist. Die bei ihm eingetretene Entfremdung muß derart sein, daß es ihm nicht mehr möglich ist, seinem Ehegatten die ihm nach dem Wesen der Ehe geschuldete Liebe und Achtung entgegenzubringen. Diese Abkehr kann sich unbewußt und vom Willen des betroffenen Ehegatten unbeeinflußt als Folge der ihm zugefügten Kränkung ergeben, sie kann aber auch mit auf einem Willensentschluß beruhen. Es ist aber gleichgültig, ob das eine oder das andere der Fall ist, da es keinem Ehegatten zum Vorwurf gemacht werden kann, wenn er sich wegen der ihm durch eine schwere Eheverfehlung zuteil gewordenen Kränkung vom anderen Ehegatten abwendet. Diese Abkehr muß aber Ausdruck des eigenen Wesens des verletzten Ehegatten sein (also nicht etwa unter Einfluß der Eltern).

Entscheidend dafür, ob ein Ehegatte die eheliche Gesinnung in dieser Weise verloren hat, ist seine subjektive Einstellung und sein Empfinden. Eine Verfehlung kann auf den einzelnen je nach seiner Veranlagung oder seinem eigenen Verhalten verschieden wirken. Die Tiefe der Zerrüttung hängt davon ab, wie stark die Verletzung vom klagenden Ehegatten empfunden worden ist; entscheidend ist die sittliche Wertung des Verhaltens des schuldigen Teils durch den Kläger. Nach dem Grad der Zerrüttung ist zu beurteilen, ob zuverlässige Aussichten für eine Wiederherstellung der ehelichen Gemeinschaft vorhanden sind. Es reicht allerdings die berechtigte Annahme, daß die häusliche Gemeinschaft aufrechterhalten oder wiederaufgenommen wird, nicht ohne weiteres aus, da die Fortsetzung oder Wiederherstellung der häuslichen Gemeinschaft häufig von Zweckmäßigkeitserwägungen und nicht von der inneren Einstellung der Ehegatten abhängig sein kann. Jedenfalls muß der Verlust der ehelichen Gesinnung objektiv eingetreten sein, und die bloße Tatsache, daß der gekränkte Ehegatte die Scheidungsklage eingebracht hat, berechtigt nicht zu der Annahme, daß die Ehe in seiner Person unheilbar zerrüttet ist.

Verschulden

Die Feststellung einer bestehenden Zerrüttung genügt für eine Ehescheidung aus dem Verschulden des anderen Ehegatten nicht, wenn nicht bewiesen wird, daß die Zerrüttung durch ein schuldhaftes Verhalten, nämlich durch schwere Eheverfehlungen des beklagten Gatten, verursacht wurde. Eine schwere Eheverfehlung muß nicht immer mit bösem Vorsatz begangen werden. Unter Umständen kann eine bloß fahrlässig begangene Handlung eine schwere Eheverfehlung begründen. Guter Glaube aber schließt ein schuldhaftes Verhalten aus.

Schuldfähigkeit im Sinne des § 49 ist nicht gleichzustellen mit Deliktsfähigkeit. Auch eine 16jährige Ehefrau ist für die von ihr begangenen Eheverfehlungen verantwortlich, falls ihr Verhalten nicht auf einer geistigen Störung beruht.

Handlungen und Äußerungen schwangerer Frauen sind mit Rücksicht auf die mit einem solchen Zustand nicht selten verbundene herabgesetzte Zurechnungsfähigkeit mit weitgehender Nachsicht zu beurteilen.

Eine **Reaktionshandlung** liegt nur dann vor, wenn sie durch ein **unmittelbar** vorhergehendes Verhalten des anderen Ehegatten veranlaßt ist. Hat sie sich im Rahmen des nach den Umständen des Einzelfalles zulässigen Ausmaßes gehalten, stellt sie überhaupt keine Eheverfehlung dar. Nur soweit das Verhalten über den Rahmen der zulässigen Reaktion hinausgeht oder sonst als Eheverfehlung anzusehen ist, unterliegt es der Beurteilung nach § 49 Satz 2. Gehen ein unbeherrschtes Verhalten und Tätlichkeiten über das Maß einer zulässigen Reaktion hinaus, stellen sie schwere Eheverfehlungen dar.

Berechtigte Reaktion

Als berechtigte Reaktionshandlungen werden angesehen:

- die Äußerung zum Ehegatten, er möge seine Sachen nehmen und gehen, wenn dieser vorher wiederholt sagte, er wolle wegziehen;
- die Ausweisung aus der Ehewohnung und Beschimpfungen als Reaktion auf einen nicht ohne Folgen gebliebenen Ehebruch und den Vorschlag einer Scheidung;
- Einstellung der Wirtschaftsführung durch die Frau nach wiederholten Beschimpfungen durch den Mann im alkoholisierten Zustand;
- Eifersuchtsszenen im Zusammenhang mit einem stattgefundenen Ehebruch bzw. bei einem Verhalten, das Eifersucht rechtfertigt;
- Verweigerung des ehelichen Verkehrs bei feststehendem ehewidrigem Verhalten des Mannes zu einer anderen Frau oder wegen ständiger Trunkenheit;
- Vorhaltungen wegen späten Heimkommens und Beschimpfungen (Hurenhund) als Reaktion auf Verweigerung der Auskunft über den Verbleib und Verhöhnung;
- Beschimpfungen mit Hurenkerl in Verbindung mit ehebrecherischen Beziehungen des Mannes;
- Beschimpfungen (Trottel, blöd usw.) als Reaktion auf vorangegangene Beleidigungen etc.

Unberechtigte Reaktion

Als unberechtigte Reaktion und damit als Eheverfehlung werden angesehen:

- Zerreißen des Hochzeitsbildes wegen zu knappem Wirtschaftsgeld;
- Verschließen der Wohnungstüre und Steckenlassen des Schlüssels innen als Reaktion auf das späte Heimkommen;
- Beschimpfungen und Eifersuchtsszenen bei einem bloß unbegründeten Verdacht auf ehewidrige Beziehungen;
- Anfertigen eines Nachschlüssels zum Schreibtisch des Ehepartners;
- nicht ernst gemeinter Selbstmordversuch;
- Ehebruch und Ehestörung;
- Versendung offener Karten mit ehrenrührigem Inhalt;

- reine Bosheitsakte können nicht als entschuldbare Reaktionshandlungen gewertet werden;
- Kränkung wegen eines angeborenen Leidens;
- zwei Tage und zwei Nächte dauerndes Fernbleiben nach einem heftigen Streit;
- Boxhiebe und Werfen von Gegenständen nach Kenntnis eines Ehebruchs.

Eheverfehlung

Eheverfehlung ist jede Verletzung einer ehelichen Pflicht (Treuepflicht, Fürsorgepflicht, Achtungspflicht, Hingabepflicht, Pflicht zur häuslichen Gemeinschaft). Jeder Ehegatte ist verpflichtet, dem anderen nicht nur die Ausübung der ehelichen Rechte zu gestatten und möglich zu machen, sondern auch ihm die Erfüllung der ehelichen Pflichten zu ermöglichen. Die eheliche Gemeinschaft verpflichtet zur gegenseitigen Achtung, Rücksichtnahme und zum ehrlichen Bemühen, dem anderen Ehepartner das Zusammenleben erträglich zu machen.

Um Scheidungsgrund zu sein, **muß die Eheverfehlung schwer sein.** Da sie, um Scheidungsgrund zu sein, den Erfolg haben muß, die Ehe so tief zu zerrütten, daß die Wiederherstellung der Lebensgemeinschaft nicht zu erwarten ist, ergibt sich, daß schwer nur eine Eheverfehlung ist, die im konkreten Fall die Lebensgemeinschaft zerstört hat.

Die Wiederholung oder langanhaltende Dauer einer Verfehlung kann eine an sich leichte Verfehlung zu einer schweren machen. Es kann aber auch ohne Wiederholung einzelner Verfehlungen gleichsam durch eine Häufung verschiedener Verfehlungen verschiedener Art das Gesamtverhalten eines Ehegatten als schwere Eheverfehlung beurteilt werden. Ein solches Gesamtverhalten verliert auch nicht dadurch den Charakter einer schweren Verfehlung, daß die ersten Verfehlungen verziehen sind. Leichte Verfehlungen können das Faß zum Überlaufen bringen, besonders wenn schwere Verfehlungen vorangegangen sind. Verfehlungen eines Ehegatten, dem schon viel verziehen wurde, wiegen schwerer als erste Verfehlungen. Im allgemeinen übernimmt aber der Ehegatte, der eine schwere Verfehlung verzeiht, damit die Pflicht, seinerseits die Ehe so gut als möglich zu gestalten.

Diebstahl und Betrug sind schwere Eheverfehlungen, sofern der andere Ehegatte nicht daran teilgenommen und sie nicht gebilligt hat.

Ausübung eines **schimpflichen Gewerbes** (Zuhälter, Dirne), **lasterhafter Lebenswandel** (Rauschgiftsucht) und **unzüchtiges Verhalten** (Perversitäten, gleichgeschlechtliche Beziehungen, gewohnheitsmäßige Onanie) sind ebenfalls schwere Eheverfehlungen.

Liebesbeziehungen des Ehegatten zu einer anderen Person sind eine schwere Eheverfehlung. Aber auch das **grundlose Aufsuchen einer andersgeschlechtlichen Person** in deren Wohnung durch einen Ehegatten **gegen den ausgesprochenen Willen** des anderen Ehegatten ist eine schwere Eheverfehlung. Der Ehegatte muß darauf bedacht sein, alles zu vermeiden, was geeignet ist, Zweifel an seiner ehelichen Treue zu erwecken, so daß ein objektiv berechtigter Verdacht nicht entstehen kann.

Schwere Eheverfehlung ist die **Mitteilung intimer Vorgänge** des Ehelebens an Dritte, eine **zu starke geschlechtliche Inanspruchnahme** des anderen Ehegatten oder **beleidigende** Hinweise auf **verminderte sexuelle Leistungsfähigkeit.**

Andauerndes **liebloses** und geradezu **feindseliges Verhalten** stellt sich als eine schwere Eheverfehlung dar. Schwere Eheverfehlungen sind ferner **Mißhandlungen** des Ehepartners, Mißhandlung der Kinder, **ständige Streitigkeiten,** Zanksucht, **Eifersuchtsszenen** und **schwere Beschimpfungen,** die nicht durch das Verhalten des anderen Teiles ausgelöst werden, **Bedrohungen** des Ehepartners, **Vernachlässigung der Unterhaltspflicht,** arge und durch längere Zeit anhaltende und auf Böswilligkeit beruhende **Vernachlässigung des Haushalts,** freundschaftlich **vertrauter Verkehr mit einer Person des anderen Geschlechts,** wenn er gegen den ausdrücklichen oder erkennbar gezeigten Willen des anderen Gatten fortgesetzt wird, **Kleinlichkeit** bei der Hingabe des **Haushaltsgeldes, eigenmächtige Verfügung über Hausrat, Einbeziehung von Kindern in eheliche Streitigkeiten,** eigenmächtige **Aufhebung der Ehegemeinschaft ohne besonderen Grund, Vernachlässigung der Kindererziehung, Trunkenheitsexzesse, Arbeitsunwilligkeit** einer Jungbäuerin, **Nichtmitwirkung im bäuerlichen Betrieb.**

Als schwere Eheverfehlungen werden angesehen der **Vorwurf eines blutschänderischen Ver-**

hältnisses, die **Entwendung von Filmen** und das **Öffnen der Post, Alkoholisierung** und damit verbunden eine Verunreinigung der Wohnung, **Erstattung von unbegründeten Anzeigen,** gewaltsames Aufbrechen einer Lade und **Ansichnahme der Korrespondenz** des Ehepartners, **Aufhetzen der Kinder** gegen den anderen Elternteil, das eigenmächtige Wegbringen der Kinder, die **Verweigerung des ehelichen Verkehrs,** sofern nicht berechtigte Gründe dafür vorhanden sind, die **völlige Vernachlässigung der Familie** in der Weise, daß ein Ehepartner seine Freizeit grundsätzlich nicht mit Frau und Kind verbringt, **eine einmalige Mißhandlung,** wenn sie in Gegenwart von Außenstehenden begangen wurde und damit eine Demütigung darstellt, bewußte **zynische Kränkung** des anderen Ehegatten, länger dauerndes **beharrliches Schweigen, berufsschädigende Kritik** vor dritten Personen, **Szenen am Arbeitsplatz,** das Installieren einer **Abhöranlage,** Szenen, wenn der **Ehemann zu Sitzungen** geht, ständige **Rechthaberei und Nörgelei,** eigenmächtiges Abheben von Spareinlagen, das Verschweigen des Einkommens.

Ein **Selbstmordversuch,** der ein durch den Ehepartner veranlaßter Verzweiflungsakt war, ist keine Eheverfehlung.

Die **gerechtfertigte Geltendmachung von Unterhaltsansprüchen** ist keine Eheverfehlung.
Eine tätliche Beleidigung ohne jede Folge, die vom anderen Ehegatten **provoziert** wurde, ist keine schwere Eheverfehlung.

Anzeigen, die aus Besorgnis um die eigene Sicherheit erstattet werden, sind keine schweren Eheverfehlungen.

Milieubedingte Entgleisungen besitzen nicht das Gewicht von schweren Eheverfehlungen.

Eheverfehlungen, die in einer rechtskräftig abgewiesenen Scheidungsklage ohne Erfolg geltend gemacht wurden, können auch nicht unterstützungsweise in einem späteren Scheidungsverfahren gemäß § 59 Abs. 2 herangezogen werden.

Ehezerrüttung

Nicht jede Eheverfehlung ist auch ehezerrüttend. **Zerrüttung der Ehe liegt vor, wenn die sittlichen Grundlagen der Ehe zerstört sind,** wenn also die geistig-seelisch-körperliche Gemeinschaft zwischen den Ehegatten wenigstens auf einer Seite auch subjektiv zu bestehen aufgehört hat.

Als Anzeichen dafür, daß Zerrüttung vorliegt, kann lediglich das Empfinden besonders des klagenden Ehegatten gewertet werden; es kommt darauf an, in welcher Weise die Verfehlungen auf den anderen wirken. Es ist also das Vorliegen des Bewußtseins notwendig, daß eine Zerstörung der Ehe vorhanden ist. Es handelt sich in diesem Zusammenhang um mehr oder weniger psychologische Fragen, bei denen der Richter Gelegenheit nehmen wird, sich ein erschöpfendes Bild über die inneren Vorgänge in der Ehe zu machen.

Die Bereitwilligkeit des schuldigen Ehegatten zur Fortsetzung des Ehe ist für die Beurteilung der Ehezerrüttung unerheblich.

Einer zufolge der Jugend der Streitteile auf Überempfindlichkeit und trotzige Unnachgiebigkeit zurückgehenden **Überbewertung von Vorfällen** fehlt die Eignung, eine Ehe unheilbar zu zerrütten.

Die **Bereitwilligkeit des schuldigen Gatten zur Fortsetzung der Ehe und seine Zusicherung, sich zu ändern,** sind für die Beurteilung der Ehezerrüttung unbeachtlich. Zerrüttung liegt auch vor, wenn die eheliche Gesinnung auch nur bei einem Gattenteil zerstört ist. Es kommt entscheidend darauf an, ob das Verhalten des schuldigen Teils geeignet war, dem anderen Gatten die Fortsetzung der Ehe unerträglich zu machen, und ob es auch diese Wirkung gehabt hat.

Die Ehezerrüttung braucht **nicht sofort und auf einmal** eingetreten sein. Nach § 59 Abs. 2 können auch verjährte Eheverfehlungen unterstützungsweise geltend gemacht werden, wenn nur eine neue Pflichtverletzung hinzugekommen ist, die nicht schwer zu sein braucht.

Eine **bereits bestehende Zerrüttung** kann durch eine Eheverfehlung noch weiter vertieft werden. War aber die Ehe schon so tief zerrüttet, daß eine weitere Zerrüttung nicht eintreten konnte, ist ein ursächlicher Zusammenhang zwischen einer neuer Verfehlung und der Zerrüttung im allgemeinen nicht vorhanden.

II. Scheidung aus anderen Gründen

Auf geistiger Störung beruhendes Verhalten

§ 50. Ein Ehegatte kann Scheidung begehren, wenn die Ehe infolge eines Verhaltens des anderen Ehegatten, das nicht als Eheverfehlung betrachtet werden kann, weil es auf einer geistigen Störung beruht, so tief zerrüttet ist, daß die Wiederherstellung einer dem Wesen der Ehe entsprechenden Lebensgemeinschaft nicht erwartet werden kann.

§ 50 gibt dem einen Ehegatten in den Fällen das Recht auf Scheidung, in denen der andere Ehegatte ein ehebrecherisches oder ehewidriges Verhalten an den Tag legt, das zwar ein rechtes eheliches Zusammenleben unmöglich macht, das aber zu einer Scheidung nach den §§ 47 oder 49 nicht führen kann, weil der andere Ehegatte wegen einer dauernden krankhaften geistigen Veranlagung nicht oder zumindest nicht voll verantwortlich zu machen ist. § 50 entspricht also in **objektiver** Beziehung dem § 49 Satz 1, fordert aber im Gegensatz dazu in **subjektiver** Beziehung kein Verschulden des Beklagten hinsichtlich seines Verhaltens und der dadurch entstandenen Ehezerrüttung.

Scheidungsgrund des § 50 ist nicht die geistige Störung an sich, sondern die Tatsache, **daß die Ehe durch ein objektiv schwer ehewidriges Verhalten, für das der beklagte Ehegatte nicht oder nicht voll verantwortlich gemacht werden kann, unheilbar zerrüttet ist.**

Im Fall des § 50 wird die Ehe geschieden wegen des Verhaltens (Dauerzustand, nicht einmaliges Ereignis) des beklagten Ehegatten und dessen Auswirkung auf die Ehe trotz des Bestehens der geistigen Störung, während im Fall des § 51 die Ehe wegen der geistigen Erkrankung und ihrer Auswirkung auf die Ehe geschieden wird. Scheidungsgrund im Fall des § 51 ist das Bestehen der geistigen Erkrankung, das dazu geführt hat, daß die geistige Gemeinschaft der Ehegatten auf immer aufgehoben ist. Es wird nicht verlangt, daß der beklagte Ehegatte sich ehewidrig verhält oder daß die Ehe unheilbar zerrüttet ist. Eine zerrüttete Ehe ist auch dann zu scheiden, wenn die Krankheit geheilt ist, aber eine Wiederherstellung der Gemeinschaft nicht erwartet werden kann.

Ein Geisteskranker ist prozeßunfähig. Das Gericht hat in diesem Fall auch von Amts wegen darauf zu achten, den Prozeß nicht mit dem Beklagten selbst und mit dessen frei gewähltem Vertreter, sondern mit einem gesetzlichen Vertreter des Beklagten abzuführen.

Geisteskrankheit

§ 51. Ein Ehegatte kann Scheidung begehren, wenn der andere geisteskrank ist, die Krankheit einen solchen Grad erreicht hat, daß die geistige Gemeinschaft zwischen den Ehegatten aufgehoben ist, und eine Wiederherstellung dieser Gemeinschaft nicht erwartet werden kann.

Nach § 51 ist die **Geisteskrankheit** (nicht Geistesschwäche) **als solche der Scheidungsgrund,** ohne daß es darauf ankommt, ob der Kranke besondere (objektive) Ehewidrigkeiten begangen hat. Die Geisteskrankheit im Sinne des § 51 setzt eine schwere Regelwidrigkeit des Geisteszustandes voraus, ohne daß die medizinischen Begriffsbestimmungen maßgebend sind. Das Gericht hat aber die Pflicht, einen Sachverständigenbeweis über den Geisteszustand des Beklagten aufzunehmen.

Zur **geistigen Gemeinschaft** gehört einmal das Bewußtsein beider Ehegatten, daß ihre Ehe ein auf sittlichen Rechten und Pflichten beruhendes Lebensverhältnis ist, ferner die sich daraus ergebende Anteilnahme an dem geistigen Leben des anderen, an seinem und dem der gemeinsamen Kinder körperlichen und geistigen Wohl und schließlich die Bestätigung dieser Anteilnahme in Gefühlsäußerungen und Handlungen, die ein Ausdruck gemeinsamen Denkens und Fühlens sind. Die geistige Gemeinschaft ist aufgehoben, wenn dieses Verhältnis zerstört ist, wenn der kranke Ehegatte unfähig ist, an dem Lebens- und Gedankenkreis des anderen teilzunehmen, oder wenn seine krankhafte geistige Verfassung dem anderen ein gemeinsames, dem Wesen der Ehe entsprechendes Denken, Empfinden und darauf beruhendes Handeln unmöglich macht.

Die Scheidung kann nur dann verlangt werden, wenn eine Wiederherstellung der geistigen Gemeinschaft nicht erwartet werden kann. Das bedeutet, daß eine Wiederherstellung der geistigen Gemeinschaft zwar nicht unmöglich, nach den Erkenntnissen der ärztlichen Wissenschaft aber unwahrscheinlich ist. Ist der gesunde Ehegatte durch sein Verhalten in der Lage, die geistige Gemeinschaft wiederherzustellen, wird ihm ein derartiges Verhalten zur Pflicht gemacht, und sein Klagebegehren ist abzuweisen.

Ausgeschlossen ist die Scheidung unter dem Gesichtspunkt der **Härteklausel** des § 54.

Ansteckende oder ekelerregende Krankheit

§ 52. Ein Ehegatte kann Scheidung begehren, wenn der andere an einer schweren ansteckenden oder ekelerregenden Krankheit leidet und ihre Heilung oder die Beseitigung der Ansteckungsgefahr in absehbarer Zeit nicht erwartet werden kann.

Beim Vorliegen der in § 52 bezeichneten Krankheiten, die ansteckend oder ekelerregend, schwer und von Dauer sind, ist ein rechtes eheliches Zusammenleben nicht möglich, so daß ohne Rücksicht auf eine Zerrüttung oder ein Verschulden des so erkrankten Ehegatten die Scheidung verlangt werden kann.

Die schwere Krankheit muß ansteckend sein, Ansteckungsmöglichkeit genügt nicht. Die ekelerregende Krankheit muß schwer sein. Als ekelerregend im Sinne des § 52 kann eine Krankheit nur dann angesehen werden, wenn der Ekel allein in der körperlichen Beschaffenheit des leidenden Teils seine Ursache hat, nicht aber wenn die mit der Krankheit verbundenen ekelerregenden Umstände sich aus dem Mangel an der gewöhnlichen oder notwendigen Pflege ergeben.

Die **Härteklausel** des § 54 kommt zur Anwendung.

Das **Tatbestandsmerkmal der Dauer** ist vom Gesetz negativ umschrieben: Die Heilung oder die Beseitigung der Ansteckungsgefahr darf in absehbarer Zeit nicht erwartet werden können. Sowohl die Krankheit wie Ansteckungsgefahr muß bei ansteckender Krankheit beseitigt werden können. Ist die Heilung der Krankheit nicht unwahrscheinlich, bleibt der ehemals Kranke aber mit großer Wahrscheinlichkeit Bazillenausscheider, wird die Scheidung dadurch nicht ausgeschlossen, da die Ansteckungsgefahr fortbesteht. Das Gesetz verlangt nicht die objektive Unmöglichkeit der Heilung oder Beseitigung der Ansteckungsgefahr, die Unwahrscheinlichkeit nach den Erkenntnissen der ärztlichen Wissenschaft ist ausreichend.

Unfruchtbarkeit

§ 53 . . . . Aufgehoben.

Vermeidung von Härten

§ 54. In den Fällen der §§ 50 bis 52 darf die Ehe nicht geschieden werden, wenn das Scheidungsbegehren sittlich nicht gerechtfertigt ist. Dies ist in der Regel dann anzunehmen, wenn die Auflösung der Ehe den anderen Ehegatten außergewöhnlich hart treffen würde. Ob dies der Fall ist, richtet sich nach den Umständen, namentlich auch nach der Dauer der Ehe, dem Lebensalter der Ehegatten und dem Anlaß der Erkrankung.

Die Beurteilung der Frage der Rechtfertigung der Scheidung hängt von der Dauer der Ehe, vom Lebensalter der Ehegatten, vom Anlaß der Erkrankung und von sonstigen Umständen ab, die für die Aufrechterhaltung der Ehe und für die Scheidung der Ehe sprechen.

Wird die Scheidung der Ehe wegen eines auf geistiger Störung beruhenden Verhaltens (§ 50) angestrebt, wird unter dem Gesichtspunkt der Prüfung der sittlichen Rechtfertigung die Scheidung verweigert werden müssen, wenn den Scheidungskläger ein Verschulden an der geistigen Störung des Beklagten trifft. So könnte etwa die geistige Störung durch eine Verletzung erfolgt sein, die der Kläger dem Beklagten (vorsätzlich, fahrlässig) zugefügt hat. Es kann aber auch sein, daß die geistige Störung durch ein schuldhaftes Verhalten des Klägers verursacht oder mitverursacht wurde. Geht die geistige Störung des Beklagten auf sein eigenes Verschulden zurück, spricht dieser Umstand gegen die sittliche Rechtfertigung des Scheidungsbegehrens. Ist die geistige Störung darauf zurückzuführen, daß sich der Beklagte in besonderer Weise für den Kläger oder für die Kinder eingesetzt hat (z. B. Schockwirkung), wird die sittliche Rechtfertigung des Scheidungsbegehrens zu verneinen sein. Liegt die Ursache einer geistigen Erkrankung ausschließlich in der Geburt des Kindes, fehlt dem Scheidungsbegehren die sittliche Rechtfertigung, wenn sich die Beklagte gegen die Mutterschaft zur Wehr gesetzt, diese aber als eheliche Pflicht dennoch auf sich genommen hat.

In den Fällen des § 51 besteht schon tatbestandsmäßig die geistige Gemeinschaft zwischen den Gatten nicht mehr, so daß eine Reihe von psychischen Elementen für die Beurteilung der sittlichen Rechtfertigung der Scheidung wegfallen. Es bleibt noch der Gesichtspunkt, ob durch die Scheidung und die meist erfolgende Wiederverheiratung des gesunden Ehegatten in der Unterbringung und Versorgung des Kranken eine Verschlechterung eintreten könnte. In jenen Fällen, in denen kein völliges Erlöschen der Persönlichkeit des Kranken eingetreten ist, ist auch seine Einstellung zur Ehe, sein Festhalten an ihr und sein Bekenntnis zur Beistandspflicht von Bedeutung.

Eine wirtschaftliche Verschlechterung durch Beschränkung des Unterhalts auf das Ausmaß des § 69 Abs. 2 ist die Folge jeder derartigen Scheidung und kann, wenn nicht besondere Umstände vorliegen, eine außerordentliche Härte nicht begründen.

Die Tatsache, daß der Kläger der Beklagten während des Bestandes der Ehe nicht den ausreichenden Unterhalt gewährt hat, führt nicht zur Ablehnung des Scheidungsbegehrens mangels sittlicher Rechtfertigung, sondern nur zur Prüfung der Frage, ob dem Kläger ein Verschulden anzulasten ist.

Bei der Scheidung nach § 52 ist davon auszugehen, daß die Ehe ihrem Wesen nach eine Lebens- und Schicksalsgemeinschaft ist, die den beiden Gatten in gleicher Weise die Verpflichtung auferlegt, in guten und bösen Tagen miteinander auszuharren. Trifft den einen Ehegatten der Schicksalsschlag einer **schweren ansteckenden oder ekelerregenden Krankheit,** ist es grundsätzlich die Pflicht des anderen Gatten, in der Ehe auszuharren, wenn natürlich auch nicht von ihm verlangt werden kann, daß er sich einer ständigen Ansteckungsgefahr aussetzt. Dieser Gesichtspunkt führt zu dem Ergebnis, daß in den Fällen des § 52 die sittliche Rechtfertigung der Scheidung grundsätzlich nicht gegeben ist, und es ist zu prüfen, ob sie nicht doch im Einzelfall ausnahmsweise vorliegen kann.

Zerrüttung der Ehe

§ 55. (1) Ist die häusliche Gemeinschaft der Ehegatten seit drei Jahren aufgehoben, so kann jeder Ehegatte wegen tiefgreifender unheilbarer Zerrüttung der Ehe deren Scheidung begehren. Dem Scheidungsbegehren ist nicht stattzugeben, wenn das Gericht zur Überzeugung gelangt, daß die Wiederherstellung einer dem Wesen der Ehe entsprechenden Lebensgemeinschaft zu erwarten ist.

(2) Dem Scheidungsbegehren ist auf Verlangen des beklagten Ehegatten auch dann nicht stattzugeben, wenn der Ehegatte, der die Scheidung begehrt, die Zerrüttung allein oder überwiegend verschuldet hat und den beklagten Ehegatten die Scheidung härter träfe als den klagenden Ehegatten die Abweisung des Scheidungsbegehrens. Bei dieser Abwägung ist auf alle Umstände des Falles, besonders auf die Dauer der ehelichen Lebensgemeinschaft, das Alter und die Gesundheit der Ehegatten, das Wohl der Kinder sowie auch auf die Dauer der häuslichen Gemeinschaft, Bedacht zu nehmen.

(3) Dem Scheidungsbegehren ist jedenfalls stattzugeben, wenn die häusliche Gemeinschaft der Ehegatten seit sechs Jahren aufgehoben ist.

Einvernehmliche Scheidung

§ 55a. (1) Ist die eheliche Lebensgemeinschaft der Ehegatten seit mindestens einem halben Jahr aufgehoben, gestehen beide die unheilbare Zerrüttung des ehelichen Verhältnisses zu und besteht zwischen ihnen Einvernehmen über die Scheidung, so können sie die Scheidung gemeinsam begehren.

(2) Die Ehe darf nur geschieden werden, wenn die Ehegatten eine schriftliche Ver-

einbarung über die Zuteilung der aus den familienrechtlichen Beziehungen zwischen Eltern und minderjährigen Kindern erfließenden rein persönlichen Rechte und Pflichten, die Ausübung des Rechtes auf persönlichen Verkehr und die Unterhaltspflicht hinsichtlich ihrer gemeinsamen Kinder sowie ihre unterhaltsrechtlichen Beziehungen und die gesetzlichen vermögensrechtlichen Ansprüche im Verhältnis zueinander für den Fall der Scheidung dem Gericht unterbreiten oder vor Gericht schließen. Hinsichtlich des Rechtes auf persönlichen Verkehr mit gemeinsamen Kindern können die Ehegatten vereinbaren, daß sie sich die Regelung vorbehalten.

(3) Einer Vereinbarung nach Abs. 2 bedarf es nicht, soweit über diese Gegenstände bereits eine rechtskräftige gerichtliche Entscheidung vorliegt. Daß die für eine solche Vereinbarung allenfalls erforderliche gerichtliche Genehmigung noch nicht vorliegt, ist für den Ausspruch der Scheidung nicht zu beachten.

BESCHLUSS
über die
SCHEIDUNG IM EINVERNEHMEN
(§ 55a Ehegesetz)

Erstantragsteller
Vor- und Familienname
Geschlechtsname
Geburtstag
Geburtsort
Staatsangehörigkeit
Beruf
Wohnort
vertreten durch

Zweitantragsteller
Vor- und Familienname
Geschlechtsname
Geburtstag
Geburtsort
Staatsangehörigkeit
Beruf
Wohnort
vertreten durch

Spruch

Die zwischen den Antragstellern am .... vor .... geschlossene Ehe, eingetragen im Familienbuch unter Nr. ...., wird mit der Wirkung geschieden, daß sie mit Eintritt der Rechtskraft dieses Beschlusses aufgelöst ist.

Begründung

Diese Ehe ist für den Erstantragsteller die ., für den Zweitantragsteller die .,Ehe.
Der Ehe entstammen – keine – folgende – Kinder: ....

Der – letzte – gemeinsame gewöhnliche Aufenthalt der Antragsteller – ist – war – in .... – Der derzeitige gewöhnliche Aufenthalt des Erstantragstellers ist in – Die örtliche Zuständigkeit dieses Gerichtes ist daher nach den §§ 114 a, 76 Abs. 1 JN gegeben.

Die eheliche Gemeinschaft der Antragsteller ist seit .... aufgehoben. Beide haben die unheilbare Zerrüttung des ehelichen Verhältnisses zugestanden. Zwischen ihnen besteht Einvernehmen über die Scheidung.

Die Antragsteller haben im Sinn des Abs. 2 des § 55a Ehegesetz – dem Gericht eine schriftliche Vereinbarung unterbreitet – vor Gericht eine schriftliche Vereinbarung geschlossen –.

Es besteht keine Aussicht auf Wiederherstellung der ehelichen Lebensgemeinschaft der Antragsteller.

Liste der Bezirksgerichte, bei denen ab 1. 7. 1978 familienrechtliche Abteilungen bestehen

Im Sprengel des **OLG**	**Landes- (Kreis-) gerichtes**	erstreckt sich die Zuständigkeit des Bezirksgerichtes	auf die jeweiligen Sprengel der Bezirksgerichte
Wien	Eisenstadt	Eisenstadt	
		Güssing	
		Jennersdorf	auf seinen jeweiligen Sprengel
		Mattersburg	
		Neusiedl am See	
		Oberpullendorf	
	für Zivilrechtssachen Wien	Innere Stadt Wien	
		Favoriten	
		Hietzing	
		Fünfhaus	
		Hernals	
		Döbling	auf seinen jeweiligen Sprengel
		Floridsdorf	
		Liesing	
		Mödling	
		Klosterneuburg	
		Purkersdorf	
		Schwechat	

Im Sprengel des OLG	Landes- (Kreis-) gerichtes	erstreckt sich die Zuständigkeit des Bezirksgerichtes	auf die jeweiligen Sprengel der Bezirksgerichte
		Bruck an der Leitha	Bruck an der Leitha Hainburg an der Donau
	Korneuburg	Gänserndorf	Gänserndorf Groß-Enzersdorf Marchegg Zistersdorf
		Hollabrunn	Haugsdorf Hollabrunn Ravelsbach Retz
		Korneuburg	Korneuburg Stockerau
		Mistelbach	Laa an der Thaya Mistelbach Poysdorf Wolkersdorf
	Krems a. d. Donau	Gmünd in Niederösterreich	Gmünd in Niederösterreich Litschau Schrems Weitra
		Horn	Eggenburg Horn
		Krems an der Donau	Gföhl Krems an der Donau Langenlois Spitz
		Waidhofen an der Thaya	Raabs an der Thaya Waidhofen an der Thaya
		Zwettl	Allentsteig Groß-Gerungs Ottenschlag Zwettl
	St. Pölten	Amstetten	Amstetten Haag St. Peter in der Au Waidhofen an der Ybbs
		Lilienfeld	Hainfeld Lilienfeld
		Waidhofen an der Ybbs	auf seinen jeweiligen Sprengel

Im Sprengel des OLG	Im Sprengel des Landes-(Kreis-)gerichtes	erstreckt sich die Zuständigkeit des Bezirksgerichtes	auf die jeweiligen Sprengel der Bezirksgerichte
		Melk	Mank Melk Persenbeug Ybbs
		St. Pölten	Herzogenburg Neulengbach St. Pölten
		Scheibbs	auf seinen jeweiligen Sprengel
		Tulln	Kirchberg am Wagram Tulln
	Wr. Neustadt	Baden	Baden Ebreichsdorf Pottenstein
		Neunkirchen	Aspang Gloggnitz Neunkirchen
		Wiener Neustadt	Kirchschlag in der Buckligen Welt Wiener Neustadt
Linz	Linz	Freistadt	Freistadt Pregarten Unterweißenbach
		Linz	auf seinen jeweiligen Sprengel
		Linz-Land	Enns Linz-Land Neuhofen an der Krems
		Perg	Grein Mauthausen Perg
		Rohrbach	Aigen Lembach Neufelden Rohrbach
		Urfahr-Umgebung	Leonfelden Urfahr-Umgebung
	Ried im Innkreis	Braunau am Inn	Braunau am Inn Mattighofen Mauerkirchen Wildshut

Im Sprengel des OLG	Landes- (Kreis-) gerichtes	erstreckt sich die Zuständigkeit des Bezirksgerichtes	auf die jeweiligen Sprengel der Bezirksgerichte
		Ried im Innkreis	Obernberg am Inn Ried im Innkreis
		Schärding	Engelhartszell Raab Schärding
	Steyr	Grünburg	auf seinen jeweiligen Sprengel
		Kirchdorf an der Krems	Kirchdorf an der Krems Windischgarsten
		Kremsmünster	auf seinen jeweiligen Sprengel
		Steyr	Steyr Weyer
	Wels	Eferding	auf seinen jeweiligen Sprengel
		Gmunden	auf seinen jeweiligen Sprengel
		Bad Ischl	auf seinen jeweiligen Sprengel
		Grieskirchen	Grieskirchen Haag am Hausruck Peuerbach
		Vöcklabruck	Frankenmarkt Mondsee Schwanenstadt Vöcklabruck
		Wels	Lambach Wels
	Salzburg	Hallein	Abtenau Hallein
		Salzburg	Neumarkt bei Salzburg Oberndorf Salzburg St. Gilgen Thalgau
		St. Johann im Pongau	Gastein Radstadt St. Johann im Pongau Werfen

Im Sprengel des **OLG**	**Landes- (Kreis-) gerichtes**	erstreckt sich die Zuständigkeit des Bezirksgerichtes	auf die jeweiligen Sprengel der Bezirksgerichte
		Tamsweg	auf seinen jeweiligen Sprengel
		Zell am See	Mittersill Saalfelden Taxenbach Zell am See
Graz	für Zivil-rechtssachen Graz	Deutschlandsberg	Deutschlandsberg Eibiswald Stainz
		Feldbach	auf seinen jeweiligen Sprengel
		Fürstenfeld	auf seinen jeweiligen Sprengel
		für ZRS Graz	Frohnleiten Graz
		Hartberg	auf seinen jeweiligen Sprengel
		Leibnitz	Leibnitz Wildon
		Bad Radkersburg	Mureck Bad Radkersburg
		Voitsberg	auf seinen jeweiligen Sprengel
		Weiz	Birkfeld Gleisdorf Weiz
	Leoben	Bruck an der Mur	Bruck an der Mur Mariazell
		Judenburg	auf seinen jeweiligen Sprengel
		Knittelfeld	auf seinen jeweiligen Sprengel
		Leoben	Eisenerz Leoben
		Liezen	Bad Aussee Gröbming Irdning Liezen Rottenmann Schladming

Im Sprengel des OLG	Im Sprengel des **Landes- (Kreis-) gerichtes**	erstreckt sich die Zuständigkeit des Bezirksgerichtes	auf die jeweiligen Sprengel der Bezirksgerichte
		Murau	Murau Neumarkt in Steiermark Oberwölz
		Mürzzuschlag	Kindberg Mürzzuschlag
	Klagenfurt	Bleiburg Eisenkappel Feldkirchen Ferlach Hermagor Klagenfurt St. Veit an der Glan	auf seinen jeweiligen Sprengel
		Spittal an der Drau	Obervellach Spittal an der Drau Winklern
		Villach	Rosegg Villach
		Völkermarkt	auf seinen jeweiligen Sprengel
		Wolfsberg	auf seinen jeweiligen Sprengel
Innsbruck	Innsbruck	Imst	Imst Silz
		Innsbruck	Innsbruck Telfs
		Hall (in Tirol)	auf seinen jeweiligen Sprengel
		Kitzbühel	Hopfgarten Kitzbühel
		Kufstein	Kufstein Rattenberg
		Landeck	auf seinen jeweiligen Sprengel
		Lienz	Lienz Matrei in Osttirol
		Reutte	auf seinen jeweiligen Sprengel
		Schwaz	Schwaz Zell am Ziller

Im Sprengel des OLG	Im Sprengel des Landes- (Kreis-) gerichtes	erstreckt sich die Zuständigkeit des Bezirksgerichtes	auf die jeweiligen Sprengel der Bezirksgerichte
	Feldkirch	Bludenz	Bludenz Montafon
		Bregenz	Bezau Bregenz
		Dornbirn	auf seinen jeweiligen Sprengel
		Feldkirch	auf seinen jeweiligen Sprengel

III. Ausschluß des Scheidungsrechts

Verzeihung

§ 56. Das Recht auf Scheidung wegen Verschuldens besteht nicht, wenn sich aus dem Verhalten des verletzten Ehegatten ergibt, daß er die Verfehlung des anderen verziehen oder sie als ehezerstörend nicht empfunden hat.

Die Verzeihung ist kein Rechtsgeschäft, insbesondere keine auf Rechtsfolge gerichtete Willenserklärung. Es gehört zu ihr nicht der Wille, auf das Scheidungsrecht zu verzichten. Die Verzeihung ist eine Rechtshandlung und wird so verstanden, daß sie ein rechtlich erhebliches Verhalten des verletzten Ehegatten bezeichnet, das Rechtsfolgen auslöst unabhängig davon, ob der Ehegatte die Rechtsfolgen will oder überhaupt mit ihnen rechnet. Es sind auf die Verzeihung die für die Rechtsgeschäfte geltenden Vorschriften des bürgerlichen Rechts nicht anzuwenden.

Die Verzeihung bewirkt, daß der Scheidungsanspruch erlischt oder, wenn die verziehene Verfehlung erst später zur unheilbaren Zerrüttung der Ehe geführt oder beigetragen hat, nicht entsteht.

Die dem anderen Teil gewährte Verzeihung hat zur Folge, daß das Scheidungsrecht endgültig erlischt.

Die Verzeihung kann ausdrücklich erklärt werden, sie kann sich aber auch aus dem Verhalten des Verletzten ergeben.

Erforderlich ist, daß die innere Einstellung und Bereitschaft des gekränkten Ehegatten nach außen so hervorgetreten ist, daß daraus auf eine persönliche Gesinnung des Ehegatten und seine Bereitwilligkeit, die Ehe fortzusetzen, geschlossen werden kann. Abgesehen von den Fällen des geheimen Vorbehalts oder ähnlichen Sachverhalten muß dem äußeren Verhalten eine entsprechende Einstellung und Bereitschaft wirklich zugrunde liegen. Der rechtsgeschäftliche Grundsatz, daß jeder seine Erklärungen so gegen sich gelten zu lassen habe, wie der andere sie nach Treu und Glauben habe verstehen müssen, gilt nicht; es kommt vielmehr darauf an, ob der wirkliche Wille in dem Verhalten seinen Ausdruck gefunden hat. Es ist für die Verzeihung nicht von Belang, ob der Verletzte weiß, daß ihm ein Scheidungsrecht zusteht oder daß er dieses Recht durch sein Verhalten verliert. Die Wirksamkeit der Verzeihung hängt auch nicht davon ab, ob der schuldige Teil von ihr Kenntnis hatte.

Liegt keine ausdrückliche Verzeihung vor, muß sich aus dem Gesamtverhalten oder aus einzelnen Handlungen des verletzten Ehegatten ergeben, daß er die Verfehlung des anderen verziehen hat. Das Gericht hat das Verhalten des Verletzten objektiv zu würdigen. Es ist nicht entscheidend, wie der andere Ehegatte das Verhalten des Verletzten auffaßt. In der Regel werden die noch auf längere Zeit fortgesetzte häusliche Gemeinschaft ohne Geschlechtsverkehr zwischen den Ehegatten oder die Tatsache, daß die

Scheidungsklage nicht alsbald erhoben wird, noch keine ausreichenden Anzeichen für eine Verzeihung sein. Die Fortsetzung des Geschlechtsverkehrs in Kenntnis der Eheverfehlungen wird dann allgemein als Ausdruck der Verzeihung angesehen, wenn der Geschlechtsverkehr der wirkliche Ausdruck beginnender Lebensgemeinschaft und nicht etwa der Ausfluß körperlicher oder sinnlicher Bedürfnisse war. Der erzwungene, erschlichene oder auf andere Weise nicht freiwillig gewährte oder der zur Befriedigung einer augenfälligen sinnlichen Lust einmal ausgeübte Geschlechtsverkehr ist keine Verzeihung.

Eine Verzeihung ist nur möglich, solange die Ehe nicht rechtskräftig geschieden ist.

Regelmäßig ist die Annahme, daß der verletzte Ehegatte durch sein Verhalten zu erkennen gegeben habe, er wolle über die Verfehlung des anderen hinwegsehen und die Ehe fortsetzen, nur berechtigt, wenn er sichere Kenntnis von der Verfehlung hatte. Ausnahmsweise kann in der Handlung des verletzten Ehegatten eine Verzeihung auch solcher Ehebrüche oder Eheverfehlungen ihren Ausdruck gefunden haben, von denen der Verzeihende keine sichere Kenntnis hatte, hinsichtlich derer er aber einen mehr oder weniger bestimmten Verdacht hegte oder von denen er überhaupt nichts wußte. Die Verzeihung muß dann in dem Sinn gewährt worden sein, daß sie auf jeden Fall, wie es sich auch mit der Verfehlung verhalten möge, gegeben werde; das läßt sich nur annehmen, wenn besondere dafür sprechende Umstände vorliegen. Wer die ehelichen Beziehungen zunächst unter Zurückstellung des Verdachts fortsetzt, hat nicht verziehen.

Bei dem **Mangel der Empfindung für die ehezerstörende Wirkung** einer Verfehlung des anderen Ehegatten handelt es sich um einen inneren psychischen Vorgang, den der Richter nach freier Beweiswürdigung aufgrund der nach außen hin objektiv in Erscheinung getretenen Tatsachen festzustellen hat. Festzustellen ist dabei die Reaktion des angeblich verletzten Teils auf die konkrete Verfehlung und nicht etwa das gesamte Verhalten des verletzten Teils auch schon vor der konkreten Eheverfehlung. Maßgebend ist der Zeitpunkt der Klageerhebung, in dem die Eheverfehlung nicht als ehezerstörend empfunden worden sein darf, damit § 56 zur Anwendung kommt.

Es ist durchaus denkbar, daß ein Verhalten des einen Ehegatten vom anderen zunächst nicht als ehezerstörend empfunden wurde. Das allein bewirkt noch nicht die Anwendung des § 56, wenn sich bis zur Klageerhebung die innere Einstellung des verletzten Teils gewandelt hat und er nun durch was immer für Umstände die Ehe nicht mehr glaubt fortsetzen zu können. Wenn daher die Klägerin wegen einer Verfehlung des Beklagten nicht sofort die Scheidungsklage eingebracht hat, so hat sie damit noch nicht zu erkennen gegeben, daß sie diese Verfehlung nicht als ehezerstörend empfindet. Die Erhebung der Scheidungsklage spricht zwar nicht allein, aber meist dafür, daß die als Scheidungsgrund geltend gemachten Eheverfehlungen doch als ehezerstörend empfunden werden.

Der Umstand, daß ein Ehegatte eine Verfehlung des anderen nicht als ehezerstörend empfunden hat, bewirkt nur, daß er auf diese Tatsache die Scheidungsklage nicht stützen kann, nicht aber, daß darauf bei der Verschuldensabwägung nicht Bedacht zu nehmen ist.

Fristablauf

§ 57. (1) Das Recht auf Scheidung wegen Verschuldens erlischt, wenn der Ehegatte nicht binnen sechs Monaten die Klage erhebt. Die Frist beginnt mit der Kenntnis des Scheidungsgrundes. Sie läuft nicht, solange die häusliche Gemeinschaft der Ehegatten aufgehoben ist. Fordert der schuldige Ehegatte den anderen auf, die Gemeinschaft herzustellen oder die Klage auf Scheidung zu erheben, so läuft die Frist vom Empfang der Aufforderung an.

(2) Die Scheidung ist nicht mehr zulässig, wenn seit dem Eintritt des Scheidungsgrundes zehn Jahre verstrichen sind.

(3) Der Erhebung der Klage steht der Antrag auf Anberaumung eines Sühnetermins gleich, sofern die Ladung demnächst erfolgt. Der Antrag verliert diese Wirkung, wenn der Antragsteller im Sühnetermin nicht erscheint oder die Klage nicht binnen drei Monaten seit dem Abschluß des Sühneverfahrens erhebt.

(4) Für die Sechs- und Dreimonatefrist gilt § 40 Abs. 3 und 4 entsprechend.

Nachträgliche Geltendmachung von Scheidungsgründen bei Scheidung wegen Verschuldens

§ 59. (1) Nach Ablauf der in § 57 bezeichneten Fristen kann während eines Scheidungsstreites ein Scheidungsgrund noch geltend gemacht werden, wenn die Frist bei der Klageerhebung noch nicht verstrichen war.

(2) Eheverfehlungen, auf die eine Scheidungsklage nicht mehr gegründet werden kann, können nach Ablauf der Fristen des § 57 zur Unterstützung einer auf andere Eheverfehlungen gegründeten Scheidungsklage geltend gemacht werden.

IV. Schuldausspruch

Bei Scheidung wegen Verschuldens

§ 60. (1) Wird die Ehe wegen Verschuldens des Beklagten geschieden, so ist dies im Urteil auszusprechen.

(2) Hat der Beklagte Widerklage erhoben und wird die Ehe wegen Verschuldens beider Ehegatten geschieden, so sind beide für schuldig zu erklären. Ist das Verschulden des einen Ehegatten erheblich schwerer als das des anderen, so ist zugleich auszusprechen, daß seine Schuld überwiegt.

(3) Auch ohne Erhebung einer Widerklage ist auf Antrag des Beklagten die Mitschuld des Klägers auszusprechen, wenn die Ehe wegen einer Verfehlung des Beklagten geschieden wird und dieser zur Zeit der Erhebung der Klage oder später auf Scheidung wegen Verschuldens hätte klagen können. Hatte der Beklagte bei der Klageerhebung das Recht, die Scheidung wegen Verschuldens des Klägers zu begehren, bereits verloren, so ist dem Antrag gleichwohl stattzugeben, wenn dies der Billigkeit entspricht. Abs. 2 Satz 2 und § 57 Abs. 3 gelten entsprechend.

Der Ausspruch, daß die Schuld des einen Teils überwiegt, erfolgt – ebenso wie der Schuldausspruch selbst – nach Abs. 2 Satz 1 im Urteil. Eine Trennung von Schuldausspruch und Ausspruch, daß die Schuld des einen überwiegt, ist als irreführend zu vermeiden. Das Urteil muß in den Fällen des Abs. 2 Satz 2 sowohl die Schuldigerklärung beider Teile wie den Ausspruch, daß die Schuld des einen überwiegt, enthalten (beide Parteien tragen die Schuld an der Scheidung, die Schuld des Beklagten – Klägers – überwiegt). Ist die Schuldigerklärung nach Abs. 2 Satz 1 erfolgt und enthält das Urteil weder in der Formel noch in den Gründen einen Ausspruch dahin, daß die Schuld des einen Teils überwiegt, kann keine Urteilsergänzung erfolgen. Denn es liegt kein Punkt vor, über den das Urteil hätte entscheiden müssen; auch wenn die Erklärung der überwiegenden Schuld ausdrücklich beantragt ist, ist eine Entscheidung mit Schuldausspruch lediglich nach Abs. 2 Satz 1 vollständig. Die Anfechtung aus dem Grund, daß der Ausspruch nach Abs. 2 Satz 2 fehlt, ist nur mit einem ordentlichen Rechtsmittel möglich.

Der Ausspruch, daß die Schuld des einen Ehegatten überwiege, kann auch durch **Mitschuldantrag** herbeigeführt werden (Abs. 3 Satz 3). Mit dem Mitschuldantrag kann aber nie die Ehescheidung erreicht werden, sondern bloß die Feststellung eines Mitverschuldens des Klägers, wenn dessen Klagebegehren Erfolg hat.

Der **Mitschuldantrag** ist zulässig, wenn der beklagte Ehegatte zu diesem Zeitpunkt auf Scheidung wegen Verschuldens, also aufgrund der §§ 47 oder 49 hätte **klagen** können. Das Vorbringen von Verfehlungen, die allein einen Scheidungsgrund nicht rechtfertigen würden, genügt nur, wenn sie im Zusammenhang mit Eheverfehlungen, die nach § 59 Abs. 2 unterstützend herangezogen werden können, zur Scheidung ausreichen würden.

Wird der Antrag des Beklagten, die Mitschuld des Klägers auszusprechen, abgewiesen, erfolgt der Schuldausspruch nach § 60 Abs. 1. Wird dem Antrag stattgegeben, besteht die Wahl zwischen zwei Möglichkeiten. Der Kläger kann ohne weiteren Ausspruch für mitschuldig erklärt werden, und damit wird dasselbe Ergebnis wie im Fall des § 60

Abs. 2 Satz 1 erreicht. Die Fassung des Schuldausspruchs kann so erfolgen, daß beide Ehegatten schuldig sind; der Schuldausspruch kann aber nicht dahin lauten, daß die Ehe wegen Verschuldens beider Ehegatten geschieden wird. Die zweite Möglichkeit ergibt sich aus § 60 Abs. 3 Satz 3, der die Vorschrift über den Ausspruch der überwiegenden Schuld (Abs. 2 Satz 2) ausdrücklich für anwendbar erklärt.

Bei Scheidung aus anderen Gründen

§ 61. (1) Wird die Ehe auf Klage und Widerklage geschieden und trifft nur einen Ehegatten ein Verschulden, so ist dies im Urteil auszusprechen.

(2) Wird die Ehe lediglich auf Grund der Vorschriften der §§ 50 bis 52 geschieden und hätte der Beklagte zur Zeit der Erhebung der Klage oder später auf Scheidung wegen Verschuldens des Klägers klagen können, so ist auch ohne Erhebung einer Widerklage auf Antrag des Beklagten auszusprechen, daß den Kläger ein Verschulden trifft. Hatte der Beklagte bei der Klageerhebung das Recht, die Scheidung wegen Verschuldens des Klägers zu begehren, bereits verloren, so ist dem Antrag gleichwohl stattzugeben, wenn dies der Billigkeit entspricht. § 57 Abs. 3 findet entsprechende Anwendung.

(3) Wird die Ehe nach § 55 geschieden und hat der Kläger die Zerrüttung allein oder überwiegend verschuldet, so ist dies auf Antrag des Beklagten im Urteil auszusprechen.

Wirkungen der Ehescheidung

Die Scheidung der Eheleute Gras hat etliche Wirkungen.

Der Name

Ulrike führt nach wie vor den **Familiennamen** Gras und behält ihn bis zu einer allfälligen Wiederverehelichung. Ist ihr aber die Erinnerung an diesen Namen zu sehr verleidet, dann kann sie durch Erklärung ihren Mädchennamen wieder annehmen.

Die Erklärung kann zu Protokoll des Standesbeamten selbst erklärt werden. Ulrike begibt sich zweckmäßigerweise zum zuständigen Standesamt und gibt dort die entsprechende Erklärung ab.

Wäre Ulrike vor der jetzt geschiedenen Ehe schon einmal verheiratet gewesen, so könnte sie auch den **Familiennamen** ihres **ersten Mannes** wieder annehmen, falls sie aus dieser Ehe Nachkommenschaft hat. Wäre sie allerdings in dem Ehescheidungsprozeß allein oder überwiegend **schuldig** erklärt worden, so besteht diese Möglichkeit nicht (§ 63 Abs. 2 EheG).

Wäre Ulrike allein oder überwiegend schuldig erklärt worden, so könnte ihr Ottomar nunmehr auch die **Weiterführung** seines **Familiennamens** untersagen. Er müßte eine entsprechende Erklärung an das **Standesamt** richten. Dieses teilt dann Ulrike mit, daß sie nicht mehr den Namen Gras führen darf, sondern wieder Jedermann heißt (§ 64 EheG).

Schließlich ist in diesem Zusammenhang noch folgendes zu bemerken: Auch wenn Ulrike schuldlos geschieden ist und den Namen Gras behalten will, kann sie unter Umständen dieses Namens verlustig gehen. Wenn sie sich nämlich nach der Ehescheidung einer schweren **Verfeh-**

lung gegen Ottomar schuldig macht (sie verleumdet ihn z. B. ständig und gefährdet dadurch seinen Kredit und sein Geschäft) oder gegen seinen Willen einen ehrlosen oder unsittlichen Lebenswandel führt (sie lebt mit verschiedenen Männern in wilden Ehen zusammen), so kann ihr das **Vormundschaftsgericht** auf Antrag des Mannes die **Weiterführung seines Namens** untersagen. Ist der geschiedene Ehemann gestorben, so können dessen nahe Angehörige den Antrag stellen (§ 65 Abs. 1 EheG).

Mit der Rechtskraft des Beschlusses des Vormundschaftsgerichts verliert Ulrike den Namen Gras und heißt wiederum Jedermann (§ 65 Abs. 3 EheG).

Unterhaltspflicht bei Scheidung aus Verschulden (§§ 66 bis 68 EheG)

§ 66. Der allein oder überwiegend schuldige Ehegatte hat dem andern, soweit dessen Einkünfte aus Vermögen und die Erträgnisse einer Erwerbstätigkeit, die von ihm den Umständen nach erwartet werden kann, nicht ausreichen, den nach den Lebensverhältnissen der Ehegatten angemessenen Unterhalt zu gewähren.

Eine **Lebensgemeinschaft** der unterhaltsberechtigten Person führt zum Ruhen des Unterhaltsanspruches. Für eine Lebensgemeinschaft ist der Bestand einer Geschlechts-, Wohnungs- und Wirtschaftsgemeinschaft wesentlich. Wie bei einer Ehe kann dabei die Gemeinschaft in einer dieser Richtungen fehlen; es kommt auf die Verhältnisse des Einzelfalles an. Geschlechtliche Beziehungen des geschiedenen Gatten zu einer andersgeschlechtlichen Person sind für den Unterhaltsanspruch ohne Bedeutung.

Wenn der Ehegatte die Unterhaltsverpflichtung in Kenntnis einer bestehenden Lebensgemeinschaft der Gattin eingeht, kann er sich nicht auf die Unsittlichkeit dieser Vereinbarung berufen.

§ 67. (1) Würde der allein oder überwiegend schuldige Ehegatte durch Gewährung des im § 66 bestimmten Unterhalts bei Berücksichtigung seiner sonstigen Verpflichtungen den eigenen angemessenen Unterhalt gefährden, so braucht er nur so viel zu leisten, als es mit Rücksicht auf die Bedürfnisse und die Vermögens- und Erwerbsverhältnisse der geschiedenen Ehegatten der Billigkeit entspricht. Hat der Verpflichtete einem minderjährigen unverheirateten Kinde oder bei Wiederverheiratung dem neuen Ehegatten Unterhalt zu gewähren, so sind auch die Bedürfnisse und die wirtschaftlichen Verhältnisse dieser Personen zu berücksichtigen.

(2) Ein Ehegatte ist unter den Voraussetzungen des Abs. 1 von der Unterhaltspflicht ganz befreit, wenn der andere den Unterhalt aus dem Stamm seines Vermögens bestreiten kann.

Es muß unterschieden werden zwischen den Voraussetzungen der Billigkeitsregelung und der Festsetzung der Unterhaltspflicht nach Billigkeitsgrundsätzen.

Die Unterhaltspflicht gegenüber dem geschiedenen Ehegatten bestimmt sich für den Unterhaltsanspruch beider Ehegatten nach § 66 Abs. 1. Sonstige Verpflichtungen haben Berücksichtigung zu finden und stehen der Unterhaltspflicht im Range nicht nach. Das Zusammentreffen der Unterhaltspflicht gegenüber dem geschiedenen Ehegatten mit den sonstigen Verpflichtungen muß die Ursache für die Gefährdung des eigenen angemessenen Unterhalts des Verpflichteten bilden, wobei die Gefährdung des eigenen angemessenen Unterhalts bereits eingetreten sein oder unmittelbar bevorstehen muß. Die Angemessenheit des Unterhalts bestimmt sich nicht nach dem Zeitpunkt der Scheidung, sondern nach den gegenwärtigen Verhältnissen unter Berücksichtigung der voraussehbaren Entwicklung.

Für die Festsetzung der Unterhaltspflicht nach Billigkeit sind die Bedürfnisse sowie die Vermögens- und Erwerbsverhältnisse beider Ehegatten maßgebend. Zunächst sind die beiderseitigen Bedürfnisse gegeneinander abzuwägen. Die Grundlage bildet der notwendige Lebensbedarf. Erhöhte Bedürfnisse können durch Krankheit oder Gebrechen gerechtfertigt sein. Dringende Bedürfnisse haben den Vorrang vor minder dringenden. In erster Linie muß der notwendige Bedarf zur Erhaltung der Arbeitskraft des Unterhaltsverpflichteten gedeckt werden. Verpflichtungen des Unterhaltsberechtigten sind bei seinem Bedarf zu berücksichtigen. Die Heranziehung des Vermögens des unterhaltsberechtigten Ehegatten ergibt sich aus § 67 Abs. 2. Während nach § 66 Abs. 1 das Vermögen des Unterhaltspflichtigen unangetastet bleibt, ist ihm bei der nach § 67 vorausgesetzten Lage ein Rückgriff auf den Stamm des Vermögens zuzumuten. Von jedem Gatten ist bei der Erwerbsmöglichkeit die volle Ausnutzung seiner Arbeitskraft zu verlangen. Insbesondere muß der unterhaltsberechtigte Gatte, soweit er arbeitsfähig ist, eine ihm nach § 66 zumutbare Tätigkeit übernehmen. Unter Abwägung aller maßgebenden Umstände ist nach Lage der gegenwärtigen Verhältnisse unter Berücksichtigung der voraussehbaren Entwicklung ein billiger Ausgleich zwischen dem Unterhaltsbedarf und der Leistungsfähigkeit zu schaffen. Dabei ist die Frage nach der Schuld an der Scheidung außer acht zu lassen. Billigkeitserwägungen können dazu führen, daß die Leistungspflicht – wenigstens auf Zeit – aufgehoben wird.

Hat der Verpflichtete einem minderjährigen unverheirateten Kind oder bei Wiederverheiratung dem neuen Ehegatten Unterhalt zu gewähren, so sind auch die Bedürfnisse und die wirtschaftlichen Verhältnisse (Vermögens- und Einkommensverhältnisse) dieser Personen zu berücksichtigen.

Wenn der unterhaltsberechtigte Ehegatte seinen Unterhalt aus dem Stamm seines Vermögens bestreiten kann, ist der Unterhaltsverpflichtete bei Vorliegen der Voraussetzungen des § 67 von der Unterhaltspflicht befreit. Die Bestimmung bildet eine Ausnahme von § 66 Abs. 1, der nur die Anrechnung der Einkünfte aus dem Vermögen vorschreibt.

Voraussetzung für die Anwendung des § 67 Abs. 2 ist, daß sich die Verwendung des Stammvermögens wirtschaftlich rechtfertigen läßt und nicht die dauernde Sicherung des Unterhalts des Unterhaltsberechtigten gefährdet wird. Der Unterhaltsberechtigte ist deshalb nur dann gehalten, den Unterhalt dem Stamm seines Vermögens zu entnehmen, wenn und soweit dieser nach dem gewöhnlichen Lauf der Dinge unter Berücksichtigung seiner zukünftigen Vermögens- und Einkommensverhältnisse für seine voraussichtliche Lebensdauer ausreicht.

Genügt der Stamm des Vermögens nur zur Aufbringung eines Teils des Unterhalts, ist § 67 Abs. 1 maßgebend. Es kann im Einzelfall der Billigkeit entsprechen, daß der Unterhaltsberechtigte sein Vermögen ohne Rücksicht auf die Grundsätze der Wirtschaftlichkeit und die Sicherung seines künftigen Unterhalts verbraucht.

§ 68. Sind beide Ehegatten schuld an der Scheidung, trägt aber keiner die überwiegende Schuld, so kann dem Ehegatten, der sich nicht selbst unterhalten kann, ein Beitrag zu seinem Unterhalt zugebilligt werden, wenn und soweit dies mit Rücksicht auf die Bedürfnisse und die Vermögens- und Erwerbsverhältnisse des anderen Ehegatten und der nach § 71 unterhaltspflichtigen Verwandten des Bedürftigen der Billigkeit entspricht. Die Beitragspflicht kann zeitlich beschränkt werden. § 67 Abs. 2 findet entsprechende Anwendung.

§ 68 kommt in Betracht, wenn die Scheidung der Ehe erfolgt ist und beide Ehegatten für schuldig erklärt sind, ohne daß zugleich einer von ihnen überwiegend für schuldig erklärt ist. Im Fall der Aufhebung der Ehe gilt § 68, wenn beide Ehegatten als schuldig anzusehen sind (§§ 17, 18 1. DVEheG). Bei Nichtigerklärung der Ehe ist die Vorschrift nicht anzuwenden, da der gleichen Schuld die beiderseitige Kenntnis der Nichtigkeit entsprechen würde, in diesem Fall aber nicht die vermögensrechtlichen Folgen der Scheidung eintreten, sondern stets die Nichtigkeitsfolgen.

Voraussetzung dafür, daß dem einen Ehegatten die Leistung eines Unterhalts an den anderen auferlegt werden kann, ist die Bedürftigkeit des Empfängers. Nur derjenige kann einen Unterhalt verlangen, der weder Vermögen noch Einkommen besitzt, aus dem er seinen Unterhalt bestreiten könnte, und der außerdem nicht in der Lage ist, sich seinen Unterhalt durch Ausübung einer Erwerbstätigkeit zu verdienen.

Für die Frage, ob, in welcher Höhe und für welche Zeit ein Beitrag zum Unterhalt zu leisten ist, sind ausschließlich Billigkeitserwägungen maßgebend. Dabei sollen die Bedürfnisse und die Vermögens- und Einkommensverhältnisse sowohl des Ehegatten, von dem der Beitrag verlangt wird, wie der unterhaltspflichtigen Verwandten desjenigen, der den Beitrag begehrt, berücksichtigt werden. Die Zubilligung eines Unterhaltsbeitrags kommt daher grundsätzlich dann nicht in Frage, wenn die Verwandten des bedürftigen Ehegatten diesem den Unterhalt leisten können oder wenn durch die Leistung des Beitrags der Unterhalt der Kinder oder des neuen Ehegatten des anderen in Frage gestellt würde. Die Kinder und der neue Ehegatte des für die Beitragsleistung in Anspruch genommenen Ehegatten brauchen sich ihren eigenen angemessenen Unterhalt nicht zugunsten des mitschuldig Geschiedenen kürzen zu lassen.

Unterhaltspflicht bei Scheidung aus anderen Gründen

§ 69. (1) Ist die Ehe allein aus einem der in den §§ 50 bis 52 bezeichneten Gründe geschieden und enthält das Urteil einen Schuldausspruch, so finden die Vorschriften der §§ 66 und 67 entsprechende Anwendung.

(2) Ist die Ehe nach § 55 geschieden worden und enthält das Urteil den Ausspruch nach § 61 Abs. 3, so gilt für den Unterhaltsanspruch des beklagten Ehegatten auch nach der Scheidung der § 94 ABGB. Der Unterhaltsanspruch umfaßt jedenfalls auch den Ersatz der Beiträge zur freiwilligen Versicherung des beklagten Ehegatten in der gesetzlichen Krankenversicherung. Bei der Bemessung des Unterhaltsanspruchs ist die Unterhaltspflicht des Verpflichteten für einen neuen Ehegatten nicht zu berücksichtigen, es sei denn, dies ist bei Abwägung aller Umstände, besonders des Lebensalters und der Gesundheit des geschiedenen und des neuen Ehegatten, der Dauer ihres gemeinsamen Haushalts mit dem Verpflichteten und des Wohles ihrer Kinder, aus Gründen der Billigkeit geboten.

(3) Enthält das Urteil keinen Schuldausspruch, so hat der Ehegatte, der die Scheidung verlangt hat, dem anderen Unterhalt zu gewähren, wenn und soweit dies mit Rücksicht auf die Bedürfnisse und die Vermögens- und Erwerbsverhältnisse der geschiedenen Ehegatten und der nach § 71 unterhaltspflichtigen Verwandten des Berechtigten der Billigkeit entspricht. § 67 Abs. 1 Satz 2 und Abs. 2 findet entsprechende Anwendung.

Raum für Notizen

(Gesetzesänderungen, eigene Rechtsfälle, Terminkalender)

Raum für Notizen

(Gesetzesänderungen, eigene Rechtsfälle, Terminkalender)

Karl Jedermann und seine Erben

Die gesetzliche Erbfolge

Karl Jedermann stirbt ganz plötzlich. Sein Tod kommt für alle überraschend, auch für ihn selbst. Er hatte zwar schon in den letzten Monaten mehrfach davon gesprochen, ein Testament machen zu wollen, da er aber seinen Tod noch fern glaubte, ist es bei guten Vorsätzen geblieben. Es tritt daher über sein Vermögen – den sogenannten Nachlaß – die **gesetzliche** Erbfolge ein.

Was charakterisiert die österreichische Erbfolgeordnung?

Der erste Grundgedanke der gesetzlichen Verwandtenerbfolge ist, daß die Nähe der Verwandtschaft nach **Linien** bestimmt wird. Eine Linie besteht aus dem Stammhaupt mit allen seinen Nachkommen. Stammhäupter sind der Erblasser und seine Vorfahren. Die Linien des österreichischen Rechts heißen auch **Parentelen.** Nun „rinnt das Gut wie das Blut". Das bedeutet praktisch folgendes: Solange irgendeine erbfähige Person aus der **näheren** Parentel (Linie) vorhanden ist, sind sämtliche Angehörigen der **entfernteren Parentelen ausgeschlossen.**

Der zweite Grundsatz der Erbfolgeordnung ist das **Eintrittsrecht.** Es heißt auch **Repräsentationsrecht** und bedeutet: Lebende Glieder einer Parentel schließen ihre Nachkommen aus, verstorbene Glieder werden durch die für sie eintretenden Nachkommen vertreten.

Der dritte Grundgedanke des Erbfolgerechts ist die **Teilung nach Stämmen.** Das meint folgendes: Nur gleich nahe Erben gleichen Grades teilen nach Köpfen. Eintretende Nachkommen erhalten zusammen immer den Teil, der auf den durch sie vertretenen Vorfahren entfallen wäre.

Endlich haben wir ein gesetzliches Erbrecht des überlebenden Ehegatten. Der Ehegatte (gleichgültig ob Mann oder Frau) erhält außer dem Erbteil als **Vorausvermächtnis** die zum ehelichen Haushalt gehörenden beweglichen Sachen gemäß § 751 f. ABGB.

Erinnern wir uns, daß die Familie Jedermann beim Tode Karls aus folgenden Personen besteht: der Ehefrau Ottilie, dem erfolgreichen Geschäftsmann Otto, der geschiedenen Ulrike und dem Nachkömmling Klaus, der noch sein Studium in Wien absolviert.

An Schulden hinterläßt Karl Jedermann S 90.000,– an seinen Sohn Otto, der ihm seinerzeit das Darlehen für die Geschäftsgründung gewährt hat und auf das noch nicht alle vereinbarten Rückzahlungen erfolgt sind.

Im Nachlaß befindet sich eine **Lebensversicherungspolizze** zugunsten Ottilies in Höhe von S 300.000,– vor.

Der Nachlaß Karl Jedermanns besteht ferner aus folgenden Aktiven:

1.	zwei Grundstücken mit den beiden Kleinhäusern im Werte von zusammen	S 1,200.000,–
2.	einem Aktienpaket im Werte von	S 180.000,–
3.	einem Bankkonto mit einem Guthaben von	S 45.000,–
4.	einem Barbetrag von	S 3.200,–
5.	Möbeln im Werte von	S 50.000,–
6.	Schmuck im Werte von	S 20.000,–
7.	Kleidung im Werte von	S 8.000,–
	Summe:	S 1,506.200,–

Bei der Auseinandersetzung über den Nachlaß ergeben sich zwischen den Hinterbliebenen bald Differenzen. Ottilie ist der Meinung, daß ihr mindestens die Hälfte des Nachlasses zustehen müsse, die Kinder wiederum verlangen, daß die Lebensversicherung mit in den Nachlaß einbezogen werde. Ottilie will ferner bei der Auseinandersetzung das eine von den beiden Häusern zugesprochen bekommen, in dem sie als Ehefrau mit Karl gelebt hat. Otto meint, der Herrenschmuck gebühre dem ältesten Sohn des Hauses sowieso.

Hier gehen die Ansichten wie Kraut und Rüben durcheinander. Aufgrund der gesetzlichen Bestimmungen gilt folgendes:

Die drei Kinder Karls sind **gesetzliche Erben** der ersten Parentel. Sie erben zu gleichen Teilen. Ottilie ist als überlebender Ehegatte neben ihnen zu einem Drittel als gesetzliche Erbin berufen.

Ottilie bekommt also ein Drittel des Nachlasses und die Ansprüche aus der Lebensversicherung, denn diese haben mit dem Nachlaß überhaupt nichts zu tun, sondern sind eine Forderung aus einem **Vertrag zugunsten Dritter** gegen die Lebensversicherungsgesellschaft. Weiters erhält Ottilie nach § 758 ABGB neben Kindern ein inhaltlich beschränktes Vorausvermächtnis. Man spricht vom sogenannten **nötigen Voraus** und versteht darunter jene beweglichen Sachen des ehelichen Haushalts, die der überlebende Gatte für seinen eigenen Bedarf braucht. Also ein Bett, etwas Wäsche, Tischgerät usw., wie sie für eine Person nötig sind. Es handelt sich dabei weniger um eine materielle Erhöhung des Anteils. Mehr kommt es auf die **ideellen Interessen** des überlebenden Ehegatten an; er soll soweit wie möglich im Besitz der Gegenstände bleiben, mit denen ihn ein gewisses persönliches Verhältnis aus der Zeit der ehelichen Gemeinschaft verbindet.

Die Kinder erhalten zwei Drittel des Nachlasses, und da sie sich darin zu gleichen Portionen teilen müssen, erhält jedes ein Drittel der verbleibenden zwei Drittel.

Was bekommen unsere Erben nun im einzelnen?

Wenn ein Nachlaß an mehrere Erben fällt, entsteht zwischen diesen, den Miterben, die **Erbengemeinschaft.** Es handelt sich um eine Gemeinschaft nach ABGB, wie sie in den §§ 825 ff. geregelt ist. Wenn den Miterben der Nachlaß während der Zeit der Abhandlung zur **Verwaltung** überlassen ist, verwalten sie ihn wie ein anvertrautes fremdes Gut. Erst durch die Einantwortung geht der Nachlaß in das Vermögen der Erben über. Zunächst haben die Miterben aus dem Nachlaß die Nachlaßverbindlichkeiten zu begleichen. Dazu gehören einmal die oben aufgeführten S 90.000,– Schulden an Otto. Insoweit ist dieser ja einfach Gläubiger des Verstorbenen wie jeder andere Gläubiger auch. Weiters rechnet § 549 ABGB zu den an einer Erbschaft haftenden Lasten die Kosten für ein **angemessenes Begräbnis** des Erblassers. Sie sollen aus dem im Nachlaß vorhandenen Geld bestritten werden. Wer immer diese Kosten entrichtet, hat Anspruch auf Ersatz aus dem Nachlaß. Nur wer den Erblasser getötet hat, kann begreiflicherweise diese Kosten nicht aus dem Nachlaß ersetzt verlangen. Setzen wir einmal die Begräbniskosten mit S 15.000,– ein, so ergibt sich mit den an Otto zu zahlenden S 90.000,– ein Betrag von insgesamt S 105.000,–, der aus der Nachlaßmasse zu entnehmen ist. Es bleibt dann ein Nachlaßwert von S 1,401.200,– auf dem Papier. Davon entfällt auf jeden der vier Erben der oben genannte Anteil.

Gemäß § 20 Abs. 4 Erbschaftssteuergesetz sind von dem Erwerb insbesondere abzuziehen: die Kosten der Bestattung des Erblassers einschließlich der Kosten der landesüblichen kirchlichen und bürgerlichen Leichenfeierlichkeiten und der Kosten eines angemessenen Grabdenkmales; außerdem die im Falle der Todeserklärung des Erblassers dem Nachlaß zur Last fallenden Kosten des Verfahrens, die Kosten der Verlassenschaftsabhandlung, Kosten eines für den Nachlaß oder wegen des Erwerbes geführten Rechtsstreites.

---

§ 8. (1) Die Steuer beträgt bei Erwerben

bis einschließlich Schilling	in der Steuerklasse I	II	III	IV	V
100.000	2	4	6	8	14
200.000	2,5	5	7,5	10	16
400.000	3	6	9	12	18
600.000	3,5	7	10,5	14	20
800.000	4	8	12	16	22
1,000.000	5	10	15	20	26
1,500.000	6	12	18	24	30
2,000.000	7	14	21	28	34
3,000.000	8	16	24	32	38
5,000.000	9	18	27	36	42
10,000.000	10	20	30	40	46
15,000.000	11	21	32	42	48
20,000.000	12	22	34	44	51
40,000.000	13	23	36	46	54
60,000.000	14	24	38	48	57
und darüber	15	25	40	50	60

v. H. des Erwerbes.

(zu den verschiedenen Steuerklassen vgl. S. 394 (I), S. 395 (II), S. 396 (III), S. 396 (IV) und S 396 (V))

Wenn der Nachlaß von S 1,401.200,– in Gestalt von Bargeld greifbar wäre, so könnte eine Aufteilung ohne Schwierigkeiten in den vorstehenden Beträgen erfolgen. Es läßt sich aber nicht gut eine wirklich gerechte Zerteilung von Schmuck vornehmen, und ein Haus kann man schon gar nicht in Stücke teilen. Am vernünftigsten ist es daher, wenn sich die Erben über eine entsprechende **Aufteilung der Erbschaft** einigen.

Nehmen wir an, daß jedes der beiden hinterlassenen Kleinhäuser einen Wert von S 600.000,– hat, dann könnte man sehr gut Ottilie eines davon ins Alleineigentum übertragen und den Wertausgleich dadurch vornehmen, daß sie für die drei übrigen Erben ein Schuldversprechen über je S 44.311,– ausstellt und dieses Versprechen auch noch hypothekarisch an ihrem Grundstück sichert. Die Kinder könnten sich derart auseinandersetzen, daß Klaus und Ulrike zusammen Eigentümer des anderen Kleinhauses werden, der tüchtige Otto die übrigen Werte erhält und etwaige kleinere Differenzen durch Hypotheken an dem Haus ausgeglichen werden. Besondere Erinnerungsstücke nimmt Otto in Verwahrung, mit der Abmachung, daß die anderen sich diese Dinge jeweils eine Zeitlang ausleihen können, z. B. Verdienstauszeichnungen, Ehrenringe, Diplome usw.

Jeder Miterbe kann vor oder nach der Einantwortung die **Erbteilung** verlangen. Doch tritt die schon vor der Einantwortung vereinbarte Teilung erst im Augenblick der **Einantwortung** in Kraft. Meist wartet das Gericht mit der Einantwortung nicht bis zur Erbteilung; selbst wenn es die Miterben verlangen. Eigenberechtigte Erben können, wenn sie wollen, dem Gericht eine fertige Teilungsurkunde zur **Bestätigung,** das heißt zur Beglaubigung, vorlegen. Oder sie verlangen die Anordnung einer Tagsatzung, um sich unter der Leitung des Richters über die Teilung zu einigen. Aber auch eine solche vor Gericht im Verfahren außer Streitsachen vereinbarte Teilung bleibt ein privates Rechtsgeschäft. Sie kann daher angefochten werden und ist nicht als Exekutionstitel zu behandeln. In dem oben skizzierten Teilungsplan wurde nicht weiter berücksichtigt, daß Klaus noch minderjährig ist. Sind aber Pflegebefohlene an einer Erbauseinandersetzung beteiligt, so verlangt die Teilung eine gerichtliche **Genehmigung** auf jeden Fall. Oft übernimmt ein Erbe gegen eine **Abfindung** den ganzen Nachlaß oder einzelne Nachlaßstücke, z. B. eine Liegenschaft oder ein Unternehmen. Die Übernahme beruht entweder auf freier Vereinbarung oder der Übernehmer hat ein Recht darauf. Solche **Aufgriffsrechte** kommen häufig bei kleineren Landwirtschaften vor. Oft wird in den Erbverträgen zwischen Ehegatten, die in allgemeiner Gütergemeinschaft leben, dem Überlebenden das Aufgriffsrecht am gemeinschaftlichen Vermögen vorbehalten. Der Übernehmer des **ganzen** Nachlasses veranlaßt die weichenden Erben durch eine Abfindung, die Erbschaft auszuschlagen, und erwirbt infolgedessen ihre Teile (kraft Anwachsung). Werden einem Miterben bei der Erbteilung **bestimmte Sachen** als Alleineigentum zugewiesen, dann haben die anderen Erben gegen ihn den Anspruch auf eine Ausgleichung.

Wie so häufig, können sich auch Karl Jedermanns Erben nicht einigen. Sie zerstreiten sich, weil der eine nicht auf den Schmuck verzichten will, der andere nicht auf das Haus.

Wenn eine einhellige Teilung nicht zu erzielen ist, dann fällt nach § 841 ABGB die Entscheidung dem Richter zu. Sie wird einzuholen sein, wenn die Teilhaber zwar über die Aufhebung der Gemeinschaft durch Naturalteilung miteinander einverstanden sind, sich aber über die Art der Durchführung dieser Teilung nicht einigen können. Der Richter kann auch dann angerufen werden, wenn ein Teil der gemeinschaftlichen Sache außergerichtlich geteilt wurde, jedoch über den Rest keine Einigung zustande kam. Die Anrufung des Richters nach § 841 ABGB geschieht (zum Unterschied von der vorher erwähnten außerstreitigen Teilung) durch **Klage.** Ihr Gegenstand ist je nach Umfang des Streites entweder bloß das Begehren nach Teilung oder auch jenes nach Aufhebung der Gemeinschaft. Die Klage ist **Rechtsgestaltungsklage;** das Teilungsurteil wird im Wege der **Zwangsvollstreckung** nach der EO durchgeführt.

Die Realteilung einer gemeinschaftlichen Sache besteht in der Zerlegung der gemeinschaftlichen

Sache in Teile von annähernd gleicher Beschaffenheit (ohne Notwendigkeit eines unverhältnismäßig großen Wertausgleiches in Geld!), in der Zerlegung in Werte, die zusammen dem Wert der ungeteilten Sache gleichkommen. Demnach sind nur solche Sachen real teilbar, die ohne Zerstörung ihres Wesens und ohne beträchtliche Wertverminderung so in Teile zerlegt werden können, daß der **Wert des Ganzen in den Teilen erhalten** bleibt. Bei der Teilung von Liegenschaften ist auf die Lage der einzelnen Teilstücke, auf die Eignung des verbleibenden Teiles für eine weitere gewerbliche Nutzung usw. Bedacht zu nehmen.

Die Teilung zweier gemeinschaftlicher Häuser durch Zuweisung je eines von ihnen an jeden der beiden Miteigentümer hat vor längerer Zeit einmal der OGH für unzulässig erklärt. In unserem Fall müßte es also zu einer **Versilberung** (Verwertung) der Grundstücke, des Schmuckes und der Möbel kommen. Der Erlös wird dann unter den vier Erben aufgeteilt. Es bedarf keiner weiteren Ausführungen, daß die Erben bei einer solchen Lösung nur Nachteile hätten. Allfällige Versteigerungen werden nicht die wahren Werte der Nachlaßgegenstände einbringen, und die Verwertung selbst macht viel Unkosten. Den Vorteil haben also dritte Personen.

Es sei gleich an dieser Stelle gesagt, daß Karl Jedermann in einem **Testament Bestimmungen** über die Art und Weise der **Auseinandersetzung** hätte treffen können. Er hätte es also ruhig, wenn es ihm angemessen erschienen wäre, bei der gesetzlichen Erbfolge belassen können, aber dafür wenigstens eine Verteilung der einzelnen Nachlaßwerte z. B. im Sinne des oben erörterten Verteilungsvorschlages anordnen können. Schon dadurch hätte er seine uneinsichtigen Erben vor Schaden bewahrt. Eine solche Teilungsanordnung verpflichtet die Miterben untereinander.

Ganz uneinsichtig zeigt sich nunmehr Ottilie, die einfach erklärt, sie ginge überhaupt keine Auseinandersetzung ein, dann solle lieber die **Erbengemeinschaft** für ewig zusammenbleiben. Diese Auffassung ist unrichtig. Wie bei jeder Gemeinschaft, steht auch bei der Erbengemeinschaft **jedem** Teilhaber der **Anspruch auf Teilung** zu. Die Erben können eine solche vor oder nach der Einantwortung vornehmen. Wirksam ist sie aber immer erst von der Einantwortung ab. Die Erben müssen also die Gemeinschaft nicht fortsetzen, wenn sie es nicht wollen.

Kurz gesagt, ist die Einstellung des österreichischen Rechtes die: Sind alle Miterben **großjährig,** so sorgt das Gericht von sich aus nicht weiter für eine Erbteilung. Ist dagegen auch nur ein Miterbe **pflegebefohlen,** muß eine vom Gericht zu genehmigende Erbteilung stattfinden. Diese braucht aber nur eine **ziffernmäßige Ausweisung** des Wertes zu sein. Eine reale Teilung muß nicht stattfinden. Manchmal ist eine Realteilung sogar ausgeschlossen; so z. B. bei einem Los mit Gewinnchancen, das einem Minderjährigen gemeinschaftlich mit anderen Miterben angefallen ist. Die auffallend schmalen Wiesen- und Feldstreifen, wie man sie in manchen Gegenden Österreichs findet, sind ein abschreckendes Beispiel für die Auswüchse einer Realteilung unter zahlreichen Miterben.

Grundsätzlich findet die Erbteilung nach den Anteilen statt, die dem einzelnen Miterben am Nachlaß zustehen. Eine Abweichung davon tritt ein, wenn **Vorausempfänge** anzurechnen sind. Eine solche Anrechnung müßte aber der Erblasser anordnen. Was ist der Zweck dieser Bestimmung? Bei der gesetzlichen Erbfolge der Kinder werden die im § 790 ABGB genannten Vorempfänge zu dem Zweck angerechnet, die **Gleichbehandlung** der Kinder herbeizuführen. Diese Anrechnung ist aber nicht zwingendes Recht. Die Eltern können daher einem Kind die Anrechnung auch bei der gesetzlichen Erbfolge erlassen. Bei testamentarischer Erbfolge findet eine Anrechnung überhaupt nur statt, wenn sie der Erblasser anordnet. Was wird angerechnet? Einer **Tochter** oder **Enkelin** wird angerechnet, was ihr der Erblasser bei Lebzeiten zum **Heiratsgut** gegeben hat. Eine zur ersten Einrichtung des Haushalts gegebene Aussteuer ist – wie wir schon wissen – kein Heiratsgut! Weiters wird dem **Sohn** oder **Enkel** angerechnet, was ihm der Erblasser zur **Ausstattung** oder unmittelbar zum **Antritt eines Amtes oder eines Gewerbes** gegeben hat. Endlich wird angerechnet, was Eltern zur Bezahlung der **Schulden** eines **großjährigen Kindes** verwendet haben.

Die rechnungsmäßige Art der Anrechnung ergibt sich aus § 793 ABGB. Der Vorempfang soll **wie eine Vorauszahlung** aus der Erbschaft behandelt werden. Daher rechnet man die Vorempfänge zuerst einmal dem Nachlaß zu und bestimmt davon die Erbteile. Dadurch werden die Erbteile ziffernmäßig größer. Bei der Teilung bekommt dann der Miterbe, der den Vorempfang bereits erhalten hat, eben um diesen Wert weniger, während die anderen Miterben die vergrößerten Erbteile erhalten.

Nehmen wir einmal an, daß Ulrike bei ihrer Eheschließung mit Ottomar Gras von Karl Jedermann ein Heiratsgut im Werte von S 250.000,– erhalten hatte. Dies ist ja sehr wahrscheinlich, da ihr eine angemessene Mitgift zustand. Dann muß sie diese nun zur Anrechnung bringen. Gewiß denken Sie jetzt, lieber Leser, daß dies ja ganz einfach sei, man brauche ja nur von dem Ulrike zustehenden Erbe von S 311.377,– S 250.000,– abzuziehen. So geht das aber nicht. § 793 ABGB spricht nur von den „Kindern". Die Ehefrau wird hierdurch überhaupt nicht berührt. Sie bekommt also erst einmal ihre S 467.066,–. Es ist demnach nur unter den drei Kindern der Betrag von S 1,401.200,– abzüglich Ottilies S 467.066,–, also S 934.134,– zum Ausgleich zu bringen. Zu diesem Betrag zählen wir jetzt die S 250.000,–, die Ulrike als Heiratsgut erhalten hat, hinzu, so daß sich eine rechnerische Summe von S 1,184.134,– ergibt. Gewissermaßen hat also Ulrike das Geld, das sie damals in Gestalt der Mitgift erhielt, mit auf den Tisch zur Verteilung gelegt. Wir teilen diese Summe nunmehr durch 3 und behalten einen Anteil für jedes der drei Kinder in Höhe von S 394.711,– übrig. Ulrike hat ja nun schon auf diesen Anteil S 250.000,– erhalten. Sie bekommt also lediglich noch S 144.711,– ausbezahlt, die von den vorhandenen S 934.134,– genommen werden. Otto und Klaus teilen sich demnach den Rest von S 789.423,–, das heißt, jeder von ihnen bekommt S 394.711,–.

Als die Erben zur Tilgung von Ottos Forderung von dem Bankkonto, das Karl Jedermann hinterlassen hat, etwas abheben wollen, weigert sich die Bank, diesem Verlangen zu entsprechen, solange ihr nicht nachgewiesen wird, wer die Erben sind.

Ist die Bank im Recht?

Der ruhende Nachlaß wird vom Gericht treuhändig verwaltet und steht bis zur Einantwortung unter der Aufsicht des Abhandlungsgerichts. Nach § 46 AußStreitG hat der Gerichtsabgeordnete, der die Todfallsaufnahme (vgl. Seite 420) vornimmt, die Aufsicht über die Verlassenschaft und die Besorgung des Hauswesens einstweilen und bis auf weitere Anordnung des Gerichts einem **Hausgenossen** des Erblassers oder einer anderen Person anzuvertrauen. Das Gericht kann aber auch einen **Verlassenschaftskurator** bestellen. Sind die vermutlichen Erben anwesend, so wird meistens ihnen die Verwaltung des Nachlasses anvertraut. Eine besondere Sicherung des Nachlasses durch **Versiegelung** der Wohnräume oder **Hinterlegen** (von Bargeld, Einlagebüchern, Kostbarkeiten u. dgl.) findet nur selten statt, etwa wenn die Erben abwesend oder unbekannt sind oder ihr Vermögen nicht verwalten können, wenn der Nachlaß überschuldet ist und endlich, wenn die

Absonderung der Verlassenschaft vom Vermögen der Erben stattfindet.

In unserem Fall wurden aber bereits **Erbserklärungen** abgegeben. Man versteht unter einer Erbserklärung den **unwiderruflichen Antrag auf Einantwortung,** der auf einen der drei Berufungsgründe gestützt wird: Testament, Erbvertrag oder Gesetz. Im geschilderten Rechtsfall wird die Erbfolge aus dem Gesetz in Anspruch genommen (sogenannte Intestaterbfolge). Wenn die Erben ihr Erbrecht genügend ausgewiesen haben, überläßt ihnen das Gericht die Besorgung und Verwaltung der Verlassenschaft. Der erbserklärte Erbe wird dadurch nur Pfleger des Nachlasses, also Verwalter fremden Vermögens. Wie jeder andere Nachlaßpfleger darf er nur mit **Genehmigung des Gerichts** Liegenschaften und Fahrnisse veräußern und verpfänden, Forderungen abtreten oder von den Schuldnern Geld in Empfang nehmen. Will der Erbe den Nachlaß nicht selbst verwalten, so muß er die Bestellung eines Kurators beantragen (§ 690 ABGB). Führt jedoch der Erbe die Verwaltung des Nachlasses, dann ist nach herrschender Ansicht die Bestellung eines Verlassenschaftskurators unzulässig. Die Bank muß also entweder an den allenfalls bestellten Verlassenschaftskurator oder an den entsprechend ausgewiesenen erbserklärten Erben die Zahlung aus dem Bankkonto des Verstorbenen leisten.

Die Bank ist Schuldner des verstorbenen Karl Jedermann, und mit Genehmigung des Verlassenschaftsgerichts kann – wie wir hörten – der erbserklärte Erbe Geld von den Schuldnern in Empfang nehmen. Spielt es eine Rolle, daß mehrere Erbserklärungen abgegeben wurden?

Liegen mehrere einander nicht widersprechende Erbserklärungen vor, dann ist den Miterben die Verwaltung **gemeinschaftlich** zu überlassen. Einem einzelnen Miterben kann die Verwaltung des Nachlasses nur mit **Zustimmung** der anderen Miterben übertragen werden. Das Gericht wird einen Miterben von der Verwaltung **ausschließen,** wenn z. B. seine frühere Kassengebarung als Angestellter des Erblassers keine dem Interesse der Erbengemeinschaft entsprechende Geschäftsführung erwarten läßt.

Merken wir uns: Bis zur Einantwortung spricht man von einem **ruhenden Nachlaß.** Dieser ruhende Nachlaß setzt gleichsam den Verstorbenen fort. Der ruhende Nachlaß muß **verwaltet** und **vertreten** werden. Verwaltung und Vertretung besorgen entweder der **Erbe** oder ein **Kurator.** Die Aufsicht über den ruhenden Nachlaß übt das **Abhandlungsgericht** aus.

Beschränkte Erbenhaftung

Zur gleichen Zeit, in der sich diese Vorgänge abspielen, wird der jüngste Sohn, Klaus Jedermann, nochmals Erbe. Eine unverheiratete Schwester von Ottilie, die den Nachkömmling Klaus wie eine Mutter geliebt hat, macht ihn durch Testament zu ihrem Alleinerben. Ottilie ist sofort der Meinung, daß sie hier beteiligt sein müsse, da ihre Schwester sie nicht übergehen könne. Dies ist aber unrichtig. Wir wollen schon hier festhalten, daß es unter **Geschwistern keine Pflichtteilsrechte** gibt. Ein reicher Bruder kann sein Millionenvermögen einer wohltätigen Stiftung vermachen und seine Schwester und deren Kinder in Armut versinken lassen. Vom Recht her ist dagegen nichts zu machen. Alle weiteren Erwägungen führen in das Gebiet der **Moral.**

Klaus Jedermann ist naturgemäß über diesen weiteren Gewinnanteil zunächst hocherfreut. Die Freude schwindet aber, als er zu seiner Überraschung feststellt, daß Tante Olga erhebliche Schulden hatte. Schon in den ersten vier Wochen nach ihrem Tod melden sich nach und nach immer mehr Gläubiger, so daß Klaus befürchtet, es könnten sich mehr Schulden ergeben, als der Nachlaß an Aktiven aufweist.

Er bespricht sich daher mit seinem Bruder Otto, ob er die Erbschaft ausschlagen soll. Was kann ihm geraten werden?

Wir müssen uns vorerst darüber klarwerden, **wann der Erbe die Erbschaft**

erwirbt. Gerade darüber herrscht aber Streit. Maßgebend ist für uns die herrschende Lehre und Rechtsprechung. Danach erwirbt der Erbe die Erbschaft erst mit der **Einantwortung.** Man versteht darunter einen Gerichtsbeschluß, dessen Ausfertigung auch **Einantwortungsurkunde** genannt wird und mit dem die Verlassenschaftsabhandlung geschlossen wird. Die Einantwortung bewirkt, daß der Besitz der Erbschaft auf den Erben übergeht. Nach der maßgebenden Rechtsansicht wird also Klaus Jedermann nicht automatisch Erbe nach seiner Tante Olga. Der eigenartige deutschrechtliche Satz „Der Tote erbt den Lebenden" (soll heißen „Der Tote beerbt den Lebenden"), wonach der Erbschaftserwerb sich mit dem Tode des Erblassers von selbst vollzieht, hat in Österreich keine Geltung. Klaus müßte daher die Erbschaft gar nicht erst ausschlagen. Es würde genügen, wenn er einen überschuldeten Nachlaß befürchtet, entweder keine oder höchstens eine sogenannte **bedingte** Erbserklärung abzugeben. Die schon erwähnte Erbserklärung muß nämlich nach § 800 ABGB eine Angabe enthalten, ob sie unbedingt oder mit Vorbehalt der Rechtswohltat des **Inventariums** geschehe. Diese Erklärung ist für den Umfang der Haftung des Erben für die Erbschaftsschulden von enormer Bedeutung.

Unterlassung der Erbserklärung bedeutet bloß Nichtbeteiligung an der Abhandlung. Eine Person, die keine Erbserklärung abgegeben hat, kann nicht eingeantwortet werden. Eine darüber hinausgehende Wirkung kommt jedoch der **Ausschlagung** zu. Sie bewirkt, daß der Anfall vernichtet wird. Will also Klaus, daß die ihm zugedachte Erbschaft je nach der Rechtslage an andere Erben fällt, dann schlägt er den Nachlaß aus. Daher wird der **großjährige** Klaus Jedermann nicht bloß die Erbserklärung unterlassen, sondern eine ausdrückliche Erklärung an das Abhandlungsgericht senden. Etwa folgende:

Klaus Jedermann
Liebenau 63
1210 Wien

Datum . . .

An das
Bezirksgericht in . . .

Rechtssache: Olga Selig, Verlassenschaft;
Klaus Jedermann in . . .
erklärt Erbverzicht

Am . . . ist Frau Olga Selig in . . . verstorben. Sie hat ein Testament hinterlassen, in dem ich als Alleinerbe eingesetzt wurde. Ich gebe jedoch die Erklärung ab, daß ich mich aller Rechte auf den Nachlaß begebe.

Klaus Jedermann

Gegenüber Nachkommen des Ausschlagenden wirkt die Ausschlagung wie ein **Erbverzicht.** Erbverzicht bzw. Ausschlagung einer Erbschaft erfordern aber nach § 805 ABGB volle Handlungsfähigkeit. Wenn nun Klaus Jedermann **nicht voll handlungsfähig** ist, so kann sein gesetzlicher Vertreter für den Pflegebefohlenen jederzeit die **bedingte Erbserklärung** abgeben. Zu einer **Ausschlagung** muß jedoch der gesetzliche Vertreter die **Genehmigung des Vormundschaftsgerichts** einholen.

Da sich Klaus Jedermann aller Rechte auf den Nachlaß seiner Tante entäußert hat, scheidet er aus dem weiteren Verfahren vollkommen aus; die Schulden der Erblasserin berühren ihn nicht mehr. Das Verlassenschaftsgericht muß nachforschen, wer nun an seiner Stelle Erbe ist, und diesen benachrichtigen.

Der Weg, den Klaus Jedermann hier eingeschlagen hat, ist aber ein sehr radikaler. Noch bevor er überhaupt wirklich wußte, ob die **Schulden** (Passiven) die **Werte** (Aktiven) des Nachlasses übersteigen, hat er auf seine Erbenstellung verzichtet. Dabei bestand gar keine Notwendigkeit, so überstürzt zu handeln. Es ist ein verbreiteter Irrtum, daß man einem überschuldeten Nachlaß durch sofortige Ausschlagung der Erbschaft entfliehen müßte. Auch der Erbe eines überschuldeten Nachlasses hat für sein sonstiges Vermögen nichts zu befürchten, wenn er sich nur richtig verhalt, das heißt die nachstehenden Darlegungen beachtet.

Klaus Jedermann entschließt sich also in unserer jetzigen Annahme, die angefallene Erbschaft anzunehmen. Zunächst geht er erst einmal daran, Ordnung in den Nachlaß zu bringen und sich ein Bild zu verschaffen, wer eigentlich alles Ansprüche gegen den Nachlaß erhebt. Ergeben die vorgefundenen Korrespondenzen und Papiere nicht genügend Übersicht, wem allen Tante Olga verschuldet war, so wird er sich nur zur sogenannten bedingten Erbserklärung entschließen. Ist er eigenberechtigt, gibt er daher folgende Erklärung ab:

Klaus Jedermann
Liebenau 63
1210 Wien

Datum ...

An das
Bezirksgericht in ...

Rechtssache: Verlaßabhandlung nach Olga Selig in ...,
Klaus Jedermann erklärt sich bedingt als Erbe.

Am ... ist Frau Olga Selig in ... verstorben. Sie hat ein Testament hinterlassen, in dem ich zum Universalerben eingesetzt wurde. Ich erkläre mich bedingt aus dem Testament als Erbe und stelle den Antrag, die Inventuraufnahme anzuordnen.

Klaus Jedermann

Ist Klaus Jedermann minderjährig, könnte z. B. Ottilie als sein gesetzlicher Vertreter ohne vormundschaftsgerichtliche Genehmigung für ihn erklären:

Ottilie Jedermann

Datum . . .

An das
Bezirksgericht in . . .

Rechtssache: Verlassenschaft Olga Selig in . . .
Erbserklärung des minderjährigen
Klaus Jedermann in . . .

Laut Testament vom . . . ist mein minderjähriger Sohn Klaus Jedermann Alleinerbe nach der am . . . verstorbenen Olga Selig. In meiner Eigenschaft als Mutter und gesetzlicher Vertreter gebe ich in seinem Namen die bedingte Erbserklärung aus dem Testament zum Nachlaß der Olga Selig ab.

Das Bezirksgericht wolle die Inventarisierung des Nachlasses anordnen.

Ottilie Jedermann

Wer eine bedingte Erbserklärung abgegeben hat, kann überdies nach § 813 ABGB eine **Gläubigereinberufung,** den sogenannten Rechnungsruf, beantragen. Klaus Jedermann, dessen Eigenberechtigung wir annehmen, stellt diesen Antrag:

Datum . . .

An das
Bezirksgericht in . . .

Rechtssache: Olga Selig, gestorben am . . .,
Verlaßabhandlung.
Antrag auf Einberufung der Gläubiger.

Als bedingt erbserklärter Alleinerbe beantrage ich, zur Erforschung des Schuldenstandes ein Edikt zu erlassen, durch das die Gläubiger des Erblassers aufgefordert werden, bis zum . . . ihre Forderungen anzumelden und darzutun, widrigenfalls ihnen, wenn die Verlassenschaft durch die Bezahlung der angemeldeten Forderungen erschöpft wird, ein Anspruch an den Nachlaß nicht mehr zusteht.

Klaus Jedermann

Die Einberufung (auch Konvokation genannt) besteht darin, daß die Gläubiger durch Edikt aufgefordert werden, innerhalb einer vom Gericht festgesetzten angemessenen Frist ihre Forderungen anzumelden und darzutun. Was ist die Hauptwirkung einer Einberufung der Verlassenschaftsgläubiger? Die Gläubigerkonvokation bewirkt, daß der Erbe am Ende der Einberufungsfrist klarsieht, ob und in welchem Maße der Nachlaß überschuldet ist. Stellt sich der Nachlaß als **nicht überschuldet** dar, dann hat der Erbe die angemeldeten oder sonst bekannten Schulden voll zu bezahlen. Wird der Nachlaß dadurch **erschöpft,** so haftet der Erbe später auftauchenden Gläubigern überhaupt nicht. Ist ein **Aktivrest** übriggeblieben, so haftet der Erbe den Gläubigern nur mit diesem Rest; er hat also die einzelnen Gläubiger nach der Art ihres Auftretens bis zur Erschöpfung des Nachlasses voll zu befriedigen.

Strittig ist, ob die Gläubigereinberufung auch die **Wirkung eines Zahlungsaufschubes** hat. Klaus Jedermann wird sich auf den Wortlaut des Gesetzes (§ 813 ABGB) berufen und auf dem Standpunkt stehen, daß er vor Ablauf der Ediktalfrist den Gläubigern nicht zu zahlen braucht. Muß er fürchten, daß Tante Olgas Gläubiger, die weniger deren Tod als ihr Geld beklagen, gerichtliche Schritte gegen ihn als Erben unternehmen? Der OGH hat in einem alten Judikat (aus dem Jahre 1872) erklärt: Die Gläubiger sind nicht gehindert, während der Ediktalfrist die Verurteilung des Erben, ja sogar die Vollstreckung zu erwirken. Trotzdem können wir Klaus beruhigen, er braucht auch solch stürmische Gläubiger nicht zu fürchten. Wenn die Einberufung der Gläubiger bewilligt worden ist, kann er **Aufschub der Exekution** (nach § 42 Z. 6 EO) beantragen.

Es ist nun denkbar, daß sich irgendein Gläubiger in dem Ediktalverfahren nicht meldet, z. B. weil er erst nach Jahren aus dem Ausland zurückkehrt. Dann braucht Klaus Jedermann an diesen Gläubiger nicht mehr zu leisten, wenn er den Nachlaß aufgebraucht hat, um die Gläubiger zu befriedigen, die sich innerhalb der Frist des Edikts gemeldet haben. Ist ihm nach deren Befriedigung noch etwas aus dem Nachlaß verblieben, so muß er diese Restwerte nunmehr dem nachgekommenen Gläubiger zur Verfügung stellen, damit dieser sich daran befriedigen kann. Hat Klaus die Werte inzwischen völlig aufgebraucht, so kann dieser Gläubiger nichts mehr verlangen, denn Klaus durfte nach Abschluß des Aufgebotsverfahrens annehmen, daß er nun die Gläubiger Tante Olgas kenne.

Da wir genau sein wollen, unterscheiden wir zwischen Erblasserschulden und Erbfallschulden.

Erblasserschulden sind alle Verbindlichkeiten des Erblassers vermögensrechtlicher Natur. Die Schuld muß in der Person des Erblassers entstanden sein, selbst wenn sie erst nach seinem Tod ziffernmäßig bestimmt oder fällig wird. Tante Olga ließ ihre zahlreichen Hunde in der Schuranstalt „Pudelwohl" zwar häufig betreuen, zahlte aber nie. Es handelt sich um Erblasserschulden, die jetzt geltend gemacht werden. Zu den **Erbfallschulden** zählen Begräbniskosten und Abhandlungskosten; sie sind aus dem Nachlaß zu bestreiten. Auch gewisse Unterhaltsleistungen sind aus dem Nachlaß zu befriedigen. So der Anspruch des unehelichen Kindes gegen den Vater, der Anspruch des enterbten Pflichtteilsberechtigten auf den notwendigen Unterhalt (§ 795 ABGB) und der Anspruch des überlebenden Ehegatten auf den mangelnden Unterhalt bis zur Wiederverehelichung (§ 796 ABGB). Endlich gehört hierher der Anspruch der Witwe auf die gewöhnliche Verpflegung durch sechs Wochen nach dem Tod des Mannes; die schwangere Witwe hat diesen Anspruch sogar bis sechs Wochen nach der Entbindung.

Jetzt ist nur noch die **Haftungsbeschränkung** zu erklären, die Klaus Jedermann durch die **Inventarserrichtung** erreicht. Was hat man sich eigentlich unter einem Inventar vorzustellen? Das Inventar ist die **gerichtliche Beurkundung** von Bestand und Wert des Nachlasses: ein genaues und vollständiges **Verzeichnis** allen beweglichen und unbeweglichen Vermögens, wie es sich am Todestag im Besitz des Erblassers befunden hat. Auch die **Bewertung** des Vermögens stellt auf den Todestag ab. Das Inventar hat den Hauptzweck, die **Nachlaßaktiven** vollständig zu verzeichnen.

Hier treffen wir auf eine zweite große Streitfrage im Erbrecht: Haftet der Erbe, der die Wohltat des Inventars genießt, bloß mit dem Nachlaß oder auch mit seinem persönlichen Vermögen?

Man ist sich darüber einig geworden, daß es auf den Zeitpunkt der **Einantwortung** ankommt. **Bis** zur Einantwortung haftet der Erbe **nur mit den Nachlaßgegenständen;** eine persönliche Haftung besteht nicht, da ihm der Nachlaß noch nicht gehört. **Nach** der Einantwortung haftet der Erbe allerdings **persönlich** mit seinem Vermögen, jedoch **beschränkt** auf den **Wert des Nachlasses,** wie er sich aus dem Inventar ergibt. Eine Haftung bloß mit den Nachlaßsachen kommt schon deshalb nicht in Frage, weil der Nachlaß nunmehr kein Sondervermögen mehr bildet, sondern im Vermögen des Erben aufgegangen ist.

Auf eine kurze Merkformel gebracht:

Vor der **Einantwortung** haftet ein Erbe, der eine bedingte Erbserklärung abgegeben hat, **gegenständlich beschränkt;** nämlich mit den Nachlaßstücken, und persönlich überhaupt nicht.

Nach der **Einantwortung** haftet ein solcher Erbe zwar persönlich, aber **betragsmäßig beschränkt;** nämlich nur bis zum inventarisierten Wert des Nachlasses.

Die Rechtswohltat des Inventars und eine Einberufung der Gläubiger bewahren also Klaus Jedermann hinlänglich vor der Gefahr eines überschuldeten Nachlasses; er braucht nicht eigenes Vermögen wirtschaftlich anzugreifen, um Erblasserschulden zu bezahlen, die seine listige Tante Olga vielleicht gerade deshalb in bedeutender Höhe kontrahiert hatte.

Nachlaßkonkurs und Nachlaßausgleich

Wie aber, wenn der Nachlaß nach Tante Olga wirklich überschuldet ist?

Auch dann besteht für Klaus kein Grund zur Verzweiflung. Überschuldung ist das Überwiegen der Passiven über die Aktiven. Der ruhende Nachlaß wird als juristische Person behandelt. Bei juristischen Personen genügt schon Überschuldung zur Konkurseröffnung. Bei physischen Personen wäre Zahlungsunfähigkeit erforderlich.

Stellt sich in unserem Fall der Nachlaß bei Ablauf der Einberufungsfrist als überschuldet dar, dann hat der Erbe die angemeldeten Forderungen nach den Grundsätzen des Konkursrechts zu bezahlen. Ist aber der Nachlaß durch volle oder teilweise Befriedigung der angemeldeten Forderungen erschöpft, so haftet der Erbe nicht weiter. Er ist auch nicht verpflichtet, die Konkurseröffnung zu verlangen.

Jeder **Gläubiger** kann ohne Rücksicht darauf, ob und was für Erbserklärungen abgegeben worden sind, die Eröffnung des Konkurses über den Nachlaß **beantragen** (§ 70 KO). In unserer Annahme stellt diesen Antrag die Hundeschuranstalt „Pudelwohl", die für mehrfaches Trimmen, Baden, Scheren mit Manschetten und dergleichen der beiden Königspudel Trixi und Truxi eine Forderung von S 5000,– geltend macht. Weitere Gläubiger sind zwei Gemischtwarenhändler, ein Steinmetz, zwei Devotionalienhändler und der Singvogelverband „Tschilp". Die Forderungen dieser Gläubiger sollen nun nicht nach dem Zuvorkommen („Wer zuerst kommt, mahlt zuerst!"), sondern nach dem **Grundsatz der Gleichbehandlung** (jeder erhält nur eine Quote seiner ursprünglichen Forderung) erfüllt werden.

Der **Erbe** ist zur Antragstellung nicht verpflichtet und ohne Wohltat des Inventars auch nicht berechtigt. Mit anderen Worten: Der Erbe, der eine unbedingte Erbserklärung abgibt, haftet den Verlassenschaftsgläubigern und den Vermächtnisnehmern (vgl. Seite 416) unbeschränkt; er darf sich daher der Einantwortung und der damit verbundenen Haftung mit seinem ganzen Vermögen nicht entziehen. Den Gläubigern jedoch nimmt auch eine unbedingte Erbserklärung nicht das Recht, die Konkurseröffnung zu verlangen. Die Gläubiger werden sich aber einen solchen Konkurseröffnungsantrag wohl überlegen; sie verzichten nämlich damit auf die persönliche Haftung des Erben.

Was bewirkt eine Konkurseröffnung?

Nach herrschender Ansicht wird durch Konkurseröffnung über den Nachlaß das Abhandlungsverfahren erledigt. Erbserklärungen dürfen nicht mehr angenommen werden, eine Einantwortung erfolgt nicht. Wenn der Konkurs durch Masseverteilung an unsere sieben Gläubiger aufgehoben ist, kommt es zu keiner Fortsetzung des Abhandlungsverfahrens. Die leer ausgegangenen Gläubiger können **keine Ansprüche an die Erben** stellen. Und gerade das ist für den Neffen Klaus so wichtig zu wissen! Später wird etwa ein mit Golddukaten gefüllter Strickstrumpf in einem Versteck gefunden, der Tante Olga gehört hat; was dann? In diesem Fall, bei Hervorkommen neuen Vermögens, ist die Abhandlung wieder aufzunehmen.

Bei Mangel eines zur Deckung der Kosten hinreichenden Vermögens wird der Konkurs aufgehoben (§ 166 KO); dann tritt erbrechtlich und abhandlungsrechtlich der frühere Zustand wieder ein.

Die eine Möglichkeit einer Regulierung außerhalb des normalen Abhandlungsverfahrens war also der Nachlaßkonkurs. Die zweite Möglichkeit ist der **gerichtliche Ausgleich des Nachlasses.**

Konkurs oder gerichtlicher Ausgleich haben bei der Verlassenschaft die Auslösungstatsache gemeinsam, nämlich die Überschuldung. In ihrem Ziel stellen sie jedoch Grundsätze dar: Der Konkurs bewirkt die Zusammenfassung des gesamten der Exekution zugänglichen Vermögens des Schuldners in einer den Gläubigern rechtlich zur Disposition gestellten Masse und bezweckt die Realisierung der Konkursmasse und ihre Verteilung unter die Gläubiger. Der durch die konkursmäßige Verteilung nicht gedeckte Teil der Verpflichtungen bleibt bestehen. Das gerichtliche Ausgleichsverfahren ist nur der verfahrensrechtliche Rahmen für eine Anpassung des Inhalts der schuldnerischen Verpflichtungen nach Höhe und Fälligkeit an die verringerte Leistungsfähigkeit des Schuldners. Es gibt hier keine Masse und keine Wertzerstörung durch Versilberung einer Masse. Nach Zahlung der Ausgleichsquote und Abschluß eines gerichtlichen Ausgleichs ist der unbeglichene Rest der Schuld erlassen.

Ein Ausgleichsverfahren kann über einen Nachlaß nur auf Antrag des **Nachlaßkurators** oder der **Erben** mit Genehmigung des Abhandlungsgerichts eröffnet werden. Der Grund für die Genehmigungspflicht liegt darin, daß ja der gerichtliche Ausgleich schuldrechtliche Verpflichtungen schafft bzw. ändert. Die Gläubiger können ein Ausgleichsverfahren nicht beantragen. Hat der Erbe noch vor der Einantwortung die Gläubiger dem Ausgleich gemäß befriedigt und ist dadurch der Nachlaß aufgezehrt worden, so spricht man von einem **Liquidationsausgleich.** Beim Liquidationsausgleich findet wegen Wegfall eines Nachlaßvermögens keine Einantwortung statt. Sind bloß Quoten zu entrichten und verbleibt den Erben das Nachlaßvermögen, liegt ein **Sanierungsausgleich** vor; dann wird die Abhandlung nach Abschluß des Ausgleichsverfahrens fortgesetzt und der Nachlaß den Erben eingeantwortet. Sie haften dann für die Erfüllung des Ausgleichs persönlich und je nach der Art ihrer Erbserklärung, also entweder beschränkt (bei bedingter Erbserklärung) oder unbeschränkt (bei unbedingter Erbserklärung). Wir sehen, daß das Insolvenzverfahren über Nachlässe viele schwierige Fragen aufwirft, die sich ohne individuelle Rechtsberatung durch einen Rechtsanwalt oder Notar schwer lösen lassen.

Außer den soeben im Grundzug besprochenen Konkurs- und Ausgleichsverfahren gibt es aber noch nach dem AußStreitG eine **Liquidierung kleiner überschuldeter Nachlässe** durch das Abhandlungsgericht. Diese Art der Erledigung wird in der Praxis **Einantwortung nach Gläubigerrecht** genannt.

Was bedeutet das?

Entweder überläßt hier das Gericht die Aktiven den Gläubigern selbst an Zahlungs Statt; oder ein Dritter übernimmt die Aktiven und findet seinerseits die Gläubiger ab. Wenn also Tante Olgas Nachlaß geringwertig ist, wird ihn das Gericht den sieben Gläubigern überlassen, die sich dann untereinander einigen mögen. Möglicherweise findet sich auch ein Kuriositätensammler, der über Olgas reichhaltige Nippessammlung von Amorfiguren „gebrochene Herzen heilend" so begeistert ist, daß er die ganze Verlassenschaft gegen Berichtigung der Schulden und Auslagen übernimmt. Dies wäre ein Glücksfall für die prosaischen Gläubiger, denn sie hätten mit den Nippesfiguren nichts anzufangen gewußt.

Betrachten wir die Voraussetzungen der Einantwortung nach Gläubigerrecht näher. Zunächst muß der Nachlaß zu **unbedeutend** sein, um darüber weitere gerichtliche Verhandlungen einzuleiten. Das ist der Fall, wenn der Nachlaß nicht hinreicht, die Kosten eines Nachlaßkonkurses zu decken. So z. B. bei **Spitalseffekten.** Die Kleidungs- und Wäschestücke Unbemittelter, die in einer Krankenanstalt sterben, werden der Krankenhausverwaltung als Abschlag auf die ausstehenden Verpflegskosten überlassen. Wann ein Nachlaß unbedeutend ist, beurteilt das Abhandlungsgericht nach **freiem Ermessen.** – Auch Liegenschaften können nach Gläubigerrecht eingeantwortet werden.

Weiters muß der Nachlaß **überschuldet** sein. Davon hörten wir schon bei der Konkurseröffnung (vgl. Seite 390). Wieso genügt eigentlich Überschuldung? Bei physischen Personen muß doch Zahlungsunfähigkeit vorliegen, das ist die Unfähigkeit, die laufenden Verbindlichkeiten zu erfüllen. Hier aber brauchen bloß die Passiven die Aktiven zu überwiegen. Dort, wo persönliche Momente fehlen und die Deckung für die vorhandenen Schulden lediglich in einem Aktivvermögen besteht, ist es gerechtfertigt, neben die Zahlungsunfähigkeit auch die Überschuldung als Konkurs-, Ausgleichseröffnungsgrund u. dgl. aufzustellen; das trifft bei bedingt angetretenen Nachlässen zu.

Endlich ist das **Einverständnis** der Beteiligten notwendig, in unserem Fall also das Einverständnis der sieben Gläubiger, die sich gemeldet haben oder sonstwie bekanntgeworden sind und in dieser Weise befriedigt werden sollen. Nicht notwendig ist begreiflicherweise die Zustimmung derjenigen, die leer ausgehen müssen, weil die Aktiven nicht einmal zur Deckung der ihnen im Rang vorausgehenden Forderungen (z. B. Begräbniskosten) ausreichen. Der bekannte Satz: „Wo nichts ist, hat der Kaiser sein Recht verloren!" beweist dann eben seine traurige Gültigkeit.

Die Einantwortung nach Gläubigerrecht vertritt bei unbedeutenden Nachlässen das Konkursverfahren. Daher sind die Passiven tunlichst zu ermitteln und nach der im Konkurs geltenden Rangordnung zu berücksichtigen. Der den Nachlaß gegen Berichtigung der Passiven übernehmende Gläubiger (bei uns z. B. die Hundeschuranstalt) oder der Dritte (bei uns der Kuriositätensammler) haftet nur für die übernommenen, nicht auch für die nachträglich hervorgekommenen Passiven. Dafür haben die Genannten auch nur auf die ihnen zugewiesenen, nicht auch auf nachträglich aufgefundene Aktiven (bei uns auf den mit Gold gefüllten Strickstrumpf) Anspruch.

Die Bereinigung der Erblasserschulden sowie der Erbfallschulden bereitet bei manchen Verlassenschaften gar viele Sorgen, die hier nicht alle zerstreut werden können.

Wir wollen uns aber eine leichte Merkformel einprägen:

1. Bei Überschuldung eines **beträchtlichen** Nachlasses kommt es entweder

- zum **Konkurs** über Antrag der **Gläubiger** oder der **Erben.** Er bringt Substanz**vernichtung** und hat **keine befreiende** Wirkung;

oder

- zum **Ausgleich** über Antrag der **Erben.** Er bedeutet Substanz**erhaltung** und hat **befreiende** Wirkung.

2. Bei Überschuldung eines **geringen** Nachlasses wird die Verlassenschaft **den Gläubigern an Zahlungs Statt** eingeantwortet.

Verschleppungsgefahr und Miterbenhaftung

Den vorgestellten sieben Gläubigern brachte das Ableben von Tante Olga Kummer genug. Ihre Nervosität stieg aber noch, als sie in Erfahrung brachten, daß Klaus Jedermann schon mehrfach alten Granatschmuck, der offenbar von Tante Olga herrührte, beim Juwelier verkauft hat. Einer der Gläubiger, der Steinmetz, verfügte über gewisse juristische Kenntnisse. Daher wußte er, daß ein Erbgang den Erbschaftsgläubigern eine doppelte Gefahr bringen kann:

1. die Gefahr der Verschleppung des Nachlasses;

2. die Gefahr des Zugriffs der Gläubiger des Erben.

Der Nachlaß steht zwar bis zur Einantwortung unter der Verwaltung des Gerichts. Das schließt aber die Gefahr einer Verschleppung von Nachlaßgegenständen keinesfalls aus.

Der Verschleppungsgefahr steht die Gefahr gleich, daß der Erbe durch Veräußerung von Nachlaßgegenständen (bei uns von Granatschmuck) oder durch Verschuldung die Gläubiger schädigt. In der Regel läßt das Gericht den Nachlaß in Verwahrung der mutmaßlichen Erben. Der großjährige Klaus Jedermann hat von der Erbserklärung an sogar einen Anspruch auf Verwaltung des Nachlasses. Eine Versiegelung oder eine gerichtliche Verwahrung von Nachlaßsachen erfolgt nur in Ausnahmsfällen.

Von Amts wegen sorgt das Gericht **nicht** für die Sicherstellung oder Befriedigung der Erbschaftsgläubiger. Die Initiative ist also diesen überlassen.

Das Gesetz gibt dem Gläubiger das Recht, **Absonderung des Nachlasses** vom Vermögen des Erben zu begehren. Damit wird sowohl der Verschleppung von Nachlaßstücken wie auch der Gefahr des Zugriffs der Gläubiger des Erben auf den Nachlaß vorgebeugt. Zur Stellung des Antrages auf Absonderung oder Separation nach § 812 ABGB sind **alle Erbschaftsgläubiger** berechtigt. Separation kann sowohl für Erblasserschulden als auch für Erbfallschulden (vgl. darüber Seite 390) begehrt werden. Der Antragsteller braucht bloß Tatsachen anzuführen, die in ihm die **Besorgnis** erwecken, daß durch Vermengung des Nachlasses mit dem Vermögen des Erben für seine Forderung Nachteile entstehen. Die Bescheinigung einer objektiven Gefahr ist nicht erforderlich. Wenn der Antragsteller (Separatist genannt) **Zahlung** oder **Sicherstellung** erhält, ist der Antrag auf Absonderung **abzuweisen** bzw. die bereits bewilligte Absonderung **aufzuheben.**

Was bewirkt die Absonderung des Nachlasses?

Der Nachlaß muß jetzt in **gerichtliche Verwahrung** genommen werden, auch wenn die Verwaltung dem Erben bereits überlassen war. Der Nachlaß ist zu versiegeln, es wird ein Inventar aufgenommen und ein Nachlaßverwalter bestellt. Durch seine Bestellung erlischt das Recht des Erben auf Verwaltung des Nachlasses. Die Vertretungsbefugnis des **Absonderungs-**

kurators wird in das **Handelsregister** eingetragen. Er hat ein Verwaltungsmonopol und ist zur Prozeßführung, nicht aber Liquidierung des Nachlasses berechtigt.

Kommt der Antrag des schlauen Steinmetz auf Separation auch den weniger mißtrauischen Gläubigern zugute?

Die Absonderung wirkt **nur zugunsten des Gläubigers,** der sie **begehrt** hat. Die Absonderung schafft kein Sondervermögen für alle Nachlaßgläubiger, sondern nur ein solches für den Separatisten.

Wann ist eine Separation besonders genau zu überlegen?

Dann, wenn ein wohlhabender Erbe eine **unbedingte** Erbserklärung abgegeben hat. Im Antrag auf Nachlaßabsonderung liegt ja ein Mißtrauensvotum. Der Gläubiger, der die Absonderung des Nachlasses verlangt, erklärt damit: Ich ziehe die schlichte Haftung des Nachlasses der persönlichen Haftung des Erben vor! Folgerichtig bestimmt das Gesetz, daß der Erbe von der persönlichen Haftung dem Separatisten gegenüber befreit wird. Also eine wichtige Haftungsbeschränkung trotz unbedingter Erbserklärung!

Für das Verhältnis zum Nachlaßkonkurs und Nachlaßausgleich ist folgendes festzuhalten: **Nach Konkurseröffnung** über den Nachlaß ist **keine Separation** zu bewilligen, da der Absonderungszweck durch den Konkurs vorläufig erreicht ist. **Nach Ausgleichseröffnung** ist **Separation** noch immer möglich.

Bisher sind wir immer davon ausgegangen, daß Klaus Jedermann im Testament seiner Tante Olga zum Alleinerben eingesetzt wurde. Wie aber, wenn er sich in die Erbschaft mit mehreren Miterben zu teilen hätte? Wie steht es dann mit der Haftung der Miterben für Nachlaßschulden?

Nach der die gerichtliche Praxis leitenden Ansicht erfolgt der Erwerb erst mit der Einantwortung. Daher haften die Miterben bis zur Einantwortung nur mit dem **Erbvermögen** und nicht als persönliche Schuldner mit ihrem eigenen Vermögen. Erst mit der Einantwortung tritt an die Stelle der sachlichen Haftung des Nachlasses die persönliche Haftung des Miterben. Das Ausmaß dieser persönlichen Miterbenhaftung wird sich wieder danach richten, ob unbedingte oder bedingte Erbserklärungen abgegeben wurden.

Fälle der gesetzlichen Erbfolge

Karl Jedermann ist ohne Hinterlassung eines Testaments gestorben. Wer sein Erbe ist, bestimmt das Gesetz in den §§ 730 ff. ABGB. Man spricht insoweit von der gesetzlichen Erbfolge oder vom Intestaterbrecht. Beim Erbfall Karl Jedermann hatten wir es mit **Erben der ersten Linie oder Parentel** zu tun. Darunter versteht man alle Abkömmlinge eines Erblassers.

Zur Erbschaftssteuerklasse I gehören gemäß § 7 Abs. 1 Erbschaftssteuergesetz der Ehegatte und die Kinder des Erblassers. In Steuerklasse I beginnt der Steuersatz mit 2 Prozent. Personen dieser Steuerklasse genießen nach § 14 Erbschaftssteuergesetz einen Freibetrag von S 30.000,–.

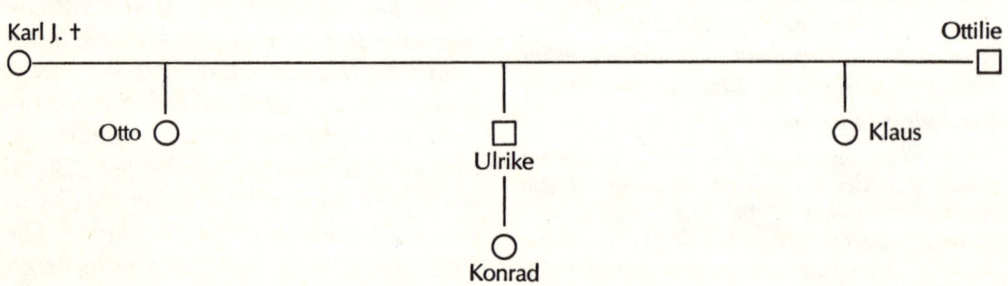

Die vorstehende Zeichnung stellt die Erben der ersten Linie im Zusammentreffen mit der Ehefrau des Erblassers dar. Es fällt uns nun dabei auf, daß wir bei der Verteilung des Nachlasses den kleinen Konrad, den Sohn von Ulrike, überhaupt nicht berücksichtigt haben. Auch er ist doch ein Nachkomme Karl Jedermanns. Aber solange seine Mutter Ulrike lebt, durch die er ja mit dem Erblasser verwandt ist, ist er von einer Erbschaft nach Karl Jedermann ausgeschlossen. Es erben also immer die ganzen Stämme der Abkömmlinge, repräsentiert durch den dem Erblasser am nächsten stehenden Abkömmling. Wir haben hier die Stämme Otto, Ulrike und Klaus. Wäre Ulrike vor ihrem Vater Karl Jedermann gestorben, dann könnte sie ihren Stamm nicht mehr repräsentieren, dann würde also ihr Anspruch auf den Nachlaß auf Konrad fallen. Stellen wir uns nun einmal vor, Ulrike hätte zwei Kinder gehabt und wäre vor ihrem Vater verstorben. Dann hätten diese beiden Kinder den auf den Stamm Ulrike entfallenden Nachlaßanteil geerbt. Sie müßten sich also deren Anteil teilen, so daß jedes von den Kindern die Hälfte von Ulrikes Anteil erhalten würde.

Dies veranschaulicht diese Zeichnung:

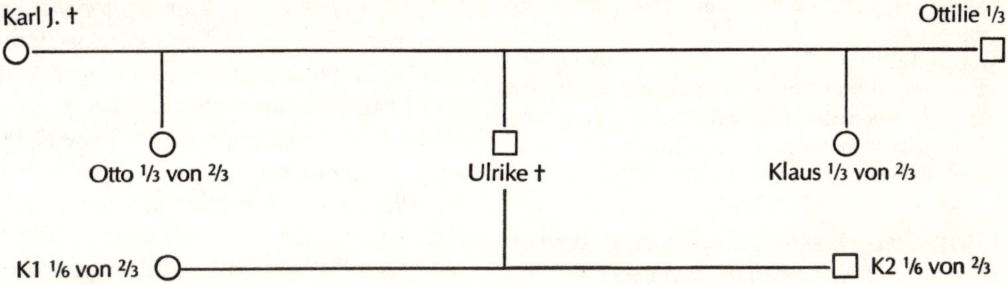

Die beiden Kinder von Ulrike (Enkelkinder von Karl Jedermann) gehören nach § 7 Abs. 1 Erbschaftssteuergesetz in Erbschaftssteuerklasse II und genießen ebenfalls gemäß § 14 Erbschaftssteuergesetz einen Freibetrag von S 30.000,–.

Solange Erben der 1. Parentel vorhanden sind, entfällt das Erbrecht sämtlicher übrigen Verwandten, die zu den ferneren Ordnungen gehören. Betrachten wir dies einmal auf der nachstehenden Zeichnung:

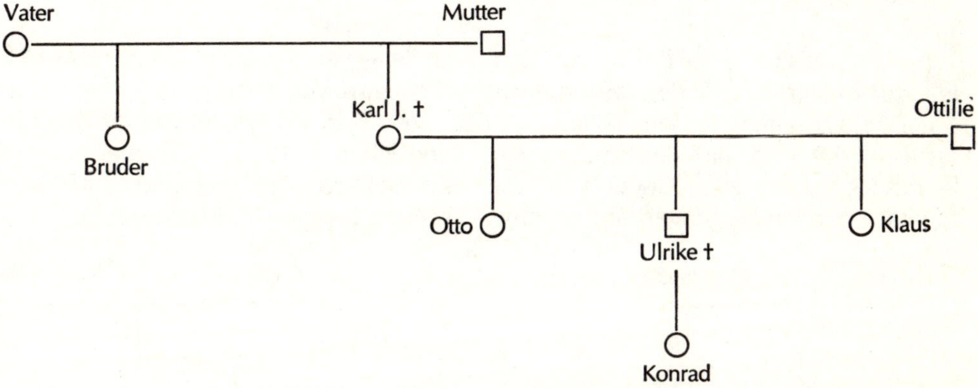

Die Zeichnung veranschaulicht uns, daß die Eltern von Karl Jedermann doch eigentlich in größerer Nähe zu ihm stehen als sein Enkel Konrad, der Sohn der verstorbenen Tochter Ulrike. Trotzdem erben Karl Jedermanns Eltern und sein **Bruder** nichts. Denn sie gehören zur **2. Parentel** der gesetzlichen Erben. Die eigenen Abkömmlinge – auch die Enkel und die Urenkel – stehen dem Erblasser deswegen näher, weil er sie in das Leben gerufen hat und in ihnen die Fortsetzung seines Lebens sieht.

Nehmen wir einmal an, Karl Jedermann wäre ein kinderloser Junggeselle gewesen, dann ergäbe sich daraus das folgende Bild:

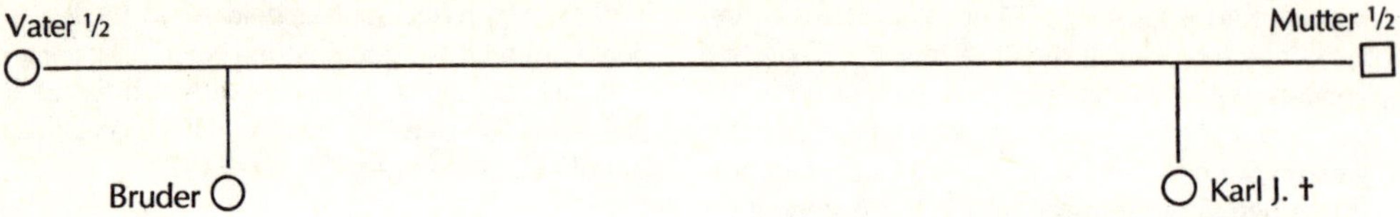

In diesem Fall haben wir nur gesetzliche Erben der 2. Parentel, nämlich die Eltern Karl Jedermanns und seinen Bruder. In diesem Fall erben aber lediglich die Eltern, und zwar je zur Hälfte, den Nachlaß von Karl Jedermann, und der Bruder von Karl Jedermann bekommt nichts. Die lebenden Eltern schließen also ihre übrigen Abkömmlinge von der Beerbung eines ihrer Kinder aus.

In Steuerklasse III gehören gemäß § 7 Abs. 1 Erbschaftssteuergesetz Eltern, Großeltern, Voreltern, Stiefeltern, Geschwister des Erblassers. Nach § 5 Erbschaftssteuergesetz bleibt bei Personen der Steuerklasse III oder IV ein Betrag von S 6000,– steuerfrei. Der Steuersatz beginnt mit 6 Prozent. In Steuerklasse IV fallen Schwiegerkinder, Schwiegereltern und Abkömmlinge ersten Grades von Geschwistern. Der Steuersatz in Klasse IV beginnt mit 8 Prozent, in Steuerklasse V – in die alle übrigen Erwerber fallen – mit 14 Prozent. Bei Personen der Steuerklasse V bleibt ein Betrag von S 1500,– steuerfrei.

Ist der Vater von Karl Jedermann bereits vor ihm gestorben, so ergibt sich folgendes Bild:

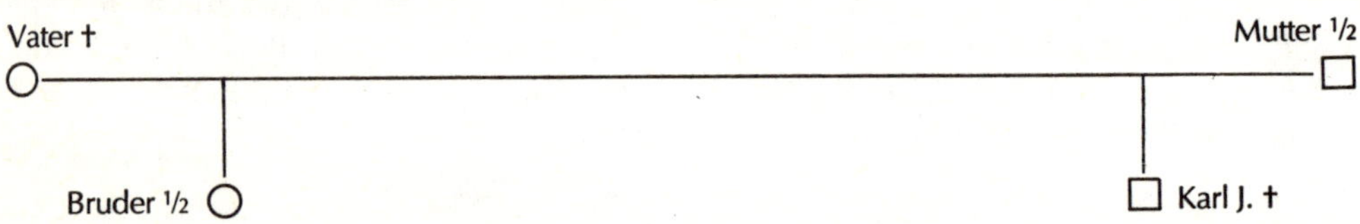

In diesem Fall tritt der Bruder von Karl Jedermann an die Stelle des verstorbenen Vaters und bekommt dessen Hälfte.

Nehmen wir an, daß der Bruder auch bereits tot ist, aber zwei Kinder hinterlassen hat, so treten sie gemeinsam an seine Stelle, erben also die Hälfte neben Karl Jedermanns Mutter, somit jeder ein Viertel.

War Karl Jedermann das einzige Kind und leben außer seiner Mutter noch die **Großeltern** väterlicher- und mütterlicherseits, so haben wir folgendes Bild:

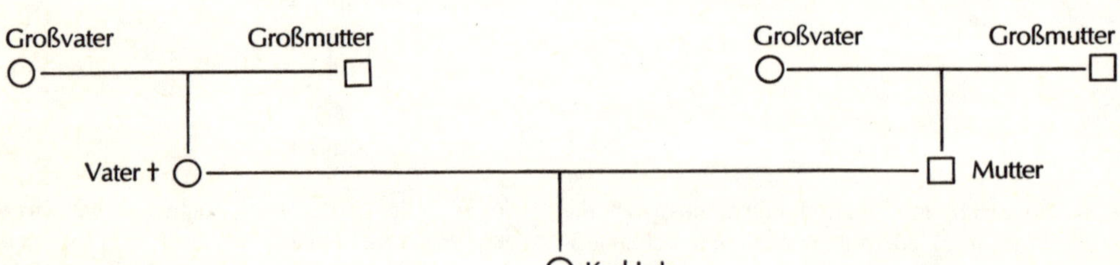

In diesem Fall erbt jedoch Karl Jedermanns Mutter allein. Jeder noch lebende Elternteil schließt also die entfernteren Vorfahren und deren Abkömmlinge, die gesetzlichen Erben der **3. Parentel,** von der Erbfolge aus.

Je weiter wir uns nun von dem Erblasser entfernen, um so komplizierter wird die Darstellung des Erbvorganges. So gilt z. B. für die gesetzlichen Erben der 3. Parentel, das heißt die Großeltern und deren Abkömmlinge, folgendes: Leben zur Zeit des Erbfalles sämtliche Großeltern, so erben sie allein und zu gleichen Teilen. Lebt ein Großelternteil nicht mehr, so treten an dessen Stelle wiederum seine Abkömmlinge. Fehlt einer der vier Stämme gänzlich, so fällt ein Viertel an den nächstverbundenen Stamm derselben Seite. Es erhält also die väterliche Großmutter, wenn der Großvater ohne Nachkommen verstorben ist, die Hälfte der Erbschaft, während der mütterliche Großvater und die mütterliche Großmutter nur je ein Viertel erhalten. Fehlen beide Stämme einer Seite, so fällt deren Hälfte an das andere Großelternpaar oder deren Nachkommen.

Etwas einfacher wird es in der **4. Parentel,** denn von dieser sind nur mehr die Urgroßeltern berufen. Für sie treten ihre Nachkommen nicht mehr ein. Betrachten wir dazu folgendes Bild:

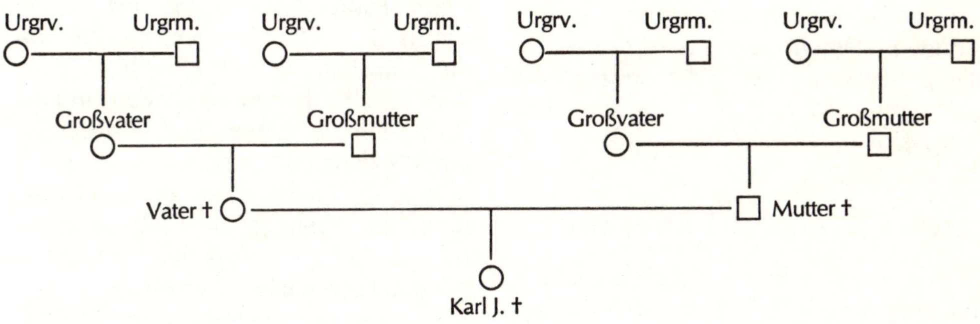

Aber auch hier wird der Nachlaß zuerst geteilt. Die eine Hälfte bildet die Hälfte der Großeltern des Vaters des Erblassers, die andere Hälfte bildet die Hälfte der Großeltern der Mutter des Erblassers. In jeder Hälfte tritt wieder die Halbteilung und Vierteilung ein. Jeder der acht Urgroßeltern, der fehlt, überläßt sein Achtel zunächst dem mit ihm verbundenen Eheteil. Fehlt ein Urgroßelternpaar, so fällt sein Viertel auf das Urgroßelternpaar derselben Seite. Fehlt eine Seite gänzlich, so fällt ihre Hälfte auf die andere Seite. Praktisch wird höchstens einer der acht Urgroßelternteile noch am Leben sein; dann erhält dieser die ganze Erbschaft.

Leben überhaupt keine Urgroßeltern mehr, dürfen darüber hinaus keine erbberechtigten Verwandten gesucht werden, denn weitere Linien sind vom Gesetz ausdrücklich ausgeschlossen (§ 751 ABGB). Während das ABGB ursprünglich sechs Linien kannte, verläuft jetzt die **Erbrechtsgrenze tiefer,** nämlich bei den Stammhäuptern der 4. Parentel.

Wenn keine zum Nachlaß berufenen Erben vorhanden sind oder wenn die berufenen Erben die Erbschaft ausschlagen, spricht man von einem **erblosen Nachlaß.** Was geschieht mit einem solchen Nachlaß?

Wenn auch keine Berufung von Vermächtnisnehmern stattfindet, fällt in letzter Hinsicht nach § 760 ABGB der Nachlaß als erbloses Gut dem **Staat** anheim. Man spricht von einem staatlichen **Heimfallsrecht** oder von **Kaduzität.** Wer ist der „Staat" und kann dieser überhaupt Erbe sein?

Gemeint ist der Staatsschatz, der Fiskus, wie er durch die Finanzprokuratur vertreten wird. Nach übereinstimmender Lehre und Praxis ist der Staat zwar nicht gesetzlicher Erbe, wohl aber **Gesamtnachfolger.** Infolge seiner Gesamtnachfolge in das erblose Vermögen ist der Staat auch verpflichtet, die auf dem Nachlaß ruhenden Schulden und Vermächtnisse zu erfüllen. Doch haftet der Staat dabei nur, soweit der Aktivnachlaß reicht. Die Voraussetzung für diese Haftungsbeschränkung ist schon dadurch gegeben, daß das Gericht, wenn die Erben unbekannt sind, von Amts wegen ein Inventar aufnehmen muß. Im übrigen ergeben sich beim Heimfallsrecht gar manche Schwierigkeiten, so wenn im anheimgefallenen Nachlaß ein literarisches oder künstlerisches Urheberrecht enthalten ist.

Die Übergabe erbloser Verlassenschaften an den Fiskus ist an eine **Ediktalvorladung** der etwaigen gesetzlichen Erben geknüpft (§ 130 AußStreitG). Alle Klagen, die gegen einen Erben angestrengt werden können, treffen auch den Fiskus. In Betracht kommen insbesondere die Erbrechts- und die Erbschaftsklage (vgl. Seite 421).

Das Erbrecht der Ehegatten

Wir haben schon gehört, daß Ottilie nach dem Tode Karl Jedermanns neben ihren Kindern zu einem Drittel erbberechtigt ist. Diese verhältnismäßig starke Einschränkung von Ottilies Erbrecht fällt fort, je weiter die sonst erbberechtigten Verwandten von dem Erblasser entfernt sind. Wäre Karl Jedermann ohne Hinterlassung von Kindern verstorben, lebten aber seine Eltern oder ein Bruder von ihm, so würde Ottilie zwei Drittel des Nachlasses erhalten. Da Ottilie nicht mit Kindern des Erblassers, sondern nur mit gesetzlichen Erben der 2. Parentel zusammentrifft, gebührt ihr überdies der sogenannte **große Voraus.** Zum Vorausvermächtnis zählen bewegliche Sachen, die zum ehelichen Haushalt gehören; Hochzeitsgeschenke nur, soweit sie Haushaltssachen sind. Die Bestimmungen über das Vorausvermächtnis (§ 758 ABGB) finden leicht eine Rechtfertigung: derartige Gegenstände steigern den Wert des Nachlasses nur unerheblich, können hingegen in der Hand des überlebenden Ehegatten wirtschaftlich viel besser ausgenützt werden. Die Praxis zieht den Kreis der zum ehelichen Haushalt gehörigen Gegenstände **nicht zu eng.** Daher wird auch ein von den Ehegatten gemeinsam benützter **Kraftwagen** als zum gemeinsamen Haushalt gehörig erachtet, ebenso eine **Schreibmaschine.** Rechte zählen zwar zu den beweglichen Sachen, gehören aber nicht zum ehelichen Haushalt, weil sie sich nicht auf das gegenseitige Zusammenleben beziehen. Man kann also sagen: Der Voraus umfaßt nicht nur die zur Führung der Haushaltung erforderlichen Gerätschaften, sondern alles, was der Haushaltung der Ehegatten, wenn auch nur in untergeordneter Verwendung, dienen könnte. Gegenstände des persönlichen Bedarfs des verstorbenen Ehegatten (wie z. B. Kleider und Schmuck) fallen dem Überlebenden nicht zu; sie zählen nicht zu den zum ehelichen Haushalt gehörigen beweglichen Sachen.

Nehmen wir einmal an, es hätte sich eine Katastrophe ereignet. Karl Jedermann fährt mit seinen Kindern und seinem Enkelkind im Auto spazieren. Sie verunglükken tödlich. Man findet sie erst nach einigen Stunden und kann also nicht mehr feststellen, ob vielleicht einer der Abkömmlinge länger gelebt hat als Karl Jedermann. Kann nicht bewiesen werden, daß von mehreren Menschen der eine den anderen überlebt hat, so wird vermutet, daß sie **gleichzeitig gestorben** sind (sogenannte Kommorientenvermutung des § 11 TodeserklärungsG). – Karl Jedermann hatte kein Testament gemacht.

Neben Verwandten der 2. Linie (Eltern oder deren Nachkommen) erhält der Ehegatte zwei Drittel des Nachlasses. Es ist dabei gleichgültig, ob die Geschwister, mit denen der Gatte erbt, voll- oder halbbürtig sind. Angenommen also, daß Karl Jedermanns Bruder – als gesetzlicher Erbe der 2. Parentel – noch lebte, so muß Ottilie alles mit ihm teilen, mit Ausnahme des vorstehend erwähnten gesetzlichen Voraus.

Läßt sich nachweisen, daß z. B. Klaus seinen Vater noch eine Stunde überlebt hat, so besteht eine andere Erbrechtssituation. Klaus hätte im Augenblick des Todes von Karl Jedermann zwei Drittel geerbt und Ottilie ein Drittel. In dem Augenblick, wo Klaus nun eine Stunde später starb, erbte sein ganzes Vermögen – also auch den angefallenen Zwei-Drittel-Nachlaß von seinem Vater – nunmehr seine Mutter Ottilie. Auf diesem Wege hätte Ottilie den gesamten Nachlaß ihres Ehemannes bekommen.

Besondere Bestimmungen trifft § 757 ABGB für das Zusammentreffen mit Verwandten der 3. Linie (Großeltern und deren Nachkommen). Leben von dem Erblasser Karl Jedermann außer seiner Ehefrau Ottilie nur noch seine Großeltern, so erbt Ottilie auch neben ihnen zwei Drittel. Ist aber ein Großelternteil bereits verstorben, so bekommt Ottilie auch dessen Anteil. Die Kinder des verstorbenen Großelternteils, also eine Tante oder ein Onkel von Karl Jedermann, müssen hinter dem Erbrecht der Ehefrau Ottilie zurücktreten.

Man spricht von einem **Anwachsungsrecht** des Ehegatten. Voraussetzung für dieses Anwachsungsrecht des Ehegatten ist immer, daß neben Großeltern Nachkommen verstorbener Großeltern vorhanden sind.

Sind weder Erben der ersten oder zweiten Linie noch Großeltern vorhanden, so erhält der überlebende Ehegatte den ganzen Nachlaß.

Ein Ehegatte hat ein Erbrecht nur, wenn die Ehe noch im Zeitpunkt des Erbfalles, also des Todes eines der Ehegatten, bestand. Das Ehegattenerbrecht setzt den Bestand einer **gültigen Ehe** zur Zeit des Todes des Erblassers voraus. **Geschiedene Ehegatten** haben meist kein Erbrecht gegenüber ihrem früheren Ehegatten. Doch muß man die Rechtsentwicklung berücksichtigen. Kein Ehegattenerbrecht besteht jedenfalls, wenn eine Aufhebung oder Scheidung nach dem Ehegesetz 1938 und ebenso, wenn die Trennung einer nichtkatholischen Ehe nach früherem österreichischen Recht vorliegt.

Nach dem früheren österreichischen Recht erlosch das Erbrecht des Ehegatten mit der **Scheidung von Tisch und Bett** nur für den Ehegatten, aus dessen Verschulden die Scheidung ausgesprochen war.

Übersichtlich dargestellt ist die Sache so:

1. Der nach **früherem** Recht von Tisch und Bett **schuldlos** geschiedene Ehegatte hat das gesetzliche Erbrecht (§ 759 Abs. 1 ABGB) und behält es auch bei Umwandlung der Scheidung von Tisch und Bett in eine Scheidung dem Bande nach (§ 115 Abs. 4 EheG).

2. Der nach **geltendem** Recht geschiedene Ehegatte kann dagegen die gesetzliche Erbfolge nicht ansprechen – auch nicht, wenn er schuldlos geschieden wurde. Wurde die Ehe ohne vorherige Scheidung durch Tod aufgelöst, so verliert der überlebende Ehegatte (Verwitwete) sein gesetzliches Erbrecht im – gleich zu schildernden – Fall des § 759 Abs. 2 ABGB.

Wie steht es, wenn die Ehe noch während des **Ehescheidungsverfahrens** zur Auflösung kommt, weil eine der Parteien stirbt? Karl Jedermanns Nachbar Kasimir Kurz ist in eine solche Lage geraten. Er hat seine Frau bei einem Ehebruch ertappt und Ehescheidungsklage gegen sie erhoben. Als sich bei diesem Verfahren herausstellte, daß die Ehefrau Simone noch mehrere Fehltritte begangen hatte, regte sich Kasimir darüber so auf, daß er in dem letzten Verhandlungstermin, kurz vor Fällung des ihm unzweifelhaft günstigen Urteils, einen Herzschlag erlitt und tot zusammenbrach. Simone ging an dem Zusammengebrochenen mit den Worten vorbei: „ Das kam gerade noch zur richtigen Zeit."

Simone irrt sich. Zwar ist sie noch im Zeitpunkt des Todes Ehefrau des bedauernswerten Kasimir Kurz gewesen. Aber schon die **Erhebung** einer Scheidungs- oder Aufhebungsklage wegen Verschuldens hat, wenn sie begründet ist und der Kläger während des Prozesses stirbt, nach § 759 Abs. 2 ABGB die Wirkung, daß der Beklagte das gesetzliche Erbrecht und das Vorausvermächtnis verlieren kann. Die Feststellung des Erbrechts hat in einem vom Erben des Verstorbenen gegen den überlebenden Gatten anzustrengenden Rechtsstreit zu erfolgen.

Die Mutter Kasimirs, die hier als einzige Erbin außer Simone in Betracht kommt, wird daher gegen Simone auf **Feststellung klagen,** daß Simone nicht Erbe des Kasimir ist, und etwaige Nachlaßstücke von ihr herausverlangen. Sie muß allerdings in diesem Prozeß beweisen, daß der von Kasimir angestrengte Ehescheidungsprozeß mit einer Schuldigsprechung der Ehefrau Simone geendet hätte.

Zum Abschluß dieses Kapitels noch ein praktisches Beispiel aus dem gesetzlichen Erbrecht. Frau A stirbt und hinterläßt ihren Mann (Witwer) B, ihre uneheliche Tochter C sowie ihre Nichte D. Wer erbt wieviel?

Der überlebende Ehegatte (Witwer) B erhält ein Drittel des Nachlasses und den „kleinen Voraus", also den notwendigen Hausrat. Die weiteren zwei Drittel erhält die uneheliche Tochter C, da uneheliche Kinder nach der Mutter und deren Verwandten das gleiche gesetzliche Erbrecht haben wie eheliche Kinder. Die Nichte D wird durch diese uneheliche Tochter „verdrängt" und geht daher leer aus. Gäbe es die uneheliche Tochter C nicht, so erhielte der Witwer B zwei Drittel und die Nichte D ein Drittel des Nachlasses. Auch erhielte der Witwer B in diesem Fall den „großen Voraus".

Das Testament

In allen vorhin behandelten Fällen wurde eine Person Erbe, weil sie in irgendeiner nahen Beziehung zu dem Erblasser stand, sei es als Verwandter, sei es als Ehegatte. Sie befand sich also auf einer Sprosse in der Stufenleiter gesetzlich vorgesehener Erbberechtigter. Ein **Erblasser** ist aber nicht daran gebunden, diese gesetzliche **Erbfolge** als unabänderliche Tatsache hinzunehmen. Er kann vielmehr bestimmen, wer sein Erbe sein soll, ohne daß er dabei auf die gesetzliche Erbfolge Rücksicht zu nehmen braucht. Die gesetzliche Erbfolge tritt also nur dann ein, wenn der Erblasser nicht in gehöriger Form einen entgegenstehenden Willen zum Ausdruck gebracht hat. Diese **Erbseinsetzung** durch den Erblasser kann jedoch nicht durch einfache mündliche oder schriftliche Erklärung erfolgen, sondern dies muß durch eine sogenannte **letztwillige Verfügung** (Testament) geschehen, für die das Gesetz gewisse Formen vorschreibt. Das ABGB, das seit Aufhebung des deutschen Testamentsgesetzes von 1938 für dieses Gebiet wieder gilt, kennt zwei Hauptgruppen von Testamenten: private und öffentliche Testamente, die ihrerseits wieder unterteilt werden.

Zur Testamentserrichtung muß man mindestens das **14. Lebensjahr** vollendet haben und darf auch nicht aus besonderen, im Gesetz festgelegten Gründen (z. B. Geisteskrankheit) hievon ausgeschlossen sein. Vor Vollendung des **18. Lebensjahres** kann jedoch ein Testament nur mündlich vor Gericht oder vor einem Notar erklärt werden. Gleiches gilt für Personen, denen ein Sachwalter bestellt wurde. Letztwillige Erklärungen, die im Zustand der Trunkenheit oder Geisteskrankeit bzw. Geistesschwäche abgegeben werden, sind jedenfalls ungültig.

Nicht jede letztwillige Verfügung für den Todesfall ist ein Testament im juristischen Sinn. Von einem **Testament** spricht man nur dann, wenn in einer letztwilligen Erklärung **jemand als Erbe eingesetzt** ist. Der Erbe muß zumindest **bestimmbar** sein. So wenn z. B. der Testator anordnet: „Erbe soll sein, wessen Beileidschreiben als erstes bei meiner Frau einlangt." Hier wird es wahrscheinlich Miterben geben, wenn mehrere Beileidschreiben mit gleicher – erster – Post einlangen. Enthält eine letztwillige Verfügung nur andere Bestimmungen, z. B. Wünsche für das Leichenbegängnis, die Grabinschrift oder eine Aussetzung von Vermächtnissen, liegt ein Kodizill vor. **Kodizill** heißt also jede letztwillige Verfügung, die **keine Erbseinsetzung** enthält.

Private Testamente

Die privaten Testamente können entweder rein schriftlich oder zugleich schriftlich und mündlich oder rein mündlich errichtet sein. Im zuerst genannten Fall spricht man auch vom eigenhändigen Testament, in den beiden anderen Fällen von fremdhändigen Testamenten. Für kleinere Vermögen und bei genügend kaufmännischen und juristischen Erfahrungen des Erblassers wird ein Privattestament ausreichen. Die einfachste Form der Testamentserrichtung ist, dasselbe eigenhändig mit Handschrift zu schreiben und hernach mit Vor- und Zunamen zu unterschreiben. Diese **Eigenhändigkeit** des gesamten Errichtungsaktes verbürgt eine hohe Sicherheit, daß nicht andere Personen den Text des Testaments entstellen oder ändern.

Karl Jedermann hätte daher, wenn er Ottilie besserstellen wollte, als sie mit ihrem Drittel bei gesetzlicher Erbfolge steht, folgendermaßen handeln sollen: Der Testator nimmt ein sauberes Blatt Papier, und mit einem Federhalter, Kugelschreiber oder Kopierstift (möglichst nicht mit Bleistift, der zu schnell verwischt) schreibt er nieder:

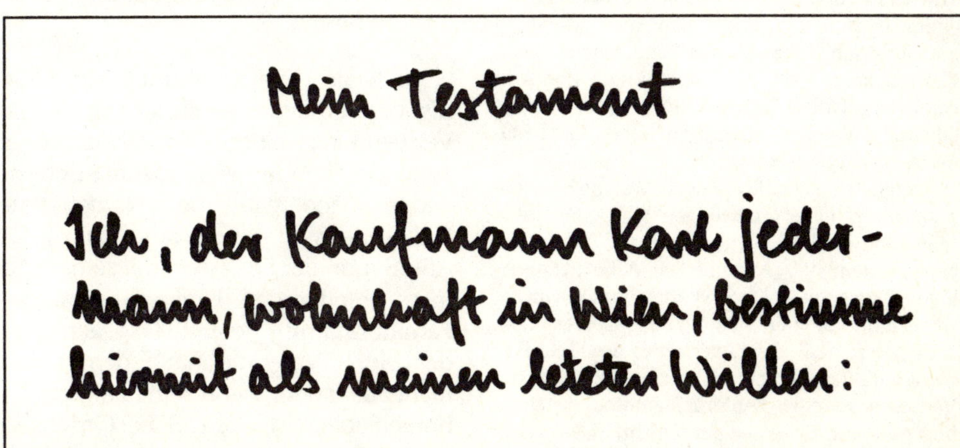
Mein Testament

Ich, der Kaufmann Karl Jedermann, wohnhaft in Wien, bestimme hiermit als meinen letzten Willen:

> Meine Erbin soll meine Ehefrau sein. Meine drei Kinder, denen nach dem Gesetz ein Pflichtteilanspruch zusteht, sollen auf diesen beschränkt sein.
>
> ..., den 2. Jänner ....
>
> Karl Jedermann

Achtung! Ortsangabe (z. B. Wien) und insbesondere Zeitangabe (Tag, Monat, Jahr) nicht vergessen! Zur Gültigkeit des Testaments sind diese Angaben aber nicht notwendig.

Ein Passus **als Einleitung** der Niederschrift wie „Frei von Irrtum und Zwang" oder „Bei klarer Vernunft und völlig ungezwungen" oder „Bei vollem Bewußtsein und ohne Nötigung oder sonstige Beeinflussung" u. dgl. findet sich zwar häufig, ist aber juristisch völlig unbeachtlich. Denn auch ein Geisteskranker oder ein Testator, auf den sein Feind die geladene Pistole richtet, mag eine solche Erklärung abgeben. Trotzdem kann der Testamentsinhalt entkräftet werden.

Rechtlich gleichgültig ist auch, welche Bezeichnung **über** einer letztwilligen Verfügung steht. Man kann die letztwillige Verfügung überschreiben: „Testament", „Mein Letzter Wille", „Erbverfügung" oder mit welchen Worten immer. Um die Überschrift kümmert sich also das Gesetz nicht.

Dagegen muß die Unterschrift **am Schlusse stehen.** Es genügt nicht, daß sich die Identität des Verfassers aus einem Aufdruck am Kopf des Briefbogens ergibt. Es genügt auch nicht, daß auf dem Umschlag, in den dann das nicht unterschriebene Testament gesteckt wird, sich der Namenszug Karl Jedermanns befindet. Die **Unterschrift** soll gewissermaßen durch ihren Abschluß kennzeichnen, daß hier die letztwillige Verfügung endet.

Ist nur die erste Seite unterschrieben, so gelten die nachfolgenden Verfügungen nicht. Die Unterschrift ist also der **Vollendungsakt** des eigenhändigen Testaments.

Auch die Unterschrift muß **eigenhändig** vom Erblasser geschrieben sein. Die Verwendung einer Namensstampiglie, Typendruck oder eine mechanisch bewirkte Wiedergabe des Namenszuges (Faksimile) sind unwirksam. Nach § 578 ABGB muß der Erblasser „mit seinem Namen" unterfertigen. Unterschrift mit dem **Familiennamen** genügt. Dagegen reicht der bloße Vorname nach dem Gesetz nicht aus, außer wenn sein alleiniger Gebrauch üblich ist, wie z. B. bei Ordenspersonen. Die Praxis verzichtet aber beinahe völlig auf diese Formvorschrift. So wird in Testamenten, die in **Briefen an nahe Verwandte** enthalten sind, die Unterschrift mit dem bloßen **Vornamen** dann zugelassen, wenn sich aus dem durch die Unterschrift gedeckten Text die Person des Erblassers **unzweifelhaft** ergibt. Die bloße Bezeichnung der Familienzugehörigkeit wie „Euer Vater", „Dein Bruder", „Deine Dich innig liebende Gattin" werden allerdings **nicht ausreichen,** denn hier fehlt jede Beziehung zum Namen.

Nach Verkehrssitte, Ortsgebrauch und des Erblassers eigener Übung genügen aber **Mädchennamen** einer verheirateten Frau, **Vulgärnamen,** sogenannte **Hausnamen, Firmennamen** und **Künstlernamen.**

Mag es auch befremden, so gilt doch für unseren Fall: Wenn Karl Jedermann sein Testament mit „Euer Karl" unterzeichnet, ist das eine hinlängliche Unterschrift; „Euer Gatte und Vater" würde nicht ausreichen.

Wird eine letztwillige Verfügung auf **unverbundene Blätter** geschrieben, deren letztes nur die Unterschrift enthält, dann ist nach der Rechtsprechung das Testament bei Echtheit und Zusammenhang gültig. Benutzt man aber mehrere Bogen, ist es dennoch zweckmäßig, diese fest miteinander zu verbinden, damit nicht durch lose Blätter eine Verwirrung entsteht. Zweifel, die hierdurch aufkommen, können zur Ungültigkeit des ganzen Testaments führen.

Die im Beispiel gezeigte letztwillige Verfügung enthält eine **Erbseinsetzung.** Die **eigenhändig geschriebene** Erklärung ist auch eigenhändig mit Vor- und Zunamen des Testierenden **unterschrieben.** Es handelt sich daher um ein formgerechtes eigenhändiges (holographes) Testament. Eine **Orts- und Zeitangabe** auf dem Testament ist zwar nicht gefordert, wird aber vom Gesetz „zur Vermeidung der Streitigkeiten" **angeraten.** Vor allem ist eine Datierung sehr wichtig für die Frage der Aufhebung durch spätere Anordnungen. Karl Jedermann hat eine Angabe von Zeit und Ort der Errichtung seines eigenschriftlichen Testaments zweckmäßigerweise beigefügt.

Gleichgültig ist der Schreibstoff. Das eigenhändige Testament kann in einem Bauernkalender, auf der Rückseite einer Versicherungspolizze, auf einer Schiefertafel und sogar auf einer Eierschale stehen. Der Erblasser kann z. B. auf einem von ihm empfangenen Brief schreiben: „Der liebe Freund, der mir mit diesem Brief so große Freude machte, soll mein Erbe sein! Karl Jedermann." Ebenso kommt es nicht auf das Schreibmittel an. Das Testament kann teils mit **Tinte,** teils mit **Bleistift** geschrieben sein. Aufnahme der Stimme auf **Tonband** (Diktaphon) wäre jedoch keine Schrift. Die **„Eigenhändigkeit"** darf nicht wörtlich genommen werden. Wer keine Hände hat, kann möglicherweise mit einer Prothese oder mit dem Fuß schreiben, ein Rumpfmensch schreibt vielleicht mit dem Mund.

Wie aber, wenn Karl Jedermann mit seiner **Schreibmaschine** das auf der folgenden Seite wiedergegebene Testament schreibt.

Diese Maschinenschrift unterfertigt Karl Jedermann eigenhändig. Unter Punkt I finden wir ein Kodizill, unter Punkt II eine Erbseinsetzung (der Gattin) und eine Enterbung (der Kinder). Über ihre Gültigkeit brauchen wir uns nicht den Kopf zu zerbrechen. Die ganze letztwillige Verfügung ist nämlich **ungültig.** Ein holographes Testament kann **nicht mit Schreibmaschine** geschrieben werden. Es ist kein eigenhändiges Testament, auch wenn der Erblasser die Maschine mit eigener Hand bedient hat. Unser im Beispiel gezeigtes Testament wäre nur als Zeugentestament gültig. Dann müßte es von **drei Testamentszeugen** unterschrieben sein. Die drei Zeugen dürfen aber nicht unter 18 Jahre alt sein und nicht mit den im Testament Bedachten identisch, verwandt oder verschwägert sein.

Wien, am . . .

TESTAMENT

Ich, der Kaufmann Karl Jedermann, wohnhaft in Wien . . ., bestimme letztwillig:

I. Mein Leichnam soll im Familiengrab feierlich bestattet werden. Alle Kirchenglocken haben zu läuten. Der Gesangverein „Harmonie" ist zu verstärken und singt dann an meinem offenen Grab drei Choräle. Daraufhin hat er sich zu entfernen. Ein Leichenschmaus findet nicht statt.

II. Alleinerbin soll meine Ehefrau sein. Unsere Kinder sind Faulpelze, und daher bekommen sie auch keine Erbschaft.

Karl Jedermann

Anders steht es mit der Gültigkeit, wenn Karl Jedermann das folgende Schriftstück verfaßt:

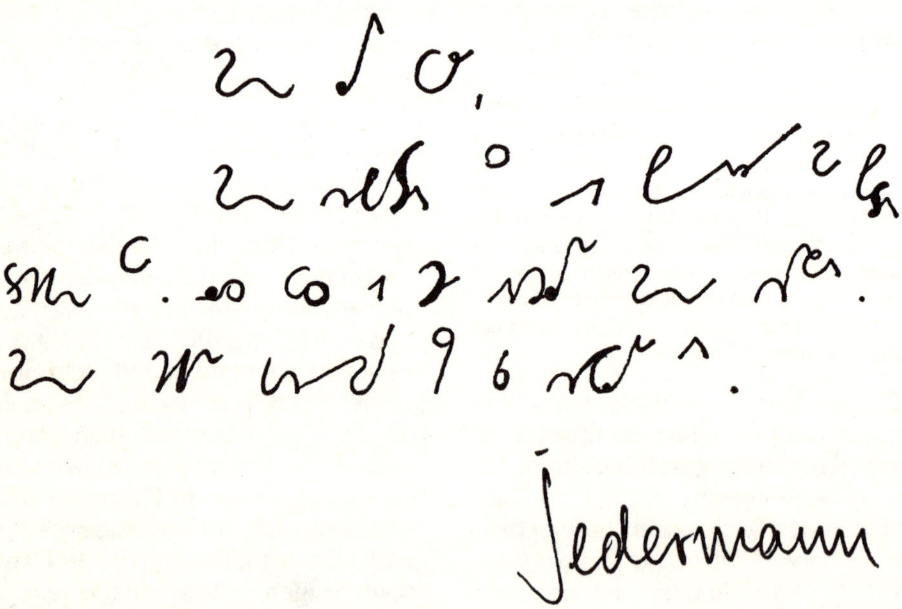

Es handelt sich um ein undatiertes Stenogramm, das Karl Jedermann mit seinem Familiennamen in Langschrift unterfertigte. Wiederum Kodizill und Testament, mit

Einsetzung von Miterben (Kinder), aber keine Enterbung im juristischen Sinn. Da die Ehefrau **ein Pflichtteilsrecht** hat, muß sie enterbt werden, falls Enterbungsgründe vorliegen. Die frühere Rechtsprechung hat ein solches stenographiertes Testament für ungültig erklärt. Heute ist die Kurzschrift Allgemeingut aller Kreise der Bevölkerung. Die Auslegung des Gesetzes hat sich daher geändert. Nach der jetzigen Ansicht der Gerichte ist ein **stenographiertes** Testament **gültig,** vorausgesetzt, daß der Erblasser es eigenhändig geschrieben und zumindest seinen Namen in Vollschrift hinzugesetzt hat.

Nicht so klar ist die Sache bei der **Blindenschrift.** Sie kann nicht einfach der Stenographie gleichgesetzt werden. Zwar genügt es nach der Judikatur, wenn die Schrift für Schreib**fachkundige** lesbar ist. Das ist bei der Blindenschrift zwar der Fall, doch weist sie keine für den Schreiber charakteristischen Merkmale auf. Daher wird ein in Braille-Schrift verfaßtes Testament ungültig sein. Die Entzifferung von **Keilschrift, Hieroglyphen** und **Chiffren** kann dem Gericht nicht zugemutet werden. Solche Absonderlichkeiten sind nicht schutzwürdig und lassen die Ernstlichkeit des Testierenden bezweifeln.

Wenn die letztwillige Aufzeichnung etwa **Ausbesserungen** enthalten sollte, also offenbar als Konzept gedacht war, ändert das nach heutiger Rechtsprechung nichts an der Vollgültigkeit der rechtlichen Erklärung. Korrekturen beweisen eher, daß die Niederschrift genau überlegt war.

Minderjährige, die das 18. Lebensjahr noch nicht vollendet haben, sowie des Schreibens und des Lesens unkundige Personen sind vom Gebrauch des eigenhändigen Testaments ausgeschlossen.

Das holographe Testament ist höchst einfach herzustellen. Es wird leicht geheimgehalten, abgeändert oder widerrufen; ebenso leicht kann es aber vergessen, gefälscht oder unterdrückt werden. Dagegen gewährt die **Hinterlegungsmöglichkeit** einen gewissen Schutz.

Der Bedeutung des von ihm verfaßten Schriftstücks entsprechend legt es Karl Jedermann in einen Umschlag, verschließt diesen sorgfältig und schreibt auf die Vorderseite: Mein Testament. Er verwahrt es zweckmäßigerweise so, daß es nach seinem Tode bald aufgefunden wird, und falls er befürchten muß, daß interessierte Personen nach seinem Tode versuchen würden, dieses Testament beiseite zu schaffen, bringt er es beim Gericht oder bei einem Notar in amtliche Verwahrung. Dann ist er sicher, daß es nach seinem Tode ordnungsgemäß eröffnet und erfüllt wird.

Öffentliche Testamente

Bei großen Vermögen oder bei wichtigen rechtlichen Bestimmungen in einem Testament, die nicht so einfach sind wie unser vorstehender Fall, ist es zweckmäßig, daß man die Form des öffentlichen Testaments wählt. Man versteht unter einer öffentlichen letztwilligen Anordnung eine solche, die vor **Gericht** oder vor einem **Notar** errichtet oder ihm übergeben und dadurch in eine öffentliche Urkunde umgewandelt worden ist. Das Gericht muß aus zwei eidlich verpflichteten Gerichtspersonen bestehen; doch kann die zweite Gerichtsperson (gewöhnlich ein Protokollführer) durch zwei Testamentszeugen ersetzt werden. Der amtierende Notar muß einen zweiten Notar oder zwei Zeugen beiziehen.

Die gerichtlichen und die notariellen Testamente können mündlich oder schriftlich errichtet werden (§ 587 ABGB).

Das **schriftliche** öffentliche Testament setzt voraus, daß der Erblasser eine fertige schriftliche Willenserklärung dem Gericht oder Notar übergibt, um ihr den etwa noch fehlenden Charakter eines gültigen Testaments zu verschaffen. Dazu ist nötig:

1. persönliche Übergabe des Aufsatzes. Stellvertretung ist nicht zulässig;

2. eigenhändige Unterfertigung des Aufsatzes entweder bei Gericht oder vor dem Notar oder schon vorher oder die eigenhändige Beifügung des Handzeichens (z. B. drei Kreuze) durch den schreibunkundigen Erblasser;

3. Aufnahme eine Protokolls. Diese bezieht sich auf die Überreichung und die Unterfertigung. Das Datum des Protokolls gilt als Datum der letztwilligen Erklärung.

4. Unterzeichnung dieses Protokolls durch die schon bezeichneten Amtspersonen oder Zeugen (§ 589 ABGB).

Die Versiegelung des Aufsatzes durch das Gericht oder den Notar, die Bezeichnung des Umschlages mit dem Testatornamen, die Hinterlegung des Aufsatzes und die Ausfolgung eines Empfangsscheines an den Testierenden sind praktisch vorkommende Amtshandlungen, von deren Vornahme die Gültigkeit der Anordnung jedoch nicht mehr abhängt.

Das **mündliche** öffentliche Testament wird protokolliert. Die Unterschrift des Testators ist entbehrlich, daher ist nur folgendes nötig:

1. persönliche Erklärung des Letzten Willens vor den schon bezeichneten Amtspersonen oder Zeugen;
2. Aufnahme der Erklärung in ein Protokoll mit Versiegelung und Hinterlegung wie beim schriftlichen Testament;
3. Unterzeichnung des Protokolls wie beim schriftlichen öffentlichen Testament.

Die öffentlichen Testamente sind in Österreich nicht beliebt. Die Notare selbst ziehen oft die Errichtung von Privattestamenten vor.

Der Testator kann das private, nicht aber das öffentliche Testament in eigene Verwahrung nehmen.

Begünstigte Testamente

Die eben besprochenen Gruppen privater und öffentlicher Testamente sind für normale Verhältnisse und Zeiten gedacht.

Außerordentliche Umstände machen aber auch besondere Testamente nötig. Der Gesetzgeber trägt solchen Fällen durch Begünstigung gewisser letzter Anordnungen (§ 597 ABGB) Rechnung.

Zu erwähnen sind hier:

1. Das **Schiffstestament** (Seetestament)

Das Gesetz spricht von Anordnungen, die „auf Schiffahrten" errichtet werden. Diese Worte des § 597 ABGB schränkt die Rechtslehre auf Seereisen ein, stellt ihnen aber **Luftschiffahrten** gleich. (Die Beschränkung des Schiffstestaments auf die See/das Meer ist nicht recht einzusehen. Der Notstand von Leuten, die sich in einem kleinen Fahrzeug im Sturm auf einem Binnensee befinden, ist nicht geringer als jener von Passagieren eines modernen Riesendampfers auf einem Ozean.) – Das Schiff muß sich auf der Fahrt befinden. Während des Aufenthalts im Hafen besteht kaum eine Notwendigkeit für die Privilegierung. Das Seetestament wird **sechs Monate** nach geendigter Schiffahrt unwirksam.

2. Das **Seuchentestament**

Voraussetzung ist, daß am Ort der Testamentserrichtung die Pest oder ähnliche ansteckende Seuchen herrschen. Welche Seuchen rechtfertigen eine Begünstigung? Seuchen, die rasch den Tod herbeiführen, durch Ansteckung um sich greifen und infolge dieser Eigenschaften durch Schrekken und begründete Besorgnis vor Ansteckung bei anderen Menschen eine Scheu der Annäherung hervorrufen. Typhus, Rotlauf und Grippe (Influenza) werden von der Judikatur nicht als pestähnliche Seuchen anerkannt. Auch das Seuchentestament verliert **sechs Monate** nach geendigter Seuche seine Kraft.

3. Das **Militärtestament**

Die den Militärpersonen eingeräumten Begünstigungen bei letztwilligen Anordnungen sind heute weitgehend gegenstandslos. Während des Zweiten Weltkriegs privilegierte eine VO vom

6. September 1943 das sogenannte **Hauchtestament.** Danach genügte es, wenn ein sterbender Soldat seinen Letzten Willen mündlich äußerte, falls die Äußerung klar genug durch Kameraden, die ihn noch hörten, zu beweisen war.

Worin besteht die **Begünstigung** bei den genannten Testamenten?

Die Privilegierung besteht darin, daß ein Alter von **14 Jahren** zur Zeugenschaft ausreicht. Ferner, daß nur **zwei Zeugen** erforderlich sind. Unter Umständen wird auch die gleichzeitige Gegenwart der Zeugen nachgesehen; so beim Seuchentestament, da die Gefahr einer Ansteckung besteht.

Aufhebung eines Testaments

Ein Erblasser, der ein Testament errichtet hat, ändert häufig seinen Willen. Es ist daher in seine Hand gegeben, jederzeit seinen späteren Willen zur Geltung zu bringen, indem er sein bisheriges Testament ungültig macht. Hierfür stehen ihm verschiedene Wege offen.

Ein **ausdrücklicher** Widerruf liegt vor, wenn der Erblasser mündlich oder schriftlich erklärt, daß sein Letzter Wille aufgehoben sein solle (§ 717 ABGB). Karl Jedermann nimmt also einfach ein Blatt Papier und schreibt darauf:

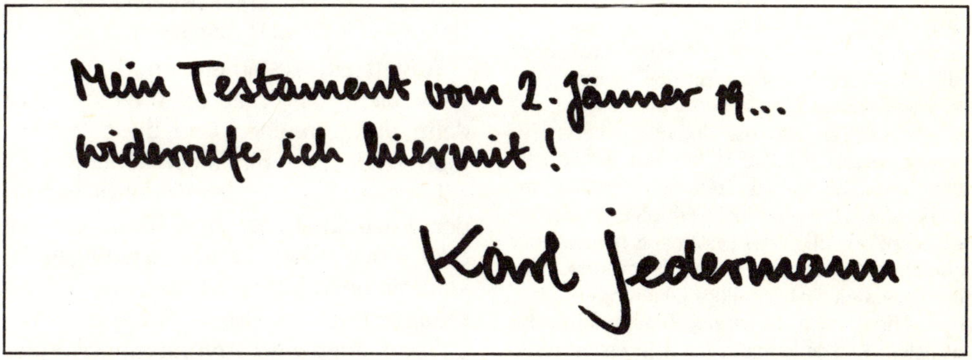
Mein Testament vom 2. Jänner 19...
widerrufe ich hiermit!

Karl Jedermann

Durch diesen in Form einer letztwilligen Anordnung erklärten Widerruf entfällt die Gültigkeit des Testaments. Eine bloße **Randbemerkung** am Testament wie z. B. „ungültig" oder „in suspenso" gilt dagegen nicht als Widerruf. Ein schriftlicher Letzter Wille kann auch mündlich, ein gerichtlicher kann auch außergerichtlich widerrufen werden (§ 719 ABGB). Notarieller Widerruf ist zulässig in Form eines Notariatsaktes oder eines notariellen Protokolls; er muß in beiden Fällen auf der notariellen Testamentsurkunde angemerkt werden.

Weiters kann der Testator seinen Letzten Willen dadurch aufheben, daß er ein **neues gültiges Testament** errichtet (§ 713 ABGB).

Der Erblasser macht einfach ein neues Testament mit einem anderen Inhalt als das bisherige. Karl Jedermann verfaßt also z. B. ein zweites Testament, in dem er schreibt: „Meine Ehefrau Ottilie soll die Hälfte meines Nachlasses erben, meine Kinder die übrige Hälfte." Dann gilt der Inhalt dieses neuen Testaments, und das frühere ist hinfällig geworden. Aus dem Datum ist ersichtlich, welches das letzte ist. Daher ist es doch sehr zweckmäßig, eine **Zeitbestimmung** dem Testament hinzuzufügen.

Welche Form für das neue Testament gewählt wird, ist gleichgültig. Man kann also ein früher errichtetes öffentliches Testament durch ein später errichtetes Privattestament hinfällig machen. Doch ist zu beachten, daß ein neues Testament das alte nur **im Zweifel** aufhebt. Wenn der

Erblasser deutlich zu erkennen gibt, daß das frühere Testament ganz oder zum Teil bestehen soll, dann gelten beide Testamente. So z. B. wenn der Erblasser im ersten Testament über vier Fünftel, im zweiten über ein Fünftel verfügt hat. Durch ein **späteres Kodizill** wird ein früheres Testament oder Kodizill nur soweit abgeändert, als es sich mit dem späteren Kodizill nicht vereinigen läßt (§ 714 ABGB). Ein Kodizill wird durch ein **späteres Testament** nicht aufgehoben.

Ein **stillschweigender** Widerruf erfolgt durch gewisse Handlungen des Erblassers, aus denen auf seinen Widerrufswillen mit Bestimmtheit geschlossen werden kann.

Karl Jedermann hat sich z. B. eines Tages über Ottilie so geärgert, daß er mit den Worten „Dir werde ich es zeigen" an seinen Schreibtisch stürzt, die Schublade aufreißt, das für Ottilie geltende Testament hervorzieht und in tausend Stücke zerreißt. Damit hat er das Testament hinfällig gemacht, und es tritt gesetzliche Erbfolge ein. Zerreißen oder Zerknüllen des Testaments hat aber nur dann die Bedeutung der Aufhebung, wenn Karl Jedermann damit die letztwillige Erklärung rückgängig machen wollte. Es kann sich auch folgendes abspielen: Karl Jedermann hat sein erstes Testament zunächst in Schreibmaschinenschrift entworfen. Dann schreibt er es fein säuberlich mit der Hand ab und unterschreibt es, um der holographen Form des privaten Testaments zu genügen. In Gedanken verwahrt er nun den Schreibmaschinenentwurf sorgfältig im Schrank; das säuberlich unterschriebene Testament knüllt er zusammen und wirft es in den kalten Ofen. Er entdeckt bald den Irrtum, zieht das verknüllte und schmutzige Testament wieder aus dem Ofen heraus und klebt die zerrissenen Stellen mit durchsichtigen Papierstreifen selbst zusammen. Er beschließt, am nächsten Tag das Testament neu zu schreiben, stirbt aber vorher. Es tritt testamentarische Erbfolge ein. Wenn aber das Testament in den geheizten Ofen geworfen wurde und verbrennt, dann findet gesetzliches Erbrecht statt! Zwar ist das Testament zufällig und nicht absichtlich durch Brand zerstört worden, aber der Erblasser hat sich damit zufriedengegeben und kein neues holographes Testament verfertigt. Es ist überhaupt keine Testamentsurkunde vorhanden. Der mit Schreibmaschine geschriebene Entwurf ist ungültig. Daher kann auch keine Erbfolge aus dem Testament stattfinden. Eine nur zufällig verletzte Testamentsurkunde ist also in der Regel nicht als widerrufen anzusehen. Doch muß der **Testamentserbe,** der sich auf eine solche Urkunde beruft, sowohl ihren Inhalt als auch den Zufall **beweisen** (§ 722 ABGB). Ein solcher Beweis könnte z. B. durch **Zeugen** erbracht werden, die anwesend waren, als der Erblasser erklärte, er wolle sich ein neuerliches Abschreiben des beschädigten Testaments ersparen, betrachte dasselbe aber als voll gültig. Wenn sich die Wut Karl Jedermanns wieder legt und er die Erbseinsetzung von Ottilie aufrechterhalten will, soll er nicht bloß die Fetzen des Testaments auflesen und in eine Schublade geben. Vorsichtshalber wird er ein zufällig eingerissenes oder sonstwie verletztes Testament **erneuern,** um es nicht der Gefahr der Ungültigkeit auszusetzen.

Anstatt ein Testament im Ganzen zu vernichten, kann man auch einige Sätze darin durchstreichen und diese Bestimmungen dadurch hinfällig machen.

Ein stillschweigender Widerruf liegt in der **Zurücknahme** einer dem Gericht oder Notar überreichten letztwilligen Erklärung, der die Erfordernisse eines Privattestaments fehlen. Entspricht die letztwillige Verfügung den Anforderungen eines Privattestaments, so nimmt ihr die Zurücknahme aus der öffentlichen Verwahrung nur den Charakter einer öffentlichen Urkunde. Als Privaturkunde bleibt sie wirksam.

Inhalt und Auslegung des Testaments

Das Testament von Karl Jedermann enthielt die Erbseinsetzung von Ottilie. Die Erbseinsetzung ist in der Tat das wichtigste Element eines Testaments. Der Alleinerbe (Universalerbe) erhält den ganzen Nachlaß. **Alleinerbe** ist nicht nur, wer als solcher deutlich im Testament bezeichnet ist, sondern auch ein Erbe, der als einziger ohne Anteilsbestimmung eingesetzt wurde. Letzteres war bei Ottilie im holographen Testament Karl Jedermanns der Fall. Nun können aber auch **mehrere Erben** eingesetzt sein. Werden sie ohne Bestimmung der Erbteile eingesetzt, gilt der Grundsatz **gleicher** Teilung (§ 555 ABGB). Meist kommt es aber zu einer Bestimmung der Erbteile durch den Erblasser. Dabei genügt Bestimmbarkeit, so daß sich im Verhältnis zum ganzen Nachlaß eine **Quote** ergibt. Was aber, wenn der Erblasser ein sehr schlechter Rechner ist? Er wollte über den **ganzen** Nachlaß testamentarisch verfügen, doch ergibt die Summe der Bruchteile infolge eines Irrtums mehr oder weniger als ein Ganzes. Deshalb wird die Verfügung noch nicht widersinnig sein, sondern es ist die Berechnung **richtigzustellen.**

Karl Jedermann schrieb z. B.: „Otto, Ulrike und Klaus sollen meinen Nachlaß erhalten, und zwar Otto 1/6, die liebe Ulrike 3/6 und Klaus, der Brave, 4/6." Dann wird korrigiert. Man setzt die Summe der Zähler an die Stelle des unrichtigen Nenners: 1+3+4=8, also Achtel statt Sechstel, und teilt nun zu: Otto 1/8, Ulrike 3/8 und Klaus 4/8. In gleicher Weise ist vorzugehen, wenn die Bruchteile das Ganze nicht erschöpfen. Karl Jedermann schrieb z. B.: „Meine alleinigen Erben sollen Otto, Ulrike und Klaus sein. Es erhalten Otto 1/8, Ulrike 2/8 und Klaus 3/8." Auch hier wird berichtigt: 1+2+3=6, daher erhält Otto 1/6, Ulrike 2/6 und Klaus 3/6.

Das Quotenverhältnis kann auch **mittelbar bestimmt** werden, und zwar so, daß die einzelnen Erbteile nur untereinander in Wertrelation gestellt werden. Karl Jedermann schrieb z. B.: „Otto soll doppelt soviel erhalten als Ulrike, Klaus ein Drittel von dem, was Otto erhält." Ansatz und Lösung einer Gleichung ergeben dann, daß hier Otto sechs Elftel, Ulrike drei Elftel und Klaus zwei Elftel zu erhalten haben.

Es können auch zu bestimmten Teilen eingesetzte Erben und solche ohne Teilbestimmung zusammentreffen. Die ohne Quotenbestimmung eingesetzten Erben erhalten den noch unverteilt gebliebenen Rest des Nachlasses. Unter sich teilen sie wieder gleich (§ 555 ABGB).

Von ganz besonderer praktischer Bedeutung ist die Teilung zwischen **testamentarischen und gesetzlichen Erben.** Die wegen Verschwendung, Trunksucht oder Mißbrauch von Nervengiften beschränkt entmündigten Personen konnten bis 30. 6. 1984 nur über die **Hälfte** ihres Vermögens letztwillig verfügen; die andere Hälfte blieb den gesetzlichen Erben vorbehalten. Den **Testamenterben** fällt nur jener Teil der Erbschaft zu, der ihnen vom Erblasser **letztwillig zugedacht und quotenmäßig bestimmt** ist. Der **freie Rest,** über den testamentarisch nicht verfügt wurde, gebührt den **gesetzlichen Erben.** Ist jemand testamentarischer **Universalerbe,** kann er nicht für einen Teil der Erbschaft (z. B. 5/8) die Erbserklärung abgeben und den Rest zugunsten der gesetzlichen Erben ausschlagen.

Der Inhalt des Testaments steht im **freien Willen** des Erblassers, doch darf er weder gegen das Gesetz noch gegen die guten Sitten verstoßen. Näheres über den Testamentswillen bestimmt § 565 ABGB, wo Rechtsvorschriften und Ratschläge miteinander vermengt sind.

Rechtsvorschriften sind die Erfordernisse der **Besonnenheit,** der **Ernstlichkeit** und der **Freiheit** von Zwang, Betrug und Irrtum; ebenso die **Ablehnung bloßer Bejahung** eines fremden Vorschlags. **Ratschlag** ist, daß der Wille **bestimmt** und daß er **mit Überlegung** erklärt sein müsse.

Wenn sich der Erblasser der **Bitte** oder des **Wunsches** bedient, kann es zweifelhaft sein, ob er damit eine verbindliche Anordnung treffen wollte oder nicht. Der hinterlassene Brief eines Selbstmörders z. B., worin Bitten an die Verwandten gerichtet werden, ist nicht ohne weiteres als Testament zu behandeln.

Für die **Auslegung** von letztwilligen Verfügungen gilt folgendes:

In erster Linie ist die **Absicht** der Verfügung **zu erforschen.** Tritt Unvorhergesehenes ein, so ist nach Möglichkeit so vorzugehen, wie es dem Erblasser entspricht. Hat z. B. der Testierende einen Erben nur mittelbar bestimmt (z. B. „unser Dienstmädchen"), so können Zweifel entstehen (wenn z. B. die Dienstmädchen öfter gewechselt haben). Im Zweifel wird dann die Person angenommen, auf die eine solche mittelbare Bezeichnung zur **Zeit des Todes** des Erblassers paßt; also z. B. das Dienstmädchen zur Zeit des Erbfalles. Wie es auch in der neuesten Rechtsprechung zum Ausdruck kommt, sind bei der Auslegung des Testaments sowohl **mündliche Äußerungen** als auch im Testament **nicht bezogene Schriftstücke** zu beachten. Die Auslegung muß im Testament irgendeinen, wenn auch noch so geringen **Anhaltspunkt** finden und darf dem unzweideutig ausgedrückten Willen nicht gerade zuwiderlaufen.

Pflichtteilsrecht und Enterbung

Im Testament Karl Jedermanns wurden die Kinder auf den Pflichtteilsanspruch beschränkt. Was ist darunter zu verstehen?

Grundsätzlich besteht volle Freiheit des Erblassers, über sein ganzes Vermögen zu verfügen. Das bedeutet den Vorrang der testamentarischen Erbfolge vor dem gesetzlichen Erbrecht. Doch bestimmt das Gesetz, daß der Erblasser gewisse Personen „mit einem Erbteile bedenken muß" (§ 762 ABGB). Diese Vorschrift ist aber nicht wörtlich zu nehmen. Die berechtigten Personen müssen nicht einen Erbteil bekommen. Der Pflichtteilsanspruch ist nämlich kein Erbrecht, sondern eine **Forderung** auf **Geldabfindung** gegen den Erben, bei uns eine Geldforderung gegen Ottilie.

Wer ist pflichtteilsberechtigt?

Pflichtteilsberechtigt sind die Kinder, Eltern und der Ehegatte; unter Kindern und Eltern werden sämtliche **Nachkommen** und **Vorfahren** des Erblassers verstanden. Der Pflichtteilsberechtigte wird auch Noterbe genannt, ist aber juristisch gesehen kein Erbe.

Das Pflichtteilsrecht des Ehegatten wurde erst durch das Gesetz vom 15. Juni 1978, BGBl Nr. 280, eingeführt. Vor Einführung des Pflichtteilsrechtes für Ehegatten wäre Ottilie beispielsweise folgendes passiert:

Angenommen, Karl Jedermann hinterläßt nur Gattin Ottilie, einen Bruder Franz und seinen Großvater Carl Dominic. Im hinterlassenen, formgerechten Testament setzte Karl Jedermann seine Freundin Fifi zur Alleinerbin ein. Ottilie schäumte, konnte aber weiter nichts machen. Sie hatte kein Pflichtteilsrecht, sondern nur das Recht auf den mangelnden anständigen Unterhalt auf die Dauer des Witwenstandes. Bruder Franz wurde durch das gültige Testament von der gesetzlichen Erbfolge ausgeschlossen; er hat kein Pflichtteilsrecht. Nun tritt Großvater Carl Dominic auf den Plan und erhebt Anspruch auf seinen Pflichtteil. Er wird aber nichts bekommen! Zwar gehört er an und für sich zum Kreis der Pflichtteilsberechtigten, ist er doch Vorfahr des Karl Jedermann. Doch muß – wie betont – zuerst geprüft werden, wie es bei einer gesetzlichen Erbfolge stünde. Wir müssen uns das zugunsten von Fifi verfaßte Testament zuerst einmal wegdenken. Wer erbt dann? Ottilie und Bruder Franz würden sich als gesetzliche Erben im Nachlaß teilen. Der Bruder schließt als Angehöriger der 2. Parentel alle Angehörigen der entfernteren Linie aus. Großvater Carl Dominic bildet das Stammhaupt der 3. Parentel, ist also von der gesetzlichen Erbfolge **ausgeschlossen,** damit aber auch vom Pflichtteilsrecht. Es darf nicht verwundern, daß Bruder Franz, obwohl er selbst kein Pflichtteilsrecht hat, den Großvater von der Geltendmachung eines solchen Rechts ausschließt. Nun müssen wir das Testament wieder einführen. Fifi lacht sich ins Fäustchen; der „böse" Bruder ist für sie ein Glücksfall. Durch seine bloße Existenz schafft er ihr den hartnäckigen Großvater vom Leibe. Sie erhält die ganze Erbschaft nach Karl Jedermann und braucht kein Drittel vom Wert des reinen Nachlasses in Geld an Carl Dominic zu zahlen.

Wie hoch ist der Pflichtteilsanspruch?

Als Pflichtteil erhalten **Nachkommen** die **Hälfte** dessen, was ihnen nach gesetzlicher Erbfolge zugefallen wäre (§ 765 ABGB); **Vorfahren** erhalten ein **Drittel** dessen, was ihnen nach gesetzlicher Erbfolge zugefallen wäre (§ 766 ABGB). Ermittelt werden die angeführten Pflichtteilsportionen vom reinen Wert des Nachlasses. Unter **reinem** Nachlaß versteht man den Betrag, der sich aus der Feststellung des Wertes der Aktiven unter Abzug des Wertes der Passiven ergibt. Nehmen wir an, es beansprucht jemand einen Pflichtteil. Was muß in erster Linie geprüft werden? Zuerst muß festgestellt werden, ob der Betreffende bei gesetzlicher Erbfolge überhaupt zum Zug kommen würde. Wenn ja, muß in zweiter Linie erst die entsprechende Portionierung (1/2, 1/3) vorgenommen werden.

Die Wirkung einer rechtmäßigen ausdrücklichen oder stillschweigenden Enterbung ist der **Verlust des Pflichtteilsanspruchs.** Enterbt werden kann:

1. wer den Erblasser **im Notstand hilflos gelassen** hat, also z. B. Unterlassung der Krankenpflege und anderer notwendiger Hilfeleistung;
2. wer wegen vorsätzlich begangener Straftaten zu einer **lebenslangen** oder **zwanzigjährigen Kerkerstrafe** verurteilt wurde;
3. wer **beharrlich** eine gegen die öffentliche Sittlichkeit **anstößige Lebensart** führt. Ein Konkubinat z. B. muß nicht unbedingt darunter fallen;
4. endlich **Eltern,** die das Kind in der Erziehung **ganz verwahrlosen** ließen.

Es ist ein Vorzug unseres Rechts, daß der Erblasser den Enterbungsgrund **nicht angeben** muß. Wenn sich der Enterbte fügt, bleibt also der Grund geheim. Verlangt aber der ausdrücklich Enterbte oder stillschweigend Übergangene den Pflichtteil, so muß der **Testamentserbe** den **Enterbungsgrund** angeben und **beweisen.**

Etwas Besonderes ist die sogenannte **Enterbung in guter Absicht.** Ein sehr **verschuldeter** oder **verschwenderischer** Noterbe kann enterbt werden, wenn es wahrscheinlich ist, daß sonst der Pflichtteil seinen Kindern entgehen würde; in diesem Fall kann der Erblasser den Pflichtteil unmittelbar den Kindern des Noterben zuwenden (§ 773 ABGB). Daher gilt auch die Enterbung nur, wenn der Noterbe zur Zeit des Erbfalles Kinder hat. Eine solche Enterbung sollte besser **Enterbung zum Besten der Nachkommen** heißen.

Was hat die rechtmäßige Enterbung für eine Folge?

Der Enterbte wird bei Bestimmung des Pflichtteils für andere Berechtigte als **nicht vorhanden** betrachtet. Aber auch ein Enterbter kann noch immer den **notwendigen mangelnden Unterhalt** verlangen (§ 795 ABGB). Er soll nicht der öffentlichen Armenpflege zur Last fallen.

Mit Hilfe einer dreifachen Merkformel werden wir dieses für den Laien meist völlig unklare und dabei so wichtige Gebiet deutlich machen:

1. Wer **pflichtteilsberechtigt** ist, kann nur aufgrund einer **doppelten Prüfung** festgestellt werden. Es muß die Annahme gesetzlicher Erbfolge mit einer Zugehörigkeit zur direkten Linie als Abkömmling oder Vorfahre **zusammentreffen.**
2. wer wegen vorsätzlich begangener Straftaten zu einer lebenslangen oder zwanzigjährigen Freiheitsstrafe verurteilt wurde;
3. Wer **pflichtteilsberechtigt** ist, müßte **enterbt** werden. Enterbung ist die Beschränkung eines Pflichtteilsberechtigten auf den mangelnden notwendigen **Unterhalt** aus vier **gesetzlichen Gründen** oder zum **Besten der Nachkommen.**

Nach Feststellung der Enterbungsgründe interessiert uns aber noch besonders, wann nach österreichischem Recht **Erbunwürdigkeit** begründet ist. Im ABGB ist die Erbunwürdigkeit die Vermutung einer Ausschließung vom Erbrecht durch den Erblasser. Wer ist bei uns erbunwürdig?

1. Wer gegen den Erblasser eine mit mehr als einjähriger Freiheitstrafe bedrohte vorsätzliche Straftat begangen hat (§ 540 ABGB).

Nehmen wir folgenden Fall an: Die Bäuerin Philomena Toll tötet den Bauern durch Verabreichung immer größerer Dosen von Arsenik. Den Hof erbt der einzige Sohn. Die Bäuerin verbüßt ihre verdiente Freiheitsstrafe. Sie erhält nichts, da sie gegen den Erblasser (ihren Gatten) ein Verbrechen begangen hat. Im Kerker erreicht sie die Nachricht, daß der Sohn und Hoferbe beim Holztriften tödlich verunglückt ist. Es findet sich kein Testament, daher tritt gesetzliche Erbfolge ein. Nach dieser käme die Bäuerin jetzt zum Zuge. Erhält sie den Hof?

Es macht nur ein gegen den Erblasser **selbst** begangenes Verbrechen im strafrechtlichen Sinn erbunwürdig, nicht schon ein Verbrechen gegen Angehörige (Vater) des Erblassers. Nicht genügt ein Angriff bloß gegen die Sphäre des Erblassers. Daher ist – so befremdend es sein mag – unsere Giftmörderin nun **nicht erbunwürdig.** Sie kann den Hof als gesetzliche Erbin beanspruchen. Nur eine Gesetzesänderung würde zu einem anderen Ergebnis führen.
Erbunwürdig ist weiters:

2. Wer eine Ordnung der Erbfolge herbeizuführen sucht, die dem **Willen** des Erblassers **widerspricht.**

Das ABGB führt z. B. an, daß der Erblasser zur Erklärung des Letzten Willens **gezwungen** oder **betrügerisch verleitet** worden ist; daß er an der Erklärung oder Abänderung des Letzten Willens **gehindert** wurde; daß ein bereits errichteter Letzter Wille **unterdrückt** werden konnte. Auch die **Unterschiebung** eines falschen Testaments oder die **Verfälschung** eines echten Testaments werden als Erbunwürdigkeitsgründe angesehen.

3. Endlich findet sich ein auf die **testamentarische** Erbfolge bezogener besonderer Fall der Erbunfähigkeit im § 543 ABGB. Personen, die des **Ehebruchs** oder der **Blutschande** gerichtlich geständig oder überwiesen sind, werden unter sich vom Erbrecht aus einer letztwilligen Erklärung (Testament) ausgeschlossen.

Die Praxis verlangt, daß das gerichtliche Geständnis oder die Überweisung noch zu Lebzeiten des Erblassers stattgefunden hat. Das **gesetzliche** Erbrecht wird durch Ehebruch oder Blutschande nicht berührt.

Ist zur Zeit des Erbanfalls der zur Erbschaft Berufene erbunfähig, so tritt **kein Anfall** ein und die Erbfolge geht so vor sich, als ob der Erbunfähige vorher gestorben wäre. Die Nachkommen eines Erbunfähigen treten also an dessen Stelle.

In der Nachbarschaft der Jedermanns hat sich folgender Fall abgespielt: Eine alte Dame, Susanne Lindenblatt, lebt ihren beiden Neffen Peter und Paul zu lange. Als sie nun dahinterkommen, daß die alternde Tante einen großen Teil ihres Vermögens einer frommen Stiftung zuführen will, beschließen sie, dies zu verhindern. Als die Tante am nächsten Tag nach vorheriger telefonischer Anmeldung zu ihrem Notar gehen will, verschließt Paul ihr die Türen und nimmt sämtliche passenden Schlüssel an sich, so daß sie an diesem Tag nicht das Testament, wie beabsichtigt, errichten kann.

Peter, dem dies nicht genügt und der damit rechnet, daß Tante Susanne trotzdem in den nächsten Tagen das beabsichtigte Testament errichten wird, beschließt, reinen Tisch zu machen. Er vergiftet sie mit Leuchtgas. Die Tat wird aufgedeckt, und Peter und Paul gehen ihrer Bestrafung entgegen.

Uns interessiert hier nicht die Art der strafbaren Handlung (Verbrechen), sondern nur die Tatsache, daß Peter und Paul nicht als Erben in Betracht kommen. Selbst wenn die Neffen an und für sich als Angehörige der zweiten Linie zur gesetzlichen Erbfolge berufen sind, werden sie aus den geschilderten Gründen automatisch erbunwürdig. Die Erbunfähigkeit der Berufenen schließt aber nicht deren Nachkommen aus. Wenn also Peter oder Paul Kinder haben, kommen diese für die gesetzliche Erbfolge nach ihrer unglücklichen Großtante in Betracht. Ja sogar Ausschluß der beiden Bösewichte vom Erbrecht tritt nur ein, wenn er dem vermutlichen Willen des Erblassers entspricht. Wenn daher Tante Susanne in unvorstellbarer Güte noch sterbend den Schurken Peter und Paul **verzeiht,** so hebt diese Verzeihung durch den Erblasser die Erbunwürdigkeit wieder auf. Dann wären die Neffen also doch gesetzlich erbberechtigt; an der Strafbarkeit ihres Verhaltens ändert sich aber dadurch nichts.

Kehren wir zu unserem Ausgangsbeispiel des formgerechten eigenhändigen Testaments zurück. Karl Jedermann hat darin seine drei Kinder auf den Pflichtteil gesetzt. Das bedeutet, daß sie keinerlei Ansprüche auf einen bestimmten Nachlaßgegenstand haben, sondern lediglich einen Geldanspruch gegen die alleinige Erbin Ottilie. Und zwar beläuft sich der Geldanspruch auf die Hälfte des Wertes des gesetzlichen Erbteils. Entsinnen wir uns, daß jedem der Kinder als gesetzlicher Erbteil ein Nachlaßanteil im Werte von S 394.711,– zugefallen ist, so steht jedem von ihnen jetzt als **Pflichtteilsanspruch** eine Geldforderung in Höhe von S 197.355,50 zu. Als Pflichtteilsberechtigte stehen die Kinder den Nachlaßgläubigern nach, weil ihre Ansprüche vom reinen Nachlaß, also erst nach Berücksichtigung der Erbschaftsgläubiger, berechnet werden (§ 786 ABGB). Ein Darlehensgläubiger z. B., der Karl Jedermann zu Lebzeiten geliehen hat, kann daher sein Geld zuerst zurückverlangen. Dafür kommen die Jedermann-Kinder als Noterben vor eventuellen Vermächtnisnehmern zum Zuge.

Nehmen wir an, Karl Jedermann gewahrt besorgt die „Asynchronien" (Unterschiede zwischen körperlicher und seelischer Entwicklung) seines jüngsten Sohnes, der immer mehr Halbstarkenmanieren annimmt. Schließlich wird es Karl Jedermann zu arg, und er verfaßt ein neues Testament, worin zu lesen ist:

„Ich entziehe meinem Sohn Klaus seinen Pflichtteil, da er trotz meiner ständigen Ermahnungen ein ausschweifendes Leben führt, sich nächtelang in schlechter Gesellschaft herumtreibt und sein Studium völlig vernachlässigt."

Es hätte auch genügt, einfach in das Testament hineinzuschreiben:

„Ich entziehe Klaus den Pflichtteil aus den ihm bekannten Gründen", oder noch kürzer: „Klaus wird enterbt."

Wie wir schon wissen, braucht nämlich der Erblasser den Enterbungsgrund nicht anzuführen. Gedacht hat Karl Jedermann an den letzten im § 768 ABGB angeführten Grund, wonach das Kind „eine gegen die öffentliche Sittlichkeit anstößige Lebensart beharrlich führt".

Vorausgesetzt ist nach der Rechtsprechung kein tatsächliches öffentliches Ärgernis, sondern nur eine nach den **allgemeinen Anschauungen** gegen die guten Sitten verstoßende Lebensweise. Diese Anschauungen werden in Großstädten andere sein als etwa in rein ländlichen Gebieten. Es ist also durchaus fraglich, ob in unserem Fall der Enterbungsgrund überhaupt gegeben ist. Auf keinen Fall genügt es aber bei der „anstößigen Lebensart", daß sie im Zeitpunkt der Testamentserrichtung bestanden hat; sie müßte **auch noch zur Zeit des Erbfalls** vorhanden sein. Hätte sich Klaus z. B. gewandelt, in der Zwischenzeit eine Prüfung erfolgreich bestanden und einen besseren Gesellschaftskreis gefunden, so wäre die Enterbung nicht rechtmäßig und damit die Pflichtteilsentziehung hinfällig.

Wie wir ebenfalls erfuhren, kann der Erblasser auch seine Eltern enterben, jedoch nicht, weil er früher einmal von ihnen körperlich gezüchtigt worden ist; sonst könnten nämlich Kinder die zu ihrer Erziehung empfangenen Schläge später mit Pflichtteilsentziehung quittieren. Ein Entziehungsgrund wäre es jedoch, wenn ein Elternteil gegen den Willen des Kindes beharrlich eine „anstößige Lebensart" an den Tag legt.

Wenn Ulrike sehr verschwenderisch dahinlebt, wird sie Karl Jedermann vielleicht in guter Absicht enterben und den auf sie entfallenden Pflichtteil direkt ihrem Sohn Konrad zuwenden.

Der Pflichtteilsanspruch verjährt in kurzer Zeit (§ 1487 ABGB). Daher ist Vorsicht am Platz! Man mache den Anspruch innerhalb von **drei Jahren** geltend. Gerechnet wird **vom Tag der Kundmachung des Testaments** an. Gleichgültig ist, wann der eingesetzte Erbe die Erbschaft angetreten hat.

Wie wehrt sich aber ein Pflichtteilsberechtigter dagegen, daß der Erblasser ihn dadurch um jeglichen Wertanteil an dem Erbe zu bringen sucht, daß er noch zu Lebzeiten den Nachlaß schmälert? Soweit der Erblasser den Nachlaß vergeudet und für Luxusbedürfnisse verwendet, die den Nachlaß sogar aufzehren, kann man nichts dagegen tun, denn jeder Mensch kann mit seinem Vermögen machen, was er will. Soweit er allerdings sich dadurch selbst der Gefahr der Verarmung aussetzt oder bestehenden Unterhaltspflichten nicht nachkommen kann, wäre es denkbar, daß man ihn wegen Verschwendung entmündigen läßt und damit eine Pflegschaft begründet.

Ein Erblasser könnte seine pflichtteilsberechtigten Angehörigen auch dadurch im Anspruch schmälern, daß er beträchtliche Vermögensteile zu Lebzeiten verschenkt. Hier ist aber für Nachkommen ein gewisser Schutz durch die Anrechnungsbestimmungen (§ 785 ABGB) vorgesehen. Es werden nämlich auf Verlangen eines pflichtteilsberechtigten Kindes die meisten **Schenkungen** bei Berechnung des Nachlasses **in Anschlag** gebracht. Eine Reihe von Schenkungen bleibt freilich bei der Anrechnung unberücksichtigt.

Es sind dies:

1. Schenkungen, die mehr als zwei Jahre vor dem Tod des Erblassers an nicht pflichtteilsberechtigte Personen erfolgten;
2. Pflichtschenkungen, das sind solche, durch die einer sittlichen Pflicht oder Rücksichten des Anstandes entsprochen wurde;
3. Schenkungen, die den Grundstock des Vermögens nicht schmälerten;
4. Schenkungen zu gemeinnützigen Zwecken.

Hier finden wir einen ausgesprochen sozialen Zug unseres ABGB: Das öfffentliche Wohl wird über die Interessen der Nachkommen gestellt! Der Erblasser könnte z. B. sein ganzes Vermögen dem SOS-Kinderdorf schenken, ohne daß seine Nachkommen dies zum Gegenstand eines Anrechnungsanspruches machen dürfen.

Diese sogenannten unbeachtlichen Schenkungen werden also nicht hinzugerechnet. Sonst aber kann von den Kindern (nicht von Vorfahren) eine Erhöhung des Pflichtteils durch Hinzurechnung von Schenkungen zum Nachlaß verlangt werden.

Hätte also Karl Jedermann z. B. als einzigen Erb- und Pflichtteilsberechtigten bei seinem Tode seinen Sohn Klaus hinterlassen und hätte Karl Jedermann vor einem Jahr aus einem Nachlaß im Werte von S 1,000.000,– die Hausgrundstücke im Wert von S 800.000,– an eine Freundin als Geschenk übereignet, so ergäbe sich folgende Rechnung: Die Geschenke der letzten zwei Jahre in Höhe von S 800.000,– sind rechnerisch den übriggebliebenen S 200.000,– hinzuzurechnen. Dies ergäbe also wieder S 1,000.000,–. Der Pflichtteilsanspruch des Klaus beliefe sich demnach auf S 500.000,–. Davon sind S 200.000,– durch den Nachlaß gedeckt; S 300.000,– kann also Klaus noch zur **Pflichtteilsergänzung** von der Freundin seines Vaters verlangen.

Vermächtnisse und Auflagen

Außer der Erbseinsetzung kann man in einem Testament noch Vermächtnisse und Auflagen festlegen.

Karl Jedermann hat davon Gebrauch gemacht und unter anderem in seinem Testament, das seine Frau zur Alleinerbin machte, folgendes bestimmt:

„Meine Wirtschafterin Aloisia Huber, die unserem Haushalte viele Jahre hindurch treu gedient hat, soll in ihrem Alter bis zu ihrem Tode versorgt werden. Der Diener Julius Brav erhält meine goldene Uhr. Das Waldgrundstück, das zu meinem Hause an der Als gehört, soll den Spaziergängern weiterhin ungehindert offenstehen. Für die Singvögel soll im selben Maße wie bisher Futter gestreut und für ausreichende Nistkästen gesorgt werden. Unser Boxerhund Fletscher, an dem ich mein Lebtag viel Freude gehabt habe, soll gehegt und gepflegt werden und im Falle seines Ablebens ein würdiges Hundebegräbnis haben."

In dem hervorgehobenen Teil von Karl Jedermanns Testament finden sich Vermächtnisse und Auflagen vor.

1. Aloisia Hubers Altersversorgung stellt sich als ein Vermächtnisanspruch dar. Es handelt sich um das Vermächtnis des Lebensunterhalts (§ 672 ABGB). Für das **Ausmaß** des Unterhalts ist zunächst der Wille Karl Jedermanns bestimmend. Maßgebend ist dabei in der Regel die Unterstützung der letzten Zeit. Besteht kein Anhaltspunkt, so richtet sich das Maß der Unterstützung nach dem Stand der Wirtschafterin als Legatar (§ 673 ABGB). Ferner ist auch die Größe des Nachlasses und die Nähe der Beziehungen zu berücksichtigen. Man spricht hier von einem **Vermächtnis** oder Legat.

Darunter ist eine letztwillige Zuwendung zu verstehen, die nicht in einer Erbseinsetzung besteht. Beteiligte Personen sind dabei der Beschwerte (Schuldner) und der Bedachte (Gläubiger). **Beschwert** sind in der Regel die Erben. **Bedacht** kann nicht nur ein Dritter, sondern auch ein Miterbe sein (z. B. beim schon erwähnten Vorausvermächtnis). Im Falle des Vermächtnisses eines Grundstücksteiles hat der Erbe auf eigene Kosten alles für die grundbücherliche Durchführung Erforderliche, insbesondere die Vermessung des Grundstückes und die Verfassung des Teilungsplanes, zu veranlassen.

Julius Brav erhält eine **bestimmte Sache** (Uhr) zum Vermächtnis. Es handelt sich dabei um eine kleine Belohnung des Dienstgesindes. Nach § 685 ABGB können solche besonders **begünstigte** Vermächtnisse **sogleich** gefordert werden, während die übrigen Vermächtnisse erst **ein Jahr nach dem Tod** des Erblassers fällig werden. Vermächtnisse sind dem Willen des Erblassers entsprechend und so **auszulegen,** daß die Anordnung möglich und gültig sei.

Insbesondere ist der **Sprachgebrauch,** dessen sich der Erblasser bedient, zu beachten. Wenn also Karl Jedermann seinen wertvollen Weinkeller immer als „meine Bibliothek" bezeichnete, dort oft mit dem getreuen Julius zechte und jetzt im Testament anordnet: „Julius Brav, der gute Diener, erhält meine Bibliothek, in der wir oft beschauliche Stunden zusammen verbrachten", dann kann Julius von den Erben den **Weinkeller** als Vermächtnis herausverlangen. Die Erben können ihm nicht unter Berufung auf den Wortlaut der letztwilligen Anordnung die ebenfalls vorhandene, aber für ihn geringwertige wirkliche Bibliothek aufzwingen.

2. Die letztwilligen Bestimmungen Karl Jedermanns über Waldbenutzung, Singvögel und Hund sind Auflagen. Die **Auflage** ist eine einseitige Anordnung, die der Erblasser an eine Person richtet, die etwas aus dem Nachlaß erhält. Eine Auflage kann darum nicht bloß einem Erben, sondern auch einem Vermächtnisnehmer auferlegt werden. Die Auflage unterscheidet sich vom Vermächtnis dadurch, daß dem Beschwerten kein auf die Leistung Berechtigter gegenübersteht. Die Vögel jedenfalls können nicht gut Klage erheben. Dafür können gewisse Personen, die Auflagsberechtigten, auf Erfüllung klagen. Sie verlangen freilich die Leistung nicht für sich. **Auflagsberechtigt** ist, wer berufen ist, das Interesse des Erblassers an der Erfüllung des Letzten Willens wahrzunehmen oder für den Zweck einzutreten, dem die Auflage dienen soll. So kann der Testa-

mentsvollstrecker den Erben, ein Miterbe den anderen und jeder Erbe den beschwerten Vermächtnisnehmer belangen. Vor allem aber sorgt das Abandlungsgericht für die Vollziehung der Auflage und antwortet den Nachlaß erst dann ein, wenn sie gesichert ist (§ 817 ABGB). In unserem Fall ist außerdem die Stadtverwaltung berechtigt, auf Erfüllung der Auflagen zu klagen, weil es sich um Auflagen im öffentlichen Interesse handelt. Die Waldbenutzung und die Fürsorge für die Vögel dienen ja der Allgemeinheit.

Anders ist die Situation beim Boxerhund. Die Überwachung der lebenslänglichen Verpflegung eines Hundes mag allenfalls einem Testamentsvollstrecker aufgebürdet werden, von Amts wegen soll sich aber das Gericht derartigen Aufgaben **nicht** unterziehen. Das Gesetz betreffend Vereinfachung des Verfahrens außer Streitsachen vom 21. Dezember 1923, BGBl Nr. 636, bestimmt ausdrücklich, daß das Gericht es ablehnen könne, die Erfüllung oder Sicherstellung von Auflagen zu überwachen, wenn die Überwachung keinem **öffentlichen Interesse** entspricht. Das Schicksal des Hundes liegt nicht im öffentlichen Interesse.

Zwischen einem Erben und einem Vermächtnisnehmer ist in der rechtlichen Stellung ein großer Unterschied. Der Erbe wird Herr des Nachlasses, er wird Eigentümer der Sachen, die zum Nachlaß gehören, und Inhaber der dazugehörigen Forderungen und sonstigen Berechtigungen, aber auch der Verpflichtung. Anders der Vermächtnisnehmer. Er hat lediglich eine Forderung gegen den Erben, ihm einen Geldbetrag zu zahlen, eine bestimmte Sache herauszugeben, ihm etwas zu verschaffen, je nachdem, wie es der Erblasser bestimmt hat. Man kann den Unterschied auch so formulieren: Der Erbe ist **Gesamtnachfolger;** er bekommt entweder den gesamten Nachlaß oder einen in bezug auf das Ganze gesetzten Teil des Nachlasses. Der **Vermächtnisnehmer** ist immer nur **Einzelnachfolger** und soll Stücke des Nachlasses erhalten.

Es ist nun häufig in einem Testament schwer festzustellen, ob eine Erbseinsetzung vorliegt oder ein Vermächtnis bestimmt ist. Denn es sind ja meist keine Juristen, die die Testamente verfassen. Dann kommt es nicht auf den Wortlaut, sondern auf den Sinn des Gewollten an. Hat z. B. ein Erblasser folgendes geschrieben: „Ich vermache mein Haus und die Wertpapiere meinem Neffen Ottokar, alles übrige soll meine Nichte Alice erhalten", so darf man nicht von dem Wortlaut ausgehen, sondern muß sehen, was im Nachlaß vorhanden ist. Besteht der Nachlaß im wesentlichen aus den Ottokar „vermachten" Stücken und bleibt für Alice nur Unbedeutendes übrig, so wird man Ottokar als zum Erben eingesetzt sehen können und Alice als Vermächtnisnehmerin. Daß der Erblasser für Ottokar das Wort „vermachen" gebraucht hat, spielt dabei keine Rolle.

Wenn umgekehrt die für Alice vorgesehenen Nachlaßwerte erheblich größer sind als die Ottokar belassenen Stücke, dann ist Alice als Erbin anzusehen und Ottokar als Vermächtnisnehmer. Um die Unterschiede recht deutlich zu machen, sollen weitere Beispiele aus der Praxis angeführt werden. Der besseren Übersicht wegen setzen wir auf der linken Seite den Text der betreffenden letztwilligen Erklärung und bringen auf der rechten Seite die juristische Erläuterung dazu:

„Ich vermache mein Vermögen Ottilie. Erbe des Hauses soll jedoch Klaus werden."	Ottilie wird Alleinerbin. Klaus ist Vermächtnisnehmer. Otto und Ulrike wurden dabei übergangen.

II.	„Ottilie soll meine Erbin sein. Sie soll aber nur das Haus erhalten. Alles übrige soll unter die Armen verteilt werden.“	Ottilie wird Erbin. Ein Vermächtnis liegt nicht vor. Doch ist Ottilie mit einer Auflage belastet. Otto, Ulrike und Klaus wurden übergangen.
III.	„Ottilie soll meinen ganzen Nachlaß übernehmen und an Otto 1/3 des reinen Nachlasses auszahlen.“	Ottilie wird Alleinerbin. Otto ist Vermächtnisnehmer. Ulrike und Klaus wurden übergangen.
IV.	„Ottilie soll mein bewegliches, Ulrike mein unbewegliches Vermögen erhalten.“	Ottilie und Ulrike sind hier Erben, weil ihnen der Erblasser sein ganzes Vermögen unter Ausschließung anderer Rechtsnachfolger zugewendet hat. Die Erbteile werden nach dem Wertverhältnis (bewegliches Vermögen : unbewegliches Vermögen) berechnet.
V.	„Mein ganzes Vermögen besteht aus S 300.000,–. Davon soll Ottilie S 100.000,– und Ulrike S 200.000,– bekommen.“	Erblasser hat über die Hauptbestandteile seines Vermögens nach dem Stand zur Zeit der Testamentserrichtung verfügt. Es gilt daher das unter V. Gesagte. Sollte sich noch anderweitiges Vermögen vorfinden, so ist es zwischen Ottilie und Ulrike im Verhältnis 1 : 2 zu verteilen.
VI.	„Mein Sparkassenbuch soll Ottilie erhalten.“	Wenn Karl Jedermann außer den Kleidern am Leibe nur dieses Sparkassenbuch besitzt, dann hat er damit Ottilie zur Erbin einsetzen wollen. Der Nachlaß besteht eben nur in dem Sparkassenbuch.
VII.	„Klaus soll mein Erbe sein. Ottilie erhält den Fruchtgenuß des Nachlasses.“	Ottilie ist wohl Vermächtnisnehmer. Möglich wäre aber auch, daß sie der Erblasser zum Vorerben machen wollte. Dann erhält sie zunächst den Nachlaß, muß ihn aber nach einer bestimmten Zeit (z. B. am Großjährigkeitstag) an Klaus herausgeben.
VIII.	„Ich setze Ottilie mit Ausnahme des Hauses an der Als zum Erben ein.“	Ottilie ist Alleinerbin. Das Haus stellt ein Vermächtnis an die gesetzlichen Erben Otto, Ulrike und Klaus dar.
IX.	„Alles, wie es liegt und steht, erhalten meine Kinder. Ottilie bekommt das Klassenlos.“	Otto, Ulrike und Klaus sind Miterben zu je 1/3. Ottilie ist Vermächtnisnehmer. Doch ist genau zu unterscheiden. Meint Karl Jedermann „ein Klassenlos“ und ist keines im Nachlaß vorhanden, dann müssen die Erben eines anschaffen (§ 658 ABGB). Meint dagegen Karl Jedermann „eines

„Alles soll meiner armen Seele zugute kommen."

meiner Klassenlose" und es ist keines im Nachlaß vorhanden, dann erhält Ottilie nichts (§ 657 ABGB).

In diesem Fall werden nach einem Hofkanzleidekret aus dem Jahre 1812 ein Drittel des Hinterlassenen für Messen und zwei Drittel für die Armen verwendet.

Mängel eines Testaments

Die Willensfreiheit des Erblassers wird ausgeschlossen durch **Zwang** und widerrechtlich beeinträchtigt durch **Betrug.** Eine erzwungene letztwillige Erklärung ist unter allen Umständen ungültig, ebenso ein durch Betrug hervorgerufener Irrtum. Ausnützung der Todesnot eines Menschen, z. B. seiner Angst vor dem Jenseits, macht das Testament nichtig.

Auch Irrtümer des Erblassers kommen häufig vor. Zwar erklärt § 570 ABGB: Ein wesentlicher Irrtum des Erblassers macht die Anordnung ungültig. Doch läßt § 126 AußStreitG in Erkenntnis der Bedürfnisse des Lebens jede in gehöriger Form errichtete und unbestrittene letzte Willenserklärung **vorerst als wirksam** gelten. Um die Irrtumswirkung zur Geltung zu bringen, müßte die Erklärung des Letzten Willens erst umgestoßen werden (§ 1487 ABGB). Die auf einem wesentlichen Irrtum beruhende Erklärung kann nicht von jedermann, sondern nur von jenen Personen **angefochten** werden, denen die Aufhebung der Verfügung unmittelbar zustatten kommen würde. Das Anfechtungsrecht ist durch eine **dreijährige Verjährungsfrist** begrenzt.

Karl Jedermann hat bekanntlich in seinem Testament der Wirtschafterin Aloisia Huber ein Versorgungsvermächtnis gemacht. Wir sind mit ihm davon ausgegangen, daß Aloisia eine Perle von einer Haushälterin gewesen ist. Unterstellen wir nun aber einmal, daß die schillernde Aloisia es verstanden hat, ihre Arbeitgeber in den letzten Jahren zu täuschen; daß sie in Wirklichkeit gestohlen und unterschlagen hat, daß sie über ihre Arbeitgeber verleumderische Gerüchte verbreitet hat, daß sie mit einem Wort unwürdig ist, eine Gabe von Karl Jedermanns Familie zu erhalten. Karl Jedermann kann nichts mehr dazutun, sein Testament zu ändern. Hätte er noch bei Lebzeiten erfahren, wie sehr er getäuscht worden ist, so hätte er gewiß das Vermächtnis einfach widerrufen. Nunmehr werden die Hinterbliebenen den Letzten Willen korrigieren. Dies geschieht durch eine **Anfechtung.** Sowohl Ottilie als auch jedes der Kinder können Aloisia Huber gegenüber die Anfechtung erklären. Ottilie Jedermann richtet also folgendes Schreiben an Aloisia, wie auf der nächsten Seite wiedergegeben.

Die Wirtschafterin wird jetzt scharf überlegen. Es läßt sich ja denken, daß Aloisia Huber durchaus nicht so schlecht ist, wie Ottilie meint, und Aloisia dies auch beweisen kann. In einem solchen Fall wird Aloisia auch einen Anfechtungsprozeß nicht fürchten. Sie wird also ihren Vermächtnisanspruch gegen die Erbin Ottilie geltend machen, und Ottilie mag im Prozeß beweisen, daß tatsächlich so schwere Verfehlungen Aloisias vorliegen, von denen Karl Jedermann nichts gewußt hat, und daß anzunehmen ist, daß er bei Kenntnis der Sachlage das Vermächtnis nicht gemacht haben würde.

Wir, die Erben meines verstorbenen Mannes Karl Jedermann, haben feststellen müssen, daß Sie das in Sie gesetzte Vertrauen gröblichst dadurch getäuscht haben, daß Sie in den letzten Jahren über den Erblasser und seine Angehörigen die bösartigsten Gerüchte verbreiteten und erhebliche Werte vorenthalten und sich zugeeignet haben. Wir wollen davon absehen, diesen Sachverhalt der Staatsanwaltschaft zu unterbreiten, haben jedoch keinerlei Veranlassung, Ihnen unter diesen Umständen aus dem Nachlaß eine Altersversorgung zu gewähren. Ich erkläre hiermit in meiner Eigenschaft als Erbin Ihnen gegenüber die Anfechtung des im Testament zu Ihren Gunsten gemachten Vermächtnisses.

Ottilie Jedermann, geb. Tüchtig

(Einschreiben, Durchschlag mit Einschreibbeleg für die eigenen Akten aufbewahren.)

Ein testamentarisches Vermächtnis des Dienstgebers an einen Dienstnehmer unterliegt jedenfalls der Erbschaftssteuer. Gegenstand der Erbschafts- bzw. Schenkungssteuer kann aber auch zugleich Gegenstand einer direkten oder indirekten Steuer sein. Nur wenn es sich beim Dienstgebervermächtnis um eine einmalige Zuwendung handelt, wird keine Lohnsteuerpflicht begründet.

Bei Erbschaftssteuererklärungen wird oft auf eine Bestimmung vergessen, die zu einer Minderung der Steuerlast des Erwerbers führen kann: Gemäß § 21 Erbschaftssteuergesetz hat der Erwerber Anspruch auf Abzug eines angemessenen Betrages vom Erbanfall, wenn er nach Vollendung des 15. Lebensjahres im Haushalt oder im Betrieb des Erblassers ohne Barlohn Dienste geleistet und dadurch eine fremde Arbeitskraft erspart hat. Dienste, die früher als drei Jahre vor dem Tod des Erblassers geleistet wurden, werden nicht berücksichtigt. Der Abzug erfolgt auf Antrag. Durch diese Bestimmung, die sich häufig auf Angehörige höherer Steuerklassen bezieht, kann ganz gehörig Erbschaftssteuer gespart werden. Die Wirtschafterin Aloisia Huber könnte, wenn sie ganz oder zeitweise ohne Barlohn gearbeitet hätte, auf diese Weise den Wert ihres Versorgungsvermächtnisses und damit die hier besonders hohe Steuer mindern.

Und weiter wird folgende Begünstigung häufig übersehen: Oft haben Angehörige oder fremde Personen dem Erblasser in Erwartung einer letztwilligen Zuwendung unentgeltlich oder gegen unzureichendes Entgelt Pflege und Unterhalt gewährt. Soweit das Zugewendete als angemessenes Entgelt anzusehen ist, bleibt es nach § 15 Abs. 1 Z. 6 Erbschaftssteuergesetz steuerfrei.

Wichtiger als ein Fall der Anfechtung eines Vermächtnisses ist die Anfechtung der Erbseinsetzung.

Wenn Ottilie z. B. in den letzten Monaten der Ehe ein Liebesverhältnis mit einem Freund angefangen hat, so können die Kinder die Erbseinsetzung ihrer Mutter anfechten, da anzunehmen ist, daß Karl Jedermann bei Kenntnis dieses Tuns nicht

Ottilie den Löwenanteil seines Vermögens zugewendet hätte, damit sie es jetzt mit ihrem Liebhaber durchbringen kann. War Ottilie gar **erbunwürdig,** dann bedarf es nicht erst einer Anfechtungsklage. Es wäre Erbunfähigkeit gegeben und damit ein Anfall der Erbschaft ausgeschlossen.

Erweisung der letzten Treue

Oft wird in Testamenten die Erweisung der letzten Treue behandelt. Der OGH versteht darunter „alle diejenigen Handlungen tätigen Beistandes, die einem Schwerkranken die letzte Zeit seines Lebens und besonders die Sterbestunde erleichtern sollen, allenfalls auch die Obsorge für den Leichnam und die Bestattung". Es ist nicht notwendig, daß ein Verwandtschafts- oder Freundschaftsverhältnis besteht. Auch einem völlig Fremden kann die letzte Treue geleistet werden. So hat schon mancher barmherzige Samariter einem Fremden die letzte Treue erwiesen. Auch eine Wirtschafterin kann ihrem Dienstgeber durch die Pflege und Betreuung vor seinem Tod letzte Treue erwiesen haben. Bei Aloisia Huber war das aber keineswegs der Fall, denn Karl Jedermann starb ja ganz plötzlich. Bevor nicht der Krankheitszustand des Pfleglings derart ernst geworden ist, daß unmittelbare Lebensgefahr besteht, kann letzte Treue nicht geleistet werden. Nur dann liegt letzte Treue vor, wenn die Pflege und Betreuung **bis zum Tode fortgesetzt** wurde. Wurde z. B. eine Schwerkranke von ihrer Nachbarin bereits ein Vierteljahr gepflegt, gibt diese aber dann die Pflege aus irgendwelchen Gründen endgültig auf, so hat die Nachbarin nicht die letzte Treue geleistet, selbst wenn die Kranke schon eine Woche später gestorben wäre.

Der Erblasser kann nun Personen, die ihm die letzte Treue erweisen, ein Vermächtnis (Legat) aussetzen. Er kann sie aber auch zu seinen Erben machen. In beiden Fällen ist die Bestimmung der bedachten Person und die Durchführung der Verlassenschaftsabhandlung mit Schwierigkeiten verbunden. Vielfach werden Auskunftspersonen (Haus- oder Wohnungsgenossen) einvernommen, damit festgestellt wird, ob die betreffende Person überhaupt Pflegearbeiten vorgenommen hat.

Gang der Verlassenschaftsabhandlung

Mehrfach wurde schon die Verlassenschaftsabhandlung erwähnt. Ihre wichtigsten Abschnitte sollen jetzt dargestellt werden:

Das Verfahren ist hauptsächlich im AußStreitG geregelt und beginnt mit der **Todfallsaufnahme.** Diese darf nur unterbleiben, wenn ein vermögensloser, unter väterlicher Gewalt stehender Minderjähriger gestorben ist und kein Beteiligter sie verlangt. Nach Durchführung und allfälliger Ergänzung der Todfallsaufnahme kann es unter Umständen zur **Abtuung armutshalber** (wenn der Verstorbene kein Vermögen hinterlassen hat) oder zur **Überlassung an Zahlungs Statt** kommen.

Von Amts wegen wird nach diesem Verfahren eine regelrechte Verlassenschaftsabhandlung nur eingeleitet, wenn der Bruttonachlaß S 20.000,– bzw. für Pflegebefohlene S 2000,– übersteigt oder wenn eine Liegenschaft dazugehört. Kommt es zu keiner Verlassenschaftsabhandlung, kann das Gericht die zur Erbschaft Berufenen ermächtigen, die Nachlaßrechte geltend zu machen.

Die Verlassenschaftsabhandlung beginnt mit der **Verständigung** der vermutlichen Erben und mit der Aufforderung, die Belege ihres Erbrechts (Erbrechtsausweis) beizubringen und zu erklären, ob sie die Erbschaft annehmen (Erbserklärung). Die Berufungsgründe zur Erbschaft sind ihrer Stärke nach geordnet: 1. **Erbvertrag;** 2. formgerechtes **Testament,** und zwar das jüngere vor dem älteren; 3. **gesetzliches Erbrecht.** Es kann aber vorkommen, daß ein Teil des Vermögens testamentarisch, ein anderer durch Erbvertrag und wieder ein anderer aufgrund des Gesetzes vererbt wird (§ 534 ABGB).

Die Abhandlung endigt mit der **Einantwortung.** Ihre Wirkung ist die gerichtliche Übergabe des Nachlasses in den rechtlichen Besitz der festgestellten Erben.

Gesamtcharakteristik: Das Abhandlungsgericht greift auch in Fällen ein, wo niemand seiner Hilfe bedarf. Es wurde daher das Abhandlungssystem oft als lästig empfunden. Seine Vorzüge liegen aber in der Vermeidung von Erbstreitigkeiten, in der Fürsorge für die beteiligten Pflegebefohlenen und in der Ordnung des Grundbuchstandes.

Streit um Erbrecht und Erbschaft

Zum Schutz des Erben stehen **zwei wichtige Klagen** zur Verfügung, die grundsätzlich zu unterscheiden sind:

I. Die Erbrechtsklage

Wenn das Erbrecht zwischen mehreren Personen streitig ist, so muß es noch **vor der Einantwortung** im Wege des Zivilprozesses klargestellt werden. Dabei hat die Partei mit dem schwächeren Titel die Klage gegen die Partei mit dem stärkeren Titel zu erheben. Darum war es auch so wichtig, vorhin die Erbrechtstitel nach ihrer Stärke anzuordnen (vgl. oben). Der entferntere gesetzliche Erbe klagt z. B. den näheren gesetzlichen Erben, der gesetzliche Erbe den Testamentserben, dieser den aus einem Erbvertrag Berechtigten. Das Begehren geht auf **Feststellung des Erbrechts,** wobei der Kläger zu beweisen hat, daß er zur Erbschaft **näher** berufen ist als der Beklagte. Der Sieger im Prozeß ist als Erbe zu behandeln. Wer den Erbrechtsprozeß verloren hat, kann gegen den anderen Streitteil auch nicht mehr mit der Erbschaftsklage die Herausgabe der Erbschaft verlangen. Es steht nämlich – wie man in der Juristensprache sagt – die Rechtskraft entgegen!

II. Die Erbschaftsklage

Ein Erbschaftsanspruch kann immer erst **nach der Einantwortung** geltend gemacht werden. Der Kläger begehrt Feststellung seiner Erbeneigenschaft und **Ausfolgung der Erbschaft.** Es kann sich ja nach der Einantwortung herausgestellt haben, daß ein der Abhandlung zugrunde gelegtes Testament ungültig ist, daß ein neues Testament aufgefunden worden oder ein näherer gesetzlicher Erbe aufgetaucht ist. Aufgrund des Ausfolgungsbegehrens gehen mit dem stattgebenden Urteil das Eigentum an beweglichen Nachlaßgegenständen, die Erbschaftsforderungen und andere Rechte von selbst auf den Kläger über. In die grundbücherliche Umschreibung des Eigentums beweglicher Sachen muß der Beklagte einwilligen. Er muß Auskunft über die Nachlaßgegenstände geben, und unter Umständen kann der Offenbarungseid von ihm verlangt werden. Das Urteil im Erbschaftsprozeß bewirkt, daß der Sieger Gesamtnachfolger des Erblassers, nicht des eingewiesenen Erben wird. Der unterlegene Beklagte muß die in seiner Inhabung befindlichen Nachlaßstücke herausgeben. Eine neue Abhandlung findet nicht statt.

Diese Vorschriften sind auch besonders wichtig, wenn irrtümliche Todeserklärungen erfolgen.

Erinnern wir uns doch an den Dr. Hans Forschmann. Angenommen, seine Gattin Susanne erhielte den vermeintlichen Nachlaß. Nun wird Forschmann alles zurückfordern und Auskunft darüber verlangen, was Susanne als Scheinerbin mit dem Vermögen inzwischen angefangen hat. Bei seinen Ansprüchen auf Zurückstellung kommt es darauf an, ob Susanne redlicher oder unredlicher Besitzer war. Dem redlichen Besitzer verbleiben alle Nutzungen, und er kann, wenn er den Gegenstand des Besitzes wieder herausgeben muß, den notwendigen Aufwand ersetzt verlangen. Der unredliche Besitzer wird hingegen sehr ungünstig behandelt. Was aber, wenn Susanne aus der vermeintlichen Erbschaft bereits etliche Gegenstände an andere Personen verkauft oder verschenkt hat? Kann der zurückgekehrte Dr. Forschmann auch von dritten Personen solche Vermögensstücke zurückverlangen? Das wird nicht gehen, wenn die dritten Personen **gutgläubig** waren. Wer gutgläubig Erbschaftssachen von demjenigen erwirbt, der sie selber aufgrund der gerichtlichen Einantwortung erlangt hat, soll geschützt sein (§ 824 ABGB). Dieser starke Schutz ist deshalb gerechtfertigt, weil der zugrundeliegende äußere Tatbestand von der Behörde durch einen Hoheitsakt gesetzt wurde. Man soll sich eben auf die Einantwortungsurkunde verlassen können, und darum wird auch der redliche Erwerb vom Scheinerben vollgültig bleiben. Der Heimkehrer hat das Nachsehen!

Zur Charakterisierung des Erbstreites sei noch gesagt, daß **Erbschaftsklagen** im Bereich des ABGB recht **selten** sind. Streitigkeiten über das Erbrecht (mit der Erbrechtsklage und vor der Einantwortung) werden hingegen häufig ausgetragen.

Nacherbschaft und Ersatzerbschaft

Otto Jedermann, der das Testament seines Vaters, nach dem Ottilie die Alleinerbin war, für ungerecht hält, will in seiner Ehe nicht denselben Fehler begehen. Andererseits liegt ihm seine Ehefrau Ursel dauernd in den Ohren und verlangt, daß sie gesichert werde. Es genüge doch wohl, daß ihr mit in die Ehe gebrachtes Kind, das Otto sogar adoptieren wollte, und ihr gemeinsamer Sohn Ali den Pflichtteil bekommen und im übrigen nach Ursels Tod dasjenige erhalten, was ihre Mutter von Ottos Vermögen übriglasse. Otto bespricht diesen Fall mit seinem Rechtsanwalt. Dieser meint, daß Ursels Wunsch nach Sicherung wohl verständlich sei und Otto wohl auch glauben dürfe, daß Ursel im Falle eines Überlebens nicht sinnlos mit dem Ererbten umgehen würde. Wer garantiere aber, daß sie nicht irgendeinem gewissenlosen Mann in die Hände gerate, der es verstehen würde, das Vermögen an sich zu bringen, dann Ursel verläßt und so Ottos Ehefrau und Kinder aller Werte beraubt? Auf diese Anregung hin errichtet Otto daher das folgende Testament:

Wien, den 10. Sept. ....

Mein letzter Wille

Ich setze zum Vorerben über meinen Nachlaß meine Ehefrau Ursel, geb. Froh,

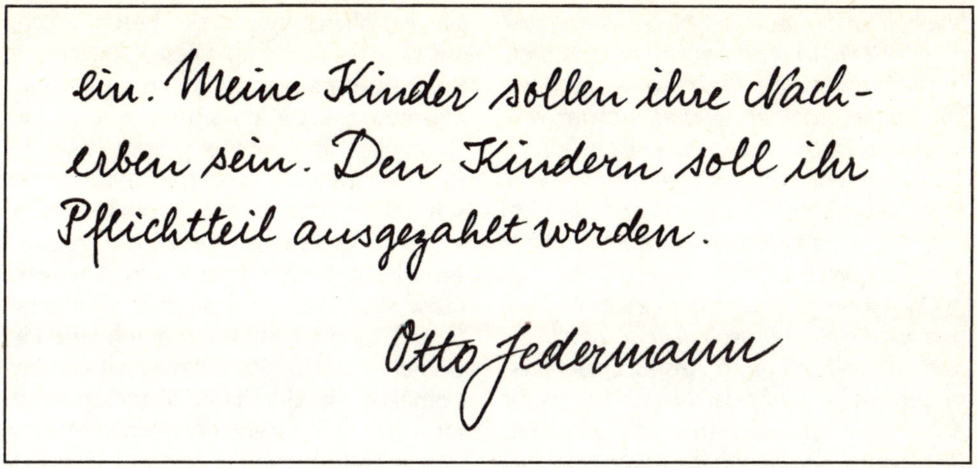
ein. Meine Kinder sollen ihre Nach-
erben sein. Den Kindern soll ihr
Pflichtteil ausgezahlt werden.

Otto Jedermann

Da Otto Jedermann keinen Zeitpunkt für den Eintritt des Nacherbfalles vorgeschrieben hat, so ist Ursel bis zu ihrem Tod Vorerbin. Stirbt sie, so treten die Kinder in ihre Stellung als Erben Otto Jedermanns ein. Das heißt also, sie beerben insoweit nicht etwa Ursel, sondern ihren Vater Otto, setzen also nur die Erbenstellung ihrer Mutter fort.

Der Erblasser kann also mehrere Erben so berufen, daß die Erbschaft zuerst dem einen, dann dem anderen zufallen soll. Das ABGB bezeichnete eine solche Anordnung als „fideikommissarische Substitution" (§ 608 ABGB). Heute wird dafür der Ausdruck **Nacherbschaft** verwendet. Der Erblasser ordnet hier an, daß die Erbschaft zunächst einem Vorerben (z. B. Gattin) zufallen soll. Bei Eintritt des Nacherbfalls (z. B. Zeitablauf) ist aber die Erbschaft den gleichfalls schon bestimmten Nacherben (z. B. Kindern) auszufolgen. Der Erblasser kann auch dem Nacherben einen weiteren Nacherben setzen. Dann spricht man von einer Nacherbschaft zweiten Grades, wobei der Erblasser in der Anordnung solcher weiteren Grade **beschränkt** ist. Es soll nämlich nicht zulässig sein, Vermögen auf unbeschränkte Zeit zu binden. Wenn sich daher die Einsetzung von Nacherben auf Personen beschränkt, die nicht Zeitgenossen des Erblassers sind, dann kann sich die Nacherbschaft bei **beweglichem** Vermögen bis zum **zweiten** Grad erstrecken; bei **unbeweglichem** Vermögen gilt sie nur für den **ersten** Grad. Der **Vorerbe** erhält ein **eingeschränktes Eigentum** mit den Rechten und Verbindlichkeiten eines **Fruchtnießers** (§ 613 ABGB). Es steht ihm der Genuß des Nachlasses ohne Einschränkung zu, nur muß er die Substanz schonen.

Der **Nacherbe** ist Rechtsnachfolger des Erblassers. Er verlangt nach Eintritt des Nacherbfalls die **Herausgabe der Erbschaft** nicht als Gläubiger des Vorerben, sondern als dinglich Berechtigter.

Gemäß § 5 Erbschaftssteuergesetz gilt der Vorerbe als Erbe. Die Nacherben versteuern so, als ob ihr Erwerb vom Vorerben stammen würde. Auf Antrag wird aber ihr direktes Verwandtschaftsverhältnis zum Erblasser berücksichtigt. Wenn also Nacherben mit dem Erblasser n ä h e r *verwandt sind als mit dem Vorerben (angenommen, es fungiert ein Onkel Ottos als Vorerbe und Ottos Kinder wären als*

Nacherben eingesetzt), bietet dieser Antrag Vorteile. In unserem Fall ist er freilich bedeutungslos, da Ursel selbst, ebenso ihre Kinder, zueinander und auch im Verhältnis zu Otto zur Steuerklasse I gehören.

Der Vorerbe entrichtet nach § 13 Abs. 3 Erbschaftssteuergesetz die durch die Vorerbschaft veranlaßte Steuer aus den Mitteln der Vorerbschaft.

Die bloße Anwartschaft eines Nacherben auf die Nacherbschaft gehört nicht zu seinem Nachlaß (§ 20 Abs. 3 Erbschaftssteuergesetz). Stirbt der Nacherbe, bleibt daher der Wert dieser Anwartschaft für die Bemessung der Erbschaftssteuer ganz außer Betracht.

Bei uns ist Ursels Tod der Nacherbfall. Daher finden dann **zwei Verlassenschaftsabhandlungen** nebeneinander statt, bei denen verschiedene Vermögen und verschiedene Erben in Betracht kommen. Zunächst die Substitutionsabhandlung durch das für Otto Jedermann zuständige Gericht; sie bezweckt die Einantwortung der Vorerbschaft an seine Kinder (als Nacherben). Weiters die Abhandlung über das sonst vorhandene Vermögen Ursels durch das für ihren Todfall zuständige Gericht; sie bezweckt die Einantwortung dieses Nachlasses an die gesetzlichen oder testamentarischen Erben Ursels.

Ursel Jedermann beginnt nach dem Tod Ottos auf großem Fuße zu leben. Wie Ottos Berater vorausgesehen hat, macht sie die Bekanntschaft eines Mannes, der mehr und mehr Geld von ihr verlangt. Als die baren Mittel aufgebraucht sind, will Ursel auf die **Grundstücke** Geld aufnehmen oder sie veräußern.

Ist sie dazu rechtlich überhaupt in der Lage?

Wir müssen davon ausgehen, daß Ursel im Grundbuch als Eigentümerin eingetragen ist, allerdings mit der Beschränkung auf den Nacherbfall. Dieses sogenannte **Substitutionsband** wird im Grundbuch angemerkt. Dadurch ist jeder Käufer oder Geldgeber in Kenntnis gesetzt, daß das Recht Ursels als Vorerbin zeitlich beschränkt ist. Das trotzdem vom Dritten erworbene Eigentum oder eine Hypothek **erlischt** mit dem Eintritt des **Nacherbfalls.** Wenn also Ursel einen Geldgeber findet, kann sie ihn auch durch eine Hypothek sichern. Die Zulässigkeit von Hypotheken, die durch den Vorerben eingeräumt werden, ist von der Rechtsprechung wiederholt anerkannt worden. Dennoch brauchen Ottos Kinder nicht um die Substanz ihrer künftigen Erbschaft zu bangen. Es ist nämlich trotz der durch ihre Mutter eingeräumten Hypothek keine Zwangsvollstreckung in die Grundstücke, sondern nur in die **Früchte** möglich. Veräußerung und Belastungen der Grundstücke mit voller Wirkung wären nur zulässig, wenn die Nacherben zustimmen. Ottos Kinder denken aber gar nicht daran, ihrer verschwenderischen Mutter eine solche Zustimmung zu geben. Die Grundstücke sind also vor den Zugriffen Ursels weitgehend sicher.

Bewegliche Sachen darf der Vorerbe nach herrschender Auffassung **weder veräußern noch belasten.** Allgemein sind jedoch Veräußerungen zulässig, die sich als Akte der ordentlichen Verwaltung darstellen. Dagegen werden **Schenkungen** aus dem Nachlaß untersagt sein. Nehmen wir an, Ursel hat ihrem Liebhaber Romeo bereits Ottos goldene Uhr und den Siegelring geschenkt. Damit Verschleppungen des Stammvermögens hintangehalten werden, steht den Kindern gegen Ursel als Vorerben schon vor Eintritt des Nacherbfalls das erforderliche **Überwachungs- und Klagerecht** zu. Überdies hat das Abhandlungsgericht als Substitutionsbehörde für die **Sicherung der Substitution** zu sorgen. Als Maßnahmen kommen vor allem in Betracht:

1. Errichtung eines **Inventars** über das Substitutionsvermögen;
2. Bestellung eines **Substitutionskurators** für noch nicht geborene Nacherben;
3. weiterreichende **Sicherstellung** bei einer sich äußernden Gefahr (z. B. Verschleppung von weiteren Schmuckstükken durch oder für Romeo).

Ursel Jedermann bringt Ottos Bargeld mit ihrem Freund Romeo durch. Nach dem Willen des Gesetzes hätte sie jedoch wie ein Fruchtnießer die Substanz zu schonen. Sie sollte von den Zinsbeträgen aus den Miethäusern und mit den Eingängen aus dem Briefmarkengeschäft ihren Unterhalt bestreiten. Oberste Regel für den Vorerben ist nämlich, die Erbschaft als ein „guter Haushälter" in dem Stand, in dem er sie übernommen hat, zu **erhalten** (§ 513 ABGB). Ursel Jedermann haftet den Nacherben für **jedes Verschulden.**

Anders wäre die Situation, wenn Otto Jedermann bloß eine **Nacherbschaft auf den Überrest** angeordnet hätte. Dann wollte er die Nacherben nur auf das einsetzen, was von der Erbschaft beim Eintritt der Nacherbfolge noch übrig sein wird. Damit ist dem Vorerben im Zweifel die Befugnis eingeräumt, über die Substitutionsmasse frei zu verfügen. Ursel kann dann Erbschaftssachen nach Gutdünken nicht nur verkaufen, sondern auch verschenken. Die Kinder haben weder ein Klage- noch ein Sicherungsrecht. Sie müssen untätig zusehen, wie unter dem Beifall Ursels der unwiderstehliche Romeo die Anzüge ihres Vaters trägt und seine Finger mit dessen Ringen schmückt.

Als Ursel stirbt, ist Ali bereits verstorben. Sein Sohn Siegmund wird jetzt an seiner Stelle Nacherbe. Der Nacherbe braucht im Zweifel nur den Erbfall (Tod Ottos), nicht auch den Nacherbfall (Tod Ursels) zu erleben, um seiner Familie die Nacherbschaft zu erhalten.

Ist Ursel vor Otto gestorben, so sind die Kinder gleich Vollerben Ottos. Denn ein **Nacherbe** ist im Zweifel immer auch **Ersatzerbe,** das heißt, er soll sofort an die Stelle des als Vorerben Vorgesehenen treten, falls dieser den Erbfall nicht erlebt. Dies ist in unserem Fall nicht sehr bedeutsam, da die Kinder Otto sowieso beerben. Wenn man aber entferntere Verwandte zu Vor- oder Nacherben einsetzt, ist die Auslegungsregel des § 608 ABGB wichtig.

Die eben erwähnte **Ersatzerbschaft** wird im ABGB „gemeine Substitution" genannt. Sie liegt vor, wenn jemand zur Erbschaft für den Fall berufen ist, daß ein zunächst Berufener **nicht Erbe** werden will oder kann. Dadurch, daß der Erblasser einen Ersatzerben beruft, schließt er die gesetzlichen Erben aus. Der zuerst Eingesetzte **kann nicht** Erbe sein: wenn seine Erbseinsetzung ungültig ist, wenn er den Anfall der Erbschaft nicht erlebt, wenn er zu dieser Zeit erbunfähig oder erbunwürdig ist.

Der zuerst Eingesetzte **will nicht** Erbe sein: wenn er auf die Erbschaft verzichtet hat, wenn er sie ausgeschlagen hat, wenn er die Erbserklärung innerhalb der ihm vom Gericht gesetzten Frist unterläßt.

Erbverzicht

Ulrike hat nach ihrer Scheidung von Ottomar Gras noch einmal geheiratet und aus dieser Ehe ein Töchterchen Mathilde bekommen. Konrad, der inzwischen erwachsen ist, trägt sich mit Auswanderungsplänen. Er braucht dazu ein größeres Kapital, und Ulrike ist auch bereit, ihm aus ihrem Vermögen S 30.000,— zur Verfügung zu stellen. Im Interesse ihres Kindes aus zweiter Ehe soll damit Konrad ein für allemal abgefunden sein. Konrad soll vollkommen als Erbe wegfallen.

Ein solcher **Erbverzicht** ist möglich und verlangt den Abschluß eines Vertrages zwischen Ulrike und Konrad. Dieser Vertrag bedarf zu seiner Gültigkeit der Aufnahme eines **Notariatsaktes** oder der Beurkundung durch **gerichtliches Protokoll** (§ 551 ABGB). Begeben sich Mutter und Sohn zu ihrem Notar, dann müssen beim dort zu errichtenden Notariatsakt keine Aktszeugen beigezogen werden (anders beim Erbvertrag). Es genügt auch jedes gerichtliche Protokoll. Auch ein im Verfahren außer Streitsachen aufgenommener Vergleich kann einen Erbverzicht enthalten. Seinem Wesen nach ist der Erbverzicht ein Vertrag zwischen dem Erblasser und dem Anwärter, in dem dieser auf sein künftiges Erbrecht, Pflichtteilsrecht oder Vermächtnis ganz oder teilweise verzichtet. Die Wirkung des Erbverzichts äußert sich in der Entkräftung des bestehenden Berufungsgrundes. Der Verzicht auf das gesetzliche Erbrecht enthält auch den Verzicht auf das Noterbrecht. Dagegen enthält der Verzicht auf den Pflichtteil nicht auch den auf das gesetzliche Erbrecht, nur wird dem Verzichtenden bei der gesetzlichen Erbfolge die etwa erhaltene Abfindung (im gegenständlichen Fall S 30.000,–) angerechnet.

Konrad heiratet in San Salvador und hat aus dieser Ehe einen Sohn. Konrad stirbt vor seiner Mutter Ulrike, und als diese nun stirbt, verlangt Konrads Sohn als gesetzlicher Erbe erster Parentel die Hälfte des Nachlasses seiner Großmutter als Miterbe neben Ulrikes Tochter, seiner Tante.

Dies kann er nicht verlangen. Der Verzicht Konrads ist ein sogenannter Stammesverzicht, das heißt, Konrads Erben sind durch seinen Verzicht gleichfalls vom gesetzlichen Erbrecht ausgeschlossen. Wenn nichts anderes vereinbart ist, tritt nach § 551 ABGB diese weitergehende Wirkung des Erbverzichts ein.

Das Recht des Anwärters, im Namen seiner Kinder zu verzichten, entspricht einem praktischen Bedürfnis. In der Regel erhält ja der Verzichtende eine Abfindung. Dafür soll er aus dem Kreis der Erbberechtigten ausscheiden. Diese Vereinbarung hätte aber geringen Wert, wenn sie nicht auch die Kinder des Verzichtenden auszuschließen vermag. Gibt es also in unserem Beispiel später Meinungsverschiedenheiten, dann kommt es ganz auf den Wortlaut des Notariatsaktes an. Dem Vertragstext des Erbverzichts wird zu entnehmen sein, ob der Auswanderer Konrad den Verzicht auf seine Person beschränken wollte oder nicht.

Konrad ist durch einen gültigen Erbverzicht aus dem Kreis der gesetzlichen Erben herausgetreten; die Erbschaft wird ihm nicht zum Erwerb angeboten. Trotzdem wäre es denkbar, daß er aus dem Nachlaß seiner Mutter etwas erhält. Der Verzichtende erbt nämlich, wenn er später doch als **Testamentserbe** eingesetzt wird.

Wenn in unserem Fall der Vertrag zwischen Mutter und Sohn nicht vor dem Notar, sondern vor einem Rechtsanwalt oder völlig formlos abgeschlossen worden wäre, ist der Erbverzicht **ungültig.** Die **öffentliche** Form wäre dann nämlich nicht gegeben. Ob auch die für den Verzicht gewährte Abfindung hinfällig wird, hängt von den Umständen ab. Es fällt auf, daß der Betrag von S 30.000,– für eine Abfindung verhältnismäßig gering ist. Darum bleibt er vielleicht als **Vorempfang** aufrecht, den sich Konrad allerdings später bei der Pflichtteilsbestimmung anrechnen lassen muß.

Zur Aufhebung des Erbverzichts genügt schon ein **formloser** Vertrag zwischen dem Erblasser und dem Verzichtenden. Dadurch wird das künftige gesetzliche Erb- und Pflichtteilsrecht wiederhergestellt. Letztwillig bedenken kann aber der Erblasser den Verzichtenden ohne weiteres, auch ohne Aufhebung des Verzichts.

Testamentsvollstrecker und Abhandlungspfleger

Viele Erblasser glauben, daß ihre Erben, insbesondere, wenn sie noch jung sind, mit dem ererbten Gut schlecht verfahren werden. Sie fürchten auch, daß ihre Erben die Wünsche des Erblassers nicht respektieren und dergleichen mehr. Um die Durchsetzung des Erblasserwillens auf jeden Fall zu gewährleisten, setzen sie daher einen **Testamentsvollstrecker** ein.

Was hat das für eine juristische Bedeutung?

Für einen Testamentsvollstrecker ist im österreichischen Recht nur ein **geringes** Bedürfnis vorhanden. Daher widmet ihm das ABGB nur eine einzige Bestimmung (§ 816 ABGB). Wir haben ja die gerichtliche Abhandlung und die Bindung der Einantwortung an den Nachweis der Erfüllung des Testamentswillens (Testamentsausweis). Darum ist ein eigener Testamentsvollstrecker meist nur dazu da, daß er den vom Erben dem Verlassenschaftsgericht zu erstattenden Testamentsausweis **mitunterschreibt.**

Ottilie Jedermann hält einen Testamentsvollstrecker für notwendig und beruft dazu in ihrem Letzten Willen einen langjährigen Freund des Hauses, den Kaufmann Leopold Dachs. Muß Herr Dachs dieses „Amt" annehmen?

Es handelt sich rechtlich gesehen um kein Amt, sondern um einen **Auftrag,** und der Auftrag bedarf der Annahme durch den Beauftragten. Es hängt vom Belieben des berufenen Testamentsvollstreckers ab, dieses Geschäft auf sich zu nehmen. Erst durch die **Annahme** wird also Leopold Dachs verhalten, die ihm auferlegten Pflichten zu erfüllen. Er kann später nicht einfach durch Aufkündigung den Auftrag beendigen, sondern müßte unter Anführung wichtiger Gründe um **Enthebung** durch das Abhandlungsgericht ansuchen.

Welche Befugnisse stehen dem Testamentsvollstrecker zu?

Nach herrschender Ansicht und Praxis ist der Testamentsvollstrecker **nicht zur Nachlaßverwaltung berufen.** Er ist auch nicht berufen, die Erben im Abhandlungsverfahren zu vertreten. Trotz der Berufung des Kaufmanns zum Testamentsvollstrecker überläßt das Gericht die Nachlaßverwaltung den Erben oder bestellt einen Nachlaßkurator. Meist besteht die Aufgabe des Testamentsvollstreckers nur darin, die Eltern bei der Erfüllung des Testamentswillens zu **überwachen.** Leopold Dachs kann also z. B. den Erben Aufträge für die Durchführung der Bestattung von Ottilie geben und wohl auch Rechtsmittel gegen Verfügungen des Abhandlungsgerichts ergreifen. Gemeinsam mit den Erben erstattet er den Testamentsausweis.

Jedenfalls untersteht der Testamentsvollstrecker wie alle an der Nachlaßregulierung beteiligten Personen der **Aufsicht des Abhandlungsgerichts.** Wenn die Erben schon während der Amtsführung des Testamentsvollstreckers feststellen, daß er unfähig oder unredlich ist, so werden sie davon dem Abhandlungsgericht Mitteilung machen. Dieses kann Leopold Dachs **entheben,** da in diesem Falle zweifellos wichtige Gründe vorliegen.

Nehmen wir an, daß Leopold Dachs nicht bloß Testamentsvollstrecker ist, sondern daß ihm von Ottilie Jedermann die Verwaltung des Nachlasses letztwillig übertragen worden ist. Die Erben müssen sich diesfalls den Ausschluß von der ihnen sonst gebührenden Verwaltung gefallen lassen. Als Verwalter des Nachlasses hat Dachs auch die Vertretung des ruhenden Nachlasses nach außen. Er nimmt die

Rechte des Nachlasses gegenüber Dritten wahr und ist in Prozessen als Kläger wie als Beklagter Vertreter des Nachlasses.

Dachs überprüft also vorerst einmal den Nachlaß und vergewissert sich über den Vermögensstand. Da der Nachlaß umfangreich ist, engagiert er eine Stenotypistin, der er in den Abendstunden die Korrespondenz über den Nachlaß diktiert. Der Lohnanspruch der Stenotypistin richtet sich dann nicht etwa gegen den Testamentsvollstrecker persönlich, sondern gegen Ottilies Erben. Die Bezahlung erfolgt also auch durch den Testamentsvollstrecker aus dem Nachlaß.

Dachs stellt fest, daß Ottilie noch eine Forderung gegen den Schuldner Lau hatte. Er beschließt, diese jetzt einzutreiben. Um sich einen Exekutionstitel zu verschaffen, muß er schließlich klagen. Die Klage erhebt er als Nachlaßverwalter. Dachs hat die ausstehenden Beträge für den Nachlaß hereingebracht; nun macht er sich daran, die restlichen Schulden zu bezahlen. Unter anderem erfüllt er die Vermächtnisse und Auflagen, die im Testament vorgesehen sind. Er kümmert sich dabei auch nicht um irgendwelche Einsprüche der Erben, soweit er nach seiner pflichtgemäßen Auffassung darin nur egoistische Versuche sieht, Vermächtnisnehmer um ihre Rechte zu bringen. Er hat nämlich den Willen des Erblassers und nicht den der Erben zu respektieren.

Nachdem er den Nachlaß so ordnungsgemäß verwaltet hat, gibt er einen **Rechenschaftsbericht.** Bei Nachprüfung der Rechnungslegung stellt einer der Erben fest, daß Dachs einige Nachlaßverbindlichkeiten offensichtlich falsch ausgezahlt hat. Er stellt Dachs zur Rede, und es wird klar, daß Dachs hier Fehler begangen hat. Dachs verspricht daher, die zuviel gezahlten Geldbeträge von den Gläubigern zurückzufordern. Dies mißlingt jedoch. Die Erben können nunmehr von Dachs **Schadenersatz** verlangen.

Mit dem Testamentsvollstrecker darf ein letztwillig berufener **Abhandlungspfleger** nicht verwechselt werden. Gewiß ist die Abhandlungspflege Sache des Gerichts. Gedacht ist aber hier an die den Erben zufallende Parteientätigkeit in der Verlassenschaftsabhandlung. So z. B. die Verfassung und Überreichung der Erbserklärung, das eidesstättige Vermögensbekenntnis, die Einberufung der Gläubiger usw. All das will der Abhandlungspfleger für die Erben besorgen, wofür er ein entsprechendes Entgelt erhält.

Wenn auch das Gesetz ein Amt des Abhandlungspflegers nicht kennt, so handelt es sich doch nicht bloß um eine Erfindung der mit der Abfassung von Testamenten betrauten Anwälte und Notare. Die Rechtsprechung hat die letztwillige Anordnung einer Abhandlungspflegschaft ausdrücklich anerkannt. Sie räumt dem Abhandlungspfleger ein Recht auf **Mitwirkung** bei allen Akten ein, in denen es auf die Verwirklichung der Absichten des Erblassers ankommt. Es ist durchaus denkbar, daß Ottilie auf die Berufung einer Krämerseele – die Dachs nun einmal ist – zum Testamentsvollstrecker keinen Wert legt, dafür aber den langjährigen Rechtsanwalt der Familie, den alle achten, letztwillig zum Abhandlungspfleger bestellt. Warum sollte die Einsetzung eines Abhandlungspflegers unwirksam sein? Wahrscheinlich werden die Kinder den Rechtsanwalt über die testamentarische Bestellung hinaus sogar **freiwillig** zur Abhandlungspflegschaft bevollmächtigen, wenn sie seines juristisch-menschlichen Rates bedürfen.

Gemeinschaftliches Testament

Karl Jedermanns Urenkel, der Sohn des nach San Salvador ausgewanderten Konrad Gras, ist auf den schönen Namen Juan Leporello getauft. Dieser Juan Leporello Gras kehrt nach Erwerb ansehnlicher Reichtümer nach Österreich zurück und heiratet hier die ebenfalls begüterte Christl Grüp. Und dies wird nun wahrlich eine glückliche Ehe.

Beide beschließen daher auch, über ihren jeweiligen Nachlaß zugunsten des anderen Ehegatten zu verfügen. Sie wollen ein gemeinschaftliches Testament verfassen. Wie werden die Ehegatten dabei vorgehen?

Wenn die Gatten ohne Zeugen testieren wollen, so muß **jeder** seine Anordnung **eigenhändig schreiben,** und **beide** müssen die gemeinsame Urkunde **gemeinsam unterschreiben.**

Salzburg, den 7. Juli 19..

Unser letzter Wille

Wir, die Eheleute Juan und Christl Gras, setzen uns hiermit gegenseitig zum alleinigen Erben ein. Nach dem Tode des Überlebenden soll dessen Nachlaß unseren Nachkommen zufallen. Falls wir keinerlei Nachkommen haben sollten, fällt der Nachlaß des Überlebenden an den Neffen der unterzeichneten Ehefrau, den zur Zeit noch minderjährigen Walter Grüp, wohnhaft in Wien, Alsweg 10.

Wir, die Eheleute Christl und Juan Gras, setzen uns hiermit gegenseitig zum alleinigen Erben ein. Nach dem Tode des Überlebenden soll dessen Nachlaß unseren Nachkommen zufallen. Falls wir keinerlei Nachkommen haben sollten, fällt der Nachlaß des Überlebenden an den Neffen der unterzeichneten Ehefrau, den zur Zeit noch minderjährigen Walter Grüp, wohnhaft in Wien, Alsweg 10.

Juan Leporello Gras   Christl Gras, geb. Grüp

Nur **Ehegatten** können auf die eben geschilderte Art ein gültiges **gemeinschaftliches Testament** errichten. Ebenso **Brautleute** für den Fall der Eheschließung. Wenn Geschwister in der geschilderten Form testiert hätten, würde nach dem Tod eines der Geschwisterteile oder bei einem gleichzeitigen Tod derselben die gesetzliche Erbfolge einzutreten haben. Auch Lebensgefährten steht die Form des wechselseitigen Testaments nicht zur Verfügung.

Im Falle des Ehepaares Gras könnte auch dieses Testament errichtet werden:

> Unser letzter Wille
>
> Wir, die Eheleute Juan und Christl Gras, setzen uns hiermit gegenseitig zum alleinigen Erben ein. Nach dem Tode des Überlebenden soll dessen Nachlaß unseren Nachkommen zufallen. Falls wir keinerlei Nachkommen haben sollten, fällt der Nachlaß des Überlebenden an den Neffen der unterzeichneten Ehefrau, den zur Zeit noch minderjährigen Walter Grüß, wohnhaft in Wien, Alsweg 10.
>
> Salzburg, den 7. Juli 19..
>
> Juan Leporello Gras

> Wir, die Eheleute Christl und Juan Gras, setzen uns hiermit gegenseitig zum alleinigen Erben ein. Nach dem Tode des Überlebenden soll dessen Nachlaß unseren Nachkommen zufallen. Falls wir keinerlei Nachkommen haben sollten, fällt der Nachlaß des Überlebenden

an den Neffen der unterzeichneten Ehefrau, den zur Zeit noch minderjährigen Walter Grüp, wohnhaft in Wien, Alsweg 10

Salzburg, den 7. Juli 19..   Christl Gras, geb. Grüp

Hier ist die Testamentserklärung des einen Gatten völlig abgeschlossen, bevor die des anderen begonnen hat. Genaugenommen liegt also kein gemeinschaftliches Testament vor. Wir haben **zwei gültige Testamente** vor uns. Was aber, wenn Juan eigenhändig das ganze Testament schreibt und unterschreibt, worauf seine Ehefrau ebenfalls unterschreibt? Also zum Beispiel so:

Salzburg, den 7. Juli 19..

Unser letzter Wille

Wir, die Eheleute Juan und Christl Gras, setzen uns hiermit gegenseitig zum alleinigen Erben ein. Nach dem Tode des Überlebenden soll dessen Nachlaß unseren Nachkommen zufallen. Falls wir keinerlei Nachkommen haben sollten, fällt der Nachlaß des Überlebenden an den Neffen der unterzeichneten Ehefrau, den zur Zeit noch minderjährigen Walter Grüp, wohnhaft in Wien, Alsweg 10.

Juan Leporello Gras   Christl Gras, geb. Grüp

Hier wurde das Testament von einem Ehegatten geschrieben und vom anderen Gatten bloß unterschrieben. Es handelt sich um **kein gültiges gemeinschaftliches Testament.** Es könnte sich höchstens um ein gültiges Testament für jenen Gatten handeln, der eigenhändig geschrieben und unterschrieben hat (also Juan Leporello Gras).

Aber der OGH hat solche Testamente sogar für beide als ungültig erklärt.

Worin liegt die Bedeutung eines gültigen gemeinschaftlichen Testaments?

Die Errichtung gemeinschaftlicher Testamente entspricht einem **alten Gewohnheitsrecht.** Insbesondere dort, wo Gütergemeinschaft üblich war, pflegten die Gatten über das gemeinsame Vermögen gemeinsam auf den Todesfall zu verfügen. Setzen die Ehegatten (oder Brautleute) einander gegenseitig zu Erben ein, bestimmen sie also, daß der Überlebende den Vorverstorbenen beerben solle, so bezeichnet man das Testament als **wechselseitiges** Testament. Unter den wechselseitigen Testamenten verdient eine besondere Art hervorgehoben zu werden: die **wechselbezüglichen** oder korrespektiven Testamente. Hier wird der Bestand der Erbseinsetzung oder auch der gesamte Inhalt der Erklärung von dem Bestand (Nichtwiderruf, Gültigkeit) der Erklärung des anderen abhängig gemacht. Das ABGB nimmt eine solche Gültigkeitsverknüpfung (in der Fachsprache **Korrespektivität** genannt) **nicht** an. Sie müßte ausdrücklich angeordnet werden! Hätten die Eheleute Gras Korrespektivität angeordnet, würde sich das auch auf den Fall der Ungültigkeit auswirken: Ist also z. B. Juan geisteskrank und daher seine testamentarische Bestimmung nichtig, so ist umgekehrt auch Christls Verfügung nichtig. Es würde sich also auch um eine Ungültigkeitsverknüpfung handeln.

In unserem Falle haben sich die Eheleute Gras gegenseitig zum alleinigen Erben eingesetzt und ferner bestimmt, daß der Nachlaß nach dem Tode des Überlebenden an einen Verwandten der Frau fallen soll.

Nach einiger Zeit gefällt Juan das Testament doch nicht mehr, und er will es rückgängig machen. Geht das?

Jeder Ehegatte kann das gemeinschaftliche Testament **widerrufen,** worauf es für seinen Nachlaß keinesfalls gilt. Es bleibt jedoch als Testament des anderen Ehegatten in Wirksamkeit. Das gilt für unseren Fall, denn wir sind davon ausgegangen, daß die Geltung der einen Verfügung nicht von der der anderen abhängt. Es kann also nicht aus dem Widerruf des einen Teils auf den Widerruf des anderen Teils geschlossen werden (§ 1248 ABGB).

Wechselbezüglichkeit wurde nicht angeordnet. Daher kann der Überlebende, auch wenn er die Erbschaft des Verstorbenen aufgrund des wechselseitigen Testaments angenommen hat, die zugunsten eines Dritten (Neffe Walter) über seinen eigenen Nachlaß getroffene Verfügung widerrufen und dennoch die Erbschaft behalten.

Ist im wechselseitigen Testament der Eheleute Gras Korrespektivität angeordnet worden, gilt folgendes: Auch hier kann der Überlebende das Testament jederzeit widerrufen. Er macht aber dadurch zugleich seine eigene Einsetzung hinfällig, so daß er nun den bereits übernommenen Nachlaß wieder herausgeben muß.

Als Erben des Überlebenden sind die Kinder (Nachkommen) der Eheleute Gras vorgesehen. Sie haben zwar noch keine, aber das macht nichts aus, es genügt, daß zum Zeitpunkt des Todes des überlebenden Ehegatten die Kinder geboren sind. Sogar ein **Nichtgeborener** kann unter Umständen zur Erbschaft berufen sein. Doch ist zu unterscheiden: Ist der Berufene zur Zeit des Anfalls bereits gezeugt, so wird er als Geborener angesehen (Fiktion des § 22 ABGB). Wird ein totes Kind geboren, so ist der Erbanfall überhaupt nicht eingetreten. Wer noch unerzeugt ist, kommt für eine gesetzliche Erbfolge nicht in Betracht. Wohl aber gibt es eine testamentarische Berufung unter der Bedingung der lebenden Geburt. Doch ist eine Berufung Unerzeugter für Geldvermögen und bewegliche Sachen nur im 1. und 2. Grad, für unbewegliche Güter nur im 1. Grad zulässig.

Angenommen, der Erblasser Hauer hat das erstgeborene Kind seiner Lieblingsschwester im Testament zu seinem Alleinerben bestimmt. Als Hauer starb, war – wie eine ärztliche Untersuchung ergab – die Schwester bereits schwanger. Darauf meinten die übrigen Geschwister Hauers, daß nun gesetzliche Erbfolge eintreten müsse, da kein Kind vorhanden ist. Die Geschwister haben unrecht und können den Nachlaß nicht unter sich teilen. Nach § 22 ABGB wird das Kind, mit dem die Lieblingsschwester schwanger geht, bereits als geboren angesehen, soweit es zu seinen Gunsten ist. In der Fachsprache wird der zwar gezeugte, aber noch nicht geborene Erbe „nasciturus" genannt.

Bekommt das Ehepaar Gras keine Kinder, so wird Walter Grüp, Christls Neffe, Erbe. Und zwar ist er lediglich Erbe des letztversterbenden Ehegatten. Man nennt ein solches Testament, in dem die Ehegatten sich selbst zu alleinigen Erben einsetzen und Angehörige oder dritte Personen zum Erben des Überlebenden machen, „Berliner Testament".

Häufig bilden wechselseitige Testamente eine **Ergänzung der Erbverträge.** Über diese Verträge soll noch einiges gesagt werden.

Der Erbvertrag

Das Testament ist eine letztwillige Verfügung von Todes wegen und ein **einseitiges** Rechtsgeschäft. Das besagt, daß ein Erblasser noch auf dem Sterbebett alle bisher getroffenen Anordnungen rückgängig machen kann. Man kann sich aber auch hinsichtlich seiner Verfügung von Todes wegen schon zu Lebzeiten durch einen **Erbvertrag** in gewissen Grenzen binden, so daß keine einseitigen Abänderungen mehr möglich sind. Erbverträge haben sich beim Adel und bei der Bauernschaft jahrhundertelang erhalten. Wenn aber z. B. Walter Grüp im Alter eine Zufluchtsstätte bei seinem Vetter Weißbach gefunden hat und ihm aus Dankbarkeit die verbindliche Zusage machen will, daß dieser sein Erbe wird, kann er mit ihm keinen Erbvertrag abschließen.

Ein **Erbvertrag** ist nach österreichischem Recht **nur zwischen Ehegatten** zulässig (§ 1249 ABGB). Allerdings kann er auch zwischen **Brautleuten** abgesprochen werden, ist aber bedingt durch den späteren Abschluß der Ehe. Erforderlich ist sowohl der Wille des Erblassers als auch der des berufenen Erben. Der einmal abgeschlossene Erbvertrag kann vom Erblasser einseitig weder abgeändert noch aufgehoben werden. Das ist der wichtigste Unterschied zum Testament!

Das geltende Recht läßt Erbverträge nur für **drei Viertel** des reinen Nachlasses zu (§ 1253 ABGB). Da aber vom reinen Nachlaß auch noch der in Frage kommende Pflichtteil abgezogen werden muß, kann sich der Erbvertrag beim Vorhandensein pflichtteilsberechtigter Kinder – wie einmal errechnet wurde – nur auf $^{15}/_{32}$ des reinen Nachlasses erstrecken. Über das vorbehaltene „Viertel" des Nachlasses kann der Erblasser z. B. testamentarisch verfügen. Wenn kein Testament vorliegt, fällt es den gesetzlichen Erben zu.

Für den Erbvertrag als **Ehepakt** ist die Form des **Notariatsaktes** vorgeschrieben. Bei pflegebefohlenen Ehegatten ist überdies pflegschaftsbehördliche Genehmigung erforderlich. Auch der gültige Erbvertrag bewirkt für den Erblasser **keine Beschränkung** in der Verfügung über sein Vermögen (§ 1252 ABGB). Der Vertragserbe kann ihn nicht daran hindern, wenn er Vermögensstücke veräußert oder wenn er sein Vermögen vergeudet oder aufzehrt. Es kann auch **keine Sicherstellung** für die künftige Erbschaft verlangt werden.

Der Erbvertrag kann vom Erblasser nicht einseitig widerrufen werden. Dagegen wird ein Erbvertrag durch **beiderseitige** Willensübereinstimmung und ebenso in Form eines **Erbverzichts** aufzuheben sein. Der Erbvertrag **erlischt,** wenn die Ehe der Partner für nichtig erklärt, aufgehoben oder geschieden wird.

Erbschaftskauf

Wie wir gesehen haben, kann jemand kraft Gesetzes, durch Testament oder endlich durch Erbvertrag zur Erbschaft berufen sein. Man kann sich aber auch die Herrschaft über einen beliebigen Nachlaß dadurch verschaffen, daß man einem Erben seine Erbenstellung abkauft. Walter Grüp hätte daher seinem Vetter Weißbach die Erbschaft der Tante Gras verkaufen können. Gegenstand der Erbschaftsveräußerung ist immer das **Erbrecht** als solches, nicht der Nachlaß bzw. die einzelnen Erbschaftsstücke. Es muß aber die Erbschaft bereits angefallen sein. Die Veräußerung bzw. der Erwerb einer **noch nicht angefallenen** Erbschaft wäre gesetzlich **verboten** (§ 879 ABGB). Das Gesetz verlangt für den Erbschaftskauf Aufnahme eines **Notariatsaktes** oder Beurkundung durch gerichtliches Protokoll (§ 1278 ABGB).

Nach herrschender Auffassung ist der Erbschaftskäufer **Gesamtnachfolger.** Er wird Erbe anstelle des Veräußerers und tritt in die Verlassenschaftsabhandlung ein. Die vom Berufenen bereits getroffenen Maßnahmen wirken gegen den Käufer, z. B. die Erbserklärung, das Inventar, die Einberufung der Verlassenschaftsgläubiger usw. Hat sich der Veräußerer noch nicht als Erbe erklärt, so ist die Erbserklärung nunmehr Sache des Käufers.

Wichtig ist dem Gesetz der **Schutz der Erbschaftsgläubiger.** Sie sollen davor bewahrt werden, daß der Erbe einen zahlungsunfähigen Strohmann als Erbschaftskäufer vorschiebt. Darum muß der Erbe neben dem Käufer **zur ungeteilten Hand haften** (§ 1282 ABGB).

Der Erbschaftskauf in Bausch und Bogen ist ein **Glücksvertrag.** Es kann nämlich unsicher sein, was alles zum Nachlaß gehört. Daher haftet der veräußernde Erbe dem Erwerber nicht für einzelne Aktiven und Passiven.

Angenommen, der Erbschaftskäufer Weißbach stellt z. B. fest, daß zu dem ihm verkauften Nachlaß eine Geige gehört, die er für eine Stradivari gehalten hat, die aber keine ist. Er kann **keine Ansprüche** gegenüber Walter Grüp geltend machen, da der verkaufende Erbe nicht für Fehler einer zur Erbschaft gehörenden Sache einzutreten hat. Der Verkäufer haftet **nur für die Richtigkeit** seines Erbrechts, nicht für einzelne Stücke des Nachlasses. Walter Grüp hätte aber für einen Schaden aufzukommen, den er durch sein **Verschulden** zufügte; also dann, wenn er z. B. seinen Vetter über die Beschaffenheit der Geige fahrlässig oder absichtlich irregeführt hat.

Bäuerliches Erbrecht

Die Hauptaufgabe des **Anerbenrechts** (Bundesgesetz vom 21. Mai 1958, BGBl Nr. 106, über besondere Vorschriften für die bäuerliche Erbteilung – Anerbengesetz) besteht darin, die Einheit des Hofes zu wahren und die Auszahlung der Abfindungsbeträge so zu gestalten, daß hiedurch ein Ruin des Hofes ebenso wie seine Zersplitterung vermieden wird und der neue Bauer auch weiterhin „wohl bestehen" kann, wobei jedoch soweit wie möglich die Testierfreiheit des alten Bauern gewahrt werden soll.

Das Anerbengesetz gilt nicht in den Ländern Kärnten, Tirol und Vorarlberg. Es ist grundsätzlich nur auf die **gesetzliche** Erbfolge abgestellt; bei gewillkürter Erbfolge wird das Gesetz nur angewendet, wenn der Erblasser selbst den Übergang des Bauernhofes an eine einzige Person verfügt und in der letztwilligen Verfügung nicht ausdrücklich oder stillschweigend erklärt hat, daß auf die Erbteilung das Anerbengesetz nicht angewendet werden soll.

An der Erbfolge selbst, die nach den Bestimmungen des ABGB vor sich geht, wird durch das Anerbengesetz nichts geändert. Der Eingriff bei der **Erbteilung** äußert sich einmal dahin, daß unter mehreren zur Erbfolge berufenen Personen nur **eine** den **Hof** bekommt, während die anderen **abgefunden** werden müssen; zum anderen wird bei der Abfindung der anderen Personen von einem **besonderen Wert des Erbhofes** ausgegangen.

Der besondere Übernahmswert des Erbhofes stellt einen Grundpfeiler des Anerbenrechts dar. Er wird im Gesetz wegen der daraus abgeleiteten Verpflichtungen des Anerben als **„Übernahmspreis"** bezeichnet und bildet gegenüber dem Schätzwert im gewöhnlichen Abhandlungsverfahren einen eigenen Begriff. Er hat weder mit dem Einheitswert noch mit dem Ertragswert, noch mit dem Verkehrswert etwas zu tun; gebildet wird er vielmehr außer von sachlichen auch von rein persönlichen Elementen und muß so beschaffen sein, daß der Anerbe „wohl bestehen" könne. Gleichzeitig ordnet das Gesetz an, daß bei Festsetzung des Übernahmspreises auch die Interessen der weichenden Erben gebührend zu berücksichtigen sind. Insbesondere ist auf solche Miterben Bedacht zu nehmen, die auf dem Erbhof viele Jahre mitgearbeitet haben.

Dem Grundsatz der **Familienarbeitsgemeinschaft** entspricht es, daß die Familienmitglieder für ihre Arbeit auf dem Hof nicht besonders entlohnt werden. Demgemäß wird sich der Verlassenschaftsrichter (unterstützt von zwei bäuerlichen Schätzleuten) bei der Bestimmung des Übernahmspreises in gewisser Beziehung mittelbar auch von arbeitsrechtlichen Gesichtspunkten leiten lassen.

War der Erblasser Alleineigentümer des Erbhofes, so können sich die mehreren Miterben über die Person des Anerben einigen, ohne daß dem Gericht irgendein Einfluß darauf zustünde. Kommt eine Einigung unter den mehreren Miterben nicht zustande, gelten für die Auswahl des Anerben zunächst folgende **Regeln:** Leibliche Kinder gehen den Wahlkindern vor, legitimierte Kinder stehen den ehelichen gleich. Uneheliche Kinder der Erblasserin reihen hinter den ehelichen Kindern und kommen außerdem nur dann als Anerben in Betracht, wenn sie auf dem Erbhof erzogen worden sind.

Bleiben bei der Auslese nach den vorstehenden Regeln noch mehrere Miterben übrig, die als Anerben in Betracht kommen, so gilt für die Bestimmung des Anerben ferner folgendes: Im Grade näher Verwandte gehen den im Grade entfernteren Verwandten vor. Unter gleich nahen Verwandten gebührt den männlichen Verwandten der Vorzug vor den weiblichen. Unter gleich nahen Verwandten desselben Geschlechts entscheidet je **nach dem in der Gegend geltenden Brauch** Ältesten- oder Jüngstenrecht; besteht kein Brauch, so gilt **Ältestenrecht.** Sind die in Betracht kommenden Miterben gleich alt, entscheidet das Verlassenschaftsgericht nach Anhörung der örtlich zuständigen Landwirtschaftskammer oder zweier von dieser für den bestimmten Verlassenschaftsfall namhaft gemachter bäuerlicher Sachverständiger (§ 19 Anerbengesetz).

Die allgemeingültige **Feststellung des Brauches** in den einzelnen Gebieten Österreichs traf das Bundesministerium für Justiz mit Verordnung vom 20. August 1959, BGBl Nr. 200/1959. Mit dieser Verordnung wurde festgestellt, in welchen Gerichtsbezirken Jüngstenrecht, Ältestenrecht oder kein Brauch gilt.

Die Bewirtschaftung des Hofes kann nicht im Nebenberuf besorgt werden, sondern erfordert die volle Kraft; also muß der Wirtschafter vom Hof leben. Dem dient die **Vorhausung** als Institut bäuerlichen Gewohnheitsrechtes (auch Vorwirtschaft oder Interimswirtschaft genannt). Durch Letzten Willen (Ehepakt oder eigenen Vertrag) erhält der Vorwirt – am häufigsten die Witwe des Bauern – die Stellung eines Fruchtnießers gegen die Pflicht, den Hof ordentlich zu bewirtschaften, die Lasten zu tragen, den minderjährigen Anerben und dessen Geschwister zu erziehen, ihnen den Unterhalt zu leisten und das Gut dem volljährigen Anerben herauszugeben.

Die Vorhausung birgt die Gefahr in sich, daß die Interimswirtschaft die Substanz nicht genügend wahrt, und diese Gefahr vergrößert sich bei Stiefeltern. Andererseits soll der Witwe eine neue Ehe erleichtert werden. Die Vorhausung endet, sobald der Anerbe das 25. Lebensjahr erreicht. Nun erhebt sich die Frage der Versorgung des Vorwirtes: Der überlebende Gatte kann sich ins Ausgedinge zurückziehen, dem neuen Gatten steht ein solches Recht in der Regel nicht zu.

Die Notariatspraxis versuchte dasselbe Problem durch das **Aufgriffsrecht** zu lösen: Sie ließ der Witwe in den Ehepakten das Recht einräumen, Eigentum am Hof zu erwerben und die Kinder auszuzahlen. Das vermeidet zwar die Nachteile der Zwischenwirtschaft, läßt aber bei Wiederverheiratung das Gut unter Umständen der Familie verlorengehen und widerspricht damit den bäuerlichen Rechtsanschauungen.

Raum für Notizen

(Gesetzesänderungen, eigene Rechtsfälle, Terminkalender)

Raum für Notizen

(Gesetzesänderungen, eigene Rechtsfälle, Terminkalender)

Karl Jedermann und das Strafrecht

In den vorhergehenden Teilen haben wir Karl Jedermann – den Helden unseres Buches – und seine Familie in den Rechtsbeziehungen zu ihren Mitmenschen und untereinander gesehen. Ihn selbst begleiteten wir dabei fast von der Wiege bis zum Grabe.

Karl Jedermann lebt, wie alle seine Mitbürger, in einem Gemeinwesen. Dieses Gemeinwesen – Staat genannt – ordnet das Zusammenleben durch Normen. Es kann die Einhaltung dieser Normen sogar in vielen Fällen mit Gewalt erzwingen. Jeder Staat bedroht nun, um seinen Anordnungen entsprechenden Nachdruck zu verleihen, die Verletzung gewisser Normen mit Strafe. Die Zusammenfassung aller Gesetze und Verordnungen, durch die **tatbildmäßig** klar wird, welche Handlungen und Unterlassungen im Interesse des Staates, der Gesellschaft und des einzelnen **strafbedroht** sind, nennt man Strafrecht.

Das „Strafen" in Handhabung des staatlichen Strafanspruchs erscheint dabei nach moderner Auffassung als Sanktion für das **Abweichen von den Spielregeln der Gesellschaft;** strafend erzwingt das Gemeinwesen die gebotene Einhaltung dieser Spielregeln und ermöglicht ein reibungsloses Zusammenleben seiner Mitglieder, wozu zunächst die ungestörte Entfaltung des Arbeitsvorganges gehört.

Das bis Ende 1974 geltende Strafgesetz (StG) wurde im Jahre 1852 kundgemacht und später mehrfach novelliert. Auch die Rechtsprechung hat das StG weit über seinen Wortlaut hinaus fortgebildet, insbesondere seine überhöhten Strafdrohungen durch entschlossene Anwendung der außerordentlichen Strafmilderung soweit korrigiert, als es möglich war. Das hatte jedoch zur Folge, daß die Spannung zwischen dem Gesetzestext und dem lebendigen Strafrecht größer geworden ist, als mit den Aufgaben des Gesetzes im Rechtsstaat vereinbart werden kann.

Schon im Jahre 1954 hat darum der Nationalrat einstimmig folgende Entschließung gefaßt: „Das Bundesministerium für Justiz wird aufgefordert, eine Kommission zur Ausarbeitung eines Strafgesetzentwurfes zu berufen. Dringende Teilreformen des Strafrechts sollen im Hinblick auf die Gesamtreform ohne Zeitverlust verwirklicht werden." Die **Gesamtreform** des Strafrechts mußte ein neues Strafgesetzbuch, eine Überarbeitung der Strafprozeßordnung und ein modernes Strafvollzugsgesetz umfassen. Seit 1. Jänner 1975 ist das neue Strafgesetzbuch (inzwischen wieder geändert) in Kraft.

Die Anzeige

Karl Jedermann betreibt ein Ladengeschäft, in dem seit einigen Wochen ein neuer Lehrbub beschäftigt ist. Eines Tages bemerkt Karl Jedermann, daß gewisse

Warenvorräte abnehmen, ohne daß in der letzten Zeit die verschwundenen Artikel besonders stark von Kunden verlangt worden wären. Es widerstrebt ihm, den anständigen und netten Lehrjungen zu verdächtigen. Schließlich haben ja auch andere Leute im Geschäft Zutritt, wie Lieferanten, die Aufräumefrau und auch Kunden. Sie alle stehen im sogenannten „Gelegenheitsverhältnis". Karl Jedermann entschließt sich aber doch nach einiger Zeit, eine Anzeige zu erstatten, und zwar gegen unbekannte Täter. Die Anzeige richtet er an die nach seinem Wohnsitz zuständige Polizei- oder Gendarmeriedienststelle. Auch der Staatsanwalt und der Untersuchungsrichter nehmen Anzeigen entgegen.

Anzeigepflicht und Anzeigerecht

Unter einer Anzeige versteht man die an eine Behörde unaufgefordert erfolgte Mitteilung über eine Straftat. Sie kann mündlich oder schriftlich erfolgen. Gemäß § 86 StPO hat ein jeder das **Recht,** eine ihm zur Kenntnis gelangte strafbare Handlung, sofern diese von Amts wegen zu verfolgen ist, anzuzeigen.

Im österreichischen Recht bestand früher eine Anzeigepflicht für gewisse strafbare Handlungen, und zwar bei hochverräterischen Umtrieben, bei der Herstellung von Sprengstoff und der Vorbereitung zum Attentat. Diese Bestimmung wurde aber durch das neue Strafgesetzbuch ersatzlos gestrichen, so daß es keine gesetzliche Anzeigepflicht von Privatpersonen mehr gibt. Trotzdem macht man sich strafbar, wenn man in boshafter Weise unterlassen hat, ein Verbrechen zu verhindern

Karl Jedermann, der einmal spät nachts nach Hause geht, sieht, daß sich ein verdächtiger Kerl an dem Rolladen eines Juweliers zu schaffen macht. Wenn er nun vorbeigeht, ohne einen Polizisten zu verständigen, so ist er an sich nicht strafbar. Könnte man ihm jedoch nachweisen, daß er es vorsätzlich unterlassen hat, den Einbruchsdiebstahl, dessen zufälliger Zeuge er wurde, anzuzeigen, würde er sich strafbar machen (Unterlassung der Verhinderung einer mit Strafe bedrohten Handlung nach § 286 Abs. 1 StGB).

Es besteht wohl eine menschliche Pflicht, jemandem, der das Opfer eines Verbrechens wird, zu helfen. Durch das Strafgesetz kann man dazu aber nicht gezwungen werden. Ebenso besteht wohl die moralische Verpflichtung, einem in Not befindlichen Menschen zu helfen, jedoch keine gesetzliche.

Anders nach deutschem Recht. Geht also Karl Jedermann im Rheinland spazieren, hört die Hilferufe eines Ertrinkenden und sieht eine Zille in der Nähe, so verpflichtet ihn der sogenannte „Liebesparagraph", wenigstens die Zille zu lösen und einen Rettungsversuch zu unternehmen; ins Wasser springen, um dieser Vorschrift Genüge zu leisten, muß er allerdings auch dort nicht.

Geht Karl Jedermann in der Wachau, hat er es einfacher: nach österreichischem Recht braucht er nicht einmal die Zille zu lösen; es sei denn, er stünde mit dem Ertrinkenden oder einer dritten Person in einem **Vertragsverhältnis,** das ihn zur Rettung verpflichtet. Die Verletzung dieser Verpflichtung würde jedoch auch nicht durch das Strafrecht geahndet werden, sondern ihn nur zivilrechtlich verantwortlich machen.

Der Strafprozeß

Zur Entgegennahme der Anzeige ist nicht nur der Staatsanwalt berufen, sondern auch der Untersuchungsrichter und die Sicherheitsbehörden, die die bei ihnen einlangenden Anzeigen an den Staatsanwalt weiterzuleiten haben.

Strafanzeige

An das
Bezirks-Polizei-Kommissariat ...
Wien ...

Wien, ...

Anzeiger: Karl J e d e r m a n n, Kaufmann,
1200 Wien, Stoffstraße 20

S T R A F A N Z E I G E

gegen: unbekannte Täter
wegen Verdachts des Verbrechens des Diebstahls.

Ich sehe mich veranlaßt, die Strafanzeige gegen unbekannte Täter zu erstatten.

Der Grund dafür ist folgender Sachverhalt:

Ich betreibe in Wien ... ein Wirkwarengeschäft. Seit einigen Wochen mußte ich die Wahrnehmung machen, daß gewisse Warenvorräte sich in auffallender Weise verringert haben, obwohl die Nachfrage nach den verschwundenen Artikeln in keiner Weise zugenommen hat. Es handelt sich hiebei hauptsächlich um Herrenhemden, Socken, Krawatten, Damenkombinationen und Büstenhalter. Zu den Geschäftsräumlichkeiten haben außer meiner Frau und mir nur noch der Lehrling Fritz Hurtig und die Aufräumefrau Cordula Putzer ungehinderten Zutritt. Frau Putzer ist bei mir schon über 10 Jahre beschäftigt und hat sich als fleißige und ehrliche Person bewährt. Fritz Hurtig arbeitet seit drei Monaten in meinem Geschäft. Auch er ist willig und arbeitsam. Er wurde mir von einem langjährigen Freund wärmstens empfohlen. Er entstammt einer Familie, die in geordneten Verhältnissen lebt. Sowohl er als auch Frau Putzer kommen als Täter meiner Meinung nach nicht in Frage. Andere Personen, wie z. B. Lieferanten und Kunden, sind nie allein in den Geschäftsräumen.

Trotzdem mußte ich heute wieder die Feststellung machen, daß von der erst vor einer Woche gelieferten Sendung Herrenhemden mehr als die Hälfte fehlt.
Ich sehe mich daher gezwungen, die

S t r a f a n z e i g e

gegen unbekannte Täter zu erstatten.

Ich erkläre weiter, daß ich mich dem Strafverfahren als Privatbeteiligter anschließe. Die genaue Höhe meines Schadens werde ich noch bekanntgeben.

Karl Jedermann

Karl Jedermann hat durch die Anzeigeerstattung an die für ihn zuständige Sicherheitsbehörde durchaus richtig gehandelt. Es empfiehlt sich immer, die Anzeige unmittelbar bei dieser Behörde zu machen, weil sie am besten in der Lage ist, ohne jeden Zeitverlust alles, was zur Klärung und Feststellung des Sachverhaltes notwendig ist, zu veranlassen.

Die Sicherheitsbehörde ist gemäß § 24 StPO verpflichtet, alle an sie gelangenden Anzeigen über Delikte, die von Amts wegen zu verfolgen sind, zu prüfen, alle ihr zur Kenntnis gelangenden Spuren derartiger strafbarer Handlungen zu verfolgen und auch zur Entdeckung unbekannter Täter durch Erforschung aller Verdachtsgründe mitzuwirken.

Die von Amts wegen zu verfolgenden Delikte nennt man **Offizialdelikte.** Es handelt sich dabei um strafbare Taten, die der Staat aus eigenem Interesse zur Aufrechterhaltung von Ruhe und Ordnung im weitesten Sinne verfolgt. Das Recht auf Bestrafung von Rechtsbrechern steht nach heutiger Rechtsauffassung nur dem Staate zu, dies ohne Rücksicht auf das Begehren desjenigen, der durch die strafbare Handlung verletzt wurde.

Davon zu unterscheiden sind solche Delikte, die nur auf Begehren eines Beteiligten (z. B. des Beleidigten) verfolgt werden können. Strafberechtigter (der Staat) und Anklageberechtigter fallen hier auseinander, doch kann auf Wunsch eines beleidigten Beamten der Staatsanwalt dessen Vertretung übernehmen. Zu diesen **Privatanklagedelikten** gehören u. a. der Familiendiebstahl, die meisten Ehrenbeleidigungen, der Vorwurf einer ausgestandenen oder – sei es auch nur bedingt – erlassenen Strafe, Ehebruch, Ehetäuschung, Ehenötigung und die Verletzung des Brief- und Schriftengeheimnisses, wenn letztere nicht von einer im öffentlichen Dienst stehenden Person in Ausübung des Amtes oder Dienstes verübt wird.

Nur eine Einschränkung des Grundsatzes amtswegiger Verfolgung (Offizialprinzip) bedeuten die sogenannten Antrags- und Ermächtigungsdelikte. Das Klagerecht steht hier zwar dem Staat (dem öffentlichen Ankläger) zu, er kann es aber nicht ausüben ohne Ermächtigung oder Antrag eines hiezu Berechtigten (z. B. des Verletzten). **Antragsdelikte** sind u. a. die Entziehung eines Minderjährigen aus der Macht des Erziehungsberechtigten und alle Privatanklagedelikte wegen Jugendstrafsachen (antragsberechtigt ist der Verletzte; der Staatsanwalt hat aber nur zu verfolgen, wenn es aus pädagogischen Gründen oder um berechtigter, über das Vergeltungsbedürfnis hinausgehender Interessen des Verletzten willen geboten ist). Zu den **Ermächtigungsdelikten** zählen z. B. die Entwendung, Prellerei, Notbetrug, gewisse Ehrenbeleidigungen und die gefährliche Drohung unter Angehörigen. Ermächtigung und Antrag können zurückgenommen werden, solange auch ein Rücktritt von der Anklage möglich ist.

Karl Jedermanns Anzeige wird also von der Sicherheitsbehörde zuerst daraufhin untersucht, ob der in der Anzeige geschilderte Sachverhalt glaubwürdig ist. Es versteht sich von selbst, daß der Anzeiger für die Richtigkeit des Inhalts seiner Anzeige haften muß. Hat er unwahre Behauptungen bewußt aufgestellt und wird ihm dies nachgewiesen, so hat er sich selber strafbar gemacht, und zwar der Verleumdung im Sinne des § 297 StGB.

Wer nämlich einen andern dadurch der Gefahr einer behördlichen Verfolgung aussetzt, daß er ihn einer von Amts wegen zu verfolgenden, mit Strafe bedrohten Handlung oder der Verletzung einer Amts- oder Standespflicht falsch verdächtigt, ist, wenn er weiß, daß die Verdächtigung falsch ist, mit Freiheitsstrafe bis zu einem Jahr, wenn die fälschlich angelastete Handlung mit einer ein Jahr übersteigenden Freiheitsstrafe bedroht ist, mit Freiheitsstrafe von sechs Monaten bis zu fünf Jahren zu bestrafen. Nicht zu bestrafen ist, wer freiwillig die Gefahr einer behördlichen Verfolgung beseitigt, bevor eine Behörde etwas zur Verfolgung des Verdächtigten unternommen hat.

Unter Verdächtigung ist jede Tatsachenmitteilung zu verstehen; es genügt auch, daß ein bereits bestehender Verdacht durch eine neue falsche Tatsachenmitteilung verstärkt wird. In welcher Weise die Verdächtigung erfolgt, ob öffentlich oder privat, ausdrücklich oder in versteckter Weise, namentlich oder anonym in einer Anzeige, bei einer Vernehmung oder z. B. gegenüber einer Privatperson, ist irrelevant. Die Verdächtigung muß falsch, das heißt objektiv unrichtig sein. Die Verdächtigung kann auch bloß deshalb falsch sein, weil wesentliche entlastende Umstände verschwiegen werden.

Die Gefahr der behördlichen Verfolgung muß aus der falschen Verdächtigung erfolgen. Sie liegt dann vor, wenn es nach Lage des Falles wahrscheinlich ist, daß irgendeine Behörde den Verdächtigen verfolgen werde.

Der Tatbestand wird auch durch eine falsche Verdächtigung wegen der Verletzung einer Amts- oder Standespflicht hergestellt. Amtspflichten haben die Amtsträger und Beamten, Standespflichten die Angehörigen dieser Gruppen und darüber hinaus überhaupt alle diejenigen Personen, die einem von besonderen Disziplinarbehörden ausgeübten Disziplinargericht unterliegen, wie Ärzte, Rechtsanwälte, Soldaten.

Der Täter muß subjektiv wider besseres Wissen handeln.

Nicht schon der Widerruf der Verdächtigung hat strafbefreiende Wirkung, sondern die strafbefreiende Wirkung ist daran geknüpft, daß der Täter freiwillig die Gefahr einer behördlichen Verfolgung, mit deren Eintritt der Tatbestand erfüllt ist, beseitigt, und zwar in einem Zeitpunkt, wo eine Behörde etwas zur Verfolgung des Verleumdeten unternommen hat. Der Strafbefreiungsgrund eröffnet dem Täter eine Möglichkeit, die für den Verleumdeten sehr ungünstigen und gefährlichen Anschuldigungen mit strafbefreiender Wirkung zurückzunehmen, was sich auch für den Verleumdeten günstiger auswirkt, weil eben diese strafbefreiende Wirkung daran geknüpft ist, daß die Gefahr seiner behördlichen Verfolgung gänzlich beseitigt wird, er also von allen behördlichen Schritten verschont bleibt.

Karl Jedermann ist dem Polizeikommissariat seines Wohnortes als seriöser Kaufmann bekannt, der noch nie einen Anstand mit der Behörde hatte. Die Anzeige wird daher von einem Kriminalbeamten zur Bearbeitung übernommen.

Der Beamte beobachtete das Geschäft und die dort ein und aus gehenden Leute. Es fiel ihm auf, daß wiederholt eine Frau in das Geschäft kam und Einkäufe machte, aber immer wünschte, von dem Lehrbuben bedient zu werden. Der Beamte erhob, daß diese Frau die Tante des Lehrjungen ist. In der Umgebung ihres Wohnortes wurde davon gesprochen, daß man bei ihr Textilwaren zu billigen Preisen kaufen könne. Er beobachtete sie beim nächsten Einkauf und bemerkte, daß ihr der Lehrbub zusätzlich zu den verlangten Waren Herrensocken und Damenstrümpfe einpackte. Die Rechnung wurde jedoch nur auf die verlangten Waren ausgestellt. Beim Verlassen des Geschäfts hielt der Beamte die Frau an und ließ das Paket in Gegenwart des Geschäftsinhabers Karl Jedermann und des Lehrbuben öffnen. Die Tante, Frau Luise Stiehl, und der Lehrjunge Fritz Hurtig werden nun aufgefordert, mit auf das Kommissariat zu kommen, wo der Kriminalbeamte Meldung erstattet und den Auftrag erhält, sowohl bei Frau Stiehl als auch bei Fritz Hurtig Hausdurchsuchungen vorzunehmen.

Die Sicherheitsbehörde kann, wenn gewisse Voraussetzungen vorliegen, auch ohne richterlichen Befehl eine **Hausdurchsuchung** durchführen, zum Beispiel dann, wenn jemand auf frischer Tat ertappt wurde, wenn Gefahr im Verzug ist oder wenn jemand im Besitz von Sachen betreten wird, die darauf schließen lassen, daß er an einer strafbaren Handlung beteiligt sei. Sonst nur, wenn ein Vorführungs- oder Verhaftungsbefehl vorliegt.

Der mit einer Hausdurchsuchung bei Gefahr im Verzug beauftragte Beamte muß mit einer **schriftlichen Ermächtigung** ausgestattet sein, die er — als Legitimation — im Sinne des Gesetzes zum Schutz des Hausrechts vorzuweisen hat. Wird eine Hausdurchsuchung ohne richterlichen Befehl wegen Gefahr im Verzug oder aus eigener Macht vorgenommen, so ist über die Vornahme der Hausdurchsuchung auf Verlangen sogleich oder binnen der nächsten 24 Stunden eine **Bescheinigung** auszustellen, die die Gründe über die Vornahme der Hausdurchsuchung zu enthalten hat. Darüber hinaus ist bei jeder Hausdurchsuchung, bei der nichts Verdächtiges ermittelt worden ist, eine **Bestätigung** hierüber auszustellen.

Mitunter ist auch die Durchsuchung einer Person angebracht; darunter versteht man die Besichtigung und Absuchung des Körpers und der äußerlich zugänglichen Körperhöhlen sowie der Kleidung. Einer **Personsdurchsuchung** darf nur eine Person unterzogen werden, die mit hoher Wahrscheinlichkeit für eine bestimmte Untersuchung bedeutsame Gegenstände besitzt oder die einer strafbaren Handlung verdächtig oder sonst übel berüchtigt (z. B. wiederholt abgestraft) ist. Diese Einschränkungen gelten aber nicht gegenüber einem Verhafteten, da es sich in einem solchen Fall um eine durch die Rücksicht auf die öffentliche Ordnung und Sicherheit gebotene reine Verwaltungsmaßregel (z. B. zur Verhütung eines Selbstmords) handelt.

Haus- und Personsdurchsuchungen sind stets mit möglichster Schonung des Rufes der Betroffenen vorzunehmen.

Die bei Frau Stiehl vorgenommene Hausdurchsuchung hatte Erfolg. Man fand in ihrer Wohnung eine Menge von Textilwaren, die aus Karl Jedermanns Geschäft stammten. Diese werden nun Jedermann ausgefolgt, und zwar mit ausdrücklicher Zustimmung der beiden verdächtigen Personen. Ohne eine solche Zustimmung müßten die vorgefundenen Sachen sichergestellt und bis zum Ausgang des Strafverfahrens amtlich verwahrt werden.

Über die vorgefundenen Gegenstände wird ein Verzeichnis angelegt und der Polizeiakt nach Einvernahme aller beteiligten Personen mit einem abschließenden Bericht an die Staatsanwaltschaft weitergeleitet.

Die Einvernahme vor der Polizeibehörde richtet sich nach den Verwaltungsverfahrensgesetzen. Sagt jemand vor der Sicherheitsbehörde als Zeuge falsch aus, so ist dies eine falsche Beweisaussage vor einer Verwaltungsbehörde nach § 289 StGB und wird vom Gericht bestraft, sofern nicht ein schwereres Delikt (z. B. eine Verleumdung) in dieser falschen Angabe vor den Sicherheitsbehörden zu erblicken ist.

Privatbeteiligter

Karl Jedermann hat bei seiner Einvernahme vor der Polizei auch die Höhe seines Schadens bekanntgegeben und protokollieren lassen, daß er sich dem Strafverfahren als Privatbeteiligter anschließt.

Privatbeteiligter ist derjenige, der sich einem Strafverfahren wegen privatrechtlicher Ansprüche anschließt. Als durch die strafbare Handlung Geschädigter fordert er Ersatz seines Schadens.

Die genaue Angabe der Höhe des Schadens ist nicht unbedingt notwendig. Es ist aber ratsam, die Anschlußerklärung möglichst bald abzugeben. Sie kann jedoch auch noch in der Hauptverhandlung gegen die Täter abgegeben werden.

Die Staatsanwaltschaft

Die Staatsanwaltschaft ist eine Justizverwaltungsbehörde, deren sich der Staat zur

Vertretung der öffentlichen Anklage bedient. Diese Einrichtung ist aus der Überlegung heraus geschaffen worden, daß nicht der entscheidende Richter selber die Herbeischaffung und Sicherstellung des Prozeßstoffes vornehmen soll, sondern eine andere Institution der Strafrechtspflege, damit das Urteil des Richters vollkommen unvoreingenommen gefällt werden kann.

Bei den Bezirksgerichten amtieren die Bezirksanwälte. Sie haben nicht – wie der Staatsanwalt im Gerichtshofverfahren – ein Plädoyer zu halten, sondern beantragen nur die „Anwendung des Gesetzes".

Die Staatsanwaltschaft ist bürokratisch organisiert, das heißt, die staatsanwaltschaftlichen Beamten haben den dienstlichen Anweisungen ihrer Oberbehörde – das ist in letzter Instanz das Bundesministerium für Justiz – nachzukommen. Dies zum Unterschied von den unabhängigen Gerichten, die keinen Anweisungen zu folgen haben, sondern nur dem Gesetz unterworfen sind.

Die Staatsanwaltschaft ist den Gerichten nebengeordnet, keinesfalls untergeordnet. Auch bei ihren Amtsverrichtungen gilt der Grundsatz der Unparteilichkeit und Unbefangenheit. Der Staatsanwalt hat die Pflicht, die Wahrheit zu erforschen, und muß daher sowohl alles, was den Täter belastet, als auch alles, was ihn entlastet, in gleicher Weise berücksichtigen. Dies geht soweit, daß die beim Obersten Gerichtshof eingerichtete Staatsanwaltschaft, deren Leiter den Titel Generalprokurator führt, die Befugnis hat, eine „Nichtigkeitsbeschwerde zur Wahrung des Gesetzes" zu erheben, und damit ein Erkenntnis des OGH als des höchsten Gerichts herbeiführt. Dadurch wird, unabhängig von jedem Interesse der einzelnen Parteien, im ganzen Bereich der StPO die Gleichmäßigkeit der Rechtsprechung gewahrt und künftigen Fehlern bei der Anwendung der Gesetze vorgebeugt.

Die Staatsanwaltschaft überprüft nunmehr die bei ihr eingelangte Anzeige mit dem Erhebungsergebnis der Sicherheitsbehörde.

Anonyme oder von einem völlig Unbekannten herrührende Anzeigen würde der Staatsanwalt lediglich dann berücksichtigen, wenn sie glaubwürdige Umstände enthalten; bei deren Erhebung ist aber die Ehre der beschuldigten Person möglichst zu schonen.

Kommt der Staatsanwalt aus dem vorliegenden Material zur Ansicht, daß genügend Gründe vorhanden sind, um gegen eine oder mehrere bestimmte Personen das Strafverfahren einzuleiten, so stellt er entweder den Antrag auf Einleitung der Voruntersuchung oder bringt – wenn das Erhebungsergebnis der Sicherheitsbehörde bereits ausreicht – unmittelbar die Anklageschrift ein. Den Antrag auf Einleitung der Voruntersuchung bringt er nur dann ein, wenn er findet, daß das bisherige Erhebungsergebnis nicht ausreicht und noch weitere Punkte aufklärungsbedürftig sind. Im österreichischen Strafrecht herrscht der Grundsatz des Anklageprinzips, das heißt, daß ein Strafverfahren nur aufgrund des Antrags eines berechtigten Anklägers eingeleitet wird. Bei allen Offizialdelikten ist das der Staatsanwalt.

Gibt der Staatsanwalt die Verfolgung auf, so hat das Gericht das Verfahren einzustellen oder, falls der Staatsanwalt dies erst in der Hauptverhandlung tut, den Angeklagten freizusprechen. Keinesfalls darf das Gericht einen Angeklagten einer Tat schuldig erklären, auf die die Anklage nicht lautet.

Es gibt Fälle, in denen der Staatsanwalt nur dann eine Anklage erheben kann, wenn eine Voruntersuchung vorausgegangen ist; man spricht dann von einer obligatorischen Voruntersuchung.

Diese obligatorische Voruntersuchung muß stattfinden:

a) wenn die strafbare Handlung von einem Geschwornengericht abzuurteilen ist, und

b) wenn ein Strafverfahren gegen Abwesende eingeleitet werden soll; dies deshalb, weil man hier den Beschuldigten nicht selbst hören kann.

Wenn ein Antrag auf Einleitung der Voruntersuchung gestellt worden ist, wird der Täter, der bis dahin „Verdächtigter" genannt wird, in diesem Augenblick zum „Beschuldigten".

Tätige Reue

Im Laufe des polizeilichen und gerichtlichen Verfahrens kommt der Lehrbub Fritz Hurtig zu Karl Jedermann und bittet ihn flehentlich, die Anzeige zurückzuziehen. Er habe nur in seinem jugendlichen Unverstand so gehandelt und wolle den ganzen Schaden gutmachen; auch sein Vater sei bereit, einen Betrag für die Schadensgutmachung zur Verfügung zu stellen. Er, Fritz, bereue seine Tat sehr. Sollte er abgeurteilt werden, so würde dieses Urteil ihm in Zukunft sehr hinderlich sein, einen neuen Posten zu finden. Seine Tante sei an allem schuld, sie habe ihn dazu verleitet; er wäre nie auf eine solche Idee gekommen.

Karl Jedermann tut der junge Lehrbub leid, und er beschließt, ihm zu helfen. Er läßt sich von ihm und seinem Vater eine Bestätigung des Inhalts geben, daß beide bereit seien, den Schaden in Monatsraten gutzumachen. Diese Bestätigung legt Karl Jedermann dem Gericht vor. Doch wird er dort belehrt, daß diese Bestätigung das Strafverfahren nicht mehr aufhalten kann. Schadensgutmachung würde aber bei der Zumessung der Strafe berücksichtigt werden.

Karl Jedermann, der einmal etwas von **tätiger Reue** gehört hat, gibt jedoch nicht nach. Daraufhin wird er weiter belehrt: es sei wohl richtig, daß z. B. Diebstahl und Veruntreung aufhören, strafbar zu sein, wenn der Täter freiwillig den ganzen durch seine Tat entstandenen Schaden gutgemacht habe, doch müsse dies rechtzeitig sein. **Rechtzeitig** heißt: „Bevor das Gericht oder eine andere Behörde den Rechtsbrecher kennt." Selbstverständlich ist unter Behörde auch, wie im gegenständlichen Fall, die Polizeibehörde zu verstehen. Das Strafverfahren gegen den Lehrjungen und seine Tante ist daher nicht mehr aufzuhalten.

Der Strafantrag

Bei allen Delikten, die mit Freiheitsstrafe von höchstens 3 Jahren bedroht sind (bei Einbruchsdiebstahl höchstens 5 Jahre), wird nicht die förmliche Anklage, die zu einem Verfahren vor dem Schöffengericht führt, vom Staatsanwalt erhoben, sondern ein schriftlicher Strafantrag ohne Begründung überreicht.

An den
Herrn **E i n z e l r i c h t e r**

Die Staatsanwaltschaft Wien stellt gegen:

Aloisia **S t i e h l**, geboren am ... in ...
österr. Staatsb., r.-k., verwitw., Hausfrau
Wien ... wohnhaft

den

S t r a f a n t r a g:

Aloisia Stiehl hat in der Zeit von ... bis ... in Gesellschaft des abgesondert verfolgten Fritz Hurtig als Beteiligten (§ 12 StGB) fremde bewegliche Sachen in einem Schilling 5000,— übersteigenden Wert dem Karl Jedermann mit dem Vorsatz weggenommen, sich oder einen Dritten durch deren Zueignung unrechtmäßig zu bereichern, und zwar:

... Herrenhemden
... Herrensocken
... Krawatten
... Damenkombinationen
... Büstenhalter

Sie hat hiedurch das Vergehen des schweren Diebstahls nach den §§ 127 Abs. 1, Abs. 2, Ziff. 1, 128 Abs. 1 Ziff. 4 StGB begangen und wird hiefür nach dem § 128 Abs. 1 StGB zu bestrafen sein.

Anträge:

1. Anordnung einer Hauptverhandlung vor dem Einzelrichter des Landesgerichtes für Strafsachen Wien,
2. Vorladung der Aloisia Stiehl als Beschuldigte zur Hauptverhandlung,
3. Ladung der Zeugen: Krim.-Beamter ....
   Fritz Hurtig ....
   Karl Jedermann ....
4. Gemäß § 252 vorl. Absatz StPO: Verlesung der Anzeige und polizeilichen Erhebungen sowie der Strafregisterauskunft.

Staatsanwaltschaft Wien
am ....

....
Unterschrift

Gegen einen solchen Strafantrag hat der Beschuldigte kein Einspruchsrecht. Die Hauptverhandlung und die Entscheidung obliegt in diesem Fall einem Einzelrichter.

Die Anklageschrift

Der Lehrjunge, der noch Jugendlicher ist, wird vor dem Jugendgericht angeklagt, und zwar hier durch Überreichung einer förmlichen Anklageschrift (also nicht nur eines gewöhnlichen Strafantrages), da in Jugendstrafsachen das sogenannte Einzelrichterverfahren bei sonstiger Nichtigkeit des Urteils unzulässig ist.

Bei der Verurteilung wegen Straftaten, die von Jugendlichen begangen wurden, werden Jugendschöffen beigezogen.

2 St 817/82
8 Vr 785/82

Anklageschrift

Die Staatsanwaltschaft beim Jugendgerichtshof Wien erhebt gegen Fritz Hurtig, geb. . . . in Wien, österr. Staatsangehöriger, röm.-kath., ledig, kaufm. Lehrling, wohnhaft Wien . . ., die

Anklage

Fritz Hurtig hat in der Zeit von . . . bis . . . in Gesellschaft mit der abgesondert verfolgten Aloisia Stiehl als Beteiligte (§ 12 StGB) fremde bewegliche Sachen in einem Schilling 5000,— übersteigenden Wert dem Karl Jedermann mit dem Vorsatz weggenommen, sich oder einen Dritten durch deren Zueignung unrechtmäßig zu bereichern, und zwar:

. . . Herrenhemden
. . . Herrensocken
. . . Krawatten
. . . Damenkombinationen
. . . Büstenhalter

Er hat hiedurch das Vergehen des Diebstahls nach den §§ 127 Abs. 1, Abs. 2, Ziff. 1, 128 Abs. 1 Ziff. 4 StGB begangen und wird hiefür nach dem § 128 Abs. 1 unter Anwendung des § 11 JGG 1961 zu bestrafen sein.

Beantragt wird:

1. Anberaumung einer Hauptverhandlung vor dem Jugendgerichtshof Wien als Schöffengericht,
2. Ladung des Fritz Hurtig als Angeklagten zur Hauptverhandlung,
3. Ladung der Zeugen: Krim.-Beamter ....
   Aloisia Stiehl ....
   Karl Jedermann ....
4. Gemäß § 252 vorletzter Absatz StPO Verlesung der Anzeige sowie der Strafregisterauskünfte, Leumundsnoten, Jugenderhebungen, Schulnachrichten und — ex offo — Geburtsurkunden.

Begründung:

Der Beschuldigte Fritz Hurtig ist in dem Textilgeschäft des Karl Jedermann als kaufmännischer Lehrling seit . . . beschäftigt. Er entstammt äußerlich geordneten Familienverhältnissen, ist unbescholten und gut beleumundet.

In der Familie Hurtig verkehrte die abgesondert verfolgte Tante Aloisia Stiehl sehr häufig. Der Beschuldigte war ihr besonders zugetan und hing sehr an ihr. Unter dem Einfluß seiner Tante erklärte sich Fritz Hurtig bereit, Textilien aus dem Geschäft seines Lehrherrn Karl Jedermann zu stehlen. Beide kamen überein, daß Aloisia Stiehl als Kundin in das Geschäft des Karl Jedermann kommen sollte, um dort kleinere Einkäufe zu besorgen. Bei diesen Einkäufen bediente sie immer der Beschuldigte. Er war mit den örtlichen Verhältnissen des Geschäfts bestens vertraut und hatte auch überallhin Zutritt. Er verpackte zu den von Frau Stiehl gekauften Waren jeweils die seinem Lehrherrn entwendeten Textilien. Karl Jedermann, dem schließlich das Fehlen der Warenvorräte auffiel, erstattete die Anzeige gegen unbekannte Täter. Im Zuge der polizeilichen Erhebungen wurde der oben geschilderte Sachverhalt festgestellt. Anläßlich einer beim Beschuldigten und seiner Tante vorgenommenen Hausdurchsuchung wurde ein Großteil der gestohlenen Waren in der Wohnung der Tante gefunden und sichergestellt.

Der Beschuldigte ist im wesentlichen im Sinne der Anklage geständig.

Staatsanwaltschaft beim Jugendgerichtshof Wien
am ....

....
Unterschrift

Das Gegengewicht zur Klagepartei (Staatsanwaltschaft) bildet die Verteidigungspartei. Dem parteilosen Richter steht neben dem Ankläger der Angeklagte als zweite gleichberechtigte Prozeßpartei gegenüber. Zu Strafrichtern in **Jugendstraf- und Jugendschutzsachen** dürfen nur solche Richter bestellt werden, die sich durch **pädagogisches Verständnis** auszeichnen. Sie sollen vorher in Vormundschaftssachen tätig gewesen und über die wichtigsten Lehren der Pädagogik, Psychologie und Psychiatrie unterrichtet sein.

Damit im Zusammenhang steht die Bestimmung, daß im Strafverfahren wegen einer Jugendstraftat die Lebens- und Familienverhältnisse des Beschuldigten, seine Entwicklung und alle anderen Umstände zu erforschen sind, die zur Beurteilung seiner körperlichen, geistigen und seelischen Eigenart dienen können. In Zweifelsfällen soll er durch einen Arzt oder Psychologen untersucht werden. In Strafsachen wegen einer Jugendstraftat und in Jugendschutzsachen hat das Gericht von der Schule, die der Rechtsbrecher oder das Opfer besucht oder besucht hat, eine Auskunft über seine persönlichen Verhältnisse, seinen Schulfortgang und sein Verhalten in der Schule einzuholen. Mit der Durchführung der Jugenderhebungen werden in der Regel die Organe der Jugendgerichtshilfe betraut.

Der Beschuldigte

Wie wir schon hörten, wird jeder, der im Verdacht steht, eine strafbare Handlung begangen zu haben, im Stadium der Vorerhebungen als „Verdächtigter“ bezeichnet. Ist bereits die Einleitung der Voruntersuchung beantragt oder die Anklageschrift eingebracht, wird der Verdächtigte zum „Beschuldigten". Er wird endlich zum „Angeklagten", sobald gegen ihn die Hauptverhandlung angeordnet wurde.

Der Beschuldigte ist Hauptpartei und steht dem Staatsanwalt gleichberechtigt gegenüber. Grundsätzlich besteht bis zum Urteilsspruch eine gesetzliche Vermutung zugunsten der Unschuld des Beschuldigten. Jedoch muß sich der Beschuldigte auf den Prozeß einlassen, gleichgültig ob er schuldig ist oder nicht. Man kann sich also nicht dagegen wehren, Beschuldigter zu werden, sondern nur dagegen, Beschuldigter zu bleiben. Die Teilnahme des Beschuldigten am Strafverfahren kann auch durch Vorführung und Verhaftung erzwungen werden. Keinesfalls kann man ihn jedoch zur Ablegung eines Geständnisses, wie in früheren Zeiten, zwingen. Wohl wird der Richter den Angeklagten ermahnen, eine wahrheitsgemäße Aussage abzulegen, und ihm versichern, daß ein reumütiges Geständnis der wichtigste Milderungsgrund sei; sagt jedoch ein Angeklagter nicht die Wahrheit, so gibt es keinerlei Bestimmung, ihn dafür zu bestrafen. Dadurch ist die weitverbreitete, jedoch völlig unrichtige Ansicht entstanden, der Beschuldigte habe ein Recht zu lügen.

Wir haben vorhin behauptet, daß die beiden Parteien im Strafverfahren, also der den Staat vertretende Staatsanwalt einerseits und der Beschuldigte andererseits, gleichberechtigt seien. Doch hat diese ideale Forderung einige Ausnahmen: So ist zum Beispiel im Vorverfahren der Staatsanwalt begünstigt, da er unbehindert Akteneinsicht hat, die dem Beschuldigten erst nach Mitteilung der Anklageschrift zusteht. Der Staatsanwalt untersteht weiters nicht der Disziplinargewalt des Gerichts, im Gegensatz zum Beschuldigten. Der Richter hat allerdings auch dem Staatsanwalt gegenüber die Möglichkeit, den Ordnungsruf zu erteilen, das heißt, er kann ihm das Wort entziehen und die Verhandlung unterbrechen. In der Hauptverhandlung ist der Beschuldigte im wesentlichen dem Staatsanwalt gleichgestellt, ihm und seinem Verteidiger gebührt stets das Schlußwort.

Die Verantwortung des Beschuldigten dient in erster Linie seiner Verteidigung nach dem Grundsatz, daß beide Teile gehört werden müssen. Sie kann aber auch als Beweismittel dienen. Legt der Beschuldigte ein Geständnis ab, so befreit es den erkennenden Richter nicht von der Pflicht, den Sachverhalt soweit als möglich zu überprüfen; anders in England, wo das Geständnis eines Angeklagten jedes Beweisverfahren unnötig macht. Es gilt dort als voller Beweis.

Oft genug kommt es vor, daß falsche Geständnisse abgelegt werden, etwa um einen nahen Angehörigen zu decken. Oft aber bezichtigen sich Psychopathen aus krankhafter Geltungssucht eines Verbrechens, das sie gar nicht begangen haben. Endlich mag es auch vorkommen, daß geistig Zurückgebliebene gerne mit phantastischen Bekenntnissen aufwarten. Andere wollen ganz einfach weiteren quälenden Vernehmungen ausweichen, zum Beispiel weil ihnen der Polizeibeamte bei der Vernehmung riet: „Gestehen S' doch, dann dürfen S' heim zu Frau und Kindern", oder auf Rat irgendeines Zellengenossen, der dann noch hinzufügen mag: „Gib's doch ruhig zu, in der Verhandlung kannst du's sowieso widerrufen." Alte Ganovenweisheit meint allerdings: „Sagst du ja, bleibst du da; sagst du nein, gehst du heim!"

Das abgelegte Geständnis eines Beschuldigten ist, wie wir bereits erwähnt haben, vom Richter zu überprüfen, doch neigt das Gericht praktisch meistens dazu, dem einmal abgelegten Geständnis mehr zu glauben als einem späteren Widerruf; schon deshalb, weil die vernehmenden Beamten als Zeugen sicherlich bekunden werden, die Vernehmung nach bestem Wissen und Gewissen, nämlich „ohne jeden Druck" durchgeführt zu haben.

An dieser Stelle soll noch einmal darauf verwiesen werden, daß die Gerichte, der Staatsanwalt und die Sicherheitsbehörde die Verpflichtung haben, alle auch zur Verteidigung des Beschuldigten dienenden Umstände mit gleicher Sorgfalt zu erheben und zu berücksichtigen wie die ihn belastenden.

Ferner hat jede Behörde die Pflicht, den rechtsunkundigen Beschuldigten, auch wenn dies nicht ausdrücklich vorgeschrieben ist, über die ihm zustehenden Rechte zu belehren. Die Strafprozeßordnung trägt jedoch dem Gericht nicht auf, aus dem Angeklagten entlastende Umstände und die hiefür etwa vorhandenen Beweise erst herauszuholen. Nur dann, wenn der Angeklagte einen ihn entlastenden Umstand selbst vorbringt und beispielsweise hinzufügt, er habe Zeugen hiefür, ist das Gericht verpflichtet, den Angeklagten darüber zu belehren, daß er das Recht habe, die von ihm erwähnten Zeugen namhaft zu machen und deren Einvernahme zu beantragen.

Die Verteidigung

Die Verteidigung des Beschuldigten ist die Abwehr des gegen ihn erhobenen Strafanspruchs. Dieses Recht steht jedoch nicht nur dem Beschuldigten selbst zu, sondern auch seinem gesetzlichen Vertreter und seinen nahen Angehörigen unter bestimmten Voraussetzungen. Es kann beispielsweise der gesetzliche Vertreter (Vater, Vormund, Kurator) für den minderjährigen oder pflegebefohlenen Beschuldigten, selbst gegen dessen ausdrücklichen Willen, einen Verteidiger bestellen.

Die Tante, Frau Aloisia Stiehl, hat die Absicht, sich bei der Verhandlung durch einen Rechtsanwalt vertreten zu lassen. Da es ihre finanziellen Mittel nicht erlauben, einen Anwalt zu bezahlen, stellt sie den Antrag, ihr für die Hauptverhandlung einen Verteidiger gemäß § 41 Abs. 2 StPO (Verfahrenshilfe) beizugeben. Dem Antrag wird stattgegeben.

Betrachten wir nun die Pflichten und Rechte des Verteidigers. Dieser ist nicht der Stellvertreter des Beschuldigten, sondern dessen Beistand bei der Wahrnehmung seiner Rechte. Seine vornehmste Aufgabe ist es, Unschuldige vor ungerechter Verurteilung zu schützen und alles hervorzukehren, was die Tat eines schuldigen Rechtsbrechers weniger strafwürdig erscheinen läßt. Es ist nicht immer leicht für das Gericht und die Staatsanwaltschaft, alles, was den Beschuldigten entlastet, richtig zu erkennen und zu würdigen. Das auch schon deshalb nicht, weil der Beschuldigte ihnen nicht dasselbe Vertrauen entgegenbringt wie seinem Verteidiger. Dieser kann als Wahrer der Interessen seines Klienten alles zur Verteidigung Brauchbare unumwunden vorbringen. Bei dieser Tätigkeit genießt er eine gewisse Immunität.

In jedem Stadium des Verfahrens hat der Beschuldigte das Recht, sich eines Verteidigers zu bedienen. In einzelnen Fällen ist es allerdings nicht dem Willen des Beschuldigten überlassen, sich einen Verteidiger zu wählen oder nicht; auch gegen seinen Willen muß manchmal ein Verteidiger bestellt werden, wenn:

a) die Hauptverhandlung vor einem Geschworenengericht stattfindet;

b) die Hauptverhandlung vor einem Schöffengericht stattfindet;

c) im Verfahren gegen Jugendliche im Gerichtshofverfahren.

In den oben bezeichneten Fällen spricht man von **notwendiger** Verteidigung. Ist der Beschuldigte unbemittelt, dann wird ein Verteidiger gemäß § 41 Abs. 2 StPO bestellt. Keinen Anspruch auf Bestellung eines solchen Verteidigers hat der Beschuldigte im bezirksgerichtlichen Verfahren. Wählt sich der Beschuldigte einen Verteidiger, so hat dieser dem Beschuldigten gegenüber, zum Unterschied vom Verteidiger gemäß § 41 Abs. 2 StPO, einen Entlohnungsanspruch.

Jeder in der Liste der Verteidiger Eingetragene kann zum Verteidiger gewählt werden. Jeder eingetragene Rechtsanwalt ist gleichzeitig Verteidiger in Strafsachen. Der Beschuldigte kann auch mehrere Verteidiger zugleich beauftragen, doch darf die Anzahl der Plädoyers in der Hauptverhandlung dadurch nicht vermehrt werden. Die Wahl des Verteidigers ist jederzeit widerruflich.

Der Verteidiger darf niemals gegen den ausgesprochenen Willen des Beschuldigten Rechtsmittel anmelden oder auf sie verzichten. Bei Wider-

Diese Ladung ist mitzubringen!

Aktenzeichen 12 b EVr 4107/1980
Hr 168/1980

Ladung des Beschuldigten zur Hauptverhandlung

Strafsache

gegen	Aloisia Stiehl
wegen	§§ 127ff StGB
Zeit:	20. 3. 1980, 9 Uhr
Ort:	Landesgericht für Strafsachen in Wien, Verhandlungssaal III, 1. Stock
Strafantrag	der Staatsanwaltschaft Wien

Sie sollen sich vor diesem Gericht als Beschuldigter verantworten und werden daher ersucht, sich zu der für die oben angeführte Zeit am genannten Ort festgesetzten **Hauptverhandlung** einzufinden. Eine Ausfertigung des Strafantrages ist angeschlossen.

Beachten Sie bitte die Rechtsbelehrung.

Landesgericht für Strafsachen Wien

1080 Wien, Landesgerichtstraße 11

Abt. 12, am 5. 3. 1980

Dr. XY.

Für die Richtigkeit der Ausfertigung
Der Leiter der Geschäftsabteilung:

Rechtsbelehrung

1. Jedem Beschuldigten steht es frei, sich eines Verteidigers zu bedienen und dazu jeden zu wählen, der in der Verteidigerliste eines Oberlandesgerichtes eingetragen ist.

2. Der Beschuldigte kann beantragen, daß ihm ein Verteidiger beigegeben wird, dessen Kosten er nicht zu tragen hat, wenn er außerstande ist, ohne Beeinträchtigung des für ihn und seine Familie zu einer einfachen Lebensführung notwendigen Unterhalts die Kosten der Verteidigung selbst zu tragen.

3. Der Beschuldigte hat die zu seiner Verteidigung dienenden Beweismittel mitzubringen oder dem Gericht so zeitig anzuzeigen, daß sie zur Hauptverhandlung noch rechtzeitig herbeigeschafft werden können.

4. Bleibt der Beschuldigte aus, so wird je nach den Umständen entweder in seiner Abwesenheit verhandelt und das Urteil gefällt oder er wird sogleich zur Hauptverhandlung vorgeführt. Wenn die Hauptverhandlung vertagt werden muß, wird der Beschuldigte zur nächsten Hauptverhandlung vorgeführt. In diesem Fall hat er die Kosten der vereitelten Hauptverhandlung zu ersetzen.

StPOForm. Lad **7** (Ladung des Beschuldigten zur Hauptverhandlung vor dem Einzelrichter)
Erl. 611.407/2-II 3/75

sprüchen zwischen dem Verteidiger und dem Verteidigten, zum Beispiel bei der Stellung von Beweisanträgen, Zustimmung zur Verlesung von Aktenstücken, gilt bei der **notwendigen Verteidigung** der Wille des **Verteidigers,** sonst immer der des Beschuldigten.

Ein Verteidiger, der selber als Zeuge im gleichen Verfahren aussagen müßte, kann in diesem Verfahren nicht Verteidiger sein; das Gesetz schließt ihn davon aus.

Nach der **Europäischen Menschenrechtskonvention,** BGBl Nr. 210/1958, hat jedermann Anspruch darauf, daß seine Sache in billiger Weise öffentlich und innerhalb einer angemessenen Frist gehört wird, und zwar von einem unabhängigen und unparteiischen, auf Gesetz beruhenden **Gericht.** Bis zum gesetzlichen Nachweis seiner Schuld wird vermutet, daß der wegen einer strafbaren Handlung Angeklagte **unschuldig** ist. Jeder Angeklagte hat das Recht, sich selbst zu verteidigen oder den Beistand eines Verteidigers seiner Wahl zu erhalten und – falls er nicht über die Mittel zur Bezahlung eines Verteidigers verfügt – **unentgeltlich** den Beistand eines **Pflichtverteidigers** zu erhalten, wenn dies im Interesse der Rechtspflege erforderlich ist. Schließlich gebietet die Konvention eine unentgeltliche Beistellung eines **Dolmetschers** in allen Verfahrenshandlungen, was bedeutsam für die Stellung von Minderheitsangehörigen sein kann (Art. 6).

Als **leitender Grundsatz** für die **Verteidigung** des Beschuldigten gilt: Was der Verteidiger sagt, muß wahr sein, aber der Verteidiger braucht nicht alles zu sagen, was wahr ist. Er braucht seine bessere Kenntnis der den Beschuldigten belastenden Tatsachen nicht zu offenbaren, sondern ist berechtigt und verpflichtet, nur das vom Ankläger und Gericht gesammelte Beweismaterial seiner Verteidigung zugrunde zu legen.

Vermag der Verteidiger nach seinem Gewissen zwar nicht für den **Freispruch** des Beschuldigten einzutreten, so schließt dies doch nicht aus, daß er alle prozessualen Rechte des Beschuldigten wahrnimmt und insbesondere alle jene Gründe dem Gericht vor Augen führt, die zu einer **milderen Bestrafung,** allenfalls zu **bedingter Strafnachsicht** führen können. Erachtet er sich jedoch außerstande, auf eine mildere Beurteilung seines Klienten hinzuwirken, so hat er diesem vorher Mitteilung zu machen, damit er ihn allenfalls von der Verteidigung **entbinde.** Keinesfalls ist der Verteidiger verpflichtet, eine Verteidigungsrede auch dann zu halten, wenn er von der Schuld seines Klienten aufgrund eines nur ihm persönlich abgelegten Geständnisses überzeugt ist.

Die Ladung

So kommt der Verhandlungstag heran. Frau Stiehl hat die Vorladung als Beschuldigte zur Hauptverhandlung mit der angeschlossenen Ausfertigung des Strafantrags erhalten.

Jeder Beschuldigte ist derart rechtzeitig zu laden, daß ihm im Gerichtshofverfahren eine Vorbereitungsfrist von drei Tagen zur Verfügung steht. Beim Bezirksgericht, das nur geringfügige Fälle abzuurteilen hat, beträgt diese Frist nur 24 Stunden.

Die Hauptverhandlung

Zu Beginn der Hauptverhandlung ruft der Schriftführer die Sache auf. Frau Stiehl muß alle ihre Person betreffenden Daten angeben, also Name, Alter, Beruf, Stand, Religion, Wohnort. Sie wird ermahnt, der Verlesung des Strafantrags und dem Gang der Verhandlung mit Aufmerksamkeit zu folgen.

Öffentlichkeit

Jede Hauptverhandlung ist öffentlich und darf bei sonstiger Nichtigkeit des Verfahrens nur aus Gründen der öffentlichen Sittlichkeit und Ordnung für geheim erklärt werden. Auch in einem solchen Verfahren hat die Urteilsverkündigung öffentlich zu erfolgen.

Der Grundsatz der Öffentlichkeit bezweckt in erster Linie, im Volke Verständnis und Vertrauen für die Strafrechtspflege wachzurufen, da ein Verfahren hinter verschlossenen Türen Argwohn und Mißtrauen erzeugen würde. Tatsächlich sind zur Zeit der Inquisitionsprozesse Mißbräuche durch die Heimlichkeit des Verfahrens gefördert worden. Die Öffentlichkeit bei der Strafverhandlung trägt auch bei allen an ihr mitwirkenden Personen zur genaueren Pflichterfüllung bei, da eine gewisse Kontrolle verhindert, daß menschliche Schwächen und Leidenschaften zum Durchbruch kommen. Freilich hat die Öffentlichkeit auch gewisse Schattenseiten, so zum Beispiel die Preisgabe von Geheimnissen der durch die strafbare Handlung Verletzten, die Bloßstellung und Erschwerung des ehrlichen Fortkommens des Beschuldigten sowie die Gefahr, daß der Gerichtssaal bei Sensationsprozessen zur Bühne wird.

Man unterscheidet die **Volksöffentlichkeit,** das ist die Befugnis eines jeden, auch wenn er an der Strafsache nicht beteiligt ist, einer Gerichtsverhandlung beiwohnen zu können, und die **Parteienöffentlichkeit,** das ist das Recht der Parteien auf Anwesenheit bei Prozeßhandlungen des Gerichts.

In der heutigen Zeit ist der wichtigste Vertreter der Öffentlichkeit der Presseberichterstatter. Die Teilnahme der Öffentlichkeit an der Rechtspflege hat schon oft zur Aufklärung von Kriminalfällen unter Mitarbeit des Publikums und der Zeitung beigetragen. Eine verantwortungsbewußte Gerichtssaal-Berichterstattung hat jedem an einem Strafverfahren Beteiligten immer nur genützt und manchmal dazu beigetragen, daß ein unschuldig unter Anklage stehender Mensch rasch und gründlich rehabilitiert werden konnte. Leider sind umgekehrte Fälle auch schon vorgekommen, doch sind die Vorteile eines öffentlich durchgeführten Verfahrens überwiegend, so daß manchmal nicht zu vermeidende Mißbräuche nicht dazu verleiten dürfen, die Einrichtung der Presseberichterstattung abzulehnen. Von den modernen Massenmedien kann insbesondere das Fernsehen in der Verbrechensaufklärung wirksam eingesetzt und zur Übung des Rechtsgefühls (man denke an die beliebten Sendungen „Das Fernsehgericht" und „Aktenzeichen XY") nützlich verwendet werden.

Sehen wir uns nun alle Personen an, die in der öffentlichen Verhandlung auftreten.

Zeugen und Sachverständige

Zeugen sind Personen, die über ihre Wahrnehmungen unter Wahrheitspflicht vor Gericht auszusagen haben. Erhält jemand eine Zeugenladung, so ist er verpflichtet – die Exterritorialen ausgenommen –, vor Gericht zu erscheinen.

Vor der Vernehmung ist jeder Zeuge zu ermahnen, nach seinem besten Wissen und Gewissen die reine Wahrheit anzugeben, nichts zu verschweigen und seine Aussage so abzulegen, daß er sie erforderlichenfalls auch eidlich bekräftigen könne. Auch der Zeuge wird zuerst über seine persönlichen Verhältnisse befragt und insbesondere über seine Stellung zum Beschuldigten, ob er mit ihm verwandt, ver-

Diese Ladung ist mitzubringen!

Frau / Herrn
Karl Jedermann
Angestellter
1080 Wien, Staudingergasse 5

Aktenzeichen 12 b EVr 4107/1980
Hr 168/1980

Zeugenladung zur Hauptverhandlung

Strafsache

gegen	Aloisia Stiehl
wegen	§§ 127ff StGB
Zeit:	20. 3. 1980, 9 Uhr
Ort:	Landesgericht für Strafsachen in Wien, Verhandlungssaal III, 1. Stock
Strafantrag	der Staatsanwaltschaft Wien
Gegenstand:	Begleitungsdiebstähle durch Aloisia Stiehl

Da Ihre Vernehmung für die Wahrheitsfindung im Verfahren erforderlich ist, werden Sie ersucht, sich zur oben angeführten Zeit am genannten Ort zur Vernehmung als Zeuge in der Hauptverhandlung einzufinden.

Beachten Sie bitte die Rechtsbelehrung.

Landesgericht für Strafsachen Wien
1080 Wien, Landesgerichtstraße 11
Abt. 12, am 5. 3. 1980

Dr. XY.
Für die Richtigkeit der Ausfertigung
Der Leiter der Geschäftsabteilung:
Mayer

Rechtsbelehrung

1. Allgemeines

Jeder als Zeuge Vorgeladene ist gesetzlich verpflichtet, der Ladung Folge zu leisten. Erscheint ein Zeuge trotz gehöriger Vorladung nicht, ohne einen hinreichenden Entschuldigungsgrund angegeben zu haben, so kann seine sofortige Vorführung verfügt werden. Der ausgebliebene Zeuge ist zu einer Geldstrafe bis zu 5.000 S zu verurteilen. Muß die Verhandlung wegen des Ausbleibens vertagt werden, so hat der Zeuge die Kosten der vereitelten Verhandlung zu ersetzen.

2. Gebührenanspruch

Reise- und Aufenthaltskosten:

Der Zeuge hat Anspruch auf Ersatz der notwendigen Reisekosten, in der Regel in der Höhe der Kosten für die Benützung eines Massenbeförderungsmittels unter Ausnützung aller Tarifermäßigungen. Bei Benützung der Eisenbahn wird der Fahrpreis der zweiten Klasse, einschließlich einer Platzkarte, vergütet. Ferner hat der Zeuge Anspruch auf Ersatz des notwendigen Mehraufwandes für Verpflegung und Nächtigung nach Maßgabe der gesetzlichen Sätze (Frühstück 30 S, Mittag- und Abendessen jeweils 66 S; Nächtigung 96 S, wobei dieser Betrag für Nächtigung gegen Bescheinigung bis zum Dreifachen überschritten werden kann). Zeugen, die im öffentlichen Dienst stehen und über dienstliche Wahrnehmungen vernommen werden, haben statt dessen Anspruch auf eine Gebühr wie nach der für sie geltenden Reisegebührenvorschrift.

Entschädigung für Zeitversäumnis:

Erwerbstätige haben Anspruch auf Ersatz ihres Verdienst- oder Einkommensentganges. An Stelle dieses Ersatzes kann der Zeuge den Ersatz der Kosten eines notwendigen Stellvertreters begehren; ausschließlich im Haushalt tätigen Zeugen werden die angemessenen Kosten einer notwendigen Hilfskraft ersetzt.

Zeugen, die im öffentlichen Dienst stehen und über dienstliche Wahrnehmungen vernommen werden, haben keinen Anspruch auf Entschädigung für Zeitversäumnis.

Begleitpersonen:

Bedarf der Zeuge wegen seines Alters oder wegen eines Gebrechens einer Begleitperson, so hat diese einen Gebührenanspruch wie ein Zeuge.

Anspruchsbescheinigung:

Der Zeuge hat diese Ladung vorzulegen und die für die Gebührenbestimmung bedeutsamen Umstände, insbesondere durch Vorlage einer Bestätigung über den Verdienst- oder Einkommensentgang oder die Entlohnung eines Stellvertreters oder einer Hilfskraft, gegebenenfalls auch durch Vorlage einer Bestätigung seiner Dienststelle über die Höhe der ihm zustehenden Reisegebühren, zu bescheinigen.

Müßte der Zeuge zu seiner Vernehmung aus einem weiter entfernten Ort als dem auf der Ladung angeführten Zustellort anreisen, so hat er dies zur Wahrung seines höheren Gebührenanspruches unverzüglich dem Gericht anzuzeigen.

Geltendmachung der Gebühr:

Der Zeuge hat den Anspruch auf seine Gebühren binnen vierzehn Tagen nach der Vernehmung (dem Gerichtstermin) bei sonstigem Verlust mündlich oder schriftlich bei diesem Gericht geltend zu machen.

StPOForm. Lad **16** (Zeugenladung zur Hauptverhandlung)
Erl. 611.416/6-II 3/76

schwägert, befreundet oder verfeindet ist. Dann veranlaßt der Richter den Zeugen, alles, was er zum Gegenstand der Vernehmung zu erzählen weiß, im Zusammenhang vorzubringen. Zur Beseitigung von Unklarheiten und Widersprüchen werden weitere Fragen gestellt. Das Fragerecht steht dem Richter und den Gerichtshofmitgliedern, dem Staatsanwalt, dem Verteidiger und dem Beschuldigten zu.

Erscheint ein geladener Zeuge nicht vor Gericht, kann er durch Geldstrafen, Kostenersatzpflicht oder Vorführung gezwungen werden zu erscheinen. Hat ein Zeuge seiner Zeugenpflicht Genüge getan, so haben diese Zwangsmittel, soweit sie noch nicht vollstreckt worden sind, zu entfallen.

Jeder Zeuge hat nach dem **Gebührenanspruchsgesetz 1975** Anspruch auf Ersatz der notwendigen Kosten, die durch die Reise an den Ort der Vernehmung, durch den Aufenthalt an diesem Ort und durch die Rückreise verursacht wurden; ferner auf Entschädigung für Zeitversäumnis, wenn ihm durch dieses Versäumnis Lohn oder Gehalt entgeht oder ein im Verhältnis zu seinem Gesamteinkommen empfindlicher Abbruch an seinem Erwerb verursacht wird oder wenn er einen Stellvertreter bezahlen muß. – Ein Zeuge, der Gehaltsempfänger ist, kann keine Entschädigung verlangen, da der Dienstgeber die durch Ablegung eines Zeugnisses verursachte Zeitversäumnis nicht in Abzug bringen darf. – Vergütung für die Benützung eines Flugzeugs darf der Zeuge nur verlangen, wenn er aus dem Ausland geladen wird und der Richter (Vorsitzende), vor dem die Beweisaufnahme stattfinden soll, die Benützung des Flugzeugs bewilligt.

Es gibt gewisse Ausnahmen von der Zeugnispflicht. Das Gesetz unterscheidet Personen, die als Zeugen überhaupt nicht vernommen werden dürfen. Solche Personen können keine gültige Aussage ablegen, und ihre Einvernahme bildet einen Nichtigkeitsgrund. Zu diesen Personen gehören Geistliche in Wahrung ihrer Beichtsiegelpflicht, Bundesbeamte in Wahrung des Amtsgeheimnisses, sofern sie nicht durch ihre Vorgesetzten von dieser Pflicht entbunden werden, Personen, die infolge ihrer körperlichen oder geistigen Beschaffenheit zur Zeit der Ablegung des Zeugnisses zur Angabe der Wahrheit nicht fähig sind, z. B. Volltrunkene oder unter der Einwirkung von Rauschgiften stehende Personen.

Von der Zeugnispflicht **befreit** sind:

a) der Ehegatte, Verwandte, Verschwägerte, Adoptiveltern, Vormünder, Mündel, Pflegeeltern und Kinder des Beschuldigten. Der rechtskräftig geschiedene Ehegatte ist von der Zeugnispflicht auch befreit, obwohl er dem Beschuldigten gegenüber als fremd gilt, ebenso der Lebensgefährte;

b) der Verteidiger und auch dessen Kanzleiangestellte mit Rücksicht darauf, was sie über den Beschuldigten erfahren haben können, sei es durch ihn selbst, sei es durch dritte Personen. Die vom Gesetz anerkannte und unter Umständen notwendige Verteidigung erfordert, daß der Klient sich dem Verteidiger rückhaltlos anvertrauen dürfe, ohne daß ihm aus diesem Vertrauensverhältnis ein Nachteil erwachse;

c) Rechtsanwälte, Notare und Wirtschaftstreuhänder über das was ihnen in dieser Eigenschaft von ihrem Vollmachtgeber (also von ihrem Klienten) anvertraut worden ist.

Der Richter hat die genannten Personen über ihr Entschlagungsrecht zu belehren. Hat der Zeuge nicht ausdrücklich auf sein Entschlagungsrecht verzichtet, so ist seine Aussage nichtig.

In gewissen Fällen kann das Gericht nach freiem Ermessen von der Ablegung des Zeugnisses befreien, und zwar dann, wenn die Aussage oder auch nur die Beantwortung von Einzelfragen für den Zeugen einen unmittelbaren und bedeutenden Vermögensnachteil zur Folge hätte, zum Beispiel durch die Aufdeckung eines Kunst- oder Geschäftsgeheimnisses, oder wenn seine Aussage ihm selbst oder einem seiner Angehörigen Schande oder die Gefahr einer strafgerichtlichen Verfolgung bringen würde. Unter Schande ist nicht nur ein strafbares Verhalten zu verstehen, sondern überhaupt ein Verhalten, das in der öffentlichen Meinung für unsittlich gehalten wird. – Hier besteht kein Recht zur Verweigerung der Zeugenaussage. Der Zeuge hat von selbst anzugeben, aus welchen Gründen er seine Aussage nicht ablegen will, und um die Befreiung vom Zeugnis anzusuchen, jedoch wird in den meisten Fällen der Richter dem rechtsunkundigen Zeugen eine entsprechende Belehrung erteilen.

Die Pflicht, vor Gericht zu erscheinen, besteht aber auch für den Zeugen, der berechtigt ist, sich der Aussage zu entschlagen. Macht er von seinem Entschlagungsrecht keinen Gebrauch, so ist auch er zur vollen Wahrheit und zum Eid verpflichtet.

Grundsätzlich soll jeder Zeuge so aussagen, als ob er unter Eid stünde. In der Praxis wird jedoch vielfach auf die Beeidigung verzichtet. Betrachten wir nun jene Fälle, in denen der Zeuge nicht beeidigt werden darf. Es sind dies vor allem Personen, die im Verdacht stehen, die Tat entweder selber begangen zu haben oder daran beteiligt gewesen zu sein, ferner Personen, die wegen einer mit mehr als einjähriger Freiheitsstrafe bedrohten Tat in Untersuchung sind oder eine Strafe abzubüßen haben, ebenso jene, die wegen falscher Beweisaussage bereits vorbestraft wurden, weiters Personen, die zur Zeit ihrer Vernehmung das 14. Lebensjahr noch nicht vollendet haben (Eidesunmündigkeit), endlich Personen, die sichtlich an erheblicher Schwäche des Wahrnehmungsvermögens leiden, und schließlich solche, die mit dem Beschuldigten in offenkundiger, ihre Glaubwürdigkeit ausschließender Feindschaft leben. Hier ist zu bemerken, daß die bloße Abneigung wegen eines Streites nicht genügt; es muß eine tiefgehende, längere Zeit hindurch beobachtbare Gegnerschaft vorliegen, die nach Maßgabe der Persönlichkeit (z. B. rachsüchtiger Charakter) die volle Glaubwürdigkeit ausschließt. Den Abschluß dieser Liste bilden Personen, die im Verhör wesentliche Umstände angegeben haben, deren Unwahrheit bereits bewiesen ist und die nicht mit bloßem Irrtum entschuldbar sind.

Trotz all dieser Maßnahmen, die das Gesetz getroffen hat, um Fehler bei der Beurteilung von Tatbeständen aufgrund von Zeugenaussagen zu verhindern, kann nicht oft genug darauf hingewiesen werden, daß der Zeugenbeweis mit großer Vorsicht aufzunehmen ist. Zeugen irren sich erstaunlich oft, ihre Erinnerungsbilder haben sich meist in der langen Zeit zwischen Tat und Verhandlung verwischt und verschoben, sie können beim besten Willen nicht mehr unterscheiden zwischen dem, was sie sagen, und dem, was man ihnen soundso oft vorhielt. Sehr oft sind sie dem Ton des Vorsitzenden oder Staatsanwaltes oder des Verteidigers nicht gewachsen, und aus Scham vor der Öffentlichkeit genieren sie sich, nicht zutreffende Angaben zurückzunehmen oder zu berichtigen. Obwohl es den frageberechtigten Personen verwehrt ist, sogenannte Suggestivfragen zu stellen – das sind Fragen, die bereits die von dem Zeugen gewünschte Antwort in Frageform enthalten –, kommen sie in der Praxis immer wieder vor. Das Gericht kann einem Zeugen bezüglich eines Teils seiner Angaben Glauben schenken, andere Angaben jedoch bezweifeln.

Auch bei der Wiederholung der Aussage unter Eid gibt es nicht immer Gewißheit dafür, daß tatsächlich nur Wahres bekundet wird. In einer Zeit, in der der Glaube bei manchen Menschen zu bloßem Brauchtum geworden ist, besteht die Gefahr, daß der Schwörende nicht mehr davon überzeugt ist, daß Gott jeden Meineid erkennen und bestrafen werde. Die Drohung mit irdischer Strafe (§ 288 StGB) genügt in diesen Fällen wohl kaum, da der Schuldige, wie jeder Verbrecher, davon überzeugt ist, daß sein Meineid nicht aufgedeckt werden wird.

Der **Sachverständige** ist von seiner persönlichen Auffassung des einzelnen Falles ebenso abhängig wie von der grundsätzlichen Auffassung, die die Wissenschaft zur Zeit gerade vertritt.

Schon mancher Angeklagte wurde von mehreren Fachärzten als geistig gesund bezeichnet, wenige Monate später jedoch als geisteskrank erklärt, und gar mancher Brief, den ein Schriftsachverständiger als aus der Feder des Angeklagten stammend bezeichnete, stellte sich dann als von ganz anderer Hand geschrieben heraus. Besondere Schwierigkeiten treten auch bei Begutachtung von Maschinschriften auf. Sind die Sachverständigen Ärzte oder Chemiker, so kann (auf Antrag der Parteien oder von Amts wegen) in schwierigen Fällen vom Gericht das Gutachten einer inländischen medizinischen Fakultät (sogenanntes Fakultätsgutachten) eingeholt werden.

Mit besonderer Vorsicht sollte die Beurteilung des „persönlichen Eindrucks" von Zeugen und auch vom Beschuldigten selbst durch den Richter vorgenommen werden.

Die Wiedergabe einer **Tonbandaufnahme** ist ein zulässiges Beweismittel. Dies ergibt sich schon daraus, daß die österreichische Strafprozeßordnung die einzelnen Beweismittel nicht aufzählt.

Doch kehren wir nach diesen allgemeinen Betrachtungen über Zeugen und Sachverständige wieder zur Hauptverhandlung gegen Frau Stiehl zurück.

Der Einzelrichter fragt nunmehr die Angeklagte, ob sie sich im Sinne des gegen sie gerichteten Strafantrages für schuldig bekenne oder nicht. Frau Stiehl, die ihre Tat bereut, bekennt sich sofort zu Beginn der Hauptverhandlung schuldig. Sie wird aufgefordert, eine zusammenhängende Schilderung des Sachverhalts zu geben.

Danach ruft der Richter den ersten Zeugen, und zwar den erhebenden Kriminalbeamten, in den Saal. Dieser wird nun an seinen Diensteid erinnert und legt seine Aussage ab, die sich im wesentlichen mit seinem Bericht an die Staatsanwaltschaft deckt.

Der Lehrjunge, der sich im Jugendgerichtsverfahren zu verantworten hat, ist in dem Verfahren gegen Frau Stiehl Zeuge. Er sagt wahrheitsgemäß, aber Frau Stiehl insofern belastend aus, als er behauptet, die Idee zur Ausführung dieser Diebstähle sei von ihr ausgegangen und er sei von ihr angestiftet worden. Darüber ist Frau Stiehl sehr erregt und beschimpft ihren Neffen heftig. Der Einzelrichter macht die Angeklagte darauf aufmerksam, daß sie wohl ein Fragerecht an den Zeugen habe, ihn aber wegen seiner Aussage nicht beschimpfen dürfe. Frau Stiehl entschuldigt sich wegen ihres ungehörigen Verhaltens.

In diesem Zusammenhang müssen wir noch auf das vom Angeklagten häufig mißverstandene **Recht zur Verteidigung** eingehen. Dieses schließt die Befugnis, unschuldige Personen eines Verbrechens oder überhaupt einer strafbaren Handlung zu zeihen (vgl. Seite 443) nicht ein. Doch will der OGH in seiner Rechtsprechung das Verteidigungsrecht des Angeklagten, der durch einen Zeugen belastet wird, nicht ganz unberücksichtigt lassen. Der Wortüberschwang soll ihm nicht angerechnet werden.

Da nun in aller Regel der Angeklagte nicht bei der Erklärung stehenbleiben wird, die Zeugenaussagen entsprächen nicht den Tatsachen, sondern der Darstellung des Zeugen seine eigene, den Zeugen belastende Schilderung des Ereignisablaufes entgegenstellen dürfte, wird er der Anklage wegen Verleumdung nur selten entgehen. Nämlich in den nicht allzu häufigen Fällen, in denen der Widerspruch des Angeklagten gegen die Aussage des Zeugen dahin verstanden werden kann, daß nur ein **Wahrnehmungs- oder Erinnerungsfehler**, ein **Mißverständnis** oder eine **Verwechslung** dem Zeugen vorgeworfen werde. In dem folgenden Beispiel wäre eine solche Deutung ausgeschlossen: Der wegen Raubes Angeklagte widerruft in der Hauptverhandlung sein dem Gendarmen abgelegtes Geständnis und behauptet, durch Schläge und Tritte von dem Gendarmen dazu gezwungen worden zu sein. Kommt das Gericht nach Vernehmung des Gendarmen als Zeugen zu der Überzeugung, daß der Angeklagte bewußt gegen die Wahrheit den Gendarmen belastet hat, ist der Schluß unvermeidlich, daß ihm Verleumdung zur Last fällt.

Entsteht der Verdacht, daß der Tod eines Menschen durch ein Verbrechen oder Vergehen verursacht wurde, so muß vor der Beerdigung (Feuerbestattung) die

Leichenbeschau und **Leichenöffnung** vorgenommen werden. Allenfalls muß die Leiche zu diesem Zweck wieder ausgegraben werden, wenn nach den Umständen noch ein erhebliches Ergebnis davon erwartet werden kann und nicht dringende Gefahr für die Gesundheit der an der Leichenbeschau teilnehmenden Personen vorliegt.

Disziplinargewalt des Vorsitzenden

Der Vorsitzende, der die Verhandlung leitet, hat Disziplinargewalt über alle im Gerichtssaal anwesenden Personen. Er hat dafür zu sorgen, daß Ruhe, Ordnung und Würde im Gerichtssaal herrschen, und kann jeden der Anwesenden, sogar den Beschuldigten, falls er sich nicht geziemend benimmt, aus dem Gerichtssaal entfernen lassen.

Wer vor Gericht vernommen wird oder das Gericht anredet, hat stehend zu sprechen. Ausnahmen gelten nur für Körperbehinderte.

Verletzt der Verteidiger die dem Gericht zukommende Achtung, so kann das Gericht zuerst einen Verweis erteilen oder eine Geldstrafe bis zu S 5000,– verhängen. Wird das ungeziemende Benehmen fortgesetzt, kann der Vorsitzende dem Verteidiger das Wort entziehen und den Beschuldigten auffordern, einen neuen Verteidiger zu wählen. Der Vorsitzende kann auch von Amts wegen einen anderen Verteidiger ernennen. In einem solchen Fall würde der bisherige Verteidiger nicht mehr die gewisse Immunität besitzen, die ihm sonst zusteht. Setzt er sein ungehöriges Verhalten fort, so gilt er als gewöhnlicher Ruhestörer, der auch verhaftet und zu einer Arreststrafe (bis zu 8 Tagen) verurteilt werden kann. Diese Maßnahmen können über alle Personen unter den Zuhörern verhängt werden, die die Verhandlung durch Beifalls- oder Mißfallenskundgebungen stören, wenn nicht ihre Entfernung aus dem Verhandlungssaal allein genügt, die Ordnung wiederherzustellen. – Gegen die erwähnten Ordnungsstrafen gibt es kein Rechtsmittel, sie sind sofort vollstreckbar.

Im Verfahren gegen Frau Stiehl wird noch Karl Jedermann als Geschädigter über die Höhe seines Schadens einvernommen und sodann das Beweisverfahren für geschlossen erklärt.

Der Einzelrichter bittet nunmehr Staatsanwalt und Verteidiger um die Schlußvorträge.

Der Staatsanwalt faßt in seinem Plädoyer die Ergebnisse der Verhandlung, vor allem die Ergebnisse der Zeugenaussagen zusammen und begründet damit die Schuld der Angeklagten und die gegen sie anzuwendende Strafbestimmung. Es ist nicht Aufgabe des Staatsanwalts, einen bestimmten Antrag hinsichtlich der Höhe der Strafe zu stellen. Diese Bestimmung der StPO hat den Zweck, jede wenn auch nur indirekte Beeinflussung des Richters bei der freien Würdigung des strafrechtlichen Sachverhalts, die nach Schluß des Beweisverfahrens spruchreif geworden ist, zu verhindern. Der Staatsanwalt soll aber alle Umstände anführen, die auf das Maß der anzuwendenden Strafe Einfluß haben, insbesondere ob das außerordentliche Strafmilderungs- und Strafumwandlungsrecht anzuwenden ist. Der Antrag des Staatsanwalts kann nur auf Verurteilung lauten, niemals auf Freispruch. Hält er den Angeklagten für unschuldig, hat er ja Gelegenheit, während der Hauptverhandlung von seiner Anklage zurückzutreten.

Im Falle der Frau Stiehl hebt der Staatsanwalt bei seinem Plädoyer als besonders erschwerend hervor, daß die Angeklagte als erwachsene Person einen Jugendlichen auf die schiefe Bahn gebracht habe; ferner, daß die Diebstähle wiederholt durchgeführt wurden und ihr Benehmen bei der Einvernahme ihres Neffen gezeigt habe, daß sie nicht einsichtig und reuig sei, weshalb sie mit der vollen Schärfe des

Gesetzes behandelt werden müsse. Die Anwendung eines außerordentlichen Milderungsrechtes komme nicht in Frage.

Nach dem Staatsanwalt erhält der Privatbeteiligte, also Karl Jedermann, zur Begründung seiner Ansprüche das Wort. Der Privatbeteiligte hat sich die Höhe seines Schadens schon ausgerechnet und gibt dem Gericht die genaue Summe mit dem Ersuchen bekannt, ihm diesen Betrag zuzusprechen.

Nun erteilt der Vorsitzende dem Verteidiger das Wort.

Dieser beginnt sein Plädoyer mit der Schilderung des unglücklichen Lebensweges der Angeklagten und hebt hervor, daß sie trotz schlechter finanzieller Verhältnisse bis jetzt nie mit dem Strafgesetz in Konflikt geraten sei. Die Angeklagte genieße einen guten Leumund, sei nur durch die günstige Gelegenheit zum Verbrechen angelockt worden; man müsse ihr zugute halten, daß sie trotz ihrer drückenden Armut bereit sei, den verursachten Schaden gutzumachen. Das Verhalten der Angeklagten sei vor allem auf Unbesonnenheit zurückzuführen und stehe in auffallendem Widerspruch zu ihrem bisherigen Lebenswandel; es möge daher weiter die bedingte Strafnachsicht gewährt werden.

Die bedingte Strafnachsicht

Wird ein Rechtsbrecher zu einer ein Jahr nicht übersteigenden Freiheitsstrafe oder zu einer Geldstrafe verurteilt, so hat ihm das Gericht die Strafe unter Bestimmung einer Probezeit von mindestens einem Jahr und höchstens drei Jahren bedingt nachzusehen, wenn anzunehmen ist, daß die bloße Androhung der Vollziehung allein oder in Verbindung mit anderen Maßnahmen (Weisungen oder Bewährungshilfe) genügen werde, um ihn von weiteren strafbaren Handlungen abzuhalten, und es nicht der Vollstreckung der Strafe bedarf, um der Begehung strafbarer Handlungen durch andere entgegenzuwirken.

Dabei sind insbesondere die Art der Tat, die Person des Rechtsbrechers, der Grad seiner Schuld, sein Vorleben und sein Verhalten nach der Tat zu berücksichtigen.

Die bedingte Strafnachsicht ist jedoch **im kleinen ausgeschlossen,** wenn die strafbare Handlung mit **lebenslanger** Freiheitsstrafe oder Freiheitsstrafe von mindestens 10 Jahren bedroht ist.

Eine Strafe von nicht mehr als 2 Jahren ist unter den gleichen Voraussetzungen bedingt nachzusehen, wenn aus besonderen Gründen Gewähr dafür geboten ist, daß der Rechtsbrecher keine weiteren strafbaren Handlungen mehr begehen werde.

Wird die Nachsicht nicht widerrufen, so ist die Strafe endgültig nachzusehen.

Bei Frau Stiehl kann trotz ihres nicht ganz einwandfreien Verhaltens während der Verhandlung, da sie unbescholten und letztlich geständig war, von der bedingten Strafnachsicht Gebrauch gemacht werden und die über sie auszusprechende Strafe in der Dauer von 8 Monaten unter Setzung einer Probezeit von 2 Jahren aufgeschoben werden. Sie wird davon mit einer eigenen Urkunde über die bedingte Strafnachsicht verständigt bzw. belehrt.

Der Widerruf kann nur in der Probezeit wegen einer während dieser Zeit begangenen strafbaren Handlung, jedoch auch innerhalb von 6 Monaten nach Ablauf der Probezeit oder nach Beendigung eines bei deren Ablauf gegen den Rechtsbrecher anhängigen Strafverfahrens getroffen werden.

Neben der besprochenen bedingten Strafnachsicht gibt es auch die bedingte Entlassung aus einer Freiheitsstrafe, wenn der Rechtsbrecher zwei Drittel seiner zeitlichen Freiheitsstrafe, mindestens aber 6 Monate verbüßt hat. Es wird ihm der Rest der Strafe unter Bestimmung einer Probezeit bedingt nachgesehen, wenn insbesondere nach seiner Person, seinem Vorleben, seinen Aussichten auf ein redliches Fortkommen und seiner Aufführung wäh-

Aktenzeichen .... 11 Vr 520/80 ....
Hr 211/80

Urkunde über die bedingte Strafnachsicht

An Herrn/Frau ....

....

in 1010 Wien, . . . gasse Nr. 15

Mit dem rechtskräftigen Urteil dieses Gerichtes vom 20. 3. 1980, GZ w.o.

sind Sie wegen des Verbrechens der Hehlerei nach dem § 164 Abs. 1 und Abs. 3 StGB
Straftat(en)

....

zu einer Freiheitsstrafe von 6 Monaten
Strafe(n)

....

verurteilt worden, wobei das Gericht ausgesprochen hat, daß diese Freiheitsstrafe

....
bedingt nachgesehene Strafe(n)

sowie der Eintritt der mit der Verurteilung nach dem Gesetz verbundenen Rechtsfolge(n)[1])

....
die im Urteil angeführte(n), nachgesehene(n) Rechtsfolge(n)

unter Bestimmung einer Probezeit bedingt nachgesehen werden.

Die Probezeit ist mit 3 / Jahre(n) bestimmt worden; diese verlängert sich um Zeiten behördlicher Anhaltung.

Für die Probezeit wurde Ihnen in der Person des (der) Herrn (Frau)

....
Name und Anschrift

ein Bewährungshelfer bestellt.[2])

Es wurde(n) Ihnen – außerdem – folgende Weisung(en) erteilt:[3])

Landesgericht für Strafsachen Wien
1080 Wien, Landesgerichtstraße 11
Abt. 12, am 20. 3. 1980

Die bedingte Nachsicht bedeutet, daß die Strafe(n) vorläufig nicht vollstreckt wird (werden), weil das Gericht annehmen konnte, daß die bloße Androhung der Vollziehung allein oder in Verbindung mit anderen Maßnahmen genügen werde, um Sie von weiteren strafbaren Handlungen abzuhalten.

Die bedingte Nachsicht würde daher widerrufen und die Strafe vollzogen werden und die Rechtsfolgen eintreten, [4])

1. wenn Sie während der Probezeit eine Weisung des Gerichts trotz förmlicher Mahnung aus bösem Willen nicht befolgen oder sich beharrlich dem Einfluß des etwa bestellten Bewährungshelfers entziehen;

2. wenn Sie wegen einer während der Probezeit begangenen gerichtlich strafbaren Handlung verurteilt werden, außer das Gericht sieht aus besonderen Gründen vom Widerruf ab;

3. wenn Sie nachträglich wegen einer anderen vor Fällung des unvollstreckten Urteils begangenen strafbaren Handlung verurteilt werden und die bedingte Nachsicht bei gemeinsamer Aburteilung aller strafbaren Handlungen nicht gewährt worden wäre.

Das Gericht kann seinen Ausspruch darüber, ob und welche Weisungen Ihnen für die Probezeit erteilt werden, ob Ihnen ein Bewährungshelfer und welche Person als Bewährungshelfer bestellt wird, innerhalb der Probezeit abändern oder ergänzen.

Weisungen sind Ihnen zu erteilen, soweit das notwendig oder zweckmäßig ist, um Sie von weiteren strafbaren Handlungen abzuhalten.

Der Bewährungshelfer wird Ihnen bei Ihren Bemühungen, nicht mehr straffällig zu werden, mit Rat und Tat beistehen und Ihnen, soweit nötig, auch helfen, eine geeignete Unterkunft und Arbeit zu finden. Er hat aber auch auf Ihren Lebenswandel und darauf zu achten, daß Sie die Ihnen etwa erteilten Weisungen erfüllen.

---

[1]) Streichen, wenn mit der Verurteilung nach dem Gesetz keine Rechtsfolgen verbunden sind oder die damit verbundenen Rechtsfolgen nicht aufgeschoben worden sind.

[2]) Streichen, wenn keine Bewährungshilfe angeordnet wurde.

[3]) Streichen, wenn keine Weisungen erteilt wurden.

[4]) Streichen, wenn mit der Verurteilung nach dem Gesetz keine Rechtsfolgen verbunden sind oder die damit verbundenen Rechtsfolgen nicht aufgeschoben worden sind.

StPOForm. BedV **1** (Urkunde über die bedingte Strafnachsicht)
Erl. 610.501/4-II 3/76

rend der Vollstreckung anzunehmen ist, daß er in der Freiheit keine strafbaren Handlungen mehr begehen werde, und wenn es nicht der Vollstreckung des Strafrestes bedarf, um der Begehung strafbarer Handlungen durch andere entgegenzuwirken.

Schon nach Verbüßung der Hälfte der zeitlichen Freiheitsstrafe ist der Rechtsbrecher unter den gleichen Voraussetzungen bedingt zu entlassen, wenn er mindestens 1 Jahr verbüßt hat und aus besonderen Gründen Gewähr dafür geboten ist, daß er in der Freiheit keine weiteren strafbaren Handlungen mehr begehen werde. Bei lebenslanger Freiheitsstrafe muß er 15 Jahre verbüßt haben und darf nur dann bedingt entlassen werden, wenn es trotz der Schwere der Tat nicht der weiteren Vollstreckung bedarf, um der Begehung strafbarer Handlungen durch andere entgegenzuwirken, und aus besonderen Gründen Gewähr dafür geboten ist, daß er in der Freiheit keine weiteren strafbaren Handlungen mehr begehen werde.

Die Probezeiten bei der bedingten Entlassung aus einer Freiheitsstrafe dauern so lange wie der bedingte erlassene Strafrest, mindestens aber ein und höchstens 5 Jahre, bei bedingter Entlassung aus einer lebenslangen Freiheitsstrafe 10 Jahre.

Bei Verurteilung wegen einer **Jugendstraftat** (Nichtvollendung des 18. Lebensjahres im Tatzeitpunkt) hat sich das Gericht nach Maßgabe des Jugendgerichtsgesetzes auf den Schuldspruch zu beschränken, den Ausspruch über die Strafe aber vorläufig für eine mit der Rechtskraft des Urteils beginnende Probezeit von 1 bis 3 Jahren aufzuschieben (§ 13 JGG). Diese Maßnahme wird als „echte bedingte Verurteilung" bezeichnet. Es handelt sich hier bloß um ein **Zwischenurteil über die Schuld.** Das Gericht hat den Verurteilten über den Sinn der bedingten Verurteilung zu belehren und ihm, sobald die Entscheidung darüber rechtskräftig geworden ist, eine Urkunde zuzustellen, die kurz und in einfachen Worten den wesentlichen Inhalt der Entscheidung, die ihm auferlegten Verpflichtungen und die Gründe angibt, derentwegen eine Strafe ausgesprochen und vollzogen werden kann. Zeigt sich innerhalb der Probezeit, daß die Besserung des Rechtsbrechers auf andere Weise nicht zu erreichen ist, so wird die Strafe ausgesprochen und vollzogen. Die Ergänzung des Zwischenurteils über die Schuld erfolgt auf Antrag des Staatsanwalts; die Entscheidung fällt das Gericht, das über die Anklage in erster Instanz erkannt hat, nach mündlicher Verhandlung durch Urteil.

Nach § 16 JGG hat das Gericht, wenn gegen einen Rechtsbrecher wegen einer Jugendstraftat auf eine längere Freiheitsstrafe (also nicht bei Übertretungen!) zu erkennen ist und sich die zur Überwindung seiner schädlichen Neigungen und zur Erziehung zu einem rechtschaffenen Lebenswandel erforderliche Strafdauer nicht voraussehen läßt, anzuordnen, daß die Strafe **innerhalb eines** im Urteil zu bestimmenden **Mindest- und Höchstmaßes** so lange zu dauern habe, bis die Strafzwecke erreicht sind (Rahmenstrafe). Der Unterschied zwischen dem Mindest- und Höchstmaß darf nicht weniger als ein Jahr betragen. Man spricht hier von einer „relativ unbestimmten Verurteilung". Sobald der Verurteilte das vom Gericht bestimmte Mindestmaß der Freiheitsstrafe verbüßt hat, kann er zur Probe entlassen werden (Probezeit mindestens ein Jahr).

Verschiedene Diebstähle

Im Strafantrag gegen Frau Stiehl haben wir gelesen, daß ihr vorgeworfen wird, fremde bewegliche Sachen, nämlich Wäschestücke, einem anderen, nämlich Karl Jedermann, mit dem Vorsatz weggenommen zu haben, sich oder einen Dritten durch deren Zueignung unrechtmäßig zu bereichern. So lautet die gesetzliche Definition des Diebstahls (§ 127 Abs. 1 StGB).

Für diesen einfachen **Diebstahl** (Grunddelikt) ist Freiheitsstrafe bis zu 6 Monaten oder Geldstrafe bis zu 360 Tagessätzen angedroht und daher das Bezirksgericht zuständig.

Das Landes- oder Kreisgericht (der Einzelrichter, der bis zu 3, bei Einbruchsdiebstahl sogar bis 5 Jahre Freiheitsstrafe verhängen kann) ist jedoch zuständig, wenn die Tat in Gesellschaft eines oder mehrerer Beteiligter, in oder aus Räumlichkeiten oder Transportmitteln einer dem Massenverkehr dienenden Einrichtung an einer beförderten oder zur Beförderung bestimmten Sache oder an einer Sache eines Fahrgastes oder unter Ausnützung einer Gelegenheit, die durch eine dem Täter aufgetragene Arbeit geschaffen worden ist, zum Nachteil des Auftraggebers oder dessen Angehörigen oder unter Ausnützung einer Gelegenheit, die durch eine von ihm aufgetragene Arbeit geschaffen worden ist, zum Nachteil des Beauftragten oder dessen Angehörigen (Dienstdiebstahl) begangen wurde, weil dann die Tat mit Freiheitsstrafe bis zu einem Jahr zu bestrafen ist.

Schwerer Diebstahl (§ 128 StGB) liegt vor und ist mit Freiheitsstrafe bis zu 3 Jahren bedroht, wenn der Diebstahl begangen wurde:

1. während einer Feuersbrunst, einer Überschwemmung oder einer allgemeinen oder doch dem Bestohlenen zugestoßenen Bedrängnis oder unter Ausnützung eines Zustandes des Bestohlenen, der ihn hilflos macht;

2. in einem der Religionsausübung dienenden Raum oder in einer Sache, die dem Gottesdienst oder der Verehrung durch eine im Inland bestehende Kirche oder Religionsgesellschaft gewidmet ist;

3. an einer Sache von allgemein anerkanntem wissenschaftlichem, volkskundlichem, künstlerischem oder geschichtlichem Wert, die sich in einer allgemein zugänglichen Sammlung oder sonst an einem solchen Ort oder in einem öffentlichen Gebäude befindet;

4. an einer Sache, deren Wert S 5000,– übersteigt.

Wenn der Wert einer Sache S 100.000,– übersteigt, ist Freiheitsstrafe von einem Jahr bis zu 10 Jahren angedroht und daher das Schöffengericht zuständig.

Bei Diebstahl durch Einbruch oder mit Waffen ist Freiheitsstrafe von 6 Monaten bis zu 5 Jahren angedroht.

Darunter versteht das Gesetz das Einbrechen und Einsteigen oder Eindringen mit einem nachgemachten oder widerrechtlich erlangten Schlüssel oder einem anderen nicht zur ordnungsgemäßen Öffnung bestimmten Werkzeug, das Aufbrechen eines Behälters oder Öffnen mit einem der obengenannten Mittel oder die Aufbrechung einer Sperrvorrichtung oder Öffnung dieser Sperrvorrichtung durch eines der genannten Mittel, schließlich den Diebstahl, bei dem der Täter oder mit seinem Wissen ein anderer Beteiligter eine Waffe oder ein anderes Mittel mit sich führt, um den Widerstand einer Person zu überwinden oder zu verhindern.

Wer einen Diebstahl gewerbsmäßig oder als Mitglied einer Bande begeht, ist mit Freiheitsstrafe von 6 Monaten bis zu 5 Jahren zu bestrafen.

Wer einen schweren Diebstahl oder Diebstahl durch Einbruch oder mit Waffen in der Absicht begeht, sich durch wiederkehrende Begehung der Tat eine fortlaufende Einnahme zu verschaffen (gewerbsmäßig), ist mit Freiheitsstrafe von einem Jahr bis zu 10 Jahren zu bestrafen. Räuberischer Diebstahl liegt dann vor, wenn sich der Täter, der auf frischer Tat betreten wird, mit Gewalt unter gefährlicher Drohung gegen eine Person wendet, um sich oder einen Dritten die weggenommene Sache zu halten. Räuberischer Diebstahl ist mit Freiheitsstrafe von 6 Monaten bis zu 5 Jahren, wenn die Gewaltanwendung jedoch eine Körperverletzung mit schweren Dauerfolgen oder den Tod eines Menschen zur Folge hatte, mit Freiheitsstrafe von 5 bis 15 Jahren bedroht.

Wer mit dem Vorsatz, sich oder einen Dritten unrechtmäßig zu bereichern, aus einer Energiegewinnungs-, Umformungs-, Speicherungs- oder Zuführungsanlage Energie entzieht, ist mit Freiheitsstrafe bis zu 6 Monaten oder mit Geldstrafe bis zu 360 Tagessätzen zu bestrafen; wer Energie im Wert von über S 5000,– entzieht, ist mit Freiheitsstrafe bis zu 3 Jahren, wer Energiewert von mehr als S 100.000,– entzieht, mit Freiheitsstrafe von einem Jahr bis zu 10 Jahren zu bestrafen. (Danach sind also Manipulationen, bei denen z. B. elektrischer Strom vor dem Zähler entnommen und widerrechtlich verwendet wird, strafbar.)

Wer nur aus Not, Unbesonnenheit oder zur Befriedigung eines Gelüstes eine Sache geringen Wertes (derzeit ca. S 500,–) einem anderen entzieht oder sich oder einem Dritten zueignet, ist nur mit Freiheitsstrafe bis zu einem Monat oder Geldstrafe bis zu 60 Tagessätzen zu bestrafen, wenn er nicht einbricht oder einsteigt, wenn kein räuberischer Diebstahl vorliegt oder ein schwerer Eingriff in ein fremdes Jagd- oder Fischereirecht. Er begeht dann keinen Diebstahl, sondern eine **Entwendung.**

Kehren wir wieder zu dem Urteil zurück, das der Einzelrichter über Frau Stiehl zu fällen hat. Er stellt fest, daß sie fremde, bewegliche Sachen, nämlich Wäschestücke, dem anderen, nämlich Karl Jedermann, und zwar in Gesellschaft ihres Neffen Fritz Hurtig mit dem Vorsatz weggenommen hat, sich oder einen Dritten durch deren Zueignung unrechtmäßig zu bereichern. Diese Feststellung betrifft den objektiven Tatbestand; objektiv deshalb, weil man den Ablauf des Geschehens gewissermaßen als Zuschauer sieht.

Als nächstes untersucht der Richter, ob das Verhalten von Frau Stiehl „rechtswidrig" war. Es gibt nämlich Fälle, in denen man berechtigt ist, bewegliche Sachen wegzunehmen. In einem solchen Fall handelt man nicht rechtswidrig, so z. B. der Gerichtsvollzieher, der gepfändete Sachen in die Auktionshalle bringen läßt.

Man wird aber nicht allein deswegen bestraft, weil man fremde bewegliche Sachen rechtswidrig entfernt. Wer z. B. anläßlich eines Besuches einen pelzgefütterten Mantel mitnimmt in der Meinung, es sei sein eigener, erfüllt zwar den objektiven Tatbestand des Diebstahls und handelt auch rechtswidrig, hat aber keine innere böse Einstellung zur Tat. Diese innere Einstellung des Täters zur Tat nennt man den sogenannten „subjektiven" Tatbestand oder die strafrechtliche Schuld. Grundsätzlich wird nur bestraft, wer „vorsätzlich" handelt. In unserem Falle heißt das: der Täter mußte wissen, daß er eine fremde bewegliche Sache wegnahm. Frau Stiehl wußte, daß die Wäschestücke dem Firmeninhaber gehören und daß sie durch das Ansichnehmen der Sachen diese dem Besitz Karl Jedermanns entzieht. Sie handelte also vorsätzlich.

Um den Tatbestand des Diebstahls zu erfüllen, muß man die Absicht haben, auch in Zukunft wie ein Eigentümer über die entzogenen Sachen zu verfügen. Wer zum Beispiel seinem Nachbarn ein Buch fortnimmt mit dem Vorsatz, es ihm nach einer Woche ausgelesen wieder an Ort und Stelle zu legen, hat diese Absicht nicht, kann also auch nicht wegen Diebstahls bestraft werden.

Wer sich allerdings ein Auto oder Motorrad heimlich zu einer Spritztour „ausleiht", geht nicht straflos aus, sondern wird sich zumindest wegen „Gebrauchsdiebstahls" zu verantworten haben. Ein entlassener Straßenbahnführer, der aus Fahrleidenschaft einen Straßenbahntriebwagen in Wien widerrechtlich in Betrieb setzte und damit nachts durch die Straßen fuhr, kann wegen Diebstahls der dabei verbrauchten Elektrizität nicht bestraft werden; die Strafe des unbefugten Gebrauches von Fahrzeugen (§ 136 StGB) ist jedoch strenger, wenn der Verbrauch von Betriebsmitteln insgesamt S 5000,– übersteigt, und erhöht sich weiter, wenn der Schaden über S 100.000,– beträgt.

Ist die Vollendung des Diebstahls nur deshalb unterblieben, weil der Täter z. B. in dem von ihm aufgebrochenen Kellerabteil zufällig keine für ihn mitnehmenswerten Gegenstände gefunden hat, liegt strafbarer Diebstahlsversuch (versuchter Einbruchsdiebstahl) vor. Dazu bemerkt der OGH: Es kann wohl nicht ernsthaft die Meinung vertreten werden, daß Einbrecher, die noch nicht wissen, welche Beute sie vorfinden werden, bis zur tatsächlichen Auswahl der Beute nur eine straflose Vorbereitungshandlung begehen sollten und daß ihnen Straffreiheit zuzubilligen wäre, wenn sie zufällig keine ihnen mitnehmenswert erscheinende Beute (z. B. als Nichtsportler wertvolle Skier) vorfinden sollten. Aber auch ein strafaufhebender Rücktritt vom Versuch kann nur dann angenommen werden, wenn der Täter an sich sein Ziel erreichen könnte; nicht aber, wenn er dieses wegen Zufalls – weil er nämlich die erhoffte Sache nicht am Tatort vorfindet – nicht erreichen kann.

Frau Stiehl hatte offenbar die Absicht, die Wäschestücke für sich zu behalten bzw. weiterzuverkaufen. Es ist also der Tatbestand des Diebstahls in subjektiver und objektiver Richtung gegeben. Der Richter fällt demnach sein Urteil, wie nebenstehend wiedergegeben.

Die Geldstrafe

Nehmen wir an, der Einzelrichter hätte nur einen Wert der gestohlenen Sachen von unter S 5000,– (nämlich 4.500,–) angenommen und über Frau Stiehl bloß eine (allerdings unbedingte) Geldstrafe verhängt.

Diese **Geldstrafe** spielt nach dem neuen Strafgesetz eine große Rolle, da man die Erfahrung gemacht hat, daß kurzfristige Freiheitsstrafen eher zu einer Kriminalisierung als zu einer Besserung der Täter führen.

Das Gesetz sieht daher nach § 37 StGB grundsätzlich die Verhängung von Geldstrafen anstelle von Freiheitsstrafen vor, wenn für die Tat keine strengere Strafe als Freiheitsstrafe bis zu 5 Jahren angedroht ist, dies allerdings nur unter dem weiteren Aspekt, daß es nicht der Verurteilung zu

Urteil:

Geschäftszahl 12b E Vr 4107/80 Hv 168/80.

Im Namen der Republik

Der Einzelrichter Dr. XY. des Landesgerichtes für Strafsachen Wien hat über den vom öffentlichen Ankläger gegen Aloisia Stiehl, ... Jahre, verheiratet, Haushalt,

wegen des Vergehens des Diebstahls nach dem § 127 Abs. 1, Abs. 2, Z. 1 StGB gestellten Strafantrag

nach der am ...
in Anwesenheit des Staatsanwaltes Dr. M.
des Privatbeteiligten Karl Jedermann
der Angeklagten Aloisia Stiehl
und des Verteidigers ...

durchgeführten Hauptverhandlung

am ... zu Recht erkannt:

Aloisia Stiehl ist schuldig.

Sie hat am ... in Wien in Gesellschaft des abgesondert verfolgten Jugendlichen Fritz Hurtig als Beteiligten (§ 12 StGB) nachgenannte bewegliche Sachen dem Karl Jedermann mit dem Vorsatz weggenommen, sich oder einen Dritten durch deren Zueignung unrechtmäßig zu bereichern:

... Herrenhemden
... Herrensocken
... Krawatten
... Damenkombinationen
... Büstenhalter
Gesamtwert: S 4500,—

Sie hat hiedurch begangen das Vergehen des Diebstahls nach dem § 127 Abs. 1, Abs. 2, Z. 1 StGB und wird hiefür nach dem § 127 Abs. 2 StGB unter Anwendung des § 37 Abs. 1 StGB zu einer Geldstrafe von 100 Tagessätzen à S 100,— (= S 10.000,—), für den Fall der Uneinbringlichkeit zu 50 Tagen Ersatzfreiheitsstrafe und gemäß dem § 389 StPO zum Ersatz der Kosten des Strafverfahrens verurteilt.

Gemäß den §§ 365 Abs. 1, 369 Abs. 1 StPO ist sie schuldig, dem Privatbeteiligten Karl Jedermann den Betrag von S 4500,— zu bezahlen.

Entscheidungsgründe:

Auf Grund der Anzeige, der Polizeierhebungen, der Aussagen der Zeugen Kriminalinspektor . . ., Karl Jedermann, Ottilie Jedermann und Fritz Hurtig steht im Zusammenhang mit der geständigen Verantwortung der Beschuldigten Aloisia S t i e h l folgender Sachverhalt fest:

Die Beschuldigte Aloisia Stiehl erschien wiederholt in dem Textilgeschäft des Privatbeteiligten Karl Jedermann. Sie machte kleine Einkäufe und ließ sich von dem Lehrjungen Fritz Hurtig zu den gekauften Sachen eine Reihe von Textilwaren dazupacken. Fritz Hurtig, mit dem die Beschuldigte die Durchführung der Diebstähle verabredet hatte, bediente Aloisia Stiehl immer selber. Der Privatbeteiligte Karl Jedermann schöpfte vorerst keinen Verdacht. Erst als bei wiederholt durchgeführten Kontrollen das Schwinden des Warenvorrates zu auffällig war, schöpfte er Verdacht und erstattete eine Anzeige gegen unbekannte Täter. Im Zuge der polizeilichen Erhebungen wurde festgestellt, daß die Beschuldigte in der Umgebung ihres Wohnortes Textilien, die aus dem Geschäft des Karl Jedermann stammten, zu billigen Preisen weiterverkaufte. Bei einer bei ihr durchgeführten Hausdurchsuchung konnten noch Waren sichergestellt werden. Insgesamt haben die gestohlenen Waren einen Wert von S 4500,—. Zu diesen Feststellungen gelangt das Gericht auf Grund des durch die Beweisergebnisse überprüften Geständnisses der Beschuldigten.

In rechtlicher Hinsicht war der festgestellte Sachverhalt spruchgemäß zu qualifizieren.

Bei der Strafbemessung mildernd waren das Geständnis, die teilweise Schadensgutmachung, die bedrängte wirtschaftliche Lage, die günstige Gelegenheit und der ordentliche Lebenswandel.

Erschwerend waren die wiederholten Angriffe und die Verleitung des Jugendlichen Fritz Hurtig.

Im Hinblick auf die Strafzumessungsgründe erscheint die verhängte Geldstrafe, was die Tagessatzanzahl betrifft, dem Verschulden und der Täterpersönlichkeit der Beschuldigten angemessen.

Die Höhe des Tagessatzes bestimmte sich nach ihren persönlichen Verhältnissen und entspricht dem Betrag, der ihr täglich entzogen werden muß, damit sie, auf das Existenzminimum gesetzt, die vom Gesetz als Lebensführungsstrafe angelegte Geldstrafe entsprechend verspürt.

Die übrigen Entscheidungen gründen sich auf die im Spruche bezogenen Gesetzesstellen.

Landesgericht für Strafsachen Wien

Abt. 12, am . . .

Dr. XY.

einer Freiheitsstrafe bedarf, um den Täter von weiteren strafbaren Handlungen abzuhalten oder der Begehung strafbarer Handlungen durch andere entgegenzuwirken (General- und Spezialprävention).

In diesem Fall ist (zwingend), statt auf eine Freiheitsstrafe von nicht mehr als 6 Monaten, auf eine Geldstrafe von nicht mehr als 360 Tagessätzen zu erkennen.

Die Verhängung einer Geldstrafe ist nach dem § 37 Abs. 1 StGB auch für Taten möglich, für die keine strengere als eine 10jährige Freiheitsstrafe angedroht ist, jedoch muß aus besonderen Gründen Gewähr dafür gegeben sein, daß der Täter in Hinkunft keine weiteren strafbaren Handlungen mehr begehen werde und auch andere durch die Verurteilung zu einer Geldstrafe genügend abgeschreckt werden.

Wie ist nun die Geldstrafe zu bemessen?

Geschäftszahl 12 b EVr 4107/1980

Auftrag zur Zahlung einer Geldstrafe

Herr – Frau Aloisia Stiehl, Haushalt, 1210 Wien, . . . gasse 17

wird aufgefordert,

die mit Urteil – Beschluß – vom 20. 3. 19 80 (Geschäftszahl wie oben) verhängte Geldstrafe von 100 TS à S 100,– im Betrag von insg. 10.000,– S und die Einhebungsgebühr von 10,– S, zusammen 10.010,– S, binnen 14 Tagen mit beiliegendem Erlagschein auf das Konto dieses Gerichtes zu zahlen; sonst werden diese Beträge zwangsweise eingetrieben werden. Ratenzahlung à S 3.000,– am 1. 4., 1. 5. u. 1. 6. 1980, à S 1.000,– am 1. 7. 1980

Bei Uneinbringlichkeit wird die Freiheitsstrafe vollzogen werden.

Bei einer etwaigen Vorsprache ist dieser Auftrag mitzubringen.

Landes gericht f. Strafsachen Wien

am 25. 3. 19 80

Mayer

Unterschrift des Kostenbeamten

GeoForm **58** (Auftrag zur Zahlung einer Geldstrafe, § 234 Geo.)

Die Bemessung der Geldstrafe erfolgt in zwei Schritten:

Zunächst hat der Richter die general- und spezialpräventiven Gründe zu prüfen, ob überhaupt eine Geldstrafe in Frage kommt.

Wenn eine Geldstrafe unter Berücksichtigung dieser general- und spezialpräventiven Gründe nach dem Gesetz möglich ist, dann hat er sich zu fragen, wieviel Freiheitsstrafe er über den zu Verurteilenden verhängt hätte, wenn es nur Freiheitsstrafe gäbe.

Diese so ermittelte Zahl ist mit 2 zu multiplizieren, weil nach § 19 Abs. 1 des StGB die Geldstrafe in Tagessätzen zu bemessen ist und mindestens 2 Tagessätze beträgt und nach § 19 Abs. 3 StGB ein Tag Ersatzfreiheitsstrafe 2 Tagessätzen entspricht.

Durch den Ausspruch der Tagessätze wird also die Schuld und das vorwerfbare Verhalten des Verurteilten gesühnt.

Dies hat den Vorteil, daß alle Beschuldigten – ob arm oder reich – zunächst einmal gleich behandelt werden.

Nun ist aber einzusehen, daß die einheitliche Geldstrafe, die im Ausspruch eines bestimmten Geldbetrages bestand, den Armen, auch wenn sie etwas niedriger angesetzt war, oft wesentlich schwerer traf als den Reichen, da sie beim Armen verhältnismäßig mehr vom Einkommen abschöpfte als beim Reichen.

Diesem Umstand hat das Gesetz dadurch Rechnung getragen, daß nach der Festsetzung der Tagessatz**anzahl** in einem zweiten Bemessungsvorgang nun die Höhe des einzelnen Tagessatzes nach den Einkommens-, Sorge- und Vermögensverhältnissen des zu Bestrafenden auszumessen ist.

Das Gesetz geht dabei davon aus, daß der zu Bestrafende in seiner Lebensführung derart eingeschränkt wird, daß er auf das Existenzminimum gesetzt wird. Dieses Existenzminimum beträgt derzeit S 3300,–, wozu noch weitere Beträge für die Sorgepflichten kommen (siehe hiezu die Ausführungen über das Lohnpfändungsgesetz auf Seite 80 ff).

Im konkreten Fall verdient Frau Stiehl ca. S 7300,– monatlich netto und hat Sorgepflichten für ein Kind.

Unter Berücksichtigung dieser Umstände verbleibt ein abschöpfbarer Betrag von S 3000,–, der durch die Tage des Monats dividiert (S 3000,– durch 30 = S 100,–) eben den Tagessatz von S 100,– ergibt.

Am Schluß wird dann die Tagessatzanzahl mit der Tagessatzhöhe multipliziert, und das ergibt schließlich die über den Beschuldigten verhängte Geldstrafe.

Es ist leicht einzusehen, daß bei Personen, die mehr verdienen, ein höherer Abschöpfungsbetrag angewendet werden muß, der eben dann bei der Division durch 30 einen höheren Betrag ergibt, so daß z. B. ein Dieb, der dieselbe Tagessatzanzahl wie Frau Stiehl erhält, aber das Doppelte verdient, auch den doppelten Tagessatz der Höhe nach zu zahlen haben wird; seine Strafe wird daher nicht S 10.000,–, sondern S 20.000,– betragen.

Hinsichtlich der Geldstrafe gibt es Möglichkeiten der Ratenzahlung, falls die unverzügliche Zahlung den Verurteilten mit besonderer Härte treffen würde. Die Höhe der Rate wird aber nach der Judikatur immer mit dem 30fachen des Tagessatzes festgelegt, so daß Frau Stiehl ihre Geldstrafe in Raten à S 3000,– zahlen könnte.

Raub

Wendet derjenige, der sich in den Besitz einer fremden Sache oder Person setzen will, **Gewalt** an, so liegt das Verbrechen des Raubes vor. Auch in einer Drohung kann Gewaltanwendung gelegen sein. Manchmal ist die Grenze zwischen Diebstahl und Raub schwer zu ziehen. Entreißt beispielsweise jemand blitzschnell einer Frau die Handtasche, so wird wohl nur Diebstahl vorliegen; begleitet er jedoch diese Handlung mit dem Ruf „Börse oder Leben!" oder schwingt er eine Keule, wird das Verbrechen des Raubes gegeben sein. Die Drohung muß nicht ernst gemeint sein, aber ernst gemeint **scheinen** (z. B. mit ungeladener Schußwaffe). Eine Drohung, die nicht den Charakter der Gewalt durch Drohung aufweist, kann noch immer eine gefährliche Drohung und als Erpressung (vgl. Seite 523) strafbar sein. Erreicht die Drohung das Opfer nicht, ist der Raub nur versucht. Zum Raub ist auch gewinnsüchtige Absicht erforderlich.

Der **Kinderraub** gehört ebenso wie der **Frauenraub** in die Gruppe jener strafbaren Handlungen, die Angriffe auf die Freiheit beinhalten. Was diese Gruppe von Delikten verbindet, ist der Verstoß gegen die Selbstbestimmung des Menschen; sie kehren sich also gegen den menschlichen Anspruch, sein Leben nach eigenem Willen zu leben.

Laienrichter

Die Gerichte üben die staatliche Gerichtsbarkeit durch Richter aus. Man unterscheidet hier Berufsrichter und Laienrichter (Volksrichter).

Berufsrichter wird man, wenn man nach abgeschlossenem Universitätsstudium sowie nach vierjähriger Vorbereitungszeit die Richteramtsprüfung abgelegt hat und durch den Bundespräsidenten (oder aufgrund dessen Ermächtigung durch den Bundesminister für Justiz) zum Richter ernannt worden ist.

Die Laienrichter heißen **Geschworne** und **Schöffen,** je nachdem, ob sie bei einem Geschwornen- oder einem Schöffengericht ihr Amt ausüben. Das Amt eines Geschwornen oder Schöffen ist ein Ehrenamt.

Um zu gewährleisten, daß aus der großen Zahl der zum Amt eines Geschwornen oder Schöffen Berufenen nur die **Tüchtigsten** ausgewählt werden, bedarf es einer Sichtung, die durch **Listen** (angelegt von verschiedenen Kommissionen) zu erreichen gesucht wird.

Der Weg von der abstrakten Eignung bis zur Ausübung des Amtes ist durch folgende Etappen gekennzeichnet: Bildung der Urliste – der Jahresliste – der Dienstlisten. Nur im ersten Teil des Verfahrens findet jedoch eine wirkliche Auslese statt, zuletzt (bei Bildung der Dienstlisten) entscheidet das Los.

Im September jeden Jahres werden von den Gemeinden Listen aller jener Personen angelegt, die für die Ausübung des Schöffen- oder Geschwornenamtes in Frage kommen. Diese Liste muß acht Tage zur öffentlichen Einsicht aufliegen. Innerhalb dieser Zeit kann von jedem Staatsbürger gegen diese Liste Einspruch erhoben werden, und zwar weil entweder gesetzlich zulässige Personen übergangen oder weil gesetzlich unfähige oder unzulässige Personen eingetragen wurden. Über solche Einsprüche entscheidet eine Kommission, gegen deren Entscheidung binnen drei Tagen eine Beschwerde beim Bürgermeister eingebracht werden kann.

Karl Jedermann ist in dieser Liste aufgenommen worden. Er hat keinen Grund, seine Berufung zu diesem Amt abzulehnen, und muß nun warten, bis er die Nachricht bekommt, zu welcher Sitzung des Geschwornengerichts oder des Schöffengerichts er ausgelost worden ist.

Hätte er das 60. Lebensjahr schon überschritten oder hätte er als Geschworner oder Schöffe schon an fünf Verhandlungstagen des vergangenen Geschäftsjahres teilgenommen, so könnte er aus Gründen der Billigkeit das Ansuchen stellen, von diesem Amt nunmehr befreit zu werden.

Auch Frauen können für jeweils vier Jahre auf eigenes Ansuchen von der Verwendung als Geschworne oder Schöffen befreit werden; ebenso können Ärzte, Apotheker und Dentisten, deren Unentbehrlichkeit von der Bezirksverwaltungsbehörde – in Städten mit eigenem Statut vom Magistrat – bestätigt wird, für das nächste Kalenderjahr befreit werden.

Nicht zum Amt eines Geschwornen oder Schöffen zu berufen sind aus Gründen des öffentlichen Interesses und zur Gewährleistung der Unabhängigkeit: der Bundespräsident, die Mitglieder der Bundesregierung, die Mitglieder der Landesregierungen, die Mitglieder der gesetzgebenden Körperschaften des Bundes und der Länder (Stadt Wien), Bundesbedienstete, sofern sie noch nicht pensioniert sind, Lehrer an öffentlichen oder mit Öffentlichkeitsrecht ausgestatteten Lehranstalten, Geistliche der gesetzlich anerkannten Religionsgemeinschaften, Rechtsanwälte, Notare und Verteidiger in Strafsachen, ferner Personen, die im Betrieb eines dem öffentlichen Verkehr dienenden Eisenbahn-, Schiffahrts-, Kraftwagenlinienunternehmens oder einer öffentlichen Telegraphen- bzw. Fernmeldeanstalt beschäftigt sind.

Zum Amt eines Geschwornen oder Schöffen wird Ehrenhaftigkeit, Charakterfestigkeit, Verständigkeit und österreichische Staatsbürgerschaft mit besonderer Einsatzbereitschaft für ein unabhängiges demokratisches Österreich verlangt.

Unfähig zu diesem Amt ist: wer das 30. Lebensjahr noch nicht vollendet hat; wer der Gerichtssprache nicht soweit mächtig ist, daß er dem Gang der Verhandlung verläßlich folgen kann; wer durch ein geistiges oder körperliches Gebrechen daran gehindert ist, die Pflichten dieses Amtes voll zu erfüllen; wer einen Sachwalter hat; jede Person, gegen die ein Konkurs- oder Ausgleichsverfahren läuft; jeder, dem die väterliche Gewalt über seine Kinder entzogen worden ist; weiters jeder, der wegen bestimmter Delikte rechtskräftig verurteilt wurde (außer die Verurteilung ist schon getilgt); ebenso jeder, gegen den wegen Verdachts einer der angeführten strafbaren Handlungen ein Strafverfahren anhängig ist; endlich jeder, der noch nicht ein Jahr in der Ortsgemeinde, in der er sich aufhält, ansässig ist.

Kar Jedermann erhält nun die Ladung zu eigenen Handen zugestellt:

Diese Ladung ist mitzubringen!

Beachten Sie bitte die Rechtsbelehrung! Aktenzeichen ....

Geschwornen- und Schöffenladung

Frau / Herrn

Die Bundesverfassung sieht die Mitwirkung des Volkes an der Rechtsprechung vor. Nach dem vom Gesetz bestimmten Auswahlverfahren wurden Sie in die Dienstliste der Geschwornen und Schöffen bei diesem Gerichtshof aufgenommen und sind nun entsprechend Ihrer Reihung in dieser Liste zum Amt eines Geschwornen (Schöffen) berufen.

Sie werden daher ersucht, an den in der Zeit vom bis vor dem Geschwornen-(Schöffen-)Gericht stattfindenden Verhandlungen als Geschworner (Schöffe) teilzunehmen und sich am erstgenannten Tag und, wenn nicht vom Vorsitzenden etwas anderes angeordnet wird, auch an den anderen in diese Zeit fallenden Tagen, ausgenommen Samstage, Sonntage und gesetzliche Feiertage, jeweils um Uhr im Verhandlungssaal des unterzeichneten Gerichtes einzufinden.

Es wird über die gegen folgende Person(en) erhobene Anklage(n) verhandelt werden:

Rechtsbelehrung

1. Allgemeines

Jeder als Geschworner oder Schöffe Geladene ist gesetzlich verpflichtet, der Ladung Folge zu leisten. Bleibt er, ohne durch ein unabwendbares Hindernis abgehalten worden zu sein, von einer Verhandlung (Sitzung) aus oder entzieht er sich in anderer Weise seinen Obliegenheiten, so wird er zum Ersatz der Kosten der durch sein Ausbleiben vereitelten Verhandlung (Sitzung) und zu einer Ordnungsstrafe bis zu 1.800 S verurteilt. Die Behauptung, durch ein unabwendbares Hindernis abgehalten worden zu sein, ist in genügender Weise zu bescheinigen.

2. Ausschluß vom Amt eines Geschwornen oder Schöffen

Vom Amt eines Geschwornen (Schöffen) ist nach dem Gesetz ausgeschlossen:

a) Wer selbst durch die strafbare Handlung verletzt oder wer ein Angehöriger des Beschuldigten, des Verletzten, des Staatsanwaltes, des Privatanklägers oder des Verteidigers ist. Unter Angehörigen einer Person sind ihre Verwandten und Verschwägerten in gerader Linie, ihr Ehegatte und dessen Geschwister, ihre Geschwister und deren Ehegatten, Kinder und Enkelkinder, die Geschwister ihrer Eltern und Großeltern, ihre Vettern und Basen, der Vater und die Mutter ihres unehelichen Kindes, ihre Wahl- und Pflegekinder, ihr Vormund und ihre Mündel zu verstehen. Personen verschiedenen Geschlechtes, die miteinander in außerehelicher Lebensgemeinschaft leben, werden wie Angehörige behandelt. Kinder und Enkel einer von ihnen werden wie Angehörige auch der anderen behandelt. Die durch eine Ehe begründete Eigenschaft einer Person als Angehöriger bleibt aufrecht, auch wenn die Ehe nicht mehr besteht.

b) Wer Zeuge der in Frage stehenden Handlung gewesen oder in der Sache als Zeuge oder Sachverständiger vernommen worden ist oder einvernommen werden soll.

c) Wer in dieser Sache als Anzeiger aufgetreten ist oder als Ankläger, als Vertreter des Privatanklägers oder des Privatbeteiligten oder als Verteidiger mitgewirkt hat oder als Gerichtszeuge verwendet worden ist.

d) Wer aus dem Freispruch oder aus der Verurteilung des Beschuldigten einen Nutzen oder Schaden zu erwarten hat.

e) Wer, wenn die Hauptverhandlung infolge einer Berufung oder Nichtigkeitsbeschwerde wiederholt werden muß, an der ersten Hauptverhandlung als Geschworner (Schöffe) teilgenommen hat.

Der Geschworne (Schöffe) ist verpflichtet, das Verhältnis, das den Grund seiner Ausschließung bildet, unverzüglich dem Präsidenten dieses Gerichtes anzuzeigen. Er hat sich von dem Zeitpunkt, in dem ihm ein Ausschließungsgrund bekannt geworden ist, aller gerichtlichen Handlungen bei sonstiger Nichtigkeit dieser Akte zu enthalten.

3. Befangenheit eines Geschwornen oder Schöffen

Jeder Geschworne (Schöffe) ist auch verpflichtet, alle Gründe anzuzeigen, die geeignet sind, seine volle Unbefangenheit in Zweifel zu setzen (z. B. Freundschaft, Konkurrenzverhältnis).

4. Gebührenanspruch eines Geschwornen oder Schöffen

Reise- und Aufenthaltskosten:

Jeder Geschworne (Schöffe) hat Anspruch auf Ersatz der notwendigen Kosten, in der Regel in der Höhe der Kosten für die Benützung eines Massenbeförderungsmittels unter Ausnützung aller Tarifermäßigungen. Bei Benützung der Eisenbahn wird der Fahrpreis der zweiten Klasse, einschließlich einer Platzkarte, vergütet. Ferner hat jeder Geschworne (Schöffe) Anspruch auf Ersatz des notwendigen Mehraufwandes für Verpflegung und Nächtigung nach Maßgabe der gesetzlichen Sätze (Frühstück 30 S, Mittag- und Abendessen jeweils 66 S; Nächtigung 96 S, wobei der Betrag für Nächtigung gegen Bescheinigung bis zum Dreifachen überschritten werden kann).

Entschädigung für Zeitversäumnis:

Erwerbstätige haben Anspruch auf Ersatz ihres Verdienst- oder Einkommensentganges. Anstelle dieses Ersatzes kann der Geschworne (Schöffe) den Ersatz der Kosten eines notwendigen Stellvertreters begehren; ausschließlich im Haushalt tätigen Geschwornen (Schöffen) werden die angemessenen Kosten einer notwendigen Hilfskraft ersetzt. Einem Arbeitnehmer gebührt, falls ihm Lohn oder Gehalt entgeht, als Entschädigung für Zeitversäumnis auch der auf den Arbeitgeber und den Arbeitnehmer für diese Zeit entfallende Beitrag zur Sozial- und Arbeitslosenversicherung. Der Arbeitnehmer hat diese Beträge dem Arbeitgeber abzuführen.

Der Geschworne (Schöffe) hat diese Ladung vorzulegen und die für die Gebührenbestimmung bedeutsamen Umstände, insbesondere durch Vorlage einer Bestätigung über den Verdienst- oder Einkommensentgang oder die Entlohnung eines Stellvertreters oder einer Hilfskraft, gegebenenfalls durch die Bestätigung der Höhe der Beiträge zur Sozial- und Arbeitslosenversicherung zu bescheinigen.

Müßte der Geschworne (Schöffe) zur Verhandlung oder Sitzung aus einem weiter entfernten Ort als dem auf der Ladung angeführten Zustellort anreisen, so hat er dies zur Wahrung seines höheren Gebührenanspruches unverzüglich dem Gericht anzuzeigen.

Geltendmachung der Gebühr:

Der Geschworne (Schöffe) hat den Anspruch auf seine Gebühr binnen vierzehn Tagen nach der letzten Verhandlung oder Sitzung (dem Tag, an dem die Verhandlung oder Sitzung hätte stattfinden sollen) bei sonstigem Verlust mündlich oder schriftlich bei diesem Gericht geltend zu machen.

Amtsbestätigung

Der (Die) Genannte war als Geschworner (Schöffe) tätig:

am	von	bis	Uhr zu AZ
am	von	bis	Uhr zu AZ
am	von	bis	Uhr zu AZ
am	von	bis	Uhr zu AZ
am	von	bis	Uhr zu AZ

Gebührenbestimmung nach dem Gebührenanspruchsgesetz 1975 und Zahlungsanweisung:

1. Reisekosten . . . . S .... g

.... S .... g

.... S .... g

2. Aufenthaltskosten
   a) Mehraufwand für die Verpflegung:

   .... Frühstück, ... Mittagessen, ... Abendessen . . . . S .... g

   b) Auslagen für unvermeidliche Nächtigung . . . . S .... g

3. Entschädigung für Zeitversäumnis
   a) Verdienst- oder Einkommensentgang:

   .... Stunden zu je .... S .... g, das sind . . . . S .... g

   b) Kosten eines Stellvertreters oder einer Hilfskraft . . . . S .... g

   c) Dienst(Arbeit)geberbeitrag
   zur Sozial- und Arbeitslosenversicherung

   .... Stunden zu je .... S .... g, das sind . . . . S .... g

   d) Dienst(Arbeit)nehmerbeitrag
   zur Sozial- und Arbeitslosenversicherung

   .... Stunden zu je .... S .... g, das sind . . . . S .... g

Summe . . . . S .... g

Der Rechnungsführer wird angewiesen, den Betrag von S .... (in Worten: ....

Schilling) aus Amtsgeldern an den umseits genannten Geschwornen (Schöffen) auszuzahlen.

....

Datum Unterschrift des Kostenbeamten

Mir wird bekanntgegeben, daß meine Geschwornen-(Schöffen-)gebühr mit einem Betrag von S .... bestimmt wurde und ich das Recht habe, gegen diese Entscheidung binnen vierzehn Tagen Beschwerde an den Präsidenten dieses Gerichtes zu erheben. Ich bin berechtigt, eine schriftliche Ausfertigung dieser Entscheidung zu begehren. In diesem Fall beginnt die vierzehntägige Frist für die Beschwerde mit der Zustellung der schriftlichen Ausfertigung. **Ich verzichte auf ein Rechtsmittel und auf eine schriftliche Ausfertigung der Entscheidung.**

....

Datum Unterschrift des Geschwornen (Schöffen)

Ich bestätige, den Betrag von .... S (i. W. .... Schilling) heute erhalten zu haben.

....
Datum Unterschrift des Geschworenen (Schöffen)

Geschäftsabteilung
heute verständigt

....
Datum Unterschrift des Rechnungsführers

StPOForm. Lad **41** (Geschwornen- und Schöffenladung)
Erl. 611.411/4-II 3/75

Ladung zur Verhandlung als Geschworner

Der zur Verhandlung als Geschworner Geladene muß pünktlichst erscheinen; bleibt er aus – ohne ein unabwendbares Hindernis bescheinigen zu können –, so kann er zum Ersatz der Kosten der vereitelten Verhandlung und zu einer Ordnungsstrafe bis zu S 2000,– verurteilt werden. Gegen ein solches Erkenntnis kann er binnen acht Tagen nach Zustellung Einspruch beim Gerichtshof erheben, gegen dessen endgültige Entscheidung es dann kein Rechtsmittel mehr gibt.

Die Mitwirkung von Laienrichtern im Strafverfahren ist geschichtlich bedingt; ihr Wert als Schutzwehr der bürgerlichen Freiheit gegenüber der Staatsgewalt und deren ständig beamteten Richtern hängt von den **Zeitverhältnissen** ab. Zweifellos hält ein maßvolles **Prinzip der Laienbeteiligung** nicht allein Verständnis und Interesse der Bevölkerung an der Strafrechtspflege wach, sondern es **fördert die Rechtsprechung,** da der Laienrichter naturgemäß vorurteilsfreier an eine Strafsache herangeht als ein Berufsrichter. Denn die berufsmäßige Tätigkeit des gelehrten Richters zieht nicht selten eine schablonenhafte Fallbehandlung nach sich, die der **Individualität** des Angeklagten nicht gerecht wird und sich dadurch der Erkenntnis gerade derjenigen Umstände verschließt, die für die Beurteilung seiner Tat von entscheidender Bedeutung sein können. Die Heranziehung von Laien bedeutet ein Korrektiv des Routinebetriebes.

Der Laienrichter bringt nicht Rechtskenntnisse, wohl aber sein (bildungsfähiges) **Rechtsgefühl zum Nutzen des Entscheidungsergebnisses** in das Verfahren ein.

Die Geschwornengerichte

Die Geschwornengerichte sind keine ständigen Gerichte, sondern treten nur periodisch zusammen. Man unterscheidet ordentliche und außerordentliche Sessionen.

In Wien werden die ordentlichen Tagungen beim Landesgericht für Strafsachen Wien jeden Monat, bei anderen Gerichtshöfen in der Regel alle drei Monate abgehalten. Das Geschwornengericht setzt sich aus dem Schwurgerichtshof und der Geschwornenbank zusammen. Der **Schwurgerichtshof** besteht aus drei Berufsrichtern, von denen einer den Vorsitz führt. Die **Geschwornenbank** besteht aus acht Geschwornen.

Vor dem Geschwornengericht werden alle Verbrechen, die mit einer strengeren als zehnjährigen Freiheitsstrafe bedroht sind, abgeurteilt, ferner vor allem Hochverrat, Landesverrat, Herabwürdigung des Staates und seiner Symbole, Angriffe auf oberste Staatsorgane, Störung der Beziehungen zum Ausland, Überlieferung an eine ausländische Macht, bewaffnete und staatsfeindliche Verbindungen, Ansammeln von Kampfmitteln.

Auch in **Jugendstrafsachen** entscheidet das Geschwornengericht, wenn die Anklage wegen ihrer politischen Natur vor das Geschwornengericht gehört oder wenn (auch bei nichtpolitischen Delikten) gem. § 11 Z. 2 JGG wegen nach Vollendung des 16. Lebensjahres begangener strafbarer Handlungen auf eine mehr als zehnjährige Freiheitsstrafe (statt auf lebenslange Freiheitsstrafe auf solche von 10 bis 15 Jahren) erkannt werden kann. Über alle anderen Anklagen nichtpolitischer Natur entscheidet jedoch in Jugendstrafsachen das **Schöffengericht** (§ 31 Abs. 1 JGG). Gerät der jugendliche Rechtsbrecher in die Verstrickung des Strafrechts und wird für ihn die Szene zum Tribunal, so soll er sich keineswegs als Mittelpunkt und „Held" vorkommen. Die Strafrichter in Jugendsachen werden daher nach besonderen Gesichtspunkten ausgewählt. Man verlangt von ihnen vor allem pädagogisches Verständnis, womöglich Kenntnisse und Vorstudien in Psychologie, Psychiatrie und Pädagogik. Auch die Laienrichter in Jugendsachen sind nach ähnlichen Gesichtspunkten ausgewählt; bevorzugt werden Personen, die im Lehrberuf oder in der Jugendfürsorge tätig gewesen sind.

Den die Gerichtsbarkeit in Jugendstrafsachen ausübenden Gerichten ist auch die Strafgerichtsbarkeit bezüglich der Gerichtsbarkeit in **Jugendschutzsachen,** das sind Vergehen Erwachsener, durch die Unmündige oder Jugendliche verletzt oder gefährdet worden sind, übertragen. Das gilt insbesondere für die Delikte nach den §§ 198 und 199 StGB (Verletzung der Unterhaltspflicht, Vernachlässigung der Pflege, Erziehung oder Beaufsichtigung; siehe Seiten 518, 519).

Die Schöffengerichte

Alle Verbrechen oder Vergehen, die nicht vor die Geschwornengerichte gehören und auch nicht vor den Einzelrichter beim Gerichtshof, werden vor dem Schöffengericht abgeurteilt. Es setzt sich zusammen aus zwei Berufsrichtern, von denen der eine den Vorsitz führt, und zwei Schöffen.

Der **Unterschied** zwischen Geschwornengericht und Schöffengericht besteht darin, daß beim ersteren die Berufsrichter (Schwurgerichtshof) und die Laienrichter (Geschwornenbank) bei der Urteilsfindung getrennt vorgehen: Die Geschwornenbank entscheidet über die Schuldfrage des Angeklagten allein, während über die zu verhängende Strafe, über eventuelle Besserungs- und Sicherungsmaßnahmen, privatrechtliche Ansprüche und die Kosten des Strafverfahrens der Schwurgerichtshof gemeinsam mit der Geschwornenbank entscheidet. Dies ist eine einschneidende Änderung seit dem 1. Jänner 1951 und Abweichung von der historischen Einrichtung des Geschwornengerichts aus der Erwägung heraus, daß früher oft auch bei eindeutiger Beweislage die Geschwornen die Schuld eines Angeklagten aus der Furcht heraus verneinten, der Schwurgerichtshof könnte eine zu strenge Strafe über ihn verhängen. Heute wirkt also auch die Geschwornenbank beim Ausspruch über die Strafe mit.

Beim Schöffengericht bilden Berufs- und Laienrichter zusammen ein Kollegium, das gemeinsam über Schuld- und Straffrage zu entscheiden hat.

Der Geschworne entscheidet über die Schuld

Begleiten wir nunmehr Karl Jedermann in seinem neuen Amt als Geschworner. Heute soll über Adolf Unheil, der seine Freundin umgebracht hat, geurteilt werden.

Die Anklage lautet, wie auf der folgenden Seite wiedergegeben.

Karl Jedermann folgt mit großer Aufmerksamkeit dem Gang der Verhandlung.

Anklageschrift

Die Staatsanwaltschaft Wien erhebt gegen
Adolf Unheil, geb. am . . ., Beruf . . ., ledig, die Anklage.

Adolf Unheil hat in Wien
am . . . Trude Tod dadurch, daß er gegen deren Unterleib und Kopf je einen Pistolenschuß abfeuerte, vorsätzlich getötet.

Er hat hiedurch das Verbrechen des Mordes nach dem § 75 StGB begangen und wird hiefür nach dieser Gesetzesstelle zu bestrafen sein.

Anträge:

1. Anordnung einer Hauptversammlung vor dem Geschwornengericht beim Landesgericht für Strafsachen Wien.
2. Vorführung des gem. § 180 Abs. 7 StPO in U-Haft zu belassenden Beschuldigten als Angeklagten.
3. Ladung der Zeugen . . .
4. Ladung der Sachverständigen Prof. Dr. Gutachter, Prof. Dr. Weismann und Dr. Sachlich.
5. Gem. § 252, vorl. Absatz StPO Verlesung der Anzeige, der Polizeierhebungen, der Protokolle über den Lokalaugenschein, des Sektionsprotokolls, der Krankengeschichte sowie der Strafregisterauskunft.
6. Vorweisung der Mordwaffe.

(Es folgt kurze Begründung, Stampiglie und Unterschrift.)

Er erfährt, daß der Angeklagte ein außereheliches Kind und der Pflege der Großmutter anvertraut war. Der Kindesvater ist seiner Sorgepflicht nie nachgekommen. Der Angeklagte absolvierte die Volksschule, wurde aber aus der Hauptschule wieder in die Volksschule zurückversetzt, da er nicht recht mitkam. Verschiedene Dienstposten, die er innehatte, mußte er verlassen, weil er immer wieder kleinere Diebstähle verübte. Zuletzt kam er in eine Erziehungsanstalt, wo er jedoch schon nach kurzer Zeit durchbrannte. Im Zweiten Weltkrieg wurde er zur Wehrmacht eingezogen, bald zu einem Strafbataillon versetzt, geriet schließlich in Gefangenschaft, von wo er ordnungsgemäß, jedoch völlig mittellos entlassen wurde. In der Nachkriegszeit betrieb er Schleichhandel mit Lebensmitteln und Zigaretten. Bei dieser Tätigkeit lernte er einen Mann kennen, der ihn zur Unzucht wider die Natur verführte.

Bald heiratete er eine ehemalige Prostituierte, mit der er ein Kind hatte. In der Ehe kam es wiederholt zu Streitigkeiten, weil immer wieder Rückfälle der Frau in die alte Lebensweise stattfanden. Damals unternahm der Angeklagte den ersten Selbstmordversuch und wurde in die psychiatrische Klinik eingeliefert. Die Ehe wurde nach einiger Zeit geschieden. Danach ging der Angeklagte zur französischen Fremdenlegion. Von dort wurde er nach einigen Jahren entlassen und nach Wien zurücktransportiert. Er lebte nun bei seiner Mutter, mit der es wiederholt zu Streitigkeiten kam. Endlich lernte er Frau Tod kennen. Sie war um etliche Jahre älter als der Beschuldigte. Es kam zwischen ihnen zu einem Liebesverhältnis, und sie beschlossen, einen gemeinsamen Hausstand zu gründen. Es hatte auch den Anschein, daß das Zusammenleben mit Frau Tod auf den Angeklagten einen guten Einfluß habe. Der Angeklagte ging einer geregelten Beschäftigung nach und bastelte in seiner Freizeit viele Einrichtungsgegenstände selber. Die beiden bewohnten ein großes Zimmer in Untermiete. Die Hauptmieterin, die schon wiederholt vergeblich versucht hatte, die Lebensgefährten aus der Wohnung zu bringen, wandte sich nunmehr an den Angeklagten und wollte ihn veranlassen, mit Frau Tod auszuziehen. Wiederholt erzählte ihm die Vermieterin, daß Frau Tod einen liederlichen Lebenswandel geführt und mehrmals andere Männer in ihre Wohnung aufgenommen habe. Seither kam es zwischen dem Angeklagten und seiner Lebensgefährtin zu Streitigkeiten, da er sie immer wieder – obgleich ohne jede Veranlassung – der Untreue bezichtigte. Der Angeklagte zog auch bei Personen der Umgebung Erkundigungen über den früheren Lebenswandel der Tod ein, die nicht sehr günstig ausfielen.

Er beschloß, seine Freundin zu töten. Vor Ausführung seines Vorsatzes trank er im Gasthaus drei Achtelliter Wein und besorgte weiteren Alkohol zum Mitnehmen nach Hause. Dann traf er sich mit Frau Tod, die aus dem Dienst kam, und überhäufte sie auf dem Heimweg mit Vorwürfen. Sie wollte gar nicht mit ihm nach Hause gehen, weil sie Angst vor ihm hatte. Er brachte sie mit Gewalt nach Hause und machte ihr weiter Vorwürfe über ihr Vorleben. Als sie, zu Hause angelangt, endlich sagte, er solle sie in Ruhe lassen, es gehe ihn schließlich nichts an, zog er eine bereitgehaltene Pistole und gab auf zirka eineinhalb Meter Entfernung einen Schuß ab. Dieser Schuß traf seine Freundin in den Bauch, und sie sank stöhnend zusammen. Der Beschuldigte trat dann auf die Schwerverletzte zu, setzte ihr den Lauf der Pistole an die Schläfe und feuerte einen zweiten Schuß ab. Nun wollte er sich selbst töten, war aber, wie er sagte, zu feige dazu. Er trug die tote Frau ins Bett und legte sich neben sie, die er, wie er angab, streichelte und küßte, bis er einschlief. Als er nach einigen Stunden aufwachte, schrieb er einen Abschiedsbrief an seine Mutter, war aber wieder zu feige, sich zu töten. Tags darauf stellte er sich selbst der Polizei.

Vieles unbegreiflich Scheinende kam noch in diesem Verfahren zutage. Sehr interessant war für Karl Jedermann die Meinung des Sachverständigen: Die geistige Minderwertigkeit des Angeklagten – so hieß es – grenze zwar schon an leichten Schwachsinn, enthebe ihn aber nicht der strafrechtlichen Verantwortlichkeit. Der Angeklagte habe im Zeitpunkt der Tat, in der er sich tatsächlich in einer heftigen Gemütsbewegung befand, in einer sogenannten Kurzschlußreaktion gehandelt. Eine solche Reaktion laufe, wenn sie einmal begonnen habe, zwangsläufig ab, ohne daß der Täter selbst die Möglichkeit hätte, diesen Ablauf zu hemmen.

Endlich wird die Verhandlung geschlossen. An die Geschwornen werden folgende Fragen gestellt:

Hauptfrage:
Ist der Angeklagte schuldig, am . . . in Wien Trude Tod dadurch, daß er gegen Unterleib und Kopf je einen Pistolenschuß abfeuerte, vorsätzlich getötet zu haben?

Zusatzfrage:
War der Angeklagte zur Zeit der Tat wegen einer Geisteskrankheit, wegen Schwachsinns oder wegen einer tiefgreifenden Bewußtseinsstörung unfähig, das Unrecht seiner Tat einzusehen oder nach dieser Einsicht zu handeln?

Die Geschwornen begeben sich nun in das für sie bestimmte Beratungszimmer und wählen mit einfacher Stimmenmehrheit einen Obmann aus ihrer Mitte.

Der Schwurgerichtshof verfaßt in der Zwischenzeit die den Geschwornen zu erteilende Rechtsbelehrung. Im Beratungszimmer der Geschwornen erteilt nun der Vorsitzende die Rechtsbelehrung und überzeugt sich, ob seine Belehrungen von den Geschwornen auch verstanden wurden. Waren Zweifel vorhanden, so beseitigt er sie. Und nun haben die Geschwornen unter dem Vorsitz ihres Obmannes allein über Schuld oder Nichtschuld des Angeklagten ihre Entscheidung zu treffen. Ehe dies geschehen ist, darf keiner das Beratungszimmer verlassen. Im gegebenen Fall waren die Meinungen sehr geteilt. Die Beratung dauerte lange.

Endlich ließ der Obmann über die einzelnen Fragen der Reihe nach mündlich abstimmen und gab zuletzt seine eigene Stimme ab. Nach Beendigung der Abstimmung verfaßte der Obmann eine kurze Niederschrift – gesondert für jede Frage – und benachrichtigte dann den Vorsitzenden des Schwurgerichtshofes. Im gegebenen Fall wurde die Hauptfrage mit acht Stimmen bejaht, die Zusatzfrage mit acht Stimmen verneint.

Wäre nun der Schwurgerichtshof einstimmig der Ansicht gewesen, daß sich die Geschworenen beim Ausspruch in der Hauptsache geirrt hätten, so hätte er beschließen können, die „Entscheidung auszusetzen" und die Sache dem Obersten Gerichtshof vorzulegen. Soweit die Sistierung reicht, ist der Wahrspruch und damit auch die vorausgegangene Hauptverhandlung vernichtet. Der OGH verweist die Sache vor ein anderes Geschwornengericht desselben oder eines anderen Sprengels; wenn aber nur noch über eine strafbare Handlung zu entscheiden ist, die für sich allein nicht vor ein Geschwornengericht gehört, an das von ihm zu bezeichnende sachlich zuständige Gericht. Bei der wiederholten – ganz von neuem durchzuführenden – Verhandlung darf keiner der Richter den Vorsitz führen und keiner der Geschwornen zugelassen werden, die an der ersten Hauptverhandlung teilgenommen haben. Der Wahrspruch des zweiten Geschwornengerichts ist dem Urteil zugrunde zu legen, auch wenn er mit dem ersten übereinstimmt, ja selbst dann, wenn er noch weniger richtig ist als der erste.

In unserem Fall ist der Angeklagte für schuldig befunden worden, und der Schwurgerichtshof berät nun gemeinsam mit den Geschwornen über die zu verhängende Strafe sowie über privatrechtliche Ansprüche und Kosten des Strafverfahrens.

Nach Wiedereröffnung der Verhandlung läßt der Vorsitzende den Angeklagten vorführen und fordert den Obmann der Geschwornen auf, den Wahrspruch mitzuteilen. Sodann verkündet der Vorsitzende das Urteil samt den wesentlichen Gründen.

Wäre jedoch der Schwurgerichtshof – wie oben geschildert – der Meinung, die Geschwornen hätten sich geirrt und die Sache sei daher dem OGH vorzulegen, so wird nur der Wahrspruch der Geschwornen mitgeteilt.

Mord

Wir wollen nun den Tatbestand, über den Karl Jedermann als Laienrichter zu entscheiden hatte, näher untersuchen.

Er ist im § 75 StGB geregelt und lautet:

Wer einen anderen (vorsätzlich) tötet, ist mit Freiheitsstrafe von 10 bis zu 20 Jahren oder mit lebenslanger Freiheitsstrafe zu bestrafen.

Wer sich in einer allgemein begreiflichen, heftigen Gemütsbewegung dazu hinreißen läßt, einen anderen zu töten, ist wegen des Verbrechens des **Totschlags** mit Freiheitsstrafe von 5 bis zu 10 Jahren zu bestrafen (§ 76 StGB). Wir sehen also, daß der Mord im Affekt, wenn dieser allgemein begreiflich ist und auch einen ordentlichen Durchschnittsmenschen erfaßt hätte, nicht so streng bestraft wird wie der allgemeine Mord.

Der Einwand, daß ein Mörder immer in einer heftigen Gemütsbewegung handelt und daß daher immer nur das Verbrechen des Totschlags vorliege, trifft wohl scheinbar zu; das Gesetz schiebt dem aber einen Riegel vor, indem es bestimmt, daß diese Gemütsbewegung allgemein begreiflich sein muß, das heißt, daß auch ein Durchschnittsmensch sich sagt: „In dieser Situation hätte ich auch so gehandelt."

Kausalität

Die Handlung braucht nicht immer ein Tun sein, der Tod kann auch durch eine Unterlassung herbeigeführt werden. Viele Theorien wurden entwickelt, um das Wesen des Zusammenhangs zwischen der Handlung oder Unterlassung des Täters und dem eingetretenen Erfolg zu klären. Die Rechtswissenschaft spricht hier von Kausalität.

Der Täter hat auch dann vollendeten Mord zu verantworten, wenn seine Tat an sich nicht hingereicht hat oder hätte, den beabsichtigten Tod herbeizuführen, sondern wenn dieser nur durch verschiedene unglückliche Umstände eingetreten ist, die entweder in der eigentümlichen Körperbeschaffenheit des Opfers zu suchen sind oder in anderen zufällig hinzugekommenen Zwischenursachen (§ 129 StPO) liegen.

Die juristisch relevante Kausalität (seit neuestem spricht man vom Risiko bzw. Rechtswidrigkeitszusammenhang) ist im neuen Strafgesetzbuch nicht geregelt, da es sich nach Ansicht des Gesetzgebers um eine naturwissenschaftliche Frage handelt; Anhaltspunkte einer Kausalitätsregel gibt uns jedoch § 129 StPO.

So ist z. B. Mörder, wer jemandem — in nachweisbarer Tötungsabsicht — auf den Kopf schlägt, auch wenn der Schlag an sich bei einem normalen Menschen kaum eine nennenswerte Verletzung hervorgerufen hätte, jedoch bei diesem Opfer den Tod deshalb zur Folge hatte, weil die Schädelknochen ungewöhnlich dünn waren (Papierschädel).

Die „Zwischenursachen", die durch die Handlung selbst veranlaßt wurden, sind nicht immer leicht festzustellen. Stirbt ein Verwundeter im Krankenhaus an Wundfieber, so ist die Ursache aus der Handlung selbst veranlaßt. Wird er jedoch von einem herabfallenden Gegenstand getötet, so ist die Zwischenursache nicht durch die Handlung selbst veranlaßt, weil in der Regel ein solches Herabfallen nicht im typischen Zusammenhang mit der Handlung des Mörders steht. Begeht der Verletzte nach der Verletzung Selbstmord, wird man wohl auch nicht von einer durch die Handlung des Täters veranlaßten Zwischenhandlung sprechen können. Es ist aber wohl denkbar, daß ein ständiges Einwirken auf die Psyche des Opfers, z. B. durch Erschrecken eines Herzkranken oder durch Zufügen seelischer Qualen, schließlich den Tod herbeiführen kann. Sollten diese Handlungen in Tötungsabsicht geschehen sein, so könnte der Täter, falls sich der Beweis erbringen ließe, wegen Mordes zur Verantwortung gezogen werden.

Der Kausalzusammenhang wird unterbrochen durch ein vorsätzliches oder grobfahrlässiges Handeln eines Dritten, der mit der Sache an und für sich nichts zu tun hat (z. B. ein bei einem Verkehrsunfall Verletzter wird in das Spital eingeliefert, in dem sein Todfeind Arzt ist, der ihm bei der Operation, die der Verletzte ohne weiteres überstanden hätte, in Tötungsabsicht die Schlagader durchschneidet). Hier haftet der Verletzer beim Verkehrsunfall nicht für den Tod, da durch die vorsätzliche Handlung des Todfeindes der Kausalzusammenhang unterbrochen wurde.

Bei einem Auffahrunfall im Straßenverkehr wird ein Fahrzeuginsasse im vorderen Fahrzeug nicht verletzt, sondern nur gefährdet, er springt aber in seinem Schreck aus dem Fahrzeug und läuft über die andere Fahrbahnseite zum Fahrbahnrand, wobei er vom Gegenverkehr erfaßt und schwer verletzt wird. Hier ist der Kausalzusammenhang ebenfalls unterbrochen, denn das Herausspringen aus dem Fahrzeug und das Laufen in den Gegenverkehr ist eine grob fahrlässige Handlung, die der Auffahrer nicht mehr zu verantworten hat.

Der Schuß ins Bett

Eine weitere Voraussetzung zur Beurteilung eines deliktischen Verhaltens als „Mord" ist die Tauglichkeit bzw. Gefährlichkeit des hiezu verwendeten Mittels. Ein untauglicher Versuch liegt z. B. vor, wenn jemand seinen Feind durch Fluchen oder Totbeten ums Leben bringen will. Hier hat der Täter wohl den bösen Vorsatz, seine Handlung ist jedoch belanglos, und selbst wenn der Verfluchte im Augenblick des Fluchens durch einen Herzschlag tot zusammenstürzt, kann man den Flucher nicht als Mörder für den Tod verantwortlich machen.

Will jedoch jemand seinen bösen Nachbarn, von dem er weiß, daß er meist an das Bett gefesselt ist, dadurch töten, daß er in der Richtung auf das Bett durchs

Fenster schießt, der Nachbar jedoch gerade das Bett verlassen hat und somit dem Tode oder einer schweren Verletzung entgeht, so liegt kein absolut untauglicher Versuch vor. Tatsächlich will ja der Mörder ernstlich seinen Nachbarn töten und verwendet dazu auch eine Waffe, die tauglich und gefährlich ist.

Schießt doch jemand in der gleichen Situation durch ein Fenster auf ein Bett, das bekanntermaßen unbenützt ist, weil es sich z. B. um ein Museumsstück handelt, so liegt ein sogenannter „Mangel an Tatbestand" vor und der Täter wird nicht zur Verantwortung gezogen, da es sich um einen „absolut untauglichen" Versuch handelt.

Sicherheit auf Österreichs Straßen

Karl Jedermann fährt mit kaum 50 km/h durch das Ortsgebiet einer kleineren Stadt auf einer gut ausgebauten und übersichtlichen Bundesstraße, als plötzlich und für ihn unerwartet aus einer benachrangten Seitengasse ein anderer Pkw unter Mißachtung des Vorranges des Karl Jedermann so knapp herausfährt, daß dieser auf das Fehlverhalten des anderen Verkehrsteilnehmers wohl noch durch Bremsen und auch Auslenken reagieren kann, es aber infolge der geringen Distanz zu einem Zusammenstoß kommt, bei dem glücklicherweise niemand verletzt wird, sondern nur leichter Blechschaden entsteht.

Die sicherlich dadurch entstandene Aufregung der Beteiligten legt sich bald, als Karl Jedermann in Kenntnis der folgenden Ausführungen die Situation erklärt.

Folgen des Verkehrsunfalls

a) Strafrechtliche Folgen

Gerichtliche Strafbarkeit bei einem Verkehrsunfall, bei dem ja immer fahrlässig gehandelt wird, tritt nur dann ein, wenn Menschen (leicht oder schwer) verletzt oder getötet worden sind. Bloße fahrlässige Gefährdung (nach der Situation bestand hohe Wahrscheinlichkeit einer Verletzung, die aber dann zufällig nicht eintrat, wie z. B. Nachvorschleudern auf dem Sitz, überhaupt Änderung der Sitzposition u. ä.) ist nur dann gerichtlich strafbar, wenn der Täter alkoholisiert und daher fahruntüchtig war oder unter besonders gefährlichen Verhältnissen (das sind Umstände, die nach allgemeiner Erfahrung mit hoher Wahrscheinlichkeit den Eintritt eines nach Umfang oder Schwere besonders großen, zunächst gar nicht überblickbaren Schadens an Leib und Leben erwarten lassen, also eine verschärfte Gefahrenlage mit außerordentlich hoher Unfallwahrscheinlichkeit, wobei die Gefährdung einer einzigen Person ausreicht) gehandelt hat.

b) Verwaltungsrechtliche Strafbarkeit

Diese ist nur dann gegeben, wenn die Tat nicht gerichtlich strafbar ist. Das heißt also, es findet eine Doppelbestrafung durch Gericht und Verwaltungsbehörden nicht statt, sondern bei Vorliegen der oben genannten Voraussetzungen ist die gerichtliche Strafbarkeit, nicht aber die verwaltungsbehördliche Strafbarkeit gegeben (Ausnahme: Lenken eines Fahrzeugs in einem durch Alkohol oder Suchtgift beeinträchtigten Zustand, wenn es zu einem Unfall mit Personenschaden kommt; in diesen Fällen findet eine Doppelbestrafung statt).

Verwaltungsrechtliche Strafbarkeit ist auch dann **nicht** gegeben, wenn durch die Tat lediglich Sachschaden entstanden ist und entweder ohne unnötigen Aufschub von den Beteiligten die nächste Sicherheitsdienststelle verständigt wurde oder die beteiligten Personen einander ihre Identität (Name, Beruf und Anschrift, zweckmäßigerweise auch Versicherungsanstalt und Polizzennummer) nachgewiesen haben.

Außerdem ist verwaltungsrechtliche Strafbarkeit nur auf Straßen mit öffentlichem Verkehr gegeben.

c) Zivilrechtliche Haftung

Wer einem anderen einen Schaden zufügt, muß diesen Schaden ersetzen.

Beim Schaden kann es sich um Personen- oder Sachschaden handeln.

Weil der Kraftfahrzeugverkehr derart überhand genommen hat, daß mit ständig steigenden Unfallzahlen gerechnet werden muß, die wieder Schadenersatzleistungen zur Folge haben, hat der Gesetzgeber die

Kraftfahrzeug-Haftpflichtversicherung

eingeführt, die bezweckt, daß der Geschädigte seine Schadenersatzansprüche nicht nur gegen den (eventuell mittellosen) Schädiger, sondern auch gegen die Versicherungsanstalt und eventuell auch gegen den sogenannten Halter des Kraftfahrzeugs geltend machen kann. Diese **Kfz-Haftpflichtversicherung** muß auf eine gesetzlich normierte Mindestsumme lauten, die seit 1. Juli 1982 S 10 Millionen pro Schadensfall beträgt (eine Erhöhung der Versicherungshöchstsumme ist zweckmäßig und gar nicht teuer). Dies ist eine Pauschalversicherungssumme, das heißt, die Leistung wird bis zur vollen Versicherungssumme erbracht, gleichgültig, ob es sich um einen Personen- oder Sachschaden handelt.

Da der Betrieb eines Kraftfahrzeugs (ebenso wie der einer Eisenbahn) so gefährlich ist, hat der Gesetzgeber in einem eigenen Gesetz, dem Eisenbahn- und Kraftfahrzeughaftpflichtgesetz, bestimmt, daß auch ohne Verschulden ein Schaden zu ersetzen ist, der beim Betrieb einer Eisenbahn oder eines Kraftfahrzeugs eintritt. Haftungsbefreiung tritt nach dem EKHG nur dann ein, wenn der Unfall durch ein unabwendbares Ereignis verursacht wurde, das weder auf einem Fehler in der Beschaffenheit noch auf einem Versagen der Vorrichtung der Eisenbahn oder des Kraftfahrzeugs beruhte. Als unabwendbar gilt ein Ereignis insbesondere dann, wenn es auf das Verhalten des Geschädigten, eines nicht beim Betrieb tätigen Dritten oder eines Tieres zurückzuführen ist und sowohl der Betriebsunternehmer oder Halter als auch die mit Willen des Betriebsunternehmers oder Halters beim Betrieb tätigen Personen jede nach den Umständen des Falls gebotene Sorgfalt beachtet haben und der Unfall nicht unmittelbar auf die durch das Verhalten eines nicht beim Betrieb tätigen Dritten oder eines Tieres ausgelöste außergewöhnliche Betriebsgefahr zurückzuführen ist. Ausgenommen sind auch Ersatzansprüche von völlig unentgeltlich beförderten Personen (Autostopper), weiters des Schwarzfahrers und schließlich der beim Betrieb beschäftigten Personen.

Die Versicherung ist also ebenso wie der Schädiger verpflichtet, dem Geschädigten Schadenersatz zu leisten, wobei der Schädiger der Versicherung nichts zurückzahlen muß (er kommt lediglich in den sogenannten Malus, das heißt, er muß höhere Versicherungsprämien zahlen; hat er längere Zeit hindurch keinen Unfall oder müssen aus dem Versicherungsfall keine Leistungen erbracht werden, weil er die Leistungen selbst erbringt, so kommt er in den Bonus, das heißt, er braucht weniger Versicherungsprämie zu bezahlen).

Damit aber die oben genannten drei Haftungsgründe (strafrechtlich, verwaltungsrechtlich und zivilrechtlich) zum Tragen kommen, muß der Täter überdies noch rechtswidrig gehandelt haben.

Ob jemand rechtswidrig handelt, erkennen wir aus dem Gesetz.

Für das Kraftfahrwesen kommen zwei Gesetze in Frage, nämlich

1. das Kraftfahrgesetz und
2. die Straßenverkehrsordnung.

Das Kraftfahrgesetz stammt aus dem Jahre 1967 und wurde inzwischen mehrfach novelliert.

Kraftfahrgesetz

Dieses Gesetz ist grundsätzlich auf Kraftfahrzeuge und Anhänger anzuwenden, die auf Straßen mit öffentlichem Verkehr verwendet werden (ausgenommen sind Kraftfahrzeuge mit geringen Geschwindigkeiten, Transportkarren, selbstfahrende Arbeitsmaschinen u. dgl., weiters kraftfahrsportliche Kraftfahrzeuge auf dafür gesperrten Straßen, Heeresfahrzeuge wie z. B. Panzer).

Unter einem Kraftfahrzeug versteht man ein zur Verwendung auf Straßen bestimmtes oder auf Straßen verwendetes Fahrzeug, das durch technisch freigemachte Energie angetrieben wird und nicht an Gleise gebunden ist, auch wenn es seine Antriebsenergie Oberleitungen entnimmt.

Im Gesetz finden sich Bestimmungen über Bauart und Ausrüstung der Kraftfahrzeuge und Anhänger (wie Höhe, Gewicht); Bestimmungen über genehmigungspflichtige Teile, Ausrüstungsgegenstände und Sturzhelme, Bremsen, Reifen (wie z. B. Mindestprofiltiefe: bei Motorrädern 1 mm, bei Pkw 1,6 mm, bei anderen Kraftfahrzeugen 2 mm); Vorschriften über die Lenkvorrichtung, die Windschutzscheibe, Verglasungen, Kraftstoffe, Kraftstoffbehälter, Vorrichtungen zur Lärmverhütung, Auspuffanlagen, Scheinwerfer, Leuchten und Rückstrahler für Kraftwagen (Abblendlicht muß mindestens 40 m, Fernlicht mindestens 100 m weit leuchten); Vorschriften über Fahrtrichtungsanzeiger (Blinker), weiters über Warnleuchten und Nebelscheinwerfer, Scheibenwischer, Warnvorrichtungen, Rückblickspiegel, Geschwindigkeitsmesser, Fahrtenschreiber, Sitze, Kopfstützen, Fahrgestellnummern und Motornummern sowie Aufschriften.

Typen von Kraftfahrzeugen oder Anhängern oder von Fahrgestellen solcher Fahrzeuge und einzelne Kraftfahrzeuge oder Anhänger oder Fahrgestelle solcher Fahrzeuge sind auf Antrag behördlich zu genehmigen, wenn sie den Bestimmungen des Kraftfahrgesetzes und der aufgrund dieses Gesetzes erlassenen Verordnungen entsprechen.

Ein im normalen Handel gekauftes Kraftfahrzeug ist grundsätzlich typengenehmigt; dies ergibt sich aus dem Typenschein, den man beim Kauf ausgehändigt erhält.

Änderungen an einer genehmigten Type muß der Erzeuger dem Bundesminister für Verkehr anzeigen.

Änderungen an einem **einzelnen** zum Verkehr zugelassenen Fahrzeug einer genehmigten Type, die im Typenschein enthaltene Angaben betreffen, hat der **Zulassungsbesitzer** des Fahrzeuges unverzüglich dem **Landeshauptmann** anzuzeigen, in dessen örtlichem Wirkungsbereich das Fahrzeug seinen dauernden Standort hat (ausgenommen sind Änderungen durch das Anbringen von bestimmten Arten von Teilen, Ausrüstungsgegenständen, zusätzlichen Aufbauten oder Vorrichtungen an Fahrzeugen, die nicht angezeigt werden müssen, wenn sie nicht wesentlich, nicht gesetzwidrig und auch nicht die Verkehrs- und Betriebssicherheit des Fahrzeugs herabsetzend oder diese Änderungen typengenehmigt sind). Im Zweifelsfall ist es zweckmäßig, sich entweder beim Landeshauptmann (kraftfahrtechnische Untersuchungsstelle), bei den Kraftfahrerorganisationen ÖAMTC oder ARBÖ oder beim Mechaniker seines Vertrauens über die Typengenehmigung zu erkundigen.

Regreß der Versicherung

Die Versicherung muß also grundsätzlich, ohne daß sie die von ihr erbrachten Leistungen vom Schädiger zurückverlangen kann, die Leistungen an den Geschädigten erbringen.

In zwei Fällen jedoch kann die Versicherung Regreß nehmen, das heißt, sie kann vom Schädiger die von ihr erbrachten Leistungen ganz oder zum Teil zurückfordern, nämlich dann, wenn:

1. der Schädiger in einem durch Alkohol beeinträchtigten Zustand fahruntüchtig den Verkehrsunfall verschuldet hat (egal ob dies gerichtlich oder verwaltungsbehördlich festgestellt wurde). Hier kann die Versicherung allerdings den Schaden nur beschränkt vom Schädiger zurückverlangen;

2. eine sogenannte Obliegenheitsverletzung vorliegt, das heißt, wenn der Lenker des Kraftfahrzeugs Vorschriften außer acht ließ, die die Betriebsgefahren erhöhten, also wenn er mit einem nicht verkehrs- oder betriebssicheren, aber auch unter Umständen mit einem nicht typengenehmigten oder geänderten Fahrzeug den Unfall verschuldet hat und diese Mängel mit dem Unfall kausal sind, das heißt in einem ursächlichen Zusammenhang stehen.

Hier kann die Versicherung also Änderungen an einzelnen Fahrzeugen, falls diese nicht angezeigt werden müssen, dem Landeshauptmann (kraftfahrtechnische Untersuchungsstelle) anzeigen, weil sonst Regreßmöglichkeit der Versicherung im Fall eines Unfalls gegeben ist.

Kraftfahrzeuge dürfen nur dann auf **Straßen mit öffentlichem Verkehr** verwendet werden, wenn sie:

a) zum Verkehr zugelassen sind,

b) das behördliche Kennzeichen führen,

c) die vorgeschriebene Kraftfahrzeughaftpflichtversicherung besteht, sowie überdies nur dann, wenn sie

d) mit einer entsprechenden Begutachtungsplakette versehen sind.

Die Zulassung darf von der Zulassungsbehörde (Bezirkshauptmannschaft oder Bundespolizeibehörde) nur dann bewilligt werden, wenn der Typenschein, eine Versicherungsbestätigung und bei der erstmaligen Zulassung eine Zollbestätigung sowie der Nachweis der ordnungsgemäß entrichteten Kraftfahrzeugsteuer vorgelegt wird. Über die Zulassung erhält der Zulassungsbesitzer einen Zulassungsschein. Änderungen und Umstände, die die Zulassung betreffen, hat der Zulassungsbesitzer der Behörde binnen einer Woche anzuzeigen (Verlegung des ordentlichen Wohnsitzes, Änderung des Typenscheins, Änderung der Motornummer). Die Zulassung eines Kraftfahrzeugs erlischt, wenn der Zulassungsbesitzer das Fahrzeug abmeldet.

Die Behörde hat die Zulassung aufzuheben, wenn das Fahrzeug nicht verkehrs- oder betriebssicher ist oder wenn der Versicherer anzeigt, daß die Versicherungsprämien nicht bezahlt wurden.

Die Zulassung kann von der Behörde aufgehoben werden, wenn die vorgeschriebene Überprüfung trotz wiederholter Mahnung nicht vorgenommen wird oder Auflagen nicht eingehalten werden.

Für Vorführ- oder Erprobungszwecke werden Probekennzeichen für die Inhaber der Werkstätten ausgegeben.

Die obersten Organe des Staates können für ihre Fahrzeuge ein zweites Kennzeichen zugewiesen erhalten, ebenso die Fahrzeuge der Wachkörper, der Bundesbahnen, der Post und des Heeres.

Der Verlust von Kennzeichentafeln ist unverzüglich der Behörde anzuzeigen. Bei Verlust der Kennzeichentafeln kann die örtlich zuständige Behörde Überstellungskennzeichen ausstellen.

Kraftfahrzeuge und Anhänger sind wiederkehrend zu überprüfen, wobei festzustellen ist, ob das Fahrzeug den Vorschriften des Kraftfahrgesetzes und der aufgrund dieses Gesetzes erlassenen Verordnungen noch entspricht. Wenn das Fahrzeug entspricht, erhält der Zulassungsbesitzer eine Begutachtungsplakette.

Bei Kraftfahrzeugen mit ausländischen Kennzeichen, die in Österreich fahren, muß die Haftung durch einen österreichischen Haftpflichtversicherer gegeben sein, oder der Versicherungsverband erklärt, für bestimmte Arten von Fahrzeugen mit ausländischen Kennzeichen zu haften.

Bei Gegenseitigkeit mit anderen Staaten kann diese Verpflichtung entfallen.

Die Erteilung der Lenkerberechtigung (des Führerscheins) ist ebenfalls im Kraftfahrgesetz geregelt. Voraussetzung ist zunächst die Vollendung des 18. Lebensjahres (bei Omnibussen 24. Lebensjahr bzw. das 22. Lebensjahr für Berufskraftfahrer beschränkt auf Ortslinien).

Die Lenkerberechtigung wird in die Gruppen A bis G eingeteilt, je nach der Art des Fahrzeugs, zu dessen Lenken der Führerschein berechtigt.

Abgesehen vom vollendeten Alter muß der Führerscheininhaber auch verkehrszuverlässig sein. Dies ist er dann nicht, wenn er sich im Straßenverkehr rücksichtslos benimmt oder andere durch Trunkenheit gefährdet, wenn er das Kraftfahrzeug zu schwer strafbaren Handlungen verwendet bzw. sie damit leichter begeht, weiters wenn er sich häufig in einen die Zurechnungsfähigkeit ausschließenden Rauschzustand versetzt und darin eine strafbare Handlung begeht, weiters bestimmte gerichtlich strafbare schwere Delikte begeht bzw. wiederholt, wenn er wiederholt in einem durch Alkohol beeinträchtigten Zustand ein Kraftfahrzeug lenkt, Fahrerflucht begeht oder Auflagen nicht einhält und dadurch wiederholt die Verkehrssicherheit gefährdet.

Der Führerscheininhaber muß also geistig und körperlich zum Lenken von Kraftfahrzeugen geeignet sein.

Vor der Erteilung der Lenkerberechtigung hat die Behörde ein Gutachten von Sachverständigen darüber einzuholen, ob der Antragsteller zum Lenken von Kraftfahrzeugen der in Betracht kommenden Gruppe fachlich befähigt ist (Lenkerprüfung).

Die Lenkerprüfung besteht aus einer theoretischen und einer praktischen Prüfung, wobei die praktische erst dann abgenommen werden darf, wenn die theoretische mit Erfolg abgelegt wurde.

Die Lenkerberechtigung ist vorübergehend zu entziehen, wenn der Besitzer nicht mehr verkehrszuverlässig ist. Der Führerschein kann vorläufig durch Organe des öffentlichen Sicherheitsdienstes abgenommen werden, wenn beim Lenker deutlich zu erkennen ist, daß er infolge eines übermäßigen Alkoholgenusses oder eines außergewöhnlichen Erregungs- oder Ermüdungszustandes nicht mehr die volle Herrschaft über seinen Geist und seinen Körper besitzt.

Personen mit ordentlichem Wohnsitz in einem Staat, der dem Genfer Abkommen über den Straßenverkehr, BGBl Nr. 222 aus 1955, beigetreten ist, dürfen Kraftfahrzeuge auf Straßen mit öffentlichem Verkehr lenken, wenn sie das 18. Lebensjahr vollendet haben und entweder einen nationalen oder einen internationalen Führerschein vorweisen können. Personen mit ordentlichem Wohnsitz in einem anderen Staat, der aber dem Pariser Übereinkommen über den Verkehr von Kraftfahrzeugen, BGBl Nr. 304 aus 1930, beigetreten ist, dürfen Kraftfahrzeuge auf Straßen mit öffentlichem Verkehr lenken, wenn sie einen internationalen Führerschein vorweisen können.

Personen mit ordentlichem Wohnsitz in einem Staat, der keiner der angeführten Vereinbarungen beigetreten ist, dürfen Kraftfahrzeuge nur aufgrund eines internationalen Führerscheins lenken.

Im Kraftfahrgesetz finden sich dann noch Bestimmungen über die allgemeinen Pflichten der Kraftfahrzeuglenker, über höchstzulässige Fahrgeschwindigkeiten, Beleuchtung, Warnzeichen und die Beschaffenheit der Beladung sowie über die Ausbildung der Kraftfahrzeuglenker in Kraftfahrschulen, die Ausbildung der Lehrer in diesen Schulen sowie Bestimmungen über die Behörden-Zuständigkeiten und Strafbestimmungen.

Das zweite wichtige Gesetz, das die Rechte und Pflichten der Kraftfahrzeuglenker regelt, ist die Straßenverkehrsordnung 1960, die bis heute ebenfalls schon mehrfach novelliert wurde. Dieses Gesetz gilt nur für Straßen mit öffentlichem Verkehr, das sind solche, die von jedermann unter den gleichen Bedingungen benützt werden können. Es gilt auch für Straßen ohne öffentlichen Verkehr, jedoch nur dann, wenn in anderen Gesetzen oder durch den Straßenerhalter nichts anderes bestimmt ist.

Das Gesetz enthält weiters Begriffsbestimmungen (was ist eine Straße, eine Fahrbahn, ein Radweg, ein Gehsteig, eine Schutzinsel usw.) und normiert dann den

Vertrauensgrundsatz:

Dieser besagt, daß jeder Straßenbenützer darauf vertrauen darf, daß andere Personen die für die Benützung der Straße maßgeblichen Rechtsvorschriften befolgen werden. Er darf sich also darauf verlassen, daß die anderen Verkehrsteilnehmer sich ebenso ordnungsgemäß verhalten werden, wie er selbst sich verhalten soll.

Karl Jedermann brauchte daher beim gegenständlichen Verkehrsunfall nicht damit zu rechnen, daß sein Unfallgegner die Vorrangregeln verletzen wird.

Gleichzeitig normiert der § 3 der StVO 1960, der die Überschrift **Vertrauensgrundsatz** trägt, die Ausnahmen davon, so daß man in diesem zweiten Teil von einem Mißtrauensgrundsatz sprechen kann. Der Vertrauensgrundsatz gilt nämlich nicht gegenüber Kindern, Seh- oder Hörbehinderten mit weißem Stock oder gelber Armbinde, offensichtlich Körperbehinderten oder Gebrechlichen oder gegenüber Personen, aus deren auffälligem Gehaben geschlossen werden muß, daß sie unfähig sind, die Gefahren des Straßenverkehrs einzusehen oder sich dieser Einsicht gemäß zu verhalten.

Wenn also unser Autofahrer, Karl Jedermann, einen Blinden mit weißem Stock oder gelber Armbinde sieht, dann wird er seine Fahrgeschwindigkeit und sein Fahrverhalten entsprechend einrichten. Ebenso wird er sich bei Kindern oder den anderen oben erwähnten Personen verhalten.

Schwieriger ist es bei der zuletzt angeführten Personengruppe einzusehen, daß auch sie wie die übrigen mit ihr in einem Atemzug im Gesetz genannten Personen behandelt werden muß.

Aber abgesehen davon, daß sich Karl Jedermann beim gegenständlichen Verkehrsunfall selbst vor größeren Schäden schützte, indem er sein Fahrzeug abbremste und verriß, war er auch dazu verpflichtet, auf das Fehlverhalten des anderen Verkehrsteilnehmers zu reagieren, denn bei diesem handelt es sich um eine solche Person, aus deren auffälligem Gehaben geschlossen werden muß, daß sie unfähig ist, die Gefahren des Straßenverkehrs einzusehen oder sich dieser Einsicht gemäß zu verhalten, weil nämlich der Unfallgegner des Karl Jedermann gegen eine der wichtigsten Regeln im Straßenverkehr, die Vorrangregel, verstoßen hat. Auch auf das Fehlverhalten solcher Personen muß daher jeder Kraftfahrer entsprechend reagieren und darf nicht sagen: „Ha, du verhältst dich falsch, na, dann wirst du sehen, wie es dir ergeht" und ohne Reaktion auf das Fehlverhalten den anderen niederfahren.

Es geht nämlich nicht an, daß ein Fußgänger, der z. B. bei Rot über die Kreuzung eilt, von einem Kraftfahrer, der ja Grün hat, nur deshalb niedergestoßen wird, weil der Kraftfahrer, der ohne weiteres bremsen könnte und so einen Unfall vermeiden würde, obigen Ausspruch tut und der arme Fußgänger sein an und für sich nur in einer geringfügigen Verwaltungsübertretung bestehendes Verhalten mit dem Tod büßt.

Wenn allerdings der Kraftfahrer im gegenständlichen Fall alles unternimmt, um den Unfall zu vermeiden, ihm dies aber nicht mehr gelingt, weil der Fußgänger eben schon so knapp vor dem Auto war und trotz sofort einsetzender Bremsung vom Fahrzeug erfaßt und verletzt oder gar getötet wird, so trifft natürlich den Autofahrer kein Verschulden, denn er hat entsprechend dem oben erwähnten „Mißtrauensgrundsatz" auf das Fehlverhalten des Fußgängers entsprechend reagiert und es kann ihm ein weiterer Vorwurf nicht gemacht werden.

Eine wichtige Vorschrift ist die über das Verhalten nach Verkehrsunfällen.

Alle Personen, deren Verhalten am Unfallort mit dem Verkehrsunfall in ursächlichem Zusammenhang (Verschulden ist überhaupt nicht notwendig) steht, haben als Fahrzeuglenker sofort anzuhalten, Maßnahmen zur Vermeidung von Schäden zu treffen und an der Feststellung des Sachverhalts mitzuwirken.

Wenn Personen verletzt wurden, sind sie verpflichtet, Hilfe zu leisten; wenn sie dazu nicht fähig sind, haben sie unverzüglich für fremde Hilfe zu sorgen und überdies sofort die nächste Polizei- oder Gendarmeriedienststelle zu verständigen.

Auch **Zeugen** des Verkehrsunfalls haben, falls die vorhin genannten Personen nicht für die erforderliche Hilfe sorgen, Hilfe zu leisten, außer sie ist ihnen nicht zumutbar (wegen erheblicher Gefährdung eigener oder Verletzung anderer wichtiger Interessen). Wenn der Zeuge zur Hilfeleistung nicht fähig ist, hat er unverzüglich für fremde Hilfe zu sorgen.

Die gleichen Verpflichtungen wie der Zeuge haben auch Personen, die am Ort eines Verkehrsunfalls dessen Folgen wahrnehmen (später Hinzukommende), außer eigene Hilfeleistung oder Besorgung fremder Hilfe ist offensichtlich nicht mehr erforderlich.

Fahren Sie daher bitte, wenn bereits für die erforderliche Hilfe gesorgt ist, an Unfallstellen nicht langsam vorbei, um zuschauen zu können! Langsam soll man nur vorbeifahren, falls es wegen Gefährdung nicht anders möglich ist, sonst bitte zügig vorbeifahren!

Im übrigen ist auch jedermann verpflichtet, die Herbeiholung einer Hilfe zu ermöglichen (Zurverfügungstellung von Telefon, eventuell auch des eigenen Kraftfahrzeugs).

Alkoholbeeinträchtigung

Wer sich in einem durch Alkohol beeinträchtigten Zustand befindet, darf ein Fahrzeug weder lenken noch in Betrieb nehmen. Bei einem Blutalkoholgehalt von 0,8 Promille und darüber gilt der Zustand einer Person als von Alkohol beeinträchtigt (unwiderleglich).

Amtsärzte und besonders hiezu ermächtigte Wachebeamte sind berechtigt, die Atemluft von Lenkern auf Alkohol zu untersuchen, wenn vermutet werden kann, daß diese Personen durch Alkohol beeinträchtigt sind. Diese Untersuchung ist mit geeigneten Geräten (Teströhrchen mit Luftballon) vorzunehmen. Einem offenbar durch Alkohol beeinträchtigten Lenker kann der Fahrzeugschlüssel abgenommen werden, um ihn an der Lenkung oder Inbetriebnahme des Fahrzeugs zu hindern. Auch der Führerschein kann abgenommen werden.

Straßenaufsichtsorgane sind weiters berechtigt, Personen zur Feststellung des Grades der Alkoholeinwirkung einem Amtsarzt vorzuführen, wenn diese Personen durch den Röhrchentest alkoholverdächtig sind oder wenn sie ein Fahrzeug lenken, in Betrieb nehmen oder dies beides versuchen und offenbar durch Alkohol beeinträchtigt sind oder wenn sie als Lenker oder auch Fußgänger (!) verdächtig sind, in einem durch Alkohol beeinträchtigten Zustand einen Verkehrsunfall verursacht zu haben.

Es besteht eine Verpflichtung, sich dieser Untersuchung zu unterziehen. Ebenso besteht eine Verpflichtung zur Blutabnahme, wenn ein Verkehrsunfall verursacht wurde, bei dem eine Person getötet oder erheblich verletzt wurde. Die Blutabnahme ist auch vorzunehmen, wenn ein Vorgeführter sie verlangt oder ihr zustimmt.

Diese Bestimmungen sind auch auf Personen anwendbar, die sich in einem durch **Suchtgift** beeinträchtigten Zustand befinden.

Eisenbahnkreuzungen

Hier gelten die Eisenbahnrichtlinien und -vorschriften, insbesondere die Eisenbahnkreuzungsverordnung, die bestimmt, daß Eisenbahnkreuzungen entweder durch Andreas-Kreuze, Schrankenanlagen, Blinkanlagen oder durch Bewachung gesichert werden können, und im einzelnen näher bestimmt, wie sich die Lenker bei Annäherung an derartige Kreuzungen zu verhalten haben.

Allgemeine Fahrordnung

Es ist so weit rechts zu fahren, wie dies möglich ist. An gefährlichen Stellen (unübersichtlichen Kurven, Fahrbahnkuppen, bei ungenügender Sicht, Überholtwerden und bei Gegenverkehr) ist am (äußersten) rechten Fahrbahnrand zu fahren.

Karl Jedermann fährt auf einer schmalen Bergstraße in den Alpen bergab, nachdem er dort den herrlichen Ausblick auf die Berge des Landes genossen hat. Ihm entgegen kommt bergauf ein Autobus.

Karl Jedermann wird entsprechend der Vorschrift des § 10 der StVO 1960 soweit als möglich rechtzeitig und ausreichend nach rechts ausweichen und auch als Bergabfahrender anhalten, um dem Autobus, der, wenn er als Bergauffahrender halten würde, wieder schwer anfahren könnte, das Passieren zu ermöglichen (§ 10 StVO 1960).

Wieder im Tal, fährt Karl Jedermann auf einer breiten Bundesstraße außerhalb des Ortsgebietes und will in der Folge nach links in einen Feldweg einbiegen, der nicht sofort erkennbar ist.

Richtigerweise betätigt er den Blinker, nachdem er sich davon überzeugt hat, daß niemand zum Überholen angesetzt hat, und fährt in die Fahrbahnmitte, wobei er den Blinker weiter betätigt. Noch vor dem Abbiegen macht er richtigerweise einen zweiten Blick in den Rückspiegel, weil er ja damit rechnen muß, daß nachfolgende Fahrzeuge nicht bemerken, wohin er abbiegen will, da der Feldweg, wie angenommen, nicht gut sichtbar ist (§§ 11 und 12 StVO 1960).

Als er dann in einen Gasthaushof fährt, um dort zu parken, und nach dem Mittagessen aus der Hofeinfahrt wieder herausfährt, läßt er seine Frau auf die Straße treten und bittet sie, ihn einzuweisen, da die Straße dort unübersichtlich ist und daher die Verkehrssicherheit ein Einweisen erfordert (§ 13 Abs. 3 StVO 1960).

Karl Jedermann weiß, daß er auf Vorrangstraßen im Ortsgebiet und auch auf Schienenstraßen außer auf geregelten Kreuzungen nicht umkehren darf. Ebenfalls ist ihm bekannt, daß er beim Rückwärtsfahren sich erforderlichenfalls einweisen lassen muß und daß er beim Rückwärtsfahren auch seinen Vorrang verliert (§ 14 StVO 1960).

Als ordentlicher Kraftfahrer kennt er auch die Vorschriften über das Überholen (§ 15 StVO 1960). So z. B., daß er verpflichtet ist, den Wechsel des Fahrstreifens rechtzeitig anzuzeigen und einen der Verkehrssicherheit und Fahrgeschwindigkeit entsprechenden seitlichen Abstand vom überholten Fahrzeug einzuhalten. Ebenso kennt er die Überholverbote des § 16 der StVO 1960. So weiß er, daß unter anderem beim Vorschriftszeichen „Überholverbot", aber auch bei ungenügender Sicht, auf unübersichtlichen Straßenstellen, vor Fahrbahnkuppen, außer wenn die Fahrbahn durch eine Sperrlinie geteilt ist, nicht überholt werden darf.

An Schienenfahrzeugen (Straßenbahn) darf in Haltestellen nur in Schrittgeschwindigkeit und in entsprechendem seitlichem Abstand vorbeigefahren werden, um ein- und aussteigende Personen weder zu gefährden noch zu behindern. Wenn es die Sicherheit dieser Personen erfordert, ist anzuhalten (§ 17 StVO 1960).

Karl Jedermann fährt nun wieder weiter auf der erwähnten Bundesstraße, als vor ihm ein ausländischer Urlauber, der die Gegend besichtigt, plötzlich und unvermutet anhält. Gott sei Dank hat Karl Jedermann beim Hintereinanderfahren (§ 18 der StVO 1960) einen genügenden Sicherheitsabstand eingehalten, der es ihm ermöglicht, auf dieses Fehlverhalten im Sinne des § 3 der StVO 1960 („Mißtrauensgrundsatz"!) entsprechend zu reagieren, wobei es ihm gelingt, sein Fahrzeug kontaktfrei zum Stillstand zu bringen. Wäre ihm dies nicht gelungen, z. B. weil er einen zu geringen Sicherheitsabstand eingehalten hätte, wäre er an dem gegenständlichen Verkehrsunfall mitschuldig, weil er auch auf ein plötzliches und unvermutetes Anhalten des Fahrzeugs vor ihm reagieren muß.

In unserem eingangs erwähnten Beispiel – Verkehrsunfall durch Verletzung des Vorrangs – hat Karl Jedermanns Unfallgegner gegen die Vorschrift des § 19 Abs. 4 der StVO 1960 verstoßen, weil er das Vorschriftszeichen Vorranggeben nicht beachtet hat. Karl Jedermann hat auf das Fehlverhalten rechtzeitig reagiert, so daß nur den Unfallgegner ein Verschulden trifft. Grundsätzlich gilt beim Vorrang (§ 19 der StVO 1960) die Rechtsregel, das heißt, Fahrzeuge, die von rechts kommen, haben grundsätzlich Vorrang, ausgenommen Schienenfahrzeuge, die auch dann Vorrang haben, wenn sie von links kommen. Daß Einsatzfahrzeuge der Rettung, Feuerwehr, des öffentlichen Sicherheitsdienstes und sonstige Einsatzfahrzeuge, die übrigens untereinander in dieser Reihenfolge Vorrang haben, gegenüber anderen Fahrzeugen immer Vorrang haben, ist wohl klar. Auch daß Fahrzeuge, die auf einer Vorrangstraße fahren, den Vorrang gegenüber Fahrzeugen auf kreuzenden oder einmündenden Straßen haben, bedarf keiner Erwähnung.

Fahrzeuge, die ihre Fahrtrichtung beibehalten oder nach rechts einbiegen, haben, außer es ist etwas anderes durch Verkehrszeichen geregelt, den Vorrang gegenüber entgegenkommenden nach links einbiegenden Fahrzeugen. Fahrzeuge im fließenden Verkehr haben den Vorrang gegenüber Fahrzeugen, die aus Nebenfahrbahnen, Parkplätzen, von Haus- oder Grundstückseinfahrten, von Feldwegen oder von Tankstellen u. dgl. kommen. Wer keinen Vorrang hat (der Wartepflichtige), darf durch Kreuzen, Einbiegen oder Einordnen die Lenker von Fahrzeugen mit Vorrang weder zu unvermitteltem Bremsen noch zum Ablenken ihrer Fahrzeuge nötigen.

Die Fahrgeschwindigkeit (§ 20 der StVO 1960) ist den gegebenen oder durch Straßenverkehrszeichen angekündigten Umständen, insbesondere den Straßenverkehrs- und Sichtverhältnissen sowie den Eigenschaften von Fahrzeug und Ladung anzupassen. Es darf auch nicht ohne zwingenden Grund **so langsam** gefahren werden, daß der übrige Verkehr **behindert** wird.

Fahrgeschwindigkeit in km/h	zurückgelegte m per sek.	notwendige Zeit in sek. für eine Strecke von 10 m
10	2,77 m	3,60 sek.
20	5,55 m	1,80 sek.
30	8,33 m	1,20 sek.
36	10,– m	1,– sek.
40	11,11 m	0,90 sek.
50	13,90 m	0,72 sek.
60	16,70 m	0,60 sek.
70	19,50 m	0,51 sek.
80	22,33 m	0,45 sek.
90	25,00 m	0,40 sek.
100	27,80 m	0,36 sek.

Die Höchstgeschwindigkeit im Ortsgebiet beträgt 50 km/h, auf Autobahnen 130 km/h, auf den übrigen Freilandstraßen 100 km/h, sofern nichts anderes durch Verkehrszeichen bestimmt ist.

Wenn man daher in der Nacht und nur mit Abblendlicht fährt (Sicht 40 m), muß man seine Fahrgeschwindigkeit so einrichten, daß man innerhalb der eingesehenen Strecke beim Auftauchen von Hindernissen auf der Fahrbahn jederzeit das Fahrzeug zum Stillstand bringen kann, wobei zu berücksichtigen ist, daß man bei Auftauchen von Hindernissen zunächst etwa 1 sek. benötigt, die im ungebremsten Zustand durchfahren wird (sogenannte Schrecksekunde), bis die Bremsung einsetzt und dann wirksam wird.

In Dunkelheit bei Abblendlicht wird man daher, da der reine Bremsweg bei einer Bremsverzögerung von 6 m pro Sekundenquadrat bei dieser Geschwindigkeit 23,4 m beträgt und der ungebremste Weg, wie auch aus obiger Tabelle ersichtlich, 16,7 m beträgt, höchstens etwa 60 km/h fahren dürfen.

Man darf auch seine Fahrgeschwindigkeit nicht jäh und für den Lenker eines nachfolgenden Fahrzeugs überraschend vermindern (§ 21 StVO 1960).

Warnzeichen sind abzugeben, wenn es die Verkehrssicherheit erfordert. Sie sind bei Hupverbot grundsätzlich verboten, in Notsituationen jedoch erlaubt; vor Kirchen, gekennzeichneten Schulen und Krankenhäusern sowie zur Nachtzeit dürfen sie nicht länger als unbedingt nötig abgegeben werden.

Halte- und Parkverbote sind zu beachten. Es besteht die Möglichkeit des Abschleppens des Fahrzeugs, was sehr teuer zu stehen kommen kann.

In Kurzparkzonen ist eine Parkscheibe, in größeren Städten wie z. B. in Wien und Graz sind Parkgebührenzettel zu verwenden, die die Parkscheibe ersetzen.

Daß auf Kinder (§ 29 StVO 1960) besondere Rücksicht zu nehmen ist, bedarf keiner Erwähnung, ebenso gilt dies für gehbehinderte Personen.

Einrichtungen zur Regelung und Sicherung des Verkehrs (§ 31 StVO 1960) wie Verkehrsampeln, Signalscheiben, Straßenverkehrszeichen, Verkehrsleiteinrichtungen, Sockel für Verkehrsposten, Verkehrstürme, Schutzinseln, Sperrketten, Geländer, Begrenzungspfeiler, Randsteine, radableitende Begrenzungen, Straßenbeleuchtungseinrichtungen, Schneegatter, Verkehrsspiegel dürfen selbstverständlich nicht beschädigt, unbefugt angebracht, entfernt, verdeckt oder in ihrer Lage oder Bedeutung verändert werden.

Über die Bedeutung der Arm- und Lichtzeichen braucht hier wohl kein Wort verloren werden, zumal diese jedem Kind bekannt sind.

Auch die Bedeutung der Verkehrszeichen ist in der Bevölkerung soweit verbreitet, daß über sie hier nicht gesprochen werden muß.

Ein Fahrzeug darf auf Straßen nur verwendet werden, wenn es so gebaut und ausgerüstet ist, daß durch seinen sachgemäßen Betrieb Personen nicht gefährdet oder durch Geruch, Geräusch, Abgase u. dgl. nicht über das gewöhnliche Maß hinaus belästigt oder Sachen, insbesondere die Fahrbahnen, nicht beschädigt werden.

Bei Dämmerung, Dunkelheit oder Nebel oder wenn es die Witterung sonst erfordert, sind Fahrzeuge auf der Fahrbahn zu beleuchten. Weißes Licht darf dabei nicht nach hinten, rotes Licht nicht nach vorne leuchten. Eine Beleuchtung eines Fahrzeugs darf unterbleiben, wenn es stillsteht und die sonstige Beleuchtung (Straßenbeleuchtung oder Tageslicht) ausreicht, um es aus einer Entfernung von ungefähr 50 m zu erkennen (§ 60 StVO 1960).

Radfahren darf man ab dem vollendeten 12. Lebensjahr. Kinder unter 12 dürfen nur unter Aufsicht Erwachsener oder mit behördlicher Bewilligung ein Fahrrad lenken. Die behördliche Bewilligung darf erteilt werden, wenn das Kind das 10. Lebensjahr vollendet hat und anzunehmen ist, daß es die erforderliche körperliche und geistige Eignung besitzt. Die Bewilligung gilt nur innerhalb des **örtlichen Wirkungsbereiches** der Behörde.

Radfahrer, die auf dem Fahrrad Personen mitführen, müssen das 16. Lebensjahr vollendet haben. Wenn das mitgeführte Kind noch nicht 8 Jahre alt ist, muß dafür ein eigener, der Größe des Kindes entsprechender Sitz vorhanden sein. Wenn das Kind mehr als 8 Jahre alt ist, darf nur ein Fahrrad besonderer Bauart (Tandemfahrrad) verwendet werden. Das Mitführen von mehr als einer Person auf dem Fahrrad ist verboten.

Jedes Fahrrad muß zwei voneinander unabhängige, sicher wirkende Bremsen haben und eine helltönende Glocke, eine helleuchtende, mit dem Fahrrad fest verbundene Lampe mit weißem oder gelblichem, nicht blendendem Licht mit einem Lichtschein von 15 bis 20 m und ein rotes Rücklicht sowie rote Rückstrahler und gelbe Rückstrahler an den Pedalen aufweisen.

Fußgänger haben auf Gehsteigen oder Gehwegen zu gehen. Sie dürfen nicht überraschend die Fahrbahn betreten. Wenn Gehsteige oder Gehwege nicht vorhanden sind, haben sie das Straßenbankett und wenn dieses fehlt, den äußersten Fahrbahnrand zu benützen. Auf Freilandstraßen, außer im Fall der Unzumutbarkeit, müssen sie auf dem linken Straßenbankett oder Fahrbahnrand gehen.

Sie müssen die Fahrbahn in angemessener Eile überqueren. Außerhalb von Schutzwegen haben sie den kürzesten Weg zu wählen. Grundsätzlich sind für die Überquerung der Fahrbahn Schutzwege zu verwenden. Sind solche nicht vorhanden, müssen sich die Fußgänger vergewissern, daß sie andere Straßenbenützer nicht gefährden (§ 76 StVO 1960).

In Fußgängerzonen (§ 76a StVO 1960) dürfen Fahrzeuge grundsätzlich nicht fahren.

Reiter (§ 79 StVO 1960) müssen körperlich geeignet und des Reitens kundig sein, und sie müssen das 16. Lebensjahr vollendet haben. Jüngere Personen dürfen nur in Begleitung Erwachsener reiten (ausgenommen in der Landwirtschaft, hier genügt die Vollendung des 12. Lebensjahres).

Bei Benützung der Straßen zu verkehrsfremden Zwecken (§ 82 StVO 1960) ist eine behördliche Bewilligung erforderlich.

Die Ausübung des Wintersports (§ 87 StVO 1960) und das Spielen (§ 88 StVO 1960) ist verboten, es sei denn, daß die Fahrbahn für diese Zwecke gesperrt ist. Rollschuhe, fahrzeugähnliches Kinderspielzeug und ähnliche Fortbewegungsmittel dürfen nur verwendet werden, wenn die Fahrbahn keine oder nur geringe Neigung aufweist. Das Spielen auf Gehsteigen oder Gehwegen und deren Befahren mit Rollschuhen, fahrzeugähnlichen Kinderspielzeugen und ähnlichen Fortbewegungsmitteln ist verboten, wenn hiedurch der Verkehr auf der Fahrbahn oder Fußgänger gefährdet oder behindert werden. Kinder müssen, wenn sie Gehsteige oder Gehwege mit den genannten Geräten befahren, überdies von Erwachsenen beaufsichtigt werden.

Hier kann eine Haftung der Eltern eintreten, wenn Kinder mit derartigen Fahrzeugen andere Personen oder auch Sachen beschädigen.

Die Sicherung des Schulweges (§ 97a StVO 1960) wird durch von der Behörde betraute Personen, die mit einem geeigneten Signalstab und einer gut wahrnehmbaren Schutzausrüstung auszustatten sind, wahrgenommen. Den Anordnungen dieser Personen ist Folge zu leisten.

Im § 99 der StVO 1960 finden sich eine Unzahl von Strafbestimmungen, wobei Geldstrafen bis S 30.000,– oder Haft bis zu 6 Wochen verhängt werden kann, wenn gegen die Verbote und Gebote der Straßenverkehrsordnung verstoßen wird.

Die Warneinrichtungsverordnung regelt die Ausstattung und Verpflichtung zur Verwendung der Warneinrichtungen, wie Warndreieck, Blinkleuchte oder Sturmlaterne. Danach hat der Lenker eines mehrspurigen Fahrzeugs, das auf einer Freilandstraße an einer unübersichtlichen Straßenstelle bei durch Witterung bedingter schlechter Sicht, Dämmerung oder Dunkelheit zum Stillstand gelangt ist und ein Verkehrshindernis bildet, **unverzüglich** den Lenkern anderer auf dem verlegten Fahrstreifen herannahender Fahrzeuge durch Aufstellen dieser Warneinrichtung dies anzuzeigen.

Die erste Pflicht nach einem Verkehrsunfall ist daher die Absicherung der Unfallstelle. Das Warndreieck ist dabei so weit von der Unfallstelle aufzustellen, daß andere nachfolgende Verkehrsteilnehmer noch rechtzeitig auf das Hindernis reagieren können. In der Praxis sieht man leider sehr oft, daß das Warndreieck dann erst gesehen wird, wenn das verunfallte Fahrzeug bereits sichtbar ist. Hier nützt das Warndreieck überhaupt nichts, weil es viel kleiner ist als das verunfallte Fahrzeug und daher keinen Auffälligkeitswert hat. Das Warndreieck ist daher so weit von dem zum Stillstand gelangten Fahrzeug aufzustellen, daß sich der Lenker eines herannahenden Fahrzeugs **rechtzeitig** auf das Verkehrshindernis einstellen kann.

Mörder am Volant – Alkohol am Steuer

Oft lesen wir in der Zeitung den Ausdruck „Mörder am Volant". Man versteht darunter besondere Autowildlinge, die durch ihr rücksichtsloses Verhalten im Verkehr den Tod anderer Personen herbeigeführt haben.

Der Ausdruck ist unrichtig, da man ja zur Verübung eines Mordes den Vorsatz haben muß, einen Menschen zu töten. Tötungen im Autoverkehr werden jedoch auf Fahrlässigkeit zurückgehen und je nach der Schwere des Verschuldens mit höheren oder niedrigeren Freiheitsstrafen geahndet. Fahrlässig handelt, wer die pflichtgemäße Aufmerksamkeit außer acht läßt, die von einem Menschen durchschnittlich verlangt werden kann, der sich seiner Pflichten der Mitwelt gegenüber bewußt ist.

Eine der häufigsten Ursachen von Autounfällen ist die **Alkoholisierung** des Fahrers nach feuchtfröhlichen Gelagen, Heurigenbesuchen, Studentenkneipen usw.

Nicht der „Mörder am Volant", wohl aber der „Alkohol am Steuer" ist es also, den man zu fürchten hat!

Nach der **Straßenverkehrsordnung 1960** bestehen besondere Sicherungsmaßahmen gegen Beeinträchtigung durch Alkohol (§ 5). Wer sich in einem durch Alkohol beeinträchtigten Zustand befindet, darf ein Fahrzeug weder lenken noch in Betrieb nehmen. Bei einem Blutalkoholgehalt von **0,8 Promille** und darüber gilt der Zustand einer Person als von Alkohol beeinträchtigt. Es kann jedoch bereits bei einem Blutalkoholgehalt von weniger als 0,8 Promille eine Beeinträchtigung eintreten. Diese Grenze stellt somit eine **Beweisgrenze** dar. Wird dieser Wert nicht erreicht, wäre ein Gegenbeweis zulässig, wird er erreicht oder überschritten, ist der Gegenbeweis nicht mehr zulässig. Ein „Rezept", wieviel von einer bestimmten Alkoholart getrunken werden darf, ohne daß eine Beeinträchtigung zu befürchten wäre, kann nicht gegeben werden, da die Unsicherheitsfaktoren zu zahlreich sind. Neben der Tagesdisposition der betreffenden Person müßten deren körperlicher und seelischer Zustand, Art und Ausmaß der Magenfüllung und noch viele andere Faktoren neben Art und Menge des genossenen Alkohols berücksichtigt werden. Der Grund des Alkoholgenusses ist jedenfalls für die Beurteilung der Rechtsfrage ohne Belang. Wenn z. B. der Alkoholgenuß erfolgt ist, um nach Überwindung eines Krankheitsfalles durch Einnehmen von Baldrian den unangenehmen Baldriangeschmack zu übertönen, so bildet dieser Umstand weder einen Strafausschließungs- noch einen Milderungsgrund.

Organe des amtsärztlichen Dienstes oder besonders geschulte und von der Behörde hiezu ermächtigte Organe der Straßenaufsicht sind berechtigt, die **Atemluft** von Personen, die ein Fahrzeug in Betrieb nehmen oder zu lenken versuchen, auf Alkoholgehalt zu untersuchen, wenn vermutet werden kann, daß sich diese Personen in einem durch Alkohol beeinträchtigten Zustand befinden. Gedacht ist hier an den sog. „Röhrchentest", der an Ort und Stelle vorgenommen werden kann. Dabei muß durch ein Röhrchen geblasen werden, das mit einer Chemikalie gefüllt ist. Bei einer alkoholhaltigen Atemluft, die einem Blutalkoholgehalt von 0,8 Promille und darüber entspricht, zeigt die Chemikalie eine deutliche Verfärbung an. Wesentlich ist jedoch, daß dieser Röhrchentest nach dem gegenwärtigen Stand der Wissenschaft erst 20 bis 30 Minuten nach dem letzten Alkoholkonsum verläßliche Werte anzeigt.

Der **Alkotest** (Untersuchung der Atemluft) kann verweigert werden. Dies wird von der Verwaltungsbehörde allerdings wie eine Alkoholisierung bewertet und kann mit S 5000,— bestraft werden (S 5000,— ist die Mindeststrafe fürs erste Mal).

Nach der geltenden Rechtsprechung kann ein Exekutivorgan (Polizist oder Gendarm) einen Kraftfahrzeuglenker bereits dann zum Alkotest auffordern, wenn er bei diesem nur **ein** Symptom, das auf Alkoholisierung schließen läßt, feststellt. Dieses kann beispielsweise die gesteigerte Erregtheit oder gerötete Augen, schwankender Gang, lallendes Sprechen sein. Wenn sich beim Test das Röhrchen verfärbt, so muß der Betreffende dem Amtsarzt vorgeführt werden. Dieser hat nun die tatsächliche Fahruntauglichkeit festzustellen, was nicht durch eine Blutprobe geschehen muß.

Bei der strafrechtlichen Verfolgung von Verkehrsdelikten kommt der Frage, ob der Täter im Zeitpunkt der Tat durch Alkohol beeinträchtigt war, große Bedeutung zu. Die verläßlichste Methode zur Klärung dieser Frage ist die **Blutalkoholprobe,** wobei die Blutalkoholuntersuchung üblicherweise nach der Methode Widmark erfolgt, die der Verwaltungsgerichtshof für ein ausreichend zuverlässiges Verfahren zur Bestimmung des Blutalkoholwertes hält. Da es bei der Zulassung der **zwangsweisen Abnahme von Blut** zum Zweck der Alkoholprobe um ein Problem der Grundrechte geht (Eingriff in die körperliche Integrität), wurde mit **Verfassungsbestimmung** angeordnet: „Steht der Vorgeführte im Verdacht, in einem durch Alkohol beeinträchtigten Zustand einen Verkehrsunfall verursacht zu haben, bei dem eine Person **getötet** oder **erheblich verletzt** wurde, so hat die Untersuchung, wenn dies erforderlich und ärztlich unbedenklich ist, eine Blutabnahme zu umfassen." Liegen die eben zitierten Voraussetzungen (§ 5 Abs. 6 StVO 1960) nicht vor, darf eine Blutabnahme nur dann vorgenommen werden, wenn sie der Vorgeführte **verlangt** oder ihr **zustimmt.**

Wer in einem durch Alkohol oder Suchtgift beeinträchtigten Zustand ein Fahrzeug lenkt (in Betrieb nimmt) oder wer sich bei Vorliegen der geschilderten Voraussetzungen weigert, seine Atemluft auf Alkoholgehalt untersuchen bzw. sich Blut abnehmen zu lassen, begeht eine Verwaltungsübertretung und wird mit einer Geldstrafe von S 5000,— bis S 30.000,— oder mit Arrest von einer bis sechs Wochen bestraft.

Das Strafgesetz ahndet **Gefährdungen in Trunkenheit** mit strengerer Bestrafung: bei Gefährdung mit Freiheitsstrafe bis zu 3 Monaten oder mit Geldstrafe bis zu 180 Tagessätzen, bei leichter körperlicher Beschädigung mit Freiheitsstrafe bis zu 6 Monaten oder Geldstrafe bis zu 360 Tagessätzen, bei schwerer körperlicher Beschädigung mit Freiheitsstrafe bis zu 2 Jahren und beim Tod des Menschen bis zu 3 Jahren. Gefährdungen in voller Berauschung, die die Zurechnungsfähigkeit ausschließt, scheiden aus; die selbstverschuldete volle

Berauschung begründet nämlich für sich eine strafbare Handlung. Hier (§ 81 StGB) handelt es sich um Gefährdungen im selbstverschuldeten angeheiterten oder bezechten, aber nicht volltrunkenen Zustand. Für die Diagnose dieses Zustands kam es nach Auffassung der Rechtsprechung schon immer auf den Blutalkoholgehalt des Täters zur Tatzeit an. Ein Blutalkoholgehalt von 0,8 Promille und darüber bewirkt – wie wir schon wissen – nach dem Gesetz von selbst Fahruntüchtigkeit.

Als Folgen des erhöhten Blutalkoholgehalts zeigen sich beim Alkoholisierten folgende Erscheinungen: Abbau der Hemmungen, Verlangsamung der Reaktionsgeschwindigkeit, Herabminderung der Konzentrationsfähigkeit und der Körperbeherrschung bei gleichzeitiger ganz unbegründeter Steigerung des Selbstbewußtseins. Hat jemand eine Tätigkeit vorzunehmen, die Geistesklarheit und Selbstbeherrschung voraussetzt, soll sie nicht die körperliche Sicherheit anderer Menschen gefährden, darf er sich nicht berauschen. Nimmt er trotzdem in trunkenem Zustand eine solche gefährliche Handlung vor, haftet er nach dem höheren Strafrahmen. Diese höhere Strafe ist veranlaßt durch die Erfahrungen im Kraftfahrzeugverkehr. Bei Autounfällen spielt der „Alkohol am Steuer" eine große Rolle. Aber sie ist nicht auf diese Fälle beschränkt, sondern erfaßt auch Mopedfahrer und Lenker von Pferdefuhrwerken, geht über den Straßenverkehr hinaus und greift ganz allgemein bei gefährlichen Verhältnissen jeder Art ein (z. B. ein Bergführer betrinkt sich vor Antritt der Gletschertour und bringt dadurch seine Touristengruppe in Not).

Fraglich ist es, wann einem **Fußgänger** infolge Berauschung die Fähigkeit der Teilnahme am Fußgängerverkehr mangelt. Immer wieder ereignen sich Verkehrsunfälle, an denen auch betrunkene Fußgänger schuldtragend sind und bei denen meistens auch Trunkenheit die Ursache ihres strafbaren Verhaltens war. Der OGH hat ausgeführt, daß der Grad der Berauschung hinsichtlich der Fähigkeit zur Teilnahme am Fußgängerverkehr regelmäßig erst dann vorliegen wird, wenn der Fußgänger **volltrunken** ist, was bei einem Blutalkoholgehalt von **über 2,5 bis 3 Promille** zutrifft. In diesem Fall kann ihm allerdings die Tat nur als das Delikt der selbstverschuldeten Berauschung (nach § 287 StGB) zugerechnet werden. Eine Anwendung des § 81 StGB kommt demnach auf den Fußgänger lediglich **ausnahmsweise** in Frage.

Fahrerflucht und Führerschein

Das Strafgesetzbuch kennt den Begriff Fahrerflucht als solchen nicht mehr. Dafür gibt es zwei neue Begriffe: Imstichlassen eines Verletzten (§ 94 StGB) und Unterlassung der Hilfeleistung (§ 95 StGB). In diesen Gesetzesstellen ist nicht mehr vom Unfall allein die Rede, sondern sie beziehen sich ganz allgemein auf die Körperverletzung und auf Hilfeleistung bei einem Unglücksfall oder einer Gemeingefahr (Gefahr für eine größere Anzahl von Menschen). Im Gegensatz zum alten Strafgesetz ist in den neuen Bestimmungen des Strafgesetzbuches der Zeuge von der rechtlichen Verpflichtung der Hilfeleistung nicht befreit.

Im § 94 StGB heißt es weiter, wer die Hilfeleistung unterläßt, egal ob er die Körperverletzung widerrechtlich oder nicht widerrechtlich einem anderen zugefügt hat, ist mit Freiheitsstrafe bis zu einem Jahr oder Geldstrafe bis zu 360 Tagessätzen zu bestrafen. Hat die unterlassene Hilfeleistung eine schwere Körperverletzung (länger als 24 Tage dauernde Gesundheitsschädigung oder Berufsunfähigkeit) zur Folge, so ist die Höchststrafe zwei Jahre. Hat sie den Tod des Verletzten zur Folge, so ist mit Freiheitsstrafe bis zu drei Jahren zu bestrafen.

Die Hilfeleistung ist dann nicht zuzumuten, wenn sie nur unter der Gefahr des Todes oder einer beträchtlichen Körperverletzung oder Gesundheitsschädigung möglich wäre.

Der § 95 sieht für die Unterlassung der zumutbaren Hilfeleistung, die zur Rettung eines Menschen aus der Gefahr des Todes oder einer beträchtlichen Körperverletzung notwendig ist, Freiheitsstrafe bis zu 6 Monaten oder Geldstrafe bis zu 360 Tagessätzen vor; wenn die Unterlassung den Tod eines Menschen zur Folge hat, Freiheitsstrafe bis zu 1 Jahr oder 360 Tagessätzen.

Daraus ergibt sich, daß Jedermann auch dann zur Hilfeleistung verpflichtet ist, wenn er selbst niemanden absichtlich oder unabsichtlich verletzt oder getötet, sondern einen anderen Menschen durch sein Verhalten nur gefährdet hat oder Zeuge einer Verletzung oder Gefährdung wurde. Wenn zum Beispiel ein Mensch durch das Verschulden eines Autofahrers, ohne verletzt zu werden, ins Wasser gefallen ist, muß Jedermann ihm behilflich sein, wieder an Land zu kommen.

Der Kraftwagenlenker, der einen Zusammenstoß verschuldet oder mitverschuldet hat oder Zeuge eines Unfalls wurde, muß allen Beteiligten Hilfe leisten. Fährt er davon, ohne sich um die verletzten oder gefährdeten Personen zu kümmern, so wird er, wenn er den Unfall selbst verursacht hat, nach § 94 StGB, und wenn er bei dem Unfall nur Zeuge war, nach § 95 StGB strafrechtlich verurteilt. Aber auch wer zum Beispiel beim Baumfällen oder bei einer Segelpartie an einem Unfall Schuld trägt oder Zeuge eines Unfalls wird, sich jedoch nicht weiter darum kümmert oder den Verunglückten im Stich läßt, ist nach den §§ 94 und 95 StGB zu beurteilen. Bei Verkehrsunfällen ist laut § 4 StVO sowohl der an einem Unfall beteiligte Lenker eines Fahrzeugs als auch jeder Zeuge zur Hilfeleistung verpflichtet. Sind die an einem Unfall beteiligten Personen oder die Zeugen dazu nicht fähig, so haben sie unverzüglich für fremde Hilfe zu sorgen. Bei Unterlassung der Hilfeleistung begeht der an einem Unfall Beteiligte eine Verwaltungsübertretung nach § 99 Abs. 2 StVO und der Zeuge eine Verwaltungsübertretung nach § 99 Abs. 3 StVO.

Die Führung von Kraftfahrzeugen auf öffentlichen Straßen ist nur aufgrund einer **Lenkerberechtigung (Führerschein),** die von der Behörde ausgestellt wird, zulässig (§ 64 Kraftfahrgesetz 1967). Erforderlich zur Erlangung des Führerscheins ist die Vollendung des 18. Lebensjahres (Lenkerberechtigung für Motorfahrräder ab dem 16. Lebensjahr), Verläßlichkeit, körperliche und geistige Eignung und die fachliche Fähigkeit.

Der Führerschein kann von der Behörde dem Kraftfahrer wieder abgenommen werden. Der Führerscheinentzug kann vorläufig, vorübergehend oder endgültig ausgesprochen werden. Der Grund für diese Entziehung kann sein: das Fehlen der Verkehrszuverlässigkeit, der geistigen oder körperlichen Eignung oder der fachlichen Befähigung (§ 73 KFG 1967). Ist anzunehmen, daß die Gründe für die Entziehung nicht länger als 18 Monate andauern, kann der Führerschein vorübergehend entzogen werden. In solchen Fällen kann laut § 74 Abs. 3 KFG die Behörde durch Bescheid die Entziehung auch nur durch Androhung aussprechen. In Wiederholungsfällen wird nach der Androhung der Entzug des Führerscheins ausgesprochen. Der § 76 KFG spricht von einer vorläufigen Abnahme des Führerscheins durch die Organe des öffentlichen Sicherheitsdienstes (Polizei und Gendarmerie), wenn ein Kraftfahrzeuglenker durch übermäßigen Alkoholgenuß oder wegen eines außergewöhnlichen Erregungs- oder Ermüdungszustandes nicht mehr die volle Herrschaft über seinen Geist und seinen Körper besitzt. Bei der vorläufigen Abnahme ist eine Bescheinigung auszustellen, in der die Gründe für die Abnahme und eine Belehrung über die zur Wiedererlangung des Führerscheins erforderlichen Schritte enthalten sind.

Wenn also ein Gendarm oder Polizist überzeugt davon ist, daß Herr oder Frau Jedermann in ihrem Zustand der Alkoholisierung (Alkotest), der starken Übermüdung oder der heftigen Erregung (Erregung im Falle einer harmlosen Amtshandlung kommt oft vor) nicht fähig sind, ein Fahrzeug zu lenken, ist er kraft Gesetzes befugt, das begehrte Dokument abzunehmen. In den Fällen der Führerscheinabnahme wegen Aufregung und Erregung kann man sich dieses Dokument schon am nächsten Tag wieder abholen. Längstens innerhalb von drei Tagen muß bei vorläufiger Abnahme die Behörde entschieden haben, ob man die Lenkerberechtigung wieder ausgefolgt bekommt oder ob ein Ermittlungsverfahren eingeleitet wird. Jedenfalls muß Herr oder Frau Jedermann einen schriftlichen oder mündlichen Antrag auf Wiederausfolgung stellen. Von selbst kommt der Schein nicht zurück.

Wenn ein Ermittlungsverfahren eingeleitet wird, so trifft nach einigen Wochen der behördliche Bescheid ein, aus dem zu entnehmen ist, ob der Führerschein „vorübergehend entzogen" oder „entzogen" wird.

Eine vorübergehende Entziehung kann auf die Dauer von 3 bis 18 Monaten ausgesprochen werden. Eine Entziehung des Führerscheins bedeutet den Verlust des Papieres für länger als 18 Monate. In diesem Fall muß nach erfolgter Wiedererlangung des Dokuments die Führerscheinprüfung noch einmal gemacht werden. Vier bis sechs Wochen vor Ablauf der Entziehungsfrist ist der geeignete Zeitpunkt, um den Antrag auf Wiederausfolgung zu stellen.

Auf dem ausgefolgten Führerschein wird die Entziehung nicht vermerkt. Bei der Behörde aber wird der Fall – wie alle Angelegenheiten des Verwaltungsrechts – fünf Jahre in Evidenz gehalten. Danach tritt die Verjährung von der Behörde aus in Kraft (Verjährung ohne Antrag).

Gegen den Bescheid der Entziehung ist das Rechtsmittel der Berufung möglich. Doch sei erwähnt, daß diese Berufung keine aufschiebende Wirkung besitzt. Dadurch könnte es vorkommen, daß durch eine Berufung die Wiedererlangung des Führerscheins länger hinausgezögert wird, als ursprünglich laut Bescheid vorgeschrieben wurde.

Keinesfalls sollte man sich dazu verleiten lassen, während der Entzugsfrist ein Fahrzeug zu lenken. Dies würde im Fall einer Verkehrskontrolle bedeuten, daß der Führerschein auf alle Fälle länger als 18 Monate entzogen wird und im Fall eines Unfalls oder sonstigen Schadenereignisses jeder Versicherungsschutz verlorengeht. Weder Haftpflicht- noch Kasko-, noch Rechtsschutzversicherung sind bei Fahren ohne Führerschein zur Zahlung auch nur eines Groschens verpflichtet.

Anlegen des Sicherheitsgurtes

Herr Jedermann fährt grundsätzlich ohne **Sicherheitsgurt.** Egal ob er selbst fährt oder mit einem anderen Autofahrer mitfährt, Karl Jedermann lehnt es ab, den Sicherheitsgurt anzulegen. Es sei zu umständlich, der Gurt beeinträchtige ihn in seiner Bewegungsfreiheit und überhaupt bedeute er im Augenblick eines schweren Unfalls eine größere Gefahr als Sicherheit für den jeweiligen Benützer, meint Karl Jedermann.

Wir wollen hier nicht über den Sinn oder Unsinn dieser Überlegungen diskutieren, sondern die rechtliche Situation aufzeigen. Seit der 3. Kraftfahrgesetz-Novelle, vom 14. Juli 1976, gilt folgende gesetzliche Regelung für die **Benützung der Sicherheitsgurte:** Lenker und beförderte Personen, die einen Sitzplatz benützen, der mit einem Sicherheitsgurt ausgerüstet sein muß, sind zum bestimmungsgemäßen Gebrauch des Sicherheitsgurtes verpflichtet. Die Nichtbenützung begründet im Fall der Tötung oder Verletzung des Lenkers oder der beförderten Person durch einen Unfall ein Mitverschulden an diesen Folgen. Durch dieses Mitverschulden erlöschen teilweise allfällige Ansprüche auf Schmerzensgeld.

Weiters gibt das Gesetz auch die Fälle an, in denen die Anlegepflicht der Sicherheitsgurte nicht besteht. Dies trifft zu:

1. auf nichtöffentlichen Verkehrsflächen;

2. bei ganz geringer Gefahr, wie etwa beim Einparken oder langsamen Rückwärtsfahren;

3. wenn wegen der Körpergröße oder schwerster körperlicher Beeinträchtigung des Benützers der bestimmungsgemäße Gebrauch des Sicherheitsgurtes nicht möglich ist;

4. bei Einsatzfahrzeugen, für die Lenker von Taxis, für den Lehrer bei Schulfahrten.

Bereits mit der 2. Kraftfahrgesetz-Novelle, vom 3. Mai 1974, wurde gesetzlich angeordnet, in welche Kraftfahrzeuge und ab welchem Datum die Gurte einzubauen sind.

Danach müssen seit dem 1. April 1975 alle Personenkraftwagen und alle Kombinationskraftwagen, die ab dem 1. Jänner 1968 erstmals zugelassen wurden, mit Sicherheitsgurten ausgerüstet sein.

Diese Fahrzeuge (darunter fallen auch Lastkraftwagen mit einem höchstzulässigen Gesamtgewicht von nicht mehr als 3500 kg) müssen an den beiden vorderen Sitzen mit befestigten Sicherheitsgurten ausgerüstet sein.

Seit 1. 7. 1984 ist die Nichteinhaltung der Gurtenanlegepflicht verwaltungsbehördlich strafbar (Organmandat S 100,–, bei Anzeige bis zu S 300,–).

Kinder im Auto

Karl Jedermann fährt manchmal mit seinem Auto spazieren. Dabei nimmt er gerne seine Freunde und deren Kinder mit. Da die Kinder immer viel sehen und wissen wollen, dürfen sie abwechselnd auf dem Sitz neben dem Fahrer die Spazierfahrt genießen. Da Herr Jedermann gehört hat, Kinder unter 14 Jahren zählen nur die Hälfte und Kinder unter sechs Jahren zählen überhaupt nicht, sind es jedesmal viele Kinder, die er so spazierenfährt. Eines Sonntagnachmittags wird Karl Jedermann mit insgesamt zehn Personen im Auto, von denen sich vier (es waren Kinder unter 12 Jahren) auf dem Sitz neben dem Fahrer befanden, von einem Polizisten angehalten und eine Fahrzeugkontrolle durchgeführt. Als aus dem nicht gerade großen Personenkraftwagen außer Karl Jedermann noch neun weitere Personen klettern, staunt zunächst der Polizist nicht wenig. Dann holt er seinen Block mit den Ordnungsstrafmandaten aus der Rocktasche und verhängt über Karl Jedermann Strafen wegen Verwaltungsübertretungen.

Nach § 106 Abs. 1 KFG (Novelle vom 5. August 1971) dürfen Kinder **unter zwölf Jahren** mit Kraftwagen und Motordreirädern nicht auf unmittelbar hinter der Windschutzscheibe gelegenen Sitzplätzen befördert werden.

Weiters sagt der § 106 Abs. 3 KFG, daß bei der Beförderung von Personen mit Kraftfahrzeugen die bei der Genehmigung festgesetzte zulässige Anzahl der Personen, die auf jeder einzelnen Sitzbank befördert werden dürfen, nicht überschritten werden darf. Diese Zahlen finden Sie auch im Zulassungsschein Ihres Fahrzeugs. Weiters dürfen, außer bei Omnibussen, außer dem Lenker nicht mehr als acht Personen befördert werden.

Karl Jedermann hat recht in bezug auf Kinder unter sechs bzw. unter 14 Jahren. Bei der Berechnung der Anzahl der Personen, die mit einem Fahrzeug befördert werden dürfen, sind zwei Kinder unter 14 Jahren als eine Person und Kinder unter sechs Jahren nicht zu zählen. Dabei muß jedoch die Obergrenze von acht Personen außer dem Lenker, gleichgültig ob Erwachsene oder Kinder, berücksichtigt werden.

Karl Jedermann darf daher mit seinem Kleinwagen, der laut Zulassungsschein außer dem Lenker noch drei weiteren Personen Platz bietet, drei Erwachsene bei seinem Ausflug mitnehmen. Kinder unter sechs Jahren, die laut Kraftfahrgesetz nicht zählen, dürfte er acht mitnehmen. Kinder zwischen sechs und 14 Jahren dürfte er sechs mitnehmen, da zwei Kinder unter 14 Jahren als eine Person zählen und er laut Zulassung drei Personen mitnehmen darf.

Damit ist geklärt, daß Karl Jedermann bei seinem sonntäglichen Ausflug gegen das Gesetz verstoßen hat und der Polizist nun richtig handelt.

Das Auto ist weg

Karl Jedermann war bei seinem Rechtsanwalt, um sich gegen die – seiner Meinung nach ungerechtfertigte – Bestrafung durch den Polizisten zu wehren. Zuerst war der Anwalt nicht anwesend, weil er bei einem Gerichtstermin länger als vorgesehen aufgehalten wurde. Danach dauerte die Besprechung mit dem Anwalt viel länger, als Karl Jedermann geplant hatte. Als er anschließend sein Auto besteigen wollte, das er vor dem Haus des Anwaltsbüros in zweiter Spur abgestellt hatte, staunte er nicht wenig. Da, wo er den Wagen hingestellt hatte, in der Meinung, er sei in höchstens einer Viertelstunde wieder retour, steht nun nichts. Jedenfalls nicht sein Auto. Bestürzt über diese Tatsache eilt er über die Treppen, um nochmals seinen eben erst verlassenen Anwalt aufzusuchen.

Der Anwalt, ein besonnener Mann, klärt nach Jedermanns Situationsbeschreibung sofort den Fall. Das Auto wurde nicht gestohlen, sondern von der Behörde entfernt. Oder, anders gesprochen, weil Karl Jedermann seinen Pkw verkehrsbehindernd in zweiter Spur geparkt hatte, wurde dieser auf Anordnung der Polizei mittels eines Kranwagens abtransportiert. Ein kurzes Telefongespräch mit der nächsten zuständigen Polizeidienststelle (Wachzimmer) bestätigt die Meinung des Anwalts. Bei diesem Telefonat erfährt er auch, wo das Auto Jedermanns hingebracht wurde und wieder abgeholt werden kann. Dafür hat Karl Jedermann nun sechs Monate Zeit.

Sei der StVO-Novelle vom Juni 1969 gibt es den berühmten § 89a, der schon so manchem Autofahrer viel Kopfzerbrechen bereitet hat. Der § 89a StVO behandelt die Entfernung von Hindernissen. Der Abs. 2 besagt in seiner derzeit gültigen Fassung (4. StVO-Novelle vom 14. Dezember 1973, in Kraft seit 31. Mai 1974) folgendes: Wird durch einen Gegenstand auf der Straße, insbesondere durch ein stehendes Fahrzeug, mag es betriebsfähig oder nicht betriebsfähig sein, der Verkehr beeinträchtigt, so hat die Behörde die Entfernung des Gegenstandes **ohne** weiteres Verfahren zu veranlassen.

Im Abs. 3 steht weiters, daß im Fall besonderer Dringlichkeit auch die Organe der Straßenaufsicht oder des Straßenerhalters berechtigt sind, die Entfernung von verkehrsbehindernden Gegenständen vorzunehmen oder vornehmen zu lassen. Von der Entfernung des Gegenstands und vom Ort der Verbringung (Verwahrung) ist sowohl die dem Orte der bisherigen Aufstellung oder Lagerung am nächsten gelegene als auch die hiefür örtlich zuständige Polizei- oder Gendarmeriedienststelle unverzüglich zu verständigen. Diese Dienststelle hat auch alle die Verbringung betreffenden Auskünfte zu erteilen.

Sofern der Gegenstand nicht früher übernommen wird, hat die Behörde innerhalb einer Frist von einer Woche nach Entfernung des Gegenstandes den Eigentümer, im Falle der Entfernung eines Kraftfahrzeuges jedoch den Zulassungsbesitzer durch Zustellung zu eigenen Handen aufzufordern, den Gegenstand innerhalb einer Frist von sechs Monaten wieder zu übernehmen. Nach Ablauf dieser Frist wechselt der Gegenstand in das Eigentum des zuständigen Straßenerhalters.

Die Entfernung und Aufbewahrung des Gegenstandes erfolgt auf Kosten und Gefahr desjenigen, der im Zeitpunkt der Aufstellung oder Lagerung des Gegenstandes dessen Inhaber war. Die Kosten sind dem Inhaber durch Bescheid vorzuschreiben.

Somit kann Jedermanns Auto – nach Zutreffen des § 89a StVO – von allen öffentlichen Straßen entfernt werden. Die Kosten, die daraus entstehen und die Jedermann von der Behörde vorgeschrieben werden, werden von Ort zu Ort verschieden hoch sein. Die Vollziehung dieses Gesetzes fällt in die Zuständigkeit der Bezirksverwaltungsbehörden (Bezirkshauptmannschaft oder Magistrat.

Auch andere Gesetze kennen Strafen

Karl Jedermann hat sich ein neues Auto gekauft und will es seinem Freund Otto Trinkfest vorführen. Er lädt ihn zu einer Spazierfahrt ein. Auf der Rückfahrt machen beide in einem Gasthaus Station. Da viele Wagen vor dem Lokal parken, stellt Karl Jedermann den Wagen in der Nähe ab, ohne eine dort angebrachte Parkverbotstafel zu beachten.

Als die Freunde gerade beim zweiten Viertel Wein sitzen, wird Karl Jedermanns Wagennummer ausgerufen. Er meldet sich, und ein Polizist ersucht ihn daraufhin, seinen Wagen an einer anderen Stelle zu parken. Karl Jedermann wird am besten ohne Widerrede dieser Aufforderung des Polizeiorgans nachkommen, denn gemäß § 97 Abs. 3 der StVO 1960 sind die Organe der Straßenaufsicht berechtigt, wo es die Sicherheit, Leichtigkeit und Flüssigkeit des Verkehrs erfordert, einzelnen Straßenbenützern für den Einzelfall Anordnungen für die Benützung der Straße zu erteilen, und zwar auch solche, die von den sonstigen diesbezüglichen Bestimmungen abweichen. Karl Jedermann ist auch bereit, sich der Anordnung des Polizisten zu fügen. Unglücklicherweise geht gerade ein Passant namens Fritz Stänkerer vorbei, der laut und vernehmlich sagt, daß die Autofahrer in der heutigen Zeit viel zu frech sind und man gegen sie energisch vorgehen soll usw. Karl Jedermann gerät daraufhin in Zorn und beginnt mit Fritz Stänkerer laut zu streiten, wendet sich dabei auch gegen den Polizisten und sagt wörtlich: „Sie Gschaftelhuber, lang werden S' nimmer Wachmann sein." Das war dem Amtsorgan, das zwar an einiges gewöhnt ist, doch zuviel. Karl Jedermann muß sich legitimieren, was er – wieder etwas ernüchtert – durch Vorweisung seines Führerscheins tut. Der Polizist gibt sich damit zufrieden, da bei Karl Jedermann jetzt kein Zweifel an der Identität seiner Person besteht, und verläßt, nachdem er noch festgestellt hat, daß das Fahrzeug nunmehr richtig geparkt ist, den Tatort mit den Worten: „Alles Weitere werden Sie schon sehen!"

Polizeiliche Strafe

Wir lassen jetzt Karl Jedermann zu seinem Freund zurückkehren und schauen, was der Polizist nun nach diesem Vorfall unternimmt. Zuerst erstattet er eine ausführliche Meldung, die der Polizeijurist des für den Tatort zuständigen Polizeikommissariats behandelt. Dieser erläßt zunächst eine Strafverfügung, da die Anzeige von einem Sicherheitswachebeamten erstattet wurde und keine höhere Freiheitsstrafe als drei Tage oder Geldstrafe von höchstens S 2000,– verhängt werden soll (§ 47 VStG).

Der in dieser Strafverfügung (vgl. Seite 501 f) zitierte Artikel IX Abs. 1 Ziff. 1 EGVG ist eine Strafbestimmung aus dem Einführungsgesetz zu den Verwaltungsverfahrensgesetzen. Man sieht also, daß nicht nur im Strafgesetzbuch strafbare Tatbestände normiert sind. So gibt es eine Reihe von strafbaren Handlungen, die als Verwaltungsübertretungen bezeichnet und von der jeweils zuständigen Verwaltungsbehörde bestraft werden. Hiezu gehören insbesondere die Übertretungen ortspolizeilicher Vorschriften.

Wenn in Sondergesetzen keine besondere Strafe vorgesehen ist, so sind diese Verwaltungsübertretungen mit Geld bis zu S 3000,– oder Arrest bis zu zwei Wochen zu bestrafen (Art. VII EGVG). Es besteht schon seit Jahren die Absicht, ein gesondertes Polizeistrafgesetzbuch zu erlassen; dieser Plan ist aber bis heute noch nicht ausgeführt. Art.

IX EGVG enthält nun eine Reihe von Strafbestimmungen, die als Ansätze zu einem zukünftigen Polizeistrafgesetz angesehen werden können. Hier sollen die wichtigsten Fälle kurz erwähnt werden: Ordnungsstörung, Anstandsverletzung, Lärmerregung, ungestümes Verhalten gegen obrigkeitliche Organe, Verwaltungsübertretungen im Rauschzustand, Winkelschreiberei und, in Ergänzung zu § 146 StGB (vgl. Seite 59), Erschleichung der Beförderungsleistung eines öffentlichen Verkehrsmittels.

Außer diesen Verwaltungsübertretungen sind strafbare Tatbestände in den strafrechtlichen Nebengesetzen geregelt, so in den verschiedenen Wirtschafts- und Finanzgesetzen, im Waffengesetz, Urheberrechtsgesetz, in den Sanitätsvorschriften, im Lebensmittelgesetz, Tierseuchengesetz, Suchtgiftgesetz, Unterhaltsschutzgesetz, Mediengesetz und anderen.

Nach dem Gesetz zur Bekämpfung von Geschlechtskrankheiten kann jemand, bei dem der Verdacht einer venerischen Krankheit besteht, auch gegen seinen Willen untersucht werden; ebenso kann ihm Blut zu diesem Zweck abgenommen werden. Dieses Gesetz gestattet, solche Zwangsmaßnahmen auch gegen den Willen des Betroffenen vorzunehmen.

Karl Jedermann wird gewiß gegen die polizeiliche Strafverfügung Einspruch erheben, erstens, weil er sich unschuldig fühlt, und zweitens, weil ihm die über ihn verhängte Strafe zu hoch erscheint. Er liest also die Rechtsmittelbelehrung genau durch und verfaßt einen **Einspruch** (vgl. Seite 502 f).

Bugstelle

Bezirks-Polizei-Kommissariat
Döbling, Wien XIX, Hohe Warte 32
(Behörde)

Zustellung zu eigenen Handen!

GZ. Döbl. Kr 1846/81 Dr. X.

Wien, am ....

Strafverfügung

An

Karl Jedermann (Vor- und Zuname) Kaufmann (Beschäftigung)

in 1200 Wien, Stoffstraße 20

Sie haben am . . . . 19...... um 17 Uhr 50

bis / / / in Wien XIX., ...

anläßlich einer wörtlichen Auseinandersetzung mit dem Angestellten Fritz Stänkerer und dem intervenierenden SWB durch lautes Schreien und Streiten in ungebührlicher Weise störenden Lärm erregt und dadurch eine Verwaltungsübertretung

nach Art. VIII EGVG begangen.

Gemäß .... Art. VIII EGVG ....

wird gegen Sie unter Berücksichtigung des ....Verwaltungsstraferhöhungsgesetzes ....

.... in Anwendung des § 47 des Verwaltungsstrafgesetzes eine Geldstrafe

von ......500,—...... S – Arreststrafe von .... Stunden – Tagen verhängt.

Im Falle der Uneinbringlichkeit der Geldstrafe tritt an deren Stelle eine Ersatzarreststrafe

in der Dauer von ......24...... Stunden – ~~Tagen.~~

Zugleich wird – werden – gemäß § ....

.... für verfallen erklärt

und .... / / / ....

Sie haben ferner gemäß § 64 Abs. 3 des Verwaltungsstrafgesetzes die mit S 20,– bestimmten Barauslagen des Verwaltungsstrafverfahrens zu ersetzen.

Gegen diese Strafverfügung können Sie binnen einer Woche nach der Zustellung schriftlich, telegraphisch oder mündlich beim Amte Einspruch erheben. Im Einspruch können Sie sich rechtfertigen und zugleich die Ihrer Verteidigung dienlichen Beweismittel vorbringen.

Wird kein Einspruch erhoben, so haben Sie binnen 7 Tagen nach Ablauf der Einspruchsfrist den Strafbetrag und die Barauslagen mittels des beiliegenden Erlagscheines einzusenden oder unter Vorweisung der Strafverfügung bei diesem Amte einzuzahlen, widrigens die zwangsweise Eintreibung veranlaßt werden würde.

Dr. X.
....
Unterschrift

Formular **38 zu § 48 VStG** (Strafverfügung).

Einspruch

Wien, am ....

An das
Bezirks-Polizeikommissariat Döbling
1190 Wien
Hohe Warte 32

Betrifft: Verwaltungs-Strafverfügung gegen Karl Jedermann

vom ...., G. Zl. Döbl. Kr. 1846/81

Ich erhebe gegen die Strafverfügung des Bezirks-Polizeikommissariates Döbling vom ...., mir zugestellt am .... gemäß § 49 VStG

E i n s p r u c h

und stelle den Antrag, das ordentliche Verfahren einzuleiten und nach Durchführung desselben das Verfahren gegen mich einzustellen.

1. Die Strafverfügung wurde wegen Art. VIII EGVG erlassen.
Ich soll im Verlauf einer Auseinandersetzung mit dem Angestellten Fritz Stänkerer und dem intervenierenden Sicherheitswachebeamten ungebührlicherweise störenden Lärm durch lautes Schreien und Streiten erregt haben.

Dieser Sachverhalt ist unrichtig. Ich habe lediglich den genannten Angestellten Fritz Stänkerer darauf aufmerksam gemacht, daß er sich in meine Angelegenheiten nicht einzumischen habe. Von lautem Schreien und Streiten kann keine Rede sein, zumal ich den Anordnungen des intervenierenden

Sicherheitswachebeamten ohne jede Diskussion nachgekommen bin.
Infolge der Kürze der Einspruchsfrist ist es mir nicht möglich, mich mit den Einzelheiten der Angaben des Fritz Stänkerer und des intervenierenden Sicherheitswachebeamten auseinanderzusetzen. Ich behalte mir nach Einsicht in den Akt vor, zu diesen Angaben Stellung zu nehmen.

Ich bitte zunächst, mich als Beschuldigten zu hören und mir Gelegenheit zu geben, zu allem gegen mich Vorgebrachten Stellung zu nehmen.

Nach der Spruchpraxis der Verwaltungsbehörden zu Art. VIII EGVG muß es sich um eine Lärmerregung handeln, die über das normale Maß im normalen Zusammenleben hinausgeht. Man wird aber nicht jedem, der zu einer ihm unrecht erscheinenden Handlungsweise in erregtem Ton Stellung nimmt, den Vorwurf des oben zitierten strafbaren Tatbestandes machen können.

Eine Lärmerregung, die das übliche Maß überschritten hätte, ist in meinem Fall schon deshalb nicht möglich, weil ich seit langer Zeit an einer chronischen Heiserkeit leide, die eine besondere Lärmentwicklung durch meine Stimme gar nicht zuläßt. Beweis: Einholung eines Sachverständigengutachtens durch ärztliche Untersuchung.

2. Schließlich ist auch die über mich verhängte Strafe im Ausmaß von S 500,—, im Uneinbringlichkeitsfall 24 Stunden Arrest, viel zu hoch. Eine solche Strafe ist als besonders streng zu werten und steht in keinem Verhältnis zu dem allfälligen geringen Verschulden.

Die strafverhängende Polizeibehörde hat übersehen, daß ich verheiratet bin und außer für meine Frau Ottilie auch noch für zwei Kinder im Alter von 10 und 14 Jahren zu sorgen habe. Bei dem mir zur Verfügung stehenden durchschnittlichen Monatseinkommen stellt der über mich verhängte Geldstrafbetrag eine empfindliche Beeinträchtigung des mir und meiner Familie zustehenden Unterhaltes dar.

Ich bitte daher, falls das Verfahren gegen mich nicht zur Einstellung gelangen sollte, von einer Strafe gem. § 21 VStG abzusehen oder das Ausmaß derselben gemäß § 20 VStG außerordentlich zu mildern.

Karl Jedermann

Mit der Erhebung des Einspruchs ist die Strafverfügung außer Kraft gesetzt, und es muß das ordentliche Verfahren eingeleitet werden. Karl Jedermann hat so Gelegenheit, sich zu rechtfertigen. Er erhält eine Ladung zur Vernehmung. Sein persönliches Erscheinen zur Vernehmung bzw. zur mündlichen Rechtfertigung ist nur dann notwendig, wenn dies von der Behörde ausdrücklich gefordert wird. Der Beschuldigte kann auch einen entsprechenden mit der Sachlage vertrauten und bevollmächtigten eigenberechtigten Vertreter entsenden.

Jetzt wird das Strafverfahren in mündlicher Verhandlung durchgeführt. Die notwendigen Beweise werden aufgenommen und wenn möglich der Bescheid (Straferkenntnis) oder die Einstellung sofort verkündet. Über den Gang der mündlichen Verhandlung wird eine **Strafverhandlungsschrift** aufgenommen.

Karl Jedermann hat Pech, wir entnehmen es dem **Straferkenntnis.**

Spruch

Der – Die – Beschuldigte .... Karl Jedermann

hat am .... um 17 Uhr 50

in Wien XIX., ... anläßlich einer wörtlichen Auseinandersetzung
mit dem Angestellten Fritz Stänkerer und dem intervenierenden
SWB durch lautes Schreien und Streiten in ungebührlicher Weise
störenden Lärm erregt

und dadurch eine Verwaltungsübertretung nach § .... Art. VIII EGVG

....

.... begangen.

Gemäß § .... Art. VIII EGVG

wird gegen den Beschuldigten – unter Berücksichtigung des .... Verwaltungs-

straferhöhungsgesetzes .... – eine Geldstrafe von 500,– S –
verhängt.

Im Falle der Uneinbringlichkeit der Geldstrafe tritt an deren Stelle eine Ersatzarreststrafe

in der Dauer von 24 Stunden – Tagen.

Zugleich werden gemäß § ....

.... für verfallen erklärt

und ....

....

Der Bestrafte hat gemäß § 64 Abs. 2 des Verwaltungsstrafgesetzes als Beitrag zu den Kosten des Strafverfahrens 10 v. H. der verhängten Strafe (ein Tag Arrest ist gleich 20 S)

d. s. . . . . 50,– S

zu bezahlen und gemäß § 64 Abs. 3 des Verwaltungsstrafgesetzes die mit .... S
bestimmten Barauslagen des Verwaltungsstrafverfahrens sowie gemäß § 67 des Verwaltungsstrafgesetzes die Kosten des Strafvollzuges zu ersetzen.

Ferner hat der Bestrafte gemäß § 57 des Verwaltungsstrafgesetzes dem Privatbeteiligten

....

in .... binnen zwei Wochen einen Schadenersatz von .... S zu leisten.

Begründung:

Der Tatbestand der Verwaltungsübertretung nach Art. VIII EGVG ist durch die aufgrund eigener dienstlicher Wahrnehmung des Wachebeamten erstattete Meldung vom . . . und der Zeugenaussage des Angestellten Fritz Stänkerer vom gleichen Tag erwiesen.

Aus der Schilderung der Vorfälle, die zu der Anzeigeerstattung führten, geht einwandfrei hervor, daß das Verhalten des Beschuldigten (lautes Schreien und Beschimpfen des Zeugen Fritz Stänkerer) wohl über das normale Maß des Lärmes hinausging, der sonst um diese Zeit am Tatort herrscht. Dem Argument des Beschuldigten, er wäre infolge seiner Heiserkeit nicht in der Lage zu schreien, kann nicht beigepflichtet werden. Ohne Zweifel kann auch eine heisere Stimme so laut sein, daß sie störend wirkt.

Strafmildernd war die Unbescholtenheit des Beschuldigten zu werten. Erschwerend war der Umstand, daß der Beschuldigte seinem Stande und Berufe nach das Ungebührende seiner Handlung hätte erkennen müssen. Das Strafausmaß ist dem Verschulden und den allgemeinen Verhältnissen des Beschuldigten angemessen.

Rechtsmittelbelehrung: Der Beschuldigte kann binnen einer Woche nach Verkündung – Zustellung der schriftlichen Ausfertigung, die binnen drei Tagen verlangt werden muß – bei diesem Amte Berufung schriftlich, telegraphisch oder mündlich einbringen.

Datum des Bescheides: .... 19.......... Dr. X. .... (Unterschrift)

Datum der Verkündung: .... 19 .... Unterschrift des Beschuldigten

Der Beschuldigte ....

verlangt die Zustellung einer schriftlichen Ausfertigung des Bescheides – erklärt gegen den verkündeten Bescheid die Berufung einzubringen.

Mit Rücksicht auf das Vorliegen triftiger Gründe wird dem – den – Beschuldigten

.... ein Strafaufschub bis .... 19........ bewilligt.

Dr. X.
....
(Unterschrift)

Karl Jedermann gibt aber nicht nach und verlangt daher am Schluß der Verhandlung die Zustellung einer schriftlichen Ausfertigung des Straferkenntnisses, um die Berufung dagegen einbringen zu können. Im Verwaltungsverfahren ist die Betrauung eines Rechtsanwalts zur Einbringung der Berufung nicht notwendig. Sie kann auch mündlich bei der Behörde, die den Bescheid erlassen hat, eingebracht werden und bedarf in diesem Fall keines begründeten Berufungsantrages. Karl Jedermann will aber unbedingt recht behalten und geht deshalb zu Dr. Wichtig, der nachstehende **Berufung** überreicht:

Karl Jedermann
Stoffstraße 20
1200 Wien

Wien, den . . .

GZl.: Döbl. Pst 4507/81

An die
Bundespolizeidirektion Wien,
Bezirks-Polizeikommissariat Döbling
Wien XIX.,
Hohe Warte 32

Betr.: Verwaltungsstrafe Karl J e d e r m a n n

Karl Jedermann, Kaufmann in Wien . . .,

vertreten durch: Dr. Raimund W i c h t i g
Rechtsanwalt in Wien . . .,

Vollmacht vom .... angeschlossen

Mit instehender

B e r u f u n g

gegen das Straferkenntnis des Polizeikommissariates Döbling

vom ....

1 Vollmacht
1 fach

Gegen das Straferkenntnis des Bezirks-Polizeikommissariates Döbling vom .... GZl.: Döbl. Pst 4507/81, das mir persönlich am .... zugestellt worden ist, erhebe ich innerhalb offener Frist die

B e r u f u n g

gemäß § 51 VStG an die Berufungsbehörde:

Als Berufungsgründe werden

1.) Mangelhaftigkeit des Verfahrens
2.) unrichtige rechtliche Beurteilung
geltend gemacht.

Das Straferkenntnis der Bundespolizeidirektion Wien, Polizei-Kommissariat 19, hat zunächst eine Strafverfügung vom .... gegen mich erlassen mit demselben Spruch, den das nunmehr in seinem vollen Umfang bekämpfte Straferkenntnis vom .... hat. Gegen diese Strafverfügung habe ich rechtzeitig Einspruch erhoben.

Die Verwaltungsbehörde 1. Instanz hat dieses Erkenntnis nach Vernehmung meiner Person gefällt. Die Begründung weist lediglich darauf hin, daß der Tatbestand der Verwaltungsübertretung nach Art. VIII EGVG gegeben sei, und führt dazu wörtlich aus, daß aus der Schilderung der Vorfälle einwandfrei hervorgehe, daß mein Verhalten (lautes Schreien und Beschimpfen des Zeugen Fritz Stänkerer) wohl über das normale Maß des Lärmes hinausging, der sonst am Tatort herrschte. Der § 60 des AVG verlangt für die Begründung des Bescheides, daß die Ergebnisse des Ermittlungsverfahrens, die bei der Beweiswürdigung maßgebenden Erwägungen und die darauf gestützte Beurteilung der Rechtsfrage klar und übersichtlich zusammengefaßt ist. Dieses Legalerfordernis für die Begründung eines Bescheides fehlt im vorliegenden Fall. Die Diktion der Begründung enthält lediglich Erwägungen allgemeiner Natur, die konkreten Beweisergebnisse des gegenständlichen Falles sind weder zusammengefaßt wiedergegeben, noch ist eine entsprechende Würdigung dieser konkreten Beweisergebnisse erfolgt.

Die Feststellung der ersten Instanz, daß das Verhalten des Beschuldigten, nämlich lautes Streiten und Beschimpfen des Zeugen Fritz Stänkerer, über das normale Maß des Lärmes hinausging, ist zu allgemein, da weder ersichtlich ist, worin das Streiten und Beschimpfen lag, noch dargelegt wird, wieso die erste Instanz dazu kam, das Überschreiten des normalen Lärmausmaßes anzunehmen. Auch dieser Umstand läßt sich, wenn er wirklich vorliegt, darstellen. Es ist z. B. möglich, daß besonders durch Beschimpfungen, die wohl auch konkret anzuführen gewesen wären und die in erregtem Ton gesprochen werden, Menschen aufmerksam gemacht werden; von allen diesen Erfordernissen, die zur Begründung eines Bescheides, durch den jemand schuldig gesprochen wird, notwendig sind, ist aber in dem bekämpften Bescheid nichts zu lesen. Mängel der Begründung im Ganzen beziehungsweise sogenannte Scheinbegründungen — und um eine solche handelt es sich im vorliegenden Falle — sind aber nach der ständigen Judikatur unter dem Berufungsgrund der Mangelhaftigkeit des Verfahrens zu bekämpfen.

Es steht mir doch nicht einmal die Möglichkeit zu, irgendwelche Sachverhaltsfeststellungen, die zur Grundlage einer rechtlichen Beurteilung genommen werden, zu bekämpfen — es kann z. B. nicht festgestellt werden, ob eine Aktenwidrigkeit vorliegt —, da solche konkrete Tatsachenfeststellungen, wie sie von jeder präzisen Jurisdiktion verlangt werden müssen, nicht getroffen worden sind. Der Bescheid ist daher aus diesem Grunde zur Gänze mangelhaft.

Ich habe weiters in meinem Einspruch darauf verwiesen, daß eine besondere Lärmentwicklung durch meine Stimme nicht möglich ist, weil ich an einer chronischen Stimmbandheiserkeit leide, die eine derartige Lautentfaltung der Stimme gar nicht zuläßt. Die Reaktion des bekämpften Bescheides auf dieses Argument ist nicht befriedigend. Die Behauptung, daß diesem Argument seitens der Spruchinstanz nicht beigepflichtet werden könne, ist deshalb abzulehnen, weil es sich hier um eine Frage handelt, die lediglich durch einen medizinischen Sachverständigen gelöst und nicht einfach mit einer Erwägung abgetan werden kann. Der Umstand, daß die erste Instanz auf dieses Argument nicht näher eingegangen ist, stellt ebenfalls einen entscheidenden Mangel des Verfahrens dar.

Auch das vollständige Fehlen jeder Beweiswürdigung wird unter dem Gesichtspunkt der Mangelhaftigkeit gerügt.

Die vorgenommene rechtliche Beurteilung ist deshalb zu bekämpfen, weil sie sich, wie bereits ausgeführt, auf Feststellungen allgemeinster Art stützt. Es wird zwar auf dienstliche Wahrnehmungen eines Polizeiorganes hingewiesen, jedoch nicht im einzelnen dargelegt, worin diese dienstlichen Wahrnehmungen bestehen. Es liegt daher auch eine irrige rechtliche Beurteilung vor, zumal bei eingehender Darstellung des Sachverhaltes unter Berücksichtigung der von mir im Einspruch angeführten Tatsachen in rechtlicher Hinsicht das Ergebnis zu erzielen gewesen wäre, daß der Tatbestand nach Art. VIII EGVG nicht gegeben ist.

Der herangezogene Art. VIII EGVG setzt voraus, daß störender Lärm erregt wird. Von einer derartigen Handlungsweise meinerseits kann aber in vorliegendem Falle nicht gesprochen werden, zumal ich mich mit dem Herrn Fritz Stänkerer keineswegs schreiend unterhalten habe. Es ist daher auch aus diesem Grunde die Annahme des im Spruch zitierten Tatbestandes nicht gerechtfertigt.

Der Bescheid wird nicht nur in seinem Ausspruche über die Schuld, sondern auch in seinem Ausspruche über die Strafe bekämpft. Die über mich verhängte Strafe von S 500,— ist als ausgesprochen hart zu bezeichnen. Die erste Instanz geht offenbar davon aus, daß ich als Kaufmann leicht in der Lage wäre, einen derartigen Betrag zu bezahlen. Sie übersieht dabei, daß das Einkommen eines Kaufmannes meines Formats kaum dem eines mittleren Beamten entspricht, da ich neben der steuerlichen Belastung und meinen Regien immer von der jeweiligen Konjunktur abhängig bin. Es ist allgemein bekannt, daß gerade in meiner Branche ein schlechter Geschäftsgang herrscht. Dazu kommt noch die Sorgepflicht für meine Frau und meine 2 Kinder im Alter von 10 und 14 Jahren. Die Bezahlung der Strafe würde einen empfindlichen Nachteil bei der Versorgungsmöglichkeit für meine Familie darstellen.

Die erste Instanz hat bei der Festlegung der Strafe in der Strafverfügung zugegebenermaßen die Tatsache der Sorgepflicht gegenüber weiteren drei Personen nicht berücksichtigt, hat aber trotzdem dieselbe Höhe der Geldstrafe in das Straferkenntnis übernommen.

Ich stelle durch meinen Vertreter den

Berufungsantrag:

1. das seinem vollen Umfang nach bekämpfte Straferkenntnis des Bez. Pol. Koat. Döbling GZl. 4507/81 vom .... dahin abzuändern, daß das Verwaltungsstrafverfahren gegen mich mangels strafbaren Sachverhaltes eingestellt wird,
2. in enventu dasselbe aufzuheben und an die 1. Instanz zur Behebung der Mängel zurückzuweisen,
3. in eventu die über mich verhängte Geldstrafe gemäß § 51 VStG ganz nachzusehen oder, sofern dies der hohen Berufungsinstanz als nicht möglich erscheinen sollte, das Ausmaß der Geldstrafe um ein beträchtliches herabzumindern.

Wien, am .... Karl Jedermann

Wir sehen, der Rechtsanwalt Dr. Wichtig hat sich sehr angestrengt, um Karl Jedermann diese Verwaltungsstrafe zu ersparen. Die fast wissenschaftlich anmutenden Ausführungen in der Berufung Über das Thema, ob Lärm erregt wurde oder nicht, haben zwar nicht den gewünschten Erfolg, aber immerhin, sie haben einen. Sehen wir den **Berufungsbescheid** der Sicherheitsdirektion Wien an:

S. D. – XIX / B 11/81
Karl Jedermann
Verwaltungsstrafsache

Wien, den ....

Berufungsbescheid

Das Bezirks-Polizeikommissariat Döbling hat am .... zur GZl. Pst 4507/81 über Karl Jedermann, Kaufmann in Wien . . ., folgendes Straferkenntnis gefällt:

Der Beschuldigte Karl Jedermann hat am .... in der Zeit um 17 Uhr 50 in Wien XIX., . . . durch lautes Schreien und Streiten mit dem Angestellten Fritz Stänkerer ungebührlich störenden Lärm erregt und dadurch eine Verwaltungsübertretung nach Art. VIII EGVG begangen.

Gemäß Art. VIII EGVG wird gegen den Beschuldigten eine Geldstrafe von S 500,– verhängt.

Im Falle der Uneinbringlichkeit der Geldstrafe tritt an deren Stelle eine Ersatzfreiheitsstrafe in der Dauer von 24 Stunden.

Der Bestrafte hat gemäß § 64 Abs. 2 des Verwaltungsstrafgesetzes als Beitrag zu den Kosten des Strafverfahrens 10 v. H. der verhängten Strafe, d. s. S 50,–, zu bezahlen sowie die Kosten des Strafvollzuges zu ersetzen.

Über die rechtzeitig eingebrachte Berufung wird gemäß § 66 Abs. 4 AVG 1950 das angefochtene Straferkenntnis teilweise bestätigt, nämlich in der Schuldfrage, hinsichtlich der für den Fall der Uneinbringlichkeit der Geldstrafe verhängten Arreststrafe und hinsichtlich der Verpflichtung zum Ersatz der Strafvollzugskosten.

Die Geldstrafe wird auf S 300,– herabgesetzt.

Der festgesetzte Kostenbeitrag wird gemäß § 64 VStG 1950 mit 10 v. H. festgesetzt. Dem gleichzeitigen Ansuchen um Nachsicht der Strafe wird gemäß § 51 Abs. 4 VStG 1950 keine Folge gegeben.

Dem Berufungswerber wird gemäß § 65 VStG 1950 ein Betrag zu den Kosten des Berufungsverfahrens nicht auferlegt.

Begründung

Der zur Last gelegte Tatbestand ist durch die aufgrund eigener dienstlicher Wahrnehmung erstattete polizeiliche Meldung und die Aussage des Zeugen Fritz Stänkerer erwiesen.

Zu den Berufungsausführungen wird bemerkt:

Aus der Aussage des Zeugen Stänkerer geht hervor, daß der Berufungswerber in schreiendem Ton die Äußerung machte: „Es gibt nur mehr Geschaftlhuber und Schlieferln auf der Welt, mischen Sie sich nicht in meine Angelegenheiten, die gehn Sie einen Dreck an . . ." Der Polizeibeamte meldete, daß er den Berufungswerber aufgefordert habe, sein lärmendes Verhalten einzustellen, worauf dieser ihn beleidigend angeschrien habe. Die Berufungsbehörde sieht sich nicht veranlaßt, die Richtigkeit der Zeugenaussage beziehungsweise der aufgrund eigener dienstlicher Wahrnehmung erstatteten polizeilichen Meldung zu bezweifeln. Der Behauptung des Berufungswerbers, er sei wegen chronischer Heiserkeit gar nicht zu einer besonderen Lärmentwicklung fähig gewesen, kann daher kein Glaube geschenkt werden. Nach dem Erkenntnis des Verwaltungsgerichtshofes vom 25. X. 1948, Slg. 543 A, liegt eine auf ungebührliche Weise bewirkte Erregung störenden Lärmes vor, wenn eine unlustbetonte Einwirkung auf fremden Gehörsinn in einer Weise hervorgerufen wird, die jene Rücksicht vermissen läßt, die die Umwelt verlangen kann. Das Tatbestandsmerkmal der Ungebühr ist dann gegeben, wenn die Lärmerregung das nach den örtlichen Verhältnissen gewöhnliche Maß überschreitet. Im vorliegenden Falle ist der zur Last gelegte Tatbestand als gegeben anzunehmen, da der Berufungswerber vom Wacheorgan aufgefordert werden mußte, sein lärmendes Verhalten einzustellen. Daß mehrere Menschen durch die Lärmentfaltung aufmerksam gemacht wurden, ist vom Gesetz nicht gefordert. Es genügt vielmehr, daß der Lärm von anderen Personen — und zwar dürfte eine einzige genügen — wahrgenommen werden kann. (Vergl. Erkenntnis des Verwaltungsgerichtshofes vom 1. III. 1932, Slg. 17.049 A.) Im gegenständlichen Falle ist der vom Berufungswerber hervorgerufene Lärm von zwei Personen gehört worden. Der zur Last gelegte Tatbestand ist daher erwiesen.

Die verhängte Geldstrafe wurde in Berücksichtigung der bisherigen Unbescholtenheit, des guten Leumundes und der wirtschaftlichen Lage des Berufungswerbers gemildert.

Mangels Überwiegens rücksichtswürdiger Umstände im vorliegenden Falle konnte daher dem Ansuchen um gänzliche Nachsicht der Strafe nicht stattgegeben werden.

Rechtsmittelbelehrung

Gegen diesen Bescheid ist gemäß § 51 Abs. 1 VStG 1950 eine Berufung unzulässig.

Ergeht an:

1. Herrn Karl Jedermann, zu Handen des RA. Dr. Wichtig
2. die Bundes-Polizeidirektion Wien, Revisionsbüro für Polizeistrafsachen in Wien I., Schottenring 7—9
   mit Akt zur Kenntnisnahme des Berufungsbescheides, Zustellung der für die Partei bestimmten Gleichschrift und weiteren Amtshandlung.

Für den Sicherheitsdirektor:

(Dienstsiegel, Unterschrift)

Gleichzeitig mit dem Berufungsbescheid wurde Karl Jedermann auch die Aufforderung zum Erlag der Geldstrafe zugeschickt.

Der Instanzenzug ist nunmehr erschöpft. Karl Jedermann könnte nur noch den Bescheid vor dem Verwaltungsgerichtshof anfechten. Diese Anfechtungsmöglichkeit hat er selber wahrzunehmen. Auf sie wird in der Rechtsmittelbelehrung nicht aufmerksam gemacht. Karl Jedermanns Anwalt, Dr. Wichtig, belehrt ihn, daß ein solches Verfahren nur mit Kosten für ihn verbunden sei; die Entscheidung sei jetzt sogar mit Zitierung von Erkenntnissen des Verwaltungsgerichtshofes zu diesem Thema begründet; es sei daher nicht zu erwarten, daß der Bescheid aufgehoben werde. Karl Jedermann aber meint, daß er nunmehr vorbestraft sei und Nachteile zu erwarten habe. In diesem Punkt kann ihn aber sein Vertreter vollkommen beruhigen, denn ein wegen einer Verwaltungsübertretung verhängtes Straferkenntnis zieht keinerlei Rechtsfolgen nach sich und gilt nach Ablauf von fünf Jahren nach seiner Fällung als getilgt. Solche Verwaltungsstrafen dürfen in amtlichen Leumundszeugnissen oder Auskünften für Zwecke eines Strafverfahrens nicht erwähnt und bei der Strafbemessung im Verwaltungsverfahren nicht berücksichtigt werden. Mit dieser Auskunft ist Karl Jedermann zufrieden. Er ist bereit, die Strafe zu bezahlen und von weiteren Schritten abzusehen.

Tilgung der Vorstrafen

Nach dem Tilgungsgesetz 1972 erfolgt die Tilgung gerichtlicher Vorstrafen automatisch (durch den Polizeicomputer der Bundespolizeidirektion Wien, und zwar meist nach 5 Jahren, gerechnet ab der Verbüßung der Strafe bzw. Bezahlung der Geldstrafe). Die Tilgungsfrist erhöht sich um ein Jahr pro weiterer Verurteilung.

Gnadengesuche

Wenn jemand die gesetzliche Tilgungsfrist nicht abwarten will, so hat er die Möglichkeit, vorzeitig im Gnadenwege um die Tilgung seiner Vorstrafe anzusuchen. Es besteht auch die Möglichkeit der vorzeitigen bedingten Entlassung, der Umwandlung von Freiheitsstrafen in Geldstrafen, Umwandlung unbedingter in bedingte Strafen und des Strafnachlasses überhaupt.

Das Gnadenrecht steht dem Bundespräsidenten zu. Es empfiehlt sich jedoch, ein Gnadengesuch beim Bundesministerium für Justiz einzubringen, das zur Behandlung solcher Gesuche zuständig ist.

Strafbarer Wucher

Die Ausnützung der Zwangslage, des Leichtsinns, der Unerfahrenheit oder des Mangels an Urteilsvermögen des anderen zum Zweck der Ausbeutung dadurch, daß sich jemand bei der Gewährung oder Vermittlung eines Darlehens oder für die Stundung einer Geldforderung oder die Vermittlung einer solchen Stundung einen Vermögensvorteil versprechen oder gewähren läßt, der im auffallenden Mißverhältnis zum Wert der eigenen Leistung steht (Geldwucher), oder das Versprechen oder Gewähren einer Ware oder anderen Leistung (Sachwucher) ist bis zu 3 bzw. 5 Jahren Freiheitsstrafe bedroht. Bei gewerbsmäßiger Begehung ist eine höhere Strafdrohung vorgesehen.

Schwangerschaftsabbruch

Nach dem § 96 Abs. 1 StGB ist derjenige, der mit Einwilligung der Schwangeren deren Schwangerschaft abbricht, mit Freiheitsstrafe bis zu einem Jahr, bei gewerbsmäßiger Begehung bis zu 3 Jahren zu bestrafen. Wenn der unmittelbare Täter kein Arzt ist, so ist er mit Freiheitsstrafe bis zu 3 Jahren, bei Gewerbsmäßigkeit oder bei Eintritt des Todes der Schwangeren von 6 Monaten bis zu 5 Jahren zu bestrafen. Die Frau, die den Abbruch ihrer Schwangerschaft selbst vornimmt oder durch einen anderen zuläßt, ist mit Freiheitsstrafe bis zu einem Jahr zu bestrafen.

Durch die im § 97 Abs. 1 StGB seit 1. Jänner 1975 eingeführte **Fristenlösung** ist die Tat nach § 96 StGB nicht strafbar, wenn der Schwangerschaftsabbruch innerhalb der ersten drei Monate nach Beginn der Schwangerschaft nach vorhergehender ärztlicher Beratung von einem Arzt vorgenommen wird oder der Schwangerschaftsabbruch zur Abwendung einer nicht anders abwendbaren ernsten Gefahr für das Leben oder eines schweren Schadens für die körperliche oder seelische Gesundheit der Schwangeren erforderlich ist oder eine ernste Gefahr besteht, daß das Kind geistig oder körperlich schwer geschädigt werde, oder die Schwangere zur Zeit der Schwängerung unmündig gewesen ist und in all diesen Fällen der Abbruch von einem Arzt vorgenommen wird oder wenn der Schwangerschaftsabbruch zur Rettung der Schwangeren aus einer unmittelbaren, nicht anders abwendbaren Gefahr unter Umständen vorgenommen wird, unter denen ärztliche Hilfe nicht rechtzeitig zu erlangen ist.

Kein Arzt ist verpflichtet, einen Schwangerschaftsabbruch durchzuführen, außer um eine Lebensgefahr von der Schwangeren abzuwenden. Niemand darf wegen der Durchführung eines straflosen Schwangerschaftsabbruches oder der Mitwirkung daran oder wegen der Weigerung, einen solchen durchzuführen oder daran mitzuwirken, in welcher Art auch immer benachteiligt werden.

Wer ohne Einwilligung der Schwangeren deren Schwangerschaft abbricht, ist mit Freiheitsstrafe bis zu 3 Jahren, bei Tod der Schwangeren jedoch von 6 Monaten bis zu 5 Jahren zu bestrafen, außer er tut dies zur Rettung aus einer Lebensgefahr und unter Umständen, unter denen die Einwilligung der Schwangeren nicht rechtzeitig zu erlangen ist.

Angriffe auf die Sittlichkeit

Frau Ottilie Jedermann hat schon wiederholt in der Zeitung Nachrichten über Sexualverbrechen an Kindern gelesen. Sie hat deshalb ihren eigenen Kindern streng verboten, sich von fremden Frauen oder Männern verleiten zu lassen, mitzugehen. Eines Tages hört sie, wie die Schulkollegin Lotte ihrer Tochter Ulrike erzählt, ein Mann habe sie in den Abendstunden im Stadtpark angesprochen, er sei „vorne ganz offen" gewesen, sie habe das genau gesehen. Auch früher schon habe er sie angesprochen und eingeladen, mit ihm zu gehen. Sie sei ein hübsches Kind und er wolle sie zeichnen. Er habe ihr dafür auch Geld und Schokolade versprochen. Lotte lud Ulrike ein, einmal mit ihr in das Atelier dieses Herrn Schmierer mitzukommen. Frau Ottilie verbot sofort ihrer Tochter, der Einladung Folge zu leisten, und erzählte die ganze Geschichte ihrem Mann, der den Sachverhalt der Polizei weitermeldete. Herr Schmierer wurde beobachtet, und es konnte festgestellt werden, daß er sich wiederholt in Gesellschaft von Mädchen und Knaben befand, denen er ebenfalls Geld und Süßigkeiten anbot. Da fast alle Personen unter 14 Jahre alt waren, wurde sofort die Anzeige an die Staatsanwaltschaft erstattet. Diese erhob gegen Herrn Schmierer nachstehende **Anklage:**

9 St 3785/81

Anklageschrift

Die Staatsanwaltschaft Wien erhebt gegen

Ludwig Schmierer, geb. am .... in Wien, österreichischer Staatsangehöriger, röm.-kath., geschieden, Kunstmaler in ... wohnhaft,

die

Anklage

Ludwig Schmierer hat in Wien

I.
in der Zeit von Mitte bis Ende Juli ... die am ... geborene Veronika Lustig, sohin eine unmündige Person, durch Betasten ihrer Geschlechtsteile auf andere Weise als durch Beischlaf zur Unzucht mißbraucht;

II. dadurch, daß er die am ... geborene Frieda Tschapperl und die am ... geborene Anna Traudich, sohin unmündige Personen, und zwar anfangs April ... in ..., die Frieda Tschapperl an den Beinen in Richtung des Geschlechtsteiles betastete und am ... in ... die Anna Traudich dadurch, daß er unter ihre Hose griff, die Mädchen auf andere Weise als durch Beischlaf zur Unzucht zu mißbrauchen versucht;

III. durch die unter I. angeführte Tathandlung eine seiner Aufsicht unterstehende minderjährige Person zur Unzucht mißbraucht;

IV. durch die unter II. genannte Tathandlung seiner Aufsicht unterstehende minderjährige Personen zur Unzucht zu mißbrauchen versucht.
Er hat hiedurch begangen zu I. und II. der Verbrechen der teils vollendeten, teils versuchten Unzucht mit Unmündigen nach den § 207 Abs. 1 und 15 StGB und zu III. und IV. das Vergehen des teils vollendeten, teils versuchten Mißbrauchs seines Autoritätsverhältnisses nach den § 212 Abs. 1 und 15 StGB und wird hierfür unter Anwendung des § 28 StGB nach dem § 207 Abs. 1 StGB zu bestrafen sein.

Der Anklage lag folgender Tatbestand zugrunde: Der Angeklagte befaßte sich seit Jahren als Zeichner und Graphiker hauptsächlich mit Zeichnen von Füßen nach Modell. Solange sich die Mädchen, deren Füße er zeichnen wollte, in Begleitung erziehungsberechtigter Personen befanden, habe er sich immer anständig benommen. Er redete ihnen dann aber ein, daß er durch die Anwesenheit dritter Personen beim Zeichnen gestört werde. Wenn die Mädchen nun allein zu ihm kamen, forderte er sie auf, sich auszuziehen, und betastete sie an den Oberschenkeln und an den Geschlechtsteilen. Unter den verschiedensten Vorwänden lockte er immer wieder Kinder zu sich und forderte sie auf, auch ihn zu berühren.

Das Strafgesetz will durch die vorliegenden Gesetzesstellen hauptsächlich Personen unter 14 Jahren, aber auch im Zustand der Widerstandsunfähigkeit befindliche Personen vor geschlechtlichem Mißbrauch schützen. Dieser Mißbrauch muß nicht in einem Beischlaf bestehen. Kinder unter 14 Jahren verdienen einen erhöhten Schutz deshalb, weil sie vor dem physischen, insbesondere aber auch dem psychischen Nachteil bewahrt bleiben sollen, den vorzeitige Erfahrung in geschlechtlichen Dingen zur Folge haben kann. Die Handlung muß einen geschlechtlichen Mißbrauch darstellen und die Absicht des Täters auf die Befriedigung seiner Lüste gerichtet sein.

Hiebei genügt die Erregung oder Steigerung des sinnlichen Reizes allein. So macht sich auch ein Greis strafbar, der zur Ausübung des Beischlafs längst nicht mehr fähig ist: denn nicht auf die „potentia" kommt es bei der Beurteilung des strafbaren Tatbestandes an, sondern auf die „libido" (sinnliches Lustgefühl).

Notzucht (§ 201 StGB) begeht, wer eine Frau mit Gewalt oder Drohung mit gegenwärtiger Gefahr für Leib oder Leben widerstandsunfähig macht und sie in diesem Zustand zum außerehelichen Beischlaf mißbraucht.

Vollzieht jemand den Beischlaf mit einem Mädchen unter 14 Jahren, so wird er straffällig, auch wenn er über das Alter des Kindes im unklaren war; er mußte eben mit der Möglichkeit rechnen, daß das Mädchen noch nicht 14 Jahre sei. War der Täter im Irrtum über das Alter und wirkte das Mädchen infolge seiner Größe und Entwicklung älter als 14 Jahre, dann ist er zu entschuldigen.

Eine Person männlichen Geschlechts, die nach Vollendung des 18. Lebensjahres mit einer jugendlichen Person gleichgeschlechtliche Unzucht treibt, ist mit Freiheitsstrafe von 6 Monaten bis zu 5 Jahren zu bestrafen (§ 209 StGB). Wir sehen, daß seit dem neuen Strafgesetz gleichgeschlechtliche Unzucht nur noch zwischen erwachsenen und jugendlichen Personen strafbar ist.

Der gegen Herrn Schmierer erhobene Strafantrag legt ihm insbesondere den Mißbrauch eines Autoritätsverhältnisses zur Last. Dieser Tatbestand ist in § 212 StGB geregelt. Voraussetzung ist, daß die minderjährige Person der Aufsicht, Erziehung oder Ausbildung untersteht oder ein minderjähriges Kind, Stiefkind, Wahlkind oder Mündel des Täters ist und von diesem zur Unzucht verführt wird; ebenso ist zu bestrafen, wer als Arzt einer Krankenanstalt oder Angestellter einer Erziehungsanstalt oder sonst als ein in der Erziehungsanstalt Beschäftigter eine in der Anstalt betreute Person oder als Beamter eine Person, die seiner amtlichen Obhut anvertraut ist, unter Ausnützung seiner Stellung dieser Person gegenüber entweder zur Unzucht mißbraucht oder, um sich oder einen Dritten geschlechtlich zu erregen oder zu befriedigen, dazu verleitet, eine unzüchtige Handlung an sich selbst vorzunehmen.

Das Gesetz will die geschützten Personen davor bewahren, daß die zur Aufsicht Befugten unter Ausnützung ihrer Autoritätsstellung diese Personen zu unzüchtigen Handlungen verleiten.

Im § 211 StGB wird als Blutschande der Beischlaf zwischen Verwandten inkriminiert. Dadurch soll die Blutsvermischung zwischen diesen Verwandten verhindert werden.

Der Exhibitionist

Wir haben gehört, daß Herr Schmierer sich den Kindern im Park entblößt gezeigt habe. Solche Personen werden als Exhibitionisten bezeichnet und sind nach § 218 StGB zu bestrafen, weil sie öffentlich auf eine zum berechtigten Ärgernis geeignete Weise eine unzüchtige Handlung vornehmen. Unzüchtig ist jede Handlung, durch zen. Unzüchtig ist jede Handlung, durch die die Sittlichkeit in geschlechtlicher Beziehung verletzt wird. Hiezu ist nicht erforderlich, daß die Handlung dem erregten Geschlechtstrieb des Täters entspringt oder zur Erregung des Geschlechtstriebes des Täters oder eines anderen bestimmt ist. Sie muß nur ihrer Art nach zum Geschlechtsleben in Beziehung stehen. Die Verrichtung der Notdurft vor der Öffentlichkeit und das Baden ohne Schwimmhose ist kein nach dem Strafgesetz bedeutsamer Verstoß gegen Sitte und Anstand, allenfalls aber nach dem Verwaltungsstrafrecht zu beurteilen.

In allen Fällen unzüchtigen Verhaltens, bei denen Kinder beteiligt sind, besteht nach Erfahrung der Praxis das Bedenken, ob das, was das Kind erzählt, auch wahr sei. Die kriminalpsychologische Frage, welcher **Beweiswert einer Kinderaussage** beizumessen ist, kann heute als geklärt gelten: Jugendlichen Zeugen, vor allem **Mädchen** gegenüber ist **besondere Vorsicht** geboten! Deshalb sollte jedem Gerichtsverfahren, in dem Kinder als Zeugen zu vernehmen sind, ein Jugendpsychiater als Sachverständiger beigezogen werden. Da jedoch Sittlichkeitsverbrecher meistens nur durch die Aussagen ihrer kindlichen Opfer zu überführen sind, wird außer auf die Überprüfung der Kinderaussagen auf alle einzelnen Tatumstände, auf den Lebenswandel des Verdächtigten, auf krankhafte Eigenschaften usw. Bedacht zu nehmen sein.

Wir haben gesehen, daß es eine Reihe von Gesetzen gibt, die den Schutz der Minderjährigen zum Inhalt haben. Mit Rücksicht auf die in den Nachkriegsjahren besonders stark auftretende Gefährdung der Jugend auf vielen Gebieten war es durchaus verständlich, ein Gesetz zum Schutz der Jugend vor sittlicher Gefährdung zu schaffen.

Unzüchtige Darstellungen und Schundliteratur

Wiederholt hat Karl Jedermann bei Zeitungsständen und manchmal auch in Schaufenstern von Buchhandlungen bunte Heftchen mit den Abbildungen nackter Frauen gesehen.

Jedermann als Vater befürchtet, daß auch seine minderjährigen Kinder sich für diese Heftchen interessieren könnten, und erkundigt sich, ob es denn kein Mittel gäbe, durchzusetzen, daß diese Heftchen nicht der heranwachsenden Jugend zu Gesicht kommen.

Nun gibt es seit 1950 ein Bundesgesetz „über die Bekämpfung unzüchtiger Veröffentlichungen und den Schutz der Jugend vor sittlicher Gefährdung". Dieses sog. **Pornographiegesetz** ist unter dem Namen „Schmutz- und Schundgesetz" bekanntgeworden.

Die Bestimmungen des Strafgesetzes hatten sich als nicht ausreichend erwiesen. Seit Beginn des 20. Jahrhunderts waren pornographische Veröffentlichungen in Wort und Bild immer stärker in Erscheinung getreten. Um diesem Übelstand zu begegnen, schien es notwendig, durch ein eigenes Gesetz nicht bloß die Verbreitung unzüchtiger Schriften und Darstellungen unter Strafe zu stellen, sondern schon die vorbereitenden Handlungen dazu: das Herstellen, das Verlegen, das Vorrätighalten, das Einführen und Ausführen sowie bestimmte Akte der Förderung (z. B. Hinweis auf pornographische Veröffentlichungen).

Nach ständiger Rechtsprechung des OGH ist als **unzüchtig** eine Darstellung dann zu beurteilen, wenn sie die Sittlichkeit und das Schamgefühl eines normalen Durchschnittsmenschen in geschlechtlicher Beziehung zu verletzen geeignet ist. Daß durch sie der Geschlechtstrieb unmittelbar erregt werden soll, wird nicht gefordert; es genügt, daß sie ihrer Art nach zum Geschlechtsleben in Beziehung steht. Hiezu bedarf es allerdings nicht unbedingt der Abbildung von Personen mit entblößten Geschlechtsteilen oder gar bei Ausübung des Geschlechtsaktes. Vielmehr kann auch die Abbildung von Personen mit entblößten sekundären Geschlechtsmerkmalen unzüchtig sein. Voraussetzung hiefür ist jedoch, daß durch die ganze Art der Darstellung, etwa durch die Aufmachung oder die Haltung der dargestellten Personen, die Geschlechtssphäre **besonders** betont, die Aufmerksamkeit des Betrachters **deutlich** und **aufdringlich** – ohne erkennbare Rechtfertigung durch Gründe künstlerischer, ästhetischer oder wissenschaftlicher Natur – gerade auf diese Teile des Körpers gelenkt und hiedurch eine Beziehung zum Geschlechtsleben hergestellt wird. Unter diesen Gesichtspunkten hatte z. B. der OGH zu prüfen, ob **Kugelschreiber** mit Darstellungen nackter Frauenspersonen, die durch Veränderung der Lage des Schreibgeräts mittels einer in dessen Hülse befindlichen farbigen Flüssigkeit bekleidet und wieder entkleidet werden können, unzüchtig sind. Er verneinte dies, da die auf den Kugelschreibern befindlichen Abbildungen nackter Frauen schon im Hinblick auf die geringe Größe der Darstellung (zirka 3½ cm) nicht geeignet sind, die Aufmerksamkeit des Betrachters in deutlicher und aufdringlicher Weise auf deren – zudem mehr oder minder nur angedeutete – Brüste und Schambehaarung zu lenken. Dazu kommt, daß die Körperhaltung der durchwegs mit geschlossenen Beinen abgebildeten Modelle eine indifferente ist. Solche Schreibgeräte sind also **nicht** unzüchtig (§ 1 PornographieG), dürfen jedoch einer Person unter 16 Jahren weder angeboten oder überlassen werden noch auf eine Art ausgestellt und verbreitet werden, durch die der anstößige Inhalt der auf ihnen befindlichen Darstellungen einem größeren Kreis von Personen unter 16 Jahren zugänglich wird (§ 2 PornographieG).

Nach neuerer Auffassung ist vor allem die „harte" Pornographie strafbar, also etwa die Darstellung homosexueller, masochistischer, sadistischer oder sodomitischer Akte. Solche Darstellungen sind für Heranwachsende als besonders gefährlich anzusehen.

Durch entsprechende Strafdrohungen (außerdem Gewerbeentziehung, Landesverweisung und Verfall des Druckwerkes) dient das Pornographiegesetz dem **Schutz der Jugend,** die in ihren sittlichen Anschauungen noch nicht gefestigt ist und leicht auf Abwege geraten kann.

Ehebruch und Familienzucht

Ehebruch liegt vor, wenn eine verheiratete Person außerhalb der Ehe mit einer Person anderen Geschlechts geschlechtlich verkehrt. Hier kann der beleidigte Ehepartner die Privatanklage gegen den Ehebrecher, aber auch gegen den angetrauten Partner erheben. Eine Vereinbarung der Ehegatten über sexuelle Freiheit beseitigt nicht das Klagerecht. Der Ehebruch ist ein strafrechtliches Vergehen.

Andere, „unsittliche Handlungen" verheirateter Personen außerhalb der Ehe, z. B. heimliche Zusammenkünfte, Abtasten, Abküssen usw., sind seit dem StGB 1975 als Verletzung der ehelichen Treue nicht mehr strafbar. Diese Verletzungen der ehelichen Treue können allerdings als Scheidungsgrund herangezogen werden.

Da wir schon mitten im Familienleben sind, wollen wir Karl Jedermann auch darüber belehren, daß er seinen vielleicht manchmal berechtigten Unmut gegen seine bessere Hälfte nicht durch Tätlichkeiten kundtun darf, genausowenig wie Frau Ottilie ihrem Gatten Teller an den Kopf werfen darf, denn den Ehegatten steht untereinander **kein Züchtigungsrecht** zu.

Solche tätlichen Auseinandersetzungen zwischen Ehegatten wurden früher milder strafrechtlich verfolgt, seit dem neuen Strafgesetzbuch stellen sie aber das Delikt der Körperverletzung dar. Es ist ganz egal, ob jemand einen anderen oder seinen Ehegatten körperlich verletzt. Die Strafe für eine solche Körperverletzung ist Freiheitsstrafe bis zu 6 Monaten oder Geldstrafe bis zu 360 Tagessätzen.

Wer die ihm aufgrund eines Gesetzes obliegende Pflege, Erziehung oder Beaufsichtigung einer minderjährigen Person gröblich vernachlässigt und dadurch, wenn auch nur fahrlässig, deren Verwahrlosung bewirkt, ist mit Freiheitsstrafe bis zu 6 Monaten oder Geldstrafe bis zu 360 Tagessätzen zu bestrafen. Wer seine im

Familienrecht begründete Unterhaltspflicht gröblich verletzt und dadurch bewirkt, daß der Unterhalt oder die Erziehung des Unterhaltsberechtigten gefährdet wird oder ohne Hilfe von anderer Seite gefährdet wäre, ist mit Freiheitsstrafe bis zu 6 Monaten zu bestrafen. Seine Unterhaltspflicht verletzt insbesondere auch, wer es unterläßt, einem Erwerb nachzugehen, der ihm die Erfüllung dieser Pflicht ermöglichen würde. Durch diese letztgenannte Bedingung werden vor allem sehr viele außereheliche Väter getroffen, die für ihre außerehelichen Kinder keinen Unterhalt leisten, weil sie zunächst mit ihrem Einkommen andere Verpflichtungen bestreiten, obwohl die Unterhaltsverpflichtungen als erste rangieren, oder die keinem Erwerb nachgehen.

Die Kinder erhalten in solchen Fällen nach dem Unterhaltsvorschußgesetz vom Gericht den Unterhalt, das Gericht holt sich diesen dann vom außerehelichen Vater herein, wobei jedoch, falls obige Voraussetzungen gegeben sind, meist ein Verfahren wegen Verletzung der Unterhaltspflicht eingeleitet wird.

Wer eine minderjährige Person der Macht ihres Erziehungsberechtigten entzieht, sie vor ihm verborgen hält, sie verleitet, sich dieser Macht zu entziehen oder sich vor dem Berechtigten verborgen zu halten, oder ihr dazu Hilfe leistet, ist mit Freiheitsstrafe bis zu einem Jahr zu bestrafen. Wer die Tat in Beziehung auf eine unmündige (bis 14 Jahren) Person begeht, ist mit Freiheitsstrafe bis zu 3 Jahren zu bestrafen. Wer die Tat begeht, um die minderjährige Person zur Unzucht zu mißbrauchen oder der Unzucht zuzuführen, ist mit Freiheitsstrafe bis zu 3 Jahren zu bestrafen.

Die minderjährige Person, die einen anderen dazu verleitet, sie der Obhut des Erziehungsberechtigten zu entziehen oder ihr Hilfe zu leisten, sich selbst dieser Macht zu entziehen, ist nicht zu bestrafen. Der Täter ist nur auf Antrag des Erziehungsberechtigten zu verfolgen. Hat ein an der Tat Beteiligter die minderjährige Person geheiratet, so ist der Täter nur zu bestrafen, wenn die Ehe für nichtig erklärt oder aufgehoben worden ist.

Wer eine minderjährige Person einer behördlich angeordneten Erziehungsmaßnahme entzieht, sie verleitet, sich einer solchen Maßnahme zu entziehen, oder ihr dazu Hilfe leistet, ist mit Freiheitsstrafe bis zu 6 Monaten oder mit Geldstrafe bis zu 360 Tagessätzen zu bestrafen. Der Täter ist nur auf Antrag der Behörde zu verfolgen, die über die Fortsetzung der Erziehungsmaßnahmen zu entscheiden hat.

Notwehr und Notstand

Man darf sich gegen Angriffe, die rechtswidrig sind, zur Wehr setzen. Diese Angriffe können sich gegen das Leben, die Gesundheit, die Freiheit oder das Vermögen richten, wobei die Stärke der erlaubten Notwehr nach der Stärke des Angriffs beurteilt wird. Die Abwehrhandlung darf somit nur einer angemessenen Verteidigung dienen, das heißt, man darf hiebei nicht weitergehen, als unumgänglich **notwendig** ist. Die Ehre ist bei uns kein notwehrfähiges Rechtsgut.

Wenn z. B. jemandem auf der Straße durch einen Taschendieb die Brieftasche gezogen wird, so darf der Bestohlene nicht sofort auf ihn schießen, sondern wird sich begnügen müssen, den Dieb eventuell mit Hilfe von Passanten festzuhalten. Ebenso wird z. B. auch ein Gelähmter nicht gleich einen Schuß von seinem Fenster aus abgeben dürfen, wenn er ein Kind Kirschen von seinem Baum stehlen sieht, selbst wenn er keine andere Möglichkeit hat, diesen Angriff auf sein Eigentum abzuwehren. Einer schuldhaften Notwehrüberschreitung würde sich z. B. ein Grundbesitzer schuldig machen, wenn er seine versperrte Waldhütte durch Anbringung einer Eierhandgranate, die bei gewaltsamem Öffnen der Tür oder des Fensterverschlages explodiert, gegen Einbruchsdiebstähle sichert und dabei nicht einmal eine entsprechende Warnungstafel aufstellt.

Wird aber jemand tätlich angegriffen und überschreitet er nur aus Bestürzung, Furcht oder Schrecken die Grenzen der nötigen Verteidigung, kann man ihm das nur als fahrlässige Notwehrüberschreitung anrechnen. Straflos bleibt, wenn sich jemand nur angegriffen glaubt und wenn der Irrtum, in dem er sich befindet, entschuldbar ist.

Die Angriffe müssen nicht immer von Personen ausgehen. Wehrt man sich gegen Angriffe von Tieren, so befindet man sich nach österreichischem Recht nicht in einer Notwehrsituation, sondern handelt bei der Abwehr gegen das Tier in „entschuldigendem Notstand".

Wird jedoch ein Tier von einem Menschen aufgehetzt und wehrt man sich dann gegen dessen Angriff, so liegt eine Notwehrhandlung vor, da das Tier nur Werkzeug war; der Angegriffene befindet sich hier in der gleichen Lage wie jener, der den Säbel seines Angreifers zerbricht, um den Angriff unschädlich zu machen.

Man darf sich allerdings nicht gegen berechtigte Angriffe wehren. So gibt es z. B. keine Notwehr gegen den Steuerexekutor sowie gegen alle Beamte, soweit sie ihren Dienst zu Recht ausüben.

Eine Notwehrhandlung gibt es nur gegen einen Angriff, der schon erfolgt ist oder unmittelbar bevorsteht. Wenn kein Zweifel darüber besteht, daß jemand zu einem Angriff entschlossen ist, so kann dem Gegner nicht zugemutet werden zuzuwarten, bis der Angriff so weit gediehen ist, daß die Gegenwehr zu spät kommt.

Diese Frage ist natürlich nicht immer leicht zu klären. Das Gesetz verlangt die Untersuchung der Beschaffenheit der Personen, der Zeit, des Ortes, der Art des Angriffes und endlich Berücksichtigung der Begleitumstände. Nicht immer ist daher das Legen von Selbstschüssen und Fußangeln oder das Halten von scharfen Hunden straffrei; dies hätte zur Voraussetzung, daß diese Mittel sich nur gegen Personen auswirken, die in rechtswidriger Absicht den so geschützten Raum betreten. Muß man jedoch damit rechnen, daß auch andere Personen in diesen Raum kommen, so hat diese Art des Schutzes zu unterbleiben, da bei Verletzung zumindest Fahrlässigkeit zu verantworten ist.

Das Recht zur Notwehr steht nicht nur dem Angegriffenen selbst zu, sondern jedem Dritten, der dieses Recht im Interesse des Angegriffenen ausübt. Man spricht dann von **Nothilfe.**

Von der Notwehr unterscheidet sich der Notstand. Entschuldigender Notstand liegt vor, wenn jemand eine mit Strafe bedrohte Tat begeht, um einen unmittelbar drohenden bedeutenden Schaden von sich oder einem anderen abzuwenden, sofern der aus der Tat drohende Schaden nicht unverhältnismäßig schwerer wiegt als der Nachteil, den sie abwenden soll und in der Lage des Täters von einem mit den rechtlich geschützten Werten verbundenen Menschen kein anderes Verhalten zu erwarten war (§ 10 StGB).

So ist z. B. jemand entschuldbar, wenn er, von einem tollwütigen Hund angegriffen, keinen anderen Weg zur Rettung hat als einen Sprung über Nachbars Zaun in dessen Tulpenbeet. Kann jedoch dem in Notstand Befindlichen zugemutet werden, lieber selber das drohende Übel auszuhalten als Unrecht zu tun, so kann die Notstandshandlung nicht entschuldigt werden. So z. B. der energische Stoß eines Schiffbrüchigen gegen seinen Leidensgenossen, um sich mit Sicherheit auf der rettenden Planke halten zu können, die zweifelsohne für beide tragfähig gewesen wäre.

Hat sich jemand verschuldet in eine Notstandssituation gebracht, so ist eine Notstandshandlung ebenfalls nicht zu entschuldigen. Auf Notstand kann sich ferner niemand berufen, der verpflichtet ist, Gefahren zu bestehen, z. B. Krankenwärter, Feuerwehrleute, Verkehrspolizisten usw.

Betrug, Urkundenfälschung, Prellerei und Nepp

Karl Jedermann will anläßlich seines 25jährigen Geschäftsjubiläums seinen Freunden ein kleines Fest bereiten. Er erfährt, daß Herr Moritz Täuscher alkoholische Getränke zu besonders günstigen Preisen verkauft. Er bestellt also eine Kiste Likör und Schnaps. Täuscher verlangt bei Entgegennahme der Bestellung die Hälfte des Kaufpreises im voraus und bei Lieferung, die tatsächlich auch drei Tage später erfolgt, den Rest.

Als nun Jedermann den Gästen die geistigen Getränke aufwarten will, muß er feststellen, daß in sämtlichen Flaschen gefärbtes Wasser ist. Karl Jedermann ist empört und erstattet Strafanzeige.

Was wird nun Herrn Täuscher zur Last gelegt? Strafbarer Betrug!

Betrug begeht, wer mit dem Vorsatz, durch das Verhalten des Getäuschten sich oder einen Dritten unrechtmäßig zu bereichern, jemand durch Täuschung über Tatsachen zu einer Handlung, Duldung oder Unterlassung verleitet, die diesen oder einen anderen am Vermögen schädigt.

Der Betrug ist mit Freiheitsstrafe bis zu 6 Monaten und mit Geldstrafe bis zu 360 Tagessätzen bedroht. Einen schweren Betrug begeht, wer zur Täuschung eine falsche oder verfälschte Urkunde, ein anderes solches Beweismittel oder ein unrichtiges Meßgerät benützt, ein zur Bezeichnung der Grenze oder des Wasserstandes bestimmtes Zeichen unrichtig setzt, verrückt, beseitigt oder unkenntlich macht, sich fälschlich für einen Beamten ausgibt oder einen Betrug mit einem S 5000,– übersteigenden Schaden begeht. Hier ist Freiheitsstrafe bis zu 3 Jahren angedroht. Wenn der Schaden S 100.000,– übersteigt, so ist Freiheitsstrafe von einem bis zu 10 Jahren angedroht; bei gewerbsmäßigem Betrug Freiheitsstrafe von 6 Monaten bis zu 5 Jahren, bei gewerbsmäßigem schwerem Betrug Freiheitsstrafe von einem bis zu 10 Jahren.

Wer einen Betrug nur mit geringem Schaden (ca. S 500,–) aus Not begeht, ist, wenn es sich nicht um einen schweren oder gewerbsmäßigen Betrug handelt, nur mit Freiheitsstrafe bis zu einem Monat oder mit Geldstrafe bis zu 60 Tagessätzen zu bestrafen und überdies nur mit Ermächtigung des Verletzten zu verfolgen (Notbetrug). Nicht zu bestrafen ist der Betrüger, der die Tat zum Nachteil seines Ehegatten, eines Verwandten in gerader Linie, seines Bruders oder seiner Schwester oder zum Nachteil eines anderen Angehörigen, soferne er mit diesem in Hausgemeinschaft lebt, begeht.

Auch das Schwarzfahren mit der Straßenbahn oder einem anderen Verkehrsmittel ist strafbar. Es liegt dann Erschleichung einer Leistung nach § 149 StGB vor. Der Täter ist allerdings nur mit Ermächtigung des Verletzten zu verfolgen.

Wer im schaffnerlosen Beiwagen schwarz fährt, kann wegen dieser Tat nicht bestraft werden, weil er nur einen sogenannten Automatenbetrug begeht. Dieser ist kein Betrug, denn nur Menschen können getäuscht werden, nicht Apparate. Ebenso verhält es sich beim Betrug an anderen Automaten, jedoch nur bei solchen, die Dienstleistungen erbringen. Bei Warenautomaten liegt Diebstahl oder Betrug vor. Wer allerdings auf einem öffentlichen Verkehrsmittel schwarzfährt, ist von der Verwaltungsbehörde mit Geldstrafe bis zu S 3000,– oder Arrest bis zu drei Wochen strafbar und muß überdies die im Tarif festgesetzte Strafgebühr bezahlen.

Herr Täuscher hat zwei Autos, von denen nur eines angemeldet und versichert ist. Das zweite Auto ist überdies nicht verkehrs- und betriebssicher. Eines Tages funktioniert das angemeldete und versicherte Auto nicht, und deshalb montiert er die amtlichen Kennzeichen dieses Autos auf das zweite, nicht versicherte, nicht angemeldete und nicht verkehrs- und betriebssichere Auto und fährt damit auf öffentlichen Straßen ins Büro. Dabei wird er von einer Funkstreife angehalten, wobei festgestellt wird, daß das Kennzeichen mit der Motor- und Fahrgestellnummer nicht übereinstimmt, ja daß es sich sogar um eine ganz andere Automarke und Type handelt als jene, für die das Kennzeichen ausgegeben wurde.

Herr Täuscher wird angezeigt und wegen versuchter Täuschung eines Beamten auch verurteilt, weil er ja Beamte über die Tatsache der Zulassung seines Kraftfahrzeugs täuschte und damit dem Staat absichtlich einen Schaden in seinem Recht auf Kontrollierung des Kraftfahrzeugverkehrs zufügte, da er mit der Täuschung über die Tatsache der Nichtzulassung die Beamten zur Duldung des Fahrens mit dem Kraftfahrzeug verleiten wollte. Auf dieses Delikt ist Freiheitsstrafe bis zu einem Jahr angedroht. Wenn das zweite Fahrzeug allerdings versichert ist und sich auch in einem verkehrs- und betriebssicheren Zustand befindet, dann ist das Ummontieren der Kennzeichentafeln gerichtlich als Täuschung nicht strafbar, sondern stellt lediglich eine Übertretung des Kraftfahrgesetzes, also eine Verwaltungsübertretung dar.

Es gibt sicherlich noch eine Unzahl anderer Fälle, die unter das Delikt der Täuschung nach § 108 StGB fallen, aber der vorhin geschilderte Fall ist wohl der bei den Gerichten am häufigsten anzutreffende Anwendungsfall dieser Gesetzesstelle.

Urkundenfälschung begeht, wer eine falsche Urkunde mit dem Vorsatz herstellt oder eine echte Urkunde mit dem Vorsatz verfälscht, daß sie im Rechtsverkehr zum Beweis eines Rechtes, eines Rechtsverhältnisses oder einer Tatsache gebraucht werde. Er ist mit Freiheitsstrafe bis zu einem Jahr zu bestrafen. Bei Fälschung besonders geschützter Urkunden (öffentliche Urkunden, letztwillige Verfügungen oder Wertpapiere) ist Freiheitsstrafe bis zu 2 Jahren angedroht. Der Reisepaß ist nach § 39 des Paßgesetzes eine besonders geschützte öffentliche Urkunde. Auch schon das Verfälschen der Berufsbezeichnung in einem Reisepaß begründet das Vergehen der Fälschung.

Das „Pickerl"

Unser Herr Täuscher muß sein Fahrzeug zur wiederkehrenden Überprüfung bringen, damit er das sogenannte „Pickerl" erhält, das über die Verkehrs- und Betriebssicherheit seines Fahrzeugs Zeugnis ablegt.

Da er weiß, daß sein Fahrzeug diese Prüfung nicht bestehen wird, schabt er von einem anderen Fahrzeug vorsichtig das „Pickerl" herunter und setzt es bei seinem eigenen auf, wodurch er nach außen hin sein Fahrzeug als verkehrs- und betriebssicher darstellt. Ein aufmerksamer Wachebeamter bemerkt aber, daß die Autonummer und die Ausgabenummer auf dem „Pickerl" nicht mit den Fahrzeugpapieren des Herrn Täuscher übereinstimmen. Er zeigt ihn wegen Fälschung öffentlicher Beglaubigungszeichen nach § 225 StGB dem Gericht an, und Herr Täuscher wird auch wegen dieses Vergehens verurteilt. Auf dieses Delikt ist Freiheitsstrafe bis zu 2 Jahren angedroht.

Die im **Gebrauchtwagenhandel** häufigen Täuschungshandlungen werden sich in unrichtigen Angaben über den Zustand (Fahrleistung, Unfallfreiheit, Beschaffenheit der einzelnen Kraftfahrzeugbestandteile) oder die tatsächlichen und rechtlichen Verhältnisse des Fahrzeugs (Baujahr, Erstbesitz) manifestieren. Darüber hinaus bestehen sie nicht selten in einem aktiven listigen Verhalten des Veräußerers, von der Tarnung und technischen oder chemischen Unkenntlichmachung von Havarien und Bruchschäden angefangen bis zur Manipulation am Tachometer, um einen niedrigeren Kilometerstand vorzutäuschen, als das Fahrzeug tatsächlich aufweist. Ein strafrechtlich zu verfolgender Betrug hat jedoch unbedingt den Nachweis zur Voraussetzung, daß der Verkäufer bei Vornahme der erwähnten Täuschungsmanöver in Schädigungsabsicht handelte bzw. daß der Käufer dadurch materiell geschädigt wurde. – Findet der Übervorteilte sein Recht nicht bei den Gerichten, so wird er häufig zur Selbsthilfe greifen und trachten, den Wagen unter den nämlichen Täuschungsmanövern an einen anderen Dummen loszuwerden. Der geprellte Käufer von gestern ist damit der potentielle Betrüger von morgen!

Veruntreuung und Untreue

Nimmt ein Zahlkellner für eine Zechschuld die goldene Uhr des Gastes als Pfand entgegen und verkauft sie bei nächster Gelegenheit einem anderen Gast, so begeht er eine Veruntreuung. Kein Pfandnehmer darf nämlich eigenmächtig – selbst wenn der Pfandgeber lange nicht seinen Verpflichtungen nachkommt – die ihm verpfändete Sache verwerten. Die Sache ist ihm **anvertraut.** So würden auch alle Ratenkunden von Karl Jedermann, denen Textilien unter „Eigentumsvorbehalt bis zur vollständigen Bezahlung des Preises" verkauft wurden, ein Verbrechen oder ein Vergehen begehen, je nach der Höhe des Wertes der auf Teilzahlung gekauften Waren, falls sie sie entweder weiterverkaufen oder in eine Pfandleihanstalt (Dorotheum) tragen würden. Voraussetzung ist in diesen Fällen aber, daß die auf Teilzahlung gekauften Waren noch nicht zur Gänze bezahlt wurden.

Unser Strafgesetz kennt ferner noch den Tatbestand der Untreue. Diese hat zu verantworten, wer als Verwalter oder Verwahrer bei der Verwaltung fremden Vermögens in gewinnsüchtiger Absicht den Vermögensinhaber benachteiligt. Kurze Merkformel: Veruntreuung ist Bruch faktischer, Untreue Bruch rechtlicher Verfügungsmacht.

Karl Jedermann hat einen größeren Geldbetrag seinem Freund Hans Gierig mit dem Auftrag übergeben, dieses Geld bestmöglich anzulegen. Herr Gierig hat zwei Anlegemöglichkeiten: eine mit 6%, eine mit 8% bei gleicher Sicherheit. Er läßt sich von dem ersten Kreditwerber eine Summe dafür bezahlen, daß er ihm dieses Geld zu 6% zur Verfügung stellt. Anstatt hier die bessere Anlagemöglichkeit im Interesse seines Freundes zu wählen, verwaltet Gierig das ihm anvertraute Vermögen schlecht, wobei er persönlich einen Gewinn hat.

Gierig macht sich in diesem Fall der Untreue nach § 153 StGB schuldig.

Erpressung und Chantage

Ein Geschäftsfreund Karl Jedermanns mit Namen Ernst Doppel, der homosexuell veranlagt ist, aber trotzdem bisher in glücklicher Ehe lebte, unterhielt widernatürliche Beziehungen zu einem jugendlichen Mann. Sein Partner Karl Weich hatte sich ihm förmlich aufgedrängt. Karl Weich verlor seinen Posten und kam in finanzielle Schwierigkeiten. Er wandte sich daher an Doppel und verlangte von diesem dauernd Geld. Wenn Doppel es ihm verweigerte, so sagte er: „Mein lieber

Freund, ich kann schon einiges vertragen, aber du als Geschäftsmann bist ein für allemal ruiniert, wenn aufkommt, was zwischen uns passiert ist." Das Verhalten Karl Weichs ist als Erpressung zu beurteilen.

Eine Erpressung ist ein Verbrechen, das derjenige begeht, der einen anderen zu einer Leistung oder Handlung bringen will, entweder durch wirklich angewandte **Gewalt** oder durch **Drohung.** Voraussetzung ist Bereicherungsvorsatz des Täters, sonst liegt bloße „Nötigung" vor.

Grundsatz für strafloses Vorgehen ist immer: das richtige Mittel zum richtigen Zweck. Droht ein Gläubiger seinem Schuldner, er werde gegen ihn gerichtlich vorgehen, falls er nicht zahle, begeht er keine Erpressung. Fügt er jedoch hinzu, er werde dafür sorgen, daß sein Schuldner als Geschäftsmann keinen Kredit mehr erhalte, so kann darin eine Erpressung erblickt werden. Selbstverständlich auch dann, wenn jemand Zahlung verlangt und dabei androht, im Falle der Nichtzahlung eine Anzeige über eine vom Schuldner wirklich begangene, bisher noch nicht bekannte strafbare Handlung zu erstatten.

Die Drohung mit einem Nachteil, den zuzufügen man überhaupt kein Recht hat, ist ohne Zweifel rechtswidrig. Da die Veröffentlichung ehrenrühriger, wenn auch wahrer Tatsachen des Privatlebens eine strafbare Beleidigung darstellt, kann die Drohung damit eine Erpressung begründen. Danach sind die Hauptfälle der sogenannten **Chantage,** nämlich der Forderung von **Schweigegeld** für die unterlassene Bloßstellung, nicht von Strafe frei. Auch der Sohn begeht Erpressung, der dem Vater mit Selbstmord droht, wenn nicht seine Schulden bezahlt werden.

Selbst an einem Verbrecher kann eine Nötigung begangen werden, wenn ihm z. B. ein Geständnis unter Androhung von Mißhandlungen abgenötigt wird. Geht die Nötigung von einer Amtsperson aus, so ist sie strenger strafbar.

Amtsdelikte und Antikorruptionsbestimmungen

Mißbraucht ein Beamter die ihm eingeräumte rechtliche Macht, gleichgültig ob aus Eigennutz, Leidenschaft oder in anderer Absicht, und fügt er dadurch einem Bürger oder dem Staat einen Schaden an irgendeinem Recht zu, so liegt Mißbrauch der Amtsgewalt vor.

Beamter im Sinne des StGB ist jeder, der bestellt ist, im Namen des Bundes, eines Landes, eines Gemeindeverbandes, einer Gemeinde oder einer anderen Person des öffentlichen Rechts, ausgenommen eine Kirche oder Religionsgemeinschaft, als deren Organ allein oder gemeinsam mit einem anderen Rechtshandlungen vorzunehmen, oder sonst mit Aufgaben der Bundes-, Landes- oder Gemeindeverwaltung betraut ist.

Karl Jedermann ist also kein Beamter. Sollte er aber beispielsweise als Masseverwalter in einem Konkurs eingesetzt werden und würde er sich dort einen Mißbrauch der ihm eingeräumten Befugnisse zuschulden kommen lassen, hätte er ebenfalls das Verbrechen des Mißbrauchs der Amtsgewalt zu verantworten.

Hätte Karl Jedermann im zuständigen Ministerium einem Beamten versprochen, ihm etwas dafür zu geben, daß er den öffentlichen Verwalterposten bekäme, würde er sich der **Verleitung** zum Mißbrauch der Amtsgewalt schuldig machen. Das

Versprechen muß nicht unbedingt einen Vermögenswert bedeuten.

Nimmt der Beamte unmittelbar oder mittelbar ein Geschenk an oder läßt er sich einen Vorteil versprechen und entscheidet sodann in parteilicher Weise (z. B. Verleihung der Staatsbürgerschaft, Erstattung von Gutachten u. a.), so macht er sich des Vergehens der Geschenkannahme in Amtssachen schuldig.

Amtsdelikte werden streng bestraft. Der hohe Strafsatz für pflichtvergessene Beamte ist durchaus gerechtfertigt. Sie genießen ja andererseits auch einen höheren Schutz als nichtbeamtete Staatsbürger.

Nach dem § 313 StGB kann bei einem Beamten, der eine auch sonst mit Strafe bedrohte vorsätzliche Handlung als Beamter unter Ausnützung der ihm durch seine Amtstätigkeit gebotenen Gelegenheit begeht, das Höchstmaß der angedrohten Freiheitsstrafe oder Geldstrafe um die Hälfte überschritten werden.

Die Amtsdelikte des StGB wurden durch die Bestimmungen des Zweiten Antikorruptionsgesetzes vom 1. April 1982 (BGBl 205) geändert und ergänzt. Hervorzuheben ist die Ausdehnung der Strafbarkeit der Geschenkannahme und sonstigen Vorteilszuwendung (aktive Bestechung) oder -annahme bei leitenden Angestellten von Unternehmen, die von einer oder mehreren Gebietskörperschaften (vgl. Seite 533) selbst betrieben oder an denen diese unmittelbar oder mittelbar mit mindestens der Hälfte des Kapitals beteiligt sind. Weiters wurden vor allem die Straftatbestände „Fahrlässige Krida" und „Hehlerei" teilweise neu gefaßt.

Ehrenbeleidigungen

Eines Tages erzählt Frau Ottilie Jedermann ihrem Gatten, sie habe mit der Nachbarin Frau Cäcilie Zangerl Streit gehabt. Anläßlich der gemeinsamen Benützung der Waschküche kam es in Gegenwart der Hausbesorgerin zu Meinungsverschiedenheiten zwischen den beiden Damen. Frau Zangerl nannte Frau Jedermann eine „dumme Gans" und eine „Schlampe" und hat diese beiden beleidigenden Bemerkungen noch dazu mit zwei Ohrfeigen bekräftigt. Frau Jedermann ist außer sich und will ihre beleidigte Ehre rächen. Sie denkt, man müsse in diesem Fall eine Strafanzeige machen.

Das ist falsch, denn nach unserem StGB sind die Ehrenbeleidigungstatbestände der Privatanklage vorbehalten. Der beleidigte Teil – in diesem Fall Frau Ottilie Jedermann – muß also selber die Privatanklage beim Strafbezirksgericht überreichen, und zwar bald, da die Frist zur Einreichung einer solchen Anklage nur **6 Wochen** beträgt. Sie setzt sich also hin und schreibt:

Privatanklägerin: Ottilie J e d e r m a n n , Haushalt,
1010 Wien, Opernring 72

Beschuldigte: Cäcilie Z a n g e r l , Haushalt,
1090 Wien, Hasenstraße 23

Privatanklage wegen Ehrenbeleidigung

Die Beschuldigte hat am . . . in der Waschküche des Hauses in Wien . . ., als ich gerade mit dem Wegräumen meines Waschgeschirrs beschäftigt war, ohne ersichtlichen Anlaß mit mir zu streiten begonnen. Im Verlauf der Auseinandersetzung nannte sie mich „dumme Gans“ und „Schlampe“. Plötzlich drang sie auf mich ein und versetzte mir zwei Ohrfeigen.

Bei diesen Vorfällen war die Hausbesorgerin, Frau Philomena G i m p l, anwesend.

Die von der Beschuldigten an mir verübten Mißhandlungen haben keine sichtbaren Merkmale und Folgen hinterlassen. Ich fühle mich aber durch die Beschimpfungen und Mißhandlungen der Beschuldigten aufs tiefste in meiner Ehre gekränkt.

Ich erhebe innerhalb offener Frist aufgrund des geschilderten Sachverhaltes die Privatanklage wegen Ehrenbeleidigung und beantrage

1. die Zeugin Frau Philomena Gimpl, Hausbesorgerin, Wien . . ., zur Verhandlung zu laden und
2. die Beschuldigte strengstens zu bestrafen.

Ich erkläre weiter, daß ich mich um einen Sühneversuch beim Gemeindevermittlungsamt nicht bemüht habe, weil ich nicht bereit bin, mich mit der Beschuldigten wegen der mir angetanen Beleidigungen auszusöhnen. Ich werde daher auch zu einem von Amts wegen anzuberaumenden Sühneversuch beim Vermittlungsamt nicht erscheinen.

Ottilie Jedermann

Die Ehre ist zwar ein geschütztes, aber in Österreich kein notwehrfähiges Rechtsgut. Gegen einen noch so impertinenten Angriff auf die Ehre ist darum **keine Notwehr** (als Rechtfertigungsgrund) zulässig. Wer also jenen, der seine Ehre angreift, züchtigt, mag zwar unter gewissen Umständen (entschuldbare Reaktion) straflos ausgehen, doch bleibt sein Verhalten rechtswidrig. Gegen Angriffe auf die Ehre steht nur die Privatanklage zur Verfügung.

Sühneversuch und Privatanklage

Diese Privatanklage langt bei Gericht ein. Der Akt wird zuerst aufgrund eines Gesetzes aus dem Jahre 1907 an das Gemeindevermittlungsamt weitergeleitet.

Dort muß zuerst ein Sühneversuch anberaumt werden. Frau Jedermann hat jedoch schon in der Klage ausdrücklich erklärt, daß sie nicht bereit ist, sich mit Frau Zangerl zu versöhnen, und deren Bestrafung wünscht.

Die Anberaumung eines Sühneversuchs vor dem Gemeindevermittlungsamt hat den Zweck, die große Zahl von Privatanklagen, die bei Gericht einlangen, zu vermindern, da doch ein Großteil der Beteiligten dazu zu bewegen ist, sich mit einer Ehrenerklärung zufriedenzugeben. Sitz und Wirkungsbereich der Gemeindevermittlungsämter sind im Amtsblatt der Österreichischen Justizverwaltung veröffentlicht.

Im Fall der Privatanklage gegen Frau Zangerl wird kein außergerichtlicher Sühneversuch vorgenommen. – Der Richter schreibt die Verhandlung aus. Frau Zangerl erhält also eine blaue Beschuldigtenladung. Sie erscheint zur Verhandlung und bietet sofort den „Wahrheitsbeweis" dafür an, daß Frau Jedermann tatsächlich eine dumme Gans und eine Schlampe sei. Der Richter belehrt Frau Zangerl, daß es wohl einen Wahrheitsbeweis bei Ehrenbeleidigungen gibt, daß dieser jedoch bei Beschimpfungen unzulässig sei.

Man unterscheidet bei Ehrenbeleidigungen **Schimpfworte** und **Schmähworte.** Es unterliegt keinem Zweifel, daß gewisse dem Tierreich entlehnte Ausdrücke an sich Schimpfworte sind. Auch das verwendete Wort „Schlampe" wird bei Betrachtung der Umstände, unter denen es ausgesprochen wurde, als reines Schimpfwort aufzufassen sein.

Unter Schmähung versteht man die gegen den Charakter einer anderen Person ohne Anführung bestimmter Tatsachen erhobene Anschuldigung. Es gibt eine Reihe von Ausdrücken, die an der Grenze zwischen Schmähung und Beschimpfung stehen, wie z. B. Lügner, Schurke u. a. Der Schmähende wird straflos dadurch, daß er zur Begründung seiner Schmähung sich auf Handlungen des Geschmähten beruft und deren Wahrheit nachweist.

Die Ohrfeigen, die Frau Zangerl ausgeteilt hat, sind eindeutig eine „tätliche Mißhandlung", also eine Einwirkung auf den Körper, die vorübergehendes Mißbehagen, Ekel, Schmerz usw. zur Folge hat.

Die gefährliche Watschen

Der Neurologe Dr. Schultz (New York) hält eine anständige Ohrfeige zur rechten Zeit für eine „Gottesgabe". Mag sein, daß der Neurologe von seinem Standpunkt aus recht hat; juristisch ist sein Rezept keineswegs zu empfehlen.

Wollen wir hier gleich untersuchen, was eine temperamentvoll ausgeteilte Ohrfeige strafrechtlich alles bedeuten kann: In unserem Beispiel war das Ohrfeigen der Ausdruck einer Mißachtungsbezeugung, die keine sichtbaren Spuren zurückgelassen hat. Aber auch dies hätte der Fall sein können, und dann hätte sofort die Staatsanwaltschaft einschreiten müssen: aus dem Privatanklagedelikt wäre das „Offizialdelikt" der **Körperverletzung** (§ 83 StGB) geworden. Selbst wenn dann Frau Jedermann bereit gewesen wäre, ihrer Nachbarin zu verzeihen, hätte sie das Strafverfahren gegen diese nicht mehr aufhalten können.

Eine noch etwas kräftiger ausgeteilte Ohrfeige, bei der der Betroffene das Gleichgewicht verliert, stürzt und sich den Fuß bricht, stellt schon das Vergehen der **schweren Körperverletzung** (§ 84 StGB) dar. An dieser Stelle sei darauf aufmerksam gemacht, daß auch eine leichte Verletzung (Gesundheitsstörung unter 24 Tagen), an bestimmten Personen begangen, als Verbrechen bestraft wird, so z. B. eine Verletzung der Eltern, eines Zeugen oder Sachverständigen oder eines öffentlichen Beamten.

Nehmen wir nun an, daß jemand durch eine heftige Ohrfeige einen Schocktod erleidet oder so unglücklich stürzt, daß er sich den Hals bricht, so hat der Täter **Körperverletzung mit tödlichem Ausgang** (§ 86 StGB) zu verantworten. Bei diesem Verbrechen handelt der Täter in feindlicher Absicht, wobei die Absicht zu mißhandeln vollkommen genügt. Es darf jedoch keine Tötungs*absicht* vorliegen, da sonst der Tatbestand des Mordes gegeben ist (vgl. Seite 480 ff).

Nun wieder zurück zur Verhandlung: Frau Jedermann gegen Frau Zangerl.

Der Richter erklärt, daß er der Angeklagten eine Verurteilung nur ersparen könne, wenn die Privatanklägerin sich mit einer Ehrenerklärung zufriedengibt. Frau Zangerl überhört die Stimme der Vernunft; sie denkt gar nicht daran, eine Ehrenerklärung abzugeben. Frau Jedermann hält die Privatanklage aufrecht.

Da beide Teile unversöhnlich sind, muß der Richter ein Urteil fällen. Er verhängt über Frau Zangerl, die bis zu diesem Zeitpunkt unbescholten war, eine Geldstrafe von 10 Tagessätzen (à S 100,– = S 1000,–).

Hätte Frau Zangerl beispielsweise ihre beleidigenden Ausdrücke in einem Brief an Frau Jedermann geschrieben, so hätte Frau Jedermann nicht die Privatanklage bei Gericht erheben können, da ein sehr wichtiger Umstand, nämlich die „Öffentlichkeit", mangelt. Frau Jedermann müßte in diesem Fall wegen der erlittenen Ehrenkränkung einen Strafantrag (eventuell mit dem Begehren um Schadenersatz) bei der Verwaltungsbehörde einbringen.

Üble Nachrede

Wer einen anderen in einer für einen Dritten wahrnehmbaren Weise einer verächtlichen Eigenschaft oder Gesinnung zeiht oder eines unehrenhaften oder gegen die guten Sitten verstoßenden Verhaltens beschuldigt, das geeignet ist, ihn in der öffentlichen Meinung verächtlich zu machen oder herabzusetzen, ist mit Freiheitsstrafe bis zu 6 Monaten oder Geldstrafe bis zu 360 Tagessätzen zu bestrafen.

Wer die Tat in einem Druckwerk, Rundfunk oder sonst auf eine Weise begeht, wodurch die üble Nachrede einer breiten Öffentlichkeit zugänglich wird, ist mit Freiheitsstrafe bis zu einem Jahr oder mit Geldstrafe bis zu 360 Tagessätzen zu bestrafen. Der Täter ist nicht zu bestrafen, wenn die Behauptung als wahr erwiesen wird. Auch dann ist er nicht zu bestrafen, wenn Umstände erwiesen werden, aus denen sich für den Täter hinreichende Gründe ergeben haben, die Behauptung für wahr zu halten, ausgenommen er hat die Tat in einem Druckwerk, im Rundfunk oder sonst der breiten Öffentlichkeit zugänglich gemacht. Der Wahrheitsbeweis und der Beweis des guten Glaubens sind nur zuzulassen, wenn sich der Täter auf die Richtigkeit der Behauptung oder auf seinen guten Glauben beruft. Bei Tatsachen des Privat- oder Familienlebens und über strafbare Handlungen, die nur auf Verlangen eines Dritten (Privatanklagedelikt) verfolgt werden, sind der Wahrheitsbeweis und der Beweis des guten Glaubens nicht zuzulassen.

Herabwürdigung religiöser Lehren

Herabwürdigung des Staates und seiner Symbole

Herabwürdigung fremder Symbole

Die Herabwürdigung religiöser Lehren, des Staates und seiner Symbole und fremder Symbole ist ebenfalls gerichtlich strafbar.

Angriffe auf die Ehre Verstorbener können von deren Rechtsnachfolgern geltend gemacht werden.

Raum für Notizen

(Gesetzesänderungen, eigene Rechtsfälle, Terminkalender)

Raum für Notizen

(Gesetzesänderungen, eigene Rechtsfälle, Terminkalender)

Karl Jedermann und die Behörden

Karl Jedermann kam im vorstehenden Teil dieses Buches schon verschiedentlich mit den Strafverfolgungsbehörden in Berührung. Aber auch mit anderen Behörden, Ämtern u. dgl. wird er bisweilen zu tun haben.

Schon lange wollte Karl Jedermann etwas über die Verteilung und die Grenzen der Staatsgewalt wissen. „Wie weit reichen eigentlich die Befugnisse der ‚öffentlichen Hand', die so häufig in unsere Daseinsvorsorge eingreift?" denkt er manchmal bei sich. Deshalb freute er sich sehr, eines Tages seinen alten Freund, den Universitätprofessor Dr. Rechtshüter wiederzusehen, der inzwischen Mitglied des Verfassungsgerichtshofs geworden ist.

Professor Rechtshüter ist als Richter dieses bedeutendsten österreichischen Gerichtshofs (der auch „Hüter der Verfassung" genannt wird) besonders berufen, Karl Jedermann das Funktionieren der Staatsgewalt zu erklären und ihm zu zeigen, wie in einem modernen Gemeinwesen die Kräfteverteilung zwischen dem Befehlendürfen (Staatswesen) und dem Gehorchenmüssen (Bevölkerung) erfolgt.

Träger der Staatsgewalt

Besonders angenehm empfindet es Karl Jedermann, daß sein Freund so gar nichts von einem dozierenden, bartstreichenden Gelehrten an sich hat. Prof. Rechtshüter ist ein Weltmann, den seine vielseitigen Interessen jung und aufgeschlossen erhalten haben. Er ist aber auch das, was man einen **klugen** Mann nennt.

Alle Klugheit nützt jedoch nichts – so lehrt der auch in Psychologie wohlerfahrene Professor seine Studenten –, wenn man gefühlsmäßig den **ersten Eindruck** in seiner Bedeutung **überschätzt.** Das gilt für die Freundes- und Partnerwahl, für den häufigen Umgang mit behördlichen oder anderen Organen und schließlich für den Kontakt mit der Vorgesetztenwelt gleichermaßen.

Die beiden alten Freunde suchen ein Kaffeehaus auf. Dort schildert Professor Rechtshüter, der so häufig in Wort und Schrift gegen Behördenübergriffe energisch aufgetreten ist, Karl Jedermann das **österreichische Behördenwesen** etwa so:

Es gibt eine gesetzgebende, eine vollziehende und eine richterliche Gewalt, die nach den Forderungen bedeutender Staatsphilosophen voneinander möglichst **getrennt** sein sollen, um eine gegenseitige **Kontrolle** zu gewährleisten. Dieser Grundsatz der Gewaltenteilung ist in unserer Verfassung (B-VG 1920 in der Fassung 1929) allerdings nicht rein durchgeführt, denn es haben die gesetzgebenden Körperschaften gleichzeitig vollziehende Funktionen (z. B. Genehmigung von Staatsverträgen, die Wahl des Präsidenten des Rechnungshofes u. dgl.). In der Demokratie (charakterisiert durch die Identität von Herrschern und Beherrschten) übt das **Volk** mit dem Stimmzettel sein Herrscherrecht in Form des **Wahlrechts** aus. Dadurch hat jeder Bürger die Möglichkeit, in die Geschicke des Staates einzugreifen. Der Schöpfer der österreichischen Verfassung, Hans Kelsen, bemerkte dazu: Der demokratischen Idee entspricht die Forderung nach der Gleichheit des Wahlrechts. Die Parlamentswahl selbst soll ein möglichst deutliches Bild der politischen Gruppierung des Volkes widerspiegeln; jede an der Wahl beteiligte politische Gruppe soll im Verhältnis zu ihrer Stärke berücksichtigt sein.

Auszugehen ist davon, daß die Rechtsordnung Stufe für Stufe von allgemeinsten Normen absteigend vollzogen wird. Diese allgemeinste Norm ist die **Verfassung.** Man bezeichnet als gesetzgebende Organe jene Staatsorgane, die unmittelbar unter der Verfassung dem Rechtsvollzug durch Erlaß allgemeiner Anordnungen dienen.

Der **Bundespräsident** ist echtes Staatsoberhaupt und nicht bloß Repräsentant.

Er ist mit mächtigen Befugnissen ausgestattet (z. B. Abschluß von Staatsverträgen, Erlassung von Notverordnungen, Auflösung des Nationalrates und der Landtage, Exekution der Erkenntnisse des Verfassungsgerichtshofes). Dennoch ist Österreich keine Präsidentschaftsrepublik (wie etwa die USA), sondern eine **parlamentarische Republik,** das heißt, die Bundesregierung ist dem Parlament und nicht dem Präsidenten verantwortlich. Gewählt wird der Bundespräsident durch das **Bundesvolk** nach Maßgabe des „Bundespräsidentenwahlgesetzes". Es besteht Wahlpflicht nur in den Bundesländern, in denen dies durch Landesgesetz angeordnet wird (Steiermark, Tirol, Vorarlberg). Wer sich mit Wohnsitz in den genannten Ländern ohne gerechtfertigten Entschuldigungsgrund (z. B. Krankheit, unaufschiebbare Berufspflicht) nicht an der Bundespräsidentenwahl beteiligt, begeht eine Verwaltungsübertretung (Geldstrafe bis zu S 1000,–, jedoch keine Umwandlung in eine Freiheitsstrafe bei Uneinbringlichkeit).

Die **Bundesgesetzgebung** wird vom Nationalrat und vom Bundesrat gemeinsam ausgeübt.

Der **Nationalrat** besteht aus 183 Abgeordneten, die vom Volk aufgrund eines allgemeinen, gleichen, direkten und geheimen Verhältniswahlrechtes auf die Dauer von vier Jahren **gewählt** werden. Ein vom Nationalrat gefaßter Gesetzesbeschluß gelangt in der Regel an den Bundesrat, dem die Wahrung der Länderinteressen innerhalb der bundesstaatlichen Organisation unseres Landes obliegt.

Der **Bundesrat** besteht aus derzeit 65 Mitgliedern, die von den Landtagen der einzelnen Bundesländer nach einem bestimmten Aufteilungsschlüssel (je nach der Bevölkerung des Landes 3 bis 12) **entsandt** werden. Der Bundesrat ist berechtigt, gegen Gesetzesbeschlüsse des Nationalrates (binnen acht Wochen) Einspruch zu erheben. Ein solcher Einspruch bringt allerdings das Gesetz nicht ohne weiteres zu Fall, sondern bewirkt nur, daß der Nationalrat (bei Anwesenheit von wenigstens der Hälfte seiner Mitglieder) über das Gesetz neuerlich abstimmen muß. Kommt auf diese Weise ein sogenannter Beharrungsbeschluß zustande, so ist der Einspruch des Bundesrates hinfällig und das Gesetz kann, nachdem es mit den entsprechenden Unterschriften (Bundespräsident – Bundeskanzler – zuständige Bundesminister) versehen ist, im Bundesgesetzblatt verlautbart werden.

Nationalrat und Bundesrat in gemeinsamer Sitzung bilden die **Bundesversammlung,** der gewisse Agenden (z. B. Beschlußfassung über eine Kriegserklärung) vorbehalten sind. In der Bundesversammlung führt abwechselnd der Präsident des

Nationalrats und der Vorsitzende des Bundesrats den Vorsitz.

Die **Landesgesetzgebung** wird von den Landtagen, in Wien (das ein eigenes Bundesland ist) vom **Wiener Gemeinderat** ausgeübt.

Für das Zustandekommen von Landesgesetzen gelten ähnliche Bestimmungen wie für die Bundesgesetzgebung. Das Einspruchsrecht gegen Gesetzesbeschlüsse der Landtage steht (ebenfalls binnen acht Wochen) der Bundesregierung zu.

Bestimmte Organe sind – ausgestattet mit einer Befehls- und Zwangsgewalt – dazu berufen, aufgrund der Gesetze Anordnungen zu erlassen und diese Anordnungen allenfalls mit Zwangsmitteln vollstrecken zu lassen. Diese Amtsträger werden im Umfang ihrer imperialen Gewalt als **Behörden** bezeichnet.

Behörde in diesem Sinne ist immer nur die einzelne Person oder das Kollegium von Personen, die nach dem Gesetz dazu berufen sind, solche verbindliche Anordnungen zu treffen. Behörde ist z. B. der Bundesminister, der Landeshauptmann, der Bezirkshauptmann. Dagegen sind das Bundesministerium, das Amt der Landesregierung, die Bezirkshauptmannschaft jene Dienststellen, die den zur Erlassung der Anordnungen befugten behördlichen Organen **als Hilfsapparate** persönlicher und sachlicher Art zur Verfügung stehen.

In ihrem gegenseitigen Verhältnis der Über- und Unterordnung werden Behörden (besonders im Rechtsmittelverfahren) als **Instanzen** bezeichnet.

Zum Unterschied von den Gerichten sind **Verwaltungsbehörden** jene Organe, die zur Handhabung der Verwaltungsvorschriften (z. B. Staatsbürgerschaftsgesetz, Bauordnungen, Gewerbeordnung, Wasserrechtsgesetz u. dgl.) berufen und dabei **weisungsgebunden** sind. Es gibt nun allgemeine Verwaltungsbehörden und solche für spezielle Verwaltungszwecke (z. B. Polizei-, Finanz-, Schulbehörden u. dgl.).

Die Bundesverwaltung oberster Instanz wird, soweit diese nicht dem Bundespräsidenten übertragen ist, von den Bundesministerien besorgt, denn nach Art. 69 Abs. 1 B-VG sind mit den obersten Verwaltungsgeschäften des Bundes die Bundesminister betraut.

In der ersten Instanz und in der Mittelinstanz wird nach Art. 102 Abs. 1 B-VG die Vollziehung des Bundes durch den Landeshauptmann und die ihm unterstellten Landesbehörden ausgeübt. Das ist die sogenannte **mittelbare Bundesverwaltung.** Nur bestimmte, in Art. 102 Abs. 2 B-VG erschöpfend aufgezählte Angelegenheiten können in den Ländern unmittelbar von Bundesbehörden besorgt werden. Das ist die sogenannte **unmittelbare Bundesverwaltung.** Nur in diesen Sachen hat der Bund in den Ländern uneingeschränkte Organisationsgewalt.

Landessachen werden von Landesbehörden vollzogen. Für die Länder bestehen hier keine verfassungsrechtlichen Schranken. Ausnahmsweise können die Länder mit der Vollziehung von Landessachen Bundesbehörden betrauen (z. B. Bundespolizeibehörden).

Der Aufbau der österreichischen Verwaltung zeigt also mehrere große Gruppen von Verwaltungsbehörden: die Behörden des **Bundes,** der **Länder** und der **Selbstverwaltungskörper** (z. B. Gemeinden). Wohl sind die Organe der Länder an Bundesgesetze ebenso gebunden wie an Landesgesetze. Aber in Landessachen (z. B. Kinowesen) hat der Bund kein Weisungsrecht an Landesorgane; diese sind dem Bund nicht verantwortlich, und es besteht kein Rechtsmittelzug an Bundesorgane. Praktisch ist aber die Einheit der Vollziehung weitgehend dadurch verwirklicht, daß der größte Teil der Verwaltungsaufgaben durch die **Behörden der allgemeinen staatlichen Verwaltung** besorgt wird.

Diese sind in drei Instanzen gegliedert:

1. die Bezirksverwaltungsbehörden, und zwar die Bezirkshauptmannschaften (in Städten mit eigenem Statut der Magistrat);

2. in Angelegenheiten der mittelbaren Bundesverwaltung der Landeshauptmann, für Landessachen die Landesregierung, denen gemeinsam das Amt der Landesregierung dient;

3. in Bundessachen die Bundesministerien.

An der Spitze einer Bezirkshauptmannschaft steht der **Bezirkshauptmann.** Die Landesregierung ist eine Kollegialbehörde, die sich aus dem **Landeshauptmann** und den **Landesräten** zusammensetzt. Ebenfalls eine Kollegialbehörde ist die **Bundesregierung,** bestehend aus dem **Bundeskanzler** (als Vorsitzenden), dem **Vizekanzler** und den **Bundesministern,** von denen jeder an der Spitze eines Bundesministeriums steht.

Innerhalb des Verwaltungsaufbaus nehmen die schon erwähnten Städte mit eigenem Statut (alle Landeshauptstädte und eine Reihe anderer wichtiger Städte) eine Sonderstellung ein. Sie unterstehen nämlich keiner Bezirkshauptmannschaft, sondern üben selbst die Funktion einer solchen aus. Ihre Verwaltungsorgane sind der **Gemeinderat,** der **Stadtrat** (bestehend aus dem Bürgermeister und einigen Stadträten) und der **Magistrat.**

Noch umfassender ist der besonders geregelte Wirkungskreis der Gemeinde Wien, da Wien als eigenes Bundesland nicht nur die Geschäfte der Bezirksverwaltung, sondern auch die der Landesverwaltung besorgt. Daher ist der **Wiener Stadtsenat** (Bürgermeister und amtsführende Stadträte) zugleich Landesregierung für Wien, während die **magistratischen Bezirksämter** der einzelnen Stadtbezirke die Funktionen von Bezirkshauptmannschaften versehen. Der Bürgermeister von Wien ist in einer Person Gemeindevorsteher, Bezirkshauptmann und Landeshauptmann.

Die **richterliche** Gewalt wird von Organen ausgeübt, die mit der verfassungsmäßig garantierten **Unabhängigkeit** ausgestattet sind. Die Richter sind unabsetzbar und unversetzbar.

In unterster Instanz fungieren Bezirksgerichte, die in Zivilsachen im allgemeinen bis zu einem Streitwert von S 30.000,– und in Strafsachen für Vergehen, die mit Freiheitsstrafe bis zu 6 Monaten oder Geldstrafe bis zu 360 Tagessätzen bedroht sind, zuständig sind.

Die übergeordneten **Landes- und Kreisgerichte** entscheiden in Zivilsachen bei einem höheren Streitwert (sowie in gewissen Fällen der Eigenzuständigkeit) und in Strafsachen über Vergehen, die mit mehr als sechsmonatiger Freiheitsstrafe bedroht sind, und Verbrechen. Dabei kommen je nach der Schwere des Delikts entweder der Einzelrichter oder ein Schöffengericht (zwei Berufs- und zwei Laienrichter) oder ein Geschwornengericht (drei Berufsrichter und acht Geschworne) in Betracht.

Die vier **Oberlandesgerichte** (Wien, Graz, Linz, Innsbruck) fungieren als Berufungsgerichte in jenen Fällen, wo in erster Instanz ein Landes- oder Kreisgericht zuständig war.

Höchste Instanz in Zivil- und Strafsachen ist der **Oberste Gerichtshof** (in Wien, Justizpalast). Er entscheidet in Zivilsachen über das Rechtsmittel der Revision, die aber nur bei einem Streitwert über S 60.000,– oder bei voneinander abweichenden Urteilen der Unterinstanzen erhoben werden kann. In Strafsachen kann der OGH mit der Nichtigkeitsbeschwerde angerufen werden, wenn der Ausspruch eines Schöffen- oder Geschwornengerichts über die Schuldfrage bekämpft wird (während der Ausspruch über die Strafe nur mittels Berufung angefochten werden kann, worüber das zuständige Oberlandesgericht entscheidet).

Besondere Befugnisse kommen den sogenannten Gerichtshöfen des öffentlichen Rechts zu; dies sind der **Verfassungsgerichtshof** und der **Verwaltungsgerichtshof.**

Höflichkeit im Amtsverkehr

Karl Jedermann bedankt sich bei seinem Freund, dem Universitätsprofessor und Verfassungsgerichtshofmitglied, für diesen Überblick. Dann zieht er die Ladung einer Bundespolizeibehörde aus der Tasche. Diese Ladung ist an ihn gerichtet.

> „An Karl Jedermann in ...
>
> Sie werden aufgefordert, sich am ... um ... Uhr einzufinden, um beim h. a. Amtsleiter Auskunft über ... zu geben."

Karl Jedermann fühlt sich nun dadurch beschwert, daß er nicht mit „Herr" angeredet, dafür aber in einer Art Kommandoton zum Erscheinen „aufgefordert" wird. Er möchte von Professor Rechtshüter wissen, ob er den Anspruch auf die Bezeichnung „Herr" hat; weiter ob die Befehlsform der polizeilichen Vorladung angebracht ist?

Darauf erklärt Professor Rechtshüter, daß vor Jahren eine ebensolche amtliche Ladung Anlaß zu einer **Dienstaufsichtsbeschwerde** gegeben hat.

Diese Beschwerde bewirkte damals, daß die zuständige übergeordnete Behörde die Unterbehörde anwies, in Hinkunft nicht mehr „An N. N.", sondern „An Herrn N. N." bzw. an „Frau N. N." zu schreiben. Demnach kann also Karl Jedermann tatsächlich **Anspruch auf die Bezeichnung „Herr"** erheben!

Die maßgebende Bestimmung findet sich in der **Geschäftsordnung für die Gerichte I. und II. Instanz** (GO), verlautbart mit Verordnung des Bundesministeriums für Justiz vom 9. Mai 1951, BGBl Nr. 264. Dort heißt es im § 52 über den Verkehr mit den Parteien, daß die Gerichtsorgane im dienstlichen Verkehr mit den Parteien die **Formen der gebotenen Höflichkeit** zu wahren haben; ferner, daß sie darüber hinaus den Parteien hilfsbereit entgegenkommen müssen. Das gilt nicht nur für das Zivilverfahren, sondern auch für das Strafverfahren. In der Praxis wird von den Gerichten manchmal gegen diese Vorschriften verstoßen, wenn die Prozeßpartei Beschuldigter bzw. Angeklagter im Strafverfahren ist. In solchen Fällen wird eine Dienstaufsichtsbeschwerde Erfolg haben. Denn nicht einmal verurteilte Häftlinge dürfen z. B. geduzt werden. Das ergibt sich aus dem Strafvollzugsgesetz, wo es über die Strafgefangenenbehandlung heißt: „Die Strafgefangenen sind mit Ruhe, Ernst und Festigkeit sowie unter Achtung ihres Ehrgefühls und der Menschenwürde zu behandeln; sie sind **mit ‚Sie' anzureden".** Weiters bestimmt die GO (§ 52 Abs. 4): „Die Anredeworte ‚Herr' und ‚Frau' sind sowohl im mündlichen Verkehr, als auch in der Anschrift auf dem Umschlage der Gerichtsbriefe und im Eingang von Schreiben, die an einzelne Personen gerichtet sind, zu verwenden, soweit nicht gegenüber Jugendlichen nach der Landessitte hievon abzusehen ist."

Im Gerichtsverfahren hat also jedermann Anspruch auf die Anrede bzw. Bezeichnung „Herr" oder „Frau".

Macht es etwas aus, daß Karl Jedermann die beanstandete Ladung nicht von einem Gericht, sondern von einer Polizeidienststelle, also von einer Verwaltungsbehörde, erhalten hat?

Das spielt keine Rolle, denn die Rechtslage ist hier in der Frage der Höflichkeit ganz ähnlich.

Eine Reihe innerdienstlicher **Erlässe der Ministerien, der Bundespolizeidirektionen und anderer Behörden** an ihre Exekutivorgane (z. B. Wachkörper) veranlaßten die nachgeordneten Dienststellen, sich der Anrede „Herr" und „Frau" im Verkehr mit den Parteien zu bedienen. Man ging sogar noch über die Bestimmungen der GO hinaus. Es wurde nämlich den vorhin genannten Organen aufgetragen, auch Vorladungen nicht in die Form zu kleiden: „Sie haben sich am . . . um . . . in . . . einzufinden", sondern zu sagen: „Sie werden eingeladen, am . . . um . . . in . . . bei . . . vorzusprechen."

Gewiß ist auch eine solche „Einladung" einer Behörde zumeist ein Ladungsbescheid und damit ein **staatlicher Befehl;** sie ist aber in eine höfliche Form gekleidet, auf die der Staatsbürger in einem demokratischen Rechtsstaat Anspruch hat.

Wird die Ladung einer Verwaltungsbehörde (z. B. Sicherheitsbüro) nicht entsprechend angeschrieben, muß man ihr dennoch genügen. Allerdings kann wegen Außerachtlassung der gebotenen Höflichkeit gegen das unwirsche Organ sogleich die **Dienstaufsichtsbeschwerde** erhoben werden. Unter besonderen Umständen wird der Betroffene auch **Anzeige** wegen **Ehrenkränkung** (Verwaltungsübertretung) oder gar wegen einer **Ehrenbeleidigung** (gerichtliches Vergehen) erstatten.

Erfolgt die Ladung der Verwaltungsbehörde für einen gesetzlichen Feiertag (z. B. 1. November oder zum Nationalfeiertag), kann man der absendenden Behörde das Schriftstück mit dem Vermerk: „Urschriftlich zurück mit der höflichen Bitte um Einhaltung der rechtsstaatlichen Formen" zurückmitteln. Die gewünschte Auskunftserteilung, derentwegen es zu einer solchen Ladung kam, wird dann eben an einem der nächsten Werktage erfolgen.

Vorsicht im Umgang mit Behörden

Im Verkehr mit den Behörden wird es immer wieder Grobheiten geben, sowohl von den behördlichen Organen als auch von den Parteien aus. Zur Frage steht nur, welches **Maß der Grobheiten** von beiden Seiten noch hingenommen wird.

Feste Regeln gibt es dafür nicht. Unterschiede macht es, ob Karl Jedermann eine geharnischte Erklärung vor einer Behörde abgibt oder sein Rechtsanwalt oder sein gewählter Mandatar, für die ein besonderes Standesrecht gilt. Der Rechtsanwalt z. B. genießt für sein Vorbringen vor Gericht nach der Rechtsanwaltsordnung eine Immunität, die auch das „unumwundene Vorbringen" umfaßt. Geht er aber zu weit, kann ihn eine richterliche Ordnungsstrafe treffen, und er wird für kränkende Äußerungen unter Umständen disziplinär verantwortlich. Karl Jedermann dagegen erleidet keine Disziplinarfolgen.

Die äußere Form eines mündlichen oder schriftlichen Vorbringens im Behördenverkehr orientiert sich an den gesellschaftlichen Regeln eines **gesitteten Verkehrs gebildeter Menschen** und vermeidet Bezeichnungen wie „niederträchtig", „gemein", „impertinent", „verabscheuungswürdig", „tückisch". Auch offenkundige Fehlentscheidungen eines Beamten (Richter, Verwaltungsbeamter) berechtigen nicht, gewisse Grenzen zu überschreiten. Schon beim Ausdruck „empörend" ist nicht mehr ganz klar, ob diese Grenze überschritten wurde, daher vermeide man ihn lieber. Dagegen sind Worte wie „unverantwortlich", „unqualifizierbar", „unerträglich" wohl noch zulässig.

Wird einem Beamten vorgeworfen, er habe „parteiisch gehandelt", „hirnrissigen Unsinn gesagt", „das Gesetz umgangen" und sei ein „krasser Ignorant", dann kann das bereits den Tatbestand einer **Ehrenbeleidigung** erfüllen. Auch wenn ein Beamter bei einer Entscheidung bewies, daß er völlig ahnungslos ist, darf man als Partei doch nur erklären, daß der Bescheid der Behörde, das Urteil des Gerichts, der Beschluß der Kommission usw. „im diametralen Gegensatz zum Gesetz" stehe, daß ein Gesetz „falsch ausgelegt" und daß die „Entscheidung rechtswidrig" sei. Bei der Entscheidung einer Verwaltungsbehörde noch besser: „Die Entscheidung erging nicht aufgrund und nach Maßgabe der Gesetze."

Im Zeitalter der Demokratie und immer zunehmender Publikationsmittel (Presse, Film, Funk, Fernsehen) wird besonders gern die Presse mobilisiert. Die Äußerung zu einem Beamten: „Wenn Sie mir mein Gesuch nicht positiv erledigen, werde ich eine Pressekampagne gegen Ihre Behörde eröffnen" oder die Drohung, wenn keine Steuerermäßigung gewährt wird, einen gegen das Finanzamt gerichteten Schlüsselroman zu schreiben, kann schon **Nötigung,** also ein Vergehen darstellen. Grundsatz muß sein: Das richtige Mittel zum richtigen Zweck! Wird dieser Zusammenhang gestört, also ein richtiges Mittel zu einem unrichtigen Zweck oder ein unrichtiges Mittel zu einem an sich richtigen Zweck verwendet, kann das den Tatbestand der Erpressung oder ein Versuch einer solchen erfüllen.

Im Recht heiligt also nicht der Zweck das Mittel! Zwar ist der Presseangriff gegen behördliche Organe in der Demokratie als solcher ohne weiteres zulässig, und es wird somit nicht mit etwas Unerlaubtem gedroht, aber es fehlt am oben geschilderten Zusammenhang: Mittel – Zweck. Das rechte Mittel zur gewünschten Entscheidung ist nicht die Presse, sondern das entsprechende **Rechtsmittel.** Man kann zum Beamten ohne weiteres sagen: „Wenn Sie mir mein Gesuch nicht positiv erledigen, werde ich Berufung und Aufsichtsbeschwerde einbringen." Hier liegt keine Nötigung vor. Berufung und Aufsichtsbeschwerde sind ja dazu da, gegen Fehlentscheidungen oder Amtsschikanen eingesezt zu werden.

Wenn die Entscheidung schon ergangen ist und keine Rechtsmittel mehr zulässig sind, kann die Partei gefahrlos erklären: „Jetzt wende ich mich an die Öffentlichkeit und werde den Inhalt und die

Gründe der Entscheidung bekanntgeben." Sogar dem Rechtsanwalt wird diese Möglichkeit trotz strenger Standesvorschriften nicht verwehrt sein.

Bei schriftlichen Eingaben an die Behörden schreibe man nicht: „Der Bescheid der Behörde ist komplette Narretei" oder „Die Begründung des Bescheides versteht kein normaler Mensch", sondern stilisiere: „Der Bescheid der Behörde widerspricht den Denkgesetzen, seine Begründung ist nicht schlüssig."

Auch Behörden sind nicht unfehlbar. Berechtigte Kritik muß auch das Amtsorgan hinnehmen. Der Satz „Wem Gott ein Amt gibt, dem gibt er auch den Verstand dazu" muß nicht immer ganz zutreffen. Doch hüte man sich, auch bei größter Erregung über Behördenmaßnahmen vor Beleidigungen (Injurien), Vorwürfen und Drohungen; man kühle sich vielmehr innerlich ab, um dann erst wirksame Maßnahmen zu ergreifen.

Baubehörden und Bauordnungen

Karl Jedermann und Professor Rechtshüter kommen im Lauf ihres angeregten Gesprächs auch auf das Bauen zu sprechen. Karl Jedermann meint, daß die Bauvorschriften meist hemmend wirken. Zur Illustrierung berichtet er von einer Unterredung, die er kürzlich mit seinem Architekten hatte, wobei besprochen wurde, wie der neue Zaun des Jedermannschen Hauses mit Betonsockel und Betonträgern aussehen sollte. Auch wollte Karl Jedermann auf seinem Grund und Boden eine Holzgarage errichten lassen. „Also fangen Sie gleich morgen an, Herr Aufriß", sagte er zu dem Architekten. Darauf entgegnete dieser jedoch: „So einfach geht das nicht, Herr Jedermann. Sie müssen die baupolizeilichen Vorschriften beachten." – „Was", entrüstete sich Karl Jedermann, „für einen lumpigen kleinen Zaun und eine lächerliche Holzgarage muß ich womöglich eine Genehmigung haben? Ich denke, eine solche braucht man nur, wenn man ein Haus baut. Zeigen Sie mir doch einmal das Gesetz, wo all dies drinsteht", forderte Karl Jedermann den Architekten auf. Darauf sagte der Architekt: „Es gibt kein Gesetz für das ganze Bundesgebiet, wohl aber bestehen Bauordnungen für die einzelnen Länder."

In den einzelnen Bundesländern bestehen ebenfalls eigene Baugesetze und Raumordnungsgesetze. Es herrscht also in jedem Bundesland eine andere Rechtslage. Das im folgenden Gesagte gilt daher nur grundsätzlich.

Bei der Errichtung von Bauten gilt als erster Grundsatz, daß Baulichkeiten nur auf einem als Baugrund ausgewiesenen Grundstück aufgeführt werden dürfen. Die Bebauungspläne stellen in graphischer Darstellung die Grundsätze für die künftige Verbauung fest. Außerdem sind in Bauangelegenheiten die Flächenwidmungspläne zu beachten.

Die einzelnen Bauordnungen unterscheiden konsenspflichtige Bauten, anzeigepflichtige Bauten und solche Bauführungen, für die nicht einmal eine Anzeige notwendig ist.

Konsenspflichtig sind alle Neu-, Um- und Zubauten sowie wesentliche Abänderungen oder Ausbesserungen bestehender Baulichkeiten. Für Wien sind die konsenspflichtigen Bauten im § 60 der Wiener Bauordnung abschließend aufgezählt.

Anzeigepflichtig sind Ausbesserungen und Abänderungen an Gebäuden, die auf den allgemeinen Bauzustand ohne Einfluß sind (z. B. Abputzen der Häuser, Dachdeckerarbeiten und andere).

Unwesentliche Ausbesserungen sind **vollkommen freigestellt.**

Zur Vornahme der anzeigepflichtigen Bauherstellungen bedarf es keiner behördlichen Bewilligung; der Bauherr zeigt die Bauführung der Baubehörde lediglich an. Bei den konsenspflichtigen Bauten muß hingegen der Bauwerber vor Beginn der Bauführung schriftlich um die Erteilung der Baubewilligung ansuchen. Er legt zu diesem Zwecke vor:

Grundbuchauszug (allenfalls mit Vollmacht des Grundeigentümers) und **Bauplan** (enthaltend Situation und Niveau der Baustelle, eine Darstellung der Grundrisse und des Durchschnittes aller Geschosse des Gebäudes, der Fassade und der einzelnen Konstruktionsteile).

Nach der Wiener Bauordnung kann die Baubehörde bei Bauführungen in Gebietsteilen, die aus städtebaulichen oder historischen Gründen eine besondere Gestaltung der Baulichkeiten erfordern, die Beibringung eines **Modells** des geplanten Baues verlangen. Die meisten Bauordnungen beschränken sich auf die Feststellung, daß der Bau keine „Schönheitsfehler" und keine „Geschmacklosigkeiten" enthalten dürfe. Zur Wahrung der Interessen des Denkmalschutzes ist das dem Bundesministerium für Unterricht unterstellte **Bundesdenkmalamt** berufen.

Verschiedene Gesetze (wie das Landwirtschaftliche Wiederaufbaugesetz und das Wohnbauförderungsgesetz) befassen sich mit der staatlichen Förderung der privaten Bautätigkeit.

Wohnbauförderung

Nach dem **Wohnbauförderungsgesetz** 1968 haben die Länder für die nach Maßgabe der Bestimmungen dieses Gesetzes förderungswürdigen Bevölkerungskreise die Errichtung von Klein- und Mittelwohnungen durch Neubau von Baulichkeiten sowie durch Auf-, Zu- oder Einbauten in bestehenden Baulichkeiten, durch Umbau von Baulichkeiten, deren Erhaltung aufgrund landesgesetzlicher Bestimmungen zur Wahrung des Stadtbildes in Altstadtkernen oder aufgrund des **Denkmalschutzgesetzes,** BGBl Nr. 533/1923, vorgeschrieben ist, weiters die Errichtung von Klein- und Mittelwohnungen durch Umbau verbesserungswürdiger Baulichkeiten sowie die Errichtung von Heimen für ledige Schüler, Studenten, Lehrlinge und jugendliche Arbeitnehmer sowie für betagte Menschen durch Neubauten oder Auf-, Zu- oder Einbauten in bestehenden Baulichkeiten, die für diese Zwecke bestimmt sind, und schließlich die Durchführung von Verbesserungen größeren Umfanges in verbesserungswürdigen Baulichkeiten zu fördern.

Will Karl Jedermann die Wohnbauförderung nach dem Wohnbauförderungsgesetz 1968 in Anspruch nehmen, wird er sich zweckmäßigerweise an eine gemeinnützige Wohnbauvereinigung oder an die bei den Landesregierungen eingerichteten Auskunftsstellen (in Wien beim Magistrat) wenden, wo er im Detail Auskunft erhalten wird.

Die allgemein ungünstige Situation auf dem Wohnungsmarkt betrifft meist junge Menschen besonders hart. Um dem Abhilfe zu schaffen, beschloß der Nationalrat am 12. Mai 1982 das Bundesgesetz zur Verbesserung der Wohnverhältnisse von jungen Familien, das sog. Startwohnungsgesetz (BGBl 264).

Als Startwohnungen kommen Altbauwohnungen in Betracht (Baubewilligung vor dem 8. Mai

1945), deren Nutzfläche mindestens 30 m² und höchstens 90 m² beträgt. Die gesetzlichen Anspruchsvoraussetzungen auf eine Startwohnung werden die meisten jungen Familien oder Alleinstehenden erfüllen (jünger als 30 Jahre, Wohnungsbedarf und Einkommenshöchstgrenze). Die Mietvertragsdauer darf 5 Jahre nicht übersteigen, der Hauptmietzins darf den im MRG höchstzulässigen Hauptmietzins nicht überschreiten (vgl. Seite 29). Zur finanziellen Unterstützung des Mieters wurden eine Starthilfe und günstige Darlehensmöglichkeiten gesetzlich vorgesehen.

Eine weitere Neuerung beinhaltet das Bundesgesetz zur Förderung der Erhaltung und Verbesserung von Wohnhäusern sowie der Stadterneuerung vom 31. März 1982 (BGBl Nr. 164). Dieses Gesetz ermöglicht günstige Darlehen zur Erhaltung und Verbesserung von Altbauwohnungen.

Haftung für Beamtentätigkeit

„Es leuchtet mir ein" – sagt Karl Jedermann –, „daß Behörden höflich sein sollen und daß sie nicht willkürliche Maßnahmen treffen dürfen. Was geschieht aber, wenn durch schuldhafte Amtsführung den Parteien ein wirtschaftlicher Schaden entsteht; wer trägt den Nachteil für rechtswidrig vorgenommene Konzessionsverweigerungen; wer haftet, wenn das zur Wohnbauförderung genehmigte Darlehen durch einen Behördenfehler nicht rechtzeitig flüssiggemacht wird?"

„Du findest hier" – antwortet Professor Rechtshüter – „eine außerordentliche Errungenschaft des modernen Rechtsstaates, nämlich die Schadenshaftung des Staates und der übrigen Körperschaften des öffentlichen Rechts für schuldhafte Rechtsverletzungen sämtlicher Organe."

Es dreht sich also kurz gesagt um die allgemeine Amtshaftung. Grundlage ist das **Bundesverfassungsgesetz vom 18. Dezember 1948,** BGBl Nr. 5/1949, und das **Amtshaftungsgesetz** vom gleichen Tag, BGBl Nr. 20/1949 (AHG).

Dem Amtshaftungsrecht geht es um die Ermittlung: **Wann ist eine Schadenshandlung dem Staat zuzurechnen?**

Der Begriff „Staat" wird in einzelne Rechtsträger aufgelöst, denen nach § 1 AHG die Haftung auferlegt ist. Es sind dies: der Bund, die Länder, die Bezirke, die Gemeinden, sonstige Körperschaften des öffentlichen Rechts und die Träger der Sozialversicherung. Die Rechtsträger haften also für Schaden, den die als ihre Organe handelnden Personen schuldhaft zugefügt haben.

Die Organe selbst haften nach dem AHG dem Geschädigten gegenüber nicht. Eine solche Haftung hätte auch praktisch kaum Sinn, da die Beamtenbezüge meist nur eine geringe Höhe aufweisen. Organe im Sinne des § 1 Abs. 2 AHG sind „alle physischen Personen, wenn sie in Vollziehung der Gesetze (Gerichtsbarkeit oder Verwaltung) handeln, gleichviel, ob sie dauernd oder vorübergehend oder für den einzelnen Fall bestellt sind, ob sie gewählte, ernannte oder sonstwie bestellte Organe sind und ob ihr Verhältnis zum Rechtsträger nach öffentlichem oder privatem Recht zu beurteilen ist". Mit anderen Worten heißt das, daß vom Minister und vom Präsidenten des Obersten Gerichtshofes bis zum letzten Schreiber und Amtsdiener eine Haftung für solche Handlungen eintritt, durch die der Staatsbewohner unter Verletzung des Gesetzes an Rechtsgütern (z. B. Leben, Gesundheit, Vermögen, Freiheit) geschädigt wird.

Um aber die Entschlußfreudigkeit der öffentlichen Organe nicht zu hemmen und um einen dadurch verursachten Leerlauf der Verwaltung zu verhindern, haften sie dem Rechtsträger gegenüber im Rückersatz (Regreß) nur bei vorsätzlicher oder grob fahrlässiger Rechtsverletzung. Der vom Geschädigten in Anspruch genommene Rechtsträger kann sich also nicht am Organ regres-

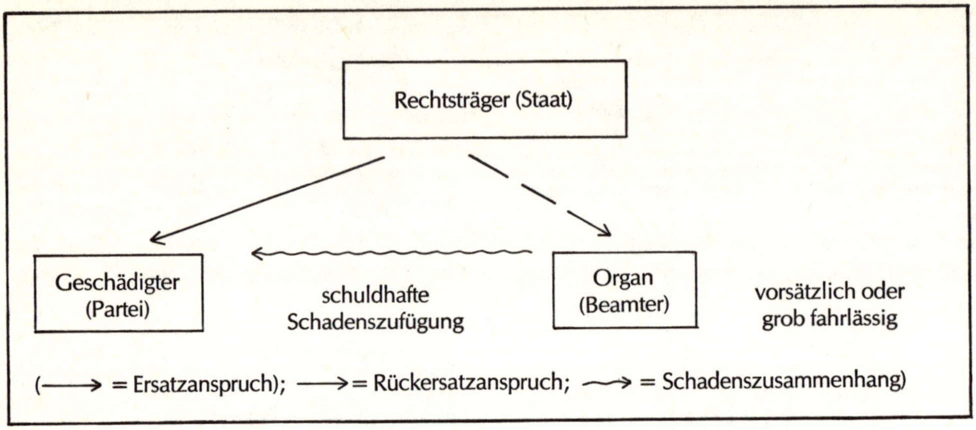

sieren, wenn dieses nur leicht fahrlässig (geringes Versehen) den Schaden zugefügt hat.

Schematisch sieht das also so aus, wie oben wiedergegeben.

Dem Geschädigten haftet nur der Rechtsträger, nie das Organ. Der Schaden ist in Geld zu ersetzen. Hat der Rechtsträger dem Geschädigten den Schaden ersetzt, so kann er von seinen Organen Rückersatz (Regreß) begehren; jedoch nur dann, wenn diese die Rechtsverletzung vorsätzlich oder grob fahrlässig verübt haben. Für leichtes Versehen seiner Organe muß der Rechtsträger (Staat) aus eigenen Mitteln aufkommen, er kann sich nicht regressieren! Rückersatz kann auch nicht wegen einer Handlung begehrt werden, die auf Weisung eines Vorgesetzten erfolgt ist. Jedoch besteht hier eine doppelte Ausnahme:

Rückersatz findet statt, wenn das Organ die Weisung eines **offenbar unzuständigen Vorgesetzten** befolgt oder in Befolgung der Weisung **gegen strafgesetzliche Vorschriften** verstößt.

Einfache Berufung auf die Weisung von oben kann also den Beamten durchaus nicht immer davor bewahren, für den angerichteten Schaden (im Rückersatz) aufzukommen.

Das so lang ersehnte Amtshaftungsgesetz kann im großen und ganzen als gelungen bezeichnet werden. Es ist ein brauchbares Instrument zur Durchsetzung von Schadenersatzansprüchen gegen die öffentliche Hand – es setzt jedoch gewisse Rechtskenntnisse und mitunter Beiziehung eines Rechtsanwaltes geradezu voraus.

So bestimmt § 2 Abs. 2 AHG, daß kein Ersatzanspruch besteht, wenn der Geschädigte den Schaden durch **ordentliche Rechtsmittel oder durch Beschwerde an den Verwaltungsgerichtshof** hätte abwenden können. Das erschwert die Geltendmachung von Ansprüchen ganz beträchtlich. Bei Rechtsverletzungen, die durch Bescheide begangen wurden, können Schwierigkeiten durch fehlende oder unrichtige Rechtsmittelbelehrung eintreten. Keine Behörde ist verpflichtet, den Beschwerdeführer nach Erschöpfung des ordentlichen Rechtsmittelzuges auf das außerordentliche Mittel der Beschwerde an den Verwaltungsgerichtshof aufmerksam zu machen. Wenn also die Beschwerde verspätet oder überhaupt nicht erhoben wurde, kann dem Geschädigten weder der Verwaltungsgerichtshof noch das Amtshaftungsgesetz helfen. Bei der Umständlichkeit und Unübersichtlichkeit des Rechtsmittelzuges in einzelnen Zweigen der Verwaltung (zum Beispiel in der Finanzverwaltung) ist dies ein schwerer Nachteil!

Wann und wie kommt der Geschädigte zum Ersatz?

Vorerst muß einmal der **Rechtsmittelzug erschöpft,** das heißt bis zur letzten Instanz durchgefochten werden. Nach den einschlägigen Bestimmungen kann sich jede Behörde sechs Monate Zeit lassen, bevor die sogenannte Säumnisbeschwerde beim Verwaltungsgerichtshof zulässig ist. Da der Instanzenzug fast durchgehend dreigliedrig ist, kann also seit Erlassung des rechtswidrigen Bescheides **ein Jahr** verstreichen, bevor der Geschädigte überhaupt in die Lage kommt, seinen Schadenersatzanspruch geltend zu machen.

Ist der Instanzenzug durchgekämpft, dann kann der Geschädigte binnen drei Jahren nach Bekanntwerden des Schadens beziehungsweise binnen eines Jahres nach Rechtskraft der verletzenden Entscheidung oder Verfügung, in besonderen Fällen auch noch binnen zehn Jahren, seinen Ersatzanspruch geltend machen. Das geschieht in der Form, daß er die betreffende öffentlich-rechtliche Körperschaft (den Rechtsträger) – nicht aber den einzelnen Beamten (das Organ) – **schriftlich zur Anerkennung des Anspruchs auffordert.**

Der Rechtsträger hat nun **3 Monate Zeit** zur Überlegung, ob er den Anspruch anerkennen will oder nicht.

Erst nach fruchtlosem Ablauf dieser Frist kann der Geschädigte die **Klage beim zuständigen Landesgericht** erheben. Berücksichtigt man die weiten Termine, zu denen Zivilgerichtsverhandlungen ausgeschrieben werden, muß man damit rechnen, daß auch nach 15 Monaten das Entschädigungsverfahren noch keinesfalls abgeschlossen ist.

Dazu kommt, daß der Entschädigungswerber vorerst ziemlich viel Geld auszulegen hat, da im Gesetz nirgends von einer Befreiung oder auch nur von einer Stundung der Gerichts- und Justizverwaltungsgebühren die Rede Ist.

Zu beachten ist, daß das AHG immer nur die **zivilrechtliche Deliktshaftung** des Beamten **ausschließt;** die Gefährdungshaftung bleibt aufrecht. Es haftet also ein Beamter, der z. B. mit seinem eigenen Kraftfahrzeug aus eigenem Entschluß und auf eigene Kosten eine Dienstfahrt unternimmt und dabei einen Verkehrsunfall verursacht, als Kraftfahrzeughalter nach den Bestimmungen des EKGH.

Vereinsgründung und Haftung

Schon lange wollte Karl Jedermann entweder einen Sportklub gründen oder einem bestehenden Verein dieser Richtung beitreten. Doch fürchtet er, daß vielleicht durch die Gründung eines Vereins oder durch den Beitritt zu einem solchen die Gefahr einer Haftung entsteht. Auch darüber befragt er seinen entgegenkommenden Freund, und Professor Rechtshüter gibt wieder die gewünschten Aufklärungen:

Der Verein ist eine Verbindung von Menschen, die durch ihren Zusammenschluß einen neuen Rechtsträger, eine sogenannte „juristische Person" schaffen.

Das Recht, sich zu versammeln und Vereine zu bilden, wurde den Staatsbürgern durch das Staatsgrundgesetz vom 21. Dezember 1867 (RGBl Nr. 142, über die allgemeinen Rechte der Staatsbürger) verfassungsmäßig gewährleistet.

Zuerst soll die Frage geklärt werden, was eine juristische Person ist.

Wir wissen, daß jeder Mensch mit der Geburt rechtsfähig wird. Er kann also Träger von Rechten und Pflichten sein. Der Säugling in der Wiege kann Eigentümer eines Hauses sein und eine Erbschaft erwerben. Ebenso kann der Staat Eigentümer von Grund und Boden sein. Man spricht dann von Domänen.

Nun sieht aber das Gesetz vor, daß Menschen, die sich in bestimmten Formen zu einer Vereinigung zusammenschließen, ein neues Rechtsgebilde schaffen. Solche **Personenverbände** sind ebenso wie der Staat als selbständige Figuren zu denken, die Eigentümer von Sachen und Inhaber von Rechten sein können. Nicht jeder Zusammenschluß von Menschen hat aber eine solche Wirkung. Wenn sich einige Freunde zusammentun und vereinbaren, daß sie regelmäßig Karten spielen wollen, sich hiefür gemeinsam ein paar Sachen anschaffen, wie z. B. Spieltische und

Spielkarten, und sich den Namen „Kartenklub Jolly Joker" zulegen, so haben sie damit keine juristische Person geschaffen, die Rechte und Pflichten aufweist. In diesem Fall beiben die einzelnen physischen Personen völlig selbständig. Schließt man sich dagegen zu einer Vereinigung zusammen, zu der auch weitere Personen ein Beitrittsrecht haben, und gibt man der Vereinigung eine Verfassung – Statut genannt –, so kann sie rechtsfähig werden. Man schafft damit ein Gebilde, das selbst Eigentümer, Gläubiger und Schuldner werden kann. Die einzelnen Mitglieder haben mit diesen Rechten und Pflichten dann nichts mehr zu tun.

Die Rechtsfähigkeit einer solchen Vereinigung (Verein) wird folgendermaßen erlangt:

Hat ein Verein seinen Zweck auf einen **wirtschaftlichen Geschäftsbetrieb** gerichtet, so müßte er die Rechtsfähigkeit durch eine staatliche Verleihung erlangen.

Dieser Fall wird recht selten sein, da bei Vorliegen einer wirtschaftlichen Tätigkeit zweckmäßiger eine der anerkannten Vereinigungsformen des Handelsrechts gewählt wird, wie z. B. die der Gesellschaft m. b. H. oder der Aktiengesellschaft.

Dagegen gibt es unzählige Vereine, deren Zweck auf einen **nicht wirtschaftlichen Geschäftsbetrieb** gerichtet ist, die ebenfalls die Rechtsfähigkeit erstreben. Solche geplanten Vereine erlangen die Rechtsfähigkeit viel einfacher. Sie haben nicht um eine staatliche Verleihung nachzusuchen, sondern gemäß den Bestimmungen des Vereinsgesetzes in der Fassung der Vereinsgesetznovellen 1954 und 1962 nur bestimmte Gründungserfordernisse zu beachten und dann die Anmeldung des Vereins bei der Vereinsbehörde, das ist der örtlich zuständige Landeshauptmann bzw. die Sicherheitsdirektion, vorzunehmen. Erfolgt binnen einer Frist von sechs Wochen nach Überreichung der Anmeldung keine Untersagung, so kann der Verein seine Tätigkeit aufnehmen.

Welches sind die Gründungserfordernisse?

Die Personen, die den Verein gründen wollen, haben ein **Vereinsstatut** zu verfassen, dem folgendes zu entnehmen sein muß:

- der Zweck des Vereins, die Mittel hiezu und die Art ihrer Aufbringung;
- die Art der Bildung und Erneuerung des Vereins;
- der Sitz des Vereins;
- die Rechte und Pflichten der Vereinsmitglieder;
- die Organe der Vereinsleitung;
- die Erfordernisse günstiger Beschlußfassungen, Ausfertigungen und Bekanntmachungen;
- die Art der Schlichtung von Streitigkeiten aus dem Vereinsverhältnis;
- die Vertretung des Vereins nach außen;
- die Bestimmungen über dessen Auflösung.

Der Vereinsname bildet einen wesentlichen Bestandteil der Statuten. Er soll einen Schluß auf den Vereinszweck zulassen und Verwechslungen mit anderen Vereinen oder Einrichtungen ausschließen.

Es gibt jedoch auch Vereine und Gesellschaften, die nicht dem Vereinsgesetz, sondern einer eigenen, besonderen gesetzlichen Regelung unterliegen. Es sind dies hauptsächlich solche Vereine und Gesellschaften, die auf Gewinn berechnet sind, sowie alle Vereine für Bank-, Kredit- und Versicherungswesen, Rentenanstalten, Sparkassen und Pfandleihanstalten.

Weiters findet das Gesetz keine Anwendung auf geistliche Orden und Kongregationen und auch nicht auf Religionsgemeinschaften überhaupt. Diese sind nach den für sie geschaffenen Gesetzen und Vorschriften zu beurteilen. Genossenschaften und Unterstützungskassen für Gewerbetreibende, die aufgrund der Gewerbegesetze errichtet wurden, und die nach den Berggesetzen errichteten Gewerkschaften und Bruderladen fallen ebenfalls nicht unter das Vereinsgesetz.

Öffentliche Belustigungen, Hochzeitszüge, volksbräuchliche Feste oder Aufzüge, Leichenbegängnisse, Prozessionen, Wallfahrten und sonstige Versammlungen oder Aufzüge zur Ausübung eines gesetzlich gestatteten Kultes sind ebenfalls von dem Gesetz ausgenommen, wenn sie in der „überlieferten Weise" stattfinden.

Die Statuten sind in **fünf Exemplaren** der Vereinsbehörde vorzulegen. Über die Anzeige muß die Vereinsbehörde auf Verlangen eine Bestätigung ausstellen. In die bei der Vereinsbehörde erliegenden Statuten kann jedermann Einsicht nehmen und Abschriften davon anfertigen. Wenn der Verein nach seiner Einrichtung gesetz- oder rechtswidrig oder staatsgefährlich ist, kann die Behörde die Bildung des Vereins untersagen. Die Untersagung müßte binnen sechs Wochen schriftlich und unter Angabe von Gründen erfolgen. Gegen einen solchen Bescheid kann Berufung an das Bundesministerium für Inneres eingelegt werden.

Die Vereinsbehörde prüft die Anmeldung und muß vor der Eintragung noch die zuständige Polizeibehörde hören. Das ist die örtlich zuständige Bundespolizeibehörde (Polizeidirektion oder Polizeikommissariat) bzw. die jeweilige Bezirksverwaltungsbehörde.

*Auch das Finanzamt schaltet sich ein, weil rechtsfähige und nicht rechtsfähige Vereine steuerrechtlich als Körperschaft angesehen werden und der **Körperschaftssteuer** unterliegen. Ausnahmen sind aber möglich.*

Wenn binnen der sechswöchigen Frist keine Untersagung erfolgt oder wenn der Landeshauptmann schon früher erklärt hat, daß er den Verein nicht untersagt, kann der Verein sofort mit seiner Tätigkeit beginnen.

Sollte ein Verein nicht innerhalb eines Jahres nach Ablauf der Untersagungsfrist mit seiner Tätigkeit begonnen haben, gilt die Anzeige der Vereinsbildung als zurückgezogen. Diese Jahresfrist kann verlängert werden, falls die Proponenten glaubhaft machen, daß sie durch ein unvorhergesehenes oder unabwendbares Ereignis ohne Verschulden verhindert waren, diese Frist einzuhalten.

Jeder Verein kann seine Versammlungen öffentlich abhalten. Weder Mitglieder noch Zuhörer dürfen zu solchen Versammlungen bewaffnet erscheinen. Es ist Aufgabe des Vorsitzenden, darüber zu wachen. Der Vorsitzende ist auch für die Aufrechterhaltung der Ordnung in Versammlungen verantwortlich.

Eine Vereinsversammlung ist mindestens 24 Stunden vorher unter Angabe des Ortes und der Zeit anzuzeigen.

Beschlüsse oder Erlässe eines Vereins dürfen dem Strafgesetz nicht zuwiderlaufen. Eine Vereinsversammlung kann von der Behörde, wenn sie die Vorschriften dieses Gesetzes übertritt, untersagt und unter Umständen geschlossen werden. Die Anwesenden sind dann verpflichtet, den Versammlungsort sofort zu verlassen und auseinanderzugehen.

Die Mitglieder eines rechtsfähig gewordenen Vereins, sei es nun, daß sie Mitglieder durch Teilnahme an der Gründung oder durch späteren Eintritt geworden sind, werden nicht Eigentümer der dem Verein gehörenden Sachen oder Inhaber sonstiger Vermögenswerte des Vereins. Eigentümer bzw. Inhaber ist vielmehr der Verein selbst. Solange die Mitgliedschaft zu einem solchen Verein währt, ist man Mitbenutzer des Vereinsvermögens aufgrund der Mitgliedschaft. Man ist berechtigt, die Einrichtungen des Vereins zu benutzen, sich in den Vereinsräumen aufzuhalten usw. Scheidet man aus dem Verein aus, so hört jede Beziehung zu dem Vereinsvermögen auf. Eine einzige Ausnahme ist für den Fall denkbar, daß ein Verein zur Auflösung kommt und in seinen Statuten festgelegt ist, daß im Fall der Auflösung das vorhandene Vereinsvermögen unter die Vereinsmitglieder zu verteilen ist.

Umgekehrt braucht das Mitglied eines rechtsfähigen Vereins auch nicht die Sorge zu haben, daß die Gläubiger des Vereins sich an das Privatvermögen der Vereinsmitglieder halten können. Wegen der Vereinsschulden sind die Gläubiger auf das Vereinsvermögen beschränkt. Hat also ein Mitglied regelmäßig und pünktlich seine Beträge entrichtet, ist es damit jeder Schuld ledig. Sind Beitragsrückstände da, können die Vereinsgläubiger allerdings diese Außenstände pfänden, denn die Beitragsforderungen des Vereins gegenüber seinen Mitgliedern zählen jetzt zum Vereinsvermögen.

Ein Vereinsmitglied kann aus dem Verein ausscheiden.

Dies kann vor allem durch Austrittserklärung des Mitglieds erfolgen. Das Statut kann hiefür eine besondere Form vorschreiben, z. B. Austrittserklärung durch rekommandierten Brief. Das Statut kann ferner vorschreiben, daß eine Kündigungsfrist einzuhalten ist. Dann ist das Mitglied nach erfolgter Austrittserklärung noch für diese Frist Mitglied, muß also für diesen Zeitraum Beiträge zahlen, darf aber auch die Vereinsrechte ausüben.

Trotz einer im Statut vorgesehenen Kündigungsfrist kann jedoch ein Austritt aus wichtigem Grund sofort erfolgen, wenn dem Mitglied ein weiteres Verbleiben nicht mehr zumutbar ist, z. B. wenn ein Mitglied grundlos von den anderen Mitgliedern schikaniert oder boykottiert würde.

Ein Vereinsmitglied kann aus dem Verein ausgeschlossen werden.

Der Ausschluß eines Mitglieds ist möglich, wenn dies im Statut vorgesehen ist oder wenn ein wichtiger Grund für den Ausschluß vorliegt, z. B. ein Mitglied schädigt durch sein Verhalten den Ruf des Vereins. Dies wird bei einem Sportklub etwa dann der Fall sein, wenn ein Mitglied schwer gegen die sportliche Fairneß verstößt, z. B. einen Schiedsrichter mißhandelt. Sobald ein solcher Fall vorliegt, kann der Ausschluß durch einen Mehrheitsbeschluß der Mitgliederversammlung ausgesprochen werden, soweit nicht durch die Statuten ein anderes Verfahren vorgesehen ist, z. B. Beschluß des Vorstandes oder dergleichen.

Das Mitglied kann sich einem drohenden Ausschlußverfahren dadurch entziehen, daß es seinen Austritt erklärt. Ist ein solcher Austritt erfolgt, so kann kein Ausschlußverfahren mehr durchgeführt werden, denn es liegt ja keine Vereinsmitgliedschaft mehr vor.

Ein Verein spiegelt im kleinen die demokratische Verfassung wider, die der Staat im großen zeigt. Was im Staatsleben das Volk oder seine Vertretung – das Parlament – ist, das ist bei dem Verein die Mitgliederversammlung. Sie entscheidet durch Mehrheitsbeschluß über alle grundsätzlichen Fragen des Vereins; allerdings gibt es auch Beschlüsse, die nur mit besonderer Mehrheit gefaßt werden können. So kann z. B. zu einem Beschluß, durch den der Verein aufgelöst werden soll, eine Mehrheit von drei Viertel statutenmäßig erforderlich sein.

Der Staat selbst übt durch seine Vereinsbehörden das allgemeine Aufsichtsrecht über die zahlreichen privaten Vereinigungen aus.

Wehrrecht und Zivildienst

Österreich bekennt sich zur umfassenden Landesverteidigung. Ihre Aufgabe ist es, die Unabhängigkeit nach außen sowie die Unverletzlichkeit und Einheit des Bundesgebietes zu bewahren, insbesondere zur Aufrechterhaltung und Verteidigung der immerwährenden Neutralität. Hiebei sind auch die verfassungsmäßigen Einrichtungen und ihre Handlungsfähigkeit sowie die demokratischen Freiheiten der

Einwohner vor gewaltsamen Angriffen von außen zu schützen und zu verteidigen.

Zur umfassenden Landesverteidigung gehören die militärische, die geistige, die zivile und die wirtschaftliche Landesverteidigung.

Jeder männliche österreichische Staatsbürger ist wehrpflichtig. Wer aus Gewissensgründen die Erfüllung der Wehrpflicht verweigert und hievon befreit wird, hat einen Ersatzdienst zu leisten.

Die geistige Landesverteidigung besteht unter anderem in der Bekanntmachung und Erklärung des Neutralitäts- und Wehrgedankens in der Bevölkerung, insbesondere auch schon in den Schulen und ebenso in der Schulung der Soldaten.

Die wirtschaftliche Landesverteidigung besteht in der Schaffung der Voraussetzungen eines bestmöglichen Überlebens in Konfliktsituationen, z. B. durch Anlegen von Vorratslagern, Stützung der Landwirtschaft (im Krisenfall keine Importe möglich).

Die militärische Landesverteidigung wird vom **Bundesheer** ausgeübt.

Das Bundesheer als bewaffnete Macht der Republik Österreich wird aufgrund der allgemeinen Wehrpflicht gebildet und ergänzt.

Dem Bundesheer gehören an: Präsenzdiener, zeitverpflichtete Soldaten, Berufsoffiziere sowie Beamte und Vertragsbedienstete. Zweck des Bundesheeres ist der Schutz der Grenzen der Republik, der Schutz der verfassungsmäßigen Einrichtungen und die Aufrechterhaltung der Ordnung und Sicherheit im Inneren sowie die Hilfeleistung bei Elementarereignissen und Unglücksfällen außergewöhnlichen Ausmaßes.

Den Oberbefehl über das Bundesheer führt der Bundespräsident, die Befehlsgewalt hat der Bundesminister für Landesverteidigung. Die Offiziere werden vom Bundespräsidenten ernannt.

Die Wehrpflicht dauert vom 18. bis zum 51. Lebensjahr.

Die Wehrpflicht umfaßt die Stellungspflicht, die Pflicht zur Leistung des Präsenzdienstes, die Pflicht zur Annahme, Verwahrung und Rückgabe von Bekleidungs- und Ausrüstungsgegenständen. Die Wehrpflichtigen sind zur Geheimhaltung über alles, was ihnen aufgrund ihrer dienstlichen Verwendung im Bundesheer bekanntgeworden ist, verpflichtet.

Wehrpflichtige haben bei der Anmeldung im Sinne des Meldegesetzes einen zusätzlichen Meldezettel auszufüllen und der Meldebehörde zu übergeben, die diesen unverzüglich dem zuständigen Militärkommando übermittelt. Wehrpflichtige bilden für die Dauer von 6 Monaten nach ihrer Entlassung aus dem Grundwehrdienst den Beurlaubtenstand in der Reserve. Für die Dauer des Beurlaubtenstandes haben sie jede Änderung des ordentlichen Wohnsitzes unverzüglich dem zuständigen Militärkommando zu melden. Sie dürfen das Bundesgebiet für mehr als 3 Tage nicht verlassen, wenn sie nicht eine Bewilligung des zuständigen Militärkommandos haben. Diese Bewilligung darf nur aus militärischen Rücksichten verweigert werden und gilt als erteilt, wenn sie das Militärkommando nicht innerhalb von 14 Tagen nach Einlangen des schriftlichen Antrags verweigert.

Die Erfassung, Stellung und Einberufung der Wehrpflichtigen obliegt dem Militärkommando (Ergänzungsabteilung).

Den Stellungskommissionen obliegt die Feststellung der Eignung der Stellungspflichtigen und jener Personen, die sich freiwillig zur vorzeitigen Ableistung des Präsenzdienstes gemeldet haben.

Die Stellungskommission besteht aus einem Stabsoffizier des zuständigen Militärkommandos als Vorsitzenden, sowie folgenden weiteren Mitgliedern: ein Stabsoffizier oder Hauptmann, ein rechtskundiger Bediensteter, ein Arzt sowie ein Psychologe mit abgeschlossener Hochschulbildung.

Die Eignung ist festzustellen durch folgende Beschlüsse: tauglich, vorübergehend untauglich und untauglich. Gegen die Beschlüsse der Stellungskommission ist kein ordentliches Rechtsmittel zulässig.

Die Aufforderung der Wehrpflichtigen, sich der Stellung zu unterziehen (Stellungspflicht), ist auf allgemeine, ortsübliche Weise bekanntzumachen (Plakate, Rundfunk, Zeitungen) oder sind die Wehrpflichtigen besonders aufzufordern.

Der Stellungspflichtige hat sich bei der für seinen ständigen Wohnsitz zuständigen Stellungskommission zu stellen; wenn er nicht erscheint, kann er auch vorgeführt werden.

Stellungspflichtige, die sich ständig im Ausland aufhalten, haben durch die Meldung bei der österreichischen Vertretungsbehörde und ihre Stellung zur amtsärztlichen Untersuchung ihrer Stellungspflicht Genüge zu leisten.

Nimmt der Stellungspflichtige später seinen Aufenthalt in Österreich, so hat er sich innerhalb von 21 Tagen beim zuständigen Militärkommando zu melden.

Der Präsenzdienst gliedert sich in den ordentlichen und den außerordentlichen Präsenzdienst. Der ordentliche Präsenzdienst umfaßt den Grundwehrdienst und die Truppenübungen, der außerordentliche Präsenzdienst unter anderem den freiwillig verlängerten Grundwehrdienst, die Kaderübungen, die freiwilligen Waffenübungen sowie Hilfeleistungen des Bundesheeres im Ausland (UNO-Bataillon).

Der Grundwehrdienst dauert 6 Monate. Zum Grundwehrdienst sind alle Wehrpflichtigen verpflichtet, die das 35. Lebensjahr noch nicht vollendet und noch keinen Wehrdienst im Ausmaß von 6 Monaten geleistet haben.

Anstelle des Grundwehrdienstes mit der Dauer von 6 Monaten können sich Wehrpflichtige zur Ableistung des Grundwehrdienstes in der Dauer von 8 Monaten verpflichten. Dies ist vor Antritt des Grundwehrdienstes bei der Stellungskommission oder beim Militärkommando zu erklären, während des Grundwehrdienstes spätestens 2 Wochen vor Ablauf des 6. Monats beim Kommandanten. Diese Wehrpflichtigen erhalten im 7. und 8. Monat des Grundwehrdienstes höheres Taggeld und eine Prämie und sind überdies von der Verpflichtung zur Ableistung von Truppenübungen befreit.

Der freiwillig verlängerte Grundwehrdienst wird im Anschluß an den Grundwehrdienst in der Dauer von mindestens 3 Monaten, höchstens aber 4 Jahren geleistet. Der freiwillig verlängerte Grundwehrdienst in der Dauer von 6 Monaten ist Voraussetzung für die Ernennung zum zeitverpflichteten Soldaten.

Wehrpflichtige, die einen freiwillig verlängerten Grundwehrdienst im Ausmaß von 4 Jahren leisten, sind innerhalb von vier Jahren nach der Entlassung aus dem Präsenzdienst bei Bewerbung um eine Planstelle für Bundesbeamte vorzugsweise zu berücksichtigen.

Von der Einberufung zum Bundesheer sind ausgeschlossen: Personen, die zu einer Freiheitsstrafe verurteilt worden sind und sich in Haft befinden für die Dauer der Haft, sowie Geisteskranke, Geistesschwache, die unter Sachwalterschaft stehen. Befreit werden können Wehrpflichtige aus öffentlichen, familiären oder wirtschaftlichen Gründen.

Taugliche Wehrpflichtige, die Schüler der letzten beiden Jahrgänge einer höheren öffentlichen Schule oder Schule mit Öffentlichkeitsrecht sind, sowie Taugliche, die sonst in einer Berufsvorbereitung stehen und durch Unterbrechung dieser Vorbereitung einen bedeutenden Nachteil erleiden würden oder die einen anderen berücksichtigungswürdigen Umstand nachweisen können, die einem Hochschulstudium nachgehen oder sich nach dessen Abschluß auf eine zugehörige Prüfung vorbereiten oder Ärzte sind, sind bis zum 25. (Schüler), bis zum 28. (Hochschüler) bzw. bis zum 30. Lebensjahr (Ärzte) zurückzustellen

Nach erstmaligem Antritt des Dienstes hat jeder Wehrpflichtige ein Treuegelöbnis zu leisten. Das Treuegelöbnis lautet:

„Ich gelobe, mein Vaterland, die Republik Österreich, und sein Volk zu schützen und mit der Waffe zu verteidigen; ich gelobe, den Gesetzen und den gesetzmäßigen Behörden Treue und Gehorsam zu leisten, alle Befehle meiner Vorgesetzten pünktlich und genau zu erfüllen und mit allen meinen Kräften der Republik Österreich und dem österreichischen Volke zu dienen."

Diese Fassung des Treuegelöbnisses ist auf die Wehrgesetznovelle 1977 zurückzurückzuführen.

Den Wehrpflichtigen der Reserve können, wenn militärische Rücksichten es erfordern, bei der Entlassung aus dem Präsenzdienst oder auf Anordnung des zuständigen Militärkommandos Bekleidungs- und Ausrüstungsgegenstände zur persönlichen Verwahrung am Wohnort im Inland übergeben werden.

Die Wehrpflichtigen sind verpflichtet, diese Gegenstände zu verwahren.

Die Ausbildung hat allen Soldaten neben der militärischen Ausbildung auch die Kenntnis ihrer staatsbürgerlichen Rechte und Pflichten, insbesondere der aus dem Völkerrecht abgeleiteten, zu vermitteln. Im Bundesheer ist der österreichische Vaterlands- und Staatsgedanke zu pflegen. Die Soldaten sind anzuleiten, das persönliche Interesse dem Wohl des Ganzen unterzuordnen, über den Rechten des einzelnen die Pflichten gegenüber dem Gesamten nicht zu vergessen und alles Trennende zwischen den Staatsbürgern zurückzustellen.

Das Bundesheer ist von jeder parteipolitischen Betätigung und Verwendung fernzuhalten. Die staatsbürgerlichen Rechte kommen dem Soldaten im selben Ausmaß wie allen anderen Staatsbürgern zu.

Während des Dienstes und innerhalb des militärischen Dienstbereiches ist jede nach außen in Erscheinung tretende parteipolitische Betätigung, wie die Werbung für Ziele und Zwecke einer politischen Partei oder einer Wahlpartei, die Abhaltung von Versammlungen oder Kundgebungen in militärischen oder vom Bundesheer belegten Gebäuden und Räumen einschließlich der Kasernenhöfe und militärischen Anlagen, verboten.

Soldaten dürfen sich an öffentlichen Versammlungen, Umzügen und Demonstrationen in Uniform nicht beteiligen.

Eine religiöse Betätigung darf jedoch nicht geschmälert werden.

Die Soldaten wählen Soldatenvertreter. Diese wirken mit bei der Verabreichung der Besoldung und Kleidung, in Angelegenheiten der Unterbringung und Verpflegung, in Urlaubsangelegenheiten, in Vorbringung von Wünschen und Beschwerden, in Disziplinarsachen.

Den Berufsoffizieren und zeitverpflichteten Soldaten gebührt Urlaub nach Maßgabe der dienstrechtlichen Vorschriften.

Wehrpflichtigen, die Präsenzdienst leisten, gebührt kein Urlaub.

Wehrpflichtigen, die einen freiwillig verlängerten Grundwehrdienst leisten, gebührt eine Dienstfreistellung von insgesamt 12 Werktagen für je sechs Monate des freiwillig verlängerten Grundwehrdienstes.

Den im Präsenzdienst stehenden Wehrpflichtigen gebührt Besoldung, Verpflegung, Unterkunft, Bekleidung und ärztliche Betreuung nach Maßgabe des Heeresgebührengesetzes.

Dienstnehmern, die zum Präsenzdienst einberufen sind, bleibt der Arbeitsplatz gesichert (Kündigungs- und Entlassungsschutz sowie Anrechnung der Präsenzdienstzeiten auf Ansprüche aus dem Dienstverhältnis).

Gerichtlich strafbar ist die Nötigung zur Teilnahme an politischen Vereinen und die Umgehung der Wehrpflicht.

Verwaltungsrechtlich strafbar ist weiters die Verletzung der Meldepflicht, das unerlaubte Verlassen des Bundesgebietes, die Verletzung der Verwahrungspflicht für Bekleidungs- und Ausrüstungsgegenstände sowie das unbefugte Tragen einer Uniform.

Zivildienst

Wehrpflichtige sind auf ihren Antrag von der Wehrpflicht zu befreien, wenn sie es – von Fällen der persönlichen Notwehr oder Nothilfe abgesehen – aus schwerwiegenden glaubhaften Gewissensgründen ablehnen, Waffengewalt gegen andere Menschen anzuwenden, und daher durch die Leistung des Wehrdienstes in schwere Gewissensnot geraten würden; sie sind zivildienstpflichtig.

Der Zivildienstpflichtige ist zu Dienstleistungen heranzuziehen, die dem allgemeinen Besten dienen und den Zivildienstpflichtigen, ähnlich wie der Wehrdienst den Wehrpflichtigen, belasten; sie dürfen nicht in der Anwendung von Gewalt gegen andere Menschen bestehen.

Diese Dienstleistungen sollen insbesondere auf folgenden Gebieten erbracht werden: Dienst in Krankenanstalten, Rettungswesen, Einsätze bei Epidemien, Sozialhilfe, Katastrophenhilfe und Zivilschutz, Regulierungen, Instandhaltung von Gewässern, Wildbachverbauung, Lawinenverbauung, Bau, Erhaltung und Reinigung von Straßen, Meliorationen, Pflege und Schutz des Waldes, Abfallbeseitigung, Vermarkung der Bundesgrenze.

Der Wehrpflichtige, der tauglich zum Wehrdienst befunden wurde, kann aus den obengenannten Gründen seine Befreiung von der Wehrpflicht beantragen. Der Antrag ist beim zuständigen Militärkommando oder bei der Stellungskommission schriftlich einzubringen oder mündlich zu Protokoll zu geben. Das Antragsrecht erlischt 10 Tage nach Zustellung des Einberufungsbefehles oder nach allgemeiner Bekanntgabe der Einberufung zum Grundwehrdienst. Im Antrag sind die maßgebenden Gründe darzulegen, und der Antragsteller muß sich ausdrücklich bereiterklären, für den Fall, daß dem Antrag stattgegeben wird, den Zivildienst zu leisten und die Pflichten des Zivildienstes genau zu erfüllen. Der Antrag ist innerhalb einer Woche an die Zivildienstkommission weiterzuleiten.

Wenn der Antrag eingebracht wird, so hat die Zivildienstkommission binnen vier Monaten nach Einbringung des Antrages darüber zu entscheiden. Wird der Antragsteller vor der Entscheidung der Zivildienstkommission zum Präsenzdienst einberufen, so hat er hievon der Zivildienstkommission innerhalb von 14 Tagen Mitteilung zu machen. Ist die Entscheidung nicht bis spätestens 3 Tage vor Beginn des Grundwehrdienstes zugestellt worden, so ist die Leistung des Grundwehrdienstes bis zur Rechtskraft der Entscheidung der Zivildienstkommission, längstens jedoch 8 Monate, aufgeschoben.

Ähnlich wie beim Wehrpflichtigen ist beim Zivildienstpflichtigen für Schüler, Hochschüler und Ärzte auf Antrag der Antritt des ordentlichen Zivildienstes bis zum 25., 28. bzw. 30. Lebensjahr aufzuschieben. Der Zivildienstleistende hat eine tägliche bzw. wöchentliche Arbeitszeit, die sich nach den Erfordernissen seiner jeweiligen Verwendung richtet.

Grundrechte und Grundrechtsschutz

Die österreichische Verfassung gewährleistet dem einzelnen (nicht nur dem Bürger, sondern auch juristischen Personen, z. B. Vereinen, grundsätzlich die Grundrechte, soweit das betreffende Grundrecht seinem Wesen nach auch auf juristische Personen anwendbar ist, z. B. Eigentum) eine Reihe von ganz besonderen Rechten, die unter den entsprechenden Voraussetzungen vor dem Verfassungsgerichtshof durchgesetzt werden können. Diese besonderen Rechte werden als **Grundrechte, Freiheitsrechte** oder **Grundfreiheiten** bezeichnet. In diesem Zusammenhang wird auch von **Menschenrechten** gesprochen. Karl Jedermann hat schon oft von diesen Grundsätzen gehört. Um genauere Einzelheiten zu erfahren, wendet er sich an seinen Freund Professor Rechtshüter. Dieser gibt gerne Auskunft, da dies ein Rechtsgebiet ist, das besonders interessant und selbst für Juristen mit vielen Schwierigkeiten verbunden ist.

Geschichtlich betrachtet zeigt die Entwicklung der „Grund- und Freiheitsrechte", daß sie auf Vorstellungen der Freiheit und auf der politischen Forderung gegen unumschränkte staatliche Gewalt beruhen. In einer langen, maßgeblich von Ereignissen wie den Unabhängigkeitsbestrebungen der Siedler in den nordamerikanischen Kolonien im 18. Jahrhundert (Bill of Rights of Virginia, 1776) sowie der „Erklärung der Menschen- und Bürgerrechte" in Frankreich (1789), beeinflußten Entwicklung wurden nach zähem politischen Ringen die Grundrechte 1867 im StGG über die allgemeinen Rechte der Staatsbürger in der damals noch monarchischen Rechtsordnung verankert. Der Katalog dieser im StGG verbürgten klassischen Grund- und Freiheitsrechte wurde in die Rechtsordnung der Republik Österreich übernommen. Neben dem StGG enthält die österreichische Rechtsordnung zum Teil im B-VG, zum Teil in anderen Gesetzen, etwa im Zivildienstgesetz, im Datenschutzgesetz und in den Staatsverträgen von St. Germain 1919 und Wien 1955 noch weitere Grundrechte. Genau genommen nennt unsere Verfassung die Grundrechte **verfassungsgesetzlich gewährleistete Rechte.** Dadurch wird einerseits der Gesetzgeber zur grundsätzlichen Respektierung der Grundrechte verpflichtet. Andererseits kann jeder, der durch Bescheide und andere in Ausübung unmittelbarer Befehls- und Zwangsgewalt (z. B. ungerechtfertigte Festnahme, Hausdurchsuchung) von Verwaltungsbehörden oder deren Organe gesetzte Akte verletzt zu sein behauptet, beim Verfassungsgerichtshof Beschwerde erheben. Dieses Beschwerdeverfahren ist an eine Reihe von Voraussetzungen (Fristen, Begründetheit der Beschwerde, Ausschöpfung der ordentlichen Rechtsmittel usw.) gebunden. Überdies muß die Beschwerde von einem Rechtsanwalt unterschrieben sein.

Welche Rechte werden im einzelnen gewährleistet? Eines der wichtigsten Grundrechte ist der **Gleichheitssatz.**

„Vor dem Gesetz sind alle Staatsbürger gleich!" (Art. 2 StGG). Vorrechte der Geburt, des Geschlechtes, des Standes, der Klasse und des Bekenntnisses sind ausgeschloßen (Art. 7 B-VG).

Dieses Grundrecht bindet Vollziehung und Gesetzgebung. Kurz gefaßt bedeutet dies, daß der Gesetzgeber Sachverhalte unterschiedlich nur dann regeln darf, wenn sich dies sachlich rechtfertigen läßt. Beispielsweise erscheint es unter diesem Gesichtspunkt problematisch, wenn der Gesetzgeber eheliche und uneheliche Kinder im Hinblick auf die Waisenpension ungleich behandelt. Hinsichtlich des Sozialversicherungsbeitrages könnte aber nach der Gesundheit eines Menschen differenziert werden. Zu diesen Problemen gibt es eine große Anzahl von Entscheidungen des Verfassungsgerichtshofes.

Neben der Gesetzgebung ist durch den Gleichheitssatz auch die Vollziehung gebunden. Im groben bedeutet dies, daß alle geltenden Rechtsvorschriften gegenüber allen Staatsbürgern in gleicher Weise angewendet werden müssen. Damit soll vor **Willkür** der staatlichen Behörden geschützt werden.

Ein weiteres wichtiges Grundrecht ist das Recht auf Unverletzlichkeit des Eigentums. Art. 5 StGG bestimmt, daß das Eigentum unverletzlich ist.

„Eine Enteignung gegen den Willen des Eigentümers kann nur in den Fällen und in der Art eintreten, welche das Gesetz bestimmt." Wichtig ist, daß unter Eigentum diesfalls jedes vermögenswerte Privatrecht zu verstehen ist, etwa auch das Mietrecht, das Pachtrecht usw.

Da dieses Grundrecht unter **Gesetzesvorbehalt** steht, bedeutet es, daß immer nur dann enteignet werden kann, wenn die Enteignung gesetzlich geregelt ist.

Enteignungsbestimmungen gibt es in zahlreichen Gesetzen: z. B. im Eisenbahnenteignungsgesetz, in den Straßengesetzen, Starkstromwegegesetzen, im Wasserrecht, im Raumordnungsrecht usw.

Das **Recht auf Schutz der persönlichen Freiheit** gewährleistet unter anderem, daß die Verhaftung einer Person grundsätzlich nur auf Grund eines richterlichen, mit Gründen versehenen Befehls erfolgen darf. In diesem Zusammenhang ist auch das Grundrecht auf Unverletzlichkeit des Hausrechts zu nennen.

Einen umfassenden Schutz will auch das Recht auf ein Verfahren vor dem gesetzlichen Richter geben. Hier spielte historisch der Gedanke der Gewaltentrennung und die Entwicklung einer unabhängigen Gerichtsbarkeit eine entscheidende Rolle. Besonders bedeutsam wurde dieses Grundrecht durch die Rechtssprechung des Verfassungsgerichtshofes, der nämlich unter gesetzlichem Richter nicht nur die Gerichte, sondern schlechthin **jede staatliche Behörde** versteht. Das heißt aber nichts anderes, als daß in jeder Angelegenheit eine ganz bestimmte zuständige Behörde entscheiden muß; auch muß die Behörde, sofern sie besonders organisiert ist, wie die sogenannten Kollegialbehörden (z. B. Landesgrundverkehrskommissionen), auch richtig, das heißt dem Gesetz entsprechend, zusammengesetzt sein.

Ferner gewährleistet die Verfassung noch eine Reihe weiterer Grundrechte, wie das Briefgeheimnis, das Fernmeldegeheimnis, die Freiheit der Erwerbstätigkeit, das Recht der Freizügigkeit der Personen und des Vermögens, die Freiheit des Aufenthaltes, der Einreise und der Auswanderung, die Vereins- und Versammlungsfreiheit, Meinungsfreiheit, Pressefreiheit, Zensurfreiheit, die Glaubens- und Gewissensfreiheit; sie gewährleistet auch gewisse Rechte der gesetzlich anerkannten Kirchen- und Religionsgesellschaften, schützt die Freiheit der Wissenschaft und ihre Lehre, die Unterrichtsfreiheit, das Recht auf Bildung, Freiheit der Berufswahl und Berufausbildung und gewährleistet Rechte der ethnischen Minderheiten.

Aus der jüngsten Rechtsentwicklung sei das Recht auf Datenschutz, auf Befreiung von der Wehrpflicht (vgl. S. 548) und das Grundrecht auf Kunstfreiheit erwähnt.

Das Recht auf Datenschutz ist der jedermann gewährte Anspruch auf Geheimhaltung der ihn betreffenden personenbezogenen Daten, soweit er daran ein schutzwürdiges Interesse, insbesondere im Hinblick auf Achtung seines Privat- und Familienlebens hat.

Professor Rechtshüter schließt seine Erläuterungen zu den Grundrechten mit der Feststellung, daß dieser umfangreiche Grundrechtskatalog die Stellung des einzelnen dem Staate gegenüber doch ganz wesentlich stärkt, auch wenn festgehalten werden muß, daß die gewährleisteten Grundrechte vielfältig – bedingt durch den Gesetzesvorbehalt – eingeschränkt werden können. Dennoch eröffnen sie über die Beschwerde beim Verfassungsgerichtshof die Möglichkeit, sich gegen ungerechtfertigte, Grundrechte verletzende Staatshandlungen entsprechend zur Wehr zu setzen.

Konvention zum Schutze der Menschenrechte und Grundfreiheiten (BGBl Nr. 210/1958)

Neben den klassischen Grundrechten des österreichischen Staatsgrundgesetzes (StGG vom 21. Dezember 1867 „über die allgemeinen Rechte der Staatsbürger für die im Reichsrathe vertretenen Königreiche und Länder", BGBl 1867/142), gemäß Art. 149 Abs. 1 Bundes-Verfassungsgesetz (B-VG) Bestandteil der geltenden Rechtsordnung, werden durch die Europäische Konvention zum Schutze der Menschenrechte und Grundfreiheiten (MRK) noch andere, zum Teil weitergehende Menschenrechte verbürgt. Die MRK ist ein völkerrechtlicher Vertrag, dem aber in Österreich der gleiche Rang wie einem Verfassungsgesetz zukommt (BGBl 1964/59). Entsprechend ist der Anwendungsbereich der MRK nicht nur in einem eigenen Rechtsschutz durch die Konventionsorgane zu sehen, sondern es wird der MRK auch innerstaatlich besondere Bedeutung für die Interpretation der Grundrechte und als mitbestimmender verfassungsrechtlicher Grundsatz für die Gesetzgebung beigemessen.

Die MRK verbürgt eine Reihe von Rechten: zu nennen sind das **Recht eines jeden Menschen auf Leben** (zulässige Ausnahmen sind durch Gerichte verhängte Todesurteile und die Tötung eines Menschen in verschiedenen Fällen der Notwehr).

Verboten sind Folter, unmenschliche oder erniedrigende Strafe oder Behandlung, Sklaverei oder Leibeigenschaft, Zwangs- und Pflichtarbeit (von letzterem ausgenommen Häftlingsarbeit, Militärdienst, Notstandsdienst und normale Bürgerpflichten).

Die Konvention gewährleistet bestimmte Grundsätze, insbesondere des gerichtlichen Strafverfahrens. So besteht ein Anspruch auf öffentliche Verhandlung innerhalb angemessener Frist vor einem unabhängigen und unparteilichen Gericht.

Hier muß aber festgehalten werden, daß nicht unbedingt ein „Gericht" im Sinne unserer Rechtsordnung entscheiden muß. Der englische Originaltext der Konvention spricht von „tribunal", womit nur vorgeschrieben ist, daß eine gesetzlich eingerichtete Instanz entscheidet, die unabhängig und unparteiisch ist.

Die Unschuld eines Angeklagten ist zu vermuten, solange nicht das Gegenteil bewiesen ist. Dem Angeklagten wird außerdem ein umfassendes Verteidigungsrecht zugestanden.

Ferner verbietet die Konvention rückwirkende Strafgesetze, sie schützt das Privat- und Familienleben, gewährleistet die Gedanken-, Gewissens- und Religionsfreiheit, die freie Meinungsäußerung und das Versammlungsrecht. Sie garantiert aber auch das Recht, eine Ehe einzugehen und eine Familie zu gründen.

Diese beispielsweise genannten Gewährleistungen der MRK können natürlich nicht alle ohne Einschränkung verbürgt werden. Bei den meisten Rechten bestimmt die Konvention, unter welchen Voraussetzungen und in welchem Maße ein Eingriff in die Rechte möglich ist.

So darf etwa die Religions- und Bekenntnisfreiheit nur solchen gesetzlichen Beschränkungen unterworfen werden, die durch in einer demokratischen Gesellschaft notwendige Maßnahmen im Interesse der öffentlichen Sicherheit, der öffentlichen Ordnung, Gesundheit und Moral oder für den Schutz der Rechte und Freiheiten anderer gedeckt sind.

Zusatzprotokolle zur MRK

Zur Menschenrechtskonvention gibt es noch Zusatzprotokolle, die auch von Österreich unterzeichnet wurden.

Im **ersten Zusatzprotokoll** vom 20. März 1952, BGBl Nr. 210/1958, wird das Recht auf Achtung des Eigentums anerkannt. Enteignungen sind nur möglich, wenn es das öffentliche Interesse verlangt, und nur unter den durch Gesetz und durch die allgemeinen Grundsätze des Völkerrechts vorgesehenen Bedingungen (daher Entschädigung zwingend vorgesehen).

Regelungen zur Benutzung des Eigentums im allgemeinen Interesse oder zur Sicherung der Zahlung der Steuerabgaben oder Geldstrafen werden hiedurch nicht berührt.

Des weiteren ist in diesem Zusatzprotokoll das Recht auf Bildung anerkannt.

In angemessenen Zeitabständen sind freie und geheime Wahlen unter freier Meinungsäußerung des Volkes zu gewährleisten.

Im **vierten Zusatzprotokoll** zur Menschenrechtskonvention vom 3. September 1969, BGBl Nr. 434/1969, wird von Österreich anerkannt, daß niemand die Freiheit allein deshalb entzogen werden darf, weil er nicht in der Lage ist, eine vertragliche Verpflichtung zu erfüllen (Verbot des Schuldarrestes).

Österreich verpflichtet sich auch, jedermann, der sich rechtmäßig im Hoheitsgebiet eines Staates aufhält, das Recht auf Freizügigkeit und freie Wahl des Wohnsitzes zu gewährleisten. Jedermann steht es frei, jedes Land einschließlich seines eigenen zu verlassen (Ausnahmen: öffentliche Sicherheit, Verhütung von Straftaten, Schutz der Gesundheit, der Moral oder Schutz der Rechte und Freiheiten anderer).

Niemand darf aus dem Hoheitsgebiet des Staates, dessen Staatsangehöriger er ist, durch eine Einzel- oder Kollektivmaßnahme ausgewiesen werden. Kollektivausweisungen von Fremden sind nicht zulässig.

Es ist noch auf eine weitere Besonderheit hinzuweisen: Die MRK ermöglicht den Vertragsstaaten einen sogenannten Vorbehalt. Von diesem Vorbehalt hat Österreich Gebrauch gemacht. In Österreich sind, dies ist der wichtigste Vorbehalt, Maßnahmen des Freiheitsentzuges nach den Verwaltungsverfahrensgesetzen anders als in der MRK geregelt. Das österreichische Verwaltungsstrafrecht ermöglicht nämlich den Freiheitsentzug auch ohne Gerichtsurteil durch Bescheid einer Verwaltungsbehörde. Um dies konventionsrechtlich abzudecken, war der Vorbehalt notwendig. Dies ist aber rechtsstaatlich unbedenklich, da das österreichische Bundesverfassungsrecht für Bescheide ohnehin die nachprüfende Kontrolle durch den Verwaltungs- bzw. den Verfassungsgerichtshof vorsieht.

Die Beispiele zeigen, daß die MRK dem innerstaatlichen Gesetzgeber einerseits Beschränkungen auferlegt, andererseits aber durch die wohl notwendige Unbestimmtheit der Formulierungen ein zum Teil großer Handlungsspielraum gegeben ist. Entsprechend schwierig sind einzelne, konkrete Rechtsfragen zu beurteilen. Vermeint man, in einem von der MRK gewährleisteten Recht verletzt zu sein, empfiehlt sich daher immer die Konsultation eines Rechtsanwaltes.

Das Beschwerdeverfahren

Wie bereits kurz erwähnt wurde, wird die Einhaltung der Verpflichtungen der MRK nicht von österreichischen Instanzen, sondern von eigenen Organen der Europäischen Kommission für Menschenrechte und dem Europäischen Gerichtshof für Menschenrechte mit Sitz in Straßburg überwacht.

Das Beschwerdeverfahren vor den „Straßburger Instanzen" ist relativ kompliziert ausgestattet. In groben Zügen verläuft es folgendermaßen: Die Kommission kann bei der begründeten Behauptung einer MRK-Verletzung von jeder natürlichen Person, nichtstaatlichen Organisation oder Personenvereinigung angerufen werden. Voraussetzung ist aber, daß der innerstaatliche Instanzenweg erschöpft ist.

Wenn das Gesuch **angenommen** wird, haben die betreffenden Staaten zum Zweck der Tatsachenfeststellung die Kommission und die Vertreter der Parteien zu unterstützen und eine **gütliche Regelung** anzustreben.

Bei gütlicher Regelung ist ein Bericht anzufertigen, der den beteiligten Staaten, dem Ministerkomitee und dem Generalsekretär des Europarates zur Veröffentlichung zu übersenden ist.

Wenn eine gütliche Lösung nicht herbeigeführt wird, ist ein Bericht über den Sachverhalt anzufertigen und die Ansicht sämtlicher Mitglieder der Kommission einzuholen, ob eine Konventionsverletzung vorliegt.

Der Bericht ist dem Ministerkomitee vorzulegen.

Wenn nicht innerhalb eines Zeitraums von drei Monaten ab Vorlage des Berichts an das Ministerkomitee die Sache dem Gerichtshof vorgelegt wird, so entscheidet das Ministerkomitee mit Zweidrittelmehrheit, ob die Konvention verletzt wurde.

Wird eine Verletzung bejaht, so hat das Ministerkomitee einen Zeitraum festzusetzen, innerhalb dessen der betreffende Staat die in der Entscheidung des Ministerkomitees vorgesehenen Maßnahmen durchzuführen hat.

Hält dies der Staat innerhalb der vorgeschriebenen Zeit nicht ein oder setzt keine befriedigenden Maßnahmen, so beschließt das Ministerkomitee mit Zweidrittelmehrheit, auf welche Weise die Entscheidung durchgesetzt werden soll.

Alle Vertragsstaaten haben sich verpflichtet, jede Entscheidung des Ministerkomitees bindend anzuerkennen.

Die Sitzungen der Kommission sind nicht öffentlich. Die Kommission trifft ihre Entscheidungen mit Stimmenmehrheit.

Die Sekretariatsgeschäfte der Kommission werden vom Generalsekretär des Europarates wahrgenommen.

Der europäische Gerichtshof für Menschenrechte besteht aus ebensoviel Richtern, wie der Europarat Mitglieder zählt. Dem Gerichtshof darf jeweils nur ein Angehöriger jedes einzelnen Staates angehören.

Mitglieder werden von der beratenden Versammlung mit Stimmenmehrheit aus einer Liste von Personen gewählt, die von den Mitgliedern des Europarates vorgeschlagen werden.

Die Kandidaten müssen das höchste sittliche Ansehen genießen und müssen entweder die Befähigung für die Ausübung hoher richterlicher Ämter besitzen oder Rechtsgelehrte von anerkanntem Ruf sein.

Die Mitglieder des Gerichtshofes werden für einen Zeitraum von neun Jahren gewählt, wobei Wiederwahl zulässig ist. Der Gerichtshof wählt einen Präsidenten und einen Vizepräsidenten für drei Jahre. Die Wiederwahl ist zulässig. Die Mitglieder des Gerichtshofes erhalten für jeden Arbeitstag eine Entschädigung, deren Höhe vom Ministerkomitee festgesetzt wird.

Die Prüfung jedes dem Gericht vorgelegten Falles erfolgt durch eine Kammer, die aus sieben Richtern besteht, der ein Richter angehören muß, der Staatsangehöriger einer der beteiligten Parteien ist (falls ein solcher nicht vorhanden ist, hat der beteiligte Staat einen anderen Richter zu benennen, der für ihn einschreitet).

Die anderen Richter werden vom Präsidenten vor Beginn des Verfahrens durch das Los bestimmt.

Als Parteien vor dem Gerichtshof dürfen nur die Mitgliedsstaaten und die Kommission auftreten.

Der Gerichtshof darf sich mit einem Fall nur befassen, nachdem die Kommission festgestellt hat, daß die Versuche zur Erzielung einer gütlichen Regelung fehlgeschlagen sind, und nur innerhalb der oben erwähnten Dreimonatsfrist.

Wird die Zuständigkeit des Gerichtshofes bestritten, so entscheidet dieser hierüber selbst.

Das Urteil des Gerichtshofes ist zu begründen, wobei einzelne Richter ihrer abweichenden Ansicht Ausdruck geben dürfen.

Gegen das Urteil des Gerichtshofes ist ein weiterer Rechtszug nicht zulässig. Es ist endgültig.

Die Vertragsstaaten haben die Verpflichtung, sich nach der Entscheidung des Gerichtshofes zu richten.

Das Urteil des Gerichtshofes ist dem Ministerkomitee zuzuleiten, das seine Durchführung überwacht.

<table>
<tr><th colspan="4">Die allgemeine sachliche und funktionelle Zuständigkeit der Gerichte in Strafsachen</th></tr>
<tr><td>Oberster Gerichtshof
entscheidet in:</td><td colspan="2"><u>Senaten von 5 Richtern</u> (einfacher Senat)
über Nichtigkeitsbeschwerden gegen Urteile der Schöffen- und Geschwornengerichte, über Strafberufungen gegen Urteile und über Beschwerden gegen Beschlüsse dieser Gerichte, wenn sie mit einer Nichtigkeitsbeschwerde verbunden werden. Darüberhinaus weitere Agenden (Entscheidung über Nichtigkeitbeschwerde zur Wahrung des Gesetzes u. a.).</td><td><u>Senaten von 11 Richtern</u> (verstärkter Senat)
über Rechtsfragen von grundsätzlicher Bedeutung, wenn von ständiger Rechtsprechung abgewichen werden soll.</td></tr>
<tr><td>Gerichtshöfe II. Instanz
(Oberlandesgerichte)
entscheiden in:</td><td colspan="2"><u>Senaten von 3 Berufsrichtern</u>
Berufungen gegen Urteile des Einzelrichters beim Gerichtshof I. Instanz, über Strafberufungen gegen Urteile des Schöffen- und Geschwornengerichts, soweit die letzten nicht mit einer Nichtigkeitsbeschwerde verbunden werden.</td><td><u>Senaten von 2 Berufsrichtern und 2 Jugendschöffen</u>
Berufungen gegen Urteile der Schöffen- und Geschwornengerichte in Jugendstraf- und Jugendschutzsachen, soweit sie nicht mit einer Nichtigkeitsbeschwerde verbunden werden oder nur eine Entscheidung über privatrechtliche Ansprüche bekämpfen.</td></tr>
<tr><td>Gerichtshöfe I. Instanz
(Landes-, Kreisgerichte) zuständig für alle Delikte, die nicht in die Zuständigkeit der Bezirksgerichte fallen.
Als <u>II. Instanz</u> zuständig für die Entscheidung über die Rechtsmittel gegen Urteile und Beschlüsse der Bezirksgerichte</td><td><u>Einzelrichter</u>
zuständig für alle Strafsachen, die weder vor das Geschwornengericht noch vor das Schöffengericht gehören.</td><td><u>Schöffensenat</u>
zuständig für alle Straftaten, die mit einer Freiheitsstrafe von mehr als 3 Jahren bedroht sind; Diebstähle durch Einbruch oder mit Waffen ausgenommen, die vor das Schöffengericht nur gehören, wenn eine Freiheitsstrafe von mehr als 5 Jahren in Frage kommt; in Jugendstrafsachen, für Landfriedensbruch, Landzwang und bei manchen Verletzungen der Amtspflicht.</td><td><u>Geschwornengericht</u>
zuständig für die im § 14 Abs. 1 Ziff. 1 bis 10 StPO taxativ aufgezählten „politischen" Delikte (s. Seite 477), im übrigen wegen aller Verbrechen, die das Gesetz mit lebenslanger oder mit einer Freiheitsstrafe bedroht, deren Untergrenze nicht unter 5 Jahren liegt und deren Obergrenze 10 Jahre übersteigt. In bestimmten Jugendstrafsachen ist das Geschwornengericht ebenfalls zuständig.</td></tr>
<tr><td>Bezirksgerichte
(immer Einzelrichter)</td><td colspan="3">zuständig für alle Straftaten, die mit einer Freiheitsstrafe von höchstens 6 Monaten oder (auch) einer Geldstrafe bedroht sind, ausgenommen solche, die in die Zuständigkeit des Geschwornengerichts fallen.</td></tr>
</table>

Die allgemeine sachliche und funktionelle Zuständigkeit der Gerichte in Zivilrechtssachen

(ausgenommen sind Sondergerichte wie Handelsgerichte, Arbeitsgerichte usw; diese Übersicht vermittelt nur eine Skizzierung der Zuständigkeit. Im einzelnen gelten komplizierte Zuständigkeitsbestimmungen, nicht zuletzt auch hinsichtlich der örtlichen Zuständigkeit.)

Oberster Gerichtshof	entscheidet immer als letzte Instanz für Rechtsmittelklagen, Delegationen und Disziplinarsachen bisweilen auch als I. Instanz gewöhnlich in Senaten von 5 Richtern. Senate von 11 Richtern entscheiden über Rechtsfragen grundsätzlicher Bedeutung, wenn von der ständigen Rechtsprechung abgegangen werden soll.	
Oberlandes-gerichte	Grundsätzlich Rechtsmittelinstanz für Entscheidungen der ihnen untergeordneten Landes- und Kreisgerichte, mitunter I. Instanz für Rechtsmittelklagen, Delegationen und Disziplinarsachen.	
Gerichtshöfe I. Instanz	Kraft Wertzuständigkeit alle vermögensrechtlichen Streitigkeiten mit einem Streitwert über S 30.000,–, sofern sie nicht kraft Eigenzuständigkeit dem Bezirksgericht zugewiesen sind.	Kraft Eigenzuständigkeit v. a. Streitigkeiten über die Scheidung, Aufhebung oder Nichtigerklärung der Ehe; Klagen auf Feststellung des Bestehens oder Nichtbestehens einer Ehe; Amtshaftungsklagen (diese immer zum Landes-, nicht auch zum Kreisgericht).
Bezirksgerichte **Familiengerichte** (s. Seite 364)	Kraft Wertzuständigkeit alle vermögensrechtlichen Streitigkeiten bis zu einem Streitwert von S 30.000,–, sofern sie nicht kraft Eigenzuständigkeit dem Gerichtshof I. Instanz zugewiesen sind.	Kraft Eigenzuständigkeit: Streitigkeiten über die eheliche Abstammung, z. B. Streitigkeiten über die uneheliche Vaterschaft, über die gesetzlichen Verpflichtungen des unehelichen Vaters gegenüber der Mutter und dem Kind. Sonstige Streitigkeiten über die Leistung des gesetzlichen Unterhalts, Grenzstreitigkeiten und Streitigkeiten über die Dienstbarkeit einer Wohnung und über Ausgedinge; Besitzstörungsstreitigkeiten, Streitigkeiten aus Bestandverträgen, Außerstreitsachen, einvernehmliche (ab 1. 1. 1986 auch strittige) Scheidungen.

Raum für Notizen

(Gesetzesänderungen, eigene Rechtsfälle, Terminkalender)

Raum für Notizen

(Gesetzesänderungen, eigene Rechtsfälle, Terminkalender)

Karl Jedermann und das Finanz- und Steuerrecht

Der Staat hat dem einzelnen gegenüber lebenswichtige Aufgaben zu erfüllen, die in unserem Jahrhundert und insbesondere nach dem Zweiten Weltkrieg immer mehr gestiegen sind.

Der Staat hält Recht und Ordnung aufrecht, sorgt für Unterricht und Erziehung, kümmert sich um Handel und Land, hilft dem wirtschaftlich Schwächeren durch viele mittelbare und unmittelbare Zuschüsse und vertritt seine Bürger auch außerhalb der Staatsgrenzen. Es müssen Straßen gebaut, Pensionen bezahlt und Krankenanstalten gebaut und auch erhalten werden.

Zur Erfüllung dieser Aufgaben benötigt der Staat, der in Österreich in Form der drei Gebietskörperschaften: Bund, Länder und Gemeinden auftritt, die entsprechenden Mittel, die größtenteils in Form von Abgaben aufgebracht werden.

Einen Überblick über die Einnahmen und Ausgaben des Staates gibt das jeweilige Bundesfinanzgesetz („Budget"), das jedes Jahr unter BGBl Nr. 1 veröffentlicht wird. Dieses enthält ressortmäßig aufgeteilt die jeweiligen Einnahmen und Ausgaben pro Ressort, wobei die einzelnen Einnahmequellen und für die Ausgaben der Personal- und Sachaufwand angeführt sind.

Des weiteren findet sich im Budget als Anhang der Dienstpostenplan für die Bundesbeamten, aus dem ressortmäßig aufgeteilt ersichtlich ist, wieviel Beamtenposten für das Budgetjahr vorgesehen sind, sowie eine Übersicht über die im öffentlichen Dienst des Bundes verwendeten Kraftfahr- und Luftfahrzeuge.

Das Budget hat derzeit einen Rahmen von ca. 350 Milliarden Schilling, das heißt, dieser Betrag kommt herein und wird ausgegeben; übrig bleibt leider nichts, ja es ist sogar mit einem Abgang (Defizit) zu rechnen, weil eben immer mehr Aufgaben dem Staat übertragen werden, dieser sie gezwungenermaßen übernimmt und dann eben dafür die entsprechenden Mittel ausgeben muß.

Es ist daher nicht verwunderlich, daß, je mehr Aufgaben an den Staat herangetragen werden und je mehr der einzelne vom Staat verlangt, der einzelne um so mehr an den Staat leisten wird müssen, was sich derzeit in einer ständigen Erhöhung der Steuern und Gebühren besonders niederschlägt.

Um nun zu einer gerechten Aufteilung der Einnahmen zwischen Gebietskörperschaften – Bund, Ländern und Gemeinden – zu gelangen, bedarf es einer

Finanzverfassung

Diese hat zur Aufgabe die Aufstellung allgemeiner Grundsätze über die Frage, in welcher Weise die Gebietskörperschaften sich die Einnahmen zu verschaffen haben, um ihre Ausgaben zu decken, die sie zur Besorgung der ihnen verfassungsgesetzlich übertragenen Aufgaben benötigen.

Aufgabe des **Finanzausgleiches** ist die gerechte Verteilung der Einnahmen, insbesondere der Steuererträge, und die Abgrenzung der Besteuerungsrechte zwischen den Gebietskörperschaften, um ungleichmäßige Belastungen zu vermeiden und zwischen Arm und Reich einen Ausgleich herzustellen.

Es gibt ausschließliche **Bundesabgaben,** deren Erträge ganz dem Bund zufließen; weiters zwischen **Bund** und **Ländern (Gemeinden) geteilte** Abgaben, an deren Ertrag Bund und Länder (Gemeinden) beteiligt sind.

Hier gibt es wieder **gemeinschaftliche** Bundesabgaben, die durch den Bund erhoben werden und aus denen dem Bund, den Ländern (Gemeinden) **Ertragsanteile** zufließen. Es gibt des weiteren **Zuschlagsabgaben,** die aus einer Stammabgabe des Bundes und Zuschlägen der Länder (Gemeinden) bestehen. Schließlich gibt es Abgaben von **demselben** Besteuerungsgegenstand, wobei Bund, Länder und Gemeinden gleichartige Abgaben von demselben Besteuerungsgegenstand erheben.

Es gibt dann **ausschließliche Landesabgaben,** deren Ertrag ganz den Ländern zufließt, und schließlich zwischen **Ländern** und **Gemeinden** geteilte Aufgaben, die sich sinngemäß wie oben die zwischen Bund und Ländern geteilten Abgaben unterteilen.

Letztlich gibt es **ausschließliche Gemeindeabgaben,** deren Ertrag ganz den Gemeinden zufließt.

Welche Abgabe in eine der oben geschilderten Kategorien gehört, bestimmt ausschließlich der einfache Bundesgesetzgeber.

Eingehoben werden die Abgaben von der Bundesfinanzverwaltung, und zwar hinsichtlich der ausschließlichen Bundesabgaben, gemeinschaftlichen Abgaben und der Zuschläge.

Die Bemessung und Einhebung aller übrigen Abgaben steht den Ländern zu, bei Gemeindeabgaben den Gemeinden.

Da die Länder aber nur beschränkt eigene Steuerbehörden besitzen, kann die Landesgesetzgebung die Mitwirkung von Finanzbehörden des Bundes bei der Vollziehung vorsehen.

Die Länder tragen die Kosten der mittelbaren Bundesverwaltung sowohl im Personalaufwand (also die Dienst- und Ruhebezüge der Bediensteten) bei den Behörden der allgemeinen Verwaltung in den Ländern als auch den Sachaufwand der Behörden.

Ausschließliche Bundesabgaben sind z. B. die Körperschaftssteuer und die Vermögenssteuer, die Tabaksteuer und die Bundesmineralölsteuer, Stempel- und Rechtsgebühren, Ein- und Ausfuhrzölle.

Geteilte Abgaben zwischen Bund und Ländern sind z. B. die Einkommenssteuer und die Umsatzsteuer, die nach dem örtlichen Aufkommen auch auf die Gemeinden und die Länder aufgeteilt werden.

Ausschließliche Landesabgaben sind z. B. die Grund-, die Gewerbe-, die Fremdenverkehrsabgaben; Gemeindeabgaben vor allem die Grundhebesätze zur Grund- und Lohnsummensteuer und z. B. auch die Hundeabgabe.

Das Bewertungsrecht

Das Bewertungsgesetz 1955, BGBl Nr. 148 aus 1955, dient auch dazu, für alle auf der Basis des Vermögens erhobenen Steuern eine möglichst gleichmäßige Besteuerungsgrundlage zu schaffen, und setzt dafür allgemeine und besondere Bewertungsvorschriften in Kraft, wobei der **Einheitswert** für die Grundsteuer, Gewerbesteuer, Gewerbekapital, Erbschaftsteuer, Grunderwerbsteuer und die Beiträge nach dem Wohnhauswiederaufbaugesetz maßgebend ist.

Die **Einheitswerte** werden in Zeitabständen von je 9 Jahren für die wirtschaftlichen Einheiten des land- und forstwirtschaftlichen Vermögens, des Grundvermögens für Betriebsgrundstücke, für Gewerbeberechtigungen und in Zeitabständen von je 3 Jahren für die wirtschaftlichen Einheiten des Betriebsvermögens allgemein festgestellt **(Hauptfeststellung).**

Das Verfahren zur Ermittlung und Feststellung der Abgaben und die Einsetzung der dafür vorgesehenen Behörden (Finanz- und Zollämter) sind in der entsprechenden Bundesabgabenordnung (BAO, BGBl Nr. 194 aus 1961, mehrfach novelliert) festgesetzt.

Wie die Abgaben einzubringen sind, ist in der **Abgabenexekutionsordnung** (Abg. EO, BGBl Nr. 104 aus 1949, ebenfalls mehrfach novelliert) angeordnet.

Das Finanzstrafgesetz regelt das Finanzstrafverfahren; z. B. Verfahren und Behördenzuständigkeit bei Verstößen gegen die Offenlegungs- und Anzeigepflicht (bei gröberen Verstößen gerichtliche Zuständigkeit, und zwar des Schöffengerichts).

Im Abgabenverwaltungsorganisationsgesetz BGBl Nr. 18 aus 1975 sind die Behörden, die Abgabenverwaltung und ihre Zuständigkeiten angeführt (Bundesministerium für Finanzen, als Zentralstelle, die Finanzlandesdirektionen und die Finanz- und Zollämter).

Einzelne Steuern

Einkommensteuer

Es gibt das Einkommensteuergesetz 1972, BGBl Nr. 440 aus 1972.

Der Einkommensteuer unterliegt das Einkommen **natürlicher** Personen.

Sie wird erhoben durch **Veranlagung, Steuerabzug** oder **amtswegigen Jahresausgleich.**

Alle natürlichen Personen, die im Inland den gewöhnlichen Wohnsitz oder Aufenthalt haben, sind steuerpflichtig.

Einkommen ist der Gesamtbetrag der Einkünfte aus folgenden Einkunftsarten nach Ausgleich von **Verlusten** und nach Abzug der **Sonderausgaben.**

Der Einkommensteuer unterliegen daher nur: Einkünfte aus Land- und Forstwirtschaft, aus selbständiger Arbeit, aus Gewerbebetrieb, aus nichtselbständiger Arbeit, aus Kapitalvermögen, Einkünfte aus Vermietung und Verpachtung, sonstige Einkünfte aus wiederkehrenden Leistungen, Spekulationsgeschäften, Veräußerung wesentlicher Beteiligungen, Leistungen und Funktionsgebühren, soweit sie nicht unter eine andere Einkunftsart entfallen.

Gemeint sind nur die **Netto**einkünfte (negative Einkunft heißt Verlust).

Befreit von der Steuer sind z. B. die Entschädigung der Kriegsbeschädigten, deren Hinterbliebenen sowie gleichgestellten Personen, die versicherungsmäßige Arbeitslosengeld, Jubiläumsgeschenke in einem bestimmten Rahmen, die Bezüge aus einer gesetzlichen Kranken- oder Unfallversorgung und Sachleistungen aus der gesetzlichen Sozialversicherung, Kranken- und Sterbegelder aus den Versorgungs- und Unterstützungseinrichtungen der Kammern der selbständig Erwerbstätigen sowie das aus der Pensionsversicherung gebührende Übergangsgeld, schließlich Aufwendungen des Arbeitgebers für die Zukunftssicherung seiner Arbeitnehmer, soweit diese Aufwendungen für alle Arbeitnehmer oder bestimmte Gruppen seiner Arbeitnehmer getätigt werden oder dem Betriebsratsfonds zufließen und für den einzelnen Arbeitnehmer 4000 S jährlich nicht übersteigen.

Die **Gewinnermittlung** erfolgt durch Gegenüberstellung des Betriebsvermögens am Schluß des Wirtschaftsjahres und des Betriebsvermögens des vorangegangenen Jahres, vermehrt um den Wert der Entnahmen und vermindert um den Wert der Einlagen.

Nicht abzugsfähig sind dabei Haushaltsausgaben, Aufwendungen für die Lebensführung, freiwillige Zuwendungen und die Steuern von Einkommen und sonstige Personensteuern.

Sonderausgaben sind Ausgaben, die zur Ermittlung des Einkommens vom Gesamtbetrag der Einkünfte abzuziehen sind. Hierunter fallen Renten, dauernde Lasten, freiwillige Versicherungen (nicht aber alle Versicherungen), Aufwendungen, die der Schaffung eines näher bestimmten Wohnraums dienen, der Verlustabzug aus den letzten 5 Jahren, Kirchenbeiträge bis höchstens S 800,– jährlich und Steuerberatungskosten.

Das Einkommensteuergesetz 1972 kennt nur den Grundsatz der **Individual**besteuerung, wobei jede natürliche steuerpflichtige Person für sich allein veranlagt wird. Eine Haushaltsbesteuerung gibt es nicht.

Steuererklärungspflichtig sind der unbeschränkt Steuerpflichtige (ständiger Wohnsitz im Inland), wenn er dazu vom Finanzamt aufgefordert wird, wenn das Einkommen aus Land- und Forstwirtschaft, selbständiger Arbeit oder Gewerbebetrieb bezogen wird und der Gewinn aufgrund eines Buchabschlusses zu ermitteln ist.

Wenn das Einkommen mehr als S 28.7000,– betragen hat und darin Einkünfte von mehr als S 10.000,– enthalten sind, von denen ein Steuerabzug nicht vorgenommen worden ist, und schließlich, wenn in dem Einkommen kapitalertragssteuerpflichtige Einkünfte von mehr als S 7000,– enthalten sind.

Die Einkommensteuer wird in einem progressiven Stufentarif bemessen. Er beginnt mit 21% für die ersten S 50.000,– und erreicht einen Höchstsatz von 62% für die höchste Einkommensstufe. Hierbei sind jedoch

Steuerabsetzbeträge

zu berücksichtigen. Nach Erreichung der Einkommensteuer sind folgende Beträge abzusetzen:

ein allgemeiner Steuerabsetzbetrag von S 5100,– jährlich;

ein **Alleinverdienerabsetzbetrag** von S 3900,– jährlich, wenn der andere Ehegatte nicht mehr als S 10.000,– jährlich Einkünfte bezieht;

Ein Alleinerhalterabsetzbetrag von S 3900,– jährlich steht jedem Steuerpflichtigen mit mindestens einem Kind zu, der zu Beginn des Veranlagungszeitraumes oder mindestens vier Monate im Veranlagungszeitraum von seinem Ehegatten dauernd getrennt lebt oder nicht verheiratet ist und nicht dauernd in eheähnlicher Gemeinschaft lebt, sofern er für sich entweder keine Unterhaltsleistungen oder solche von insgesamt nicht mehr als S 10.000,– erhält.

Weiters sind zu berücksichtigen:

ein Arbeitnehmerabsetzbetrag von S 4000,–;

ein Pensionistenabsetzbetrag von S 2400 jährlich. Auf Antrag werden

Außergewöhnliche Belastungen

durch Ermäßigung der Einkommensteuer berücksichtigt. Eine Belastung ist dann außergewöhnlich, wenn einem Steuerpflichtigen zwangsläufig größere Aufwendungen entstehen als der Mehrzahl der Steuerpflichtigen aus gleichen Einkommens- und Vermögensverhältnissen und im gleichen Familienstand.

Die zumutbare Mehrbelastung beträgt in **Prozentsätzen** des Einkommens bei einem Steuerpflichtigen der Steuergruppe

		ohne Kinderabsetzbeträge	Die Prozentsätze verändern sich
bis höchstens	S 45.000,–	4	a) für den Ehegatten bei Alleinverdienerabsetzbetrag
mehr als	S 45.000,–	5	b) für jedes Kind im Sinne des § 119 EStG um je einen Prozentpunkt
	S 90.000,–	6	
	S 180.000,–	7	
	S 360.000,–	8	
	S 450.000,–	9	

Als außergewöhnliche Belastung werden ferner die Kosten der Neugründung eines Hausstandes durch Ledige im bestimmten Ausmaß berücksichtigt. Für Eheschließung ist eine Prämie vorgesehen-

Die veranlagte Einkommensteuer ist zu **entrichten** in Form von Vorauszahlungen zu je einem Viertel am 10. 3., 10. 6., 10. 9. und 10. 12. eines Kalenderjahres. Der Restbetrag (die Abschlußzahlung) ist binnen einem Monat nach Erhalt des Steuerbescheides zu entrichten.

Der Abzug vom Arbeitslohn (Lohnsteuer)

Die Lohnsteuer ist eine besondere Erhebungsart der Einkommensteuer. Ihr unterliegen alle Einnahmen, die Lohn- und Gehaltsempfängern aus ihren bestehenden oder früheren Dienstverhältnissen zufließen. Das können **Geld-** oder aber auch

Sachbezüge sein. Ferner unterliegen der **Lohnsteuer** Pensionen aus der Sozialversicherung.

Steuerschuldner bei der Lohnsteuer ist der Arbeitnehmer. Der Arbeitgeber haftet aber dem Bund für die Einbehaltung und Abfuhr der Lohnsteuer. Er ist verpflichtet, anläßlich der Auszahlung des Arbeitslohnes die Lohnsteuer für die Rechnung des Arbeitnehmers einzubehalten und bis zum 10. des Folgemonats an das zuständige Finanzamt des Betriebes abzuführen.

Lohnsteuerkarte

Die Lohnsteuerkarte bildet die Grundlage des Steuerabzuges vom Arbeitslohn. Sie wird von der Gemeinde ausgestellt.

Familienstand, Werbungskosten, Sonderausgaben und außergewöhnliche Belastungen werden nur in dem Umfang berücksichtigt, in dem sie auf der Lohnsteuerkarte **eingetragen** sind.

Der Arbeitnehmer selbst darf Eintragungen auf der Lohnsteuerkarte nicht abändern oder ergänzen.

Änderungen in den Personaldaten nimmt die Gemeinde, andere Änderungen das Wohnsitzfinanzamt vor. Lohnsteuerkarten werden derzeit für drei Kalenderjahre ausgestellt.

Berechnung der Lohnsteuer

Bei laufenden Bezügen richtet sich die Lohnsteuer nach der Lohnsteuertabelle. Bei sonstigen Bezügen (Weihnachtsgeld, 13. und 14. Monatsgehalt, Urlaubsbeihilfen usw.) kommen feste Steuersätze zur Anwendung.

Bei **mehrfachem Dienstverhältnis** muß sich der Arbeitnehmer eine zweite oder weitere Lohnsteuerkarte ausstellen lassen, die einen **Zurechnungsvermerk** aufweist, demzufolge bei Berechnung der Lohnsteuer derzeit monatlich S 1560,–, wöchentlich S 360,– und täglich S 60,– zuzurechnen sind. Es steht allerdings im Belieben des Arbeitnehmers, welchem Arbeitgeber er die erste und welchem die zweite Lohnsteuerkarte übergibt (zweckmäßigerweise wird die erste Lohnsteuerkarte dem Arbeitgeber übergeben werden, bei dem das höchste Einkommen erzielt wird).

Bei Vorliegen einer dritten oder weiteren Lohnsteuerkarte sind monatlich S 2860,–, wöchentlich S 660,– und täglich S 110,– dazuzurechnen.

Jahresausgleich

Während die veranlagte Einkommensteuer immer auf ein Kalenderjahr abgestimmt ist, wird die Lohnsteuer nach Monaten, Wochen, Tagen eingehoben, aber immer unter der Voraussetzung, daß das Einkommen während des ganzen Jahres gleich bleibt. Wenn das Einkommen nicht während des ganzen Jahres bezogen wird, wenn sich seine Höhe ändert oder wenn neben laufendem Einkommen sonstige Bezüge bezogen wurden, ergeben sich Änderungen gegenüber gleichmäßigen Jahresbezügen.

Ein Arbeitnehmer, der nur während eines Vierteljahres in Arbeit stand, zahlt für dieses Einkommen einen Steuersatz, der so zu bemessen ist, als hätte er dieses Einkommen während des ganzen Jahres bezogen. Er bezahlt also verhältnismäßig mehr.

Ein Arbeitnehmer, der aus zwei Arbeitsverhältnissen je S 80.000,– bezogen hat, zahlt für diese S 160.000,– wesentlich weniger, als wenn er diesen Jahresbezug aus einem Arbeitsverhältnis erhalten hätte.

Durch den Jahresausgleich soll die Lohnsteuer eines Kalenderjahres fiktiv derjenigen angeglichen werden, die sonst einzubehalten gewesen wäre, wenn die steuerpflichtigen Bezüge auf ein Kalenderjahr gleichmäßig auf Monatsbezüge verteilt worden wären.

Der Jahresausgleich erfolgt **von Amts wegen,** wenn die Einkünfte aus zwei (mehreren) Dienstbezügen im Kalenderjahr S 120.000,– netto überschritten haben. Er ist allerdings nur durchzuführen, wenn sich hiedurch eine Änderung gegenüber der einbehaltenen Lohnsteuer um mehr als S 30,– ergibt.

Sonst ist der Jahresausgleich nur auf Antrag durchzuführen.

Wenn ein Lohnsteuerpflichtiger jährlich mehr als S 10.000,– zusätzliche Einkünfte hat, von denen ein Steuerabzug nicht vorzunehmen war, oder er kapitalertragssteuerpflichtige Einkünfte von mehr als S 7000,– erhalten hat, findet eine Veranlagung wie beim Nichtlohnsteuerpflichtigen statt.

Es muß daher ein Lohnsteuerpflichtiger, auf den die oben genannten Voraussetzungen zutreffen, eine entsprechende Steuererklärung abgeben, wobei dann alle seine Einkünfte wie bei einem Nichtlohnsteuerpflichtigen durch das Finanzamt mit Bescheid veranlagt werden.

Die Kapitalertragsteuer

Die Kapitalertragsteuer ist eine weitere Erhebungsform der Einkommensteuer. Sie erfaßt bestimmte Kapitalerträge wie z. B. Gewinnanteile, Einkünfte eines stillen Gesellschafters und ähnliches. Die Steuer beträgt 20%; trägt der Schuldner die Steuer, dann erhöht sie sich auf 25%. Bei Veranlagung wird die Kapitalertragsteuer der Einkommensteuer angerechnet.

Die **Aufsichtsratvergütung** beträgt 30%; wenn der Schuldner (das ist hier der Unternehmer, bei dem der Aufsichtsrat bestellt ist) die Steuer trägt, beträgt sie 42,857%.

Die Körperschaftsteuer

Die Körperschaftsteuer ist die Einkommensteuer der juristischen Personen. Es gilt das Körperschaftsteuergesetz 1966, BGBl Nr. 156.

Unbeschränkt steuerpflichtig sind Kapitalgesellschaften (AG, Ges.m.b.H.), Erwerbs- und Wirtschaftsgenossenschaften, Versicherungsvereine, sonstige juristische Personen des Privatrechts, Vereine, Anstalten, Stiftungen und Betriebe gewerblicher Art von Körperschaften des öffentlichen Rechts, sofern sie ihren Sitz im Inland haben.

Der Gewinn wird nach den Vorschriften des Einkommensteuergesetzes ermittelt.

Der Tarif beträgt 30 bis 55% des Gewinns. Die Steuer ist am 10. 3., 10. 6., 10. 9. und 10. 12. vorauszuzahlen. Sie wird für Wien, NÖ und Burgenland durch das Finanzamt für Körperschaften in Wien, für die Körperschaften der übrigen Bundesländer durch das jeweilige örtlich zuständige Finanzamt am Sitz der Finanzlandesdirektion veranlagt.

Vermögensteuer

(Vermögensteuergesetz 1954,
BGBl Nr. 192 aus 1954 u.a.)

Steuerpflichtig sind natürliche und juristische Personen.

Personengesellschaften sind nicht steuerpflichtig; bei diesen, also Offene Handelsgesellschaften, Kommanditgesellschaften und Gesellschaften nach bürgerlichem Recht, werden die Einzelgesellschafter nach ihrem Beteiligungsverhältnis besteuert.

Die Vermögensteuer beträgt 1% des nach dem Bewertungsgesetz (siehe oben) ermittelten Vermögens.

Für unbeschränkt steuerpflichtige **natürliche** Personen gibt es Freibeträge von je S 150.000,–, und zwar:

- für den Steuerpflichtigen selbst, die Ehefrau, wenn beide Ehegatten unbeschränkt steuerpflichtig sind und in dauernder Hausgemeinschaft leben;
- für jedes minderjährige Kind, wenn die Kinder zum Haushalt des Steuerpflichtigen gehören oder auf seine Kosten unterhalten oder erzogen werden;
- für volljährige Kinder, die überwiegend auf Kosten des Steuerpflichtigen unterhalten und für einen Beruf ausgebildet werden und das 27. Lebensjahr noch nicht vollendet haben;
- für den Steuerpflichtigen, wenn er über 60 Jahre ist und voraussetzlich 3 Jahre erwerbsunfähig ist und das Gesamtvermögen nicht mehr als S 300.000,– ausmacht.

Weitere persönliche Befreiungen gibt es für die Österreichische Nationalbank, die Österreichische Postsparkasse, Unternehmen, die der öffentlichen Versorgung mit Elektrizität, Gas, Wasser oder Wärme bzw. dem öffentlichen Verkehr dienen, wenn die Anteile an ihnen ausschließlich Gebietskörperschaften gehören, die Sparkassen jedoch nur mit 60% ihres Gesamtvermögens, die Agrargemeinschaften, bestimmte Landwirtschaftsgenossenschaften, Vereine, Körperschaften, Personenvereinigungen, Vermögensmassen, die ausschließlich unmittelbaren kirchlichen oder mildtätigen Zwecken dienen, rechtsfähige Pensions-, Witwen-, Waisen-, Sterbe- und Krankenunterstützungskassen, Viehversicherungsvereine und bäuerliche Brandschadenversicherungsvereine.

Bei der Vermögensteuer gilt die Haushaltsbesteuerung, das heißt, es werden Ehegatten sowie der Haushaltsvorstand mit haushaltszugehörigen minderjährigen Kindern zusammen veranlagt.

Die Gewerbesteuer

(Gewerbesteuergesetz 1953, BGBl Nr. 2 aus 1954
mit zahlreichen Änderungen)

Steuerpflichtig sind Einzelunternehmer mit stehendem Gewerbebetrieb, Personengesellschaften mit Gewerbebetrieb, aber nicht nur mit diesen, sondern auch mit all ihren anderen Einkünften, etwa aus Land- und Forstwirtschaft, Vermietung und Verpachtung u. dgl., Kapitalgesellschaften und die übrigen juristischen Personen mit wirtschaftlichem Geschäftsbetrieb – ausgenommen Land- und Forstwirtschaft.

Unter einem Gewerbebetrieb wird eine selbständige nachhaltige Betätigung mit Gewinnabsicht unter Beteiligung am allgemeinen wirtschaftlichen Verkehr verstanden, die sich weder als Land- und Forstwirtschaft noch als Ausübung eines Freiberufes, noch als eine andere selbständige Arbeit im Sinn des Einkommensteuergesetzes darstellt.

Gewerbekapital ist der Einheitswert des Betriebes (ohne Einheitswert der Grundstücke). Die Gewerbesteuer wird über eine Steuermeßzahl festgesetzt.

Die Steuermeßzahl beträgt:

- bei juristischen Personen einheitlich 5% des Gewerbeertrages und
- bei natürlichen Personen und bei Personengesellschaften

für die ersten	S 80.000,–	. . . 0%,
für die weiteren	S 40.000,–	. . . 8%,
für die weiteren	S 60.000,–	. . . 7%,
für die weiteren	S 40.000,–	. . . 6%
und für alle weiteren Beträge		. . . 5%.

Die Steuermeßzahl vom Gewerbekapital beträgt für die ersten S 250.000,– 0‰ und für alle weiteren Beträge 1‰.

Diese beiden Meßbeträge bilden zusammen den „einheitlichen Meßbetrag", auf den dann der „Hebesatz" angewendet wird. Der Steuerbetrag ergibt sich dann aus der Multiplikation des Hebesatzes mit dem einheitlichen Meßbetrag; hiedurch sollen differenzierte Verhältnisse erfaßt werden.

Die **Bundesgewerbesteuer** nach dem Finanzausgleichsgesetz 1973 ist eine ausschließliche Bundesabgabe. Sie wird im Ausmaß von 150% des einheitlichen Meßbetrages erhoben. Die Gemeinden sind ermächtigt, einen Hebesatz von bis zu 150% auszuschreiben.

Die Lohnsummensteuer richtet sich nach der Lohnsumme, das ist die Summe an Vergütungen, die an Arbeitnehmer der in der Gemeinde gelegenen Betriebsstätten gezahlt worden sind.

Die Steuermeßzahl beträgt einheitlich 2‰.

Der Hebesatz darf das Höchstmaß von 1000‰ nicht überschreiten.

Diese Lohnsummensteuer ist eine der wichtigsten Einnahmequellen der Gemeinden zur Erfüllung ihrer Aufgaben.

Gewerbesteuerzuschläge der Kammer der gewerblichen Wirtschaft

Die autonomen Kammern beschließen alljährlich die Höhe des Zuschlages zur Gewerbesteuer, den sie zur Deckung ihres Haushalts benötigen.

Die Zuschläge werden in Prozenten des einheitlichen Meßbetrages ausgedrückt, mit der Gewerbesteuer von den Finanzämtern eingehoben und an die Kammern abgeführt.

Die Grundsteuer

(Grundsteuergesetz 1955, mehrfach novelliert)

Die Grundsteuer ist eine ausschließliche Gemeindeabgabe.

Ihr Gegenstand ist der Grundbesitz. Das sind land- und forstwirtschaftliche Betriebe, Grundstücke und Betriebsgrundstücke.

Steuerpflichtig ist der Eigentümer bzw. der Berechtigte und Nutznießer. Die Grundstücke selbst haften für die Steuer mit.

Befreit sind Bund, Länder, Gemeinden, Religionsgemeinschaften sowie wohltätige und wissenschaftliche Institute unter bestimmten Voraussetzungen.

Besteuerungsgrundlage ist der Einheitswert (siehe oben: Bewertungsgesetz). Der Steuermeßbetrag wird durch Anwendung einer Steuermeßzahl (eines Promillsatzes) auf den Einheitswert festgesetzt.

Die Steuermeßzahl beträgt bei land- und forstwirtschaftlichen Betrieben bis S 50.000,– des Einheitswertes 1,6‰, für den Rest 2‰, bei Grundstücken allgemein 2‰.

Ermäßigungen gibt es für die Einfamilienhäuser für die ersten S 50.000,– des Einheitswertes auf 0,5‰, für die folgenden S 100.000,– auf 1‰; bei Mietwohngrundstücken und gemischt genutzten Grundstücken für die ersten S 50.000,– des Einheitswertes auf 1‰, für die folgenden S 50.000,– auf 1,5‰; bei den übrigen Grundstücken für die ersten S 50.000,– des Einheitswertes auf 1‰.

Die Gemeinde bestimmt den Betrag der Steuer aufgrund des Hebesatzes in ähnlicher Weise wie bei der Gewerbesteuer. Der Hebesatz (Finanzausgleichsgesetz 1973) darf höchstens betragen:

- bei land- und forstwirtschaftlichen Betrieben 500%
- bei sonstigen Grundstücken . 420%.

Beispiel: Einheitswert eines bebauten Grundstückes . . S 200.000,–
Steuermeßzahl 2‰ . . . . S 400,–
Hebesatz 420‰,
daher Steuer . . S 1.680,–

Im Interesse der Beschaffung von Bauland sieht das Gesetz (BGBl Nr. 285 aus 1960, mehrfach novelliert) eine **Bodenwertabgabe** bei unbebauten Grundstükken vor. Sie beträgt grundsätzlich 1% des Einheitswertes.

Umsatzsteuer

Die Umsatzsteuer ist eine Verkehrssteuer, da sie den Verkehr von Waren mit Dienstleistungen betrifft.

Ursprünglich gab es bis zum Jahr 1973 hier das System der Phasenbesteuerung: eine Ware wurde auf ihrem Weg vom Erzeuger bis zum Letztverbraucher so oft der Umsatzsteuer unterworfen, als die Verfügungsgewalt über sie wechselte (Erzeuger, Groß- und Einzelhändler, Verbraucher). Dadurch wurde das Produkt immer teurer. Derzeit gibt es in Österreich das Umsatzsteuergesetz 1972, BGBl Nr. 223 aus 1972, mit dem System der sogenannten Mehrwertsteuer.

Nach diesem System wird die Steuerschuld vom vereinbarten Bruttoentgelt (ohne Umsatzsteuer) errechnet und hiervon die jeweiligen Umsatzsteuerbeträge abgezogen, die auf den Einkaufsrechnungen an den Vorunternehmer entrichtet worden sind (Vorsteuerabzug). Die Steuer hat endgültig der Verbraucher zu tragen.

Der Umsatzsteuer unterliegen die Lieferungen und sonstigen Leistungen, die ein Unternehmer im Inland gegen Entgelt im Rahmen seines Unternehmens ausführt, der Eigenverbrauch sowie die Einfuhr von Waren im Sinne des Zollgesetzes in das Zollgebiet (Einfuhrumsatzsteuer).

Es gibt steuerpflichtige, steuerbegünstigte und steuerbefreite Umsätze.

Umsätze in der privaten Sphäre sind nicht steuerbar.
Beispiel: Ein Autohändler kauft sein eigenes Kraftfahrzeug.

Eigenverbrauch: Wenn Gegenstände aus einem Unternehmen entnommen werden für Zwekke, die außerhalb des Unternehmens liegen, wenn Unternehmensgegenstände teilweise privat genutzt werden oder Sachen aus dem Unternehmen jemandem zugewendet werden.

Steuerfrei sind:

Ausfuhrlieferungen, Lohnveredelungen für ausländische Auftraggeber, Beförderung von Gegenständen im grenzüberschreitenden Beförderungsverkehr und internationalen Eisenbahnfrachtverkehr, die Personenbeförderung mit Schiffen oder Luftfahrzeugen im grenzüberschreitenden Beförderungsverkehr und die Umsätze der Träger der Sozialversicherungen.

Weiters gibt es eine Reihe unechter Steuerbefreiungen (hier darf ein Vorsteuerabzug zwar nicht erfolgen, die eigenen Umsätze sind jedoch steuerfrei).

Die Steuer beträgt allgemein 20%, für sogenannte Luxusgüter 32%, und ermäßigt sich für bestimmte Leistungen auf 10%.

Rechnungen, die zum Vorsteuerabzug berechtigen, müssen enthalten: Name und Anschrift des Lieferunternehmens, Name und Anschrift des Empfängers, Menge, handelsübliche Bezeichnung der gelieferten Gegenstände, Art und Umfang der sonstigen Leistung, Tag der Lieferung und sonstigen Leistung, Zeitraum, über den sich die Leistung erstreckt, Entgelt und den darauf entfallenden Steuerbetrag. Es sind Durch- und Abschriften der Rechnungen anzufertigen und aufzubewahren. Bei Kleinbetragsrechnungen (unter S 1000,– einschließlich Umsatzsteuer) können Name und Anschrift des Leistungsempfängers entfallen und Entgelt- und Steuerbetrag in einer Summe ausgewiesen werden.

Vorsteuerabzug

Grundsätzlich ist jeder Unternehmer zum Vorsteuerabzug berechtigt, der im Inland liefert oder leistet oder Sitz oder Betriebsstätte hat.

Abziehbar ist die Steuer, die von dem anderen Unternehmer in einer Rechnung an den Unternehmer gesondert ausgewiesen wird.

Keinen Vorsteuerabzug gibt es für die Vorsteuer in Zusammenhang mit steuerfreien Leistungen und für Kleinstunternehmer. Wenn die Umsatzsteuer in der Rechnung nicht getrennt ausgewiesen wird, ist der Vorsteuerabzug nicht zulässig.

Der Unternehmer hat jeweils nach Ablauf eines Kalendermonats mittels eines amtlichen Vordruckes eine Voranmeldung binnen einem Kalendermonat und 10 Tagen abzugeben, in der er die Umsatzsteuer-Vorauszahlung selbst zu berechnen hat. Er hat innerhalb derselben Frist die Vorauszahlung zu entrichten. Die Voranmeldung gilt als Steuererklärung.

Befreit von der Voranmeldung sind Kleinstunternehmer (bis S 40.000,– Jahresumsatz).

Für Kleinunternehmer (bis S 300.000,– Vorjahresumsatz) ist Voranmeldungszeit das Kalendervierteljahr.

Abgabe von alkoholischen Getränken (Alkoholabgabengesetz 1973 BGBl Nr. 446 aus 1972). Die Lieferung von alkoholischen Getränken im Inland gegen Entgelt im Rahmen eines Unternehmens durch einen Unternehmer sowie der eigene Verbrauch (Entnahme von alkoholischen Getränken aus dem Unternehmen) unterliegen der Alkoholabgabe, ebenso die Einfuhr derartiger Getränke. Sie beträgt 10% des Entgelts und ist so wie die Umsatzsteuer zu entrichten (Vorauszahlung, Voranmeldung, Steuererklärung).

Es bestehen in Anlehnung an das Umsatzsteuergesetz Aufzeichnungspflichten.

Erbschaft- und Schenkungsteuer

(Erbschaft- und Schenkungsteuergesetz 1955
BGBl Nr. 141 aus 1955 und Nr. 15 aus 1968)

Besteuert wird der Erwerb von Todes wegen, die Schenkung unter Lebenden und Zuwendungen (Stiftungen).

Bemessungsgrundlage ist der Wert der Sachen im Zeitpunkt des Anfalles der Erbschaft.

Abzugsfähig sind Schulden des Erblassers und Verbindlichkeiten, die aus der letztwilligen Verfügung des Erblassers erwachsen (z. B. die Erfüllung von Vermächtnissen und Verbindlichkeiten aus der Abwicklung des Nachlasses, wie Bestattungskosten und Kosten der Nachlaßregelung).

Die Steuer ist doppelt progressiv, und zwar nach der Höhe und dem Verhältnis zum Erblasser (Steuerklassen 1–5). Der Tarif bewegt sich von 2% bis 60%.

Steuerfrei bleiben in der 1. und 2. Klasse bis S 30.000,–, in der 3. und 4. Klasse bis S 6.000,–, in der 5. Klasse S 1.500,–. Außerdem ist der Hausrat in der 1. und 2. Klasse ohne Rücksicht auf den Wert, in der 3. und 4. Klasse bis S 20.000,– steuerfrei.

Schenkungen zum angemessenen Unterhalt und Gelegenheitsschenkungen sowie Schenkungen unter Lebenden, zwischen Ehegatten bis S 100.000,–, sind ebenfalls steuerfrei. Der Erwerber hat dem Finanzamt binnen 3 Monaten Anzeige über den Anfall zu erstatten.

Das Nachlaßgericht verständigt das Finanzamt durch Übersendung einer Ausfertigung der Todesfallaufnahme. Eine Verpflichtung zur Abgabe einer Steuererklärung besteht nur, wenn das Finanzamt dazu auffordert.

Das **Erbschaftsteueräquivalent** (BGBl Nr. 286 aus 1960) wird von juristischen Personen als Ersatz für die Vermögensübertragungen eingehoben, die dem Staat dadurch entgehen, daß juristische Personen „nicht sterben" können.

Die Grunderwerbsteuer

(Grunderwerbsteuergesetz 1955
BGBl Nr. 140 aus 1955 mit mehrfachen Novellen)

Besteuert werden Rechtsgeschäfte, die einen Anspruch auf Übertragung eines inländischen Grundstücks begründen.

Steuerfrei sind: der Erwerb eines Grundstücks, dessen steuerlicher Wert S 1000,– nicht übersteigt; der Grundstückserwerb von Todes wegen im Sinne des Erbschaftsteuergesetzes; der Grundstückserwerb durch Ehegatten bei Begründung der ehelichen Gütergemeinschaft; Grundstückserwerb zum Zwecke der Kleinwohnung, Arbeiterwohnstätten, des Eigentumswohnungsbaues durch gemeinnützige Wohnbauträger sowie zu Kommassierungszwecken; Grundstückserwerb politisch Verfolgter. Der Grundstückserwerb für den privaten Hausbau ist steuerfrei bis zu einer Fläche von 1000 m².

Besteuert wird der Wert des Grundstücks (siehe oben Bewertungsgesetz Einheitswert). Der Steuersatz beträgt bis zu S 100.000,– Einheitswert 7%, über S 100.000,– Einheitswert 8%. In bestimmten Fällen, so bei Kapitalgesellschaften, 6%, bei Erwerb durch Ehegatten, Elternteil, Kind 2%.

Schuldner sind alle am Erwerbsvorgang als Vertragsteile beteiligten Personen. Der Erwerber wird in das Grundbuch erst dann eingetragen, wenn eine Bescheinigung des zuständigen Finanzamtes vorliegt, wonach der Eintragung steuerliche Bedenken nicht entgegenstehen (Unbedenklichkeitsbescheinigung).

Der Steuerschuldner, aber auch berufsmäßige Parteienvertreter (Rechtsanwälte,

Notare und sonstige Bevollmächtigte), die an einer Beurkundung einer Grundstücksübertragung mitgewirkt haben, müssen beim Finanzamt binnen 2 Wochen ab Vertragsabschluß unter Vorlage einer Urkundenabschrift eine Abgabenerklärung auch dann einreichen, wenn der Vorgang der Grunderwerbsteuer nicht unterliegt.

Kirchenbeiträge

Es besteht zwar in Österreich keine „Kirchensteuer“, doch werden **Kirchenbeiträge** eingehoben. Maßgebend sind das (deutsche) Gesetz über die Einhebung von Kirchenbeiträgen im Lande Österreich, GBl. f. d. L. Ö. 543/1939, und die darauf basierenden **Kirchenbeitragsordnungen,** so z. B. die KBO der Erzdiözese Wien, die am 24. Juli 1953 staatsbehördlich genehmigt wurde. Diese Kirchenbeitragsordnungen enthalten auch Beitragstabellen und Verfahrensvorschriften. Kirchenbeitragsrückstände können beim zuständigen Bezirksgericht eingeklagt werden. Der Klage wird aber nur Erfolg beschieden sein, wenn sie nicht länger als drei Jahre geschuldete Beitragsrückstände betrifft.

Die Wiener Kirchenbeitragsordnung bestimmt, daß alle volljährigen Angehörigen der römisch-katholischen Kirche, die im Bereich der Diözese ihren Wohnsitz haben, beitragspflichtig sind. Personen, die kein eigenes Einkommen haben, sind dem Grund nach ebenfalls beitragspflichtig. Es wird nur in der Regel bei Fehlen eines Einkommens mangels Vorhandenseins einer Beitragsgrundlage kein Kirchenbeitrag vorgeschrieben werden können. Dies gilt jedoch für nicht dauernd getrennt lebende Ehegatten nur mit der Einschränkung, daß keiner der beiden Ehegatten ein Einkommen hat. Folgerichtig kam in einem erst vor kurzem entschiedenen Fall der OGH zur juristischen Erkenntnis: Die mit ihrem nicht beitragspflichtigen (z. B. konfessionslosen) Ehegatten im gemeinsamen Haushalt lebende, über kein eigenes Einkommen verfügende Ehegattin hat die **Hälfte** des Kirchenbeitrages zu entrichten, der sich im Falle der Beitragspflicht beider Ehegatten ergeben würde. Daß wirtschaftlich auch diese „Hälfte“ vom nicht beitragspflichtigen Mann geleistet wird, steht auf einem anderen Blatt. Jedenfalls widersprechen die einschlägigen Bestimmungen der Kirchenbeitragsordnung weder zwingenden gesetzlichen Vorschriften noch den guten Sitten.

Rasche Änderung der Steuergesetze

Die Steuergesetze unterliegen wegen der ihnen innewohnenden Dynamik (Geldentwertung, höhere Ansprüche an den Staat, höhere Steuergerechtigkeit, Notwendigkeit höherer Staatseinnahmen wegen vermehrter Staatsausgaben u. a.) einer sehr starken Änderung. Die vorigen Ausführungen können daher nur für kurze Zeit als geltend betrachtet werden und sollen nur ein Gerüst darstellen, das einen **Überblick** über die Finanzverwaltung und die Steuern und Abgaben in Österreich gibt. Die in den obigen Ausführungen enthaltenen Zahlen, Steuersätze, Steuerfreibeträge u. dgl. müssen daher auch innerhalb relativ kurzer Zeit als veraltert angesehen werden. Es empfiehlt sich daher in allen Steuerfragen, detaillierte Auskünfte der Finanzämter einzuholen, die dort bereitwilligst gegeben werden.

Beihilfen

Karl Jedermann hat etwas Steuereinmaleins gelernt, er hat gehört, was er bei seinen Steuererklärungen bedenken muß, informierte sich über eine Reihe von Steuern und erhielt Kenntnis von wichtigen Steuervorteilen.

„Der österreichische Hausjurist" gibt schließlich noch Auskunft über die aus sozialer Sicht bedeutsamen Beihilfen. Warum tut er dies im Anschluß an die Steuern? Der Grund dafür ist einfach: die hier beschriebenen Beihilfen sind Leistungen, die Karl Jedermann oder seine Angehörigen vom Staat bekommen. Die Beziehung zum eben behandelten Abgabenwesen erscheint damit hergestellt.

Die folgenden Angaben über die verschiedenen Beihilfen beschränken sich auf das Wichtigste. Sie sind, soweit eine einigermaßen ausführliche Darstellung geboten wird, in der zeitlichen Reihenfolge ihres Entstehens im Normalfall geordnet. Gesetzliche Grundlagen sind das Einkommensteuergesetz 1972, das Familienlastenausgleichsgesetz 1967 und das Schülerbeihilfengesetz. Diese Gesetze sind schon mehrmals geändert worden. Die Ausführungen entsprechen der Gesetzgebung zum Stande vom 1. Januar 1981.

Heiratsbeihilfe

Die Heiratsbeihilfe ist ein **einmaliger Abgeltungsbetrag** für die außergewöhnliche Belastung wegen Neugründung des ersten gemeinsamen Hausstandes von Eheleuten. Anspruch haben im Inland wohnende Personen, die zum erstenmal heiraten, wenn sie in Österreich auch den Mittelpunkt ihrer Lebensinteressen haben. Die Heiratsbeihilfe beträgt pro Anspruchsberechtigten S 7500,–, also S 15.000,–, wenn beide erstmals heiraten. Verehelicht sich ein Ehepartner schon zum zweitenmal, so bekommt der andere (vor der Eheschließung ledige) trotzdem S 7500,–.

Die Heiratsbeihilfe erhält man nur, wenn innerhalb von 12 Monaten nach der Verehelichung an das **Wohnsitzfinanzamt** ein entsprechender Antrag gerichtet wird. Dem Antrag ist eine standesamtliche Bescheinigung der erstmaligen Verehelichung beizulegen. Unrechtmäßig bezogene Beträge sind zurückzuzahlen.

Geburtenbeihilfe

Die Geburtenbeihilfe gebührt aus Anlaß der Geburt eines Kindes. Sie beträgt für jedes lebend- oder totgeborene Kind S 2000,–. Wenn sich die Mutter während der Schwangerschaft bestimmten Untersuchungen unterzogen hat, das Kind die erste Lebenswoche vollendet hat und ebenfalls untersucht wurde, dann beträgt die Geburtenbeihilfe nicht S 2000,–, sondern S 5000,–. Nach Vollendung des ersten Lebensjahres des Kindes können noch einmal S 5000,– aus der Staatskasse entgegengenommen werden, wenn man das Kind zu bestimmten ärztlichen Untersuchungen gebracht hat. Eine weitere Beihilfe von S 3000,– wird nach Vollendung des 2. Lebensjahres ausbezahlt. Für Kinder, die vor dem 1. Jänner 1984 geboren wurden, gilt eine Übergangsregelung. Für solche Kinder beträgt die erste Rate der Beihilfe S 8000,–.

Zum Beweis der vorgeschriebenen Untersuchungen von Mutter und Kind als Anspruchsvoraussetzung für die Geburtenbeihilfe gibt es den Mutter-Kind-Paß. Diesen erhält man bei den Trägern der gesetzlichen Krankenversicherung, Schwangeren- und Mutterberatungsstellen oder Bezirksverwaltungsbehörden. Die Untersuchungen für den Mutter-Kind-Paß werden von praktischen Ärzten, Fachärzten für Gynäkologie und in Spitälern und Fachambulatorien vorgenommen.

Anspruch auf den ersten Teil der Geburtenbeihilfe (S 5000,–) hat die Mutter, wenn sie die österreichische Staatsbürgerschaft besitzt und im Bundesgebiet einen Wohnsitz hat. Auch fremde Staatsangehörige, die in Österreich wohnen und sich unmittelbar vor der Geburt des Kindes drei Jahre hier aufgehalten haben, sind anspruchsberechtigt. Wenn die Mutter vor der Antragstellung stirbt, aber die Voraussetzungen erfüllt hat, steht die Geburtenbeihilfe dem Kind selbst zu.

Den zweiten Teil der Geburtenbeihilfe (S 5000,–) bekommt nach **Vollendung des ersten Lebensjahres** des Kindes die Mutter, Wahlmutter, Pflegemutter, eine sonstige Person, bei der sich das Kind ständig in unentgeltlicher Pflege befindet, oder das Kind selbst. Auch die Empfänger der zweiten und dritten Rate müssen die angeführten Voraussetzungen, was Staatsangehörigkeit, Wohnort und Aufenthaltsdauer in Österreich anlangt, erfüllt haben.

Die Geburtenbeihilfe erhält man nur über Antrag. Alle drei Leistungsteile müssen gesondert beantragt werden. Der Antrag ist – bei sonstigem Verfall des Anspruches – innerhalb von zwei Jahren nach der Geburt des Kindes bei dem nach dem Wohnsitz oder Aufenthalt des Antragstellers zuständigen Finanzamt zu stellen.

Die Geburtenbeihilfe ist nicht pfändbar. Im Falle des **unrechtmäßigen Bezuges** ist sie zurückzuzahlen.

Wann gebühren nun bloß die eingangs erwähnten S 2000,– an Geburtenbeihilfe? Das ist bei Totgeburten der Fall oder wenn das Kind weniger als eine Woche lebt. So kann es bei einer Zwillingsgeburt vorkommen, daß für das am Leben gebliebene Kind S 13.000,– und für den am dritten Lebenstag verstorbenen Zwilling nur S 2000,– gewährt werden. Mütter, die nicht die vorgeschriebenen Untersuchungen mitmachen oder an ihrem Kind durchführen lassen, müssen sich mit S 2000,– zufriedengeben und verschenken sozusagen S 11.000,–.

Familienbeihilfe

Die Familienbeihilfe steht Personen, die im Inland wohnen, für die ihrem Haushalt angehörenden minderjährigen Kinder zu. Sie gebührt unter den gleichen Voraussetzungen auch für volljährige Kinder, die infolge einer zur Vollendung des 21. Lebensjahres oder während einer Berufsausbildung vor Vollendung des 27. Lebensjahres eingetretenen körperlichen oder geistigen Behinderung außerstande sind, sich selbst den Unterhalt zu verschaffen. Sonst steht die Familienbeihilfe für volljährige Kinder nur bis zur Vollendung des 27. Lebensjahres zu. Leisten sie weder den Präsenz- noch den Zivildienst, steht die Familienbeihilfe für die Dauer von drei Monaten nach Abschluß der Berufsausbildung zu; leisten sie den Präsenz- oder Zivildienst, dann steht die Familienbeihilfe für die Zeit zwischen der Beendigung dieses Dienstes und dem – frühestmöglichen – Beginn (oder Fortsetzung) der Berufsausbildung zu.

Kein Anspruch auf Familienbeihilfe besteht für Kinder, deren Unterhalt von ihrem Ehegatten – oder früheren Ehegatten – zu leisten ist. (Dabei ist zu beachten, daß es nicht darauf ankommt, ob der Ehegatte des Kindes auch tatsächlich Unterhalt leistet.)

Unter „Kindern" sind auch die Enkel oder Urenkel, Wahlkinder (oder deren Nachkommen), die Stief- oder Pflegekinder einer Person zu verstehen. In den folgenden Ausführungen wird immer von „Kindern" gesprochen, obwohl damit, neben den Kindern, auch die Enkel usw. gemeint sind.

Der gemeinsame Haushalt zwischen Anspruchsberechtigtem und Kind gilt als weiterbestehend, wenn sich das letztere nur vorübergehend aus Gesundheitsgründen oder zu Ausbildungszwecken außerhalb der gemeinsamen Wohnung aufhält.

Eine Person, zu deren Haushalt das Kind nicht gehört, hat dann Anspruch auf Familienbeihilfe, wenn sie die Unterhaltskosten (einschließlich Erziehungs- und Ausbildungskosten) des Kindes überwiegend trägt und niemand anderer anspruchsberechtigt ist. Wenn demnach im Falle einer Ehescheidung das Kind im Haushalt der Mutter verbleibt, gebührt dieser die Familienbeihilfe auch bei einer für den Unterhalt und die Erziehungskosten des Kindes ausreichenden Alimentationsleistung des Vaters. Das Gericht kann anstelle des Anspruchsberechtigten, der zum Unterhalt des Kindes zu wenig beiträgt, jemand anderen zum Empfang ermächtigen (z. B. die Pflegeperson).

Fremdarbeiter erhalten nur dann Familienbeihilfe, wenn sie im Inland bei einem Dienstgeber länger als drei Monate beschäftigt sind; diese Einschränkung gilt nicht für Personen, die sich seit mindestens fünf Jahren ständig in Österreich aufhalten, und auch nicht für Flüchtlinge und Staatenlose.

Auch an **minderjährige Vollwaisen,** die im Inland wohnen und nicht gegenüber ihrem jetzigen oder früheren Ehegatten unterhaltsberechtigt sind, wird Familienbeihilfe gezahlt, wenn für sie nicht wer anders bezugsberechtigt ist. **Volljährigen Vollwaisen** steht die Familienbeihilfe unter den gleichen Bedingungen, wie sie für volljährige sonstige Kinder gelten, zu.

Hat jemand Anspruch auf eine gleichartige ausländische Beihilfe, so gebührt ihm keine Familienbeihilfe. (Ist die ausländische Beihilfe geringer als die Familienbeihilfe, dann erhalten österreichische Staatsbürger eine Ausgleichszahlung.) Kein Anspruch auf die Leistung besteht auch dann, wenn das Kind älter als 18 Jahre ist und über Einkünfte oder Vermögen in einer bestimmten Höhe verfügt.

Die Familienbeihilfe beträgt für jedes Kind (bzw. Vollwaise) monatlich S 1000,– und erhöht sich ab Beginn des Kalenderjahres, in dem das Kind das zehnte Lebensjahr vollendet, auf S 1200,–. Für jedes Kind, das **erheblich behindert** ist, erhöht sich die Familienbeihilfe **um monatlich S 1200,–.** Die Familienbeihilfe gebührt zwölfmal jährlich.

Die Familienbeihilfe muß beim Wohnsitzfinanzamt des Antragstellers beantragt werden. Auch die Erhöhung derselben für ein erheblich behindertes Kind erfordert einen eigenen Antrag. Beim Übergang der **Anspruchsberechtigung** von einem auf den anderen Elternteil zufolge **Ehescheidung** muß der neue Berechtigte **unbedingt** einen **Antrag** stellen. Dabei ist es wichtig zu wissen, daß die Familienbeihilfe nur für drei Jahre rückwirkend zuerkannt wird. Wenn beide Elternteile für das in ihrem gemeinsamen Haushalt lebende Kind die Familienbeihilfe beanspruchen, wird sie dem Elternteil zugesprochen, der das Kind überwiegend pflegt. Ein Elternteil kann zugunsten des anderen verzichten und diesen Verzicht jederzeit widerrufen. Die Grundlage für die Auszahlung der Familienbeihilfe ist die **Familienbeihilfskarte.** Diese wird an Bezugsberechtigte, die unselbständig erwerbstätig sind oder Bezüge aus der Sozialversicherung, Kriegsopferversorgung usw. erhalten, ausgefolgt. Die Karte ist an den Dienstgeber oder an die Stelle weiterzureichen, von der man Bezüge erhält, damit die Familienbeihilfe neben dem Gehalt oder der Pension usw. ausgezahlt wird. Für selbständig Erwerbstätige verbleibt die Familienbeihilfenkarte beim Finanzamt. An diese Personengruppe wird die Kinderbeihilfe über die Postsparkasse überwiesen. Sie kann über Antrag auch dem Abgabenkonto des Berechtigten gutgeschrieben werden.

Die Bezieher von Familienbeihilfe sind verpflichtet, Tatsachen, die ein **Erlöschen des Anspruches** zur Folge haben, und Namens- und Anschriftsänderungen binnen einem Monat zu melden. Zu Unrecht bezogene Familienbeihilfe wird zurückgefordert. Wer grob fahrlässig oder vorsätzlich die Meldepflicht verletzt oder den unrechtmäßigen Bezug der Familienbeihilfe herbeiführt, macht sich strafbar und hat eine **Verwaltungsstrafe** bis zu S 5000,– oder Freiheitsstrafe bis zu 2 Wochen zu erwarten.

Die Familienbeihilfe ist von der Einkommensteuer befreit und nicht pfändbar.

Schulfahrtbeihilfe

Die Schulfahrtbeihilfe gebührt einem für Kinder, für die man Familienbeihilfe bezieht. Voraussetzung ist, daß das Kind eine öffentliche oder mit Öffentlichkeitsrecht ausgestattete Schule (Pflichtschule bis Hochschule) im Inland besucht und der Schulweg mindestens 3 km lang ist. Auch Vollwaisen können diese Beihilfe, wenn ihnen Familienbeihilfe gewährt wird, beanspruchen.

Für einen Schulweg, der von einem Verkehrsmittel befahren wird, das der Schüler (Hörer) unentgeltlich benützen kann, steht keine Schulfahrtbeihilfe zu.

Die Höhe der Schulfahrtbeihilfe richtet sich nach der Länge des Schulweges, der Anzahl der wöchentlichen Schultage und dem Umstand, ob das Kind in der Nähe der Schule eine Zweitunterkunft bewohnen muß. Sie ist nach den erwähnten Kriterien genau gestaffelt im Gesetz festgelegt und bewegt sich zwischen S 40,– und S 530,– monatlich.

Die Schulfahrtbeihilfe ist bis spätestens 31. Dezember nach Ende des Schuljahres (Studienjahres) zu beantragen. Sie wird pro Schuljahr (Studienjahr) auf einmal gewährt. Den Antrag nimmt das Finanzamt entgegen, das für die Gewährung der Familienbeihilfe für das betreffende Kind zuständig ist.

Eine zu Unrecht bezogene Schulfahrtbeihilfe wird von den Finanzämtern zurückgefordert. Auch diese Beihilfe unterliegt nicht der Pfändung.

Schülerbeihilfen

a) Heimbeihilfe

Österreichische Staatsbürger, die einen Polytechnischen Lehrgang oder eine mittlere bzw. höhere Schule ab der 9. Schulstufe (darunter fallen z. B. die Schüler der Gymnasien ab der 5. Klasse, Handelsschüler ab der ersten Klasse) besuchen und die wegen des Schulbesuches nicht zu Hause wohnen können, haben unter bestimmten Voraussetzungen Anspruch auf eine Heimbeihilfe. Anspruchsvoraussetzung ist, daß der Schüler bedürftig und nicht Repetent ist sowie einen günstigen Schulerfolg aufweist. Die Bedürftigkeit wird nach dem **Familienstand** und den **Einkommensverhältnissen** des **Schülers** und **seiner Eltern** beurteilt. Dabei bleiben Einkünfte aus Ferialarbeit und Stipendien bis zu S 33.000 im Jahr außer Betracht. Was man unter einem „günstigen Schulerfolg" versteht, ist im Gesetz anhand von **Notendurchschnittswerten aus den Pflichtgegenständen** definiert.

Bei der Berechnung der Höhe der Heimbeihilfe wird von einem jährlichen Grundbetrag von S 12.600,– ausgegangen und erhöht sich um einen Grundbetrag von S 3000,– bei ausgezeichnetem Schulerfolg.

Die Heimbeihilfe gebührt nur über Antrag. Der Antrag mittels Formblattes kann jederzeit bei den Bundesverwaltungsbehörden (Bezirksschulrat), in Wien beim Stadtschulrat, gestellt werden. Für minderjährige Schüler ist die Heimbeihilfe vom Erziehungsberechtigten zu beantragen.

Nach dem Ansuchen müssen Tatsachen, die eine Minderung oder den Entfall der Heimbeihilfe zur Folge hätten, unverzüglich gemeldet werden. Zuviel oder zu Unrecht bezogene Heimbeihilfe muß zurückgezahlt werden. Wissentlich unwahre oder unvollständige Angaben werden als Verwaltungsübertretung mit einer Geldstrafe bis zu S 30.000,— oder mit Freiheitsstrafe bis zu sechs Wochen geahndet, wenn nicht nach anderen Vorschriften eine höhere Strafe vorgesehen ist.

b) Schulbeihilfe

An Schüler ab der sechsten Gymnasialklasse oder ab der zweiten Handelsschulklasse und der entsprechenden Jahrgänge ähnlicher Schulen wird unter analogen Verhältnissen neben der Heimbeihilfe oder allein eine Schulbeihilfe gewährt. Für sie besteht eine gleichartige Regelung wie für die Heimbeihilfe. Bei der Berechnung der Schulbeihilfe wird von einem jährlichen Grundbetrag von S 10.700,— ausgegangen. Auch sie wird im Fall eines ausgezeichneten Schulerfolges um einen Grundbetrag von S 3000,— erhöht.

Andere Beihilfen

Neben den oben beschriebenen Beihilfen gibt es noch andere, wie die **Wohnbeihilfe** nach dem Wohnbauförderungshilfengesetz vom 21. 9. 1951, die **Wohnbeihilfe** nach dem Wohnbauförderungsgesetz 1968 und dem Wohnbauverbesserungsgesetz 1969, die **Studienbeihilfe** und das Begabtenstipendium nach dem Studienförderungsgesetz und die vom Bund, von den Ländern und von den Gemeinden zu zahlende **Mietzinsbeihilfe.** Genauere Ausführungen hiezu würden über den Rahmen des „Österreichischen Hausjuristen" hinausgehen. Die Wohnungsbeihilfe von S 30,— monatlich gibt es nicht mehr.

Raum für Notizen

(Gesetzesänderungen, eigene Rechtsfälle, Terminkalender)

Raum für Notizen

(Gesetzesänderungen, eigene Rechtsfälle, Terminkalender)

Karl Jedermann und die Sozialversicherung

Zu guter Letzt informiert der „Österreichische Hausjurist" Karl Jedermann noch über das Sozialversicherungsrecht (Stand vom 1. Januar 1984). Das ist ein Rechtsgebiet, dem wie keinem anderen in seinem Leben eine wichtige Rolle zukommt. Wenn Karl Jedermann nicht zu den wenigen gehört, deren Lebensbedarf ohne jegliche Erwerbstätigkeit gesichert ist, dann wird er früher (als Beitragszahler) oder später (als Leistungswerber) mit der österreichischen Sozialversicherung in Berührung kommen. Sicherlich wird er schon als Kind, als mitversichertes Familienmitglied, öfters in Einrichtungen oder von einem Vertragspartner der Sozialversicherung medizinisch betreut worden sein.

Der Sozialversicherung liegt die Idee zugrunde, daß sich Personen, die von einem gemeinsamen Risiko bedroht sind, zu einer Gemeinschaft zusammenschließen, um diesem Risiko vereint besser begegnen zu können. In ihrer jetzigen Form ist die Sozialversicherung im modernen Leistungsstaat für das Sicherheitsbedürfnis seiner Bürger eingerichtet worden, gewiß auch mit der Nebenabsicht, die staatliche Wohlfahrtspflege zu entlasten. Zur Sozialversicherung gehören die Kranken-, Unfall- und Pensionsversicherung und im weiteren Sinne auch die Arbeitslosenversicherung. Bis auf die letztere wird die Sozialversicherung in Österreich nicht im Rahmen der staatlichen Verwaltung durchgeführt. Vielmehr obliegt die Abwicklung der Kranken-, Unfall- und Pensionsversicherung besonderen öffentlichrechtlichen Körperschaften, den Versicherungsträgern. Diese sind nach dem Prinzip der Selbstverwaltung aufgebaut und unterliegen nur der staatlichen Aufsicht.

Die Kranken-, die Unfall- und die Pensionsversicherung sind nach Berufsklassen gegliedert. Die Gliederung rührt von der historischen Entwicklung her und läßt daher eine logische Struktur nicht immer erkennen. Finanziert wird die Sozialversicherung in Österreich aus den Beiträgen der Versicherten und Dienstgeber, zu denen Zuschüsse aus Steuermitteln kommen.

Die Mitglieder ihrer Gemeinschaft schützt die Sozialversicherung insofern, als sie sie gegen die unter Versicherungsschutz stehenden **sozialen Risken** abschirmt. Ein solches Risiko für einen Erwerbstätigen ist zum Beispiel eine länger anhaltende Krankheit, ein Unfall, Invalidität oder Arbeitslosigkeit. Durch die Sozialversicherung ist vorgesorgt, daß der einzelne mitsamt seinen schutzbedürftigen Angehörigen nicht aufgrund unvorhergesehener Ereignisse oder infolge Alters schicksalhaft in Not gerät.

Als materielle Lebensgrundlage von Alten, Erwerbsunfähigen und Hinterbliebenen, als Helfer bei zeitweiliger Arbeitsunfähigkeit und als Träger der ärztlichen Versorgung der Bevölkerung ist die Sozialversicherung ein wesentlicher Teil des Standes der gesellschaftlichen, wirtschaftlichen und politischen Entwicklung im gegenwärtigen Staat. Sie ist zu einem bestimmenden wirtschaftlichen Faktor im Leben der meisten Menschen geworden. Die Beitragsleistung bedeutet wohl eine beträchtliche Einkommensminderung für den Versicherten, der jedoch die Tatsache gegenübersteht, daß die Versicherungsleistung notfalls seine einzige Einkommensquelle bilden kann.

Ursprünglich für die sozial schwachen unselbständig Erwerbstätigen geschaffen, hat die Sozialversicherung im Laufe der Jahre immer mehr Gruppen von selbständig Erwerbstätigen angezogen. Heute gibt es in Österreich nur mehr wenige Berufe, deren Angehörige nicht in irgendeiner Form sozialversichert sind.

Die Darstellung des Sozialversicherungsrechtes kann hier nur abrißartig das Wesentliche streifen. Ein auch nur annähernd vollständiger Überblick würde den Rahmen jedes allgemeinen juristischen Ratgebers bei weitem sprengen. Zum außergewöhnlichen Umfang dieses vielfach verzweigten Rechtsbereiches kommen noch seine ständigen Novellierungen, die es selbst Werken der Spezialliteratur unmöglich machen, mit der Rechtsentwicklung Schritt zu halten. Wozu also die bruchstückhafte Behandlung eines zu umfangreichen Themas? Der Versuch wäre schon gerechtfertigt, wenn der Leser hierdurch die eine oder andere Information erhielte, die ihn befähigen würde, in gewissen Situationen so zu handeln, daß ihm kein Schaden erwächst oder kein Vorteil entgeht.

Von den Systemen der Kranken-, Unfall- und Pensionsversicherung werden jene der Unselbständigen und der Selbständigen in der gewerblichen Wirtschaft und in der Land- und Forstwirtschaft behandelt. Dazu kommt noch die Kranken- und Unfallversicherung der Beamten. Rechtsgrundlage für diese Versicherungen sind hauptsächlich das Allgemeine Sozialversicherungsgesetz (ASVG), das Gewerbliche Sozialversicherungsgesetz (GSVG), das Bauern-Sozialversicherungsgesetz (BSVG) und das Beamten-Kranken- und Unfallversicherungsgesetz (B-KUVG). Die Sozialversicherungsgesetze werden immer wieder geändert. So weist allein das ASVG, neben sonstigen Änderungen, schon 39 Novellen auf. Außer den gesetzlichen Vorschriften gibt es noch zahlreiche Verordnungen. Aber auch andere Arten von Rechtsnormen sind zur Durchführung der Sozialversicherung notwendig, so das Verwaltungsrecht, Staatsverträge zur zwischenstaatlichen Sozialversicherung und sogar privates Vertragsrecht (z. B. zur Erbringung von Sachleistungen durch Ärzte und Krankenanstalten namens der Versicherungsträger). Nachstehende Ausführungen basieren in erster Linie auf den erwähnten Gesetzen.

Die Versicherungen und deren Durchführung

Kranken-, Unfall- und Pensionsversicherung

Die **Krankenversicherung nach dem ASVG** führen durch:

● Neun Gebietskrankenkassen (in jedem Bundesland eine).

Bei ihnen ist der Großteil der Arbeiter, Angestellten und ASVG-Pensionisten versichert.

● Zehn Betriebskrankenkassen.

Diesen obliegt nur die Krankenversicherung der entsprechenden Betriebsbelegschaften (z. B. Betriebskrankenkasse der Österreichischen Staatsdruckerei, der Wiener Verkehrsbetriebe, der Semperit AG usf.).

● Die Versicherungsanstalt der österreichischen Eisenbahnen.

Sie wickelt die Krankenversicherung der nicht beamteten Bediensteten der öffentlichen Eisenbahnen sowie der Pensionsbezieher dieses Personenkreises ab.

● Die Versicherungsanstalt des österreichischen Bergbaues.

Bei dieser Anstalt sind die aktiven und pensionierten Bergleute krankenversichert.

Die **Krankenversicherung der Beamten** wird von der Versicherungsanstalt öffentlich Bediensteter (BVA) durchgeführt.

Zur Durchführung der **Krankenversicherung der Selbständigen in der gewerblichen Wirtschaft** ist die Sozialversicherungsanstalt der gewerblichen Wirtschaft zuständig.

Die **Krankenversicherung der Land- und Forstwirte** führt die Sozialversicherungsanstalt der Bauern durch.

In der **Unfallversicherung** gibt es folgende Versicherungsträger:

● Allgemeine Unfallversicherungsanstalt (ASVG).

Sie führt die Unfallversicherung derjenigen versicherungspflichtigen Personen durch, die nicht sonstwo versichert sind. In ihren Versicherungsbereich fallen somit die gewerblichen, industriellen und land- und forstwirtschaftlichen Arbeiter und Angestellten, Arbeiter und Angestellte im Bergbau, Selbständige in Handel und Gewerbe, freischaffende bildende Künstler und freiberufliche Tierärzte, Dentisten und Ärzte.

● Versicherungsanstalt der österreichischen Eisenbahnen (ASVG).

Die bei den österreichischen Eisenbahnen Beschäftigten und die Arbeiter, Vertragsbediensteten und Beamten der ÖBB sind bei dieser Anstalt gegen Unfall versichert.

● Versicherungsanstalt öffentlich Bediensteter (B-KUVG).

Sie führt die Unfallversicherung der Bundes-, Landes- und Gemeindebeamten durch.

● Sozialversicherungsanstalt der Bauern (BSVG).

Die Unfallversicherung der Land- und Forstwirte wird von dieser Anstalt durchgeführt.

Für die **Pensionsversicherung** bestehen in Österreich folgende Versicherungsträger:

● Pensionsversicherungsanstalt der Arbeiter (ASVG).

Ihr obliegt die Pensionsversicherung gewerblicher, industrieller und land- und forstwirtschaftlicher Arbeiter.

- Pensionsversicherungsanstalt der Angestellten (ASVG).

Bei ihr sind die Angestellten aus Gewerbe, Handel, Industrie und Land- und Forstwirtschaft versichert.

- Versicherungsanstalt der österreichischen Eisenbahnen (ASVG).

Sie führt die Pensionsversicherung der nicht beamteten Eisenbahnbediensteten durch.

- Versicherungsanstalt des österreichischen Bergbaues (ASVG).

Die Arbeiter und Angestellten im Bergbau sind bei dieser Anstalt pensionsversichert.

- Sozialversicherungsanstalt der gewerblichen Wirtschaft (GSVG).

In ihren Händen liegt die Pensionsversicherung der Selbständigen in Handel und Gewerbe, der freiberuflich erwerbstätigen Tierärzte, Dentisten, Wirtschaftstreuhänder, Journalisten und der freischaffenden bildenden Künstler.

- Sozialversicherungsanstalt der Bauern (BSVG).

Die Pensionsversicherung für die Selbständigen in der Land- und Forstwirtschaft führt diese Anstalt durch.

Unter „Durchführung" einer Versicherung ist an sich die Betreuung der Versicherten in allen Fragen zum Versicherungsverhältnis (Versicherungspflicht, Versicherungsberechtigung, Einhebung der Beiträge usf.) und Leistungsverhältnis (Erbringung von Leistungen; Ablehnung eines Anspruches) zu verstehen. Eine Ausnahme besteht insofern, als die Krankenversicherungsträger nach dem ASVG auch für die Unfall- und Pensionsversicherungsträger die Beitragseinhebung aus der Pflichtversicherung vornehmen.

Das Versicherungsverhältnis

Die Zugehörigkeit zur Sozialversicherung besteht in der Regel in Form einer Pflichtversicherung. In bestimmten Fällen ist der Eintritt in die Versicherung oder die Fortsetzung einer beendeten Versicherung aber auch auf freiwilliger Basis möglich. Darüber hinaus gibt es noch zur Erhöhung von Leistungen oder zwecks Erlangung zusätzlicher Leistungen in beschränkten Fällen eine freiwillige Versicherung.

Die Staatsangehörigkeit des Versicherungsnehmers in der Sozialversicherung ist bedeutungslos. Der Tatbestand (Ausbildung, Erwerbstätigkeit, Pensionsbezug), der die Versicherung auslöst, ist allerdings – von wenigen Sonderfällen abgesehen – auf das österreichische Staatsgebiet beschränkt. Auch eine freiwillige Versicherung in einer Kranken- oder Unfallversicherung und die freiwillige Selbstversicherung in der Pensionsversicherung setzen einen Wohnsitz im Inland voraus. Lediglich die Weiterversicherung und die Höherversicherung von Weiterversicherten in der Pensionsversicherung können vom Ausland aus erfolgen.

Die Pflichtversicherung tritt mit der Aufnahme einer unter dem Versicherungsschutz stehenden unselbständigen oder selbständigen Erwerbstätigkeit, mit dem Beginn einer entsprechenden Ausbildung oder mit dem Bezug einer Pension automatisch ein. Sie hängt nicht von der Anmeldung oder Beitragszahlung ab. Nur in der Pensionsversicherung kann es vorkommen, daß zufolge verspäteter Anmeldung oder nicht rechtzeitig entrichteter Beiträge Versicherungszeiten nicht wirksam werden. Die freiwillige Versicherung setzt eine Willenserklärung dessen, der sie anstrebt, voraus; das heißt: sie muß beantragt werden.

Durch das Versichertsein während des Versicherungsverhältnisses erwirbt der Betroffene Anwartschaften auf die Leistungen, die ihm oder seinen Familienangehörigen im Versicherungsfall unter gewissen Voraussetzungen zustehen.

Die Versicherungspflicht und Versicherungsberechtigung

Pflichtversicherung nach dem ASVG

Das ASVG kennt die Begriffe „Vollversicherung" und „Teilversicherung". Unter „Vollversicherung" versteht man die Pflichtversicherung in der Kranken-, Unfall- und Pensionsversicherung. Teilversichert ist, wer nur in einer oder in zwei dieser Versicherungen Pflichtmitglied ist.

Vollversichert sind folgende Personengruppen:

- Dienstnehmer,
- Lehrlinge,
- den Dienstnehmern gleichgestellte selbständig Erwerbstätige (Hebammen, Krankenpfleger, Lehrer, Artisten, Musiker, Pecher, Winzer, Markthelfer usw.),
- Heimarbeiter,
- verschiedene in Ausbildung stehende Personen (Praxis nach Hochschulstudium; Krankenpflege- und Hebammenschülerinnen; Personen, die im Zuge der Rehabilitation aus der Unfall- oder Pensionsversicherung in Berufsausbildung stehen),
- unentgeltlich im Betrieb ihrer Eltern (Groß-, Wahl-, Stiefeltern) hauptberuflich tätige Kinder (Enkel-, Wahl-, Stiefkinder).

Teilversichert in der Kranken- und Unfallversicherung sind unter anderen:

- die Dienstnehmer mancher öffentlicher Dienstgeber, weil die Altersversorgung von letzterem getragen wird (z. B. Bundesforste, Österreichische Staatsdruckerei),
- freiberuflich tätige bildende Künstler (sie sind pensionsversichert nach dem GSVG),
- freiberufliche Tierärzte (in der Pensionsversicherung sind sie nach dem GSVG versichert),
- freiberufliche Dentisten (auch sie unterliegen der Pensionsversicherung der gewerblichen Wirtschaft).

Nur krankenversichert sind die sich ständig im Inland aufhaltenden ASVG-Pensionisten und die GSVG-Pensionisten aus dem Kreis der Tierärzte, bildenden Künstler und Dentisten.

Nur der ASVG-Unfallversicherung unterliegen vor allem:

- selbständig erwerbstätige Mitglieder einer Kammer der gewerblichen Wirtschaft sowie die Gesellschafter einer offenen Handelsgesellschaft, die persönlich haftenden Gesellschafter einer Kommanditgesellschaft und die zu Geschäftsführern bestellten Gesellschafter einer Ges.m.b.H., wenn diese Gesellschaften Mitglieder einer Kammer der gewerblichen Wirtschaft sind;
- Teilnehmer und Lehrende von Umschulungs-, Nachschulungs- und sonstigen beruflichen Ausbildungslehrgängen der Gebietskörperschaften, Landesarbeitsämter, Sozialversicherungsträger und gesetzlichen beruflichen Vertretungen der

Dienstnehmer und Dienstgeber (Arbeiterkammern, Kammern der gewerblichen Wirtschaft usw.);

- Schüler und Studenten.

Pflichtversicherung der Beamten

Die öffentlich-rechtlichen Dienstnehmer (Beamten) von Bund, Ländern und Gemeinden sind nach dem B-KUVG kranken- und unfallversichert (dagegen unterliegen die Vertragsbediensteten der Vollversicherung nach dem ASVG). Dazu kommen noch die Abgeordneten zu gesetzgebenden Körperschaften, die Mitglieder der Bundesregierung und der Landesregierungen sowie die Bürgermeister und Ortsvorsteher.

Pflichtversicherung in der gewerblichen Wirtschaft

Pflichtversicherung in der Kranken- und Pensionsversicherung besteht für:

- Mitglieder der Kammern der gewerblichen Wirtschaft (unter Ausnahme derjenigen, die das Ruhen ihres Gewerbebetriebes angezeigt haben),
- die Gesellschafter offener Handelsgesellschaften und die persönlich haftenden Gesellschafter von Kommanditgesellschaften (diese Gesellschaften müssen Mitglieder einer Kammer sein),
- die zu Geschäftsführern bestellten Gesellschafter von Ges.m.b.H., wenn diese Kammermitglieder sind,
- Rehabilitanden in beruflicher Ausbildung außerhalb eines Dienst- oder Lehrverhältnisses.

Nur krankenversichert sind GSVG-Pensionisten, die sich ständig im Inland aufhalten (Ausnahme: ehemalige Tierärzte, bildende Künstler und Dentisten sowie deren Hinterbliebene, weil sie nach dem ASVG versichert sind).

Nur pflichtversichert in der Pensionsversicherung sind:

- Wirtschaftstreuhänder,
- Dentisten,
- freiberufliche Journalisten,
- freischaffende bildende Künstler,
- Tierärzte.

Pflichtversicherung der Bauern

In der Kranken-, Unfall- und Pensionsversicherung sind versichert:

- Betriebsführer (Personen, die auf ihre Rechnung und Gefahr einen land- bzw. forstwirtschaftlichen Betrieb führen oder auf deren Rechnung und Gefahr ein solcher Betrieb geführt wird);
- die im Betrieb tätigen Kinder, Enkel, Wahl-, Stief- und Schwiegerkinder des Betriebsführers (für die Kranken- und Pensionsversicherung muß die Tätigkeit im Betrieb ihren Hauptberuf bilden);
- die als Angehörige pflichtversicherten Personen im Falle des Todes des Betriebsführers für die Dauer des Verlassenschaftsverfahrens.

Die Pflichtversicherung besteht nur, wenn der Einheitswert des Betriebes eine bestimmte Größe erreicht (Krankenversicherung: mehr als S 13.000,–; Pensionsversicherung: mehr als S 33.000,–; Unfallversicherung: ab S 2.000,–) oder wenn bei einem kleineren Einheitswert der Betriebsführer aus dem Betriebsertrag überwiegend seinen Lebensunterhalt bestreitet. Die Versicherungspflicht in der Pensionsversicherung und die der Angehörigen in der Pensionsversicherung beginnt erst ab dem 15. Lebensjahr der zu versichernden Person; ansonsten besteht keine Altersgrenze.

In der Kranken- und Pensionsversicherung sind die Rehabilitanden während einer Berufsausbildung außerhalb eines Dienst- oder Lehrverhältnisses versichert.

Nur in der Krankenversicherung versichert sind die Bezieher einer Pension nach dem BSVG, solange sie sich ständig, im Sinne der einschlägigen Gesetze, im Inland aufhalten. Nur der Unfallversicherung unterliegen der im Betrieb tätige Ehegatte und die im Betrieb tätigen Großeltern sowie die Wahl-, Stief- und Schwiegereltern des Betriebsführers.

Die freiwillige Versicherung

Die Weiterversicherung

Wie der Name schon sagt, ist die Weiterversicherung die Form der freiwilligen Versicherung, die zur Fortsetzung einer Pflichtversicherung eingerichtet ist. Eine Weiterversicherung existiert nur in den Pensionsversicherungen nach dem ASVG, GSVG und BSVG und in den Krankenversicherungen nach dem GSVG und BSVG.

In der Pensionsversicherung nach dem ASVG kann sich weiterversichern, wer aus der Pflichtversicherung (ASVG) ausgeschieden ist und davor in den letzten zwölf Monaten mindestens sechs oder in den letzten 36 Monaten mindestens zwölf oder in den letzten fünf Jahren pro Jahr mindestens drei Versicherungsmonate (auch Monate der freiwilligen Versicherung oder Ersatzmonate) in einer Pensionsversicherung (ASVG, GSVG, BSVG) erworben hat. Die Weiterversicherung kann auch im Anschluß an den Bezug einer Eigenpension erfolgen. Die 12 oder 36 Monate, in denen die zur Versicherungsberechtigung notwendige Vorversicherung bestanden haben muß, verlängern sich um neutrale Zeiten, um Zeiten des Bezuges von Wochen-, Kranken- und Arbeitslosengeld, um Zeiten des Präsenz- oder Zivildienstes und um die Dauer eines Verfahrens wegen eines Pensionsantrages.

Die Weiterversicherung besteht nur so lange, als nicht eine Pflichtversicherung in einer gesetzlichen Pensionsversicherung (ASVG, BSVG, GSVG) vorliegt oder ein Anspruch auf Eigenpension besteht. Eine ununterbrochene Beitragsleistung für jeden Kalendermonat während der Versicherung ist nicht verlangt; bei allzulangem Aussetzen endet jedoch die Versicherung, und es müßten zur neuerlichen Berechtigung in der Folgezeit wieder die Voraussetzungen erfüllt sein.

Für die Weiterversicherung gibt es eine Antragsfrist. Sie beträgt sechs Monate ab dem Ausscheiden aus der Pflichtversicherung. Die Weiterversicherung ist beim Träger der Versicherung (Pensionsversicherung der Arbeiter oder Angestellten usw.) zu beantragen, der der Versicherte zuletzt angehörte. War der Versicherte in den letzten fünf Jahren in mehreren Versicherungen versichert, steht ihm die Wahl frei. Personen, die 10 Versicherungsjahre in einer oder mehreren Pensionsversicherungen insgesamt erworben haben, können die Weiterversicherung jederzeit beantragen. Diese Personen sind also an keine Antragsfrist gebunden. Sie benötigen auch keine in einer bestimmten Zeitspanne gelegene Vorversicherung, um sich weiterversichern zu können.

Die Weiterversicherung in den Pensionsversicherungen **nach dem GSVG und BSVG** ist ähnlich geregelt wie im ASVG.

Die Weiterversicherung in der Krankenversicherung nach dem GSVG kann jemand eingehen, der vorher pflichtversichert war.

Nach dem Tod des Versicherten können sich der überlebende Ehegatte und die überlebenden Vollwaisen und sonstigen Angehörigen, die zu einer Familienversicherung berechtigt gewesen wären, weiterversichern. Dasselbe gilt für die frühere Ehefrau des Versicherten nach Nichtigerklärung, Scheidung oder Aufhebung der Ehe und für die zurückbleibenden Angehörigen, wenn der Versicherte aus der Pflichtversicherung ausscheidet, weil er im Ausland eine Erwerbstätigkeit aufnimmt.

Voraussetzung für die Weiterversicherung ist ein Wohnsitz des Antragstellers im Inland und eine Versicherungszeit des Versicherten von 26 Wochen innerhalb der letzten zwölf Monate vor dem Ausscheiden aus der Pflichtversicherung oder von 6 Wochen unmittelbar vorher. Die zwölf Monate verlängern sich um die Zeit einer Anstaltspflege auf Kosten eines Versicherungsträgers oder des Präsenzdienstes des Versicherten. Die Weiterversicherung ist nur zulässig, wenn nicht in einer anderen Krankenversicherung Versicherungspflicht besteht.

Die Antragsfrist für die Weiterversicherung beläuft sich auf sechs Monate. Sie beginnt mit der Zustellung der Verständigung über das Erlöschen der Pflichtversicherung, dem Tode des Versicherten, der Ehescheidung oder dem Beginn einer Erwerbstätigkeit im Ausland zu laufen.

Die Weiterversicherung in der Krankenversicherung nach dem BSVG ist, wenn man von den Versicherungsträgern absieht, genauso konstruiert wie die nach dem GSVG. Versicherungsberechtigt sind der Versicherte und gewisse Angehörige nach dem Ausscheiden aus der Pflichtversicherung, der Ehegatte und Angehörige nach dem Tode des Versicherten und der frühere Ehegatte nach Nichtigerklärung, Aufhebung oder Scheidung der Ehe.

Die Selbstversicherung

Dem Wesen der Sozialversicherung entsprach in der Anfangsphase ausschließlich die Pflichtversicherung. Diese Form ist naturgemäß auch noch vorherrschend. Für den weiteren Versicherungsschutz beim Austritt aus der Pflichtversicherung zu einer Zeit, in der noch kein Leistungsanspruch besteht, ist die freiwillige Weiterversicherung gedacht. Durch die freiwillige Selbstversicherung wird nun Personen, die eine versicherungspflichtige Erwerbstätigkeit nicht ausüben, der Zugang zur Versichertengemeinschaft ermöglicht. Die Selbstversicherung ist daher so wie die Pflichtversicherung eine ursprüngliche Art der Zugehörigkeit zur Sozialversicherung. Eine Selbstversicherung gibt es nur in den Versicherungen nach dem ASVG und in der bäuerlichen Unfallversicherung.

Zur **Selbstversicherung in der Krankenversicherung** (ASVG) sind Personen, die nicht in einer gesetzlichen Krankenversicherung pflichtversichert sind, berechtigt. Die Berechtigung währt nur so lange, als der Versicherte seinen ordentlichen Wohnsitz (bei Hochschülern genügt der gewöhnliche Aufenthalt) im Inland hat. Die Selbstversicherung ist bei der Gebietskrankenkasse, in deren Bereich der Wohnsitz (gewöhnliche Aufenthaltsort) liegt, zu beantragen. War der Bewerber um die Selbstversicherung zuletzt bei einer Betriebskrankenkasse pflichtversichert, dann kann er sich bei dieser oder bei der Gebietskrankenkasse selbstversichern lassen. Mit dieser Selbstversicherung ist eine Art Volksversicherung erreicht worden, da dadurch praktisch jeder in Österreich Wohnende, der nicht anderswie krankenversichert ist, der gesetzlichen Krankenversicherung beitreten kann.

Außer dieser Selbstversicherung gibt es in der Krankenversicherung noch eine „Selbstversicherung bei mehrfacher Beschäftigung" für Personen, die deshalb nicht pflichtversichert sind, weil ihr Verdienst nur unter Zusammenrechnung aus mehreren Beschäftigungen die Geringfügigkeitsgrenze für das Zustandekommen der Versicherung erreicht.

Die Möglichkeit zur **Selbstversicherung in der Unfallversicherung nach dem ASVG** besteht für selbständig Erwerbstätige (außer Land- und Forstwirte) mit Betriebssitz im Inland, für die in deren Betrieben tätigen Angehörigen und für Lehrkräfte in Betriebsstätten, Lehrwerkstätten, an Fachschulen u. dgl.

In der Unfallversicherung der Bauern können sich Betriebsführer und die im Betriebe mittätigen Angehörigen selbstversichern (wenn der Einheitswert des Betriebes unter S 2000,– liegt und der Lebensunterhalt nicht vom Ertrag des Betriebes bestritten wird).

Die **Selbstversicherung in der Pensionsversicherung nach dem ASVG** für Zeiten der Kindererziehung (-pflege) können die leibliche, die Wahl- oder Stiefmutter eines Kindes während dessen ersten drei Lebensjahren eingehen. Voraussetzung ist, daß Mutter und Kind gemeinsam im Inland wohnen und die Arbeitskraft der Mutter überwiegend durch die Pflege und Erziehung des Kindes beansprucht wird. Die Selbstversicherung ist ausgeschlossen für eine Zeit, in der eine Pflichtversicherung oder das Recht auf Weiterversicherung in einer Pensionsversicherung oder ein Pensionsanspruch besteht.

Die Selbstversicherung wird entweder in jenem Zweig der Pensionsversicherung nach dem ASVG, in dem schon eine Versicherung bestand, oder in der Pensionsversicherung der Angestellten durchgeführt.

Eine beendete Selbstversicherung kann durch eine Weiterversicherung fortgesetzt werden. Die Selbstversicherung weist einen günstigeren Beitragssatz auf; sie kostet praktisch nur halb so viel wie eine Weiterversicherung.

Neben dieser Selbstversicherung gibt es auch in der Pensionsversicherung nach dem ASVG eine „Selbstversicherung bei mehrfacher Beschäftigung".

Die Höherversicherung

Die Höherversicherung dient der Erhöhung der zu erwartenden Leistungen. Sie kann nur parallel zu einer bestehenden Pflicht-, Weiter- oder Selbstversicherung eingegangen werden. Eine Höherversicherung gibt es in allen Pensionsversicherungen und in der Unfallversicherung nach dem ASVG. Trotz der gleichen Bezeichnung wirkt sich diese Versicherung in den Pensionsversicherungen anders aus als in der Unfallversicherung. Während in letzterer die Bemessungsgrundlage zufolge eines jährlichen fixen Beitrages angehoben wird, bewirkt in den Pensionsversicherungen eine in beliebiger Höhe (die allerdings nach oben hin begrenzt ist) getätigte Höherversicherung eine von der Bemessungsgrundlage unabhängige Leistungssteigerung.

In der **Unfallversicherung nach dem ASVG** können sich selbständig Erwerbstätige (in der Unfallversicherung Teilversicherte) höherversichern. Die Bundesländer oder Gemeinden können Mitglieder der freiwilligen Feuerwehren höherversichern lassen. Das gleiche gilt für Organisationen wie das Österreichische Rote Kreuz, freiwillige Wasserwehren usf.

Die **Höherversicherung in den Pensionsversicherungen** können Personen, die pflicht- oder freiwillig versichert sind, eingehen. Nach Vollendung des 60. Lebensjahres (bei Frauen des 55. Lebensjahres) kann man die Höherversicherung nicht mehr erstmals aufnehmen.

Im großen und ganzen kann gesagt werden, daß eine Höherversicherung die Höhe einer späteren Leistung für den Versicherten vorteilhaft beeinflussen kann. Zudem kann bei einer freiwilligen zusätzlichen Beitragsleistung im Wege dieser Versicherung das Verhältnis zwischen gegenwärtigem Aufwand und späterem Ertrag leicht abgeschätzt werden. Auch der steuerliche Nutzen infolge der Absetzbarkeit der Versicherungsbeiträge sollte in die Überlegungen bezüglich einer allfälligen Höherversicherung miteinbezogen werden. Unbedingt abzuraten von einer Höherversicherung in der Pensionsversicherung ist jenen Versicherten, die aller Voraussicht nach weit weniger Versicherungszeiten als 24 Jahre erwerben werden. Eine Höherversicherung kann sich nämlich bei der Pensionsbemessung erst dann voll auswirken, wenn mehr als 290 Versicherungsmonate vorliegen.

Die Zusatzversicherung

Eine Zusatzversicherung gibt es in der gewerblichen Krankenversicherung und neuerdings auch in der ASVG-Unfallversicherung.

In der Krankenversicherung nach dem GSVG können sich Pflichtversicherte zusatzversichern, wenn sie noch nicht älter als 60 Jahre sind. Die Zusatzversicherung bewirkt bei Arbeitsunfähigkeit infolge Krankheit einen Anspruch auf Kranken- bzw. Taggeld, bei Mutterschaft auf Wochengeld.

In der Unfallversicherung nach dem ASVG besteht für die Mitglieder von Rettungsorganisationen (Rotes Kreuz, freiwillige Feuerwehren usw.) die Möglichkeit einer (weiteren) Erhöhung der Bemessungsgrundlage.

Die Familienversicherung

In der Krankenversicherung nach dem GSVG kann für die Ehegattin, den Ehegatten, für gewisse Verwandte und Verschwägerte des Versicherten und für eine in häuslicher Gemeinschaft mit den Versicherten lebende Haushaltsführerin der Krankenversicherungsschutz durch eine Familienversicherung herbeigeführt werden. Die angeführten Personen müssen sich im Inland aufhalten und dürfen sonst nicht krankenversichert sein.

Versicherungsdauer

Beginn der Versicherung

Da eine **Pflichtversicherung** unabhängig vom Willen der zu versichernden Person kraft Gesetzes eintritt, beginnt sie in der Regel mit dem Tag, an dem die Voraussetzungen für die Versicherung eintreten. Das ist bei Dienstnehmern der Tag des Antrittes der Beschäftigung, bei selbständig Erwerbstätigen der Tag der Aufnahme der Tätigkeit oder der Erteilung der amtlichen Bewilligung für diese. Eine Pflichtversicherung in der Sozialversicherung der Bauern fängt immer mit einem Monatsersten an.

Wenn ein Dienstnehmer auf der Anreise zur erstmaligen Aufnahme einer Arbeit einen Unfall erleidet, dann ist er bereits zur Unfallszeit unfallversichert, weil die Pflichtversicherung schon ab dem Beginn des Tages der Beschäftigungsaufnahme besteht.

Die Krankenversicherung von Pensionsbeziehern nach dem ASVG setzt mit dem Tage ein, an dem der Bescheid über die Pensionszuerkennung zugestellt wird. Bauern- und Gewerbepensionisten sind ab dem Pensionsanfall pflichtversichert in der Krankenversicherung. Damit die Pensionswerber nicht vom Antrag bis zur Pensionsgewährung ohne Krankenversicherungsschutz dastehen, müssen die Pensionsversicherungsträger auf Antrag eine Bescheinigung über den voraussichtlichen Beginn der Krankenversicherung ausstellen, wenn die Zuerkennung der Pension wahrscheinlich ist. Der Antrag auf diese vorläufigen Bescheinigungen ist in den Formularen zur Beantragung einer Pension schon vorgedruckt.

Eine **Weiterversicherung in der Pensionsversicherung** beginnt mit einem vom Versicherten gewählten Monatsersten, spätestens mit jenem nach der Antragstellung.

Die **Weiterversicherung in der Krankenversicherung** nach dem BSVG und nach dem GSVG schließt unmittelbar an die vorherige Krankenversicherung an.

Eine **Selbstversicherung in der Unfallversicherung** (ASVG und BSVG) fängt mit dem auf den Versicherungsbeitritt folgenden Tag an.

Eine **Selbstversicherung in der Krankenversicherung** (ASVG) setzt bei Personen, die schon vorher – aber nicht nach dem Gewerblichen-Sozialversicherungsgesetz oder dem Bauern-Sozialversicherungsgesetz – krankenversichert waren, die vorangegangene Versicherung fort, wenn der Antrag auf Selbstversicherung innerhalb von sechs Wochen nach dem Ende der Vorversicherung eingebracht wird. Ansonsten beginnt die Selbstversicherung mit dem auf die Beantragung folgenden Tag. Personen, die schon einmal nach dem BSVG oder GSVG krankenversichert waren, können sich gemäß dem ASVG erst nach fünf Jahren nach dem Austritt aus der Krankenversicherung der Selbständigen selbstversichern lassen. Damit wollte man offenbar eine Konkurrenz zwischen der Weiterversicherung in den Krankenversicherungen nach dem BSVG und GSVG und der allgemein zugänglichen Selbstversicherung in der Krankenversicherung nach dem ASVG ausschalten.

Der Tag des Beginns einer **Höherversicherung in einer Pensionsversicherung** ist gesetzlich nicht ausdrücklich festgesetzt. Da es diese Versicherung nur neben einer Pflicht- oder einer anderen freiwilligen Versicherung gibt, kann man – so wie zur Weiterversicherung – auf zwei Jahre zurück Beiträge entrichten.

Eine **Höherversicherung in der Unfallversicherung** (ASVG) tritt mit dem auf das Einlangen der Anmeldung beim Versicherungsträger folgenden Tag ein.

Die **Zusatzversicherung in der Unfallversicherung** (ASVG) der Mitglieder der freiwilligen Feuerwehren, der Landesverbände des Österreichischen Roten Kreuzes u. a. beginnt mit der Mitgliedschaft zu der entsprechenden Körperschaft (Vereinigung).

Die **Zusatzversicherung** und die **Familienversicherung** in der **Krankenversicherung nach dem GSVG** beginnen mit dem auf die Antragstellung folgenden Monatsersten. Wenn sie anläßlich des Beginns einer Pflichtversicherung und innerhalb von vier Wochen nach Zustellung der Verständigung über den Eintritt der Versicherungspflicht beantragt werden, so beginnen diese Versicherungen – sofern dies ausdrücklich gewünscht wird – gleichzeitig mit der Pflichtversicherung.

Ende der Versicherung

Eine **Pflichtversicherung** endet zur gleichen Zeit wie ein die Versicherung auslösendes Beschäftigungs-, Lehr- oder Ausbildungsverhältnis. Gebührt darüber hinaus Entgelt, so fällt das Versicherungsende mit dem Ablauf des Entgeltanspruchs zusammen. Die Pflichtversicherung von selbständig Erwerbstätigen geht mit der Aufgabe der sie bewirkenden Tätigkeit zu Ende, wobei in den verschiedenen Gesetzen im einzelnen festgelegt ist, ob sie auf den Tag genau oder mit dem ersten oder letzten Tag eines Kalendermonats zu bestehen aufhört.

Die Krankenversicherung der Pensionisten endet mit Ablauf des Kalendermonats, für den die Pension letztmals im Inland ausgezahlt wird. Wenn ein Antrag auf Pension abgelehnt wird, dann endet die Krankenversicherung zufolge der vorläufigen Bescheinigung mit der Zustellung des Bescheides über die Ablehnung.

Die **Weiterversicherung in einer Pensionsversicherung** endet mit dem neuerlichen Beginn einer Pflichtversicherung, dem Anfall einer Eigenpension des Versicherungsberechtigten, dem Ende des Monats, in dem der Versicherte seinen Austritt erklärt hat, oder mit dem Ende des letzten erworbenen Versicherungsmonats, wenn die Beiträge für mehr als sechs aufeinanderfolgende Monate nicht entrichtet worden sind.

Die **Weiterversicherung in der Krankenversicherung nach dem GSVG** endet mit dem Eintritt der Versicherungspflicht in irgendeiner Krankenversicherung, der Aufgabe des Inlandswohnsitzes, dem Ende des Monats, in dem der Versicherte seinen Austritt erklärt hat, oder durch Ausschluß aus der Versicherung (bei einem auch nur teilweisen Beitragsrückstand für drei aufeinanderfolgende Monate).

Die **Weiterversicherung in der Krankenversicherung nach dem BSVG** endet mit dem Eintritt der Versicherungspflicht in irgendeiner Krankenversicherung, der Aufgabe des Inlandswohnsitzes, dem Ende des Monats, in dem der Versicherte seinen Austritt erklärt hat, oder nach dem auch nur teilweisen Rückstand von zwei Monatsbeiträgen.

Die **Selbstversicherung in der Krankenversicherung nach dem ASVG** schließt mit dem Beginn einer Pflichtversicherung oder mit dem Verzug ins Ausland ab. Außerdem hört sie auf, wenn der Versicherte seinen Austritt erklärt oder ein Beitragsrückstand für zwei Monate besteht. In diesen Fällen muß die Versicherung aber mindestens sechs Monate gedauert haben, wenn der Austritt oder das Nichtbezahlen der Beiträge nicht deshalb erfolgt, weil der Selbstversicherte durch seine Angehörigeneigenschaft anderwärts den Versicherungsschutz einer Krankenversicherung erlangt hat. Da Studenten beitragsmäßig begünstigt sind, ist für sie ein eigener Versicherungsschluß statuiert worden. Ihre Selbstversicherung endet drei Monate nach dem Studienabschluß (Schulabgang). Anschließend können sie sich zum normalen Beitragssatz selbstversichern.

Die **Selbstversicherung in der Unfallversicherung nach dem ASVG und BSVG** endet mit dem Wegfall der Voraussetzungen – das heißt, wenn eine Pflichtversicherung anfängt oder der Selbstversicherte seinen Wohnsitz im Inland aufgibt –, mit dem freiwilligen Austritt oder wenn der fällige Beitrag nicht binnen einem Monat nach schriftlicher Mahnung eingezahlt wird.

Das Ende der **Höherversicherung in einer Pensionsversicherung** kann der

Versicherte selbst bestimmen, indem er keine Beiträge mehr entrichtet. Die Versicherung kann sodann jederzeit wieder begonnen werden.

Eine **Höherversicherung in der Unfallversicherung** läuft aus, wenn der Beitrag nicht innerhalb eines Monats nach schriftlicher Mahnung bezahlt worden ist.

Die **Zusatzversicherung in der Unfallversicherung** für Feuerwehr-, Rotkreuzmänner und Mitglieder anderer Hilfsorganisationen dauert so lange wie die entsprechende Mitgliedschaft.

Eine **Zusatzversicherung in der gewerblichen Krankenversicherung** erlischt mit dem Ende der Pflichtversicherung. Überdies endet sie bei Aufkündigung durch den Versicherten oder im Falle der Nichtentrichtung der vollen Zusatzbeiträge für drei Monate.

Eine **Familienversicherung in der gewerblichen Krankenversicherung** endet, wenn die Voraussetzungen (Inlandsaufenthalt, keine Krankenversicherungspflicht) wegfallen, wenn sie aufgekündigt wird oder wenn man wegen einer auch nur teilweisen Beitragsschuld für mehr als drei Monate davon ausgeschlossen wird.

Melde- und Auskunftspflichten

Ein Versicherungsverhältnis entsteht oder erlischt aufgrund bestimmter Sachverhalte, ohne daß dazu eine Meldung der entsprechenden Tatsachen durch den Betroffenen notwendig wäre. Zur Abwicklung einer Versicherung benötigt der Versicherungsträger jedoch gewisse Daten. Damit ihm diese unaufgefordert gemeldet oder über Anfrage mitgeteilt werden, ist in den Sozialversicherungsgesetzen genau festgelegt, was von wem zu melden ist und wer welche Auskünfte zu erteilen hat. Selbstverständlich gibt es auch Strafbestimmungen für den Fall der Verletzung der Melde- und Auskunftspflichten.

Grundsätzlich sind **nach dem ASVG** die Pflichtversicherten nach Beginn und Ende der Versicherung beim Versicherungsträger an- und abzumelden. Desgleichen müssen alle für das Versicherungsverhältnis bedeutsamen Änderungen, wie Änderungen in der Verdiensthöhe oder Unterbrechungen des Entgeltanspruches, gemeldet werden.

Die Meldungen für die Versicherung von Dienstnehmern sind binnen 3 Tagen vom Dienstgeber an den zuständigen Krankenversicherungsträger zu erstatten; sie beziehen sich auch auf das Versicherungsverhältnis in der Unfall-, Pensions- und Arbeitslosenversicherung. Für Personen, für die nur in der Unfall- oder Pensionsversicherung die Versicherungspflicht besteht, sind die Meldungen an die zuständige Unfallversicherungs- oder Pensionsversicherungsanstalt zu richten.

Selbständig erwerbstätige Versicherungsnehmer haben die Meldungen selber zu machen. Für Versicherte zufolge einer Ausbildung sind von der Einrichtung, bei der die zur Versicherung führende Ausbildung stattfindet, die Meldungen zu erbringen. Die Meldepflicht bezüglich der Krankenversicherung der Pensionisten haben die Pensionsversicherungsträger.

Auch die freiwillig Versicherten müssen alle für die Versicherung bedeutsamen Änderungen dem Versicherungsträger, bei dem sie versichert sind, melden. Vor allem anderen ist die Aufnahme einer Pflichtversicherung, die die freiwillige Versicherung ausschließt, dem Versicherer zu berichten.

Die meldepflichtigen Personen und Stellen haben den Versicherungsträgern über Anfrage binnen 14 Tagen über alle für das Versicherungsverhältnis maßgebenden Umstände wahrheitsgemäß Auskünfte zu erteilen und während der Betriebszeit Einsicht in Geschäftsbücher und Aufzeichnungen zu gewähren. Der gleichen Auskunftspflicht haben auch die Versicherten selbst nachzukommen.

Verstöße gegen die Melde- und Auskunftspflichten (Nichtmeldung, Verweigerung von Auskünften, unwahre Angaben in Meldungen und falsche Auskünfte) in bezug auf ein Pflichtversicherungsverhältnis stellen eine Verwaltungsübertretung dar. Diese kann, wenn die Handlung nicht nach anderen Bestimmungen einer strengeren Strafe unterliegt, von der Bezirksverwaltungsbehörde mit einer Geldstrafe bis zu S 6000,–, bei Uneinbringlichkeit mit Arrest bis zu zwei Wochen geahndet werden.

Die Melde- und Auskunftspflichten sind im Bauern-Sozialversicherungsgesetz und im Gewerblichen-Sozialversicherungsgesetz **ähnlich** wie im ASVG geregelt.

Antragsteller und Zahlungsempfänger

Zur Stellung eines Antrages und zum Empfang der vom Sozialversicherungsträger auszuzahlenden Leistungen ist der Anspruchswerber bzw. Anspruchsberechtigte selbst, wenn dieser aber geschäftsunfähig oder ein beschränkt geschäftsfähiger Unmündiger ist, sein gesetzlicher Vertreter berechtigt. Mündige Minderjährige zum Beispiel sind nur für Leistungen, die ihnen aufgrund ihrer eigenen Versicherung zustehen, selbst empfangsberechtigt, sonst ihre gesetzlichen Vertreter.

Der Anspruch auf die Leistungen der Krankenversicherung **für Angehörige** kann auch vom Angehörigen selbst oder dessen gesetzlichem Vertreter dann unmittelbar geltend gemacht werden, wenn der Leistungsanspruch des Versicherten selbst ruht oder wenn der Versicherte ohne triftigen Grund die Antragstellung verweigert. In diesen Fällen ist der Antragsteller dann auch der Empfangsberechtigte.

Verweigert der Versicherte selbst für sich eine Antragstellung oder die Empfangnahme der vom Sozialversicherungsträger zu leistenden Zahlung, so könnte nur eine beim zuständigen Bezirksgericht von den dazu berechtigten Angehörigen zu beantragende – bzw. von jedermann anregbare amtswegige – Entmündigung des Versicherten zum Ziele führen: dann kann der gesetzliche Vertreter den Antrag einbringen bzw. die Zahlung empfangen.

Die Leistungen der Krankenversicherung

Die Krankenversicherung gewährt – nur auf Antrag! – Leistungen aus den Versicherungsfällen der Krankheit, der Arbeitsunfähigkeit infolge Krankheit, der Mutterschaft und des Todes. Darüber hinaus hat sie für die Verhütung und Früherkennung von Krankheiten (durch Jugendlichen- und Gesundenuntersuchungen), für Zahnbehandlung und Zahnersatz sowie für die Hilfe bei körperlichen Gebrechen vorzusorgen. Außerdem obliegt den Trägern der Krankenversicherung die Früherfassung der für Maßnahmen der Rehabilitation der Unfall- und Pensionsversicherung in Betracht kommenden Personen.

Die Leistungen der Krankenversicherung werden nicht nur für den Versicherten, sondern auch für seine Angehörigen gewährt, wenn sich diese im Inland aufhalten und nicht krankenversichert sind. Während in den anderen Zweigen der Krankenversicherung der Versicherte Anspruchsberechtigter auch im Falle der Leistung an seine Angehörigen ist, sind in der Beamten-Krankenversicherung die Angehörigen selbst anspruchsberechtigt. Als Angehörige gelten: die Ehegattin (bei aufrechter Ehe), der erwerbsunfähige Ehegatte, eheliche, uneheliche und legitimierte Kinder und Wahlkinder, ferner Stiefkinder und Enkel, wenn sie mit dem Versicherten ständig in Hausgemeinschaft leben, und Pflegekinder, die vom Versicherten unentgeltlich verpflegt werden.

Nach dem ASVG gelten als Angehörige auch die Mutter, Wahl-, Stief- und Pflegemutter, die Tochter, Wahl-, Stief- und Pflegetochter, die Enkelin oder die Schwester des Versicherten. Diese Personen erlangen die Angehörigeneigenschaft aber nur dann, wenn sie mit dem Versicherten seit mindestens zehn Monaten in Hausgemeinschaft leben und ihm seit dieser Zeit unentgeltlich den Haushalt führen. Die angeführten Personen sind nur dann als Angehörige eines männlichen Versicherten anzusehen, wenn eine arbeitsfähige Gattin nicht im Haushalt des Versicherten lebt.

Auch die Lebensgefährtin eines Versicherten gilt hinsichtlich der Inanspruchnahme von Krankenversicherungsleistungen als seine Angehörige. In der gewerblichen Krankenversicherung muß jedoch für den Versicherungsschutz der Lebensgefährtin eine Familienversicherung abgeschlossen werden. In der Krankenversicherung der Bauern gibt es Leistungen für die Lebensgefährtin unter der Bedingung, daß diese ihren Lebensunterhalt überwiegend aus dem Ertrag des Betriebes bestreitet und keiner Beschäftigung außerhalb des Betriebes nachgeht.

Im Falle des gleichzeitigen Bestehens mehrerer Versicherungsverhältnisse wegen Ausübung verschiedener Berufe gebühren die Barleistungen aus der Krankenversicherung nebeneinander aus jeder einzelnen Versicherung. Sachleistungen, wie ärztliche Hilfe, Anstaltspflege, Heilmittel usf., können naturgemäß nur einmal in Anspruch genommen werden. Kommt einer Person mehrfach die Angehörigeneigenschaft zu (z. B. einem Kind, dessen beide Elternteile versichert sind), dann können für diese Person die Leistungen der Krankenversicherung nur einmal gewährt werden. Sowohl bei einer Mehrfachversicherung als auch bei einer mehrfachen Angehörigeneigenschaft ist für Sachleistungen der zuerst in Anspruch genommene Versicherungsträger leistungspflichtig.

Die Leistungen der Krankenversicherung werden grundsätzlich nur dann gewährt, wenn der Versicherungsfall während der Versicherung eingetreten ist. Eine Krankenbehandlung und eine Anstaltspflege stehen aber auch zu, wenn die Krankheit zur Zeit des Beginns der Versicherung schon bestanden hat. Die Leistungen sind über das Ende der Versicherung hinaus zu gewähren, solange die Voraussetzungen für den Anspruch gegeben sind.

In der Krankenversicherung nach dem ASVG werden Leistungen auch gewährt, wenn der Versicherungsfall erst innerhalb einer dreiwöchigen Schutzfrist nach Ende des Versicherungsverhältnisses eintritt.

Unter **Krankheit** versteht man im Sozialversicherungsrecht einen regelwidrigen Körper- oder Geisteszustand, der die Krankenbehandlung notwendig macht. Der Versicherungsfall der Krankheit tritt mit Beginn der Krankheit ein. Aus dem

Versicherungsfall der Krankheit wird entweder Krankenbehandlung, Hauskrankenpflege oder Anstaltspflege gewährt.

Krankenbehandlung

Die **Krankenbehandlung** umfaßt ärztliche Hilfe, Heilmittel und Heilbehelfe. Die Krankenbehandlung muß ausreichend und zweckmäßig sein. Kosmetische Behandlungen gelten als Krankenbehandlung, wenn sie zur Beseitigung anatomischer oder funktioneller Krankheitszustände dienen. Andere kosmetische Behandlungen werden freiwillig auf Krankenkassenkosten durchgeführt, wenn sie aus Berufsgründen notwendig oder der vollen Wiederherstellung der Arbeitsfähigkeit förderlich sind.

Die Krankenbehandlung wird während der Versicherung für die Dauer der Krankheit ohne zeitliche Begrenzung gewährt. Besteht die Notwendigkeit der Krankenbehandlung über die Versicherungsdauer hinaus, so wird sie, wenn es sich um denselben Versicherungsfall handelt, auch ohne zeitliche Begrenzung gewährt.

Die **ärztliche Hilfe** kann durch Vertragsärzte, durch Wahlärzte, durch Ärzte in eigenen Einrichtungen (Krankenhäuser, Ambulatorien) oder durch Ärzte in Vertragseinrichtungen der Krankenversicherungsträger gewährt werden. Zur ärztlichen Hilfe gehören auch eine laut ärztlicher Verschreibung erforderliche physikotherapeutische oder logopädisch-phoneatisch-audiometrische Behandlung durch Personen mit einer entsprechenden Berechtigung.

Die ärztliche Hilfe, die von einem ASVG-Versicherungsträger zu leisten ist, wird gratis gewährt. Wenn aber ein Arzt, der kein Vertragspartner ist, in Anspruch genommen wird, dann muß der Versicherte das Arzthonorar selbst begleichen. Die Krankenkasse ersetzt sodann den Betrag, der ihr erwachsen wäre, wenn ein Vertragsarzt die ärztliche Hilfe erbracht hätte. Wird ärztliche Hilfe beansprucht, so ist ein Krankenschein vorzulegen.

In den Versicherungen der Bauern, Gewerbetreibenden und Beamten gibt es eine Kostenbeteiligung (20%) des Versicherten oder Anspruchsberechtigten im Falle der Entgegennahme von ärztlicher Hilfe.

Die im Rahmen der Krankenbehandlung zu erbringenden **Heilmittel** umfassen die notwendigen Arzneien und die sonstigen Mittel, die zur Beseitigung oder Linderung der Krankheit oder zur Sicherung des Heilerfolges dienen. Unter „sonstige Mittel“ fallen z. B. Verbandstoffe oder das äußere Einwirken auf den Körper (Einreibung, Massage).

Die Kosten für Heilmittel werden in der Krankenversicherung nach dem ASVG und in jener der Beamten von den Versicherungsträgern übernommen. Die Versicherten und Angehörigen sind insofern an den Kosten für die Medikamente beteiligt, als für jedes Heilmittel eine Rezeptgebühr von S 20,— zu entrichten ist. Diese Rezeptgebühr wird auch in den Versicherungen der Bauern und Gewerbetreibenden bei der Gewährung von Heilmitteln eingehoben. (Darüber hinaus muß in diesen Versicherungen noch der weitere Kostenbeitrag von 20% vom Leistungsnehmer geleistet werden.)

Von der Rezeptgebühr sind Bedürftige, wie Ausgleichszulagen- und Notstandshilfe-Bezieher befreit. Im Fall von ansteckenden Krankheiten darf eine Rezeptgebühr von den Krankenversicherungsträgern nicht eingehoben werden.

Als **Heilbehelfe** zur Krankenbehandlung werden in der Krankenversicherung nach dem ASVG u. a. Brillen, orthopädische Einlagen, Bruchbänder, elastische

Binden und Hüftendoprothesen (Mooreprothesen) in einfacher und zweckentsprechender Form mit einem in allen Versicherungen einheitlichen Selbstbehalt von mindestens S 156,– an Kostenbeteiligung durch den Empfänger gewährt.

Die Anstaltspflege

Grundsätzlich ist die Anstaltspflege zu gewähren, wenn und solange es die Art der Krankheit erfordert. Für die Anstaltspflege gibt es in der Regel keine zeitliche Begrenzung. Ist bei Versicherten nach dem ASVG jedoch der Versicherungsfall nach Ende des Versicherungsverhältnisses innerhalb der dreiwöchigen Schutzfrist eingetreten, dann kann die Anstaltspflege längstens 26 Wochen gewährt werden.

Der Qualität nach wird die Anstaltspflege in Form derjenigen der allgemeinen Gebührenklasse einer öffentlichen Krankenanstalt erbracht. Bei Unterbringung in einem privaten Krankenhaus kommt die Krankenversicherung nur für jene Kosten auf, die einem Aufenthalt in der allgemeinen Gebührenklasse einer öffentlichen Krankenanstalt entsprechen.

Bei der Anstaltspflege von Angehörigen trägt der Krankenversicherungsträger nach dem ASVG während der ersten vier Wochen nur 90% des Pflegegebührensatzes. Ab Beginn der fünften Woche wird die Anstaltspflege zur Gänze gewährt. In der Bauernkrankenversicherung müssen für die ersten vier Wochen einer Anstaltspflege des Versicherten oder eines Angehörigen 20% der Kosten vom Versicherten übernommen werden.

Die Hauskrankenpflege

In der Krankenversicherung nach dem ASVG gibt es für den Fall, daß eine ausreichende Pflege des Erkrankten durch einen Haushaltsangehörigen nicht möglich ist, als freiwillige Leistung die Hauskrankenpflege. Diese kann auch aus einem sonstigen wichtigen Grund (z. B. mangels Transportfähigkeit des Erkrankten) gewährt werden. Sie wird durch Beistellung einer Pflegeperson oder durch Gewährung von Zuschüssen zu den Kosten für eine Pflegeperson geleistet.

Leistungen bei Arbeitsunfähigkeit infolge Krankheit

Der Versicherungsfall der Arbeitsunfähigkeit infolge Krankheit tritt mit dem Beginn der durch eine Krankheit herbeigeführten Arbeitsunfähigkeit ein. Diesen Versicherungsfall gibt es nur in der Krankenversicherung nach dem ASVG und bei einer Zusatzversicherung in der gewerblichen Krankenversicherung. Aus dem Versicherungsfall der Arbeitsunfähigkeit infolge Krankheit werden Kranken-, Familien- oder Taggeld gewährt.

Anspruch auf **Krankengeld** haben Pflichtversicherte aufgrund einer Erwerbstätigkeit. Für andere Pflichtversicherte und für freiwillig Versicherte besteht kein Anspruch auf Krankengeld.

Für ein und denselben Versicherungsfall gebührt das Krankengeld ab dem 4. Tag der Arbeitsunfähigkeit bis zur Höchstdauer von 78 Wochen.

Das Krankengeld beträgt vom 4. bis zum 42. Tag der Arbeitsunfähigkeit 50%, und ab dem 43. Tag der Arbeitsunfähigkeit 60% der Bemessungsgrundlage. Für Angehörige, die nur ein geringes Einkommen haben, erhöht sich das Krankengeld. Die Erhöhung beträgt für den Ehegatten bis zu 10% und für jeden weiteren Angehörigen bis zu 5% der Bemessungsgrundlage. Das Gesamtausmaß des erhöhten Krankengeldes darf 75% der Bemessungsgrundlage nicht übersteigen. Die **Bemessungsgrundlage** ist der Tageswert der Lohnstufe aufgrund des letzten Monatsverdienstes vor Eintritt des Versicherungsfalles, erhöht um einen fixen Prozentsatz (14 oder 17%) für die Sonderzahlungen.

Das Krankengeld gebührt nicht, wenn die Arbeitsunfähigkeit Folge einer schuldhaften Beteiligung an einem Raufhandel oder unmittelbare Folge von Trunkenheit oder des Mißbrauchs von Suchtgiften ist.

Das Krankengeld ruht, solange Anstaltspflege auf Rechnung eines Versicherungsträgers bezahlt wird oder der Versicherte Anspruch auf mehr als 50% der vollen Geld- und Sachbezüge hat oder Übergangsgeld aus der Unfall- oder Pensionsversicherung gezahlt wird. „Ruhen" bedeutet, daß zwar Anspruch auf Krankengeld besteht, dasselbe aber nicht ausgezahlt wird.

Familien- oder Taggeld gebührt anstelle des Krankengeldes, wenn dem Versicherten Anstaltspflege auf Rechnung eines Versicherungsträgers gewährt wird. Anspruch auf ein Familiengeld hat ein Versicherter, der Angehörige hat. Das Taggeld gebührt alleinstehenden Versicherten. Beide Leistungen werden in Prozenten von der Bemessungsgrundlage bemessen, je nachdem, ob Anspruch auf 50% der Bezüge oder weniger besteht.

In der Krankenversicherung der gewerblichen Wirtschaft gibt es für zusatzversicherte Personen Kranken-, Familien- oder Taggeld.

Zahnbehandlung und Zahnersatz

Als Leistungen der Zahnbehandlung werden chirurgische oder konservierende Zahnbehandlung sowie Kieferregulierungen geleistet. Nach dem ASVG werden diese Leistungen zur Gänze von der Versicherung getragen, während in den anderen Krankenversicherungen als Kostenbeteiligung vom Leistungsempfänger 20% des Aufwands zu erbringen sind.

Der unentbehrliche Zahnersatz wird von der Versicherung unter Kostenbeteiligung des Versicherten gewährt. In der Krankenversicherung der Bauern werden Kostenzuschüsse gewährt.

Leistungen bei Mutterschaft

Der Versicherungsfall der Mutterschaft umfaßt die Schwangerschaft, die Entbindung und die sich daraus ergebenden Folgen. An Sachleistungen werden ärztlicher Beistand, Hebammenbeistand, Heilmittel und Heilbehelfe sowie Pflege in einer Krankenanstalt oder in einem Entbindungsheim gewährt. Barleistungen in Form des Wochengeldes und Entbindungsbeitrages werden, außer in der Krankenversicherung der Bauern, in allen Versicherungen erbracht.

Das **Wochengeld** gebührt in der Krankenversicherung nach dem ASVG und in der gewerblichen Krankenversicherung, seit 1. Juli 1982 grundsätzlich auch für Mütter, die in der gewerblichen Wirtschaft oder in der Land- und Forstwirtschaft selbständig erwerbstätig sind, in den letzten acht Wochen vor der voraussichtlichen Entbindung, am Tag der Entbindung und in den ersten acht Wochen nach der Entbindung. Bei Früh- oder Mehrlingsgeburten sowie nach einer Kaiserschnittentbindung wird das Wochengeld zwölf Wochen lang nach der Entbindung gezahlt. Nach dem ASVG gebührt das Wochengeld in der Höhe des durchschnittlichen Nettoverdienstes der letzten 13 Wochen (3 Monate). In der gewerblichen Krankenversicherung ist das Wochengeld ebensohoch wie das Krankengeld für zusatzversicherte Personen.

Für Mütter, die in der gewerblichen Wirtschaft oder in der Land- und Forstwirtschaft selbständig erwerbstätig sind, kann die Hilfe in Form der Betriebshilfe, das ist die Beistellung einer Arbeitskraft oder in Form eines täglichen Wochengeldes von S 250,– erfolgen.

Der **Entbindungsbeitrag** war eine einmalige Geldleistung. Er gebührte nach dem ASVG in der Höhe von S 1000,– bis S 2000,–. Nach dem GSVG betrug er S 3000,–. In der Krankenversicherung der Beamten belief sich der Entbindungsbeitrag für jedes Kind auf 10% der Bemessungsgrundlage (Beitragsgrundlage plus ein Sechstel). Er wurde mit 1. Jänner 1982 aufgehoben.

Leistungen aus dem Versicherungsfall des Todes

Beim Tod eines Versicherten oder Angehörigen (auch Totgeburt) wird ein Bestattungskostenbeitrag aus der Krankenversicherung gewährt. Nach dem ASVG, GSVG und BSVG beträgt der Bestattungskostenbeitrag beim Tod des Versicherten oder eines Angehörigen S 6000,–; im Fall einer Totgeburt S 1000,–.

Der Bestattungskostenbeitrag dient in erster Linie zur Begleichung der Begräbniskosten und wird deshalb an denjenigen gezahlt, der die Kosten der Bestattung getragen hat.

Leistungen der Unfallversicherung

Aus der Unfallversicherung werden Leistungen gewährt, wenn der Versicherte als Folge eines Arbeitsunfalles oder einer Berufskrankheit eine körperliche Schädigung erlitten hat oder aus einem dieser Gründe gestorben ist. Die Unfallversicherung unterhält auch einen Unfallverhütungsdienst.

Die Leistungen der Unfallversicherung werden zum Unterschied von denen der Kranken- und Pensionsversicherung von Amts wegen gewährt. Zur Einleitung eines entsprechenden Verfahrens durch den Unfallversicherungsträger sind die Betriebsinhaber und sonstige meldepflichtige Personen gehalten, jeden Arbeitsunfall, durch den eine versicherte Person getötet oder drei Tage ganz oder teilweise arbeitsunfähig geworden ist, binnen fünf Tagen zu melden. Ärzte sind verpflichtet, beim Verdacht einer Berufskrankheit eine Meldung an den Unfallversicherungsträger zu erstatten. Für den Fall, daß ein amtswegiges Verfahren nicht durchgeführt wurde, werden die Leistungen der Unfallversicherung auch über Antrag zuerkannt.

Ein **Arbeitsunfall** in der Unfallversicherung des Unselbständigen und des Selbständigen in der gewerblichen Wirtschaft und in der Landwirtschaft ist ein Unfall, der sich im örtlichen, zeitlichen und ursächlichen Zusammenhang mit der die Versicherung begründenden Beschäftigung ereignet. In der Unfallversicherung der Beamten heißt er Dienstunfall. Bei den unfallversicherten Schülern und Studenten stehen jene Unfälle unter dem Versicherungsschutz, die sich im Unterricht oder bei Schulveranstaltungen (Skikurse etc.) ereignen.

Zu den Arbeitsunfällen zählen auch die „Wegunfälle" (auf dem Weg zur und von der Arbeits- oder Ausbildungsstätte, vom Arbeitsplatz zu ärztlichen Untersuchungsstellen und zurück oder von dort zur Wohnung, vom Betriebsort zum Mittagessen und zurück, vom Dienstort zur Bank und zurück bei Entgegennahme des Entgelts über ein Gehaltskonto) sowie Unfälle, die sich z. B. während des Essens in der Mittagspause in einem Gasthaus oder in der Wohnung ereignen.

In einem land- oder forstwirtschaftlichen Betrieb sind als Arbeitsunfälle unter Umständen auch anzusehen: Unfälle bei der Arbeit im Haushalt des Betriebsinhabers oder Dienstnehmers, Unfälle bei der Arbeit auf einem Grundstück, dessen Bewirtschaftung dem Dienstnehmer vom Dienstgeber als Entgelt überlassen worden ist, Unfälle bei Arbeiten im Rahmen der Nachbarschaftshilfe für einen fremden Betrieb und Unfälle bei Bauarbeiten zur Errichtung, zum Umbau oder zur Reparatur von Betriebsgebäuden.

Den Arbeitsunfällen sind Unfälle gleichgestellt, die sich bei nachstehenden Tätigkeiten ereignen: als Teilnehmer bei Betriebsversammlungen, bei der Rettung eines Menschen aus tatsächlicher oder vermuteter Lebensgefahr oder dem Versuch einer solchen Rettung, beim Herbeiholen eines Arztes oder einer Hebamme zu einer dringenden Hilfeleistung, bei der Suche nach vermißten Personen, beim Holen eines Seelsorgers zu einem lebensgefährlich Erkrankten oder Verunglückten, bei der Heranziehung zum Blutspenden, beim Besuch beruflicher Schulungs-(Fortbildungs-)Kurse, bei Einsätzen von Mitgliedern der Feuerwehr, des Österreichischen Roten Kreuzes, der freiwilligen Rettungsgesellschaften usw.

Als **Berufskrankheiten** gelten in erster Linie die in einer Anlage zum ASVG bezeichneten Krankheiten, wenn sie auf eine berufliche Beschäftigung in gewissen Betrieben zurückzuführen sind (z. B. Schwerhörigkeit infolge des Lärms aus jeder Art von Betrieb, von beruflicher Tätigkeit in Sämereien oder Mühlen herrührendes Asthma bronchiale, Meniskusschäden bei Bergleuten).

Auch andere Krankheiten werden als Berufskrankheiten anerkannt, sofern im Einzelfall wissenschaftlich festgestellt werden kann, daß die Krankheit eindeutig (zumindest überwiegend) durch die Berufsausübung verursacht wurde.

Die Geldleistungen aus der Unfallversicherung werden anhand einer **Bemessungsgrundlage** festgestellt. Bei unselbständig erwerbstätigen Personen ist die Bemessungsgrundlage der Verdienst im letzten Jahr vor Eintritt des Versicherungsfalles. Für selbständig Erwerbstätige in der gewerblichen Wirtschaft und in der Land- und Forstwirtschaft ist die Bemessungsgrundlage mit jährlich sich ändernden Fixbeträgen im Gesetz festgelegt. In der Beamten-Unfallversicherung ist Bemessungsgrundlage der monatliche Bezug, ohne Begrenzung nach oben.

Bei Ermittlung der Bemessungsgrundlage in der Unfallversicherung der Unselbständigen und der selbständig erwerbstätigen Bauern und Gewerbetreibenden sind alle Dienstverhältnisse, Erwerbstätigkeiten und sonstigen Tätigkeiten zu berücksichtigen, auch wenn sie nebeneinander ausgeübt werden. Die Bemessungsgrundlage beträgt jährlich höchstens das 360fache der täglichen Höchstbeitragsgrundlage, nämlich S 260.340,– im Jahr 1984 (zuzüglich der anrechenbaren Sonderzahlungen).

Die Renten aus der Unfallversicherung werden so wie die Pensionen aus der Pensionsversicherung jedes Jahr angepaßt.

Versehrtenrenten aufgrund einer Minderung der Erwerbstätigkeit bis zu 25% können durch Gewährung eines dem Wert der Rente entsprechenden Kapitals abgefunden werden, jedoch nicht gegen den Willen des Anspruchsberechtigten.

Leistungen bei einer körperlichen Schädigung des Versicherten

Die **Unfallheilbehandlung** muß mit allen geeigneten Mitteln durchgeführt werden, um die Gesundheitsstörung oder Körperbeschädigung oder eine Minderung der Erwerbstätigkeit zu beseitigen oder zumindest zu bessern und ein Verschlimmern der Folgen der Verletzung oder Erkrankung zu verhüten.

Die Unfallheilbehandlung besteht aus ärztlicher Hilfe, Heilmitteln und -behelfen sowie Pflege in einer Kranken-, Kur- oder sonstigen Anstalt.

Die Unfallheilbehandlung wird so lange und so oft geleistet, wie eine Besserung der Folgen des Arbeitsunfalles oder der Berufskrankheit zu erwarten ist. Wenn auf entsprechende Leistungen aus der Krankenversicherung Anspruch besteht, dann ist zuerst der Krankenversicherungsträger leistungspflichtig.

Während der Anstaltspflege auf Kosten eines Versicherungsträgers gebührt einem Versicherten mit Angehörigen **Familiengeld** und einem alleinstehenden Versehrten **Taggeld.** Diese Geldleistungen gibt es nicht in der Unfallversicherung der Beamten (wegen der fortlaufenden Bezüge).

Um Versicherte soweit wiederherzustellen, daß sie im beruflichen und wirtschaftlichen Leben und in der Gemeinschaft wieder einen ihnen angemessenen Platz möglichst dauernd einnehmen können, muß die Unfallversicherung auch **berufliche und soziale Maßnahmen der Rehabilitation** ergreifen. Solche Maßnahmen sind die Ermöglichung einer beruflichen Ausbildung (Umschulung), Zuschüsse und Darlehen zur Adaptierung einer Wohnung, deren Benützung dem Versehrten so erleichtert oder ermöglicht wird, Zuschüsse und Darlehen zum Ankauf oder zur Adaptierung eines Pkw.

Für die Dauer der Ausbildung im Rahmen der Rehabilitation hat der Versehrte Anspruch auf ein **Übergangsgeld,** das, wenn Angehörige vorhanden sind, bis zur Höhe der Bemessungsgrundlage gewährt werden kann.

Wenn es für den Erfolg der Heilbehandlung oder zur Erleichterung der Folgen des Arbeitsunfalles oder der Heilbehandlung notwendig ist, muß der Versehrte mit **Körperersatzstücken, orthopädischen Behelfen und anderen Hilfsmitteln** versorgt werden. Die Beistellung dieser Mittel erfolgt kostenlos.

Wenn und solange die Erwerbsfähigkeit durch die Folgen eines Arbeitsunfalles oder einer Berufskrankheit über drei Monate nach dem Eintritt des Versicherungsfalles hinaus um mindestens 20% vermindert ist, dann besteht Anspruch auf **Versehrtenrente.**

Bei völliger Erwerbsunfähigkeit beträgt die Versehrtenrente jährlich 66⅔% der Bemessungsgrundlage (Vollrente). Bei teilweiser Erwerbsunfähigkeit gebührt der Teil der Vollrente, der der Minderung der Erwerbsfähigkeit entspricht (Teilrente). Bei mindestens 50prozentiger Minderung der Erwerbsfähigkeit gilt man als Schwerversehrter. Schwerversehrten gebührt ein Zuschlag von 20% ihrer Versehrtenrente; außerdem erhalten sie für jedes Kind einen **Kinderzuschuß** von 10% der Versehrtenrente. Bei mehreren Kindern dürfen die Versehrtenrente und die Kinderzuschüsse zusammen nicht höher sein als die Bemessungsgrundlage. Die Versehrtenrenten werden pro Jahr vierzehnmal in der Höhe eines Vierzehntels des Jahresbetrages ausgezahlt. (Das Übergangsgeld beträgt monatlich ein Zwölftel des Jahresbetrages, es wird nicht vierzehnmal im Jahr ausgezahlt.)

Die Versehrtenrente beginnt mit dem auf den Wegfall eines Krankengeldes aus der Krankenversicherung folgenden Tag, bei selbständig Erwerbstätigen mit dem Beginn des dritten Monats nach dem Versicherungsfall und ansonsten mit dem Eintritt des Versicherungsfalles zu laufen. Schüler und Studenten erhalten die Versehrtenrente erst ab dem Tag, an dem der Schulbesuch voraussichtlich abgeschlossen gewesen und der Eintritt ins Erwerbsleben erfolgt wäre.

Beziehern einer Vollrente aus der Unfallversicherung gebührt ein **Hilflosenzuschuß,** wenn sie derart hilflos sind, daß sie ständig der Wartung und Hilfe bedürfen, und die Hilflosigkeit durch den Arbeitsunfall oder die Berufskrankheit verursacht worden ist. Der Hilflosenzuschuß beträgt die monatliche halbe Vollrente, der nach oben mit einem sich jährlich ändernden Betrag begrenzt ist. Der höchste Hilflosenzuschuß zu einer Vollrente beträgt 1984 monatlich S 5168,–.

Wenn einem Bezieher einer Versehrtenrente Anstaltspflege aus der Kranken- oder Unfallversicherung gewährt wird, ruht während der Anstaltspflege die Versehrtenrente. **Ruhen** bedeutet Nichtauszahlung. Das Ruhen tritt jedoch in dem Ausmaß nicht ein, in dem die Rente unmittelbar vor der Anstaltspflege bzw. der sie begründenden Arbeitsunfähigkeit gebührte.

Schülern und Studenten, die infolge eines Arbeitsunfalles oder einer Berufskrankheit derart hilflos sind, daß sie ständig der Wartung und Hilfe bedürfen, gebührt nach Abschluß der Heilbehandlung bis zum Anfall der Versehrtenrente (Vollrente) ein **Pflegegeld** im Ausmaß des kleinsten Hilflosenzuschusses in der Pensionsversicherung. Die Höhe des Pflegegeldes erhöht sich, der Pensionsdynamik entsprechend, jedes Jahr. Im Jahre 1984 beträgt es monatlich S 2194,–.

Versicherten, für die bei Fortsetzung ihrer bisherigen Beschäftigung die Gefahr besteht, daß eine Berufskrankheit auftritt, kann zur Ermöglichung des Berufswechsels längstens für zwei Jahre eine **Übergangsrente** bis zur Höhe der Vollrente gewährt werden. Anstelle der Übergangsrente kann auch ein **Übergangsbetrag** bis zur Höhe einer Jahresvollrente gewährt werden. Beide Leistungen gibt es wegen des weiteren Anspruchs auf Bezüge in der Unfallversicherung der Beamten nicht.

Wenn zu erwarten ist, daß eine Versehrtenrente nicht länger als ein Jahr gebühren wird, dann kann für diese Dauer anstelle der Versehrtenrente ein **Versehrtengeld** gewährt werden. Es gebührt an krankenversicherte Versehrte in der Höhe des Krankengeldes. Für andere Versehrte beträgt es den 60. Teil eines Zwölftels der Bemessungsgrundlage in der Unfallversicherung.

Auch an Schüler und Studenten wird ein Versehrtengeld geleistet.

Leistungen beim Tode eines Versicherten

Ein **Bestattungskostenbeitrag** gebührt, wenn ein Arbeitsunfall oder eine Berufskrankheit Ursache für den Tod des Versicherten war. In der Unfallversicherung der unselbständigen und der selbständig erwerbstätigen Bauern und Gewerbetreibenden gebührt der Bestattungskostenbeitrag in der Höhe des fünfzehnten Teiles der Bemessungsgrundlage, mindestens im Ausmaß des Eineinhalbfachen des Richtsatzes für die Ausgleichszulage von alleinstehenden Pensionsberechtigten. Die Mindesthöhe dieser Leistung beträgt demnach im Jahr 1984 in der angeführten Versicherung S 6555,–. In der

Unfallversicherung der Beamten wird ein Bestattungskostenbeitrag in der Höhe der Bemessungsgrundlage ausgezahlt.

Hinsichtlich der Anspruchsberechtigung auf den Teil des Bestattungskostenbeitrages, der nach Abzug der Begräbniskosten verbleibt, gibt es in der Unfallversicherung eine ähnliche Regelung wie in der Krankenversicherung.

Der Witwe eines Versicherten steht eine **Witwenrente** zu, wenn der Tod des Versicherten auf einen Arbeitsunfall oder auf eine Berufskrankheit zurückzuführen ist; sonst nur eine einmalige **Witwenbeihilfe** im Ausmaß von 40% der Bemessungsgrundlage.

Die Witwenrente gebührt nicht, wenn die Ehe erst nach dem Arbeitsunfall oder nach dem Beginn der Berufskrankheit geschlossen worden und der Tod im ersten Jahr der Ehe eingetreten ist. In einem solchen Fall besteht aber Anspruch auf Witwenrente, wenn in der Ehe ein Kind geboren oder legitimiert wurde oder die Witwe im Zeitpunkt des Todes des Versicherten schwanger war. Das gleiche gilt für die Witwenbeihilfe und für die Witwenrente.

Die **Witwenrente** beträgt jährlich 20% der Bemessungsgrundlage. Sie erhöht sich auf 40% der Bemessungsgrundlage, wenn die Witwe nur zur Hälfte oder weniger erwerbstätig ist oder das 60. Lebensjahr vollendet hat. Die monatliche Auszahlung der Rente ist genauso geregelt wie bei der Versehrtenrente.

Anspruch auf eine Witwenrente hat auch eine Frau, deren Ehe mit dem Versicherten für nichtig erklärt, aufgehoben oder geschieden worden ist, wenn sie zur Zeit des Todes des Versicherten ihm gegenüber unterhaltsberechtigt war. Die Witwenrente an die frühere Frau des Versicherten gebührt in Höhe des Alimentationsanspruches zur Zeit des Todes und darf nicht höher sein als die Leistung, die der Witwe zusteht oder zustünde.

Wenn sich die Bezieherin einer Witwenrente wieder verehelicht, wird ihre Rente mit dem 70fachen des Monatsbetrages abgefertigt. Endet die neue Ehe (Tod des Ehegatten, Scheidung), so lebt die Witwenrente auf Antrag wieder auf, wenn diese Ehe nicht aus dem alleinigen oder überwiegenden Verschulden der Ehefrau aufgelöst worden oder im Falle der Nichtigerklärung die Ehefrau als schuldlos anzusehen ist. Das Aufleben der Witwenrente kann frühestens fünf Jahre nach der Wiederverehelichung eintreten, da die 70 abgefertigten Monatsrenten fünf Jahren entsprechen. Auf die wiederaufgelebte Witwenpension werden alle Einkünfte aufgerechnet, die der Anspruchsberechtigten aus der späteren Ehe zugeflossen sind.

Witwerrente gebührt einem Mann, dessen Frau wegen eines Arbeitsunfalles oder einer Berufskrankheit verstorben ist, wenn ihn die Frau überwiegend erhalten hat und er im Zeitpunkt ihres Todes erwerbsunfähig und bedürftig ist. Die Witwerrente gebührt nur so lange, wie die Erwerbsunfähigkeit und Bedürftigkeit des Witwers andauern und er sich nicht wieder verehelicht.

Die jährliche Witwerrente beträgt 40% der Bemessungsgrundlage.

Unter ganz besonderen Umständen steht auch einem Mann, dessen Ehe mit einer Versicherten bei deren Tod bereits geschieden war, eine Witwerrente zu.

An die Kinder eines wegen eines Arbeitsunfalles oder einer Berufskrankheit verstorbenen Versicherten wird eine **Waisenpension** bis zu ihrem 18. Lebensjahr gewährt. Über besonderen Antrag wird die Waisenpension aus der Unfallversicherung auch über das 18. Lebensjahr hinaus gewährt. Dazu müssen die gleichen Bedingungen wie für die Weitergewährung von Waisenpensionen in der Pensionsversicherung erfüllt sein.

Die Waisenrente beträgt jährlich 20%; wenn beide Elternteile verstorben sind, jährlich 30% der Bemessungsgrundlage.

In der Unfallversicherung der Unselbständigen und der selbständig erwerbstätigen Bauern und Gewerbetreibenden gibt es auch **Eltern- und Geschwisterrenten** an bedürftige Eltern oder Großeltern und an unversorgte Geschwister des Versicherten. Alle Hinterbliebenenrenten, mit Ausnahme derjenigen an eine Frau, deren Ehe mit dem Versicherten geschieden ist, dürfen zusammen nicht 80% der Bemessungsgrundlage übersteigen. Innerhalb dieses Höchstausmaßes werden die einzelnen Leistungen verhältnismäßig gekürzt.

Die Leistungen der Pensionsversicherung

Die Pensionsversicherung gewährt — nur auf Antrag! — Leistungen aus den Versicherungsfällen des Alters, der geminderten Arbeitsfähigkeit und des Todes. Außerdem obliegen ihr Maßnahmen der Rehabilitation und der Gesundheitsvorsorge.

Ein Anspruch auf eine Leistung aus der Pensionsversicherung besteht nur dann, wenn der entsprechende Versicherungsfall eingetreten ist und die allgemeinen und besonderen Leistungsvoraussetzungen erfüllt sind. Der Anspruch entsteht erst mit Erfüllung der letzten dieser Voraussetzungen.

Für die Leistungsbemessung in der Pensionsversicherung ist die Sach- und Rechtslage am Stichtag maßgebend.

Stichtag ist der Tag des Eintritts des Versicherungsfalles (Alter, Arbeitsminderung, Tod), wenn er auf einen Monatsersten fällt, sonst der dem Eintritt des Versicherungsfalles folgende Monatserste. Wird jedoch der Antrag auf eine Leistung aus eigener Versicherung erst nach Eintritt des Versicherungsfalles gestellt, dann ist der Stichtag der Zeitpunkt der Antragstellung, wenn er auf einen Monatsersten fällt, sonst der dem Zeitpunkt der Antragstellung folgende Monatserste.

Bei Leistungen wegen des Todes des Versicherten richtet sich der Stichtag **stets** nach dem Eintritt des Versicherungsfalles.

Die Versicherungszeiten und ihre Anrechenbarkeit

In den Rechtsvorschriften über die Pensionsversicherung hat die tatsächliche oder fingierte Zugehörigkeit zur Versicherung sowohl hinsichtlich des Zustandekommens eines Anspruchs auf Leistung als auch in bezug auf das Ausmaß derselben eine große Bedeutung. Das Gesetz spricht von Versicherungszeiten und versteht unter diesem Begriff einerseits Beitrags- und andererseits Ersatzzeiten. Noch vor dem Antrag auf Pension kann die bescheidmäßige Feststellung der erworbenen Versicherungszeiten beantragt werden.

Beitragszeiten sind Zeiten, in denen jemand pflicht- oder freiwillig versichert war. Beitragszeiten sind auch Zeiten, für die beim Austritt aus einem pensionsversicherungsfreien Dienstverhältnis ein Überweisungsbetrag an den Pensionsversicherungsträger geleistet worden ist oder die nachträglich als Versicherungszeiten eingekauft worden sind.

Ersatzzeiten sind Zeiten, die — obwohl Beiträge für sie nicht geleistet worden sind — die gleiche Wirkung wie Zeiten einer Beitragsleistung haben. Darunter fallen Zeiten des Schulbesuchs, einer Wehrdienstleistung usw.

Zur Feststellung der Leistungen, dem Grunde und der Höhe nach, werden die erworbenen Versicherungszeiten in **Versicherungsmonate** zusammengefaßt.

In der Pensionsversicherung der unselbständig Erwerbstätigen nach dem Allgemeinen Sozialversicherungsgesetz (ASVG) gilt als Versicherungsmonat jeder Kalendermonat, in dem Versicherungszeiten im Mindestausmaß von 15 Tagen vorhanden sind. Liegen in einem Kalendermonat weniger als 15 Versicherungstage vor (sogenannte Resttage), so werden diese den allenfalls vorhandenen weiteren Resttagen in den nachfolgenden Kalendermonaten desselben Jahres so lange zugezählt, bis in einem Monat das Mindestausmaß von 15 Versicherungstagen erreicht wird. Dieser Monat gilt dann ebenfalls als Versicherungsmonat. Der letzte im Kalenderjahr liegende Kalendermonat, in dem Versicherungszeiten vorliegen, die auch nach dem Hinzuzählen von Resttagen aus vorangegangenen Kalendermonaten das Mindestausmaß von 15 Tagen nicht erreichen, gilt aber trotzdem als Versicherungsmonat.

In den Pensionsversicherungen der selbständig Erwerbstätigen nach dem Gewerblichen Sozialversicherungsgesetz (GSVG) und dem Bauernsozialversicherungsgesetz (BSVG) gelten nur volle Kalendermonate einer Versicherungszeit als Versicherungsmonate.

Von Versicherungszeiten, die sich zeitlich dekken, wird bei der Ermittlung der Versicherungsmonate nur eine gezählt.

Für die Erfüllung der Anspruchsvoraussetzungen und für die Bemessung der Leistungen können in der Pensionsversicherung nach dem ASVG nur anrechenbare Versicherungsmonate berücksichtigt werden. Um die Frage, welche Versicherungsmonate anrechenbar sind, beantworten zu können, ist es vorerst erforderlich, den Begriff des „Anrechnungszeitraumes" zu erläutern.

Unter dem **Anrechnungszeitraum** versteht man den längsten unmittelbar vor dem Stichtag, jedoch nach dem 31. 12. 1938 gelegenen Zeitraum, der mindestens zur Hälfte mit Versicherungsmonaten gedeckt ist (Halbdeckung). Bei der Ermittlung des Anrechnungszeitraumes bleiben **neutrale Monate** (das sind Zeiten gewisser Bezüge von Sozialversicherungsleistungen u. a.) außer Betracht.

Reicht der Anrechnungszeitraum bis zum 1. 1. 1939 zurück, dann sind sämtliche jemals erworbenen Versicherungsmonate anrechenbar. Wurde nach dem 31. 12. 1938 aber nur eine relativ geringe Anzahl von Versicherungsmonaten erworben oder liegen größere Unterbrechungen im Versicherungsverlauf vor und ist die Halbdeckung daher nicht bereits ab dem 1. 1. 1939 gegeben, so sind nur jene Versicherungsmonate anrechenbar, die im Anrechnungszeitraum liegen.

In den Versicherungen der Bauern und Gewerbetreibenden hat die Anrechenbarkeit der Versicherungsmonate keine Bedeutung.

Eintritt des Versicherungsfalles

Der Versicherungsfall gilt als eingetreten:

1. bei Leistungen aus den Versicherungsfällen des Alters mit Erreichung des jeweiligen Anfallsalters, nämlich, abgesehen von der knappschaftlichen Pensionsversicherung, die im folgenden außer Betracht bleibt:

- bei der Alterspension mit Vollendung des 65. Lebensjahres (für Frauen mit Vollendung des 60. Lebensjahres);
- bei den vorzeitigen Alterspensionen mit Vollendung des 60. Lebensjahres (für Frauen mit Vollendung des 55. Lebensjahres);

2. bei Leistungen aus dem Versicherungsfall der geminderten Arbeitsfähigkeit, und zwar

- im Falle dauernder Invalidität oder Berufsunfähigkeit mit deren Eintritt, wenn aber dieser Zeitpunkt nicht feststellbar ist, mit der Antragstellung;
- im Falle vorübergehender Invalidität oder Berufsunfähigkeit ab der 27. Woche ihres Bestandes;
- im Falle einer Berufsunfähigkeits-(Invaliditäts-)Pension, die der versicherten Ehegattin nach Vollendung ihres 55. Lebensjahres und nach dem Tod des Ehegatten gebührt, mit Erreichung des Anfallsalters bzw. mit dem Tod des Ehegatten, wenn dieser nach Erreichung des Anfallsalters der Ehegattin stirbt;

3. bei Leistungen aus dem Versicherungsfall des Todes mit dem Tod des Versicherten.

Den Versicherungsfällen der Invalidität (Arbeiter) und Berufsunfähigkeit (Angestellte) entspricht in den Pensionsversicherungen der Bauern und Gewerbetreibenden der Versicherungsfall der Erwerbsunfähigkeit, wobei es aber nur einen solchen der dauernden Erwerbsunfähigkeit gibt.

Die allgemeinen Anspruchsvoraussetzungen

Der Anspruch auf die Leistungen nach dem ASVG, mit Ausnahme der Abfindung, ist an die Voraussetzung geknüpft, daß zum Stichtag die Wartezeit und die Dritteldeckung durch anrechenbare Versicherungsmonate erfüllt sind.

Unter **Wartezeit** ist eine erforderliche Mindestanzahl an Versicherungsmonaten zu verstehen, die für die einzelnen Leistungen verschieden hoch ist. Sie beträgt für Alterspensionen 180 Monate, für Berufsunfähigkeits-, Invaliditäts- und Hinterbliebenenpensionen 60 Monate. (Die Wartezeit von 60 Monaten erhöht sich jedoch auf 96 Monate, wenn erstmalig nach dem vollendeten 50. Lebensjahr und nach dem 31. 12. 1955 ein Versicherungsmonat erworben wurde.) Beitragsmonate der freiwilligen Versicherung zählen auf die Erfüllung der Wartezeit für Berufsunfähigkeits-, Invaliditäts- und Hinterbliebenenpensionen (60 bzw. 96 Monate) nur zur **Hälfte** und auf die Wartezeit für eine vorzeitige Alterspension bei Arbeitslosigkeit (180 Monate) **überhaupt nicht.**

Die **Dritteldeckung** ist gegeben, wenn in den letzten 36 Kalendermonaten vor dem Stichtag, die nicht neutrale Monate sind, mindestens 12 anrechenbare Versicherungsmonate vorliegen.

Falls die Dritteldeckung nicht erfüllt ist, kann sie durch die sogenannte **Zweidritteldeckung** ersetzt werden. Diese ist dann gegeben, wenn die Zeit vom 1. 1. 1939 oder vom späteren Beginn des ersten Versicherungsmonates an bis zum Stichtag nach Ausschaltung der neutralen Monate zu zwei Dritteln mit anrechenbaren Versicherungsmonaten gedeckt ist.

Die Erfüllung der allgemeinen Anspruchsvoraussetzungen **entfällt** bei Inanspruchnahme einer **Berufsunfähigkeits-, Invaliditäts-** oder **Hinterbliebenenpension,** wenn die Berufsunfähigkeit, Invalidität oder der Tod

- die Folge eines Arbeitsunfalles oder einer Berufskrankheit eines Pflichtversicherten ist,
- die Folge einer anerkannten Dienstbeschädigung eines Wehrpflichtigen ist, oder
- wenn der Stichtag für die Leistung vor dem vollendeten 21. Lebensjahr des Versicherten liegt und dieser mindestens sechs Versicherungsmonate erworben hat.

In den Pensionsversicherungen der Bauern und Gewerbetreibenden gibt es als allgemeine Voraussetzung für einen Leistungsanspruch nur die Wartezeit. Die Wartezeit ist in diesen Versicherungen für die einzelnen Leistungen gleich hoch wie nach dem ASVG. Nachdem es den Begriff der Anrechenbarkeit in den Versicherungen des selbständig Erwerbstätigen nicht gibt, müssen dort die auf die Wartezeit zählenden Versicherungsmonate in einem gewissen Kalenderzeitraum liegen.

Der Antrag auf Leistung

Eine Leistung kann nur über Antrag gewährt werden. Hiefür gibt es entsprechende Formblätter bei den Versicherungsträgern. Es gilt auch ein formlos gestellter Antrag, das Antragsformblatt ist sodann nachträglich auszufüllen.

Damit eine rasche Bearbeitung des Antrags gewährleistet ist, sollte dieser direkt beim zuständigen Pensionsversicherungsträger eingebracht werden. Er kann aber auch bei einem anderen Träger der gesetzlichen Sozialversicherung oder einer Behörde der allgemeinen staatlichen Verwaltung gestellt werden.

Obwohl ohne Antrag Leistungen aus der Pensionsversicherung nicht gewährt werden, ist die Antragstellung nicht als Leistungsvoraussetzung anzusehen. Durch sie wird vielmehr – bei bereits bestehendem Anspruch – die Leistungspflicht des Versicherungsträgers und somit der Leistungsanfall ausgelöst.

Der Tag des Leistungsantrages kann sowohl den Stichtag als auch den Tag des Leistungsbeginnes auslösen.

Die besonderen Voraussetzungen

Anspruch auf **Alterspension** besteht, wenn der Versicherungsfall eingetreten ist und die allgemeinen Leistungsvoraussetzungen erfüllt sind. Darüber hinaus müssen in den einzelnen Versicherungen noch die folgenden besonderen Voraussetzungen erfüllt sein:

Nach dem ASVG darf der Anspruchswerber am Stichtag nicht pflichtversichert sein. Eine Pflichtversicherung wegen einer Beschäftigung mit einem Monatsverdienst von nicht mehr als S 3028,– (Stand 1982) wird toleriert. In der Pensionsversicherung der Bauern darf am Stichtag eine die Pflichtversicherung begründende Erwerbstätigkeit nicht ausgeübt werden. In der Pensionsversicherung der gewerblichen Wirtschaft muß für den Antragsteller am Stichtag die entsprechende Befugnis zur Berufsausübung erlöschen oder zurückgelegt sein oder es muß die Erwerbstätigkeit eingestellt sein.

Für die vorzeitige Alterspension bei langer Versicherungsdauer müssen neben der Erfüllung der allgemeinen Voraussetzungen und dem Eintritt des Versicherungsfalles folgende besondere Voraussetzungen erfüllt sein: Am Stichtag müssen 420 Versicherungsmonate für die Bemessung der Leistung vorhanden und in den letzten 36 Kalendermonaten vor dem Stichtag 24 Beitragsmonate der Pflichtversicherung nachgewiesen sein. Darüber hinaus darf am Stichtag weder eine selbständige noch eine unselbständige Erwerbstätigkeit ausgeübt werden, wobei nach dem ASVG eine Erwerbstätigkeit bis zu einem Einkommen von S 2189,– monatlich (Stand 1. 4. 1984) schon ausgeübt werden darf. Nach dem GSVG und BSVG müssen zusätzlich noch die besonderen Voraussetzungen wie für die Alterspension erfüllt sein (keine Versicherungspflicht bzw. Gewerberücklegung usw.).

Die vorzeitige Alterspension bei Arbeitslosigkeit

gibt es nur nach dem ASVG. Für sie müssen neben dem Eintritt des Versicherungsfalles und der Erfüllung der allgemeinen Voraussetzungen innerhalb der letzten 15 Monate vor dem Stichtag mindestens 52 Wochen Arbeitslosengeldbezug vorliegen. Dem Arbeitslosengeldbezug sind andere Leistungen aus der Sozialversicherung sowie der Bezug einer Abfertigung (bis zu 9 Monaten) gleichgestellt.

Die vorzeitigen Alterspensionen fallen weg, wenn der Pensionist eine Erwerbstätigkeit aufnimmt oder sich das Einkommen aus einer Erwerbstätigkeit auf über monatlich S 2189,– (Stand 1. 4. 1984) erhöht. Nach Aufgabe der Erwerbstätigkeit leben die vorzeitigen Alterspensionen wieder auf.

Leistungen bei geminderter Arbeitsfähigkeit

Für die **Berufsunfähigkeitspension** und die **Invaliditätspension** nach dem ASVG gibt es keine besonderen Voraussetzungen. Nach dem GSVG und BSVG müssen für die **Erwerbsunfähigkeitspension** die gleichen besonderen Voraussetzungen wie für die Alterspension erfüllt sein. Nach dem ASVG gibt es auch zeitlich begrenzte Pensionen bei vorübergehender Invalidität oder Berufsunfähigkeit.

Leistungen beim Tode des Versicherten

Anspruch auf **Witwen-** bzw. **Witwerpension** hat die (der) Witwe(r) nach dem Tod des Ehegatten, wenn die allgemeinen Voraussetzungen erfüllt sind oder der Verstorbene bereits Pensionist war.

Nach dem GSVG und BSVG gebührt die Witwenpension nur, wenn die (der) Witwe(r) den Betrieb des Versicherten nicht fortführt. Wenn sie (er) den Betrieb drei Jahre lang fortgeführt hat, dann gebührt nach Beendigung des Witwenfortbetriebes eine Witwenpension, soferne nicht für sie (ihn) ein Anspruch auf Alterspension besteht.

Die Witwen- bzw. Witwerpension gebührt nicht im Falle einer „Versorgungsehe", das heißt: wenn die Ehe erst in einem Zeitpunkt geschlossen wurde, zu dem der Ehegatte bereits eine Pension zuerkannt erhalten hatte. Die Witwenpension gebührt jedoch, wenn die Ehe drei Jahre (bei einem Altersunterschied der Ehegatten von nicht mehr als 20 Jahren) gedauert hat oder fünf Jahre (bei einem Altersunterschied von nicht mehr als 25 Jahren) oder zehn Jahre (bei beliebigem Altersunterschied) währte. Diese Ausschlußgründe gelten nicht bei der Wiederverehelichung zweier schon früher miteinander verheiratet gewesener Personen oder bei der Geburt oder Legitimierung eines Kindes in der Ehe. Auch wenn die Witwe im Zeitpunkt des Todes schwanger war, gebührt die Witwenpension auf jeden Fall.

Witwerpension steht jedoch trotz Vorliegens von Ausschlußgründen zu, wenn aus der Ehe ein Kind hervorgegangen ist, durch die Ehe ein Kind legitimiert wurde oder im Haushalt des Witwers ein Kind der Verstorbenen lebt, das Anspruch auf Waisenpension hat. Ebenso steht Witwerpension zu, wenn die Ehe vor dem 12. Juni 1949 geschlossen wurde.

Anspruch auf Witwerpension hat auch der Mann, dessen Ehe mit der Verstorbenen für nichtig erklärt, aufgehoben oder geschieden worden ist, wenn ihm die geschiedene Ehegattin zur Zeit ihres Todes Unterhalt aufgrund eines gerichtlichen Vergleiches oder Urteils oder einer während aufrechter Ehe eingegangenen vertraglichen Verpflichtung zu leisten hatte, dies so lange, bis der Mann eine neue Ehe eingeht.

Witwen- und Witwerpension sind in gleicher Weise zu berechnen. War die Ehegattin im Zeitpunkt des Todes noch nicht in Pension, beträgt die Pension des Witwers 60% der Pension, auf die die Ehegattin in diesem Zeitpunkt Anspruch gehabt hätte; war die Ehegattin bereits in Pension, beträgt die Witwerpension 60% ihrer bisherigen Pension. Das Ausmaß der Witwerpension entspricht daher letztlich der Witwenpension.

Die Übergangsbestimmungen sehen bis 1989 eine stufenweise Angleichung vor. Seit 1. 6. 1981 beträgt die Pension 20%, ab 1. 1. 1985 40% und ab 1. 1. 1989 60%.

Die Bestimmungen der Witwerpension kommen aber nur dann zur Anwendung, wenn der Versicherungsfall, das ist der Tod der Ehegattin, nach dem 31. 5. 1981 eingetreten ist.

Wie in der Unfallversicherung gebührt auch in der Pensionsversicherung unter Umständen der Frau, deren Ehe mit dem Versicherten auseinandergegangen ist, eine Witwenpension.

Die Witwenpension fällt gleichermaßen wie in der Unfallversicherung wegen Verehelichung der Witwe bzw. des Witwers weg. Sie (er) wird ebenfalls abgefertigt und lebt gegebenenfalls wieder auf.

Den Kindern des Versicherten gebührt eine **Waisenpension,** wenn die allgemeinen Voraussetzungen erfüllt sind oder der Versicherte bereits Anspruch auf Pension hatte.

Als Kinder gelten bis zum vollendeten 18. Lebensjahr: die ehelichen, die legitimierten, die unehelichen und die Wahlkinder, die Stiefkinder und die Enkel eines Versicherten. Die Stiefkinder und Enkel gelten nur dann als Kinder, wenn sie mit dem Versicherten ständig in Hausgemeinschaft gelebt haben. Die Enkel müssen zusätzlich gegenüber dem Versicherten unterhaltsberechtigt im Sinne des Familienrechtes gewesen sein und mit dem Versicherten im Inland gewohnt haben.

Die Kindeseigenschaft besteht auch über das 18. Lebensjahr hinaus weiter, wenn sich das Kind (bis zum 26. Lebensjahr) in Schul- oder Berufsausbildung befindet oder infolge Krankheit oder Gebrechens erwerbsunfähig ist.

Wenn kein Anspruch auf Hinterbliebenenpensionen besteht, so gebührt den Hinterbliebenen oder anderen nahen Angehörigen eine einmalige **Abfindung.**

Die Pensionsberechnung

Die Höhe einer Pension hängt in erster Linie von dem innerhalb eines bestimmten Zeitraumes erzielten durchschnittlichen Arbeitsverdienst oder Erwerbseinkommen – der sogenannten **Bemessungsgrundlage** – ab. Neben der Bemessungsgrundlage wirkt sich auch die Anzahl der anrechenbaren Versicherungsmonate auf das Leistungsausmaß aus.

Die Pension besteht aus dem Grundbetrag, dem Steigerungsbetrag und, falls Beiträge zur Höherversicherung geleistet wurden, auch aus dem besonderen Steigerungsbetrag. Zu den Pensionen werden bei Erfüllung bestimmter Voraussetzungen Zuschüsse und Zulagen gewährt. Vorgesehen sind der Kinderzuschuß (nur zu Eigenpensionen), der Hilflosenzuschuß und die Ausgleichszulage.

Die Höhe des **Grundbetrages** bei Eigenpensionen ist unabhängig von der Anzahl der anrechenbaren Versicherungsmonate. Er beträgt 30% der jeweils höchsten Bemessungsgrundlage.

Erreicht die Summe aus Grund- und Steigerungsbetrag nicht 50% der Bemessungsgrundlage, so gebührt zum Grundbetrag ein Zuschlag von höchstens 10% der für den Grundbetrag maßgeblichen Bemessungsgrundlage.

Die Höhe des zum Grundbetrag hinzutretenden **Steigerungsbetrages** ist von der Anzahl der für die Leistungsbemessung zu berücksichtigenden Versicherungsmonate abhängig. Der Steigerungsbetrag erhöht sich jedoch nicht linear im Verhältnis zu den Versicherungszeiten, sondern ist progressiv gestaffelt.

Als Steigerungsbetrag werden für jeden Versicherungsmonat

bis zum 120. Monat	0,05%
vom 121. bis zum 240. Monat .	0,075%
vom 241. bis zum 360. Monat .	0,1%
vom 361. bis zum 540. Monat .	0,125%

der Bemessungsgrundlage gewährt.

Für geleistete Beiträge zur Höherversicherung wird ein **besonderer Steigerungsbetrag** im Ausmaß von 1% dieser Beiträge gewährt. Um zu gewährleisten, daß die Summe der für die Höherversicherung geleisteten Beitragszahlungen in ihrem Wert gesichert bleibt, werden Beiträge für zurückliegende Jahre aufgrund der Pensionsdynamik aufgewertet.

Sind für die Pensionsbemessung weniger als 290 Versicherungsmonate vorhanden, dann wirkt sich ein besonderer Steigerungsbetrag nur im verminderten Ausmaß oder überhaupt nicht aus, da sich in diesem Fall der Zuschlag zum Grundbetrag verringert.

Bis zum 31. 12. 1983 galt: Hat ein Versicherter das Anfallsalter für die Alterspension erreicht, die allgemeinen Anspruchsvoraussetzungen für diese Pension erfüllt und nimmt er die Alterspension erst zu einem späteren Zeitpunkt in Anspruch, so wird die Pension erhöht. Diese Erhöhung beträgt für je 12 Versicherungsmonate des Pensionsaufschubes vom 61. bis 65. Lebensjahr (nur bei weiblichen Versicherten) 2%, vom 66. bis 70. Lebensjahr 3%, ab dem 71. Lebensjahr 5% der Alterspension, die mit Beginn des Pensionsaufschubes gebührt hätte.

Erwirbt ein Bezieher einer Alterspension durch Aufnahme einer Erwerbstätigkeit weitere Beitragszeiten der Pflichtversicherung in der österreichischen Pensionsversicherung, so gebührt ihm auf Antrag für je 12 während des Pensionsbezuges erworbene Beitragsmonate ein **Zuschlag zur Alterspension.** Der Zuschlag kann jedoch höchstens für 36 Beitragsmonate gewährt werden. Er beträgt für je 12 Beitragsmonate 1,5% des 14. Teiles der auf diese Monate entfallenden Beitragsgrundlagen zuzüglich allfälliger Sonderzahlungen.

Mit der 39. Novelle zum ASVG wurden die Bestimmungen der §§ 261a und 261b über die Gewährung eines Zuschlags zur Alterspension und über die erhöhte Alterspension mit Wirkung ab 1. 1. 1984 aufgehoben. Überhaupt kam es im Jahre 1984 auf manchen Gebieten auch zu gewissen, durch die Ebbe in den Pensionskassen bedingten Verschlechterungen, z. B. durch Verschärfung der Ruhensbestimmungen.

Die Pensionen an die Hinterbliebenen (Witwen-, Witwer- und Waisenpensionen) werden vom Leistungsanspruch abgeleitet, den der Versicherte selbst erworben hat. Dafür ist die Berufsunfähigkeits- (Alters-)Pension maßgebend, auf die der verstorbene Versicherte bei seinem Ableben Anspruch gehabt hat oder gehabt hätte; Kinderzuschüsse, Hilflosenzuschuß, Zuschlag zur Alterspension und eine allfällige Ausgleichszulage bleiben außer Betracht.

Die Witwen-(Witwer-)Pension beträgt grundsätzlich 60% der Pension des Verstorbenen. Die Pension beträgt aber mindestens 30% der Bemessungsgrundlage; wenn mehrere Bemessungsgrundlagen anzuwenden sind, der höchsten Bemessungsgrundlage; 24% der Bemessungsgrundlage gelten hiebei als Grundbetrag. Bezog der Versicherte im Zeitpunkt des Todes bereits eine Pension und erwarb er nach deren Anfall weitere Pflichtbeitragszeiten in der österreichischen Pensionsversicherung, wird das Ausmaß der in der Pension berücksichtigten Steigerungsbeträge um diese Zeiten erhöht, und zwar:

- bei Bezug einer Invaliditätspension bis zum Höchstausmaß von 540 Versicherungsmonaten und
- bei Bezug einer Alterspension bis zum Höchstausmaß von 576 Versicherungsmonaten.

Die Witwenpension einer schuldlos und gegen ihren Willen geschiedenen Ehegattin wird, wenn das Scheidungsurteil den Ausspruch nach § 61 Abs. 3 Ehegesetz enthält, bei Erfüllung bestimmter weiterer Voraussetzungen (Dauer der Ehe und Alter der Witwe) ebenfalls im Ausmaß von 60% der Pension des verstorbenen Versicherten bzw. in der Höhe von 30% der Bemessungsgrundlage gewährt. Dies gilt für die Witwerpension eines schuldlos und gegen seinen Willen geschiedenen Ehegatten entsprechend.

Die Witwenpension einer Frau, deren Ehe mit dem Verstorbenen für nichtig erklärt, aufgehoben oder geschieden wurde und die die im vorigen Absatz beschriebene Bedingung nicht erfüllt, darf weder den gegen den Versicherten zur Zeit seines Todes bestehenden Unterhaltsanspruch noch die der hinterlassenen Witwe aus demselben Versicherungsfall gebührende Witwenpension übersteigen.

Die Witwerpension gebührt ab 1. 6. 1981 nur dann im vollen Ausmaß, wenn die verstorbene Ehegattin seinen Lebensunterhalt bestritten hat, und er im Zeitpunkt ihres Todes erwerbsunfähig und bedürftig gewesen ist. Ein „rüstiger" Witwer erhält ab 1. 6. 1981 nur ein Drittel und ab 1. 1. 1985 zwei Drittel der Witwerpension. Erst ab 1. 1. 1989 steht ihm die volle Witwerpension zu.

Die **Waisenpension** beträgt für jedes

- einfach verwaiste Kind 40%,
- doppelt verwaiste Kind 60% der Witwen-(Witwer-)Pension, auf die nach dem verstorbenen Elternteil Anspruch besteht oder bestünde; ein zur Witwen-(Witwer-) Pension gebührender Hilflosenzuschuß oder eine Ausgleichszulage bleiben hiebei außer Betracht.

Alle Hinterbliebenenpensionen zusammen dürfen nicht höher sein als die um 10% ihres Betrages erhöhte Invaliditäts- oder Alterspension, auf die der Versicherte bei seinem Ableben Anspruch gehabt hat oder hätte, samt den Kinderzuschüssen, jedoch ohne Hilflosenzuschuß und Ausgleichszulage.

Innerhalb dieses Höchstausmaßes sind alle Pensionen verhältnismäßig zu kürzen. Bei dieser Kürzung ist jedoch eine Witwenpension einer geschiedenen Frau nicht zu berücksichtigen.

Zu den Pensionen werden folgende Zuschüsse und Zulagen gewährt:

- Kinderzuschüsse (nur zu Eigenpensionen),
- Hilflosenzuschuß und
- Ausgleichszulage.

Zu Alters- und Invaliditätspensionen gebührt für jedes Kind des Pensionisten ein **Kinderzuschuß.** Er gebührt bis zur Vollendung des 18. Lebensjahres ohne Erfüllung besonderer Voraussetzungen; darüber hinaus kann er nur bei Schul- oder Berufsausbildung des Kindes oder bei Vorliegen von Erwerbsunfähigkeit gewährt werden.

Der Kinderzuschuß beträgt 5% der Bemessungsgrundlage unter Berücksichtigung gesetzlich festgelegter Mindest- und Höchstbeträge. Kommen bei der Pensionsberechnung mehrere Bemessungsgrundlagen zur Anwendung, wird der Kinderzuschuß von der höchsten Bemessungsgrundlage errechnet.

Ist der Pensionist derart hilflos, daß er ständig der Wartung und Pflege bedarf, so gebührt – auch nur auf Antrag! – ein **Hilflosenzuschuß** im Ausmaß der halben Pension innerhalb eines Mindest- und Höchstbetrages (1984: S 2194,– und S 2584,–).

Die **Ausgleichszulage** soll dem Pensionsberechtigten unter Bedachtnahme auf seine familiären Verhältnisse ein gewisses Mindesteinkommen sichern.

Für den Anspruch auf Ausgleichszulage ist die Summe aus der Pension, dem übrigen Nettoeinkommen eines Pensionsberechtigten und dem für seine Unterhaltsansprüche (siehe unten) zu berücksichtigenden Betrag maßgebend. Erreicht diese Summe im Fall eines Anspruchsberechtigten auf Pension nicht die Höhe des für ihn geltenden monatlichen Richtsatzes, so gebührt ihm eine Ausgleichszulage zur Pension, solange er sich im Inland aufhält. (1984 betragen die Richtsätze S 4370,– für Alleinstehende, S 6259,– für die, die mit dem Ehegatten im gemeinsamen Haushalt leben, plus S 466,– für jedes Kind, dessen Nettoeinkommen S 1620,– nicht übersteigt.)

Bei der Feststellung des Anspruches auf Ausgleichszulage wird das Nettoeinkommen des im gemeinsamen Haushalt lebenden Ehegatten (oder der im gemeinsamen Haushalt lebenden Ehegattin) dem Nettoeinkommen der Pensionistin (oder des Pensionisten) hinzugerechnet.

Unter Nettoeinkommen ist, abgesehen von der Pension und den Ausnahmen im nachstehenden Absatz, die Summe sämtlicher Einkünfte in Geld oder Geldeswert zu verstehen, nach Ausgleich mit Verlusten und vermindert um die gesetzlichen Abzüge.

Bei Ermittlung des Nettoeinkommens bleiben außer Betracht:

1. die Wohnbeihilfen nach dem Wohnbauförderungsgesetz 1968 und dem Wohnungsverbesserungsgesetz 1969 und die vom Bund, den Ländern oder Gemeinden zur Erleichterung der Tragung des Mietzinsaufwandes gewährten Beihilfen (Abgeltungsbeträge);

2. die Familienbeihilfen sowie die Beihilfen nach dem Studienförderungsgesetz und dem Schülerbeihilfengesetz;

3. die Kinderzuschüsse sowie die Renten- bzw. Pensionssonderzahlungen aus der Sozialversicherung;

4. Einkünfte, die wegen des besonderen körperlichen Zustandes gewährt werden, wie Hilflosenzuschüsse, Blindenzulagen, Zuschüsse zu den Kosten für Diätverpflegung, Wirtschaftshilfe nach dem Tuberkulosengesetz und dergleichen;

5. gewisse Bezüge aus Unterhaltsansprüchen privater Art;

6. Bezüge aus Leistungen der allgemeinen Fürsorge und der freien Wohlfahrtspflege;

7. einmalige Unterstützungen der gesetzlichen beruflichen Vertretungen, Gewerkschafts- und Betriebsratsunterstützungen und Gnadenpensionen privater Dienstgeber;

8. von Lehrlingsentschädigungen ein Betrag von monatlich S 1104,– (Stand 1984).

9. nach dem Kriegsopferversorgungsgesetz 1957 und dem Opferfürsorgegesetz gewährte Grund- und Elternrenten, ein Drittel der nach dem Heeresversorgungsgesetz gewährten Beschädigten- und Witwenrenten sowie Elternrenten einschließlich einer allfälligen Zusatzrente nach demselben Bundesgesetz;

10. Leistungen aufgrund der Bestimmungen des Teiles I des österreichisch-deutschen Finanz- und Ausgleichsvertrages;

11. Geldleistungen nach dem Bundesgesetz über Hilfeleistungen an Opfer von Verbrechen (BGBl Nr. 288/1972);

12. Leistungen aufgrund der Aufgabe, Übergabe, Verpachtung oder anderweitigen Überlassung eines land-(forst-)wirtschaftlichen Betriebes, wenn eine Pauschalanrechnung laut nächstem Absatz erfolgt:

Wurde die Bewirtschaftung eines land-(forst-)wirtschaftlichen Betriebes innerhalb von zehn Jahren vor dem Stichtag aufgegeben, der Betrieb übergeben, verpachtet oder sonstwie jemandem zur Bewirtschaftung überlassen, so gelten als jährliches Nettoeinkommen des bisherigen Eigentümers oder Verpächters – ohne Rücksicht auf die Art und das Ausmaß der ausbedungenen Leistungen – 25% des zuletzt festgestellten Einheitswertes der übergebenen, verpachteten oder zur Bewirtschaftung überlassenen Flächen. Ausgedingsleistungen, die aus einer mehr als zehn Jahre vor dem Stichtag liegenden Übergabe, Verpachtung oder Überlassung eines land-(forst-)wirtschaftlichen Betriebes stammen, werden als Sachbezüge wie für die Bemessung der Lohnsteuer bewertet.

Die errechneten monatlichen Einkommensbeträge aus einer betriebenen oder übergebenen Land- bzw. Forstwirtschaft sind bei der erstmaligen Ermittlung mit dem Produkt der seit dem 1. 1. 1974 festgesetzten Anpassungsfaktoren aufgrund des Pensionsanpassungsgesetzes zu vervielfachen. Sie unterliegen in der Folge der Pensionsdynamik, indem sie ab dem 1. Januar eines jeden Jahres aufgewertet werden.

Raum für Notizen

(Gesetzesänderungen, eigene Rechtsfälle, Terminkalender)

Raum für Notizen

(Gesetzesänderungen, eigene Rechtsfälle, Terminkalender)

Abkürzungsverzeichnis

A

abg	abgeändert
AbgÄG	Abgabenänderungsgesetz
ABGB	Allgemeines bürgerliches Gesetzbuch J GS 946
Abk	Abkommen
ABl	Amtsblatt
Abs	Absatz
Abschn	Abschnitt
Abt	Abteilung
ADV	Allgemeine Dienstvorschriften für das Bundesheer
aE	am Ende
ae	außerehelich (besser: unehelich)
aF	alte Fassung
AG	1. Aktiengesellschaft 2. (deutsches) Amtsgericht 3. Antragsgegner, -in
AhE	Allerhöchste Entschließung
AHG	Amtshaftungsgesetz BGBl 1949/20
AHGB	Allgemeines Handelsgesetzbuch
AHSchStG	Allgemeines Hochschul-Studiengesetz
AK	Arbeiterkammer (Kammer für Arbeiter und Angestellte)
ÄK	Ärztekammer
AKM	Gesellschaft der Autoren, Komponisten und Musikverleger, reg Genossenschaft mbH in Wien
allg	allgemein
AlV	Arbeitslosenversicherung
AlVG	Arbeitslosenversicherungsgesetz 1958
Amn	Amnestie
amtl	amtlich
Änd	Änderung
Ang	Angestellte, -r
Angekl	Angeklagte, -r
AngG	Angestelltengesetz BGBl 1921/292
Anh	Anhang
Anl	Anlage
Anm	Anmerkung
Anst	Anstalt

ao	außerordentlich
ArbA	Arbeitsamt
ArbG	Arbeitsgericht
Arch	Archiv
arg	argumento (folgt aus)
Art	Artikel
ASt	1. Antragsteller, -in 2. Ausgleichsteuer
ASVG	Allgemeines Sozialversicherungsgesetz BGBl 1955/189
AU	Anerkenntnisurteil
Aufl	Auflage
AufsBeh	Aufsichtsbehörde
Ausf	Ausführung
AusfB	Ausführungsbestimmung
Ausg	Ausgabe
Ausgl	Ausgleich
AusglG	Ausgleichsgericht
ausschl	ausschließlich
AV	1. Aktenvermerk 2. Allgemeine Verfügung 3. Amtsvermerk
AZ	Aktenzeichen

B

B	1. Bescheid 2. Beschluß
BauO	Bauordnung
BauRG	Baurechtsgesetz RGBl 1912/86
BBDion	Bundesbahndirektion
BBG	Bundesbahngesetz BGBl 1969/137
Bed	Bedienstete, -r
Begr	Begründung
begr	begründet
Beh	Behörde, -n
Beitr	Beitrag, Beiträge
Bek	Bekanntmachung
Bekl	Beklagte, -r
Ber	1. Berichtigung 2. Berufung
BerG	Berufungsgericht
Besch	Beschuldigte, -r
Best	1. Bestätigung 2. Bestimmung
best	bestätigt
Betr	Betreibende, -r
betr	1. betreffend 2. betreibend
Bev	Bevollmächtigte, -r
bev	bevollmächtigt
Bew	Bewilligung

bew	bewilligt
Bez	Bezirk
BG	1. Bezirksgericht 2. Bundesgesetz
BGBl	Bundesgesetzblatt
Bgm	Bürgermeister
BH	1. Bezirkshauptmann 2. Bezirkshauptmannschaft (nur in Verbindung mit einer Ortsbezeichnung
Bl	Blatt, Blätter
Blg	Beilage, -n
BM	1. Bundesminister 2. Bundesministerium
BPolBeh	Bundespolizeibehörde
BPolDion	Bundespolizeidirektion
BPolKoat	Bundespolizeikommissariat
BPr	Betriebsprüfung
BPräs	Bundespräsident
BR	1. Betriebsrat 2. Bundesrat
BReg	Bundesregierung
BRWO	Betriebsrat-Wahlordnung BGBl 1974/319
BStG	Bundesstraßengesetz BGBl 1971/286
BVG	Bundesverfassungsgesetz
B-VG	Bundes-Verfassungsgesetz idF von 1929
B-VGN	Bundesverfassungsnovelle
BWK	Bundeskammer der gewerblichen Wirtschaft
bzgl	bezüglich
bzw	beziehungsweise

D

DA	Dienstanweisung
dB	der Beilagen
dgl	dergleichen
dh	das heißt
DIN	Deutsche Industrienorm
Dion	Direktion
Dir	Direktor
Diss	Dissertation
dJ	dieses Jahres
dM	dieses Monats
Drucks	Drucksache, -n
DS	Denkschrift

E

E	Entscheidung, -en
EA	Einigungsamt

EB	Erläuternde Bemerkungen
EForm	Exekutionsformular
EG	Einführungsgesetz
eh	eigenhändig
EheG	Ehegesetz RGBl 1938 I 807
ehel	ehelich
Einf	Einführung
einschl	einschließlich
einschr	einschränkend
EntlGr	Entlohnungsgruppe
EntmO	Entmündigungsordnung RGBl 1916/207
Entschl	Entschließung
entspr	entsprechend
Entw	Entwurf
EO	Exekutionsordnung RGBl 1896/79
ErbSt	Erbschaftssteuer
ErbStG	Erbschafts- und Schenkungssteuergesetz 1955 BGBl 141
Erg	Ergänzung
Erk	Erkenntnis
Erkl	Erklärung
Erl	Erlaß
Erläut	Erläuterung, -en
ESt	Einkommensteuer
EStG	Einkommensteuergesetz 1972 BGBl 440
EV	1. Einführungsverordnung 2. einstweilige Verfügung
eV	eingetragener Verein
EVO	Eisenbahnverkehrsordnung BGBl 1967/170
Ex	Exekution
ExBew	Exekutionsbewilligung
ExG	Exekutionsgericht
ExVerf	Exekutionsverfahren
ExVollz	Exekutionsvollzug

F

FA	1. Finanzamt 2. Finanzausschuß
Fa	Firma
FamLAG	Familienlastenausgleichsgesetz 1967 BGBl 376
ff	und die folgenden
FLD	Finanzlandesdirektion
fortl	fortlaufend
Forts	Fortsetzung

G

G	1. Gericht 2. Gesetz
GA	Gutachten

GB	Grundbuch
GBez	Gerichtsbezirk
GBG	Allgemeines Grundbuchsgesetz 1955 BGBl 39
GBl	Gesetzblatt
Gd	Gemeinde
GDion	Generaldirektion
GdO	Gemeindeordnung
GdSt	Gemeindestatut
GdWO	Gemeindewahlordnung
geb	geboren
GebG	Gebührengesetz 1957 BGBl 267
GehGr	Gehaltsgruppe
Gehst	Gehaltsstufe
gem	gemäß
Gen	Genossenschaft
GenmbH	(registrierte) Genossenschaft mit beschränkter Haftung
GeoForm	Geschäftsordnungs-Formular
Ges	Gesellschaft
ges	gesetzlich
GesBR	Gesellschaft bürgerlichen Rechts
gesch	1. geschieden 2. geschützt
Gew	Gewerbe
gewerbl	gewerblich
GewG	Gewerbegericht
GewO	Gewerbeordnung 1973 BGBl 1974/50
GewSt	Gewerbesteuer
ggf	gegebenenfalls
ggt	gegenteilig
GH	Gerichtshof
GmbH	Gesellschaft mit beschränkter Haftung
GmbHG	Gesetz über Gesellschaften mit beschränkter Haftung
GO	Geschäftsordnung
GOG	Gerichtsorganisationsgesetz RGBl 1896/217
GrESt	Grunderwerbsteuer
GrSt	Grundsteuer
GrStG	Grundsteuergesetz 1955 BGBl 149
GS	Gesetzsammlung
GVBl	Gesetz- und Verordnungsblatt

H

HA	Hauptausschuß
HG	Handelsgericht
HGB	Handelsgesetzbuch RGBl 1897, 219
HK	Handelskammer
HKG	Handelskammergesetz BGBl 1946/182
HR	Handelsregister
hrsg	herausgegeben
HVG	Handelsvertretergesetz BGBl 1921/348

I

iA	im Auftrag
id	in der
idF	in der Fassung
idgF	in der geltenden Fassung
idR	in der Regel
ieS	im engeren Sinne
iJ	im Jahre
iL	in Liquidation
ILO	International Labour Organization (Internationale Entwicklungsorganisation)
inkl	inklusive
inl	inländische
insb	insbesondere
Instr	Instruktion
int	international
iR	in Ruhe
IRO	International Refugee Organization (Internationale Flüchtlingsorganisation)
iS	im Sinne
iV	in Vertretung
iVm	in Verbindung mit
iwS	im weiteren Sinne

J

JA	1. Jugendamt 2. Justizausschuß
Jg	Jahrgang
JGH	Jugendgerichtshof
JWG	Jugendwohlfahrtsgesetz BGBl 1954/99

K

K	Kundmachung
Kap	1. Kapital 2. Kapitel
KartG	1. Kartellgericht 2. Kartellgesetz 1972 BGBl 460
KFG	Kraftfahrgesetz 1967 BGBl 267
kfm	kaufmännisch
Kfz	Kraftfahrzeug
KfzSt	Kraftfahrzeugsteuer
KG	Kreisgericht
Kl	1. Klage 2. Kläger, -in 3. Klasse
klP	klagende Partei, -en

KO	Konkursordnung RGBl 1914/337
KollV	Kollektivvertrag
KollVG	Kollektivvertragsgesetz BGBl 1947/76
Komm	1. Kommentar 2. Kommission
Konk	Konkurs
KonkG	Konkursgericht
Konz	Konzession
Kr	Kreis
krit	kritisch
KSchG	Konsumentenschutzgesetz BGBl 1979/140
KSt	Körperschaftssteuer
Kto	Konto
KVA	Krankenversicherungsanstalt

L

landw	landwirtschaftlich
led	ledig
LG	1. Landesgericht 2. Landesgesetz
LGSt	Landesgericht für Strafsachen
LGZ	Landesgericht für Zivilrechtssachen
LH	Landeshauptmann
LIA	Landesinvalidenamt
LReg	Landesregierung
LSR	Landesschulrat
LSSt	Lohnsummensteuer
LSt	Lohnsteuer
lt	laut

M

MA	Magistratsabteilung
Mag	Magistrat
mbH	mit beschränkter Haftung
mE	meines Erachtens
Mitt	Mitteilung
Mj	Minderjährige, -er
mj	minderjährig
MRG	Mietrechtsgesetz
MRK	Europäische Menschenrechtskonvention BGBl 1958/210
mW	meines Wissens
mwN	mit weiteren Nachweisen

N

Nachw	Nachweis
NB	Nichtigkeitsbeschwerde

NF	neue Folge
nF	neue Fassung
Nov	Novelle
Nr	Nummer

O

oa	oben angeführt
oä	oder ähnliche
odgl	oder dergleichen
OeNB	Oesterreichische Nationalbank
öff	öffentlich
OGH	Oberster Gerichtshof
OHG	offene Handelsgesellschaft
OLG	Oberlandesgericht
ON	Ordnungsnummer
ÖNorm	Österreichische Norm
ÖP	Österreichisches Patent
ÖPTV	Österreichische Post- und Telegraphenverwaltung
ö-r	öffentlich-rechtlich
ORF	Österreichischer Rundfunk GmbH
OStA	1. Oberstaatsanwalt 2. Oberstaatsanwaltschaft
österr	österreichisch
OZ	Ordnungszahl

P

P	Punkt
PA	1. Patentamt 2. Patentanwalt 3. Protokollabschrift
pa	pro (per) anno
PAnkl	Privatankläger
Parz	Parzelle
PatG	Patentgesetz 1970 BGBl 259
PB	Privatbeteiligter
pers	persönlich
Pol	Polizei
pol	1. politisch 2. polizeilich
polBeh	politische Behörde
polBez	politischer Bezirk
PolDion	Polizeidirektion
Pos	Position
PosNr	Positionsnummer
Präs	1. Präsident 2. Präsidium
Prokl	Proklamation
Prot	Protokoll

ProtNr	Protokollnummer
PStG	Personenstandsgesetz BGBl 1983/60
PZ	Postzahl

R

RA	Rechtsanwalt
RAK	Rechtsanwaltskammer
RAT	Rechtsanwaltstarif BGBl 1969/189
RdSchr	Rundschreiben
Ref	1. Referat 2. Referent
Reg	1. Regierung 2. Register
reg	registriert
RegZ	Registerzahl
Rek	Rekurs
Rev	Revision
rev	revidiert
RevG	Revisionsgericht
RH	Rechnungshof
rk	rechtskräftig
RM	Rechtsmittel

S

s	siehe
sA	samt Anhang
sa	siehe auch
SchG	Scheckgesetz 1955 BGBl 50
SDion	Sicherheitsdirektion
Sekt	Sektion
Slg	Sammlung
so	siehe oben
sog	sogenannt
Sp	Spalte
StA	1. Staatsamt 2. Staatsanwalt 3. Staatsanwaltschaft
staatl	staatlich
städt	städtisch
StAng	1. Staatsangehörige, -r 2. Staatsangehörigkeit
Stb	Staatsbürger, -in
StbG	Staatsbürgerschaftsgesetz 1965 BGBl 250
StGB	Strafgesetzbuch
StGBl	Staatsgesetzblatt für die Republik Österreich
StGG	Staatsgrundgesetz über die allgemeinen Rechte der Staatsbürger RGBl 1867/142

Stk	Stück
StPfl	Steuerpflichtige, -r
StPForm	Strafprozeßformular
StPN	Strafprozeßnovelle
StPO	Strafprozeßordnung
StV	Staatsvertrag
StVO	Straßenverkehrsordnung 1960 BGBl 159
su	siehe unten

T

Tit	Titel
TNr	Tarifnummer
TO	Tarifordnung

U

U	Urteil
ua	1. und andere(s) 2. unter anderem
uä	und ähnliche(s)
Übk	Übereinkommen
udgl	und dergleichen
udglm	und dergleichen mehr
uE	unseres Erachtens
ue	unehelich
UrhG	Urheberrechtsgesetz BGBl 1936/111
usf	und so fort
USt	Umsatzsteuer
usw	und so weiter
uU	unter Umständen
uW	unseres Wissens
UWG	Gesetz gegen den unlauteren Wettbewerb BGBl 1923/531
uzw	und zwar

V

V	Verordnung
v	vom, von
VBl	Verordnungsblatt
Verf	1. Verfahren 2. Verfassung
Verh	Verhandlung, -en
verh	verheiratet
VermSt	Vermögenssteuer
Veröff	Veröffentlichung
Verpfl	Verpflichtete, -r
verpflP	verpflichtete Partei, -en
Vers	Versicherung

VersN	Versicherungsnehmer
VersNr	Versicherungsnummer
verw	verwitwet
Verz	Verzeichnis
Vfg	Verfügung
VfGH	Verfassungsgerichtshof
vgl	vergleiche
vH	vom Hundert
vJ	vom Jahre
Vorbem	Vorbemerkung, -en
vorl	1. vorläufig 2. vorliegend
vorm	vormals
vT	vom Tausend
VU	Versäumungsurteil
vW	vom Wert
VwBez	Verwaltungsbezirk
VwBl	Verwaltungsblatt
VwGH	Verwaltungsgerichtshof
VZ	Vorzahl

W

WBFG	Wohnbauförderungsgesetz
WehrG	Wehrgesetz BGBl 1955/181
wHinw	weitere Hinweise
wN	weitere Nachweise

Z

zB	zum Beispiel
zit	zitiert
Zl	Zeile
ZPForm	Zivilprozeßformular
ZPO	Zivilprozeßordnung RGBl 1895/113
zT	zum Teil
zust	zustimmend
zutr	zutreffend
ZV	Zustellverfügung
zZ	zur Zeit

Register

A

B

D

E

F

G

H

I

J

K

L

M

N

O

P

Q

R

S

T

U

V

W

Z

Raum für Notizen

Raum für Notizen

Raum für Notizen

Raum für Notizen

Raum für Notizen

Raum für Notizen

Raum für Notizen